Dieser erste Band der Geschichte des deu[...] Kaiserreiches von 1850 bis 1918 beschr[...] Kämpfe und Auseinandersetzungen, die nach dem allmählichen Wiedererwachen der politischen Bewegungen und Parteien seit Anfang der sechziger Jahre schließlich zur Gründung des Deutschen Reiches geführt haben. Die Reichsgründung war das Ergebnis einer »Revolution von oben«, die die politischen Energien der liberalen Bewegung in festen Dämmen einfangen sollte; aber ohne das Zusammenspiel des Reichsgründers mit der liberalen Nationalbewegung gegen die partikularistischen Kräfte wäre sie gleichwohl nicht möglich gewesen. Im Mittelpunkt der Darstellung steht das Ringen der liberalen Parteien mit Bismarck und den konservativen Eliten um den Ausbau des neugegründeten Nationalstaates in liberalem Sinne. Bismarck hatte dem Verfassungsgebäude des Reiches eine halbkonstitutionelle Form gegeben, um der Macht des Parlaments enge Grenzen zu setzen und ein »Abgleiten« in eine parlamentarische Regierungsform von vornherein zu verhindern. Die bürgerlichen Parteien, und späterhin auch die Sozialdemokratie, drängten auf eine zeitgemäße Fortentwicklung der Verfassung, um dem aufsteigenden Bürgertum auch auf politischem Felde angemessenen Einfluß zu verschaffen, während Bismarck dessen Energien in den wirtschaftlichen Raum abzuschieben suchte. Immerhin gelang es, die rechtlichen und wirtschaftspolitischen Grundlagen für die ungehinderte Entfaltung des industriellen Systems zu schaffen, obschon sorgfältig darauf geachtet wurde, daß die gesellschaftliche Vorrangstellung der großagrarischen Junkerklasse dabei nicht beeinträchtigt würde. Bismarck und die liberalen Parteien führten gemeinsam einen erbitterten »Präventivkrieg« gegen die wachsende Macht der Zentrumspartei, um dieser Massenpartei neuen Typs den Weg zur Teilnahme am politischen System zu verlegen. Ebenso wurde die sozialdemokratische Bewegung rigoroser staatlicher Verfolgung unterworfen, am Ende freilich mit geringem Erfolg. Die durch diese Politik aufgerissenen Wunden konnten auch durch die fortschrittliche Sozialpolitik, die Bismarck seit 1881 einleitete und die zum Vorbild für die übrigen europäischen Staaten werden sollte, nicht geheilt werden. Dennoch wurden in den beiden Jahrzehnten nach 1871 die Grundlagen für eine bürgerliche Gesellschaftsordnung gelegt, auf die die heutigen Verhältnisse in der Bundesrepublik gutenteils zurückgehen. Im gleichen Zeitraum stieg das Deutsche Reich unter der Führung Bismarcks, der stets eine Außenpolitik des Augenmaßes und weiser Mäßigung betrieb, zur latenten Vormacht in Europa auf.

Der Autor

Wolfgang J. Mommsen, geboren 1930; Studium an den Universitäten Marburg und Köln; 1958 Promotion zum Dr. phil. an der Universität Köln; 1958/59 Forschungsstipendiat des British Council an der Universität Leeds; 1961 Visiting Assistant Professor an der Cornell-University, Ithaca, N.Y.; 1967 Privatdozent; 1967/68 Lehrstuhlvertretung an der Technischen Hochschule Karlsruhe; seit 1968 Professor für Mittlere und Neuere Geschichte an der Universität Düsseldorf; 1977–1985 Direktor des Deutschen Historischen Instituts, London; 1987 Verleihung des D. litt. (h.c.) durch die University of East Anglia; 1988–1992 Vorsitzender des Verbandes der Historiker Deutschlands; 1992/93 Stipendiat des Historischen Kollegs München. Präsident der Internationalen Kommission für Geschichte der Geschichtsschreibung; Mitglied der Royal History Society; Ehrenmitglied der Historical Association; Mitglied des wissenschaftlichen Beirats der Scuola Superiore di Studi Storici der Universität San Marino; Mitherausgeber der Max Weber-Gesamtausgabe; Mitherausgeber der Zeitschriften »Geschichte und Gesellschaft«, »Theory and History«, »German History«.

Propyläen
Geschichte Deutschlands

Siebenter Band
Erster Teil

Propyläen
Geschichte Deutschlands

Herausgegeben von Dieter Groh

unter Mitwirkung von
Johannes Fried
Hagen Keller
Heinrich Lutz †
Hans Mommsen
Wolfgang J. Mommsen
Peter Moraw
Rudolf Vierhaus

Siebenter Band
Erster Teil

PROPYLÄEN VERLAG
BERLIN

Wolfgang J. Mommsen

Das Ringen
um den
nationalen Staat

*Die Gründung und der innere Ausbau
des Deutschen Reiches
unter Otto von Bismarck
1850 bis 1890*

PROPYLÄEN VERLAG
BERLIN

Text- und Bildredaktion: Wolfram Mitte
Betreuung der Tabellen und Karten: Gisela Hidde
Landkarten und Graphiken: Erika Baßler
Bibliographie und Register: Kirsten Zirkel M. A.

Gesamtgestaltung: Andreas Brylka
Herstellung: Karin Greinert

Satz: Utesch Satztechnik GmbH, Hamburg
Offsetreproduktionen: Gries GmbH, Ahrensburg
Druck und Verarbeitung: Spiegel, Ulm

© 1993 by Verlag Ullstein GmbH,
Frankfurt am Main · Berlin,
Propyläen Verlag

Printed in Germany 1993
ISBN 3 549 05817 9

Inhalt

Frauen in einer Männergesellschaft

Die Ära der Vorherrschaft des nationalen Liberalismus
(1871–1879)

Das Deutsche Reich als Vormacht Europas (1879–1890)

Vorwort

Die Geschichte des deutschen Kaiserreiches ist in den letzten Jahrzehnten Gegenstand intensiver wissenschaftlicher Auseinandersetzungen gewesen. Jene Generation der Historiker, die nach 1945 bestimmenden Einfluß auf die deutsche Geschichtswissenschaft ausübte, hatte ihre wissenschaftliche Formung in der Wilhelminischen Epoche oder in der Weimarer Republik erhalten. Sie stand noch stark unter dem Eindruck des überaus positiven Bildes der Bismarck-Zeit, das in der Weimarer Republik herrschend gewesen war; damals hatte nur eine kleine Minderheit, wie beispielsweise Walter Goetz, Arthur Rosenberg, Veit Valentin, Johannes Ziekursch oder der junge Eckart Kehr, entschiedene Kritik an der herrschenden Richtung der deutschen Historiographie geübt, die geneigt gewesen war, die deutsche Geschichte des Kaiserreiches in allzu rosigem Licht zu sehen. Nach der »deutschen Katastrophe« des Jahres 1945 wurde eine grundlegende Neuorientierung des deutschen Geschichtsbildes und damit der Deutung der Epoche des deutschen Kaiserreiches unabweisbar. Allein, in den ersten Jahrzehnten nach dem Ende des Zweiten Weltkrieges tat sich die Historikerschaft schwer, sich von den älteren Deutungen des Kaiserreiches und von der kritiklosen Verherrlichung des Reichsgründers freizumachen, wie sich unter anderem an der großen Auseinandersetzung der fünfziger Jahre über das Bismarck-Bild ablesen läßt, an der nahezu alle damals führenden Historiker teilgenommen haben. Auch die Bismarck-Interpretation von Hans Rothfels hat eine bedeutsame Nachwirkung auf die nachfolgende Generation der deutschen Historiker gehabt. Er deutete Bismarck als großen Staatsmann, der entgegen den Strömungen des Zeitgeistes für eine staatliche Ordnung in Mitteleuropa eingetreten sei, die die großen zerstörerischen Massentendenzen der Zeit, insbesondere den modernen Nationalismus, zu zähmen bestrebt gewesen sei. Erst in den sechziger Jahren setzte dann, teilweise ausgelöst durch die Fischer-Debatte, eine Revision des älteren Bildes vom Kaiserreich ein; nun wurden die inneren Bruchlinien im gesellschaftlichen Gefüge des Kaiserreiches schärfer herausgearbeitet. Gleichzeitig begann eine Umdeutung Bismarcks; dieser wurde nun als der Architekt einer »Revolution von oben« gesehen, die auf eine Bändigung der liberalen und demokratischen Strömungen gerichtet war. Die Reichsgründung wurde weithin als eine den Zeitläuften angemessene Lösung der »deutschen Frage« angesehen. Hingegen wurde Bismarcks innere Politik zunehmend kritisch beurteilt, mit Ausnahme der Sozialgesetzgebung der achtziger Jahre. Manche Interpreten sahen im Kaiserreich eine »Sackgasse«, die nicht nur eine freiheitliche Entwicklung in Deutschland behindert, sondern dieses gar in einen »Sonderweg« geführt hat, an dessen Ende die beiden Weltkriege und die Machtergreifung des Nationalsozialismus standen. Jüngsthin ist umgekehrt die Frage aufgeworfen worden, wie bürgerlich und wie fortschrittlich das deutsche Kaiserreich gewesen sei, und fand vielfach eine überaus positive Beantwortung. Thomas Nipperdey hat im Hinblick auf die jüngeren revisionistischen Deutungen des Kaiserreiches »Gerechtigkeit für die Väter und die Großväter« eingefordert.

In der Tat ist eine neue, umfassende Deutung des Kaiserreiches überfällig, die sich des Umstands bewußt ist, daß dies ein autoritär verformtes System gewesen ist, aber gleichwohl dessen große Leistungen und Hervorbringungen angemessen würdigt. Es ist unbezweifelbar, daß in der Epoche des Kaiserreiches nicht nur jene politischen und gesellschaftlichen Entwicklungen ihren Anfang genommen haben, die in den großen Katastrophen der beiden Weltkriege terminieren, sondern hier auch wesentliche Grundlagen für die gesellschaftliche Ordnung und das industrielle System gelegt worden sind, die unsere Gegenwart maßgeblich bestimmen. In der Zeit Bismarcks entstand, wenn auch noch vielfach behindert, jene bürgerliche Gesellschaft, die heute noch das Leben der Deutschen entscheidend bestimmt.

Die Geschichte des Aufstiegs und Falls des deutschen Kaiserreiches, deren erster Band hier vorliegt, bemüht sich demgemäß, die positiven und die negativen Aspekte dieser historischen Formation, wie sie sich aus heutiger Perspektive ergeben, gleichermaßen zur Darstellung zu bringen, ohne ihren Eigenwert als eine eigenständige historische Epoche in Zweifel zu ziehen. Kritik und faire Würdigung, so meinen wir, bedingen einander, wollen sie Glaubwürdigkeit beanspruchen. Die Darstellung versteht sich – dies sei ausdrücklich gesagt – bewußt als politische Geschichte insoweit, als das Handeln der Individuen und Gruppen, die sich, bewußt oder unbewußt, ihre eigene Welt schaffen, im Mittelpunkt der Betrachtungen steht. Unter den im Kaiserreich obwaltenden Umständen nimmt dabei der stete Widerstreit der liberalen und der konservativen Prinzipien und der sie repräsentierenden Persönlichkeiten und politischen Kräfte im Ablauf der Zeit einen zentralen Platz ein. Auch die Ereignisse der äußeren Politik werden nicht als schicksalhaftes Ergebnis der geopolitischen Bedingtheiten der deutschen Mittellage oder gar als Ergebnis allein der meisterlichen Diplomatie des ersten Reichskanzlers gedeutet, sondern als das, was sie in erster Linie waren, nämlich ein Niederschlag des politischen Wollens und Strebens einer selbstbewußten Nation, die einen gesicherten, angesehenen Platz in der europäischen Staatengemeinschaft einforderte und dafür gegebenenfalls auch militärische Machtmittel einzusetzen bereit war. Doch zugleich wird den sozialen Bedingungsfaktoren politischen und gesellschaftlichen Handelns besondere Aufmerksamkeit gewidmet. Dazu gehören zunächst die wirtschaftlichen und sozialen Prozesse, die die deutsche Gesellschaft zwischen 1850 und 1918 grundlegend verändert haben, vor allem der Ausbau der Landwirtschaft, die industrielle Entwicklung, die Bevölkerungsbewegung und die großen Wanderungsbewegungen. Dazu gehören weiterhin die grundlegenden Veränderungen der gesellschaftlichen Strukturen und der politischen und gesellschaftlichen Institutionen, wie sie sich unter dem Einfluß des sich ausbildenden kapitalistischen Weltsystems vollzogen haben. Insoweit will diese Darstellung zugleich eine politische Sozialgeschichte sein. Darüber hinaus wird dem kulturellen System als einer eigenständigen Sphäre gesellschaftlichen Geschehens besondere Beachtung geschenkt, in der Absicht, die Interdependenzen zwischen Kultur, Politik und Gesellschaft herauszuarbeiten. Es geht dabei nicht nur um die Formen der Kultur und den Grad ihrer gesellschaftlichen Akzeptanz, sondern vor allem um deren Inhalte. Diese dürfen, wie wir meinen, nicht lediglich als ein symbolischer Reflex der materiellen Bedingtheiten oder der Herrschaftsverhältnisse verstanden werden, sondern stellen eine eigenständige Matrix der geschichtlichen Entwicklung dar, die ihrerseits auf die politischen, wirtschaftlichen und gesellschaftlichen Abläufe maßgeblich eingewirkt hat.

Gegenstand dieses Bandes ist die Geschichte der Deutschen von 1850 bis 1890. Er behandelt den Aufstieg des Deutschen Reiches zu einer der führenden Industriestaaten Europas. Er schildert das allmähliche Wiedererwachen der politischen Parteien und Strömungen, nach der drückenden Zeit der Restauration, die dem Scheitern der Revolution von 1848/49 folgte, und die Gründung des Deutschen Reiches, im Widerstreit der von Bismarck geführten obrigkeitlichen Kräfte und der liberalen Nationalbewegung. Das deutsche Kaiserreich hat die Spuren seiner obrigkeitlichen Gründung, wie im einzelnen gezeigt wird, zeit seines Bestehens niemals abschütteln können. Bereits 1871 setzte ein zähes Ringen zwischen den verschiedenen politischen Strömungen um den inneren Ausbau des Reiches ein, bei dem anfänglich die Nationalliberalen in der Vorhand waren. Aber das Bemühen der liberalen Parteien, auf die großen Entscheidungsprozesse unmittelbar Einfluß zu gewinnen, scheiterte an den institutionellen Barrieren dieses komplizierten Verfassungssystems, in dem konstitutionelle, autoritäre und demokratische Elemente untrennbar miteinander verwoben waren. Der Zugang zu den Ministerämtern blieb den Führern der Parteien während der gesamten Periode versagt, und gegen die großen Massenparteien des Zentrums und der Sozialdemokratie wurden gar innenpolitische Präventivkriege entfesselt, um sie daran zu hindern, ihr demokratisches Potential zu entfalten. Auf diese Weise wurden große Teile der Bevölkerung aus dem politischen System ausgegrenzt und Wunden geschlagen, die auf lange Zeit hinaus nicht vernarben sollten. Dennoch gelang es den Parteien und politischen Gruppen, den konservativen Führungseliten im Reich und in Preußen ein großes Bündel von Reformen abzugewinnen und das Reich schrittweise in einen von allen Schichten der Bevölkerung akzeptierten Nationalstaat umzugestalten. Das von Bismarck begründete außenpolitische System wurde keineswegs nur durch die großen mächtepolitischen Gegebenheiten, sondern auch durch innenpolitische Faktoren maßgeblich geprägt. Das deutsch-französische Verhältnis war von den Folgen des Krieges von 1870/71 überschattet, und der Gegensatz zu Frankreich blieb infolgedessen eine problematische Konstante der deutschen Außenpolitik. Gleichwohl gewann das Deutsche Reich dank der meisterlichen Diplomatie Bismarcks, aber auch aufgrund seines politischen Gewichts und wirtschaftlichen Potentials innerhalb des europäischen Mächtesystems den Status einer Vormacht, die eine latente Hegemonialstellung einnahm. Dies ermöglichte es, Anfang der achtziger Jahre nunmehr den Pfad imperialistischer Expansion zu beschreiten, wenn auch in eng begrenztem Umfang. Andererseits weckte die Außenpolitik Bismarcks im Bestreben, die mächtepolitischen Spannungen an die Peripherie abzulenken, bei den anderen europäischen Mächten Mißtrauen und Rivalitätsgefühle, die sich, wie im nachfolgenden Band gezeigt werden wird, auf lange Sicht zu einer schweren Belastung der Stellung des Deutschen Reiches innerhalb des internationalen Systems auswachsen sollten, insbesondere sobald dies vom Pfad territorialer Saturiertheit abzuweichen begann.

Diesem Band soll binnen Jahresfrist ein weiterer Band folgen, der die Ereignisse vom Sturz Bismarcks bis zum Zusammenbruch des Kaiserreiches in der Revolution von 1918/19 behandeln wird. Der Abschnitt »Kultur und Wissenschaft im deutschen Kaiserreich«, der die Entfaltung des kulturellen Subsystems sowie die spannungsreichen Beziehungen zwischen Politik und Kunst und Wissenschaft von der Reichsgründung bis zum Ausbruch des Ersten Weltkrieges zum Gegenstand hat, bildet gleichsam die Brücke zwischen beiden Bänden. Auf den detaillierten Nachweis der zahlreichen Quellenzitate mußte hier, gemäß den Usancen der »Propyläen Geschichte Deutschlands«, verzichtet werden; die Taschenbuchausgabe, die sich in erster Linie an den wissenschaftlichen Leser und an die Studenten richtet, wird diese hingegen enthalten. Ebenso wurde von einer expliziten Erörterung der zahlreichen Kontroversen in der neueren Forschung Abstand genommen; der kundige Leser wird die einschlägige Literatur jedoch in der beigegebenen Bibliographie finden können.

In diesem Band hat eine jahrzehntelange Beschäftigung in Forschung und Lehre mit der deutschen Geschichte des 19. und frühen 20. Jahrhunderts sowie mit der Geschichte der internationalen Beziehungen und des Imperialismus ihren Niederschlag gefunden. Die endgültige Niederschrift wurde erleichtert durch ein einjähriges Akademiestipendium der Stiftung Volkswagenwerk sowie durch eine zeitweilige partielle Freistellung von meinen Lehrverpflichtungen als Fellow des Kulturwissenschaftlichen Instituts Nordrhein-Westfalen 1989/90. Beiden Institutionen sei an dieser Stelle gedankt. Vor allem aber gilt mein Dank den Mitarbeitern an meinem Lehrstuhl am Historischen Seminar der Heinrich-Heine-Universität Düsseldorf, die bei der Erstellung des Manuskripts in vielfältiger Weise geholfen und auch die Register erstellt haben. Unter ihnen sind besonders Johannes Thomassen und Christoph Cornelißen zu nennen, weiterhin Kirsten Zirkel und Thomas Schmitz, die die Zusammenstellung des Literaturverzeichnisses besorgt und wertvolle Hinweise und Anregungen bei der Durchsicht des Manuskripts gegeben haben. Mein besonderer Dank richtet sich an Marion Enke, die mit bewundernswerter Geduld und Umsicht die computergestützten Manuskripte immer wieder umschrieb und aus zahlreichen Vorlagen schließlich ein druckreifes Manuskript entstehen ließ. Schließlich gilt Dank Herrn Wolfram Mitte vom Propyläen Verlag Berlin, der den Autor bei seiner Arbeit immer wieder ermunterte und bei der Endredaktion des Manuskripts zahlreiche wertvolle Hinweise gab; ihm ist auch die reiche Bebilderung des Bandes zu verdanken.

Wolfgang J. Mommsen, im Juli 1992

Aufstieg und Fall des deutschen Kaiserreiches

Die wiedergewonnene Einheit der beiden deutschen Staaten gibt uns besonderen Anlaß zu einer Retrospektive, die die Geschichte des deutschen Kaiserreiches zum Gegenstand hat. Es wäre gewiß unangemessen, wenn man in dem wiedererstandenen deutschen Staat nur eine Fortsetzung des deutschen Kaiserreiches sehen wollte, so wie es am 18. Januar 1871 in einem feierlichen Festakt im Spiegelsaal von Versailles aus der Taufe gehoben worden ist. Aber daß die Deutschen in den geschichtlichen Traditionslinien stehen, die damals begründet worden sind, ist unübersehbar, auch für jene, die mit guten Gründen eine direkte Kontinuität deutscher Staatlichkeit seit 1871 eher für unzutreffend halten. Das deutsche Kaiserreich, so wie es von 1871 bis 1918 bestanden hat, bildet auch heute noch den zentralen Orientierungspunkt für die nationale Identität der Deutschen, obschon die Bundesrepublik ein neuer Staat ist, dessen politische Kultur sich in vieler Hinsicht von jener des Kaiserreiches weit entfernt hat und der sich in territorialer Hinsicht nur zu Teilen mit dem Staatsgebiet des Deutschen Reiches vor 1914 deckt.

Das Deutsche Reich ist nicht aus einem freien Willensakt seiner Bürger, sondern aus einer »Revolution von oben« hervorgegangen. Es war gemäß einem Wort Theodor Schieders bei seiner Gründung ein »unvollendeter Nationalstaat«, der von tiefen inneren Bruchlinien durchzogen war. Dennoch wurde das Deutsche Reich mit den Jahren in den Augen seiner Bürger zur Verkörperung des deutschen Nationalstaates. Zwar fühlten sich die deutschen Bildungsschichten weiterhin der deutschen Kulturnation verpflichtet, die auch die Deutschen außerhalb der Reichsgrenzen, insbesondere die Deutsch-Österreicher, umfaßte, aber allmählich gewann die Orientierung am bestehenden nationalen Staat mit seinem äußeren Glanz, seinem militärischen Gepränge, seiner geachteten Stellung im Rahmen der europäischen Staatenwelt und seinem wachsenden Wohlstand die Oberhand über die kulturnationalen Traditionen, die die Nationalidee der Deutschen noch in der ersten Hälfte des 19. Jahrhunderts getragen hatten und die den ganzen deutschen Sprachraum dieser Nation zurechneten.

Die Gründung des Deutschen Reiches ist erst durch drei europäische Kriege ermöglicht worden: dem Krieg von 1864 gegen Dänemark, dem Krieg zwischen Österreich und Preußen 1866 und dem Deutsch-Französischen Krieg von 1870/71. Der »deutsche Krieg« von 1866 führte dazu, daß Österreich aus Deutschland hinausgedrängt wurde und fortan politisch in erster Linie nach Südosteuropa hin gravitierte, in Übereinstimmung mit Bismarcks geheimen Plänen. In der 1867 entstandenen Doppelmonarchie Österreich-Ungarn behauptete die deutsche Volksgruppe zwar weiterhin eine gewisse Vorrangstellung in Staat, Armee und Verwaltung, aber die Habsburger Monarchie konnte, wenn überhaupt je zuvor, nicht länger als eine deutsche Macht gelten. Der Deutsch-Französische Krieg sollte die scharfe Gegensätzlichkeit dieser beiden Völker für fast ein Jahrhundert auf Dauer stellen. Die großen Entscheidungen von 1867 und dann insbesondere von 1870/71 haben alle alternativen Lösungen der »deutschen Frage«, wie sie immerhin denkbar gewesen wären, und mit ihr einer andersartigen europäischen Ordnung endgültig abgeschnitten zugunsten der Schaffung eines kleindeutschen Nationalstaates unter preußischer Führung. Es ist zudem daran zu erinnern, daß auch innerhalb der Grenzen dieses Nationalstaates zahlenmäßig wie kulturell bedeutsame nationale Minderheiten lebten, als Folge der Tatsache, daß Preußen keineswegs ein rein deutscher Staat gewesen ist.

Damals erschien der Weg zur Schaffung einheitlicher Nationalstaaten gleichsam durch den Gang der neueren Geschichte selbst vorgezeichnet. Die Organisation Europas in Form von geschlossenen, im Innern homogenen Nationalstaaten galt den Zeitgenossen als ideales Ziel der Geschichte, um so mehr, als dies mit den emanzipatorischen Erwartungen des aufsteigenden Bürgertums untrennbar verknüpft zu sein schien. Auch die deutsche liberale Bewegung setzte alle ihre Hoffnungen auf einen homogenen, im Innern freiheitlich gestalteten Nationalstaat. Der nationalliberale Historiker Heinrich von Sybel schrieb anläßlich der feierlichen Kaiserproklamation in Versailles an Hermann Baumgarten: »Wodurch hat man die Gnade Gottes verdient, so große und mächtige Dinge erleben zu dürfen? Und wie wird man nachher leben? Was zwanzig Jahre der Inhalt alles Wünschens und Strebens gewesen, das ist nun in so unendlich herrlicher Weise erfüllt!« Generationen von Deutschen, vornehmlich der bürgerlichen Schichten, haben in ähnlicher Weise die Reichsgründung als Höhepunkt der deutschen Geschichte empfunden und ihrem Schöpfer Otto von Bismarck eine fast mythische Verehrung entgegengebracht. Die Bismarck-Türme auf den Bergen am Rand vieler deutschen Städte, die mittlerweile zumeist von dreisten Neubauvierteln ihrer einstmals würdigen Umgebung beraubt worden sind, künden noch heute von der Begeisterung, mit der das deutsche Bürgertum, allen voran das Bildungsbürgertum, den ersten Reichskanzler als Reichsgründer gefeiert hat.

Heute, aus der Distanz von mehr als einem Jahrhundert, lohnt es sich, über die Vorteile, aber auch über die Kosten nachzudenken, die Bismarcks Lösung der »deutschen Frage« mit sich gebracht hat. Zuerst das Negative: Mit der Begründung eines geschlossenen, obschon föderativ gegliederten Nationalstaates unter preußischer Führung waren nicht nur die großdeutschen Hoffnungen, sondern ebenso alle universalistischen Lösungen, die damals immerhin noch zur Debatte standen, endgültig dahin. Damit verblieben die Deutschen in Österreich außerhalb des neuen Nationalstaates. Eine weitere Folge war, daß der neue Nationalstaat eine betont protestantische Ausrichtung erhielt, während der katholische Volksteil einstweilen politisch und gesellschaftlich ins Abseits gedrängt wurde. Es bedurfte eines langen Prozesses, um die Gleichberechtigung der Katholiken im

Rahmen des politischen Systems und, mehr noch, im kulturellen Leben durchzusetzen. Erst in der Gegenwart, nach den grundlegenden Veränderungen der konfessionellen Struktur im deutschen Siedlungsraum während des letzten halben Jahrhunderts, ist dieses Problem gleichsam außer Sicht geraten; heute besteht nahezu ein Gleichgewicht zwischen den Konfessionen. Damit haben diese Konflikte, die die Gesellschaft des Kaiserreiches in zwei Lager spalteten, ihre politische Sprengkraft weitgehend verloren. Aus heutiger Sicht wird man die staatenbündische Lösung der »deutschen Frage«, wie sie seit 1815 in Gestalt des Deutschen Bundes und seit 1837 ergänzend mit dem Deutschen Zollverein bestanden hatte, um einiges günstiger beurteilen, als es die Zeitgenossen getan haben. Gewiß, der Deutsche Bund war ein schwaches Gebilde und in gewisser Hinsicht ein Spielball der deutschen Großmächte Österreich und Preußen, aber er hatte die Grundlage für eine weitreichende politische Gemeinschaft aller Deutschen einschließlich der Deutsch-Österreicher abgegeben.

Es war zudem nicht unbedingt nur ein Nachteil, daß die anderen europäischen Nationen unter diesen Umständen von der deutschen Nation eigentlich nichts zu fürchten hatten, weil die politische Ordnung des Deutschen Bundes lediglich zur Defensive, niemals aber zur Offensive taugte. Davon abgesehen hätte allein eine universalistische Lösung der »deutschen Frage« auf Dauer die Chance eröffnet, den Deutschen jene informelle wirtschaftliche und kulturelle Vorrangstellung in den gemischtsprachlichen Gebieten vornehmlich Osteuropas zu erhalten, die auf eine Jahrhunderte zurückliegende Siedlungspolitik zurückging. Während der Zeit des Deutschen Bundes ist die wirtschaftliche wie die kulturelle und in gewisser Hinsicht die politische Vorrangstellung der Deutschen in den gemischt-ethnischen Gebieten vor allem Ostmitteleuropas, die in einer wesentlich älteren Epoche deutscher Hegemonie in Europa begründet worden war, für die anderen Völker erträglich gewesen. Mit der Entstehung eines seiner Tendenz nach auf ethnische und kulturelle Homogenität seiner Bevölkerung drängenden nationalen Machtstaates mußte hingegen das Verhältnis der Deutschen zu ihren Nachbarn in den Grenzregionen des Reiches, insbesondere in den polnischen Gebieten Preußens und in Schleswig, zwangsläufig zu einem Problem werden. Insofern standen der neugewonnenen nationalen Einheit von vornherein politische Kosten gegenüber, deren Ausmaß anfänglich nahezu überhaupt nicht erkannt wurde. Mehr noch: Diese Probleme wurden durch die Annexion Nordschleswigs sowie nicht nur des Elsasses, über dessen Zugehörigkeit zum Reich man allenfalls sprechen kann, sondern auch der rein französischen Teile Lothringens noch erheblich vermehrt. Anders als die große Mehrzahl der europäischen Nationalstaaten stand das Deutsche Reich demgemäß von Anbeginn vor der Frage, wie es denn mit den eigenen nationalen Minoritäten umgehen solle, und diese Frage gewann sogleich beträchtliches Gewicht in der internationalen Politik.

Andererseits wurde durch Bismarcks Politik ein lange schwelender Konflikt der deutschen Geschichte ausgeräumt und damit die äußere Voraussetzung für den Aufstieg der Deutschen zu einer der führenden Nationen Europas geschaffen. Die deutsche Staatenwelt war hinfort nicht länger ein Spielball Österreichs und Preußens, die in erster Linie übergreifende machtpolitische Ziele verfolgt hatten, welche den Interessen der deutschen Nation eher abträglich gewesen sind. Was die Frage der Verträglichkeit eines deutschen nationalen Machtstaates in der Mitte Europas mit den Interessen seiner europäischen Nachbarn angeht, so hatten auch die Liberalen darauf keine befriedigende Antwort zur Hand. Schon die Achtzehnhundertachtundvierziger hatten keinen Weg gewußt, wie man die Idee eines geschlossenen deutschen Nationalstaates mit der ethnischen Gemengelage insbesondere Ostmitteleuropas in Einklang bringen könne; sie hatten sich für eine noch weit ausgreifendere, gleichsam imperialistischere Lösung entschieden, als dies Bismarck gemäß den Traditionen preußisch-etatistischen Staatsdenkens dann getan hat. Aber dem stand gegenüber, daß der neu begründete preußisch-deutsche Staat von vornherein unter dem Zeichen machtstaatlicher Politik in die internationale Arena eintrat und somit Zurückhaltung gegenüber seinen europäischen Nachbarn kaum erwartet werden konnte. Hellsichtige Geister wie Jacob Burckhardt waren daher von Anbeginn tief besorgt: »Allein in erster Linie will die Nation (scheinbar oder wirklich) vor allem Macht. Das kleinstaatliche Dasein wird wie eine bisherige Schande perhorresziert; alle Tätigkeit für dasselbe genügt den treibenden Individuen nicht; man will nur zu etwas Großem gehören und verrät damit deutlich, daß die Macht das erste, die Kultur höchstens ein ganz sekundäres Ziel ist. Ganz besonders will man den Gesamtwillen nach außen geltend machen, andern Völkern zum Trotze.« Dieses Urteil war, wie man im Rückblick mit einiger Sicherheit sagen kann, überspitzt und insofern ungerecht; aber in seiner Tendenz ist es durch die weitere Entwicklung eher bestätigt worden. Mochte Bismarck selbst alles daransetzen, durch eine behutsame und umsichtige Politik, die dem Prinzip der territorialen Saturierung des Reiches verpflichtet blieb, die expansiven Tendenzen des Deutschen Reiches im Zaum zu halten; seine Nachfolger wurden immer stärker in den Sog der auf Machtgeltung und Expansion in Übersee ausgerichteten Bestrebungen der bürgerlichen Schichten hineingezogen, wenn auch vielfach gegen ihren Willen.

Die Gründung des Deutschen Reiches verdankte sich einem Kompromiß zwischen den von Bismarck repräsentierten konservativen Kräften, zumal in Preußen, das auch unter den neuen Verhältnissen ein Hort obrigkeitlicher Politik blieb, und der liberalen Bewegung, die seit 1862 wieder Tritt gefaßt hatte, ohne den Verfassungskonflikt in Preußen zu ihren Gunsten entscheiden zu können. Insofern war der neubegründete Nationalstaat keineswegs nur eine preußisch-aristokratische Veranstaltung, sondern zugleich das Ergebnis von zwei Generationen liberaler Bemühungen um die nationale Einigung Deutschlands. Während der »Liberalen Ära« von 1867 bis 1879 wurde den Liberalen auf wirtschaftlichem

Felde in beachtlichem Umfang freie Hand gegeben. Die anfänglichen Erwartungen der Nationalliberalen Partei, daß man das Reich auf der Grundlage der 1867 beziehungsweise 1871 vereinbarten Reichsverfassung, die in vieler Hinsicht als ein »System umgangener Entscheidungen« angesehen werden muß, gemäß fortschrittlichen Grundsätzen nach und nach werde ausbauen können, blieben jedoch unerfüllt. Im Zuge der Entwicklung erlahmte auch in den fortschrittlich gesonnenen Teilen des Bürgertums angesichts der subjektiv als äußerst ernst empfundenen Bedrohung durch die aufsteigende Sozialdemokratie der Wille zu einer Weiterentwicklung des politischen Systems im liberalen Sinne; vielmehr flüchteten große Teile des Bürgertums, wie dies Max Weber verächtlich ausgedrückt hat, unter den »Regenschirm des Gottesgnadentums«, statt entschlossen für die Durchsetzung bürgerlicher politischer Forderungen einzutreten.

Das Verfassungssystem des Kaiserreiches beruhte auf dem Prinzip der Entgegensetzung der von der Krone repräsentierten, obrigkeitlichen Staatsgewalt und der Kräfte der Nation, die im Reichstag ihre institutionelle Repräsentation erhielten. Dieses dualistische System wurde durch die föderalistische Struktur, die Preußen ein beträchtliches Übergewicht innerhalb der politischen Entscheidungsprozesse sicherte, zusätzlich verkompliziert. Es war so konstruiert, daß es eine kontinuierliche Fortentwicklung in demokratischer Richtung nicht zuließ. Gleichwohl gab es den Rahmen für eine allmähliche Durchdringung der deutschen Gesellschaft mit liberalen und schließlich auch mit demokratischen Prinzipien ab; alle Maßnahmen der Staatsgewalt konnten auf die Dauer nicht verhindern, daß sich unter der Hand, wenngleich nicht ohne tätiges Zutun der politischen Parteien, die Gewichte innerhalb des politischen Systems schrittweise zugunsten des Reichstages sowie der Parteien verschoben. Zu einer wirklich verantwortlichen Mitwirkung der Nation an den politischen Prozessen kam es nicht oder doch allenfalls auf der Ebene der städtischen Kommunen und Gemeinden; aber hier garantierte das Sicherheitsnetz eines die Sozialdemokratie und die Unterschichten der Bevölkerung massiv benachteiligenden Wahlrechts bis weit über die Jahrhundertwende hinaus die Vorherrschaft des liberalen Bürgertums.

Das Maß der politischen Partizipation der breiten Schichten der Nation am politischen Geschehen war seit Bestehen des Kaiserreiches eng begrenzt. Das halbkonstitutionelle System bot hierfür trotz des demokratischen Wahlrechts nur unzureichende Möglichkeiten. Der Reichstag blieb auf »negative Politik« beschränkt; die Parteiführer konnten niemals hoffen, maßgebenden Einfluß auf die Exekutive zu gewinnen, geschweige denn selbst zu Ministern oder Reichsstaatssekretären aufzusteigen. Dies hatte auf die Dauer höchst negative Auswirkungen. Dadurch wurde ein stiller Entwicklungsprozeß in Gang gesetzt, der den Graben, der die Herrschaftseliten von der Gesellschaft trennte, immer tiefer werden ließ. Die Staatsführung, die sich überwiegend aus Vertretern der Hocharistokratie und der leitenden Beamtenschaft rekrutierte und theoretisch allein die

Verantwortung für die politischen Entscheidungen trug, und die Öffentlichkeit drifteten immer weiter auseinander, und die Parteien waren zusehends weniger in der Lage, zwischen beiden zu vermitteln. Die Reichsleitung fand es zunehmend schwieriger, die öffentliche Meinung für ihre Politik zu gewinnen, weil ihr dafür der Transmissionsmechanismus eines wirklich verantwortlichen Parlaments und einer an die Regierungspolitik gebundenen Parteienmehrheit fehlte. Umgekehrt konnten die politischen und gesellschaftlichen Gruppen ihre politischen Forderungen auf parlamentarischem Weg nur sehr begrenzt zur Geltung bringen. In intellektuellen Kreisen wurde es vollends üblich, mit Verachtung auf das parlamentarische Getriebe hinabzusehen: Politik wurde mehr und mehr als ein schmutziges und erniedrigendes Gewerbe betrachtet, mit dem man sich als nationalgesinnter Bürger nicht abzugeben habe. Die politischen Parteien büßten mit den Jahren weithin an Ansehen ein. Seit 1890 begannen ihnen außerparlamentarische Agitationsverbände wie der Bund der Landwirte, der Alldeutsche Verband oder der Flottenverein zunehmend Konkurrenz zu machen. Die Agitationsverbände setzten auf ein lautstarkes Vorgehen in der Öffentlichkeit, das um so hemmungsloser ausfiel, als sie sich von jedweder politischer Verantwortlichkeit frei fühlten und zudem einander in maßlosem politischen Radikalismus gegenseitig zu überbieten suchten. Das neudeutsche nationale Pathos, wie es sich die bürgerlichen Schichten seit der Mitte der neunziger Jahre immer stärker zu eigen gemacht hatten, war in mancher Hinsicht ein Surrogat wirklicher politischer Selbstbestimmung, welche der Nation verfassungsrechtlich bis zum Ende des Kaiserreiches vorenthalten blieb. Dabei spielte allerdings nicht zuletzt die Furcht der bürgerlichen Schichten vor der wachsenden Macht der Sozialdemokratie eine Rolle, die es angezeigt sein ließ, am politischen Status quo festzuhalten. Das Spannungsverhältnis von autoritärer Staatsführung und freiheitlicher parlamentarischer Willensbildung durchzieht die Geschichte des deutschen Kaiserreiches in allen Lebensbereichen: in der inneren Politik, der Parteienstruktur, der Wirtschaftsordnung, in Kunst, Literatur und Wissenschaft ebenso wie in der äußeren Politik.

Die Führungsschichten, einschließlich des gehobenen Bürgertums und der Intelligenz, neigten in steigendem Maße dazu, das bestehende System der bürokratischen Beamtenherrschaft mit parlamentarischem Zusatz, welches gesellschaftliche Stabilität und eine pragmatische Lösung der gesellschaftlichen Probleme zu gewährleisten schien, für eine ideale Sache zu halten. Schließlich wurde dieses System am Anfang des Ersten Weltkrieges unter dem Stichwort »die deutsche Idee der Freiheit« als die besondere deutsche Form staatlicher Herrschaft gepriesen, die dem schnöden Materialismus der westlichen parlamentarischen Regierungssysteme ebenso überlegen sei wie dem rein autoritären Herrschaftsstil des zarischen Rußland. Die »Ideen von 1914« wurden gedeutet als eine Erneuerung der »Ideen von 1870« und bewußt in Gegensatz gesetzt zu den politischen Traditionen Westeuropas, wie sie in den »Ideen von 1789« ihren

Niederschlag gefunden hatten. Zwar wird man einräumen müssen, daß erst die Kriegssituation eine derartige, der westlichen Tradition diametral entgegengesetzte Bestimmung des politischen Selbstverständnisses der Deutschen hervorgebracht hat; diese Auffassungen waren jedoch in der politischen Kultur des Bismarckschen Staates tief verwurzelt und besaßen ihre materielle Basis in dem überaus starken Einfluß, den namentlich die höhere Beamtenschaft vor allem Preußens auf den Gang der Dinge hatte nehmen können.

Max Webers bitteres Wort, daß das politische System des Deutschen Reiches eine »kontrollfreie Beamtenherrschaft« gewesen sei, der es seit Bismarcks Abgang an jeglichen Staatsmännern von Rang gefehlt habe, mag ein wenig zu weit gehen, aber es trifft einen zentralen Schwachpunkt der politischen Ordnung des Kaiserreiches. Die bedeutsamen sachlichen Leistungen dieses Systems in vielen Bereichen der inneren Politik, zu denen vor allem der Aufbau einer modernen, international bahnbrechenden Sozialversicherungsordnung zählt, auf dessen Grundlagen die heutige Sozialordnung noch weithin beruht, oder die Entwicklung eines ungewöhnlich leistungsfähigen, weltweit anerkannten Wissenschaftssystems, sollen hier keinesfalls in Abrede gestellt werden, ganz im Gegenteil. Aber in dem entscheidenden Punkt, nämlich der schrittweisen Ausbildung einer auf das Prinzip der Selbstbestimmung in allen wichtigen Bereichen aufgebauten politischen Ordnung, hat die bürokratische Führungsschicht des Kaiserreiches auf breiter Ebene versagt; die Versuchung, die unvermeidlich auftretenden politischen und sozialen Konflikte mit den bewährten obrigkeitsstaatlichen Mitteln zu bewältigen, statt deren offene Austragung zuzulassen, war allzu groß.

Andererseits hat die Tatsache, daß das Kaiserreich noch in einer Zeit, in der sich weltweit eine schrittweise Demokratisierung der Lebensbeziehungen in Gesellschaft und Staat abzeichnete, an bürokratischen Herrschaftsmethoden festhielt, wenn auch im Rahmen eines rechtsstaatlichen Systems, fortschrittliche Leistungen auf wirtschaftlichem und gesellschaftlichem Gebiet nicht nur nicht ausgeschlossen, sondern in mancher Hinsicht sogar begünstigt. Obwohl die deutsche Form der »bürgerlichen Revolution« sich unter obrigkeitlichem Vorzeichen vollzog und durch die fortwährende Begünstigung der großgrundbesitzenden Aristokratie im politischen und wirtschaftlichen Leben abgebremst wurde, schuf sie die Grundlagen für die Entstehung eines modernen industriellen Systems, das um die Jahrhundertwende sogar die bisher führende Wirtschaftsmacht der Welt, Großbritannien, überrundete. In der »Liberalen Ära« wurden die gesetzlichen und infrastrukturellen Voraussetzungen für die sprunghafte Entfaltung des industriellen Systems in den kommenden Jahrzehnten geschaffen. Eine ungeachtet mancher obrigkeitlichen Einsprengsel grundsätzlich freiheitliche Rechtsordnung ermöglichte die freie Entfaltung individueller Initiative im wirtschaftlichen und gesellschaftlichen Leben und gewährte Sicherheiten gegen ein willkürliches Eingreifen des Staates in die gesellschaftlichen Belange, selbst wenn es wiederholt zu Ausnahmegesetzen kam, die damit im Grunde nicht verträglich waren. Wenn auch vielerorts noch verbesserungsbedürftig, wies sie den Weg hin zu einer Gesellschaft, in der nicht mehr Stand und Herkommen, sondern allein persönliche Leistung zählte. Gleiches gilt für die Institutionen und Ordnungen, die die Entstehung einer effizienten Wirtschaft erst möglich gemacht haben, wie ein zentrales Münz- und Bankensystem, ein einheitliches Handelsrecht und eine einheitliche Zoll- und Steuergesetzgebung. Obschon die deutsche Wirtschaft seit dem Ersten Weltkrieg immer wieder schweren Umbrüchen ausgesetzt gewesen ist, lassen sich gerade hier bedeutsame Kontinuitätslinien vom Kaiserreich bis in die Gegenwart feststellen.

Unter den obwaltenden Umständen wurden die Energien der bürgerlichen Schichten zu einem großen Teil in Richtung auf das Wirtschaftsleben und auf öffentliche Aktivitäten gelenkt, die sich unterhalb beziehungsweise außerhalb des politischen Lebens vollzogen. Dazu gehörten unter anderem der Ausbau eines überaus leistungsfähigen Bildungssystems sowie die Schaffung vorbildlicher institutioneller Voraussetzungen für die Entfaltung der modernen Wissenschaften. Diese wurden schon bald in der ganzen Welt als Muster einer fortschrittlichen Wissenschaftspolitik betrachtet. Die deutsche Wissenschaft errang im Kaiserreich Weltgeltung. Nicht ganz das Gleiche läßt sich von Kunst und Kultur sagen; es ist unübersehbar, daß sie in der zweiten Hälfte des 19. Jahrhunderts den Entwicklungen auf internationalem Felde im ganzen eher nachfolgten. Dennoch wurden im Kaiserreich die Grundlagen für einen differenzierten bürgerlichen Kulturbetrieb gelegt, dank der unermüdlichen Aktivität einer großen Zahl von privaten Fördervereinen des liberalen Bürgertums, aber auch der städtischen Kommunen. Durch die Förderung von Musik, Theater, bildender Kunst, die Einrichtung von Museen, naturwissenschaftlichen Sammlungen, zoologischen Gärten sowie zahlreichen Institutionen von Bildung und Wissenschaft riefen die städtischen Selbstverwaltungskörperschaften gegenüber der traditionellen herrschaftlich-aristokratischen Kultur eine Art von bürgerlicher Gegenkultur ins Leben, wie sie ihrem politischen Selbstbewußtsein entsprach. Auf ihren Grundlagen ruht noch heute das im internationalen Vergleich einmalige Engagement der städtischen Kommunen auf kulturellem Gebiet.

Allerdings wurde seit der Jahrhundertwende der bürgerlich-liberale Kulturbegriff, der vor allem vom Bürgertum getragen wurde und als zusätzliche Legitimation der bürgerlichen Vorherrschaft in den Städten und Gemeinden diente, durch die Kunst der Moderne herausgefordert. Die neue avantgardistische Kultur extrem individualistischen Zuschnitts kümmerte sich wenig um bürgerliche Werte; sie distanzierte sich vielmehr immer schärfer von diesen und darüber hinaus von jeglichem politischen Engagement überhaupt. Aber zugleich erschloß sie, unter anderem indem sie künstlerische Entwicklungen im übrigen Europa aufgriff, der Kultur neue Kraftquellen. Insgesamt konnte sich der Beitrag der deutschen Kunst zur Moderne mit den künstlerischen Bestrebungen des Werkbundes, der eine ästhetische Gestaltung der industriellen Massenproduktion zum Programm erhob, mit der Architektur der neuen Sachlichkeit und dem malerischen und graphischen Werk des Expressionismus auch international sehen lassen.

In diesem Zusammenhang sind ferner die großen sozialpolitischen Errungenschaften des Kaiserreiches zu nennen, die für die Entwicklung des modernen Wohlfahrtsstaates eine bahnbrechende Rolle gespielt haben, vor allem die Sozialversicherungsgesetzgebung Bismarcks. Sie ist allerdings ursprünglich nicht in erster Linie aus einem fortschrittlichen, den sozialen Fragen gegenüber aufgeschlossenem Denken hervorgegangen, obschon sich dieses früh auch öffentlich artikulierte, beispielsweise im Verein für Sozialpolitik. Die Sozialversicherungsgesetze entsprangen dem Bedürfnis, die repressive Politik gegenüber der organisierten Arbeiterschaft und deren interessenpolitischen Vertretungen, denen bis in den Ersten Weltkrieg hinein die Gleichberechtigung versagt wurde, durch sozialpolitische Kompensationsleistungen abzustützen. Sie waren das Resultat eines politischen Kompromisses der Staatsgewalt und der gesellschaftlichen Kräfte; bürokratische und liberale Elemente hielten sich dort die Waage. Das System der staatlichen Sozialversicherung gewann bald allgemeine Anerkennung und schließlich sogar internationales Ansehen als eine vorbildliche Lösung der sozialen Probleme in fortgeschrittenen Industriegesellschaften. Auch das System der kommunalen Selbstverwaltung, wie es sich im Kaiserreich in zähem Ringen der liberalen Parteien mit der Staatsgewalt und den konservativen Interessengruppierungen herausgebildet hatte, erwies sich als bemerkenswert leistungsfähig; hier, auf der Ebene der Städte und Gemeinden, gelang es, viel von dem sozialen Zündstoff zu entschärfen, der sich durch die forcierte Industrialisierung und die massenhafte Abwanderung der ländlichen Arbeiterschaft in die industriellen Zentren aufgehäuft hatte und immer aufs neue aufhäufte.

Im internationalen Vergleich gesehen war das Kaiserreich keineswegs ein besonders konservatives politisches System; es wies im Gegenteil in vieler Hinsicht fortschrittliche Züge auf. Mit der Einführung des allgemeinen, gleichen, direkten und geheimen Wahlrechts bereits 1867 überholte es die westlichen Demokratien. Die englische Wahlrechtsreform von 1885 gab zwar dem größten Teil der erwachsenen männlichen Bürger, soweit diese eine selbständige Existenz nachweisen konnten, das Wahlrecht, aber erst 1918 wurde auch hier das allgemeine Wahlrecht eingeführt. Die Dritte Republik kannte immerhin von Anbeginn ein demokratisches Wahlrecht, doch hier wurden anfangs einige Anstrengungen gemacht, dessen Auswirkungen mit indirekten Methoden zu beschränken. Auch Italien, dessen konstitutionelle Verfassung zu den fortschrittlichsten Europas gehörte, ging erst in der Ära Giolittis schrittweise zum allgemeinen Wahlrecht über. Aus dieser Perspektive betrachtet war das Kaiserreich einer der fortschrittlichsten Staaten Europas, von den Verhältnissen in Österreich-Ungarn, wo bis 1906 in Cisleithanien ein altertümliches Kurienwahlrecht bestand, und im autokratisch regierten zarischen Rußland ganz abgesehen.

In anderer Hinsicht war das politische System des Kaiserreiches hingegen weit rückschrittlicher als vergleichbare Herrschaftssysteme in West- und Südeuropa, weil dem Reichstag, der das demokratische Element im Verfassungsgebäude repräsentierte, ein unmittelbarer Einfluß auf die Regierung versagt blieb, anders als in Großbritannien und Frankreich oder in Italien, Belgien und den nordischen Staaten. Allerdings wird man beachten müssen, daß die politische Macht durchweg von vergleichsweise kleinen gesellschaftlichen Gruppen ausgeübt wurde, während der Einfluß der breiten Massen der Bevölkerung begrenzt blieb. Die Besonderheit des Kaiserreiches gegenüber seinen europäischen Nachbarn bestand nicht etwa darin, daß dieses ein besonders rückständiges politisches System gewesen sei, sondern darin, daß hier ein ungeklärtes Mischungsverhältnis von konservativen und progressiven, von autoritären und demokratischen Elementen eine schrittweise Anpassung der Verfassungsordnung an die Erfordernisse des 20. Jahrhunderts erschwerte. Während das Kaiserreich im gesellschaftlichen Bereich, insbesondere mit dem Aufbau eines dynamischen industriellen Systems, den Schritt in die Moderne vollzog, blieben das politische System und die von diesem definierten gesellschaftlichen Statushierarchien weit dahinter zurück. Es ist die Spannung zwischen diesen beiden Bereichen, die den Gang der deutschen Politik maßgeblich bestimmt hat.

Dies gilt auch für die auswärtige Politik. Es waren vorwiegend innenpolitische Umstände, die bewirkten, daß die Führungselite des Deutschen Reiches schließlich im Juli 1914 keinen anderen Ausweg mehr sah, als es auf einen großen europäischen Krieg ankommen zu lassen. Walther Rathenau hat schon im November 1914 den Ausbruch, oder besser die Auslösung des Ersten Weltkrieges auf das Spannungsverhältnis zwischen Modernität und Rückständigkeit zurückgeführt, welches die überkommene Führungsschicht des Reiches nicht zu bewältigen vermocht habe: »Eine Kaste, tüchtig, selbstbewußt, aber der Initiative unfähig, regiert uns. Das ging, solange sie sich der Rückständigkeit nicht schämte. Nun wollte sie modern sein, zerrüttete das Alte, gewann das Neue nicht, verfeindete uns der Welt, schwächte uns nach außen, und schlug los in dem Moment, den wir nicht gewählt haben... Das Volk trägt seine Verantwortlichkeit nicht, und ist doch dazu verpflichtet. Nun muß es die Fehler seiner Herren mit seinem Blut abwaschen.«

Gemeinhin wird das Scheitern der deutschen Außenpolitik in der Ära Wilhelms II. dem Umstand zugeschrieben, daß die Nachfolger Bismarcks von seinem Kurs einer umsichtigen Kabinettspolitik abgewichen und sich einer ambitiösen, aber den politischen Verhältnissen in Europa und der Welt nicht angemessenen, expansiven Weltpolitik verschrieben hätten. In der Tat war Bismarcks äußere

Politik durchgängig von einem hellwachen Bewußtsein für die Gefährdung des Deutschen Reiches in der Mitte eines von Rivalitäten geprägten europäischen Mächtesystems geprägt. Bismarck ist zeitlebens, wie er im Kissinger Diktat einmal gesagt hat, peinlich darum bemüht gewesen, bündnispolitische Verhältnisse zu schaffen, die sicherstellen sollten, daß das Deutsche Reich im Fall eines europäischen Krieges im Rahmen der europäischen Pentarchie zu dritt, das heißt mit zuverlässigen Bundesgenossen, dastehe. Man wird jedoch festhalten müssen, daß Bismarcks Außenpolitik zum schließlichen Niedergang seines auf die Bewahrung des europäischen Friedens ausgerichteten Bündnissystems beigetragen hat. Seit 1879 setzte der Kanzler in zunehmendem Maße darauf, die Spannungen von der Mitte Europas an die Peripherie abzuleiten, indem er die Begehrlichkeiten der anderen Mächte auf kolonialem Gebiet behutsam förderte, während sich das Deutsche Reich in der Hinterhand hielt. So ermutigte er Großbritannien, sich in Ägypten festzusetzen, weil dies zu einer dauernden Konfrontation mit Frankreich führen müsse, während er umgekehrt Frankreich Avancen machte, Tunesien – und gegebenenfalls sogar Syrien – zu okkupieren, in dem durchaus richtigen Kalkül, auf solche Weise die expansiven Energien der europäischen Rivalen des Deutschen Reiches, insbesondere Großbritanniens, Frankreichs und – in zweiter Linie – des zarischen Rußlands gegeneinander zu engagieren. Dies ging vor allem auf Kosten des Osmanischen Reiches, das Bismarck zwar zu erhalten suchte, dessen periphere Besitzungen anderen Mächten zu überlassen dem Kanzler jedoch die Erhaltung des europäischen Friedens wert war.

Anfänglich hat sich diese Strategie, die begrenzte Konflikte an der Peripherie ständig am Kochen hielt, ausgezahlt; sie hat in den Jahren 1883/84 sogar die Erwerbung des größten Teils der deutschen Kolonien ohne schwerwiegende Konflikte mit Großbritannien und Frankreich ermöglicht. Auf Dauer aber mußte eine solche Strategie auf die europäische Mitte zurückschlagen, spätestens dann, wenn das Deutsche Reich selbst zu einer aktiven überseeischen Politik überging und sich mit dem Bau der Bagdad-Bahn an der ökonomischen Penetration des Osmanischen Reiches beteiligte. Davon abgesehen ist zu fragen, ob der Stil der Geheimdiplomatie Bismarcks, die die Sicherheit des Deutschen Reiches mit immer neuen, auf sehr kurze Laufzeiten bemessenen bilateralen Bündnisverträgen zu sichern suchte, die so angelegt waren, daß sie den Bündnisfall gerade ausschlossen, einer Zeit wachsenden Einflusses der öffentlichen Meinung auf die internationale Politik tatsächlich noch voll angemessen war.

Nachteiliger noch wirkte sich aus, daß die beiden Partner, auf die Bismarck vorzugsweise seine Bündniskombination stützte, nämlich die konservativen Ostmächte Österreich-Ungarn und das zarische Rußland, immer stärker zu einer expansiven Balkan-Politik gravitierten, die beständig die Gefahr eines kriegerischen Konfliktes zwischen beiden Mächten in sich barg. Sehr spät, eigentlich erst seit 1887, besann sich Bismarck darauf, daß das von ihm gesponnene Bündnissystem nur dann auf Dauer Bestand haben könne, wenn es gelänge, nicht nur Österreich-Ungarn, Italien und – mit gewissen Einschränkungen – Rußland in sein System einzubinden, sondern auch Großbritannien an dieses heranzuziehen. Am Ende nahm Bismarcks Bündnissystem mit dem berühmt gewordenen Rückversicherungsvertrag eine geradezu manieristische Form an, die nicht mehr frei von Widersprüchen war. Insgesamt wird man sagen dürfen, daß Bismarcks meisterhafte Diplomatie zum Zeitpunkt seines Rücktritts an das Ende ihrer Möglichkeiten gekommen war. Außenpolitik ließ sich nicht länger ohne Rücksichtnahme auf die öffentliche Meinung und schon gar nicht mit Hilfe ihrer Manipulation in beliebiger Richtung betreiben.

Gleichwohl bedeutete der Sturz Bismarcks im Frühjahr 1890 eine tiefe politische Zäsur. Denn trotz aller Neigung zu gewaltsamen Lösungen besaß der große Kanzler zeitlebens über ein sicheres Gespür für die Grenzen des politisch Möglichen, in der inneren und, mehr noch, in der äußeren Politik. Sein außenpolitisches System ist wesentlich darauf angelegt gewesen, die deutsche Position in der Mitte Europas durch die behutsame Ermutigung der rivalisierenden imperialistischen Interessen der anderen Großmächte, besonders im Nahen Osten und in Afrika, zu stärken; das aber setzte eine Politik der »Saturiertheit« des Deutschen Reiches in Übersee voraus. Bismarcks Nachfolger brachen, wenn auch halbherzig und innerlich unentschlossen, mit dieser Grundlinie der deutschen Außenpolitik. Zwar hat Bismarcks Nachfolger Caprivi anfänglich versucht, eine geradlinigere Außenpolitik, die stärker im Einklang mit der öffentlichen Meinung stand, zu betreiben und auf diese Weise das Mißtrauen der anderen Mächte in die beständigen Winkelzüge der deutschen Außenpolitik abzubauen. Darüber hinaus sollte Großbritannien enger an den Dreibund herangezogen werden. Doch dies ist gescheitert, nicht zuletzt deshalb, weil auch das Deutsche Reich in den Sog des imperialistischen Zeitgeistes geriet, der von der Überzeugung getragen war, daß nur diejenigen Nationen, die sich zu Weltreichen erweiterten, in der kommenden Periode des Weltstaatensystems noch eine eigenständige politische und kulturelle Zukunft haben würden.

Die neue »Weltpolitik« wurde nicht von konkreten imperialistischen Zielsetzungen, sondern in erster Linie von Prestigeerwägungen geleitet. Im übrigen glaubten die Diplomaten im Auswärtigen Amt irrtümlicherweise, daß das Deutsche Reich, ungeachtet der hinfort offensiven Zielsetzungen der deutschen Außenpolitik, weiterhin eine Diplomatie der »freien Hand«, abgestützt allenfalls durch zahlreiche bilaterale Bündnisse von kurz bemessener Dauer, werde betreiben können. Von weltpolitischen Erfolgen wurde eine Stabilisierung der inneren Verhältnisse erwartet. Die entschiedensten Befürworter der »Weltpolitik« waren die aufsteigenden Mittelschichten, die nichts sehnlicher wünschten, als zu einem großen und machtvollen Staatsgebilde zu gehören und damit wenigstens indirekt an den großen politischen Entscheidungsprozessen teilzunehmen, die aktiv mitzugestalten ihnen durch die halbkonstitutionelle Verfassungsstruktur verwehrt wurde. Eine Reform des Verfassungssystems blieb jedoch aus, und so wurde der Graben zwischen der politischen und der gesellschaftlichen Verfassung immer tiefer. Dadurch wurde schließlich sogar die Regierungsfähigkeit des Kaiserreiches in Frage gestellt. Schon Bismarck hatte es seit 1881, ungeachtet seines außerordentlichen Ansehens als Reichsgründer in der Öffentlichkeit und seines souveränen Regierens auf der Bühne der internationalen Politik, zunehmend schwierig gefunden, eine eigenständige Linie gegenüber den Parteien durchzusetzen. Unter seinen Nachfolgern wurde es damit noch ärger. Es gelang immer weniger, einen Ausgleich der Interessen und Zielsetzungen der Führungseliten und der öffentlichen Meinung zu erreichen, der eine stetige und geradlinige Politik im Innern wie vor allem nach außen ermöglicht haben würde. Fürst Bülow versuchte es statt dessen mit plebiszitären Techniken der Massenbeeinflussung. Er setzte, darin von Benjamin Disraelis imperialer Tory Democracy inspiriert, auf eine pathetische Weltpolitik der großen Gebärden, welche ostentativ das Prestige des Kaisertums in die Waagschale warf. Doch dieser »kaiserliche Imperialismus« mit seinem kräftigen Einschlag populistischen Kalküls führte schon bald in die Niederungen des »persönlichen Regiments« Wilhelms II. hinein; in der Folge sollte sich zeigen, daß es unter den Verfassungsverhältnissen des Kaiserreiches nahezu unmöglich war, die imperialen Eigenmächtigkeiten des Kaisers auf ein tragbares Maß zu begrenzen.

Seit der Jahrhundertwende wurden immer größere Teile der bürgerlichen Schichten von radikalen nationalistischen Bestrebungen erfaßt, die zunehmend die politischen Realitäten hinter sich ließen. Die Regierungen sahen sich jedoch außerstande, hier steuernd einzugreifen, weil ihre eigene Autorität dadurch hätte untergraben und die bestehende halbautoritäre Staatsordnung gefährdet werden können. Auf diese Weise geriet das Deutsche Reich mehr und mehr auf die schiefe Ebene einer unzulänglich ausbalancierten Machtpolitik, die stets mit einem Auge auf die zu erwartenden beziehungsweise auf die sich lautstark artikulierenden Reaktionen in der deutschen Öffentlichkeit schielte und dabei in zunehmendem Maße die mächtepolitischen Bedingtheiten und Möglichkeiten einer realistischen Außenpolitik aus dem Auge verlor. Gerade auf dem Gebiet der auswärtigen Politik lief die öffentliche Meinung den Regierungen aus dem Ruder, weil das bestehende halbkonstitutionelle Verfassungssystem die Fiktion hatte aufkommen lassen, daß die kaiserliche Regierung ebenso wie zur Zeit Bismarcks weiterhin »oberhalb der Parteien« regieren könne. Dies verweist einmal mehr auf die Grundschwäche des politischen Systems des Kaiserreiches, nämlich auf die mangelnde Einbindung der breiten Schichten der Nation in die politischen Entscheidungsprozesse. Max Weber hat einmal gesagt, daß große Staatsmänner nicht immer nur ein Glück für eine Nation darstellen; er beklagte, daß die Herrschaft Bismarcks die Deutschen, zumal die bürgerlichen Schichten, in einem Zustand tiefer politischer Unreife zurückgelassen habe. Dem ist wenig hinzuzufügen. Jedenfalls haben die autoritären Verformungen der politischen Kultur im Kaiserreich dazu beigetragen, daß es zu jener weitreichenden Verwerfung zwischen den politischen Zukunftserwartungen der bürgerlichen und konservativen Schichten und den realen Gegebenheiten einer nationalen Politik, die die legitimen Interessen auch der europäischen Nachbarn gebührend in Rechnung stellte, gekommen ist. Statt dessen wurde das Kaiserreich 1914, zu Teilen wider besseres Wissen der verantwortlichen Staatsmänner, die ihre eigene Politik als einen »Sprung ins Dunkle« (Bethmann Hollweg) betrachteten, in den Ersten Weltkrieg hineingetrieben, an dessen Ende die Revolution von 1918/20 und der Zusammenbruch der Hohenzollernmonarchie standen.

Gewiß wäre es verfehlt, den Kriegsausbruch 1914 und die Akkumulation nationalistischer Energien während und nach dem Ersten Weltkrieg ausschließlich auf die Besonderheiten des deutschen Entwicklungspfades zur demokratischen Industriegesellschaft egalitären Zuschnitts zurückzuführen, der im Kaiserreich seine konkrete Ausformung erhalten hatte. Man wird jedoch sagen können, daß die gesellschaftliche Dynamik im Kaiserreich infolge der halbkonstitutionellen Verhältnisse in erheblichem Maße abgebremst worden ist und deshalb eine rechtzeitige Anpassung des politischen Systems an die Erfordernisse einer fortgeschrittenen Industriegesellschaft unterblieb. Es kam nicht zur Ausbildung eines politisch selbstbewußten Bürgertums, nicht zur Einbindung der großgrundbesitzenden Aristokratie in eine neue, zukunftsoffene Oberschicht wie in Großbritannien, sondern zu deren politischer Abkapselung. Die aufsteigenden unteren Mittelschichten suchten ihre politische Zukunft nicht in einer liberal verfaßten Gesellschaftsordnung, sondern in einem aggressiven Nationalismus, der ihnen zumindest das Surrogat einer emanzipatorischen Position in der wilhelminischen Gesellschaft versprach. Auch die Integration der Arbeiterschaft in das gesellschaftliche System erfolgte vergleichsweise spät und in gebrochenen Formen, ohne die den Klassenkampf begründenden sozialen Gegensätze wirklich zu überwinden. Dies steht in einer Bilanz den unzweifelhaft positiven Leistungen der Zeit des Kaiserreiches als Negativposten gegenüber. Alle diese Probleme blieben ungelöst zurück, als das Kaiserreich mit dem Sturz der Hohenzollernmonarchie im November 1918 zusammenbrach, und sie haben die politische Entwicklung in Deutschland weiterhin – für mehr als ein Menschenalter – maßgeblich bestimmt.

Die demokratische Republik von Weimar hat sich denn auch nie von den historischen Vorbelastungen freimachen können, die ihr aus der Zeit des Kaiserreiches überkommen waren. Vielmehr richteten die Führungsschichten in der Weimarer Zeit nahezu einhellig ihre eigenen politischen Einstellungen und Werthaltungen an der glanzvollen Epoche des Kaiserreiches aus, vornehmlich solange es unter der Führung Bismarcks gestanden hatte. Demgemäß neigten sie dazu, die demokratische Verfassungsordnung und die führenden Staatsmänner des »Weimarer Systems«, wie es verächtlich hieß, in Grund und Boden zu verdammen. Die Demokratie, so meinte man, sei Deutschland von den Siegermächten aufgezwungen worden, obschon es den Traditionen der deutschen Geschichte nicht entspreche und insbesondere auf die ethnisch gemischten Gebiete Ostdeutschlands nicht anwendbar sei. Unter solchen Umständen standen die Chancen für die Durchsetzung einer demokratischen Ordnung von vornherein äußerst schlecht, auch wenn eingeräumt werden muß, daß die Erschütterungen des gesellschaftlichen Gefüges als Folge der enormen Kriegsanstrengungen und die Weltwirtschaftskrise zu ihrem Teil dazu beigetragen haben, die deutsche Republik von Weimar zum Scheitern zu bringen. Aus heutiger Sicht stellen sich die wechselvollen dreizehn Jahre der Weimarer Republik eher als die endgültige Zerfallsphase des Kaiserreiches denn als ein wirklicher demokratischer Neubeginn dar.

Dennoch darf über jenen negativen Aspekten das reiche Erbe der Epoche des deutschen Kaiserreiches nicht aus dem Auge verloren werden. Auf wirtschaftlichem, auf kulturellem und auf wissenschaftlichem Gebiet hat das Kaiserreich Bedeutendes geleistet, das heute noch Bestand hat. Die Durchsetzung der Grundsätze des modernen Rechtsstaates war gewiß weniger weitgehend gelungen, als man im nachhinein für wünschenswert halten mag. Aber es war nicht Geringes, wie man nach dem Ende der Epoche totalitärer Regime rechter wie linker Spielart zu schätzen weiß. Noch immer zehren die Deutschen von dem Lebensgefühl und den politischen Werthaltungen ihrer Großväter und Urgroßväter.

Die Deutschen haben in dem folgenden halben Jahrhundert von 1919 bis 1945, in den östlichen Teilen Deutschlands sogar bis zum November 1989, und mit ihnen – das sollte nicht vergessen werden – die anderen europäischen Völker, bitter dafür bezahlen müssen, daß die Überwindung dieser Probleme nur nach dem Verlust eines Zweiten, noch ungleich blutigeren Weltkrieges hat erreicht werden können. Die Nationalitätengegensätze innerhalb des ehemaligen Deutschen Reiches sind durch gewaltsame Vertreibungs- und Umsiedlungsaktionen, die teilweise eine Antwort auf das nationalsozialistische Programm einer ethnischen »Flurbereinigung« in Ostmitteleuropa darstellten und unter der Ägide der Herrschaft der Sowjetmacht auf breiter Front betrieben wurden, drastisch reduziert worden. Die Westverschiebung Polens, verbunden mit neuen Grenzziehungen im Osten, hat die politischen Verhältnisse in Ostmitteleuropa, verglichen mit den Gegebenheiten vor 1918, bis zur Unkenntlichkeit verändert. Gegenüber diesen Realitäten verblassen jene Argumentationen, die aus der Kontinuität deutscher Staatlichkeit seit Bismarck territoriale Revisionsansprüche ableiten wollen, zu bloßen Fiktionen. Andererseits: Der tiefe Graben, der die deutsche politische Kultur herkömmlicherweise von jener Westeuropas zu trennen pflegte, ist zugeschüttet; nicht zufällig haben die alten Grenzen in Westeuropa weithin ihre ehemals trennende Wirkung verloren, und gleiches ist in Zukunft in Osteuropa zu erwarten.

Nur mit großen geschichtlichen Umwegen haben die Deutschen sich von ihren Generationen hindurch so hochgeschätzten »Sonderweg« freigemacht und eine freiheitliche politische Ordnung nach westeuropäischem Muster aufgebaut. Gegenüber dem deutschen Kaiserreich der Zeit Bismarcks und Wilhelms II. empfinden sie heute, ungeachtet der von den Verfassungsjuristen einstweilen festgehaltenen staatsrechtlichen Kontinuität, große Distanz. Die Wiedergewinnung der Einheit der Deutschen, die in den Territorien des ehemaligen Deutschen Reiches leben, welche nach den Wirren des Ersten, vor allem aber des Zweiten Weltkrieges in deutscher Hand verblieben sind, stellt keinesfalls eine einfache Rückkehr zum Bismarckschen Nationalstaat dar. Sie gründet sich vielmehr auf einem Akt der freien Selbstbestimmung seiner Bürger im Sinne der demokratischen Tradition Guiseppe Mazzinis, und nur als solcher hat er die Achtung und die Billigung der europäischen Nachbarn in Ost und West gefunden. Dennoch beruht die Bundesrepublik in vieler Hinsicht nach wie vor auf den Grundlagen, die während der Zeit des Kaiserreiches gelegt worden sind. Sich der großen Leistungen des Kaiserreiches wieder bewußt zu werden, ohne die die gegenwärtigen wirtschaftlichen und gesellschaftlichen Verhältnisse nicht denkbar wären, ist Aufgabe und Verpflichtung zugleich.

Beispiel für die enge Verflechtung von Land und Stadt: Getreideernte vor dem Prenzlauer Tor im Nordosten Berlins. Aquarell des Heinrich von Olivier, 1847. Berlin, Märkisches Museum

Die Gußstahlfabrik Fried. Krupp in Essen. Photographie, 1864. Essen, Historisches Archiv Fried. Krupp GmbH

Industrieller Aufbruch in einer traditionellen Agrargesellschaft: die wirtschaftliche und gesellschaftliche Entwicklung Preußen-Deutschlands (1850–1873)

Die Anlaufphase der Industriellen Revolution

Das Scheitern der Revolution von 1848/49 kam einer weitreichenden politischen Niederlage des bürgerlichen Liberalismus in Deutschland gleich. In den ersten Monaten hatten die Liberalen aller Richtungen erwartet, daß die Revolution das überlebte aristokratisch-bürokratische Regime hinwegfegen und einer von den bürgerlichen Schichten seit langem erstrebten grundsätzlichen Neuordnung der politischen und gesellschaftlichen Verhältnisse freie Bahn schaffen werde. Darin sahen sie sich schon bald gründlich getäuscht. Aber man darf dabei nicht vergessen, daß die Revolution von 1848/49 in den Augen der großen Mehrheit des deutschen Bürgertums von Anbeginn eine »ungewollte Revolution« gewesen ist. An den revolutionären Ereignissen selbst hatte sich das besitzende Bürgertum nur mit zwiespältigen Gefühlen und zunehmend halbherzig beteiligt, insbesondere als erkennbar wurde, daß die radikale Demokratie politische und gesellschaftliche Ziele verfocht, die die Vorrangstellung der besitzenden Schichten in Gesellschaft und Staat zu gefährden geeignet waren.

Die bürgerlichen Schichten hatten schon seit Jahren nachdrücklich auf ein größeres Maß staatlicher Einheit in Deutschland und vor allem auf den Übergang zur konstitutionellen Regierungsweise in allen deutschen Staaten, namentlich in Preußen, gedrängt. Sie hielten das konstitutionelle System »nicht für eine allgemeinseligmachende, sondern für die normale Staatsform in den Entwicklungen der Völker«, wie Georg Gottfried Gervinus es formuliert hat, und sahen darin unter obwaltenden Umständen eine Garantie gesellschaftlicher Stabilität. Die Einführung konstitutioneller Verfassungen stellte sich aus ihrer Sicht in einer Zeit der zunehmenden gesellschaftlichen Unruhe als eine unabdingbare Präventivmaßnahme dar, um potentiell revolutionären Entwicklungen vorzubeugen. Die Verhältnisse erforderten es, die aristokratisch-bürokratischen Regimente durch Regierungen zu ersetzen, die imstande sein würden, mit den sozialen Problemen des Tages fertigzuwerden und eine zukunftsorientierte Politik zu betreiben. Vor allem der rheinische Liberalismus hatte schon 1830 konstitutionelle Reformen und die Gewährung einer konstitutionellen Verfassung in Preußen zumal deshalb verlangt, weil sonst der Funke der Revolution von Frankreich und Belgien gar zu leicht nach Preußen überspringen könne.

Der Rückzug des gemäßigten Liberalismus auf ein partielles Bündnis mit den wieder erstarkten traditionellen Gewalten, wie er sich bereits seit dem Spätsommer 1848 abgezeichnet hatte, kam aus bürgerlicher Sicht keineswegs einem vollständigen Zurückweichen gleich, selbst wenn die entschiedene Linke darin mit einigem Recht Verrat an den Prinzipien der Revolution sehen mochte. Die Revolution hatte vielerorts zu einem plötzlichen Aufflammen radikaler Protestbewegungen geführt, auf dem flachen Lande ebenso wie in den gewerblichen Zentren, sehr zur Irritation der bürgerlichen Schichten. Auch die zunächst zahlenmäßig schwache Arbeiterschaft hatte sich erstmals politisch zu Wort gemeldet, mit Forderungen, die sich zwar noch überwiegend im Rahmen des bestehenden gesellschaftlichen Systems hielten, jedoch bereits eine Herausforderung an den liberalen Zeitgeist darstellten. Dies aber war ganz und gar nicht im Sinne des gemäßigten Liberalismus, der gehofft hatte, durch eine behutsame Modernisierung der politischen und gesellschaftlichen Verhältnisse der wachsenden sozialen Unruhe Herr zu werden und die politischen Voraussetzungen für eine rasche wirtschaftliche Aufwärtsentwicklung zu legen, durch die allein die Notlage der breiten Massen, wie sie sich gerade 1847 wieder gezeigt hatte, gemildert werden könne. Nachdem die Revolution ihren Höhepunkt überschritten hatte, kehrte der gemäßigte Liberalismus ins Lager der etablierten Staatsgewalten zurück und suchte die Kooperation mit ihnen. Bei Lage der Dinge gewannen letztere in diesem ungleichen Bündnis zunehmend die Übermacht – ein Umstand, mit dem sich das Bürgertum nolens volens abzufinden bereit war.

Demgemäß machte das deutsche Bürgertum, von wenigen radikalen Gruppen abgesehen, nach 1849 überraschend schnell seinen Frieden mit den neuen Verhältnissen, die auf einen schwebenden Kompromiß zwischen konstitutioneller und autoritärer Regierung hinausliefen. Mit seinem Anspruch auf Mitsprache an den politischen und gesellschaftlichen Entscheidungen – sei es auf konstitutionellem Weg, durch Kontrolle der monarchischen Exekutive mittels parlamentarischer Vertretungen, unterstützt durch die öffentliche Meinung, sei es gar durch Beteiligung prominenter liberaler Politiker an den Regierungen selbst – war es, mit Ausnahme Badens, fürs erste vorbei; die traditionellen Gewalten beherrschten wieder das Feld. Um so energischer wandten sich die bürgerlichen Schichten ihrer ureigensten Sphäre gesellschaftlicher Aktivität, dem Wirtschaftsleben, zu, begünstigt dadurch, daß ungeachtet des Sieges der Reaktion die Liberalisierungsmaßnahmen der Revolutionsjahre auf wirtschaftlichem Gebiet im wesentlichen bestehen blieben. Freie wirtschaftliche Betätigung bildete eine wenn auch magere Kompensation für den mißlichen Sachverhalt, daß den bürgerlichen Schichten in der deutschen Staatenwelt weiterhin nahezu jegliche Partizipation an den politischen Entscheidungsprozessen versagt blieb.

Preußen-Deutschland war um 1850 noch eine traditionelle Agrargesellschaft mit einem relativ schwach entwickelten gewerblichen Sektor, in dem handwerkliche und protoindustrielle Produktionsformen durchaus überwogen. Landwirtschaft, Forsten und Fischerei trugen zu 46,5 Prozent des Nettosozialprodukts bei, während Industrie und Handwerk wenig mehr als 20 Prozent beisteuerten;

32,8 Prozent wurden durch Dienstleistungen unterschiedlichster Art aufgebracht. Mehr als die Hälfte der Beschäftigten war in landwirtschaftlichen Berufen tätig, ein nicht unbeträchtlicher Teil der sonstigen Beschäftigten direkt oder indirekt von der Landwirtschaft abhängig. Ein Blick auf die Siedlungsstruktur mag dies noch etwas besser verdeutlichen. 1852 lebten 67,3 Prozent der Bevölkerung in Gemeinden mit unter 2.000 Einwohnern, weitere 13,1 Prozent in Gemeinden von 2.000 bis zu 5.000 Einwohnern, also vier Fünftel der Bevölkerung. Diese Prozentzahlen veränderten sich ungeachtet des nunmehr einsetzenden Urbanisierungsprozesses und rasch wachsender Bevölkerungszahlen zunächst nur geringfügig. 1871 waren es noch 63,9 beziehungsweise 12,4 Prozent. Noch war Deutschland eine ländliche Gesellschaft; das Dorf oder die Kleinstadt war als Lebensraum des Einzelnen die Regel. Auch Handwerk, Handel und Gewerbe waren großenteils auf den Agrarsektor bezogen.

Aber die Zeichen der Zeit wiesen in eine andere Richtung: auf die industrielle Gesellschaft, wie sie sich in England bereits durchgesetzt hatte. In den industriellen Ballungszonen, vor allem im Rheinland und – zunächst noch verhalten – in Westfalen, im Königreich Sachsen, in Berlin und seinem Umland, kündigte sich der Siegeszug des industriellen Systems in sprunghaften Wachstumsraten an, die freilich angesichts einer schmalen Ausgangsbasis statistisch stärker zu Buch schlugen als in der Realität. Nur der Aufbau eines industriellen Systems versprach eine Lösung der sozialen Probleme und eine Hebung des Lebensstandards aller Schichten der Bevölkerung, obschon dies einstweilen noch in einer fernen Zukunft lag. Aus bürgerlicher Sicht schien diese Entwicklung unabweisbar und unaufhaltbar zu sein. »Es ist töricht«, meinte Gervinus, »dem Geist der Zeit zu opponieren und die Industrie hemmen zu wollen, denn erst durch die Industrie wird der Besitz zu einem Gut.«

Die Anfänge der Industrialisierung in Deutschland reichen in das späte 18. Jahrhundert zurück. Schon 1796 war in Gleiwitz in Schlesien der erste deutsche Koksschmelzofen errichtet worden. 1811 hatte Friedrich Krupp in Essen als kleiner Fabrikant mit der Gußstahlerzeugung begonnen, 1837 August Borsig in Berlin mit der Herstellung von Dampfmaschinen. Doch die neuen industriellen Produktionsformen gewannen zunächst nur langsam an Boden; die Fabrikation blieb vorerst auf einige wenige Regionen beschränkt und ließ das flache Land noch weitgehend unberührt. Das Rheinland, Sachsen, das Bergische Land und die Region um Monschau und Aachen, daneben Berlin und der badisch-württembergische Raum, ferner Hamburg und sein engeres Umfeld waren die Gebiete, in denen, teilweise auf älteren Gewerbetraditionen aufbauend, die neuen Technologien zuerst Fuß faßten; aber auch hier handelte es sich um industrielle Inseln in einer noch ganz vom Gewerbe geprägten Landschaft. Vielfach spielten ausländische Einflüsse eine wichtige Rolle; die Frühindustrialisierung machte vor den Ländergrenzen nicht halt. Insbesondere Belgien, das am frühesten industrialisierte Land auf dem europäischen Kontinent, hatte eine bedeutsame Vorbildfunktion für den Monschauer und Aachener Raum sowie für das Rheinland. Gleiches kann von der relativ hoch entwickelten Textilindustrie des Elsaß gesagt werden, die dem Wirtschaftsleben in den ostrheinischen Gebieten Süddeutschlands zur Blüte verhalf, und es trifft ebenso auf die bemerkenswert fortgeschrittenen industriellen Zentren der deutschsprachigen Schweiz zu. In den Anfängen begegnet man überall dem britischen Vorbild, nicht selten auch englischen Ingenieuren und englischen Arbeitern. Dies gilt namentlich für die Industrieregion des Bergischen Landes, die sich schon früh konsequent um Anschluß an die in Großbritannien entwickelten Technologien und Marktmethoden bemüht hat. Friedrich Engels war nur einer von vielen jungen Unternehmern, die in den vierziger Jahren nach England gingen, um das neue industrielle System an Ort und Stelle kennenzulernen und entsprechende Geschäftsverbindungen zu knüpfen.

Stärkere Bewegung kam in die industrielle Entwicklung mit den Anfängen des Eisenbahnbaus, der auch in Preußen-Deutschland, wie zuvor in Großbritannien, sogleich eine führende Rolle übernahm. 1835 war die Linie Nürnberg–Fürth, die erste deutsche Eisenbahnlinie überhaupt, eröffnet worden. 1838 folgte die Strecke Berlin–Potsdam. Ein Jahr später war die wirtschaftlich weit bedeutsamere Linie Leipzig–Dresden befahrbar, während die gleichzeitig in Angriff genommene Strecke Düsseldorf–Elberfeld erst 1842 fertiggestellt werden konnte. Dies waren bescheidene Anfänge, durchweg dank privater Initiative. Seit 1843 setzten sich zahlreiche deutsche Bundesstaaten für den Eisenbahnbau ein. Sie erkannten die großen wirtschaftlichen und teilweise politisch-strategischen Vorteile eines funktionierenden Eisenbahnnetzes. Dies galt namentlich für Preußen, das als Staat noch immer in seine Ost- und Westprovinzen zersplittert war. Die preußische Staatsregierung förderte den Eisenbahnbau vor allem durch die Gewährung von Zinsgarantien, die das Risiko der privaten Anleger auf ein erträgliches Maß reduzierten. Sie konnte in diesem Punkt mit der Unterstützung der bürgerlichen Öffentlichkeit rechnen. So empfahl der Vereinigte Landtag 1847 der Staatsregierung die Gewährleistung einer Zinsgarantie von 3,5 Prozent für Eisenbahnbauten; dies versprach angesichts der damals üblichen Zinssätze einen höchst beachtlichen Mindestgewinn für die Kapitalanleger. Unter der Ägide der liberalen Ministerien der Revolutionsperiode wurde diese Politik fortgesetzt.

Seit 1850 ging dann der preußische Staat dazu über, seinerseits Eisenbahnen zu bauen und private Eisenbahngesellschaften, die in finanzielle Schwierigkeiten geraten waren, aufzukaufen. Dennoch lag die Initiative zum Bau neuer Strecken in erster Linie beim Privatpublikum, das die zur Finanzierung aufgelegten öffentlichen Anleihen bereitwillig zeichnete. Unter solchen Umständen kam es zu einem zügigen Ausbau des Eisenbahnsystems. Das Schienennetz umfaßte im Jahr 1850 5.875 Streckenkilometer. Es wurde bis 1869 auf 17.322 Kilometer erweitert. Bis 1873, dem Jahr des großen Gründerkrachs, der die Inangriffnahme neuer

Eisenbahnstrecken für einige Jahre weitgehend zum Erliegen brachte, nahm das Netz nochmals um ein Drittel zu und erreichte insgesamt 23.881 Streckenkilometer.

Die Bedeutung der Eisenbahnen für die Herstellung eines einheitlichen deutschen Binnenmarktes und darüber hinaus eines europäischen Marktes läßt sich schwerlich überschätzen. Der Ausbau eines geschlossenen Bahnnetzes in Preußen-Deutschland und dessen Anschluß an die Eisenbahnsysteme der Nachbarländer in jenen Jahrzehnten gab die Initialzündung für ein bemerkenswertes wirtschaftliches Wachstum. Bereits 1842 war mit der Linie Aachen–Mecheln eine erste Verbindung mit dem belgischen und mittelbar auch mit dem französischen Strekkennetz entstanden. 1852 wurde Saarbrücken in dieses Netz einbezogen. 1861 fand dieser Prozeß seinen vorläufigen Abschluß mit der Inbetriebnahme der Grenzbahnen Königsberg-Eydtkuhnen-Wilna. Die stimulierende Wirkung des Anschlusses der gewerblichen Regionen der deutschen Staatenwelt an die Industriezentren des europäischen Auslands, aber auch an die potentiellen Absatzmärkte in Osteuropa, war außerordentlich groß. Sie setzte der Fragmentierung des Binnenmarktes, die immer ein Hindernis für eine rasche wirtschaftliche Entfaltung gewesen war, weitgehend ein Ende. Zugleich wurden dadurch die Exportchancen der neuen Industrien wie der weiterhin bestehenden älteren protoindustriellen Gewerbe erhöht, allerdings wuchs auch der Druck der Konkurrenz der fortgeschritteneren westlichen Industrien. Die Gütertransporte auf den deutschen Eisenbahnen stiegen von mageren 302,7 Tonnenkilometern im Jahr 1850 auf 10.060 Tonnenkilometern im Jahr 1873; dies entsprach einer jährlichen Wachstumsrate des physischen Outputs von nicht weniger als 12,7 Prozent. Und das war nur ein erster Anfang. Dadurch wurde auch das herkömmliche Transportwesen aktiviert, das den Güterverkehr von und zu den Bahnstationen wahrzunehmen hatte, wie sich indirekt an einer sprunghaften Zunahme der Zahl der Pferde ablesen läßt. Wichtiger noch als die schrittweise Entstehung eines leistungsfähigen Transportwesens, zu dem die Fluß- und Kanalschiffahrt ihrerseits nicht unerheblich beitrug, war der stimulierende Effekt des sogleich hochprofitablen Eisenbahnbaus auf die Gesamtwirtschaft. Der Eisenbahnsektor zog in den Jahren von 1850 bis 1879 einen wachsenden Anteil aller Kapitalinvestitionen auf sich. Schon 1850 betrugen diese mehr als 15 Prozent aller gewerblichen Investitionen, und sie steigerten sich im folgenden Jahrzehnt kontinuierlich, um 1879 mit 62 Prozent einen Höhepunkt zu erreichen. Der Eisenbahnbau wurde zum eigentlichen Führungssektor der Industrialisierung in Deutschland; hier mehr als irgend sonst kam es zu einer überaus raschen Kapitalakkumulation.

Der Eisenbahnbau mit seinem großen Bedarf an technologisch nicht übermäßig aufwendigen Materialien, an Schienen, Stahlkonstruktionen und rollendem Material, schuf den Anreiz zum Aufbau einer modernen und leistungsfähigen Eisen- und Stahlindustrie. Die Voraussetzung dafür war ein gut funktionierender

Bergbau. Dies spiegelt sich in der sprunghaften Entfaltung des Kohlenbergbaus und der Eisen- und Stahlindustrie seit Anfang der fünfziger Jahre wider. Die Wachstumsraten im Steinkohlenbergbau betrugen im Zeitraum von 1850 bis 1874 im Durchschnitt jährlich 9 Prozent; das war mehr, als jemals später erreicht worden ist. Die Eisen- und Stahlindustrie, die auf eine wachsende Nachfrage nach Eisen- und Stahlprodukten rechnen konnte, stand dem keineswegs nach; im Gegenteil, die Roheisenerzeugung stieg im Deutschen Bund zwischen 1850 und 1870 um 9,8, die Stahlerzeugung im gleichen Zeitraum um 8,7 Prozent. Dies war ein rasantes Wachstum, das dann auch auf die übrigen Wirtschaftssektoren ausstrahlte. Bislang hatte sich die Eisenindustrie in Deutschland überwiegend des traditionellen Holzkohleverfahrens für die Herstellung von Schmiedeeisen und Stahl bedient. Nun wurde das herkömmliche Puddelverfahren, welches nur die gleichzeitige Bewältigung relativ kleiner Mengen von Eisenerzen zuließ, durch das ungleich modernere Bessemer-Verfahren ersetzt, das die Verhüttung in Hochöfen mit Hilfe von Koks bei zusätzlicher Sauerstoffzufuhr erlaubte. Daraus ergab sich die Notwendigkeit, Eisenwerke nicht wie bisher in abgelegenen Gegenden, in denen Wasserkraft und Holz zur Verfügung standen, zu errichten, sondern an verkehrsgünstigen Orten sowie möglichst in räumlicher Nähe von Kohlevorkommen. Dies gab den Anstoß zu einer enormen Ausweitung des Kohlenbergbaus im Ruhrgebiet, das bisher lediglich in seiner südlichsten Zone von der Industrialisierung erfaßt worden war, und zur Errichtung von verkehrsgünstig gelegenen Eisen- und Stahlwerken namentlich an Rhein und Ruhr sowie an der Saar. Überdies wurden durch das Erschließen tiefer Schachtanlagen ganz neue Voraussetzungen für den Abbau von Kohle und Erzen unter Tage in großem Stil geschaffen. Zwischen 1850 und 1869 stieg die Steinkohlenförderung in den Gebieten des späteren Deutschen Reiches von 3,5 auf 26,3 Millionen Tonnen und die Förderung von Braunkohle von 1,5 auf 7,6 Millionen Tonnen. Dies waren, gemessen an den Produktionszahlen, die bereits eine Generation später erreicht werden sollten – im Jahr 1913 wurden 297 Millionen Tonnen Steinkohle gefördert –, noch bescheidene Ziffern, aber sie deuten an, welche dramatische Aufwärtsentwicklung in jenen beiden Jahrzehnten ihren Anfang nahm. Die Eisen- und Stahlindustrie entwickelte sich ebenfalls in gewaltigen Sprüngen. Während um 1850 in sämtlichen deutschen Staaten nur 212.000 Tonnen Rohstahl produziert worden waren, betrug der Ausstoß an Rohstahl 1869 bereits 1.413.000 Tonnen – eine Produktionsleistung, die 1873 auf etwa 2.200.000 Tonnen gesteigert wurde.

Sowohl die Eisen- und Stahlindustrie als auch der Kohlenbergbau befanden sich überwiegend in den Territorien des preußischen Staates. 1865 wurden 90 Prozent der Kohle und 66 Prozent der Eisenerze in Preußen gefördert, vornehmlich im Ruhrgebiet, an der Saar und in bescheidenerem Umfang in Schlesien. Vor allem die Rohstahlerzeugung wurde mehr und mehr zu einer preußischen Angelegenheit. Preußen wuchs im Laufe dieser beiden Jahrzehnte eine wirtschaftliche Vormachtstellung in Deutschland zu, zunächst gegenüber den anderen Mitgliedern des 1834 gegründeten und dann schrittweise erweiterten Deutschen Zollvereins, insbesondere aber gegenüber dem alten Rivalen Österreich. Dies war freilich weit weniger die Folge einer aktiven preußischen Wirtschaftspolitik, die sich die Förderung der industriellen Entwicklung habe unmittelbar angelegen sein lassen, wie man mehrfach gemeint hat, als vielmehr in erster Linie den Leistungen eines dynamischen Unternehmertums zu verdanken, das sich hier ungehindert entfalten konnte. Nur im Eisenbahnbau hat der preußische Staat in den fünfziger Jahren die wirtschaftliche Initiative vielfach auch direkt ergriffen, dann aber seit 1862 dem privaten Engagement wieder den Vorrang gegeben. Auch die traditionelle Rolle des preußischen Staates im Bergbau, der seit dem Mittelalter ein staatliches Regal gewesen ist, spielte in diesem Zusammenhang keine nennenswerte Rolle. Im Gegenteil: Wie die meisten europäischen Staaten war Preußen weit davon entfernt, eine staatskapitalistische Entwicklungspolitik zu betreiben; es war für die Unternehmer und Kapitaleigner attraktiv, gerade weil es, im Unterschied zu der großen Mehrheit der übrigen deutschen Staaten, eine überaus liberale Wirtschaftspolitik verfolgte.

Die liberale Handhabung des Aktiengesetzes seit 1851, das herkömmlicherweise den Schuldner schweren Sanktionen aussetzte, erleichterte die Finanzierung auch riskanter wirtschaftlicher Projekte. Die Aufgabe der staatlichen Regie im Bergbau zugunsten einer marktkonformen Ordnung im Jahr 1851, die den Kapitaleignern die volle Verfügungsgewalt über die Bergbaubetriebe übertrug, öffnete einen jahrhundertelang streng monopolistisch geführten Sektor privater Initiative; und Unternehmer und Kapitaleigner zögerten nicht, diese neuen wirtschaftlichen Chancen sogleich in großem Umfang zu nutzen. Der Staat zog sich schrittweise aus der Verantwortung auch für die sozialen Belange der Bergleute zurück. Mit dem Freizügigkeitsgesetz vom Jahr 1860 wurden die gültigen Restriktionen im Beschäftigungsverhältnis der Bergarbeiter zugunsten des Prinzips des freien Arbeitsvertrags aufgegeben und die Bergämter auf reine Aufsichtsfunktionen beschränkt. Damit wurde auch der Bergbau definitiv dem kapitalistischen Markt geöffnet.

Mit dem Erlaß eines neuen, liberalen Maßstäben weitgehend entsprechenden Handelsgesetzbuches im Jahr 1861 wurden die rechtlichen Rahmenbedingungen wirtschaftlicher Betätigung noch weiter verbessert. Dies spielte für die sprunghafte Entwicklung der Wirtschaft in den preußischen Territorien eine größere Rolle als alle direkten oder indirekten Maßnahmen zur Wirtschaftsförderung von seiten des preußischen Staates. An diesen hat es allerdings nicht gänzlich gefehlt. Dazu gehörte vor allem eine weitsichtige Eisenbahntarifpolitik, unter anderem mit der gesetzlichen Festlegung eines einheitlichen Tarifs von einem Pfennig pro Tonnenkilometer Kohle – eine Maßnahme, die erheblich zur Verbilligung der

Energie in abgelegeneren Gebieten führte und damit die Vereinheitlichung des Wirtschaftsraums der preußischen Monarchie förderte.

Dieses für Preußen überaus günstige Bild verschiebt sich allerdings zugunsten anderer Bundesstaaten, namentlich Sachsens, Württembergs und Badens, wenn Wirtschaftssektoren, die nicht den Grundstoffindustrien zuzurechnen sind, in den Blick genommen werden. Dies trifft vor allem für die Textilindustrie zu, die weit weniger als andere Industrien an bestimmte Standorte gebunden war und daher häufig an regionale und lokale Traditionen anknüpfen konnte. Die Textilindustrie hatte schon vor der Mitte des Jahrhunderts, ungeachtet der in Tuchen und Produkten von höherer Qualität überlegenen englischen Konkurrenz, die einstweilen kaum zu schlagen war, eine ansehnliche Entwicklung genommen. Hier bestanden, wie in England selbst, auf lange hinaus moderne industrielle und ältere, oft auf Heimarbeit beruhende Fertigungsmethoden nebeneinander fort. Die industriellen Betriebe bedienten sich durchweg des Verlagssystems, welches es erlaubte, bestimmte Produktionsschritte an niedrig entlohnte Heimarbeiter oder Kleinbetriebe herkömmlichen Typs zu vergeben. Es war betriebswirtschaftlich zweckmäßig und höchst rentabel, angesichts der starken Konjunkturschwankungen und der Wechselfälle des Absatzes die Produktionsspitzen auf derartige betriebsfremde Arbeitskräfte zu verlagern, um das eigene Investitionsrisiko gering zu halten. Unter solchen Umständen nahm, wie Knut Borchardt gezeigt hat, die Haus- und Kleinindustrie bis in die siebziger Jahre hinein weiterhin zu. Überhaupt tut man gut, das Maß technologischen Fortschritts in der Textilindustrie während dieses Zeitraums nicht zu hoch anzusetzen. Noch 1875 gab es in Preußen-Deutschland, ohne Elsaß-Lothringen, 125.000 Handwebstühle, denen nur 57.000 mechanische Webstühle gegenüberstanden. Der Prozeß der Modernisierung dieses Industriezweiges verlief weit langsamer, als man sich dies vielfach vorgestellt hat, aber auch hier stiegen Produktionsleistung und Rentabilität beständig.

Obwohl die Nutzung der Wasserkraft nach wie vor höchst bedeutsam blieb, erlaubte die Entwicklung der stationären Dampfmaschinen, ungeachtet des technologischen Fortschritts und der Entstehung größerer Betriebseinheiten, in der Textilindustrie weiterhin an einem stark dezentralisierten Produktionssystem festzuhalten – mit einigen, teilweise weit in die Zeit der Protoindustrialisierung zurückgehenden regionalen Zentren, wie dem linken Niederrhein, Sachsen, Schlesien und dem Augsburger Raum, zu dem dann Berlin als ein weiterer Schwerpunkt hinzutrat. Die Textilindustrie beschäftigte damals sehr viel mehr Arbeitskräfte als jeder andere Industriezweig. Etwa eine Dreiviertelmillion Menschen beiderlei Geschlechts, die aus ländlichen Gebieten in die neuen industriellen Zentren abgewandert waren, verdienten sich ihr Brot direkt oder indirekt in der Textilindustrie. Dazu kam gut eine halbe Million von Textilhandwerkern, deren Zahl, wie in England, aufgrund der unverändert hohen Nachfrage nach preiswerten

Textilien aller Art trotz der Konkurrenz der industriellen Produktionsbetriebe zunächst noch erheblich zunahm. Erst mit dem schrittweisen Übergang zur industriellen Fertigung von Geweben und Tuchen geriet das Textilhandwerk dann in eine Existenzkrise. Die schlesischen Weber traf es in den späten vierziger Jahren als erste; ihre namenlose Misere bewog selbst Bismarck Anfang der sechziger Jahre, nach Abhilfen Ausschau zu halten, etwa durch die Gründung von Produktionsgenossenschaften mit Staatshilfe. Der mit großer Notlage für die Betroffenen verbundene Niedergang der älteren Textilgewerbe sollte sich jedoch bis weit in die siebziger Jahre und in manchen Bereichen bis in den Anfang des 20. Jahrhunderts hinziehen. Hier hat man es mit einem besonders krassen Fall der Gleichzeitigkeit industrieller und handwerklicher Produktion zu tun, die erst sehr spät durch die technologische Entwicklung zugunsten der ersteren entschieden wurde.

Im übrigen entwickelten sich die einzelnen Sparten der Textilindustrie nicht im gleichen Rhythmus, wenn auch mit der gleichen Tendenz. Am frühesten wurde die Baumwollindustrie von den technologischen Neuerungen erfaßt; sie schlug binnen weniger Jahre die herkömmlichen Leinenindustrien fast gänzlich aus dem Feld. Am Anfang der hier behandelten Periode importierte die deutsche Baumwollindustrie noch über die Hälfte der benötigten Garne; diese kamen fast ausschließlich aus Großbritannien. 1870 waren dies immer noch rund 35 Prozent. Die schrittweise Emanzipation der Baumwollindustrie vom Ausland in Preußen-Deutschland läßt sich an der Entwicklung des Verbrauchs von Rohbaumwolle ablesen: 1850 belief sich dieser auf 17.100 Tonnen, 1869 auf 64.100 und 1873 auf 117.800 Tonnen. Allerdings geriet die deutsche Baumwollindustrie während des Amerikanischen Bürgerkrieges wegen Stockungen im Import amerikanischer Baumwolle zeitweilig in arge Bedrängnis; sie vermochte diese Rohstoffprobleme jedoch zu meistern, indem sie auf Baumwolle aus indischer und ägyptischer Produktion zurückgriff. Trotz der absoluten Vorherrschaft der englischen Textilindustrie mit ihrem Zentrum in Lancaster auf den internationalen Märkten vermochte sich die deutsche Baumwollindustrie zu behaupten. 1870 erreichte sie eine Produktionskapazität von immerhin einem Sechstel der britischen. Sie war in der Lage, ihre technologischen Defizite durch ihre Standortvorteile auf dem deutschen Binnenmarkt und den osteuropäischen Märkten auszugleichen.

Uneinheitlicher gestaltet sich das Bild hinsichtlich der Woll- und der Seidenindustrie. Hier waren die Möglichkeiten des Einsatzes moderner Produktionsverfahren zunächst äußerst begrenzt, so daß die Entwicklung weniger rasant verlief. Die Gefahr der Verdrängung von traditionellen Märkten durch technologisch überlegene Konkurrenten in Großbritannien und Frankreich war in dieser Branche nicht sehr groß. Teilweise gelang es der deutschen Woll- und Seidenindustrie, durch Konzentration auf bessere Qualitäten den ungleich preisgünstiger produzierenden überseeischen Wettbewerb abzufangen. Davon abgesehen wurde die weithin vorhandene technologische Rückständigkeit auch hier durch Standortvorteile ausgeglichen. Namentlich der Export in die osteuropäischen Märkte blieb für diese Sparten der Textilindustrie von erheblicher Bedeutung. Es wäre im übrigen verfehlt, von den steil nach oben weisenden Produktionsziffern auf ein Übergewicht großer Betriebe zu schließen. Gerade in der Woll- und der Seidenfabrikation blieben die Klein- und Mittelbetriebe, die nach handwerklichen Maßstäben und mit handwerklichen Methoden produzierten, auf lange Zeit hinaus vorherrschend.

Die großen zukunftsweisenden Leistungen der Maschinenbauindustrie in den zwei Jahrzehnten nach 1850 entziehen sich einer an quantifizierbaren Daten zu erhärtenden Würdigung. Denn diese Betriebe waren, gemessen an der Zahl der Beschäftigten, vorderhand zumeist noch klein und überschritten zumeist nur unwesentlich die Grenzen der traditionellen handwerklichen Produktion. Selbst die größeren Betriebe beschäftigten kaum mehr als 200 bis 300 Arbeiter. Insgesamt betrug die Zahl der im Maschinenbau Beschäftigten im Jahr 1861 nach einer Schätzung von W. O. Henderson etwa 51.000 Personen. Aber die Bedeutung dieser Betriebe war groß; hier wurden die technologischen Voraussetzungen für die spätere sprunghafte Aufwärtsentwicklung des Maschinenbausektors gelegt. Borsig in Berlin, Maffei in München, die Maschinenfabrik Esslingen, die Poensgens und Haniels im Rheinland, schließlich Friedrich Krupp in Essen gehörten zu den Maschienbauunternehmen, die in jenen Jahren große innovative Leistungen erbrachten und auf technologischem Felde mit dem englischen Vorbild gleichzogen, ja dieses teilweise übertrafen. Dabei bedienten sich diese Betriebe insbesondere in Süddeutschland vielfach noch der älteren Methode der Produktion von Schmiedeeisen auf Holzkohlenbasis, was sie auf längere Sicht krisenanfällig machte. Gleichwohl erzielte die Maschinenbauindustrie damals überdurchschnittliche Wachstumsraten. Man hat sie für den Zeitraum von 1850 bis 1883 auf 6,12 Prozent jährlich geschätzt – gewiß eine eindrucksvolle Erfolgsbilanz. Dies rechtfertigt es, jene Jahrzehnte als Inkubationsperiode der industriellen Entwicklung in Preußen-Deutschland zu bezeichnen. Vieles von dem, das quantitiv erst nach 1873 wirksam werden sollte, wurde damals in Gang gesetzt; auch die Anfänge einer modernen Chemie- und Elektroindustrie gehen auf diese Periode zurück.

Diese Entwicklungen signalisierten eine grundlegende Wende in der wirtschaftlichen Entwicklung der deutschen Staatenwelt. Es kam auf breiter Front zum Durchbruch der neuen industriellen Produktionsweisen, nicht allein in Deutschland, sondern im ganzen kontinentalen Europa, wenn auch im einzelnen mit erheblichen Phasenverschiebungen. In diesen Jahrzehnten außerordentlichen wirtschaftlichen Wachstums wurden die Grundlagen für die Ausbildung eines leistungsfähigen industriellen Systems gelegt. Deshalb wird jene Zeit von den

Wirtschaftshistorikern fast einhellig als die Phase des »Take off« bezeichnet, der in den siebziger Jahren jene des Eintritts in den »Sustained growth«, eine qualitativ neue Phase beständigen wirtschaftlichen Wachstums, folgen sollte. Preußen-Deutschland lag zwar noch weit hinter Großbritannien zurück, das damals bereits auf dem Zenit seiner wirtschaftlichen Vorrangstellung als »Werkstatt der Welt« stand, und auch Frankreich, vor allem Belgien waren ihm um einiges voraus. Aber in der Folge vermochte es die »Vorteile der Rückständigkeit«, wie der amerikanische Wirtschaftswissenschaftler Alexander Gerschenkron dies genannt hat, in bemerkenswertem Umfang zu seinen Gunsten zu nutzen; es konnte die neuen industriellen Produktionsmethoden in einem fortgeschritteneren und ausgereifteren Stadium übernehmen und in vergleichsweise größeren und kostengünstiger produzierenden Fertigungsstätten einsetzen. Hinzu kam, daß die deutsche Staatenwelt vorzugsweise Zugang zu den von der industriellen Entwicklung nahezu noch überhaupt nicht erfaßten Märkten Ostmitteleuropas und Südosteuropas, insbesondere des zarischen Rußland, besaß. Darüber hinaus verfügte sie über den Vorteil, daß die Binnenmärkte vorläufig eine beträchtliche Nachfragekraft entfalteten und ein großes Entwicklungspotential aufwiesen.

Noch hatte Preußen-Deutschland seine technologische Rückständigkeit gegenüber den westeuropäischen Ländern nicht wirklich überwunden. Aber die Voraussetzungen für ein eigenständiges Wirtschaftswachstum, das nicht länger von der Übernahme westeuropäischer Technologien abhängig und zunehmend weniger auf die Einfuhr von ausländischen Halbfertigprodukten angewiesen war, waren gelegt. Die stärkere Verflechtung der deutschen Wirtschaft in den Weltmarkt machte sich nun jedoch erstmals auch negativ bemerkbar. Der konjunkturelle Aufwärtstrend wurde durch die Weltwirtschaftskrise von 1857 bis 1859 schmerzhaft unterbrochen. Aber dies konnte an der Überzeugung der großen Mehrheit der Zeitgenossen nicht rütteln, daß sich Preußen und der Zollverein mit ihrer freihändlerischen Wirtschaftspolitik auf dem richtigen Weg befänden.

Der rapide wirtschaftliche Aufschwung in den fünfziger und sechziger Jahren, der dann in dem Gründerboom von 1869 bis 1873 eine extreme Überhitzung erfuhr, wurde durch eine neuartige Organisation des Geld- und Kreditwesens und durch eine Lockerung des Gesellschaftsrechts wesentlich erleichtert. Während noch Rudolf von Ihering Aktiengesellschaften als »organisierten Betrug« angesehen hatte, fand sich das breite Publikum nunmehr bereitwillig mit einem wesentlich liberaler gestalteten Aktienrecht ab, das allerdings mit einer erheblichen Erhöhung der Risiken der Anteilseigner einherging. Teilweise spielten dabei belgische und französische Vorbilder eine Rolle. Erst das Reichsaktiengesetz vom Jahr 1884 führte eine obligatorische Informationspflicht ein und bemühte sich um einen angemessenen Schutz der Interessen der Anleger. Am Anfang der Periode überwogen die überkommenen Organisationsformen der offenen Handelsgesellschaft und der Personalgesellschaft, aber für die großen, längerfristig angelegten Unternehmungen, welche die industrielle Wirklichkeit in der deutschen Staatenwelt dramatisch verändern sollten, erwies sich die Aktiengesellschaft als besonders geeignete Organisationsform. Sie ermöglichte die Mobilisierung großer Kapitalien im breiten Publikum, wie sie für zahlreiche größere Projekte, zumal für den Eisenbahnbau, erforderlich waren.

Die Spartätigkeit ist in Preußen schon vor dem Eintritt in die Industrialisierung groß gewesen. Angesichts der vergleichsweise hohen Renditen, die erfolgreiche industrielle Unternehmungen und insbesondere die Eisenbahngesellschaften abzuwerfen versprachen, war das allgemeine Publikum nur zu bereit, die Risiken solcher Geldanlagen auf sich zu nehmen. Eisenbahnaktien brachten in Preußen im Zeitraum von 1850 bis 1872 eine Dividende von durchschnittlich 7,5 Prozent, gut 1,5 Prozent mehr, als mit preußischen Staatsanleihen zu verdienen war; bisweilen lagen die Dividenden weit darüber. Industrieanleihen waren im allgemeinen weniger ertragreich und zudem nicht selten risikoreicher, aber auch sie waren, gemessen an den niedrigen Zinssätzen der Zeit, ungemein profitabel.

Die dominierende Rolle bei der Finanzierung des industriellen Aufschwungs wuchs den neuen Kreditbanken auf Aktienbasis zu. Anfänglich standen sie den klassischen Privatbanken, die ausschließlich Anlagengeschäfte in Handel und Industrie tätigten, noch um einiges nach. 1860 verfügten diese über 35,3 Prozent der Aktiva aller Kreditinstitute, und auch 1880 waren ihre Einlagen noch höher als jene der neuen Aktienbanken. Aber die Zukunft gehörte dem neuen Typus der Universalbank, die sowohl das Depositengeschäft für eine zahlreiche Kundschaft als auch Industrieanlagengeschäfte betrieb. Es war dies eine neuartige Schöpfung, die es in dieser Form lediglich in Deutschland gegeben hat. Gustav von Mevissens Schaffhausenscher Bankverein von 1848, die Berliner Disconto-Gesellschaft von 1851 und die Darmstädter Bank für Handel und Industrie von 1853 waren die ersten Banken, die diesen neuen Weg einschlugen; in den siebziger Jahren folgten ihnen die Deutsche Bank, die Dresdner Bank und die Commerzbank. Während sich die Einlagen der neuen Kreditinstitute einstweilen noch auf die bescheidene Summe von 390.000 Mark beliefen, hatten die Privatbanken ein Portefeuille von 1,5 Millionen Mark aufzuweisen. Dies sollte sich in der Folge dramatisch ändern. Eine überaus wichtige Rolle spielten daneben die Sparkassen mit einem ebenfalls beachtlichen Kapitalanteil, der im Jahr 1860 etwas mehr als 500.000 Mark betrug und bis 1880 auf 2,78 Millionen Mark steigen sollte; sie bedienten überwiegend das breite Publikum, mobilisierten aber auf diese Weise erhebliche Sparkapitalien für gewerbliche Investitionen aller Art. Außerdem erlangten die öffentlichen Bodenkreditanstalten eine nicht unerhebliche Bedeutung, zunächst überwiegend in der Bereitstellung von Krediten an die Landwirtschaft, späterhin im immer wichtiger werdenden Wohnungsbau. Die durch diese Kreditinstitute bereitgestellten Summen waren, gemessen an späteren Verhältnissen, noch recht bescheiden, aber sie ermöglichten den Aufbruch aus einer statischen Gesellschaft agrarischen Zuschnitts, der sich in jenen Jahren vollzog. Allerdings bestand anfänglich noch die Neigung, spekulativen Kapitalanlagen, die rasche Renditen abzuwerfen versprachen, den Vorzug vor industriellen Investitionen zu geben. Ein großer Teil des Bankenpublikums investierte seine Kapitalien vornehmlich in den neuen Eisenbahngesellschaften, die wie Pilze aus dem Boden schossen, zumal diese von Anbeginn Gewinne erzielten und zumeist überdurchschnittliche Dividenden auswarfen; infolgedessen wurden sie zu bevorzugten Objekten einer zunehmend überhandnehmenden Kapitalspekulation, die dann in der Gründerkrise von 1873 mit großem Spektakel zusammenbrach.

Den neuen Industrieunternehmungen war es vorerst noch möglich, die Investitionen vorwiegend über die eigenen Erträge zu finanzieren. Die Maschinenbauindustrie beispielsweise erzielte zwischen 1850 und 1874 Renditen von durchschnittlich 18,61 Prozent, die größtenteils reinvestiert wurden. In der Regel ließ sich also über die Ertragslage nicht klagen, so daß die Unternehmen vom Kapitalmarkt noch relativ unabhängig waren. Insgesamt handelte es sich um eine enorm hohe Summe von privaten Kapitalien, die in die neuen industriellen Vorhaben investiert wurde. Bereits um die Jahrhundertmitte gab es eine im Schnitt durchaus wohlhabende bürgerliche Schicht, die über erhebliche Ersparnisse verfügte und bereit war, die beträchtlichen Risiken auf sich zu nehmen, die mit dem Erwerb von Aktien der überall aus dem Boden schießenden Eisenbahngesellschaften oder von Anteilen an den Kreditbanken verbunden waren, während das vermögende Publikum bisher sichere Staatspapiere bevorzugt hatte.

Die optimistische Einstellung der bürgerlichen Schichten wurde durch die günstige konjunkturelle Entwicklung in den Jahren 1850 bis 1873 gestützt. Sie fiel hinein in eine »lange Welle« einer im allgemeinen positiven Konjunkturperiode, nämlich der ersten Hälfte eines sogenannten Kondratieff-Zyklus von 1843 bis 1896, der sich in eine Aufstiegsphase von 1843 bis 1873 und eine Abstiegsphase von 1873 bis 1896 gliedert. Außerdem wurde die überaus dynamische wirtschaftliche Entwicklung in jenen Jahrzehnten durch die starke Bevölkerungszunahme zusätzlich getragen. Diese ließ nicht nur eine »industrielle Reservearmee« entstehen, die zu relativ niedrigen Löhnen in den neuen Industrien Beschäftigung suchte, sondern sorgte zugleich für eine beständig steigende Nachfrage von Konsumgütern. Ein weiterer konjunkturbelebender Faktor war, daß die Industrie einstweilen so gut wie keiner direkten steuerlichen Belastung unterworfen war, also einen Teil der gesamtgesellschaftlichen Kosten auf den Steuerzahler abwälzen konnte.

Ungeachtet der langfristig günstigen Konjunkturlage wurde auch die deutsche Wirtschaft von der Weltwirtschaftskrise 1857 bis 1859 zeitweilig schwer getroffen. Darin offenbarte sich, daß die deutsche Staatenwelt nunmehr zu einem festen Bestandteil des sich ausbildenden kapitalistischen Weltsystems geworden war.

Die deutsche Wirtschaft profitierte zwar in erheblichem Maße von den ungleich größeren Möglichkeiten eines weltweiten Marktes, aber sie war hinfort uneingeschränkt den konjunkturellen Wellenbewegungen des weltwirtschaftlichen Systems unterworfen. Das war schon den Zeitgenossen bewußt: »Die Krisis ist mehr als eine europäische«, schrieb der Frankfurter Aktionär Rosenberg am 18. Oktober 1857, »sie ist eine Weltfrage geworden [...]. Der Welthandel wird von den Wechselwirkungen regiert; wenn die Elemente ihrer Ausgleichung fehlen, dann tritt eine Stockung ein, die sich von Platz zu Platz, von Land zu Land, von Weltteil zu Weltteil verpflanzt.« Die Krise von 1859 hatte sich in scharfen Rezessionserscheinungen in den USA und in Großbritannien angekündigt. Der Zusammenbruch eines Gebäudes von spekulativen Finanztransaktionen an der Pariser Börse, die teilweise auch neue schwerindustrielle Projekte an der Ruhr betrafen, brachte sie dann voll zum Ausbruch – mit der Folge weltweiter schwerer Einbrüche im Wirtschaftswachstum. Auch in den Staaten des Zollvereins stellten sich beträchtliche spürbare Produktionseinbußen insbesondere in der Eisen- und Stahlerzeugung ein. Die Aktienkurse fielen rapide, und infolgedessen kam die Investitionsbereitschaft des allgemeinen Publikums zeitweilig zum Erliegen. Doch insgesamt gesehen wurde der wirtschaftliche Aufwärtstrend in der deutschen Staatenwelt durch die Weltwirtschaftskrise von 1859 nur wenig unterbrochen.

Nachdem 1860 das Vertrauen in die wirtschaftliche Entwicklung wiederhergestellt worden war, kam es zu einem neuen Wachstumsschub von bislang unbekanntem Ausmaßen. In großer Zahl entstanden neue Kapitalgesellschaften, die nicht selten industrielle Projekte von außerordentlich großem Umfang in Angriff nahmen. Von 1863 bis 1873 stieg das nominelle Volkseinkommen pro Kopf in den Staaten des Zollvereins in ungewöhnlichem Tempo, das reale Volkseinkommen etwas behutsamer. Hatte ersteres im Durchschnitt der Jahre 1851 bis 1855 noch 266 Mark betragen, so lag es im Durchschnitt der Jahre 1871 bis 1875 bei 364 Mark; letzteres hatte sich von 295 Mark auf 352 Mark erhöht, und dies, obschon man während des gleichen Zeitraums einen erheblichen Bevölkerungszuwachs zu berücksichtigen hat. Diese globalen Zahlen sagen freilich nur wenig über die tatsächliche Wohlstandsentwicklung aus, da sie sich je nach den einzelnen Sozialschichten und Bevölkerungsgruppen höchst unterschiedlich gestaltete. Ersichtlich profitierten dabei vor allem die wohlhabenden Schichten; die zur zweiten und dritten Hauptklasse der Steuer in Preußen veranlagten Personen, also das ein jährliches Einkommen von 600 bis 3.000 Mark beziehende Bürgertum, konnten ihr Gesamteinkommen von 590 Millionen Mark 1851 auf 1.125 Millionen Mark 1872 steigern, während umgekehrt die von Steuerzahlungen befreiten Unterschichten es von 153 Millionen Mark nur auf 245 Millionen Mark brachten. Auch diese Zahlen sind bestenfalls Anhaltspunkte, da sie nicht die Veränderungen der Preise berücksichtigen und auf den Erhebungen der preußischen

Steuerbehörden beruhen. Gleichwohl signalisieren sie wirtschaftlichen Fortschritt.

Im großen und ganzen herrschte in bürgerlichen Kreisen eine höchst optimistische, nahezu hektische Stimmung. Alle, auch diejenigen, die nur über begrenzte Kapitalmittel verfügten, wollten möglichst an dem rasch wachsenden Wohlstand partizipieren. So kam es vielfach zu rein spekulativen Gründungen, die dann 1873 zusammenbrachen. Für die unmittelbar Betroffenen hatte das teilweise verheerende Auswirkungen. So wurde zum Beispiel Hermann Wagener, einer der engsten Mitarbeiter Bismarcks, in einen derartigen Finanzskandal hineingezogen, von dem er sich nie wieder erholte und der ihn auch im politischen Leben matt setzte. Die günstige konjunkturelle Entwicklung wurde von den politischen Ereignissen unterstützt. Bismarcks Einigungspolitik machte große Fortschritte; die vom Wirtschaftsbürgertum vertretene Forderung eines nationalen Staates, der einen homogenen nationalen Wirtschaftsraum und eine einheitliche Wirtschaftsgesetzgebung zu bringen versprach, schien sich zu erfüllen. Die rasche Rückzahlung der 5 Millionen Taler Kriegskontributionen durch Frankreich seit 1872, die durch eine Staatsanleihe ermöglicht wurde, an deren Zeichnung sich auch das deutsche Bankenpublikum beteiligt hatte, trug ebenfalls zu dem Boom bei, der Ende der sechziger Jahre eingesetzt hatte. Obgleich nur ein bescheidener Teil dieser Summe unmittelbar zur Erhöhung der Liquidität des Staates führte, wurden durch den Abbau der Staatsverschuldung Preußens indirekt erhebliche Kapitalsummen frei, die mittelbar zur Stimulierung des Wirtschaftswachstums beigetragen haben dürften.

In der Gründerkrise von 1873 brachen zahlreiche der spekulativen Unternehmensgründungen der letzten Dekade wieder zusammen, und die Wirtschaft wurde in eine lange Periode verminderter Prosperität hineingezogen. Dennoch waren in der Periode von 1850 bis 1873 die Voraussetzungen für ein künftiges kräftiges Wirtschaftswachstum auf einer sich stetig verbreiternden Basis gelegt worden. Die bürgerlichen Schichten haben niemals wieder so stürmische Verbesserungen ihrer wirtschaftlichen Lage erfahren wie in jenen beiden Jahrzehnten. Wenn überhaupt, dann hätte das liberale Bürgertum damals eine angemessene Partizipation auch an den politischen Entscheidungsprozessen erzwingen und die Versäumnisse von 1848/49 wiedergutmachen müssen. Aber schon bald sollte sich die ökonomische Lage wieder verschlechtern und damit das Ansehen des Bürgertums als Führer in eine neue Epoche spürbar schwächen – ein Umstand, der für die Zeitgenossen freilich nicht sogleich erkennbar gewesen ist. Überdies wurden Teile des Bürgertums sogleich von der Sorge erfaßt, daß durch eine allzu ungezügelte Freisetzung der wirtschaftlichen Dynamik des industriellen Systems ihr altes Ideal einer homogenen Bürgergesellschaft mittlerer Existenzen untergraben würde. Umgekehrt läßt sich sagen, daß ungeachtet der Wiedererstarkung der konservativen Kräfte seit 1849 eine Politik, die ganz und gar den wirtschaftlichen Interessen des Bürgertums widersprochen hätte, angesichts der gesellschaftlichen Realitäten nicht länger durchsetzbar gewesen wäre. Dies hat die weitere Entwicklung auf politischem Felde maßgeblich bestimmt. Für die herrschenden aristokratischen Eliten wurde es dringlich, im Interesse der Erhaltung ihrer eigenen Machtstellung, den Forderungen der aufsteigenden Schichten des Bürgertums auf wirtschaftlichem und sozialem Gebiet entgegenzukommen, ohne ihnen deshalb schon den Zugang zu den Bastionen der politischen Macht zu eröffnen.

Die »goldenen Jahre« der Landwirtschaft

Die sprunghafte Entwicklung von Industrie, Handel und Gewerbe fand eine Entsprechung in der Landwirtschaft. Sie erlebte im Zeitraum von 1850 bis 1873 einen beachtlichen wirtschaftlichen Aufschwung, der in mancher Hinsicht jenen des jungen industriellen Sektors noch um einiges übertraf. Dies galt vor allem für die ostelbische Großgüterwirtschaft, welche die ökonomische Basis für die Vorrangstellung der Aristokratie in Staat und Gesellschaft abgab. Dabei spielte der ostelbische Großgrundbesitz eine herausragende Rolle. Nicht nur die bürgerlichen Schichten, sondern auch ihre politischen Widersacher, die preußisch-deutsche Aristokratie, vermochten während der beiden Jahrzehnte, die der Reichsgründung vorausgingen, ihre ökonomische und damit ihre gesellschaftliche Position in nicht unerheblichem Maße zu stärken. Knut Borchardt hat im Hinblick auf das Revolutionsjahr bemerkt, daß es »vielleicht das Verhängnis der deutschen Sozialgeschichte« gewesen sei, »daß sich gerade um 1848 die ökonomische Lage des ostdeutschen Großgrundbesitzes und damit die des Adels entscheidend verbessert« habe. Dies trifft für die folgenden Jahrzehnte vielleicht nicht in vollem Umfang zu, aber Wilhelm Abel hat nicht ohne Grund für die Phase von 1830 bis 1870 von »goldenen Jahrzehnten« der Landwirtschaft im kontinentalen Europa gesprochen.

Die deutsche Landwirtschaft hatte schon seit Anfang des 19. Jahrhunderts einen Prozeß der Modernisierung durchlaufen, der sich der »agrarischen Revolution« in Großbritannien in der zweiten Hälfte des 18. Jahrhunderts durchaus zur Seite stellen läßt, obschon er nicht wie dort mit einem gleichzeitigen Wachstum des gewerblichen und kommerziellen Sektors verbunden gewesen ist. Auch in der preußisch-deutschen Staatenwelt kam es seit den dreißiger Jahren schrittweise zu neuen Anbaumethoden und einer Rationalisierung der agrarischen Produktionsverfahren. Am wichtigsten waren die Aufteilung der Gemeinflächen, die fortschreitende Kultivierung von Ödland und die Nutzung des bisherigen Brachlandes. Dies vollzog sich parallel zur Durchführung der preußischen Agrarreformen, die die älteren Formen der Erbuntertänigkeit der Bauern und deren Verpflichtung

Medaille auf die Fertigstellung der tausendsten Lokomotive aus der Firma Borsig am 21. August 1858. Bronzeguß nach der Form von Wilhelm Kullrich. Berlin-Museum. – Medaille auf die Eröffnung der Rhein-Bahn zwischen Köln und Mainz am 15. Dezember 1859. Bronzeguß nach der Form von Jacob Wiener. Nürnberg, Germanisches Nationalmuseum

Mitgliedskarte des Nürnberger Arbeiterbildungsvereins aus dem Jahr 1850. Karlsruhe, Badisches Generallandesarchiv

zur Ableistung von Frondiensten abgeschafft und der Bauernschaft die freie Verfügbarkeit über ihr Land eingeräumt hatten, freilich unter Verlust des herkömmlichen staatlichen Schutzes gegen das sogenannte Bauernlegen. Ebenso wurden die Grundherren zu einem Stand von selbständigen, frei wirtschaftenden Agrarunternehmern, dem allerdings in Preußen noch Reste der alten Gutsherrlichkeit erhalten blieb. Die Kehrseite dieser Reformen bestand darin, daß die Bauernschaft angesichts der hohen Ablösungsverpflichtungen, deren Regulierung erst in den frühen sechziger Jahren zum Abschluß kam, einen wesentlichen Teil ihrer Ländereien an den Großgrundbesitz verlor. Namentlich im östlichen Preußen bildete sich jetzt die typische Großgrundbesitzstruktur aus, die man gemeinhin mit dem Stand der preußischen »Junker« verbindet, während die Zahl der freien Bauernstellen stark zurückging; die früher blühenden Bauerndörfer schrumpften dahin.

In den westlichen Gebieten Deutschlands, in denen eine sehr differenzierte Besitzstruktur vorherrschte, konnten die größeren Bauernhöfe vielfach noch Land hinzukaufen und sich wirtschaftlich konsolidieren, während die kleinbäuerlichen Betriebe es schwer hatten, sich unter den neuen Verhältnissen einer kapitalistischen Agrarwirtschaft zu behaupten. In Nord- und Westdeutschland, wo das sogenannte Anerbenrecht galt, welches im Falle der Vererbung eine ungeteilte Fortführung des Hofes vorsah, bildete sich eine relativ stabile Besitzstruktur heraus, bei der die großbäuerlichen Höfe nahezu die Hälfte alles landwirtschaftlich genutzten Landes bewirtschafteten. Anders war dies in den Gebieten, in denen das Realteilungsprinzip herrschte, insbesondere in Baden, Württemberg und im Großherzogtum Hessen. Hier kam es zu einer zunehmenden Zersplitterung des bäuerlichen Grundbesitzes. Am härtesten trafen die Auswirkungen dieser Reformen die unterbäuerlichen Schichten. Ihnen wurden mit der Auflösung der Allmende ihre bisherigen bescheidenen Möglichkeiten drastisch beschnitten, durch Nutzung der Gemeinländereien der eigenen Familie ein bescheidenes Auskommen zu sichern, das durch Arbeit im Dienst der Bauern oder Grundherrn aufgebessert werden konnte. Teile der unterbäuerlichen Bevölkerung waren denn auch maßgeblich an den großen Auswanderungsschüben im Vormärz und dann noch von 1857 bis 1859 beteiligt. Die große Mehrheit sank in den Status von Kätnern oder landlosen Tagelöhnern ab, sofern sie es nicht vorzog, in den neuen industriellen Zentren um Arbeit nachzusuchen.

Um die Jahrhundertmitte war dieser schmerzhafte Umstellungsprozeß im wesentlichen abgeschlossen, auch wenn, wie bereits erwähnt, die Ablösungsverpflichtungen vielfach noch bis in die sechziger Jahre hinein fortbestanden. Dies erleichterte den Übergang zu einer verbesserten Dreifelderwirtschaft beziehungsweise zu neuen, differenzierteren Fruchtfolgen, wie sie sich einerseits aus Gründen besserer Bodenausnutzung, andererseits wegen der größeren Rentabilität des Anbaus von Blattfrüchten, insbesondere der Zuckerrübe, aber auch diverser

Futterpflanzen für die Tierhaltung, empfahlen. Die Einführung der künstlichen Düngung, die seit den großen Entdeckungen von Phillip Carl Sprengel und Justus von Liebig verhältnismäßig rasch in der Landwirtschaft gebräuchlich wurde, tat ein übriges, um marktwirtschaftlichen Methoden in der Landwirtschaft den Weg zu bahnen.

Ein wichtiges Indiz für die Veränderung der Verhältnisse war, daß die älteren Formen der Entlohnung der Landarbeiterschaft auf der Grundlage von Deputaten beziehungsweise von indirekter Beteiligung an den Erträgen des jeweiligen Betriebes schrittweise durch Geldzahlungen ersetzt wurde. Allerdings blieben die älteren patriarchalischen Strukturen in Teilen noch lange bestehen: In aller Regel war die Bereitstellung kargen Wohnraums für die Landarbeiter durch den Bauern oder Grundherrn ein wesentlicher Bestandteil des Lohns; außerdem gab es Leistungen in Form von Naturalien, während Geldzahlungen auf ein mögliches Minimum beschränkt blieben. Vor allem in Nord- und Ostdeutschland war es zunächst weiterhin üblich, die Bewirtschaftung der überwiegend in adeligem Besitz befindlichen Güter einem Instmann und seiner Familie zu übertragen, dem anstelle von Geldzahlungen die Nutzung eines bestimmten Teils von Grund und Boden auf eigene Rechnung an die Hand gegeben wurde. Im Osten richtete sich dieser Anteil nicht selten nach dem gemäß den Fruchtfolgen jährlich wechselnden Anbauplan des Gutslandes; mit anderen Worten, die Insten erhielten jeweils andere Anbauflächen zugewiesen. Diese ältere naturalwirtschaftliche Form der Entlohnung begründete eine Gleichgerichtetheit der Interessen des Gutsherrn und seiner Hintersassen, der Instmann und seine Familie profitierten ebenso wie der Gutsherr von einer erfolgreichen Wirtschaftsführung. Im Zuge des Vordringens kapitalintensiver Wirtschaftsformen und mit dem Einsatz von modernen landwirtschaftlichen Maschinen, insbesondere der Dreschmaschine, wurde dieses patriarchalische Verhältnis jedoch auch hier nach und nach zugunsten eines kapitalistischen Lohnverhältnisses abgelöst. Auf diese Weise wurde die Landarbeiterschaft proletarisiert, jedoch ohne, wie die industrielle Arbeiterschaft, ihrerseits die Chancen eines freien Arbeitsmarktes in nennenswertem Umfang nutzen zu können.

Die im ostelbischen Preußen typische Großgüterwirtschaft, die sich in voller Schärfe erst als Folge der preußischen Agrarreformen von 1808/09 ausgebildet hatte, besaß keineswegs nur eine wirtschaftliche, sondern vor allem eine soziale Funktion; sie bildete die Grundlage der Vorrangstellung der preußischen Aristokratie in Gesellschaft und Staat. Insgesamt befand sich um die Mitte des Jahrhunderts etwa ein Viertel des anbaufähigen Bodens in den Händen des Großgrundbesitzes. Vornehmlich in den ostelbischen Provinzen Preußens und in Mecklenburg war das Rittergut dominierend. Die etwa 16.000 Rittergüter in den preußischen Ostprovinzen und die 700 Rittergüter in Mecklenburg verfügten über 44 Prozent der landwirtschaftlichen Nutzfläche. In West- und Süddeutschland hingegen herrschte weiterhin bäuerlicher Besitz vor; freilich teilten sich auch hier die

Großbauern und die mittelgroßen Landwirte zwei Drittel des in bäuerlichem Besitz befindlichen Grund und Bodens. Im Südwesten, wo das Rechtsprinzip der Realteilung galt, überwog eine ausgesprochen kleinbäuerliche Besitzstruktur.

Rein ökonomisch waren die großen Güter sehr viel leistungsfähiger als die kleineren Bauernwirtschaften namentlich des deutschen Südwestens, obwohl auch dort, häufig unter dem Druck einer bedrängten wirtschaftlichen Lage, erhebliche Produktionssteigerungen erzielt werden konnten. Nach und nach bildete sich eine neue Klasse von Großgrundbesitzern, in der der bodenständige preußische Adel weiterhin den Ton angab; doch er geriet gegenüber den Grundbesitzern bürgerlicher Abkunft bereits um die Mitte des Jahrhunderts in die Minderheit. Aus einer patriarchalisch denkenden Aristokratie, die ihre standesgemäße Lebensführung in erster Linie der Großgüterwirtschaft verdankte, wurde schrittweise eine »mobile Wirtschaftsklasse von Kapitalbesitzern, Gutswirtschaftsunternehmern und Arbeitgebern«, wie es Hans Rosenberg formuliert hat. Selbst die preußische Hocharistokratie wurde, obschon sie nach außen strikt an ihrer gesellschaftlichen Exklusivität festhielt, indirekt von einem Prozeß der »Verbürgerlichung« erfaßt, vor allem durch die Einheirat von Bürgerlichen – überwiegend von Mädchen großbürgerlicher Herkunft – in adelige Familien, aber auch durch die Nobilitierung von prominenten Vertretern des Bürgertums. Dies hatte jedoch weit geringere Auswirkungen auf den Lebensstil und die überkommene Vorrangstellung der Aristokratie in Gesellschaft und Staat, als man annehmen sollte. Vielmehr gelang es der Aristokratie vermutlich gerade dank des beständigen Zuflusses bürgerlicher Elemente, ihre hegemoniale Stellung in der preußisch-deutschen Gesellschaft ungeschmälert zu behaupten. Bereits 1856 befanden sich von insgesamt 12.339 Rittergütern und kreistagsfähigen, das heißt mit besonderen politischen Rechten ausgestatteten Gütern in Preußen mit einer Durchschnittsgröße von rund 500 Hektar nur noch 7.023 im Besitz adeliger und nobilitierter Familien. Dies bedeutet allerdings nicht, daß es zu einer Liberalisierung der Aristokratie gekommen wäre. Vielmehr machten sich eine Refeudalisierung auch der bürgerlichen Elemente der Großgrundbesitzerschicht sowie eine Verhärtung der traditionellen aristokratischen Lebensformen bemerkbar. Die liberalen Elemente im preußisch-deutschen Adel wurden zunehmend in den Hintergrund gedrängt und zur politischen Einflußlosigkeit verurteilt; lediglich in Süddeutschland, namentlich in der Gruppe der sogenannten Standesherren – jener Adeligen, die vor 1804 den Rechtsstatus der Reichsunmittelbarkeit besessen hatten –, erhielten sich schwache Reste des ehemals whigistischen Flügels der Aristokratie.

Es spricht vieles dafür, daß es sich hier nicht nur um ein ökonomisches Phänomen gehandelt hat. Die außerordentliche Steigerung der Güterpreise, die sich gegenüber den Verhältnissen in den dreißiger Jahren um das Zweieinhalbfache erhöht hatten, entsprach keinesfalls dem Anstieg der Renditen, obschon auch diese nicht unerheblich zugenommen hatten. Gesellschaftliche Geltung und gesellschaftlicher Status waren hier weit mehr im Spiel als kommerzielle Interessen und Rentabilitätsgesichtspunkte. Die Überbewertung des Großgrundeigentums im Vergleich zu seinem marktwirtschaftlichen Ertragswert begünstigte eine unangemessen hohe hypothekarische Belastung der großen Güter. Bereits um 1850 begann sich jene Schere zwischen der Entwicklung der Güterpreise und der damit einhergehenden Verschuldung einerseits, der Erträge andererseits zu öffnen, welche die Großagrarier im ostelbischen Deutschland gegen Ende des Jahrhunderts zu einem notleidenden Stand machen sollte, der sich nur mit Staatshilfe über Wasser zu halten vermochte. Die Fluktuation des Güterbesitzes nahm in einem derartigen Ausmaß zu, daß das Ideal der Bodenständigkeit der adeligen Großgrundbesitzerklasse über viele Generationen hinweg zu einer Fiktion zu werden drohte. Auch die Großgüterwirtschaft erlebte eine schleichende Spekulationskrise, die der Gründerkrise von 1873 zur Seite gestellt werden kann; doch im Unterschied zu dieser kam es auf dem Lande nicht zu einem generellen Zusammenbruch des Kreditgebäudes, sondern nur zu vereinzelten Insolvenzen. Überdies war die landbesitzende Aristokratie davon weniger hart betroffen als die bürgerlichen Neuankömmlinge, die sich mit rasch verdientem Geld standesgemäße Güter zugelegt hatten.

Diese Krisenfaktoren machten sich vorerst noch kaum bemerkbar, weil die Erträge in der Landwirtschaft bis zur Mitte der siebziger Jahre stark anstiegen, und mit ihnen die Güterpreise. Das Gut Naulin in Pommern, das 1838 für 92.700 Taler den Eigentümer gewechselt hatte, erbrachte 1871 246.000 Taler; und das Gut Mülberg in Posen, das 1841 45.000 Taler gekostet hatte, kam 1883 für 166.000 Taler erneut auf den Markt. Ein noch sichereres Indiz ist die Steigerung der Pachtzinsen der preußischen Domänen, die jeweils der Ertragslage angepaßt wurden; diese stiegen von 13,90 Mark pro Hektar im Jahr 1849 auf 35,63 Mark pro Hektar im Jahr 1879.

Insgesamt stellen die Jahre von 1850 bis 1873 eine Periode einer überaus günstigen Agrarkonjunktur dar. Sieht man von den augenfälligen Wachstumsraten im industriellen Sektor ab und hält sich an die absoluten Zahlen, so vermochten Landwirtschaft, Forsten und Fischerei in Preußen-Deutschland bis in die achtziger Jahre hinein ihre traditionelle Spitzenstellung zu behaupten. Einstweilen war die Landwirtschaft noch in der Lage, einen erheblichen Teil der infolge der Bevölkerungsvermehrung zusätzlich auf den Arbeitsmarkt drängenden Arbeitskräfte aufzunehmen und zu ernähren. Die Landwirtschaft profitierte ihrerseits von dem konjunkturellen Aufschwung im gewerblichen Sektor und der dadurch induzierten erhöhten Nachfrage nach Agrarprodukten. Die Zunahme der Agrarproduktion im Zeitraum von 1850 bis 1873 war erheblich. In Preisen von 1913 betrug diese nach W. G. Hoffmann 1850 4.461 Millionen Mark, und sie wuchs bis 1873 auf 6.070 Millionen Mark; das entsprach einer Produktivitätssteigerung von 1850 bis 1870 um etwa 31 Prozent. Ebenso erhöhte sich die Zahl der in der

Landwirtschaft beschäftigten Personen, wenn auch nicht im »Gleichschritt« mit der Bevölkerungsvermehrung. Überdies dürften in den zugänglichen statistischen Angaben viele ungenannt gebliebenen mithelfenden Familienangehörige nicht ausgewiesen sein.

Im ganzen ging es der Landwirtschaft also sehr gut. Die Preise für landwirtschaftliche Produkte kletterten im vorgenannten Zeitraum in nicht unerheblichem Maße. Bis 1859 stiegen die Weizenpreise kontinuierlich; sie erlangten 1857 mit 22 Mark pro Doppelzentner einen Höhepunkt, fielen dann bis 1864 behutsam auf 19 Mark zurück und erreichten bis 1873 wieder 23 Mark. Die Roggenpreise bewegten sich annähernd in gleicher Weise. Erst danach setzte ein zunächst zaghafter, späterhin fühlbarer Niedergang der Getreidepreise ein, der langfristig die Ertragslage der Landwirtschaft spürbar beeinträchtigen sollte. Noch weit stärker kletterten die Preise für sonstige pflanzliche Produkte, insbesondere für Zuckerrüben, und für tierische Produkte. Der eigentliche Zuwachs aber verbarg sich in einer eindrucksvollen Steigerung der Erträge, dank eines ganzen Bündels von Faktoren, zu denen der Einsatz von verbesserten Saatgutarten, eine ausgereiftere Agrartechnik und moderne Düngemethoden gehörten. Die teilweise Verlagerung der Agrarproduktion zugunsten tierischer Erzeugnisse brachte noch ungleich bessere Ergebnisse, zumal es gelang, das Lebendgewicht von Schlachtvieh durch Einführung neuer Arten beziehungsweise durch Einkreuzung von schnellerwachsenden Arten erheblich zu steigern. Umgekehrt sanken tendenziell die Kosten für landwirtschaftliche Geräte und Maschinen. Selbst die Steigerung der Landarbeiterlöhne von 1850 bis 1875 um rund 50 Prozent vermochte die Landwirtschaft angesichts der steigenden Erträge einstweilen mühelos zu verkraften. 1870 trug der agrarische Sektor zu 40 Prozent an der Wertschöpfung der Volkswirtschaft bei, gegenüber 23 Prozent, die von Gewerbe und Industrie beigebracht wurden – ein Verhältnis, das sich dann bis zum Jahr 1913 umkehren sollte.

Die rasante Bevölkerungsvermehrung und der allmähliche Rückgang der Auswanderung sowie die steigenden Einkommen im gewerblichen und industriellen Sektor hatten eine erheblich verstärkte Nachfrage nach Agrarerzeugnissen zur Folge, die einstweilen zumeist noch aus einheimischer Produktion befriedigt werden konnte. Ungeachtet der wachsenden Binnennachfrage blieb die deutsche Landwirtschaft jedoch weiterhin exportorientiert. Besonders die ostelbische Großgüterwirtschaft exportierte große Mengen von Weizen und von Roggen, der meist mit eingeführtem russischen Hartroggen versetzt wurde, vor allem nach Großbritannien und in die skandinavischen Länder. Daran änderte sich auch dann nicht viel, als seit etwa 1870 die steigende Binnennachfrage nicht mehr allein aus einheimischer Produktion befriedigt werden konnte. Der Export von Weizen nach Übersee war für die ostelbische Großgüterwirtschaft wegen der langen Transportwege weiterhin günstiger als der Absatz im Westen Deutschlands, wo man zunehmend auf vergleichsweise preisgünstigere überseeische Importe zurückgriff; nicht zufällig waren die Großagrarier damals noch überzeugte Anhänger des Freihandels.

Die Position, welche die Landwirtschaft innerhalb der deutschen Volkswirtschaft einnahm, war stark und einstweilen ungefährdet. Es überrascht nicht, daß die preußische Aristokratie damals noch nicht das Gefühl hatte, auf der Verliererseite zu stehen. Ihre gesicherte wirtschaftliche Lage erlaubte es ihr, auf politischem Gebiet weiterhin eine maßgebende Rolle zu spielen. Noch waren die preußischen Junker eine Klasse, die es sich, sofern sie es nur wollte, leisten konnte, für die Politik, nicht von der Politik zu leben. Für ihre bürgerlichen Gegenspieler, von den Anfängen einer proletarischen Arbeiterbewegung abgesehen, ließ sich dies hingegen nicht in gleichem Maße sagen.

Bevölkerungsbewegung und soziale Schichtung am Vorabend der Reichsgründung

Die wirtschaftliche Entwicklung in der deutschen Staatenwelt in den beiden Jahrzehnten vor der Reichsgründung vollzog sich vor dem Hintergrund tiefgreifender Veränderungen der Bevölkerungsstruktur und der sozialen Schichtung. Im Vordergrund stand das säkulare Phänomen der Bevölkerungsvermehrung oder, wie man sich vielfach ausgedrückt hat, der Bevölkerungsexplosion. Das Bevölkerungswachstum seit dem Ende des 18. Jahrhunderts läßt sich mit den gegenwärtigen Entwicklungen in vielen Entwicklungsländern in der Sache, wenn auch nicht unbedingt in den Größenordnungen durchaus vergleichen. Der sprunghafte Anstieg der Bevölkerung war im Ursprung ein vorindustrielles Phänomen. Erst in einem relativ späten Stadium kamen die Fortschritte der Medizin zum Tragen, vor allem die Beherrschung der epidemischen Krankheiten sowie die Senkung der Kindersterblichkeit, der demographisch am stärksten ins Gewicht fallende Faktor, zumal die medizinische Versorgung der breiten Massen der Bevölkerung bis in die achtziger Jahre hinein bescheiden war und zum Rückgang der Sterblichkeitsraten nur wenig beitrug. Das rasante Bevölkerungswachstum hatte sich bereits unter den Bedingungen einer traditionalen Agrargesellschaft eingestellt; die Auflösung der überkommenen Großfamilienstruktur auf dem flachen Lande, die das Gesinde zu früher Heirat veranlaßte, dürfte einer von vielen auslösenden Faktoren gewesen sein, zog doch das absinkende Heiratsalter eine höhere Fertilität nach sich. Doch der säkulare Prozeß der Bevölkerungsvermehrung läßt sich aus sozialen und medizinischen Ursachen allein nicht herleiten. Seit etwa 1870 wurde er dann durch die Verbesserung der Lebensbedingungen der breiten Massen dank des industriellen Aufschwungs zusätzlich angeschoben. Der Prozeß der

Die Entwicklung der jährlichen Wachstumsraten der mittleren Bevölkerung
in Zehnjahresdurchschnitten (nach Cambridge Economic History, Bd. 1, S. 62)

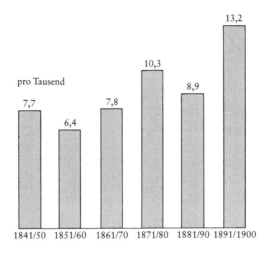

Bevölkerungsvermehrung erreichte im frühen 19. Jahrhundert einen ersten Höhepunkt. Um die Mitte des Jahrhunderts flachten die Zuwachsraten wieder etwas ab, stiegen aber gegen Ende des Jahrhunderts erneut an; kurz vor dem Ersten Weltkrieg erreichte die Bevölkerungsbewegung ihren Kulminationspunkt.

Die jährliche Wachstumsrate der Bevölkerung betrug im Durchschnitt während des Zeitraums von 1851 bis 1870 7,1 pro Tausend, während sie zuvor zeitweilig sogar noch höher gelegen hatte. Nach der Reichsgründung beschleunigte sie sich erneut; zwischen 1871 und 1900 lag sie durchschnittlich bei 10,8 pro Tausend, also etwas über einem Prozent pro Jahr. Dabei spielten Verbesserungen der medizinischen Versorgung vorderhand keine nennenswerte Rolle. Noch war die Kindersterblichkeit hoch; sie wies in Preußen zwischen 1861 und 1870 mit 21,1 Prozent aller lebendgeborenen Kinder im ersten Lebensjahr eine eher leicht steigende Tendenz auf. Auch die Lebenserwartung der Erwachsenen hatte sich noch nicht merklich verbessert. In absoluten Zahlen betrachtet war die Bevölkerungsbewegung, obschon sie hinter den Verhältnissen in vielen Entwicklungsländern der Gegenwart auffallend zurückblieb, erheblich: Die Bevölkerung in den Territorien des künftigen Deutschen Reiches stieg von 35,3 Millionen im Jahr 1850 auf 40,8 Millionen im Jahr 1870. Das war, auch wenn der große Spurt nach oben erst nach der Reichsgründung einsetzte, beachtlich und bedingte zumindest auf mittlere Frist eine nicht unerhebliche Steigerung der gesellschaftlichen Mobilität.

Um 1850 lebten rund 17 Millionen Menschen, davon 2 Millionen nichtdeutscher Nationalität, im preußischen Staat, während auf die deutschen Mittelstaa-

Die Wachstumsraten der mittleren Bevölkerung Deutschlands
(nach W. G. Hoffmann, Wachstum, 1965, S. 172 f.)

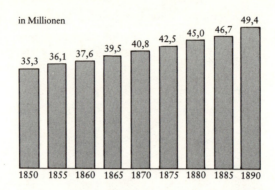

ten etwa 15,5 Millionen Einwohner kamen; der Rest verteilte sich auf eine größere Zahl oft insignifikanter Zwergstaaten sowie die Hansestädte Bremen, Hamburg und Lübeck und die Freie Stadt Frankfurt. Der Vollständigkeit halber sei hinzugefügt, daß dazu noch 8 Millionen Deutsche kamen, die innerhalb der österreichischen Monarchie mit insgesamt 39 Millionen Einwohnern die stärkste Volksgruppe darstellten.

Die Ursachen der Bevölkerungsvermehrung in jener Epoche sind komplexer Natur; auch die intensive Arbeit der historischen Spezialdisziplin der Demographie hat wirklich eindeutige Erklärungen nicht finden können. Es steht jedoch fest, daß vor allem in der Anlaufphase die Steigerung der Bevölkerung durch ein säkulares Anwachsen der Fertilität und durch die Zunahme der Geburten erfolgt ist; sinkendes Heiratsalter und häufigere Eheschließungen waren daran ursächlich beteiligt, aber dafür nicht ausschlaggebend. Die Fortschritte der Medizin, mit Ausnahme wohl der Entwicklung der Pockenimpfung, und die bessere medizinische Versorgung der Bevölkerung schlugen zunächst kaum zu Buche. Nicht die Sterberaten sanken signifikant, sondern die Geburtenraten stiegen zusehends. Erst seit den siebziger Jahren machten sich das Steigen des Lebensstandards, die nach und nach breitere Schichten erreichende medizinische Versorgung und die qualitative Verbesserung der Nahrungsgewohnheiten auch in einem Sinken der Sterblichkeit und insbesondere der Kindersterblichkeit bemerkbar. Dies führte dazu, daß der säkulare Trend der Bevölkerungsbewegung, der in der zweiten Hälfte des 19. Jahrhunderts wieder ein deutliches Absinken der Bevölkerungszahlen hätte erwarten lassen, in massiver Weise durchbrochen wurde.

Die gesellschaftlichen Auswirkungen dieses nahezu stetigen Bevölkerungswachstums und der langsam steigenden Lebenserwartung des Einzelnen waren groß. Unter den obwaltenden Umständen drängten ständig nachwachsende Generationen auf den Arbeitsmarkt, mit anderen Worten, die Bevölkerungsvermehrung ließ gleichsam natürlicherweise eine »industrielle Reservearmee« von Arbeitssuchenden entstehen, mit entsprechenden Auswirkungen auf das Lohn- und Gehaltsniveau in Industrie, Gewerbe und Landwirtschaft. Die Struktur des Arbeitsmarktes begünstigte die Position der Unternehmerschaft; zudem steigerte sie die Bereitschaft der Arbeitnehmer, Arbeit zu suchen, wo immer sie zu finden war, unabhängig von traditionellen Erwartungshaltungen oder beruflicher Vorbildung. Die vergleichsweise hohe Flexibilität der Arbeitnehmerschaft aber stellte einen weiteren wichtigen Aktivposten für eine dynamische Wirtschaftsentwicklung dar.

In diesem Zusammenhang verdienen auch die Veränderungen der Altersstruktur Aufmerksamkeit. Angesichts der damals immer noch erheblich niedrigeren Lebenserwartung war die Bevölkerung in ihrer Gesamtheit sehr viel jünger als heute. Kinder und Jugendliche machten einen weit höheren Bestandteil der Gesamtbevölkerung aus als die über Fünfundvierzigjährigen. 1871 waren 16,6 Prozent der Bevölkerung zwischen 45 und 65 Jahre alt, und 4,6 Prozent waren 65 Jahre oder älter; für 1970 belaufen sich die entsprechenden Ziffern in der Bundesrepublik auf 22,7 und 13,2 Prozent. Die »produktive Bevölkerung« stellte also zur Zeit der Reichsgründung einen größeren Anteil an der Gesamtbevölkerung; andererseits wird die unter vor- und frühindustriellen Bedingungen weit verbreitete Kinderarbeit angesichts des relativ hohen Anteils von Kindern an der Gesamtbevölkerung verständlicher, obwohl sie bereits im Rückgang begriffen war.

Die Zahlen des Bevölkerungswachstums in den Territorien des künftigen Deutschen Reiches berücksichtigen nicht die vielen Auswanderer, die während des hier behandelten Zeitraums eine neue Heimstatt in Übersee suchten. Die Anfänge der deutschen Auswanderungsbewegung reichen bis in die dreißiger Jahre zurück. Ihre Ursprünge sind in der chronischen Agrarkrise zu suchen, die namentlich den Südwesten Deutschlands erfaßt hatte; die Auswanderung vorwiegend in die Vereinigten Staaten schien großen Bevölkerungsgruppen den einzigen Ausweg aus ihrer Misere zu eröffnen. Die Auswandererzahlen waren starken zeitlichen Fluktuationen unterworfen, teils in Reaktion auf Krisenlagen in den ländlichen Gebieten, aus denen die Auswanderer in aller Regel kamen, teils als Folge der stetiger Veränderung unterworfenen Verhältnisse in den Empfängerländern. Eine umfangreiche Auswandererliteratur und nicht zuletzt eine rege Korrespondenz zwischen Ausgewanderten und den zurückgebliebenen Familienangehörigen erleichterten vielfach den Entschluß, den »großen Sprung« zu wagen. Darüber hinaus warben kommerzielle Agenturen sowie die großen Reedereien mit zeitweise verführerischen Dumpingpreisen um Ausreisewillige.

Entscheidend waren freilich die Übervölkerung auf dem flachen Lande und die bedrängte ökonomische Lage der ländlichen Unterschichten. Die schwere Agrarkrise von 1846/47, die letzte vorindustrielle, durch Mißernten verursachte Krise, fand ihre Entsprechung in einem Hochschnellen der Auswanderungszahlen zwischen 1846 und 1857. Diese erste große Welle der Auswanderung erreichte 1854 ihren Höhepunkt mit 239.200 Auswanderern; dies entsprach 6,97 Prozent der Gesamtbevölkerung, war also ein auch für damalige Verhältnisse fühlbarer Aderlaß. Insgesamt wanderten in diesem Zeitraum mehr als 1,2 Millionen Menschen aus Deutschland aus. Dem folgte, wohl teilweise als Auswirkung der Weltwirtschaftskrise von 1857, in den Jahren 1864 bis 1873 eine zweite, etwas bescheidenere Auswanderungswelle, zeitweilig rückgestaut durch den Amerikanischen Bürgerkrieg. Diesmal zog es nahezu 1 Million Menschen in die Vereinigten Staaten. Auf ihrem Höhepunkt 1867 wanderten erneut 3,59 Prozent der Gesamtbevölkerung der Territorien des späteren Deutschen Reiches aus. Die dritte große Auswanderungsperiode von 1880 bis 1893 ist Gegenstand eines späteren Kapitels. In diesem Falle reagierten die Auswanderer mit einigem Abstand auf die sich von 1873 bis 1879 dramatisch verschlechternde konjunkturelle Lage; dieser dritte Aderlaß koinzidierte zudem mit der Anlaufphase der internationalen Agrarkrise von 1876 bis 1894. Insgesamt wanderten zwischen 1830 und 1870 etwa 2,5 Millionen Menschen nach Übersee aus, zwischen 1871 und 1890 nochmals knapp 2 Millionen. Noch waren die sich seit Anfang der fünfziger Jahre entwikkelnden industriellen Zentren außerstande, der großen Mehrheit der vom Lande abströmenden Massen Arbeit und Brot zu bieten.

Bei der Auswanderung handelte es sich teilweise um politische Emigration, insbesondere aus den preußischen Territorien nach der Revolution von 1848 und dann wieder nach 1866, doch diese Gruppen waren zahlenmäßig insignifikant. Die politische Bedeutung dieses Phänomens lag weniger in dem Verlust an deutscher Volkssubstanz, wie man oft angenommen hat, obgleich eingeräumt werden muß, daß es in der Regel gerade die Tüchtigsten waren, die abwanderten, als vielmehr in der Abmilderung des Bevölkerungsdrucks in den ländlichen Gebieten des deutschen Südwestens und, mit gewisser zeitlicher Verspätung, der östlichen Gebiete Preußens sowie Mecklenburgs, also in einer teilweisen Entschärfung der sozialen Spannungen. Insgesamt waren die Wanderungsverluste in jener Periode beträchtlich, auch wenn schon die Zeitgenossen die tatsächliche Entlastung, die die Abwanderung für das Sozialgefüge bedeutete, erheblich überschätzt haben dürften. Überdies waren die Ursprungsregionen der Auswanderung durchaus ungleich stark betroffen und demgemäß auch die Auswirkungen auf die Bevölkerungsstruktur höchst unterschiedlich.

Noch bedeutsamer ist die Tatsache, daß die Auswanderung, besonders in der zweiten großen Welle von 1867 bis 1873, eng verknüpft war mit einer sich gleichzeitig vollziehenden Binnenwanderung vom flachen Land in die in Entstehung begriffenen industriellen Ballungszentren. In den Anfängen des Zeitraums von 1850 bis 1873 hielt sich die Abwanderung aus den ländlichen Gegenden in die neuen industriellen Gebiete noch in deutlichen Grenzen, allerdings mit signifikanten Ausnahmen. Dabei überlagerten sich temporäre und definitive berufliche intersektorale Binnenwanderung mit Auswanderung im eigentlichen Sinne, um in der Sprache der Spezialisten zu bleiben, nämlich zeitweilige Abwanderung beispielsweise aus den Gebieten des deutschen Nordostens in die neuen Industrieregionen, ursprünglich ohne die Absicht eines endgültigen Ortswechsels und die Aufgabe des Familienwohnsitzes, mit Abwanderung zwecks Gründung einer neuen Existenz, sei es im Westen, sei es in Übersee. Aber vielfach wurde aus temporärer Binnenwanderung definitive Abwanderung oder gar Auswanderung nach Übersee. Jedenfalls wurde durch die Erwartungen, die sich mit dem Gedanken einer Auswanderung verbanden, die Bereitschaft zum Verlassen der Heimat, wenn sich dort keine befriedigende Lebensführung mehr finden ließ, erheblich gesteigert. Deutschland war seit der Mitte des 19. Jahrhunderts, zumindest im Bereich der Unterschichten, eine hochmobile Gesellschaft geworden. Ein großer Prozentsatz derjenigen, die nach Übersee hatten auswandern wollen, blieb bereits in den großen Städten, namentlich in Berlin und in Hamburg, hängen, entweder weil sie sich erst die Mittel für die Bezahlung der Schiffspassage nach Übersee verdienen mußten oder weil sie am Ort befriedigende Beschäftigung fanden, sowie nicht selten, weil sie einfach nicht mehr weiterkamen. Viele dieser Abwanderer zogen dann mit mehr oder minder großem Zeitverzug von dort aus in die neuen, rapide wachsenden industriellen Zentren im Rheinland und im Ruhrgebiet weiter.

Anfänglich hielt sich die Binnenwanderung in relativ engen Grenzen; denn die neuen Industrien waren noch keineswegs in der Lage, sämtliche in die Städte abströmenden ländlichen Arbeiter zu beschäftigen. Noch blieb die industrielle Entwicklung weit hinter der Bevölkerungsvermehrung zurück. Infolgedessen – dies ist für das soziale Klima jener Jahrzehnte bedeutsam – bestand ein großes Überangebot an Arbeitskräften – ein Zustand, der für die rasche Entfaltung des industriellen Systems gewiß von Vorteil war, obschon dies für die betroffenen Arbeiter, die sich vielfach zu kargen Löhnen bei den großen Bahnbau- oder Hochbauprojekten verdingten, mit spürbaren sozialen Kosten verbunden war. Immerhin wurde die Richtung der Bevölkerungswanderungen durch die einsetzende Industrialisierung erheblich modifiziert.

Die Landflucht führte bereits in der Anlaufphase der industriellen Entwicklung zu einschneidenden Verschiebungen in der Bevölkerungsstruktur. Während die Bevölkerung noch um 1840 relativ gleichmäßig über die Territorien des späteren Reiches verteilt gewesen ist – nur die älteren Gewerbezentren, namentlich Berlin, das Rheinland, das Bergische Land, natürlich das Königreich Sachsen, der Frankfurter Raum sowie Schlesien machten hierin eine Ausnahme –, zeichnete sich bereits um 1870 eine zunehmende Konzentration der Bevölkerung in den neuen industriellen Ballungszentren ab, auf Kosten der ländlichen Regionen. Die großen Gewinner waren Berlin, Hamburg, das Rheinland, das Königreich Sachsen, Schlesien und mit geringem Abstand das Großherzogtum Hessen und Nassau. Ebenso kam es dann auch zu einer direkten, nicht mehr mit dem übergreifenden Wanderungsgeschehen verknüpften Bevölkerungszunahme in den urbanen Zentren, teilweise auch infolge von Nahwanderung aus den umliegenden ländlichen Gebieten. Berlin wuchs von bereits stattlichen 419.000 Einwohnern im Jahr 1850 auf 967.000 im Jahr 1875, Hamburg im gleichen Zeitraum von 132.000 auf 265.000. Leipzig partizipierte ebenfalls überdurchschnittlich an den Wanderungsgewinnen; das spiegelt sich in seinem relativ frühzeitigen Wachstum von 63.000 Einwohnern im Jahr 1850 auf 127.000 im Jahr 1880. Auch die Städte an Rhein und Ruhr zogen zahlreiche Zuwanderer an, obschon sich dies vorerst noch in engeren Grenzen hielt. Düsseldorf, das 1850 noch eine bescheidene Beamten-, Künstler- und Gewerbestadt mit nur 27.000 Einwohnern war, wuchs bis 1875 auf 80.000. Essen vollzog im selben Zeitraum den Sprung nach vorn aus einer verschlafenen Kleinstadt von 9.000 Einwohnern im Jahr 1850 – obwohl es hier immerhin die Kruppschen Werke gab – auf 55.000 im Jahr 1875; allerdings stand hier, wie im Ruhrgebiet überhaupt, die Phase wirklich großen Wachstums noch bevor. Auch Köln wuchs einstweilen in einem noch maßvollen Tempo; seine Einwohnerschaft stieg von 97.000 im Jahr 1850 auf 135.000 im Jahr 1875.

Die wirklich großen Schübe der Abwanderung in die Industrieregionen Deutschlands sollten noch zwei Jahrzehnte auf sich warten lassen. Doch schon jetzt zeichneten sich die Konturen der künftigen industriellen Ballungszentren ab. Der Hauptstrom der Zuwanderer ging nach Berlin und seine Umgebung, weiterhin in das Königreich Sachsen, vor allem aber nach Hamburg und sein Umland und vielfach von dort aus nach Süden in das Rheinland, den Frankfurter Raum und schließlich nach Baden. Berlin verzeichnete zwischen 1856 und 1870 eine Bevölkerungszunahme von 65,1 Prozent. In Sachsen, das sehr früh Wanderungsgewinne aufzuweisen hatte, lag sie bei 21,6 Prozent, in Holstein-Lauenburg bei 6,9 Prozent, in Nassau bei 45,2 Prozent und im Rheinland bei 17,9 Prozent. Hamburg steigerte seine Bevölkerung von 1850 bis 1870 um 40 Prozent. In den folgenden Jahrzehnten setzte sich dieser Prozeß mit noch größerer Geschwindigkeit fort: Hamburg wuchs im Zeitraum von 1871 bis 1910 um 199,3 Prozent, Berlin um 150,7 Prozent, die Provinz Brandenburg – in erster Linie das Umfeld Berlins – um 100,9 Prozent, Westfalen um 132,4 Prozent, das Rheinland um 99 Prozent und das Königreich Sachsen um weitere 88 Prozent, während die ostdeutschen Gebiete starke Abwanderungsverluste erlitten und deshalb an der Bevölkerungsvermehrung weit unterproportional teilnahmen. Vorerst vollzogen sich die Prozesse der Industrialisierung und der Umschichtung von ländlicher und städtischer Bevölkerung in einem vergleichsweise gemächlichen Tempo. Das Leben auf dem flachen Lande und in den kleineren, überwiegend von Handwerk und Gewerbe bestimmten Städten veränderte sich bis weit in die achtziger Jahre hinein noch nicht wesentlich. Allerdings milderte die Abwanderung von Teilen der unterbürgerlichen Schichten die chronische Überbevölkerung auf dem flachen Lande.

Bis in die Reichsgründungsära hinein war die deutsche Staatenwelt eine vorwiegend ländlich-agrarische Gesellschaft. Dies wird bestätigt durch die statistischen Daten, die über das Verhältnis der in ländlichen Gebieten oder in Städten lebenden Bürger Auskunft geben. Allerdings sind alle frühen Statistiken notorisch unzuverlässig, da sie sich an den Maßstäben einer weitgehend statischen, vorindustriellen Gesellschaft orientieren; es ist daher sehr schwer, die sozialen Umschichtungen als solche korrekt zu erfassen. Aufgrund der Angaben der preußischen Statistik über die einerseits auf dem Lande, andererseits in den Städten lebenden Bürger – der Begriff »Stadt« war keine eindeutige Größe, sondern orientierte sich an den historischen Stadtrechten – lebten 1816 73,5 Prozent der Bevölkerung in ländlichen Gebieten; 1852 waren es immer noch 71,5 Prozent, und diese Ziffer sank dann bis 1871 um ganze 4 Prozent auf 67,5 Prozent. Dabei überrascht die Langsamkeit der Verschiebung der Bevölkerungsstruktur zugunsten der städtischen Bevölkerung, besonders wenn man die bereits beachtliche Zunahme der Einwohnerzahlen der großen Städte damit in Vergleich setzt. Doch die statistischen Angaben dürften um einiges hinter der Realität zurückbleiben, zumal die neuen Konurbanationen überall über ihren mittelalterlichen städtischen Bereich hinauswuchsen, ohne daß sich dies in der Statistik niederschlug. In vielen Fällen entstanden die neuen Produktionsstätten an der städtischen Peripherie, zum Beispiel die Kruppschen Werke in Essen oder die Phönix Aktiengesellschaft in Laar bei Duisburg; die Eingemeindungen trugen dieser Entwicklung nur mit beträchtlicher zeitlicher Verzögerung Rechnung. Daneben entstanden vielerorts auf dem flachen Lande oder in kleinen Landgemeinden neue industrielle Unternehmen oder Bergbaubetriebe, wie das Eisenwerk der Gebrüder Stumm in Niederneunkirchen. Überhaupt darf der Gegensatz zwischen Stadt und Land in der Phase der Frühindustrialisierung nicht überbewertet werden; typisch war vielmehr eine enge Verflechtung der neuen industriellen Zentren mit der sie umgebenden ländlichen Region.

Dies findet seinen Niederschlag auch in einer quantitativ außerordentlich hohen Nahwanderung. Durchweg pendelte ein nicht unbeträchtlicher Teil der Beschäftigten in den neuen Industrien zwischen dem ländlichen Umland und den städtischen Zentren hin und her. Allgemein war die Mobilität in den neuen Industrieregionen, gerade auch in kleineren Industrieorten, wie der Textilstadt Rheydt oder der Chemie- und Maschinenbaustadt Uerdingen, außerordentlich hoch. Das beeinflußte die Bevölkerungsstruktur der Industriestädte in starkem Maße. Hier waren die männlichen Erwachsenen zwischen zwanzig und vierzig Jahren überrepräsentiert; sie wechselten zudem ungewöhnlich oft ihren Arbeitsplatz und vielfach auch ihren Wohnsitz. Insgesamt zeichnete sich die deutsche Gesellschaft in der Phase der Frühindustrialisierung durch eine hohe horizontale Mobilität aus. Die Angaben der seit 1871 verfügbaren Reichsstatistik bestätigen im großen und ganzen dieses Bild der Verhältnisse.

Verteilung der Bevölkerung auf ländliche und städtische Gebiete

	ländlich	städtisch
1871	63,9 Prozent	36,1 Prozent
1880	58,6 Prozent	41,4 Prozent
1890	57,5 Prozent	42,5 Prozent

Diese Zahlen lassen sich mit einer Anfang der sechziger Jahre vom Statistischen Bundesamt erstellten Tabelle der Bevölkerung nach Gemeindegrößenklassen vergleichen, die allerdings nach W. G. Hoffmann als nicht ganz zuverlässig gelten dürfte. Sie bestätigt den immer noch ganz überwiegend ländlichen und kleinstädtischen Charakter der deutschen Gesellschaft am Vorabend der Reichsgründung, der sich bis in das erste Jahrzehnt des 20. Jahrhunderts erhalten hat.

Gemeindegrößen in den Territorien des Deutschen Reiches
(nach Hoffmann, Wachstum, S. 177f.)

Gemeinden mit	1852 Prozent	1871 Prozent	1880 Prozent	1890 Prozent
weniger als 2.000 Einwohnern	67,3	63,9	59,2	53,0
2.000 bis unter 5.000 Einwohnern	13,1	12,4	11,9	19,1
100.000 Einwohnern und darüber	2,6	4,8	8,8	12,1

Insgesamt war die deutsche Gesellschaft in den beiden Jahrzehnten, die der Reichsgründung vorangingen, nach wie vor weitgehend von ländlichen Lebensformen geprägt; trotz oder gerade wegen der großen Wanderungsbewegungen war die Sozialstruktur noch durchaus stabil. Mit Hansjoachim Hennig wird man davon ausgehen müssen, daß »die Mehrzahl der Dörfer [...] durch die Industrialisierung und die damit wachsenden Städte nicht oder nur wenig beeinflußt« worden ist. In den vorwiegend ländlichen Regionen des Ostens kam es zu einer ausgeprägten Polarisierung zwischen dem großstädtischen Leben und dem Leben auf dem flachen Lande; in den flächenmäßig noch relativ kleinen Industrieregionen in West- und Mitteldeutschland vollzog sich hingegen eine Angleichung der wirtschaftlichen Strukturen und Lebensordnungen von Stadt und Land. Doch dies veränderte die Struktur der Gesellschaft vorderhand nur in begrenztem Maße. Die vorwärtsstürmenden industriellen und kommerziellen Eliten agierten, sozialgeschichtlich gesehen, gleichsam auf Inseln inmitten einer weithin traditionsgebundenen Gesellschaft; zwar gehörte ihnen, so schien es, die Zukunft, aber in der Gegenwart besaßen die Kräfte der Beharrung durchaus das Übergewicht.

Dieser Befund wird durch eine Analyse der sozialen Schichtung in Preußen-Deutschland am Vorabend der Reichsgründung erhärtet. Allerdings bewegen wir uns hier auf durchaus ungesichertem Boden. Die Veränderungen im Verhältnis der Beschäftigten in den drei großen Wirtschaftsbereichen Landwirtschaft, Industrie und Handwerk sowie Dienstleistungen – in der Forschung spricht man gemeinhin vom Primären, Sekundären und Tertiären Sektor der Volkswirtschaft – geben nur näherungsweise Auskunft über die sozio-ökonomische Struktur in der Anlaufphase der Industriellen Revolution in Deutschland. In der Landwirtschaft arbeiteten 1852 noch 55,2 Prozent aller Beschäftigten, in Industrie und Handwerk – besser müßte es heißen: Handwerk und Industrie – hingegen nur 25 Prozent, während im Dienstleistungssektor, der keineswegs nur Tätigkeiten des gewerblichen Bereichs umfaßte, sondern auch das ländliche Gesinde, die Beamtenschaft und das Militär, 19,8 Prozent der Beschäftigten tätig waren. Diese Anteile verschoben sich bis 1871 nur unwesentlich; der Anteil der in der Landwirtschaft Beschäftigten sank auf 49,3 Prozent, hingegen stieg derjenige in Industrie und Handwerk auf 28,9 Prozent und jener im Dienstleistungssektor geringfügig auf 21,8 Prozent. Aussagekräftiger ist freilich der Tatbestand, daß die Zahl der Beschäftigten in allen Sektoren absolut zunahm, wenn auch im Primärsektor am geringsten.

Leider erlauben die verfügbaren Daten keinerlei zuverlässige Differenzierung zwischen landwirtschaftlichem Groß-, Mittel- und Kleinbesitz, und ebenso sind im gewerblich-industriellen Bereich Handwerk und Industrie zusammengefaßt, obschon sich die Handwerkerschaft stets als eigenständige Sozialgruppe betrachtet und auf ihre Eigenständigkeit gepocht hat. Doch man kann davon ausgehen, daß die landwirtschaftlichen Berufe vorerst noch ein deutliches Übergewicht besaßen. Hier dominierte eine zahlenmäßig kleine, aber einflußreiche großgrundbesitzende Elite, die über etwa ein Viertel des gesamten agrarisch genutzten Bodens verfügte. Allerdings lassen sich bereits nach der Mitte des Jahrhunderts die Anfänge der Entwicklung einer ländlichen Grundbesitzerschicht bürgerlichen Ursprungs beobachten, die eine enge Symbiose mit der grundbesitzenden Aristokratie einzugehen bestrebt war. Dadurch wurde jedoch die hegemoniale Stellung des preußisch-deutschen Adels zunächst noch nicht nachteilig beeinflußt, sondern eher stabilisiert. Über die genaue Größe dieser Gruppe fehlen allerdings konkrete Angaben. Die preußische Statistik weist für 1851 12.000 Rittergüter aus, die 38 Prozent des Grund und Bodens bewirtschafteten, 360.000 spannfähige bäuerliche Besitzungen, die 55 Prozent des Grund und Bodens bewirtschafteten, während 55.600 Besitzungen, die über die restlichen 7 Prozent des agrarisch genutzten Grund und Bodens verfügten, als nicht spannfähiger, das heißt ohne Zugvieh wirtschaftender Kleinbesitz aufgelistet sind. Dies erlaubt immerhin gewisse Rückschlüsse auf die bestehenden sozialen Strukturen. Es würde die Zahl der adeligen Familien auf etwa 10.000 bis 12.000 beschränken, also auf eine im gesamtgesellschaftlichen Vergleich winzige Minderheit. Allerdings wurde die gesellschaftliche Stellung der preußisch-deutschen Aristokratie von seiten des Staates in vielfältigen Formen indirekt abgestützt. Auf den oberen Ebenen der preußischen Staatsverwaltung wie der Staatsverwaltungen der meisten anderen Bundesstaaten blieben die Schlüsselpositionen vorderhand Angehörigen des Adels vorbehalten. Ebenso war die ländliche Selbstverwaltung in Preußen ein Reservat der grundbesitzenden Aristokratie. Darüber hinaus genoß der Adel im Auswärtigen Dienst und im Offizierskorps eine privilegierte Position. 1860 gehörten 65 Prozent aller Offiziere des preußischen Heeres dem Adel an – ein Anteil, der bis 1913 allmählich auf 30 Prozent zurückgehen sollte.

Hinsichtlich einer genaueren Bestimmung der Rolle des Bürgertums als eigenständiger sozialer Klasse ist man in noch weit höherem Maße auf Schätzungen und Annäherungswerte angewiesen. Allein die Definition dessen, was als Bürgertum zu betrachten sei, wirft erhebliche Probleme auf und ist nicht zufällig in der jüngsten Forschung heftig umstritten. Die Zeitgenossen sprachen vielfach von »Besitz und Bildung« als den beiden eng miteinander verschmolzenen Säulen des Bürgertums. Das Kriterium der Selbständigkeit beziehungsweise der ökonomischen Unabhängigkeit, das landläufig als Maßstab für die Zugehörigkeit zum Bürgertum gewählt zu werden pflegt, ist zumindest für diese Periode der Entwicklung, in der es massenhaft Kleingewerbe mit einem äußerst kärglichen Auskommen gab, gänzlich unbrauchbar. Somit ist es weiterhin angebracht, von dem Selbstverständnis der sich zu den bürgerlichen Schichten rechnenden Sozialgruppen auszugehen. Dies waren jene, die über eine auskömmliche Existenz verfügten und einen Bildungsstand besaßen, der sie aus der Masse der Bevölkerung heraushob. Das Bürgertum orientierte sich an dem Grundsatz der Eigenverantwortlichkeit und der Eigeninitiative des mündigen Individuums und sah sich selbst als eigentlichen Träger der industriellen Entwicklung, obschon nur ein kleiner Teil der bürgerlichen Schichten der kommerziellen und industriellen Elite im engeren Sinne zugerechnet werden kann. August Heinrich Riehl meinte 1851 in seiner »Naturgeschichte des deutschen Volkes«, deren zweiter Band den Untertitel »Die bürgerliche Gesellschaft« trägt: »Das Bürgertum ist unstreitig in unseren Tagen im Besitz der überwiegenden materiellen und moralischen Macht. Unsere ganze Zeit trägt einen bürgerlichen Charakter.« Tatsächlich ließ sich diese Aussage allenfalls insofern rechtfertigen, als das Bürgertum nun zum Inbegriff der »bewegenden Mächte« geworden war. In ideeller Hinsicht erhob das Bürgertum einen Führungsanspruch in Gesellschaft und Staat, aber einstweilen fehlten weitgehend die sozio-ökonomischen Grundlagen und die verfassungsrechtlichen Voraussetzungen, um diesen Anspruch in die Wirklichkeit umzusetzen.

Das ältere Honoratiorenbürgertum, das heißt die klassische Schicht von »Bildung und Besitz«, die eigentliche Trägerin der liberalen Nationalbewegung, ist als solche in ihrer sozialen Identität schwer bestimmbar. Einen Näherungswert mag die Zahl der Universitätsabsolventen geben, die bis in die sechziger Jahre hinein ziemlich konstant etwa 12.000 jährlich betrug. Das würde bei einer groben Hochrechnung eine Personenzahl von ungefähr 500.000 bis 600.000 ergeben, zuzüglich der Familienangehörigen. Diese Sozialgruppe war mit der höheren Beamtenschaft eng verflochten, die man für die Gebiete des späteren Reiches 1861 auf 473.000 und 1867 auf 508.000 Personen geschätzt hat, was die vorgenannte Schätzung stützen würde. Dazu kommen die zahlenmäßig nicht erheblich ins Gewicht fallenden Angehörigen der sogenannten Freien Berufe. Insgesamt käme man damit zu einer Berufsgruppe von etwa 600.000 bis 700.000 Menschen, zuzüglich der Familienangehörigen also auf etwa 1,2 Millionen.

Besonderes Interesse verdient das neue Wirtschaftsbürgertum, namentlich die Unternehmerschaft im engeren Sinne als Akteurin, die eigentliche Trägerin der industriellen Wirtschaftsgesinnung. Karl Hardach hat anhand der Zollvereinsstatistik auf eine Zahl von etwa 61.000 Produktionsbetrieben geschlossen, deren Leiter als gewerbliche Unternehmer angesehen werden können, und gelangte auf dieser Basis zu der reichlich fiktiven Zahl von rund 65.000 Unternehmern; diese Gruppe hätte im Jahr 1861 nicht mehr als 1 Prozent der Erwerbstätigen ausgemacht. Obwohl dies bestenfalls Näherungswerte sind, die auf ungefähr 120.000 Personen hindeuten, kann der Schluß gezogen werden, daß das Wirtschaftsbürgertum im eigentlichen Sinne des Wortes in dieser Phase der Entwicklung nur eine schmale Schicht dargestellt hat. Um so bemerkenswerter ist die Leistung von Männern wie Ludolf Camphausen, August Freiherr von der Heydt, David Hansemann, Emil Harkort oder August Borsig gewesen.

Eine weitere Gruppe von »selbständig Beschäftigten«, der die Forschung immer schon größte Aufmerksamkeit gewidmet hat, bildete das Handwerk. Es besteht heute Einverständnis darüber, daß das Handwerk sich entgegen den zeitgenössischen Befürchtungen unter dem Ansturm der industriellen Entwicklung im großen und ganzen zu behaupten vermocht hat, obschon es zu erheblichen Umschichtungen gekommen ist, die für die Betroffenen freilich äußerst hart gewesen sind. Dafür spricht schon die Tatsache, daß auch im Wirtschaftssektor von Industrie und Handwerk die Zahl der Selbständigen bis in die Mitte der siebziger Jahre beträchtlich zugenommen hat. Wolfram Fischer berechnet für die Periode von 1850 bis 1875 einen Anstieg von 52,4 Prozent. Mehr noch: Im ganzen hat das Handwerk in Deutschland, stärker als in vergleichbaren westlichen Gesellschaften, eine eigenständige Identität zu bewahren vermocht und diese, teilweise dank staatlicher Hilfe, auch auf Dauer zu verteidigen verstanden, mit bedeutsamen Konsequenzen für die politische Kultur des deutschen Kaiserreiches. Es kam zwar auf weiten Strecken zur Verdrängung selbständiger handwerklicher Existenzen durch industrielle Produktion »wie in jeder dynamischen Volkswirtschaft«, aber gleichzeitig entwickelten sich zahlreiche neue handwerkliche Gewerbezweige.

Allerdings darf man sich die Lage des Handwerks insbesondere in der Anlaufphase der Industriellen Revolution keinesfalls rosig vorstellen. Die durchschnittlichen Betriebsgrößen waren äußerst klein, mit nur geringfügig steigender Tendenz. Ein großer Teil der Handwerker, zumal der sogenannten Alleinmeister, die keine Gesellen beschäftigten, die nach 1848 die Zahl der Gesellen weit überholten, führte ein proletaroides Dasein, das sich nur der Form, nicht der Substanz nach als selbständig bezeichnen läßt. Darüber hinaus bestanden sowohl regionale als auch erhebliche strukturelle Unterschiede. Die Lage des ländlichen Kleinhandwerks dürfte sich während dieser Periode nur geringfügig verbessert haben. In den industriellen Konurbanationen hingegen sahen sich die einzelnen Handwerksgewerbe vor einer von Fall zu Fall höchst unterschiedlichen Situation. Den Bauhandwerken und jenen Handwerken, die direkt oder indirekt Dienstleistungen für die sich entwickelnde Industrie erbrachten, wie die Schlosser, Klempner, Schreiner und Zimmerer, anfänglich auch die Weber, gelang die Anpassung an die neuen Verhältnisse meist sehr gut; die günstige Baukonjunktur vor allem im Wohnungsbau kam ihnen naturgemäß zugute. Davon abgesehen waren die handwerklichen Betriebe vielfach in der Lage, den Anprall der fabrikmäßigen Fertigungsmethoden durch die Gründung von genossenschaftlichen Einrichtungen und nicht zuletzt durch den Aufbau eines genossenschaftlichen Kreditwesens abzufangen. Außerdem vermochten sie häufig auf Dienstleistungen in Reparaturgewerben neuer Art auszuweichen. Für die Nahrungshandwerke bestand ohnehin eine günstigere Situation, da sie von der steigenden Nachfrage angesichts höherer Reallöhne wie vom Zuzug ländlicher Bevölkerungsschichten in die städtischen Regionen profitierten. Hingegen wurden die an Eigenständigkeit gewöhnten Schneider, Schuhmacher, Weber, Möbelschreiner als spezifisch industrienahe Gewerbe vom Markt gefegt oder zu tiefgreifenden Umstrukturierungen gezwungen. In vielen Fällen gerieten die Handwerke in Abhängigkeit von Verlegern oder von Industriebetrieben, die es für ökonomisch vorteilhafter erachteten, die Produktionsspitzen auf Handwerksbetriebe beziehungsweise auf Heimhandwerker zu verlagern. Insofern wurde ihre wirtschaftliche Unabhängigkeit zunehmend zu einer bloßen Fiktion.

Deshalb kann die Handwerkerschaft, die im Zeitraum von 1850 bis 1873 insgesamt etwas mehr als 1 Million Beschäftigte zählte, schwerlich als eine einheitliche Sozialgruppe betrachtet werden. Während die Spitzen der Handwerkerschaft den bürgerlichen Schichten zugerechnet werden müssen und aus ihnen nicht wenige Unternehmer hervorgingen, fristete die Masse der Handwerker eine eher kärgliche Existenz, die im Schnitt um einiges drückender gewesen sein dürfte als jene der qualifizierten Fabrikarbeiter. Gleichwohl waren die Handwerker durchweg hartnäckig auf soziale Abgrenzung gegenüber der Industriearbeiterschaft bedacht. Ihre Abneigung, in den Industriebetrieben Arbeit zu suchen, auch wenn ihnen dies merklich höhere Löhne gebracht hätte, ist vielfach bezeugt, zum Beispiel für Düsseldorf, wo der schroffe soziale Gegensatz zwischen Handwerkerschaft und Proletariat die tatsächlichen Gemeinsamkeiten ihrer ökonomischen Klassenlage weithin verschleierte.

Zumindest bis in die Mitte der siebziger Jahre hinein entwickelten sich Industrie und Handwerk gleichläufig nebeneinander, und es bestanden zwischen beiden zahlreiche Übergangsformen. Zwar fanden es die neuen Industriebetriebe zuweilen einfacher, ihre Arbeitskräfte direkt aus dem Reservoir der vom Lande abströmenden Arbeitssuchenden zu rekrutieren, statt auf den jeweils lokal vorhandenen Handwerksbetrieben aufzubauen. So zog die Maschinenfabrik Esslingen einen ansehnlichen Teil ihrer ungelernten Arbeiter aus der ländlichen Umgebung heran. Aber im Regelfall gingen die neuen industriellen Unternehmungen aus handwerklichen Betrieben hervor. Und auch dort, wo sich ausgesprochen großbetriebliche Organisationsformen herausbildeten, wurde die Produktion vielfach weiterhin in Übereinstimmung mit den handwerklichen Traditionen organisiert, namentlich in der Metallindustrie. Die Unternehmer gewährten den »Industriemeistern«, die, solange es noch keine Betriebsingenieure gab, für die Beherrschung und Weiterentwicklung der technologischen Prozesse unentbehrlich waren, innerhalb der Fabrikmauern ein hohes Maß an Selbständigkeit.

Angesichts einer solchen Lage versagen die modernen Kategorien, die zwischen Selbstbeschäftigten und abhängig Beschäftigten unterscheiden, ebenso wie das marxistische Kriterium der Lohnabhängigkeit. Dies gilt auch für den agrarischen Sektor, in dem eine präzise Trennungslinie zwischen Bauern, die als selbständige ländliche Unternehmer eingestuft werden können, und den zahllosen Bauernstellen, die im Grunde Nebenerwerbsbetriebe dargestellt haben, ebenfalls nahezu unmöglich ist. Die Bauernschaft machte, formal gesehen, die Masse der »Selbständigen« im primären Wirtschaftsbereich aus; diese stiegen zahlenmäßig eher noch leicht an, allerdings in erster Linie als Folge einer Vermehrung der kleinbäuerlichen Betriebe, möglicherweise verursacht durch die Rechtstradition der Realteilung, wie sie in Südwestdeutschland vorherrschte. Ein sehr großer Teil der kleinbäuerlichen Existenzen dürfte freilich schon damals auf Nebenerwerbstätigkeiten angewiesen gewesen sein. Insgesamt gab es im Zeitraum von 1850 bis 1870 etwa 2,5 Millionen selbständige Landwirte mit etwa 2,5 bis 3 Millionen mithelfender Familienangehöriger.

Beiden Gruppen stand das große Heer der unselbständig beschäftigten Angehörigen der bäuerlichen Unterschicht gegenüber, welche die Statistik mit etwas mehr als 8 Millionen Menschen ausweist, bei im wesentlichen konstanter Tendenz. Die bäuerliche Unterschicht bewegte sich in der Größenordnung von rund 55 Prozent aller unselbständig Beschäftigten und umfaßte neben den Landarbeitern im engeren Sinne auch Tagelöhner und das ländliche Gesinde. Eine Industriearbeiterschaft im Wortsinn gab es in den ersten Jahrzehnten nach der Jahrhundertmitte nur in Anfängen. Es ist bekannt, daß während der Revolution 1848/49 ein Industrieproletariat noch nicht existierte und daß die frühen politischen Organisationen der Arbeiterschaft nach 1850 zunächst einem typischen Handwerkersozialismus das Wort redeten. Die älteren Statistiken sind sämtlich untauglich, weil sie jegliche Differenzierung zwischen handwerklicher Tätigkeit und Fabrikarbeit vermissen lassen. Die amtliche Statistik des preußischen Staates kam 1862 auf einen Anteil von 5,3 Prozent Fabrikarbeitern und 1,5 Prozent Berg- und Salinenarbeitern an der Zahl der Gesamtbeschäftigten; doch darin dürften zahlreiche handwerklich Beschäftigte mitgezählt sein. Dies entspricht rund 424.000 Fabrikarbeitern und rund 117.000 Arbeitern in Bergbau und Salinen. Nur für die Bergarbeiter existieren dank der preußischen Bergregie genaue Zahlen, allerdings lediglich für das Ruhrgebiet; die Zahl der Bergleute an der Ruhr belief sich im Jahr 1850 auf 12.741 und stieg bis 1873 stürmisch auf 84.085 an. Das sind, gemessen an der Zahl der Gesamtbeschäftigten, bescheidene Ziffern, die erkennen lassen, daß von einer annähernd homogenen Struktur, geschweige denn von einer förmlichen Klassenbildung im Bereich der Arbeiterschaft noch nicht die Rede sein konnte. Überdies spielten vorderhand auch die Angestellten keine nennenswerte oder gar eigenständige Rolle.

Sozialstruktur der Erwerbstätigen in Preußen
(nach Kocka, Arbeitsverhältnisse und Arbeiterexistenzen, S. 84)

Berufsgruppen	1846		1861	
	in 1000	in Prozent der Erwerbstätigen	in 1000	in Prozent der Erwerbstätigen
Hausgesinde	175	2,4	267	3,4
Vornehmlich landwirtschaftl. Gesinde	1.098	15,7	1.209	15,3
Tagelöhner und Handarbeiter	1.470	21,1	2.229	28,1
Handwerksgesellen	385	5,5	558	7,0
Sonstige Gewerbsgehilfen	216	3,1	177	2,2
Fabrikarbeiter, einschließlich Manufakturarbeiter	272	3,9	424	5,3
Bergarbeiter, einschließlich Salinenarbeiter	54	0,8	117	1,5
Handwerksmeister	457	6,5	535	6,7
Angestellte (Handel, Gewerbe, Landwirtschaft)	76	1,1	96	1,2
Geschätzte Zahl der Erwerbstätigen	6.982	100	7.927	100
Gesamtbevölkerung	16.133		18.491	

Insgesamt ist es angesichts der Unsicherheit der statistischen Daten und vor allem der Schwierigkeit, sie bestimmten Sozialgruppen einigermaßen eindeutig zuzuordnen, für die Anlaufphase der industriellen Entwicklung nicht möglich, ein zuverlässiges Schichtungsmodell der deutschen Gesellschaft zu zeichnen. Theodore S. Hamerow hat diesem nicht einfachen Problem mit Hilfe der Angaben der preußischen Einkommenssteuerstatistik beizukommen versucht. Danach ergibt sich im Stichjahr 1851 für Preußen eine Oberschicht von 43.500 Personen, die ein Einkommen von 3.000 Mark oder mehr versteuerten. Das waren 0,9 Prozent von reichlich 5 Millionen Steuerzahlern und rund 0,27 Prozent der 15 Millionen Gesamtbevölkerung Preußens. Zu dieser Kategorie gehörte neben den Spitzen des Bürgertums und der hohen Beamtenschaft der größte Teil der aristokratischen Herrenschicht. 531.000 Personen, entsprechend 3,25 Prozent aller Steuerzahler, gehörten zu Familien, die über ein jährliches Einkommen zwischen 1.200 und 3.000 Mark verfügten. Wie immer man diese Zahlen bewertet, sie lassen auf eine ausgeprägt hierarchische Gliederung der Gesellschaft schließen. Einer überaus schmalen, in sich selbst sehr inhomogenen Oberschicht stand eine breite Masse der Bevölkerung gegenüber, die in vergleichsweise äußerst bescheidenen Verhältnissen lebte.

Soweit erkennbar hat sich diese, einer steilen Pyramide mit sich nach unten stark verbreiternder Basis gleichende, dichotomische Sozialschichtung in den nächsten beiden Jahrzehnten eher noch verschärft. Für Hamburg, das insofern ein extremer Fall war, als hier in besonders hohem Maße Arbeitsuchende aus dem Osten Deutschlands zuwanderten, stieg der Anteil der beiden untersten Einkommensschichten, die bis zu 1.200 Mark im Jahr verdienten, an der Gesamtbevölkerung von 49 Prozent im Jahr 1866 auf 62,6 Prozent im Jahr 1872, während der Anteil der unteren Mittelschicht, die zwischen 1.200 und 2.400 Mark jährlich verdiente, an der Gesamtbevölkerung im gleichen Zeitraum von 24,8 Prozent auf 18,8 Prozent absank. Die Oberschicht und die obere Mittelschicht schrumpften also, nach Maßgabe der Steuersätze, von 26,2 auf 18,6 Prozent der Hamburger Bevölkerung. Somit erfolgte hier bei gleichzeitiger beachtlicher Vermehrung der unteren Einkommensschichten eine Verstärkung der hierarchischen Einkommensstruktur. Während der Anteil des Einkommens der vergleichsweise geringfügig wachsenden Mittel- und Oberschicht kräftig wuchs, kam es zu einer Proletarisierung der unteren Einkommensschichten. Gewiß entsprachen die Veränderungen der Sozialschichtung in Hamburg nicht den gesamtstaatlichen Verhältnissen, die wesentlich gemächlicher abliefen; aber sie nahmen Entwicklungsphasen vorweg, die die deutsche Gesellschaft drei Jahrzehnte später durchlaufen sollte.

Neuerdings hat Jürgen Kocka den Versuch unternommen, auf den gleichen, naturgemäß unsicheren statistischen Grundlagen aufbauend, ein Schema der sozialen Schichtung in Preußen zu entwickeln, das im großen und ganzen zu vergleichbaren Ergebnissen gelangt. Er unterscheidet zwischen einer Ober- und

Mittelschicht, der er erstens Großgrundbesitzer, Vollbauern und Kleinbauern, welche mindestens 5 Morgen besaßen, mit 9,4 Prozent, zweitens Bildungsbürger, Beamte, Offiziere und Angestellte mit 3,9 Prozent, drittens Unternehmer/Selbständige mit 10,6 Prozent sowie viertens Rentiers und Pensionäre mit 2,6 Prozent zurechnet; diese machten 1871 2,83 Millionen beziehungsweise 26,6 Prozent der Erwerbstätigen aus. Ihnen stehen gegenüber: häusliches Personal mit 15 Prozent, Handarbeiter überwiegend in der Landwirtschaft mit 26,7 Prozent, vornehmlich gewerbliche Arbeiter mit 23,6 Prozent, Militärpersonen mit 2,4 Prozent sowie Bettler, Vagabunden, Ortsarme und dergleichen mit 5,6 Prozent. Diese machten 8,8 Millionen beziehungsweise 73,4 Prozent der Erwerbstätigen aus. Die Befunde sind eindrucksvoll genug; sie leiden jedoch an dem Dilemma, daß die im gesellschaftlichen Leben strategisch entscheidenden Gruppen, jene der Aristokratie oder der Unternehmerschaft und die ihnen eng verbundenen Teilgruppen des gehobenen Bürgertums, beispielsweise die Akademiker oder die hohe Beamtenschaft, bei einer solchen Schichtungsanalyse nicht eindeutig erfaßt werden können. Immerhin ergibt sich auch hier, wie schmal diese »classes dirigentes« im Verhältnis zur Gesamtgesellschaft und wie scharf ausgeprägt die gesellschaftlichen Trennlinien gewesen sein müssen. Unübersehbar ist in jedem Fall, daß die deutsche Gesellschaft einstweilen noch überwiegend von Armut geprägt gewesen ist. Die Masse der Bevölkerung, ob sie auf dem Lande oder in den städtischen Ballungszentren wohnte, lebte nach wie vor von der Hand in den Mund und war von der schmalen Schicht der Besitzenden klar geschieden; dabei machte es kaum einen Unterschied, ob letztere adelig oder bürgerlich waren.

Noch in einer anderen Hinsicht war die deutsche Gesellschaft am Vorabend der Reichsgründung eine ausgeprägt dichotomisch gegliederte Sozialordnung, nämlich hinsichtlich der Stellung der Frauen im gesellschaftlichen Leben. Die Schlüsselpositionen in Gesellschaft und Staat befanden sich sämtlich in männlicher Hand. Aber auch sonst galt die Regel, daß die Frau in erster Linie für die Familie dazusein habe und daß sie nicht dazu bestimmt sei, eine eigenständige Rolle, sei es im wirtschaftlichen, sei es im kulturellen Leben, zu spielen. Im gewerblichen Bereich waren die Frauen ebenfalls benachteiligt. Gut bezahlte Positionen blieben ihnen ohnehin weitgehend verschlossen, und bei annähernd gleicher Arbeitsleistung bewegten sich ihre Löhne zwischen 50 und 70 Prozent der Löhne, die man den Männern zahlte. Überwiegend wurden die Frauen in dienende Berufe abgedrängt; man begegnete ihnen insbesondere als Gesinde in der Landwirtschaft, aber auch als Dienstmädchen in bürgerlichen Haushalten, sofern sie nicht weiterhin, wie in vorindustrieller Zeit, im Heimgewerbe tätig waren. Dabei bestand vielfach die Erwartung, daß die Frauen mit der Verheiratung aus ihrem Beruf auszuscheiden hätten – eine Ursache für den bemerkenswert geringen Anteil verheirateter Frauen unter den Beschäftigten. Erst 1868 wurden im Norddeutschen Bund die älteren Heiratsbeschränkungen aufgehoben, die den Besitz eines

Niederlassungsrechts und den Nachweis eines auskömmlichen Einkommens zur Voraussetzung für die Genehmigung des Eheschlusses gemacht hatten. Von 1,9 Millionen weiblichen Beschäftigten in Preußen im Jahr 1861 arbeiteten fast 56 Prozent als Mägde oder Tagelöhnerinnen in der Landwirtschaft, 11 Prozent als Dienstmädchen, 28 Prozent in Gewerbebetrieben und nur 5 Prozent in Fabriken. Noch war der Status der Frau in der Gesellschaft maßgeblich von traditionellen Vorstellungen bestimmt.

Die deutsche Staatenwelt in der Periode
der Restauration (1850–1861)

Der konservativ-bürgerliche Kompromiß eines obrigkeitlich gebremsten Konstitutionalismus

Das Scheitern des politischen Einigungswerkes der Frankfurter Nationalversammlung, das mit der Zurückweisung der Kaiserkrone durch Friedrich Wilhelm IV. im April 1849 seinen Anfang nahm, hatte in den bürgerlichen Schichten Deutschlands zu tiefer Ernüchterung geführt. Nur mit größter Mühe und nach langen Auseinandersetzungen hatte sich die Mehrheit der Mitglieder der Nationalversammlung auf eine kleindeutsche Lösung, die nach der schroffen Absage des österreichischen Staatskanzlers an die Adresse der Paulskirche unvermeidlich geworden war, einigen können. Um so schlimmer war es, daß der preußische König den nun eingeschlagenen Weg, die Revolution doch noch zu einem befriedigenden Ende zu bringen, durch die Ablehnung der Kaiserkrone endgültig verbaute. Angesichts dieser Entwicklungen brach das ohnehin äußerst fragile Bündnis des gemäßigten Liberalismus und des demokratischen Radikalismus vollends zusammen. Unter diesen Umständen vermochte die zersplitterte nationale Bewegung der wiedererstandenen Macht der Einzelstaaten, allen vorab Preußens, keine gleichwertigen Waffen entgegenzusetzen. Seit Ende 1848 ging Preußen, im Verein mit den anderen deutschen Regierungen, daran, die Befugnisse, die man der Nationalversammlung ein Jahr zuvor bereitwillig zugestanden hatte, um den Bestand der Krone zu retten, Zug um Zug wieder zurückzunehmen. Der national-revolutionären Bewegung, die in der Öffentlichkeit immer weniger auf feste Unterstützung rechnen konnte, wurde Schritt für Schritt das Wasser abgegraben. Gleiches vollzog sich in den österreichischen Staaten, teilweise unter Rückgriff auf die militärische Hilfestellung des zarischen Rußland, das sich ein Zurückrollen der Revolution in jedweder Form zum Ziel gesetzt hatte.

Nun offenbarte sich mit erschreckender Deutlichkeit die Schwäche der liberalen Bewegung. Ein anderer Weg, als an die öffentliche Meinung zu appellieren und die Anerkennung der Reichsverfassung und eine entsprechende Neuordnung der politischen Verhältnisse in Deutschland mit Hilfe der einzelstaatlichen Regierungen herbeizuführen, ist für die Liberalen auch auf dem Höhepunkt der Revolution nicht vorstellbar gewesen. Ihr ganzes politisches Konzept war auf eine friedliche Verständigung mit den bestehenden Mächten ausgerichtet, nicht zuletzt im Hinblick auf die Ansätze radikal emanzipatorischer Bestrebungen seitens der Arbeiterschaft. Jetzt lag dieses Konzept in Scherben.

Die radikale Demokratie ist in dieser Hinsicht von vornherein konsequenter gewesen; sie war immer schon davon ausgegangen, daß eine Einigung Deutschlands unter freiheitlichem Vorzeichen die Aufhebung der Souveränität der deutschen Einzelstaaten und die Beseitigung der einzelstaatlichen Monarchien erfordere. Aber der Versuch, im April und Mai 1849 in einer ausweglos gewordenen Lage die Dinge durch den Appell an die Wehrhaftigkeit des Volkes doch noch zugunsten der Revolution zu wenden, überschätzte die Erfolgschancen einer Mobilisierung der breiten Massen bei weitem. Die Aufstände, die in Baden, Württemberg und in der Pfalz ausbrachen, wurden von preußischen und bayerischen Truppen ohne allzu große Mühe niedergeschlagen, ebenso wie die Auflehnung einzelner preußischer Landwehreinheiten gegen den Kurfürsten von Hessen-Kassel, zumal sich das gemäßigte Bürgertum zurückhielt, ja der Radikalisierung der Dinge mit großem Unbehagen gegenüberstand. Überdies blieben die Aufstandsbewegungen isoliert; es kam nirgends zu einer Kooperation der revolutionären Kräfte über die jeweiligen Landesgrenzen hinaus. Es zeigte sich, daß in Deutschland keine ausreichende Massenbasis für eine revolutionäre Bewegung mit radikal-demokratischer Zielsetzung vorhanden war. Vielmehr trieben die Aufstandsbewegungen, in denen jetzt ausgesprochen sozialrevolutionäre Unterströmungen zutage traten, das gemäßigte Bürgertum endgültig in die Arme der herrschenden Gewalten zurück.

So trat die deutsche Staatenwelt 1849 in eine Periode politischer Reaktion ein. Die bislang amtierenden gemäßigt-liberalen Regierungen wurden überall, teils abrupt, teils schrittweise durch konservative Kabinette abgelöst, die die Rückwärtsrevidierung der bestehenden Verfassungen und des während der Revolution neu geschaffenen Rechts betrieben. Diese Politik bediente sich in der Regel des Mittels der Oktroyierung neuen Rechts, in einzelnen Fällen sogar des Staatsstreichs, aber sie bemühte sich gleichwohl, und dies auf weiten Strecken durchaus erfolgreich, dafür die Billigung, ja die Mitwirkung des besitzenden Bürgertums zu erlangen, das nunmehr nach Ruhe und Ordnung verlangte.

Allerdings verlief der Prozeß des Rückwärtsrevidierens der während der Revolution im Zusammenwirken von Krone und Parlamenten vereinbarten Verfassungen keineswegs linear und schon gar nicht konfliktlos, obschon man auf seiten der Regierungen bestrebt war, sich, soweit irgend möglich, formal an das geltende Recht zu halten, oder, wenn der Weg einer formalrechtlich legalen Revision versperrt zu sein schien, zu den »legitimen« vorrevolutionären Rechtsverhältnissen zurückzukehren. Der bürgerliche Liberalismus war in seinem Selbstbewußtsein tief getroffen und nunmehr zu Kompromissen mit den herrschenden Mächten nur zu bereit, um auf diese Weise an konstitutionellen Rechten zu retten, was noch zu retten war, während die Demokraten für den Augenblick gänzlich ins politische Abseits gerieten und sich teilweise durch Abstinenz von den Wahlen selbst ausschalteten. Insofern hatten die neuen Beamtenregierungen, die in der großen Mehrzahl der deutschen Staaten zur Macht kamen, vergleichsweise leichtes Spiel.

Andererseits war jedermann gegenwärtig, daß viele der Reformen, die der konstitutionelle Liberalismus während der Revolutionsphase nicht nur im Politischen, sondern insbesondere auf wirtschaftlichem und gesellschaftlichem Gebiet durchgesetzt hatte, nach wie vor populär waren und nicht ohne erneute politische Erschütterungen rückgängig gemacht werden konnten. Dabei spielte das etatistische Interesse der neuen bürokratischen Regierungseliten an einer Stärkung, aber auch an einer Modernisierung des Staates eine Rolle. Der landständische Adel sah nunmehr die Zeit gekommen, die Verhältnisse wieder auf den vorrevolutionären Stand zu bringen und die verlorenen Machtpositionen im gesellschaftlichen Raum zurückzugewinnen. Die verantwortlichen Staatsmänner hingegen wollten die im Zuge der Reformmaßnahmen der letzten Jahre gestiegene Macht der staatlichen Bürokratien gegenüber der Gesellschaft keineswegs zugunsten der Rückkehr zu einem neuständischen System, gleichviel welcher Art, substantiell geschmälert sehen. Insofern bestand weiterhin eine wenn auch äußerst schmale Basis für eine begrenzte Kooperation der regierenden Bürokratie mit dem gemäßigten Liberalismus; sie gründete sich auf die beiden gemeinsame Ablehnung der Refeudalisierungsbemühungen der hochkonservativen Kräfte, die nicht unbegründeterweise wieder Morgenluft witterten. Nichts fürchtete die hochkonservative Partei mehr als die Gefahr, nach Besiegung der Skylla der Revolution »in die Charybdis einer ganz nach links gehenden Beamtenschaft« zu verfallen, wie dies eines der Häupter der sogenannten Kamarilla in Preußen, Leopold von Gerlach, gelegentlich gegenüber dem jungen Bismarck zum Ausdruck brachte.

Unter solchen Umständen vollzog sich das Zurückrollen der Errungenschaften der Revolution in mehreren Etappen. Die etablierten Gewalten suchten sich anfänglich, so gut es ging, zumindest formal in den Bahnen des geltenden Rechts zu halten und das, was sich damit nicht erreichen ließ, durch Rückgriff auf indirekte Herrschaftstechniken, wie die administrative Beeinflussung der Wahlen und der öffentlichen Meinung, zu bewerkstelligen. Die Vorgänge in Preußen, dem wichtigsten deutschen Staat, waren dafür charakteristisch. Die am 5. Dezember 1848 oktroyierte preußische Verfassung glich auf den ersten Blick weitgehend der »Charte Waldeck«, dem während der Revolution von den entschiedenen Liberalen ausgearbeiteten Entwurf einer konstitutionellen Verfassung, auch wenn dieser in wesentlichen Punkten, wie dem Vetorecht und dem Verordnungsrecht der Krone, die Zähne ausgebrochen worden waren. Mit der Oktroyierung des Dreiklassenwahlrechts am 30. Mai 1849 und mit Hilfe massiver Wahlbeeinflussung bei den folgenden Kammerwahlen gelang es dann, eine gefügige Parlamentsmehrheit zustande zu bringen, die sich dazu bereit fand, die vorgenommenen Verfassungsänderungen nachträglich zu legalisieren. Dem folgte im zweiten Schritt eine gründliche Revision der Verfassung. In äußerst zäh geführten Verhandlungen gelang es dem Kabinett Manteuffel, das Vetorecht der Krone auf Dauer zu stellen und die Exemtion des Heeres von parlamentarischer Kontrolle zu erreichen. Darüber hinaus versuchte die Regierung, das Budgetrecht des Parlaments auf das im ständischen System übliche Steuerbewilligungsrecht zu beschränken, und zwar kraft der Maßgabe, daß die »bestehenden Steuern und Abgaben [...] forterhoben« werden sollen, »bis sie durch ein Gesetz abgeändert werden«. Vergebens wehrten sich die Liberalen gegen eine solche Regelung, durch die ihnen die Waffe der Steuerverweigerung ein für allemal entwunden werden sollte. Die »Kölnische Zeitung« meinte, daß eine »schlechtere politische Erfindung als die einer solchen halben, gezähmten Budget-Verweigerung, wie die Regierung sie verteidige, nie gemacht worden« sei. Vergebens. Die Konservativen sahen in einem uneingeschränkten Budgetrecht letzten Endes ein Mittel, das dazu dienen könne, wie Friedrich Julius Stahl sich ausdrückte, die »Souveränität der Bourgeoisie« zu begründen. Das Ergebnis dieser Revisionsbemühungen war ein Zwitter: Einerseits enthielt die Verfassung ausgesprochen fortschrittliche Elemente, vor allem einen der Reichsverfassung von 1849 nachempfundenen Grundrechtekatalog, andererseits war die Autorität der Krone mit verfassungsrechtlichen Schutzwällen umgeben worden.

In Österreich erwies es sich unter dem neuen Ministerpräsidenten Felix Fürst zu Schwarzenberg als unnötig, zwecks Beseitigung der revolutionären Errungenschaften derartige Umwege zu gehen. Hier wurde im März 1849 im Gegenzug zu dem Verfassungsentwurf der österreichischen Nationalversammlung von Kremsier eine Gesamtstaatsverfassung oktroyiert, um wenig später mit dem Patent vom 31. Dezember 1851 gänzlich zum System eines autokratischen Zentralismus im Stil Metternichs überzugehen. Österreich wurde zur Vormacht der reaktionären Bestrebungen des Nachmärz. Es setzte seine mit russischer Hilfe wiedererlangte Großmachtstellung ein, um auch in den deutschen Mittelstaaten alle Spuren der Revolution zu tilgen. Das geeignete Mittel für die Exekution einer antirevolutionären Politik in Deutschland sah die österreichische Politik in einer Wiederherstellung des Deutschen Bundes.

Obschon das System des Deutschen Bundes formell auch während der Revolutionszeit in Kraft geblieben war und teilweise sogar als Instrument für die Durchsetzung der Beschlüsse der Paulskirche gedient hatte, war es in der deutschen Öffentlichkeit tief verhaßt; man war allgemein der Auffassung, daß es völlig abgewirtschaftet habe. Beide deutsche Großmächte, Preußen wie Österreich, erkannten sogleich die Chancen, die sich für eine Stärkung der eigenen Machtstellung in Deutschland boten, wenn es gelang, die »deutsche Frage« durch eine partielle Revolution von oben in einem begrenzten Bündnis mit der Nationalbewegung einer zeitgemäßen Lösung zuzuführen, die ein größeres Maß nationaler Einheit garantierte, ohne die Dynastien zu gefährden. Preußen befand sich dabei in einer weit günstigeren Ausgangslage. Einerseits hatten die Männer der Paulskirche eindeutig für die preußische Krone als Vormacht der deutschen Nation optiert, andererseits war Österreich 1849 noch in schwere innere Auseinandersetzungen verwickelt, insbesondere die Aufstände in Ungarn und in Italien, die es unmöglich machten, sich vorzugsweise der »deutschen Frage« zuzuwenden.

In dieser Konstellation legte der preußische Außenminister Joseph Maria von Radowitz, der selbst unter dem Einfluß einer romantisch geprägten Idee der historischen Einheit der deutschen Nation stand, den sogenannten Unionsplan vor, der, an Heinrich von Gagerns Projekt eines engeren und weiteren Bundes anknüpfend, die deutsche Einheit auf dem Weg eines zweistufigen föderativen Zusammenschlusses der deutschen Staaten zu verwirklichen gedachte. Ins Auge gefaßt war ein enges, unauflösliches Bündnis Österreichs mit einem von Preußen geführten deutschen Bundesstaat, der die Bezeichnung »Deutsches Reich« tragen sollte. Diese Union sollte von einem Viererdirektorium geleitet werden, in das Österreich zwei und Preußen und die deutschen Mittelstaaten gemeinsam ebenfalls zwei Vertreter entsenden sollten. Ungeachtet des österreichischen Widerstandes gegen eine solche Lösung, die die Hegemonialstellung Preußens in Deutschland in zwar informeller, aber unübersehbarer Weise gesichert haben würde, trieb die preußische Regierung diesen Plan zunächst energisch voran. Es gelang ihr anfänglich, die Mehrheit der Mittelstaaten, mit Ausnahme von Bayern und Württemberg sowie von sechs Kleinstaaten, zu bewegen, daran mitzuwirken. Preußen ließ sogar in den nichtösterreichischen Territorien auf der Grundlage des Dreiklassenwahlrechts ein Unionsparlament wählen, das am 20. März 1850 in Erfurt zusammentrat. Die dort vereinbarte Unionsverfassung lehnte sich in vieler Hinsicht an die Frankfurter Reichsverfassung an. Anders als diese zementierte sie jedoch den Führungsanspruch der Fürsten und der bestehenden Bundesstaaten in aller Form. Es ist fraglich, ob diese extrem gezähmte Variante eines Staatenbundes mit konstitutionellem Zusatz jemals den Erwartungen der liberalen Bewegung Genüge getan haben würde, aber der österreichischen Politik unter der tatkräftigen Führung Schwarzenbergs war selbst dies bei weitem zu viel des Guten. Österreich war nicht willens, Preußen die Vormachtstellung in Deutschland zu überlassen, auch nicht durch eine noch so verwässerte Form einer obrigkeitsstaatlich gebremsten nationalstaatlichen Ordnung.

Je mehr die Schatten der Revolution verblaßten, desto größer wurde der Widerstand der deutschen Einzelstaaten gegen die Unionspläne, die ihre Mediatisierung unter preußischer Führung unausweichlich gemacht haben würden. Der österreichischen Diplomatie gelang es ohne allzu große Mühe, solche Bedenken nach Kräften zu schüren. Ermutigt durch Erfolge, ging Schwarzenberg seinerseits zur politischen Gegenoffensive über. Er legte den Plan zur Schaffung eines deutschen Staatenbundes vor, der im Vergleich mit dem alten Deutschen Bund erheblich mehr Befugnisse haben sollte. Vor allem gedachte Österreich, seine bisherige Vorrangstellung im Deutschen Bund durch die Abkehr vom Prinzip der Einstimmigkeit zu einem förmlichen Primat auszubauen. Die Mobilisierung der Mittelstaaten gegen Preußen erwies sich als überaus erfolgreich, so daß Preußen mit seinen Unionsplänen in die Minderheit geriet. Für die Mittelstaaten war das bestehende labile Gleichgewicht zwischen den beiden deutschen Großmächten bei Lage der Dinge eine Garantie für den Erhalt eines möglichst hohen Grades von staatlicher Eigenständigkeit, und je stärker sich die Waage zuungunsten der revolutionären Kräfte neigte, desto geringer wurde ihre Bereitschaft, für die deutsche Einheit im einen oder anderen Sinne Konzessionen zu machen. So blieb am Ende nur die Wiederherstellung des Systems des Deutschen Bundes, ungeachtet seiner von allen Partnern erkannten Unzulänglichkeit. Selbst Schwarzenberg drückte sich in dieser Hinsicht recht eindeutig aus: »Ich bin, weiß Gott, kein Verehrer der bestehenden Bundesverfassung; wir haben uns redlich abgemüht, zu einer festen und praktischen Gestaltung zu kommen; soll durchaus nichts zustande kommen, so bleibt es beim alten, weil ein fadenscheiniger, zerrissener Rock noch immer besser ist als gar keiner. Meiner unmaßgeblichen Ansicht nach ist der alte Bundestag ein schwerfälliges, abgenutztes, den gegenwärtigen Umständen in keiner Weise genügendes Zeug; ich glaube sogar, daß die gründlich erschütterte, sehr wackelige Boutique beim nächsten Anstoß von innen oder außen schwächlich zusammenrumpeln wird.«

Der Streit für oder wider eine Reaktivierung des Deutschen Bundes hatte zugleich eine unmittelbar innenpolitische Dimension. Denn die österreichische Politik gedachte sich in Wiederanknüpfung an die Restaurationspolitik Metternichs der Bundesbehörden zu bedienen, um die Reste der nationalrevolutionären Bewegung in Deutschland zu zerschlagen. Österreich erwirkte deshalb Interventionsbeschlüsse des Bundestages gegen Holstein und Hessen, um den Widerstand der bürgerlichen Schichten gegen eine Restauration der vorrevolutionären Verhältnisse zu brechen. Preußen sympathisierte zwar nicht mit der hessischen Opposition, sah jedoch in dem österreichischen Vorstoß einen unangemessenen Eingriff in seine eigene Interessensphäre. Was Holstein anging, so hatte schon Radowitz es im Hinblick auf das Ansehen Preußens in Deutschland für vorteilhaft angesehen, den Widerstand der holsteinischen Stände gegen die Herrschaft der dänischen Krone, obschon diese von den Großmächten sanktioniert worden war, behutsam zu unterstützen; auch jetzt war Preußen nicht sonderlich geneigt, offen gegen die holsteinischen Stände einzuschreiten. In der Folge wurde Preußen jedoch unter massivem österreichischem Druck, der sich bis zu Kriegsdrohungen steigerte, dazu gezwungen, in der Punktation von Olmütz vom 29. November 1850 einer eigenständigen deutschen Politik förmlich abzuschwören, nachdem es ob dieser Frage hart an den Rand eines Krieges zwischen beiden deutschen Großmächten gekommen war.

Der junge Otto von Bismarck machte sein politisches Debüt im preußischen Abgeordnetenhaus mit einer leidenschaftlichen Verteidigungsrede der Regierung, die Preußens Einschwenken auf den Kurs der Politik der Reaktion in aller Form begrüßte: »Ich suche die preußische Ehre darin, daß Preußen vor allem sich von jeder schmachvollen Verbindung mit der Demokratie entfernt halte, daß Preußen in der vorliegenden wie in allen Fragen nicht zugebe, daß in Deutschland etwas geschehe ohne Preußens Einwilligung, daß dasjenige, was Preußen und Österreich nach gemeinschaftlicher unabhängiger Erwägung für vernünftig und politisch richtig halten, durch die beiden gleichberechtigten Schutzmächte Deutschlands gemeinschaftlich ausgeführt werde.« In der Tat wurden mit Olmütz die spärlichen noch verbliebenen Hoffnungen auf eine »deutsche« Politik Preußens, die wenigstens ein Mindestmaß der großen Ideale der deutschen Nationalbewegung verwirklichen werde, vorerst zu Grabe getragen. Fortan herrschte finstere Reaktion, zementiert durch zahlreiche Bundesratsbeschlüsse, die die Regierungen der Bundesstaaten formell dazu anhielten, die eigenen Verfassungen und die staatliche Gesetzgebung tunlichst von den Resten der revolutionären Errungenschaften zu befreien, unter dem Vorbehalt, daß andernfalls eine direkte Intervention des Bundes erfolgen werde. Gleichzeitig wurden die Zügel der Pressezensur noch schärfer angezogen; ein besonderer Ausschuß des Bundestages wurde damit beauftragt, die Zeitungen in den deutschen Einzelstaaten zu beobachten und wenn nötig ein entsprechendes Einschreiten der Polizeibehörden zu veranlassen.

Unter diesen Umständen setzte nun auch in den deutschen Mittelstaaten, soweit dies nicht bereits geschehen war, ein Prozeß des stufenweisen Rückwärtsrevidierens der Verfassungsordnungen ein. Am konfliktreichsten gestalteten sich die Vorgänge in Sachsen. Hier waren die Verhältnisse nach der Niederwerfung des Aufstandes der radikalen Linken vom Mai 1849 besonders gespannt. Andererseits wagte es die Regierung zunächst nicht, ohne direkte Unterstützung einer der beiden deutschen Großmächte zum Mittel des Staatsstreiches zu greifen; sie ließ daher die Kammern aufgrund des 1849 vereinbarten Zensuswahlrechts neu wählen. Obschon die neue Kammermehrheit keineswegs sonderlich radikal ausfiel, kam es in der Folge zu erbitterten Auseinandersetzungen über die Einschränkung des Budgetrechts und vor allem des Wahlrechts; beide Punkte sah die konservative Regierung Beust als unabdingbar an, um den Erwartungen vor allem der österreichischen Politik, an die man sich außenpolitisch anzulehnen suchte, wenigstens einigermaßen entgegenzukommen. Die sächsische Politik der Unterstützung der österreichischen Bundestagspläne brachte dann das Faß zum Überlaufen. Es kam zum offenen Konflikt zwischen der Regierung und der Opposition. Die Regierung beschloß die Auflösung der Kammern und, in klarem Bruch des geltenden Verfassungsrechts, die Wiederberufung der vormärzlichen Ständeversammlungen auf der Grundlage der Verfassung von 1831.

Die Reaktivierung der alten Stände hatte aus der Sicht der Regierung Beust vor allem den Sinn, eine Rechtsgrundlage für eine weitreichende Revision des allgemeinen, gleichen und direkten Wahlrechts zu gewinnen. Doch damit begab sich die Regierung in eine gefährliche politische Abhängigkeit von den konservativ-agrarischen Kräften, auf Kosten des gerade in Sachsen wirtschaftlich aufsteigenden bürgerlich-gewerblichen Mittelstandes, wie sie zu ihrem eigenen Leidwesen feststellen mußte; denn an die beabsichtigte Rückkehr zu einem obrigkeitlich gezähmten Konstitutionalismus war jetzt nicht mehr zu denken. Angesichts des Scheiterns der Versuche, mit Hilfe der reaktivierten Stände eine neue Verfassung zu vereinbaren, erwies es sich als unmöglich, von dem erneuerten ständischen Vertretungssystem wieder loszukommen, obschon es den inzwischen veränderten gesellschaftlichen Verhältnissen nun wirklich nicht mehr entsprach. Am Ende einigte sich die Regierung mit der Ständevertretung auf eine Erhöhung der Zahl der Vertreter der Rittergutsbesitzer auf zwanzig Abgeordnete gegenüber je fünfundzwanzig Vertretern der Städte und der Bauernschaft; dafür konzedierte die Regierung eine Ergänzung der Zweiten Kammer durch »fünf Vertreter des Handels- und Fabrikwesens« – eine Regelung, die sich schon bald als den sozioökonomischen Verhältnissen gänzlich unangepaßt erwies.

In Sachsen kam die Verknüpfung der verfassungspolitischen Fragen mit der »deutschen Frage« jedermann deutlich zum Bewußtsein. Die weitgehende Beseitigung des konstitutionellen Regimes und die Unterstützung der österreichischen Deutschland-Pläne durch die Regierung Beust wurden von den bürgerlichen Schichten als zwei Seiten ein und derselben Münze angesehen; beides lief, so schien es, nicht nur ihren politischen Grundüberzeugungen, sondern auch ihren wirtschaftlichen Interessen zuwider. In den Debatten der sächsischen Zweiten Kammer kamen die Gegensätze zwischen dem neuen aufstrebenden Wirtschaftsbürgertum und dem traditionellen agrarischen Großgrundbesitz offen zum Austrag, ohne daß sich am Ergebnis, der einstweiligen Wiederherstellung der ständischen Verfassung von 1831, etwas änderte. Vergebens protestierte eine Mehrheit der Professoren der Universität Leipzig gegen den Staatsstreich. Die Universitätsgremien wurden scharfen behördlichen Rekriminationen ausgesetzt, und eine Minderheit von Professoren, darunter Otto Jahn und Theodor Mommsen, wurde gemaßregelt und schließlich ihrer Ämter enthoben.

In Mecklenburg kam es zu einer vollständigen Restitution der altständischen Verfassung. Hier beschritten die Regierung von Mecklenburg-Strelitz und die gesamtmecklenburgische Ritterschaft den Rechtsweg gegen das während der Revolution verabschiedete Staatsgrundgesetz, das modernen konstitutionellen Grundsätzen entsprach. Aufgrund der Entscheidung eines beim Bundestag eingerichteten Schiedsgerichts wurde 1850 die landständische Verfassung, die auf dem Erbvergleich von 1755 beruhte, wieder in Kraft gesetzt. Mecklenburg wurde somit in Verfassungsverhältnisse zurückgestoßen, die im wesentlichen dem Stand des 18. Jahrhunderts glichen.

Andernorts vollzog sich der Ablauf der Dinge weniger eindeutig. In Hannover sah sich die nach der Revolution eingesetzte konservative Regierung vor die Frage gestellt, ob sie in Zusammenarbeit mit den gemäßigten Gruppen des Liberalismus eine begrenzte Revidierung der Verfassung vom 5. September 1848 anstreben oder ob sie statt dessen eine radikale Verfassungsrevision unter Einschaltung des Bundestages herbeiführen solle. Dabei spielte das Verlangen der landständischen

Ritterschaft eine wesentliche Rolle, nicht nur die Erste Kammer wieder in ein Herrenhaus zurückverwandelt zu sehen, sondern auch ihre frühere Vorrangstellung in der ländlichen Selbstverwaltung zurückzuerhalten. So ergab sich anfänglich ein gewisses Maß an Zusammenwirken der Regierung, der an einer vollständigen Rückkehr zu feudalen Verhältnissen nicht gelegen sein konnte, mit dem gemäßigten Kammerliberalismus; am Ende obsiegte jedoch, insbesondere nach dem Regierungsantritt König Georgs V., die intransigente Richtung. Auf dem Weg eines durch Bundestagsbeschluß formal gestützten Staatsstreiches kam es auch hier schließlich zur Rückkehr zum ständischen System, zur Wiederherstellung des Rechts der Ritterschaft auf eine eigenständige Vertretung in den Kammern und zu einer Refeudalisierung der Ersten Kammer.

Wesentlich dramatischer verlief die Entwicklung im Kurfürstentum Hessen. Hier beantworteten die Kammern den Versuch einer Rückkehr zum vorrevolutionären Verfassungsrecht mit einem Aufruf zur Steuerverweigerung und fanden dafür weithin die Gefolgschaft der Bürger. Die Drohung der liberalen Kammermehrheit, daß rechtswidrige Handlungen der Staatsbürokratie gegebenenfalls rücksichtslos geahndet würden, erwies sich als wirkungsvoll. Auch das Beschreiten des Rechtsweges endete mit einem Fehlschlag für die Regierung; das hessische Oberappellationsgericht entschied zugunsten der Opposition. Selbst die Offiziere der hessischen Armee verweigerten unter Berufung auf den von ihnen geleisteten Verfassungseid den Gehorsam. Durch Rückgriff auf das alte Bundesrecht suchten die hessischen Behörden die Dinge wieder unter Kontrolle zu bringen. Aber die Oktroyierung einer neuen Verfassung im Jahr 1852, die in wesentlichen Punkten noch hinter die frühkonstitutionelle Verfassung von 1831 zurückging und im übrigen das Wahlrecht so beschränkte, daß die demokratische Linke überhaupt nicht mehr und der gemäßigte Liberalismus nur mit wenigen Abgeordneten vertreten waren, verfing nicht. Kurfürst Friedrich Wilhelm war auch weiterhin nicht imstande, den Widerstand der bürgerlichen Kräfte gegen die verfassungswidrige Politik seiner Regierung zu brechen. Ungeachtet eines ganzen Bündels von repressiven Maßnahmen gegen die Opposition gelang es der Regierung trotz wiederholter Anläufe nicht, eine formelle Sanktionierung der neuen Verfassung durch die Kammern zu erlangen, wie dies der Bundesratsbeschluß von 1851 erforderte. In Hessen blieb somit die Verfassungsfrage in der Schwebe.

In der Tendenz, nicht in den Einzelheiten, die vielfach variierten, wies die Verfassungsentwicklung in den deutschen Mittelstaaten in die gleiche Richtung. Überall kam es zu einer partiellen Rückkehr zu landständischen Verhältnissen, zu einer wesentlichen Beschneidung des Wahlrechts, die die Vertretung der oppositionellen Gruppen der radikalen Linken in den Kammern zumeist auf ein Minimum reduzierte, und zu einer Einhegung der Rechte der Parlamente, insbesondere hinsichtlich der Feststellung des Budgets. Einen Sonderweg beschritt dabei Bayern, welches, wesentlich aus Gründen der Wahrung seiner staatlichen Selbstän-

Die Historiker Droysen, Giesebrecht, Waitz und Dahlmann in ihrem Engagement für das problematisch gewordene erbliche deutsche Kaisertum. Lithographie von Wilhelm Storck, 1848/49. Berlin, Staatsbibliothek Preußischer Kulturbesitz

Tagung des Unionsparlaments in Erfurt im März 1850 zu Beratungen über eine kleindeutsche Lösung der »deutschen Frage«. Holzstich eines Unbekannten. Hamburg, Historia-Photo. – Eröffnung der Ministerialkonferenz in Dresden am 23. Dezember 1850 mit der Zielsetzung einer großdeutschen Lösung. Holzstich eines Unbekannten. Wien, Österreichische National-bibliothek

digkeit, eine Intervention des Bundestages in seine inneren Angelegenheiten nicht tolerieren wollte und daher den Weg der Verständigung mit einer freilich äußerst gemäßigten Kammermehrheit wählte. Hier wurde allerdings freigebig von flankierenden Maßnahmen zwecks Eliminierung der revolutionären Residuen Gebrauch gemacht, zumal durch eine radikale Säuberung der Beamtenschaft von allen liberalen Elementen.

In den deutschen Kleinstaaten war die Entwicklung noch unübersichtlicher. Auch hier wurden die bestehenden konstitutionellen Verfassungen revidiert und ihrer liberal-demokratischen Elemente teilweise entkleidet. Gleichermaßen wurden die geltenden Wahlgesetze in restriktiver Richtung revidiert. In einzelnen Territorien wie in Lippe ging der Pendelausschlag noch weiter nach rechts. Hier kam es ähnlich wie in Mecklenburg zur Wiederherstellung der vorrevolutionären, landständischen Verfassung von 1836, also zu einer Restitution eines bereits antiquierten Systems. In diesem Fall verweigerte die Opposition jedoch jegliche Mitwirkung und zwang die Staatsregierung, ohne Verfassung zu regieren – ein Zustand, der bis zum Jahr 1876 andauern sollte.

Eine Ausnahme in der Gesamtentwicklung machte neben Bayern nur das Großherzogtum Baden, das freilich bis zum November 1850 von preußischen Truppen besetzt blieb. Hier gelang eine Konsolidierung der Verhältnisse auf der Grundlage der vergleichsweise gemäßigten Verfassung von 1849. Angesichts der verbreiteten Resignation der radikalen Demokraten, die die Mairevolution getragen hatten, fand sich im 1850 neugebildeten Landtag eine relativ homogene gemäßigt-liberale Mehrheit, die in der Folge eine umfangreiche Modernisierung der Gesetzgebung auf allen Gebieten zustande brachte. Allerdings wurde das anfänglich relativ weitgehende Einvernehmen zwischen Regierung und Kammermehrheit seit 1852 durch den badischen Kirchenstreit zeitweilig ernstlich gestört. Ansonsten wurden in jenen Jahren die Grundlagen geschaffen, die Baden später den Ruf eines liberalen Musterländles eintrugen.

Die Methoden, mit welchen die nachrevolutionären Regierungen in Österreich, Preußen und im übrigen Deutschland die Vorrangstellung der konservativen Eliten in Staat und Gesellschaft neu zu festigen suchten, variierten von Fall zu Fall beträchtlich. Gleiches gilt von den Bestrebungen, die während der Revolution durchgesetzten Verfassungsordnungen und gesellschaftlichen Reformen in konservativem Sinne zu revidieren. Dies wurde einerseits durch eine Kombination von restriktiven Gesetzgebungsakten erreicht, die von den mehrheitlich gemäßigt-liberalen Kammern zumeist kampflos hingenommen wurden, um noch Schlimmeres zu verhüten, andererseits durch ein Bündel von repressiven Maßnahmen administrativer Natur, die darauf abzielten, alle revolutionären Regungen ein für allemal zu ersticken. Dazu gehörte in erster Linie eine rigide Pressezensur, verbunden mit einer äußerst strengen Handhabung der bestehenden beziehungsweise zu diesem Behufe eigens verschärften Preßgesetze. Überdies wurden die Zeitungsverlage mittels indirekter Maßnahmen zusätzlich gefügig gemacht; ein besonders beliebtes Mittel war es, oppositionellen Zeitungen den üblichen verbilligten Postversand zu versagen und sie damit an den Rand des finanziellen Ruins zu treiben. Diese »negative« Pressepolitik wurde durch eine systematisch organisierte aktive Pressebeeinflussung ergänzt, die erstmals nicht davor zurückscheute, regierungshörigen Redaktionen beziehungsweise Blättern regelmäßige finanzielle Zuwendungen zukommen zu lassen.

Wichtiger noch als diese Methoden zur Knebelung der liberalen öffentlichen Meinung und zum Mundtotmachen aller radikalen Preßorgane waren die Maßnahmen zur Reglementierung der Beamtenschaft. Alle als radikal bekannten Personen wurden aus den Beamtenapparaten entfernt und die als politisch geltenden Positionen – einschließlich der Landräte in Preußen – als jederzeit zur Disposition stehend erklärt. Dies erwies sich als eine äußerst wirksame Methode, die Beamtenschaft in ihrer großen Mehrheit politisch gefügig zu machen. Dabei ist zu berücksichtigen, daß die Beamtenschaft auch in den nachmärzlichen Parlamenten eine zahlenmäßig dominierende Rolle spielte. Dieser Umstand erlaubte es den Regierungen, durch die Verweigerung der für die Annahme von Mandaten für die parlamentarischen Körperschaften rechtlich erforderlichen Beurlaubung die Zusammensetzung der Kammern im Regierungssinne nachhaltig zu beeinflussen. In einigen Bundesstaaten, namentlich in Preußen, ging man sogar dazu über, auch von bereits pensionierten Beamten zu verlangen, daß diese um eine Beurlaubung nachsuchen müßten, sofern sie ein parlamentarisches Mandat anzunehmen gedachten. Nur sehr wenige Beamte konnten sich unter den sozialen Verhältnissen des Nachmärz, zumal so etwas wie Diäten für Abgeordnete noch ganz unbekannt war, ein Ausscheiden aus dem Staatsdienst leisten; einer der wenigen, der dies, angesichts der behördlichen Ablehnung seines Urlaubsgesuches aus Anlaß seiner Wahl in die hannoveranische Zweite Kammer, tat, war Rudolf von Bennigsen, der wenig später zum unangefochtenen Führer des deutschen Liberalismus aufsteigen sollte.

Hinzu trat die systematische politische Verfolgung von mißliebigen, als staatsgefährdend geltenden Personen oder Gruppen. In dieser Hinsicht tat sich besonders der Berliner Polizeipräsident und spätere preußische Polizeiminister Carl Ludwig von Hinckeldey hervor. Er schreckte nicht davor zurück, einen Spitzelapparat aufzubauen und belastendes Material zu fälschen, wie im Kölner Kommunistenprozeß von 1852. Zwar scheiterte die Errichtung einer formellen Bundespolizeibehörde zwecks Koordinierung der Verfolgungsmaßnahmen, in erster Linie wegen bayerischer Bedenken gegen die Einschränkung der eigenen staatlichen Souveränität. Statt dessen wurde ein informeller Polizeiverein beim Bundestag in Frankfurt eingerichtet, dem die führenden Polizeiminister Österreichs, Preußens, Sachsens und Hannovers angehörten und der an wechselnden Orten inkognito tagte, um die jeweiligen Fahndungsergebnisse auszutauschen. Die polizeiliche

Verfolgung mißliebiger politischer Personen stand vielfach vor dem Problem, daß die Rechtsprechung ihren Vorstellungen nicht folgte. Häufig wurden aus politischen Gründen Verfolgte von den Gerichten anschließend freigesprochen. Die Staatsbehörden wählten demgemäß gern den Ausweg, den ordentlichen Gerichten die Zuständigkeit für politische Vergehen zu entziehen und sie besonderen Gerichten zu übertragen, die mit entsprechend obrigkeitlich gesinnten Richtern besetzt waren. Darüber hinaus kam es vielfach zu Eingriffen in die Justiz, insbesondere zu einer Zurückdrängung der Schwurgerichte.

Bei alledem bleibt festzuhalten, daß nirgends – außer in Mecklenburg, wo die alte ritterschaftliche Verfassung des 18. Jahrhunderts wieder in Kraft gesetzt wurde – eine vollständige Rückkehr zu den Verfassungsverhältnissen erfolgte, wie sie vor der Revolution bestanden hatten. Dies war allenfalls in Österreich der Fall; der Neo-Absolutismus unter Schwarzenberg brachte der Donau-Monarchie noch einmal für einige Jahre die Zeiten Metternichs zurück. In der deutschen Staatenwelt wurden die konstitutionellen Verfassungen zwar zumeist »bis an den Rand eines Scheinkonstitutionalismus deformiert«, aber sie blieben bestehen und boten in der Folgezeit wichtige Anknüpfungspunkte für die liberale Bewegung, die freilich vorderhand in ihrem politischen Elan entscheidend geschwächt war und sich daher wiederholt zu faulen Kompromissen bereitfand, um den hochkonservativen Kräften nicht allein das Feld zu überlassen.

Die eigentlichen Gegenspieler der konservativen Kräfte waren in dieser Phase der Entwicklung nicht die bürgerlichen Schichten, sondern die staatlichen Bürokratien. Dies war insbesondere in Preußen der Fall, nachdem Otto von Manteuffel zum Ministerpräsidenten ernannt und zugleich als Außenminister die Nachfolge des katholischen Hocharistokraten Radowitz angetreten hatte. In der Ära Manteuffel wurden immer wieder Erwägungen angestellt, wie man die preußische Verfassung von 1850 beseitigen könne. Vor allem die hochkonservative Kamarilla, die unter der geistigen Führung von Leopold und Ludwig von Gerlach stand, drängte wiederholt auf die Beseitigung des konstitutionell verbrämten »Souveränitätsschwindels«. Sie fand dabei ein offenes Ohr bei Friedrich Wilhelm IV., der nicht bereit war, sich mit den gegenwärtigen Verhältnissen abzufinden, obschon er zögerte, sich offen in Widerspruch zu dem von ihm während der Revolution abgegebenen Verfassungsversprechen zu setzen. Doch eine vollständige Rückkehr zu einer ständisch verfaßten Ordnung, die die vorrangige Partizipation der Stände, zumal des grundbesitzenden Adels, an den politischen Entscheidungsprozessen wiederhergestellt haben würde, lag nicht im Interesse der auf Machterhaltung bedachten Staatsbürokratie. Davon abgesehen fand die prinzipielle Bereitschaft der Regierung Manteuffel zur Rückwärtsrevidierung der bestehenden Verfassung ihre Grenze in der Erwägung, daß dies auf einem formell rechtmäßigen Weg geschehen müsse, nicht durch einen neuen Coup d'etat oder durch neue Oktroyierungen, um nicht revolutionären Tendenzen neue Nahrung zu geben.

In diesem Punkt berührte sich Manteuffels Position, so sehr sie sich auch sonst von der Politik der hochkonservativen Kamarilla unterschied, durchaus mit der Überzeugung der Brüder Gerlach, daß eine wahrhaft konservative Politik nicht konterrevolutionär sein dürfe, sondern gegen die Revolution in jeder Gestalt gerichtet sein müsse. Unter diesem Gesichtspunkt fanden sich auch die Gerlachs mehr oder weniger mit dem bestehenden Halbkonstitutionalismus ab: »Die Kammern sind mindestens ohne Gefahr«, schrieb Leopold von Gerlach am 13. November 1852 an Otto von Bismarck, »und der Constitutionalismus steht so, daß man ihm zu Leibe gehn kann, ohne daß man sich darum zu bekümmern braucht, wie weit man kommt. Er muß abtrocknen, man muß ihn aber nicht abschneiden. Nie war die Continuität des Rechts wichtiger als jetzt, durch sie allein kann man gefährliche Recidive vermeiden.«

Manteuffel strebte eine Revision der preußischen Verfassung auf rechtmäßigem Weg an, was immer dies unter den gegebenen Umständen konkret heißen mochte. Damit wurde der gouvernementale Konservativismus auf die Bahn formaler Kompromisse mit den gemäßigt-liberalen Gruppen im Abgeordnetenhaus verwiesen. Umgekehrt mehrten sich im Lager der hochkonservativen Opposition die Stimmen jener, die sowohl die Refeudalisierung der Verfassung als auch die Wiederherstellung und Absicherung der aristokratischen Vorrechte nicht nur gegenüber dem Liberalismus, sondern ebenso gegenüber dem gouvernementalen Etatismus verlangten. Im Jahr 1854 wurde ein Teil der Wünsche der großgrundbesitzenden Aristokratie erfüllt. Die Erste Kammer wurde in ein Herrenhaus umgewandelt. Damit erhielt der preußische Hochadel seine durch Erbrecht gesicherte Vorrangstellung zurück, allerdings um den Preis des Zugeständnisses, daß der König daneben eine Reihe von Mitgliedern des Herrenhauses frei berufen dürfe. Das war gar nicht so wenig. In der Tat sollten bis 1918 alle Versuche, den Bürgern ein größeres Maß der Partizipation am politischen System einzuräumen, am Widerstand des Herrenhauses scheitern. Ansonsten wurde aus den Plänen des streitbaren preußischen Innenministers Otto Ferdinand von Westphalen, die »gottgegebenen Abhängigkeiten« in »organischen Gesetzen« festzuschreiben, jedoch nichts, nicht zuletzt deshalb, weil man im konservativen Lager darüber uneinig war, auf welchem Weg man dies erreichen könne. Dem konservativen Rechtstheoretiker Friedrich Julius Stahl gelang es am Ende, die Konservativen davon zu überzeugen, daß sich die Interessen der Aristokratie auch im Rahmen eines obrigkeitlich gebremsten Konstitutionalismus würden wahren und durchsetzen lassen.

Vergleichsweise größere Erfolge hatten die Hochkonservativen mit ihren Bemühungen, die ländliche Selbstverwaltung von allen Spuren der Revolution zu reinigen. Die Regierung Manteuffel fand sich dazu bereit, das Prinzip der Einheitlichkeit der Selbstverwaltung, welches die liberale Bewegung durchgesetzt hatte, zugunsten einer möglichst weitgehenden Befriedigung konservativer Interessen wieder aufzugeben. In den östlichen Provinzen der Monarchie wurde sowohl die ländliche als auch die städtische Selbstverwaltung auf vormärzliche Verhältnisse zurückgeführt und damit dem Adel die Vormachtstellung in der Selbstverwaltung auf lokaler wie auf provinzieller Ebene in allem Wesentlichen zurückgegeben. Dennoch blieb dies hinter den Intentionen der Konservativen um einiges zurück; die erhoffte Entwicklung einer starken aristokratischen Selbstverwaltung nach englischem Muster, für die insbesondere Stahl plädierte, kam nicht über erste Anfänge hinaus. Zwar wurden die traditionelle patrimoniale Verwaltung und die gutsherrliche Ortsobrigkeit im ostelbischen Preußen wiederhergestellt, aber eine kraftvolle und dynamische Selbstverwaltung entwickelte sich auf dieser Basis verständlicherweise nicht. In den westlichen Provinzen hingegen wurde die büro-kratische Bevormundung der Selbstverwaltungskörperschaften verschärft; einzig die Städteordnungen von 1856 für das Rheinland und für Westfalen bewahrten die Grundsätze der Steinschen Reformen, aber auch hier wurde die staatliche Aufsichtspflicht verschärft. Die generelle Einführung des Dreiklassenwahlrechts für die Stadtverordnetenversammlungen, bei gleichzeitiger Privilegierung des Haus- und Grundbesitzes, sollte ebenfalls demokratischen Tendenzen ein für allemal einen Riegel vorschieben. Doch dadurch hat sich die Entwicklung eines starken bürgerlichen Selbstbewußtseins auf kommunaler Ebene nicht aufhalten lassen. Charakteristisch aber war für die Gesetzgebung der Zeit Manteuffels, daß sie den auf Fortschritt und Modernität drängenden Tendenzen durch eine weitge-hende Dezentralisierung der Selbstverwaltung und durch die Abschirmung des »platten Landes« gegenüber den »schädlichen« Einflüssen der Städte entgegenzu-wirken suchte. Obschon sich die bürgerliche liberale Bewegung in einem Zustand weitgehender Lähmung befand, trat keine völlige Rückkehr zu vormärzlichen Zuständen ein. Die konservativen Eliten saßen zwar wieder fest im Sattel, aber die Staatsbeamtenschaft nutzte die Polarisierung zwischen Hochkonservativismus und den bürgerlichen Gruppierungen dazu aus, eine eigenständige Machtstellung aufzubauen, die der Stärkung des Staatseinflusses zugute kam. Dergestalt blieben die Ausgangspositionen für eine Wiederaufnahme des Kampfes um eine angemes-sene politische Repräsentation der bürgerlichen Schichten auch unter den neuen Verhältnissen eines obrigkeitlich gebremsten Konstitutionalismus guteils erhalten.

Ansatzpunkte für ein politisches Comeback der Liberalen boten sich zunächst in einem Bereich, dem gemeinhin wenig Aufmerksamkeit zuteil wird, nämlich in den Beziehungen zwischen Staat und Kirche. Nach dem Scheitern der Revolution witterten nicht nur die agrarischen Konservativen Morgenluft, sondern auch die Kirchen, die in der vorrevolutionären Epoche ihre herkömmlichen korporativen Rechte weitgehend verloren hatten und in die staatliche Ordnung eingebunden worden waren. In einem Augenblick, in dem allgemein die Rückkehr zum vorre-volutionären Verfassungsrecht und zu ständischen Ordnungsprinzipien auf der

Agenda stand, lag die Versuchung nahe, den autonomen Rechtsstatus als selbständige Korporation neben, nicht unterhalb der Staatsgewalt, den die Kirchen bis in die Anfänge des 19. Jahrhunderts hinein gehabt hatten, ganz oder teilweise zurückzuerobern. Dabei konnten die Kirchen zunächst auf Sympathie im konservativen Lager hoffen, da eine Stärkung der religiösen Bindungen zu einer Zähmung der revolutionären Tendenzen in Gesellschaft und Staat Wesentliches beizutragen versprach. Wilhelm Emmanuel von Ketteler, der Vorkämpfer dieser neuen Kirchenpolitik, der 1850 auf den Mainzer Bischofsstuhl berufen worden war, argumentierte, daß die Kirche 1848 deshalb nichts gegen die Revolution habe ausrichten können, weil sie in dem herrschenden staatskirchlichen System ihre moralische Kraft zur Leitung und Erziehung der Menschen nur beschränkt habe wahrnehmen können. »Eine gefesselte Kirche hat keinen Einfluß mehr auf die Menschen.« Darum, so meinte er, müsse es jetzt darum gehen, die Unabhängigkeit der katholischen Kirche vom Staat in Lehre, Erziehung und Verwaltung des Kirchenbesitzes, vor allem aber auch hinsichtlich der Besetzung kirchlicher Ämter zurückzugewinnen. Diese kirchenpolitische Offensive, die übrigens von liberalen Katholiken nicht selten mit einigem Mißtrauen betrachtet wurde, zielte vornehmlich auf die südwestdeutschen Staaten mit überwiegend katholischer Bevölkerung. In Preußen blieb es vergleichsweise still, hauptsächlich weil die noch aus der Revolutionszeit stammenden Grundrechte der Verfassung von 1850 den Kirchen beachtliche Freiheiten einräumten; hier kam es zu vergleichbaren Bemühungen, die Rechte und den gesellschaftlichen Einfluß der evangelischen Kirche auszuweiten, beispielsweise durch eine restriktive Ehescheidungsgesetzgebung.

Die Führung in all diesen Dingen hatte der Mainzer Bischof von Ketteler. Bereits 1851 traten die Bischöfe der oberrheinischen Kirchenprovinz mit einer großen Denkschrift hervor, die mit Nachdruck die Beseitigung des bisherigen staatskirchlichen Regiments forderte. Anfangs standen die Behörden in den zunächst betroffenen Bundesstaaten Baden, Württemberg, dem Kurfürstentum Hessen und Nassau diesen Bestrebungen relativ wohlwollend gegenüber. Sie zeigten sich bereit, der katholischen Kirche einen weit größeren Spielraum einzuräumen, als dies bisher der Fall gewesen war, ohne jedoch von dem überkommenden Grundsatz der Oberhoheit des Staates über die Kirchen abgehen zu wollen. In einer Serie von geheimen interministeriellen Konferenzen der Kommissare jener Bundesstaaten wurden intensive Verhandlungen mit den Bischöfen 1852/53 über eine Vereinbarung mit der katholischen Hierarchie geführt; doch es ließ sich keine Formel finden, durch die »die glücklichste Eintracht zwischen der Staats- und der Kirchengewalt« hergestellt werden könne. Die Ansprüche der katholischen Kirche waren in der Tat umfassend: »kirchliches Monopol der Ausbildung der Theologiestudenten, alleinige Besetzung der Kirchenämter, selbständige Verwaltung des Kirchenvermögens, religiöse Schulaufsicht, innerkirchliches Jurisdiktionsmonopol und unbeschränkte Handlungsfreiheit des katholischen Klerus in allen innerkirchlichen Angelegenheiten«. Ungeachtet großer Sympathie für die religiösen Zielsetzungen war die regierende Bürokratie nicht bereit, die Rechte der Staatsgewalt so weitgehend beschneiden zu lassen, wie dies seitens der Bischöfe verlangt wurde. Da sie ebenfalls auf ihrem Standpunkt beharrten, kam es zu einem offenen Kirchenkampf, der insbesondere in Baden phasenweise in bemerkenswert scharfen Formen geführt wurde, bis hin zur zeitweiligen Amtsenthebung des Erzbischofs von Freiburg. Der Konflikt erhielt zudem eine außenpolitische Dimension, die eine Verständigung zwischen den streitenden Parteien erschwerte. Österreich unterstützte die Forderungen des süddeutschen Klerus nachdrücklich; daraufhin sah die preußische Regierung, nicht zuletzt auf Betreiben des neuen preußischen Gesandten am Bundestag, Otto von Bismarck, Anlaß, der badischen Regierung gegen die Kurie den Rücken zu stärken.

In Bayern, das seit Maximilian Joseph von Montgelas die Kirchen einem ausgeprägt rationalistischen System eingeordnet hatte, kam es zu einer parallelen Entwicklung. Auch hier entfaltete die Kurie große Aktivität, mit dem Ziel, das herkömmliche staatskirchliche System zu stürzen und die Eigenständigkeit der katholischen Kirche als Kooperation nicht nur im Staat, sondern neben dem Staat wiederherzustellen. Von König Ludwig II. wurden daraufhin erhebliche Konzessionen an die katholische Kirche in Aussicht gestellt, zumal hinsichtlich der alleinigen Kontrolle der Ausbildungsstätten für katholische Geistliche. Aber als die Bischöfe gleichwohl hartnäckig an ihren Maximalforderungen festhielten, kam es auch hier zum Konflikt.

Unter den Bedingungen der Reaktion, die den Kreis der aktiv am politischen Entscheidungsprozeß beteiligten Personen und Gruppen so eng wie möglich zu ziehen suchte und in den Kirchen wichtige ideologische Bündnispartner für die Abwehr aller gegen die bestehende Ordnung gerichteten Bewegungen sah, waren die Regierungen daran interessiert, einen Modus vivendi mit den Kirchen zu finden. Dies führte in Baden, Kurhessen und Nassau zur Ausarbeitung von Konventionen mit der kirchlichen Hierarchie, die den Forderungen der katholischen Kirche auf Gewährung weitgehender Eigenständigkeit, vor allem auch im Bereich der Schule und der theologischen Lehreinrichtungen, weit entgegenkamen, ohne daß es für notwendig gehalten wurde, die gesetzgebenden Körperschaften daran zu beteiligen oder die Öffentlichkeit eingehend zu informieren. Nur in Baden kam es zum Abschluß einer derartigen Konvention unter direkter Beteiligung des Vatikans, in einer gelegentlich auch als Konkordat bezeichneten Vereinbarung des Großherzogs mit der Kurie vom 19. Oktober/5. Dezember 1859.

Nach Bekanntwerden dieser Vereinbarungen brach in Baden und bald darauf in Kurhessen und Nassau ein gewaltiger Proteststurm los, der überwiegend von den Liberalen getragen wurde, an dem sich aber auch Repräsentanten des liberalen Katholizismus beteiligten. Die vertragliche Regelung des Verhältnisses von

Staat und Kirche ohne die Mitwirkung der gesetzgebenden Körperschaften sei, so argumentierte man, ein krasser Verstoß gegen das konstitutionelle Staatsrecht. Nahezu über Nacht brach das Gebäude von Rechtsvereinbarungen zwischen Staat und Kirche, das sich einem stillen Arrangement der beiden sich gleichermaßen als exempt von öffentlicher Kontrolle betrachtenden Herrschaftsapparate, des kirchlichen und des staatlichen, verdankte, unter den Schlägen der liberalen Opposition zusammen. In Baden führte der Kampf der wiedererstarkten liberalen Bewegung gegen das »Konkordat«, ein Kampf, der die bislang demoralisierten und zersplitterten bürgerlichen Schichten mit neuem Elan erfüllte, zu einem triumphalen Erfolg. August Lamey, der Führer der liberalen Fraktion, erklärte am 30. März 1860 in der badischen Zweiten Kammer unter dem Beifall der Anwesenden, die Zeit des partriarchalischen Obrigkeitsstaates, in der die Regierung über den Kopf des Volkes hinweg regiert und der Bürger nicht als mitverantwortlicher politischer Partner, sondern als Untertan gegolten habe, sei vorbei. Die Konvention, die die großherzogliche Regierung ursprünglich gar nicht zum Gegenstand parlamentarischer Beschlüsse hatte machen wollen, wurde mit großer Mehrheit verworfen. Der Demütigung des gouvernementalen Konservativismus folgte am 2. April 1860 die Berufung einer liberalen Regierung unter der Ministerpräsidentschaft Lameys. Damit begann in Baden die Ära des »Liberalismus als Regierende Partei«, wie es Lothar Gall genannt hat. Die Ausstrahlung dieser Ereignisse weit über Baden hinaus war groß: Überall schien nunmehr die Zeit des gouvernementalen Konservativismus abgelaufen zu sein. Dies hing freilich mit grundlegenden Veränderungen in den außenpolitischen Verhältnissen zusammen, durch die die Stellung Österreichs als konservative Vormacht in Mitteleuropa schwer erschüttert wurde, während die nationale Bewegung ungeheuren Auftrieb erhielt.

Die mächtepolitische Entwicklung in Deutschland und Europa und die latente Sprengkraft der »deutschen Frage«

Es wäre verfehlt anzunehmen, daß mit der Konsolidierung der Herrschaft der konservativen Gewalten in der deutschen Staatenwelt und mit dem Zurückrollen der Ergebnisse der Revolution von 1848/49 die politischen Energien der liberalen Einheitsbewegung ganz und gar erschöpft gewesen seien. Fraglos herrschte im Lager des Liberalismus und der Demokratie Ernüchterung und Resignation, vor allem ob der Schwierigkeit, eine Reform der politischen Ordnung in Deutschland und insbesondere die deutsche Einigung aus eigener Kraft zuwege zu bringen; ohne die aktive Rolle der bestehenden staatlichen Gewalten und ohne die Mitwirkung der traditionellen Führungseliten sei, wie Hermann Baumgarten dies in seiner berühmt gewordenen »Selbstkritik« des deutschen Liberalismus später offen zum Ausdruck brachte, eine grundlegende Veränderung der deutschen Verhältnisse nicht zu erreichen. Das war auch die Ansicht August Ludwig von Rochaus, der in seiner 1853 erschienenen Flugschrift »Grundsätze der Realpolitik, angewendet auf die staatlichen Zustände Deutschlands« harte Kritik an dem weltfremden Idealismus der liberalen Bewegung übte. Diese sei, so meinte er, fälschlicherweise davon ausgegangen, daß »sich die politische Macht durch Vertrag abtreten und erwerben, durch Übereinkunft ausdehnen oder beschränken lasse«. Es komme vielmehr nicht bloß auf wohlmeinende Gesinnungen, sondern, und dies sei entscheidend, auf die effektiv vorhandenen staatlichen Machtmittel an, und diesen Umstand müsse die bürgerliche Nationalbewegung in ihre politische Rechnung einstellen. Dergestalt formulierte von Rochau ein neues Credo des gemäßigten Liberalismus, das man als Ideologie der »Realpolitik« bezeichnet hat: »Die bisherige politische Systematik, der die Geister beinahe blindlings huldigten, ist an den Dingen zu oft und zu kläglich gescheitert, als daß sie nicht endlich der Gegenstand des tiefen Mißtrauens der einen und der gründlichen Verachtung der anderen hätte werden sollen. Die Luftschlösser, welche sie gebaut, sind in blauen Dunst zerflossen; das wehrlose Recht, dessen theoretische Anerkennung sie erwirkt, ist höchstens zu einer Scheinübung gelangt, welche von der Macht solange geduldet wurde, als es ihr gerade genehm war; die Vereinbarungen der Ohnmacht mit der Gewalt haben bei der ersten Probe gezeigt, daß sie wirkungslos, nichtig von Grund aus unmöglich waren.«

Dies bedeutete freilich keineswegs zwangsläufig eine Kapitulation vor den bestehenden verfassungspolitischen Gegebenheiten oder den mächtepolitischen Verhältnissen. Vielmehr wurde hier nur die Bereitschaft signalisiert, eine kraftvolle Machtpolitik zugunsten einer Reform der staatlichen Verhältnisse in Deutschland zu unterstützen. Dafür aber kam bei Lage der Dinge allein ein liberales Preußen in Frage, ein Preußen, das sich die Zielsetzungen der liberalen Bewegung zueigen machte. An dem Grundziel der bürgerlichen Bewegung hielt von Rochau trotz seines Bekenntnisses zu den Prinzipien der »Realpolitik« konsequent fest: an der Errichtung eines deutschen Nationalstaates. »Nur dasjenige Staatsleben ist gesund und der höchsten Blüte und Dauer fähig, welches vom Nationalgeist durchdrungen und getragen wird [...]. Wo der Staat sich von der Nationalität ablöst, da verläßt ihn der einheitliche innere Bildungstrieb, aus welchem alle seine Einrichtungen hervorwachsen sollen, da werden die organisch wirkenden Naturkräfte durch mechanische Notbehelfe verdrängt [...[.« Letzteres traf in mancher Hinsicht nur zu sehr auf den gouvernementalen Konservativismus zu, der an den Schaltstellen der Macht saß, ohne über eine wirklich gesicherte Basis in der Bevölkerung zu verfügen; selbst die konservativen Eliten waren nur bedingt bereit, sich mit der Politik der Regierung uneingeschränkt zu identifizieren.

Die Idee der nationalen Einheit der Deutschen wurde in erster Linie von den bürgerlichen Schichten getragen, und dabei spielte die bürgerliche Intelligenz die Rolle eines Stimmführers. Aber es wäre falsch zu übersehen, daß der Gedanke der nationalen Einigung aller Deutschen auch in den Unterschichten starken Anklang fand und sogar auf einen Teil der konservativen Eliten eine gewisse Anziehungskraft entfaltete. Hierbei kamen viele Faktoren ins Spiel, nicht zuletzt solche wirtschaftlicher Art. Das sich rasch entwickelnde industrielle System war naturgemäß an der Herstellung eines einheitlichen Binnenmarktes interessiert, und aus solcher Sicht erschien der einzelstaatliche Partikularismus den Bedürfnissen der Zeit nicht mehr länger angemessen. Aber die ideologische Sprengkraft der nationalen Idee reichte weit über den wirtschaftlichen Bereich hinaus; in gewisser Weise war sie ein Symbol des gestiegenen Selbstbewußtseins der bürgerlichen Schichten, ja eine Art Emanzipationsideologie, die sich gegen die traditionelle Vorrangstellung der aristokratischen Eliten richtete. Das Bürgertum sah sich als Bannerträger der Interessen der gesamten Nation, im Gegensatz zu den Partikularinteressen der aristokratischen Schichten, die nicht zögerten, ihre neugewonnene Machtstellung zur Förderung ihrer materiellen Interessen einzusetzen, unter anderem durch Abwendung der Besteuerung des Grundbesitzes. Doch auch außenpolitische Gesichtspunkte spielten dabei mit. Vor allem in den peripheren Regionen des Reiches bestand ein ausgesprochenes militärisches Schutzbedürfnis. Die bittere Niederlage in Sachen der Zukunft Schleswigs und Holsteins war nicht vergessen, und ebenso war man sich der Gefahr möglicher französischer Übergriffe am Rhein nur zu sehr bewußt. Im Hintergrund standen Träume auf eine Erneuerung der Hegemonialstellung der deutschen Nation in Mitteleuropa, die bereits in den Verhandlungen der Paulskirche über das Verhältnis Deutschlands zu seinen europäischen Nachbarn deutlich zutage getreten waren.

Fortschritte in der »deutschen Frage« konnten nur von einer der beiden deutschen Großmächte, Österreich oder Preußen, erwartet werden. Unter diesen Umständen entbrannte der alte Streit zwischen den Anhängern der »kleindeutschen« Lösung, die das Heil Deutschlands von einem fortschrittlichen Preußen erwarteten, und den Großdeutschen, die auf den Kaiserstaat Österreich setzten, aufs neue. Umgekehrt war für die beiden deutschen Großmächte die Versuchung groß, die nationale Bewegung in Deutschland vor den Wagen ihrer eigenen Außenpolitik zu spannen. Österreichs erklärtes Ziel war die Wiederherstellung seiner althergebrachten Vormachtstellung in Deutschland; es suchte dies in erster Linie mit Hilfe des Ausbaus des Deutschen Bundes zu erreichen. Dabei spielten nüchterne machtpolitische Gesichtspunkte eine große Rolle. Denn es wäre dann möglich gewesen, die Ressourcen der Staaten des Deutschen Bundes für die Förderung österreichischer Machtinteressen auch im übrigen Europa einzusetzen. Die Unterstützung, die Österreich auf dem Höhepunkt der Revolution vom zarischen Rußland erhalten hatte, zählte dabei als ein zusätzlicher Pluspunkt. Andererseits besaß Preußen in diesem Spiel die besseren Karten, weil es im

Unterschied zur Donau-Monarchie eine überwiegend deutsche Macht war und weil seine Interessen mit jenen des übrigen Deutschland in höherem Maße übereingingen als jene Österreichs.

Dennoch war das Spiel Anfang der fünfziger Jahre noch durchaus offen. Preußen hatte mit seinen zaghaften Versuchen der unmittelbaren nachrevolutionären Zeit, die deutsche Karte gleichsam hinter vorgehaltener Hand zu spielen, in Olmütz eine arge Niederlage erlitten. Es hatte sich erwiesen, daß die große Mehrheit der Regierungen der Mittelstaaten eine Hegemonialstellung der politisch überwiegend außerhalb Deutschlands engagierten Donau-Monarchie mit den eigenen partikularen Machtinteressen für eher vereinbar ansahen als eine Vormachtstellung Preußens in Deutschland. Der sächsische Ministerpräsident Friedrich Ferdinand von Beust spielte gar mit der Idee einer Trias-Lösung, nämlich des Zusammenschlusses der deutschen Mittelstaaten zu einer dritten Kraft in Deutschland, die dann neben den beiden Großmächten eine annähernd gleichgewichtige Rolle würde spielen können. Diese Bestrebungen begünstigten in erster Linie Österreich, das daran interessiert war, Preußen mit allen Mitteln in Schach zu halten. Am Ende zeigte sich, daß keine dieser alternativen Lösungen der »deutschen Frage«, weder die kleindeutsch-preußische noch die großdeutsch-österreichische, noch die Trias-Modelle der Mittelstaaten, eine Chance der Verwirklichung besaßen, in Deutschland nicht, und auch nicht angesichts der mächtepolitischen Konstellation in Europa. Das klägliche Scheitern der von Preußen halbherzig unterstützten Schleswig-Holstein-Politik der Paulskirche mit dem Londoner Protokoll von 1852, in dem die Gesamtstaatsverfassung der dänischen Monarchie festgeschrieben und von den Großmächten garantiert wurde, setzte allen diesbezüglichen Bestrebungen der preußischen Politik vorerst ein Ende. Die Regierung Manteuffel verlagerte das Gewicht ganz auf die innere Politik und die Bekämpfung der Residuen der Revolution und schwenkte auch auf dem Gebiet der auswärtigen Politik behutsam in konservativ-legitimistische Bahnen ein. Sie war um ein Arrangement mit Österreich als der konservativen Vormacht in Mitteleuropa bemüht und suchte im übrigen Anlehnung an das zarische Rußland.

Auch der zum Dank für die Olmütz-Rede wesentlich auf Betreiben der Kamarilla als preußischer Gesandter am wiederbelebten Bundestag 1851 nach Frankfurt entsandte Otto von Bismarck vertrat anfänglich diese politische Linie. Doch, einmal in Frankfurt angekommen, setzte Bismarck es sich sogleich zur Aufgabe, den Anspruch Österreichs, daß ihm im Deutschen Bund nicht nur die Rolle der Präsidialmacht, sondern auch der Vormacht in Deutschland zustehe, in Schranken zu verweisen. Bismarcks Hauptziel war es, die Gleichberechtigung Preußens als einer europäischen Großmacht beim Bund durchzusetzen, und er benutzte dafür in der Folge alle ihm verfügbaren Waffen, unbekümmert hinsichtlich der Frage, ob sie in das ideologische Konzept der Restauration paßten oder nicht. Aber bei Lage der Dinge hatte Österreich als Präsidialmacht am Bundestag die

Vorhand. Bismarck setzte seine große Energie und sein ganzes diplomatisches Geschick ein, um der österreichischen Politik, die auf eine Intensivierung der Aktivitäten des Deutschen Bundes abzielte, wo immer möglich entgegenzutreten. Er unterstellte der österreichischen Diplomatie ausschließlich die Absicht, den Deutschen Bund zu einem gefügigen Instrument der Politik des Kaiserstaates zu machen. Dabei geriet er, wie etwa anläßlich seines Widerstandes gegen ein umfassendes Bundes-Pressegesetz, das nach seiner Ansicht indirekt eine Ingerenz Österreichs in preußische Angelegenheiten zugelassen haben würde, wiederholt in die Nachbarschaft der liberalen Kritik an den reaktionären Machenschaften des Deutschen Bundes. Das focht ihn freilich nicht weiter an; für ihn war es ausgemacht, daß ein Ausbau des Systems des Deutschen Bundes, gleichviel in welcher Richtung, mit den Interessen Preußens nicht vereinbar sei.

Aus Bismarcks Sicht war Preußen eine europäische Macht, die gleichberechtigt neben Österreich stehe und rechtens die Rolle der Vormacht im norddeutschen Raum beanspruchen dürfe. Von einer deutschen Aufgabe Preußens, wie sie diesem von der liberalen öffentlichen Meinung zugeschrieben wurde, wenngleich nunmehr nur mit schwachen Hoffnungsschimmern, wollte er zu diesem Zeitpunkt noch nicht das Geringste wissen. Ebenso wies er jeden Gedanken daran zurück, daß die »deutsche Frage« durch eine Reform des Deutschen Bundes unter österreichischer Führung einer Lösung nähergebracht werden könne. Aus heutiger Sicht wird man erneut darüber nachdenken müssen, ob diese Politik, die jegliche Reform des Systems des Deutschen Bundes konsequent abblockte, durchaus nicht immer mit sonderlich überzeugenden Argumenten, nicht in die falsche Richtung wies. Denn dadurch wurden die Weichen für die spätere Entwicklung gestellt, die auf eine zunehmende Auseinanderentwicklung der beiden deutschen Großmächte hinauslief und damit die »deutsche Frage« zugunsten einer kleindeutschen Lösung präjudizierte.

Der preußische Ministerpräsident von Manteuffel unterstützte Bismarcks entschieden antiösterreichische Strategie nur mit halbem Herzen. Aber Bismarck war sich der Unterstützung der Kamarilla, die über hervorragende Beziehungen zum Hofe verfügte, sicher und konnte es riskieren, in Frankfurt eine abweichende Linie zu vertreten. Tatsächlich war Manteuffel für eine derart ehrgeizige, unverhüllt preußische Machtpolitik vorderhand nicht zu erwärmen, um so weniger, als sich damit keine Popularität im übrigen Deutschland erwerben ließ. Die außenpolitischen Entwicklungen sollten jedoch dieser zunächst zweitrangigen Differenz über die preußische Politik gegenüber Österreich schon bald größtes Gewicht verleihen. Mit der Erhebung Napoleons III. zum Kaiser der Franzosen 1852 trat Frankreich auf dem Parkett der internationalen Diplomatie überraschend mit einer ambitiösen, unruhigen Außenpolitik hervor, die die Unterstützung der nationalen Emanzipationsbewegung in Europa auf ihre Fahnen schrieb. Dies lief auf eine Herausforderung an die konservativen Ostmächte hinaus.

Napoleon III. hatte schon seit 1850 den Anspruch erhoben, daß Frankreich ein Schutzrecht über die Heiligen Stätten der Christenheit im Osmanischen Reich zustehe. Dadurch sah sich Rußland herausgefordert, von der Pforte zu verlangen, daß sein völkerrechtlich weit besser abgesichertes traditionelles Schutzrecht über die Christen im Osmanischen Reich in aller Form bestätigt würde. Die Pforte betrachtete es ihrerseits angesichts der Uneinigkeit der Großmächte als eine günstige Gelegenheit, diese Frage in ihrem Sinne zu entscheiden und damit eine irritierende Einbruchstelle fremden Einflusses zu schließen. Demgemäß zeigte sie der russischen Diplomatie wiederholt die kalte Schulter. Wegen der fortgesetzten Unnachgiebigkeit der Osmanen, denen durch den englischen Gesandten in Konstantinopel insgeheim der Rücken gestärkt wurde, besetzte Rußland im Juli 1853 die Donau-Fürstentümer. Dieser unzweifelhaft aggressive Akt, der keinesfalls als eine angemessene Reaktion auf das türkische Verhalten hingenommen werden konnte, löste eine schwere internationale Krise aus. Sowohl Frankreich als auch Großbritannien sahen hinter dem russischen Vorstoß die Absicht, den Einfluß des Zarenreiches auf das Osmanische Reich zu einer hegemonialen Vorrangstellung auszubauen, unter Verletzung der internationalen Vereinbarungen über die sogenannte orientalische Frage, und entschlossen sich, ihm mit Entschiedenheit entgegenzutreten.

Österreich hatte allen Anlaß, den nun drohenden Krieg zwischen Rußland und der Türkei, die mit der Unterstützung der Westmächte rechnen durfte, nach Möglichkeit zu verhindern; nicht zuletzt verdankte es seine Erhaltung als Großmacht der russischen Intervention im Dezember 1848. Der Ballhausplatz entfaltete deshalb große diplomatische Aktivität, um einen allgemeinen europäischen Krieg, der für Österreich nur Nachteile bringen konnte, zu vermeiden. In diesem Stadium ließ sich die preußische Politik von Österreich willentlich mitziehen. Preußen beteiligte sich sogar an einem Ultimatum der Mächte an Rußland, die Donau-Fürstentümer wieder zu räumen, bei gleichzeitigem Druck auf die Pforte, den Russen die erwünschten Garantien zu geben. Doch am Ende scheiterten alle Bemühungen, zwischen Rußland und der Türkei auf diplomatischem Weg zu vermitteln. Ein maritimer Schlagabtausch zwischen der Türkei und Rußland im Schwarzen Meer weitete sich in einen großen europäischen Krieg zwischen Rußland und Frankreich und Großbritannien aus, die auf seiten der Türkei in den Konflikt eintraten. Österreich war zwar einerseits geneigt, sich weiterhin zurückzuhalten, aber andererseits über die Aspirationen Rußlands auf dem Balkan besorgt. Davon abgesehen erblickte Graf Buol, der Leiter der österreichischen Außenpolitik, in einem Eingreifen in den Konflikt auf seiten der Westmächte eine Chance, sich von der bisher bestehenden Abhängigkeit vom zarischen Rußland zu befreien. Dies aber erschien ohne die Rückendeckung Preußens und des Deutschen Bundes schwerlich vertretbar. Demgemäß verlangte die österreichische Diplomatie Ende März 1854 die Zusicherung der militärischen Gefolgschaft des

Deutschen Bundes, einschließlich Preußens für den Fall einer Ausweitung des Krieges auf die Donaumonarchie.

Damit geriet Preußen in eine höchst schwierige Lage. Sollte es als deutsche Macht die geforderte Waffenbrüderschaft mit Österreich gewähren und damit ein indirektes Bündnis mit Napoleon III., der »Inkarnation der Revolution«, wie Leopold von Gerlach sich ausdrückte, eingehen? Oder sollte es sich für Rußland entscheiden, getreu den Grundsätzen der monarchischen Legitimität? Letzteres hätte zur Folge haben können, daß Frankreich den Bundesgenossen Rußlands am Rhein angreifen würde. Die Meinungen waren gespalten. Die hochkonservative Richtung vertrat verständlicherweise einen entschiedenen pro-russischen Kurs; sie wollte es unter allen Umständen vermeiden, daß Preußen, wenn auch nur indirekt, mit Rußland aneinandergeriet. Die »Wochenblattpartei« des gemäßigten Konservatismus – die preußischen Whigs sozusagen – und der Thronfolger neigten hingegen dazu, die Gelegenheit zu nutzen, um Rußland als dem eigentlich Schuldigen an der preußischen Demütigung in Olmütz eine Lektion zu erteilen. Unter dem Druck der widerstrebenden Tendenzen entschied sich Manteuffel im April 1854 für einen Kompromiß, nämlich den Abschluß eines Schutz- und Trutzbündnisses mit Österreich, das für die Dauer des Krieges die beiderseitigen Territorien garantierte. Dies konnte mit dem Grundsatz der Neutralität Preußens gerade noch als vereinbar ausgegeben werden, da Österreich weiterhin versuchte, durch massiven Druck auf Rußland eine diplomatische Lösung des Konflikts zu erreichen, bei gleichzeitiger Einwirkung auf die Pforte. Doch scheiterten die diesbezüglichen Bemühungen Österreichs, in Zusammenarbeit mit den Westmächten und unter halbherziger Rückendeckung Preußens Rußland zum Rückzug zu bewegen. Vielmehr nahmen die militärischen Operationen ihren Fortgang. Daraufhin schloß Österreich am 2. Dezember 1854 ein Bündnis mit England und Frankreich ab – das sogenannte Dezemberbündnis – und trat endgültig auf die Seite der Westmächte, auch wenn es weiterhin davon Abstand nahm, aktiv in die militärischen Operationen einzugreifen. Damit war in Berlin guter Rat teuer geworden.

Bismarck, zu diesem Zeitpunkt noch vergleichsweise weit vom Zentrum der politischen Entscheidungen entfernt, war ein scharfer Gegner dieser aus seiner Sicht schwächlichen Politik, die sich gänzlich im Schlepptau Österreichs bewegte. Er distanzierte sich sowohl von der pro-westlichen Richtung, die insbesondere Albert von Pourtalès und Christian Karl von Bunsen verfochten, als auch von dem prinzipientreuen Legitimismus der Kamarilla. Er plädierte für eine energisch anti-österreichische Politik, sei es im Bund mit Rußland oder auch mit Frankreich, und dies ohne jede Rücksichtnahme darauf, was man in Deutschland darüber sage. Er wollte nichts von der populären Auffassung wissen, der zufolge Preußen und die Mittelstaaten als deutsche Mächte Österreich die Bruderhand zu reichen hätten. »Wir müssen uns weder in eignen noch durch fremde Phrasen über ›Deutsche

Politik‹ fangen lassen, die gelten doch nur gegen, niemals für uns, sondern dreist eine spezifisch Preußische Politik affichiren«, schrieb er am 19. Dezember 1853 an Leopold von Gerlach. Für Bismarck war es schon damals ausgemacht, daß es nicht Preußens Sache sein könne, sich für österreichische imperialistische Ziele im Orient zu engagieren. Sein Eintreten für einen eigenständigen Kurs Preußens war immerhin ein Moment unter anderen, das Manteuffel am Ende dazu bestimmte, auch nach dem Kriegseintritt Österreichs auf seiten der Westmächte an der Neutralität Preußens festzuhalten.

Der Krim-Krieg entwickelte sich zu einem langen, außerordentlich blutigen Kampfgeschehen, in dem vor allem Großbritannien seine den russischen Kräften weit überlegene Flotte einsetzte, um Rußland zu treffen, wo immer dies möglich war, vom Schwarzen Meer bis zum Finnischen Meerbusen. Darüber hinaus entbrannten auf der Krim bittere Kämpfe um die Festung Sewastopol, ohne daß vorderhand eine militärische Entscheidung erreichbar zu sein schien. Die österreichische Politik steuerte weiterhin einen Kurs zwischen den beiden Lagern, der, aus einer Position der Stärke heraus, auf die Vermittlung eines Friedens abzielte. Zu diesem Zweck beantragte Österreich am 22. Januar 1855 die Mobilisierung der halben Bundeskontingente – eine Forderung, die Preußen in arge Verlegenheit versetzte. Sollte man Österreich, obschon es die Präsidialmacht des Bundes war, die geforderte Unterstützung versagen und auf diese Weise die Bedeutungslosigkeit des Deutschen Bundes in der europäischen Politik demonstrieren? Oder sollte man sich dieser Politik entgegenstellen und einen Konflikt mit Frankreich riskieren? Bei Lage der Dinge blieb nur ein fauler Kompromiß, nämlich die Umfunktionierung des Schutz- und Trutzbündnisses, das auch die Mitglieder des Deutschen Bundes einbezog, in eine Art von bewaffneter Neutralität, sehr zum Mißbehagen der österreichischen Diplomatie.

In der Folge unternahm die österreichische Regierung immer wieder Versuche, Preußen und die übrigen deutschen Bundesstaaten für eine aktive Unterstützung ihrer Orient-Politik zu gewinnen, die darauf hinauslief, ungeachtet prinzipieller Parteinahme für die Westmächte, einen Friedensschluß auszuhandeln, der für Rußland akzeptabel sein würde. Doch gelang es ihr trotz massiven Drucks nicht, eine Änderung der preußischen Haltung zu erreichen. Unter dem Zwang der Lage war die österreichische Diplomatie nunmehr bereit, Preußen für den Fall der Unterstützung seiner europäischen Interessen eine gleichberechtigte Stellung am Bund zuzugestehen. Durchaus aufrichtig plädierte Graf Buol für ein »vollkommenes Einverständnis zwischen Österreich und Preußen, möge es sich nun um Fragen von europäischer Bedeutung oder um rein deutsche Angelegenheiten handeln«, und ebenso für »die Herstellung [...] eines einträchtigen Zusammengehens der beiden deutschen Großstaaten im Schoße der Bundesversammlung«. Doch die preußische Politik zeigte nicht zuletzt infolge der unnachgiebigen Haltung ihres Gesandten am Bundestag in Frankfurt, Otto von Bismarcks, diesem österreichischen Anerbieten im wesentlichen die kalte Schulter. Preußen behielt bis zum Ende des Krim-Krieges seine Zwitterstellung bei, obschon es sich dadurch jeder Chance beraubte, selbst aktiv auf den Gang der Dinge Einfluß zu nehmen.

Im Februar 1856 gelang es dann endlich, den Krim-Krieg nach drei Jahren ungewöhnlich verlustreicher Kämpfe zu einem Ende zu bringen. Der Pariser Vertrag vom 30. März 1856 bedeutete einen nachhaltigen Rückschlag für die Bestrebungen Rußlands, die eigene Position auf dem Balkan schrittweise weiter auszubauen. Er stellte eine schwere Demütigung des Zarenreiches dar, die die russische Diplomatie in erster Linie der feindseligen Haltung Österreichs zuschrieb. Österreich und Rußland waren tief entfremdet; die Allianz der konservativen Interessen war zerbrochen. Preußen befand sich in einer zwiespältigen Position. Seine Schaukelpolitik hatte zunehmende Irritationen in St. Petersburg ausgelöst, aber ebenso wenig hatte sich Preußen in Frankreich oder Großbritannien Freunde gemacht. Seine Stellung als Großmacht im europäischen Mächtesystem hatte gelitten. Zwar hatte sich während des Krim-Krieges gezeigt, daß die Interessen der deutschen Mittelstaaten eher mit jenen Preußens als mit jenen Österreichs harmonierten, doch sie neigten gleichwohl dazu, die Bestrebungen der österreichischen Diplomatie zu unterstützen und durch eine behutsame Reform des Systems des Deutschen Bundes die Kritik der liberalen öffentlichen Meinung an den bestehenden verfassungspolitischen Zuständen in Deutschland zu besänftigen.

Noch vor dem Abschluß des Pariser Friedens war der österreichische Staatskanzler Buol mit dem Vorschlag hervorgetreten, erneut in Verhandlungen über eine Reform des Deutschen Bundes einzutreten, um »eine befriedigende Regelung der deutschen Verfassungszustände« zu erreichen. Der Deutsche Bund solle wieder zu einem effektiven »Organe des Gesammtwillens« aller deutschen Staaten werden: »Nur durch das föderative Prinzip besteht Deutschland als Gesammtmacht, und die ganze Handlungsweise der beiden Mächte sollte darauf berechnet sein, das Vertrauen der deutschen Regierungen in die Haltbarkeit dieses Princips, wo es wankend geworden wäre, wieder zu befestigen.« Diese Vorschläge fanden jedoch in Berlin keinerlei Gegenliebe. Vielmehr setzte Bismarck in Frankfurt weiterhin alles daran, jegliche Kompetenzerweiterungen des Bundes zu verhindern, gleichviel ob es sich um die Zensurierung der Presse, um den Ausbau der Bundesfestungen oder was auch immer sonst handelte. Doch die Mittelstaaten brachten immer weniger Verständnis für die Intransigenz Preußens und seines streitbaren, um diplomatische Finten nicht verlegenen Bundestagsgesandten auf. Als Bayern im Frühjahr 1856 einen Antrag am Bundestag einbrachte, ein gemeinsames Handelsgesetzbuch für alle deutschen Bundesstaaten zu schaffen, um für eines der dringendsten, von der liberalen Öffentlichkeit immer wieder angemahnten Gravamina Abhilfe zu schaffen und eine Vereinheitlichung des Rechtssystems der deutschen Staatenwelt auf wirtschaftlichem Gebiet herbeizuführen, sah sich

Feierliche Eröffnung der Abteilung des Deutschen Zollvereins auf der Londoner Industrieausstellung 1851 durch Königin Viktoria. Kolorierte Lithographie nach einer Vorlage von Eugène Louis Lami. München, Deutsches Museum

Die Beendigung des Krim-Krieges: der Pariser Friede vom 30. März 1856 zwischen Frankreich, Großbritannien, Rußland, Sardinien, der Türkei und Österreich. Schlußseiten des Unterhändlerinstruments mit den Unterschriften der Bevollmächtigten für Österreich, Frankreich und Großbritannien. Wien, Haus-, Hof- und Staatsarchiv

selbst Bismarck nicht mehr in der Lage, dieser Forderung direkt entgegenzutreten. Statt dessen sah sich die preußische Politik zu einer Strategie des Finassierens gezwungen, um in dieser Frage dennoch die Führung zu behaupten. Im Januar 1857 trat erstmals eine gemeinsame Kommission des Deutschen Bundes zusammen, um ein gemeinsames Handelsgesetzbuch auszuarbeiten. Obschon Bismarck in der Folge ein unmittelbares Gesetzgebungsrecht des Deutschen Bundes auf diesem Gebiet bestritt und somit der rechtliche Status dieser Kommission ungeklärt blieb, zeigte sich, daß der Deutsche Bund durchaus eine Grundlage für eine Fortentwicklung der gesellschaftlichen Verhältnisse im Sinne eines größeren Maßes nationaler Einheit hätte abgeben können. Bismarcks leidenschaftlicher Widerstand gegen diese Politik führte binnen weniger Jahre zu einer weitgehenden Isolierung Preußens am Bundestag und ließ bei ihm selbst den Gedanken reifen, eine grundsätzliche Kursänderung in der »deutschen Frage« vorzunehmen, nämlich eine Machterweiterung Preußens in Deutschland, nunmehr unter weitgehender Ausschaltung Österreichs, in Anlehnung an die liberale öffentliche Meinung und im offenen Bruch mit dem System des Deutschen Bundes herbeizuführen.

Bismarck hat diese neuen, in mancher Hinsicht revolutionären Ideen erstmals Ende März 1858 systematisch in einer privaten Denkschrift für den preußischen Thronfolger dargelegt, dessen Sympathien für einen liberaleren Kurs der preußischen Politik, in Anlehnung an englische Vorbilder, bekannt waren. In dieser Denkschrift mit dem bescheidenen Titel »Einige Bemerkungen über Preußens Stellung am Bunde« hob Bismarck hervor, daß Preußen von einer Politik der schrittweisen Erweiterung der Kompetenzen des Bundes nichts, aber auch gar nichts zu erwarten habe, da dieser ein Instrument der österreichischen Hegemonie in Deutschland sei und bleibe. »In diesem System ist aber für Preußen, so lange es nicht auf die Eigenschaft einer europäischen Macht verzichten will, kein Platz. Ein Großstaat, welcher seine innere und auswärtige Politik auf der Grundlage seiner eigenen Kräfte selbständig führen kann und will, darf zu einer strafferen Zentralisation des Bundesverhältnisses nur in dem Maße die Hand bieten, als er die Leitung der Bundeskörperschaft zu gewinnen und gemeinsame Beschlüsse, die seiner eigenen Politik entsprechen, herbeizuführen vermag. Es ist also natürlich, daß Österreich sowohl wie Preußen gleichzeitig nach einer solchen Stellung im Bunde streben. Dieselbe ist aber nur für Einen von ihnen möglich [...].« Der einzig gangbare Weg für Preußen bestehe darin, »seine deutschen Gesinnungen unabhängig von der Bundesversammlung zu betätigen«. Man dürfe sich von den Versuchen der österreichischen Diplomatie, das Streben nach einer Machterweiterung des Deutschen Bundes als »deutsche« Politik auszugeben, nicht blenden lassen: »Die preußischen Interessen fallen mit denen der meisten Bundesländer, außer Österreich, vollständig zusammen, aber nicht mit denen der Bundesregierungen, und es gibt nichts Deutscheres, als gerade die Entwicklung richtig verstandener preußischer Partikularinteressen.«

Bismarck plädierte also für eine Politik der Machterweiterung Preußens, unabhängig von, ja gegen Österreich und die deutschen Mittelstaaten, soweit diese der Donau-Monarchie hörig seien, in Übereinstimmung mit der dem System des Deutschen Bundes äußerst kritisch gegenüberstehenden öffentlichen Meinung, genauer besehen dem liberalen Bürgertum kleindeutscher Ausrichtung. Um deren Unterstützung für eine selbständige Politik Preußens als einer europäischen Macht außerhalb des Deutschen Bundes zu gewinnen, zögerte Bismarck nicht, der preußischen Regierung eine maßvolle Liberalisierung im Innern, insbesondere ein gewisses Maß an Entgegenkommen gegenüber dem preußischen Abgeordnetenhaus zu empfehlen. Welche Töne aus dem Munde eines Zöglings und Musterschülers der hochkonservativen Kamarilla! Bismarck war freilich um Argumente nicht verlegen, um eine solche Politik als ungefährlich erscheinen zu lassen: »Die Sicherheit, daß Seine Majestät der König von Preußen auch dann noch Herr im Lande bleibe, wenn das gesamte stehende Heer aus demselben herausgezogen würde, teilt kein anderer kontinentaler Staat und namentlich kein deutscher mit Preußen; auf ihr aber beruht die Möglichkeit, einer den Anforderungen der heutigen Zeit zusagenden Entwicklung des öffentlichen Lebens näher zu treten, als es andere Staaten können. Der Grad von freier Bewegung, welcher zulässig ist, ohne die Autorität der Regierung zu beeinträchtigen, ist in Preußen ein viel höherer als im übrigen Deutschland. Preußen vermag seiner Landesvertretung und seiner Presse ohne Gefahr auch in betreff rein politischer Fragen einen freiern Spielraum zu gewähren als bisher. Es hat vor 1848 unter einer fast unumschränkten Regierung sich das Ansehen der intellektuellen Spitze von Deutschland zu erringen und zu erhalten gewußt, und würde auch jetzt, unabhängig von seiner inneren Verfassung, dasselbe vermögen.«

War dies alles nurmehr eine Anbiederung an den Thronfolger, der im Begriff stand, den unheilbar geisteskranken Friedrich Wilhelm IV. abzulösen, einen Mann, von dem bekannt war, daß er der hochkonservativen Richtung entschieden ablehnend gegenüberstand und über die »Schmach von Olmütz« schäumte? Gewiß dürften taktische Erwägungen dieser Art eine Rolle gespielt haben. Aber in Umrissen skizzierte Bismarck hier eine politische Strategie, die er wenige Jahre später als preußischer Ministerpräsident in die Wirklichkeit umsetzen sollte, nämlich konservative Machtpolitik in einem partiellen Bündnis mit der liberalen Bewegung. Deren Bereitschaft, sich mit den etablierten Gewalten zu arrangieren, sofern in der »deutschen Frage« Fortschritte erzielt würden, schätzte er bereits damals bemerkenswert richtig ein. »Die Königliche Gewalt«, so meinte er, »ruht in Preußen auf so sicheren Grundlagen, daß die Regierung sich ohne Gefahr durch eine belebtere Tätigkeit der Landesvertretung sehr wirksame Mittel der Aktion auf die deutschen Verhältnisse schaffen kann.« Sollte sich Preußen also gleichsam an die Spitze der liberalen Bestrebungen auf Schaffung eines deutschen Nationalstaates unter preußischer Führung setzen? So weit wollte Bismarck unter den obwaltenden Umständen noch nicht gehen, obschon er die Möglichkeiten und Chancen klar erkannte, die eine solche Politik in sich barg. Wohl aber empfahl er für den Augenblick eine begrenzte Strategie der Förderung der Vorrangstellung Preußens in Deutschland mit indirekten Mitteln, nämlich der Schaffung beziehungsweise Entwicklung eines Systems von formal »freien, auf Kündigung geschlossenen Vereinen«, Zusammenschlüssen auf wirtschaftlichem Gebiet, um den Bestrebungen Österreichs und der ihm hörigen süddeutschen Staaten, namentlich Bayerns und Sachsens, einen Riegel vorzuschieben, dergleichen unter der Ägide des Deutschen Bundes ins Werk zu setzen, zum Beispiel die Ausarbeitung eines gemeinsamen Handelsgesetzbuches für die deutschen Staaten.

Die unmittelbare Wirkung dieser Denkschrift war gering; sie konnte nicht verhindern, daß Bismarck 1859 bei Beginn der »Neuen Ära« als Bundestagsgesandter abgelöst und mit der Berufung zum preußischen Botschafter in St. Petersburg einstweilen ins politische Abseits befördert wurde. Aber die von ihm anempfohlene Strategie, die moralische Kraft der deutschen Nationalbewegung für die preußische Politik zu mobilisieren und Österreichs Strategie, den Deutschen Bund zu gesamtdeutscher Gesetzgebung auf wirtschaftlichem Gebiet zu veranlassen und auf diese Weise die Forderungen des liberalen Wirtschaftsbürgertums zu befriedigen, mit entsprechenden Maßnahmen zu konterkarieren, wurde von der amtlichen Politik Preußens in der Folgezeit durchaus befolgt. Dies galt insbesondere für die Zoll- und Wirtschaftspolitik.

Auf dem Gebiet der Wirtschaftspolitik bestand die Möglichkeit, die informelle Hegemonialstellung, die Österreich innerhalb des Deutschen Bundes innegehabt hatte, mit indirekten Mitteln zu unterlaufen. Angesichts der Bedeutung, welche die aufsteigenden wirtschaftsbürgerlichen Schichten diesen Fragen in einer Periode raschen Wirtschaftswachstums zumaßen, bot sich die Wirtschafts- und Zollpolitik als ein Instrument zur Verfolgung allgemeinpolitischer Interessen unmittelbar an, vor allem für die Durchsetzung der preußischen Vormachtstellung in Deutschland. Denn die Buntscheckigkeit der wirtschaftlichen und zollpolitischen Regeln in den Staaten des Deutschen Bundes war in einem sich rasch verdichtenden mitteleuropäischen Markt für die Entfaltung des industriellen Systems äußerst nachteilig. Preußen hatte bei der Anbahnung eines einheitlichen Wirtschaftsraums immer schon den Vorreiter gespielt. Wesentlich auf preußische Initiative war es 1834 zur Gründung eines Zollvereins gekommen, dem ursprünglich achtzehn Bundesstaaten angehörten; ihm traten dann immer mehr Staaten bei. 1854 wurde eine Erneuerung des Deutschen Zollvereins auf weitere zwölf Jahre beschlossen. Zu diesem Zeitpunkt standen nur noch die Hansestädte Hamburg, Lübeck und Bremen sowie das wirtschaftlich vergleichsweise rückständige Mecklenburg-Strelitz abseits. Der Zollverein war jedoch ein höchst schwerfälliges Gebilde; seine Exekutive bildete eine Generalkonferenz von Regierungsbevollmächtigten der beteiligten Bundesstaaten. Für jede Veränderung des Systems war

Einstimmigkeit erforderlich. Dies bedeutete faktisch, daß ohne Preußen im Zoll-verein überhaupt nichts lief; nur Preußen konnte dank seines wirtschaftlichen, territorialen und allgemeinpolitischen Übergewichts effektive Beschlüsse zustande bringen. Dennoch war der Zollverein ermächtigt, vertreten durch die Generalkonferenz der Regierungsbevollmächtigten – de facto wurden die Geschäfte durch das preußische Außenministerium besorgt – Handelsverträge auch mit dritten Staaten abzuschließen.

Nach dem Ende der Revolution von 1848/49 hatte zunächst Österreich die Karte einer deutschen Zollunion gespielt, um seinen politischen Einfluß in Deutschland im Aufwind der nachrevolutionären Ära mit wirtschaftspolitischen Mitteln zu festigen. Der österreichische Handelsminister Karl Ludwig Freiherr von Bruck hatte die Idee eines mitteleuropäischen Wirtschaftsverbandes, der sich bis zur Adria erstrecken sollte, in die Debatte geworfen, nicht zuletzt, um die deutsche Staatenwelt von den verderblichen liberalistischen Einflüssen aus West-europa abzuschirmen. Diese Pläne waren nicht eben bescheiden: Der Handels-bund solle, wie das österreichische Handelsministerium in einer Denkschrift vom Mai 1850 argumentierte, »nicht bloß die Elbe, Weser, Ems, Oder ungetheilt und ganz sein nennen, er wird auch die Adria, wie die Nord- und Ostsee umschlingen; und das moralische Gewicht eines siebzig Millionen umfassenden Bündnisses [...] wird bald das übrige erringen, was ihm zur Erfüllung seiner weltpolitischen Aufgabe noch fehlt«. Dieser Vorschlag spekulierte deutlich auf die Sympathien der großdeutschen Partei, ohne den staatlichen Bestand Österreichs aufs Spiel zu setzen. Die österreichische Regierung erhob dieses Zollunionsprojekt förmlich zu einem Bestandteil der von ihr angestrebten Erneuerung des Deutschen Bundes und gab damit dieser Konzeption einen modernen Anstrich.

Das kam einer nicht unerheblichen Bedrohung des Großmachtstatus Preußens gleich; zumindest hätte die Annahme dieses Vorschlags das Ende der informellen Vormachtstellung Preußens innerhalb des Zollvereins zur Folge gehabt. Im Laufe des Jahres 1852 richtete Wien entsprechende Offerten an die deutschen Mittel-staaten. Die Regierung Manteuffel entschloß sich zu einer förmlichen Gegenof-fensive, nämlich der Kündigung des Zollvereinsvertrages zum Zeitpunkt der für 1854 anstehenden Verlängerung. Auf diese Weise sollten die Mittelstaaten gezwungen werden, zwischen dem österreichischen Zollunionsprojekt und dem Zollverein zu wählen. Angesichts ihres wirtschaftlichen Interesses an einem Zoll-verband, der auch das nördliche Deutschland einschloß, schien deren Reaktion außer Zweifel zu stehen. Am Ende kam es zu einem politischen Patt. Der Zoll- und Handelsvertrag des Zollvereins mit Österreich vom 19. Februar 1853 zementierte vorerst den bestehenden Zustand, nämlich die Existenz eines engeren Zollverban-des der kleindeutschen Staatenwelt und eines weiteren Zollverbundes, der Öster-reich einen Sonderstatus einräumte: freien Zugang zu den Märkten des Zollver-eins bei Aufrechterhaltung eigener Außenzölle. Freilich gab Österreich seine

Absicht, dem Zollverein zu einem möglichst baldigen Zeitpunkt seinerseits beizutreten, um die Hegemonialstellung Preußens auf wirtschaftspolitischem Gebiet auszuhebeln, damit noch keineswegs auf. Im Gegenteil, es wurde ausdrücklich festgelegt, daß spätestens ab 1860 »Kommissarien der kontrahierenden Staaten« zusammentreten sollten, um über die »Zolleinigung« – das heißt den Beitritt Österreichs – zum Zollverein zu verhandeln. Allein mit dieser Maßgabe gelang es 1854, eine neuerliche Verlängerung des Zollvereins um weitere zwölf Jahre zu erreichen. Vor allem der Beitritt Hannovers und Oldenburgs, die beide im Lager Österreichs standen, hatte nur um den Preis dieses Zugeständnisses erreicht werden können.

Die preußische Regierung war jedoch entschlossen, einen Beitritt Österreichs zum Zollverband unter allen Umständen zu hintertreiben. Der Weg, dies zu erreichen, bot sich im Übergang zum Freihandel. Das System des Freihandels entsprach durchaus den Interessen der sich rapide entfaltenden Wirtschaft Preußen-Deutschlands. Auch die preußische Großgüterwirtschaft, die zu diesem Zeitpunkt noch in erheblichem Umfang Getreide nach England und anderen europäischen Staaten exportierte, war überwiegend freihändlerisch eingestellt. Die Donau-Monarchie hingegen war angesichts ihrer relativ rückständigen industriellen Entwicklung keinesfalls an einer uneingeschränkten Öffnung ihrer Binnenmärkte interessiert. Die österreichische Industrie stand der Idee eines Beitritts zum Zollverein ohnehin skeptisch gegenüber; von einem Übergang des um Österreich erweiterten Zollvereins zu einer Politik des Freihandels wollte sie schon gar nichts hören. Offensichtlich unter dem Primat staatspolitischer Erwägungen beschloß die Regierung Manteuffel, eben diese Karte zu spielen. Friedrich Wilhelm IV. gab persönlich die Devise aus, daß Österreich der Beitritt zum Zollverein unmöglich gemacht werden solle, indem man diesen im Sinne des Freihandelssystems umgestalte: »Es handelt sich jetzt nicht mehr allein um staatswirtschaftliche und finanzielle Interessen, sondern um die politische Stellung Preußens [...] ich erkläre es daher für eine politische Notwendigkeit, unverzüglich mit einer solchen Ermäßigung des Zollvereinstarifs vorzugehen, daß Österreich sobald nicht nachfolgen kann.«

Die Entscheidung zugunsten einer Politik des Freihandels, die sich von den merkantilistischen Traditionen des preußischen Staates konsequent abwandte, war primär politisch motiviert. Aber sie entsprach zugleich den Interessen der Wirtschaft und deckte sich weitgehend mit der Auffassung der bürgerlichen öffentlichen Meinung, die der Idee des freien wirtschaftlichen Austausches mit den europäischen Nachbarländern angesichts der Leistungsfähigkeit der deutschen Industrie mit einigem Vertrauen entgegensah. Im September 1858 wurde in Gotha der Kongreß deutscher Volkswirte gegründet, der bald zu einem effektiven Propagandaforum zugunsten des Freihandels wurde. Namentlich John Prince-Smith, ein dezidierter Anhänger der Lehren Adam Smiths, verkündete die neue

Heilslehre uneingeschränkten Freihandels und der Freisetzung wirtschaftlicher Dynamik von staatlicher Bevormundung mit großer Überzeugungskraft. Nur durch eine Auflösung des Zollvereins und seiner Wiederbegründung auf freihändlerischer Grundlage sei ein Ausweg aus der verworrenen Situation zu finden, in der sich die deutsche Handelspolitik befinde.

Die Idee des Freihandels half dem bürgerlichen Liberalismus wieder auf die Beine. Hier bot sich ein Thema an, das die Möglichkeit für eine politische Profilierung der Liberalen schaffen konnte, ohne daß die Staatsautorität direkt herausgefordert wurde und somit die Gefahr bestand, ein Opfer der politischen Zensur zu werden; ihm ließen sich die anderen großen Fragen der Zeit, zumal die Forderung der deutschen Einheit, mühelos zuordnen. Im Jahr 1861 wurde als ein weiteres Forum für die Artikulierung der handelspolitischen Interessen des Bürgertums der Deutsche Handelstag gegründet. Obschon dieser der Form nach eine rein wirtschaftliche Vereinigung war, ermöglichte er eine höchst effektive Agitation nicht nur zugunsten wirtschaftlicher, sondern auch politischer Reformen.

Auf solche Weise wurde Preußen in eine Art Partnerschaft mit der liberalen Bewegung hineingezogen, obschon dies ursprünglich gar nicht im Sinne des gouvernementalen Konservatismus der Regierung Manteuffel gelegen hatte. Bismarck hingegen hatte bereits in seiner Denkschrift vom März 1858 für den Kronprinzen darauf hingewiesen, daß sich für den Fall einer Intensivierung der wirtschaftlichen und finanzpolitischen Vereinbarungen mit den Mittelstaaten günstige Chancen für Preußen boten, Österreich politisch auszumanövrieren. Die österreichische Regierung blieb jedoch nicht untätig. Sie versuchte im Herbst 1858 durch den Beitritt zum Zollverein die Wende zum Freihandel in letzter Minute zu verhindern. Aber diese Bemühungen standen von Anfang an unter einem ungünstigen Stern. Die österreichische Industrie, die noch unter den Auswirkungen der Weltwirtschaftskrise von 1857 litt, wollte von einem Übergang zu einer Freihandelspolitik nach wie vor nichts wissen. Sie verstand es, den Handlungsspielraum der österreichischen Delegation so einzuengen, daß es den preußischen Unterhändlern, Rudolph Delbrück und August Freiherr von der Heydt, in den entscheidenden Verhandlungen wenn auch mit einiger Mühe gelang, ungeachtet der österreichfreundlichen Einstellung der süddeutschen Staaten das Beitrittsersuchen Wiens abzuwehren.

Damit hatte Preußen alle Karten in der Hand. Begünstigt durch die Veränderrungen der politischen Gesamtsituation in Folge des österreichisch-italienischen Krieges von 1859 wandte es sich endgültig von zollpolitischen Verhandlungen im Rahmen des Deutschen Bundes ab und verfolgte sie nunmehr allein im Rahmen des Zollvereins, unterstützt von der öffentlichen Meinung, die für das Prinzip des Freihandels gewonnen worden war. Als dann Napoleon III. 1860 nach dem Abschluß des Cobden-Vertrages mit England, der ersten zwischenstaatlichen Vereinbarung auf der Grundlage der unbeschränkten Öffnung der Grenzen für

den beiderseitigen Handel, Preußen anbot, einen gleichartigen Vertrag abzuschließen, griff die preußische Regierung bereitwillig zu. Am 29. März 1862
schloß Preußen einen Vertrag mit Frankreich, der für beide Partner Freihandel
und das Prinzip der Meistbegünstigung vorsah. Dies schloß eine Sonderbehand-
lung Österreichs fortan aus. Nach und nach traten dann die übrigen Zollvereins-
staaten diesem Vertrag ebenfalls bei. Das bedeutete die wirtschaftspolitische
Auskreisung Österreichs aus Deutschland – eine Entscheidung, die auf wirtschaftspolitischem Gebiet die Entwicklung nach 1866 bereits vorwegnahm.

Die »Neue Ära« in Preußen und das Wiedererwachen der politischen Bewegungen

Am 7. Oktober 1858 übernahm der Thronfolger Wilhelm I. anstelle des geisteskranken Friedrich Wilhelm IV. die Regentschaft in Preußen. Dieser Tag war vom
bürgerlichen Liberalismus in Preußen mit einiger Sehnsucht erwartet worden;
umgekehrt befürchteten die hochkonservativen Kräfte, daß dies eine erhebliche
Schwächung ihrer Position nach sich ziehen werde. Es war allgemein bekannt,
daß der Thronfolger von dem gouvernementalen Konservatismus Manteuffels
nicht viel hielt und von einem gewaltsamen Rückwärtsrevidieren der preußischen
Verfassung schon gar nichts wissen wollte. Vielmehr hielt er eine behutsame
Öffnung der preußischen Politik zur Mitte hin für unumgänglich. In der Tat war
Wilhelm I. entschlossen, durch eine Politik maßvollen Entgegenkommens eine
Versöhnung mit der liberalen bürgerlichen Oberschicht herbeizuführen. Dabei
orientierte er sich am englischen Ideal einer von der Whig-Aristokratie gestützten
konstitutionellen Regierung, die die konservativen Interessen besser zu schützen
imstande sei als eine unpopuläre Beamtenregierung. Das bereits erwartete politische Revirement ließ nicht lange auf sich warten. Der Prinzregent berief eine neue,
liberal-konservativ zusammengesetzte Regierung unter dem Fürsten Karl Anton
von Hohenzollern-Sigmaringen, in welcher der Führer der sogenannten Wochenblatt-Partei, Moritz von Bethmann Hollweg, eine Schlüsselrolle spielte. Das war
der Absicht nach gleichsam eine preußische Variante eines whiggistischen Kabinetts, das heißt eine Regierung von aristokratischen Magnaten, von denen angenommen wurde, daß sie gegenüber dem liberalen Zeitgeist aufgeschlossen seien.
Damit verband sich das Ziel, eine Verbreiterung der politischen Basis des Herrschaftssystems herbeizuführen und die Spitzen des Bürgertums, namentlich aus
Wirtschaft und Intelligenz, an den Staat heranzuziehen, jedoch ohne eine grundlegende Liberalisierung des Verfassungssystems ins Auge zu fassen.

Die Anhänger des gemäßigten Liberalismus, zu denen vornehmlich die Unternehmerschaft, die Bankiers und Kaufleute sowie die Freien Berufe und die nicht

im engeren Sinne konservativen Idealen verpflichteten Angehörigen der Beamtenschaft gehörten, witterten Morgenluft. Die »Neue Ära« wurde begeistert begrüßt. Auf zahlreichen Kongressen und anderen öffentlichen Veranstaltungen wurden die politischen Forderungen des Liberalismus in die Öffentlichkeit getragen, ohne daß die Zensur einschritt. Die Idee der Einigung Deutschlands, das Programm einer liberalen Wirtschaftsgesetzgebung auf gesamtdeutscher Basis, eine Justizreform gemäß liberalen Grundsätzen, die der Willkür der Staatsbehörden ein Ende setzen sollte, die Stärkung der Organe der Selbstverwaltung bei gleichzeitiger Zurückdrängung der Einflußnahme des Staates auf Wirtschaft und Gesellschaft und die Rückkehr zu einem aufrichtigen, nicht durch Repressionen verfälschten Konstitutionalismus – das waren die Parolen des Tages, die die liberale Presse in jedes bürgerliche Haus trug. Das in sich durchaus heterogene, aber auf ein einheitliches Ethos eingeschworene liberale Bürgertum konnte in einer noch durchgängig autoritär verfaßten Gesellschaft gleichwohl als Repräsentant der Interessen der Gesamtheit auftreten, und wenn auch nur in dem sehr begrenzten Sinne einer Alternative zur neo-absolutistischen Herrschaftspraxis der staatlichen Bürokratie.

Aus der Perspektive der Führungseliten war es deshalb keineswegs eine Fehlrechnung, wenn nun der Versuch unternommen wurde, mit dem bürgerlichen Liberalismus Frieden zu schließen und die nachrevolutionäre Ordnung auf einer breiteren sozialen Basis zu stabilisieren. Es kam hinzu, daß die freihändlerische Wirtschaftspolitik den Interessen sowohl der großgrundbesitzenden Aristokratie und ihrer Mitläufer als auch des liberalen Wirtschaftsbürgertums entsprach und demgemäß für einen Ausgleich zwischen den Konservativen und bürgerlichen Kräften eine materielle Grundlage gegeben zu sein schien. Es spricht allerdings nicht für den Realismus der politischen Führer des Liberalismus, wenn sie die Erklärungen des Prinzregenten als Bekenntnisse zu einem aufrichtig liberalen Programm mißverstanden, obschon dieser klar hatte erkennen lassen, daß er, ungeachtet einer Annäherung an den nationalen Liberalismus, an den Prärogativen der preußischen Krone konsequent festzuhalten entschlossen sei.

Auf außenpolitischem Gebiet schien Wilhelm I. zunächst voll auf den Kurs einer »deutschen« Politik einzuschwenken, wie es die gemäßigten Liberalen dem preußischen Staat immer schon nahegelegt hatten. Eine selbstverfaßte Adresse des Prinzregenten an das neuernannte Staatsministerium vom 8. November 1858 gab in dieser Hinsicht allgemein zu den größten Hoffnungen Anlaß. Darin hieß es: »Preußen muß mit allen Großmächten in freundlichstem Vernehmen stehen, ohne sich fremdem Einflusse hinzugeben und ohne sich die Hände frühzeitig, durch Traktate zu binden [...] Mit allen übrigen Mächten ist dies freundliche Verhältnis gleichfalls geboten. In Deutschland muß Preußen moralische Eroberungen machen durch eine weise Gesetzgebung bei sich, durch Hebung aller sittlichen Elemente und durch Ergreifung von Einigungselementen, wie der Zollverband es ist, der indessen einer Reform wird unterworfen werden müssen.«

Diese Erklärung wurde in der deutschen Öffentlichkeit, weit über Preußens Grenzen hinaus, allgemein als ein Programm verstanden, das sich die Idee der deutschen Einigung voll zu eigen gemacht habe. Überdies kam es zunächst auch zu einer deutlichen Kursänderung im Innern: Die bisherige Politik der etatistischen Manipulation der Wahlen und die Unterdrückung der Presse wurden aufgegeben, der angebliche Scharfmacher Bismarck wurde, ungeachtet seiner Denkschrift von 1858, kaltgestellt und auf den Botschafterposten nach St. Petersburg entsandt, die Kamarilla entmachtet. Auch die Verpflichtung der Beamtenschaft auf die jederzeitige Unterstützung des Regierungskurses und die indirekte Maßregelung politisch mißliebiger Beamter durch Verweigerung der Beurlaubung bei den Wahlen wurden eingestellt. Die Wahlen vom Herbst 1858 brachten denn auch eine radikale Wende. Eine gefügige liberal-konservative Kammer, die mit Hilfe gouvernementaler Taktik zustande gebracht worden war, verwandelte sich angesichts der Zurückhaltung der Regierung bei den Wahlen in eine überwältigende liberale Mehrheit. Viele der liberalen Beamten, namentlich solche aus dem Richterstand, fanden nach zehn Jahren politischer Abstinenz nun wieder einen Sitz im Abgeordnetenhaus, unter ihnen Hermann Schulze-Delitzsch und, mit geringer Verzögerung, selbst Franz Benedikt Waldeck. Es schien wahr geworden zu sein, daß Preußen im Begriff sei, durch eine »weise«, also gemäßigt liberale Gesetzgebung vor allem auf wirtschaftlichem Gebiet »moralische Eroberungen« in Deutschland zu machen, mit anderen Worten, das Odium eines obrigkeitlichen Systems abzuschütteln, dem es nur um die eigene Machterweiterung, nicht um die Verwirklichung der nationalen Ziele der deutschen Nation gehe.

Allerdings entsprach die preußische Außenpolitik unter dem neuen Außenminister Alexander von Schleinitz nur sehr begrenzt den großen Erwartungen der Liberalen. Die ersten Schritte auf außenpolitischem Feld, namentlich gegenüber Österreich, waren eigentlich eher timide; sie deckten sich weder mit Bismarcks Ratschlag, die außenpolitische Konstellation dazu zu nutzen, Österreich schrittweise aus Deutschland hinauszudrängen, noch entsprachen sie den Wünschen im Bürgertum, daß sich ein liberal regiertes Preußen sogleich an die Spitze der nationalen Bewegung setzen werde. Die hochgesteckten Erwartungen der liberalen Öffentlichkeit an die Regierung der »Neuen Ära« erhielten jedoch zusätzliche Nahrung durch die außenpolitischen Entwicklungen. Die »italienische Frage«, die nach der rigorosen Unterdrückung der italienischen Nationalbewegung 1849 durch Österreich zum Stillstand gekommen schien, war überraschend wieder aufgebrochen. Nach dem Scheitern der Strategie des »Italia farà da se« war es auch hier zu einer Annäherung der Nationalbewegung an die bestehenden staatlichen Mächte gekommen. Piemont-Sardinien setzte sich unter der genialen Führung Camillo Cavours an die Spitze der Hoffnungen des italienischen Nationalismus und suchte die 1849 gescheiterte nationale Einigung Italiens nun mittels einer klugen Machtpolitik voranzutreiben. Napoleon III. seinerseits sah in einer Förderung der italienischen nationalen Bestrebungen eine Möglichkeit, die Machtstellung Frankreichs in Europa und nicht zuletzt sein eigenes Prestige als Kaiser der Franzosen, das immer noch an einem Legitimitätsdefizit litt, durch eine spektakuläre Außenpolitik zu stärken. Im Vertrag von Plombières vom 20. Juli 1858 vereinbarten Napoleon III. und Cavour ein gemeinsames Vorgehen Frankreichs und Piemont-Sardiniens gegen Österreich, mit dem Ziel der Befreiung ganz Italiens von österreichischer Herrschaft, allerdings für die Gegenleistung der Abtretung von Savoyen und Nizza an Frankreich. Im Dezember 1858 wurde diese Vereinbarung zu einem förmlichen Bündnis erweitert, in dem sich Frankreich für den Fall eines österreichischen Vorgehens gegen Piemont zur Waffenhilfe verpflichtete. Österreich suchte der sich hier zusammenbrauenden Gefährdung seiner Herrschaft in Oberitalien durch einen entschlossenen militärischen Präventivschlag zu begegnen. Es eröffnete im April 1859 seinerseits die Feindseligkeiten, die jedoch schon bald zu schweren militärischen Niederlagen gegen die verbündeten piemontesischen und französischen Streitkräfte bei Magenta und Solferino führten.

Angesichts dieser Entwicklungen sahen sich die Regierungen Preußens und der Mittelstaaten vor schwierige Entscheidungen von großer Tragweite gestellt. Sollte man Österreich die geforderte Bundesunterstützung gewähren, obschon dazu, solange es nur um die italienischen Gebiete der Donau-Monarchie ging, eine rechtliche Verpflichtung nicht bestand, und zuwarten, ob die Heere Napoleons III. tatsächlich die Rhein-Grenze überschreiten würden? Oder sollte man sofort gemeinsame Sache mit Österreich machen? Ein Bündnis mit Österreich lag auch insofern nahe, als die Behauptung der italienischen Besitzungen der Donau-Monarchie auch im deutschen Interesse zu liegen schien. Überdies wäre ein Sieg der Heere Cavours und Napoleons III., der »Inkarnation der Revolution«, wie sich dies aus der Sicht der Hochkonservativen darstellte, über Österreich einem Triumph der Revolution über die bestehende legitime Ordnung gleichgekommen, der Schule machen könnte. Österreich bot für den Fall, daß es zu einem deutschen Nationalkrieg gegen Frankreich unter Führung Österreichs und Preußens kommen sollte, als Siegespreis die Rückgewinnung der ehemals deutschen Provinzen Elsaß und Lothringen an, mit der Maßgabe, daß Preußen »damit alle Arrangements in Deutschland« machen könne, die es wünsche. Darüber hinaus versprach es die Rückkehr zu einem echten österreichisch-preußischen Dualismus, unter völliger Gleichberechtigung der beiden deutschen Großmächte.

Die preußische Politik unter Führung des Außenministers von Schleinitz entschied sich angesichts dieser Perspektiven zunächst für eine Politik des Abwartens und der bewaffneten Neutralität, mit der Maßgabe, daß Preußen in einem späteren Stadium der Auseinandersetzungen eventuell zwischen den Mächten vermitteln werde, gegebenenfalls unter Einsatz des eigenen militärischen Potentials. Gleichzeitig bemühte sich Schleinitz darum, sich der Sympathien der deutschen

Nationalbewegung für die Sache Preußens weiterhin zu versichern. Bereits am 9. März 1859 gab er gegenüber den beiden Häusern des preußischen Landtages eine Erklärung zum italienisch-österreichischen Konflikt ab, die die Verpflichtungen Preußens als einer europäischen Macht mit entsprechenden traditionellen Interessen sorgfältig mit einem Bekenntnis zu den nationalen Zielen der Deutschen austarierte: »Über diesen Bemühungen, als europäische Macht eine bedeutungsschwere europäische Verwicklung lösen zu helfen, wird aber Preußen niemals seines deutschen Berufes vergessen. Wie die preußische Regierung sich der gewissenhaftesten Achtung vor den europäischen Verträgen und vor dem auf diesen letzteren beruhenden europäischen Rechtszustande bewußt ist, so ist sie in gleichem Maße von der Überzeugung getragen, daß die Politik Preußens, soll sie dem hohen Berufe unseres Landes entsprechen, stets eine nationale sein muß. Jedes wahrhaft deutsche Interesse wird stets in Preußen seinen wärmsten Vertreter finden, und überall, wo es die Aufrechterhaltung des Rechtes, der Ehre und der Unabhängigkeit des gemeinsamen Vaterlandes gilt, wird Preußen nicht einen Augenblick anstehen, für diese höchsten Güter das Gewicht seiner gesamten Kraft in die Wagschale zu legen.«

Damit griff der preußische Minister des Auswärtigen in aller Form die Parole vom »deutschen Beruf Preußens« auf, die von der liberalen Bewegung seit 1848 immer wieder ausgesprochen worden war, wenn auch mit zunehmend geringerer Hoffnung, daß die preußische Regierung damit ernst machen werde. Das wich nicht unerheblich von Bismarcks Diktum ab, daß es nichts Deutscheres geben könne, als die Verfolgung richtig verstandener preußischer Partikularinteressen. Bismarck, der mit der Entsendung auf den Botschafterposten in St. Petersburg dem Zentrum der Entscheidungen fern gerückt war, hatte weit radikalere Ideen, wie die preußische Politik auf den italienisch-österreichischen Konflikt reagieren solle: »Die gegenwärtige Lage hat wieder einmal das große Los für uns im Topf, falls wir den Krieg Österreichs mit Italien sich scharf einfressen lassen, und dann mit unseren ganzen Armeen nach Süden aufbrechen, die Grenzpfähle im Tornister mitnehmen und sie entweder am Bodensee oder da, wo das protestantische Bekenntnis aufhört vorzuwiegen, wieder einschlagen. Wo ist denn außer uns noch ein europäischer Staat, dem 18, oder wenn ich die Katholiken in Oberbayern und Oberschwaben abrechne, 14 Millionen zwischen seinen eigenen schlecht zusammengefügten Gliedern umherliegen, und nichts weiter von ihm wollen, als ihm anzugehören.« So Bismarck an Gustav von Alvensleben. Das war gewiß überzogen, aber es entsprach der Stimmung in der öffentlichen Meinung zumindest in einem Punkt, nämlich in der Empfindung, daß die Lösung der »deutschen Frage« nunmehr überreif geworden sei.

Doch Bismarck blieb mit dergleichen Ratschlägen, die den Horizont der großen Mehrheit der Deutschen bei weitem überschritten – nur Ferdinand Lassalle hat damals ähnlich argumentiert – gänzlich ohne Einfluß. Vielmehr sah die preußische Regierung, als sich die militärische Situation ernstlich zuungunsten Österreichs veränderte, keinen anderen Weg, als ihm früher oder später doch zu Hilfe zu kommen, allerdings gegen weitreichende Zugeständnisse Wiens am Bund. Namentlich der Prinzregent wollte ein Zusammengehen mit Österreich davon abhängig machen, daß Preußen auf dem Gebiet der Militärverfassung die uneingeschränkte Vormachtstellung in Deutschland, einschließlich der Unterstellung der anderen Bundeskontingente unter seinen Befehl im Kriegsfall, eingeräumt würde. Aber angesichts des überraschenden Waffenstillstandsabschlusses von Villafranca am 11. Juli 1859 blieben diese Planungen auf dem Papier.

Der italienisch-österreichische Krieg versetzte die deutsche Öffentlichkeit in größte Erregung. Einerseits sympathisierte die bürgerliche liberale Bewegung mit den Zielen der italienischen Nationalbewegung, andererseits schienen in Italien auch traditionelle Bastionen der deutschen Vormachtstellung in Mitteleuropa auf dem Spiel zu stehen. Der katholische Bevölkerungsteil sympathisierte auch aus religiösen Gründen mit der katholischen Vormacht Österreich, zumal die erklärt laizistische Politik der italienischen Nationalbewegung die Berechtigung der weltlichen Herrschaft des Papsttums in Zweifel zog. Entscheidend aber war die nicht unbegründete Furcht, daß Napoleon III. den Krieg gegen Österreich am Rhein führen würde und damit die rheinischen und pfälzischen Regionen Deutschlands vor der Gefahr stünden, erneut unter fremde Herrschaft zu geraten. Alte Erinnerungen aus der Zeit der Befreiungskriege wurden wieder wach; im Kölner Gürzenich erscholl unter dem Beifall der Anwesenden erstmals das Lied »Die Wacht am Rhein«. Unter diesen Umständen war die deutsche öffentliche Meinung tief gespalten über die Frage, wie man sich angesichts dieser dramatischen Entwicklungen zu verhalten habe. Im Süden kam es zu einem leidenschaftlichen Aufflammen nationaler Empfindungen, die sich gegen den angeblichen »Erbfeind« Frankreich richteten. Im Norden hingegen wog man die Vor- und Nachteile einer Unterstützung Österreichs kühl gegeneinander ab. Dabei trat der Gedanke der Solidarität mit der italienischen Nationalbewegung im allgemeinen ganz zurück; im Vordergrund stand die Frage, auf welche Weise die Einigung Deutschlands am besten vorangetrieben werden könne. Lassalle optierte, ganz wie Bismarck, für ein Eingreifen in den Krieg auf seiten Italiens. Karl Marx hingegen blieb seiner großdeutschen Orientierung auch jetzt treu. Die großen Differenzen in dieser Frage zeigen, wie stark die Ansichten der deutschen Öffentlichkeit hinsichtlich des Wegs zur nationalen Einigung noch immer auseinandergingen. Zwar überwog die Meinung, daß man Österreich als einer deutschen Macht beistehen müsse; aber gleichzeitig wurde die Überzeugung übermächtig, daß nunmehr auch die »deutsche Frage« auf der Agenda stand.

Insgesamt waren die Rückwirkungen der Krise von 1859 auf die deutschen Verhältnisse außerordentlich groß. Das italienische Vorbild verlieh der Bewegung zugunsten einer grundlegenden Umgestaltung der politischen Verfassung

Deutschlands zusätzliche Schubkraft. Über Nacht schien die Herrschaft der gouvernementalen Bürokratien kraftlos geworden zu sein; die Reaktion hatte, so glaubte man, ihre Energien aufgebraucht. Folglich schossen jetzt allerorten politische Vereinigungen unterschiedlichster Art aus dem Boden, die größernteils auf entsprechende Vorläufer während der Revolutionsjahre zurückgingen. Die Zeit der administrativen Entpolitisierung der Gesellschaft war abgelaufen; insbesondere die bürgerlichen Schichten entfalteten eine außerordentliche politische Aktivität. Am bedeutsamsten war in diesem Zusammenhang die Wiedergeburt der politischen Parteien, die in den vorangegangenen Jahren eine höchst bescheidene Existenz geführt hatten.

Das reich differenzierte, sich über das gesamte politische Spektrum erstreckende politische Vereinswesen der Revolutionsperiode war nach 1849 unter den Bedingungen der Reaktion und ihrer scharfen Zensur weitgehend vom Erdboden verschwunden. Das preußische Vereinsgesetz von 1850, im Jahr 1854 ergänzt durch ein Verbindungsverbot politischer Vereine, und die analoge Gesetzgebung der übrigen Bundesländer, die sich mehr oder minder einem entsprechenden Bundesratsbeschluß vom gleichen Jahr anpaßten, hatten der Fortführung politischer Vereinsarbeit unüberwindliche Schwierigkeiten entgegengesetzt. Die noch schwachen Organisationsansätze für eine politische Arbeiterbewegung, wie die Arbeiterverbrüderung Stephan Borns und der Bund der Kommunisten, waren von der preußischen Polizei, nicht ohne Rückgriff auf illegale Methoden wie gefälschte Dokumente und den Einsatz von oft dubiosen Spitzeln, effektiv zerschlagen worden. Auch die politischen Organisationen der radikalen Demokratie hatten die Phase der Reaktion nicht überlebt. Allerdings war es einzelnen radikalen Volksvereinen oder lokalen Gruppen der Arbeiterverbrüderung gelungen, in den vorpolitischen Bereich abzutauchen. Dies galt beispielsweise für den Volksverein und den Arbeiterverein Delitzschs, die sich in Genossenschaften umwandelten. Dies war ganz im Sinne von Schulze-Delitzsch, des Vaters der modernen Genossenschaften. Er sah seine intensiven Bemühungen um die Begründung eines weitverzweigten Genossenschaftswesens, das die Handwerker beziehungsweise die selbstbeschäftigten Arbeiter aus der zunehmenden Abhängigkeit vom großen Kapital befreien sollte, auch als einen Weg an, um unter den Bedingungen der Reaktion den »Gemeinsinn« wachzuhalten und den Sinn für »Selbstregierung« und »Selbstverwaltung« zu schulen. Er hoffte, daß die Genossenschaftsbewegung allmählich »aus dem wirtschaftlichen in alle übrigen Gebiete des öffentlichen Lebens« übergreifen »und den Geist der Selbsthilfe u[nd] Selbstverwaltung unaufhaltsam überall geltend« machen werde. Immerhin hatten sich, von dem Kern der Bewegung in Sachsen ausstrahlend, bis 1859 bereits um die dreihundert Genossenschaften beziehungsweise Konsumvereine unterschiedlicher Art aufgrund des von Schulze-Delitzsch entwickelten Genossenschaftsprinzips gebildet; eine größere Zahl davon waren Produktivgenossenschaften zumeist handwerkschaftlicher Ausrichtung, also unpolitischen Charakters. Auch das weitverästelte konservative Vereinswesen der Revolutionsära war fürs erste nahezu vollständig zum Erliegen gekommen, wenngleich der »Verein zur Wahrung der Interessen des Grundbesitzes und zur Förderung des Wohlstandes aller Volksklassen«, die Organisation der preußischen Großagrarier, ebensowenig formell aufgelöst worden war wie der »Verein König und Vaterland«. Aber um die zahlreichen Preußen-Vereine, die vielen Patriotischen und Konstitutionellen Vereine auf dem flachen Lande, die der Gegenrevolution als ein populäres Widerlager gedient hatten, war es in den fünfziger Jahren wieder still geworden.

Nach 1849 war es zunächst zu einer Zurückbildung des politischen Parteiwesens auf das Niveau von Fraktionsparteien gekommen, die in den Parlamenten Gruppen von Gleichgesinnten in mehr oder minder loser Form zusammenfaßten. Ihre ideologische Geschlossenheit wurde häufig dadurch gewährleistet, daß ein bestimmtes Presseorgan als Sprachrohr begründet oder akzeptiert wurde. Die preußischen Hochkonservativen sammelten sich um die von Hermann Wagener meisterhaft redigierte »Neue Preußische Zeitung (Kreuzzeitung)«, die gemäßigten Konservativen unter Bethmann Hollweg um das sogenannte Berliner »Wochenblatt«, weswegen sie auch Wochenblattpartei genannt wurden. Die Hochkonservativen unter Führung der Brüder Gerlach und Ernst von Bülow-Cummerow fochten für die Wiederherstellung einer »organischen« Staats- und Gesellschaftsordnung und bekämpften demgemäß die bürokratische Politik der Staatsbeamtenschaft zuweilen fast ebenso scharf wie die demokratische Linke und die bürgerlichen Liberalen. Davon abgesehen betrieben sie eine krasse Interessenpolitik äußerst kurzsichtiger Art, die auf die Verteidigung traditioneller konservativer Prinzipien wie der Steuerbefreiung des adeligen Großgrundbesitzes gerichtet war. Die Wochenblattpartei hingegen strebte eine evolutionäre Fortbildung des Verfassungssystems nach englischem Vorbild an, darin der konservativen Gruppierung der Standesherren in den süddeutschen Staaten vergleichbar.

Wichtig war, daß die preußischen Katholiken schon vergleichsweise früh zu einer formellen politischen Organisation fanden. Bereits 1852 wurde im Zuge des Widerstandes gegen die antikatholische Gesetzgebung des Kultusministers Karl Otto von Raumer die »Katholische Fraktion« gegründet. Sie gab sich dann nicht ganz zufällig im turbulenten Jahr 1859 eine straffere Organisation; in der Absicht, ihre rein konfessionelle Ausrichtung zu lockern, nannte sie sich nun »Fraktion des Zentrums«, was ihrer Position innerhalb des politischen Spektrums der preußischen Zweiten Kammer durchaus entsprach. Die Bemühungen des Zentrums richteten sich in Preußen im wesentlichen darauf, die für die katholische Kirche relativ günstigen Bestimmungen der preußischen Verfassung von 1850 gegen die Revidierungsversuche der Regierungen zu verteidigen. In den süddeutschen Staaten und in Hessen bestand eine vergleichsweise archaischere Lage; hier suchten die kirchlichen Instanzen ihr Heil in der Offensive, mit dem Ziel der Absicherung der Rechte der katholischen Kirche als einer selbständigen Korporation im Staat. Sie liefen damit in Kulturkampfauseinandersetzungen hinein, die in der Folge eine beachtliche politische Mobilisierung der Katholiken nach sich zogen.

Entscheidend waren die Entwicklungen im liberalen und im demokratischen Lager. Der Liberalismus hatte aus prinzipiellen Erwägungen heraus dem Gedanken einer formellen Parteigründung stets ablehnend gegenübergestanden; im Prinzip betrachtete er sich als die »Bewegungspartei« schlechthin, der, wie ungünstig die Zeitläufte auch sein mochten, die Zukunft gehöre. Die politischen Zielsetzungen des Liberalismus lagen, wie seine bürgerlichen Trägerschichten zuversichtlich annahmen, zugleich im Interesse der Gesamtheit des Volkes; noch war der Gedanke nicht geboren, daß das liberale Programm der Beseitigung monarchischer Willkür, der Schaffung einer freiheitlichen Ordnung konstitutionellen Typs, einer freihändlerischen Wirtschaftsgesetzgebung und schließlich eines einheitlichen Nationalstaates klassengebunden sei. Gerade im liberalen und noch mehr im demokratischen Lager waren nach dem Scheitern der Revolution Desorganisation, Zersplitterung und Entmutigung allgemein. In den reglementierten Zweiten Kammern dominierten aufgrund restriktiver Wahlrechtsregelungen und der behördlichen Gängelung der Beamtenschaft – in den nachmärzlichen Parlamenten waren im Durchschnitt immer noch zwei Drittel aller Abgeordneten Beamte – im allgemeinen Reste des zersplitterten und weitgehend desillusionierten gouvernementalen Liberalismus, für den sich die Bezeichnung »Altliberale« einbürgerte, von einzelnen Ausnahmen, wie in Baden und Hessen, abgesehen. Die Ersten Kammern hingegen wurden von der grundbesitzenden Aristokratie, gegebenenfalls von den Standesherren und einigen wenigen Vertretern der großen wirtschaftlichen Interessen beherrscht.

Die politische Mobilisierung des Liberalismus beider Richtungen vollzog sich somit vorwiegend außerhalb der Parlamente. Häufig spielten dabei zunächst Foren nicht unmittelbar politischen Charakters, vorrangig wissenschaftliche und künstlerische Kongresse oder wirtschaftliche Vereinigungen, wie einst im Vormärz, eine wichtige Rolle. Besondere Bedeutung gewann in diesem Zusammenhang der Kongreß deutscher Volkswirte, der erstmals vom 19. bis 22. Oktober 1858 in Gotha tagte und über dessen Verhandlungen der liberal gesonnene Erzherzog von Gotha seine schützende Hand hielt. Es handelte sich dabei keineswegs nur um ein Treffen von Wirtschaftsfachleuten und wirtschaftlichen Interessenten, wie der Name des Kongresses nahelegt; denn hier begegneten einander liberal gesinnte Männer aus allen Bereichen des öffentlichen Lebens, Publizisten, Beamte, Rechtsanwälte, Professoren, Handwerker, kurz, das ganze Spektrum des gebildeten liberalen Bürgertums, während Repräsentanten der Industrie und der Bankenwelt fast ganz fehlten. Karl Viktor Böhmert aus Bremen, Rudolf von Bennigsen aus Hannover, Friedrich Wilhelm Schubert aus Königsberg, Hermann Schulze-Delitzsch aus Sachsen, Karl Biedermann aus Weimar, Karl Mathy aus

Karlsruhe, Karl Theodor Welcker aus Heidelberg, um nur einige zu nennen, alles Männer, die zur Führungselite des Liberalismus zählten, versammelten sich in Gotha unter dem Banner der Freihandelsidee, weil diese sich als Instrument zur Aktivierung der nationalpolitischen Bestrebungen des Bürgertums vorzüglich eignete. Der Kongreß deutscher Volkswirte erklärte es zu seinem vornehmlichsten Zweck, darauf hinzuwirken, daß von seiten des Staates alle Hindernisse beiseite geräumt würden, »welche die freie Privattätigkeit und die Wirksamkeit der Intelligenz, des Unternehmensgeistes, des Fleißes, des Kapitals lähmen«, wie Böhmert dies formulierte. Allerdings sollte das Prinzip der Gewerbe- und Handelsfreiheit seine organische Ergänzung durch ein Genossenschaftswesen finden, das es den Arbeitern und Handwerkern ermögliche, sich mittels der »Selbsthilfe« gegenüber dem großen Kapital zu behaupten. Die Bemühungen des Kongresses deutscher Volkswirte um die Förderung der Idee des Freihandels in Staat und Gesellschaft fanden damals zumindest in Preußen ein offenes Ohr. Aber damit verknüpfte man in Gotha unmittelbar die Kernpostulate des klassischen Liberalismus: Als »die wichtigsten volkswirtschaftlichen Grundsätze«, so hieß es unüberhörbar, hätten zu gelten »die Beförderung und Befestigung der persönlichen, der wirtschaftlichen und der allgemeinen bürgerlichen Freiheit aller Staatsgenossen ohne Unterschied«, weiterhin die »möglichst freie Entfaltung der physischen und geistigen Kräfte des einzelnen innerhalb der vernünftigen Gesetze der Gesamtheit«.

Von hier aus war kein weiter Schritt zu der Idee, eine Vereinigung zu schaffen, die es sich zur Aufgabe setzen müsse, diese Vorstellungen in ganz Deutschland zu propagieren und eine starke Bewegung in der Öffentlichkeit zu schaffen, der die deutschen Regierungen nolens volens nachzufolgen hätten. Der aus der Sicht der deutschen öffentlichen Meinung unbefriedigende Ausgang des italienisch-österreichischen Krieges gab den Anstoß, nach italienischem Vorbild einen Deutschen Nationalverein ins Leben zu rufen, der die nationalen Ziele der Deutschen in effektiver Weise verbreiten und gleichsam als die institutionelle Basis für eine neue nationale Partei dienen sollte. Gleichzeitig sollte der Nationalverein im Zuge des Kampfes für die Einigung aller Deutschen den Riß zwischen dem Liberalismus und der demokratischen Linken heilen, an dem die Revolution gescheitert war.

Diese Initiative erfolgte in einem Augenblick ungewöhnlicher Erregung innerhalb der deutschen Öffentlichkeit. Weithin wurde die Niederlage Österreichs im Krieg von 1859 auch als Niederlage Deutschlands empfunden. Davon abgesehen schien das Schutzbedürfnis der deutschen Staatenwelt angesichts des französischen Triumphes noch akuter geworden zu sein. Die preußischen Ansprüche auf eine Neuordnung zumindest der militärischen Verhältnisse im Deutschen Bund wurden als nur zu berechtigt angesehen. Aber mehr noch: Das Vorbild der italienischen Nationalbewegung beflügelte auch den deutschen bürgerlichen Liberalismus, aus der Resignation der vergangenen Jahre herauszutreten. Und die

Das Schiller-Fest in Hamburg
am 11., 12. und 13. November 1859

Lithographien aus einem Leporello
in dem 1860 in Hamburg erschienenen detaillierten Bericht
von Bernhard Endrulat
Marbach am Neckar, Schiller-Nationalmuseum und Deutsches Literaturarchiv

Im Vorwort seiner 384 Seiten umfassenden Darstellung der Hamburger Aktivitäten zum hundertsten Geburtstag Friedrich Schillers schreibt der Autor, Lehrer und Schriftsteller, er habe seine Arbeit von dem Gesichtspunkt aus angegangen, »daß das deutsche Schillerfest vom Jahre 1859 als epochemachendes Ereigniß im Leben der deutschen Nation ebenbürtig neben der Erhebung des Jahres 1848 steht«.

Nahezu hundert Seiten widmet Endrulat der Schilderung des Hamburger Festzuges, der in vierundzwanzig Abteilungen gegliedert gewesen ist. Der lithographisch dokumentierte Umzug ergibt auseinandergefaltet eine Länge von etwa vierzehn Metern. In Originalgröße faksimiliert sind die Ausschnitte, die den »Schulwissenschaftlichen-Bildungsverein«, die »Dramatischen Künstler«, die »Germania«, den »Montagsclub«, den »Sängerbund«, die »Eintracht«, den »Frohsinn« – und

nach ungefähr zehn Metern – den »Arbeiter Bildungs-Verein«, gefolgt vom »Turnerbund«, veranschaulichen.

Vor diesen Gruppen rangieren die Vertreter sämtlicher Handwerke und Künste. Den Auftakt der Bildfolge bilden die Initiatoren der Großveranstaltung in Hamburg, die Mitglieder des Festkomitees, deren Adjutanten und die Klassen des Gymnasiums.

Ähnliche, allerdings weit weniger ausführlich beschriebene Festumzüge zu Ehren Schillers im Jahr 1859 organisierten viele deutsche Städte und manche Deutschstämmige in Übersee. Man gedachte des Dichters mit Theateraufführungen und Denkmalenthüllungen. Reden hielten, häufig gegen den Widerstand konservativer, adeliger und klerikaler Kreise, jene, die sich zum liberalen Bürgertum zählten, und dazu gehörten auch Handwerker.

Schulwissenschaftlicher-Bildungsverein.   Dramatische Künstler   2.   Germania   Montesesch   Sängerbund   Eintracht

Arbeiter Bildungs-Verein.   25.   Turnerbund.   Tur

Repräsentanten der liberalen Bewegung nutzten die Vielfalt der politischen, wirtschaftlichen und wissenschaftlichen Vereinigungen, um ein informelles Netzwerk für ihre politische Agitation zu schaffen. Als Zentrum fungierte dabei der Deutsche Nationalverein.

Bereits am 17. Juli 1859 versammelte sich in Eisenach eine Gruppe von führenden Repräsentanten des demokratischen Flügels der Liberalen unter Führung Schulze-Delitzschs. Sie beklagte unter Hinweis auf die beunruhigende außenpolitische Lage ausdrücklich »die fehlerhafte Gesamtverfassung Deutschlands« und forderte eine grundlegende Reform der deutschen Verfassungsverhältnisse. Es sei nunmehr unabdingbar geworden, »daß der deutsche Bundestag durch eine feste, starke und bleibende Centralregierung ersetzt« und eine deutsche Nationalversammlung berufen werde. Zwei Tage später trafen sich in Hannover mehrere führende norddeutsche Liberale, die mit einer öffentlichen Erklärung hervortraten: Sie bezeichneten »[e]ine einheitliche Verfassung Deutschlands unter Beteiligung von Vertretern des deutschen Volkes an der Leitung seiner Geschicke, [...] verbunden mit einem deutschen Parlament« unter Führung Preußens, als unerläßlich und forderten alle Gleichgesinnten auf, sich dieser Erklärung anzuschließen. Dieser Schritt fand weit über die Grenzen Hannovers hinaus großes Aufsehen, zumal die Erklärung sich direkt gegen den prononciert antipreußischen Kurs der hannoveranischen Regierung richtete – wurde doch hier offen gefordert, daß Preußen an die Spitze dieser neuen Ordnung treten solle. In zahlreichen anderen deutschen Städten kam es zu Zusammenkünften mit Beschlüssen von gleichartiger Tendenz. Die in Eisenach und Hannover gebildeten Komitees beschlossen daraufhin, die Dinge gemeinsam weiter voranzutreiben. Auf einer zweiten Eisenacher Versammlung vom 12. bis 14. August 1859 verständigte man sich auf ein gemeinsames Vorgehen und vereinbarte, »die Bildung einer deutschen Nationalpartei aus den verschiedenen Fraktionen der liberalen Partei schon jetzt in die Hand zu nehmen«. Die Anwesenden konstituierten sich »als gemeinschaftlichen Ausschuß für die Vorbereitung dieser Parteibildung«. In einer wenig später in der ganzen liberalen Presse abgedruckten Erklärung appellierte der Ausschuß an »alle deutschen Vaterlandsfreunde, mögen sie demokratischen oder konstitutionellen Parteien angehören, die nationale Unabhängigkeit und Einheit höher zu stellen als die Forderungen der Partei [...]«. Die strittige Frage, ob Preußen die Führungsrolle in dem Einigungswerk Deutschlands zukommen solle, wurde dabei zunächst ausgeklammert, da man in Süddeutschland der kleindeutschen Lösung vielfach noch mit großem Mißtrauen gegenüberstand. Der Appell fand einen ungeheuren Widerhall, und bereits Mitte September wurde der Nationalverein auf einer von hundertfünfzig Liberalen aus ganz Deutschland besuchten Versammlung in Frankfurt aus der Taufe gehoben. Er sollte das propagandistische Rückgrat für die große Sammlungsbewegung der Liberalen und Demokraten zum Zweck der »Einigung und freiheitlichen Entwicklung des deutschen Vaterlandes« abgeben.

Satzungsgemäß sollte er »für die patriotischen Zwecke dieser Partei mit allen ihm zu Gebote stehenden Mitteln« wirken und die »geistige Arbeit« übernehmen, um deren Ziele »immer klarer im Volksbewußtsein hervortreten zu lassen«.

Die Gründung des Nationalvereins fand eine außerordentlich positive Resonanz. Die Tatsache, daß einige der Mittelstaaten, insbesondere Hannover und Kurhessen, ihn sogleich verboten, vor allem wegen seiner propreußischen Ausrichtung, steigerte sein Ansehen in den bürgerlichen Schichten nur noch mehr. Die Breitenwirkung quer durch ganz Deutschland war immens; binnen kurzer Frist gelang es, 25.000 bis 30.000 Mitglieder zu gewinnen – eine unter den damaligen Verhältnissen, in denen die aktiv an den politischen Ereignissen teilnehmende »politische Klasse« noch sehr klein war, beachtliche Zahl. Über 400 sogenannte Lokalagenten sollten für eine wirksame Verbreitung seines nationalpolitischen Programmes im Lande Sorge tragen. Überdies wurde das lokale liberale Vereinswesen in die Tätigkeit des Nationalvereins einbezogen. Hinzu kam, fast noch wichtiger, die große publizistische Wirkung. Die von August Ludwig von Rochau herausgegebene Wochenschrift des Nationalvereins sowie eine große Zahl von Flugschriften, die in seinem Auftrag erschienen, sorgten für eine effektive Verbreitung seiner Ideen. Unübersehbar war zudem die Resonanz, die seine Verlautbarungen in der überwiegend liberalen Presse fanden.

Freilich standen die Dinge nicht ganz so gut, wie dies zunächst der Fall zu sein schien. Der Nationalverein hatte es sich zur Aufgabe gesetzt, »die Verschmelzung der demokratischen und konstitutionellen Partei, die Annäherung des Nordens und Südens Deutschlands« herbeizuführen und der Überzeugung Bahn zu brechen, daß »die Einheit, als die Bedingung der Unabhängigkeit und Freiheit, das erste notwendige Ziel sein« müsse. Doch es gelang von Anfang an nur unvollkommen, die folgenschwere Spaltung zwischen dem gemäßigten Liberalismus und den Demokraten zu heilen. Schon auf der Gründungsversammlung waren die Demokraten unterrepräsentiert, und die Altliberalen, die ihren Frieden mit den bestehenden Mächten gemacht hatten, bekundeten ihre Einstellung durch Abwesenheit. Der Nationalverein war darauf angelegt, ein Massenverein zu werden, aber er blieb, nach hoffnungsvollen Anläufen zu einer breiteren Wirkung, am Ende doch im wesentlichen ein Honoratiorenverband, in dem Rechtsanwälte, Kaufleute, Lehrer und Professoren, Richter und sonstige Justizbeamte, Kommunalbeamte und Angehörige der Freien Berufe weitgehend unter sich blieben. Die anfänglichen schwachen Versuche, auch die Arbeiterschaft an diese Bewegung heranzuführen, gelangten über erste Ansätze nicht hinaus. 1864 kam es zu einer heftigen Debatte über die Frage, ob man den Arbeitern die Mitgliedschaft im Nationalverein durch eine Ermäßigung des Beitrags, der einen Taler jährlich betrug, ermöglichen solle. Ausgerechnet Schulze-Delitzsch, der ansonsten für eine Integration der Handwerkerschaft und der Arbeiterschaft in die liberale Bewegung mittels des Genossenschaftswesens wirkte, gab den Arbeitern den Ratschlag, sich erst einmal durch Aneignung von »Bildung« und »Wohlstand« aus ihrem Elend herauszuarbeiten, bevor sie Politik treiben könnten. Solange sie ihrer Ersparnisse noch zur Sicherung ihrer materiellen Verhältnisse bedürften, begrüße er sie »als Ehrenmitglieder des Nationalvereins«. Im Grunde waren die Liberalen felsenfest von der Interessenidentität von Bürgertum und Arbeiterschaft in ihrem Kampf gegen die etablierten Gewalten überzeugt und daher nicht geneigt, den Arbeitern eine eigenständige Vertretung ihrer politischen Interessen zuzubilligen. Davon abgesehen, ging selbst Schulze-Delitzsch von dem liberalen Vorurteil aus, daß erst ökonomische Unabhängigkeit zur Teilnahme an der Politik befähige und zugleich berechtige.

Im Augenblick waren freilich andere Probleme weit schwerwiegender, insbesondere die Differenzen über der Frage, ob man sich von vornherein auf eine kleindeutsche Lösung der »deutschen Frage« unter Führung Preußens festlegen oder die Tür für eine großdeutsche Lösung, die auch die Deutschen Österreichs einbezog, weiterhin offenhalten solle. Unter diesen Umständen kam natürlich alles darauf an, ob die preußische Politik den verbreiteten Reserven in weiten Kreisen der Bevölkerung, zumal in Süddeutschland, durch eine entschlossene Liberalisierung im Innern den Boden entziehen werde. Für den Nationalverein war die Sache klar: Nur wenn Preußen in Deutschland aufgehe, könne es sich selbst retten. Diese Einstellung unterschätzte gewaltig die Gegenkräfte auf konservativer Seite. Andererseits warnte Johannes Miquel, einer der führenden Männer des Nationalvereins, schon von Anbeginn vor zu hochgesteckten Erwartungen: »Wir sind in einem Vereine, der nur vorbereitet, keine reale Macht besitzt, nur die Nation geistig heranbilden will, der die Hoffnung auf die Zukunft setzen soll [...] Wir können nicht absehen, welches der letzte Ruck sein wird, der angesetzt werden muß, um zur Einheit zu gelangen – ob mit Hilfe Preußens, ob durch die Revolution oder durch die öffentliche Meinung [...]. Was wir tun wollen und können, ist, die Frucht reif zu machen und den Boden zurechtzulegen für den Moment, der da kommen muß. Ob wir uns für die Reichsverfassung erklären, ob für Preußen, das ist alles nicht entscheidend wichtig.«

Dennoch war die Aufbruchstimmung der frühen sechziger Jahre unübersehbar. Sie fand ihren vornehmsten Ausdruck in einer allgemeinen Belebung des Vereinswesens, das unter dem Druck der Reaktion daniedergelegen oder sich ganz und gar in unpolitische Bereiche zurückgezogen hatte. Jetzt verkehrte sich dieser Trend ins Gegenteil. Die zahlreichen bürgerlichen Bildungs- und Unterhaltungsvereine, insbesondere die Gesangvereine, nahmen mit einemmal wieder eine deutlich politische, vor allem aber eine nationale Färbung an, und gleiches kann von den ungezählten Volksfesten jener Jahre gesagt werden. Vielleicht das bemerkenswerteste Ereignis dieser Art waren die Feiern zum hundertsten Geburtstag Friedrich Schillers am 10. November 1859. In vielen Städten Deutschlands bildeten sich eigens zu diesem Zweck Bürgerkomitees, die Festveranstaltungen unter-

schiedlichster Art und manchenorts regelrechte Volksfeste und Festzüge zu seinen
Ehren ausrichteten. Das Gedenken an Schiller, den »Sänger unseres Vaterlandes«,
den »Dichter unserer nationalen Einheit«, verknüpfte sich überall mit einem
Bekenntnis zur Einheit der Deutschen und darüber hinaus nicht selten mit leidenschaftlicher Kritik an der bestehenden politischen Ordnung. Aufschlußreich war,
daß die Schiller-Feiern keineswegs nur von der traditionellen Schicht von Bildung
und Besitz getragen wurden, sondern auch von erheblichen Teilen der Unterschichten. Sie boten die willkommene Gelegenheit, bei einem an sich unpolitischen Ereignis politische Gesinnung zu zeigen, ohne die Zensur fürchten zu
müssen. Gewiß war viel von dem, was aus diesem Anlaß über die Zukunft der
Nation gesagt wurde, bloße Rhetorik, aber die Resonanz war groß. Die Deutschen waren, so schien es, wieder aus ihrer politischen Resignation herausgetre-
ten.

Die wichtigste Folge dieser Entwicklung war, daß die völlig demoralisierte
bürgerliche Mitte zu neuem Selbstbewußtsein zurückfand. Dies hatte unmittelbare Auswirkungen auf parteipolitschem Feld. Die Liberalen und Demokraten,
bislang in eine Vielzahl von Fraktionen ohne klares politisches Profil zersplittert,
fanden nun zu einem gewissen Maß an einheitlichem Handeln. Im Juni 1861
schlossen sich die verschiedenen Fraktionen der liberalen Linken in Preußen unter
dem Vorsitz des Arztes und Naturforschers Rudolf Virchow zur Deutschen
Fortschrittspartei zusammen und verwiesen damit die immer noch starke Gruppe
der Altliberalen ins politische Abseits. Die Fortschrittspartei gab sich erstmals ein
formelles Programm, das die konsequente Verwirklichung des verfassungsmäßigen Rechtsstaates und der konstitutionellen Regierung verlangte und zugleich die
Errichtung einer starken deutschen Zentralgewalt in den Händen Preußens und
die Berufung einer gemeinsamen nationalen Volksvertretung forderte. Entscheidend war, daß die Fortschrittspartei mit der Begründung eines Zentralwahlkomitees in Berlin, dem die Gründung zahlreicher lokaler Wahlvereine folgte, den
Charakter einer reinen Fraktionspartei, wie dies bisher die Regel war, hinter sich
ließ. Mit öffentlichen Aufrufen und einer professionell gelenkten Agitation, die
sich zugleich der dem Liberalismus nahestehenden bürgerlichen Presse bedienen
konnte, wurde erstmals auch der Versuch gemacht, nicht nur die Entscheidungen,
sondern bereits die Benennung der Wahlmänner zu beeinflussen. Dies stellte das
herkömmliche, kleinräumige Honoratiorensystem bei den Wahlen, welches
behördlichen Beeinflussungen Tür und Tor öffnete und sich überwiegend zugunsten gemäßigter Kandidaten ausgewirkt hatte, in Frage; die parteipolitische Auseinandersetzung erreichte ein neues Niveau. Zudem fehlte es nicht an Bemühungen, die unteren Schichten und namentlich den Handwerkerstand zu erreichen,
obschon sich dies als weit schwieriger herausstellte, als man angenommen hatte.
Insgesamt aber war die Aktivität der Fortschrittler von Erfolg gekrönt. Bei den
ersten Wahlen zum preußischen Abgeordnetenhaus nach dem Beginn der »Neuen

Ära« gewann die Fortschrittspartei auf Anhieb 141 Sitze, ein Drittel aller Mandate, und damit eine parlamentarische Schlüsselstellung.

Das preußische Beispiel machte sogleich Schule. In Kurhessen flammte unter der Führung des Kasseler Zeitungsverlegers Friedrich Oetker der Verfassungskampf wieder auf. Die Opposition forderte nun von der Regierung die Wiederherstellung der Verfassung von 1831 nebst sämtlichen Ergänzungen von 1848/49. Als aufgrund eines Beschlusses des Bundestages die von der kurfürstlichen Regierung bislang vergeblich inaugurierte Verfassung am 30. Mai 1860 schließlich in Kraft gesetzt wurde, brach ein Proteststurm gegen diesen verspäteten und unzeitgemäßen Akt der Reaktion los. Die neugewählte Kammer, in der die bürgerliche Opposition eine riesige Mehrheit besaß, löste sich als Zeichen des Protests gegen diesen Staatsstreich wegen Unzuständigkeit selbst auf; und dieses Spiel wiederholte sich in der Folge mehrmals. Am Ende blieb dem Kurfürsten nichts anderes übrig, als der liberalen Opposition auf halbem Weg entgegenzukommen und, auf Beschluß Preußens und Österreichs, die Verfassung von 1831 und das Wahlgesetz von 1849 wiederherzustellen; der Sieg der konstitutionellen Bewegung schien nahezu vollkommen zu sein. In Hannover vermochte sich zwar die hochkonservative Regierung König Georgs zu halten, aber alle Versuche, die hannoveranische Opposition, die sich uneingeschränkt auf der Linie des Nationalvereins bewegte, einzudämmen, sei es durch Verfolgung der Anhänger des Nationalvereins, sei es durch Gründung einer regierungsnahen konservativen Gegenorganisation, den »Rechtsbund«, scheiterten vollständig. Sie führten vielmehr dazu, daß Rudolf von Bennigsen unangefochten zum Führer der nationalen Bewegung aufstieg und um so entschiedener dafür plädierte, daß der einzelstaatliche Partikularismus ausgedient habe und ein liberales Preußen die Führung in Deutschland übernehmen müsse. Preußen, so argumentierte Bennigsen, sei dazu berufen, eine neue nationale Schöpfung auf den Trümmern des alten Reiches zu begründen: »Dieser Weg ist Preußen vorgezeichnet, in ihm ist die künftige deutsche Geschichte enthalten, zugleich aber auch für alle nationalen Bestrebungen damit ein fester Mittelpunkt gewonnen.« Auch in Süddeutschland formierten sich unter dem Einfluß dieser Strömungen Gruppierungen der linken Mitte, die sich vielfach, wie in Bayern und in Württemberg, nach preußischem Vorbild die Bezeichnung »Fortschrittspartei« gaben. Aber hier blieb die Frage weiterhin umstritten, ob man sich die entschieden pro-preußische Orientierung, wie sie der Nationalverein vertrat, uneingeschränkt zu eigen machen solle. Namentlich in den süddeutschen Staaten blieb der Gegensatz einer kleindeutschen und einer großdeutschen Orientierung unvermindert lebendig; es waren keineswegs nur die traditionellen Eliten und die Kräfte der Rechten, die ein Übergewicht Preußens fürchteten, sondern gerade auch die entschiedene Linke.

Unter der glänzenden Oberfläche der nationalpolitischen Agitation bestanden somit im bürgerlichen Lager die Differenzen der Revolutionszeit gutenteils fort.

Insofern blieb die große Sammlungsbewegung der demokratischen und liberalen Kräfte in Preußen und den Einzelstaaten, die der Nationalverein in die Wege geleitet hatte, Stückwerk. Der Nationalverein vermochte nur einen Teil der bürgerlichen Kräfte wirklich auf ein eindeutiges politisches Programm zu einigen; sowohl die Altliberalen als auch eine Minorität der demokratischen Linken versagten sich dem Appell an die gemeinsamen nationalen Ziele. Auch bei den Vertretern des fortschrittlichen Liberalismus war die Bereitschaft, über die Linie eines streng konstitutionellen Systems hinauszugehen und die traditionellen Prärogativen der monarchischen Exekutive zu beschneiden, so gut wie überhaupt nicht vorhanden, obschon es in Baden und seit 1861 auch in Hessen gelungen war, liberale Kabinette zur Macht zu bringen, die faktisch von einer liberalen Kammermehrheit getragen wurden.

Als entscheidendes Moment kam hinzu, daß die linke Flanke dieser bürgerlich-nationalen Bewegung durchaus ungedeckt war. Schulze-Delitzsch gehörte zu jenen wenigen entschiedenen Liberalen, die die Bedeutung der sogenannten sozialen Frage und die Notwendigkeit, die Arbeiterschaft in das politische System des Liberalismus zu integrieren, schon früh erkannt hatten. Seine unermüdlichen Bemühungen, eine Genossenschaftsbewegung ins Leben zu rufen, die auf dem Prinzip der kollektiven Selbsthilfe aufgebaut war, galten unter anderem dem Ziel, den Handwerkern und selbständig Arbeitenden – und sie machten einstweilen noch die große Mehrheit der Arbeiterschaft aus – Wege und Mittel aufzuzeigen, um sich unter den Bedingungen eines sich entwickelnden marktorientierten kapitalistischen Systems zu behaupten. Doch wie die industrielle Arbeiterschaft an den fortschrittlichen Liberalismus zu binden sei, war eine offene Frage; hier versagte ersichtlich der Appell an das Prinzip der »Selbsthilfe«, auf das der fortschrittliche Liberalismus seine Überlegungen, wie den Arbeitern zu helfen sei, gründete.

Allerdings stellte dies vorderhand kein ernstes Problem dar, denn noch war die Industriearbeiterschaft zahlenmäßig äußerst gering und politisch so gut wie überhaupt nicht mobilisiert. Die Anfang der sechziger Jahre allerorten aus dem Boden schießenden Arbeiterbildungsvereine und Arbeitervereine bewegten sich einstweilen noch weitgehend im Fahrwasser des Liberalismus. Sie boten den Arbeitern vielfältige Möglichkeiten, um sich beruflich fortzubilden und sich eine umfassendere Bildung anzueignen; daneben gaben sie mancherlei Gelegenheit zu geselligen Veranstaltungen. Das lag ganz auf der Linie liberaler Vorstellungen, die davon ausgingen, daß die Arbeiter sich durch den Erwerb von Bildung aus ihrer bedrängten sozialen Lage befreien könnten. Auch die reinen Arbeitervereine, die nun entstanden, entwickelten zunächst kein eigenständiges politisches Profil, sondern stellten Ableger des fortschrittlichen Liberalismus beziehungsweise der radikalen Demokratie dar. Vorerst wurde der Anspruch des fortschrittlichen Liberalismus, nicht allein die Interessen der bürgerlichen Schichten, sondern auch jene der Arbeiterschaft zu vertreten, noch nicht ernstlich in Zweifel gezogen. Ebenso wurde der Führungsanspruch des Nationalvereins in den nationalpolitischen Fragen, soweit dem nicht großdeutsch-demokratische Auffassungen entgegenstanden, zumeist anerkannt. Dies sollte sich bereits wenige Jahre später, mit dem Auftreten von Ferdinand Lassalle auf der politischen Bühne, dramatisch ändern, mit weitreichenden Folgen für das politische System in der deutschen Staatenwelt.

Unter den gegebenen Umständen hing alles davon ab, ob der Liberalismus, und als seine Speerspitze die Fortschrittspartei, die Gunst der Stunde würde nutzen können, um die Regierungen der deutschen Einzelstaaten zu zwingen, nunmehr uneingeschränkt zur konstitutionellen Regierungsweise zurückzukehren, und sie dazu zu bringen, in eine grundlegende Reform der deutschen Verfassungsverhältnisse einzuwilligen, die die Einheit der Deutschen in Freiheit, oder doch zumindest in größerer Freiheit, gewährleisten werde. Die große Frage des Augenblicks war dabei, ob Preußen seine »historische Mission«, wie Bennigsen es damals ausdrückte, auch wirklich zu erfüllen bereit sei. Dafür schien freilich eine gründliche Liberalisierung der preußischen Verhältnisse die erste, unabdingbare Voraussetzung zu sein. Die Chancen dafür standen insgesamt nicht schlecht. Fürs erste waren die Hochkonservativen in der deutschen Staatenwelt überall, so glaubte man wenigstens, in die Defensive gedrängt worden. In Baden regierte ein liberales Kabinett, in Hessen hatte die Opposition einen Triumph über die Regierung davongetragen, in Hannover befand sich die hochkonservative Beamtenregierung Georgs V. in höchster Bedrängnis. In Berlin regierte ein liberal-konservatives Kabinett, das sich ausdrücklich zu Preußens »deutschem Beruf« bekannt hatte und den Ausgleich mit den aufsteigenden bürgerlichen Schichten suchte. Die Durchsetzung liberaler Grundsätze in ganz Deutschland schien unmittelbar bevorzustehen.

Doch die Konservativen blieben nicht untätig. Hermann Wagener begründete 1861 den Preußischen Volksverein, mit zahlreichen lokalen Vereinen auf dem flachen Lande, die an die Traditionen der Preußen-Vereine der Revolution anknüpften; schon 1862 hatten diese 26.000 Mitglieder gewonnen, mehr als der so mächtige und einflußreiche Nationalverein. Zwar war der gouvernementale Konservativismus erst einmal aus dem Feld geschlagen und ebenso waren die Hochkonservativen ins Abseits geraten, aber die politische Basis des Konservativismus in den ländlichen Regionen, gestützt auf das Bündnis mit einer obrigkeitlich verfaßten evangelischen Kirche, war ungebrochen. Auch hinsichtlich der »deutschen Frage« blieben die konservativen Kräfte nicht untätig. Der 1862 in Frankfurt gegründete Deutsche Reformverein bemühte sich, die großdeutsch gesinnten Teile der Bevölkerung vor allem in den Mittelstaaten, die den Hegemonialanspruch Preußens zu fürchten hatten, politisch zu aktivieren. Er konnte dabei in erster Linie auf die Unterstützung jener Elemente der Führungsschichten zählen, die ein konkretes Interesse am ungeschmälerten Fortbestand der Existenz der Einzelstaaten oder an der Erhaltung der Beziehungen zu Österreich besaßen.

Insbesondere die katholische Hierarchie in den Mittelstaaten hatte ein unmittelbares Interesse an der fortdauernden Vormachtstellung des österreichischen Kaiserstaates in Deutschland, aber auch die einfachen Katholiken empfanden große Sympathie für Österreich. Davon abgesehen gab es auf der politischen Linken starke Gruppen, die vorderhand nicht bereit waren, eine Führungsrolle Preußens in Deutschland zu akzeptieren. Die Bemühungen des Reformvereins, mit Hilfe einer breit angelegten Agitation die großdeutschen Kräfte gegen den Nationalverein zu mobilisieren, erwiesen sich am Ende als wenig erfolgreich, vor allem wegen der Heterogenität der eigenen Anhängerschaft, die es nicht erlaubte, mit einem klaren Alternativprogramm zur Lösung der »deutschen Frage« hervorzutreten. Gleichwohl machte der Reformverein Stimmung für eine bescheidene Modifikation des überkommenen bundesstaatlichen Systems, der bei einer Änderung der politischen Gesamtkonstellation sehr rasch neues Gewicht zuwachsen konnte. Alles hing nunmehr davon ab, ob die mit so viel Vorschußlorbeeren bedachte »Neue Ära« in Preußen die erwarteten Resultate bringen werde.

Die konservative Revolution
(1862–1867)

Liberalismus und Konservativismus im Positionskampf: der preußische Verfassungskonflikt

Die mit so viel Vorschußlorbeeren begrüßte Regierung der »Neuen Ära« in Preußen geriet schon sehr bald in eine äußerst schwierige Lage. Es erwies sich, daß die gesellschaftlichen Voraussetzungen für das Experiment eines preußischen Whiggismus nicht vorhanden waren. Die neue, in ihrer Struktur liberal-konservative Regierung, in der Rudolf von Auerswald, ein altliberaler Großgrundbesitzer, und der Bankier August Freiherr von der Heydt die energischsten Persönlichkeiten waren, verfügte nicht über eine eigenständige politische Basis im Land, sondern war eine Schöpfung des Prinzregenten Wilhelm und schon deshalb in hohem Maße von seinem Willen abhängig. Sie wurde von der liberalen öffentlichen Meinung in Preußen zu entschlossenen Schritten in Richtung auf die Einlösung des konstitutionellen Programms angefeuert, das der Verfassung von 1850 im Ansatz zugrunde lag. Doch sie stand einer auf Erhaltung des Status quo bedachten hohen Staatsbürokratie gegenüber, die ihre Maßnahmen nach Möglichkeit zu konterkarieren suchte. Eine durchgreifende Neubesetzung der Schlüsselpositionen in der hohen Bürokratie wagte die Regierung jedoch nicht vorzunehmen, weil dies nicht die Zustimmung des Prinzregenten gefunden hätte, obschon er die Hintertreppenstrategien der Kamarilla verabscheute und auch die dubiosen Praktiken ablehnte, mit denen sich die Regierung Manteuffel bei den Wahlen gefügige Mehrheiten zu verschaffen gewußt hatte. Die massive Wahlbeeinflussung unter Benutzung des Behördenapparats und insbesondere der Landräte hatte nicht nur dem Ansehen der Staatsregierung geschadet, sondern auch die Krone in Mißkredit gebracht. Wilhelm I. wollte keine Konfliktpolitik, die womöglich die Monarchie gefährdete, sondern Ausgleich und Versöhnung. Gleichwohl war er weit entfernt davon, einer wirklich konstitutionellen Regierung in Zusammenarbeit mit dem Abgeordnetenhaus seine Unterstützung zu gewähren; er hielt vielmehr hartnäckig am Grundsatz der königlichen Selbstregierung fest. In dieser Haltung wurde er von hochkonservativer Seite bestärkt. Der Chef des Militärkabinetts Edwin von Manteuffel beispielsweise gab die Devise aus: »In Preußen gedeihen die Dinge nur, wenn die Minister gehorchen.« Infolgedessen hatte das neue Kabinett große Schwierigkeiten, sich gegenüber dem Prinzregenten als kollektive Führungsinstanz zu etablieren. Bereits die ersten Gesetzesinitiativen der neuen Regierung, ein verfassungsmäßig vorgeschriebenes Ausführungsgesetz zum Paragraphen 61 der preußischen Verfassung von 1851, das die Verantwortlichkeit der Minister im Falle von Verfassungsverletzungen regeln sollte, sowie ein Gesetz über die Einsetzung einer Oberrechenkammer, die eine ordnungsgemäße Verwaltung der Staatsfinanzen sicherstellen sollte, stießen beim Prinzregenten auf tiefes Mißtrauen. Auch ein Gesetzentwurf über die Einführung der Zivilehe, der den Vorstellungen des bürgerlichen Liberalismus entsprach, führte sogleich zum Meinungsstreit. Nur die Gesetzgebung über die Judenemanzipation konnte über die bestehenden Hürden hinweggebracht werden.

Unter solchen Umständen hatte die Regierung der »Neuen Ära« von vornherein große Mühe, ihre liberale Reputation zu retten. Die Einbringung eines Ministerverantwortlichkeitsgesetzes, das erhebliche politische Brisanz hatte, da es aus liberaler Sicht einen Kernbestandteil konstitutioneller Regierungsweise betraf, obschon es nur die justizförmige Verantwortlichkeit der Minister festlegen sollte, wurde von der Regierung immer wieder aufgeschoben, ungeachtet der Proteste der liberalen Kammermehrheit. Zum offenen Konflikt kam es dann über der Frage der Heeresreform. Bei einiger Elastizität von Monarch und Regierung hätte dieser sich vermutlich vermeiden lassen. Die Erklärung Wilhelms angelegentlich der Übernahme der Regentschaft, eine gründliche Reorganisation des Heeres in Preußen in Angriff nehmen zu wollen, war anfänglich auch bei den entschiedenen Liberalen durchweg auf Zustimmung gestoßen. Es war unbestritten, daß sich im Zuge der preußischen Mobilmachung auf dem Höhepunkt der Krise von 1859 beträchtliche Mängel der preußischen Heeresorganisation herausgestellt hatten, die beseitigt werden mußten. Auch die Liberalen begrüßten eine Stärkung des preußischen militärischen Potentials – erwarteten sie doch, daß es sich auf außenpolitischem Feld für ein größeres Maß staatlicher Einigung Deutschlands werde einsetzen lassen. Aber Wilhelm wie sein Kriegsminister Albrecht von Roon verbanden von Anbeginn mit den Plänen für eine Reorganisation des Heeres nicht nur militärtechnische, sondern auch politische Zielsetzungen, die jenen der Liberalen diametral entgegengesetzt waren. Nach Roons Meinung sollte eine schlagkräftige preußische Armee sowohl die außenpolitische Handlungsfähigkeit Preußens erhöhen als auch das stabile Rückgrat für eine starke, von Parlamentsmehrheiten unabhängige Monarchie abgeben. Mehr noch: Roon verband mit der Reorganisation des Heeres die Absicht, dem Ministerium der »Neuen Ära« den Schleier der Liberalität zu entreißen. Er ging davon aus, daß die Königsgewalt in Preußen unumschränkt sei. Der König habe die Verfassung aus freien Stücken gewährt und könne sie demgemäß jederzeit in jeder beliebigen Richtung weiterentwickeln oder gegebenenfalls auch wieder zurücknehmen. Ein starkes, königstreues Heer sollte der Herrschaftsgewalt des Monarchen dabei den notwendigen Rückhalt geben.

Diese vornehmlich in hochkonservativen Kreisen kolportierten Auffassungen waren damals der Öffentlichkeit im einzelnen nicht bekannt. Ausgelöst wurde der Konflikt zunächst durch die Bestimmung in der Heeresreform, welche vorsah, die Selbständigkeit der Landwehr neben der Linie, eine den bürgerlichen Schichten seit 1813 geheiligte Institution, abzuschaffen. Das erste Aufgebot der Landwehr, das heißt der erste bis siebte Jahrgang, sollte größtenteils der Heeresreserve zugeschlagen und im Kriegsfall im Verband des stehenden Heeres eingesetzt werden; die restlichen vier Jahrgänge hingegen sollten dem zweiten Aufgebot zugeordnet werden und nur noch als Etappen-, Festungs- und Garnisonstruppe Verwendung finden. Das zweite Aufgebot sollte diesen Plänen zufolge künftig aus insgesamt elf älteren Jahrgängen, gegenüber fünf Jahrgängen des regulären Heeres, bestehen und gleichsam bloß noch als Hilfstruppe Verwendung finden. Es gab gute militärtechnische Argumente dafür, mit der ehrwürdigen Institution der Landwehr zu brechen, welche mit den Erfordernissen moderner Kriegführung in der Tat nicht mehr recht vereinbar war. Aber die psychologische und gesellschaftspolitische Bedeutung dieses Schritts war groß; die liberale Öffentlichkeit sah darin eine Herausforderung an das geachtete Prinzip des Volksheeres. Ihre Besorgnis war, wie gleichzeitige Aussagen von konservativer Seite zeigen, keineswegs gänzlich unbegründet. Schon 1858 hatte Roon sich gerade auch aus politischen Gründen gegen die Landwehr ausgesprochen. Sie sei »eine politisch falsche Institution«, denn sie imponiere »dem Auslande nicht und« sei »für die innere wie die äußere Politik von zweifelhafter Bedeutung«. Die Tatsache, daß der Kriegsminister in diesem Zusammenhang der inneren Politik den Vorrang vor der äußeren zumaß, spricht für sich. Roon war der Überzeugung, daß die Regierung, sofern sie im Konfliktfall auf die Landwehr angewiesen sei, »immer Rücksicht auf die Stimmung des bewaffneten Volkes« nehmen müsse. Gerade dies war aus konservativer Perspektive unerträglich; denn man wollte ein Heer, das der Kommandogewalt des Monarchen uneingeschränkt unterworfen sein würde und der Krone auch bei Konflikten im Innern als zuverlässiges Machtinstrument zur Verfügung stehen sollte. Wesentlich aufgrund von Erwägungen analoger Natur war neben der Erhöhung der Präsenzstärke des stehenden Heeres um rund 47 Prozent, die unter damaligen Umständen erheblich war, aber hinter einer vollen Ausschöpfung der allgemeinen Wehrpflicht noch weit zurückblieb, die dauernde Einführung der dreijährigen Dienstpflicht vorgesehen. Dabei spielten ebenfalls nicht militärtechnische, sondern politische Überlegungen eine ausschlaggebende Rolle: Während eines dreijährigen Wehrdienstes würde es möglich sein, den Soldaten alle liberalen Velleitäten auszutreiben und sie zu treuen Gefolgsleuten ihres obersten Kriegsherren zu machen.

Unter solchen Umständen stieß die Heeresreform im preußischen Abgeordnetenhaus von Anfang an auf erheblichen Widerstand. Vor allem die faktische Aushöhlung des Prinzips der Landwehr empfanden die Liberalen als Schlag ins Gesicht, gingen sie doch davon aus, daß die waffentragenden Bürger die vornehmsten Träger einer zukunftweisenden preußischen Außenpolitik darstellten. Das Ziel der Liberalen war klar: Sie begrüßten eine Steigerung der Schlagkraft des Heeres nach außen, aber die Truppen sollten nicht zu einem Machtinstrument der

Krone und der dieser nahestehenden konservativen Eliten im Innern gemacht werden. Deshalb lehnten sie es ab, die Reduzierung der Landwehr zu einer bloßen Heeresreserve hinzunehmen und die dreijährige Dienstpflicht zu akzeptieren. Ihr Ideal war die Einheit von Heer und Volk, genauer gesagt, ein bürgerliches Heer, beseelt von der gleichen nationalen Gesinnung wie sie selbst. Für Roon und den König war dergleichen völlig unannehmbar; sie wollten vielmehr ein festgefügtes, monarchisch gesinntes Heer schaffen, das von den Einflüssen der öffentlichen Meinung möglichst abgeschirmt sein sollte.

Anfänglich suchten die Liberalen einen offenen Konflikt wegen der Heeresvorlage, der zu einem vorzeitigen Ende des Ministeriums der »Neuen Ära« geführt haben würde, wenn irgend möglich zu vermeiden, sehr zum Bedauern der Hochkonservativen, die darauf spekulierten, daß ein Konflikt den Monarchen veranlassen werde, zu einem hochkonservativen Regiment zurückzukehren. Leopold von Gerlach fand es im Dezember 1859, in richtiger Voraussicht des Kommenden, »höchst merkwürdig und unheimlich, daß die liberale Partei sich die Maßregeln gegen die Landwehr so ruhig gefallen« lasse: Die Landwehr sei »gewiß das revolutionärste Institut hier im Lande, eine Schule der Indisziplin, Offiziere aus dem Volke, Gegensatz der vertierten Soldateska usw., und doch schweigt alles bei ihrem Untergang. [...] Ich kann nicht finden, daß in der jetzigen Krise die Liberalen die Hauptsache im Auge haben. Die stehende Armee mit ihrem Offiziersaristokratismus ist ihr gefährlichster Feind im Innern.« Tatsächlich war den Liberalen die Bedeutung der Frage bewußt, wer denn künftig über die militärische Macht im Staat verfügen werde; aber sie erkannten, daß ihre strategische Position in diesem Punkt schwächer war als in den zahlreichen anderen anstehenden konstitutionellen Fragen, vom Verantwortlichkeitsgesetz bis hin zur Reform der ländlichen Kreisverfassung und der Grundsteuergesetzgebung. Deshalb reagierten sie zunächst vergleichsweise maßvoll. Die liberale Mehrheit im Abgeordnetenhaus erklärte sich im Prinzip bereit, die erforderlichen Mittel für die Heeresreorganisation zu bewilligen, jedoch unter zwei Bedingungen: zum ersten, daß die Regierung von der dreijährigen Dienstpflicht Abstand nehme, und zum zweiten, daß das bisherige Verhältnis von Linie und Landwehr unverändert bestehenbleibe. Jedoch war der Prinzregent, unter dem Einfluß Roons, nicht willens, nennenswerte Konzessionen auch nur in Erwägung zu ziehen, nicht zuletzt auch deshalb, weil ihm das Budgetrecht des Parlaments in Heeresangelegenheiten ohnehin ein Dorn im Auge war. Daraufhin zog die Regierung die entsprechenden Vorlagen zurück und erklärte, daß die Heeresreorganisation eine Angelegenheit der Kommandogewalt des Königs sei und somit einer Billigung des Parlaments gar nicht bedürfe. Dies war eine klare Brüskierung der Parlamentsmehrheit und kam der Sache nach dem Rückzug auf das Prinzip der Alleinherrschaft der Krone in allen militärischen Fragen gleich. Eigentlich war damit die Verfassungsfrage bereits aufgeworfen. Allein um dem offenen Konflikt auszuweichen, billigte die liberale Mehrheit dann doch das »Provisorium«, also die für das Haushaltsjahr 1861 zusätzlich erforderlichen Mittel für die Reorganisation des Heeres, allerdings gegen eine ausdrückliche Zusicherung der Regierung, daß die entsprechenden Maßnahmen bei einer späteren Nichtbewilligung wieder rückgängig gemacht werden könnten. Der Kriegsminister setzte jedoch zielbewußt alles daran, die Vorläufigkeit dieser Bewilligung zu unterlaufen und durch die definitive Durchführung der Reorganisation vollendete Tatsachen zu schaffen. Dennoch bewilligte die Kammer im Frühjahr 1861 zum zweiten und, wie ausdrücklich erklärt wurde, letzten Mal das »Provisorium«, nunmehr mit der Maßgabe, daß im folgenden Jahr eine gesetzliche Regelung der Wehrpflicht definitiv erfolgen müsse. Jedoch das entsprechende Gesetz wurde auf Betreiben Roons am Ende gar nicht erst eingebracht.

Das kam einer Herausforderung der liberalen Parlamentsmehrheit gleich, die diese nicht stillschweigend hinnehmen konnte, wollte sie sich nicht selbst politisch unglaubwürdig machen. Die Erbitterung der Liberalen aller Richtungen über die Intransigenz der Regierung wurde zudem durch den Umstand angeheizt, daß die von dieser in Aussicht gestellten Gesetzentwürfe liberalen Charakters entweder im Labyrinth der preußischen Bürokratie steckenblieben oder im Herrenhaus rundweg abgeschmettert wurden. Im Grunde war die Regierung der »Neuen Ära« nur noch dem Anschein, nicht der Sache nach liberal; vielmehr kam es zu einer nahezu vollständigen Blockierung des normalen Gesetzgebungsprozesses. Die Lage wurde weiter verschärft, als Wilhelm I. am 2. Januar 1861 auch formell die Nachfolge Friedrich Wilhelms IV. antrat. Der Monarch bestand darauf, anläßlich des Thronwechsels in Königsberg und Berlin nach altständischem Muster die Erbhuldigung der Stände entgegenzunehmen, obschon ein solcher Akt mit konstitutionellen Verhältnissen überhaupt nicht vereinbar war. Nur mit äußerster Mühe und einem kollektiven Rücktrittsgesuch des gesamten Kabinetts sowie einer Intervention des Kronprinzen gelang es schließlich, Wilhelm I. dazu zu bringen, auf den Huldigungseid der Stände, die nach konstitutionellem Recht als solche keine staatsrechtliche Existenz mehr besaßen, zu verzichten und statt dessen mit einem feierlichen Krönungsakt vorliebzunehmen, der zumindest der Form nach dem Verfassungsrecht nicht zuwiderlief. Die pathetische Art und Weise, in der dann bei den Feierlichkeiten augenfällig wurde, daß Wilhelm I. »von Gottes Gnaden« König von Preußen sei, sowie die demütigende Behandlung einer Delegation des Abgeordnetenhauses, lösten wiederum große Irritation aus. Unter solchen Umständen geriet die Regierungspolitik, die auf eine »Kombination von Militärgewalt des Fürsten und einer liberalen Tendenz der Regierung« abzielte, in größte Schwierigkeiten. Auf konservativer Seite steuerte man ziemlich offen auf eine Kraftprobe mit der liberalen Mehrheit im Abgeordnetenhaus hin. Roon meinte am 18. Juni 1861 zuversichtlich, daß Preußen »aus dem Schlammbad einer neuen Revolution [...] neugestärkt hervorgehen« werde.

Die Quittung für diese unglaublich halsstarrige Politik ergab sich bei den Neuwahlen für das Abgeordnetenhaus vom 6. Dezember 1861: Sie brachten einen überwältigenden Sieg der Liberalen, obschon die Regierung dieses Mal während des Wahlkampfes die Zügel wieder angezogen hatte. Nur 14 Konservativen gelang der Eintritt in das Abgeordnetenhaus. Die Weichen waren nunmehr auf einen offenen Konflikt gestellt, sobald die Frage der Finanzierung der Heeresreform wieder auf die Tagesordnung des Abgeordnetenhauses kommen würde. Die unbekümmerte Weiterführung der Reorganisationsmaßnahmen, unter Einsetzung von Mitteln aus anderen Titeln des Staatshaushalts bei fortgesetzter Mißachtung der Beschlüsse des Abgeordnetenhauses, veranlaßte die Kammermehrheit, künftighin eine Spezifikation der einzelnen Posten des Staatsetats vorzunehmen – eine heute längst geläufige Methode, um die Ausgabenpraxis der Regierung kontrollieren zu können. Dies war nicht viel mehr als ein Akt der Selbstachtung der parlamentarischen Mehrheit, deren Wortführer zudem Juristen waren, die die rechtliche Haltlosigkeit der Taktik der Regierung klar durchschauten. Wilhelm I. hingegen sah in dem Antrag Adolf Hermann Hagens, der am 6. März 1862 mit 177 gegen 143 Stimmen angenommen wurde, einen krassen Eingriff des Parlaments in die königliche Kommandogewalt. Er beantwortete diesen Schritt mit der Entlassung des Ministeriums und der Berufung eines neuen Kabinetts unter Adolf Fürst von Hohenlohe-Ingelfingen sowie der Auflösung des Abgeordnetenhauses. Die anschließenden Wahlen vom 6. Mai 1862 führten freilich zu einem noch umfassenderen Sieg der linken Opposition, unter weitgehender Eliminierung der Altliberalen. Nunmehr war guter Rat teuer geworden. Jezt tauchte auch in Kreisen der Regierung und zeitweilig selbst bei Roon der Gedanke auf, gegebenenfalls einen Kompromiß zu suchen und doch die zweijährige Dienstzeit zu konzedieren. Der Monarch hielt jedoch hartnäckig an der dreijährigen Dienstzeit fest. Er schrieb damals an den ihm nahestehenden altliberalen Rittergutsbesitzer von Saucken-Julienfelde: »Somit ist der Kampf auf Leben und Tod den Monarchen mit ihren stehenden Heeren geschworen, und dies Ziel zu erreichen, verschmähen die Fortschrittsmänner, Demokraten und ultra Liberale (sic!) kein Mittel, und zwar mit seltener Konsequenz und tiefer Überlegung. [...] › Ein Volksheer hinter dem Parlament‹. Das ist seit F(rankfurt) a(m) M(ain) die unverkappte Losung, der ich die Losung: ein diszipliniertes Heer, das zugleich das Volk in Waffen ist, hinter dem Könige und Kriegsherrn, entgegensetze.« Der König verkannte dabei, daß es ja die Strategie von Roons und seiner konservativen Berater gewesen ist, das Parlament gerade in dieser Frage herauszufordern, in der seine, des Königs eigene Position unnachgiebig, jene der Parlamentsmehrheit aber verletzlich war. Sie hatten diese Konstellation heraufbeschworen, in vollem Bewußtsein, daß dann eine revolutionäre Situation entstehen würde, die man allerdings jetzt, »da das Land ja ruhig ist«, überstehen zu können glaubte. Die entschiedenen Liberalen hatten gar keine andere Wahl, als den Fehdehandschuh aufzunehmen und die Frage der dreijährigen Dienstzeit zum Testfall zu erheben, um die konservativen Kräfte zur tatsächlichen, nicht bloß verbalen Anerkennung der Prinzipien des konstitutionellen Staatsrechts zu zwingen.

Damit stand Preußen am Rande einer schweren Staatskrise. Es stellte sich nunmehr die Frage, in welcher Weise man diese Situation werde meistern können. Sollte man, gestützt auf die Armee und die hohe Bürokratie, den Kampf mit der Opposition, obschon diese über breiten Rückhalt in der Öffentlichkeit verfügte, in aller Form aufnehmen und die Kammer erneut, möglicherweise wiederholt, auflösen? Oder sollte man sich auf ein längeres budgetloses Regiment, unter offener Verletzung des Verfassungsrechts, einlassen? Oder sollte man am Ende doch nachgeben und einen Kompromiß mit der nunmehr vier Fünftel der Abgeordnetenbänke füllenden liberalen Mehrheit schließen? Zeitweilig neigte sich der Trend der Meinungen zugunsten des Kompromisses. Wilhelm I. war entschlossen, für diesen Fall dem Thron zu entsagen. In dieser schier ausweglosen Situation wurde schließlich, als letzte verzweifelte Karte, die Möglichkeit einer Ministerpräsidentschaft Bismarcks ins Spiel gebracht, obwohl er bei Hofe als Inkarnation eines bedenkenlosen Gewaltmenschen galt. Am 18. September 1862 wurde Otto von Bismarck zum Ministerpräsidenten berufen. Am 22. September, einen Tag vor dem Amtsantritt, erklärte er sich in einer Audienz bei Wilhelm I. dazu bereit, die dreijährige Dienstpflicht mit allen Mitteln zu verteidigen, notfalls mit Hilfe eines langfristigen budgetlosen Regiments. Er bezeichnete sich bei dieser Gelegenheit als »Vasall« seines Königs; und als solcher, nicht als konstitutioneller Minister, werde er sein Amt führen.

Allerdings hatte Bismarck schon zuvor erkennen lassen, daß ihm nicht daran gelegen sei, einen extremen Staatsstreichkurs einzuschlagen, der die mehrmalige Auflösung des Abgeordnetenhauses und damit ein Verlagern der Auseinandersetzung aus dem Parlamentshaus in die breite Öffentlichkeit zur Folge haben würde. Mit bemerkenswertem Scharfblick sah er, daß die Basis der Fortschrittspartei und ihrer Verbündeten in der breiten Masse der Bevölkerung nicht groß genug war, um es auf einen revolutionären Kampf ankommen lassen zu können. Er hatte sich seine Strategie bereits zurechtgelegt; sie lief darauf hinaus, das Parlament im eigenen Saft schmoren zu lassen. Schon im Juli 1862 hatte er an den Außenminister des neuen Kabinetts, Albrecht von Bernstorff, geschrieben: »Ich denke mir den Verlauf des Kampfes ungefähr in der Art, daß das Ministerium jeder unerwünschten Streichung eines Postens der Militärausgaben zwar mit ruhiger Bestimmtheit entgegentritt, aber niemals eine Cabinets- oder Auflösungsfrage daraus macht, sondern die Kammer ihre Arbeit vollenden läßt. [...] Es fehlt der Kammer an Elementen, welche sie vor Langeweiligkeit bewahren. Verlängert man die Situation zur rechten Zeit durch eine Vertagung von 30 Tagen und läßt die Kreisrichter etwas von den Kosten ihrer Stellvertretung hören, so kommen die Herren vielleicht verständiger wieder. Vielleicht auch nicht. Geduldige und beharrliche Versuche zur Verständigung führen uns allein durch das Fahrwasser zwischen der Scylla kurhessischer Zustände im Lande und der Charybdis parlamentarischer Herrschaft.«

Die Berufung Bismarcks wurde verständlicherweise von der liberalen Mehrheit im Landtag als ein weiterer Schritt der Krone zur Verschärfung des Konflikts angesehen. Die Fortschrittspartei sah keinerlei Anlaß, von dem einmal beschrittenen Weg abzugehen. Sie strich die Ausgaben für die Reorganisation aus dem Haushaltsentwurf für das Jahr 1862 und nahm ihn dann in einer solchermaßen reduzierten Form an. Bismarck antwortete, in dem er ihn sowie den Haushaltsentwurf für 1863 zurückzog, mit der offenkundigen Absicht, die Opposition ins Leere laufen zu lassen. Darauf reagierten die Liberalen mit einer Resolution, in der die Regierung in aller Form darauf hingewiesen wurde, daß alle Staatsausgaben der »vorgängigen« Zustimmung des Hauses der Abgeordneten bedürften und daß es verfassungswidrig sei, Ausgaben zu tätigen, die von diesem »definitiv und ausdrücklich« abgelehnt worden seien. Damit war die formelle Ausgangsposition für den endgültigen Konflikt gegeben. In seinem ersten Auftritt vor dem Abgeordnetenhaus am 30. September 1862 suchte Bismarck zunächst noch die Wogen zu glätten. Er erklärte, daß die Regierung die Verständigung suche und »jederzeit die Hand zur Versöhnung ausgestreckt« halte. Freilich mußte dies den Abgeordneten wie blanker Hohn erscheinen, denn im gleichen Atemzug bestritt Bismarck die Verfassungsmäßigkeit der Forderung des Abgeordnetenhauses, daß alle Staatsausgaben der vorherigen Zustimmung des Abgeordnetenhauses bedürften, und fügte die vage gehaltene Drohung hinzu, daß die Krone noch andere Rechte habe, als diejenigen, »die in der Verfassung stünden«. Allerdings wies Bismarck ausdrücklich die ihm unterstellte Absicht zurück, »auswärtige Conflicte zu suchen, um über innere Schwierigkeiten hinwegzukommen«. Zugleich aber forderte er die Liberalen, die durchgängig davon ausgingen, daß nur ein liberales Preußen auf außenpolitischem Gebiet – insbesondere in der »deutschen Frage« – werde erfolgreich sein können, offen heraus: »Nicht auf Preußens Liberalismus sieht Deutschland, sondern auf seine Macht. [...] Nicht durch Reden und Majoritätsbeschlüsse werden die großen Fragen der Zeit entschieden – das ist der große Fehler von 1848 und 1849 gewesen –, sondern durch Eisen und Blut.« Im übrigen nahm er, sofern zwischen den drei dabei beteiligten Verfassungsfaktoren – dem Abgeordnetenhaus, dem Herrenhaus und der Krone – ein Budget nicht zustande komme, für die Staatsregierung ein »Notrecht« in Anspruch, gegebenenfalls auch ohne ein solches zu regieren.

Die Abgeordneten und die Öffentlichkeit waren von Bismarcks Auftritt nicht beeindruckt. Heinrich von Treitschke nannte die Worte von »Eisen und Blut« verächtlich Tiraden »dieses flachen Junkers«. Selbst Wilhelm I. war ernstlich beunruhigt, ob Bismarcks Politik nicht doch in den Abgrund eines ausweglosen Konflikts hineinführe. Bismarck versuchte in der Folge, den negativen Eindruck

Eröffnung der Preußischen Kammern im Weißen Saal des Berliner Schlosses durch König Wilhelm I. am 14. Januar 1861. Holzstich nach einer Zeichnung von Hermann Scherenberg. Berlin, Staatsbibliothek Preußischer Kulturbesitz

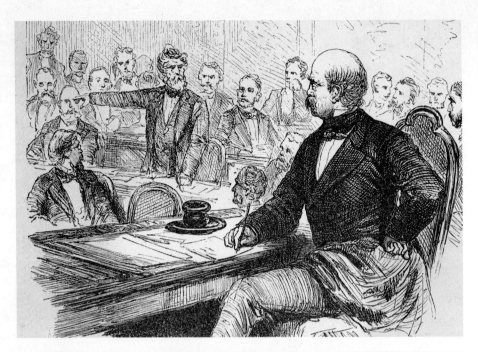

Bismarck während einer Debatte im preußischen Abgeordnetenhaus im Herbst 1862. Holzstich eines Unbekannten. Berlin, Archiv für Kunst und Geschichte. – Berliner Urwählerver-
sammlung Anfang Mai 1862. Holzstich nach einer Zeichnung von Friedrich Wilhelm Huhn.
Berlin, Staatsbibliothek Preußischer Kulturbesitz

der Worte von »Eisen und Blut«, die ihm in der Öffentlichkeit das Image eines prinzipienlosen Machiavellisten eingebracht hatten, der von »moralischen Eroberungen Preußens« nichts wissen wolle, in privaten Gesprächen etwas herunterzuspielen. Er führte zahlreiche vertrauliche Sondierungsgespräche unter anderem mit Vertretern der Fortschrittspartei, insbesondere mit Karl Twesten, um zu erkunden, ob nicht doch ein Kompromiß erreichbar sei. Ebenso suchte er den Finanzminister von der Heydt, der, obschon konservativ, eine Brücke zum Wirtschaftsbürgertum repräsentierte, im Kabinett zu halten, was allerdings nicht gelang. Im übrigen gingen die Dinge ihren Weg. Die Opposition hielt an ihrem Kurs unbeirrt fest und lehnte am 3. Oktober 1862 das Budget für das laufende Jahr endgültig ab. Das Herrenhaus nahm hingegen den ursprünglichen Etatentwurf an, ein Schritt, der, wie das Abgeordnetenhaus sogleich formell beschloß, eine Verfassungsverletzung darstellte; der Ablauf der Ereignisse ließ manifest hervortreten, daß der Gegensatz zwischen Krone und Fortschrittspartei der Sache nach zugleich eine Auseinandersetzung zwischen dem Bürgertum und der preußischen Aristokratie war.

Damit war der offene Konflikt da. Doch die Dinge wurden gemäß Bismarcks Strategie, die Auseinandersetzung zwischen der Regierung und der Mehrheit des Abgeordnetenhauses nach Möglichkeit zu bagatellisieren, zunächst dilatorisch behandelt. Die verfassungsrechtlich mögliche Vertagung des Abgeordnetenhauses verschaffte der Exekutive zunächst einmal etwas Zeit zum Atemholen. Doch das Abgeordnetenhaus nahm die erste Gelegenheit wahr, die sich nach der Wiedereröffnung im Januar 1863 bot, um die Regierung zu einer Reaktion zu zwingen. Dies geschah in Form einer Adresse an den König, welche die Rückkehr zur konstitutionellen Regierungsweise forderte und indirekt einen Wechsel der Minister nahelegte, die schon jetzt, noch bevor das Ministerverantwortlichkeitsgesetz Rechtsgeltung erhalten habe, die Verfassung verletzt hätten. Preußen könne »seinen Einfluß in Deutschland und damit seine Stärke nur dann wiedergewinnen [...], wenn es zunächst bei sich verfassungsmäßige Ordnung« herstelle. Das war der Fehdehandschuh. Die liberale Mehrheit, darin durch die bürgerliche Presse im Land massiv unterstützt, ging davon aus, daß sich das Ministerium Bismarck-Roon unter den gegebenen Umständen nicht mehr lange werde halten können. Die Liberalen waren zutiefst überzeugt, daß nicht allein das Recht für sie spreche, sondern daß das Ministerium Bismarck über kurz oder lang an den außenpolitischen Entwicklungen scheitern werde. Bismarck warf der Opposition jetzt in schroffer Sprache vor, daß sie ein parlamentarisches Regime einzuführen beabsichtige, mit anderen Worten, daß sie danach trachte, die Macht im Staat für sich allein zu usurpieren. Dem müsse er als Minister Seiner Majestät des Königs entschieden entgegentreten; in Preußen gebe es keine englischen Verhältnisse: »Das preußische Königthum hat seine Mission noch nicht erfüllt, es ist noch nicht reif dazu, einen rein ornamentalen Schmuck Ihres Verfassungsgebäudes zu bilden, noch nicht reif, als ein todter Maschinentheil dem Mechanismus des parlamentarischen Regiments eingefügt zu werden.« Außerdem berief sich Bismarck auf die »Lückentheorie«, der zufolge die Regierung berechtigt, ja verpflichtet sei, die Geschäfte des Staates weiterzuführen, wenn eine Übereinkunft der beiden Häuser des Parlaments und der Krone über den Haushalt nicht zustande komme. »Wer die Macht hat, geht dann in seinem Sinne vor, weil das Staatsleben auch nicht einen Augenblick stillstehen kann.« Damit war auch auf seiten Bismarcks der Konflikt auf eine grundsätzliche Ebene gehoben, die einen Ausgleich auf dem Weg eines Kompromisses ausschloß. Aus dem Kampf über die Frage der Reorganisation des Heeres war nun ein Kampf um die Behauptung des konstitutionellen Systems geworden. Die Kernfrage war, mit anderen Worten, ob Preußen weiterhin von aristokratischen Eliten regiert werden solle oder ob den bürgerlichen Schichten der ihnen nach Zeitlage und Verhältnissen zustehende Anteil an der Ausübung der Macht im Staat endlich zugestanden würde.

In der Folge spitzte sich der Gegensatz zwischen der Landtagsmehrheit und der Regierung immer weiter zu. Die Auseinandersetzung blieb nun nicht länger auf die parlamentarische Ebene beschränkt; eine Flut von öffentlichen Erklärungen, in denen die Politik der Fortschrittspartei nachdrücklich gebilligt wurde, stärkte die Position der Opposition. Umgekehrt blieben Hermann Wageners konservative Volksvereine nicht untätig; sie organisierten zahlreiche Loyalitätserklärungen zugunsten der Krone. Bismarck seinerseits argumentierte im Hinblick auf die niedrige Wahlbeteiligung und die Eigenart des preußischen Dreiklassenwahlrechts, daß der Anspruch der Opposition, die übergroße Mehrheit des Volkes zu repräsentieren, überhaupt nicht berechtigt sei; bei genauerer Hinsicht vertrete diese, ungeachtet ihrer überwältigenden Mehrheit im Abgeordnetenhaus, bestenfalls etwa 13 bis 15 Prozent der Wähler. Im März 1863 brachte Schulze-Delitzsch einen eigenen Entwurf für ein Gesetz über die Ministerverantwortlichkeit ein, nachdem sich die Regierung geweigert hatte, dies von sich aus zu tun. Darin wurden Zuwiderhandlungen gegen die Verfassung, sofern deren Verfassungswidrigkeit den Ministern bekannt war oder hätte bekannt sein müssen, unter Strafe gestellt – ein Schritt, der in einem Augenblick, in dem das Abgeordnetenhaus die Minister ausdrücklich verfassungswidrigen Verhaltens beschuldigte, nur als ein neuer ostentativer Angriff auf die Regierung verstanden werden konnte. Der Entwurf wurde, ungeachtet der Einwendungen Bismarcks, dem unter anderen der berühmte Jurist Rudolf Gneist mit einer großen Rede entgegentrat, mit der überwältigenden Mehrheit von 249 zu 6 Stimmen angenommen; doch dies blieb staatsrechtlich folgenlos, da das Herrenhaus und die Krone dem Gesetz ihre Zustimmung verweigerten. Die erneute Vorlage eines Wehrdienstgesetzes, das als Konzession die Wiederherstellung des ersten Aufgebots der Landwehr vorsah, aber an dem inzwischen längst zum Symbol gewordenen Prinzip der dreijährigen Dienstpflicht festhielt, blieb unter diesen Umständen eine bloß rituelle Handlung.

Bittere Auseinandersetzungen über Geschäftsordnungsfragen führten dazu, daß sämtliche Minister ihr Erscheinen im Abgeordnetenhaus einstellten, auch dann, wenn ihre Anwesenheit verfassungsmäßig vorgeschrieben war. Das konstitutionelle Prinzip der Zusammenarbeit der verschiedenen Verfassungsinstanzen war zusammengebrochen. Die Opposition griff schließlich zu dem äußersten Mittel einer neuen Adresse an den Monarchen, in der unverblümt festgestellt wurde, »daß zwischen den Rathgebern der Krone und dem Lande eine Kluft besteht, welche nicht anders als durch einen Wechsel der Personen, und mehr noch, durch einen Wechsel des Systems ausgefüllt werden wird«. Daraufhin sah auch Bismarck keinen anderen Weg mehr, als das Abgeordnetenhaus, ganz gegen seine Neigung, am 1. Juni 1863 zu schließen.

Somit standen die Dinge auf des Messers Schneide. Bismarck zögerte jetzt nicht länger, alle der Staatsmacht zur Verfügung stehenden Register zu ziehen, um das widerspenstige Abgeordnetenhaus zu zähmen. Er setzte den Hebel zunächst dort an, wo dies am leichtesten möglich zu sein schien: an der Reglementierung der großen Zahl von beamteten Abgeordneten, namentlich auch der Richter, die zumeist im Lager der Opposition standen. Ihnen wurden die Kosten ihrer eigenen Vertretung auferlegt, um ihnen die Mitgliedschaft in der Kammer gründlich zu verleiden. Darüber hinaus wurden zahlreiche Beamte in abgelegene Orte strafversetzt oder zur Disposition gestellt. Im Falle der Richter erwies sich ein solches Vorgehen als etwas schwieriger, da dafür ein gerichtliches Verfahren erforderlich war; aber auch hier kam es in einer Reihe von Fällen zu Versetzungen oder anderen Repressalien. Darüber hinaus suchte Bismarck die massive Kritik der bürgerlichen Presse an der Regierung zu unterbinden. Gegen erhebliche Bedenken Wilhelms I., der seinerzeit die verfehlte Repressionspolitik der Ära Manteuffel zum Anlaß eines Regimewechsels genommen hatte, und ungeachtet eines Protests des Kronprinzen setzte er im Staatsministerium die sogenannte Pressordinanz vom 1. Juni 1863 durch, die der Regierung eine Handhabe verschaffte, die Presse der Fortschrittspartei zu drangsalieren und, sofern dies nichts half, zu unterdrükken. Die Pressordinanz beruhte ausschließlich auf einer Kabinettsorder des Monarchen; ihr fehlte jegliche verfassungsmäßige Legitimierung. Sie enthielt etliche Gummiparagraphen, die es in die Willkür der Behörden stellten, mißliebige Zeitungen nach Belieben zu vermahnen oder zu verbieten. Bismarck wollte damit vor allem ein Ziel erreichen, nämlich, wie er es im Kronrat formulierte, die Gefahren für die »öffentliche Sicherheit« abzuwenden, die von der »ätzenden Wirkung der schlechten Presse auf die niederen, zu einem eigenen politischen Urteil nicht befähigten Schichten der Bevölkerung« ausgingen. Das zeigt einmal mehr, daß es ihm in erster Linie darauf ankam, die breiten Schichten der Bevölkerung gegenüber den politischen Appellen der Fortschrittspartei abzuschirmen und diese gleichsam politisch zu isolieren. In die gleiche Richtung wiesen seine nicht ganz so erfolgreichen Versuche, durch eine positive Pressebeeinflussung und mit

Hilfe der amtlichen Provinzialkorrespondenzen ein konservatives Gegengewicht zur liberalen Presse zu schaffen. Daß diese Taktik aussichtsreich war, wurde von liberaler Seite durchaus gesehen. Leopold von Hoverbeck beispielsweise klagte: »Auf die große Masse des Volkes [...], auf die dritte und teilweise zweite Wählerklasse haben alle unsere Beratungen keinen Einfluß, da sie nichts davon erfahren – wenn nicht gar die offizielle Provinzialkorrespondenz sie noch absolutistischer macht, als sie das ihrem ganzen Bildungsgange nach schon sind.« Bismarck zögerte zudem nicht, die repressiven Maßnahmen aufgrund der Pressordinanz durch die Einleitung von zahlreichen Beleidigungsprozeßverfahren zu vervollständigen. Ihren Höhepunkt fand diese Kampagne mit einer Duellforderung Bismarcks an den berühmten Pathologen Virchow wegen eines Angriffs im Abgeordnetenhaus, die jener entrüstet zurückwies.

Gleichzeitig suchte Bismarck nach Mitteln und Wegen, um der Opposition auf andere Weise das Wasser abzugraben. Dazu gehörte in erster Linie der Plan einer Beseitigung des Dreiklassenwahlrechts, das wegen seiner massiven Begünstigung der besitzenden Klassen und des indirekten Wahlverfahrens in der Tat die Repräsentanz der bürgerlichen Schichten in der Kammer numerisch außerordentlich verstärkte. Selbst auf dem Höhepunkt der liberalen Flut, anläßlich der Wahlen von 1863, war die Unterstützung der liberalen Opposition in der Bevölkerung keineswegs so ausgeprägt, wie die Mehrheit von 256 gegenüber 82 Abgeordneten im Landtag dies auszuweisen schien; von den Urwählern hatten nur 50,8 Prozent liberal, dagegen 30,5 Prozent konservativ, 4,4 Prozent katholisch und 12 Prozent polnisch gewählt, bei einer Wahlbeteiligung von 57 Prozent in der ersten Klasse, 44 Prozent in der zweiten und 27,3 Prozent in der dritten Klasse. Das indirekte Wahlverfahren führte zur Potenzierung dieser Mehrheiten. Insofern waren die bürgerlichen Schichten, formal gesehen, eindeutig überrepräsentiert, während in den Unterschichten ein großes, potentiell konservatives Wählerreservoir steckte. Deshalb sann Bismarck über Möglichkeiten nach, die von ihm für königstreu gehaltenen Unterschichten politisch zu mobilisieren und gegen die Opposition auszuspielen. Dabei erwog er auch die Möglichkeit einer Aktivierung der Arbeiterschaft gegen das liberale Bürgertum. Im Mai 1863 trat er an Ferdinand Lassalle heran und erörterte mit ihm in freilich unverbindlicher Form, wie die Lage der Arbeiter durch staatliche Maßnahmen indirekter Natur zu verbessern sei. Er zeigte viel Interesse für Lassalles Idee der Produktivassoziationen mit Staatshilfe; ein Jahr später hat er den Landrat Olearius angewiesen, für die notleidenden schlesischen Weber eine Produktivgenossenschaft ins Leben zu rufen. In Umrissen zeichnete sich hier, unter dem Einfluß insbesondere Hermann Wageners, die Perspektive eines Bündnisses mit der politischen Arbeiterbewegung ab, soweit man damals schon von einer solchen sprechen konnte. Im Oktober 1863 wurde sogar Karl Marx, vermutlich durch Vermittlung Lothar Buchers, das Angebot unterbreitet, am preußischen »Staatsanzeiger« mitzuarbeiten, wenngleich wohl ohne volle Kenntnis seiner politischen Einstellung. Besonderes Interesse dürfte Bismarck an Lassalles Eintreten für das allgemeine Wahlrecht als Unterpfand eines Zusammengehens mit dem bestehenden Staat gehabt haben. Allerdings hat er später, 1878, emphatisch bestritten, daß er damals eine Oktroyierung des allgemeinen Wahlrechts erwogen habe: »Auf einen so ungeheuerlichen Gedanken, das allgemeine Wahlrecht durch Octroyirung einzuführen, bin ich in meinem Leben nicht gekommen.« Doch man darf das Gegenteil für weit wahrscheinlicher halten, auch wenn es am Ende dann doch nicht zu derartigen kühnen Auskunftsmitteln kam, um die liberale Opposition niederzuringen.

An diesem Punkt stellt sich die Frage, was die Liberalen ihrerseits hätten tun können, um den Verfassungskonflikt definitiv für sich zu entscheiden. Hätten sie sich darum bemühen sollen, die Massen zu mobilisieren, vielleicht unter Einsatz revolutionärer Mittel, und sei es auch nur begrenzter Natur, wie dies wenig zuvor die hessischen Liberalen erfolgreich vorexerziert hatten? An Stimmen, die der Fortschrittspartei rieten, nunmehr »die populären Kräfte in Bewegung zu setzen«, fehlte es keineswegs. Aber die Liberalen waren mit einigem Grund von tiefen Zweifeln erfüllt, ob eine solche Strategie erfolgreich sein würde; sie fürchteten die obrigkeitliche Gesinnung der bisher politisch noch weitgehend passiven ländlichen Unterschichten. Hoverbeck beispielsweise sprach diesen Sachverhalt ganz offen an: »Wir, die wir für Volksfreiheit arbeiten, stehen auf keiner soliden gesellschaftlichen Grundlage.« Ganz abgesehen davon wäre es ihren Interessen zuwider gelaufen, die Unterschichten in aller Form politisch zu aktivieren und damit ihre eigene, auf dem Honoratiorensystem beruhende Machtbasis zu gefährden. In Erwägung der Lage blieben sie dabei, daß ihre einzige Chance darin bestehe, weiterhin unbeirrt den Standpunkt des Rechts zu vertreten und auf ihre moralische Überlegenheit zu setzen. Sie werde ihnen auf Dauer zum Sieg verhelfen, auch wenn sich die »materielle Macht« einstweilen unübersehbar in der Hand ihrer Gegenspieler befinde. In der Tat fehlte dem Bürgertum eine feste Basis in den breiten Schichten der Bevölkerung, die eine revolutionäre Strategie allenfalls zum Erfolg hätte führen können. Mehr noch: Der Rekurs auf eine revolutionäre Strategie hätte die Geschlossenheit der liberalen Opposition vermutlich sogleich wieder in Frage gestellt. Eine geordnete konstitutionelle Entwicklung wurde von den Liberalen nicht zuletzt deshalb angestrebt, weil sie eine Garantie gegen unkontrollierbare Massenbewegungen zu gewähren schien. Ein revolutionärer Appell an die Massen war unter solchen Umständen für sie nicht akzeptabel.

So hilflos und defensiv, wie die Politik der liberalen Opposition sich im nachhinein darbietet, war sie freilich nicht. Vielmehr gingen die Liberalen mit einigem Recht davon aus, daß sie Bismarck auf außenpolitischem Gebiet in die Knie zwingen könnten. Aus der Sicht der Fortschrittspartei und der mit ihr verbündeten Linken erforderten die außenpolitischen Interessen Preußens unabdingbar den Übergang zu einem echten, uneingeschränkt konstitutionellen Verfassungssystem. Denn nur dann werde Preußen seinen Anspruch, die deutsche Führungsmacht zu sein, im übrigen Deutschland durchsetzen können. Preußen, so meinte Waldeck am 1. Dezember 1863, könne »für Deutschlands Freiheit und Einheit gar nichts tun [...], so lange es innerlich in seinen Verfassungskämpfen gebunden« sei, » so lange es innerlich nicht zur Freiheit gelangt ist«. Früher oder später werde, so glaubten die Liberalen, die Staatsräson Preußens und die Schwerkraft der nationalen Bewegung in Deutschland die Krone zum Nachgeben zwingen. Ungeachtet der bestehenden trostlosen Situation hoffte die liberale Mehrheit im Abgeordnetenhaus, daß sie in der Lage sein werde, im Bund mit der öffentlichen Meinung im übrigen Deutschland der preußischen Regierung den außenpolitischen Kurs vorzuschreiben; dann werde sich die Notwendigkeit eines Regimewechsels früher oder später einstellen. Einen Vorgeschmack davon hatte bereits die Polen-Debatte im März 1863 gegeben, in der Bismarcks Zusammenspiel mit dem zarischen Rußland zwecks Unterdrückung des polnischen Aufstandes leidenschaftlich angegriffen worden war; dieses sei mit den Interessen der deutschen Nation völlig unvereinbar.

Die weitere Entwicklung des Verfassungskonflikts wurde zunehmend von den außenpolitischen Ereignissen überschattet. Die Neuwahlen zum Abgeordnetenhaus am 18. Oktober 1863 brachten Bismarck keineswegs die gewünschte gefügige Mehrheit. Zwar stieg die Zahl der Konservativen auf 38 an, aber auf Kosten der gemäßigten altliberalen Richtung. Die Fortschrittspartei und die Linksliberalen gewannen hingegen zusammengenommen 247 Sitze, also eine komfortable Zweidrittelmehrheit, gegen die zu regieren auf Dauer schwerlich vorstellbar schien. Einer der ersten Schritte des neuen Abgeordnetenhauses war naturgemäß die Aufhebung der als verfassungswidrig gebrandmarkten Pressordonanz. In diesem Punkt mußte die Regierung zu Kreuze kriechen und die Maßnahme widerrufen. Eine Einigung in den Budgetfragen und in der Frage des Heeresdienstgesetzes kam wiederum nicht zustande. Entscheidend aber war, daß das Abgeordnetenhaus Bismarck nun auch auf außenpolitischem Feld herausforderte, nämlich in der »schleswig-holsteinischen Frage«. Sie war durch das plötzliche Ableben des dänischen Königs Friedrich VII. und die Nachfolge Christians IX. Mitte November 1863 neu aufgebrochen. Die Proklamierung einer Gesamtstaatsverfassung für Dänemark unter Einschluß Schleswigs und Holsteins, unter formeller Verletzung des Londoner Protokolls von 1852, rief in ganz Deutschland eine Welle nationaler Proteste hervor. Es entstand eine leidenschaftliche Bewegung zugunsten des Erbrechts des Augustenburgers Friedrich VIII., der sich auch die Regierungen der deutschen Mittelstaaten anschlossen. Bismarck aber entschied sich im Gegensatz zu den Beschlüssen des Bundestages, der für die Erbansprüche Friedrichs VIII. votierte, im Einvernehmen mit Österreich zu einem diplomatisch höchst umsichtig abgestuften militärischen Vorgehen gegen Dänemark, ohne die Gültigkeit des Londoner Protokolls, das die Zugehörigkeit der Herzogtümer zu Dänemark garantierte, in Zweifel zu ziehen. Es schien, als ob Bismarck die nationalen Belange Deutschlands vollständig mißachte. Das Abgeordnetenhaus faßte mit großer Mehrheit eine Resolution, in der die Regierung aufgefordert wurde, eine Regelung der Schleswig-Holstein-Frage im Sinne der nationalen Bewegung herbeizuführen und die Thronfolgerechte des Augustenburgers zu unterstützen. Nicht nur die fortwährende offensichtliche Mißachtung des Budgetrechts, sondern vor allem auch der Umstand, daß Bismarck hier – in klarer Mißachtung der Auffassungen der großen Mehrheit der öffentlichen Meinung in Deutschland und der Regierungen der Mittelstaaten – in einer Weise handelte, die bedeutende nationale Interessen preiszugeben schien, bestimmte das Abgeordnetenhaus, am 22. Januar 1864 sogar eine Staatsanleihe zur Führung des dänischen Krieges abzulehnen sowie wenig später auch die Mittel für einen Ausbau des Kieler Hafens und sonstiger Bedürfnisse für den Aufbau einer Kriegsmarine. Es wurde angesichts der militärischen Erfolge der preußischen Truppen zunehmend schwieriger, der Regierung wegen des anhaltenden Budgetkonflikts die Gelder für die Führung des dänischen Krieges zu verweigern, aber man wußte sich keinen anderen Rat, als weiterhin an einer Politik der Wahrung des Rechts festzuhalten. Die preußische Fortschrittspartei hat es an Energie und Willen keineswegs fehlen lassen, um das verfassungswidrige System in Preußen zu Fall zu bringen. Doch das Mittel beständiger verbaler Proteste, die ersichtlich keinerlei konkrete Folgen zu haben schienen, nutzte sich zunehmend ab.

Es kam hinzu, daß die Opposition befürchtete, es könne Bismarck gelingen, in der Schleswig-Holstein-Frage einen bedeutenden Erfolg zu erringen und damit den Verfassungskonflikt in den Hintergrund zu drängen. In gewisser Weise zwang die liberale Mehrheit Bismarck selbst dazu, seinerseits die außenpolitische Karte gegen die Opposition zu spielen. Die Partie um Schleswig und Holstein endete nach dem preußischen Sieg an den Düppeler Schanzen mit einer Konsolidierung der Position Bismarcks. Im liberalen Lager mehrten sich nun Stimmen des Dissenses, die einen Kompromiß in der Militärfrage gegen entsprechende Konzessionen in verfassungspolitischen Fragen verlangten. Überdies wurde es mit dem Andauern des Konflikts immer schwieriger, die Haltung der Opposition der Öffentlichkeit gegenüber verständlich zu machen. An Entschlossenheit hat es der Fortschrittspartei dabei im ganzen nicht gefehlt, obschon sich jetzt auf dem rechten Flügel mancherlei Abbröckelungssymptome zeigten. Der Abgeordnete Johann Jacoby brachte die Meinung der liberalen Mehrheit im Mai 1865 erneut auf die griffige Formel: »Der Militär- und Adelsstaat muß in Preußen dem Rechtsstaat weichen.« Der Sache nach aber hatte die Position der Opposition eine Schwächung erfahren. Das Kalkül, daß der reaktionäre Junker Bismarck mit seiner gegen die öffentliche Meinung in ganz Deutschland wie gegen die Bevölkerung in den Herzogtümern gerichteten Politik Schiffbruch erleiden werde, war nicht aufgegangen. Es wurde schwieriger zu rechtfertigen, daß man dieser Regierung weiterhin die Mittel für die Militärausgaben verweigern müsse, weil sie sich verfassungswidrig verhalte, während der Staat in kriegerische Konflikte verwickkelt war, an denen jedermann intensiv Anteil nahm und auf deren positiven Ausgang man hoffte. Im Grunde ging es nicht allein um die Wahrung der konstitutionellen Rechte des Parlaments, sondern auch um die Frage, in welcher Weise die Einigung Deutschlands vorangetrieben werden solle, ob auf dem Weg rücksichtsloser Machtpolitik Preußens oder unter Respektierung des Selbstbestimmungsrechts der Bevölkerung in den kleineren Territorien Norddeutschlands. Nur unter solchen Voraussetzungen wird es verständlich, daß das Abgeordnetenhaus am 3. Februar 1866 sogar gegen die Angliederung Lauenburgs an Preußen votierte – ein Schritt, der rechtlich folgenlos blieb.

Von nun an war Bismarcks Stern wieder im Aufsteigen begriffen. Die Schleswig-Holstein-Frage wurde zu einem Sprengsatz im Lager der Opposition. Die gemeinsame Okkupation der beiden Herzogtümer durch die beiden deutschen Großmächte, unter Negierung der Ansprüche des Augustenburgers, wurde zwar von der öffentlichen Meinung und den deutschen Mittelstaaten weiterhin scharf abgelehnt, aber bei den preußischen Liberalen mehrten sich die Anhänger einer Annexion durch Preußen. Nur die Tatsache, daß man der außenpolitischen Strategie Bismarcks nach wie vor mißtraute, hielt die Opposition noch zusammen. Die Verschärfung der Repressionspolitik gegen die Fortschrittspartei gab der Sache der Opposition im Frühjahr 1866 nochmals neuen Auftrieb. Die Entscheidung des Obertribunals vom 29. Januar 1866, die strafrechtliche Verfolgung der Abgeordneten Twesten und Frenzel wegen ihrer die Regierung scharf angreifenden Reden im Abgeordnetenhaus zuzulassen, löste eine große Solidarisierungswelle mit der liberalen Mehrheit aus. Der Versuch der Behörden, ein großes Festbankett der rheinischen Abgeordneten in Köln zu unterdrücken, manifestierte einmal mehr den repressiven Kurs der Regierung Bismarck; die Aktion erwies sich als ein Schlag ins Wasser.

Aber die sehnsüchtig erhoffte Gelegenheit, den Verfassungskonflikt auf eine ehrenvolle Weise zu beenden, blieb trotz der Ansehenseinbuße, die die Regierung hatte hinnehmen müssen, weiterhin aus. Bei den Liberalen mehrten sich die Befürchtungen, daß Bismarck sein Heil in einer Oktroyierung des allgemeinen Wahlrechts suchen werde, um die Fortschrittspartei durch die Mobilisierung der königstreuen breiten Massen der Bevölkerung politisch auszuhebeln. In der Tat war Bismarck der Meinung, daß »in Preußen neun Zehntel des Volkes dem Könige treu ergeben und nur durch den künstlichen Mechanismus der Wahl um den Ausdruck ihrer Meinung gebracht« würden. »In einem Lande mit monarchischen Traditionen und loyaler Gesinnung« werde »das allgemeine Stimmrecht, indem es die Einflüsse der liberalen Bourgeoisie[-]Klassen« beseitige, »auch zu monarchischen Wahlen führen.«

Bismarck bewegte sich mit seiner Politik in der Schleswig-Holstein-Angelegenheit weiterhin im Gegensatz zur Haltung der preußischen Liberalen sowie der übergroßen Mehrheit der deutschen Öffentlichkeit, aber politisches Kapital ließ sich daraus nicht mehr schlagen. In der Gasteiner Konvention vom 14. August 1865 handelte er noch einmal einen Kompromiß zwischen Preußen und Österreich aus: Die Herrschaft in Schleswig wurde Preußen, jene in Holstein Österreich zugewiesen, während die von der deutschen Nationalbewegung leidenschaftlich unterstützten Ansprüche Friedrichs VIII. mißachtet wurden. Diese Lösung erwies sich schon bald als nicht tragfähig, weil Österreich in der Folge der Versuchung nicht widerstehen konnte, in der Frage der Herrschaftsansprüche des Augustenburgers auf die Herzogtümer gemeinsame Sache mit den deutschen Mittelstaaten zu machen und daraus politisches Kapital für die eigene Vormachtstellung in Deutschland zu schlagen. Bismarck war jedoch keinesfalls gewillt, dies hinzunehmen. So kam es im Juni 1866 zum Krieg zwischen Preußen und Österreich, in einer Konstellation, in der die Donau-Monarchie auf seiten der liberalen Nationalbewegung zu stehen schien. Folgerichtig, wenn auch nicht ohne schwere Bedenken, versagte das Abgeordnetenhaus Bismarcks Politik auch diesmal seine Unterstützung. Heinrich von Sybel erklärte seinen Krefelder Wählern mit bemerkenswerter Konsequenz, daß er lieber eine zeitweilige Besetzung der Stadt durch Napoleon III. hinnehmen wolle als die Preisgabe des Rechts.

Der Krieg brachte dann freilich einen folgenreichen politischen Umschwung im Lager der liberalen Opposition. Die Wahl der Wahlmänner Ende Juni und die Wahl der Abgeordneten am 3. Juli 1866, am Tag der Schlacht bei Königgrätz, führten zu einer Katastrophe für die Linke. 136 Konservativen, 15 Mitgliedern der Katholischen Fraktion und 24 Altliberalen, dazu 21 Polen, standen jetzt nur noch 148 Mitglieder des Fortschritts und der mit ihm verbündeten linken Fraktionen gegenüber. Die politische Basis der liberalen Opposition hatte einen schweren Einbruch erfahren, von dem sich der preußische Liberalismus nie wieder erholt hat. Unter dem Eindruck der stürmischen Entwicklungen in der »deutschen Frage« in den kommenden Wochen und Monaten schwenkte ein beträchtlicher Teil der Opposition in das Lager Bismarcks über. Am 14. August 1866 brachte Bismarck eine Indemnitätsvorlage im neugewählten Landtag ein, in der um die nachträgliche Bewilligung der ohne Zustimmung des Parlaments verausgabten Mittel nachgesucht wurde. In einer großen Debatte Anfang September sprach sich ein Teil der entschiedenen Liberalen, darunter Gneist, Waldeck und Schulze-Delitzsch, tapfer gegen die Vorlage aus, doch sie wurde mit großer Mehrheit angenommen. Hingegen unterblieb eine rechtliche Regelung der Heeresverfassung, durch die die Reorganisation und die dreijährige Dienstpflicht nachträglich sanktioniert worden wären – ein ungutes Vorzeichen für das, was in der Zukunft auf diesem Gebiet zu erwarten stand.

Im November 1866 kam es zur definitiven Spaltung des entschiedenen Liberalismus, und zwar durch die Gründung der »neuen Fraktion der nationalliberalen

Partei«, die sich nunmehr ausdrücklich auf den Boden der von Bismarck geschaffenen Tatsachen stellte. Johannes Miquel gab dieser folgenschweren Entwicklung am 30. Dezember beredten Ausdruck: »Die Zeit der Ideale ist vorüber. Die deutsche Einheit ist aus der Traumwelt in die prosaische Welt der Wirklichkeit heruntergestiegen. Politiker haben heute weniger als je zu fragen, was wünschenswert, als was erreichbar ist.« Die geistig-moralische Krise der politischen und intellektuellen Führungsschicht des Liberalismus fand ihren deutlichsten Niederschlag in Hermann Baumgartens berühmt gewordener »Selbstkritik des Liberalismus«, in der er bekannte, daß dieser die natürliche Führungsrolle des Adels in der Vergangenheit zum Schaden der deutschen Nation verkannt habe. Die Niederlage des fortschrittlichen Liberalismus in Preußen in einer kritischen Phase seiner Entwicklung aber blieb nicht ohne schwerwiegende Auswirkungen auf das Parteiensystem in ganz Deutschland, insbesondere auf die politische Linke.

Die demokratische Linke und die Entstehung der deutschen Arbeiterbewegung

Auf dem Höhepunkt der nationalen Bewegung zugunsten der deutschen Einheit in Freiheit Anfang der sechziger Jahre, die ihren vornehmsten Ausdruck in der Gründung des Nationalvereins gefunden hatte, waren die strategischen Differenzen im liberalen Lager zeitweilig weitgehend zurückgetreten. Selbst die Frage, ob die nationale Bewegung in erster Linie auf Preußen setzen solle, hatte zeitweilig an Sprengkraft verloren. In einer Reihe von süddeutschen Staaten, insbesondere in Baden und in Kurhessen, amtierten Regierungen in weitgehendem Einvernehmen mit liberalen Kammermehrheiten. Die politische Konstellation war für einen Durchbruch des Liberalismus auf breiter Front so gut wie lange nicht mehr. Es bestand die Aussicht, daß der Liberalismus, sofern er auch in Preußen zur »regierenden Partei« aufsteige und sich dergestalt als fortschrittliche Kraft etabliere, seine hegemoniale Stellung innerhalb des politischen Systems auf Dauer werde stellen können. Dann würde es möglich sein, auch die demokratische Linke und selbst die Arbeiterschaft an sich zu binden. Unter diesen Umständen wurde der Ausgang des Verfassungskonflikts in ganz Deutschland mit höchster Aufmerksamkeit verfolgt. Es erschien von allergrößter Bedeutung für die Zukunft der liberalen Bewegung in ihrer Gesamtheit, ob und wann es gelingen werde, die Regierung des »leichtfertigen Junkers« Bismarck durch ein echt konstitutionelles Regiment abzulösen. Namentlich die entschieden kleindeutsch eingestellten Liberalen wurden zunehmend nervös und verlangten, daß Bismarck so schnell wie möglich »geworfen« werden müsse, wenn nicht unabsehbarer Schaden für die liberale Bewegung in den deutschen Mittelstaaten eintreten solle.

Die Rückwirkungen des Scheiterns des entschiedenen Liberalismus in Preußen auf die Parteienkonstellation im restlichen Deutschland waren in der Tat groß. Der Nationalverein hatte sich von Anfang an veranlaßt gesehen, seine kleindeutsche Orientierung nicht zu deutlich herauszustellen, damit die anti-preußisch eingestellten Gruppen des süddeutschen Liberalismus nicht verprellt würden. Mit der Verhärtung des Verfassungskonflikts brachen die Differenzen zwischen der großdeutschen und der kleindeutschen Richtung in aller Schärfe wieder auf, jetzt freilich in der zugespitzten Form einer anti-preußischen beziehungsweise einer pro-preußischen Einstellung. Besonders in den süddeutschen Staaten wurden auch bei den Liberalen wieder zunehmend anti-preußische Stimmen laut und gefährdeten die politische Geschlossenheit der liberalen Partei. Tendenziell vertrat die gemäßigte Richtung zumeist eine pro-preußische Orientierung, während die demokratische Linke entschieden anti-preußisch eingestellt war. Hier verfestigte sich die Meinung, daß von Preußen ohnehin nichts zu erwarten sei. »So lange eine vollkommen undeutsche Richtung in dem innern Staatsleben Preußens waltet, so lange diese Richtung in den preußischen Zuständen so tief begründet ist, daß das preußische Volk dieselbe duldet oder dulden muß – so lange ist die ›preußische Spitze‹ in Deutschland nicht nur unmöglich, sondern eine Art Hohn gegen den gesunden Sinn des deutschen Volkes«, schrieb Jakob Venedy 1864.

Der Nationalverein und mit ihm die nationale Bewegung geriet aufgrund dieser Situation in eine Krise, und die formelle Übernahme der Reichsverfassung von 1849 in das eigene Programm, die ein Entgegenkommen an die demokratische Linke darstellte, nicht zuletzt, weil dies indirekt einer Option zugunsten des allgemeinen Wahlrechts gleichkam, half hier nur wenig. Der Zerfall des nationalen Konsens und vor allem die Abwendung der demokratischen Linken zeichneten sich als reale Möglichkeit ab. Radikale Demokraten wie Venedy hielten die deutsche Einheit nur für erreichbar, wenn mit der Fürstenherrlichkeit ein Ende gemacht und eine republikanische Verfassung durchgesetzt würde, keinesfalls aber mit einem machthungrigen und ländergierigen Preußen, welches die legitimen Interessen der deutschen Nation offensichtlich mißachtete. Die demokratische Linke war immer weniger dazu bereit, sich weiterhin der Führung des entschiedenen Liberalismus kleindeutscher Observanz, dessen Speerspitze die Fortschrittspartei darstellte, im gemeinsamen Kampf gegen die etablierten Gewalten unterzuordnen. Insofern hatte die offenbare Impotenz der Fortschrittspartei in Preußen die Wirkung eines Sprengmittels auf die liberale Gesamtbewegung auch in den übrigen deutschen Staaten. Der gemäßigte Liberalismus, der ganz auf ein fortschrittliches Preußen gesetzt hatte, geriet zunehmend in Bedrängnis. Die magische Kraft der Forderung nach der deutschen Einheit als einer einigenden Parole der »Bewegungspartei« reichte nicht länger aus, um die Differenzen im liberalen Lager zu überbrücken.

Vergleichsweise günstig waren die Verhältnisse in Baden. Hier gelang es dem gemäßigten Liberalismus, sich als »regierende Partei« zu etablieren oder, genau besehen, das Prinzip durchzusetzen, daß der Großherzog nur solche Minister berief, die willens waren, die Regierungsgeschäfte im Einvernehmen mit der liberalen Mehrheit der Kammer und der öffentlichen Meinung zu führen. Das war noch kein Parlamentarismus nach westeuropäischem Muster, da die Eigenständigkeit der monarchischen Exekutive formell nicht in Zweifel gezogen wurde, aber eine Form konstitutioneller Regierung, wie sie dem Idealbild des Frühliberalismus entsprach. Auf dieser Grundlage wurde es möglich, in wenigen Jahren wesentliche Teile des klassischen liberalen Programms einzulösen, unter anderem Handels- und Gewerbefreiheit, das Prinzip weitgehender Selbstverwaltung auf den unteren Ebenen des Staates sowie die Errichtung eines besonderen Handelsministeriums zwecks Förderung der gewerblichen Entwicklung durch eine entsprechende Wirtschaftspolitik. Nur das Verhältnis von Kirche und Staat blieb weiterhin ein Quell potentieller Streitigkeiten. Namentlich die Schulfrage gab in der Folge den Ansatzpunkt ab, um eine katholische Massenbewegung gegen den Liberalismus ins Leben zu rufen.

Auch in Baden wurde die innenpolitische Auseinandersetzung von den nationalpolitischen Fragen überschattet. Die ursprünglich kompromißlose pro-preußische Orientierung des führenden liberalen Staatsmannes in Baden, Franz von Roggenbach, geriet seit 1865 in das Kreuzfeuer der Kritik sowohl des großdeutschen als auch des katholischen Lagers. Auch viele Liberale begannen angesichts der augenscheinlichen Intransigenz Preußens mit Trias-Lösungen zu liebäugeln, die dem nichtpreußischen und nichtösterreichischen Deutschland die Rolle einer eigenständigen dritten Kraft zuweisen wollten. Unter dem Eindruck der Ereignisse von 1866 kam es dann auch hier zur Begründung einer nationalliberalen Partei, die die Einigung Deutschlands unter preußischer Führung auf ihre Fahnen schrieb, während die Demokraten diese Linie erbittert bekämpften.

Im benachbarten Württemberg hingegen zeichnete sich unter dem Einfluß der Vorgänge in Preußen bereits 1863 eine Spaltung der Fortschrittspartei ab. Allerdings wurde sie durch die gemeinsame Agitation des rechten und des linken Flügels für eine freiheitliche Lösung der Schleswig-Holstein-Frage einstweilen noch aufgeschoben. Doch Bismarcks rigorose Ablehnung der Erbansprüche des Augustenburgers Friedrich VIII. setzte dem bald ein Ende. Die allgemeine Desillusionierung hinsichtlich Preußens war so groß, daß die Einheit der württembergischen Fortschrittspartei darüber zerbrach. Carl Mayer und Ludwig Pfau setzten nun ihre ganze Kraft und Überredungskunst daran, die Fortschrittspartei in eine demokratische Volkspartei umzuschmieden, die, statt nach Kompromissen mit den etablierten Mächten zu suchen, konsequent eine republikanische Politik im Bund mit den Massen der Bevölkerung betreiben solle. Als Übergangslösung zur erstrebten deutschen Einheit proklamierte man auch im Umkreis der Volkspartei einen Zusammenschluß der süddeutschen Staaten und geriet damit in die Nähe des vom sächsischen Ministerpräsidenten Beust propagierten Trias-Modells. Es gelang der neuen Partei, gestützt auf die Wiederbelebung der demokratischen Volksvereine der Revolutionszeit, relativ rasch eine vergleichsweise effektive Parteiorganisation aufzubauen, die mit dem herkömmlichen Honoratiorenprinzip brach. Die zersplitterten Reste der alten Fortschrittspartei sammelten sich hingegen in der Deutschen Partei.

Darüber hinaus bemühte sich die Volkspartei, die in Württemberg eine relativ starke Massenbasis besaß, unter Führung Ludwig Eckhardts ihre Aktivität auf ganz Deutschland auszudehnen, mit dem Ziel, eine demokratische Sammlungsbewegung aufzubauen, in der alle jene Gruppen, die mit der Fortschrittspartei unzufrieden waren und eine kleindeutsch-preußische Lösung der »deutschen Frage« ablehnten, eine politische Heimstatt finden könnten. Ein Ansatzpunkt dazu ergab sich in der Umlenkung der Volksbewegung zugunsten Schleswig-Holsteins in ein demokratisches Fahrwasser, die aber nicht von Dauer war. Zudem unternahm Eckhardt den Versuch, den Nationalverein von innen heraus zu erobern und in eine demokratische Volksbewegung umzuwandeln. Anläßlich der achten Generalversammlung des Nationalvereins in Eisenach im Herbst 1864 kam es zu scharfen Auseinandersetzungen über den künftigen Kurs des Nationalvereins und in der Folge zum Austritt zahlreicher Persönlichkeiten der demokratischen Linken. Im Schatten von Gastein veranstaltete Eckhardt dann am 18. September 1865 in Darmstadt eine Konferenz von führenden Repräsentanten der Linken, die der demokratischen Sammlungsbewegung ein politisches Profil geben sollte; allerdings erwies es sich als unmöglich, sich auf ein gemeinsames Programm zu einigen. Die innenpolitischen Programmpunkte entsprachen dem klassischen Programm der radikalen Demokratie; sie waren, gemessen an den damaligen Verhältnissen, von weitreichender Natur. Allgemeines und direktes Wahlrecht, parlamentarische Regierung, Selbstverwaltung, eine allgemeine Volkswehr anstelle des stehenden Heeres gehörten dazu. Strittig und in der damaligen Lage einigermaßen unrealistisch waren die außenpolitischen Vorstellungen der Volkspartei. Statt einer preußischen oder österreichischen Spitze forderte man einen föderativen Zusammenschluß aller deutschen Einzelstaaten, mit einer gemeinsamen Bundesgewalt und einer Nationalvertretung auf der Grundlage des allgemeinen Wahlrechts. Die Stoßrichtung dieses Plans richtete sich gegen die drohende Hegemonie Preußens in Deutschland; doch man setzte dem lediglich eine Politik wohlgemeinter Prinzipien entgegen, die notwendig an den mächtepolitischen Gegebenheiten scheitern mußte. Als Vorläufer einer künftigen demokratischen Verfassungs- und Gesellschaftsordnung erfüllte die Volkspartei dennoch eine wichtige Pilotfunktion für spätere Zeiten. Ihre Bedeutung lag vor allem darin, daß sie sich konsequenter, als dies auf der demokratischen Linken bislang je unternommen worden war, um die Arbeiterschaft bemühte. Durch die Ereignisse des Jahres 1866 wurde ihr freilich vorerst der Boden unter den Füßen weggezogen.

Nur in Sachsen gelang es, eine Parteigründung auf der Linie des demokratischen Radikalismus zuwege zu bringen, die sich tapfer den tagespolitischen Entwicklungen entgegenstellte. Sie richtete sich primär gegen die drohende Annexion Sachsens durch Preußen. Von besonderem Interesse ist es, daß sie, in allerdings vager Form, die Hebung der sozialen Lage der Arbeiterschaft zu ihren Zielen zählte. In dem am 19. August 1866 beschlossenen Programm hieß es unter anderem: »Förderung des allgemeinen Wohlstandes und Befreiung der Arbeit und der Arbeiter von jeglichem Druck und jeglicher Fessel. Verbesserung der Lage der arbeitenden Klasse, Freizügigkeit, Gewerbefreiheit, allgemeines deutsches Heimatsrecht, Förderung und Unterstützung des Genossenschaftswesens, namentlich der Produktivgenossenschaften, damit der Gegensatz zwischen Kapital und Arbeit ausgeglichen werde.« Derart appellierte die Sächsische Volkspartei direkt an die Unterstützung der proletarischen Schichten, freilich mit einem harmonistischen Sozialprogramm, das einen klassenbedingten Gegensatz zwischen Kapital und Arbeit nicht eigentlich anerkannte. Dies stellt den weitesten Pendelausschlag nach links dar, der sich damals im bürgerlichen Lager finden ließ.

In den Richtungskämpfen innerhalb des Nationalvereins wie in der Abspaltung der demokratischen Linken von den Kräften des entschiedenen Liberalismus zeichnete sich der Zerfall der Einheit der liberalen Bewegung ab, die nur wenige Jahre zuvor unter nationalem Vorzeichen wiederhergestellt worden war. Damit verlor der entschiedene Liberalismus weitgehend die Möglichkeit, die Entwicklung der Dinge in seinem Sinne zu gestalten. Die »extreme innerbürgerliche« Polarisierung – wie Dieter Langewiesche dies genannt hat – seit 1864 schwächte das emanzipatorische Potential des liberal-demokratischen Lagers in einer kritischen Phase des innenpolitischen Prozesses in Deutschland entscheidend und trug dergestalt dazu bei, die Überlebensaussichten der autoritär-obrigkeitsstaatlichen Strukturen erheblich zu verlängern. Von noch größerer Bedeutung war die Tatsache, daß die Chancen verspielt wurden, die entstehende Arbeiterbewegung fest an die liberale Bewegung zu binden. Die Anfang der sechziger Jahre wieder auflebende Arbeitervereinsbewegung, die teilweise auf die Organisationen der Arbeiterverbrüderung zurückging, stand zunächst überwiegend unter dem Einfluß des Liberalismus. Es fehlte nicht an radikalen Unterströmungen, so etwa im Düsseldorfer Arbeiterverein, aber insgesamt war die Führungsrolle der Liberalen noch unbestritten. Die übergroße Mehrzahl der in den Arbeiterbildungsvereinen organisierten Handwerker und Arbeiter war mit den Liberalen der Auffassung, daß den Arbeitern vor allem die Möglichkeit eröffnet werden müsse, sich persönlich fortzubilden und auf diese Weise die Voraussetzungen zu erwerben, sich aus eigener Kraft hochzuarbeiten. Dabei muß man natürlich davon ausgehen, daß die große Mehrheit der in den Arbeiterbildungsvereinen und ähnlichen Zusammenschlüssen organisierten Arbeiter der Sache nach entweder Handwerker oder anderweitig selbständig Beschäftigte waren; Fabrikarbeiter im engeren Sinne spielten vorerst keine Rolle. Ohnehin galt damals noch die Regel, daß dort, wo die Fabrikarbeiter den Kern der Arbeiterschaft bildeten, die Organisation der Arbeiterschaft wenn überhaupt, dann nur schwach entwickelt war.

Die frühe Arbeiterbewegung erfaßte im Grunde nur eine Oberschicht der arbeitenden Bevölkerung, und diese brachte ein hohes Maß an Selbstbewußtsein und Selbstachtung sowie die Bereitschaft zu eigenverantwortlichem Handeln und zu Eigeninitiative mit. Daraus erklärt sich der außerordentlich große Erfolg der Agitation Schulze-Delitzschs für genossenschaftliche Zusammenschlüsse, durch die das Handikap des einzelnen Handwerkers oder kleinen Gewerbetreibenden gegenüber den großen industriellen Unternehmungen ausgeglichen werden sollte. Die Genossenschaftsbewegung hat sich später zu einer weitgefächerten Organisation ausgebildet, mit einem breiten Netz von Konsumvereinen, Kreditinstitutionen, gemeinschaftlichen Einkaufs- und Verwertungsgenossenschaften und Hilfskassen; aber diese Einrichtungen sind überwiegend der unteren Mittelschicht, nicht der Arbeiterschaft zugute gekommen. Schon für Schulze-Delitzsch war die Produktionsgenossenschaft, gegründet auf dem Prinzip der Selbsthilfe, als Zusammenschluß vieler selbständig Arbeitender bei weitem am wichtigsten. Denn damit sollte der breiten Schicht der selbständigen Arbeiter, Handwerker und kleinen Gewerbetreibenden, denen angesichts der Konkurrenz der fabrikmäßigen Produktion beziehungsweise der Großunternehmen der Untergang drohte, die Chance eröffnet werden, sich auch unter den Verhältnissen eines marktorientierten kapitalistischen Systems und der Abschaffung aller Zunftschranken zu behaupten.

Die große Rolle, die die Idee der Produktivgenossenschaft in der Arbeiterbewegung der sechziger Jahre spielte, verweist darauf, daß die industrielle Entwicklung in der deutschen Staatenwelt sich noch in einem vergleichsweise archaischen Stadium befand; einstweilen beeinflußten die wenigen technologisch fortgeschrittenen Industriebetriebe die Struktur des Marktes nur in begrenztem Maße. Insofern wird es verständlich, wenn auch im nachhinein nicht entschuldbar, daß die Liberalen felsenfest davon überzeugt waren, ihr Programm der Freisetzung der wirtschaftlichen Aktivität des Einzelnen von zünftlerischen Fesseln und staatlicher Bevormundung entspreche auch den wohlverstandenen Interessen der Arbeiterschaft. Sie fanden es nicht problematisch, den Arbeitern nahezulegen, daß ihre und die Unternehmerinteressen in allem wesentlichen identisch seien. Sie beanspruchten, daß die Arbeiterschaft ihnen in politischen Fragen gleichsam natürlicherweise Gefolgschaft schulde, wie es sich in der Gründungsphase des Nationalvereins gezeigt hatte. Im Grunde war selbst der entschiedene Liberalismus nicht bereit, der Arbeiterschaft das Recht und die Fähigkeit zu einer eigenständigen Vertretung ihrer politischen Interessen zuzugestehen. Sogar Schulze-Delitzsch wollte die Arbeiter, eben weil ihnen die wirtschaftliche Selbständigkeit fehle, nur als »Ehrenmitglieder des Nationalvereins« willkommen heißen.

Dies bedeutet freilich nicht, wie man vielfach etwas eilfertig geschlossen hat, daß sich der Liberalismus gar nicht um die Arbeiterschaft bemüht habe. Im Vordergrund des liberalen Interesses stand allerdings jene schmale Oberschicht der respektablen Arbeiter, die kraft besonderer fachlicher Qualifikation über wirtschaftliche Selbständigkeit verfügte. Die Entsendung einer Delegation von sorgfältig ausgewählten Arbeitern zur Weltausstellung in London auf Kosten des Nationalvereins im Jahr 1862, die dann den Anstoß zu einem engeren Zusammenschluß der Arbeitervereine gegeben hat, ist ein Beispiel dafür. Im Gefolge dieser Unternehmung wurde in Berlin der Vorschlag gemacht, einen allgemeinen Arbeiterkongreß einzuberufen, in dem die Erfahrungen über die Aktivitäten der Arbeitervereine ausgetauscht und ihre Energien gebündelt werden könnten. Als Tagungsort wurde Leipzig ausersehen. Aus Kreisen der Fortschrittspartei wurden sogleich Bedenken dagegen geäußert, in der gegenwärtigen politischen Situation, in der es darum gehen müsse, alle politischen Energien auf die Bekämpfung des Kabinetts Bismarck zu konzentrieren, eine selbständige politische Arbeiterbewegung ins Leben zu rufen. »[...] ein Arbeiter-Kongress werde nur gut und wohlthätig ablaufen in einer Zeit der Entwicklung, nicht aber in einer Zeit der Krisis, wo alle Kräfte des Staates sich vereinen müßten auf den einen großen Zweck, da nur dann der gemeinschaftliche Sieg erfochten werden könne.« Die Liberalen fürchteten mit einigem Recht, daß die Machtbasis im Verfassungskampf beeinträchtigt werden könne, wenn die Frage einer selbständigen Organisation der Arbeiterschaft aufgeworfen würde. Selbst Schulze-Delitzsch plädierte dafür, die Einberufung des Kongresses einstweilen aufzuschieben. Eine Verkettung von teilweise zufälligen, teilweise akzidentiellen Faktoren führte dazu, daß die Vorbereitung des Kongresses in die Hände eines Komitees gelegt wurde, das sich aus dem radikalen Arbeiterverein »Wohlfahrt« rekrutierte, der sich von dem liberalen Arbeiterbildungsverein in Leipzig abgesplittert hatte, während die ursprünglichen Berliner Organisatoren, insbesondere der Dekorationsmaler Casimir August Louis Eichler, der Beziehungen zu Bismarck unterhielt und von ihm finanzielle Unterstützung erhalten hatte, ausgeschaltet wurden.

Es sollte sich als historisch höchst folgenreich erweisen, daß das Leipziger Komitee nicht nur an Schulze-Delitzsch, sondern auch an Ferdinand Lassalle mit der Bitte herantrat, ein Hauptreferat auf diesem für 1863 ins Auge gefaßten Kongreß zu halten. Dafür waren die Weichen insofern gestellt, als den Leipziger Organisatoren, namentlich Carl Julius Vahlteich, schon zuvor Zweifel gekommen waren, ob die von Schulze-Delitzsch empfohlene Strategie der Hebung der Lage der Arbeiterklasse auf die Dauer wirklich greifen würde; die Armut, so meinte Vahlteich, lasse sich nicht assoziieren. Lassalle, als geborener Agitator, witterte seine große Chance. In einem der Form nach an das Leipziger Zentralkomitee gerichteten »Offenen Antwortschreiben«, das sogleich in großer Auflage veröffentlicht wurde, eröffnete er eine massive Kampagne gegen Schulze-

Das Fürstentreffen im Palais »Thurn und Taxis« zu Frankfurt am Main im August 1863.
Zeichnung von Carl Hohnbaum. Regensburg, Fürst Thurn und Taxis-Zentralarchiv

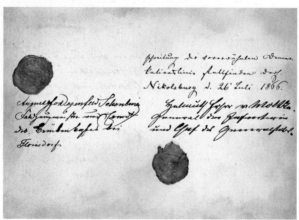

Der Interessenkonflikt zwischen Preußen und Österreich in der Schleswig-Holstein-Frage: Bismarck und Rechberg am politischen Zeichenbrett. Holzstich im Wiener »Figaro« vom Juni 1864. Nürnberg, Germanisches Nationalmuseum. – Die Beendigung des Krieges zwischen Preußen und Österreich: der Waffenstillstand zu Nikolsburg am 26. Juli 1866. Teil der Schlußseite der militärischen Bedingungen mit den Unterschriften Degenfeld-Schönburgs und Moltkes. Wien, Haus-, Hof- und Staatsarchiv

Delitzsch und die Strategie des Liberalismus in der Arbeiterfrage. Die Gründung von Kreditvereinen und Vereinigungen zwecks genossenschaftlicher Produktion könnten die Lage der Arbeiter niemals durchgreifend verbessern, da es für die große Masse der Arbeitschaft ganz unmöglich sei, die notwendigen Mittel aufzubringen, um aus eigener Kraft Produktivassoziationen zu errichten. Die genossenschaftliche Organisation auf der Basis der Selbsthilfe werde nur den Todeskampf der handwerklichen Betriebe verlängern, aber nicht den Kern des Problems, die Übermacht des Kapitals, beseitigen. Daher müsse der Staat die erforderlichen Kapitalien für die Errichtung von Produktivgenossenschaften bereitstellen. Nur auf diese Weise könne das »Eherne Lohngesetz« durchbrochen werden, wonach die Löhne der Arbeiterschaft niemals über ein bestimmtes, von den Kosten der physischen Reproduktion abhängiges Maximum steigen könnten, was bedeute, daß den Arbeitern die Möglichkeit versagt sei, sich zu selbständigen Existenzen emporzuarbeiten. Das probate Mittel, um den Staat zu zwingen, bei der Gründung von Produktivassoziationen zu helfen, sei die Erkämpfung des allgemeinen, gleichen, direkten und geheimen Wahlrechts.

Dies kam einer direkten Herausforderung der Fortschrittspartei gleich. Denn zumindest ihr gemäßigter Flügel fürchtete nichts mehr, als daß Bismarck seine Zuflucht zu bonapartistischen Herrschaftstechniken nehmen und die liberale Opposition durch Oktroyierung des allgemeinen Wahlrechts ihrer hegemonialen Position im gesellschaftlichen und politischen System berauben würde. Davon abgesehen war der Gedanke, daß den Nichtbesitzenden eine aktive Partizipation am politischen Prozeß eingeräumt werden könne, ungeachtet des Präzedenzfalls der Frankfurter Verfassung, zumindest für den gemäßigten Liberalismus noch weithin inakzeptabel. Diese Frage aufwerfen hieß, die Lunte an die ohnehin fragile Einheit der liberalen Opposition zu legen. Insofern rief die Entscheidung des Leipziger Zentralkomitees, Lassalles »Offenes Antwortschreiben« den Verhandlungen des Kongresses zugrunde zu legen, von vornherein größte Aufregung hervor. Es hagelte Proteste von zahlreichen liberal orientierten Arbeitervereinen, noch bevor der Leipziger Arbeiterkongreß überhaupt zusammentrat. Der Kernpunkt des Streits war Lassalles Forderung, daß sich die deutsche Arbeiterbewegung von der Fortschrittspartei und vom Nationalverein zu lösen und ihren eigenen politischen Weg zu gehen habe. Vorderhand war das Programm der Emanzipation der Arbeiterschaft durch genossenschaftlichen Zusammenschluß kraft Selbsthilfe ungemein populär, während die Idee, daß die Staatsmacht hier eintreten solle, der überwiegend freihändlerisch gesinnten Elite der Arbeiterschaft wenig plausibel erschien. Schulze-Delitzsch, der Ende 1863 eine Vorlesungsreihe im Berliner Arbeiterbildungsverein gehalten hatte, die dann als »Arbeiterkatechismus« veröffentlicht wurde, befand sich auf der Höhe seines Ruhms, Lassalle erst am Anfang einer großen politischen Karriere. Auch im Lager der Arbeiterschaft gab es Stimmen, die die schroffe Frontstellung gegen die Fortschrittspartei für politisch bedenklich hielten. »Die Gefahr läge nahe«, so wurde beispielsweise in Köln gegen Lassalle vorgebracht, »daß, wenn sich die [...] beabsichtigte zweite Partei bilde, derjenige Theil der liberalen Partei, der ohnehin schon zu Concessionen in der Militärfrage geneigt sei, aus Furcht vor dem rothen Gespenste zu wirklichen Zugeständnissen sich herbeilasse.«

Lassalle gelang es gleichwohl, den nach Leipzig einberufenen Allgemeinen Arbeiterkongreß in die Gründungsversammlung für einen Allgemeinen Deutschen Arbeiterverein umzufunktionieren, der als Pendant zum Deutschen Nationalverein gedacht war. Am 23. Mai 1863 wurde der Allgemeine Deutsche Arbeiterverein (ADAV) ins Leben gerufen, als eigenständige Organisation der Arbeiterschaft, die sich von der Fortschrittspartei radikal abwandte. Lassalle selbst, der zum Präsidenten gewählt wurde, war fest überzeugt, daß dem Verein ein kometenhafter Aufstieg bevorstehe. Wenig später wurde für den 7. Juni 1863 in Frankfurt ein Vereinstag aller deutschen Arbeitervereine einberufen, welche am Kurs Schulze-Delitzschs festzuhalten gewillt waren. Das war vorderhand die übergroße Mehrheit. Vierundfünfzig Vereine aus achtundvierzig Städten erklärten sich begeistert für Schulze-Delitzsch. In dem Streben nach »geistiger, politischer, bürgerlicher und wirtschaftlicher Hebung des Arbeiterstandes« sei man »einig unter sich, einig mit allen nach des deutschen Vaterlandes Freiheit und Größe Strebenden, einig und mithelfend« mit allen, »welche an der Veredelung der Menschheit arbeiten«. Bereits im Gründungsjahr 1863 verfügte der Vereinstag deutscher Arbeitervereine über 18.000 Mitglieder, der ADAV brachte es im folgenden Jahr auf etwa 4.000; das sind Zahlen, die hinter Lassalles sanguinischen Erwartungen weit zurückblieben.

In der Folge kam es zu einem erbitterten Ringen zwischen beiden Richtungen, das auch auf lokaler Ebene zur Spaltung zahlreicher Arbeitervereine in eine fortschrittsparteiliche und eine lassalleanische Orientierung führte. Dabei spielte im Lager der Lassalleaner vielfach eine höchst krude Erwartungshaltung hinsichtlich einer für die nächste Zukunft bevorstehenden Oktroyierung des allgemeinen Wahlrechts eine Rolle. Stellenweise steigerte sie sich zu einer gänzlich unkritischen Anhimmelung Bismarcks, des angeblichen Vorkämpfers für die Idee eines sozialen Königtums. Im Düsseldorfer Arbeiterverein beispielsweise setzte man ganz auf Bismarck und die preußische Staatsregierung, die, wie man meinte, »den festen Willen kundgetan« habe, »den sozialen Verhältnissen des unterdrückten Arbeiterstandes gerecht werden zu wollen«. Im Februar 1865 brachte man sogar ein Hoch auf den preußischen Ministerpräsidenten aus, weil dieser sich im Abgeordnetenhaus auf die Seite der schlesischen Weber geschlagen hatte.

Die Anbiederung der Lassalleaner an die preußische Regierung trug einiges dazu bei, daß sich Karl Marx und Friedrich Engels, die Lassalles theoretische Argumente für schlichtweg verfehlt erachteten, schon früh vom ADAV distanzierten. Lassalle gab dem ADAV von Anfang an eine ausgesprochen autoritäre

Führungsstruktur, die auch unter seinem Nachfolger Johann Baptist von Schweitzer beibehalten worden ist, ungeachtet eines radikal demokratischen Programms, dessen Kern die Forderung nach dem allgemeinen direkten und geheimen Wahlrecht darstellte. Theoretisch war das Konzept der Lassalleaner, die Emanzipation der Arbeiterschaft von der Errichtung von Produktivgenossenschaften mit Staatshilfe zu erwarten, noch weniger ausgereift als das Genossenschaftsprogramm Schulze-Delitzschs, das sich in gewissen Grenzen ökonomisch bewährt hat. Aber es berücksichtigte die unterschiedliche Klassenlage gerade der breiten Masse der Arbeiterschaft, die niemals hoffen konnte, auf dem Weg der Selbsthilfe wirtschaftlich und gesellschaftlich aufzusteigen, wie die Liberalen dies erwarteten. Deshalb war dem ADAV mittelfristig erheblicher Erfolg beschieden; er, nicht der Verband der deutschen Arbeitervereine, wurde zur Keimzelle der späteren sozialdemokratischen Arbeiterbewegung.

Damals war dies freilich noch keineswegs entschieden. Vielmehr nahm der Verband deutscher Arbeitervereine, der mit regelmäßigen Vereinstagen an die Öffentlichkeit trat, in den sechziger Jahren einen beachtlichen Aufschwung. Seine Forderungen hielten sich vorerst weitgehend im Rahmen des liberalen Programms. Die Hebung der Lage der Arbeiter durch Selbsthilfe war als Postulat unbestritten, und als geeignetes Instrument erblickte man auch hier vor allem die Bildung von genossenschaftlichen Zusammenschlüssen. Daneben beschäftigte man sich mit sozialpolitischen Forderungen, wie der Gewährung des Koalitionsrechts, der Regulierung des Arbeitsmarktes und einer Altersversorgung für die Arbeiterschaft. Allerdings trat hier ebenfalls allmählich eine Linkswendung ein. Nach 1866 setzte sich auch im Verband deutscher Arbeitervereine am Ende eine antiliberale politische Linie durch. Auf dem fünften Vereinstag vom 5. bis 7. September 1868 wurde beschlossen, daß die »Emanzipation [...] der arbeitenden Klassen [...] durch die arbeitenden Klassen selbst« erobert werden müsse – eine Haltung, die durch den Beitritt zur eben von Karl Marx gegründeten »Internationalen Arbeiterassoziation in Köln« bekräftigt wurde.

Aus der Sicht der süddeutschen Arbeiterschaft bewegte sich auch der Verband deutscher Arbeitervereine zu stark im Fahrwasser der preußischen Fortschrittspartei, von der Preußen-Begeisterung des ADAV ganz zu schweigen. Dies führte dazu, daß es 1869 in Sachsen unter der Führung August Bebels und Wilhelm Liebknechts zur Gründung einer eigenständigen Sozialdemokratischen Arbeiterpartei kam. Diese Partei bekannte sich gleichfalls zur »Abschaffung der jetzigen Produktionsweise durch genossenschaftliche Arbeit«, legte sich aber nicht mehr explizit auf Lassalles »Produktivgenossenschaften mit Staatshilfe« fest. Sie knüpfte im übrigen in ihrer Programmatik eng an die Forderungen der sächsischen Volkspartei an, von denen sich Bebel und Liebknecht nur mit großen inneren Schwierigkeiten zu lösen vermochten. Ihr entscheidender Unterschied zu den Lassalleanern bestand nicht, wie man angesichts der Kontakte Bebels und

Liebknechts zu Karl Marx gemeint hat, in einer stärkeren marxistischen Ausrichtung, sondern ausschließlich in ihrer anti-preußischen Orientierung. Insofern kam der große Zwiespalt zwischen einer kleindeutsch-großpreußischen und einer süddeutsch-föderalistischen Einstellung auch in der sich behutsam entwickelnden Arbeiterbewegung zum Ausdruck.

Einstweilen stellte die in drei unterschiedliche Gruppierungen gespaltene Arbeiterbewegung für die liberalen Parteien noch keine wirklich ernstliche Konkurrenz dar, geschweige denn eine unmittelbare Gefahr. Trotz der erklärten Gegnerschaft der Lassalleaner gegen die Fortschrittspartei gab es selbst hier von Fall zu Fall politische Kooperation mit den Liberalen und ein Zusammengehen in den Stichwahlen. In Süddeutschland standen die Arbeitervereine ohnehin im linksliberalen Lager. Man wird wohl davon ausgehen können, daß Bismarck 1866 keinesfalls Lassalle zuliebe auf das allgemeine Wahlrecht zurückgegriffen hat; aber damit wurde der Arbeiterschaft vorläufig noch keine nennenswerte parlamentarische Vertretung im norddeutschen konstituierenden Reichstag zuteil. Nicht als reale Kraft, sondern als Nukleus künftiger Entwicklungen waren die Ansätze zu einer eigenständigen politischen Arbeiterbewegung von Bedeutung. In jenen Jahren wurden die Weichen in Richtung auf eine politische Polarisierung zwischen dem entschiedenen Liberalismus und der politischen Arbeiterbewegung gestellt. Dies ist zum Teil auf die besondere Konstellation während des Verfassungskonflikts zurückzuführen, in der es dem Fortschritt angeraten erschien, das Problem der politischen Repräsentation der Arbeiterschaft zunächst einmal zurückzustellen, um die Einheitsfront gegenüber dem halbabsolutistischen Regiment Bismarcks nicht zu gefährden. Die parlamentarische Machtposition der liberalen Opposition beruhte ja gerade darauf, daß das bestehende Wahlrecht den bürgerlichen Schichten zu einer überproportional starken Vertretung verhalf, während die Unterschichten, zumal die Arbeiter, »außen vor« blieben. Dahinter standen allerdings auch reale Klasseninteressen. Es machte die Lage noch schlimmer, daß der bürgerliche Liberalismus sich dies nicht eingestehen wollte und beständig fortfuhr, zu behaupten, es bestehe eine prinzipielle Interessenidentität von proletarischer Arbeiterschaft und bürgerlicher Unternehmerschaft. Selbst so fortschrittlich gesinnte Liberale wie Schulze-Delitzsch vermochten in diesem Punkt nicht über ihren eigenen Schatten zu springen, um so weniger die aufsteigende Schicht des Wirtschaftsbürgertums, die das ökonomische Rückgrat der liberalen Bewegung bildete. Das Versäumnis des Liberalismus, sich den sozialen Problemen frühzeitig ernsthaft zu stellen und die Arbeiterschaft politisch als eigenständige Kraft anzuerkennen, hat seine politische Position auf Jahrzehnte hinaus tiefgreifend geschwächt. Es ist mehr als ein Symbol, daß Bismarck 1865 anläßlich des Streiks der schlesischen Weber von Crimmitzschau den von manchesterlichen Vorurteilen geplagten Liberalen mit einigem Erfolg die Parole »der Staat kann« entgegenhalten konnte.

Außenpolitik als innenpolitische Krisenstrategie: Bismarcks gewaltsame Entscheidung der »deutschen Frage«

Otto von Bismarck hat einmal von sich gesagt: »Mir sind die auswärtigen Dinge an sich Zweck und stehen mir höher, als die übrigen.« Dieses Wort hat schon die neorankeanische Geschichtsschreibung des frühen 20. Jahrhunderts als Ausweis dafür betrachtet, daß Bismarck zeitlebens der Devise vom »Primat der auswärtigen Politik« gefolgt sei. Die Betonung der Eigenständigkeit der auswärtigen Politik war unter den gegebenen Verhältnissen freilich nicht viel mehr als eine geschickte Selbststilisierung, die sich politisch höchst nutzbringend einsetzen ließ, waren doch selbst die Liberalen nach dem Debakel von 1866 bereit, Bismarck in außenpolitischen Fragen weitgehend freie Hand zu lassen. Hermann Baumgarten meinte damals resigniert in seiner »Selbstkritik des Liberalismus«: »Der Bürger ist geschaffen zur Arbeit, aber nicht zur Herrschaft, und des Staatsmanns wesentliche Aufgabe ist zu herrschen.« Tatsächlich war Bismarck sich vollauf der durchgängigen Verschränkung von innerer und äußerer Politik bewußt. Er hat die Chancen klar gesehen, die liberale Opposition auf außenpolitischem Feld zu überrunden und auf diese Weise den preußischen Verfassungskampf zugunsten der Krone zu entscheiden. Das war um so mehr der Fall, als der Verfassungskonflikt auch von liberaler Seite gutenteils mit nationalpolitischen Argumenten geführt wurde. Es war die begründete Überzeugung des entschiedenen Liberalismus, daß Preußen nur dann auf nationalpolitischem Gebiet erfolgreich sein könne, wenn es sich im Innern liberalisiere. Umgekehrt war sich Bismarck schon damals darüber im klaren, daß nur dann, wenn der liberalen Bewegung der nationalpolitische Wind aus den Segeln genommen würde, eine Stabilisierung der politischen Verhältnisse in Preußen und Deutschland im konservativen Sinne erreichbar war. In einem Runderlaß vom 7. September 1867 hat er gesagt: »Wir haben es uns von Anfang an zur Aufgabe gemacht, den Strom der nationalen Entwicklung Deutschlands in ein Bett zu leiten, in welchem er nicht zerstörend, sondern befruchtend wirke.« Dies hieß im Klartext, daß es ihm darum gehe, eine Lösung der »deutschen Frage« zu finden, die im Einklang mit den konservativen Interessen stand.

Bereits seit 1859 war für jeden Beobachter der politischen Szene unübersehbar geworden, daß das Drängen der bürgerlichen Schichten auf ein größeres Maß staatlicher Einheit, das an die Stelle des schwerfälligen und ineffektiven Systems des Deutschen Bundes trete, so stark geworden war, daß eine realistische Politik, so konservativ sie auch sein mochte, derartige Wünsche und Forderungen als eigenständige Faktoren in Rechnung stellen mußte. Bismarck hatte schon in Frankfurt für ein partielles Zusammengehen mit der deutschen Nationalbewegung plädiert, weil dies Preußen in seinem Kampf mit Österreich um die Vorherrschaft in Deutschland erhebliche Vorteile bringen würde. Damals wie später hatte er keinerlei Skrupel, in bestimmten konkreten Fragen gemeinsame Sache mit der liberalen Bewegung zu machen, wenn die preußischen Machtinteressen es erforderten.

Auch die Regierung der »Neuen Ära« unter Alexander von Schleinitz hatte sich anfangs, in allerdings recht vagen Formulierungen, dafür ausgesprochen, daß die künftige Außenpolitik Preußens darauf gerichtet sein müsse, sich im Einklang mit der nationalen Bewegung zu halten. Namentlich der Prinzregent und sein Außenminister hofften, die durch den italienischen Krieg von 1859 entstandene Konstellation auszunutzen, um die Führung Preußens in Deutschland zumindest auf militärischem Feld für den damals als möglich angesehenen Kriegsfall sicherzustellen; doch diese Bestrebungen verliefen wegen des unerwartet raschen Friedensschlusses zunächst im Sande. Bismarck bot sich im Juni 1861 die Chance, dem Prinzregenten seine Ansichten über die Möglichkeiten der preußischen Außenpolitik vorzutragen. Im Vordergrund stand für ihn das Ziel, Preußen als eine europäische Macht von dem Schlepptau der österreichischen Außenpolitik zu lösen und seine Gleichberechtigung auch in den deutschen Angelegenheiten ein für allemal durchzusetzen. Das bedingte aus seiner Sicht insbesondere eine Umgestaltung des Systems des Deutschen Bundes, in welchem Preußen zunehmend in Gefahr stünde, von Österreich im Zusammenspiel mit den Bundesstaaten majorisiert zu werden, obwohl ihm kraft seiner Bevölkerungszahl und seines politischen Gewichts eine entscheidende Rolle im Bund zustehe, schon deshalb, weil im Kriegsfall ihm die Hauptlast zufallen würde. Davon abgesehen dränge auch die öffentliche Meinung in Deutschland mit einigem Recht auf eine Änderung der bestehenden Verhältnisse. Das »Bedürfnis, die Kraftentwicklung des deutschen Volkes straffer und einheitlicher zusammengefaßt zu sehen«, mache sich »täglich mit wachsender Entschiedenheit geltend. Die in der gesamten Strömung der Zeit liegende Belebung des Nationalgefühls« dränge, »gleichzeitig mit dem Verlangen, gegen auswärtige Angriffe gesichert zu sein, nach dem Ziele engerer Einigung Deutschlands, mindestens auf dem Gebiete der Wehrkraft und materiellen Interessen.«

Es lag auf der Linie der damaligen Bemühungen der preußischen Außenpolitik unter Graf Bernstorff, für Preußen im Kriegsfall den Oberbefehl über die Heereskontingente aller deutschen Bundesstaaten zu erhalten. Aber Bismarck drängte auf mehr, nämlich die Hegemonialstellung Preußens in Deutschland, unter weitgehender Zurückdrängung Österreichs. Dies aber lief naturgemäß den Eigeninteressen der deutschen Mittelstaaten ganz und gar zuwider. Um sie zu überspielen, empfahl er den Rückgriff auf Waffen aus dem Arsenal der deutschen Nationalbewegung. Eine »nationale Vertretung des Volkes bei der Bundeszentralbehörde« sei »das wirksamste, vielleicht [...] das einzige und notwendige Bindemittel, welches den divergierenden Tendenzen dynastischer Sonderpolitik ein ausreichendes Gegengewicht zu geben« vermöge. »Die Verwirklichung eines solchen

Gedankens für das außerösterreichische Deutschland« liege »nicht außer dem Bereiche des politisch Möglichen«. Freilich wollte Bismarck damals allenfalls die materiellen Fragen, also die Handelsgesetzgebung und damit zusammenhängende Angelegenheiten wirtschaftspolitischer Art, und gegebenenfalls die Schaffung einer gemeinsamen Heeresverfassung der deutschen Staaten unter Ausschluß Österreichs der Zuständigkeit eines derart reorganisierten Deutschen Bundes überlassen. Zudem erwog er als Alternativstrategie, statt des Deutschen Bundes den Zollverein als Instrument einer solchen Politik zu benutzen, die einerseits den dringendsten Gravamina der deutschen Nationalbewegung Abhilfe schaffen, andererseits Österreich aus den deutschen Angelegenheiten weitgehend hinausdrängen sollte. Hier wird in den Grundlinien bereits Bismarcks spätere politische Strategie erkennbar, nämlich aus einem partiellen Zusammengehen mit der Nationalbewegung politisches Kapital für Preußen zu schlagen und es zur Vormacht zumindest in Norddeutschland zu erheben. Damals war Bismarck freilich noch ein politischer Außenseiter, der mit seinen radikalen Ansichten zwar Aufsehen, aber auch Mißtrauen erregte. Außerdem gingen diese Vorschläge über den politischen Horizont des Ministeriums der »Neuen Ära« weit hinaus.

Knapp ein Jahr später wurde Bismarck zum preußischen Ministerpräsidenten und Leiter der auswärtigen Politik Preußens berufen. Im Jahr 1862 hatte sich das Ansehen Preußens im Kreis der europäischen Mächte, nach dem einigermaßen dubiosen Zwischenspiel der preußischen Politik während des österreichisch-italienischen Konflikts, wieder etwas gehoben; andererseits schien es die Vorschußlorbeeren, die ihm seitens der Nationalbewegung entgegengebracht worden waren, weitgehend verspielt zu haben. Bismarcks allgemeine Zielsetzung war klar umrissen. Er betrachtete Preußen als eine Großmacht unter den europäischen Großmächten, der im Verhältnis zu Österreich uneingeschränkt Gleichberechtigung gebühre. Deshalb dürfe Preußen im System des Deutschen Bundes nicht länger als eine Macht zweiten Ranges behandelt werden. Er beanspruchte im Grundsatz eine Hegemonialstellung des preußischen Staates nördlich der Main-Linie und die Unterordnung der süddeutschen Staaten in wirtschaftlichen und militärischen Fragen unter die preußische Politik. Von einer sentimentalen »deutschen Politik« Preußens wollte Bismarck hingegen nichts wissen; im Grundsatz zielte er darauf ab, die bestehende staatliche Ordnung in Deutschland und Europa in allem wesentlichen zu erhalten, entgegen den Wünschen der deutschen Nationalbewegung. Das schloß allerdings nicht aus, der Nationalbewegung in einzelnen, genau umrissenen Bereichen vor allem wirtschaftlicher Art entgegenzukommen, zum einen, weil sich dies gegenüber Österreich politisch ausnutzen ließ, darüber hinaus aber, weil es nicht ratsam war, den nationalpolitischen Forderungen des bürgerlichen Liberalismus völlig die kalte Schulter zu zeigen. Andernfalls hätte dies früher oder später zu einer Destabilisierung des bestehenden politischen und gesellschaftlichen Systems führen müssen.

Eine gänzliche Vernachlässigung der »deutschen Frage« war auch deshalb nicht angezeigt, weil die deutschen Mittelstaaten und Österreich sich unter dem Druck der Nationalbewegung ebenfalls mit Plänen beschäftigten, wie man eine Modifikation des Systems des Deutschen Bundes bewerkstelligen könne, welches den Forderungen nach mehr nationaler Einheit wenigstens der Form nach genügen könne, ohne die Selbständigkeit der Einzelstaaten und die informelle Vorrangstellung Österreichs am Bund zu gefährden. Der Bundesreformplan des sächsischen Ministerpräsidenten Beust vom Oktober 1861, der auf ein Triumvirat des Kaisers von Österreich, des Königs von Preußen und eines von den Mittelstaaten gemeinsam zu benennenden Fürsten aus ihren Reihen hinauslief, hatte zwar nur wenig Gegenliebe gefunden, gab aber Österreich in der Folge Anlaß, mit der großen Mehrzahl der Mittelstaaten einen neuen Vorstoß zwecks einer gründlichen Reorganisation des Bundessystems zu unternehmen. Der Deutsche Bund sollte aus einer losen Föderation der deutschen Einzelstaaten unter Führung Österreichs und Preußens in eine effektive Organisation zur Regelung gemeinschaftlicher Angelegenheiten umgewandelt werden und auf bestimmten Gebieten unmittelbare Herrschaftsbefugnisse erhalten. Die Frankfurter Reformakte sah ein sechsköpfiges Direktorium als Träger der Zentralgewalt des Bundes vor, dem Österreich und Preußen mit je zwei ständigen Mitgliedern und Bayern mit einem ständigen Mitglied, die übrigen Mittelstaaten gemäß einem abgestuften Turnus mit zwei weiteren Mitgliedern angehören sollten. Dem Direktorium sollten zur Seite stehen ein neu strukturierter Bundesrat (als ständige Repräsentation der Gesandten der Einzelstaaten, unter mäßiger Privilegierung Österreichs und Preußens, die je drei Mitglieder entsenden sollten) sowie eine Bundesversammlung, bestehend aus Abgeordneten, die von den jeweiligen Länderparlamenten gewählt werden sollten. Schließlich war ein neues Bundesgericht geplant, welches nicht nur in zivilrechtlichen, den Bund betreffenden Angelegenheiten tätig werden, sondern im Falle von verfassungspolitischen Streitigkeiten aller Art zwischen beziehungsweise in den einzelnen Gliedstaaten als Schiedsgericht fungieren sollte.

Dieses Modell einer reformierten Bundesverfassung war reichlich kompliziert und schwerfällig, zumal es den partikularen Interessen der Mittelstaaten so weit wie irgend möglich entgegenzukommen suchte; über seine Effektivität kann man verschiedener Meinung sein, da es dem Test der historischen Realität niemals unterworfen worden ist. Aber es stellte gleichwohl eine realistische Alternative zu der bundesstaatlichen Lösung der »deutschen Frage« auf kleindeutscher Basis dar, wie sie dann wenig später verwirklicht worden ist. Der Reformplan, den Österreich auf dem Frankfurter Fürstentag vom 16. und 17. August 1863 den deutschen Fürsten vorstellte, bedeutete eine ernst zu nehmende Herausforderung der preußischen Politik. Bismarck war von Anfang an entschlossen, den Fürstentag zu boykottieren, da die österreichischen Reformpläne mit seinen Vorstellungen über die Vormachtstellung Preußens in Deutschland in keiner Weise vereinbar schienen. Doch das erwies sich zunächst als keineswegs leicht, da Wilhelm I. der Auffassung zuneigte, daß er sich dem Appell der übrigen deutschen Fürsten zur Mitwirkung nicht entziehen dürfe. Preußen befand sich in einer fatalen Isolierung, obwohl es das formale Bundesrecht auf seiner Seite hatte, das in allen diesen Fragen Einstimmigkeit sämtlicher Bundesmitglieder erforderte. Am Ende wagte es die Mehrzahl der Mittelstaaten nicht, Preußen in aller Form zu brüskieren und die Möglichkeit der Gründung eines neuen Bundes ohne Preußen ins Auge zu fassen, weil in einem solchen System die Hegemonie Österreichs unermeßlich gesteigert worden wäre.

Angesichts dieser Vorgänge wurde die Politik Preußens unter der Führung Bismarcks gleichsam wider Willen auf die Linie eines partiellen Bündnisses mit der Nationalbewegung getrieben; denn nur so war, wie es schien, der Vorschlag Österreichs und der nichtpreußischen Länder, eine neue Föderation zu begründen, die an der bestehenden staatlichen Ordnung in Deutschland grundsätzlich festhielt, effektiv abzuwehren. Im Hintergrund stand dabei die Frage, ob Österreich weiterhin die Rolle einer Vormacht auch in Deutschland zugestanden werden solle oder nicht. Es waren in erster Linie preußische Machtinteressen, die einer solchen Reorganisation des Deutschen Bundes widersprachen, nicht Erwägungen nationaler Natur. Aber der Kampf um die Gunst der Mittelstaaten war gleichwohl von dem Gesichtspunkt beeinflußt, daß die Nationalbewegung eine pro-preußische Politik befürworten werde, während die traditionellen Eliten auf der Seite Österreichs standen. Ein Vorgeplänkel dieser Art hatte es schon zuvor in Kurhessen gegeben. Bereits im Mai 1862 hatte Graf Bernstorff Anlaß gesehen, in die immer noch schwebenden Verfassungsstreitigkeiten zwischen Kurfürst Friedrich Wilhelm I. und den hessischen Ständen einzugreifen und den Widerruf der oktroyierten Verfassung von 1860 zu fordern, die von der Ständeversammlung und den bürgerlichen Schichten nach wie vor nicht anerkannt wurde. Bismarck erneuerte dieses Verlangen im November 1862 in rüdesten Formen durch Übersendung der sogenannten Feldjägernote mit dem Argument, daß Preußen ungeordnete Verfassungsverhältnisse in einem Land, das geographisch mit den preußischen Territorien so eng verzahnt sei, nicht hinnehmen könne. In Wahrheit ging es um etwas ganz anderes. Während der Kurfürst eine ausgeprägt pro-österreichische Politik verfolgte, war die hessische Kammeropposition entschieden pro-preußisch eingestellt. Unter diesen Umständen hielt es die preußische Regierung, die sich im eigenen Land in einem aufs äußerste zugespitzten Verfassungskonflikt befand, für opportun, in Kurhessen die liberale Kammermehrheit gegen deren Landesherrn zu unterstützen, obendrein mit massiven Drohungen. Faktisch kam dies einer Intervention in innere hessische Angelegenheiten gleich, die primär dazu diente, die pro-österreichische Orientierung dieses Landes zu brechen. Der Stimmen der norddeutschen Kleinstaaten konnte sich Preußen allemal sicher sein;

schwieriger stand es mit Hannover, dessen Regierung es ebenfalls mit einer prononciert pro-preußischen liberalen Opposition unter Führung Bennigsens zu tun hatte.

Dies wirkte sich im Zuge der Auseinandersetzungen über die Bundesreform zeitweise zugunsten der preußischen Position aus, konnte aber am Ende nicht verhindern, daß Bismarck zu extremen Mitteln greifen mußte, um die von der großen Mehrheit der deutschen Staaten im Verein mit Österreich geforderte Reorganisation des Deutschen Bundes zu torpedieren. Angesichts der gemeinsamen Aufforderung aller Bundesfürsten an Preußen, der beabsichtigten Neuordnung beizutreten, bestand Bismarck auf dem Vetorecht für beide Großmächte zumindest für den Fall einer Kriegserklärung sowie auf einem paritätischen Vorsitz beider Mächte. Am Ende bedurfte es des potentiell nationalrevolutionären Vorschlags der direkten Wahl der Bundesversammlung gemäß der Bevölkerungszahl, den Österreich und die Mittelstaaten bei Lage der Dinge nicht annehmen konnten, um die österreichische Diplomatie auszumanövrieren. Einmal mehr posierte Preußen in der Rolle des Vorkämpfers der deutschen Einheit, wenn auch aus durchsichtigen taktischen Gründen.

Wie es tatsächlich mit dem Eintreten Preußens für freiheitliche Ideale gegenüber dem engstirnigen Partikularismus der deutschen Einzelstaaten bestellt war, zeigte sich schon wenig später im Zusammenhang mit dem polnischen Aufstand gegen die oppressive zarische Herrschaft in Kongreß-Polen. Bereits während seiner Tätigkeit als preußischer Botschafter in St. Petersburg hatte Bismarck keinen Zweifel daran gelassen, daß sich Preußen niemals »mit einer Auferstehung polnischer Nationalität« befreunden könne, vielmehr genötigt sei, »den dahin gerichteten Bestrebungen innerhalb unserer Grenzen und in der unmittelbaren Nähe derselben mit aller Entschiedenheit und mit allen Mitteln entgegenzutreten«. Am 8. Februar 1863 schloß Preußen mit dem zarischen Rußland die sogenannte Alvenslebensche Konvention ab, in der sich beide Mächte die militärische Unterstützung bei der Niederwerfung des polnischen Aufstandes zusicherten. Mehr noch: Preußen ging so weit, militärische Operationen gegen Einheiten von Aufständischen auch jenseits der Grenze ins Auge zu fassen. Erst die höchst negative Aufnahme dieser Absichtserklärung bei den Regierungen in Paris und London veranlaßte Bismarck, die Bestimmungen der Konvention behutsam wieder etwas einzuschränken und von einem aktiven Truppeneinsatz gegen die Polen Abstand zu nehmen. Der Abschluß der Alvenslebenschen Konvention war nicht allein zum Schutz der preußischen Ostgrenze, wie es amtlich hieß, unternommen worden, sondern zugleich aus antirevolutionären Motiven heraus, allerdings mit der Nebenabsicht, Rußland an das Prinzip der Solidarität der konservativen Mächte zu erinnern sowie Frankreich in St. Petersburg zu kompromittieren. Obschon Bismarck in diesem Fall den ungewöhnlichen Weg gewählt hatte, zuvor mit Repräsentanten der liberalen Opposition vertraulich Fühlung aufzunehmen, wurde der Abschluß der Alvenslebenschen Konvention im preußischen Abgeordnetenhaus ungewöhnlich scharf kritisiert. Freilich befanden sich auch die Liberalen in einem inneren Zwiespalt: Auf der einen Seite unterstützten sie das Selbstbestimmungsrecht der Polen, auf der anderen waren sie nicht unempfänglich für Bismarcks Argument, daß ein wiedererstehendes polnisches Königreich unweigerlich den Blick auch auf die polnischen Gebiete Preußens werfen und danach trachten werde, sie zurückzugewinnen.

Der eigentliche Test für Bismarcks ehrgeizige Politik der Machterweiterung Preußens im Zusammenspiel mit der deutschen Nationalbewegung kam mit dem Wiederaufflammen der »schleswig-holsteinischen Frage« Ende März 1863. Im Kern handelte es sich um einen Konflikt zwischen der dänischen und der deutschen Nationalbewegung, für den eine salomonische Lösung im Grunde nicht zu finden war. Die dänische liberale Kammermehrheit bestand auf der Ablösung der altertümlichen Rechtsinstitution der Personalunion Schleswigs und Holsteins mit der dänischen Krone, die allein an die Person des Herrschers geknüpft war, durch eine verfassungsrechtliche Regelung gemäß den Grundsätzen des konstitutionellen Staatsrechts; die deutsche Nationalbewegung hingegen suchte die Herzogtümer für Deutschland zu retten und aus dem Gesamtverband der dänischen Monarchie wieder herauszulösen, obschon die Großmächte unter Einschluß Österreichs und Preußens im zweiten Londoner Protokoll vom 8. März 1852 die Erhaltung des dänischen Gesamtstaates festgeschrieben und eine Erbfolgeregelung empfohlen hatten, die den dänischen Ansprüchen entgegenkam. Am 30. März 1863 verfügte Friedrich VII. auf Verlangen des Folketing die staatsrechtliche Trennung der beiden, nach deutscher Auffassung »op ewig ungedeelten« Herzogtümer, von denen freilich nur Holstein, nicht Schleswig seit dem Wiener Kongreß dem Deutschen Bund angehörte, und die Inkorporierung Schleswigs, dessen nördliche Region bis zur Linie Flensburg-Tondern mehrheitlich dänisch war, als Provinz in den dänischen Gesamtstaat. Darüber hinaus arbeitete die dänische Regierung ein neues, für Dänemark und Schleswig gleichermaßen geltendes Staatsgrundgesetz aus, das den konstitutionellen Maßstäben der Zeit entsprach und die dänischen nationalliberalen Forderungen nach Herstellung eines einheitlichen dänischen Nationalstaates zu erfüllen suchte, während Holstein und Lauenburg eine Sonderstellung zugewiesen wurde. Das Grundgesetz wurde am 29. September dem dänischen Reichsrat vorgelegt und am 13. November angenommen; als Zeitpunkt seines Inkrafttretens hatte man den 1. Januar 1864 in Aussicht genommen. Dies stellte eine Verletzung der im Zusammenhang mit den Verhandlungen über das Londoner Protokoll 1851/52 gegenüber Preußen und Österreich abgegebenen Zusage dar, den staatsrechtlichen Sonderstatus der beiden Herzogtümer nicht anzutasten und die Rechte der Stände zu respektieren. Im Gegenzug drohte der Deutsche Bund unter Führung der Mittelstaaten für den Fall, daß das Patent vom 30. März 1863 nicht unverzüglich rückgängig gemacht und von dem Plan eines neuen Staatsgrundgesetzes Abstand genommen werde, mit der Exekution gegen das Bundesmitglied Dänemark, weil geltendes Bundesrecht verletzt worden sei. Schließlich wurde nach äußerst langwierigen Verhandlungen am 1. Oktober 1863 die Bundesexekution gegen Dänemark beschlossen. Ein Eingreifen der Großmächte zugunsten Dänemarks wurde einstweilen nicht befürchtet, da formal gesehen Dänemark nicht allein Bundesrecht, sondern zumindest indirekt auch das geltende internationale Recht verletzt hatte. Zu diesem Zeitpunkt fanden es die beiden Großmächte, vor allem Preußen, als Signatarmächte des Londoner Protokolls angebracht, sich weitgehend im Hintergrund zu halten.

Mit dem plötzlichen Tod Friedrichs VII. am 15. November 1863, dem Christian IX., ein nicht direkter Erbe, auf den dänischen Thron nachfolgte, trat die »schleswig-holsteinische Frage« in eine zweite, weit kritischere Phase ein. Denn nun wurde zugleich die Frage der Rechtmäßigkeit der Erbfolge Christians IX. in den Herzogtümern, in denen nur das Erbrecht der männlichen Linie galt, aufgeworfen. Zwar war 1852 die Empfehlung der Nachfolge Christians IX. durch die Großmächte dadurch abgestützt worden, daß man den eigentlich erbberechtigten Herzog Christian von Sonderburg-Augustenburg zu einer Erbverzichtserklärung veranlaßt hatte, aber die Sache hatte insofern einen Schönheitsfehler, als dessen Sohn, Erbprinz Friedrich, erklärt hatte, daß er sich an den väterlichen Verzicht nicht gebunden fühle. Jetzt aber meldete Friedrich VIII. von Augustenburg seine Ansprüche auf die Erbfolge in den Herzogtümern in aller Form an. Gleichzeitig gab Christian IX. unter dem Druck des Folketing dem neuen konstitutionellen Grundgesetz für den gesamten dänischen Staat, unter Einschluß Schleswigs, die verfassungsmäßig erforderliche königliche Zustimmung. Das wäre dem definitiven Verlust der deutschen Grenzprovinz Schleswig gleichgekommen. Aus diesem Grund kam es zu einem frontalen Zusammenstoß des deutschen und des dänischen nationalgesinnten Liberalismus. Die dänische Nationalbewegung orientierte sich dabei an der Idee des homogenen Nationalstaates, in dem so altertümliche Rechtsformen wie jene einer Personalunion keinen Platz finden dürften; die deutsche Nationalbewegung hingegen berief sich auf das »gute, alte Recht« oder, genauer gesagt, auf das historische Staatsrecht, zum einen auf die Zugehörigkeit Holsteins zum Deutschen Bund, zum anderen auf die Zusammengehörigkeit der beiden Herzogtümer, die seit 1460 »ungeteilt« seien.

In ganz Deutschland kam es zu einer leidenschaftlichen Protestbewegung gegen die bevorstehende Inkorporation. Jetzt schien die Gelegenheit gekommen zu sein, die beklagenswerten Bestimmungen des Londoner Protokolls von 1852 abzuschütteln und Schleswig und Holstein für die deutsche Nation zu retten. Die öffentliche Meinung stellte sich nahezu einhellig hinter die Ansprüche des Augustenburgers auf die Erbfolge in beiden Herzogtümern, ohne sich nennenswert Gedanken über die völkerrechtlichen Aspekte dieses rein dynastischen Rechtsprinzips zu machen, das den Grundsätzen des konstitutionellen Staatsrechts längst nicht mehr entsprach. Es genügte, daß sich Friedrich VIII. zu einer konstitutionellen Regierungsweise bekannt hatte. Dabei waren die Holsteiner selbst zunächst gar nicht so begeistert über die Aussicht, den Augustenburger als neuen Souverän zu erhalten. Aber die Aussicht, daß unter diesem liberal eingestellten Fürsten ein konstitutioneller Musterstaat im äußersten Norden Deutschlands entstehen würde, der zugleich ein Bollwerk der deutschen Nationalität gegenüber den dänischen Bestrebungen sein werde, war ungemein populär. Hinzu kam, daß man den beiden deutschen Großmächten, insbesondere dem von Bismarck geführten Preußen, in dieser Frage gründlich mißtraute.

Die Stärke und Spontaneität der Bewegung für die Erhaltung der beiden Herzogtümer elektrifizierte die Führer der liberalen Bewegung, die nun den Zeitpunkt gekommen sahen, um nicht nur hinsichtlich der Zukunft Schleswig-Holsteins, sondern auch jener in Preußen und darüber hinaus in der »deutschen Frage« den lang ersehnten Durchbruch zu erzielen. Der Nationalverein setzte sich an die Spitze der Bewegung. Bennigsen nahm unverzüglich Verbindung mit Friedrich VIII. auf und sicherte ihm als »dem rechtmäßigen Herrscher über die Herzogtümer« die Unterstützung der Nationalbewegung zu. Der Augustenburger erklärte, daß »die Heiligkeit« seiner Sache zugleich die »Sache« seines »Volkes« sei. »Man hat die Schleswig-Holsteiner im Namen fürstlichen Rechtes lange unterdrücken dürfen. Im Namen desselben fürstlichen Rechtes werde ich sie befreien und [...] ich werde sie, so Gott will, bald befreien.« Gleichzeitig appellierte der Nationalverein an die Öffentlichkeit, die Sache Friedrichs VIII. öffentlich, durch Kundgebungen und Eingaben an die Regierungen, den Freiheitskampf des schleswig-holsteinischen Volkes durch Geldsammlungen oder sogar militärisch, gegebenenfalls durch Bildung von »Freischaren«, zu unterstützen. Unter dem Vorsitz Miquels wurde in Göttingen ein besonderer »Hilfsausschuß« gegründet, der die Unterstützung für die Schleswig-Holsteiner koordinieren sollte. Die Erwartung, daß das Problem der politischen Zugehörigkeit der Herzogtümer nun durch einen »Volkskrieg« ein für allemal zugunsten Deutschlands entschieden werden müsse, war weit verbreitet. Der Sache nach konnte lediglich Preußen einen solchen Krieg führen, aber nach allgemeiner Auffassung war dazu »nur ein liberales und volkstümliches Preußen« berufen, nicht das Preußen des Verfassungskonflikts. Entsprechend hofften viele Liberale zuversichtlich, daß der Kampf um Schleswig und Holstein zugleich den Ansatzpunkt bieten werde, um das verhaßte Ministerium Bismarck endlich zu stürzen. August Ludwig von Rochau schrieb damals enthusiastisch an Johannes Miquel: »In Preußen muß der Schrei: Nieder mit Bismarck! organisiert werden, zunächst in Berlin, was binnen drei Tagen geschehen kann und wird, wenn die Herren dort einen Funken von richtiger Erkenntnis der Lage und ihrer Schuldigkeit haben. Man erfülle die Straßen von Berlin vom Morgen bis zum Abend mit diesem Rufe und binnen weiterer drei Tage ist die Sache fertig [...] Was nützen uns Freiwillige und Geldsendungen, solange der Verrat am Staatsruder sitzt!« Diese Analyse überschätzte einigermaßen sanguinisch die Stärke der Bewegung in der Öffentlichkeit und die Möglichkeiten, die preußische Staatsregierung durch bloß demonstrative Akte in die Knie zu zwingen.

Von einiger Bedeutung war immerhin, daß die Bewegung für die Herzogtümer auf die Unterstützung auch der eher großdeutsch ausgerichteten Teile der deutschen Öffentlichkeit zählen konnte. Für den Augenblick wenigstens schien die Einheit der deutschen Nationalbewegung in eindrucksvoller Weise wiederhergestellt zu sein. Auf einer Tagung von liberalen Abgeordneten aus allen deutschen Landtagen am 21. Dezember 1863 ergab sich eine stattliche Mehrheit für die Rückgewinnung Schleswigs und Holsteins sowie für die Unterstützung der Erbansprüche Friedrichs VIII., die nicht allein als wohlbegründet galten, sondern zugleich die beste Möglichkeit zu bieten schienen, das Anrecht auf die beiden Herzogtümer ohne Rücksicht auf die Tatsache, daß im nördlichen Teil Schleswigs die dänische Bevölkerungsgruppe überwog, gegenüber den Großmächten durchzusetzen. Die Bildung eines permanenten Sechsunddreißiger-Ausschusses, der als »Mittelpunkt der gesetzlichen Tätigkeit der deutschen Nation für Durchführung der Rechte der Herzogtümer Schleswig-Holstein und ihres rechtmäßigen Herzogs Friedrich VIII.« dienen sollte, fand zwar nicht im gleichen Maße den Zuspruch der Großdeutschen, die darin eine unangemessene Brüskierung der Großmächte sahen, signalisierte aber einmal mehr, daß die breite Öffentlichkeit in der Frage der Herzogtümer Taten sehen wollte. Auch die Strategie war klar: In sämtlichen Länderparlamenten, namentlich in jener Hannovers und der süddeutschen Staaten, sollte die liberale Partei, soweit die Regierungen nicht ohnehin den Augustenburger unterstützten wie in Baden, mit allen verfügbaren Mitteln auf eine entsprechende Kursänderung dringen. Im Hintergrund stand, unausgesprochen und im Grunde doch nicht ernstlich gewollt, die Drohung mit einer nationalen Revolution.

Die nationale Bewegung wurde in ihrem Kern vom liberalen Bürgertum, mit starker Beteiligung gerade der bildungsbürgerlichen Elemente, getragen. Sie reichte aber in breite Schichten der Bevölkerung hinein und erfaßte insbesondere auch jene Gruppen, die der radikalen Demokratie zugerechnet werden müssen. Gerade hier besaß der Gedanke, die Befreiung Schleswigs und Holsteins von dänischer Herrschaft durch einen Volkskrieg mit Hilfe von Freiwilligen aus allen deutschen Ländern zu bewerkstelligen, große Anziehungskraft. Der Schwerpunkt der Bewegung lag in den Mittelstaaten, vornehmlich in Hannover, vergleichsweise weniger ausgeprägt in Preußen selbst, wo die Meinungen darüber, ob man im Norden einen neuen deutschen Mittelstaat schaffen oder vielmehr für eine Annexion der Herzogtümer durch Preußen eintreten sollte, von vornherein geteilt waren.

Die Regierungen der deutschen Mittelstaaten befanden sich ihrerseits unter Zugzwang. Denn der Deutsche Bund lief nun Gefahr, auch die letzten Reste seines Anspruchs zu verlieren, die Interessen der deutschen Nation in ihrer Gesamtheit zu vertreten und damit seine Glaubwürdigkeit vollständig einzubüßen. Schon die dänische Erklärung vom März 1863, in der Schleswig, welches nicht zum Deutschen Bund gehörte, von Holstein und Lauenburg getrennt und in den dänischen Gesamtstaat integriert worden war, hatte eine alarmierende Wirkung. Der hannoveranische Minister des Auswärtigen Adolf von Platen meinte damals, »[d]er Deutsche Bund [...]« könne, »ohne seine Würde zu vergeben und Gefahr zu laufen, daß er seine Autorität in Deutschland völlig« verliere, jenes Patent »nicht ohne scharfes Entgegentreten lassen [...]«. Insbesondere der sächsische Ministerpräsident Beust drängte auf ein energisches Vorgehen; der Bund dürfe »nicht mehr mit halben Maßregeln, mit Drohungen auftreten, sondern man müsse handeln, die Herzogtümer besetzen und durch Gewalt Dänemark zwingen, seinen früheren Versprechungen und den Forderungen Deutschlands gerecht zu werden«. Um wieviel mehr war dies dann im November 1863 der Fall, als mit dem Eintritt des Erbfalls die Konsequenzen des Londoner Protokolls voll einzutreten drohten, nämlich der gänzliche Verlust der Herzogtümer für Deutschland. Nunmehr erklärte die Mehrheit der Bundesstaaten unter Führung Bayerns und Oldenburgs, daß der Deutsche Bund durch die Beschlüsse der Londoner Konferenz nicht gebunden sei. Dies war völkerrechtlich insofern zutreffend, als der Deutsche Bund nicht Signatarmacht des Londoner Protokolls war. Im übrigen traten die Mittelstaaten einhellig für die Augustenburgerische Lösung ein. Sie gingen so weit, Robert von Mohl als Bundestagsgesandten für Holstein im Auftrag Friedrichs VIII. zu akzeptieren, während dem neuen dänischen Monarchen eine Vertretung am Deutschen Bund zunächst verweigert und erst auf eine Intervention Preußens hin auf dem Umweg über die Repräsentation des Herzogtums Lauenburg zugestanden wurde. Die Regierungen der Mittelstaaten strebten nunmehr eine radikale Lösung der »schleswig-holsteinischen Frage« an, die hinter die Vereinbarungen von 1851/52 und das Londoner Protokoll zurückgehen müsse. Freilich blieb strittig, ob der Deutsche Bund auch jetzt noch auf der Grundlage der Reichsexekution gegen den neuen dänischen Monarchen vorgehen solle oder nicht vielmehr das Recht der Okkupation zugunsten eines Bundesfürsten in Anspruch nehmen müsse, dem die Herrschaft über das ihm zustehende Territorium unrechtmäßig verweigert werde.

Die mittelstaatlichen Regierungen sahen mit einigem Recht eine unwiederbringliche Gelegenheit gegeben, um eine Frage, in der die breite Öffentlichkeit leidenschaftlich engagiert war, ohne oder gar gegen die beiden deutschen Großmächte einer Entscheidung im nationaldeutschen Sinne entgegenzuführen. Für sie ging es darum, der nationalen Bewegung den Wind aus den Segeln zu nehmen und unter Beweis zu stellen, daß das »Dritte Deutschland« allen Unkenrufen zum

Trotz in den großen nationalpolitischen Fragen handlungsfähig sei. Zudem konnten sie eine Entwicklung, die zur Schaffung eines neuen Bundesstaates im Norden und zu einer Stärkung der staatenbündischen Struktur Deutschlands führen würde, nur begrüßen. Die Ereignisse in Holstein selbst bestärkten sie in dieser Haltung. Die großangelegte Propaganda eines Schleswig-Holstein-Ausschusses in Hamburg, dem unter anderen Ludwig Aegidi, Konstantin Rößler, Moritz Busch und Heinrich von Treitschke ihre wortgewaltige Feder liehen, war nicht ohne Wirkung geblieben. Im Lande regten sich in den bürgerlichen Schichten starke Kräfte zugunsten des Augustenburgers; auf einer Landesversammlung auf dem Propstenfeld bei Elmshorn am 27. Dezember 1863 leisteten 15.000 Holsteiner ihrem Herzog Friedrich VIII. von Holstein den Treueschwur. In Schleswig und Holstein galt der Augustenburger seitdem als Unterpfand der Befreiung von dänischer Herrschaft und wurde, obschon die Verwaltung von Kommissionen des Bundes wahrgenommen wurde, allgemein als Spitze der Regierung der Herzogtümer anerkannt.

Preußen und Österreich sahen sich durch diese Entwicklungen in zweifacher Weise herausgefordert. Zum einen strebte die nationale Bewegung eindeutig eine politische Lösung in den Herzogtümern im Sinne des liberalen Konstitutionalismus an und wollte dafür womöglich gar revolutionäre Kampfmittel einsetzen. Zum anderen waren Preußen und Österreich als Unterzeichner des Londoner Protokolls an die internationalen Vereinbarungen gebunden und somit in diesem Punkt in ihrer Manövrierfähigkeit eingeschränkt; dies aber ging auf Kosten ihrer traditionellen Vormachtstellung am Deutschen Bund. Österreich neigte zunächst, unter dem Einfluß seines Bundestagsgesandten Johann Bernhard von Rechberg, dazu, den Mittelstaaten weitgehend freie Hand zu lassen und sich selbst im Hintergrund zu halten, um nicht den Zorn der deutschen Nationalbewegung auf sich zu ziehen; außerdem lag eine Stärkung des Deutschen Bundes, wie sie sich abzuzeichnen schien, durchaus im österreichischen Interesse. Bismarcks Karten waren vorerst ungleich weniger gut. Für ihn stellte sich die Frage, ob er auf der hoch anbrandenden nationalen Welle reiten solle oder nicht. Die Gefahr, daß Preußen endgültig die Führung in der nationalen Frage verlieren werde, war real. Bismarck konnte sich für den Fall einer Wendung gegen die Nationalbewegung noch nicht einmal der Unterstützung seines eigenen Monarchen sicher sein. Sein geheimes Ziel war es von Anfang an, die Herzogtümer dem preußischen Staate einzuverleiben. Der Gedanke, im Norden ein konstitutionell regiertes Musterländle unter dem Augustenburger, entsprechend den Wünschen der liberalen Bewegung, entstehen zu sehen, wäre bei Lage der Dinge einer Niederlage auch im preußischen Verfassungskonflikt gleichgekommen, um so mehr, als dies in die Hände Österreichs gespielt hätte, daß eine einseitige Machterweiterung Preußens im Norden unter keinen Umständen zulassen wollte. Die öffentliche Meinung war jedoch einhellig für die Errichtung eines selbständigen konstitutionellen Bundesstaates unter dem Augustenburger. Unter diesen Umständen war Bismarck von Anfang an zu einer Politik des Finassierens und beständiger Winkelzüge gezwungen. Er war anfänglich einer Überlassung Schleswigs an Dänemark, unter Hintanstellung der deutschen Nationalinteressen, keineswegs abgeneigt, vorausgesetzt, daß dadurch der Weg für eine Annexion Holsteins und Lauenburgs durch Preußen frei gemacht würde. In jedem Fall aber war er bereit, eine Teilung Schleswigs ins Auge zu fassen. In diesem Zusammenhang wurden schon im Frühsommer 1863 informelle Verhandlungen mit der französischen Regierung über eine eventuelle Abtretung Nordschleswigs geführt, unter detaillierter Erörterung der ethnographischen Grenzen. Auch in der innen- wie außenpolitisch äußerst brisanten Frage der Erbfolge suchte Bismarck Zeit zu gewinnen. Gleichzeitig spielte er alle strategischen Alternativen durch, wie seinem Ziel, der Annexion oder zumindest der faktischen Beherrschung der Herzogtümer durch Preußen, näherzukommen sei. Eine Erbfolge des Augustenburgers wollte er allenfalls unter der Bedingung in Erwägung ziehen, daß dieser in weitreichende Auflagen einwillige, die die Herzogtümer faktisch zu einem preußischen Protektorat gemacht haben würden. Vornehmlich unter taktischen Gesichtspunkten unterstützte Bismarck die Ansprüche des Großherzogs von Oldenburg auf die Herzogtümer, zumal diese auch von russischer Seite begünstigt wurden, ungeachtet ihrer rechtlich höchst dürftigen Grundlagen; er erwog sogar zeitweilig, ob man nicht ein Erbfolgerecht der Hohenzollern geltend machen könne.

Desgleichen hat sich Bismarck sogar mit dem Gedanken getragen, die Zustimmung Wiens mit der Zusage der Waffenhilfe an Österreich zwecks Rückeroberung der Lombardei zu erkaufen. Dies aber wäre auf einen Krieg der beiden deutschen Großmächte gegen Italien und das Frankreich Napoleons III. unter eindeutig konservativem Vorzeichen hinausgelaufen. Es ist ersichtlich, daß eine solche Entwicklung eine Lösung der »deutschen Frage« im Sinne der Nationalbewegung gänzlich unmöglich gemacht haben würde; die konservativen Mächte hätten dann über das restliche Deutschland triumphiert, und Napoleon III. wäre am Ende gar in die Lage gekommen, in der Rolle eines Verteidigers der deutschen Freiheit gegen die beiden deutschen Führungsmächte zu posieren. Am Ende ist es dann doch nicht dazu gekommen, weil es nach wie vor nicht ratsam erschien, die liberale Bewegung vollständig zu antagonisieren und entsprechend zu radikalisieren. Vielmehr zeichneten sich jetzt günstige Chancen dafür ab, diese Bewegung zu spalten und politisch weitgehend zu neutralisieren. Außerdem mehrten sich im Lager der liberalen Opposition hinsichtlich der Zukunft Schleswigs und Holsteins die Stimmen, die teils aus nationalpolitischen Erwägungen, teils aus ökonomischen Gründen für eine Annexion durch Preußen plädierten. Allerdings verlegte sich Bismarck aus außenpolitischen Gründen auf eine Strategie des Zuwartens, die gegenüber den anderen europäischen Großmächten die Initiative zunächst den Mittelstaaten überließ. Er billigte es, daß der Deutsche Bund, nicht Preußen und

Österreich, die Signatare des Londoner Protokolls, als Vorreiter gegen Dänemark auftrat, und tolerierte die Bundesexekution in Holstein. Seit November 1863 schien die Politik der Zurückhaltung jedoch nicht länger möglich zu sein. So entschied sich Bismarck nunmehr für einen mittleren Weg, ein gemeinsames Vorgehen der beiden europäischen Großmächte Preußen und Österreich gegen Dänemark, eine Strategie, die sich innenpolitisch gegen die nationale Bewegung sowohl in Deutschland als auch in Dänemark richtete, außenpolitisch hingegen die Erhaltung der reichlich fragilen Bindung der Herzogtümer an die deutsche Staatenwelt auf der Grundlage des Londoner Protokolls anstrebte. Dabei wollte er das Problem der Erbfolge des Augustenburgers, das den Kristallisationskern der populären Bewegung in der Frage der Herzogtümer bildete, einstweilen völlig ausgeklammert sehen und allein die Verletzung des geltenden Bundesrechts beziehungsweise der internationalen Vereinbarungen durch das Patent vom 30. März 1863 sowie die neue dänische Gesamtstaatsverfassung zur Grundlage einer Aktion gegen Dänemark machen. Demgemäß wurde zur allgemeinen Entrüstung der deutschen Nationalbewegung Christian IX. von Dänemark seitens des preußischen Staates als rechtmäßiger Herrscher auch in Schleswig und Holstein anerkannt. Andererseits wurde dieser am 16. Januar 1864 ultimativ aufgefordert, das neue dänische Grundgesetz wieder aufzuheben und den alten Rechtszustand wiederherzustellen.

Bei der Wahl dieser Strategie spielten außenpolitische Erwägungen eine große Rolle. In der Tat konnte eine Intervention der Großmächte nur abgewendet werden, wenn die Aktionen der deutschen Großmächte sich im Rahmen des geltenden Völkerrechts bewegten. Aber entscheidend war für Bismarck, daß die nationalrevolutionären Tendenzen, die in der Schleswig-Holstein-Frage zutage getreten waren oder wenigstens im Untergrund schlummerten, unter allen Umständen eingedämmt werden müßten; dies bildete die Basis des nach allem Vorhergegangenen einigermaßen erstaunlichen Zusammengehens der beiden deutschen Großmächte hinsichtlich der politischen Zukunft der Herzogtümer und war zugleich das Motiv, das die zarische Regierung dazu veranlaßte, Bismarck in diesem Punkt ihre uneingeschränkte Unterstützung zuzusagen. Umgekehrt war sich die britische Regierung im klaren, daß bei einer gänzlich unbefriedigenden Regelung der »schleswig-holsteinischen Frage« revolutionäre Entwicklungen in Deutschland zu befürchten waren – eine Einsicht, die auf die britische Diplomatie eine mäßigende Wirkung ausübte. Frankreich unter Napoleon III. hingegen neigte zu einer Lösung im Sinne des Nationalitätenprinzips, was unter den gegebenen Umständen auf eine Teilung Schleswigs nach Maßgabe der ethnischen Grenzen hinauslief; über die staatliche Zugehörigkeit der einzelnen Landesteile sollten Volksabstimmungen entscheiden.

Da, wie vorauszusehen, die dänische Regierung es unter dem Druck der nationalen Bewegung im eigenen Land ablehnte, Schleswig wieder herauszugeben, kam es am 1. Februar 1864 zum Krieg. Bei Beginn der militärischen Operationen wurden die Truppen des Deutschen Bundes, die zwecks Absicherung der Bundesexekution in Holstein standen, einfach beiseite gedrängt und zum Rückzug auf hannoveranisches Staatsgebiet gezwungen. Im übrigen wurde das militärische Vorgehen gegen die Dänen sorgsam abgestuft, in Anpassung an die gleichzeitig auf Hochtouren laufenden diplomatischen Verhandlungen auf internationaler Ebene. Auf diese Weise gelang es Bismarck, die befürchtete Intervention der Großmächte, vornehmlich Großbritanniens, abzuwenden. Mit der Erstürmung der Düppeler Schanzen am 18. April 1864 war die militärische Entscheidung im Grunde bereits gefallen; doch es kam alles darauf an, wie sich jetzt die westlichen Großmächte verhalten würden. Auf einer neuerlichen Londoner Konferenz, die am 25. April zusammentrat und gut zwei Monate dauern sollte, begann ein zähes Feilschen um die zukünftige Regelung. Bismarck erklärte das Londoner Protokoll von 1852 nunmehr für hinfällig und hielt ein völliges Ausscheiden der Herzogtümer, einschließlich Lauenburgs, aus dem dänischen Gesamtstaat für die reinlichste Lösung, auch wenn er die Wiederherstellung der Personalunion als eine Möglichkeit betrachtete. Dänemark aber widersetzte sich, unter dem Druck der dänischen Nationalbewegung, allen Kompromißvorschlägen der Mächte, insbesondere jenem nach einer Wiederherstellung der Personalunion zwischen den Herzogtümern und der dänischen Krone, und gab somit Österreich und Preußen den Vorwand, ihrerseits eine Entscheidung durch Wiederaufnahme der militärischen Operationen herbeizuführen.

Am 1. August 1864 kam es zum Abschluß eines Vorfriedens und zwei Monate später zum endgültigen Frieden von Wien, in dem Dänemark die Herzogtümer Holstein, Lauenburg und Schleswig an Österreich und Preußen abtrat, mit der Verpflichtung, ihnen die Regelung der Zukunft dieser Territorien zu überlassen. Das war bei Lage der Dinge ein großer Triumph für die Politik Bismarcks und zugleich ein Debakel für die Mittelstaaten, deren relative Eigenständigkeit sich als eine Chimäre erwiesen hatte. Die Handlungsfähigkeit des »Dritten Deutschland« hatte sich als Fiktion erwiesen. Vor allem aber kam Bismarcks Sieg einer folgenschweren Niederlage für die liberale Bewegung gleich. Nicht mit ihrer Hilfe, sondern in allem Wesentlichen gegen sie war die Zukunft Schleswigs und Holsteins im deutschen Sinne gesichert und eine Intervention der Großmächte vermieden worden.

Die Zukunft der Herzogtümer blieb freilich vorerst ungelöst. Zwar gelang es Bismarck, sich mit Österreich auf ein gemeinsames Vorgehen zu verständigen und den Deutschen Bund bei der weiteren Regelung der Dinge auszuschalten. Aber die Versuche, in den Schönbrunner Konferenzen vom August 1864 eine dauerhafte Regelung zu finden, die Preußen die erwünschte Einverleibung der Herzogtümer ermöglicht haben würde, scheiterten an der Weigerung Bismarcks, als Gegenleistung die Unterstützung Preußens bei der Rückeroberung der italienischen

Gebiete vertraglich zuzusichern oder gar in die Abtretung von Gebieten in Schlesien und Süddeutschland an die Donau-Monarchie einzuwilligen. Die in erreichbare Nähe gerückte einvernehmliche Lösung der »deutschen Frage« durch eine umfassende Verständigung mit Österreich, die Preußen freie Hand in Norddeutschland gegeben sowie eine Konsolidierung seiner Hegemonialstellung in Norddeutschland durch eine seinen Wünschen entsprechende Reform des Deutschen Bundes sichergestellt haben würde, kam am Ende nicht zustande.

Immerhin verständigten sich die beiden deutschen Großmächte in der Konvention von Gastein am 14. August 1865 auf ein Kondominium beider Mächte über die Herzogtümer, bei gleichzeitiger Einverleibung des Herzogtums Lauenburg in den preußischen Staatsverband, gegen Zahlung von zweieinhalb Millionen Talern in die stets notleidende österreichische Staatskasse. Es war vorgesehen, Schleswig unter preußische und Holstein unter österreichische Verwaltung zu stellen. Kiel sollte zum Bundeshafen erklärt, aber preußischer Kommandogewalt und polizeilicher Aufsicht unterstellt werden. Bismarck betrachtete den Vertrag als angemessene Vorbereitung für ein von Preußen »erwünschtes Definitivum«, nämlich die Vollendung der preußischen Hegemonie in Norddeutschland durch die Annexion der Herzogtümer. Er war zuversichtlich, daß sich diese auf dem Verhandlungsweg werde erreichen lassen; einen europäischen Krieg schien ihm der Erwerb der Herzogtümer nicht wert zu sein. Einstweilen jedenfalls richteten sich seine Ziele noch ausschließlich auf die Erringung der Hegemonie in Norddeutschland. Die deutsche öffentliche Meinung faßte diese Regelung einhellig als eine Preisgabe der Herzogtümer auf, denn sie verletzte das ehrwürdige Prinzip »op ewig ungedeelt« und mißachtete das Selbstbestimmungsrecht der schleswig-holsteinischen Stände. Auf einem Abgeordnetentag in Frankfurt am 29. Oktober 1865 erklärte sich Bennigsen ziemlich unzweideutig gegen die Konvention von Gastein, allerdings auch gegen die im liberalen Lager zunehmende anti-preußische Gesinnung: »Wir dürfen in den Zeiten des Kampfes, der uns bevorsteht, uns nicht abwenden lassen durch das berechtigte Gefühl der Erbitterung über das Regiment in Berlin und durch leidenschaftliche Gereiztheit von demjenigen Wege, den die nationale Partei als den richtigen für die politische Entwicklung Deutschlands erkannt hat; noch viel weniger aber dürfen wir uns bestechen und verlocken lassen von denjenigen Stimmen, die ihr Heil suchen in einem Zuwachs von Macht für den größten reindeutschen Staat auf Kosten der höchsten idealen Güter der Nation. [...] Schon strecken die beiden deutschen Großmächte [...] die Hand aus nach den Resten der politischen Freiheiten, welche die Nation gerettet hat aus dem Schiffbruch der Bewegung von 1848.« Zumindest außerhalb Preußens wollte die liberale Bewegung von dem Gedanken einer Annexion nach wie vor nichts wissen und hoffte weiterhin, daß sich die augustenburgerische Lösung doch noch werde durchsetzen lassen, wenn auch unter Gewährung von militärischen Vorrechten und Garantien an Preußen.

Man hat in der Konvention von Gastein vielfach ein bloßes Durchgangsstadium gesehen. Es wäre jedoch verfehlt anzunehmen, daß Bismarck seit 1865 konsequent auf eine gewaltsame Lösung der »deutschen Frage« hingearbeitet hätte. Im Gegenteil, alles spricht dafür, daß er eine Lösung, die Preußen de facto die Vorrangstellung in Deutschland gegeben haben würde, ohne daß in den völkerrechtlichen Verhältnissen eine tiefgreifende Änderung erfolgt wäre, vorderhand durchaus vorgezogen hätte. Jedoch wurde ihm der Entschluß, die »Richtigstellung des deutschen Dualismus« mit militärischen Mitteln herbeizuführen, weitgehend vom weiteren Gang der Dinge aufgezwungen. Die in Bad Gastein getroffene Regelung lief auf eine Teilung der Macht in Deutschland zwischen beiden Großmächten entlang der Main-Linie hinaus und kann als eine reale Alternative zu einer nationalen Lösung der »deutschen Frage« angesehen werden. Ihr Unterpfand war jedoch die gemeinsame Niederhaltung der liberalen Nationalbewegung sowie der Bestrebungen der deutschen Mittelstaaten, im Zusammenspiel mit der öffentlichen Meinung eine föderative Lösung zu erreichen, die zu einer politischen Aufwertung des Deutschen Bundes geführt haben würde. Wenn das preußisch-österreichische Kondominium in Schleswig-Holstein sich nicht als dauerhaft erwies, so lag dies weniger an den Reibereien zwischen den preußischen und den österreichischen Besatzungstruppen in Holstein, die sich bei gutem Willen leicht hätten abstellen lassen, als vielmehr an der Tatsache, daß diese Lösung dem Druck der nationalen Bewegung nicht standhielt, obschon die »nationale Partei« hinsichtlich der Zukunft der Herzogtümer zersplittert und auf militärpolitischem Gebiet zu erheblichen Konzessionen an Preußen bereit war.

Angesichts der anhaltenden politischen Agitation in Holstein zugunsten der Ansprüche Friedrichs VIII., die im übrigen Deutschland ein nachhaltiges Echo fand, vermochte die österreichische Politik der Versuchung nicht zu widerstehen, sich ungeachtet der Abmachungen in Bad Gastein gemeinsam mit den Mittelstaaten und der öffentlichen Meinung für die Schaffung eines konstitutionell regierten neuen Mittelstaates im Norden einzusetzen. Mit dem Vorschlag, den Thronfolgeanspruch des Augustenburgers anzuerkennen und die holsteinische Ständeversammlung wieder einzuberufen, um eine einvernehmliche Lösung im Lande selbst herbeizuführen, gewann die österreichische Diplomatie in Deutschland politisch erheblich an Terrain, nicht allein bei den Führungsschichten in den Mittelstaaten, sondern auch in der öffentlichen Meinung. Gestützt auf diese Entwicklungen, suchte Österreich nun erneut eine dezentrale Neuordnung des Deutschen Bundes herbeizuführen, welche eine weitgehende Anerkennung der Eigenständigkeit der Mittelstaaten gebracht und gleichzeitig den Übergang zur konstitutionellen Regierungsweise im gemäßigt-liberalen Sinne eingeräumt haben würde. Demgemäß schlug die österreichische Diplomatie schließlich am 1. Juni 1866 vor, die endgültige Regelung der »schleswig-holsteinischen Frage« dem Bundestag anheimzustellen.

Preußen geriet unter diesen Umständen immer stärker in die Gefahr, die mühsam erkämpfte Führung in der deutschen Frage nun doch noch an Österreich zu verlieren. Die Annahme der liberalen Opposition im preußischen Abgeordnetenhaus, die von den Liberalen im übrigen Deutschland weithin geteilt wurde, daß Bismarck, weil er sich im Innern der konstitutionellen Bewegung schroff entgegengestellt habe, auch außenpolitisch scheitern müsse, schien sich jetzt doch noch zu bewahrheiten. Bismarck war sich über diese Zusammenhänge völlig im klaren. Er schrieb am 20. März 1866 an den Grafen Bernstorff: »[...] hinter dieser speziellen Frage der Elbherzogtümer steht die deutsche Frage [...]. Sie ist wie eine chronische Krankheit, die man auf friedlichem Wege zu heilen versuchen kann und hoffen darf, solange sie nicht durch Komplikation mit anderen Fragen vergiftet wird, die aber sofort und stets akut wird, so oft irgendein Anlaß die Unhaltbarkeit der gegenwärtigen Zustände und die Gefährdung unserer eigenen Stellung in Deutschland zu Tage treten läßt. Dies ist auch jetzt wieder der Fall.« Der Versuch, die »deutsche Frage« im Verein mit Österreich im konservativen Sinne zu lösen, müsse als gescheitert angesehen werden. »Österreich greift in den Herzogtümern unsere ganze Stellung in Deutschland an, und zwingt uns dadurch, auf die Sicherung derselben bedacht zu sein.«

Deshalb faßte Bismarck im Frühjahr 1866 den Entschluß, den gordischen Knoten nunmehr mit Gewalt zu durchtrennen. Auch hier verfolgte er wieder eine doppelgesichtige Strategie: entweder Krieg gegen Österreich, um es für die Zukunft aus der Regelung der Angelegenheiten Deutschlands weitgehend auszuschalten, oder aber die Anerkennung einer umfassenden Bundesreform, durch welche Preußen die Vormachtstellung nördlich der Main-Linie unwiderruflich zugestanden und die Annexion der Herzogtümer ermöglicht würde. Um sich für den Fall eines Krieges zu wappnen, schloß Bismarck am 8. April 1866 einen geheimen Bündnisvertrag mit Italien ab. Im übrigen warf er Österreich am 9. und dann definitiv am 16. April 1866 den Fehdehandschuh hin, mit dem Antrag einer grundlegenden Reform des Bundes, unter Einschluß eines nach dem Vorbild der Reichsverfassung von 1848 aufgrund des allgemeinen Wahlrechts zu schaffenden Parlaments. Bismarck rechtfertigte den Vorschlag eines so gewählten deutschen Parlaments ausdrücklich als konservative Maßnahme, obschon er fest damit rechnete, daß Österreich einen solchen Schritt als unannehmbar betrachten werde. »Direkte Wahlen aber und allgemeines Stimmrecht halte ich für größere Bürgschaften einer konservativen Haltung als irgendein künstlich auf Erzielung gemachter Majoritäten berechnetes Wahlgesetz. Nach unseren Beobachtungen sind die Massen ehrlicher bei der staatlichen Ordnung als die Führer derjenigen Klassen, welche man durch die Einführung irgendeines Zensus in der aktiven Wahlberechtigung privilegieren kann.« Dieser überraschende und bei Lage der Dinge kühne Schritt Bismarcks war zum großen Teil eine innenpolitische Präventivaktion, die darauf berechnet war, die Führung in der »deutschen Frage«, die

Preußen zu entgleiten drohte, im letzten Augenblick wieder an sich zu reißen. In mancher Hinsicht glich dies dem Versuch, auf einen bereits fahrenden Wagen aufzuspringen und das Steuer zu ergreifen, bevor der Rivale Österreich es endgültig in Besitz nehmen oder dort einen ihm genehmen Fahrer installieren würde. Die Rechnung, daß dieser Schritt eine große Wirkung auf die deutsche Öffentlichkeit haben werde, ging zunächst nicht auf. Ebenso mißlangen die Bemühungen, die Unterstützung der Mittelstaaten für den preußischen Bundesreformvorschlag zu gewinnen.

In dieser Konstellation bedeutete die Besetzung Holsteins am 7. Juni 1866 durch preußische Truppen eine Art Flucht nach vorn. Es überrascht nicht, daß Bismarck darüber enttäuscht war, daß es nicht sogleich zu einem Waffengang zwischen preußischen und österreichischen Einheiten kam, weil die österreichischen Besatzungstruppen auf hannoveranisches Territorium auswichen, statt sich den preußischen Einheiten entgegenzustellen. Vielmehr nutzte Österreich die Möglichkeit, den schwerfälligen Apparat des Deutschen Bundes gegen Preußen zu mobilisieren, das als Angreifer eindeutig Bundesrecht verletzt habe. Dagegen hatte Bismarcks kühne politische Gegenoffensive, nämlich die Forderung einer grundlegenden Reform des Deutschen Bundes, garniert mit dem für Österreich ersichtlichermaßen unannehmbaren Vorschlag, eine Volksvertretung am Bundestag auf der Grundlage des allgemeinen, gleichen, direkten und geheimen Wahlrechts zu bilden, vorerst nicht den angestrebten Effekt. Österreich gelang es, die große Mehrheit der deutschen Bundesstaaten von der Unrechtmäßigkeit des preußischen Vorgehens zu überzeugen und die Bundesexekution gegen Preußen beschließen zu lassen – einen Schritt, den Preußen mit der Erklärung beantwortete, daß der Deutsche Bund als nichtig zu betrachten sei. Nur die kleineren Staaten in Norddeutschland gingen, zumeist mehr oder minder unfreiwillig, ein Bündnis mit Preußen ein. Preußen trat also in einer Situation in den Krieg ein, in der die große Mehrheit der deutschen Staatenwelt mit Österreich gemeinsame Sache machte.

Somit waren die Aussichten für Preußen im Frühsommer 1866 keineswegs so günstig, wie man im nachhinein anzunehmen geneigt ist. Der Entschluß, alles auf die Karte einer militärischen Entscheidung zu setzen, erschien vielen zeitgenössischen Beobachtern als Vabanquespiel. Dies wäre ihnen noch offensichtlicher erschienen, wenn damals bekannt gewesen wäre, daß Österreich im Gegenzug ein Bündnis mit Frankreich abgeschlossen hatte, in dem es diesem gegebenenfalls sogar Kompensationen auf dem linken Rhein-Ufer in Aussicht stellte. Nur der unerwartet rasche und vollständige Sieg der preußischen Armee in der Schlacht von Königgrätz am 3. Juli 1866 rettete Bismarck aus einer ansonsten äußerst kritischen Lage; an den anderen Fronten, namentlich im hannoverschen Raum, verliefen die militärischen Operationen keineswegs so glücklich. Ein rascher Friedensschluß lag sowohl im österreichischen als auch im preußischen Interesse.

Österreich mußte einen erneuten Angriff Piemont-Sardiniens auf seine venetianischen Besitzungen fürchten, und Preußen stand in Gefahr, durch eine Intervention, sei es des zarischen Rußland, vor allem aber des napoleonischen Frankreich, der Früchte seines Sieges wieder verlustig zu gehen. Tatsächlich wurde ein Eingreifen Frankreichs nur durch den raschen Abschluß des Präliminarfriedens von Nikolsburg am 26. Juli 1866 vermieden.

Den Verhandlungen waren innerhalb der preußischen Führung heftige Auseinandersetzungen über die Friedensbedingungen vorausgegangen, die man Österreich auferlegen solle. Wilhelm I. forderte erhebliche territoriale Gewinne sowohl von Österreich selbst als auch von Sachsen; darüber hinaus wünschte er einen triumphalen Einzug in Wien und nicht zuletzt die Zahlung einer hohen Kriegsentschädigung. Bismarck hingegen trat entschieden für einen maßvollen Friedensschluß ein, der Österreich nicht für alle Zukunft zu einem erbitterten Gegner Preußen-Deutschlands machen werde, und wußte sich mit dieser Linie, nicht zuletzt dank einer äußerst geschickten Behandlung des Monarchen, schließlich durchzusetzen. Er wollte nicht nur Österreich und Sachsen geschont sehen, sondern war bereit, sich auf die Neuordnung der politischen Verhältnisse in Norddeutschland zu beschränken, während der territoriale Bestand und die Eigenständigkeit der süddeutschen Staaten unangetastet bleiben sollten. Dabei spielte die Rücksichtnahme auf die Haltung Napoleons III. von vornherein eine wesentliche Rolle, betrachtete dieser doch ein Vordringen Preußens über die Main-Linie hinaus als unmittelbare Verletzung der französischen Interessen. Der relativen Nachgiebigkeit gegenüber den süddeutschen Staaten, die mit alleiniger Ausnahme Badens gegen Preußen die Waffen erhoben hatten, stand jedoch die Forderung gegenüber, daß Preußen nördlich der Main-Linie freie Hand erhalten solle. Der entscheidende Artikel II des Präliminarfriedens von Nikolsburg lautete: »Seine Majestät der Kaiser erkennt die Auflösung des bisherigen Deutschen Bundes an und gibt seine Zustimmung zu einer neuen Gestaltung Deutschlands ohne Beteiligung des österreichischen Kaiserstaates. Ebenso verspricht Seine Majestät das engere Bundesverhältnis anzuerkennen, welches Seine Majestät der König von Preußen nördlich der Linie des Mains begründen wird, und erklärt sich damit einverstanden, daß die südlich von dieser Linie gelegenen deutschen Staaten in einem Verein zusammentreten, dessen nationale Verbindung mit dem Norddeutschen Bunde der näheren Verständigung zwischen beiden vorbehalten bleibt.«

Eine Beschränkung Preußens auf den Norden war allein aufgrund mächtepolitischer Erwägungen geboten. Denn Napoleon III. bot sich sogleich als Vermittler zwecks Herbeiführung eines definitiven Friedensschlusses an und ließ wissen, daß er die Respektierung der Main-Linie und die Bildung eines eigenständigen Südbundes als eines Gegengewichts zum Norddeutschen Bund als Conditio sine qua non ansah. Bismarck war sich der potentiellen Gefahr dieses Schrittes für die Politik Preußens bewußt. Er schrieb am 9. Juli 1866, also sechs Tage nach der

Schlacht bei Königgrätz, an Robert von der Goltz, den preußischen Botschafter in Paris, daß der »Unterschied zwischen einer für uns günstigen Bundesreform und dem unmittelbaren Erwerb« Sachsens, Hannovers und Kurhessens »praktisch nicht groß genug« sei, »um dafür das Schicksal der Monarchie von neuem aufs Spiel zu setzen. Unser politisches Bedürfnis beschränkt sich auf die Disposition über die Kräfte Norddeutschlands unter irgendeiner Form«. In der Folge gelang es Bismarck in außerordentlich geschickten Unterhandlungen mit Napoleon III., in denen er unter anderem die vage Versprechung gab, gegebenenfalls einer Aufteilung Belgiens zwischen Frankreich und den Niederlanden die diplomatische Unterstützung des Norddeutschen Bundes nicht zu versagen, eine französische Intervention hintanzuhalten. Dies war weniger Ausdruck einer nationaldeutschen Gesinnung, als man gemeinhin angenommen hat; Bismarck war ziemlich frei von emotionalen Einstellungen nationaler Art. Gegenüber Giuseppe Govone, dem italienischen Unterhändler in Berlin bei Abschluß des preußisch-italienischen Bündnisses, hat er damals erklärt, »er sei für seine Person viel weniger Deutscher als Preuße und würde daher ohne Schwierigkeit der Abtretung des ganzen Gebiets zwischen Rhein und Mosel an Frankreich zustimmen«.

Gleichwohl wurde Bismarck in jenen Monaten von der Nationalbewegung – einer Welle, die ihn trug, die er aber nur sehr begrenzt zu lenken vermochte – in eine stärker nationaldeutsche Richtung gedrängt. Bislang war die »deutsche Frage« für ihn in erster Linie nur eine Karte im Kampf um die Vorrangstellung Preußens als einer europäischen Großmacht in Deutschland und in zweiter Linie ein Terrain, auf dem es galt, der liberalen Bewegung durch Erfüllung des politisch tragbaren Teils ihrer Forderungen das Wasser abzugraben. Durch die äußeren Umstände wurde Bismarck nun aus einem ehrgeizigen preußischen zu einem deutschen Staatsmann. Weitreichende Konzessionen territorialer Art an Napoleon III. hätten in der gegebenen Situation das Vertrauenspotential in der deutschen Öffentlichkeit, welches der Sieg über Österreich ihm hatte zuwachsen lassen, sogleich wieder zerstört. Gebietsabtretungen an Frankreich auch nur sehr begrenzten Umfangs seien, so meinte er, unmöglich, denn dabei stehe »unsere Stellung um Deutschland« auf dem Spiel, welche »unwiederbringlich durch eine solche Transaktion verloren gehen würde«. Statt dessen entschloß sich Bismarck, der Gefahr einer militärischen Intervention Frankreichs durch den Abschluß geheimer Schutz- und Trutzbündnisse mit den süddeutschen Staaten zu begegnen.

Dennoch sah er sich veranlaßt, in den Verhandlungen, die dem Abschluß des Prager Friedens vom 23. August 1866 vorausgingen, mit äußerster Vorsicht zu Werke zu gehen. Zwar wurden die Bestimmungen des Vorfriedens von Nikolsburg, wonach Preußen künftig in Norddeutschland freie Hand haben sollte, im endgültigen Friedensvertrag, dem Prager Frieden vom 23. August 1866, bekräftigt. Aber dem zu gründenden »süddeutschen Staatenbund« wurde eine »internationale unabhängige Existenz« zugesichert. Das hieß im Klartext, daß jede deutsche Politik Preußens, die über die Main-Linie hinausgreifen würde, unmittelbar mit einer Intervention Frankreichs und möglicherweise anderer Großmächte zu rechnen haben würde. Die geheimen Schutz- und Trutzbündnisse mit den süddeutschen Staaten stellten im Grunde bereits im vorhinein eine Verletzung der »internationalen unabhängigen Existenz« der süddeutschen Staaten dar. Nur unter nationaldeutschen Gesichtspunkten ließ sich eine solche Politik rechtfertigen. Auf diese Weise wurde Bismarck weiter in Richtung einer Politik gedrängt, die nationaldeutsche und nicht großpreußische Belange – zumindest nach außen hin – in den Vordergrund stellte. Andererseits war angesichts der internationalen Lage vorerst ein äußerst behutsames Vorgehen in allen diesen Dingen angezeigt. Dies kam bei den Prager Verhandlungen insofern zum Ausdruck, als auch der überwiegend dänischen Bevölkerung Nordschleswigs die Aussicht eröffnet wurde, mit Dänemark vereinigt zu werden, sofern sie dies durch freie Abstimmung als ihren Wunsch zu erkennen gebe. Der Artikel V des Friedenswerkes trug französischen, aber auch englischen Vorbehalten in der Schleswig-Holstein-Frage Rechnung und wirkte kalmierend auf die Haltung der westlichen Großmächte.

Doch auch innenpolitische Gründe sprachen für eine Beschränkung auf eine engere staatliche Zusammenfassung der norddeutschen Staaten in einem »Norddeutschen Bund«. Die Prussifizierung Norddeutschlands und das System der informellen, aber effektiven Hegemonie Preußens innerhalb des Norddeutschen Bundes und später innerhalb des Deutschen Reiches wären schwerlich so glatt durchzusetzen gewesen, wenn es von Anfang an in Gestalt der süddeutschen Staaten ein effektives Gegengewicht zur Vormacht Preußen gegeben hätte. Schon am 9. Juli 1866 hatte Bismarck diesbezüglich bemerkt: »Ich spreche das Wort Norddeutscher Bund unbedenklich aus, weil ich es, wenn die uns nötige Konsolidierung des Bundes gewonnen werden soll, für unmöglich halte, das süddeutsch-katholisch-bayrische Element hineinzuziehen. Letzteres wird sich von Berlin aus noch für lange Zeit nicht gut regieren lassen [...].« Hingegen beschloß er, in Norddeutschland ein für allemal reinen Tisch zu machen und jene Bundesstaaten kurzerhand von der politischen Länderkarte zu streichen, die Einfallstore beziehungsweise Bundesgenossen einer gegen Preußen gerichteten Politik in der »deutschen Frage«, sei es mit österreichischer oder gar mit französischer Unterstützung, gewesen waren oder potentiell werden könnten. Nicht nur Schleswig und Holstein, sondern auch das Königtum Hannover, das Kurfürstentum Hessen, das Herzogtum Hessen-Nassau und die Freie Reichsstadt Frankfurt, die Bismarck als Hort demokratischer und nationalrevolutionärer Tendenzen ohnehin ein Dorn im Auge war, wurden von der politischen Karte eliminiert und Preußen eingegliedert, unter teilweise äußerst drückenden Bedingungen. Der Stadt Frankfurt wurde eine so extrem hohe Kriegskontribution auferlegt, daß deren Bürgermeister keinen anderen Ausweg als jenen des Freitods sah.

Diese territorialen Entscheidungen bedeuteten insofern eine »Revolution von oben«, als sie das Prinzip der Legitimität fürstlicher Herrschaft, von dem die Restauration der Staatenwelt Deutschlands seit 1815 ihre ideologische Rechtfertigung abgeleitet hatte, in drastischer Form verletzten und noch dazu teilweise unter äußerst demütigenden Auflagen wie der Sequestrierung des Vermögens der hannoveranischen Dynastie, deren Erträge den sogenannten Welfenfonds bildeten, der dem Reichskanzler späterhin für viele nicht der Kontrolle der parlamentarischen Gremien unterworfene Zahlungen mehr oder minder sinistrer Art zur Verfügung stand. Nicht ohne gute Gründe hatten sich sowohl Wilhelm I. als auch die preußischen Konservativen, allen voran die Brüder Gerlach, nachdrücklich gegen diese Politik verwahrt, freilich am Ende erfolglos. Unterstützung für eine radikale Beseitigung der einzelstaatlichen Souveränität zugunsten eines größeren Preußen fand sich nur bei einem Teil des entschiedenen Liberalismus, mit dem Bismarck in den vorangegangenen Jahren einen erbitterten konstitutionellen Grabenkrieg geführt hatte, hingegen nicht auf der Rechten und auch nicht bei den Altliberalen, die ansonsten zum Einlenken gegenüber der Politik Bismarcks rieten.

Der beträchtliche territoriale Zugewinn verlieh Preußen in dem zu schaffenden Norddeutschen Bund ein erdrückendes Übergewicht. Seine Hegemonialstellung wurde schon durch die Überzahl der Bevölkerung und ihr wirtschaftliches Potential garantiert, ganz zu schweigen von der militärischen und politischen Überlegenheit, die es auf die Waagschale zu bringen vermochte. In der Verfassung des Norddeutschen Bundes wurde die Hegemonie Preußens dann institutionell abgesichert und auf Dauer gestellt. Reformen auf verfassungspolitischem Gebiet, gleichviel welcher Natur, waren in Zukunft gegen den Willen Preußens nicht mehr durchsetzbar. Desgleichen waren die übrigen deutschen Staaten schon jetzt in eine nachrangige Position verwiesen. Auch für den unwahrscheinlich gewordenen Fall, daß sie sich zu geschlossenem Handeln aufraffen würden, wäre gegen Preußen nichts mehr auszurichten gewesen. Wie immer sich die »deutsche Frage« weiterentwickeln würde – in jedem Fall fiel Preußen nun eine Schlüsselposition zu. Das bedeutete vor allem aber eine nachhaltige Schwächung der liberalen Bewegung, von den noch schwachen demokratischen Strömungen gar nicht zu reden, die in den süddeutschen Staaten ihren stärksten politischen Rückhalt besaßen. Vorerst triumphierte jener Flügel des preußischen Liberalismus, der die Machtpolitik Bismarcks als das geringere Übel angesehen hatte.

Die Entscheidung von 1866 bedeutete darüber hinaus die Verdrängung Österreichs aus Deutschland. Zugleich mußte die Donau-Monarchie die Hoffnung auf eine Wiedergewinnung ihrer italienischen Territorien endgültig begraben. Allen großdeutschen, aber auch allen universalistischen, mit anderen Worten europäischen Lösungen der »deutschen Frage« war nunmehr der Weg verlegt. Die deutsche Nation wurde auf einen kleindeutschen Entwicklungspfad verwiesen, unter Ausgrenzung der Deutschen Österreichs. Insofern ist es berechtigt, von einem »Epochenjahr 1866« zu sprechen, das für die Entwicklung sowohl der

»deutschen Frage« als auch des europäischen Staatensystems vielleicht noch bedeutsamer gewesen ist als der wenige Jahre später folgende deutsch-französische Krieg, dessen Ergebnis nur manifest machte, daß Frankreich seit 1866 die Vormachtstellung auf dem Kontinent eingebüßt hatte. Überdies führte der »deutsche Bürgerkrieg« von 1866 zu einer grundlegenden inneren Umstrukturierung der Donau-Monarchie, die diese nicht länger als einen deutschen oder doch deutsch geführten Staat bestehen ließ. Hinfort sah sich Österreich darauf verwiesen, seine Großmachtinteressen vor allem in Südosteuropa zu suchen. Das bedingte eine Schwächung der deutschen Bevölkerungsgruppe innerhalb der Monarchie und zugleich eine Erschütterung des staatlichen Zentralismus, der nach 1848 unter Felix Fürst zu Schwarzenberg wiederhergestellt worden war. Die Magyaren sahen nunmehr den Zeitpunkt gekommen, um ihr politisches Eigengewicht voll in die Waagschale zu werfen. Sie setzten ein System des Dualismus durch, das ihnen im transleithanischen Teil der Monarchie eine hegemoniale Stellung sicherte, die derjenigen glich, welche bisher die Deutschen, dank ihrer engen Verflechtung mit der staatlichen Bürokratie, in der ganzen Monarchie innegehabt hatten. Die Teilung des österreichischen Vielvölkerstaates in zwei Regionen, in denen jeweils eine ethnische Minorität die Vorherrschaft ausübte – bei dauernder Schwächung der zentralen Instanzen –, hat die Probleme des Vielvölkerstaates langfristig aufs äußerste gesteigert. Bismarck hat seinerzeit gemeint, daß die Existenz eines österreichischen Kaiserstaates unter Einschluß des deutschen Volksteils für Deutschland weit zuträglicher gewesen sei, als es die Angliederung der Deutschen Österreichs an das Reich bei gleichzeitiger Zerstörung der Donau-Monarchie je hätte sein können. Andererseits hat die Entscheidung von 1866 den Keim für den Niedergang Österreichs als einer europäischen Großmacht gelegt. Nur als eine übernationale Macht von europäischem Rang hätte die Donau-Monarchie auf die Dauer den petrifugalen Tendenzen der Nationalitätenbewegung widerstehen können. Unter den gegebenen Umständen war Österreich nunmehr darauf angewiesen, sich in nationalen wie in internationalen Fragen um die politische Rückendeckung durch den Norddeutschen Bund und späterhin des Deutschen Reiches zu bemühen. Anfänglich begünstigte dies die Konsolidierung des deutschen Nationalstaates. Doch bereits in den späteren Jahren der Reichskanzlerschaft Bismarcks sollte sich die besondere Beziehung zu Österreich zu einer Belastung für die internationale Position Deutschlands auswachsen. Am Ende wurde das Deutsche Reich in den Existenzkampf der Donau-Monarchie hineingezogen und ging dabei schließlich selbst zugrunde.

Vom Norddeutschen Bund zum Deutschen Reich

Die Gründung des Norddeutschen Bundes

Bismarcks große Erfolge sind nicht zuletzt auf die Tatsache zurückzuführen, daß er seine Politik der Machterweiterung Preußens in Deutschland in höchst vorsichtigen Schritten verfolgt hat, stets bedacht, die Interessen der anderen Großmächte so wenig wie möglich zu verletzen. Dies gilt insbesondere für Frankreich, das sich außerstande sah, den preußisch-österreichischen Konflikt zugunsten der Stabilisierung seiner Hegemonialstellung in Europa auszunutzen. Immerhin setzte der Prager Frieden, der den süddeutschen Staaten eine selbständige unabhängige Existenz zusicherte, einem weiteren Ausgreifen Preußens nach Süden einstweilen Grenzen. Mehr noch: Die Gefahr, daß sich das geschlagene Österreich und die süddeutschen Staaten, soweit sie außerhalb des unmittelbaren preußischen Herrschaftsbereiches blieben, unter Rückendeckung durch Frankreich gegen Preußen wenden könnten, war noch keineswegs endgültig abgewendet. Allerdings gelang Bismarck noch im August 1866 eine Konsolidierung der Lage durch den Abschluß von Schutz- und Trutzverträgen mit den süddeutschen Staaten, unter Ausnutzung der anti-französischen Stimmung in der süddeutschen Bevölkerung, die sich durch Frankreich weithin akut gefährdet sah. Diese seit den Befreiungskriegen bestehende Stimmung vor allem im deutschen Südwesten war ein Faktor, über den auch die bundesstaatlichen Regierungen nicht ohne weiteres hinweggehen konnten. Darüber hinaus hatte Bismarck bereits die Grundzüge einer neuen Bundesverfassung angekündigt, durch welche die süddeutschen Staaten mit dem Norddeutschen Bund in eine engere Verbindung gebracht werden sollten. Eine vollständige Einbeziehung Süddeutschlands in die neue, unter preußischer Führung zu schaffende Ordnung hätte, selbst wenn sie außenpolitisch durchsetzbar gewesen wäre, zum damaligen Zeitpunkt keineswegs in Bismarcks Interesse gelegen; denn auf solche Weise hätte die liberale Bewegung zusätzlich an Gewicht gewonnen und die Möglichkeiten, ihr in geeigneter Form Paroli zu bieten, wären geringer geworden.

Ebenso nahm Bismarck, ungeachtet der leidenschaftlichen Proteste seines Monarchen, dessen Einspruch nur mit größter Mühe überwunden werden konnte, davon Abstand, den spektakulären Sieg über Österreich voll und ganz auszunutzen. Im Unterschied zu Wilhelm I. drängte er darauf, daß Österreich so maßvoll wie möglich behandelt und daß von allen Gebietserwerbungen Abstand genommen würde, um es nicht in die Arme Frankreichs zu treiben. Bismarck behandelte diese Frage, wie andere auch, ohne jede Emotion, vielmehr mit nüchternem Kalkül. Er hielt es für gänzlich unangebracht, Österreich für die bloße Tatsache, daß es dem preußischen Machtstreben entgegengetreten war, bestrafen zu wollen. Vielmehr war er, nachdem die Grundentscheidung gefallen war, die das Ausscheiden Österreichs aus Deutschland besiegelte, konsequent darum bemüht, ein gutes Verhältnis zur Habsburger Monarchie zu begründen.

Dagegen zögerte Bismarck nicht, in Norddeutschland reinen Tisch zu machen und weitreichende Veränderungen der politischen Landkarte vorzunehmen. Besonders die Annexion des Königreiches Hannover, dessen Monarch Georg V. nach Österreich ins Exil ging, ohne jemals formell seinem Thron zu entsagen, sowie des Kurfürstentums Hessen und Hessen-Nassaus waren radikale Schritte, die großes Aufsehen erregten, wurde doch damit das Prinzip der monarchischen Legitimität in drastischer Weise verletzt. Die preußische Krone rechtfertigte diese Annexionen mit dem Argument, daß nicht das »Verlangen nach Ländererwerb«, sondern die Pflicht, »der nationalen Neugestaltung Deutschlands eine breitere und festere Grundlage zu geben«, dafür maßgeblich sei. Verständlicherweise erhob sich in den betroffenen Territorien einiger Widerstand gegen die Inbesitz-nahme durch Preußen, das nicht eigentlich als Vormacht einer liberal-konstitutio-nellen Politik gelten konnte. Die Art und Weise, in der die Besatzungstruppen die preußische Autorität durchzusetzen suchten, trug nicht eben zu einer Beschwich-tigung der bestehenden Vorbehalte bei. In Hannover war die Mehrheit des gehobenen Bürgertums unter Führung der Nationalliberalen bereit, die Selbstän-digkeit des Landes dem größeren Ziel der deutschen Einheit zu opfern. Hingegen weigerte sich der seines Thrones entsetzte König Georg V., die Annexion anzuer-kennen; er konnte dabei auf die Unterstützung der sogenannten Welfenpartei zählen, die in Ludwig Windthorst einen eindrucksvollen und wortgewandten Führer besaß. Auch eine von Preußen angebotene vergleichsweise großzügige finanzielle Abfindung konnte Georg V. nicht dazu bewegen, auf seinen Thronan-spruch zu verzichten. Dies sollte am Ende dazu führen, daß das gesamte Vermö-gen des Welfenhauses beschlagnahmt und dem »Welfenfonds« zugeführt wurde, aus dem die Unterdrückungsmaßnahmen gegen die hannoveranische Opposition finanziert werden sollten; späterhin diente der Welfenfonds, der jeglicher parla-mentarischen Kontrolle entzogen war, Bismarck als bequeme Quelle für die Finanzierung von geheimen politischen Transaktionen unterschiedlichster Art. Darüber hinaus dürfte eine beträchtliche Summe in seine Privatschatulle geflossen sein.

Die Annexion Kurhessens ging ebenfalls nicht ohne Konflikte ab. Allerdings kam es hier nicht zu einem Widerstand auf breiterer Front, zumal die Führungs-rolle Preußens in Deutschland in den Kreisen des fortschrittlich gesinnten Bürger-tums schon seit längerem unumstritten war. Hingegen wurde der ehemaligen Freien Reichsstadt Frankfurt wegen ihrer anti-preußischen Haltung während des Krieges eine Kriegskontribution von mehr als fünfeinhalb Millionen Gulden auferlegt und in der Folge wegen der angeblichen Unbotmäßigkeit der Bürger-schaft mit einer weiteren Kontribution in Höhe von fünfundzwanzig Millionen

Gulden bedroht. Als die Stadtverordnetenversammlung sich außerstande erklärte, diese Summe aufzubringen, wurde Frankfurt mit harten Repressionen belegt, die seine wirtschaftliche Position schwer trafen. Der Frankfurter Oberbürgermeister Fellner beging ob dieser für die Reichsstadt verhängnisvollen Entwicklung Selbstmord. Auf einen freiwilligen Beitritt zum preußischen Staat vermochte sich die Frankfurter Bürgerschaft auch durch den Verzicht auf die zweite Kontribution und das Angebot der Rückzahlung der ersten nicht einzulassen. Immerhin wurde später in den finanziellen Fragen ein Ausgleich gefunden, den Bismarck jedoch nur mit großen Bedenken passieren ließ. Die Drangsalierung durch die preußische Besatzungsmacht und mehr noch die Erinnerung an die lange Tradition einer Freien Reichsstadt liberaler Gesinnung wirkten hier auf lange hinaus nach; erst allmählich fanden sich die Frankfurter mit dem preußischen Regime ab.

Politisch am brisantesten war die Angliederung der beiden nördlichen Herzogtümer an Preußen, unter Vernachlässigung der Herrschaftsansprüche des Erbprinzen Friedrich von Augustenburg, zumal hier auch außenpolitische Rücksichten, nicht zuletzt im Hinblick auf das Zarenhaus, ins Spiel kamen. Die Annexion der Herzogtümer unter Auslöschung ihrer selbständigen politischen Existenz hatte sich schon länger abgezeichnet. Der »deutsche Krieg« von 1866 war nicht zuletzt deshalb ausgebrochen, weil Bismarck eine politische Ausbeutung der Bewegung für einen selbständigen konstitutionellen Staat im Norden unter dem Augustenburger durch Österreich nicht hatte zulassen wollen. Die Annexion durch Preußen, verbunden mit der Exilierung des Augustenburgers, kam einer Niederlage für den Liberalismus gleich und war in der Sache ein Triumph für die großpreußische Strategie Bismarcks, der die Neuordnung der Verhältnisse in Deutschland in erster Linie mit den Machtmitteln des preußischen Staates, und nicht kraft der nationalen Selbstbestimmung der Deutschen, hatte bewerkstelligen wollen.

Einmal mehr wurde die schleswig-holsteinische Frage zu einem Testfall für die liberale Bewegung in Deutschland über den Streitpunkt, ob der Einheit oder der Freiheit der Vorrang gebühre. Die Liberalen in den Herzogtümern protestierten leidenschaftlich gegen eine Annexion durch Preußen und verlangten statt dessen die Errichtung eines selbständigen, konstitutionell regierten Bundesstaates unter dem Augustenburger. Aber ihre Hoffnung, daß sich »die Anerkennung des Selbstbestimmungsrechtes der Bevölkerung als ein Zentralpunkt« der politischen Entwicklung in Deutschland durchsetzen werde, erwies sich als ebenso trügerisch wie ihre Erwartung, daß »eine in Preußen ausbrechende Volksbewegung [...] der öffentlichen Meinung des deutschen Volkes jene drängende Gewalt verleihen« werde, vor der die preußische Regierung, nicht anders als die Regierungen im Jahr 1848, werde zurückweichen müssen. Die Mehrheit auch der preußischen Liberalen, unter ihnen der ehemalige Schleswig-Holsteiner Theodor Mommsen, votierte jetzt für eine Annexion, weil nur auf diese Weise die nationalen Interessen

Deutschlands auf Dauer gesichert sein würden. Karl Twestens scharfe Polemik gegen eine Ausdehnung des »gegenwärtigen Regiments« in Preußen auf weitere deutsche Territorien stieß auch in liberalen Kreisen auf keinerlei Gegenliebe und blieb folgenlos. Den schleswig-holsteinischen Liberalen blieb schließlich kein anderer Weg offen, als innerhalb des preußischen Staatsverbandes an der Begründung der neuen Ordnung mitzuwirken.

Die Konsequenzen dieser Annexionspolitik waren weitreichend. Das preußische Staatsgebiet erfuhr damit eine nochmalige, außerordentliche Vergrößerung sowohl in territorialer als auch in wirtschaftlicher Hinsicht. Preußen erlangte ein dramatisches Übergewicht nicht nur gegenüber den Staaten nördlich der Main-Linie, sondern auch gegenüber den süddeutschen Staaten. Allein seine Größe, sein ökonomisches Potential und seine Bevölkerungszahl sicherten ihm mit den nördlich vom Main fortbestehenden Mittel- und Kleinstaaten eine absolute Dominanz in der neuen politischen Ordnung, von den verfassungsrechtlichen und militärischen Vereinbarungen ganz abgesehen. Eine echte föderalistische Neuordnung Deutschlands war unter solchen Umständen undenkbar geworden. Mit den Annexionen war die Hegemonie Preußens, dessen Staatsgebiet vier Fünftel vom Geltungsbereich des Norddeutschen Bundes umfaßte, innerhalb der zukünftigen Staatsordnung unabwendbar vorgezeichnet, zum Nachteil einer künftigen Entwicklung in einem entschieden liberalen Sinne.

Bei diesen Entscheidungen spielte eine Rolle, daß die liberale Bewegung durch den Triumph der Politik Bismarcks in eine schwere Krise hineingerissen worden war. Bereits bei den Wahlen zum preußischen Abgeordnetenhaus am Tag der Schlacht von Königgrätz, die noch nicht unter dem Eindruck des Sieges der preußischen Waffen standen, war die bisher unangreifbare Stellung der Fortschrittspartei im Abgeordnetenhause zusammengebrochen. Augenscheinlich war es Bismarck gelungen, mit dem auch im Regierungslager noch höchst umstrittenen Angebot, nach den Wahlen eine Indemnitätsvorlage einzubringen und den Verfassungskonflikt auf diese Weise zu einem Ende zu bringen, den Einfluß der liberalen Opposition im Lande erfolgreich zu untergraben. Die Fortschrittspartei und das Linke Zentrum, die Träger der bisherigen Oppositionspolitik, kehrten mit nurmehr 148 statt 253 Sitzen wieder, während die konservativen Fraktionen von 38 auf 142 Sitze hinaufschnellten. Weit tiefer noch war der Einbruch im politischen Selbstbewußtsein des deutschen Liberalismus, der durch die erfolgreiche Politik Bismarcks herbeigeführt wurde. Hermann Baumgarten verfaßte in jenen Wochen eine scharfe »Selbstkritik des Liberalismus«, die in der These gipfelte, daß die Liberalen zur Ausübung politischer Macht nicht befähigt seien, sondern diese weiterhin den politikerprobten aristokratischen Führungseliten überlassen müßten. Die Liberalen konnten zu ihren Gunsten nur das Argument einbringen, daß die Politik der Einigung Deutschlands ohne die Rückendeckung der nationalen Bewegung nicht durchgesetzt werden könne.

Entwurf der Verfassung des Norddeutschen Bundes vom 9. Februar 1867. Erste und letzte Seite des geklebten Exemplars mit Marginalien Bismarcks und Schlußkorrekturen des Protokollführers Bucher sowie dessen Imprimatur für eine Auflage von hundert Exemplaren. Berlin, Geheimes Staatsarchiv Preußischer Kulturbesitz

Sitzung des Norddeutschen Reichstages im Herrenhaus in der Leipziger Straße zu Berlin Ende Februar 1867. Holzstich nach einer Zeichnung von Carl Mende. Berlin, Bildarchiv Preußischer Kulturbesitz

Unter solchen Umständen hatte Bismarck mit seiner Politik der Indemnität gegenüber dem neuen preußischen Landtag leichtes Spiel. Einerseits lief die Indemnitätsvorlage auf ein indirektes Eingeständnis der Regierung hinaus, daß sie in den vergangenen Jahren unter Verletzung der Verfassung regiert habe. Andererseits wurde den Liberalen angesonnen, Bismarcks Politik während des Verfassungskonflikts, die sie vier Jahre mit größter Entschiedenheit bekämpft hatten, nachträglich zu sanktionieren. Mit dem Hinweis darauf, daß die großen außenpolitischen Fragen noch ungelöst seien und die Lage es erfordere, daß alle politischen Kräfte im Innern zusammenstehen müßten, gelang es Bismarck mühelos, die noch vorhandenen Widerstände im Lager des gemäßigten Liberalismus zu brechen. Am 3. September 1866 wurde die Indemnitätsvorlage mit großer Mehrheit angenommen. Der jahrelange Konflikt zwischen der liberalen Bewegung und der preußischen Krone, dem beide Seiten grundsätzliche Bedeutung im Hinblick auf die Durchsetzung liberaler Grundsätze in Staat und Gesellschaft beziehungsweise der Erhaltung des monarchischen Obrigkeitsstaates zugemessen hatten, war im wesentlichen zu Bismarcks Bedingungen beigelegt worden. Für die große Mehrheit seiner ehemaligen Gegenspieler im preußischen Abgeordnetenhaus galt nun, daß das Prinzip der »Einheit« Vorrang vor dem Prinzip der »Freiheit« habe, und letzteres mit Hilfe des ersteren durchgesetzt werden müsse. »Jetzt, wo es darauf ankommt«, so kommentierte Adolf Cohn am 6. September 1866 die Zustimmung des Abgeordnetenhauses zur Indemnitätsvorlage, »den unermeßlichen Fortschritt, den wir auf der Bahn nationaler Entwicklung gemacht, zu sichern, muß alles andere in den Hintergrund treten.«

Die Einbringung der Indemnitätsvorlage war ein erneuter Beweis für die staatsmännische Kunst Bismarcks. Denn es gelang ihm, auf diese Weise die Mehrheit der preußischen Liberalen in sein Lager herüberzuziehen. Nur wenige Tage nach Annahme der Vorlage traten vierundzwanzig Abgeordnete der Fortschrittspartei und des Linken Zentrums mit einem Aufruf an die Öffentlichkeit, in dem es als »heiligste Pflicht der Volksvertretung« bezeichnet wurde, jeder preußischen Regierung, »soweit sie die deutsche Einheit gegen fremden Eingriff und heimische Sonderinteressen vorzubereiten und die Stärke der gesamtdeutschen Macht zu erhöhen bestrebt ist«, ihren Beistand zu bekunden. Am 17. November 1866 konstituierte sich diese Gruppe unter Führung Eduard Laskers als »neue Fraktion der nationalen Partei«. Sie versprach die Verteidigung liberaler Grundsätze mit tatkräftiger Unterstützung der nationalen Einigungspolitik zu verbinden, freilich mit der Maßgabe, daß damit kein Ausscheren aus der großen Gesamtbewegung der entschieden liberalen Partei beabsichtigt sei. Die »neue Fraktion der nationalen Partei« erhielt sogleich Zuzug auch aus den übrigen Gebieten des Reiches, insbesondere von den Nationalliberalen in Hannover unter Führung von Rudolf von Bennigsen, des Vorsitzenden des Nationalvereins. In den folgenden Monaten ging aus dieser Gruppierung die Nationalliberale Partei hervor, die in den kommenden parlamentarischen Auseinandersetzungen eine Schlüsselstellung einnehmen sollte. In ihrem Gründungsprogramm vom Juni 1867 gab sich die Nationalliberale Partei eine eindeutige programmatische Ausrichtung und grenzte sich dadurch von den zahlreichen anderen Gruppierungen im Lager des Liberalismus klar ab. Darin wurde die tatkräftige Unterstützung der Einigungspolitik unter Führung Bismarcks zu ihrem vornehmlichsten politischen Ziel erhoben. An eine auch nur teilweise Aufgabe der Grundsätze liberaler Politik war nicht gedacht, aber die Gründung eines geschlossenen Nationalstaates unter preußischer Führung wurde als essentielle Voraussetzung für die Verwirklichung liberaler Grundsätze auch in der inneren Politik bezeichnet. »[...] uns beseelt und vereinigt der Gedanke, daß die nationale Einheit nicht ohne die volle Befriedigung der liberalen Ansprüche des Volkes erreicht und dauernd erhalten, und daß ohne die tatkräftige und treibende Macht der nationalen Einheit der Freiheitssinn des Volkes nicht befriedigt werden kann.«

Obschon dies ursprünglich nicht in der Absicht der Nationalliberalen gelegen hatte, gab die Gründung der Nationalliberalen Partei mit einem formellen Parteiprogramm den Anstoß zu einer weitreichenden Umbildung des Parteiensystems in der deutschen Staatenwelt. Bislang waren die Parteien eher »Weltanschauungsparteien« ohne harten institutionellen Kern und ohne klar umrissene Mitgliederschaft, denen in den einzelstaatlichen Parlamenten zumeist lose Fraktionsparteien zur Seite standen, die keine scharfen politischen Trennlinien besaßen. Nun aber waren die Parteien gezwungen, über zentrale Wahlkomitees hinaus, die vorwiegend bei anstehenden Wahlen aktiv wurden, festgefügte Organisationen zu schaffen und sich formelle Programme und einen ständigen Führungsstab zuzulegen. 1867 stand diese Entwicklung noch in den Anfängen. Selbst die Nationalliberalen verfügten noch nicht einmal über eine ganz Preußen umfassende, flächendeckende Organisation; in Schleswig-Holstein, in Kurhessen und Sachsen blieben die älteren, diffusen Parteistrukturen des liberalen Lagers noch eine ganze Weile bestehen. Aber im Grundsatz war die Trennung des Liberalismus in zwei große Hauptströmungen vollzogen: in die Nationalliberalen, die die deutschen Verhältnisse in enger Zusammenarbeit mit dem großen Staatsmann Bismarck zu gestalten hofften, und in den entschiedenen Liberalismus, der ungeachtet seiner nationalen Gesinnung weiterhin die Grundsätze einer eindeutig liberalen Politik in den Vordergrund stellte, die auf die uneingeschränkte Durchsetzung des konstitutionellen Verfassungsstaates ausgerichtet und zu Kompromissen nicht bereit war.

Im Lager der Konservativen führte Bismarcks Einigungspolitik ebenfalls zu einschneidenden Veränderungen. Hier erhob sich großer Widerstand gegen seine »revolutionäre« Politik und insbesondere gegen die schroffe Verletzung des Legitimitätsprinzips durch die Annexionen. Der radikalere Flügel der preußischen Konservativen, für den sich bald die Bezeichnung »Altkonservative« einbürgern sollte, war tief besorgt, daß Bismarcks Politik darauf hinauslaufe, Preußen gänzlich dem Liberalismus auszuliefern. Davon abgesehen befürchteten die Hochkonservativen, daß Preußen im künftigen deutschen Gesamtstaat seine politische Identität verlieren, wenn nicht gar darin aufgehen werde. Im Zuge der Auseinandersetzungen über Bismarcks »deutsche Politik« sonderte sich dann jedoch ein Teil der Konservativen vornehmlich gouvernementaler Einstellung, die vordem zumeist der »Wochenblatt-Partei« des älteren Bethmann Hollweg angehört hatten, vom Gros der Konservativen ab und bildete die Neue Konservative Fraktion, die Bismarcks Politik zu unterstützen bereit war. Aus ihr ging wenig später die Freikonservative Partei hervor, die eine Vermittlerrolle zwischen den Nationalliberalen und den Konservativen übernahm.

Für den katholischen Volksteil kamen die Ereignisse von 1866 einer traumatischen Erfahrung gleich. Traditionell hatten die Katholiken bei der katholischen Großmacht Österreich ihren Rückhalt gesucht; nunmehr war dieses aus Deutschland hinausgedrängt. Zugleich besaß das ohnedies zahlenmäßig überlegene und zudem wirtschaftlich fortgeschrittenere protestantische Lager im Norddeutschen Bund ein massives Übergewicht. In den Kreisen des politischen Katholizismus herrschte dergestalt »Weltuntergangsstimmung«. Die katholische Fraktion im preußischen Abgeordnetenhaus geriet vollkommen in die Defensive; ihre Chancen, auf den Gang der politischen Ereignisse Einfluß zu nehmen, tendierten gegen Null, auch angesichts der Schwächung ihrer traditionellen Basis im Lande, insbesondere der Pius-Vereine. Die lautstarken Proteste gegen die dogmatische Verhärtung der katholischen Kirche gegenüber dem Liberalismus, manifestiert durch den sogenannten Syllabus vom Jahr 1864, der sich scharf gegen die liberalen Lehren in Staat und Gesellschaft gewandt hatte, verschlechterten die Lage des politischen Katholizismus noch mehr. Allerdings führte der anlaufende »Kulturkampf« in den süddeutschen Staaten zu einer politischen Mobilisierung des katholischen Volksteils. In Baden entstand seit 1865 die Katholische Volkspartei, in Bayern fanden die Katholiken eine eigenständige politische Heimstatt in der 1869 gegründeten Bayerischen Patriotenpartei. So zeichnete sich nach 1867 die Entstehung eines parteipolitischen Systems ab, das die Konservativen, die Freikonservativen, die Nationalliberalen, die fortschrittlichen Liberalen und den politischen Katholizismus umfaßte. Die politischen Organisationen der Arbeiterschaft waren hingegen noch nicht schlagkräftig genug, um ernsthaft ins Gewicht zu fallen.

Obwohl die Anhänger der nationalen Einigung auch in Süddeutschland einstweilen das Feld beherrschten, löste die preußische Annexionspolitik hier ebenfalls Irritation aus. Diese wurde verstärkt durch die Auswirkungen der Schutz- und Trutzverträge, die unter anderem die Einführung der preußischen Heeresverfassung auch in den süddeutschen Staaten vorsahen, einschließlich der Übertragung des Oberbefehls im Kriegsfalle an den König von Preußen. Nicht nur in den traditionell großdeutsch eingestellten Kreisen, sondern auch in den katholischen

Bevölkerungsgruppen, die bislang politisch noch nicht besonders hervorgetreten waren, gewannen anti-preußische Stimmungen an Gewicht; sie gingen bisweilen so weit, daß ernstlich eine gänzliche Verdrängung des Katholizismus durch das protestantische Preußen befürchtet wurde. Die liberalen Parteien und Gruppierungen in den süddeutschen Staaten, die im großen und ganzen für eine kleindeutsche Lösung unter preußischer Führung eintraten, wurden überraschend in die Defensive gedrängt. Es war keineswegs sicher, wie es weitergehen würde. Viele Liberale, aber auch Bismarck selbst waren zuversichtlich davon ausgegangen, daß sich im übrigen Deutschland der Gedanke der nationalen Einheit gegenüber allen entgegenstehenden Gesichtspunkten und Interessenlagen sehr rasch durchsetzen werde, doch davon konnte, so wie sich die Dinge entwickelten, nicht mehr ohne weiteres die Rede sein.

Vorderhand war Bismarck bereit, mit der liberalen Nationalbewegung zusammenzugehen, um die norddeutschen Staaten dazu zu bringen, sich dem preußischen Machtinteresse ohne viel Federlesens zu unterwerfen. Mit der Begründung eines Norddeutschen Bundes unter preußischer Führung zum frühestmöglichen Zeitpunkt wollte er vollendete Tatsachen schaffen, nicht zuletzt im Hinblick auf die fortbestehende außenpolitische Bedrohung von seiten Frankreichs. Darüber hinaus wollte er das Momentum voll ausnutzen, das durch den Triumph über Österreich und die Ausmanövrierung Napoleons III. entstanden war. Noch am 4. Juni 1866 teilte er in einem Runderlaß den preußischen Gesandten an den deutschen Fürstenhöfen die Grundzüge der ins Auge gefaßten politischen Neuordnung mit. Dabei war es seine Absicht, durch ein partielles Zusammenspiel mit der liberalen Nationalbewegung die Regierungen der Einzelstaaten unter Druck zu setzen, um eine aus preußischer Sicht günstige Lösung zu erzwingen. Der Norddeutsche Bund sollte, entsprechend den Ankündigungen schon vor Ausbruch des preußisch-österreichischen Krieges von 1866, ein von der Bevölkerung direkt gewähltes Parlament erhalten, und zwar auf der Grundlage des allgemeinen, gleichen, direkten und geheimen Wahlrechts. Bismarck selbst rechtfertigte diese Entscheidung, die der liberalen Bewegung in einem entscheidenden Punkt, nämlich der Schaffung eines deutschen Parlaments, entgegenkam, am 17. Januar 1867 mit dem Argument: »Ein Reichstag ohne liberalen Zusatz [...] würde keine ausreichende Pression auf die widerstrebenden Regierungen ausüben.« Doch er dachte keineswegs daran, dem Norddeutschen Reichstag auch nur annähernd die Rechte eines normalen Parlaments zu geben; vielmehr wollte er, in Übereinstimmung mit seinen Vorschlägen in der Baden-Badener Denkschrift von 1861, die Kompetenz dieses Parlaments auf Fragen der Wirtschafts- und Finanzgesetzgebung beschränken. Die Souveränität sollte bei den Bundesstaaten verbleiben; diese sollten in einem zu erneuernden Bundesrat repräsentiert sein und maßgeblichen Einfluß auch auf die Exekutive erhalten, während der Reichstag nur als Legislativorgan in fest eingegrenzten Gegenstandsbereichen tätig werden sollte, ähnlich wie bisher das Zollparlament in Sachen der Wirtschaft. Formell sollten die Bundesstaaten durch den Bundesrat und das Präsidium, nämlich den König von Preußen, gleichsam zur gesamten Hand regieren; de facto war allerdings Preußen von vornherein die Führung innerhalb dieses Systems zugedacht. Nicht nur durch eine entsprechende Gewichtung der Vertretung der bundesstaatlichen Regierungen im Bundesrat, sondern auch dank seines militärischen Übergewichts und der Festlegung, daß das Präsidium stets vom König von Preußen wahrgenommen würde, sollte sichergestellt werden, daß Preußen innerhalb des neu zu schaffenden Systems eine Hegemonialstellung zukommen würde. Diese Vorschläge ähnelten in vieler Hinsicht dem bisherigen Modell eines reformierten Deutschen Bundes. Sie enthielten, von einer gemeinsamen Heeresverfassung und der Vereinheitlichung der Wirtschaftsverfassung der deutschen Staatenwelt abgesehen, wie sie schon durch die Vereinbarungen des Zollvereins angebahnt worden war, eigentlich kaum unitarische Elemente. Wäre Bismarck mit diesen Vorstellungen durchgedrungen, wäre das Resultat eher eine staatenbündische Ordnung mit bundesstaatlichen Elementen als eine bundesstaatliche Verfassung gewesen. Doch im weiteren Verlauf wurde Bismarck im Zusammenspiel mit der Nationalliberalen Partei immer stärker in ein unitarisches Fahrwasser gedrängt.

In der Frage der Verfassung des künftigen Norddeutschen Bundes wurde von Bismarck ein erhebliches Tempo vorgelegt. Bereits unmittelbar nach Abschluß der Friedensverhandlungen mit Österreich gab er Anweisung zur Ausarbeitung entsprechender Verfassungsentwürfe. Die Koordinierung dieser Arbeiten wurde dem ehemaligen Bundestagsgesandten Friedrich von Savigny übertragen, einem Jugendfreund Bismarcks, der sich zugleich des besonderen Vertrauens Wilhelms I. erfreute. Im übrigen nahm man auch zu führenden nationalliberalen Politikern Kontakt auf, so insbesondere zu Max Duncker, der einen eigenen Verfassungsentwurf ausarbeitete. Darüber hinaus ließ sich Bismarck Entwürfe von Lothar Bucher wie von einem Sachbearbeiter des Auswärtigen Amtes, Robert Hepge, ausarbeiten, die er nicht in den Geschäftsgang gab, sondern offenbar nur zu seiner persönlichen Information verwendete.

Bismarck selbst hatte sich im Herbst 1866, nach den außerordentlich hektischen Monaten, die hinter ihm lagen, auf Schloß Putbus auf Rügen zurückgezogen und nahm zunächst nur mittelbar Einfluß auf die Vorarbeiten für die Verfassung. Allerdings hatte er in den sogenannten Putbuser Diktaten vom Spätherbst in Umrissen skizziert, wie er sich die Lösung des Verfassungsproblems dachte: »Man wird sich in der Form mehr an den Staatenbund halten müssen, diesem aber praktisch die Natur des Bundesstaates geben mit elastischen, unscheinbaren, aber weitgreifenden Ausdrücken. Als Zentralbehörde wird daher nicht ein Ministerium, sondern ein Bundestag fungieren, bei dem wir, wie ich glaube, gute Geschäfte machen, wenn wir uns zunächst an das Kuriensystem des alten Bundes anlehnen.« In diesen Diktaten wird deutlich, daß ursprünglich keinesfalls daran gedacht war, dem Norddeutschen Bund eine eigenständige Regierung, sei es in Form eines Ministeriums, sei es in Form eines norddeutschen Bundeskanzlers, gegenüberzustellen. Bismarck ging vielmehr zu diesem Zeitpunkt noch davon aus, daß die Exekutive weiterhin bei den Regierungen der Einzelstaaten, de facto aber beim preußischen Staatsministerium, in erster Linie beim preußischen Ministerpräsidenten und Außenminister, liegen werde. Dabei spielte der Gesichtspunkt eine Rolle, den anderen Staaten, namentlich auch den süddeutschen Staaten, den Eintritt in dieses System ohne formellen Souveränitätsverlust zu ermöglichen. Doch Bismarck verfolgte damit zugleich das Ziel, die Führungsstellung Preußens auch für den Fall einer Erweiterung des Norddeutschen Bundes ein für allemal festzuschreiben. Keinesfalls sollte es, zumindest nicht in diesem Stadium, zu einem Aufgehen Preußens in Deutschland kommen, wie es die liberale Bewegung seit langem gefordert hatte. Eine solche Konstruktion hätte darüber hinaus den Vorteil gehabt, alle weitergehenden Machtansprüche des Norddeutschen Reichstages von vornherein abzublocken. Diesem war eben nicht die Rolle eines echten Parlaments zugedacht, sondern nur die einer Repräsentation der Bevölkerung aller deutschen Bundesstaaten für jene Bereiche der Gesetzgebung, die eine unbedingt gesamtstaatliche Regelung erforderten.

Das ursprüngliche Modell sah vor, daß unter der formellen Schirmherrschaft des Bundespräsidiums, nämlich des Königs von Preußen, ein Bundestag als Vertretung der Regierungen der Bundesstaaten und der Norddeutsche Reichstag, bestehend aus nach allgemeinem, gleichem und direktem, aber öffentlichem Wahlrecht gewählten Vertretern der Bevölkerung, gegenüberstehen sollten. Den Vorsitz im Bundestag, dem späteren Bundesrat, sollte ein Präsidialgesandter übernehmen, der zugleich als preußischer Bundestagsgesandter fungierte und dem preußischen Ministerium des Äußern unterstand. Für die Position des Präsidialgesandten war anfänglich nicht Bismarck selbst, sondern Friedrich von Savigny vorgesehen, der seine Weisungen von Bismarck als preußischem Minister des Auswärtigen und Ministerpräsidenten erhalten haben würde. Bei einer solchen Konstruktion hätten dem Norddeutschen Reichstag kein Ministerium und kein Kanzler, sondern allein der Bundesrat als Vertretung sämtlicher Regierungen bei faktischer Hegemonialstellung Preußens gegenübergestanden. Das demokratische Element des Norddeutschen Reichstages wäre gleichsam weit von den Zentren der Macht entfernt etabliert worden, die weiterhin bei den Einzelstaaten und unter gegebenen Umständen faktisch nahezu ausschließlich bei Preußen verbleiben sollten. Diese Lösung wäre allerdings nicht sonderlich praktikabel gewesen; immerhin zeigt sie die Richtung an, in der sich Bismarcks Vorstellungen hinsichtlich der Verfassungsgesetzgebung bewegten. Er wollte zwar die Energien der nationalen Einheitsbewegung gegenüber den einzelstaatlichen Regierungen voll zum Tragen bringen, sie im übrigen aber in feste Dämme einhegen und den

Parteien keine Gelegenheit geben, auf die großen politischen Entscheidungen unmittelbar Einfluß zu nehmen. Ihnen sollte einzig und allein das Gebiet der wirtschaftlichen Gesetzgebung überlassen bleiben, und zwar mit voller Absicht, deckte sich dies doch mit den Eigeninteressen namentlich des liberalen Bürgertums. Überhaupt war Bismarck nicht daran interessiert, einen systematisch durchdachten Verfassungsentwurf vorzulegen, der den Vorstellungen der seinerzeitigen Staatsrechtslehre entsprochen haben würde. Es ging ihm lediglich darum, mit einem Minimum an verfassungsrechtlichen Regelungen die Vorherrschaft Preußens in Norddeutschland und zu einem späteren Zeitpunkt gegebenenfalls in ganz Deutschland festzuschreiben. Erst im Zuge der weiteren Entwicklung wurde er veranlaßt, schrittweise über dieses Minimalprogramm hinauszugehen und die Verfassung des Norddeutschen Bundes in föderativem Sinne auszubauen. Aber selbst im Endzustand verleugnete die Verfassung des Norddeutschen Bundes nicht die Spuren dieses ihres Ursprungs; wichtige Fragen waren in der Schwebe gehalten, um die Machtstellung des Reichstages und mit ihm der Parteien möglichst gering zu halten.

Andererseits dachte Bismarck von vornherein nicht daran, diese Verfassung etwa auf dem Weg eines Oktrois in Kraft zu setzen; im Gegenteil: Mindestens fürs erste bedurfte er der Stoßkraft der nationalen Bewegung, um sich gegenüber den retardierenden Kräften der Bundesstaaten sowie in den konservativen Kreisen Preußens und nicht zuletzt bei Wilhelm I. selbst durchzusetzen. Auch deshalb hatte er den Zusammentritt des Norddeutschen Reichstages für einen vergleichsweise frühen Zeitpunkt vorgesehen. Ursprünglich war der 1. Februar 1867 ins Auge gefaßt worden; daraus wurde dann der 15. Februar 1867.

Die Wahlen zum Norddeutschen konstituierenden Reichstag am 12. Februar 1867, die erstmals aufgrund des allgemeinen, gleichen und direkten – wenn auch nicht geheimen – Wahlrechts durchgeführt wurden, gestalteten sich zu einem Triumph für die Politik Bismarcks. Die Nationalliberale Partei, die die Zusammenarbeit mit Bismarck auf ihre Fahnen geschrieben hatte, erhielt 79 Sitze, während die Fortschrittspartei, die während des Verfassungskonflikts als erbittertster Gegner Bismarcks die Schlüsselstellung im preußischen Abgeordnetenhaus innegehabt hatte, auf bescheidene 19 Mandate zurückfiel. Zwischen diesen standen 27 Altliberale, auf deren Gefolgschaft Bismarck ebenfalls zählen konnte, sowie 14 nicht der Fortschrittspartei zuzurechnende Linksliberale. Die Oppositionsgruppen, so insbesondere die katholische Fraktion, die Welfen, die Polen, die Dänen und die Sozialdemokratie, die nur mit August Bebel vertreten war, waren hingegen hoffnungslos zersplittert, politisch isoliert und nicht eigentlich handlungsfähig. Die parlamentarischen Schlüsselpositionen innerhalb des neuen Systems fielen den beiden prominenten früheren Führern des Nationalvereins, Rudolf von Bennigsen und Max von Forckenbeck, zu. Während Forckenbeck das Präsidium des Reichstages übernahm, wurde Bennigsen zum Führer der nationalliberalen

Fraktion gewählt; diese äußerst einflußreiche Position gab ihm in der Folge die Chance, in Zusammenarbeit mit Bismarck den Ausbau der Verfassung des Norddeutschen Bundes energisch voranzutreiben und dabei viel an liberalen Forderungen durchzusetzen, ohne einen Bruch mit Bismarck zu riskieren.

Bismarck verfügte für seine Politik der nationalen Einigung der Deutschen zumindest nördlich der Main-Linie über eine eindrucksvolle Mehrheit im Norddeutschen Reichstag, während sich die Gegenkräfte als vergleichsweise unbedeutend erwiesen. Er mußte allerdings mit der Gegnerschaft des Gros der Konservativen Partei rechnen, die es auf 59 Mandate gebracht hatte. Die Konservativen mißbilligten seine Zusammenarbeit mit den Nationalliberalen zutiefst und argwöhnten nicht ganz ohne Grund, daß Preußen am Ende dem neuen Norddeutschen Staat geopfert werden würde. Ihnen standen allerdings 39 Freikonservative gegenüber, auf deren Unterstützung Bismarck in jedem Falle zählen konnte. Insofern vermochte er in seinen Verhandlungen mit den anderen deutschen Staaten wie auch gegenüber den europäischen Mächten darauf zu verweisen, daß sich seine Politik im Einklang mit den Wünschen der großen Mehrheit der norddeutschen Bevölkerung befinde. Freilich sollte sich während der Beratungen über den Entwurf der Verfassung des Norddeutschen Bundes herausstellen, daß es sich keineswegs um eine in jeder Hinsicht gefügige Mehrheit handelte, ungeachtet des Bismarck zugewachsenen gewaltigen politischen Prestiges. Es erwies sich zunehmend als unumgänglich, den Vorstellungen des Nationalliberalismus zumindest in einigen Punkten entgegenzukommen. Von der ursprünglichen Absicht, einen mit zahlreichen bundesstaatlichen Elementen ausstaffierten Staatenbund unter der faktischen Führung Preußens zu schaffen, bei dem der Reichstag gleichsam weitab von den eigentlichen Machtzentren plaziert gewesen wäre, blieb unter solchen Umständen nur noch wenig übrig. Zwar leistete Bismarck der Forderung der Nationalliberalen, ein verantwortliches Reichsministerium mit jeweils für den eigenen Geschäftsbereich verantwortlichen Ministern vorzusehen, entschiedenen Widerstand, aber er mußte schließlich den Antrag Bennigsens zu Artikel 16 des Entwurfs der Verfassung akzeptieren, der die Verantwortlichkeit des Bundeskanzlers für die Anordnungen und Verfügungen des Bundespräsidiums in aller Form festlegte.

Obwohl das ursprünglich ebenfalls vorgesehene Ausführungsgesetz zu diesem Paragraphen, das die Verantwortlichkeit des Kanzlers präzisiert und damit politisch erst wirksam gemacht haben würde, in der Folge nicht zustande kam, hatte diese Entscheidung weitreichende Bedeutung. Denn hinfort konnte der preußische Ministerpräsident beziehungsweise der Minister des Auswärtigen, Bismarck, den Norddeutschen Reichstag nicht mehr mit Hilfe eines nachgeordneten Präsidialgesandten oder Bundeskanzlers am langen Arm führen, wie dies beabsichtigt war, sondern mußte die Regierungsgeschäfte selbst in die Hand nehmen. Zwar hatte man Savigny diese Position bereits zugesichert und schon im Juli 1867 seine bevorstehende Ernennung in der Presse angekündigt, doch das Amt des Bundes-kanzlers, dem Bismarck möglichst wenig unmittelbare Kompetenzen zugestehen wollte, hatte nunmehr ein derartiges Gewicht gewonnen, daß man es unmöglich einem nachgeordneten Beamten überlassen konnte. Bismarck schrieb am 9. September 1867 Savigny: »Nach dieser Änderung [dem Antrag Bennigsen] kann daher der Kanzler nur zugleich Präsident des Preußischen Staatsministeriums sein, wenn die neue Maschine überhaupt fungieren soll. Vor jener Änderung war der Bundeskanzler [...] als der höchste, aber doch als ein Beamter des auswärtigen Ministeriums gedacht, der von dem Chef des letzteren seine Instruktionen zu empfangen hatte, eine Art von Bundespräsidialgesandter mit parlamentarischer Tätigkeit, aber unter der Verantwortlichkeit des ihm vorgesetzten auswärtigen Ministers von Preußen, dessen faktischer Vorgesetzter der Kanzler dagegen, ebenso wie für den sächsischen oder hessischen auswärtigen Minister wird, sobald er selbst unter eigener Verantwortung kontrasigniert.« Fortan war klar, daß Bismarck dieses Amt persönlich übernehmen werde und daß sich die großen politischen Entscheidungen in weit stärkerem Maße, als ursprünglich vorgesehen, von den Einzelstaaten und von Preußen zum Norddeutschen Bund hin verlagern würden. Insoweit gewann die Verfassung des Norddeutschen Bundes eine wesent-lich unitarischere Gestalt, als dies Bismarck und seine Mitarbeiter anfänglich intendiert hatten; sie gewann damit ein Eigengewicht, dessen fortwirkende Dyna-mik nicht unterschätzt werden sollte.

Bismarck war angesichts dieser Entwicklung mehr denn je entschlossen, die Machtbefugnisse des Reichstages in engen Grenzen zu halten. Deshalb wider-setzte er sich weiterhin dem nationalliberalen Verlangen nach Schaffung verant-wortlicher Reichsminister, deren Geschäftsführung unmittelbar zum Gegenstand entsprechender politischer Aktionen der Parteien im Norddeutschen Reichstag hätte gemacht werden können. Überhaupt war zu diesem Zeitpunkt keinesfalls an die Schaffung einer eigenständigen Reichsverwaltung gedacht; vielmehr sollte diese Aufgabe subsidiär von den entsprechenden preußischen Ministerien wahr-genommen werden – ein Schachzug, der die Hegemonialstellung Preußens inner-halb des Norddeutschen Bundes noch weiter verstärkte. Hinsichtlich der Heeres-verfassung schlug Bismarck schon bemerkenswert früh vor, die notwendigen Befugnisse dem preußischen Kriegsminister provisorisch zuzusprechen, um diese Lösung allmählich einschleifen und zu einer endgültigen werden zu lassen, wie dies dann tatsächlich geschehen ist.

Bismarck war nicht bereit, dem Norddeutschen Reichstag ein Mitspracherecht im Bereich des Heerwesens zuzugestehen. Alle Fragen der sogenannten Komman-dogewalt sollten allein Gegenstand der Prärogative des Königs von Preußen in seiner Eigenschaft als Präsidium des Norddeutschen Bundes bleiben. Desgleichen wollte Bismarck von vornherein das Bewilligungsrecht des Reichstages in Fragen der Militärausgaben auf ein Minimum zurückschneiden. Er verlangte ein sogenanntes Äternat, nämlich die Festschreibung der Bewilligung von Mitteln auf ewige Zeiten, für eine Präsenzstärke, die es ermöglichen würde, stets ein Prozent der Bevölkerung unter Waffen zu halten. Dies hätte bedeutet, daß dem Reichstag das wichtigste Recht eines Parlaments, das Budgetrecht, so gut wie völlig vorenthalten worden wäre. Denn die Militärausgaben machten mehr als 90 Prozent des gesamten Etats des Norddeutschen Bundes aus; ohne ihre Einbeziehung in die Budgetbewilligung wäre die Waffe des Budgetrechts stumpf gewesen. Unter solchen Umständen wurde diese Frage für die große Mehrzahl der Parteien im Norddeutschen konstituierenden Reichstag zu einem der kritischsten Punkte der Verfassungsgesetzgebung. Während die gesamte Linke einhellig die Ansicht vertrat, daß man von dem bewährten konstitutionellen Prinzip der jährlichen Etatbewilligung grundsätzlich nicht abgehen könne, waren die Konservativen und die Altliberalen geneigt, Bismarcks Vorschläge uneingeschränkt zu akzeptieren und die Kontrolle der Militärausgaben dem Norddeutschen Reichstag gänzlich zu entziehen. Die Nationalliberalen waren bereit, Bismarck bis an die Grenze des Möglichen entgegenzukommen, insbesondere im Hinblick auf die jedermann noch lebhaft in Erinnerung stehenden jahrelangen Auseinandersetzungen während des preußischen Verfassungskonflikts; auf der anderen Seite sahen auch sie im Budgetrecht eines der unaufgebbaren Rechte des Parlaments.

Nach langen, äußerst schwierigen Verhandlungen wurde schließlich ein Formelkompromiß gefunden. Die Nationalliberalen erklärten sich bereit, das Äternat für eine Übergangsphase von vier Jahren hinzunehmen; nach dem Ende dieser Periode sollte dann im Jahr 1871 eine normale jährliche Bewilligung stattfinden. Johannes Miquel rechtfertigte diese Entscheidung damals mit den Worten: »Wir sind entschlossen, jedes Opfer selbst der Freiheit für den Augenblick zu erbringen, welches wahrhaft nötig und wirklich notwendig ist für die Gründung des Bundesstaats.« Demgemäß bewilligte der Norddeutsche konstituierende Reichstag nach langem zähen Verhandeln mit der Regierung für vier Jahre die Mittel, um ein Prozent der männlichen Bevölkerung unter Waffen zu halten, nach Maßgabe von jährlich 225 Thalern pro Kopf. 1871 sollte eine reguläre Bewilligung einsetzen, und zwar mit der Maßgabe, daß die angesetzten Beträge auf der Grundlage der einmal festgelegten Friedenspräsenzstärke auch dann weiter zu zahlen seien, wenn es zu keiner Einigung über das Budget kommen sollte. Jegliche Änderung oder Erhöhung der Friedenspräsenzstärke bedürfe hingegen eines förmlichen Beschlusses des Norddeutschen Bundestages. Mit dieser Regelung war das Budgetrecht des Norddeutschen Reichstages zwar nicht für den Augenblick, aber immerhin für die Zukunft zur Hälfte gerettet.

Einen weiteren Streitpunkt bildete von Anfang an der Umfang der Gesetzgebungskompetenz des Norddeutschen Reichstages. Die Nationalliberalen drängten darauf, seine Zuständigkeit über die Regelung gemeinsamer wirtschaftlicher Angelegenheiten hinaus auf alle, die nationale Einheit tangierenden Fragen der

Gesetzgebung zu erstrecken. Diese Auseinandersetzungen entzündeten sich an der Forderung, dem Norddeutschen Reichstag die Kompetenz für »die gemeinsame Gesetzgebung über das bürgerliche Recht, das Strafrecht und das gerichtliche Verfahren« einzuräumen, während der Regierungsentwurf die Bundeszuständigkeit auf das Handels-, Wechsel-, Konkurs- und Zivilprozeßrecht beschränken wollte. Miquel plädierte am 20. März 1867 in einer großen Rede dafür, daß die Gründung eines neuen nationalen Staates unbedingt die Aufgabe einschließen müsse, ein einheitliches Rechtssystem auf allen Gebieten des bürgerlichen Rechts zu schaffen. Ebenso energisch trat Eduard Lasker für eine weitgehende Reichskompetenz in allen diesen Fragen ein. Doch die Nationalliberalen blieben mit diesen Forderungen im wesentlichen auf der Strecke; nur das Obligationenrecht wurde dem Katalog der Zuständigkeiten des Norddeutschen Reichstages hinzugefügt. Noch waren Bismarck und die bundesstaatlichen Regierungen nicht geneigt, dem Norddeutschen Reichstag mehr als die unabweisbar notwendigen Materien zur Regelung zu übertragen; die Eigenständigkeit der Gesetzgebung der Bundesstaaten sollte so weit wie möglich gewahrt bleiben. Die Bestrebungen, dem Norddeutschen Reichstag grundsätzlich die Zuständigkeit in allen Fragen von gesamtnationaler Bedeutung zu übertragen, blieben einstweilen unerfüllt; allerdings bestand gerade in diesen Dingen die Aussicht, daß die Schwerkraft der Verhältnisse künftig zu einer Veränderung im Sinne der Zentralgewalt führen müsse. Unter den gegebenen Umständen hatten die Nationalliberalen kaum eine andere Wahl, als die Verfassung des Norddeutschen Bundes mit diesen wichtigen Veränderungen zu akzeptieren. Denn nicht zuletzt dank seines hohen Ansehens in der Öffentlichkeit hatte Bismarck bei Lage der Dinge alle Karten in der Hand. Ein Scheitern des Verfassungswerkes hätte der liberalen Bewegung erneut das Odium zugeschoben, daß sie sich der nationalen Politik Bismarcks versage, und das Zustandekommen der Einigung gefährdet. Übrigens hatte sich Bismarck bereits bei den Bundesstaaten rückversichert, um für den Fall, daß es nicht zu einer Verständigung mit der liberalen Mehrheit kommen sollte, die Verfassung des Norddeutschen Bundes auf dem Weg der Oktroyierung in Kraft zu setzen.

Die Verfassung des Norddeutschen Bundes blieb in vieler Hinsicht hinter den verfassungspolitischen Idealen des Liberalismus zurück. Weder war es gelungen, die politische Verantwortlichkeit des Kanzlers in einer verfassungsrechtlich verbindlichen Form zu fixieren, noch Reichsminister durchzusetzen, die dem Reichstag in eigener Verantwortlichkeit hätten Rede stehen müssen. Das Budgetrecht des Parlaments war nur in eingeschränkter Form gesichert und sein Einfluß auf die Heeresverfassung wie auf die Außenpolitik minimal. Die Gesetzesinitiative lag zwar nicht rechtlich, aber faktisch bei den Verbündeten Regierungen, und der allein verantwortliche Kanzler konnte sich stets hinter der Anonymität des Bundesrates verstecken. Die Verfassung setzte somit der politischen Aktivität der Parteien von vornherein enge Grenzen. Die Nationalliberalen waren jedoch der optimistischen Meinung, daß man erst am Anfang, nicht am Ende des Prozesses der Verfassungsgesetzgebung stehe und daß sich künftighin neue Möglichkeiten ergeben würden, die Verfassung gemäß den Grundsätzen des konstitutionellen Verfassungsrechts weiter auszubauen. Bennigsen erklärte namens der Nationalliberalen Fraktion am 15. April 1867 im Reichstag: »Ich denke von dem Verfassungswerk anders als viele meiner Kollegen auf der linken Seite dieses Hauses. Es mögen große Mängel in demselben sein; es ist ein nicht logisches, aber doch zusammenhängendes, zwar verbesserungsbedürftiges, aber auch verbesserungsfähiges Werk. Ich habe die Überzeugung, die ganze Lage Deutschlands ist so günstig, daß aus diesem Verfassungswerke nicht bloß für die Machtentwicklung der deutschen Staaten, sondern auch für die innere Entwicklung der deutschen Nation viele und große Vorteile hervorgehen werden. Ich hoffe, daß es zu Entwicklungen des deutschen Verfassungslebens in großem Zuge führen wird.« Deshalb solle man wegen der Kritik an einzelnen Punkten »nicht das ganze Verfassungswerk« scheitern lassen. Unter diesen Umständen konnte Bismarck die vorsorglich ausgearbeiteten Pläne, die Verfassung gegebenenfalls durch einen einseitigen Oktroi der Bundesfürsten in Kraft zu setzen, in der Schublade lassen. Am 16. April 1867 wurde sie mit 230 gegen 53 Stimmen angenommen. Es bedurfte allerdings noch der Zustimmung der Parlamente der Bundesstaaten und namentlich der beiden Häuser des preußischen Parlaments, bevor sie am 1. Juli 1867 in Kraft gesetzt werden konnte. Am 14. Juli 1867 erfolgte die Berufung Bismarcks zum Kanzler des Norddeutschen Bundes.

Die Verfassung des Norddeutschen Bundes war ein höchst kunstvolles Gebilde, das in mancher Hinsicht einem dilatorischen Formelkompromiß zwischen den von Bismarck repräsentierten konservativen Kräften und der liberalen Bewegung gleichkam. In zentralen Punkten war einer klaren Entscheidung aus dem Wege gegangen worden, so in den Fragen der Verantwortlichkeit des Kanzlers, des Verhältnisses der Exekutive des Reiches zur Exekutive Preußens, der Militärverfassung und nicht zuletzt des Budgetrechts. Man hat mit einigem Recht gesagt, daß in dieser Verfassung die »Souveränitäts- und Regierungsverhältnisse [...] in absichtsvolles Dunkel gehüllt worden« seien (H. Boldt). Bismarck selbst ging es in erster Linie darum, sich der politischen Energien der liberalen Nationalbewegung zu versichern, um die Machterweiterung Preußens auf Norddeutschland sicherzustellen und am Ende auf ganz Deutschland auszudehnen. Doch er wollte eine tatsächliche Teilhabe der Parteien an der Macht verhindern. Sein Bemühen, die Machtzentren des neuen politischen Systems – die preußische Krone, das Präsidium, das preußische Staatsministerium, die Armee und die hohe Staatsbürokratie – vor jeglicher allzu direkten Einflußnahme seitens des Parlaments nach Möglichkeit abzuschirmen, war freilich nur in begrenztem Umfang erfolgreich geblieben. Die Schlüsselpositionen innerhalb dieses Systems fielen der preußischen Regierung zu, und keineswegs nur deshalb, weil Preußen das Bundespräsidium und den Bundeskanzler stellte sowie über eine Sperrminorität im Bundesrat verfügte, sondern vor allem, weil den preußischen Ministerien im Gesetzgebungsprozeß selbst eine Schlüsselfunktion zukam, die ihnen von den entsprechenden Instanzen der übrigen Bundesstaaten de facto nicht streitig gemacht werden konnte. Andererseits war die Verfassung durchaus entwicklungsfähig. Erst die Zukunft sollte zeigen, ob die diesbezüglichen Erwartungen des Liberalismus aufgehen würden oder nicht. Über die ungewöhnliche Natur dieser halbkonstitutionellen Verfassungsordnung mit ihrem eigentümlichen Mischungsverhältnis von autoritären, liberalen und demokratischen Elementen waren sich schon die Zeitgenossen im klaren. Der linksliberale Abgeordnete Wilhelm Löwe-Calbe bezeichnete die Verfassung im preußischen Abgeordnetenhaus als »Kompromiß-Machwerk zwischen preußischem Militärabsolutismus und partikularem Fürstentum mit dem Annex eines einflußreichen Parlaments«. Die Nationalliberalen hatten bereits in ihrem Parteiprogramm vom Juni 1867 festgestellt: »Einen monarchischen Bundesstaat mit den Bedingungen des konstitutionellen Rechts in Einklang zu bringen«, sei »eine schwere, in der Geschichte bisher noch nicht vollzogene Aufgabe«. Das großdeutsch-konservative Lager sollte späterhin noch viel schärfer urteilen. Der katholische Publizist Konstantin Frantz schrieb 1873: »Was ist [...] von der inneren Lebenskraft solcher Schöpfungen zu halten, die in Wirklichkeit nur auf zwei Augen ruhen?«

Die Luxemburger Krise und die Entwicklung des Verhältnisses zu den süddeutschen Staaten

Die Verhandlungen über die Verfassung des Norddeutschen Bundes wurden in nicht unerheblichem Maße von dramatischen Entwicklungen auf außenpolitischem Gebiet beeinflußt. Bismarck war es dank des raschen, vergleichsweise mäßigen Friedensschlusses gegenüber Österreich gelungen, eine nachträgliche Intervention der Großmächte in die Regelung der deutschen Frage zu verhindern. Ebenso hatte er der Versuchung widerstanden, die sich anbietenden Möglichkeiten, die Main-Linie ohne Aufschub zu überschreiten, seinerseits zu nutzen. So lehnte er den Abschluß einer Militärkonvention mit Baden zunächst ab: »Man soll uns, Frankreichs wegen, nur Zeit lassen, unsern Moment zu wählen«, heißt es in einem Erlaß vom 20. Januar 1867. Allein die Enttäuschung Napoleons III. über den Ablauf der Dinge, der Frankreich nicht nur mit leeren Händen, sondern als einflußlose Großmacht zurückließ, war zu groß, als daß er sich auf Dauer geschlagen gegeben hätte. Vielmehr trat er im Frühjahr 1867 mit der Forderung nach Kompensationen für die preußische Machterweiterung in Norddeutschland hervor.

In der Tat war die französische Großmachtstellung 1866 an einem äußerst empfindlichen Punkt getroffen worden: Das bewährte Spiel, durch die Förderung der Ansprüche der nationalen Bewegungen in Europa zugleich den Einfluß Frankreichs schrittweise zu steigern und sich die Rolle eines Arbiter in allen europäischen Fragen zuzumessen, war an eine deutliche Grenze gestoßen. Im Falle der deutschen Nationalbewegung war es nicht so einfach, die französischen Machtinteressen mit dem Nationalitätenprinzip in Übereinstimmung zu bringen, da hinter der Politik Bismarcks, für jedermann sichtbar, die deutsche Nationalbewegung stand. Territoriale Kompensationen am Rhein, die sich auf rein deutsche Territorien wie Landau und das Saargebiet erstreckten, waren schwerlich mit den »Idées Napoléonénnes« vereinbar, wie sie Napoleon III. zum Grundsatz seiner Politik gemacht hatte. Es kam hinzu, daß für die innere Stabilität des napoleonischen Regimes außenpolitische Erfolge gleichsam unentbehrlich erschienen; die Abstützung des Regimes im patriotischen Denken der großbürgerlichen Schichten Frankreichs war ein wesentliches Element des bonapartistischen Systems. Seit langem geisterte die Vorstellung durch die französische öffentliche Meinung, daß angesichts der Gründung des deutschen Nationalstaates auch Frankreich einen Anspruch darauf habe, sein nationales Territorium zu arrondieren. Im Hintergrund stand die Forderung nach Wiederherstellung der französischen Grenzen von 1814, und, falls ein unter französischem und österreichischem Einfluß stehender deutscher Südbund nicht erreichbar sein sollte, wünschte man sich wenigstens die Schaffung eines Pufferstaates auf dem linken Rhein-Ufer, ähnlich wie die Unterstützung der Gründung des italienischen Nationalstaates Frankreich Nizza und Savoyen eingebracht hatte.

Zwischen der Agitation in den populären Massenblättern für eine territoriale Vergrößerung Frankreichs am Rhein, die argumentierte, daß die Rheinländer gerne zu Frankreich gehören würden, und der Einstellung der Führungsschichten des bonapartistischen Frankreich, von Napoleon III. selbst ganz abgesehen, bestanden allerdings erhebliche Unterschiede. Bismarck schätzte Napoleons Zielsetzungen richtig ein, wenn er meinte, daß es diesem nicht eigentlich um »Landererwerb«, sondern um das politische Prestige, um den »moralische[n] Eindruck in Frankreich« gehe, »daß die Grenzen wieder gewonnen waren [sic], welche infolge der Rückkehr Napoleons I. aus Elba verloren gingen, und daß damit der praktische Effekt der Niederlage von Waterloo durch den jetzigen Kaiser vollständig beseitigt ist, nachdem es durch den Erwerb von Savoyen schon teilweise geschehen [ist]«. Nach dem Abschluß der Friedensverhandlungen zwischen Österreich und Preußen, die Napoleon III. mit leeren Händen zurückließen und den französischen Hegemonialansprüchen in Europa einen schweren Stoß versetzten, verstummten die Kompensationsforderungen in der französischen Öffentlichkeit nicht. Im Gegenteil: Man verlangte, daß Napoleon »Rache für Sadowa« – für Königgrätz – nehmen solle. Napoleon III. selbst hatte bereits in den gescheiterten

Kompensationsverhandlungen des Sommers 1866 erkennen lassen, daß die französischen Wünsche keinesfalls notwendigerweise in erster Linie auf die Rhein-Grenze abzielten, sondern gegebenenfalls auch auf die Angliederung der französischsprachigen Gebiete Luxemburgs und Belgiens. Diese Forderung stand in Übereinstimmung mit der Tendenz des Zeitalters, nämlich des Zusammenschlusses der Nationalitäten gleicher Sprache und gleicher Lebensformen in einem homogenen Nationalstaat. Doch Bismarck hatte an einem derartigen Kompensationsgeschäft, das die Überlassung Süddeutschlands an Preußen gegen eine Teilung Belgiens aufrechnete, kein Interesse, zumal damit geltendes internationales Recht, insbesondere die Garantieerklärung der Großmächte für den Bestand des belgischen Staates vom Jahr 1831, verletzt wurde und dann alle Großmächte auf den Plan gerufen worden wären. In der Folge suchte Napoleon III. die Dreiteilung Deutschlands, wie sie mit dem Prager Frieden erreicht worden sei – das preußisch beherrschte Norddeutschland, Süddeutschland mit einer eigenständigen staatlichen Existenz und das deutsch geführte Österreich – gegenüber der eigenen Öffentlichkeit als einen großen Erfolg der französischen Politik auszugeben.

Doch dergleichen Hinweise vermochten um so weniger zu überzeugen, je mehr sichtbar wurde, daß der Einfluß des Norddeutschen Bundes auf Süddeutschland, ungeachtet der Zusicherung einer unabhängigen Existenz der süddeutschen Staaten, tendenziell zunahm. So fiel Napoleons III. Augenmerk auf das Großherzogtum Luxemburg als einen Ersatz für die 1866 nicht realisierten Kompensationsforderungen. Das Großherzogtum Luxemburg hatte seit alters her zum Deutschen Bund gehört. Gemäß dem geltenden, seit 1815 international sanktionierten Bundesrecht hatte Preußen das Recht, in Luxemburg eine Garnison zu unterhalten. Aber die Luxemburger selbst zeigten wenig Neigung, dem neu geschaffenen Norddeutschen Bund beizutreten, der nur zu offensichtlich ein bloßes Herrschaftsinstrument Preußens zu sein schien. Dies lieferte den Ansatzpunkt für Geheimverhandlungen Napoleons III. mit König Wilhelm III. von Holland, dem rechtmäßigen Souverän Luxemburgs, welches mit den Niederlanden in Personalunion verbunden war. Napoleon unterbreitete diesem die Forderung, daß Luxemburg gegen eine stattliche finanzielle Entschädigung an Frankreich abgetreten werden möge. Diese Verhandlungen wurden mit vollem Wissen Bismarcks aufgenommen, doch er sah seinerseits keine Veranlassung dazu, Napoleon III. sogleich in den Arm zu fallen. Vielmehr ließ er diesen gleichsam in eine Falle hineinlaufen. Er erklärte, daß er keine Möglichkeit sehe, Frankreich im nachhinein für sein Wohlverhalten vom Jahr 1866 deutschsprachige Territorien abzutreten, da dies in der deutschen Öffentlichkeit mit größter Entrüstung aufgenommen würde, ließ aber erkennen, daß Preußen gegebenenfalls auf sein Recht verzichten könnte, eine Garnison in Luxemburg zu unterhalten. In der Folge fand sich Bismarck zu Gesprächen über eine territoriale »Flurbereinigung« in nationalitätenpolitischem Sinne herbei. Diese lief darauf hinaus, Belgien zwischen Frankreich und den

Niederlanden zu teilen und das wallonische Belgien Frankreich zuzuschlagen, obschon dies der internationalen Garantie der Großmächte zuwiderlief und mit einiger Sicherheit zumindest den Widerspruch Großbritanniens heraufbeschworen hätte. Bismarck vermied jedoch, sich in irgendeiner Weise auf konkrete Verpflichtungen festlegen zu lassen. Allerdings ließ er Napoleon III. weiterhin in dem Glauben, daß Preußen gegebenenfalls einen Ankauf Luxemburgs durch Frankreich hinnehmen werde. Als dann der Kaufvertrag zwischen Frankreich und den Niederlanden nach monatelangen schwierigen Verhandlungen das Stadium der Abschlußreife erreicht hatte, benutzte Bismarck dies als eine willkommene Gelegenheit, um die bisher streng geheimen Schutz- und Trutzbündnisse Preußens mit den süddeutschen Staaten zu veröffentlichen, die zwar nicht der Form, aber dem Geiste nach eine Verletzung des Paragraphen 5 des Prager Friedens darstellten. Dieser Schritt hatte für das Ansehen Napoleons III. in der französischen Öffentlichkeit fraglos äußerst nachteilige Auswirkungen. Gleichzeitig bestellte Bismarck bei Bennigsen, dem Führer der nationalliberalen Fraktion, eine parlamentarische Anfrage im Norddeutschen Reichstag, ob denn an der Nachricht von dem bevorstehenden Verkauf dieses seit dem Mittelalter deutschnationalen Ländchens an Frankreich etwas Wahres dran sei. Diese Anfrage nahm der Kanzler zum Anlaß, um den Tatbestand der Kaufverhandlungen an die Öffentlichkeit zu bringen und derart das Projekt in die Luft zu sprengen.

Damit war die Krise – die Luxemburger Krise – da. Einige Wochen lang standen die Zeichen auf Krieg zwischen Frankreich und den in dieser Frage geeinten deutschen Staaten unter der Führung Preußens. Aber alle diplomatischen Trümpfe lagen diesmal auf seiten Bismarcks, zumal der völkerrechtliche Status Luxemburgs in den Wiener Verträgen von 1815 von allen europäischen Mächten anerkannt und indirekt garantiert worden war. Eine Botschafterkonferenz in London vom 7. bis 11. Mai 1867 handelte schließlich eine Kompromißlösung aus, mit der Bismarck leben konnte. Luxemburg wurde zu »einem ewig neutralen Staat« unter der gemeinsamen Garantie der Großmächte erklärt; dafür sollte Preußen seine Garnison in der Stadt aufgeben. Mit diesem äußerst mageren Ergebnis mußte sich Napoleon III. schließlich zufrieden geben. Damit war freie Bahn für die innere Ausgestaltung des Norddeutschen Bundes geschaffen und zugleich für eine Ausfüllung der Schutz- und Trutzbündnisse mit den süddeutschen Staaten, die im Kriegsfalle die Einführung des preußischen Militärreglements und des preußischen Oberbefehls vorsahen. Durch die Kriegsgefahr wurde die Position der liberalen Nationalbewegung nicht nur in Preußen selbst, sondern auch in den süddeutschen Staaten wieder ein wenig gestärkt, hatte doch die Furcht vor einer Bedrohung durch Frankreich in der Krise neue Nahrung erhalten.

In der Tat war mit der Aufgabe Luxemburgs das Verhältnis des Norddeutschen Bundes zu Frankreich nur für den Augenblick, nicht auf Dauer bereinigt. Vielmehr war Napoleon III. entschlossen, nunmehr hartnäckiger denn je auf einer

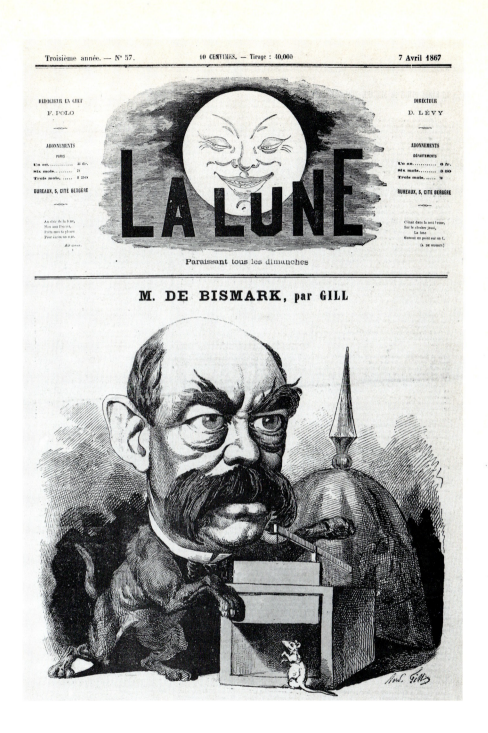

Bismarck auf Kleinstaaten-Fang. Bildsatire von André Gill in der Pariser Zeitschrift vom 7. April 1867. Nürnberg, Germanisches Nationalmuseum

leurs cachets.

Fait à Madrid le 30 Mars 1868.

(L.S.) Firmado. = Lorenzo Arrazola. =

(L.S.) Firmado. = Canitz. =

Por tanto habiendo visto y examinado uno por uno los diez y nueve artículos que comprende el preinserto Tratado y el artículo adicional citado, Hemos venido en aprobar y ratificar cuanto en ellos se contiene, como en virtud de la presente lo aprobamos y ratificamos en la mejor y más ámplia forma que podemos; prometiendo en fé de Nuestra palabra Real cumplirlo y observarlo y hacer que se cumpla y observe puntualmente en todas sus partes; y para su mayor validacion y firmeza mandamos expedir la presente firmada de Nuestra mano, sellada con Nuestro sello secreto y refrendada de Nuestro Primer Secretario del Despacho de Estado interino. Dada en el Palacio de Madrid á veinte de Mayo de mil ochocientos sesenta y ocho.

Yo la Reyna

El Marqués de Roncali

Der Handels- und Schiffahrtsvertrag zwischen der Königin von Spanien und dem König von Preußen für den Norddeutschen Bund und den Zollverein vom 30. März 1868. Bonn, Politisches Archiv des Auswärtigen Amtes

Respektierung der Main-Linie durch Preußen und auf der Wahrung der Selbständigkeit der süddeutschen Staaten zu beharren. Es kam hinzu, daß auch Österreich-Ungarn seiner alten Rolle als Vormacht der großdeutschen Bewegung und insbesondere als Protektor der süddeutschen Staaten gegenüber Preußen noch nicht gänzlich abgeschworen hatte. Im Gegenteil: Mit dem 1867 berufenen Staatskanzler Friedrich Ferdinand Graf Beust, dem ehemaligen Ministerpräsidenten Sachsens, erwuchs Bismarck ein bemerkenswerter Gegenspieler auf dem Terrain der deutschen Politik. Beust lenkte die österreichische Innenpolitik konsequent in ein liberales Fahrwasser, nicht zuletzt, um damit »moralische Eroberungen« in Süddeutschland zu machen oder, wie sich Bismarck gelegentlich selbst ausgedrückt hat, »Süddeutschland durch österreichischen Liberalismus kaptivieren« zu wollen. Der pro-deutsche Zentralismus, in den Beust die österreichische Politik in Cisleithanien hineinsteuerte, hatte das vorrangige Ziel, Österreich in den Augen Süddeutschlands wieder attraktiv erscheinen zu lassen. Die magyarische Vorherrschaft in der transleithanischen Reichshälfte und die deutsche Vorherrschaft in Cisleithanien waren, aus dieser Perspektive gesehen, auch ein Mittel, um Österreich-Ungarn in der deutschen Frage wieder ins Spiel zu bringen. Ein in Cisleithanien herrschendes Deutschtum sollte den Wiener Anspruch glaubhaft machen, daß die deutsche Frage in Wien »ebensogut und besser hier vertreten ist als in Preußen«. Beust war sich völlig im klaren darüber, daß eine unmittelbare Herausforderung Preußens aus mannigfaltigen Gründen nicht in Frage kam; für einen erneuten Waffengang war die Donau-Monarchie weder finanziell noch innenpolitisch noch bündnispolitisch entsprechend gerüstet. Dennoch setzte Beust alles daran, die im Prager Frieden skizzierte Lösung eines selbständigen Südbundes gegen Preußen doch noch durchzusetzen, um auf diese Weise das »dritte Deutschland« weiterhin als ein Gegengewicht zur preußischen Hegemonie im Spiel halten zu können. Darüber hinaus lancierte er die Idee, daß die deutschen und die österreichischen Orient-Interessen weitgehend parallel liefen und Österreich gleichsam als Speerspitze auch für die deutschen wirtschaftlichen Interessen im Orient tätig werden könne.

Im übrigen bemühte sich Beust intensiv um die Anknüpfung einer Entente mit Frankreich, auch wenn sie nicht in erster Linie einem erneuten österreichisch-französischen Krieg gegen Preußen-Deutschland, sondern eher der Stabilisierung des 1866 erreichten Status quo dienen sollte. Die österreichische Politik versuchte, Frankreich gegen die russische Orient-Politik zu engagieren, in Anknüpfung und Fortsetzung der beiderseitigen politischen Linie während des Krim-Krieges. Zudem hoffte Beust, dadurch indirekt Frankreichs Hilfe in der deutschen Frage zu gewinnen. Andererseits suchte er Frankreich von einem militärischen Alleingang gegen Preußen wegen der süddeutschen Frage abzuhalten, in dem richtigen Kalkül, daß dies nur Wasser auf die Mühlen Bismarcks leiten würde. Denn im Kriegsfall wäre die Furcht der süddeutschen Bevölkerung vor Frankreich größer gewesen als die Bereitschaft, sich die Hegemonie Preußens mit Hilfe Österreichs vom Halse zu halten. Beust wollte den Österreich-Ungarn verbliebenen Einfluß in Süddeutschland geltend machen, um im Zusammenwirken mit Frankreich einen Südbund zustande zu bringen, der nach seinen Vorstellungen unter Führung Bayerns hätte stehen sollen. Diese Strategie schien auch insofern nicht ganz aussichtslos zu sein, als Bismarck anfänglich hatte erkennen lassen, daß er der Gründung eines Südbundes nicht grundsätzlichen Widerstand leisten werde; allerdings gab er der badischen Regierung gelegentlich den Rat, einem Südbund keinesfalls ohne Schaffung eines entsprechenden Gesamtparlaments auf der Grundlage des allgemeinen und gleichen Wahlrechts zuzustimmen, in der richtigen Annahme, daß ein solcher Vorschlag das ganze Projekt zum Scheitern bringen würde.

Immerhin bestanden 1867 und noch 1868 durchaus Chancen dafür, daß es zu einer Restituierung des deutschen Dualismus, mit dem von Preußen geführten Norddeutschen Bund einerseits und einem süddeutschen Bund unter der Schirmherrschaft Österreichs und mit der stillschweigenden Duldung Frankreichs andererseits, kommen könnte – einer Konstruktion, die Bismarck selbst gelegentlich sogar als »Chef d'œuvre« bezeichnet hat. Vorsichtshalber nahm der Ballhausplatz mit Frankreich und seit 1868 auch mit Italien Verhandlungen über einen Bündnisvertrag auf, für den Fall, daß es doch noch zu einem Krieg zwischen Preußen und den norddeutschen Staaten einerseits, einer französisch-österreichischen Koalition andererseits kommen sollte. Bereits anläßlich eines Zusammentreffens Franz Josephs mit Napoleon III. in Salzburg 1867 waren die Weichen zugunsten einer derartigen Strategie gestellt worden. Doch die Verhandlungen zogen sich angesichts übergroßer Schwierigkeiten in die Länge. Italien wurden für den Kriegsfall umfängliche Kompensationen angeboten, darunter die Abtretung Trients und des Trentino sowie ein Flottenstützpunkt in Tunesien, während Frankreich sich am Rhein schadlos halten sollte. Der angestrebte »Friedens-, Beistands- und Freundschaftspakt« sollte die »Herstellung eines neuen, aus möglichst gleich mächtigen Staaten zu schaffenden Bundes« in Deutschland zum Ziel haben. Bismarck suchte diesen Bestrebungen anfänglich durch direkte Einwirkungen auf Kaiser Franz Joseph zu begegnen, die den Einfluß seines Gegenspielers Beust unterminieren sollten; dazu gehörten Proteste gegen die revisionistischen Aktivitäten des hannoveranischen Ex-Königs Georg V., der in Hitzing residierte. Vor allem aber suchte Bismarck, wie schon zuvor, politischen Rückhalt bei Rußland. Bereits im April 1868 kam es zu einer Vereinbarung zwischen Berlin und Petersburg, welche für den Fall eines kombinierten österreichisch-französischen Angriffs auf den Norddeutschen Bund oder Rußland ein gemeinsames Vorgehen vorsah. Die zarische Regierung verpflichtete sich, dann zumindest militärische Einheiten an den Grenzen Österreichs zusammenzuziehen, um es militärisch zu paralysieren. Bismarck verstand es, eine Zusicherung konkreter

Gegenleistungen für diese einseitigen russischen Dienste zu vermeiden; aber es konnte nicht zweifelhaft sein, daß die zarische Politik im Gegenzug die diplomatische und gegebenenfalls auch militärische Unterstützung Preußens bei der Abwehr der österreichischen Expansionsbestrebungen auf dem Balkan und im Orient erwartete. Für den Augenblick war dies noch nicht sonderlich bedrohlich, doch es sollte schon bald schwerwiegende politische Konsequenzen nach sich ziehen. In mancher Hinsicht geriet Preußen schon damals in die Zwickmühle, zwischen den österreichischen und den russischen imperialen Bestrebungen im Orient vermitteln und beide gleichermaßen bremsen zu müssen. Im übrigen spielte Bismarck mit dem Gedanken, falls erforderlich gegen Österreich-Ungarn die nationalrevolutionäre Karte zu spielen, durch Ermutigung der serbischen nationalrevolutionären Bewegung.

Am Ende kam es doch nicht zu einem Vertragsabschluß zwischen Österreich-Ungarn, Frankreich und Italien, aus einer ganzen Reihe von Gründen. Zum einen ließ sich in der Frage der Zukunft des Vatikanstaates kein Einvernehmen erzielen, zum anderen zögerte die neue französische Regierung des Empire libéral, die 1868 zur Macht gekommen war, die Ergebnisse der bisherigen Geheimverhandlungen ohne weiteres zu übernehmen, und zum dritten fand Beust selbst, daß ein Zusammengehen mit Frankreich auf den Protest auch der Deutschen in Österreich gestoßen wäre. Davon abgesehen hatte sich in Süddeutschland eine politische Basis für einen gegen Preußen gerichteten Südbund nicht schaffen lassen. Dazu war auch hier das Drängen der nationalen Kräfte auf eine Vollendung der nationalen Einheit zu stark. Insbesondere Baden wünschte aus nationalpolitischen wie aus sicherheitspolitischen Gründen von Anfang an einen unverzüglichen Beitritt zum Norddeutschen Bund, was Bismarck allerdings vorderhand für untunlich ansah und demnach immer wieder ablehnte.

Bismarck selbst legte in der Frage der Vollendung der Einheit der Nation keinerlei Eile an den Tag. In einem Runderlaß an die Großmächte und die süddeutschen Regierungen vom 7. September 1867 ließ er erklären: »Wir haben es uns von Anfang an zur Aufgabe gemacht, den Strom der nationalen Entwicklung Deutschlands in ein Bett zu leiten, in welchem er nicht zerstörend, sondern befruchtend wirke. Wir haben alles vermieden, was die nationale Bewegung überstürzen könnte [...].« Andererseits wies er »jede Einmischung dritter Mächte in innre [sic] Angelegenheiten Deutschlands« zurück, unter anderem mit dem Argument, daß diese »zur Beunruhigung des deutschen Volkes führen und in Folge dessen eine gerechte Erregung des Gefühles nationaler Würde u[nd] Unabhängigkeit hervorrufen könnte«. Er war ohnedies überzeugt, daß die Schwerkraft der Verhältnisse die süddeutschen Staaten über kurz oder lang zum Anschluß oder zumindest zur Anlehnung an den Norddeutschen Bund zwingen werde. Bekanntlich hielt er das »Abschlagen unreifer Früchte« für den schwersten Fehler, den ein Staatsmann begehen könne. Aber er war nicht bereit, die Main-Linie als eine definitive Grenzziehung anzuerkennen. »Man hat«, so meinte er anläßlich der Veröffentlichung der Schutz- und Trutzverträge in einem Erlaß vom 15. März 1867 an den preußischen Botschafter in Paris, den Grafen von der Goltz, »die Main-Linie als eine Mauer zwischen uns und Süddeutschland aufrichten wollen, und wir haben sie akzeptiert, weil sie unserm Bedürfnis und unserm realen Interesse entsprach; aber sollte man sich darüber getäuscht haben, daß sie nicht eine wirkliche Mauer, sondern eine ideale Grenze – um im Gleichnis zu bleiben, gewissermaßen ein Gitter ist, durch welches der nationale Strom – dessen Unaufhaltsamkeit man in dem Vorbehalt der liens nationaux anerkennen mußte – seinen Weg findet?«

De facto war die Erwartung, daß die süddeutschen Staaten unter den gegebenen Umständen auf Dauer eine »unabhängige internationale Existenz« würden führen können, nicht sonderlich realistisch. Der bayerische Minister Chlodwig Fürst zu Hohenlohe-Schillingsfürst verfolgte vielmehr den Plan, einen Südbund zu schaffen, der dann gemeinsam mit dem Norddeutschen Bund, gegebenenfalls unter Einschluß Österreichs, zu einem »weiteren Bund« zusammentreten sollte; damit wäre die Forderung nach einem nationalen Zusammenschluß aller Deutschen wenigstens indirekt befriedigt worden. Hohenlohe hoffte, die Eigenstaatlichkeit Bayerns auf diese Weise besser sichern zu können als durch eine Politik, die mit Österreich-Ungarn gemeinsame Sache machte. Bismarck war sich nicht sicher, ob durch die Schaffung eines Südbundes, vorausgesetzt, daß dieser ein Parlament von gleicher Art wie der Norddeutsche Reichstag erhalten werde, die Überwindung der Main-Linie nicht sogar gefördert werden würde. Allein, Hohenlohes Bemühungen scheiterten am Einspruch Badens. Hohenlohe griff seinen Plan einer föderalistischen Lösung der deutschen Frage dann 1869 erneut auf, nun unter anderem mit dem Argument, daß nur durch die Schaffung eines »staatsrechtlichen Bundes, welcher Österreich, Preußen (resp. [ektive] den Norddeutschen Bund) und Bayern« beziehungsweise »die süddeutsche Gruppe, welcher Bayern vorzustehen berufen wäre«, zusammenfassen würde, die nationalen Interessen Deutschlands wirklich befriedigt werden könnten. Eine Inkorporation Süddeutschlands in den Norddeutschen Bund bedeute hingegen »den unvermeidlichen Krieg mit Frankreich«. Diese Vorschläge fanden, nachdem endgültig klar geworden war, daß mit einem baldigen Beitritt Badens zum Norddeutschen Bund nicht zu rechnen sei, am Ende sogar in Stuttgart ein gewisses Maß an positiver Resonanz. Auch die badische Regierung begann mit der Idee eines engeren und weiteren Bundes zu spielen, der es den süddeutschen Staaten ermöglichen würde, an der Wirtschaftsgesetzgebung des Norddeutschen Bundes mitzuwirken, von der anzunehmen war, daß sie in absehbarer Zeit ohnehin von den süddeutschen Staaten übernommen werden müsse. In der Retrospektive wird man diesen Erwägungen einige Bedeutung zumessen dürfen: Sie skizzieren einen alternativen Entwicklungspfad in der deutschen Frage, der möglicherweise beachtliche Vorzüge gegenüber der großpreußischen Lösung gehabt hätte, die am Ende zum Zuge kam.

Bismarck bewegte sich in der süddeutschen Frage mit großer Vorsicht. Für den Augenblick war er mit einer Politik der kleinen Schritte, die auf eine indirekte Bindung der süddeutschen Staaten an den Norden hinauslief, ohne an den staatsrechtlichen Verhältnissen etwas zu ändern, vollauf zufrieden. Dazu gehörten die Angleichung der militärischen Verhältnisse in den süddeutschen Staaten an Preußen und der Abschluß von Militärkonventionen mit Baden und Hessen. Darin wurde festgeschrieben, daß die innere Organisation der betreffenden militärischen Verbände nach preußischem Vorbild zu erfolgen habe und sie im Kriegsfall dem preußischen Oberbefehl unterstellt seien. Im Falle Hessens wurde damit die bislang bestehende Anomalie begradigt, der zufolge die in den nördlich des Mains stationierten Truppeneinheiten dem preußischen Oberbefehl unterstanden, nicht aber jene in den südlichen Landesteilen. De facto war dies bereits eine Durchbrechung der Main-Linie, die im Grunde den Südbundplänen den Todesstoß gab. Im übrigen setzte Bismarck auf die Fortentwicklung des Zollvereins zu einer echten politischen Einigung, die auf dem Gebiet der Zoll- und Wirtschaftsgesetzgebung der Sache nach bundesstaatliche Funktionen ausüben sollte. Zu diesem Zweck sollten dem Zollverein ebenso wie dem Norddeutschen Bund ein Zollbundesrat sowie ein Zollparlament beigegeben werden; darin waren neben den Mitgliedern des Norddeutschen Reichstages Abgeordnete aus den süddeutschen Staaten vorgesehen, die gleichfalls aufgrund des allgemeinen, gleichen und direkten Wahlrechts gewählt werden sollten. Das Zollparlament war dazu bestimmt, den partikularistischen Interessen der süddeutschen Staaten entgegenzuwirken; von seiner Tätigkeit würde, so stand zu erwarten, zugleich neue Dynamik in der deutschen Frage ausgehen. Die diesbezüglichen Vorschläge fanden namentlich in Bayern, das weiterhin auf die Erhaltung seiner Eigenstaatlichkeit bedacht war, wenig Gegenliebe. Doch die preußische Politik setzte mit der Drohung, gegebenenfalls den bestehenden Zollvertrag aufzukündigen, was für die süddeutsche Wirtschaft katastrophale Auswirkungen gehabt hätte, ihre Annahme durch. Am 1. Januar 1868 trat der neue Zollvereinsvertrag in Kraft. Die liberalen Parteigruppierungen in den süddeutschen Staaten, die Fortschrittspartei in Bayern, die Deutsche Partei in Württemberg und die einstweilen noch geschlossen agierenden Liberalen in Baden, jubilierten: »Das Zollparlament ist der erste Ausdruck der deutschen Einheit, die erste Brücke, die über den Main geschlagen wird.« Zumindest auf wirtschaftspolitischem Gebiet schien damit die Einigung Deutschlands bereits vorweggenommen und der Weg zur Vollendung des Nationalstaates angebahnt zu sein, obschon damit die Dringlichkeit des Einigungsprozesses geringer geworden war.

Anfang 1868 wurden in den süddeutschen Staaten Zollvereinswahlen durchgeführt. Sie wurden nach Lage der Dinge zu einer Testwahl für die von Bismarck im

Bündnis mit den liberalen Parteien erstrebte Vollendung der nationalen Einheit unter preußischer Führung. Im Wahlkampf dominierte die Sorge, daß es zu einer Mediatisierung der süddeutschen Staaten durch Preußen kommen werde. Die »Augsburger Postzeitung« beispielsweise erklärte die Wahl zum Prüfstein der Frage, ob Bayern noch länger ein selbständig regierter Staat sein wolle oder eine preußische Provinz. Ebenso wurden die unter preußischem Druck in Angriff genommenen Heeresreformen als schwere und ungerechtfertigte finanzielle Belastung gegeißelt. Das Gespenst des preußischen Militarismus wurde in vielfältigen Formen beschworen. Die gegen Preußen eingestellten Kräfte erhielten Zuzug von allen jenen Bevölkerungsschichten, die von einem Eintritt der bislang noch überwiegend ländlich und kleingewerblich strukturierten süddeutschen Staaten in den Norddeutschen Bund mit seiner vergleichsweise fortgeschrittenen Wirtschaftsstruktur Nachteile zu erwarten hatten oder doch solche befürchteten. Zugleich regte sich in katholischen Kreisen scharfe Opposition gegen ein Aufgehen im protestantischen Norden; sie erhielt von seiten des Klerus beträchtliche Unterstützung. Unter diesen Umständen sahen sich die Liberalen allerorten überraschend mit einer massiven Protestbewegung gegen die Einigung und gegen die Idee einer Kompetenzerweiterung des Zollparlaments, wie sie es propagiert hatten, konfrontiert.

Der Ausgang der Wahlen brachte demgemäß eine herbe Enttäuschung für alle jene, die eine kleindeutsche Lösung der deutschen Frage zum frühestmöglichen Zeitpunkt anstrebten. In Bayern errangen die Gegner einer Politik der nationalen Einigung unter preußischer Führung auf Anhieb einen spektakulären Erfolg: 26 Partikularisten standen nunmehr nur noch 21 Liberalen gegenüber. Noch schlimmer fielen die Ergebnisse in Württemberg aus, wo die Anhänger der nationalen Einheit keinen einzigen Vertreter durchsetzen konnten. Selbst in Baden, dem Musterländle des »regierenden Liberalismus«, in dem die Liberalen über eine erdrückende Mehrheit in der Kammer verfügten, konnten die Liberalen kein eindeutiges Resultat für die nationale Einheit erzwingen; sie erlangten gerade eine Mehrheit der Delegierten für das Zollparlament. Hier wie anderswo traten erstmals katholische Parteigruppierungen in ungewohnter Stärke hervor – ein Vorbote künftiger Entwicklungen, durch welche die bisher weithin noch für selbstverständlich gehaltene Hegemonie des Gesamtliberalismus als der Partei des Volkes und der Partei der Zukunft in Frage gestellt wurde. Rückwirkungen auf die inneren Verhältnisse in den süddeutschen Staaten blieben nicht aus. In Bayern führte die Tendenzwende zu einem überraschenden Sieg der eben begründeten Patriotenpartei und zum Sturz des liberalen Ministeriums Hohenlohe. In Baden konnte sich die Liberale Partei zwar behaupten, aber die bisherige einvernehmliche Kooperation mit der Regierung ging zunehmend in die Brüche; vor allem aber erstand ihr mit der am 1. Mai 1869 gegründeten Katholischen Volkspartei Badens ein beachtlicher Gegner, der seine politische Aktivität über die kirchenpolitischen

Fragen hinaus auf das Feld der allgemeinen Politik ausweitete und mit einigem Erfolg den Kampf gegen die »Verpreußung« Badens auf seine Fahnen schrieb.

Bismarck zeigte sich über diese Ereignisse weit weniger beunruhigt, als man hätte annehmen sollen. Er ging davon aus, daß in künftigen Zollvereinswahlen günstigere Mehrheiten zu erwarten seien. Im übrigen setzte er mehr denn je auf Zeit. Gegenüber einem leidenschaftlichen Verfechter einer entschiedenen nationalen Politik meinte er im Mai 1868: »Wir tragen alle die nationale Einigung im Herzen, aber für den rechnenden Politiker kommt zuerst das Notwendige und dann das Wünschenswerte, also zuerst der Ausbau des Hauses und dann dessen Erweiterung. Erreicht Deutschland sein nationales Ziel noch im neunzehnten Jahrhundert, so erscheint mir das als etwas Großes und wäre es in zehn oder gar fünf Jahren, so wäre das etwas Außerordentliches, ein unerhofftes Gnadengeschenk von Gott.« In der Tat waren die Aussichten für eine baldige Vollendung der Einigung der deutschen Staatenwelt oder, wie die Zeitgenossen es sahen, der Schaffung eines »preußische[n] Reich[s] deutscher Nation« nicht sonderlich gut. In Süddeutschland war die nationale Bewegung im Winter 1869/70 zum Stillstand gekommen.

Die innere Politik im Norddeutschen Bund und die »deutsche Frage«

Im Norddeutschen Reichstag, der unter dem unmittelbaren Eindruck des Sieges der preußischen Waffen über Österreich und seine Verbündeten am 12. Februar 1867 gewählt worden war, hatten die politischen Kräfte, die auf eine Vollendung der Einigung Deutschlands drängten, eindeutig die Vorhand gegenüber den partikularistischen Gruppierungen erlangt. Die preußischen Konservativen mißbilligten zwar grundsätzlich die Politik Bismarcks, die unmißverständlich in unitarische Richtung zu weisen schien, aber sie waren trotz ihrer zahlenmäßigen Stärke innerlich gespalten und zudem gehandikapt durch die Auffassung, daß sie als geborene Regierungspartei nicht in einen Gegensatz zur Regierungsbank geraten dürften. Die Bundesstaatlich-konstitutionelle Vereinigung, in der sich die Welfen mit den zersprengten Resten der großdeutsch-katholischen Richtung verbunden hatten, konnte mit 18 Abgeordneten ebensowenig gegen den vorwaltenden Trend zur Schaffung eines einheitlichen Bundesstaates in Norddeutschland ausrichten wie der leidenschaftliche Protest der Polen dagegen, daß sie, die bislang niemals zum Deutschen Bund gehört hatten, nunmehr dem neuen nationaldeutschen Staatsgebilde einverleibt würden. Die Arbeiterbewegung spielte noch keine nennenswerte Rolle. Die Lassalleaner hatten keinen einzigen Abgeordneten durchbringen können und in den Stichwahlen häufig für Bismarck-freundliche Kandidaten gestimmt, während für die Sozialdemokratische Arbeiterpartei allein

August Bebel in den Norddeutschen Reichstag gekommen war. Bebel bekundete seine großdeutsche Gesinnung in seinem Einspruch gegen die an den preußischen König gerichtete Dankadresse des Norddeutschen Reichstages. Ganz abgesehen davon, daß als Resultat der preußischen Politik »18 Millionen Deutsche aus dem Gesammtleben der Nation« ausgeschlossen seien, sei mit Luxemburg auch ein altes Glied des Deutschen Reiches verloren gegangen. Bismarck beantwortete diese Erklärung sogleich mit der rhetorischen Gegenfrage, ob denn Preußen für das Garnisonsrecht in Luxemburg einen Krieg hätte führen sollen. Die Gegner der großpreußischen Politik Bismarcks hatten unter den obwaltenden Umständen kaum Möglichkeiten, ihre Ansichten effektiv zur Geltung zu bringen. Vielmehr lag die Initiative ganz bei jenen Parteien und Gruppen, die die Schaffung eines möglichst unitarischen deutschen Nationalstaates als vornehmlichstes Ziel ihrer Politik betrachteten. Wie in den Beratungen über die Verfassung fiel auch in der Gesetzgebungsarbeit der folgenden Jahre der Nationalliberalen Partei eine Schlüsselstellung zu; sie konnte dabei von Fall zu Fall entweder mit den übrigen liberalen Gruppierungen, insbesondere mit den Altliberalen und der Fortschrittspartei, oder mit der Freikonservativen Partei zusammengehen.

Die Nationalliberalen hatten sich das Ziel gesteckt, ein höchstmögliches Maß staatlicher Einheit zu erreichen und zugleich in Gesellschaft, Wirtschaft und Staat liberale Grundsätze durchzusetzen. Diese Bestrebungen fanden ihre Grenze darin, daß sich die Nationalliberalen grundsätzlich auf das Prinzip der Vereinbarung festgelegt hatten und keinesfalls einen erneuten Konflikt mit Bismarck riskieren wollten, wie groß die Gegensätze im konkreten Fall auch sein mochten. Von altliberaler Seite wurden die Nationalliberalen ohnehin dazu angehalten, sich pragmatisch zu orientieren und auf alle Prinzipienpolitik zu verzichten. Max Duncker schrieb im Juni 1867 an Heinrich von Treitschke, der nach seiner Meinung in den »Preußischen Jahrbüchern« eine gegenüber den Nationalliberalen zu freundliche Linie vertreten hatte: »Wollen wir den Liberalismus erhalten, wollen wir endlich eine Partei gründen, auf welche die Regierung hören muß, so müssen wir den Liberalismus regierungsfähiger machen, so muß derselbe auf gewisse Sätze seiner Doktrin verzichten.« Die Völker verstünden sich nicht von Natur auf das Regieren; auch diese Kunst müsse erst gelernt werden. Demgemäß dürften nach den bitteren Erfahrungen der vergangenen Jahre »die Freiheitsrechte, das Gewicht der [parlamentarischen] Vertretung nicht so ausgedehnt, nicht so überwiegend« ausgestaltet werden, »daß die Regierung schlechthin der öffentlichen Meinung, der Presse, der Mehrheit des Parlaments gehorchen« müsse. In breiten Kreisen des Bürgertums wollte man jetzt die nationale Einigung unter keinen Umständen wieder in Gefahr gebracht sehen. Dies gab Bismarck und den Vertretern der bundesstaatlichen Regierungen von vornherein die besseren Karten und zwang die Nationalliberalen, wie schon in der Verfassungsfrage, so auch bei den konkreten Gesetzgebungsvorhaben der kommenden Jahre beständig dazu, sich mit Kompromißlösungen zufrieden zu geben. Dennoch gelang es selbst unter diesen einschränkenden Bedingungen während der wenigen Jahre der Existenz des Norddeutschen Bundes, in vergleichsweise kurzen parlamentarischen Sessionen, eine bemerkenswerte Zahl von grundlegenden Reformgesetzen zustande zu bringen.

Auf den ersten ordentlichen Norddeutschen Reichstag, der am 10. September 1867 zusammentrat, wartete bereits ein ganzes Bündel von Gesetzgebungsvorlagen, die sich aus den Verfassungsbeschlüssen ergaben. Dazu gehörten vorrangig Gesetze über die Regelung des Paßwesens, die rechtliche Handhabung des in der Verfassung verankerten Prinzips der Freizügigkeit für alle Bürger des Norddeutschen Bundes, das den in zahlreichen Bundesstaaten bestehenden Beschränkungen des Niederlassungsrechts ebenso ein Ende setzte wie der Bindung an eine bestimmte Heimatgemeinde als Voraussetzung für den Empfang von Leistungen der Sozialfürsorge, ferner die Flaggenfrage für die Handelsschiffahrt und die Vereinheitlichung des Postwesens, außerdem zahlreiche andere Materien, die einer gesamtstaatlichen Regelung bedurften. Die eigentlich große Aufgabe aber lag auf dem Gebiet der Wirtschaftsgesetzgebung.

Gemäß Artikel 4 der Verfassung erstreckte sich die Gesetzgebungsbefugnis des Norddeutschen Bundes, die überdies gemeinsam vom Bundesrat und vom Reichstag ausgeübt wurde, im wesentlichen nur auf den Bereich der Wirtschaftsgesetzgebung und war ansonsten lediglich für das Militärwesen des Bundes und die so gut wie inexistente Bundeskriegsmarine gegeben. Sie bewegte sich demnach in eng umschriebenen Grenzen, während für den weitaus größeren Teil der öffentlichen Angelegenheiten nach wie vor die Bundesstaaten zuständig waren. Dies zeigte einmal mehr, daß dem Norddeutschen Bund anfänglich nicht eigentlich die Funktion eines echten Bundesstaates zugedacht war, sondern nur die einer Klammer, die die Bundesstaaten unter preußischer Führung zusammenhalten und das unbedingt notwendige Maß an gemeinsamer Gesetzgebung gewährleisten sollte. Allerdings gab es von Anfang an Grenzbereiche, in denen eine einheitliche Regelung von Rechtsfragen erforderlich zu sein schien, weil sie die Wirtschaftsordnung mittelbar tangierten, beispielsweise das Verfahren bei der Vollstreckung zivilrechtlicher Urteile, das Strafrecht und das gerichtliche Verfahren, Rechtsbereiche, in denen in den einzelnen Bundesstaaten höchst unterschiedliche Regelungen bestanden und die deshalb in die Gesetzgebungsbefugnis des Norddeutschen Bundes einbezogen worden waren. Andere Bereiche, vor allem das gesamte Zivilprozeßrecht, blieben einstweilen weiterhin der Gesetzgebung der Bundesstaaten vorbehalten, während für die Zollgesetzgebung das Zollparlament zuständig war. Freilich drängten insbesondere die Nationalliberalen, sekundiert von der Fortschrittspartei und einem Teil der Altliberalen, darauf, die Gesetzgebungskompetenz des Norddeutschen Bundestages auf alle Fragen von nationaler Bedeutung auszuweiten; sie stießen dabei jedoch auf den Widerstand nicht nur der partikularistischen Parteien einschließlich der preußischen Konservativen, sondern auch des Bundesrates beziehungsweise der »Verbündeten Regierungen«. Unter solchen Umständen war es keine leichte Aufgabe, die von den bürgerlichen Schichten herbeigesehnte einheitliche rechtliche Infrastruktur auf der Grundlage der Freisetzung der individuellen Initiative der Bürger zu schaffen, wie sie für eine rasche Entfaltung des industriellen Systems erforderlich war. Der Norddeutsche Reichstag hat sich gleichwohl mit bemerkenswerter Energie an diese Aufgabe gemacht, auf weiten Strecken in konstruktiver Zusammenarbeit mit dem grundsätzlich liberalen Auffassungen zuneigenden preußischen Handelsminister Rudolf Delbrück, der 1868 zum Präsidenten des Bundeskanzleramts berufen wurde, und mit den einzelstaatlichen Bevollmächtigten des Bundesrates. So wurde eine beachtliche Serie von grundlegenden Gesetzen zuwege gebracht und in anderen Fällen Wege gebahnt, auf denen dann der erste Reichstag nach 1871 fortschreiten sollte.

Obwohl von den etwa 72 Millionen Reichstalern des Etats des Norddeutschen Bundes für das Haushaltsjahr 1868 der Löwenanteil, nämlich 68 Millionen, auf die Militärausgaben entfielen, die aufgrund des sogenannten Pauschquantums vorerst der Zuständigkeit des Parlaments entzogen waren, gewannen die Etatberatungen sogleich eine grundsätzliche Dimension. Es gelang dem Norddeutschen Reichstag, unter führender Beteiligung prominenter nationalliberaler Abgeordneter, zu denen insbesondere Forckenbeck, Lasker und Bamberger gehörten, den »Verbündeten Regierungen« ein rechtlich einwandfreies Verfahren hinsichtlich der Haushaltsgebarung abzuringen – ein Teilerfolg, dem vor dem Hintergrund der Erfahrungen des preußischen Verfassungskonflikts besondere Bedeutung zukam. In diesem Zusammenhang wurde jedoch überdeutlich, wie wenig präzis die staatsrechtlichen Zuständigkeiten im Lager der Exekutive geregelt waren; die Liberalen monierten mit einigem Recht, daß die mangelnde Klarheit hinsichtlich der Zuständigkeitsabgrenzungen zwischen Bundespräsidium, Bundesrat, preußischem Staatsministerium und den »Verbündeten Regierungen« die budgetrechtliche Kompetenz des Norddeutschen Reichstages, aber auch der beteiligten Landtage nachteilig beeinflusse. Im Zusammenhang der Beratungen des Etats des neugeschaffenen Bundeskanzleramts trat klar hervor, in welch hohem Maße die Exekutive auf die preußischen Fachressorts zurückgreifen mußte. Der Abgeordnete Benedikt Waldeck ergriff die willkommene Gelegenheit, um auf die »Unfertigkeit« der Verfassungszustände des Norddeutschen Bundes zu verweisen. So sei überhaupt nicht präzis geregelt, welche Instanzen innerhalb der Regierung jeweils die Zuständigkeit für bestimmte Politikbereiche hätten. Die Forderung der Nationalliberalen, die Spitzen der entsprechenden Behörden nun doch für ihre Ressortbereiche förmlich verantwortlich zu machen, wies Bismarck mit äußerster Entschiedenheit zurück. Er betonte demgegenüber einmal mehr die alleinige Verantwortlichkeit des Kanzlers »für alles, was in dem Staatsleben des Bundes, wie in dem Staatsleben der verbündeten Staaten vorkommen« könne. Jedoch räumte er ein, daß das »neue, allerdings komplizierte System der Verantwortlichkeit« es erforderlich mache, daß hinfort »nur der preußische Ministerpräsident Bundeskanzler sein könne«, weil dieser eines starken Einflusses im Preußischen Staatsministerium bedürfe.

Ein Antrag Miquels für die Nationalliberalen aus Anlaß der Gewährung einer Anleihe für den Ausbau der Bundesmarine im Juni 1868, die Beamten der für diese Zwecke zu begründenden Bundesschuldenverwaltung für die korrekte Wahrnehmung ihrer Aufgaben justizförmig verantwortlich zu erklären, führte zu einem schweren Konflikt. Die Nationalliberalen hatten den Antrag zwar in eine durchaus entgegenkommende Form gekleidet und argumentierten, daß Bismarck nichts dagegen haben könne, wenn die Beamten der Bundesschuldenverwaltung für ihre Amtsführung verantwortlich gemacht würden, da er unmöglich den gesamten Geschäftsbereich des Norddeutschen Bundes persönlich übersehen könne, aber der Sache nach hofften sie, auf diese Weise einem wirklichen konstitutionellen Regiment näherzukommen. Forckenbeck äußerte damals gegenüber Lasker: »Wirkliche Macht und Kontrolle, die unmittelbar ihn trifft, räumt Bismarck nur sehr ungern und in Not ein, und ich glaube, wir können ihn bei diesem ersten Schritt jetzt zwingen.« Bismarck durchschaute jedoch sogleich die Absicht des nationalliberalen Antrags. Er sah darin zutreffend den Versuch einer Machterweiterung des Reichstages auf Kosten der »Verbündeten Regierungen«, oder, wie er sich ausdrückte, »einen Einbruch in die verfassungsmäßige Rechtssphäre und Machtsphäre der Regierungen«, die er unter allen Umständen zurückweisen müsse. Da der Antrag ungeachtet seines Protestes angenommen wurde, zog Bismarck die gesamte Gesetzesvorlage zurück und machte ihn somit gegenstandslos. Die eher zögernd und behutsam vorgetragene verfassungspolitische Offensive der Nationalliberalen endete also mit einem Pyrrhus-Sieg. Der konservative Parteigänger Moritz Blanckenburg triumphierte ob des Ausgangs dieser Auseinandersetzung, die ihm den Beginn einer Trennung Bismarcks von den Nationalliberalen anzukündigen schien: »Parlamentarisches Regiment oder Königliches: da haben wir gestern wieder diese Fahne flattern lassen unter Bismarcks entschiedenster Führung [...]«. Diese Hoffnung war einigermaßen verfrüht, denn Bismarck war an einer Zusammenarbeit mit den Nationalliberalen weiterhin interessiert. Dies hieß nicht, daß er in der Verfassungsfrage auch nur um ein Jota zurückzuweichen bereit war. Im April 1869 stellten die liberalen Parteien erneut einen Antrag auf die Einrichtung verantwortlicher Bundesministerien, namentlich für Außenpolitik, Krieg, Marine, Handel und Verkehrswesen, der mit der Notwendigkeit begründet wurde, eine sachgerechtere Verwaltung und Aufsicht dieser zur Kompetenz des Norddeutschen Bundes gehörenden Angelegenheiten sicherzustellen, der allerdings nur mit knapper Mehrheit angenommen wurde. Bismarck wies dergleichen erwartungsgemäß weit von sich. Er erklärte bei dieser Gelegenheit, daß »er eine collegialische Ministerverfassung für einen staatsrechtlichen Mißgriff und Fehler« halte, von dem jeder Staat so bald wie möglich loszukommen suchen sollte. Ganz abgesehen davon, daß durch die Einrichtung von verantwortlichen Bundesministerien die Verantwortlichkeit des Bundeskanzlers untergraben würde, laufe dies auf eine Einschränkung der Zuständigkeiten des Bundesrates hinaus. Denn die Funktion, die derartigen Bundesministerien zugedacht sei, werde unter den bestehenden verfassungspolitischen Verhältnissen von den zuständigen Ausschüssen des Bundesrates und der diesen vorstehenden Bevollmächtigten wahrgenommen. Es waren föderalistische Bedenken, die Bismarck hier ins Feld führte, um eine Beschneidung der Machtbefugnisse der »Verbündeten Regierungen« oder, genauer besehen, des Kanzlers abzuwenden, die auf die Durchsetzung eines echten konstitutionellen Regimes abzielte. In dieser Frage liefen die Nationalliberalen gegen eine eiserne Wand: Für Bismarck galt es, den Anfängen zu wehren. Deshalb weigerte sich der Kanzler konsequent, obschon nicht wenige praktische Gesichtspunkte dafür sprachen, von der Fiktion der Regierung aus dem Schoße des Bundesrates heraus abzugehen und Bundesministerien einzurichten, statt sich subsidiär auf die preußischen Ressorts zu stützen.

Ansonsten gelang es dem Reichstag, die »Verbündeten Regierungen« hinfort auf ein rechtlich geregeltes Haushaltsgebaren und feste Fristen für die Vorlage des jeweiligen Haushaltsgesetzes festzulegen, wenn auch die geforderte Schaffung einer unabhängigen Revisionsinstanz in Form einer Bundesschuldenverwaltung unerfüllt blieb. Aber angesichts des eng gesteckten Rahmens der Bundesfinanzen, die zudem nur zu einem geringen Teil überhaupt zum Gegenstand parlamentarischer Beratung wurden, brachte dies einstweilen keinerlei Stärkung des Budgetrechts des Parlaments. Die Praxis der Finanzierung der Ausgaben des Norddeutschen Bundes durch Matrikularbeiträge der Bundesstaaten hatte zur Folge, daß die Steuerhoheit ganz überwiegend bei den Parlamenten der Bundesstaaten, zumal beim preußischen Abgeordnetenhaus lag und der Reichstag eigentlich nur über die Ausgabenseite zu befinden hatte, soweit nicht direkte Reichssteuern zu beschließen waren, die Bismarck, um den Einfluß der Parteien gering zu halten, tunlichst zu vermeiden bestrebt war. Die Situation wurde noch weiter verkompliziert, insofern als die Bewilligung der Zölle, eine der wichtigsten Einnahmequellen des Norddeutschen Bundes, vom Zollparlament und nicht vom Norddeutschen Reichstag vorgenommen wurde. Auch die Finanzkrise in Preußen in den Jahren 1868/69, die dazu Anlaß gab, den Reichstag mit einem ganzen Bukett von neuen Steuern zu konfrontieren, um auf diese Weise die Last der Matrikularbeiträge zu verringern, verbesserte die Position des Reichstages in jener zentralen Frage nur geringfügig. Forckenbeck nahm die Lage zum Anlaß, um als Preis für eine Regelung der preußischen Finanzkrise den Übergang zur jährlichen Budgetbewilligung zu fordern. Doch gelang es Ludolf Camphausen, dem Nachfolger des gestürzten Finanzministers August von der Heydt, die Deckungslücke durch eine Streckung der Tilgungszahlungen für die preußische Staatsschuld zu schließen, ohne die Hilfestellung des Reichstages in Anspruch nehmen zu müssen, der die ihm vorgelegten Steuervorschläge ohnehin nahezu sämtlich für ungenügend begründet erklärt und als wirtschaftlich schädlich abgelehnt hatte. Immerhin hofften die Nationalliberalen, daß es 1871, wenn das Pauschquantum auslaufen würde, gelingen könne, auch für die Militärausgaben das Prinzip der jährlichen Bewilligung durchzusetzen.

Zu einem politisch bedeutsameren Streitobjekt entwickelte sich die Vorlage einer Gewerbeordnung für den Geltungsbereich des Norddeutschen Bundes, die die in der Verfassung festgelegten Grundsätze einer liberalen Wirtschaftsordnung in die Praxis umsetzen sollte. Kernpunkt war die rechtliche Ausgestaltung des Grundsatzes der Gewerbefreiheit, verbunden mit der Beseitigung der Beschränkungen der Zulassung von Gewerbebetrieben aller Art. Dadurch sollte, wie es in der Begründung der Vorlage, ganz im Geiste des Zeitalters, hieß, die »Freisetzung der wirtschaftlichen Kräfte« bewirkt werden. Doch es bestand ein himmelweiter Abstand zwischen den Vorstellungen der »Verbündeten Regierungen« über die Frage, wie weit eine solche Freisetzung im konkreten Falle gehen dürfe. Die Vorlage wollte in zahlreichen Fällen an den bestehenden rechtlichen Beschränkungen für gewerbliche Betriebe oder Unternehmungen verschiedenster Art festhalten, beispielsweise für das Druckereigewerbe, das aus politischen Gründen weiterhin einer besonderen staatlichen Aufsicht unterliegen sollte. Die liberale Mehrheit wollte hingegen das Prinzip der Gewerbefreiheit uneingeschränkt zur Durchführung bringen, unter Beseitigung der vielen bisher bestehenden Instrumente einer obrigkeitlichen Reglementierung der wirtschaftlichen Aktivität der Individuen, die sich aus dem älteren Prinzip der patriarchalischen Fürsorgepflicht des Staates für seine Untertanen auf allen Lebensgebieten herleiteten.

Über den Regierungsentwurf einer Gewerbeordnung für den Norddeutschen Bund, der in der Reichstagssession 1868 eingebracht wurde, konnte zunächst keine Verständigung zwischen der Reichstagsmehrheit und den »Verbündeten Regierungen« erzielt werden. Letztere bestanden darauf, in weiten Bereichen an dem bisherigen System festzuhalten, das den selbständigen Betrieb bestimmter Gewerbe an den Nachweis der Zuverlässigkeit, der Befähigung oder des bestehenden Bedürfnisses knüpfte. Ebenso verlangten sie die Beibehaltung restriktiver Bestimmungen hinsichtlich der Verbreitung von Druckschriften, ganz offensichtlich mit dem Ziel, die bisherigen rechtlichen Handhaben gegen unliebsame politische Publikationen nicht aus der Hand zu geben. Davon ganz abgesehen atmete der Regierungsentwurf noch den Geist des überkommenen Obrigkeitsstaates, der der Polizei eine allgemeine Fürsorgepflicht und zugleich das Aufsichtsrecht in allen öffentlichen Angelegenheiten zusprach. In dieser Lage entschloß sich der Norddeutsche Reichstag auf Antrag von Lasker und Miquel zur Ausarbeitung eines »Notgewerbegesetzes«, das den unstrittigen Kern der Regierungsvorlage aufnahm, um wenigstens im Grundsatz die wirtschaftliche Freizügigkeit und die Gewerbefreiheit im Gebiet des Norddeutschen Bundes rechtlich zu verankern – ein Vorstoß, der dann auch die Zustimmung des Bundesrates fand. Bereits am 8. Juli 1868 trat die Notgewerbeordnung in Kraft. Sie beseitigte vor allem die bisherigen zunftrechtlichen Beschränkungen gewerblicher Betätigung. An die Stelle der Zünfte und Korporationen des Handwerks, die mittels der rechtlich privilegierten Innungen die Produktion und die Beschäftigung von Gesellen strengen Regeln überwiegend restriktiven Charakters unterworfen und den Handwerkern den Verkauf von nicht selbstgefertigten Waren, also eine allgemeine gewerbliche Tätigkeit, untersagt hatten, trat nun, mit Ausnahme bestimmter Berufe wie jener der Ärzte, Apotheker, Rechtsanwälte und Seeschiffer, das Prinzip völliger Gewerbefreiheit. Es war dies ein Schritt von großer Tragweite, der dem verbreiteten Optimismus hinsichtlich der produktiven Kraft des freien Marktes entsprach und ein Grundelement einer liberal verfaßten Wirtschaftsordnung darstellte. Allerdings ließ sie einen wichtigen Bereich unberührt, nämlich die Beziehungen zwischen Unternehmern und Arbeiterschaft. Ursprünglich hatte der Reichstag dem Gesetz auch die Aufhebung des Verbots von Koalitionen beigeben wollen, doch ein entsprechender Antrag von Hermann Schulze-Delitzsch war abgelehnt worden, um die Annahme der Vorlage als solcher seitens der »Verbündeten Regierungen« nicht zu gefährden.

Überhaupt lief der Gesetzgebungsprozeß, wie in diesem Falle besonders deutlich hervortrat, auf ein beständiges Ringen zwischen den Vertretern der Parteien und den Bevollmächtigten der Regierungen, faktisch fast stets der hohen preußischen Bürokratie, hinaus, bei dem politische Überzeugungskraft zumeist weniger zählte als Sachverstand. Im Grundsatz war auch Delbrück, der als Chef des Reichskanzleramts die Schlüsselfigur in diesen Verhandlungen war, Lösungen im liberalen Sinne zugeneigt, aber die Schwerkraft des bürokratischen Denkens sorgte dafür, daß ihnen in aller Regel dann doch obrigkeitliche Fesseln angelegt wurden. Vergleichsweise geringere bundesratliche Hürden hatte die von Schulze-Delitzsch am 16. April 1868 eingebrachte Vorlage eines »Gesetzes über die privatrechtliche Stellung der Erwerbs- und Wirtschaftsgenossenschaften« für den Norddeutschen Bund zu überwinden. Durch dieses Gesetz sollten die Bestimmungen des preußischen Genossenschaftsgesetzes aus dem Jahr 1867 auf das gesamte Gebiet des Norddeutschen Bundes ausgedehnt werden. Schulze-Delitzsch erhoffte sich von einer angemessenen rechtlichen Absicherung der genossenschaftlichen Unternehmen einen weiteren Aufschwung des Genossenschaftswesens. Die bevorstehende Einführung der Gewerbefreiheit durch die Gewerbeordnung sei das Moment, »welches unsere Handwerker und Arbeiter mehr und mehr dahin drängt, sich in freien Genossenschaften zu scharen, um sich der Bedingungen der modernen Production zu versichern, ohne welche das Aufkommen gegen die Großindustrie, die Erhaltung bzw. die Erringung der wirtschaftlichen und gewerblichen Selbständigkeit immer unmöglicher wird«. Dieser Vorschlag wurde im Reichstag allgemein sehr positiv aufgenommen und mit nur geringfügigen Änderungen zum Beschluß erhoben. Es entsprach den großen Erwartungen der Zeitgenossen, daß das Genossenschaftswesen die Auswirkungen der ungehinderten Konkurrenz aller Gewerbetreibenden in einem freien Markt auf die kleineren und mittleren Geschäftsbetriebe und besonders auf das Handwerk mildern und die wirtschaftliche Entwicklung günstig beeinflussen werde. Auch die »Verbündeten Regierungen« verschlossen sich diesen Argumenten nicht; sie erhoben lediglich juristische Einwände gegen die Art der Regelung im Falle des Konkurses von Genossenschaften, die von Twesten 1868 im Parlament als »Sammlung von Silbenstechereien und Schulmeistereien« gerügt worden war. In beiden Lagern, im Reichstag wie in der Regierung, wurde die faktische Bedeutung dieses Gesetzes für die künftige Entwicklung gewaltig überschätzt; die Genossenschaftsbewegung war nicht in der Lage, die großen wirtschaftlichen Umschichtungen in Handwerk und Gewerbe, die mit dem Durchbruch des industriellen Systems verbunden waren, wirksam aufzufangen.

Im übrigen besannen sich die »Verbündeten Regierungen« nach dem Fiasko der Gewerbeordnungsvorlage von 1868 eines Besseren und begannen, eine neue Vorlage auszuarbeiten, die die Bedenken, die seitens der Parteien im Reichstag vorgetragen worden waren, wenigstens teilweise berücksichtigte. Die zweite Vorlage einer umfassenden »Gewerbeordnung für den Norddeutschen Bund« wurde dem Norddeutschen Reichstag am 4. März 1869 vorgelegt. Daran schloß sich eine äußerst intensive Beratung, in der die gegensätzlichen Meinungen erneut hart aufeinanderprallten, obwohl anerkannt wurde, daß sich der Bundesrat bewegt hatte. Als besonders störend empfand man, daß sich der Regierungsentwurf vorwiegend an den preußischen Verhältnissen orientierte, während die Gesetzeslage in zahlreichen anderen deutschen Staaten, vor allem in Sachsen, bereits weit fortschrittlicher gestaltet worden war. Vergebens suchten die Liberalen, wenigstens diesen Schönheitsfehler zu beseitigen, indem sie beantragten, daß überall dort, wo die Landesgesetze großzügigere Regelungen vorsahen, letztere in Kraft bleiben sollten – eine Notlösung, mit der sie sich dann auch nicht durchsetzen konnten. Nach zähen Verhandlungen kam eine Kompromißlösung zustande, die zwar immer noch erheblich hinter den liberalen Forderungen zurückblieb, aber wesentliche Fortschritte gegenüber dem alten Rechtszustand brachte. Auch der Bundesrat mochte am Ende, ungeachtet fortbestehender Bedenken, der Gewerbeordnung in der schließlich vom Reichstag mit großer Mehrheit beschlossenen Form seine Zustimmung nicht versagen, zumal angesichts der Dringlichkeit einer umfassenden rechtlichen Regelung der wirtschaftlichen Verhältnisse.

Die Gewerbeordnung war weit mehr, als ihr eher bürokratischer Titel anzuzeigen scheint, nämlich ein Grundgesetz für das gesamte wirtschaftliche Leben des Norddeutschen Bundes. Es räumte mit dem Geflecht von Sonderrechten für einzelne Gewerbetreibende, für Zünfte und sonstige privatrechtliche Korporationen, sowie im besonderen für die städtischen Körperschaften auf, die bisher die freie wirtschaftliche Betätigung innerhalb des Marktes zahlreichen Beschränkungen unterworfen oder umgekehrt bestimmten Gruppen Monopolrechte auf Kosten möglicher Konkurrenten eingeräumt hatten. So konnte hinfort seitens der städtischen Korporationen Gewerbetreibenden, die das Bürgerrecht nicht besaßen, der Betrieb von wirtschaftlichen Unternehmungen nicht länger untersagt werden. Ebenso entfiel, übrigens gegen den leidenschaftlichen Widerstand der Konservativen, die alte Unterscheidung zwischen Stadt und Land, aufgrund derer das Betreiben gewerblicher Unternehmungen außerhalb der städtischen Grenzen bisher untersagt war. Im übrigen erklärte die Gewerbeordnung in aller Form das Prinzip der Gewerbefreiheit zur grundlegenden Norm aller wirtschaftlichen Aktivitäten. Am bedeutsamsten war natürlich, daß die Gewerbeordnung die Reste der älteren Zunftverfassung, die den Innungen der Handwerkerschaft erhebliche Kontrollbefugnisse über Meister und Gesellen, über Art und Umfang der handwerklichen Produktion und dergleichen eingeräumt hatte, außer Kraft setzte. Die rechtliche Organisation des Handwerks war im Gesetz völlig neu geregelt. Den Handwerksinnungen wurde ausdrücklich die Rechtspersönlichkeit zugestanden; außerdem beließ man ihnen neben der Pflege der Beziehungen unter ihren Mitgliedern die Mitwirkung bei der Lehrlingsausbildung, wenngleich unter behördlicher Aufsicht. Doch wurden ihnen nunmehr Handwerkskammern zur »Vertretung der Interessen des Handwerks« zur Seite gestellt, die der Kontrolle der jeweiligen Verwaltungsbehörden unterworfen waren. Damit war die besondere Rechtsstellung der Handwerkerschaft, wie sie im früheren System bestanden hatte, weitgehend beseitigt, jedoch ohne daß das Prinzip der unbeschränkten wirtschaftlichen Tätigkeit gänzlich zum Zuge gekommen wäre. Vielmehr wurde der Staat gleichsam zum Sachwalter der Sonderinteressen der Handwerkerschaft innerhalb einer ansonsten kaum beschränkten marktwirtschaftlichen Ordnung.

Allerdings wurden zahlreiche Berufe von dem Prinzip unbeschränkter Gewerbefreiheit ausgenommen, so die Apotheker und Ärzte, deren Tätigkeit von dem Nachweis beziehungsweise der Gewährung einer besonderen Approbation abhängig gemacht wurde, aber auch solche Gewerbe, die die Interessen der Öffentlichkeit stärker tangierten. Im übrigen war für die Ausübung einer gewerblichen Tätigkeit in zahlreichen Fällen eine behördliche Konzession erforderlich; sie konnte vielfach bereits dann versagt werden, wenn der betreffende Gewerbetreibende als »unzuverlässig« galt – eine Gummiformel, die behördlicher Willkür Tür und Tor öffnete. Gerade in diesem Punkt gerieten die ältere, der bürokratischen Staatsidee verpflichtete Auffassung, wonach der Staat und die zuständigen Polizeibehörden für geordnete Verhältnisse auch im wirtschaftlichen Leben zu sorgen hätten, und das liberale Prinzip der Freisetzung der wirtschaftlichen Tätigkeit des Einzelnen von staatlicher Kontrolle miteinander in Konflikt. Ungeachtet

Sitzung des Zollparlaments im Abgeordnetenhaus am Dönhoffplatz zu Berlin im Juni 1868.
Holzstich nach einer Zeichnung von Carl Arnold. Berlin, Bildarchiv Preußischer Kulturbesitz

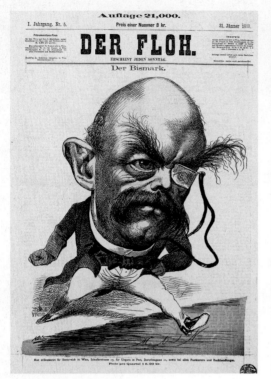 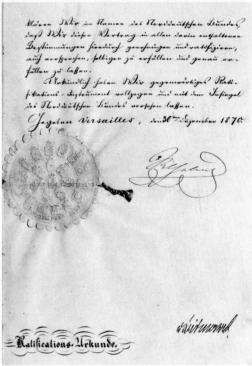

Bismarcks »Sprungversuch« über die Main-Linie nach Süddeutschland. Titelblatt der satirischen Wiener Zeitschrift vom 31. Januar 1869. Nürnberg, Germanisches Nationalmuseum. – Bayerns Eintritt in das Deutsche Reich am 23. November 1870. Letzte Seite der preußischen Ratifikationsurkunde vom 30. Dezember 1870 mit dem Papiersiegel des Norddeutschen Bundes. München, Bayerisches Hauptstaatsarchiv

der Bemühungen der liberalen Parteien enthielt die Gewerbeordnung immer noch reichlich Kautelen obrigkeitlichen Charakters, die staatliche Eingriffe in das Wirtschaftsleben ermöglichten. Das einzige, das die Liberalen erreichen konnten, war, daß den Betroffenen die Möglichkeit eingeräumt wurde, auf dem Rechtsweg gegen derartige behördliche Beschränkungen oder Eingriffe ihrer gewerblichen Tätigkeit vorzugehen.

Die Gewerbeordnung erhob das klassische liberale Prinzip der Vertragsfreiheit zwischen Arbeitgebern und Arbeitnehmern in aller Form zu geltendem Recht. Es hieß im Paragraphen 105 lapidar: »Die Festsetzung der Verhältnisse zwischen den selbständigen Gewerbetreibenden und den gewerblichen Arbeitern ist, vorbehaltlich der durch Reichsgesetz begründeten Beschränkungen, Gegenstand freier Übereinkunft.« Dem entsprach es, daß nun auch die bisher bestehenden Beschränkungen des Koalitionsrechts, das dem Grundsatz der Vertragsfreiheit entsprach, aufgehoben wurden. Aber dies geschah in einer Form, die die tatsächliche Ausübung des Streikrechts ernstlich behinderte und vor allem jegliches Streikpostenstehen oder sonstiges Vorgehen gegen Streikbrecher unter Strafe stellte. Es war zu lesen: »Wer andere durch Anwendung körperlichen Zwanges, durch Drohungen, durch Ehrverletzung oder durch Verrufserklärung bestimmt oder zu bestimmen versucht, an solchen Verabredungen teilzunehmen, oder ihnen Folge zu leisten, oder andere durch gleiche Mittel hindert oder zu hindern versucht, von solchen Verabredungen zurückzutreten, wird mit Gefängnis bis zu drei Monaten bestraft [...].« Schon Max Weber hat den Paragraphen 153 der Gewerbeordnung verächtlich »ein Recht für alte Weiber« genannt. Im übrigen wurde die solchermaßen unter erheblichen Erschwernissen gewährte Koalitionsfreiheit den Beschäftigten der Eisenbahnen und der Seeschiffahrt sowie der ländlichen Arbeiterschaft und dem ländlichen Gesinde verwehrt, für die die Gesindeordnung in Kraft blieb. Es war dies einer der Kompromisse, den die Nationalliberalen, ungeachtet der scharfen Proteste der Fortschrittspartei, mit den Konservativen eingingen, um die Vorlage insgesamt bei den »Verbündeten Regierungen« durchzubringen. Der Sache nach bedeutete es die Hinnahme einer wirtschaftspolitischen Zweiteilung des Norddeutschen Bundes: auf der einen Seite standen die Konurbanationen, in denen sich die industrielle Entwicklung konzentrierte, auf der anderen die agrarischen Regionen vor allem des östlichen Deutschlands, die vorderhand vor den vollen Konsequenzen der Liberalisierung des Wirtschaftslebens verschont blieben. Auch dies war ein Ausdruck des informellen Herrschaftskompromisses zwischen den konservativen Führungseliten und dem aufsteigenden Bürgertum, der gesellschaftspolitischen Prämisse der Reichsgründungspolitik.

Die Gewerbeordnung regelte die Beziehungen zwischen Unternehmern und Arbeiterschaft insgesamt gemäß den Grundsätzen des liberalen Vertragsrechts, das beide Partner formal gleichstellte, ohne Berücksichtigung der vergleichsweise schwächeren Position der Arbeiterschaft. Das war nicht zuletzt gegen die Tendenz des Regierungsentwurfs gerichtet, der gerade in diesem Punkt staatliche Aufsichtsfunktionen, aber auch die Bestrafung des Kontraktbruchs vorgesehen hatte. Damit wurden manche Chancen für eine sozialstaatliche Einwirkung auf die Arbeitsbedingungen der industriellen Arbeiterschaft vergeben, freilich unter dem Einfluß der optimistischen Doktrin, daß die Freisetzung der wirschaftlichen Aktivität des Einzelnen der beste Weg sei, um die wirtschaftliche Notlage der Unterschichten auf Dauer zu verbessern. Über die sozialpolitischen Vorschläge Hermann Wageners, den beispielsweise Franz Duncker spöttisch einen »königlich-preußischen Hofsozialisten« nannte, gingen die Liberalen zur Tagesordnung über; von einer Politik des Staatsinterventionismus zugunsten der Arbeiterschaft wollten sie unter den gegebenen Umständen nichts wissen. Miquel hielt Wagener, der dem liberalen System die Notlage der industriellen Arbeiterschaft zur Last legte, entgegen, daß sie dort am größten sei, wo »die bürgerliche Entwicklung gegenüber der feudalen Produktion am wenigsten vorgeschritten« sei. Die Liberalen vertrauten fest darauf, daß die Entfaltung des industriellen Systems auf mittlere Frist auch zur Hebung der sozialen Lage der Arbeiterschaft führen werde; ihnen erschien die weitgehende Freisetzung der Wirtschaft von jeglicher staatlicher Bevormundung, aber auch der Verzicht auf Alters- und Invalidenkassen mit Staatsgarantie, wie sie Wagener vorschlug, daher vollauf gerechtfertigt. Die Arbeiterschaft verwiesen sie in erster Linie auf das klassische Prinzip der »Selbsthilfe«. So gerieten die Nationalliberalen am Ende in eine Frontstellung, die sich in vieler Hinsicht gegen die materiellen Interessen der Arbeiterschaft richtete, die allerdings von ihren wenigen, unter sich zerstrittenen Vertretern nicht effektiv zur Geltung gebracht worden waren. Es würde jedoch zu weit gehen, wenn man der Gewerbeordnung vorhielte, daß sie die Pariasituation der industriellen Arbeiterschaft in der aufsteigenden Industriegesellschaft in aller Form festgeschrieben habe. Vielmehr enthielt sie, entsprechend dem liberalen Grundsatz der Verrechtlichung von Interessenkonflikten, eine ganze Reihe von Bestimmungen – vom Arbeiterschutz angefangen über die Haftung der Unternehmer bei Zuwiderhandlungen gegen Arbeiterschutzbestimmungen bis hin zu Beschränkungen der Regreßverpflichtung der Arbeiterschaft im Falle des Kontraktbruchs –, die die Rechtsstellung des einzelnen Arbeiters gegenüber dem Unternehmer zu stärken geeignet waren. Als Ganzes wies sie gleichwohl auf weiten Strecken noch deutliche Spuren älterer obrigkeitlicher Traditionen auf, insbesondere in der reichhaltigen Zumessung von Aufsichtsfunktionen an die Staatsbehörden beziehungsweise die polizeilichen Instanzen. Ungeachtet dieser Mängel bildete sie eine im ganzen verläßliche Grundlage für die sprunghafte Entfaltung des industriellen Systems in den folgenden Jahrzehnten. Trotz beständiger Änderungen und Ergänzungen sowie einer Flut von Ausführungsverordnungen blieb sie bis zum Ende des Kaiserreiches in Kraft.

Der dritte große Bereich, auf dem der Norddeutsche Reichstag, zumeist in enger Kooperation mit dem Bundesrat, äußerst bedeutsame Gesetzgebungsarbeit geleistet hat, betraf die Vereinheitlichung des Wirtschaftsrechts und verwandter Rechtsgebiete, wie das Strafrecht und die Zivilprozeßordnung. Hier bestand beträchtlicher Handlungsbedarf, da die rechtlichen Regelungen in den Staaten des Norddeutschen Bundes sich für eine fortschrittliche Entwicklung vielfach als äußerst hinderlich erwiesen hatten. Aber es kam nur ein Teil dieses Bündels von Gesetzen zustande, einerseits weil die Ausarbeitung der umfänglichen Vorlagen in erster Linie eine Sache des ohnehin überforderten Bundesrates sowie der von ihm eingesetzten Sachverständigenkommissionen war, andererseits weil eine Übereinstimmung der beiden Gesetzgebungsinstanzen, des Norddeutschen Reichstages und des Bundesrates, am Ende nicht erreicht werden konnte. Dies galt zum Beispiel für das Bundesbeamtengesetz und ein von Schulze-Delitzsch eingebrachtes Gesetz über die privatrechtliche Stellung der Vereine. Delitzschs Forderung, den privaten Vereinen die Rechts- und Vermögensfähigkeit zuzuerkennen und die Entscheidung über deren Zulassung nicht den Verwaltungsbehörden, sondern den Gerichten zu übertragen, scheiterte an grundsätzlichen politischen Bedenken im Bundesrat und nicht zuletzt Bismarcks selbst. Eine Ausdehnung dieser Bestimmungen auf politische und religiöse Vereinigungen wäre nicht ohne weiteres zu verhindern gewesen, doch eine auch nur indirekte Stärkung des politischen Vereinswesens und damit der organisatorischen Basis der politischen Parteien lag keinesfalls im Interesse des halbkonstitutionellen Systems.

Vergleichsweise geringe Probleme stellten sich bei solchen Gesetzen, durch welche die in Teilen des Norddeutschen Bundes oder den süddeutschen Staaten schon bestehenden rechtlichen Regelungen auf das gesamte Gebiet des Norddeutschen Bundes ausgedehnt wurden, zum Beispiel bei der Einführung der Allgemeinen deutschen Wechselordnung oder des »Allgemeinen Deutschen Handelsgesetzbuches«, die in der Parlamentssession 1868 mit großer Mehrheit angenommen wurden, ebenso bei einem Gesetz über die Aufhebung des altertümlichen Instituts der Schuldhaft, das in eine moderne Wirtschaftsgesellschaft liberalen Zuschnitts nicht mehr hineinpaßte. Umstrittener waren die Gesetzesvorlagen, durch die die Ausgabe von Banknoten bundeseinheitlich geregelt und die Bundesstaaten in ihrem Recht beschränkt werden sollten, von sich aus, ohne Beteiligung des Norddeutschen Reichstages, Banknoten zu emittieren. Dabei stand auf seiten der Nationalliberalen die Absicht im Hintergrund, die Vorrangstellung des Norddeutschen Reichstages gegenüber den Länderparlamenten nachdrücklich zur Geltung zu bringen. Sie drängten, wo immer möglich, auf bundeseinheitliche Regelungen, auch dort, wo dies rein technisch gesehen nicht unbedingt erforderlich war, während umgekehrt die preußischen Konservativen und die katholischen Abgeordneten die bestehenden dezentralen beziehungsweise föderalistischen Strukturen im wesentlichen erhalten wollten. Bismarck und nicht zuletzt die bundesstaatlichen Regierungen waren anfänglich ebenfalls geneigt, den Kompetenzbereich des Norddeutschen Bundes eher eng als weit auszulegen. Aber nach und nach gewann auch hier die Tendenz, stärker unitarische Lösungen zu suchen oder zumindest hinzunehmen, immer mehr an Boden. Die Grenze des Entgegenkommens der »Verbündeten Regierungen« in unitarischer Richtung wurde durch die Errichtung eines Obersten Gerichtshofes in Handelssachen in Leipzig markiert. Mit ihm sollte verhindert werden, daß die eben erreichte Einheit des Wechsel- und Handelsrechts nicht durch die zersplitterte Rechtsprechung der verschiedenen obersten Landesgerichte wieder zerfasert würde. Vor allem die Nationalliberalen begrüßten diese Vorlage seitens der »Verbündeten Regierungen« begeistert als einen Schritt in die richtige Richtung, nämlich die fortschreitende Vereinheitlichung des gesamten Rechtssystems innerhalb des Norddeutschen Bundes und über diesen hinaus der süddeutschen Staaten, obschon das angesichts des Fehlens einer einheitlichen Zivilprozeßordnung rein juristisch gesehen nicht unbedenklich war. Aber die auch von den Vertretern der liberalen Parteien geteilten juristischen Bedenken, ob denn ein Oberster Gerichtshof auf einer nicht klar definierten und präzis abgegrenzten rechtlichen Basis erfolgreich werde operieren können, fielen zu Boden gegenüber der »patriotischen« Erwägung, daß er die angestrebte Rechtsvereinheitlichung fördern werde. Die Entwicklung gab ihnen recht; aus dem Obersten Handelsgericht sollte wenig später das Reichsgericht in Leipzig hervorgehen. Umgekehrt entsprach dies dem pragmatischen Vorgehen Bismarcks in allen jenen Fragen, welche die Rechte der Einzelstaaten tangierten.

Die Nationalliberalen drängten nachdrücklich über die Linie einer bloß für wirtschaftliche Fragen von nationaler Bedeutung zuständigen Bundeslegislative hinaus, wie sie, durchaus im Sinne der ursprünglichen Zielsetzungen Bismarcks, in der Verfassung des Norddeutschen Bundes festgeschrieben war. Aus ihrer Sicht war das bisherige Verfahren, das nur jene Rechtsmaterien, die auf das wirtschaftliche Leben unmittelbar einwirkten, der Kompetenz des Bundes zusprach, Stückwerk. In der Tat wird man fragen müssen, ob mit dem Erlaß eines Strafgesetzbuches, um dessen Vorlage der Norddeutsche Reichstag bereits Anfang 1868 ersucht hatte und an der seit längerem eine vom Bundesrat eingesetzte Kommission arbeitete, der Rubikon nicht bereits überschritten war. Diese Frage kam erneut auf die Tagesordnung durch einen am 18. März 1869 von Miquel und Lasker gemeinsam eingebrachten Antrag, die Gesetzgebungskompetenz des Norddeutschen Bundes auf das gesamte bürgerliche Recht auszudehnen, beiläufig voraussetzend, daß dieser ohnehin die Kompetenzkompetenz besitze, also das Recht, sich hinsichtlich beliebiger Gesetzgebungsmaterien für zuständig zu erklären. Der Sache nach ging dieser Antrag von der Prämisse aus, daß der Norddeutsche Reichstag das eigentliche Kraftzentrum des nationalen Einigungsprozesses darstelle und dies in Zukunft in noch stärkerem Maße werden müsse. Schon im

April 1868 hatte Miquel den Norddeutschen Reichstag »als den Kern der deutschen Nation« und als Repräsentanten der »öffentlichen Meinung des deutschen Volkes« bezeichnet. »Je höher die Stellung des Reichstags, je größer der Einfluß des Reichstags« sei, »je erhabener die ganze Stellung«, die er »in den Augen und Anschauungen des Volkes« einnehme, »um so besser« sei »der Einheitsgedanke gesichert«.

Der Antrag Miquel/Lasker weckte im Reichstag den leidenschaftlichen Widerspruch der konservativen Kräfte, allen voran Hermann Wageners und Ludwig Windthorsts, die richtig erkannten, daß damit die Absicht verbunden war, den Norddeutschen Bund aus einem Zwittergebilde zwischen Staatenbund und Bundesstaat zu einem echten Bundesstaat weiterzuentwickeln, dem eine unmittelbare Vorreiterrolle für den deutschen Nationalstaat zukomme. Ein einheitliches Rechtssystem erschien den Nationalliberalen als eine der »unerläßliche[n] Vorbedingungen und Grundlagen jedes nationalen Staatswesens«. In einer großen Rede am 19. April rechtfertigte Miquel die Forderung, dem Norddeutschen Bund das Recht zu einer umfassenden Kodifikation auch des bürgerlichen Rechts – und damit indirekt des Rechtssystems in allen diesbezüglichen Bereichen – zu übertragen, zunächst mit einem Rückblick auf die Entwicklung der Rechtswissenschaft. Diese habe den alten Gegensatz zwischen Römischem und Germanischem Recht inzwischen weitgehend eingeebnet. Damit gebe es nicht länger einen triftigen Einwand gegen eine neue Kodifikation des bestehenden Rechts, so wie dies seinerzeit die historische Rechtsschule vertreten habe. Vor allem aber verwies er auf die Vielfalt der Rechtssysteme, die in den deutschen Staaten bestünden und die, da sie zum größten Teil den Erfordernissen der Gegenwart nicht mehr angepaßt seien, in immer stärkerem Maße zu Schwierigkeiten führten. Selbst in Preußen, dem vergleichsweise am meisten zentralisierten deutschen Staat, bestünden nicht weniger als drei unterschiedliche Rechtssysteme: das Gemeine Recht, das Allgemeine Landrecht und der »Code Napoléon«. »Unsere Aufgabe ist es also«, so führte Miquel weiter aus, »unter den gegenwärtigen Verhältnissen noch mehr als bei irgend einer anderen Nation diese verschiedenen Rechtssysteme zu verschmelzen und sie in einem gemeinsamen Rechtsbuch, einem deutschen Rechtsbuch, der Nation zugänglich zu machen.« Das könne gewiß nicht »von heute auf morgen statthaben«; obschon »das schließliche Ziel vielleicht noch 10 bis 20 Jahre« auf sich werde warten lassen, müsse »die Gesamtvertretung der Nation sich die[se] Aufgabe stellen« und sich dazu berechtigt erklären, »nach diesem hohen Ziel der Rechtseinheit zu streben«. Wenn es gelingen sollte, »das hohe Ziel der Rechtseinheit einer Nation zu schaffen«, so würde dies »einen Eckstein der Zusammengehörigkeit und Unzertrennlichkeit aller Glieder der deutschen Nation hinstellen, der mächtiger und stärker« sein würde als alle Heere und Flotten, die der Norddeutsche Reichstag bewilligt habe.

Solchem hehren nationalen Pathos vermochte sich die Mehrheit des Reichstages nicht zu entziehen. Der Antrag wurde ungeachtet der Tatsache, daß die Vertreter der »Verbündeten Regierungen« keinerlei Bereitschaft zeigten, ihn ernstlich in Erwägung zu ziehen, mehrheitlich angenommen. Der Gegenschlag von konservativer Seite blieb nicht aus. Das preußische Herrenhaus bestritt, die Vorlage über das Oberste Handelsgericht zum Anlaß nehmend, jegliche Erweiterung der Bundeskompetenz ohne die ausdrückliche Zustimmung der beiden Häuser des Landtages. Infolgedessen fand die Auseinandersetzung im preußischen Abgeordnetenhaus eine Fortsetzung, in der am Ende, nicht zuletzt dank einer persönlichen Intervention Bismarcks, die Meinung obsiegte, daß der Weg einer Erweiterung der Kompetenzen des Bundes durch gemeinsame Beschlüsse von Bundesrat und Reichstag prinzipiell gangbar sei. Der Sache nach blieb der Antrag, dem Norddeutschen Bund die Kompetenz für das gesamte Zivilrecht und die Organisation des Gerichtswesens zu übertragen, freilich Zukunftsmusik; denn Bismarck wollte die Empfindlichkeiten der Einzelstaaten und ihr Eigenständigkeitsbedürfnis nicht durch die Einführung der konkurrierenden Gesetzgebungsbefugnis auf allen Rechtsgebieten verletzen. Davon abgesehen ist es fraglich, ob er zu diesem Zeitpunkt überhaupt bereit war, sich die optimistischen Zukunftsperspektiven der Nationalliberalen zu eigen zu machen.

Die Nationalliberalen gingen zuversichtlich davon aus, daß eine fortschrittliche Gesetzgebung im Norddeutschen Bund dessen Anziehungskraft auf die süddeutschen Staaten erhöhen werde, gerade in einem Augenblick, an dem dort die gegen Preußen eingestellten Kräfte erheblich an Einfluß gewonnen hatten. Die bitteren parlamentarischen Auseinandersetzungen über die Vorlage eines Strafgesetzbuches, die am 14. Februar 1870 im Norddeutschen Reichstag eingebracht worden war, zeigten jedoch mit bestürzender Eindeutigkeit, daß die große Vision, derzufolge der Norddeutsche Bund unter dem maßgeblichen Einfluß der nationalliberalen Partei zur Speerspitze einer freiheitlicheren, liberalen Gesetzgebung nicht allein auf wirtschaftlichem Gebiet, sondern auf allen für die Gesamtheit der Nation relevanten Rechtsgebieten werden sollte, den Ereignissen weit vorauseilte. Denn der Regierungsentwurf, der hauptsächlich an dem preußischen Strafgesetzbuch aus dem Jahr 1851 – dem Höhepunkt restaurativer Tendenzen in der preußischen Politik nach der Revolution von 1848/49 – orientiert war, stellte aus liberaler Sicht eine herbe Enttäuschung dar. Dabei spielte eine besondere Rolle, daß er, gemessen an den Strafrechtskodifikationen anderer deutscher Staaten, etwa Sachsens, aus liberaler Optik in wesentlichen Punkten erhebliche Verschlechterungen aufwies. Zwar gelang es in den Beratungen einer vom Bundesrat, dem Norddeutschen Reichstag und Vertretern der Bundesstaaten gebildeten gemeinsamen Kommission, den Regierungsentwurf an einigen Stellen im liberalen Sinne zu modifizieren. Dies betraf beispielsweise eine Reduzierung der Fälle, in denen der Entwurf die Todesstrafe vorsah, sowie die Senkung der Mindest- und Höchststrafandrohung mit Zuchthaus und Festungshaft. Aber in den parlamentarischen Beratungen erwiesen sich die Möglichkeiten, den Strafrechtsentwurf weiter zu liberalisieren, als äußerst begrenzt. Vor allem im Bereich des politischen Strafrechts, in dem eine Milderung der vom Prinzip der Abschreckung diktierten außerordentlich hohen Strafmaße ebenso wie eine Humanisierung des Strafvollzugs dringend erforderlich gewesen wäre, erreichten die Nationalliberalen gegenüber dem entschiedenen Widerstand der »Verbündeten Regierungen« so gut wie nichts. Es gelang ihnen noch nicht einmal, den dehnbaren und zu obrigkeitlicher Willkür einladenden Straftatbestand »Aufforderung zum Ungehorsam« gegenüber staatlichen Instanzen durch den präziseren der »Aufforderung zur Widersetzlichkeit« zu ersetzen. Ihre Forderung, daß man es als strafmildernd berücksichtigen müsse, wenn ein politisches Vergehen »nicht aus unehrenhafter oder ehrloser Gesinnung heraus« begangen worden sei, blieb ebenso unerfüllt wie ihr Eintreten dafür, daß gegebenenfalls statt auf Zuchthaus auf Festungshaft erkannt werden dürfe. Auch den Straftatbestand der Gotteslästerung, der mit liberalen Anschauungen schlechterdings nicht vereinbar war, mußten sie hinnehmen.

Im übrigen konzentrierten sich die Auseinandersetzungen zwischen der Reichstagsmehrheit, den konservativen Parteien und der Bundesratsmehrheit auf die Frage der Todesstrafe. Zwar war schon in der Kommission die Zahl der Tatbestände, für die Todesstrafe verhängt werden konnte, auf Mord und versuchten sowie ausgeführten Fürstenmord beschränkt worden. Aber die große Mehrheit der liberalen Parteien war der Auffassung, daß die Todesstrafe angesichts des in den fortgeschrittenen europäischen Staaten erreichten Kulturniveaus grundsätzlich nicht mehr zur Anwendung kommen sollte. Am 1. März 1870 beschloß eine beachtliche Mehrheit des Reichstages in zweiter Lesung mit 118 gegen 81 Stimmen die Abschaffung der Todesstrafe. Sie ging damit über den entschiedenen Protest Bismarcks hinweg, der diese Frage in einer leidenschaftlichen Rede im Norddeutschen Reichstag auf die Ebene des Verfassungsrechts hob; die Forderung, der Bundesrat möge die Meinung der Mehrheit des Reichstages respektieren, stelle »eine Art Attentat auf die Bundesverfassung« und deren Geltung dar. Der Bundesrat und die gesamte Regierung befänden sich jedoch hierbei in Übereinstimmung »mit der öffentlichen Meinung der großen Mehrheit des Volkes«. Er ließ zudem keinen Zweifel daran, daß die »Verbündeten Regierungen« für den Fall, daß an der Abschaffung der Todesstrafe festgehalten werde, die Vorlage nicht weiter verfolgen würden. Die Nationalliberalen standen nun vor dem Dilemma, entweder das gesamte Strafgesetzbuch, das, ungeachtet seiner Mängel, einen gewaltigen Fortschritt gegenüber dem bisherigen Rechtszustand brachte, scheitern zu lassen oder von ihrem Beschluß wieder zurückzugehen. Dies war aus ihrer Sicht besonders schwierig, weil die Todesstrafe in zwei Bundesstaaten, in Sachsen und Oldenburg, bereits gesetzlich abgeschafft war und ein Rückschritt im Gesetzgebungsprozeß eintreten würde, der die von ihnen vertretene Strategie der schrittweisen Durchsetzung liberaler Grundsätze unglaubwürdig erscheinen ließ.

Die Nationalliberalen verfielen auf den Ausweg, daß die Todesstrafe in jenen Bundesstaaten, in denen sie bereits abgeschafft sei, nicht zur Anwendung kommen solle. Doch Bismarck lehnte die dadurch bedingte Einführung zweierlei Rechts für die Staaten des Norddeutschen Bundes sogleich mit großer Bestimmtheit ab. So blieb nur der Rückzug, den Miquel, selber einer derjenigen, die es wegen der Todesstrafe ohnehin nicht zu einem Konflikt mit Bismarck hatten kommen lassen wollen, damit begründete, daß man ein Scheitern des Strafgesetzbuches oder auch nur einen Aufschub seiner Inkraftsetzung wegen dieser Frage, so wichtig sie sei, nicht riskieren dürfe: »Der Norddeutsche Bund darf in seiner inneren Entwicklung nicht stille stehen [...]; er muß jedes Jahr ein großes neues Feld erobern, und in diesem Jahre ist dies Feld die große Reform, die einheitliche Reform im Strafgesetze.« Wenn diese Gesetzgebung ins Stocken geraten würde, so entstünden »die fatalsten und perniziösesten Folgen für die Rechtsentwicklung zur Einheit hin überhaupt [...] Heute kein Strafgesetzbuch, morgen keine Strafprozeßordnung, übermorgen keine Gerichtsverfassung, den nächsten Tag keine Zivilprozeßordnung!« Das hieß, mit anderen Worten, daß die Nationalliberalen sich zum Erfolg verurteilt sahen, weil die Einheit für sie auch auf diesem Gebiet Vorrang vor »dem höchstmöglichen Grad des Fortschritts im freiheitlichen Sinne« besaß. Dies aber bedingte unvermeidlich Kompromisse mit den Traditionen des überkommenen Obrigkeitsstaates sowie die Hinnahme eines dualistischen Verfassungssystems, das den Bundesrat, obschon er dem Norddeutschen Reichstag als kollektives Regierungsorgan gegenübertrat, als ein dem Reichstag gleichberechtigtes Legislativorgan betrachtete und somit eine konstitutionelle Regierungsweise von vornherein verhinderte.

Ungeachtet dieser Mißerfolge ging das Kalkül der Nationalliberalen, daß die süddeutschen Staaten durch eine fortschrittliche Gesetzgebung an den Norddeutschen Bund herangezogen würden, in gewissem Maße auf. Die süddeutschen Staaten beeilten sich, vor allem die unmittelbar wirtschaftliche Fragen betreffenden Gesetze ihrerseits zu übernehmen und ihre eigene Gesetzgebung daran anzupassen. Um so fühlbarer war der Umstand, daß sie auf den Gang der Gesetzgebung keinen Einfluß nehmen konnten. Andererseits zeigte sich, daß sich auch auf diese Weise ein Mindestmaß an rechtlicher Vereinheitlichung der deutschen Staatenwelt erreichen ließ, wie es unter wirtschaftlichen Gesichtspunkten unabdingbar zu sein schien, ohne die preußischen Verhältnisse, oder was man dafür hielt, gänzlich übernehmen zu müssen. Die Auswirkungen waren also ambivalent. Während in Baden die Neigung wuchs, dem Norddeutschen Bund baldmöglichst beizutreten, obschon Bismarck dergleichen Bestrebungen wiederholt zurückgewiesen hatte, gewannen in den anderen süddeutschen Staaten anti-preußische Strömungen die Oberhand. Die Dinge gingen so weit, daß in den süddeutschen Kammern nicht nur Unwillen über die von Preußen diktierten Rüstungsmaßregeln geäußert wurde, sondern sogar Zweifel darüber laut wurden, ob man aufgrund der Schutz- und Trutzverträge Preußen unter allen Umständen werde Heeresfolge leisten müssen. Selbst Bismarck scheint für den Fall, daß es zu einem von preußischer Seite ausgelösten Krieg mit Frankreich kommen sollte, nicht mehr sicher gewesen zu sein, ob er mit der Unterstützung der süddeutschen Staaten in vollem Umfang werde rechnen können. In Bayern sprach die Zweite Kammer dem Ministerium Hohenlohe Anfang Februar 1870 ihr Mißtrauen aus, und der Fürst suchte daraufhin am 15. Februar um seine Entlassung nach. Bismarcks Ratschlag, dieser möge in offenem Gegensatz zu dem Willen der Kammer an seiner Stellung festhalten, blieb unbeachtet. Damit schien der bisherige Kurs der Anlehnung Bayerns an den Norddeutschen Bund in Frage gestellt zu sein.

In Württemberg sah die Lage eher noch ungünstiger aus. Die nationale Partei sah sich überall in die Defensive gedrängt; die Bewegung zugunsten der deutschen Einheit war ins Stocken geraten. Die badischen Liberalen glaubten, nur durch eine gemeinsame Agitation für den nationalen Gedanken und durch engere Zusammenarbeit mit den »Norddeutschen«, das heißt der Nationalliberalen Partei, in Süddeutschland wieder Boden unter die Füße zu bekommen. Allgemein gaben die Liberalen Bismarcks vorsichtiger, konservativer Politik in der deutschen Frage die Schuld daran, daß in der nationalen Bewegung weithin Stagnation eingetreten sei. Unter diesen Umständen fürchteten die Nationalliberalen, die, wie Wilhelm Wehrenpfennig es damals formulierte, bislang »immer in der Avantgarde der nationalen Idee« gewesen waren, »in die Arrièregarde« zu geraten, wenn sie sich weiterhin als Schildknappen der auf Zuwarten in der deutschen Frage ausgerichteten Politik Bismarcks gerierten. Nur eine politische Offensive in der »deutschen Frage«, die gleichzeitig im Norddeutschen Bund und in den süddeutschen Staaten durchgeführt werde, könne, so meinten sie, aus der Krise wieder herausführen. Dabei dürfte die Erwägung, daß auch für den Norddeutschen Bund Wahlen bevorstanden, in denen die Nationalliberale Partei womöglich ihre Führungsstellung hätte verlieren können, ebenfalls eine Rolle gespielt haben. Die »Berliner Nationalzeitung« blies am 22. Februar 1870 förmlich zum Angriff: »Wenn es so weitergeht, kann es unmöglich die Aufgabe der nationalen Partei bleiben, nur dem Herrn Bundeskanzler im Nichtstun zur Seite zu stehen. Sie wird sich vielmehr daran zu erinnern haben, daß auch die Aufgabe, deren Durchführung von der preußischen Regierung vor vier Jahren übernommen wurde, lange von derselben entschieden zurückgewiesen und daß die damalige Entwickelung durch eine langjährige, von dieser Regierung völlig unabhängige, ja von ihr heftig bekämpfte nationale Agitation vorbereitet worden war.«

Vor jenem Hintergrund ist die überraschende Einbringung des Antrags Lasker am 24. Februar 1870 zu sehen, in dem »den unablässigen Bestrebungen, in denen Regierung und Volk des Großherzogtums [Baden] vereinigt sind«, die »dankende Anerkennung des Reichstags« ausgesprochen wurde – eine indirekte Anspielung auf die wiederholten, aber stets abgelehnten Ersuchen Badens um Aufnahme in den Norddeutschen Bund. Weiter hieß es: »Der Reichstag erkennt in diesen Bestrebungen den lebhaften Ausdruck der nationalen Zusammengehörigkeit und nimmt mit freudiger Genugthuung [sic] den möglichst ungesäumten Anschluß an den bestehenden Bund als Ziel derselben wahr.« Damit war ein Sachverhalt, der bislang immer mit strenger diplomatischer Verschwiegenheit behandelt worden war, sehr zu Bismarcks Ärger an die Öffentlichkeit gedrungen. Der Bundeskanzler hielt einen isolierten Beitritt Badens zum Norddeutschen Bund schon deshalb für untunlich, weil dies aller Voraussicht nach zu einer Verhärtung der Haltung der übrigen süddeutschen Staaten geführt haben würde und von Frankreich als Provokation empfunden worden wäre, die möglicherweise einen preußisch-französischen Krieg ausgelöst hätte, ohne den vollen Preis, nämlich die Einigung ganz Deutschlands, dafür zu erlangen. Bismarck war aufs äußerste indigniert und las den Nationalliberalen in einer großen Rede die Leviten für dieses, aus seiner Sicht »eigenmächtige, unverabredete Hineingreifen in die auswärtige Politik«, noch dazu von einer Partei, die bisher seiner Politik ihr Vertrauen entgegengebracht habe. Er legte dar, daß ein isolierter Beitritt Badens zum Norddeutschen Bund aus außenpolitischen Gründen wie auch wegen der nachteiligen Rückwirkungen auf die übrigen süddeutschen Staaten nach wie vor unzweckmäßig sei: Einen erneuten Beitrittsantrag Badens, wenn er denn käme, würde er »als imtempestiv [...] ablehnen und würde sagen: Wir werden Euch den Zeitpunkt kennzeichnen, wo uns das im Gesammtinteresse Deutschlands, im Interesse der Politik, die wir bisher, ich kann wohl sagen, nicht ohne Erfolg durchgeführt haben, angemessen erscheint«.

In der sich daran anschließenden Debatte kamen die gegensätzlichen Standpunkte mit großer Schärfe zum Ausdruck. Miquel verteidigte den Vorstoß der Nationalliberalen mit dem Hinweis darauf, daß die Ungewißheit in der öffentlichen Meinung über die deutsche Politik Bismarcks Wasser auf die Mühlen der Gegner Preußens sei und schon insofern die Stellungnahme des Bundeskanzlers begrüßt werden müsse. Bismarcks Auffassung, einen Beitritt Badens nur dann ins Auge zu fassen, wenn auch Württemberg und Bayern freiwillig darum nachsuchten, laufe darauf hinaus, »die deutsche Frage ad calendas graecas zu vertagen«. Derart suchte er den Bundeskanzler gleichsam nach vorn zu zwingen. Die bisherige Politik Preußens, so legte er dar, habe sich niemals darauf eingelassen, in der deutschen Frage stillzuhalten, bis diese als Ganzes gelöst werden könne, sondern sei stets Schritt für Schritt vorangegangen, gemäß dem Grundsatz: »Laßt Euch nicht abhalten, schrittweise vorwärts zu gehen, nehmt jedes Stück Deutschland, das sich freiwillig an das nationale Ganze anschließt, jeder Schritt vorwärts erleichtert den weitern Schritt vorwärts, und dies ist die alte hohenzollernsche Politik gewesen bis auf den heutigen Tag.« Für die Nationalliberalen stellte sich die Sache so dar, daß durch einen Beitritt Badens zum Bund die ins Stocken geratene Bewegung wieder in Gang gebracht werden könne, während Bismarck unter dem Einfluß der konservativen Kräfte in Preußen unangemessen zögere, entsprechend zu handeln. Der Bundeskanzler war über diese Debatte äußerst irritiert. Er sah sich gezwungen festzustellen, daß man nicht über das Ziel, sondern nur über die Wege in der deutschen Frage unterschiedlicher Meinung sei; auch er betrachte den augenblicklichen Norddeutschen Bund als »ein vorübergehendes Stadium«. Zugleich warf er den nationalliberalen Rednern vor, seiner Politik durch die »unzeitige Nöthigung«, sich öffentlich zu äußern, »Steine in den Weg« gelegt, »ihr Knüppel in die Räder« geschoben zu haben. Die Nationalliberalen zogen daraufhin ihren Antrag zurück. In der Tat blieben schwere Reperkussionen auf diese Rede nicht aus; insbesondere die badische Regierung war äußerst verstimmt, und die europäischen Mächte horchten auf ob des Sprengstoffs, der sich hier erneut in der Mitte Europas zusammenbraute.

Die Debatte über den Antrag Lasker war eigentlich nur ein Ventil angestiegener Frustration der nationalen Bewegung über das Anschwellen der Kräfte, die einer Einigung Deutschlands unter dem preußischen Zepter mit Mißtrauen und Sorge gegenüberstanden, nicht allein in Süddeutschland, sondern in gewissem Sinne auch in Preußen selbst. In hochkonservativen Kreisen bestand die Neigung, den Einigungsprozeß nicht über die mit dem Norddeutschen Bund erreichte Linie hinaus voranzutreiben, weil sich sonst die Schleifung konservativer Bastionen in Staat und Gesellschaft nur weiter fortsetzen werde. Auch Bismarck mußte befürchten, daß ihm die Führung der nationalen Bewegung entgleiten könnte. Der Sieg der ultramontan-demokratischen Opposition in Bayern und in Württemberg und deren Hang, die ihnen zur Verfügung stehenden konstitutionellen Waffen gegebenenfalls rückhaltlos gegen die amtierenden Regierungen einzusetzen, wurde von den traditionell partikularistisch eingestellten konservativen Führungsschichten der süddeutschen Staaten als destabilisierend empfunden. Demgemäß waren sie nunmehr geneigt, mit den staatstragenden Kräften des national gesinnten Bürgertums enger zusammenzurücken; ebenso entdeckten die Fürstenhöfe in verstärktem Maße die Vorteile einer Annäherung an Preußen und den Norddeutschen Bund.

Bismarck war viel daran gelegen, diese Tendenzen zu kräftigen und den süddeutschen Fürsten den Anschluß an den preußisch geführten Norddeutschen Bund zu erleichtern. Zu diesem Zweck griff er den Plan einer Erneuerung des Kaisertums wieder auf, der drei Jahre zuvor von einer Gruppe süddeutscher Fürsten ins Gespräch gebracht, damals aber von ihm als unzweckmäßig abgelehnt worden war. Der leitende Gedanke dabei war, daß sich die süddeutschen Fürsten einem »deutschen Kaiser«, der gleichsam als Primus inter pares agiere, leichter würden unterordnen können als einem König von Preußen. Daneben stand die Anknüpfung an die historische Tradition des mittelalterlichen deutschen Reiches, die stets ein Nebeneinander von Kaiser und Reichsadel gekannt habe. Der Großherzog von Oldenburg verteidigte diese Idee in einer Denkschrift für Wilhelm I. in höchst suggestiver Weise: »Dies ist nicht bloß Romantik und Gefühlspolitik [...] es liegt darin ein tiefer Sinn. Dadurch wird der Idee Ausdruck gegeben, daß die Neugestaltung Deutschlands nicht bloß im Interesse der Machterweiterung Preußens geschieht, sondern daß ein wahrhaft nationales Werk geschaffen werden soll [...]. Einem deutschen Kaiser kann sich auch ein König von Bayern demnächst unterordnen, denn schon früher haben Könige den Kaiser als ihr Oberhaupt anerkannt.« Zudem spielte der Gedanke eine wichtige Rolle, daß auch von der süddeutschen Bevölkerung die Vorherrschaft der preußischen Krone weit eher hingenommen würde, wenn sie an das hier immer noch populäre staatsrechtliche Modell eines deutschen Kaisertums anknüpfe, dessen Inhaber ein Hohenzoller als Oberhaupt aller deutschen Fürsten sein solle.

Bismarck hat solche Pläne bereits Ende 1869 vertraulich mit Bennigsen erörtert und darüber hinaus – nachdem in der »Londoner Times« ein wohl von Lord Clarendon, dem englischen Außenminister, inspirierter Artikel erschienen war, in welchem argumentiert wurde, daß die kleineren deutschen Staaten die preußische Hegemonie nur dann würden hinnehmen können, wenn der König von Preußen seinen Titel mit jenem des ganzen Landes verschmelze – auch mit der englischen Regierung Fühlung aufgenommen. Er hat diese Pläne auch sonst ernsthaft verfolgt. In seiner Stellungnahme zum Antrag Lasker bezüglich des Beitritts Badens zum Norddeutschen Bund ließ er den Gedanken eines deutschen Kaisertums der Hohenzollern als Zukunftsvision anklingen: »Übt nicht das Präsidium des Norddeutschen Bundes in Süddeutschland ein Stück kaiserlicher Gewalt, wie es im Besitze der deutschen Kaiser seit fünfhundert Jahren nicht gewesen ist?« Einerseits eignete sich die Idee eines deutschen Kaisertums der Hohenzollern dazu, bei den für 1871 bevorstehenden Neuwahlen zum Norddeutschen Reichstag eine zugkräftige Wahlparole abzugeben, insbesondere dann, wenn auf neuerliche konkrete Schritte in Richtung auf die Vollendung der deutschen Einheit nicht verwiesen werden konnte. Andererseits bot sich hier ein Weg, um den süddeutschen Monarchen, voran Ludwig II., gegebenenfalls einen Beitritt zum Norddeutschen Bund nahezulegen. In einer Besprechung mit den Großherzögen von Baden, Oldenburg, Mecklenburg-Schwerin und Weimar im März 1870 stellte Bismarck die »Schaffung des deutschen Kaisertums« mit der doppelten Zielrichtung in Aussicht, die süddeutschen Staaten zu gewinnen und den preußischen Partikularismus zu brechen. Ebenso erklärte er damals gegenüber dem Großherzog von Baden, einem späteren Bericht vom März 1879 zufolge, »die Erneuerung von Kaiser und Reich als die allein richtige Lösung der deutschen Einigungsfrage«. Außerdem kam es zu ersten, vorsichtigen Sondierungen bei König Ludwig II. von Bayern und König Karl I. von Württemberg. Die höchst zögerlichen Reaktionen in München und Stuttgart, aber auch die Bismarck von englischer und französischer Seite nahegebrachten Bedenken gegen den Kaiserplan veranlaßten den Bundeskanzler, diesen einstweilen ruhen zu lassen. Doch es kann keine Rede davon sein, daß er aufgegeben worden sei. Im Gegenteil: Im Zusammenhang mit dem Angebot der spanischen Cortes Ende Februar 1870, einem Angehörigen der Hohenzollerndynastie, Karl Anton von Hohenzollern-Sigmaringen, den verwaisten spanischen Thron anzutragen, gewann die Idee eines Kaisertums der Hohenzollern eine neue, europäische Dimension.

Im übrigen hatte Bismarck schon im Januar 1870 mit der Errichtung eines Auswärtigen Amtes des Norddeutschen Bundes signalisiert, daß er, in Abweichung von seiner bisherigen Einstellung, entschlossen war, den Norddeutschen Bund in einen vollgültigen Bundesstaat umzugestalten, der den institutionellen Kern des früher oder später zu schaffenden deutschen Nationalstaates abgeben sollte. In den parlamentarischen Auseinandersetzungen über die innere Ausgestaltung des Norddeutschen Bundes hatte er den Nationalliberalen in den materiellen Fragen weithin freie Hand gegeben. Hingegen hatte er ein Abgleiten in ein rein konstitutionelles, geschweige denn ein parlamentarisches System erfolgreich verhindert. Die Verhältnisse waren jedoch nichts weniger als stabil. In Preußen selbst war innerhalb der Führungselite ein Machtkampf zwischen der gemäßigt-liberalen und einer hochkonservativen Richtung ausgebrochen, der das delikate und innerlich noch keineswegs gefestigte Verfassungsgebäude des Norddeutschen Bundes ebenso gefährdete wie die verfassungspolitischen Bestrebungen der Nationalliberalen. Nicht zuletzt deshalb sah Bismarck sich im Frühjahr 1870 veranlaßt, seine abwartende Haltung in der deutschen Frage schrittweise aufzugeben, um die eigene, durchaus nicht unerschütterliche Führungsrolle gegenüber der nationalen Bewegung einerseits, den beharrenden Kräften in Preußen und Süddeutschland andererseits neu zu festigen.

Die Entstehung und der Verlauf des deutsch-französischen Krieges 1870/71

Im Zuge der spanischen Revolution von 1868 war Königin Isabella II. von ihrem Thron vertrieben worden und suchte als Angehörige des Bourbonenhauses Zuflucht in Frankreich. Für die siegreich aus der Revolution hervorgegangene regierende Partei unter Führung von Marschall Juan Prim y Prats kam es darauf an, möglichst bald einen neuen Monarchen für den verwaisten Thron zu finden, um ihre neugewonnene Macht zu konsolidieren und einer Restauration der Bourbonen ein für allemal den Weg zu verlegen. Darüber hinaus bot die Thronfolgefrage eine Chance für die spanische Politik, in der veränderten internationalen Mächtekonstellation wieder Fuß zu fassen und vor allem dem Übergewicht Frankreichs entgegenzuwirken, das bislang nicht nur auf außenpolitischem Gebiet, sondern auch in der inneren Politik bestanden hatte. Allerdings standen unter den europäischen Herrscherhäusern von einigem Gewicht nur wenige Kandidaten zur Verfügung. Davon abgesehen erschien es angesichts der Instabilität der innenpolitischen Verhältnisse in Spanien nicht sonderlich attraktiv, sich von einer Parteienkoalition, die gerade einen regierenden Monarchen gestürzt hatte, auf den spanischen Thron erheben zu lassen. Nachdem sich die Hoffnung zerschlagen hatte, einen Kandidaten aus dem Hause Savoyen – in Frage kamen der Prinz Amadeo von Aosta und der erst achtzehn Jahre alte Herzog von Genua – zu gewinnen, lag es nahe, sich auf dem deutschen Fürstenmarkt umzusehen. Hier kam, neben einem Prinzen aus der portugiesischen Linie des Hauses Sachsen-Coburg-Gotha, vorrangig ein Prinz aus der katholischen Linie der Hohenzollern in Frage. Am 26. Februar 1870 wurde dem Erbprinzen Karl Anton von Hohenzollern-Sigmaringen, der auf Schloß Weinberg bei Benrath residierte, von Eusebio de Salazar y Mazarredo offiziell das Angebot des Marschalls Prim zur Übernahme des spanischen Throns für seinen Sohn Leopold überbracht.

Obwohl man mit einiger Sicherheit davon ausgehen darf, daß Bismarck dieser Frage schon zuvor sein Augenmerk gewidmet hatte, zumal es für ihn von Interesse war, Spanien aus den engen Bindungen zu Frankreich herauszulösen, gibt es keine Belege dafür, daß der Kanzler diese Kandidatur seinerseits schon zu einem so frühen Zeitpunkt aktiv betrieben hätte. Damals war dies noch eine interne Angelegenheit des Hauses Hohenzollern. Dennoch setzte sich Bismarck, sobald er von dem Angebot Kenntnis erhalten hatte, mit Entschiedenheit für die Annahme der Kandidatur ein. In einem großen Memorandum, das die Argumente seiner ersten Stellungnahme anläßlich eingehender Beratungen mit Wilhelm I. und Karl Anton von Hohenzollern-Sigmaringen am 27. Februar noch einmal zusammenfaßte, legte Bismarck eingehend dar, daß die Annahme der Kandidatur durch einen Erbprinzen des Hauses Hohenzollern im dringenden Interesse Preußen-Deutschlands liege. Dabei verwies er insbesondere darauf, daß es auf diese Weise gelingen könne, Spanien dem Einfluß Frankreichs zu entziehen und im Falle eines Krieges gar als Bündnispartner, der erhebliche französische militärische Kräfte binden werde, zu gewinnen. Den naheliegenden Einwand, daß die Thronkandidatur zu einem Krieg mit Frankreich führen könne, suchte Bismarck im vorhinein zu entkräften: »Die Friedensliebe Frankreichs gegen Deutschland würde immer im Verhältnis der Gefahren des Krieges mit Deutschland wachsen oder abnehmen. Wir haben die Erhaltung des Friedens auf die Dauer nicht von dem Wohlwollen Frankreichs, sondern nur von dem Eindrucke unserer Machtstellung zu gewärtigen.« Umgekehrt seien, sofern eine andere Kandidatur zum Zuge kommen oder Spanien gar Republik werden sollte, höchst negative Auswirkungen für Preußen-Deutschland zu erwarten. Vor allem aber betonte der Kanzler, daß die Annahme der Kandidatur, deren Erfolg mit einer Dreiviertelmehrheit der Cortes so gut wie sicher sei, auf die Stellung der Hohenzollerndynastie in Deutschland und Europa die günstigsten Auswirkungen haben werde. »Das Ansehen der Dynastie der

Hohenzollern, der gerechte Stolz, mit dem nicht nur Preußen auf sein Königshaus blickt, sondern auch Deutschland sich mehr und mehr gewöhnt, auf diesen Namen als auf ein gemeinsames, nationales Besitztum, als auf ein Symbol deutschen Ruhmes und deutschen Ansehens im Auslande stolz zu sein, dieses wichtige Element politischen Selbstgefühls zu heben und zu stärken, das würde der Kräftigung des Nationalgefühls überhaupt, und zwar in monarchischer Richtung, zustatten kommen. Es liegt daher im politischen Interesse Deutschlands, daß das Haus Hohenzollern das Ansehen und die hohe Weltstellung einnehme, welche nur in den Habsburgischen Antezedentien seit Karl V. eine Analogie haben.« Eine derartige internationale Stellung der Hohenzollern werde »eine gewaltige moralische Triebfeder zu der deutschen Machtentwicklung Preußens« abgeben. Diese indirekte Anknüpfung an die Pläne zur Errichtung eines deutschen Kaisertums wurde ergänzt durch die Ausmalung der negativen Auswirkungen, die eine dann zu erwartende bayerische Kandidatur haben könne; letztere werde die Versuchung steigern, mit »den antinationalen Elementen« – sprich den anti-preußischen Kräften und Parteien – in Süddeutschland gemeinsame Sache zu machen.

Bereits die mittelalterliche Tradition hatte jenen Königen, welche duas regnas – zwei Reiche – innehätten, die Kaiserkrone zuerkennen wollen. Es lag nur zu nahe, die Rangerhöhung des Hohenzollernhauses in Europa dazu zu nutzen, die süddeutschen Monarchen doch noch zu einer freiwilligen Unterordnung unter ein preußisch geführtes deutsches Kaisertum zu bewegen. Doch Bismarcks Argumente für die Annahme der Kandidatur fruchteten am Ende nichts. Leopold von Hohenzollern-Sigmaringen konnte ungeachtet der Einwirkungen des Kanzlers nicht dazu gewonnen werden, sich zur Verfügung zu stellen, nicht zuletzt aufgrund der Skepsis Wilhelms I. gegen das gesamte Projekt. Daraufhin wurde dessen Bruder Friedrich in Vorschlag gebracht, und Bismarck setzte alles daran, um diese Kandidatur durch diplomatische Einwirkungen in Madrid zustande zu bringen. Dennoch konnte eine Absage der Sigmaringer zunächst nicht verhindert werden. Gleichwohl erreichte Bismarck am Ende durch geschickte Einflußnahme auf die unmittelbar Betroffenen dann doch noch eine Wiederaufnahme der Kandidatur, während der greise Monarch, der als Haupt des Hohenzollernhauses eigentlich die Schlüsselrolle zu spielen hatte, über die Verhandlungen zunächst im dunkeln gelassen wurde. Leopold erklärte sich Ende Mai 1870 dazu bereit, »im Interesse der [deutschen] Nation« für eine Kandidatur zur Verfügung zu stehen. In der Folge hat sich Bismarck nicht mehr unmittelbar in die Verhandlungen eingeschaltet, sondern sich selbst im Hintergrund gehalten; während er die Thronfolgefrage gegenüber Dritten strikt als eine allein zwischen der spanischen Regierung und dem Hause Hohenzollern-Sigmaringen auszuhandelnde Angelegenheit bezeichnete, bediente er sich seiner persönlichen Gefolgsleute, insbesondere Lothar Buchers, um die Dinge voranzutreiben. Freilich waren die Fäden längst sorgfältig gesponnen worden, so daß es nicht schwer war, Prim für eine Wiederaufnahme der Kandidatur zu gewinnen, zumal die spanische Regierung die Erwartung hegte, durch die Wahl eines Hohenzollernprinzen sich der dauernden Unterstützung Preußens gegenüber Frankreich zu versichern. Die weiteren Verhandlungen wurden in striktester Verschwiegenheit geführt, um auf solche Weise einer vorzeitigen Intervention dritter Mächte, in erster Linie Frankreichs, vorzubeugen. Die Wahl Leopolds durch die Cortes sollte am 9. Juli 1870 als Überraschungsakt vorgenommen werden. Damit wollte man ein Fait accompli schaffen, welches die französische Regierung dazu zwingen sollte, sich nolens volens mit der vollzogenen Tatsache abzufinden.

Hat Bismarck dabei von vornherein mit der Möglichkeit eines Krieges mit Frankreich gerechnet oder einen solchen gar mit Hilfe der Thronkandidatur der Hohenzollern in einer für Preußen günstigen Konstellation herbeiführen wollen, weil nur auf diese Weise die deutsche Frage aus der Sackgasse, in die sie hineingeraten war, wieder herausgebracht werden könne? Diese Frage ist in der einschlägigen historischen Forschung bis heute umstritten. Es war unübersehbar, daß Napoleon III. auf die Berufung eines Hohenzollernprinzen auf den spanischen Thron äußerst feindselig reagieren würde, zumal dies seine ohnehin angeschlagene innenpolitische Machtstellung zusätzlich erschüttert hätte. Bereits im April 1870 waren Nachrichten in der europäischen Presse kursiert, wonach Napoleon III. gegenüber dem spanischen Botschafter in Paris erklärt habe, daß die Thronbesteigung eines Hohenzollernprinzen in Madrid für Frankreich den Casus belli bedeute. Bismarck hat die Kriegsgeneigtheit Frankreichs in seinen damaligen amtlichen Äußerungen eher gering eingeschätzt; man darf freilich annehmen, daß er angesichts des anhaltenden Widerstandes Wilhelms I. gegen die Kandidatur die mögliche Gefahr eines Krieges eher heruntergespielt hat. Die Weisung in dem berühmt gewordenen Instruktionsbrief an Lothar Bucher vom Juni 1870, ihn selbst und die amtliche Politik Preußens ganz aus den Verhandlungen herauszuhalten, begründete er mit der Notwendigkeit, »vor Europa eine unangreifbare Position« zu gewinnen und der französischen Diplomatie keinerlei »Angriffspunkt« für eine militärische Aktion gegen den Norddeutschen Bund zu bieten. Dann würde in Frankreich zwar erhebliches Geschrei über die Intrige laut werden, es sei aber nur mit einer »vorübergehenden Beunruhigung« zu rechnen. Ähnlich zuversichtlich äußerte sich der Kanzler in einem Erlaß an den deutschen Botschafter in London, Albrecht von Bernstorff, am 7. Juni 1870 über die innenpolitische Lage in Frankreich, die nicht dafür spreche, daß kriegerische Eventualitäten nach dem Übergang zum Empire libéral dort »näher lägen als zu irgend einer Zeit seit 1866«. Diese Äußerungen waren allerdings sämtlich taktisch bedingt und bemüht, für den Fall, daß es wegen der Thronfolgefrage zu einem Krieg kommen sollte, die diplomatische Ausgangsposition Preußen-Deutschlands möglichst günstig zu gestalten.

Denn Bismarck dürfte sich vollauf darüber im klaren gewesen sein, daß die

Nach der Schlacht bei Sedan am 2. September 1870: Zusammenkunft Napoleons III. mit Bismarck am Weberhäuschen des Dorfes Donchery; im Hintergrund Wilhelm I. im Gespräch mit den Generalen Wimpffen, Castelau und Moltke. Lavierte Zeichnung des Anton von Werner. Hannover, Galerie J. H. Bauer. – Erstürmung des Schlosses Chambord durch deutsche Truppen am 9. Dezember 1870. Bronzerelief von August Herzig, 1878. Darmstadt, Hessisches Landesmuseum

»Rache für Königgrätz und für Sedan« als Trauma des französischen Militärs in seiner Erinnerung an die siegreich vorstürmenden Armeen Napoleons I. Gemälde von Edouard Detaille, 1885. Paris, Musée de l'Armée

Thronerhebung eines Hohenzollernprinzen in Madrid das Risiko eines Krieges mit Frankreich in sich barg. Aber er ging davon aus, daß, sofern die amtliche Politik Preußens sich konsequent im Hintergrund hielt – und er selbst vergrub sich in diesen Wochen wohl nicht ganz zufällig fernab von Berlin in den weiten Waldungen seines Gutes Varzin –, sich die Stoßrichtung einer französischen Gegenaktion zunächst ausschließlich gegen Spanien richten müsse. Wenn es über dieser Frage dann doch zu einem Krieg mit Deutschland kommen sollte, würde sich der Norddeutsche Bund in einer strategisch wie moralisch ungewöhnlich günstigen Position befinden. Hingegen hat Bismarck keineswegs gradlinig auf einen Krieg hingearbeitet, obschon er sich dafür der Zustimmung der großen Mehrheit der Bevölkerung in den süddeutschen Staaten sicher sein konnte. Eine vorzeitige Angliederung Badens an den Norddeutschen Bund hatte er anläßlich der Interpellation Laskers unter anderem mit dem Argument abgelehnt, daß Frankreich dadurch zu einem Krieg gegen Deutschland provoziert werden könnte, den unter den gegebenen Umständen zu vermeiden aller Anlaß bestünde. Dabei hatte allerdings die Erwägung eine gewisse Rolle gespielt, daß bei einem durch die vertragswidrige Überschreitung der Main-Linie durch Preußen ausgelösten Krieg die Bundesgenossenschaft der süddeutschen Monarchien keineswegs völlig gesichert war, und ebenso, daß sich Bismarck von den Nationalliberalen nicht das Gesetz des Handelns hatte vorschreiben lassen wollen.

Andererseits war der Kanzler damals auch aus allgemeinen Gründen, in Übereinstimmung mit seiner Grundhaltung, die das Mittel des Krieges nur als Ultima ratio der internationalen Politik für legitim erachtete und Präventivkriege ablehnte, nicht geneigt, die deutsche Frage kurzerhand mit kriegerischen Mitteln zu lösen, obgleich er es zunehmend für unwahrscheinlich hielt, die Vollendung der deutschen Einheit ohne einen Waffengang mit Frankreich erreichen zu können. Aber einen Versuch war ihm das wert. Am 27. Februar 1870 erklärte Bismarck gegenüber Moritz Busch, die konstitutionelle Entwicklung in Frankreich möge, »da sie für uns Frieden verheißt«, nicht einem Frühjahrsfrost ausgesetzt werden: »Wir könnten einen Krieg mit Frankreich führen und siegen; es würden aber vier bis fünf daraus werden, und so wäre das Thorheit, wo nicht Verbrechen, wenn man es auf friedlichem Wege erreichen kann. Es können in Frankreich kriegerische und revolutionäre Situationen eintreten, wo das jetzt spröde Metall weicher ist.«

Desungeachtet nahm Bismarck von dem Augenblick an, in dem er sich mit seinem ganzen Gewicht für die spanische Thronkandidatur Leopolds einsetzte und die Widerstände innerhalb der Hohenzollern mit dem Appell an die nationalen Interessen, die gegenüber rein dynastischen Erwägungen den Vorrang verdienten, Zug um Zug niederkämpfte, das Risiko eines Krieges mit Frankreich bewußt in Kauf. Er hegte die Hoffnung, daß sich die zu erwartenden »Verwicklungen« infolge der Thronerhebung Leopolds dank der für Preußen günstigen diplomatischen und mächtepolitischen Konstellation beherrschen lassen würden. Aber er war auch auf das Risiko der Auslösung eines deutsch-französischen Krieges hin nicht dazu bereit, sich die ungewöhnlich günstige Chance entgehen zu lassen, den Plan eines Kaisertums Wilhelms I. durch eine spektakuläre Rangerhöhung der Hohenzollerndynastie in Europa voranzutreiben und zugleich die politische Gesamtsituation, namentlich im Hinblick auf den für den Augenblick nicht lösbaren deutsch-französischen Gegensatz, nachhaltig zugunsten Preußen-Deutschlands zu verbessern. So gesehen war die Hohenzollernkandidatur, die er mit nahezu machiavellistischen Mitteln hinter den Kulissen hatte betreiben lassen, eine eindeutig gegen das Frankreich Napoleons III. gerichtete diplomatische Offensive, welche die Möglichkeit eines Krieges von vornherein einkalkulierte.

Anfänglich gestalteten sich die Dinge ganz in Bismarcks Sinne. Aber infolge eines Übermittlungsfehlers der deutschen Botschaft in Madrid konnte die für Anfang Juli 1870 vorgesehene routinemäßige Vertagung der Cortes nicht mehr verhindert werden; der Termin für die Königswahl wurde aufgeschoben und nunmehr für den 20. Juli angesetzt. So lange freilich ließ sich das streng gehütete Geheimnis der Kandidatur Leopolds der Öffentlichkeit gegenüber nicht bewahren. Seit dem 1. Juli wurde die Kandidatur allgemein bekannt. Am 3. Juli wurde sie dem französischen Botschafter von der spanischen Regierung offiziell zur Kenntnis gebracht. Damit war die »spanische Bombe« vorzeitig geplatzt und der Plan, Frankreich vor vollendete Tatsachen zu stellen, gescheitert. Mehr noch: Frankreich mußte sich ob der äußeren Form, in der die Kandidatur ohne jegliche Konsultation der französischen Diplomatie betrieben worden war, in höchstem Maße irritiert fühlen. So reagierten die französische Regierung wie die französische Presse auf die Nachricht von der bevorstehenden Thronbesteigung eines Mitglieds der Hohenzollern in Madrid mit äußerster Schärfe. Von Anfang an tauchte dabei der Gedanke auf, daß diese Provokation mit militärischen Schritten gegen Preußen als dem eigentlichen Urheber beantwortet werden müsse. Die Erregung war ungeheuer, und die Öffentlichkeit wurde von einer Welle nationalistischer Empfindungen erfaßt, die es den Verantwortlichen nahezu unmöglich machte, den Ereignissen mit kühlem Kopf und nüchternen Erwägungen gegenüberzutreten. Die nationale Erregung richtete sich gleichermaßen gegen Napoleon III. und das Regime des Empire libéral, dem allgemein Versagen und schwächliches Handeln unterstellt wurde, wie gegen Preußen, das von vornherein als der eigentlich schuldige Teil ausgemacht wurde, und lediglich in zweiter Linie gegen die spanische Regierung.

Demgemäß sandte die französische Regierung bereits am 4. Juli eine Demarche nach Berlin, in der verlangt wurde, daß sich die preußische Regierung in aller Form von der Kandidatur distanzieren solle, was kühl mit dem Hinweis beantwortet wurde, daß die amtliche preußische Politik mit der Thronkandidatur gar nicht befaßt worden und dafür nicht zuständig sei. Am folgenden Tag wurde der deutsche Botschafter in Paris, Georg von Werthern, der im Begriff war, zu Wilhelm I. nach Bad Ems zu fahren, von seiten des Quai d'Orsay bearbeitet, er möge dem Monarchen unverzüglich die dringende Bitte unterbreiten, der Kandidatur seine Zustimmung zu versagen, da dies sonst schwerwiegende Folgen haben werde. Bereits jetzt stand im Hintergrund die Drohung mit dem Krieg, wiewohl einstweilen nur als äußerstes Druckmittel.

Die französische Reaktion auf die Thronfolgeaffäre war von Anfang an in hohem Maße durch innenpolitische Erwägungen beeinflußt, genauer: durch das Bedürfnis, die Stellung der Regierung des Empire libéral und die Position Napoleons III. gegenüber der eigenen empörten Öffentlichkeit zu verteidigen. Anders wären die pathetischen Reden des französischen Ministerpräsidenten Emile Ollivier und seines Außenministers Antoine Gramont in der französischen Kammer am 6. Juli 1870, in denen für jedermann unmißverständlich Preußen mit dem Krieg gedroht wurde, nicht zu verstehen. »Die Regierung will den Frieden [...] will leidenschaftlich den Frieden«, so führte Ollivier aus, »aber einen ehrenvollen Frieden.« Und Gramont legte die Verantwortung für die Kandidatur ziemlich direkt Preußen zur Last: »Wir glauben nicht, daß die Achtung vor den Rechten eines Nachbarvolkes uns dazu zwingt, zu dulden, daß eine fremde Macht durch die Besetzung des Thrones Karls V. mit einem ihrer Prinzen das bestehende Gleichgewicht Europas zu unserem Nachteil stört und Frankreichs Interessen und Ehre gefährdet [...]. Sollte es jedoch anders kommen, so würden wir, stark durch Ihre Unterstützung [der Delegierten] und durch die der Nation [...] unsere Pflicht ohne Zaudern und ohne Schwäche zu erfüllen wissen.« Mit dieser Erklärung hatte die französische Regierung gleichsam die Brücken hinter sich abgebrochen; nur eine schwere öffentliche Demütigung Preußens hätte genügt, um Frankreich noch vor einem Krieg gegen Preußen-Deutschland zurückzuhalten. Aber daran arbeitete die französische Diplomatie in den folgenden Tagen mit Unermüdlichkeit. Ihr vornehmstes Ziel war Wilhelm I., der dazu gebracht werden sollte, der Kandidatur nicht nur seine Zustimmung zu versagen und sie dadurch zu Fall zu bringen, sondern dies in einer öffentlich wirksamen Form zu tun, die für geeignet gehalten wurde, die preußische Politik in der Thronfolgefrage zu dekuvrieren und der Erregung der öffentlichen Meinung in Frankreich Genüge zu tun. Der französische Botschafter Vincent Graf Benedetti wurde beauftragt, den preußischen König in Bad Ems in aller Form auf seine Verantwortlichkeit für die Thronkandidatur festzulegen.

Wilhelm I. war, wie die französische Diplomatie richtig erkannt hatte, das schwächste Glied in der Kette der Entscheidungsträger in Preußen; er war ohnehin nie ein Freund der Kandidatur gewesen und wollte sie keinesfalls um den Preis eines Krieges mit Frankreich aufrechterhalten. Zudem war er in Bad Ems der unmittelbaren Einwirkung des Fürsten Bismarck, der sich in Varzin aufhielt, entzogen. Bismarck hingegen war fest entschlossen, an der bisherigen Linie seiner

Politik festzuhalten und kein Jota zurückzuweichen; dies hieß einerseits, daß die Kandidatur Leopolds aufrechterhalten werden sollte, andererseits, daß der preußische Standpunkt nicht preisgegeben werden dürfe, wonach das amtliche Preußen mit der Kandidatur nicht das Geringste zu tun habe und diese allein eine Sache des Hauses Hohenzollern-Sigmaringen oder allenfalls Frankreichs und Spaniens sei. Deshalb suchte er alle Beteiligten, insbesondere den Monarchen und seine Entourage in Ems, von Varzin aus in knapp gehaltenen Telegrammen auf diese Linie einzuschwören. Auf die Rede Gramonts in der französischen Kammer reagierte er mit dem Bemerken: »Finde Sprache über alle Erwartung anmaßend und plump [...] Internationale Reklamationen wegen Parlamentsrede widerstreben mir. Presse aber muß sehr grob werden in möglichst vielen Blättern.« Schon zu einem Zeitpunkt, an dem sich die amtliche Politik noch ganz zurückhalten sollte, war er darauf bedacht, die französische Provokation in der deutschen wie der internationalen öffentlichen Meinung zu seinen Gunsten auszunutzen.

Bismarck konnte jedoch nicht verhindern, daß sich Wilhelm I. in Bad Ems, teilweise unter dem Eindruck der Meldungen aus Paris über die bedrohliche Lage, dazu herbeiließ, Benedetti wiederholt zu empfangen. In einer ersten Unterredung am 9. Juli hielt sich der Monarch zwar noch an die vorgegebene Marschroute, indem er jede eigene Stellungnahme zur Sache ablehnte und feststellte, daß allein das Haupt des Sigmaringer Hauses Karl Anton sowie Leopold selbst über die Annahme oder Ablehnung der Thronkandidatur zu befinden hätten, aber er ließ entgegen Bismarcks offizieller Linie durchblicken, daß der Bundeskanzler über den Gang der Verhandlungen auf dem laufenden gehalten worden sei. Mehr noch: Er erklärte sich bereit, bei Karl Anton anzufragen, wie man dort die Lage ansehe. Dies war der französischen Diplomatie jedoch nicht genug. Gramont bestand weiterhin darauf, daß die Zurücknahme der Kandidatur unter allen Umständen von Wilhelm I. persönlich ausgehen müsse, um auf diese Weise den diplomatischen Triumph über Preußen, den man in Paris so sehnlichst wünschte, vollständig zu machen. Zudem drängte Paris aus Gründen der Kriegsvorbereitungen auf eine rasche Entscheidung, fürchtete man doch den vermuteten eigenen Vorsprung bei der Mobilmachung der Armee gegenüber Preußen zu verlieren. Benedetti wurde in Bad Ems mit einer Serie von immer dringlicher gehaltenen Telegrammen überschüttet, dem preußischen Monarchen eine Erklärung entsprechenden Inhalts abzuringen, die sich öffentlichkeitswirksam werde verwerten lassen, und dies noch zu einem Zeitpunkt, als der Verzicht Leopolds auf die Thronkandidatur bereits zu erwarten stand. Doch auch eine zweite Audienz Benedettis am 11. Juli führte nicht zu dem in Paris gewünschten Ergebnis. Am 12. Juli erklärte dann Karl Anton für seinen auf einer Bergtour in den Alpen befindlichen und deshalb unerreichbaren Sohn Leopold dessen Rücktritt von der Kandidatur. Wenngleich eine direkte Kompromittierung der preußischen Politik nicht erreicht worden war, kam dies nach den vorangegangenen öffentlichen und geheimen Erklärungen der französischen Regierung einer schweren Demütigung Preußens gleich; vor allem aber stellte es eine Schlappe für Bismarck persönlich dar, der die Thronkandidatur, nicht zuletzt hinsichtlich ihrer Rückwirkungen auf die öffentliche Meinung in Deutschland, bislang mit äußerster Zähigkeit verfolgt hatte.

Bismarck war jedoch nicht geneigt, es mit diesem Stand der Dinge bewenden zu lassen. Noch bevor der Verzicht auf die Kandidatur bekannt geworden war, hatte er angeregt, daß Leopold die Annahme der Kandidatur nunmehr an die Bedingung knüpfen möge, daß Spanien für den Fall eines Krieges zwischen dem Norddeutschen Bund und Frankreich letzterem seinerseits den Krieg erkläre und daß dies auch öffentlich bekanntgegeben werden soll. Das konnte nur dazu tauglich sein, die deutsche Öffentlichkeit vom Nutzen der Kandidatur für die deutschen Nationalinteressen zu überzeugen; davon abgesehen hätte dies auf die französische öffentliche Meinung extrem provokativ gewirkt. Ebenso regte er die Einberufung des Reichstags an, um nunmehr gegenüber Frankreich zu signalisieren, daß es sich dabei keinesfalls nur um eine dynastische Frage handele, sondern daß die ganze deutsche Nation hinter der Wahrung der Ehre Preußens stehe. Im übrigen ging er zur Gegenoffensive über. Eine Anregung des russischen Außenministers Gortschakow aufgreifend, sollten die Regierungen der Großmächte dazu veranlaßt werden, Preußen wegen seiner friedfertigen Haltung in der spanischen Thronfolgefrage öffentlich zu beglückwünschen – ein Schritt, der die preußische diplomatische Niederlage in ihr Gegenteil verkehrt und mit einiger Wahrscheinlichkeit zum Krieg geführt haben würde. Aber damit nicht genug: Bismarck regte eine Sommation gegenüber Frankreich an, dieses möge sich über seine Intentionen gegenüber Deutschland erklären – eine Aktion, die, wenn sie zur Ausführung gekommen wäre, einen geeigneten Auslöser für den Krieg abgegeben hätte.

Aber die französische Regierung ersparte Bismarck dergleichen diplomatische Finten, weil man sich hier, um der erregten nationalistischen Stimmung in der Kammer und in der Bevölkerung etwas entgegenhalten zu können, nun zu der einigermaßen unüberlegten Forderung entschloß, Benedetti solle von Wilhelm I. in aller Form eine Garantieerklärung erwirken, daß der Monarch auch in Zukunft niemals seine Zustimmung zu einer Thronkandidatur eines Hohenzollernprinzen geben werde. Gleichzeitig wurde dem deutschen Botschafter in Paris, Karl von Werther, der sich darob eine scharfe Zurechtweisung Bismarcks einhandeln sollte, nahegelegt, Wilhelm I. möge an den Kaiser der Franzosen ein Entschuldigungsschreiben richten. Benedetti fing daraufhin am 13. Juli Wilhelm I. während seines Morgenspaziergangs auf der Promenade ab, um ihm »in zuletzt sehr zudringlicher Art« eine solche Erklärung abzuverlangen, die der Monarch allerdings in durchaus verbindlichen Worten verweigerte. Als Bismarck, der mit dem Kriegsminister Albrecht Graf von Roon über Möglichkeiten zur Wende der Krise nachdachte – er hat dies später in seinen »Gedanken und Erinnerungen« einigermaßen dramatisiert dargestellt –, das Telegramm des Vertreters des Auswärtigen Amtes, Heinrich von Abeken, über diesen Vorgang in der Hand hielt, erkannte er sofort die Chance, die in diesem schwer verständlichen diplomatischen Schritt der französischen Regierung lag.

Er handelte blitzschnell: Mit der berühmt gewordenen Redaktion der sogenannten Emser Depesche, die einen sachlichen diplomatischen Bericht in eine rhetorische Herausforderung verwandelte, warf er der französischen Regierung nunmehr in aller Form den Fehdehandschuh hin. Noch hätte sie vor dem letzten entscheidenden Schritt einhalten können, zumal keineswegs das ganze Kabinett und auch nicht Napoleon III. geneigt waren, Gramonts Strategie, die über den Verzicht auf die Hohenzollernkandidatur hinaus eine grundsätzliche Klärung des preußisch-französischen Verhältnisses hatte erreichen wollen, uneingeschränkt Folge zu leisten. Aber die Regierung hatte sich gegenüber der eigenen öffentlichen Meinung viel zu weit vorgewagt und in ein dichtes Netz von Erwartungen und diplomatischen Forderungen eingesponnen, das ihre Handlungsfreiheit in schwerwiegender Weise einengte. Sie sah nun, um die Ehre, das internationale Prestige und vor allem die europäische Machtstellung Frankreichs zu wahren, nur noch den Ausweg des Krieges. Am 15. Juli 1870 verkündete Gramont unter ausdrücklicher Bezugnahme auf die »Emser Depesche« und unter dem Beifall der Delegierten den Entschluß zum Krieg. Bismarcks Kalkül war, wenn auch nicht voll, so doch in erheblichem Maße aufgegangen; aus der Position des diplomatisch in die Defensive Gedrängten heraus gelang ihm die Provozierung eines nationalen Verteidigungskrieges der Deutschen. Denn angesichts der Ereignisse fiel das Odium des Angreifers allein auf Frankreich. Das hatte nicht nur die erwünschten positiven Auswirkungen auf die süddeutschen Staaten, die schon am 14. Juli ihre Bündnisbereitschaft sogar gegenüber der französischen Regierung zu erkennen gegeben hatten, sondern auch auf die anderen europäischen Großmächte. Vier Tage später, am 19. Juli 1870, erklärte das Empire libéral dem Norddeutschen Bund den Krieg.

Die französische Diplomatie hatte zuversichtlich darauf gesetzt, daß sich das Bündnis mit Österreich-Ungarn und Italien, über das seit 1869 verhandelt worden war, doch noch werde realisieren lassen. Bisher war es wegen unüberwindlicher Gegensätze in der »römischen Frage« – Napoleon III. lehnte es unter dem Druck der katholischen Kreise nach wie vor ab, den Kirchenstaat dem italienischen Nationalstaat zu überantworten – nicht zustande gekommen, doch nunmehr wurde fieberhaft nach einem Kompromiß gesucht, um Italien zum Mitgehen zu bewegen. Außerdem setzte man in Paris auf die Unterstützung Dänemarks. Vor allem aber hatte man damit gerechnet, daß die süddeutschen Staaten wegen einer primär dynastischen Frage dem Norddeutschen Bund die Heeresfolge versagen und neutral bleiben würden. Dieses diplomatische Kalkül erwies sich jedoch binnen weniger Tage als eine Fehlrechnung. Schon seit 1868 hatte sich Bismarck erfolgreich darum bemüht, für den Fall, daß es zu einer österreichisch-französischen Kombination kommen sollte, die Rückendeckung Rußlands zu erlangen. In der Tat konnte die zarische Regierung nicht daran interessiert sein, daß es als Folge eines deutsch-französischen Krieges zu einer erneuten Präponderanz Frankreichs auf dem europäischen Kontinent und zu einer nachhaltigen Stärkung der Macht der Donau-Monarchie mit ihren partiell gegen Rußland gerichteten Balkan-Interessen kommen würde, wie dies für den Fall eines österreichisch-französischen Sieges über Deutschland zu erwarten war. Die zarische Regierung stationierte deswegen seit Beginn der Krise starke Truppenverbände an der österreichischen Grenze, um die Donau-Monarchie zu kalmieren, nicht ohne Bismarck dafür späterhin eine Gefälligkeitsrechnung zu präsentieren. Allerdings fand es Beust ganz unabhängig von diesen mächtepolitischen Motiven aus innenpolitischen Gründen für nicht durchführbar, sich auf die Seite Frankreichs zu schlagen, da die Deutschen Österreichs eindeutig auf seiten Preußen-Deutschlands standen und einen derartigen Kurs vermutlich nicht hingenommen hätten. Die italienischen Staatsmänner zogen es vor, die internationale Krise zu nutzen, um kurzerhand den Kirchenstaat zu besetzen.

Ebensowenig war die britische Regierung bereit, sich unbesehen auf die Seite Frankreichs zu schlagen, dessen Rolle als Angreifer offensichtlich zu sein schien. Schon vor der Julikrise hatte sich Bismarck, in Antizipation eines Konflikts mit Frankreich, darum bemüht, mit den britischen Staatsmännern in der deutschen Frage Fühlung zu halten und deren Wohlwollen für ein weiteres Ausgreifen nach Süden zu gewinnen. Dies trug nun Früchte. In Großbritannien bestand keine Neigung, in einen Konflikt einzugreifen, der »die Ehre Großbritanniens in keiner Weise« tangiere. »If North Germany is to become a single great power, I do not see that any British interest is in the least degree affected«, erklärte Lord Stanley im britischen Unterhaus. Die Bereitschaft Großbritanniens, den Dingen ihren Lauf zu lassen, wurde zusätzlich verstärkt durch den geschickten Schachzug Bismarcks, nur wenige Tage nach der Garantieerklärung Frankreichs für Belgien, der Preußen sofort beigetreten war, die britische Regierung über Napoleons III. Vertragsentwurf zwecks Teilung Belgiens aus dem Jahr 1867 in Kenntnis zu setzen und ihn wenig später auch der »Times« zuzuspielen. Auf diese Weise stand Frankreich vollends kompromittiert da. Trotzdem konnte dadurch das Mißtrauen in die Person und die Absichten des angeblichen Gewaltpolitikers Bismarck nicht gänzlich ausgeräumt werden. Einige Wochen später, Anfang 1871, erklärte Benjamin Disreali im Unterhaus von den Bänken der Opposition aus: »Dieser Krieg [...] ist kein gewöhnlicher Krieg [...]. Dieser Krieg stellt die deutsche Revolution dar, ein größeres politisches Ereignis als die Französische Revolution des vergangenen Jahrhunderts [...]. Das Gleichgewicht der Kräfte ist völlig zerstört worden, und das Land, das am meisten leidet und die Auswirkungen dieses großen Wandels am stärksten spürt, ist England.« Aber vorerst wenigstens hatte Bismarck in dem anlaufenden Krieg keine Intervention von seiten der anderen Großmächte zu befürchten. Frankreich stand vollständig isoliert da. Dennoch trieb den Kanzler in der Folge ständig die Sorge um, daß sich dies wieder ändern könnte. So drängte er auf eine möglichst rasche militärische Entscheidung.

Für Napoleon III. stand mit dem Entschluß zum Krieg seine persönliche Machtstellung auf dem Spiel; der Erfolg des bonapartistischen Systems war nicht zuletzt mit der glanzvollen außenpolitischen Rolle verknüpft, die Frankreich seit 1853 auf dem europäischen Kontinent hatte spielen können. Dem entsprach es, daß das eigentliche Kriegsziel Frankreichs darin bestand, die 1866 an Preußen abgetretene Vorrangstellung auf dem europäischen Kontinent zurückzugewinnen und dessen Macht und Einfluß im übrigen Deutschland drastisch zu beschneiden. Als Ergebnis des Krieges hoffte man eine neue deutsche Föderation zu begründen, durch die den süddeutschen Staaten auf Dauer eine unabhängige staatliche Existenz gesichert würde; das »Dritte Deutschland« sollte weiterhin, wie vor 1866, unter dem maßgeblichen Einfluß Frankreichs und Österreich-Ungarns stehen. Die französische Diplomatie ging zuversichtlich davon aus, daß diese Zielvorgabe angesichts der in den süddeutschen Staaten bestehenden Vorbehalte gegen den preußischen Militärstaat auf die Zustimmung der Bevölkerung stoße. Eine Verwirklichung dieser Pläne hätte freilich nichts Geringeres bedeutet, als zum Stand der Dinge des Jahres 1866 zurückzukehren und damit Preußen der Früchte seiner bisherigen deutschen Politik zu berauben. Daneben bestanden auf französischer Seite unbestimmte Absichten, Gebiete am Rhein zu annektieren. So gesehen wurde der deutsch-französische Krieg von 1870/71, mochte er auch seinen Ausgangspunkt in einer dynastischen Angelegenheit gehabt haben, in der Tat zu einem Entscheidungskampf über die Frage, ob es zu einer Einigung ganz Deutschlands unter preußischer Führung kommen oder ob Deutschland weiterhin ein loses föderatives Gebilde bleiben werde, das dem Einfluß einer Mehrzahl von Großmächten unterworfen blieb.

In diesem Licht wurde der beginnende Krieg von der gesamten deutschen Öffentlichkeit gesehen, mit nur verschwindenden Meinungsabweichungen an den Rändern des politischen Spektrums. Eigentlich schon seit 1867 war die Ansicht weit verbreitet, daß ein Krieg mit Frankreich nur eine Frage der Zeit sei, da Preußen auf dem einmal eingeschlagenen Weg nicht werde haltmachen können, Frankreich hingegen eine Ausweitung des Norddeutschen Bundes auf Süddeutschland in jedem Falle als Kriegsgrund betrachten werde. In gewissem Sinne war diese Überzeugung eine »Self-fulfilling prophecy«, die der nationalistischen Begeisterung in den ersten Tagen des Krieges vorgearbeitet hat. »Endlich ist«, so schrieb ein Dr. Carl Rohrbach wenig später in einer Flugschrift »Wofür wir kämpfen«, »der von den Deutschen schon lange erwartete Krieg gekommen, die Abrechnung zwischen Germanen und Romanen, zwischen Wahrheit und Lüge, zwischen Geistesfreiheit und Geistesknechtschaft.« Seit Mitte Juli 1870 kam es auf breiter Front zu einer tiefgehenden und nachhaltigen Solidarisierung der Volksmassen mit der nationalen Haltung der führenden Schichten der Gesellschaft, allen voran des liberalen Bürgertums, in den süddeutschen Staaten ebenso wie im Norddeutschen Bund. Die nationale Aufbruchstimmung jener Wochen nahm in mancher Hinsicht den »Geist des August 1914« vorweg. Leopold von Ranke, damals bereits fünfundsiebzig Jahre alt und gewiß kein Freund der emanzipatorischen nationalistischen Bewegungen des späteren 19. Jahrhunderts, meinte im Herbst 1870 unter dem Eindruck dieser außerordentlichen Begebnisse: »daß [...] das Bewußtsein unserer Nationalität [...] wieder erwacht und zu einer großartigen Erscheinung gebracht ist, das ist eben das welthistorische Ereigniß, welches eine neue Aera verkündigt.«

Im Unterschied zu Frankreich waren Bismarcks Kriegsziele in erster Linie auf die Vollendung der deutschen Einheit und die Errichtung eines Kaisertums der Hohenzollern gerichtet. Er suchte die Flutwelle nationaler Begeisterung, die überall in Deutschland hervorbrach, für die Förderung dieser Ziele nach Kräften zu nutzen. Aber es war ihm zugleich darum zu tun, dem nationalen Liberalismus die Führung der öffentlichen Meinung zu entreißen. Dank einer ebenso geschickten wie vorsichtigen Pressepolitik, die sich weniger der amtlichen Organe als vielmehr der mittelbaren Beeinflussung durch die Subventionierung einzelner Blätter oder die Besoldung einflußreicher Journalisten wie eines Julius Fröbel bediente und darüber hinaus über eine ganze Reihe von Männern seines persönlichen Vertrauens verfügte, gelang es Bismarck leicht, seine Vorstellungen in der Öffentlichkeit wirksam zur Geltung zu bringen. Das erwies sich freilich als kaum nötig, weil die öffentliche Meinung sich in den Fragen der Kriegsziele weithin auf der gleichen Wellenlänge bewegte wie die Regierung. Dies galt beispielsweise hinsichtlich der Forderung nach der Annexion von Elsaß und Lothringen als einem angemessenen Siegespreis für die großen Opfer des Krieges. Sie lag bereits bei Kriegsanfang allgemein in der Luft, und es bedurfte gar nicht amtlicher Pressebeeinflussung, um sie in der Öffentlichkeit populär zu machen, obschon die offiziöse Presse spätestens seit dem 11./12. August dieses Thema mit größter Entschiedenheit aufgriff; ebensowenig bedurfte es des »Drucks von unten« auf die deutsche Diplomatie, um Elsaß und Lothringen zum vornehmsten Kriegsziel auf deutscher Seite zu erheben. Dabei waren sich die Protagonisten der Annexion durchaus im klaren, daß die Elsässer nichts weniger wünschten, als zu Bürgern Preußens oder eines neuen Reiches gemacht zu werden. Heinrich von Treitschke lieferte, Edmund Burkes Definiton der Nation als eines Paktes der Generationen aufgreifend, die historische Rechtfertigung für die Annexion gegen den Willen der Bevölkerung: »Der Geist eines Volkes umfaßt nicht blos[s] die nebeneinander, sondern auch die nacheinander lebenden Geschlechter. Wir berufen uns wider den mißleiteten Willen derer, die da leben[,] auf den Willen derer, die da waren.« Allerdings fehlte es nicht ganz an warnenden Stimmen, die auf »die staatsmännische Klugheit

Bismarcks« hofften, weil Frankreich auch nach dem Verlust von Elsaß und Lothringen »ein mächtiger Staat« bleiben werde, »der unaufhörlich auf Revanche sinnen und zum Bundesgenossen jeder Macht würde, die mit Deutschland Händel sucht.«

Bismarck selbst hat damals wie später die Annexion des Elsaß und Lothringens überwiegend mit strategischen Argumenten begründet. Im Hintergrund stand der Gesichtspunkt, daß die Rückgewinnung der beiden Territorien, die ehemals zum Heiligen Römischen Reiche deutscher Nation gehörten, aber im 17. Jahrhundert an Frankreich verlorengegangen waren, als Unterpfand der Wiederherstellung des deutschen Kaisertums unter den siegreichen Hohenzollern die Reichseinigung günstig beeinflussen werde. Zusätzlich spielte die Erwägung eine Rolle, durch eine eventuelle Aufteilung des Elsaß unter die süddeutschen Staaten deren Anschluß an den Norddeutschen Bund zu erleichtern – eine Idee, die allerdings bei den Nationalliberalen auf wenig Gegenliebe stieß. Im Zuge der späteren Diskussion traten ökonomische Gesichtspunkte hinzu, die freilich kein großes Gewicht erlangten; die wirtschaftliche Bedeutung des Erzgebietes von Longwy-Briey war damals noch gar nicht erkannt. Ebensowenig hat Bismarck ernstlich eine Erwerbung Französisch-Indochinas in Erwägung ziehen wollen.

Bei Kriegsausbruch hatte man in Europa allgemein eine baldige Offensive der französischen Armeen nach Süddeutschland hinein erwartet; auch Bismarck war besorgt, daß die preußische Armee von einer derartigen Angriffsoperation Frankreichs überrascht werden könne. Doch es stellte sich schon bald heraus, daß die französische Armee aufgrund einer unzureichenden Aufmarschplanung und einer unentschiedenen Führung, welche dadurch bedingt war, daß Napoleon III. persönlich an die Spitze der Armee trat und damit die militärischen Entscheidungen von Anfang an mit politischen Fragen aller Art verquickt wurden, zu einer sofortigen Offensive nicht imstande war. Die Besetzung der nur schwach verteidigten Stadt Saarbrücken durch französische Streitkräfte am 2. August 1870 war militärisch bedeutungslos, wurde aber in der Pariser Presse sogleich als großer Sieg und als Auftakt eines großangelegten Offensivschlages gefeiert. Nichts war der Wahrheit ferner als dies. Tatsächlich erwies sich der vom preußischen Generalstab mit großer Sorgfalt vorbereitete Aufmarsch der deutschen Armeen, der sich erstmals konsequent der Eisenbahnen als eines schnellen Massentransportmittels bediente, jenem auf französischer Seite weit überlegen. Infolgedessen wagten die Franzosen nicht, ihre Anfangserfolge bei Saarbrücken in eine Angriffsoperation größeren Stils auszuweiten, und ihr anfänglicher Elan wich sehr bald einer vorsichtigen, zögerlichen Taktik. Allerdings stellten sich auch Moltkes Pläne, die französischen Armeen bereits an der Saar zu einer entscheidenden Schlacht zu stellen, als unrealistisch heraus, zumal Kommunikationsschwierigkeiten mit den Führern einzelner Armeekorps und gelegentlich sogar offene Insubordination seine strategischen Planungen durchkreuzten. In den Grenzschlachten am Spicherer Berg, bei Fröschweiler und bei Weißenburg gelang es zwar, die französischen Armeen zurückzuwerfen, aber das geschah um den Preis erheblicher Verluste, die teilweise weit höher waren als jene des Gegners. Die dem preußischen Zündnadelgewehr überlegene Feuerkraft der französischen Chassepots wurde dabei ebenso unter Beweis gestellt wie andererseits die größere Präzision und Leistungsfähigkeit der preußischen Feldartillerie, ohne deren Hilfe sich ein Vorankommen gegen die französische Infanterie vielfach als selbstmörderisch erwiesen hatte; dies waren Vorboten eines kommenden, mit technologischen Neuerungen aller Art geführten modernen Massenkrieges.

Nachdem klargeworden war, daß mit der erwarteten französischen Großoffensive nicht mehr zu rechnen sei, entschloß sich Moltke am 12. August, auf breiter Front über die Mosel nach Westen zum Angriff überzugehen. Zwischen dem 14. und 18. August kam es zu einem ersten großen Engagement der deutschen Truppen gegen die unter dem Befehl von Marschall François Achille Bazaine stehende Rhein-Armee, von der man annahm, daß sie sich auf dem Rückzug in Richtung Verdun befinde. Die erbitterten Kämpfe bei Thionville nördlich von Metz und anschließend bei Gravelotte und St. Privat forderten auf beiden Seiten hohe Blutopfer. Erstmals erlebte die preußische Armee massenhafte Verluste bei Angriffen auf gut positionierte Verbände; bei St. Privat verlor das Gardekorps unter General Karl Friedrich von Steinmetz bei einem solchen Angriff binnen zwanzig Minuten 8.000 Mann, ein Viertel seiner gesamten Mannschaftsstärke. Die französischen Verbände hatten, ungeachtet taktischer Nachteile, den deutschen Angriffen im ganzen hervorragend standgehalten. Am Abend des 18. August bestanden im deutschen Generalstab keinerlei Siegesgefühle; die Verluste waren zu groß. Erst am nächsten Morgen stellte sich heraus, daß die Franzosen das Schlachtfeld geräumt hatten. Angesichts der augenfälligen Erschöpfung und der unzulänglichen Nachschubversorgung befahl Marschall Bazaine den Rückzug der Rhein-Armee auf Metz. Napoleon III. hatte die Armee schon zuvor in Richtung Chalon verlassen, wo er eine neue, in der Formierung befindliche französische Armee vorzufinden hoffte, mit der er Bazaine zu Hilfe kommen und dann doch noch die Offensive ergreifen wollte.

Dazu sollte es nicht kommen. Die Rhein-Armee wurde von den nach Westen vordringenden deutschen Truppen überflügelt und in Metz eingeschlossen. Jetzt erst erwies sich die überlegene Führung der preußisch-deutschen Armee, deren süddeutsche Kontingente sich unerwartet gut geschlagen hatten, jener der Franzosen in vollem Maße überlegen. Unter dem Eindruck der deutschen Siege kam es in Paris zu einer krisenhaften Entwicklung. Die Machtstellung des Kaisers und des bonapartistischen Regimes schien erschüttert zu sein. Deshalb gewannen politische Gesichtspunkte Vorrang vor den militärischen; ungeachtet der kritischen militärischen Lage drängte die Suche nach Sündenböcken alle anderen Erwägungen in den Hintergrund. So war auf französischer Seite eine einheitliche strategische Planung nicht zu bewerkstelligen, während auf deutscher Seite nun alles nach Moltkes Vorstellungen lief. Die Armee des Marschalls Patrice Maurice de Mac-Mahon wurde bei ihrem Versuch, Bazaine in Metz zu entsetzen, bei Beaumont vernichtend geschlagen und nach Norden in Richtung auf die belgische Grenze abgedrängt. Einmal mehr hoffte die französische militärische Führung, durch Rückzug auf die sichere Festung von Sedan sich wieder reorganisieren zu können. Moltke erkannte die große Chance, die sich ihm jetzt bot, nämlich die gesamte französische Armee MacMahons einschließlich Napoleons III. gegen die belgische Grenze zu drängen und um Sedan herum in einem zunächst weit gespannten, dann aber immer enger werdenden Halbkreis einzuschließen. Diese Operation vollzog sich in den letzten Augusttagen mit fast mathematischer Präzision. »Nun haben wir sie doch in der Mausefalle«, soll Moltke am Nachmittag des 31. August ausgerufen haben, als er erfuhr, daß den deutschen Truppen die Überschreitung der Maas bei Donchéry wie bei Bezeilles gelungen und mit dem Vordringen deutscher Truppen bis zur belgischen Grenze der Einkreisungsring geschlossen war.

Das Ende des dramatischen Ringens konnten Wilhelm I., Bismarck, der Kronprinz, der Kriegsminister von Roon, zahlreiche Repräsentanten der deutschen Fürstenhäuser, unter ihnen Leopold von Bayern und Wilhelm von Württemberg, sowie Diplomaten und Militärs der anderen Großmächte von einer Anhöhe oberhalb von Frénois selbst beobachten. Angesichts der auf den Höhenzügen rings um Sedan postierten deutschen Artillerie und der überlegenen Feuerkraft der deutschen Truppen blieb der französischen Armee, die, nachdem MacMahon verwundet worden war, unter der Führung des Generals Emanuel Felix von Wimpffen stand, welcher Ausbruchsversuche bis zum letzten Augenblick abgelehnt hatte, nurmehr der Ausweg der Kapitulation. Es war Napoleon III. persönlich, der am 2. September um eine »ehrenhafte Kapitulation« nachsuchte und seinem königlichen »Bruder« Wilhelm I. seinen Degen übersandte. Moltke, dem Wilhelm I. die Führung der Waffenstillstandsverhandlungen übertrug, wollte ebensowenig wie Bismarck auf die französische Forderung eingehen, der ganzen Armee freien Abzug ohne Waffen zu gewähren, mit der Verpflichtung, für die Dauer des Krieges nicht mehr zu den Waffen zu greifen. Derartige ritterliche Praktiken paßten, so schien es, nicht mehr in das neue Zeitalter des mit technologischen Mitteln geführten Nationalkrieges. Das Argument des französischen Generals Wimpffen, ein derart großmütiges Verhalten werde den Weg zu einem baldigen und dauerhaften Frieden bahnen helfen, wies Bismarck kategorisch zurück: Angesichts des unzuverlässigen französischen Nationalcharakters und der Instabilität der gegenwärtigen französischen Regierung werde Deutschland materielle Garantien und Grenzverbesserungen zu fordern haben, um sich vor einem erneuten Angriff zu sichern – ein erster Vorbote der künftigen Auseinandersetzungen über die Friedensbedingungen. Dementsprechend bestand Moltke auf der bedingungslosen Kapitulation der ganzen Armee. Nach zähen, aber ergebnislosen Verhandlungen fügten sich die Franzosen am Ende in ihr Schicksal. Es war ein grandioser Triumph für die Deutschen: 83.000 Soldaten traten nun, zuzüglich der 21.000 Gefangenen, die die deutschen Truppen bereits während der Kämpfe gemacht hatten, den Weg in die Gefangenschaft an. Der prominenteste Gefangene war Napoleon III. selbst, dem für die Dauer des Krieges das Schloß Wilhelmshöhe bei Kassel als eine seinem Rang angemessene Stätte der Verwahrung angewiesen wurde. Der Jubel unter den deutschen Offizieren und Soldaten auf dem Schlachtfeld war eher verhalten; zu groß waren die Opfer, zu groß war die Erschöpfung. Hier erklang vor allem das alte lutherische Lied »Nun danket alle Gott«. In den deutschen Landen löste die Nachricht von dem glorreichen Sieg der preußisch-deutschen Armee hingegen ungeheure Begeisterung aus. Denn damit war, so schien es, der Krieg bereits entschieden und der Weg zu einem raschen Friedensschluß frei.

Aber damit stand es nicht so gut, wie die Öffentlichkeit in Deutschland und Europa annahm. Bismarck mit seinem seismographischen Gespür für die Veränderungen innerhalb des internationalen Mächtesystems war mit einigem Recht besorgt, daß gerade der vollständige Triumph der preußisch-deutschen Waffen die anderen Großmächte auf den Plan rufen könnte, um zugunsten des geschlagenen und gedemütigten Frankreich zu intervenieren und eine allzu weitreichende Verschiebung des Schwerpunkts der europäischen Politik nach Berlin hin zu verhindern. Deshalb erwog er noch in Sedan, die Kapitulationsverhandlungen in allgemeine Friedensverhandlungen zu überführen; ein möglichst rascher Friedensschluß schien ihm im dringendsten Interesse Deutschlands zu liegen. Moltke hingegen wollte davon nichts wissen; er war darum bemüht, den militärischen Thriumph über die Armee MacMahon durch die Kapitulation oder Zerschlagung auch der restlichen Armeen Frankreichs zu vervollständigen, und gab sogleich den Befehl zum Vorrücken der deutschen Armeen auf Paris. Ein offener Konflikt zwischen Kanzler und Generalstabschef über die Grundlinien der künftigen Kriegführung blieb damals nur deshalb noch aus, weil sich Napoleon III. gegenüber den Vorfühlern Bismarcks, ob er bereit sei, unverzüglich in allgemeine Friedensverhandlungen einzutreten, ablehnend verhielt; er sei, so meinte der Kaiser, als Kriegsgefangener nicht länger dazu befugt, für die französische Nation zu sprechen.

In Paris hingegen kam es unmittelbar nach Bekanntwerden der Kapitulation von Sedan zum Sturz des bonapartistischen Systems und zur Bildung einer »Regierung der nationalen Verteidigung« unter Führung von Jules Favre und Léon Gambetta, die jeden Gedanken an einen Friedensschluß zurückwies, obschon die 1. französische Armee unter Bazaine in Metz eingeschlossen und die 2. Armee vernichtet war. Vielmehr proklamierte die Regierung Favre den Volkskrieg und unternahm die äußersten Anstrengungen, um neue Massenheere auszuheben und den deutschen Armeen entgegenzustellen. Der deutsche Generalstab sah sich überraschend mit einem ganz neuen Phänomen konfrontiert, nämlich einer Form der Kriegführung, die von der Masse der Bevölkerung mitgetragen wurde und bei der die Streitkräfte auf deren direkte und indirekte Unterstützung zählen konnten. Dergestalt verlor die klassische Grenze zwischen der professionellen Armee und der Zivilbevölkerung ihre scharfen Konturen; das Gespenst des Guerillakrieges, in welchem definitive militärische Entscheidungen angesichts der Taktik des Gegners schwer zu erringen waren, tauchte am Horizont auf und konnte trotz drastischen Vorgehens gegen die Franktireurs, irreguläre Streitkräfte, welche auf eigene Faust gegen die deutschen Truppen operierten, nicht gebannt werden.

Damit gewann die Frage, wie man den militärisch eigentlich schon gewonnenen Krieg zu einem definitiven Ende bringen könne, eine ganz neue Dimension. Aus der Sicht Bismarcks wuchs die Gefahr einer Intervention der Großmächte oder die Möglichkeit, daß die Großmächte den Friedensschluß zum Gegenstand von Verhandlungen einer europäischen Konferenz erheben würden, wie dies die »Regierung der nationalen Verteidigung« ihrerseits sogleich forderte, von Tag zu Tag. Darüber hinaus war unklar, mit welcher Regierung ein Friedensschluß oder auch nur ein Präliminarfrieden geschlossen werden könne, der von ganz Frankreich akzeptiert würde: mit der »Regierung der nationalen Verteidigung«, die auf revolutionärem Weg zur Macht gekommen war und daher aus legitimistischer Sicht illegal war, oder mit der nach England geflohenen Regentin, Kaiserin Eugénie, zumal die Rhein-Armee dem Kaiser weiterhin Gefolgschaft zu leisten schien. Anfänglich lehnte es Bismarck konsequent ab, mit der neuen Regierung zu verhandeln, doch als bekannt wurde, daß man namentlich im zarischen Rußland eine Restitution Napoleons III. keinesfalls wünschte, schlug er eine flexiblere Linie ein, die darauf hinauslief, mit allen Lagern gleichermaßen in Friedensgespräche einzutreten, sich aber von seinen Kriegszielforderungen nichts abhandeln zu lassen. Wenn Jules Favre geltend machte, daß mit dem Sturz des bonapartistischen Regimes auch die Gründe weggefallen seien, die allenfalls Sicherheiten gegen neue kriegerische Akte Frankreichs rechtfertigen könnten, so wollte Bismarck dieses Argument keinesfalls akzeptieren: »Unsere Friedensbedingungen, mit welcher zur Sache legitimierten Regierung wir dieselben auch mögen zu verhandeln haben, sind ganz unabhängig von der Frage, wie u[nd] von wem die französische Nation regiert wird.«

Die Verhandlungen in Ferrières am 19. und 20. September 1870 mit dem Vertreter der Provisorischen Regierung, Jules Favre, über einen Waffenstillstand, zu denen sich Bismarck nur zögernd herbeigelassen hatte, führten zu keinerlei konkreten Ergebnissen. Der Kanzler konfrontierte Favre, der seinerseits schon zuvor öffentlich erklärt hatte, daß die »Regierung der nationalen Verteidigung« nicht ein Zipfelchen französischen Territoriums abzutreten bereit sei, mit der Forderung, daß Deutschland, um vor künftigen französischen Angriffen geschützt zu sein, von Frankreich die Abtretung des Elsaß sowie von Metz, einschließlich eines Teils von Lothringen, verlangen müsse und darüber hinaus die Zahlung einer Kriegsentschädigung erwarte. Favre sah sich in seinen Hoffnungen, daß dem republikanischen Frankreich, nachdem es sich von dem bonapartistischen Regime befreit habe, faire Friedensbedingungen gewährt würden, bitter enttäuscht. Bismarck erklärte schlankweg, daß angesichts des französischen Nationalcharakters, unter gleichviel welchem Regime, jederzeit mit einem neuen Angriff auf Deutschland gerechnet werden müsse, und schlug damit den Gedanken an eine Aussöhnung der beiden Völker von vornherein in den Wind. Favre protestierte tief entrüstet. Er lehnte jegliche territoriale Abtretung mit größter Entschiedenheit ab; allenfalls hielt er es für möglich, die Verpflichtung zur Zahlung einer Kriegsentschädigung anzuerkennen. Er wollte ohnehin zunächst nur einen befristeten Waffenstillstand erlangen, um in ganz Frankreich Wahlen für eine Nationalversammlung durchzuführen und eine reguläre Regierung zu bilden sowie dem inzwischen von deutschen Truppen eingeschlossenen und unter ernsten Versorgungsschwierigkeiten leidenden Paris mit Lebensmitteln zu helfen. Bismarck aber forderte ungerührt, daß die Provisorische Regierung den preußischen Armeen durch Überlassung einiger Festungswerke den Weg in die Innenbezirke von Paris öffnen müsse. Außerdem verlangte er die Übergabe der Festung Straßburg, in der die französischen Truppen trotz massiven Artilleriebeschusses weiterhin tapfer aushielten. Hinter diesem Verlangen stand deutlich genug das Kriegsziel der Annexion Elsaß und Lothringens; es kam auch darin zum Ausdruck, daß Bismarck zwar Wahlen für die in Aussicht genommene konstituierende Nationalversammlung im übrigen Frankreich, nicht aber im Elsaß und in Lothringen zulassen wollte.

Es steht dahin, ob maßvollere Forderungen schon damals die Beendigung des kriegerischen Ringens und die Einleitung von Friedensverhandlungen ermöglicht haben würde. Andererseits hatte die Provisorische Regierung die ihr von Favre übermittelten Waffenstillstandsvorschläge nicht einmal im Detail zur Kenntnis genommen, geschweige denn deren Annahme ernstlich in Erwägung gezogen. Vielmehr kam es zu einer erneuten leidenschaftlichen Aufwallung der nationalen Kampfbereitschaft unter der Pariser Bevölkerung; die Nationalgarde setzte sich an die Spitze der Bewegung für einen »Guerre à outrance«, mit dem eine nationale Demütigung und eine territoriale Verkleinerung Frankreichs unter allen Umständen abgewendet werden sollten. Gleichzeitig appellierte die »Regierung der nationalen Verteidigung« in beschwörender Form an die Weltöffentlichkeit, dem bedrängten Frankreich zu Hilfe zu kommen. Frankreich könne derartige Friedensbedingungen niemals hinnehmen und sei infolgedessen zur Fortführung des Krieges mit allen verfügbaren Mitteln gezwungen. Damit war die Aussicht, bald zu einem Friedensschluß zu gelangen, einstweilen dahingeschwunden. Die Gefahr einer Intervention dritter Mächte hatte sich in außerordentlichem Maße erhöht.

Unter Führung von Gambetta, der sich zu diesem Zweck mit einem Heißluft-ballon aus Paris herausbringen ließ, setzte jetzt die »Regierung der nationalen Verteidigung« alles daran, den »Volkskrieg« in den Provinzen zu organisieren und eilends neue Armeen aus dem Boden zu stampfen. An Freiwilligen gab es mehr als genug; schlechter stand es hingegen mit der Ausrüstung der neuen Armeen, und noch schwieriger war es, für sie erfahrene Offiziere und Unteroffi-ziere zu finden. Es gelang, die notwendige militärische Ausrüstung durch Käufe im europäischen Ausland, insbesondere in Großbritannien, zu beschaffen, auch wenn die bewährten Chassepots durch Gewehre unterschiedlichster Herkunft ersetzt werden mußten. In zahlreichen Regionen Ostfrankreichs bildeten sich freie militärische Verbände, die Franktireurs, die es sich zur Aufgabe machten, vor allem die rückwärtigen Verbindungen der deutschen Truppen anzugreifen und sie dadurch von ihren Nachschublinien abzuschneiden. Die deutschen Truppen grif-fen daraufhin vielfach zu äußerst drastischen Gegenmaßnahmen, die sich auch gegen die Zivilbevölkerung richteten und vielfach die Regeln des Völkerrechts mehr oder weniger mißachteten. Die Versorgung der deutschen Armeen, die nunmehr Paris in einem weiten, erhebliche Kräfte bindenden Belagerungsring umstellten und ansonsten vergleichsweise dünn über weite Landstriche Frank-reichs verteilt waren, wuchs sich zu einem schwer lösbaren Problem aus, da die Bahnlinien nach Deutschland sämtlich unterbrochen waren und wichtige Ver-kehrsknotenpunkte durch etliche kleinere Festungen, die bislang dem deutschen Ansturm widerstanden hatten, weiterhin kontrolliert wurden. Der einzige Licht-blick war die Kapitulation der französischen Rhein-Armee unter Bazaine in Metz am 27. Oktober 1870, nachdem eine Reihe von halbherzigen Ausbruchsversu-chen gescheitert und die Versorgungslage unerträglich geworden war.

Anfang November 1870 eröffnete sich dann erneut eine Chance, zu Friedens-verhandlungen zu gelangen. Schon seit mehreren Wochen war der französische Staatsmann Adolphe Thiers durch die Hauptstädte Europas gereist, um die Unterstützung der neutralen Mächte für die Herbeiführung eines Waffenstillstan-des zwecks Durchführung von Wahlen für eine Nationalversammlung zu erlan-gen. Diese seien nicht zuletzt deshalb notwendig, weil es ansonsten zu sozialrevo-lutionären Entwicklungen in Frankreich kommen könnte; das aber könne in niemandes Interesse liegen. Bismarck erklärte sich sogleich bereit, Thiers im kaiserlichen Hauptquartier in Versailles zu empfangen, obschon Moltke und die Militärs zu diesem Zeitpunkt von Waffenstillstandsverhandlungen nichts hielten. Thiers forderte, daß man der französischen Regierung einen befristeten Waffen-stillstand zugestehen möge, um ordnungsgemäße Wahlen zur Nationalversamm-lung in ganz Frankreich durchführen zu können; außerdem solle es gestattet werden, Paris während des Waffenstillstands, in Übereinstimmung mit den Grundsätzen des internationalen Rechts, mit dringend benötigten Lebensmitteln und mit Heizmaterial zu versorgen. Bismarck war jedoch keinesfalls zu einer

Feierliche Kaiserproklamation im Spiegelsaal zu Versailles am 18. Januar 1871. Vorstudie des
Anton von Werner, 1871, zu den im Auftrag des Hofes gemalten Fassungen. Essen, Sammlung
Kurt Demke

Abtrennung des Elsaß und Lothringens von Frankreich durch die Unterzeichnung des Frankfurter Friedensvertrages vom 10. Mai 1871. Lithographie nach einer Zeichnung von Janet
Lange. Paris, Bibliothéque Nationale

teilweisen Aufhebung der Blockade der französischen Hauptstadt, von deren Fall er sich endlich reale Chancen für einen Friedensschluß erwartete, ohne entsprechende militärische Gegenleistungen bereit, und die Militärs waren es noch weniger. Nur in der Frage der Beteiligung der abzutretenden Gebiete an den Wahlen zur Nationalversammlung kam er Thiers geringfügig entgegen; er bot sogar an, daß die Wahlen in den okkupierten Gebieten gegebenenfalls auch ohne formellen Waffenstillstand durchgeführt werden könnten. Dennoch zog er die Verhandlungen in die Länge, um alle Möglichkeiten hinsichtlich einer Verständigung mit Thiers auf der Basis seiner eigenen Bedingungen auszuloten, vor allem aber, um die anderen Mächte nicht vor den Kopf zu stoßen. Jedoch war er nicht einmal sonderlich unglücklich, als Thiers auf Weisung der Regierung Favre die Verhandlungen schließlich seinerseits abbrach.

In diesem Augenblick tauchte eine neue, große Gefahr für Bismarcks Strategie der Isolierung Frankreichs am Horizont auf. Denn am 7. November 1870, jenem Tag, an dem die Verhandlungen mit Thiers engültig abgebrochen wurden, wurde Bismarck das Zirkular Gortschakows an die Großmächte vom 31. Oktober zur Kenntnis gebracht, in welchem das zarische Rußland den Artikel 11 des Pariser Friedens von 1856 einseitig aufkündigte, der die Neutralisierung des Schwarzen Meeres festlegte und den russischen Seestreitkräften die Passage der Meerengen untersagte. Dies war ein Schritt, der die Wahrscheinlichkeit weitreichender internationaler Verwicklungen in sich barg und deswegen Bismarck äußerst ungelegen kam. In der gegebenen Situation war die deutsche Politik vom Wohlwollen Rußlands abhängig, und so verboten sich alle Gegenmaßnahmen von selbst. Die Annullierung der Pontus-Klausel durch Rußland löste erwartungsgemäß in den anderen europäischen Hauptstädten, namentlich in London, große Irritationen aus, und Bismarck hatte alle Mühe, die Erregung, soweit dies in seiner Macht stand, zu beschwichtigen. Als Ausweg fand sich schließlich die Lösung, die Pontus-Frage auf einer internationalen Konferenz zu regeln. Damit war natürlich die Gefahr verbunden, daß auch die Frage des Friedensschlusses mit Frankreich vor den Areopag der Großmächte gezogen werden könnte. Um so notwendiger wurde es, so rasch wie möglich zu einem Frieden mit Frankreich zu gelangen.

Damit stand es jedoch vorderhand nicht zum besten. Denn es gelang den deutschen Truppen trotz immer weiterer Vormarsches nicht, das republikanische Frankreich zur Aufgabe des Kampfes zu zwingen. Am 9. November wurde das 1. Bayerische Armeekorps unter General Ludwig von der Tann gar von der neu aufgestellten französischen Loire-Armee geschlagen und mußte Orléans wieder aufgeben – ein erster schwerer Rückschlag auf offenem Felde gegen die Armeen des republikanischen Frankreich. Die Niederlage von der Tanns konnte in den folgenden Wochen in mehreren Schlachten wettgemacht werden. Am 12. Dezember 1870 wurde der letzte Versuch der Loire-Armee vereitelt, eine Entsetzung des belagerten Paris zu erzwingen. Dennoch schien der Friede trotz aller Siege im

Felde, die wegen des einsetzenden Winters unter ständig sich verschlechternden Bedingungen erfochten werden mußten, ferner denn je zu sein. Die Operationen der irregulären Franktireur-Verbände wuchsen sich zunehmend zu einer schweren Belastung für die deutsche Kriegführung aus. Moltke wußte sich nicht anders zu helfen, als beim preußischen Kriegsminister von Roon immer neue Landwehrverbände zum Schutz der rückwärtigen Linien der deutschen Armeen anzufordern. Roon stellte sie nur widerwillig bereit, wegen der ungünstigen Rückwirkungen auf die Moral in Deutschland, aber auch, weil er mit der Kriegführung Moltkes immer weniger einverstanden war. Wegen der bedenklichen Auswirkungen auf die Machtstellung der Parteien innerhalb des Verfassungssystems, war auch Bismarck wenig darüber erfreut, beim Reichstag laufend finanzielle Nachforderungen erheben zu müssen. Trotz aller Siegesmeldungen wurden der Heimat immer stärkere Kriegsanstrengungen zugemutet, und erste Rückwirkungen kritischer Natur kündigten sich an. Es sah alles danach aus, als käme es zu einer Versumpfung des Krieges.

Dementsprechend gedrückt war die Stimmung im königlichen Hauptquartier in Versailles. Der greise Monarch, der den Krieg ohnehin hatte vermieden sehen wollen, wurde von zunehmender Unruhe erfaßt und verlor zeitweilig sogar das Vertrauen in Moltkes Fähigkeit zur Leitung der militärischen Operationen. Auch dieser selbst war niedergeschlagen; er schrieb in jenen Tagen an einen seiner Freunde: »Wie kurz oder wie lange dieser furchtbare Krieg noch dauert, und mit wem wir einmal den Frieden abzuschließen haben werden, das übersieht auch hier Niemand! Ein ganzes Volk in Waffen ist nicht zu unterschätzen.« Darüber hinaus kam es zu immer schärferen Spannungen zwischen Bismarck und Moltke, die in ihrer jeweiligen Umgebung getreuliche Resonanz fanden. Moltke mißbilligte die Eingriffe Bismarcks in die Führung des Krieges, die, solange die Operationen andauerten, allein eine Sache der Militärs seien. Bismarck hingegen klagte, daß er bei den strategischen Entscheidungen nicht gehört und vor allem ganz ungenügend informiert werde und daß die Kriegsberichte des Generalstabs den politischen Notwendigkeiten nicht genügend Rechnung trügen. Besonders aber kritisierte er das angeblich zu weiche und von altmodischen humanitären Gesichtspunkten beeinflußte Verhalten Moltkes sowie das nach seiner Meinung viel zu schlappe Vorgehen der Armee gegen die Franktireurs. Der Konflikt erreichte Mitte Dezember 1870 seinen Höhepunkt mit einer Auseinandersetzung zwischen dem Bundeskanzler und dem Generalstabschef über die Opportunität einer möglichst baldigen Beschießung der Stadt Paris ohne Rücksicht auf die Zivilbevölkerung. Bismarck verlangte den sofortigen Einsatz schweren Kriegsgeräts gegen Paris, weil er davon einen raschen Fall der französischen Hauptstadt erwartete; dies wiederum würde, wie er meinte, den Weg für Friedensverhandlungen mit der Provisorischen Regierung frei machen. Moltke umgekehrt bezweifelte, ob eine Beschießung wirklich die Demoralisierung der Pariser Bevölkerung zur Folge haben und die Besatzungsarmee zur Kapitulation treiben werde; im Fall der Beschießung Straßburgs war eher das Gegenteil, nämlich eine Verhärtung des Widerstandswillens der Verteidiger, eingetreten. Er hielt ein entschiedenes Vorgehen gegen die französischen Armeen im Lande, das dem Volkskrieg ein Ende setzen und die Möglichkeit schaffen werde, dem Feind die Friedensbedingungen zu diktieren, für wichtiger als die Eroberung von Paris, das früher oder später ohnedies werde kapitulieren müssen. Ebenso wollte er von diplomatischen Bemühungen, eine Beendigung des Krieges auf dem Kompromißweg herbeizuführen, wie sie Bismarck nach dem Fall von Paris einzuleiten gedachte, nichts wissen; er wollte sich den militärischen Triumph nicht von den Politikern entwinden lassen. Er verlangte schließlich von Wilhelm I., daß Bismarck von den täglichen militärischen Lagebesprechungen ausgeschlossen werden solle, was der Monarch freilich sogleich ablehnte.

\Nach wochenlangen bitteren Auseinandersetzungen, bei denen Paul Bronsart von Schellendorf auf der Seite Moltkes und der Kriegsminister Albrecht Graf von Roon auf derjenigen Bismarcks standen, setzte der Kanzler schließlich, wenn auch nur bedingt, seinen Willen durch. Aber die Beschießung von Paris, die am 31. Dezember 1870 begann, brachte nicht das erwartete Resultat; ihre Auswirkungen auf die internationale öffentliche Meinung waren der deutschen Sache vielmehr eher abträglich. Im übrigen war Moltke nicht geneigt, durch die Erstürmung der zerbombten Festungswälle von Paris, die aller Wahrscheinlichkeit nach höchst verlustreich ausgefallen wäre, die militärische Entscheidung zu beschleunigen, die grundsätzlich schon gefallen zu sein schien. Erst als nach der Niederlage der französischen Nordarmee bei St. Quentin am 19. Januar 1871 die letzten Chancen einer Entsetzung dahingeschwunden waren und am folgenden Tag ein erneuter Ausbruchsversuch der französischen Besatzungsarmee im Feuerhagel der deutschen Waffen liegenblieb und unter großen Verlusten abgebrochen werden mußte, sah die Provisorische Regierung, die sich nur mit Mühe der Aufstandsbewegung einer radikalen Fraktion der Nationalgarde zu erwehren wußte, am 23. Januar 1871 keinen anderen Ausweg mehr, als um einen Waffenstillstand nachzusuchen./

Bismarck hatte diesem Schritt mit steigender Unruhe entgegengesehen. Zeitweilig hatte er große Anstrengungen unternommen, einen Friedensschluß mit der Kaiserin Eugénie beziehungsweise mit den bonapartistischen Kreisen herbeizuführen, und sogar mit dem Gedanken gespielt, die kriegsgefangene Armee Bazaines, die auf Napoleon III. eingeschworen war, gegen die Provisorische Regierung auszuspielen; doch all dies hatte zu keinem Ergebnis geführt. Am 17. Januar sollte die Pontus-Konferenz in London beginnen. Obschon sich Bismarck bemüht hatte, den anderen Mächten, insonderheit Großbritannien, in dieser Frage möglichst weit entgegenzukommen, unter anderem, indem Favre freies Geleit zur Teilnahme an der Konferenz gewährt wurde, fürchtete er mit einigem Recht, daß die anderen Großmächte die Konferenz auch für die Herbeiführung eines Friedensschlusses mit Frankreich nutzen könnten.

So war Bismarck außerordentlich erleichtert, als Favre am 23. Januar 1871 den deutschen Vorposten am Pont du Sèvres signalisierte, daß er zu Verhandlungen über einen Waffenstillstand bereit sei. In den folgenden Tagen hämmerte Bismarck in zähen Verhandlungen mit Favre, die durchweg unter vier Augen geführt wurden, die Bedingungen für einen dreiwöchigen Waffenstillstand aus, der den Pariser Streitkräften ehrenvolle Konditionen einräumte, aber, sofern es nicht anschließend zu einem Präliminarfriedensschluß kommen würde, unvermeidlich die Kapitulation nach sich gezogen haben würde. Den Stein des Anstoßes auf seiten der Militärs bildete die Forderung Favres, daß von einem Einmarsch der deutschen Armeen in Paris Abstand genommen werden sollte. Moltke und mit ihm Wilhelm I. wollten anfänglich auf einen solchen symbolischen Triumph nicht verzichten. Doch Bismarck vermochte sich schließlich mit seinem Standpunkt durchzusetzen, daß im Interesse der baldigen Herbeiführung eines Friedensschlusses ein Waffenstillstand an dieser Ehrenfrage nicht scheitern dürfe. Auf diese Weise wurde die in Bordeaux residierende Regierungsdelegation unter Gambetta, die faktisch die Macht im übrigen Frankreich ausübte, unter Zugzwang gesetzt; wollte sie eine bedingungslose Kapitulation von Paris vermeiden, so mußte sie binnen drei Wochen in den Abschluß eines Präliminarfriedens einwilligen. Überdies bot der Waffenstillstand die Möglichkeit, endlich die Wahlen zu einer französischen Nationalversammlung durchzuführen, ohne die eine Konsolidierung der inneren Verhältnisse in Frankreich nicht erreichbar erschien. Der Pferdefuß des Waffenstillstandsabkommens war, daß es für die französische Ostarmee, die unter General Charles Bourbaki gerade eine Offensive begonnen hatte, um die immer noch tapfer ausharrende französische Besatzung der Festung Belfort zu entsetzen, nicht gelten sollte. Dies ermöglichte es den deutschen Truppen unter General August von Werder, im Verlauf der nächsten Tage die französische Ostarmee in die Wälder des französischen Jura zu treiben und schließlich zum Übertritt in die Schweiz zu zwingen; damit war die letzte intakte Armee des republikanischen Frankreich als militärisches Potential ausgeschaltet. Dennoch wollte Gambetta weiterhin auf die Karte des »Guerre à outrance« setzen. Seine nationalistische Parole für die am 31. Januar bevorstehenden Wahlen sprach von den »deutschen Horden«, die es mit aller Kraft zu bekämpfen gelte, und endete mit der Aufforderung »Zu den Waffen«. Das löste noch einmal große Irritation in Versailles aus und hätte um ein Haar zur Wiederaufkündigung des Waffenstillstands geführt, der am 28. Januar von Bismarck und Favre unterzeichnet worden und bereits in Kraft getreten war. Doch Gambetta gab am Ende selbst den Weg zur loyalen Durchführung des Waffenstillstands und zum wenig später folgenden Abschluß eines Präliminarfriedens frei.

Am 22. Februar 1871 wurden in Versailles zwischen Bismarck einerseits,

Thiers und Favre andererseits die Verhandlungen über den Präliminarfrieden aufgenommen. Die am 8. Februar gewählte Nationalversammlung hatte die französischen Unterhändler mit großer Mehrheit dazu ermächtigt, nunmehr auch um den Preis erheblicher Konzessionen eine Beendigung des fürchterlichen Ringens herbeizuführen. Zu guter Letzt war es Bismarck doch noch gelungen, eine handlungsfähige Regierung zu finden, mit der sich konkrete Vereinbarungen würden treffen lassen. Nach bitteren Auseinandersetzungen fügten sich Thiers und Favre den drückenden Bedingungen, die Bismarck ihnen diktierte: der Abtretung des Elsaß und großer Teile Lothringens sowie eine Kriegsentschädigung von 5 Milliarden Francs. Nur von der ursprünglich ebenfalls vorgesehenen Annexion Belforts sah Bismarck schließlich ab. Als Entgegenkommen willigte er in den französischen Wunsch ein, daß von einem förmlichen Einmarsch der deutschen Truppen in die französische Hauptstadt und deren vollständige Besetzung abgesehen werden möge, obschon Wilhelm I. und Moltke darauf größten Wert legten. Auf deutscher Seite begnügte man sich am Ende mit einer symbolischen Siegesparade der deutschen Truppen im Bois de Boulogne. Am 26. Januar wurde das Waffenstillstandsabkommen unterzeichnet und wenige Tage später von der französischen Nationalversammlung ratifiziert; es nahm in allem wesentlichen die Bedingungen des späteren Frankfurter Friedens vorweg. Bismarck schrieb am 27. Februar erleichtert an seine Frau: »Gestern haben wir endlich unterzeichnet, mehr erreicht als ich für meine persönliche politische Berechnung nützlich halte. Aber ich muß nach oben und nach unten Stimmungen berücksichtigen die eben nicht rechnen. Wir nehmen Elsaß und Deutsch-Lothringen, dazu auch Metz mit sehr unverdaulichen Elementen, und über 1.300 Millionen Thaler.« Wenn Bismarck gegenüber seiner Gattin seine persönliche Verantwortlichkeit für die Friedensbedingungen herunterspielte, so war das nicht zutreffend; doch es zeigt, daß er sich der weitreichenden und möglicherweise nachteiligen Konsequenzen eines Frankreich derart demütigenden Friedensschlusses selbst bewußt war.

Mit dem Abschluß des Vorfriedens war fürs erste die Gefahr einer Intervention der Großmächte abgewendet, aber nicht definitiv beseitigt worden. Immerhin kam der deutschen Politik zugute, daß das zarische Rußland, obschon man dort eine derart weitgehende Schwächung Frankreichs mit äußerst kritischen Augen betrachtete, im gegebenen Augenblick primär daran interessiert war, die endgültige Aufhebung der Pontus-Klausel des Pariser Friedens durch die Großmächte zu erreichen, was denn auch im März 1871 auf der Londoner Konferenz so beschlossen wurde. Die englische Regierung aber konnte sich nach wie vor nicht entschließen, angesichts der eindeutigen Kriegsschuld Frankreichs wegen der Abtretung Elsaß-Lothringens in letzter Minute zu dessen Gunsten zu intervenieren. In Wien aber hatte sich gegenüber dem schroff anti-preußischen Kurs Beusts, für den nun eine machtpolitische Grundlage nicht mehr gegeben war, die Linie einer Verständigung mit Preußen-Deutschland durchgesetzt. Dennoch zogen sich die Verhandlungen über den endgültigen Friedensschluß, die nach langem Hin und Her Ende März 1871 in Brüssel begannen, zu Bismarcks steigendem Ärger bis in den Mai hin. Sie waren überschattet vom Ausbruch des Commune-Aufstands in Paris, der die Handlungsfähigkeit der republikanischen Regierung schwer beeinträchtigte und ihre Autorität ernstlich in Frage stellte. Während die Commune die Herrschaft über die Hauptstadt an sich riß und eine eigene beachtliche Streitmacht aufstellte, witterten die Bonapartisten Morgenluft; eine Restauration der Herrschaft Napoleons III. als Konsequenz der ausbrechenden sozialen Revolution wurde vielerorts für wahrscheinlich gehalten.

Die Aussicht, daß Frankreich in Aufruhr und Anarchie versinken und damit der in seinen Grundlinien bereits feststehende Friedensschluß wieder in Rauch aufgehen könnte, veranlaßte Bismarck, der französischen Regierung in bestimmten Grenzen Erleichterungen hinsichtlich der Bereitstellung militärischer Verbände zur Niederwerfung der Commune zu gewähren; es wurde zeitweise sogar erwogen, ihr unmittelbar militärische Hilfe gegen die Commune zu leisten, wovon Bismarck allerdings bald wieder Abstand nahm. Als die französischen Unterhändler dann in zahlreichen Detailfragen der Friedensregelung, zum Beispiel hinsichtlich der Modalitäten der zu zahlenden Kriegsentschädigung und der Grenzziehung im Elsaß und in der Umgebung von Belfort, Schwierigkeiten machten, scheute sich Bismarck nicht, direkte Kontakte zu General Gustave Paul Cluseret, dem Oberbefehlshaber der Streitkräfte der Commune, aufzunehmen, um die republikanische Regierung unter Druck zu setzen. Gegenüber dem darob einigermaßen entsetzten Monarchen rechtfertigte Bismarck seinen Schritt mit der verharmlosenden Erklärung, daß das Ziel der Commune in erster Linie auf stärkere Selbstverwaltung der Städte im Sinne der Steinschen Reformen vom Jahr 1808 gerichtet sei. Ähnlich instruierte er den militärischen Repräsentanten der deutschen Verhandlungskommission in Brüssel, Generalleutnant Alfred von Fabrice: »Die communale Unabhängigkeit nach Art unserer Städteordnung ist an sich keine unverständige Forderung, wenn nicht etwa weiteres communistisches Beiwerk damit verknüpft ist.« Sobald es darum ging, die republikanische Regierung zur Hinnahme der Friedensbedingungen zu zwingen, waren Bismarck ideologische Richtungsunterschiede ganz gleichgültig.

Unter diesen Umständen vermochte Favre, dem Bismarck schließlich mit dem Abbruch der Verhandlungen und der Wiederaufnahme der Feindseligkeiten drohte, am Ende nur geringfügige Modifikationen der schon in Versailles zugestandenen Bedingungen zu erlangen, unter anderem eine Erweiterung des Festungsrayons von Belfort im Austausch gegen einen Teil des Erzgebietes von Briey, während die Eisenerzbergwerke Wendel in Hageningen wieder an Frankreich zurückfielen. Überhaupt spielten wirtschaftliche Gesichtspunkte bei der Festsetzung der Friedensbedingungen und insbesondere der Festlegung der Grenzziehungen keine ausschlaggebende Rolle, obschon sie seitens der wirtschaftlichen Interessenten mit einigem Nachdruck an Bismarck herangetragen worden waren. Entscheidend waren politische und strategische Erwägungen. Während die Annexion des Elsaß aus nationalpolitischen Gründen unabdingbar erschien, waren für die verhängnisvolle Entscheidung, mit der Annexion großer Teile Lothringens und der bereits damals rein französischen Stadt Metz über die Sprachgrenze hinauszugehen, vornehmlich strategische Erwägungen ausschlaggebend. Im nachhinein hat Bismarck dafür in erster Linie den Militärs die Schuld gegeben; im Prinzip jedoch hatte er die deutschen Annexionen bereits im August 1870 selbst mit dem Argument gerechtfertigt, daß man »namentlich Süddeutschland gegen die Gefahr seiner offnen Lage besser sichern« müsse »als bisher«. »Wir stehn heute im Felde gegen den 12. oder 15. Überfall u[nd] Eroberungskrieg, den Frankreich seit 200 Jahren gegen Deutschland ausführt. 1814 und 1815 suchte man Bürgschaften gegen [die] Wiederholung dieser Friedensstörungen in der schonenden Behandlung Frankreichs. Die Gefahr liegt aber in der unheilbaren Herrschsucht u[nd] Anmaßung, welche dem französischen Volkscharacter eigen ist... Gegen dieses Uebel liegt unser Schutz nicht in dem unfruchtbaren Versuche, die Empfindlichkeit der Franzosen momentan abzuschwächen, sondern in der Gewinnung gut befestigter Gränzen für uns.« In jener Grundauffassung hatte sich Bismarck seitdem um kein Jota geändert, auch wenn er in Details die Wünsche der Militärs berücksichtigt haben dürfte. Er rechnete aufgrund der angeblich naturgegebenen Aggressivität des französischen Nationalcharakters mit der fortdauernden Gegnerschaft Frankreichs, das nur mit einer Kombination von Gewalt und Diplomatie auf Dauer werde niedergehalten werden können. Über die feindselige Haltung nicht nur der Lothringer, sondern auch der Elsässer gegenüber den neuen Herren war sich Bismarck vollkommen im klaren; noch Ende Juni 1871 votierte er, daß »[i]n Elsaß-Lothringen [...] der Kriegszustand« werde »fortdauern müssen, bis die Bewohner dieses Gebietes angefangen haben, sich in die neuen Verhältnisse einzuleben«.

Nach Bismarcks letzten ultimativen Drohungen, aber auch bescheidenen territorialen Konzessionen, die von der Sorge diktiert waren, daß bei einer weiteren Verzögerung des Vertragsabschlusses die republikanische Regierung gestürzt und das so mühsam zuwege gebrachte Friedensgebäude dann wieder in sich zusammenfallen werde, wurde der Frankfurter Friedensvertrag am 10. Mai 1871 unterzeichnet. Damit war der Kriegszustand mit Frankreich beendet. Es sollte freilich noch geraume Weile dauern, bis die deutschen Truppen restlos von französischem Boden abgezogen wurden, weil dies von der Zahlung der Kriegskontribution, für die eine Frist von maximal fünf Jahren festgesetzt worden war, abhängig gemacht wurde. Schwerwiegender noch als diese für damalige Verhältnisse enorme Summe, zu der noch die zahllosen Requisitionen der deutschen Armeen während des Krieges und des Waffenstillstands hinzukamen, wog in französischen Augen der Verlust der beiden Provinzen Elsaß und Lothringen. Dies vor allem wollten die

Franzosen innerlich nicht hinnehmen. Die Erbitterung über »das Loch in den Vogesen«, wie dies später Raymond Poincaré ausdrücken sollte, begründete die unversöhnliche Gegnerschaft Frankreichs gegenüber dem neuen Deutschland; sie sollte sich als schwerwiegende Hypothek für die deutsche Politik des nächsten halben Jahrhunderts erweisen. William Ewart Gladstone hat am 10. Dezember 1870 in einem Brief an den britischen Außenminister Granville die prophetischen Worte geschrieben: »Während ich die schwere Schuld Frankreichs immer stärker empfinde, packt mich jetzt das Gefühl, daß die gewaltsame Losreißung und Übereignung [Elsaß-Lothringens] die Dinge noch weit verschlimmert und daß mit ihr eine neue Serie europäischer Verwicklungen ihren Anfang nimmt.«

Die Gründung des Deutschen Reiches und die Errichtung des deutschen Kaisertums

Die Nachricht von dem deutschen Triumph in der Schlacht bei Sedan hatte in der deutschen Öffentlichkeit eine gewaltige Welle nationaler Begeisterung ausgelöst. Hermann Baumgarten meinte damals mit vielen anderen, daß die nationale Erhebung der Nation, die durch den Sieg auf dem Schlachtfeld gleichsam seine Weihe erhalten hatte, die Deutschen wieder zu einem geeinten Volk gemacht habe. In den Kreisen des nationalen Liberalismus bestand keinerlei Zweifel darüber, daß »Zweck und Ziel dieses Krieges« nur »das geeinte und untrennbare Deutschland sein« könne; so hatte es Maximilian von Norman am 15. Juli 1870 gegenüber Gustav Freytag formuliert. Nach der Schlacht von Sedan, die, wie man allgemein annahm, den Krieg bereits definitiv zugunsten Deutschlands entschieden habe, wurde die Forderung nach Vollendung der Einigung aller Deutschen, als der notwendigen Ergänzung des gemeinsamen Kampfes gegen den »Erbfeind« Frankreich, das sich der deutschen Politik Bismarcks bisher mit allen Mitteln entgegengestemmt hatte, in weiten Kreisen erhoben. Auch in Süddeutschland kam es zu einem dramatischen Umschwung in der öffentlichen Meinung; die partikularistischen und anti-preußischen Kräfte gerieten völlig in die Defensive. Dies zeigte sich etwa im Ausgang der Wahlen für die Württembergische Kammer im Herbst 1870, bei denen die Deutsche Partei ihre Position auf Kosten der Katholiken erheblich verbessern konnte. Die nationale Bewegung hielt nun die Stunde für konkrete Schritte in der »deutschen Frage« für gekommen, und die Nationalliberalen sowie ihre Gesinnungsgenossen in den süddeutschen Staaten suchten dafür »Druck von unten« zu mobilisieren, wenn möglich im Bunde mit Bismarck, aber auch gegen ihn. Die bereits auf Hochtouren laufende Kampagne für die Annexion von Elsaß und Lothringen ließ sich mühelos auf die Forderung nach Herstellung der Reichseinheit nach außen wie im Innern ausweiten.

Bismarck betrachtete solche Aktivitäten mit Wohlwollen, aber er war darum bemüht zu verhindern, daß den Nationalliberalen in der »deutschen Frage« die politische Initiative zuwachse. Er spielte zwar den Gedanken, daß die Reichseinheit gegebenenfalls durch den Druck der Volksmassen kommen würde, gegenüber den widerstrebenden süddeutschen Fürsten nach Kräften aus, doch er wollte das Deutsche Reich als eine dynastische Gründung ins Leben rufen. Das Kaisertum der Hohenzollern sollte von den Fürsten ausgehen und nicht etwa von der Volksvertretung. Zwar erwog er bereits unmittelbar nach der Schlacht von Sedan die Einberufung des Zollparlaments, in dem Abgeordnete der süddeutschen Staaten neben denen des Norddeutschen Reichstages saßen, sowie des Norddeutschen Reichstages, um das Gewicht beider Körperschaften gegen die partikularistischen Kräfte ins Spiel zu bringen. Aber dieser Gedanke wurde sogleich wieder verworfen, zumal auch die Parlamentarier einem Zusammentritt des Reichstages in Versailles, wo er allzu sehr den Einflüssen der Exekutive und der Militärs ausgesetzt gewesen wäre, keinen rechten Geschmack abgewinnen konnten. Immerhin wurde Delbrück noch in der ersten Septemberwoche beauftragt, einen Entwurf über die künftige Verfassung des neuen Deutschland auszuarbeiten, der bereits am 13. September vorlag. Dieser Entwurf hielt sich, ganz im Sinne Bismarcks, in den Grundzügen an die bestehende Verfassung des Norddeutschen Bundes, war aber in der Tendenz um einiges unitarischer ausgefallen. Vorgesehen waren insbesondere ein »Parlament als Vertretung der Nation, ein Bundesrat als Vertretung der Fürsten, die einheitliche Spitze mit der vollziehenden Gewalt als Attribut der preußischen Krone«. Vor allem auf dem Gebiet des Heerwesens und in der Vertretung gegenüber ausländischen Mächten sah der Entwurf unitarische Regelungen vor. Die neue Ordnung sollte den Namen »Deutsches Reich« tragen. Delbrück legte ferner nahe, dem bisherigen Präsidium den Titel »Kaiser von Deutschland« zu verleihen, um die Aufnahme dieser »neuen Gestaltung bei Fürsten und Völkern zu fördern«.

Auch die Regierungen der süddeutschen Staaten, einschließlich Bayerns, gerieten in den Sog der öffentlichen Meinung, die nun eine Vollendung der nationalen Einheit, gleich in welcher Form, für unabdingbar hielt. Aber vorderhand war die große Mehrheit der süddeutschen Fürsten nicht dazu bereit, einer derart unitarischen Lösung ihre Zustimmung zu geben. Eine Ausnahme machte hier nur der Großherzog von Baden, der den Nationalstaat als die Lösung aller inneren Probleme betrachtete und sich demgemäß in der Folge willig »als reiner Erfüllungsgehilfe der Bismarckschen Politik« (L. Gall) betätigen sollte. Bismarck hingegen war der Meinung, daß die süddeutschen Staaten nicht gegen ihren Willen in den Norddeutschen Bundesstaat hineingezwungen werden dürften, sondern diesen Schritt aus freien Stücken vollziehen müßten; er widerstand somit den Vorschlägen des Kronprinzen, man möge die süddeutschen Staaten einfach zur Einheit zwingen. Dabei war maßgebend, daß Bismarck die Führung in der »deutschen Frage« keinesfalls an die Parteien und den Reichstag verlieren wollte; die neue Ordnung sollte aus dem freien Willen der Dynastien hervorgehen und nicht aus den Beschlüssen einer Volksvertretung.

Die Verhandlungen mit den süddeutschen Staaten über eine Neugestaltung des Bundesverhältnisses, die in den ersten Septemberwochen aufgenommen wurden, um die vorteilhafte Stimmung in der öffentlichen Meinung nach Sedan auszunutzen, erwiesen sich allerdings als äußerst langwierig. Bismarck war daran gelegen, daß die süddeutschen Staaten, insbesondere Bayern, die notwendigen Schritte zur Vollendung der Einheit, wie sie die öffentliche Meinung nach dem Stimmungsumschlag von Sedan auch im Süden stürmisch forderte, aus eigenem Entschluß heraus tun würden. Um die Dinge in Gang zu bringen, wurde Delbrück, der Staatssekretär im Reichskanzleramt, der mit den Verfassungsfragen bestens vertraut war, Anfang September 1870 nach Dresden entsandt, um mit Hilfe der guten Dienste der sächsischen Diplomatie die Lage in München auszuloten und die bayerische Regierung dazu zu veranlassen, ihrerseits tätig zu werden. Dies erwies sich als ein großer Erfolg. Nur wenig später wurde von bayerischer Seite Bismarck offiziell der Wunsch angetragen, Delbrück möge selbst in die bayerische Hauptstadt kommen, um über die Modalitäten des künftigen Verhältnisses Bayerns zum Norddeutschen Bund zu verhandeln. Weder in Bayern noch in Württemberg noch in Hessen, von Baden ganz abgesehen, konnte man sich nunmehr dem Drängen breiter Bevölkerungskreise auf eine definitive Lösung der »deutschen Frage« gänzlich entziehen, aber die Regierungen waren darauf bedacht, ein möglichst großes Maß staatlicher Eigenständigkeit in die neue Ordnung hinüberzuretten. In Bayern hielt man anfänglich an dem Modell eines engeren und weiteren Bundes fest; das Großherzogtum Hessen sollte gar aus dem Norddeutschen Bunde entlassen und dem neu zu schaffenden Südbund zugeschlagen werden; dieser sollte dann in ein engeres Bundesverhältnis zum Norddeutschen Bund treten. Allerdings waren die anderen süddeutschen Regierungen für eine solche Lösung nicht mehr zu haben. Erst nach und nach wurde Ludwig II. und seinen leitenden Ministern klar, daß sich Bayern mit diesen Vorschlägen in die völlige Isolierung begeben würde und dafür auch keine politische Unterstützung von außen zu erwarten war.

Bayern forderte für den Fall eines Beitritts zum Norddeutschen Bund eine weitreichende Umgestaltung desselben in föderalistischem Sinne, die Bismarck freilich, hierin von den Nationalliberalen unterstützt, keinesfalls zu gewähren bereit war. Darüber hinaus wurde ein umfänglicher Katalog von Reservatrechten verlangt, mit dem Ziel, die staatliche Selbständigkeit Bayerns zu erhalten. In München spielte man überdies mit dem Gedanken, für den Fall des Eintritts in den Norddeutschen Bund territoriale Konzessionen zu verlangen; gedacht war an die Angliederung von Teilen Badens, welches dann seinerseits im Elsaß entschädigt werden sollte. Anfänglich ließ Bismarck dergleichen Spekulationen über eine

Aufteilung Elsaß und Lothringens auf die süddeutschen Staaten bzw. einen Länderaustausch freien Lauf; im weiteren Verlauf der Verhandlungen wies er diese dann, in wohl richtiger Einschätzung der Einstellung der Öffentlichkeit, entschieden zurück. Ein derartiger Länderschacher war gewiß nicht mehr zeitgemäß, obschon selbst die Nationalliberalen erwogen hatten, Bayern territoriale Zugeständnisse zu machen, um seinen Widerstand gegen die deutsche Einheit zu überwinden. Hingegen war Bismarck bereit, den süddeutschen Staaten in konkreten Fragen, insbesondere auf dem Gebiet der Verwaltung und des Militärwesens, weit entgegenzukommen, um ihr Bedürfnis nach Erhaltung eines höchstmöglichen Maßes an Eigenständigkeit zu befriedigen. Dies alles wog aus seiner Sicht weniger schwer als eine unitarische Lösung, die nur mit dem Gewicht der Parlamente und der Öffentlichkeit hätte durchgesetzt werden können; dadurch aber wäre eine Bresche in die halbautoritäre Struktur des von ihm angestrebten politischen Systems geschlagen worden.

Die Nationalliberalen waren ob dieser Taktik Bismarcks, in der sie ein unbegreifliches Maß an Nachgiebigkeit sahen, äußerst irritiert, aber sie wagten nicht, das informelle Bündnis, in welches sie mit dem Kanzler durch die Vermittlung Laskers und Bambergers eingetreten waren, aufzukündigen und Bismarck offen entgegenzutreten. Statt dessen waren sie darum bemüht, Bismarck gegenüber Bayern, Sachsen und mit Einschränkung gegenüber Württemberg nach Kräften Schützenhilfe zu leisten. Lasker suchte damals die Grenzen der Nachgiebigkeit zu fixieren, die die Nationalliberalen nicht überschritten zu sehen wünschten: »Die bundesstaatliche Idee darf nicht getrübt, keine Grundlage des Bundesstaates erschüttert, die Macht der Zentralgewalt nicht gelockert werden. Das Gewichtsverhältnis Preußens darf keine Schwächung erfahren.« Sie hatten sich also auf eine rein defensive Strategie zurückdrängen lassen, die grundlegende Änderungen am bestehenden Verfassungsgebäude des Norddeutschen Bundes gar nicht mehr in Betracht zog. Es überrascht deshalb nicht, daß die Nationalliberalen auch die äußerst interessanten Vorschläge der Schaffung eines Staatenhauses abgelehnt haben, in welchem vornehmlich die Spitzen der deutschen Fürstenhäuser einschließlich der standesherrlichen Familien repräsentiert gewesen wären, obwohl dies mit der Einrichtung von verantwortlichen Reichsministern verbunden sein sollte, einer Forderung, die sie immer erhoben hatten.

Der Vorschlag der Schaffung eines Zweikammersystems wurde, in jeweils unterschiedlichen Variationen, unter anderem von dem hessischen Minister Reinhard Freiherr von Dalwigk-Lichtenfels, dem Herzog von Coburg-Gotha und Friedrich von Savigny vorgetragen und fand die entschiedene Unterstützung des Kronprinzen. Ein solches Modell, das am Vorbild der englischen Verfassung orientiert war und den Vorstellungen eines gemäßigten Whiggismus entsprach, wie er auch in Kreisen des gemäßigten preußischen Konservatismus, beispielsweise der »Wochenblatt-Partei« Bethmann Hollwegs Anhänger besaß, wurde von den Nationalliberalen gar nicht ernst genommen, weil es in der gegebenen Situation allein das Spiel der partikularistischen Kräfte zu unterstützen schien. Bennigsen äußerte gegenüber dem Kronprinzen, »ein Oberhaus mit souveränen und mediatisierten Fürsten« sei »angesichts der entschiedenen Abneigung des Grafen Bismarck augenblicklich nicht [...] wünschenswert«. Bismarck selbst bezeichnete diese Idee im Gespräch mit dem Herzog von Sachsen-Coburg-Gotha »als einen dem in gutem Fortschritt begriffenen Werke [d. h. dem Abschluß von Vereinbarungen mit den süddeutschen Staaten] absolut hinderlichen Gedanken«; er hielt an dem Modell des Bundesrates als einer Instanz, die zugleich die Repräsentanz der Fürsten und ihrer Regierungen und das oberste Exekutivorgan des Bundesstaates sein sollte, strikt fest, obschon auch in konservativen Kreisen die Idee eines vorwiegend aristokratischen Oberhauses und verantwortlicher Reichsministerien gewichtige Anhänger besaß. So hat beispielsweise Hermann Wagener damals in einer Denkschrift eine Kompromißlösung vorgeschlagen, in der die Bundesminister den einzelnen Exekutivausschüssen des Oberhauses vorsitzen sollten. Doch Bismarck wollte um kein Jota von dem Grundprinzip der bisherigen Verfassung abgehen, die dem Bundesrat eine Schlüsselstellung in der Exekutive wie in der Legislative einräumte und damit ein Abgleiten in ein parlamentarisches Regiment von vornherein ausschloß.

Am Ende wurde zur Lösung der schwierigen Probleme, nachdem wegen der Scheu Ludwigs II., nach Versailles zu reisen, ein Fürstenrat nicht zustande gekommen war, eine Ministerkonferenz nach Versailles einberufen. Schließlich wurde ein Ausweg in Form des Abschlusses separater Beitrittsverträge mit den süddeutschen Staaten gefunden, in denen insbesondere Bayern und Württemberg zahlreiche Reservatrechte eingeräumt wurden. Bismarck vertraute dabei auf die heilende Wirkung der Zeit, und in der Tat haben die meisten dieser Rechte in der Folge nach und nach ihre Bedeutung verloren. Dennoch waren die Konzessionen an die einzelstaatliche Souveränität gewichtig genug. Alle Beschlüsse des Bundesrates sollten mit einer Sperrminorität von 14 Stimmen verhindert werden können; damit erhielten die süddeutschen Staaten ein Vetorecht, mit dem sie unliebsame Entwicklungen gegebenenfalls verhindern konnten. Württemberg und Bayern wurden abweichend von der Bundesverfassung das Post- und Telegraphenrecht belassen. Vor allem aber wurde ihnen in einer besonderen Militärkonvention der Oberbefehl über das württembergische beziehungsweise das bayerische Heer zugestanden. Nur im Kriegsfall sollten auch sie sich der Oberhoheit des Bundesfeldherrn, also des Königs von Preußen, unterstellen. Darüber hinaus wurde Bayern das Recht eingeräumt, eigene diplomatische Vertreter bei ausländischen Regierungen zu unterhalten, allerdings mit der Maßgabe, daß diese mit den Gesandten des Bundes zusammenarbeiten sollten. Ebenso wurde Bayern in einer geheimen Vereinbarung zugestanden, daß es bei Friedensschlüssen des Bundes einen eigenen diplomatischen Vertreter entsenden dürfe. Außerdem verzichtete

Preußen nunmehr definitiv auf die Rückführung der vormaligen Düsseldorfer Gemäldegalerie, deren Rückgabe an Preußen im Berliner Vertrag von 1866 vorgesehen war; sie bildet heute den Kernbestand der Alten Pinakothek in München. Gewichtiger als diese Konzessionen, die zu Teilen nur die Empfindlichkeiten des Monarchen und seiner aristokratischen Umgebung beschwichtigen sollten, war die Zusage, daß Bayern den Vorsitz in einem neu zu errichtenden Bundesratsausschuß für die Auswärtigen Angelegenheiten führen solle. Dieser Ausschuß erlangte in der Folge, freilich erst nach dem Sturz Bismarcks, eine gewisse Bedeutung. Diese Reservatrechte, zu denen ein höchst verwickeltes System von Sonderregelungen zumeist wirtschaftlicher Natur hinzukam, wurden von den Zeitgenossen vielfach als eine ernste Beeinträchtigung der nationalen Einheit angesehen. Der Sache nach haben sie die Hegemonialstellung Preußens innerhalb des neuen Verfassungssystems nicht zu schmälern vermocht, dafür aber wesentlich dazu beigetragen, die verbliebenen Widerstände in Bayern und Württemberg gegen einen Eintritt in den neuen Bundesstaat zu überwinden.

Vor allem aber gelang es Bismarck, nicht zuletzt dank dieser Konzessionen, Ludwig II. am Ende doch noch für seinen Plan der Errichtung eines deutschen Kaisertums zu erwärmen und ihn sogar dafür zu gewinnen, Wilhelm I. im Namen der deutschen Fürsten als ranghöchster unter diesen die Kaiserwürde anzutragen. Bismarck appellierte dabei an die monarchische Solidarität Ludwigs II. als des ranghöchsten deutschen Fürsten gegenüber den demokratischen Kräften, die sonst in dieser Frage die Initiative übernehmen könnten: »Bezüglich der deutschen Kaiserfrage ist es nach meinem ehrfurchtsvollen Ermessen vor allem wichtig, daß deren Anregung von keiner andern Seite wie von Eurer Majestät und namentlich nicht von der Volksvertretung zuerst ausgehe. Die Stellung würde gefälscht werden, wenn sie ihren Ursprung nicht der freien und wohlerwogenen Initiative des mächtigsten der dem Bunde beitretenden Fürsten verdankte.« In dem berühmt gewordenen Entwurf eines Schreibens an Wilhelm I., dem sogenannten Kaiserbrief, legte Bismarck dem Monarchen zugleich die Formulierungen nahe, die zu diesem Zweck tunlich seien. Es bedurfte großer Einfühlung in die Mentalität Ludwigs II. und nicht zuletzt beträchtlicher finanzieller Zuwendungen, für die der parlamentarischer Kontrolle entzogene Welfenfonds herangezogen wurde und von denen der bayerische Oberhofmeister Graf Holnstein ein Zehntel für sich behalten durfte, um den bauwütigen, aber stets in Geldschwierigkeiten befindlichen bayerischen Monarchen dazu zu bringen, die ihm zugedachte Rolle zu übernehmen. Außerdem nahm Bismarck die guten Dienste des Großherzogs von Baden in Anspruch, um dem König von Bayern auch auf diesem Weg die Vorzüge der »Erneuerung der deutschen Kaiserwürde als des Schlußsteins des Reiches deutscher Nation« nahezulegen. Ludwig II. gab, nach Überwindung nicht unbeträchtlicher Skrupel, der fraglos ein wenig dubiosen Transaktion seine Zustimmung und entsandte am 27. November 1870 den Grafen Holnstein mit der Ausfertigung des nur geringfügig modifizierten »Kaiserbriefes«, in dem in unterkühlter Sprache angeregt wurde, »daß die Ausübung der Präsidialrechte des Deutschen Bundes mit Führung des Titels eines deutschen Kaisers verbunden werde«, nach Versailles, um ihn durch die Hand des bayerischen Prinzen Luitpold dem greisen Monarchen zu überbringen. Bismarck hatte bereits nach der Unterzeichnung des Vertrages mit Bayern am 23. November gegenüber seinen Mitarbeitern einigermaßen erleichtert erklärt: »Die deutsche Einheit ist gemacht und der Kaiser auch.« Nunmehr konnte er wirklich aufatmen.

Allerdings waren die Widerstände Wilhelms I. gegen die Annahme der Kaiserwürde, in der er eine Herabwürdigung des preußischen Königtums sah, noch keineswegs ausgeräumt. Den »Kaiserbrief« Ludwigs II. nahm er eher unwirsch zur Kenntnis, denn er sah darin »eigentlich nur ein Kreuz für sich selbst wie auch für das preußische Königtum überhaupt«. Der Monarch wollte sich allenfalls mit dem Titel »Wir Wilhelm von Gottes Gnaden König von Preußen, erwählter Kaiser von Deutschland« befreunden, aber dies hielt Bismarck nicht für akzeptabel, weil damit ein territorialer Herrschaftsanspruch verbunden zu sein schien, den er aus Rücksicht auf die Bundesfürsten vermieden sehen wollte. Im Unterschied zur öffentlichen Meinung, die teils eine Erneuerung des mittelalterlichen Kaisertums, teils ein deutsches Nationalkaisertum in bewußter Distanzierung von der großdeutsch-universalistischen Tradition des Heiligen Römischen Reiches deutscher Nation anstrebte, ging Bismarck in dieser Frage ganz pragmatisch vor und suchte die Bedeutung des Titels so weit wie möglich herunterzuspielen. Eines war ihm freilich wichtig, nämlich jeden Anklang an ein demokratisches Wahlkaisertum zu vermeiden. So stellte er konsequent den Gesichtspunkt in den Vordergrund, daß die Kaiserwürde aus dem freien Entschluß der deutschen Fürsten hervorgehen müsse, in bewußter Anlehnung an die spätmittelalterliche Auffassung vom Kaisertum als Garanten der Libertät der Stände und Schirm der Fürsten und Städte. In der Anknüpfung an die Idee der gemeinsamen Repräsentation des Reiches durch den Kaiser und die Reichsstände, die insbesondere in Süddeutschland durchaus noch lebendig war, sah er ein Mittel, die süddeutschen Regenten davon zu überzeugen, daß sie dem Kaisertum ohne Einbuße ihrer monarchischen Eigenständigkeit zustimmen könnten. Hingegen setzte er alles daran zu verhindern, daß das Kaisertum aufgrund einer Willenserklärung des Reichstages oder gar des Drängens der Öffentlichkeit zustande komme, weil dies fatale Auswirkungen auf die bestehende halbautoritäre Ordnung hätte haben können. Die Notwendigkeit, derartigen populären Tendenzen zuvorzukommen, war zugleich die stärkste Waffe im Arsenal seiner Argumente, um die süddeutschen Monarchen, zumal Ludwig II., von der Notwendigkeit der Errichtung einer deutschen Kaiserwürde zu überzeugen. Schon im Oktober 1870 hatte er gegenüber dem bayerischen Diplomaten Graf Berchem erklärt, daß das Kaisertum sich keinesfalls von der Volkssouveränität nach Art des bonapartistischen Empire ableite, »sondern ein bloßes auf die Geschichte gestütztes Symbol für die Selbständigkeit der deutschen Fürsten« darstelle. Gegenüber Wilhelm I. wurde hingegen der Gesichtspunkt betont, daß die Kaiserwürde die Vorrangstellung des preußischen Königs gegenüber den deutschen Fürsten auf eine festere und dauerhaftere Grundlage stellen werde, und daher die nationaldeutschen Aspekte des Kaisertums, im Gegensatz zu dessen mittelalterlichen Wurzeln, möglichst in den Vordergrund gestellt.

In all diesen Fragen wurde der Reichstag außen vor gehalten. Schon seit Anfang November war Bismarck bemüht, mit allen ihm zur Verfügung stehenden Mitteln indirekter Einwirkung den Norddeutschen Reichstag auf seine Linie eines bloßen Anschlusses der süddeutschen Staaten an den Norddeutschen Bund, unter Verzicht auf eine grundlegende Neugestaltung der Verfassung, einzuschwören und die Parteien von jeglichen Änderungsanträgen bezüglich der Beitrittsverträge abzuhalten. Angesichts der Unzufriedenheit der liberalen Parteien mit den aus ihrer Sicht viel zu weit gehenden Konzessionen insbesondere an Bayern war eine Unterstützung des Reichstages für seine Verfahrensweise keineswegs sicher. Bismarck setzte zu diesem Zweck seine persönlichen Kontakte zu prominenten Nationalliberalen wie Eduard Lasker und Ludwig Bamberger sowie zu führenden Konservativen wie Hermann Wagener und Moritz von Blanckenburg ein, um die Parteien und die Öffentlichkeit zu beeinflussen. Schon Anfang November hatte er Rudolf von Bennigsen, den Führer der Nationalliberalen, Moritz von Blanckenburg und Rudolf Friedenthal, den Führer der Freikonservativen, nach Versailles kommen lassen, um sie auf seine Strategie festzulegen. Der Reichstag billigte denn auch in seiner letzten außerordentlichen Sitzungsperiode am 9. Dezember 1870, wenngleich mit einigermaßen schwerem Herzen, die Beitrittsverträge einschließlich des als äußerst anstößig empfundenen Vertrages mit Bayern, zumal Bismarck für den Fall einer Ablehnung seinen Rücktritt und die Auflösung des Reichstages angedroht hatte – ein Schritt, der einen Vorgeschmack der künftigen parlamentarischen Kämpfe gab. Bennigsen hielt am 24. November dem von der Linken erhobenen Vorwurf, daß »die Stellung des Reichstags, der auf Ja- und Nein-Sagen beschränkt sei, eine unwürdige sei«, entgegen: »Wir wollen nicht den Vorwurf auf uns laden, daß das deutsche Volk, welches eben den gewaltigsten Kampf siegreich durchgefochten, unfähig sei, sich in einem freien, entwicklungsfähigen Staate zu einigen; wir wollen nicht die Verantwortung auf uns nehmen, daß wir diesen günstigen Moment ungenutzt haben vorübergehen lassen.« Die auf fortschrittliche Lösungen drängenden Parteien befanden sich einmal mehr in einer Zwangslage, die vorderhand keinen anderen Ausweg offen ließ, als Bismarck uneingeschränkt zu folgen. Das war der ungute Stern, unter dem sie in das neue Reich eintraten und aus dessen magischer Ausstrahlung sie nie wirklich herausgekommen sind.

Darüber hinaus gelang es Bismarck, den Reichstag von einer eigenständigen Initiative in der Kaiserfrage abzuhalten, die aus seiner Sicht womöglich alles

zerstört haben würde. Denn hier bestanden ganz andere, nationaldeutsche Vorstellungen über den Sinn und die Bedeutung des Kaisertums. Insbesondere im
nationalliberalen Lager betrachtete man die Anknüpfung an die Traditionen des
mittelalterlichen Kaisertums mit großem Mißtrauen. Heinrich von Sybel wurde
zum vornehmlichsten Verteidiger des Kaisertums als eines modernen National-
kaisertums, im Gegensatz zu jenem des Heiligen Römischen Reiches deutscher
Nation, welches seinerzeit die deutschen Nationalinteressen schmählich vernachlässigt habe. Und Rudolf Miquel erklärte am 6. Dezember 1870 im Reichstag:
»Das Kaiserthum von heute [...] ist nicht das schwache, klägliche Wahlkaiser-
thum des Mittelalters, nicht das Kaiserthum der Habsburger, welches keinen
anderen Zweck hatte, als die Kräfte und Interessen der deutschen Nation zu
dynastischen Habsburgischen Interessen auszubeuten; das Kaiserthum von heute
ist das Hohenzollernthum, [...] ist Preußen.« Am 10. Dezember beschloß der
Reichstag mit großer Mehrheit eine Adresse an Wilhelm I., in der es unter anderem hieß: »Vereint mit den Fürsten Deutschlands naht der Norddeutsche Reichstag mit der Bitte, daß es Ew. Majestät gefallen möge, durch Annahme der
deutschen Kaiserkrone das Einigungswerk zu weihen. Die deutsche Krone auf
dem Haupte Ew. Majestät wird dem wieder aufgerichteten Reiche deutscher
Nation Tage der Macht, des Friedens, der Wohlfahrt und der im Schutze der
Gesetze gesicherten Freiheit eröffnen.« Allerdings weigerte sich der greise
Monarch zunächst, die Reichstagsdelegation unter Führung Eduard von Simsons,
die ihm die Adresse in Versailles überreichen sollte, zu empfangen, zumal Simson
bereits der Delegation der Frankfurter Nationalversammlung angehört hatte, die
Friedrich Wilhelm IV. seinerzeit 1849 vergeblich die Kaiserkrone angetragen
hatte. Er konnte nur mit einiger Mühe umgestimmt werden. Der Empfang der
Reichstagsdelegation durch Wilhelm I. fand am 18. Dezember 1870 in einer eher
geschäftsmäßigen Atmosphäre statt. Die Antwort des Monarchen auf die kurze
Ansprache Simsons, die in höchst ehrfurchtsvoller Diktion abgefaßt war, bestä-
tigte einmal mehr, daß dem Reichstag in dem Prozeß der Wiederaufrichtung von
»Kaiser und Reich« eine deutlich nachrangige Rolle zugewiesen war.

Ungeachtet der Tatsache, daß die verfassungsmäßig bindenden Beschlüsse von
Bundesrat und Reichstag über die Einführung des Kaisertums und der Bezeichnung »Deutsches Reich« bereits erfolgt waren, setzten sich die Auseinandersetzungen über die genaue Fassung des Kaisertitels buchstäblich bis zur letzten
Minute, nämlich dem Morgen der feierlichen Kaiserproklamation im Spiegelsaal
zu Versailles am 18. Januar 1871, fort. In der von Bismarck verlesenen Proklamation wurde die leidige Titelfrage umgangen, insofern als hier nur von der »kaiserlichen Würde« die Rede war. Die Kaiserproklamation war in erster Linie ein
dynastisches Ereignis, das mit glanzvollem militärischen Prunk gefeiert wurde.
Neben den zahlreichen Vertretern der fürstlichen Häuser nahmen nur die Heer-
führer und die in Versailles anwesenden Staatsmänner und Diplomaten daran teil.

Eröffnung des Deutschen Reichstages im Weißen Saal des Berliner Schlosses am 21. März 1871.
Holzstich eines Unbekannten. Hamburg, Historia-Photo. – Sitzung des Bundesrates des Deut-
schen Reiches in Berlin am 3. August 1877. Holzstich nach einer Zeichnung von Carl Röchling.
Berlin, Archiv für Kunst und Geschichte

Die Drei-Kaiser-Revue in Berlin: Franz Joseph I., Wilhelm I., Bismarck und Alexander II. mit Gemahlin bei einem Besuch im neuen Antilopenhaus des Zoologischen Gartens am 8. September 1872. Holzstich nach einer Zeichnung von Julius Ehrentraut. Berlin, Archiv für Kunst und Geschichte

Schriftlicher Vortrag Bismarcks über das Entlassungsgesuch des Finanzministers von Camphausen. Zwei Seiten eines Schreibens an Wilhelm I. vom 22. März 1878 mit der Erwiderung des Kaisers und einem Vermerk des Kanzlers. Berlin, Geheimes Staatsarchiv Preußischer Kulturbesitz

Bismarck als Friedensengel in der »orientalischen Frage« mit Gortschakow, dem Vertreter der russischen Forderungen gegenüber der Türkei, und Disraeli, dem Verteidiger der englischen Interessen im Orient. Titelbild der Wiener »Humoristischen Blätter« vom 21. April 1878.
Nürnberg, Germanisches Nationalmuseum

Die Parteien des Reichstages und der einzelstaatlichen Parlamente waren ebensowenig vertreten wie sonstige Repräsentanten der Öffentlichkeit; die letztere
wurde erst im nachhinein durch eine kaiserliche Proklamation informiert.

Die symbolische Vollendung der Einheit Deutschlands erfolgte nicht zufällig in
einem dynastischen Festakt, noch dazu in einem Augenblick des errungenen
militärischen Sieges über den »Erbfeind« Frankreich, und nicht, wie man sich dies
wohl hätte denken können, in harmonischem Zusammenwirken von Krone,
Fürsten und Reichstag. Der Eindruck auf die Zeitgenossen war dennoch tief und
nachhaltig. Heinrich von Sybel schrieb nur wenige Tage später, nach Eingang der
Nachricht, daß Favre um einen Waffenstillstand nachgesucht habe, an seinen
langjährigen politischen Weggenossen und Mitstreiter Hermann Baumgarten:
»Wodurch hat man die Gnade Gottes verdient, so große und mächtige Dinge
erleben zu dürfen? Und wie wird man nachher leben? Was zwanzig Jahre der
Inhalt alles Wünschens und Strebens gewesen, das ist nun in so unendlich herrlicher Weise erfüllt! Woher soll man in meinen Lebensjahren noch einen neuen
Inhalt für das weitere Leben nehmen?« Im Überschwang des Augenblicks übersah
man, daß das Deutsche Reich zwar nicht gegen die Nation, jedoch ohne sie, von
oben herab, geschaffen worden war und daß tiefe innere Bruchlinien das neue
Staatsgebilde durchzogen und der äußeren die innere Reichsgründung noch zu
folgen hatte. In dieser Hinsicht sollte die Konstellation, die die Geburtsstunde des
Deutschen Reiches bestimmte, noch weitreichende Folgen haben. Mars regierte
die Stunde, nicht die Göttin der Freiheit. Es war außen- wie innenpolitisch
verhängnisvoll, daß der Tag von Sedan zum Nationalfeiertag erhoben wurde und
nicht die Kaiserproklamation zu Versailles, die Verabschiedung der Einigungsver-
träge im Norddeutschen Reichstag oder der Tag des Inkrafttretens der neuen
Reichsverfassung. Dazu paßte es, daß in Deutschland weithin die Überzeugung
bestand, daß nicht nur die Armee, sondern auch die deutsche Kultur über jene
Frankreichs gesiegt habe. Wilhelm Oncken hatte schon am 24. Juli 1870 gemeint,
die Armee sei »die deutsche Kultur in Waffen, die deutsche Gesittung und Geistes-
bildung in Reih und Glied, [...] die Vereinigung aller physischen und moralischen
Kräfte des Volkes«. Nach dem Sieg über Frankreich, dessen unversöhnliche
Gegnerschaft allgemein als fester Posten in die Zukunftserwartungen der deutschen Nation aufgenommen wurde, setzte unmerklich eine stille Militarisierung
der Denkweisen und politischen Anschauungen auch im bürgerlichen Lager ein,
die auf lange Frist höchst bedenkliche Auswirkungen gehabt hat. Jacob Burckhardt schrieb wenig später im Hinblick auf die Gründung des Deutschen Reiches
die gewiß überscharfen, aber in der Tendenz prophetischen Worte: »Allein in
erster Linie will die Nation (scheinbar oder wirklich) vor allem Macht. Das
kleinstaatliche Dasein wird wie eine bisherige Schande perhorresziert; alle Tätigkeit für dasselbe genügt den treibenden Individuen nicht; man will nur zu etwas
Großem gehören und verrät dadurch, daß die Macht das erste, die Kultur höch-

stens ein ganz sekundäres Ziel ist. Ganz besonders will man den Gesamtwillen nach außen geltend machen, andern Völkern zum Trotze.« Einstweilen war freilich noch offen, wie die Dinge weitergehen würden und ob es den Nationalliberalen und der Fortschrittspartei, die den Ereignissen notgedrungen ihren Segen gegeben hatten, ohne sie nennenswert beeinflussen zu können, gelingen würde, die autoritären Ursprünge des nationalen Staates zu überwinden und den von ihnen angestrebten Umbau von Staat und Gesellschaft im liberalen Sinne zu erreichen.

Das Deutsche Reich und die europäischen Mächte
(1870–1878)

Die Anfänge des Bismarckschen Bündnissystems und
die Krieg-in-Sicht-Krise 1875

Bereits auf dem Höhepunkt des deutsch-französischen Krieges beschäftigte sich Bismarck mit den zukünftigen Perspektiven für die Außenpolitik des Deutschen Reiches. Schon jetzt sah er die größte Schwierigkeit darin, gleichzeitig mit Rußland und Österreich-Ungarn ein gutes Verhältnis zu begründen und die Entstehung einer Situation zu verhindern, in welcher die deutsche Politik zwischen beiden Mächten zu wählen haben werde. Bereits am 8. Oktober 1870 meinte er: »Wir würden ungern uns gegen Österreich erklären, dessen deutsche Elemente ein Bindeglied zwischen uns sind, welches gleichzeitig die Grundlage der Stärkung und Konsolidierung der österreichisch-ungarischen Monarchie bildet. Wir sind auf der anderen Seite der Politik des Kaisers Alexander und seiner Haltung gerade in der gegenwärtigen Krise so viel Dank schuldig, daß wir uns nicht auf die Seite seiner Gegner stellen können. Es ist daher unser Wunsch, durch solche Beziehungen zwischen beiden Reichen, wie sie bei richtiger Erkenntnis der gemeinsamen Interessen und der gemeinsamen Gefahr natürlich und erreichbar scheinen, dieser Wahl überhoben zu sein.« Nur mit einiger Mühe hatte Bismarck, nachdem Rußland im Dezember 1870 einseitig die sogenannte Pontus-Klausel des Pariser Vertrags von 1856 gekündigt hatte, die Einberufung einer allgemeinen europäischen Konferenz zur Vermittlung im deutsch-französischen Konflikt verhindern können und die diesbezüglichen Bestrebungen ausschließlich auf die Erörterung der Orient-Fragen abgedrängt. Die Unterstützung der russischen Forderungen bezüglich der Aufhebung der Neutralisierung des Schwarzen Meeres wurde von Rußland nur als ein selbstverständliches Verhalten quittiert, nicht aber als politische Dienstleistung, durch die die gegebene Dankespflicht Preußen-Deutschlands gegenüber dem zarischen Rußland abgegolten worden sei. Insofern erforderte das deutsch-russische Verhältnis weiterhin die besondere Aufmerksamkeit Bismarcks.

Dies war um so mehr geboten, als der Friedensschluß mit Frankreich, der letzteres zwar für den Augenblick aus der Reihe der europäischen Großmächte eliminiert, dafür jedoch zu einem potentiellen Partner künftiger gegen das Deutsche Reich gerichteter Koalitionen gleichviel welchen Charakters gemacht hatte, eine schwere außenpolitische Hypothek darstellte. Aber unabhängig davon hatte die Errichtung eines machtvollen deutschen Nationalstaates unter preußischer Führung in der Mitte Europas unübersehbare Auswirkungen auf das europäische Staatensystem. Angesichts der Schwächung Österreich-Ungarns und dessen Verdrängung aus Deutschland sowie der mindestens einstweiligen Ausschaltung Frankreichs als europäischer Großmacht wuchs dem neuen Reich innerhalb des klassischen Systems der Pentarchie von vornherein ein weit größeres Gewicht zu, als es Preußen selbst in seinen glanzvollsten Zeiten unter Friedrich dem Großen je besessen hatte. Unter solchen Umständen waren politische Zurückhaltung und ein maßvolles Auftreten in der mächtepolitischen Arena für die deutsche Politik unbedingt geboten. Schon in der Thronrede bei der Eröffnung des konstituierenden Reichstages ließ Bismarck den Monarchen dementsprechend erklären, daß das Deutsche Reich territorial befriedigt sei und sich nunmehr ganz der eigenen inneren Entwicklung zuwenden werde.

Doch er beließ es nicht bei derartigen Beschwichtigungen. Er setzte sogleich alles daran, durch eine ebenso behutsame wie gegebenenfalls energisch zugreifende äußere Politik das neugeschaffene Reich außenpolitisch zu stabilisieren. Er tat dies mit den Mitteln klassischer Kabinettsdiplomatie, die auf die Gefühle der betroffenen Völker ebensowenig Rücksicht nahm wie auf die Meinungen der Parlamente, hingegen stets darum bemüht war, die realen machtpolitischen Interessen der europäischen Mächte in Rechnung zu stellen und im Rahmen eines ausgeklügelten Bündnissystems gegeneinander auszutarieren. Zwei Zielsetzungen standen dabei zunächst im Vordergrund: zum einen die Konsolidierung der zwar im Augenblick guten, aber nach wie vor prekären Beziehungen zu Österreich-Ungarn, das ja auf einen anderen Ausgang des deutsch-französischen Krieges gehofft hatte und für diesen Fall die »deutsche Frage« aufs neue aufgeworfen haben würde, und zum anderen die sorgsame Pflege des Verhältnisses zu St. Petersburg. Beides war Voraussetzung für eine möglichst weitgehende diplomatische Isolierung des republikanischen Frankreich, wie sie Bismarck im Interesse der Sicherheit des Deutschen Reiches unabdingbar erschien. Angesichts der österreichisch-russischen Gegensätze auf dem Balkan und der großen Empfindlichkeiten der Führungseliten in St. Petersburg und Wien war dieses Ziel jedoch nicht leicht erreichbar.

Bereits hier tritt ein wesentlicher Grundzug der Außenpolitik Bismarcks hervor, nämlich das Bemühen um ein politisches Zusammengehen der drei großen konservativen Monarchien Europas: des Deutschen Reiches, Österreich-Ungarns und des zarischen Rußland, ungeachtet der zwischen den beiden letzteren Mächten bestehenden Interessengegensätze. Diese Strategie stand eindeutig unter konservativem Vorzeichen. Dabei spekulierte Bismarck zugleich auf das solidarische Interesse der Dynastien an einer Zähmung der nationalrevolutionären Strömungen, insbesondere der Niederhaltung der sozialistischen Bewegungen in Europa. Mit großem Geschick nahm Bismarck bereits den Commune-Aufstand in Paris zum Anlaß, um mit Österreich-Ungarn und Rußland Verhandlungen über ein eventuelles gemeinsames Vorgehen gegen die Sozialistische Internationale anzubahnen. Er appellierte in diesem Zusammenhang ausdrücklich an die »Gemeinsamkeit« der Interessen der »Dynastien an der Spitze der europäischen Staaten« gegenüber den »Angriffen [...], mit welchen die staatliche Ordnung in Europa von seiten der sozialistischen Revolution bedroht wird«, wenngleich unter Abweisung der naheliegenden Idee, daß es ihm um eine Neuauflage der Politik der »Heiligen Allianz« zu tun sei. Am 7. Juni 1871 regte er an, die bei den jeweiligen Behörden vorhandenen Informationen über die Aktivitäten der Sozialistischen Internationale auszutauschen. Ebenso benutzte er das Projekt einer internationalen Konferenz über Arbeiterfragen, um in St. Petersburg und Wien den Boden für ein gemeinsames politisches Vorgehen auch in außenpolitischen Fragen vorzubereiten. Man wird schwerlich davon ausgehen dürfen, daß Bismarck die Gefahr der revolutionären Bestrebungen der sozialistischen Bewegungen, die er bei solcher Gelegenheit farbkräftig auszumalen pflegte, wirklich in vollem Maße ernst genommen hat; aber der Aufstand der Commune und die Solidaritätserklärungen der internationalen sozialistischen Gruppen, wie sie unter anderen August Bebel im deutschen Reichstag vortrug, kamen ihm gerade recht, um die beiden östlichen Monarchien trotz ihrer Interessengegensätze in den Fragen der großen Politik auf einen gemeinsamen Kurs zu bringen. Überzeugung und taktische Erwägungen gingen hier ein im einzelnen schwer zu bestimmendes Mischungsverhältnis ein. Immerhin ging Bismarck so weit, die beiden Monarchen, Wilhelm I. und Franz Joseph I., bei ihrem Treffen in Ischl persönlich mit dem Plan zu befassen, eine internationale Konferenz einzuberufen, die für eine Koordinierung der jeweiligen sozialpolitischen Maßnahmen zwecks Verbesserung der Lage der arbeitenden Klassen Sorge tragen sollte, um ansonsten befürchtete Wettbewerbsvorteile einzelner nationaler Volkswirtschaften gegenüber anderen auszuschließen. Man wird füglich davon ausgehen können, daß dies für Bismarck in erster Linie Spielmaterial war, um Wilhelm I., vor allem aber Kaiser Franz Joseph und Zar Alexander II. an den Gedanken der gemeinsamen solidarischen Verpflichtung der konservativen Mächte für die Stabilisierung der europäischen Verhältnisse sowohl in innen- wie in außenpolitischer Hinsicht zu gewöhnen. Beiläufig erwähnt sei dabei, daß diese Strategie auf innenpolitischem Feld die Beschränkung der Macht der Parlamente und der politischen Parteien bezweckte.

Bismarcks Bemühungen fanden ihren politischen Niederschlag zunächst in der sogenannten Drei-Kaiser-Revue Wilhelms I., des Zaren Alexander II. und Kaiser Franz Josephs im September 1872. Daraus ging dann im Juni 1873 das Schönbrunner Bündnis zwischen Wien und St. Petersburg hervor, dem Wilhelm I. im Oktober durch Akzession beitrat und das als »Drei-Kaiser-Abkommen« bekannt ist. Darin kamen die drei Mächte überein, gemeinsam für die Erhaltung des Friedens in Europa einzutreten, von welcher Seite auch immer er in Frage gestellt werden sollte. Freilich enthielt dieses Abkommen keine sonderlich konkreten Verpflichtungen; für den Fall des Angriffs einer dritten Macht auf eine der Vertragsparteien war nur vorgesehen, daß man miteinander in enge Fühlungnahme treten werde und daß der Abschluß von neuen Bündnissen ausgeschlossen sein solle. Den Abschluß einer förmlichen Militärkonvention zu dritt, wie er ursprünglich ins Auge gefaßt und zwischen dem Deutschen Reich und Rußland im Mai 1873 vereinbart worden war, wenn auch mit höchst magerem Inhalt, hatte die österreichische Diplomatie zu verhindern gewußt. De facto war das Abkommen wenig mehr als eine wohlmeinende Willenserklärung der drei Monarchen, für den Fall einer europäischen Krise gemeinsam zu handeln. Keinesfalls stellte es eine stabile Grundlage für ein dauerhaftes Bündnis der konservativen Monarchien gegen Frankreich und Großbritannien dar. Es hat die russische Diplomatie unter Führung des Außenministers Alexander Michailowitsch Fürst Gortschakow in der Folge nicht gehindert, auch zu dem republikanischen Frankreich nähere Beziehungen anzuknüpfen, sofern und soweit dies für die Förderung der orientalischen Interessen des Zarenreiches vorteilhaft erschien. So sehr Rußland die Stärkung der europäischen Mitte unter preußischer Führung begrüßte, so wenig war es an einem noch stärkeren Ausbau der Hegemonialstellung des Deutschen Reiches interessiert. Dem neuen russischen Botschafter in Paris, Nikolai Alexejewitsch Fürst Orlow, wurde die Weisung auf den Weg gegeben, daß Frankreich im Augenblick von Deutschland nichts zu fürchten habe, da Rußland grundsätzlich Herr der Lage und entschlossen sei, keine Störung des Friedens in Europa zuzulassen. Österreich-Ungarn war ebenfalls nicht bereit, seine Interessen ohne weiteres jenen des Deutschen Reiches unterzuordnen. Im Gegenteil: Die Wiener Diplomatie tendierte gerade in den folgenden Wochen und Monaten dazu, sich in Orient-Fragen gleichsam ohne und implizit gegen das Deutsche Reich mit Rußland zu verständigen. Ebenso spielte man mit dem Gedanken, bei passender Gelegenheit sei es die polnische, sei es die dänische Karte gegen das Deutsche Reich auszuspielen.

Die einzige Macht, auf deren Sympathie das Deutsche Reich mit einiger Zuverlässigkeit setzen konnte, war das Königreich Italien, und dies auch nur, weil es in der »vatikanischen Frage« am ehesten in Berlin Rückendeckung gegenüber den katholischen Mächten erwarten konnte. Umgekehrt befürchtete Bismarck schon zum damaligen Zeitpunkt, daß es unter »ultramontanem« Vorzeichen zu einem Bündnis der vorwiegend katholischen Mächte gegen das Deutsche Reich und gegebenenfalls zu einer Neuauflage des deutsch-französischen Krieges unter wesentlich ungünstigeren Bedingungen kommen könnte. Dies war aus der Sicht des Kanzlers der wahrscheinlichste Fall eines gegen das Deutsche Reich gerichteten Bündnisses, und die Sorge, daß es dazu kommen könne, wuchs sich in diesen Monaten bei ihm zu einer förmlichen Obsession aus. Eine politische Annäherung an Großbritannien aber war für Bismarck schon deshalb nicht aktuell, weil nach seiner Ansicht eine wesentliche Voraussetzung für den Abschluß eines Bündnisses fehlte, nämlich die Unabhängigkeit der diplomatischen Entscheidungsträger von den Willensbekundungen des Parlaments, die nach seiner Ansicht allein eine relative Berechenbarkeit und Dauerhaftigkeit bündnispolitischer Entscheidungen gewährleistete.

Unter diesen Umständen maß Bismarck der Niederhaltung Frankreichs große Bedeutung zu. Bereits der Friedensschluß mit Frankreich war teilweise von der Erwägung beeinflußt worden, daß man es auf möglichst lange Zeit militärisch, wirtschaftlich und politisch daran hindern müsse, den Versuch zu wagen, eine Revision der 1871 geschaffenen Verhältnisse zu erzwingen. Die für damalige Begriffe hohe Kriegskontribution von fünf Milliarden Francs und die militärische Okkupation der westlichen Regionen Frankreichs, deren schrittweise Aufhebung mit der Zahlung der vereinbarten Raten verknüpft war, sollten Frankreich auch wirtschaftlich für absehbare Zeit davon abhalten, eine Wiederaufnahme des Kampfes ins Auge zu fassen. Die frühe Rückzahlung der französischen Kriegskontribution, teilweise dank einer vom Hause Rothschild vermittelten internationalen Anleihe, an der sich auch zahlreiche deutsche Investoren beteiligt hatten, hatte zur Folge, daß die letzten deutschen Truppen schon im Herbst 1873 vom französischen Territorium zurückgezogen wurden. Die unerwartet rasche politische und wirtschaftliche Konsolidierung der Dritten Republik wurde aus deutscher Sicht als höchst beunruhigend empfunden. Infolgedessen verlegte sich die deutsche Diplomatie auf die Strategie einer ausgesprochenen Drohpolitik, die unter Androhung eventueller militärischer Schritte – konkret gesprochen eines Präventivkrieges – von Frankreich eine Politik des Wohlverhaltens einforderte.

Dementsprechend verfolgte nicht nur die Öffentlichkeit, sondern auch die Reichsleitung alle anti-deutschen Äußerungen in der französischen Presse, die als Symptome französischer Kriegsbereitschaft gedeutet werden konnten, mit größter Aufmerksamkeit. Es war mehr als ein bloßer Zufall, daß gerade die Kanzelabkündigung in der Diözese Nancy, man möge für die Wiedervereinigung von Metz und Straßburg mit Frankreich beten, in Berlin größten Anstoß erregte und zum Anlaß massiver deutscher Demarchen gemacht wurde. Bismarck sah sich veranlaßt, von der französischen Regierung zu fordern, daß derartige Formen antideutscher Propaganda unverzüglich abgestellt würden. Der deutsche Botschafter in Paris, Harry von Arnim-Suckow, wurde beauftragt, dem französischen Ministerpräsidenten, dem Herzog von Broglie, in aller Form zu erklären, daß das Deutsche Reich »nur mit einem Frankreich und nur mit einer solchen französischen Regierung in Frieden bleiben« könne, »welche uns durch ihre Gesamthaltung Garantien dafür gibt, daß sie den jetzigen politischen Zustand Europas, namentlich die heutige Karte des Weltteils, soweit sie uns interessiert, als definitiv ansieht«. Bismarck selbst lehnte es im Prinzip ab, zum Mittel des Präventivkrieges zu greifen, meinte jedoch: »Keine Regierung würde so töricht sein, für den Krieg, sobald sie gegen ihren Wunsch ihn als unvermeidlich betrachten muß, dem Gegner nach Belieben die Wahl von Zeit und Gelegenheit zu überlassen und den Augenblick abzuwarten, der dem Feinde der genehmste ist.«

Es hat den Anschein, als ob Bismarck damals ernstlich erwogen hat, Frankreich durch die Androhung militärischer Maßnahmen zu politischem Wohlverhalten zu zwingen, gegebenenfalls sogar zu einem Präventivkrieg zu schreiten. Er schätzte den Kriegswillen Frankreichs, sobald es militärisch, wirtschaftlich und bündnispolitisch wieder in der Lage sein würde, einen Krieg zu führen, sehr hoch ein. Schon Ende Februar 1874 heißt es in einem Erlaß an Heinrich VII. Prinz Reuß: »Nach meiner Überzeugung beginnt die Gefahr, welche uns von Frankreich droht, mit dem Augenblicke, wo Frankreich den monarchischen Höfen Europas wieder bündnisfähig erscheinen wird [...].« Eben diese Situation schien sich nun anzubahnen, wie Bismarck aus verstärkten Kontakten sowohl der russischen als auch der italienischen Diplomatie mit Frankreich schließen zu können glaubte. Besonders großes Mißtrauen brachte er in dieser Hinsicht dem russischen Außenminister Gortschakow entgegen, der schon früher seine Bemühungen um die Herstellung eines stabilen Bündnisses der östlichen Monarchien ungeachtet der persönlichen Haltung des Zaren zu durchkreuzen gewußt hatte. Was Frankreich anging, so hielt er ein massives Vorgehen für den einzig gangbaren Weg. Denn, so meinte er: »Niemand kann sich darüber täuschen, daß, wenn Frankreich wieder stark genug ist, den Frieden zu brechen, der Friede zu Ende sein wird.«

Da Bismarck in absehbarer Zeit mit einer neuen militärischen Auseinandersetzung mit Frankreich rechnete, griff er, um sich den Rücken freizuhalten, zu dem ungewöhnlichen Mittel, die Verstimmungen, die sich zwischen St. Petersburg und Berlin akkumuliert hatten – die russische Diplomatie war irritiert über ein eigenmächtiges, nicht, wie es im Drei-Kaiser-Abkommen vorgesehen war, zuvor abgesprochenes Vorpreschen der deutschen Diplomatie in der »montenegrinischen Frage« bei der Pforte –, durch eine diplomatische Sondermission auszubügeln. Dafür wurde ein Bismarck ergebener Karrierediplomat, Joseph Maria von Radowitz, ausersehen. Ein Vorteil war dabei, daß diesem als Sonderbotschafter gemäß den damaligen diplomatischen Usancen die Chance eröffnet wurde, persönlich mit dem Zaren zu verhandeln. Von einem förmlichen Bündnisangebot, welches die Unterstützung der russischen Orient-Politik auf Kosten Österreich-Ungarns für die Gegenleistung russischer Neutralität im Falle eines erneuten Krieges mit Frankreich vorsah, war, im Gegensatz zu späteren französischen Behauptungen, freilich nicht die Rede. Wohl aber sollte ostentativ das gute Verhältnis zwischen beiden Reichen zur Schau gestellt werden, offenbar um auf Frankreich abkühlend zu wirken. Immerhin wurde diese Aktion von gezielten, vermutlich auf offiziöse Quellen zurückgehenden Indiskretionen in der deutschen Presse begleitet, in denen davon die Rede war, daß sich das Deutsche Reich gegebenenfalls auch auf Kosten Österreich-Ungarns mit Rußland verständigen könne, offenbar um ein eventuelles Zusammenspiel der österreichischen Diplomatie mit Frankreich bereits im Ansatz zu ersticken.

Die Dinge erreichten einen Höhepunkt, als die französische Kammer am

12. März 1875 ein neues Cadre-Gesetz verabschiedete, das eine umfassende Reorganisation des französischen Heeres zum Ziel hatte; es sah unter anderem eine Erhöhung der Linienregimenter von drei auf vier Bataillone vor. Die Auswirkungen des Cadre-Gesetzes wurden vom deutschen Generalstab für wesentlich bedeutsamer gehalten, als sie es tatsächlich waren. Anfänglich schien es, als ob die Franzosen mit einem Schlag ihr Heer um fünfundzwanzig Prozent zu verstärken die Absicht hätten. Dadurch wurde in Berlin die Besorgnis geweckt, daß diese Maßnahme möglicherweise der Auftakt zu einem französischen Revanchekrieg im Bunde mit Österreich-Ungarn sein könnte. Daraufhin entschloß sich Bismarck, offenbar um entsprechenden Tendenzen in Paris und Wien gleichsam im vorhinein entgegenzuwirken, zu einer indirekten publizistischen Offensive. Die Presseabteilung des Auswärtigen Amtes lancierte einen Artikel in die »Kölnische Zeitung«, von der allgemein bekannt war, daß sie der Regierung nahestand; in diesem bezeichnenderweise »Neue Allianzen« betitelten Artikel vom 5. April 1875 war von Tendenzen in Österreich die Rede, sich von dem Drei-Kaiser-Verhältnis abzuwenden und unter ultramontaner Flagge ein Bündnis mit Frankreich zu schließen. Wenige Tage später, am 8. April 1875, erschien in der konservativen, regierungsnahen »Post« ein Artikel »Ist Krieg in Sicht?«, der in alarmierendem Ton von angeblichen Kriegsvorbereitungen Frankreichs berichtete und unverzügliche Gegenmaßnahmen verlangte. Noch die Herausgeber der »Großen Politik der europäischen Kabinette« haben bestritten, daß dieser Artikel dem Auswärtigen Amt vor seinem Erscheinen bekannt gewesen sei; tatsächlich war er von Konstantin Rößler, einem freien Mitarbeiter der Presseabteilung des Auswärtigen Amtes, verfaßt worden und dürfte aller Wahrscheinlichkeit nach mit Bismarcks Wissen in der »Post« plaziert worden sein. Seine politische Zielsetzung war eindeutig: Dadurch sollte den Dingen die Schelle umgehängt werden.

Die Wirkung des Artikels sowohl in Deutschland als auch Frankreich war ungeheuer, und für einige Tage schien alles in der Schwebe und die Gefahr eines Krieges unmittelbar gegeben zu sein. Zudem entspann sich ein regelrechter deutsch-französischer Pressekrieg. Die deutsche Presse schlug überwiegend drohende Töne gegenüber Frankreich an, und auch in regierungsnahen Organen ließ man es nicht an einer scharfen Sprache fehlen, wie in einem Artikel der »Preußischen Jahrbücher« aus der Feder des nationalliberalen Politikers und Publizisten Wilhelm Wehrenpfennig: »Alle ehrlichen Leute in der Welt müssen uns bezeugen, daß wir den Krieg mit Frankreich so wenig suchen wie 1870. [...] Aber die Hände in den Schoß legen, bis der Gegner marschirt«, sei unmöglich. Der preußische Generalstabschef Helmuth von Moltke goß zusätzlich Öl ins Feuer, indem er gegenüber einem belgischen Diplomaten erklärte, daß man nicht abwarten dürfe, bis Frankreich zum Krieg bereit sei; er sehe es vielmehr als seine Pflicht an, dem zuvorzukommen. In ähnlicher Weise äußerte er sich auch gegenüber dem britischen Botschafter in Berlin, Lord Odo Russell. Auch Radowitz ließ sich in seinen diplomatischen Unterredungen in St. Petersburg dazu herbei, die Idee des Präventivkrieges prinzipiell zu rechtfertigen. Es klang zumindest so, als ob die Reichsleitung es diesmal wirklich ernst meine und zum Krieg gegen Frankreich entschlossen sei. Die offiziösen Äußerungen in der »Norddeutschen Allgemeinen Zeitung« lauteten zwar ein wenig zurückhaltender; dort war von einer unmittelbaren Kriegsgefahr nicht die Rede. Aber auch hier wurde darauf hingewiesen, daß die französischen Rüstungsmaßnahmen als äußerst beunruhigend gelten müßten.

War wirklich Krieg in Sicht? Nach allem, was bekannt ist, hat Bismarck damals keineswegs die Absicht gehabt, einen erneuten Waffengang mit Frankreich zu unternehmen, auch wenn er sich, wie die wenig zuvor durchgeführte Mission Radowitz zeigt, die ihm für diesen Fall die wohlwollende Neutralität des zarischen Rußland sichern sollte, offenbar auf eine solche Eventualität eingestellt hat. Vielmehr handelt es sich um eine massive Drohaktion, die das Ziel verfolgte, Frankreich zur Zurücknahme der eben begonnenen militärischen Reorganisationsmaßnahmen zu bewegen, zugleich aber den anderen Großmächten zu demonstrieren, daß mit Paris als Bündnispartner ernstlich noch nicht wieder gerechnet werden könne. Dies sollte sich allerdings sogleich als eine schwerwiegende Fehlkalkulation erweisen. Der französische Außenminister Amanieu de Decazés tat auf dem Höhepunkt der Krise seinerseits alles, um die Gefahr eines deutschen Angriffs in einem möglichst bedrohlichen Licht erscheinen zu lassen. Der Pariser Korrespondent der »Times« übermittelte seinem Blatt einen aufsehenerregenden Artikel »A French Scare«, der am 6. Mai 1875 erschien; darin war ausführlich von den in Deutschland vorhandenen Tendenzen die Rede, durch einen Präventivkrieg gegen Frankreich dem Deutschen Reich eine lange Periode des Friedens zu sichern.

Dies rief die anderen europäischen Mächte, vor allem Großbritannien auf den Plan, die den europäischen Frieden und das europäische Gleichgewicht durch einen erneuten Krieg zwischen Deutschland und Frankreich bedroht sahen. Die britische Regierung trat unverzüglich an die Regierungen der anderen europäischen Großmächte, insbesondere Rußlands und Italiens, mit dem Vorschlag heran, man möge gemeinsam auf die deutsche Regierung mäßigend einwirken. Ebenso bot sie durch den englischen Botschafter in Berlin, Lord Odo Russell, sogleich »ihre guten Dienste« für eine Vermittlung zwischen beiden Mächten an. Gortschakow reagierte zurückhaltender, um Bismarck nicht zu sehr zu reizen, aber in der Sache ebenfalls eindeutig. Bei Lage der Dinge blieb Bismarck nichts anderes übrig, als schleunigst zum Rückzug zu blasen. Er gab nun alle Schuld an den Verwicklungen dem Treiben einer international tätigen, unter katholischem Einfluß stehenden »Preßliga«, die die Absicht verfolge, »Kriegsbefürchtungen zu erfinden und Kriegsgefahren als nahe bevorstehend zu bezeichnen und die Schuld davon Deutschland, insbesondere der Reichsregierung zuzuschieben.« Das war bestenfalls ein schlecht verhülltes Rückzugsgefecht, dessen Glaubwürdigkeit auf schwachen Füßen stand; selbst der nichtsahnende Wilhelm I. meinte nachträglich, man solle hinfort den Redakteuren der »Kölnischen Zeitung« und der »Post« einmal gründlich ins Gewissen reden, damit »dergleichen unsinnige, gänzlich aus der Luft gegriffene Raisonnements [...], die ganz Europa in Alarm versetzt haben«, künftig unterblieben. Nur wenige Tage später trafen Zar Alexander II. und Gortschakow zu einem Besuch in Berlin ein. Offiziell wurde bei dieser Gelegenheit der Dissens über das deutsche Verhalten gegenüber Frankreich unter einer Woge von Beteuerungen des Willens zur Erhaltung des europäischen Friedens begraben. Dennoch blieb ein bitterer Stachel zurück. Bismarck selbst bekannte, daß er »ein gewisses Gefühl von Mißtrauen und Unsicherheit«, welches ihm »früher gegenüber Rußland und dem Fürsten Gortschakow fremd« gewesen sei, seitdem nicht mehr loswerden könne.

Bismarcks Politik der Drohungen gegenüber Frankreich war nahezu einhellig auf den Widerspruch der anderen Großmächte gestoßen; allein Österreich-Ungarn hatte sich zurückgehalten. Dies beleuchtete schlagartig die Grenzen der Machtstellung des Deutschen Reiches in Europa. Die Strategie der Marginalisierung Frankreichs war vollständig fehlgeschlagen, und die von Bismarck so gefürchtete Koalition der europäischen Mächte gegen das Reich unter halbherziger Beteiligung selbst Rußlands hatte sich als reale Möglichkeit erwiesen, auch wenn sie zu großen Teilen erst durch seine eigene unbesonnene Politik heraufbeschworen worden war. Das Auswärtige Amt war noch für einige Wochen intensiv damit beschäftigt, den Vertrauensverlust, der durch die Krieg-in-Sicht-Krise eingetreten war, wieder wettzumachen. Bismarcks Verbitterung namentlich über Großbritannien, aber auch über Rußland war anfänglich grenzenlos. Er sah Anlaß dazu gegeben, seine Versicherung, daß das Deutsche Reich territorial saturiert sei, gegenüber den anderen Regierungen auf diplomatischem Weg zu erneuern. Deutschland, so erklärte er am 31. Mai 1875 gegenüber Lucius, sei »in sich gefestigt, will nichts als sich selbst in Frieden überlassen bleiben und sich friedlich weiter entwickeln. In Territorialfragen gibt es für uns gar keine begehrenswerten Objekte des Ehrgeizes mehr. Wir haben schon jetzt mehr Polen, Dänen, Franzosen, als uns erwünscht sein kann.« Allerdings fügte er jenen vergleichsweise versöhnlichen Worten die Bemerkung hinzu: »Wir halten Frieden, indem wir uns kampfbereit zeigen.«

Darin klingt an, daß Bismarck die Lage des Reiches weiterhin als bedroht ansah. Dennoch war nun eine behutsamere Gangart in der äußeren Politik angezeigt. Bismarck konnte es sich hinfort nicht mehr leisten, in der Rolle eines europäischen Störenfrieds aufzutreten, wie er es 1875 bis zu einem gewissen Grad getan hat. Um den bestehenden Status quo in Mitteleuropa zu stabilisieren, verlegte er sich angesichts der relativen Isolierung des Deutschen Reiches, das im Zweifelsfall weder mit der Unterstützung Rußlands noch mit jener der Donau-Monarchie fest rechnen konnte, auf eine »Strategie der Aushilfen«. Sie zielte darauf ab, die anderen Großmächte zu veranlassen, ihre aggressiven Energien an der Peripherie Europas abzunutzen, während das Reich im Hintergrund blieb. Ansätze zu dieser Strategie gab es schon seit geraumer Zeit. Bereits im Januar 1875 hatte Bismarck gemeint, daß es vorteilhaft sein müsse, Frankreich in seinen Aspirationen auf Tunesien, obschon man diese bislang immer für unakzeptabel gehalten habe, zu ermutigen. »Im regelmäßigen Lauf der Dinge ist es [...] für uns in erster Linie kein Nachteil und kein zu bekämpfendes Bestreben, wenn die französische Politik in Nordafrika und dem türkischen Orient ein Feld ihrer Tätigkeit sucht. Die Absorbierung der Kräfte, welche Frankreich dort verwendet und festlegt, und die Händel, welche es sich dort schafft, bilden einen Abzug für seine aggressiven Tendenzen gegenüber Deutschland.«

Die Orient-Krise (1875–1878) und der Berliner Kongreß

Es war für Bismarck ein außerordentlicher Glücksfall, daß im Sommer 1875 die politischen Brandherde auf dem Balkan, die während der letzten beiden Jahrzehnte gleichsam nur geschwelt hatten, überraschend wieder voll entflammten. Denn dadurch wurde der ungünstige Eindruck, den die Drohpolitik gegenüber Frankreich bei den anderen Großmächten hinterlassen hatte, wieder ein wenig verwischt. In der Herzegowina und in Bosnien brachen Aufstandsbewegungen gegen die türkische Herrschaft aus. Diese gewaltsamen Protestaktionen speisten sich gleichermaßen aus nationalen und religiösen Motiven. Sie waren ein Symptom der Todkrankheit des osmanischen Herrschaftssystems; das völlige Versagen der Verwaltung in diesen türkischen Provinzen, die von Gouverneuren des Sultans mit despotischen Methoden und ohne nennenswerte Kontrolle seitens der Zentrale regiert wurden, vor allem aber die massive Benachteiligung der christlichen Bevölkerungsgruppen hatten seit langem zu nahezu unerträglichen Zuständen geführt. Serbien und Montenegro, die sich erst kurz zuvor von türkischer Oberherrschaft hatten befreien können, erklärten daraufhin dem Osmanischen Reich den Krieg, mit dem Ziel, der unterdrückten serbo-kroatischen Bevölkerung zu Hilfe zu kommen; die Gelegenheit erschien günstig, um der Realisierung des Prinzips der nationalen Selbstbestimmung ein großes Stück näher zu kommen. Überdies rechneten sie damit, daß die Großmächte gegebenenfalls zu ihren Gunsten eingreifen würden. Die Tage der »europäischen Türkei«, das heißt der Herrschaft der Osmanen über die ganz überwiegend christliche Bevölkerung auf dem Balkan, schienen nunmehr gezählt zu sein. Doch die Pforte erwies sich am Ende um einiges stärker und handlungsfähiger, als man in den Hauptstädten Europas angenommen hatte. Die Serben wurden in einem kurzen Feldzug vernichtend geschlagen. Daraufhin intervenierten Rußland und Österreich-Ungarn gemeinsam zugunsten der nichtmuslimischen Bevölkerung in Bosnien und der Herzegowina; als Schutzmacht der Christen in der Türkei verfügte zumindest Rußland dafür über einen wenn auch etwas fadenscheinigen völkerrechtlichen Rechtstitel. In Wahrheit erfolgte diese Aktion keineswegs aus uneigennützigen Motiven; beide Mächte verfolgten damit zugleich territoriale Ziele: Rußland die Rückgewinnung Bessarabiens, das 1856 verlorengegangen war, und Österreich-Ungarn die Besetzung von Bosnien und der Herzegowina. Freilich lief in Orient-Fragen nichts ohne die Billigung aller europäischen Großmächte, also auch Englands und Frankreichs.

Bismarck kam diese Entwicklung sehr gelegen. Er sah darin eine ideale Gelegenheit, um das Verhältnis der drei östlichen Monarchien, das sich in den letzten Jahren in eine russisch-österreichisch-ungarische Entente im Orient unter Aussparung des Deutschen Reiches verändert hatte, wieder mit neuem Leben zu erfüllen. Er regte sogleich ein gemeinsames Vorgehen der drei Ostmächte in der Orient-Frage an, ohne sonderliche Rücksicht auf die Westmächte zu nehmen. Ostentativ motivierte er diesen Vorschlag mit dem Argument, daß es ihm einzig und allein darauf ankomme, einen europäischen Krieg zu vermeiden. Dies rechtfertige auch die Abtretung von Territorien des Osmanischen Reiches an die europäischen Mächte. »Die ganze Türkei mit Einrechnung der verschiedenen Stämme ihrer Bewohner«, so argumentierte er, »ist als politische Institution nicht so viel wert, daß sich die zivilisierten europäischen Völker um ihretwillen in großen Kriegen gegenseitig zugrunde richten [...].« Allerdings kümmerte es ihn nicht im geringsten, ob bei der Neuverteilung von Teilen der »europäischen Türkei« das Nationalitätenprinzip beachtet würde oder nicht. Im Gegenteil, er fand nichts dabei, über die nationalen Hoffnungen der betroffenen Bevölkerungsgruppen hinwegzugehen, sofern mächtepolitische Erwägungen eine andere Lösung als zweckmäßiger erscheinen ließen. Der Sache nach hieß dies, daß die anderen Mächte ruhig zugreifen und sich aus der Ländermasse des Osmanischen Reiches jene Gebiete aneignen sollten, die sie für wünschenswert erachteten. Demgemäß war es ihm nur recht, wenn Rußland Bessarabien und Österreich-Ungarn eventuell Bosnien und die Herzegowina annektieren würden, obwohl ersteres mit den nationalen Aspirationen der Rumänen, letzteres mit den nationalen Hoffnungen der Serbo-Kroaten unvereinbar war. England hingegen wollte er mit Ägypten, Frankreich mit Syrien abfinden. Angesichts der zu erwartenden französischen Proteste gegen eine Festsetzung Englands in Ägypten erwog er als Alternative, ob sich nicht die beiden Mächte in Ägypten und Syrien »einen zunächst gemeinschaftlichen Wirkungskreis schaffen« könnten. Zudem erklärte er, daß das Deutsche Reich keinerlei eigene Interessen im Orient verfolge.

In einem Memorandum vom 13. Mai 1876 formulierte Bismarck einen Katalog von Bedingungen an die Pforte, in dem neben Garantien für eine angemessene Behandlung der christlichen Bevölkerung in den weiterhin unter türkischer Verwaltung verbleibenden Regionen insbesondere die Befriedigung der russischen und österreichischen territorialen Wünsche aufgeführt waren, während von eventuellen Gebietsabtretungen an die Westmächte auf Kosten des Osmanischen Reiches natürlich nicht die Rede war. Als die Westmächte, vor allem Großbritannien, diesen Vorschlag ablehnten, der nach ihrer Ansicht eine zu einseitige Machtsteigerung Rußlands auf dem Balkan gebracht haben würde, hielt Bismarck gleichwohl an dieser Linie fest. »Das Drei-Kaiser-Bündnis«, so ließ er verlauten, »ist bisher die Bürgschaft des Friedens.« Es ist leicht zu sehen, daß Bismarcks demonstratives Desinteresse an den Orient-Fragen keineswegs so uneigennützig war, wie es auf den ersten Blick erscheint. Denn er verfolgte mit dieser Strategie das Ziel einer Reaktivierung des Drei-Kaiser-Verhältnisses, bot sich doch hier eine günstige Gelegenheit, Rußland und Österreich-Ungarn gleichermaßen gegen die Westmächte zu engagieren und ihnen dergestalt den Wert der Freundschaft des Deutschen Reiches handgreiflich vor Augen zu führen. Umgekehrt durfte er davon ausgehen, daß eine Festsetzung Frankreichs in Syrien und Großbritanniens in Ägypten beide Mächte miteinander embrouillieren würde. Mittelfristig gesehen mußte ein direktes Engagement beider Mächte im Nahen Osten auch zu einer Verschärfung des Gegensatzes zu Rußland führen und dieses damit in eine Lage bringen, in der es auf die Unterstützung des Deutschen Reiches und Österreich-Ungarns angewiesen sein würde. Außerdem hätten dann in erster Linie die Westmächte und nicht die Donau-Monarchie einer allzu ausgreifenden russischen Orient-Politik Zügel anlegen müssen; demgemäß wäre das Dilemma der deutschen Politik geringer geworden, wie man den russischen Drang nach dem Nahen Osten behutsam abbremsen könne, um einen russisch-österreichischen Zusammenstoß zu vermeiden, ohne darüber die russische Diplomatie dauernd zu verärgern.

Aber die Dinge entwickelten sich keineswegs ganz in dem von Bismarck gewünschten Sinne. Zwar faßten Rußland und Österreich-Ungarn ein gemeinsames Vorgehen gegen das Osmanische Reich ins Auge, um es zu den notwendigen Reformen zu zwingen, doch sie nahmen davon wieder Abstand, als Großbritannien dagegen Einspruch erhob. Die Donau-Monarchie begrüßte zwar die ungewohnte Situation einer weitgehenden Übereinstimmung mit Rußland und dem Deutschen Reich in den Orient-Fragen, war aber nicht bereit, die eigenen Ziele um den Preis einer Entfremdung mit Großbritannien zu verfolgen oder, anders gesagt, sich von seinen Partnern in eine schroff anti-westliche Position hineinmanövrieren zu lassen. Bismarck wiederum konnte es nicht darauf ankommen lassen, in dieser Frage mit Rußland allein zu agieren. Vielmehr war er peinlich darum bemüht, mit dem Zarenreich und der Donau-Monarchie gleichermaßen auf gutem Fuß zu stehen. Eine einseitige Bindung des Deutschen Reiches an Rußland, wie sie im Oktober 1876 von Gortschakow angesichts der zögerlichen Haltung des Ballhausplatzes gefordert wurde, lehnte er daher konsequent ab. Die Erhaltung sowohl der russischen als auch der österreichischen Monarchie als europäischer Mächte sei, wie er bei dieser Gelegenheit erklärte, für den Bestand des Mächtesystems gleichermaßen unabdingbar. In der Erhaltung des Systems der Pentarchie, bei gleichzeitiger Engagierung der anderen Mächte an der Peripherie Europas in einer Weise, die diese in Gegensatz zueinander bringen würde, sah er das Unterpfand für die Stabilisierung der bestehenden Mächteverhältnisse in der Mitte Europas und zugleich des politischen Systems des Deutschen Reiches. Dem Deutschen Reich könne weder daran gelegen sein, den Vielvölkerstaat Österreich-Ungarn auf dem Altar der Verständigung mit Rußland zu opfern, noch daran, daß sich erneut eine Situation gleich jener während des Krim-Krieges einstellen würde, nämlich einer gesamteuropäischen Koalition gegen das Zarenreich. »Unseren Interessen kann es nicht entsprechen, [...] wenn das Glück den russischen Waffen ungünstig wäre, die Machtstellung Rußlands wesentlich und dauernd geschädigt zu sehen; ebenso tief aber würde es die Interessen Deutschlands berühren, wenn die österreichische Monarchie in ihrem Bestande als europäische Macht oder in ihrer Unabhängigkeit derart gefährdet wäre, daß einer der Faktoren, mit denen wir im europäischen Gleichgewicht zu rechnen haben, für die Zukunft auszufallen drohte.«

Zunächst also wollten die Blütenträume einer Reaktivierung des Drei-Kaiser-Bündnisses über der Orient-Frage nicht reifen. Vielmehr schleppten sich die Auseinandersetzungen auf den üblichen diplomatischen Kanälen hin, während die Pforte gegenüber der serbo-kroatischen Bevölkerung zu Mitteln schärfster Repression griff. Eine Botschafterkonferenz, die vom Dezember 1876 bis zum Januar 1877 in Konstantinopel zusammentrat, blieb ergebnislos, weil sich die Pforte weigerte, den weitreichenden Reformforderungen der Mächte nachzugeben. Bei dieser Gelegenheit geriet Bismarck obendrein in sehr unerwünschter Weise in das Kreuzfeuer der Kritik der anderen Mächte. Die britische Regierung warf ihm vor, daß er den Forderungen Rußlands im vorhinein zu weit nachgegeben habe und dadurch das Zustandekommen eines maßvollen Reformprogramms verhindert habe, welches der Sultan hätte annehmen können. Einmal mehr wurde Bismarck in die Ecke des europäischen Störenfrieds gedrängt, der in unangemessener Weise über die Interessen anderer Großmächte hinweggegangen sei. Die Verärgerung der englischen Regierung war beträchtlich. Dies wurde von dem französischen Außenminister Decazes prompt ausgenutzt, um das politische Image des republikanischen Frankreich aufzupolieren und sich der britischen Regierung, aber auch Österreich-Ungarn in den Orient-Fragen als Bundesgenosse anzuempfehlen.

Mittlerweile stieg insbesondere in Rußland die Irritation über die drückende Behandlung der Bevölkerung in Bosnien und der Herzegowina nach der Niederwerfung der Aufstandsbewegungen. Schließlich entschloß sich Rußland nach der Ablehnung eines erneuten Reformvorschlags seitens der Großmächte durch die

Pforte, dem sogenannten Londoner Protokoll vom 31. März 1877, zu einem Alleingang gegen das Osmanische Reich, mit dem Anspruch, als »Mandatar Europas« zu handeln. Der Kriegserklärung war im Reichstadter Abkommen vom 8. Juli 1876, welches freilich mehr Fragen offenließ, als geregelt wurden, eine Abstimmung mit Österreich-Ungarn vorausgegangen, die die Teilung der europäischen Türkei in beiderseitige Interessensphären vorsah, dagegen die Errichtung eines überwiegend großbulgarischen Balkanstaates ausdrücklich ausschloß. Alexander II. bezeichnete es demonstrativ als das Ziel des militärischen Vorgehens gegen die Pforte, den Schutz der christlichen Bevölkerungsgruppen zu gewährleisten. Tatsächlich standen hinter dem russischen Eingreifen einerseits panslawistische Motive, die auf die Befreiung der slawischen Balkanvölker vom türkischen Joch drängten, andererseits handfeste machtpolitische Erwägungen, die letztendlich dem Ziel galten, die Fesseln des Pariser Friedens von 1856 endgültig abzuschütteln und die Kontrolle der Meerengen zu erzwingen. Bismarck quittierte die pathetische Erklärung des Zaren, daß Rußland als »Mandatar Europas« zu den Waffen greife, kühl mit der Frage: »Wer ist Europa?« Insbesondere Großbritannien sah in dem Vorpreschen des Zarenreiches, das darauf hinauslief, die eigene Machtstellung im Orient ohne Rücksicht auf die Interessen der Westmächte auszubauen, eine Brüskierung und Herausforderung. Doch die britische Regierung entschied sich ebenso wie jene der anderen Großmächte dafür, zunächst einmal abzuwarten. Obschon das russische Vorgehen eine Verletzung des Pariser Friedens von 1856 darstellte, meinte der britische Außenminister Lord Derby, daß Friedensverträge nun einmal mit dem Ablauf der Zeit und mit der Gewalt der Umstände ihre Geltungskraft verlören. Es war aber jedermann klar, daß vornehmlich Großbritannien nicht gewillt war, Rußland in der Orient-Frage unbeschränkt freie Hand zu lassen.

In dieser Situation griff Bismarck das von ihm bereits bei Anfang der Orient-Krise vorgeschlagene Lösungsmodell wieder auf, nämlich die Mächte auf Kosten des Osmanischen Reiches sämtlich mit einem Stück der Beute abzufinden und auf diese Weise einerseits Rußland Genugtuung zu verschaffen, andererseits einen allgemeinen europäischen Krieg zu verhindern. Damit verband sich die Absicht, durch die Ableitung der aggressiven Energien der anderen Mächte an die Peripherie Europas den Druck auf die europäische Mitte zu reduzieren und so den »cauchemar des coalitions«, der ihn seit einigen Jahren plagte, für absehbare Zeit loszuwerden. Bismarck skizzierte die Grundzüge dieser Strategie im »Kissinger Diktat« vom 15. Juni 1877, dem wohl berühmtesten seiner diplomatischen Texte: »Ein französisches Blatt sagte neulich von mir, ich hätte ›le cauchemar des coalitions‹; diese Art Alp wird für einen deutschen Minister noch lange, und vielleicht immer, ein sehr berechtigter bleiben. Koalitionen gegen uns können auf westmächtlicher Basis mit Zutritt Österreichs sich bilden, gefährlicher vielleicht noch auf russisch-österreichisch-französischer; eine große Intimität zwischen

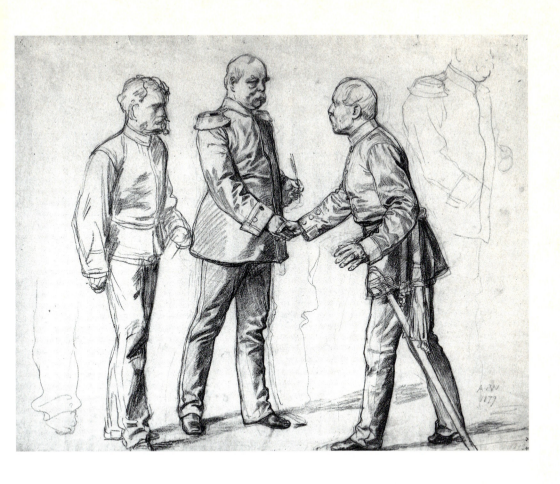

Bismarck mit Andrássy und Schuwalow anläßlich der Schlußsitzung des Berliner Kongresses im Sommer 1878. Skizze des Anton von Werner für sein 1881 vollendetes Gemälde. Nürnberg, Germanisches Nationalmuseum

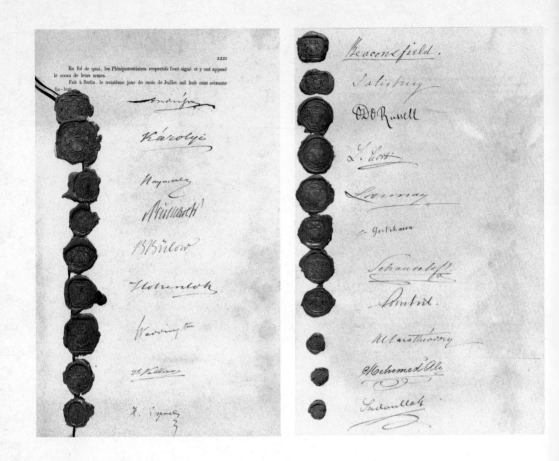

Der Berliner Vertrag über die Neuordnung der orientalischen Verhältnisse vom 13. Juli 1878.
Schlußseiten mit den Unterschriften der Bevollmächtigten Österreich-Ungarns, Deutschlands,
Frankreichs, Großbritanniens, Italiens, Rußlands und der Türkei in der für Österreich-Ungarn
bestimmten Ausfertigung. Wien, Haus-, Hof- und Staatsarchiv

zweien der drei letztgenannten Mächte würde der dritten unter ihnen jederzeit das Mittel zu einem sehr empfindlichen Drucke auf uns bieten. In der Sorge vor diesen Eventualitäten, nicht sofort, aber im Lauf der Jahre, würde ich als wünschenswerte Ergebnisse der orientalischen Krisis für uns ansehen: 1. Gravitierung der russischen und der österreichischen Interessen und gegenseitigen Rivalitäten nach Osten hin, 2. der Anlaß für Rußland, eine starke Defensivstellung im Orient und an seinen Küsten zu nehmen, und unseres Bündnisses zu bedürfen, 3. für England und Rußland ein befriedigender status quo, der ihnen dasselbe Interesse an Erhaltung des Bestehenden gibt, welches wir haben, 4. Loslösung Englands von dem uns feindlich bleibenden Frankreich wegen Ägyptens und des Mittelmeers, 5. Beziehungen zwischen Rußland und Österreich, welche es beiden schwierig machen, die antideutsche Konspiration gegen uns gemeinsam herzustellen, zu welcher zentralistische oder klerikale Elemente in Österreich etwa geneigt sein möchten.« In der Tat hätte ein solches Arrangement zumindest kurzfristig eine wesentliche Verbesserung der mächtepolitischen Konstellation für das Deutsche Reich gebracht; ja diesem wäre nunmehr effektiv jene latente Hegemonialstellung innerhalb des europäischen Mächtesystems zugefallen, die es bisher nur dank seines militärischen Übergewichts ausgeübt hatte, durchaus zum Mißvergnügen der anderen Mächte.

Für Bismarck war entscheidend, in einem von fünf Großmächten bestimmten Staatensystem jeweils immer zu dritt zu sein, im übrigen aber die anderen Mächte davon abzuhalten, gegen das Deutsche Reich gerichtete Koalitionen einzugehen. Die Orient-Krise bot sich, so schien es, an, um dieses große Ziel wenigstens für die absehbare Zukunft zu realisieren. Auch aus sozialkonservativer Perspektive empfahl sich eine solche Strategie. Eine Stabilisierung der Machtstellung Österreichs wie Rußlands war auch innenpolitisch von einiger Bedeutung; beide Mächte bildeten Eckpfeiler des überkommenen konservativen Systems, welches den breiten Massen der Bevölkerung jegliche Mitwirkung an den politischen Prozessen verweigerte. Der dilatorische Kompromiß zwischen den konservativen und fortschrittlichen Kräften, den Bismarck mit der Reichsgründung in Deutschland zuwege gebracht hatte, wäre dann ebenfalls in Gefahr geraten. Allerdings enthielt die Strategie, die Mächte auf Kosten des territorialen Bestandes des Osmanischen Reiches sowie der Bestrebungen der Balkanvölker nach nationaler Selbständigkeit gegeneinander zu engagieren, erhebliche Risiken. Denn sie lief darauf hinaus, daß die regionalen Konflikte auf dem Balkan und an der Peripherie Europas gleichsam permanent am Leben erhalten und nicht etwa einer dauerhaften Lösung entgegengeführt wurden. Davon abgesehen barg sie die Gefahr in sich, daß sich die anderen Mächte, des Gegeneinanderausgespieltwerdens müde, am Ende gemeinsam gegen das Deutsche Reich wenden könnten.

Es ist in diesem Zusammenhang bemerkenswert, daß Bismarck sich mit seiner kühl kalkulierten Strategie, die die Mächte eher auseinanderzudividieren als in den Grundfragen der europäischen Politik zusammenzuführen suchte, namentlich von britischer Seite den Vorwurf zuzog, moralische Gesichtspunkte völlig außer acht zu lassen. Dies wurde durch den Umstand verschärft, daß der Kanzler die Wünsche der von den großen mächtepolitischen Entscheidungen primär betroffenen Bevölkerungsgruppen, insbesondere das Prinzip der nationalen Selbstbestimmung, im Grunde weitgehend vernachlässigte. Bismarcks großer Gegenspieler der kommenden Jahre, Sir William Gladstone, beispielsweise betrachtete es als eines seiner außenpolitischen Grundprinzipien, »to strive to cultivate and maintain, ay, to the very uttermost, what is called the Concert of Europe; to keep the Powers of Europe in union together. And why? Because by keeping all in union together you neutralize and fetter and bind up the selfish aims of each [...] Common action means common objects; and the only objects for which you can unite together the Powers of Europe are objects connected with the common good of them all.« Bismarck empfand dergleichen Argumentationen als unerträgliches Moralisieren, welches an den wirklichen Gegebenheiten gänzlich vorbeigehe. Europa war für ihn ein geographischer, nicht ein moralischer Begriff, und er hat gelegentlich bemerkt, daß er der Berufung auf das Interesse Europas bei ausländischen Staatsmännern immer dann begegnet sei, wenn sie damit eigennützige nationale Ziele zu bemänteln suchten.

Im übrigen entwickelten sich die Dinge in der Folge zunächst keineswegs so, wie Bismarck sich dies erhofft hatte. Als sich Anfang 1878 eine vollständige militärische Niederlage der Pforte abzuzeichnen begann, wurde klar, daß sich Rußland nicht in den Grenzen der in Reichstadt mit der Donau-Monarchie vereinbarten Kriegsziele halten werde. Damit brachen die latenten Interessengegensätze zwischen St. Petersburg und Wien, die in dem Reichstadter Abkommen vom Juli 1876 nur mühsam und unvollkommen überbrückt worden waren, wieder auf. Unter diesen Umständen stand es nicht gut mit Bismarcks Plan, das Drei-Kaiser-Bündnis mit Hilfe eines gemeinsamen Vorgehens der Ostmächte in den Orient-Fragen wieder zu kitten. Angesichts der katastrophalen militärischen Lage nach der Schlacht von Plewna am 10. Dezember 1877 sah sich die Pforte gezwungen, am 30. Januar 1878 einen Waffenstillstand abzuschließen, der der russischen Diplomatie hinsichtlich der künftigen Gestaltung der Verhältnisse auf dem Balkan weitgehend freie Hand gab. Dies rief sogleich die anderen Großmächte, zumal Österreich-Ungarn und Großbritannien, auf den Plan; sie wollten von einer derart weitgehenden Amputierung des Osmanischen Reiches, wie sie sich nunmehr abzeichnete, nichts wissen. Ein erneuter europäischer Krieg lag in der Luft. Der österreichische Außenminister Julius Graf Andrássy regte an, daß die strittige Frage der künftigen Gestaltung der politischen Ordnung auf dem Balkan von einer Konferenz der europäischen großen Mächte geregelt werden solle.

Bismarck war ursprünglich kein Freund der Idee einer europäischen Konferenz, denn ihm war klar, daß dann die Gegensätze zwischen Österreich-Ungarn und

Rußland in voller Stärke aufbrechen würden und das Deutsche Reich in die Zwickmühle kommen könne, zwischen ihnen wählen zu müssen. Doch er vermochte sich dem Gedanken einer Konferenz der europäischen Mächte nicht zu widersetzen, nachdem auch die zarische Regierung diesen Vorschlag im Prinzip akzeptiert hatte. Es kam nun alles darauf an, die russischen Erwartungen hinsichtlich einer entschieden diplomatischen Unterstützung durch das Deutsche Reich auf ein vernünftiges Maß zurückzuschrauben. Schon Anfang 1878 führte Bismarck Klage darüber, daß Rußland nicht auf die uneingeschränkte Gefolgschaft des Deutschen Reiches zählen könne, wenn dieses bedeute, gegen Österreich-Ungarn aufzutreten. »Wir sind seit Jahr und Tag im russischen Interesse so gut wie im eigenen bemüht, das Drei-Kaiser-Bündnis beisammen zu halten, eine Aufgabe, die namentlich wegen der Kollision der österreichischen und russischen Interessen in Wien ihre großen Schwierigkeiten hat [...].« Das Deutsche Reich könne Österreich-Ungarn jedoch nicht preisgeben. »Wir haben in der Türkei keine Interessen, die wir Rußland nicht opfern könnten; in Österreich aber haben wir solche. Deutschland hat ein unmittelbares und ein europäisches Interesse, sich mit Österreich gut zu stehen.«

Um seiner Position in einer diplomatisch unverfänglichen Weise auch nach außen hin Ausdruck zu geben, ohne sich dabei persönlich festlegen zu müssen, veranlaßte der Kanzler den Führer der nationalliberalen Reichstagsfraktion, Rudolf von Bennigsen, die Dinge in Form einer parlamentarischen Anfrage im Reichstag zur Sprache zu bringen; dies gab Bismarck die erwünschte Gelegenheit, dazu öffentlich Stellung zu nehmen. In seiner Rede im Reichstag am 19. Februar 1878 erklärte Bennigsen in pathetischen Worten, daß das Deutsche Reich seit 1870 unter Führung Bismarcks konsequent eine Politik der Friedenserhaltung betrieben habe. Dabei hob er ostentativ die positive Funktion hervor, die in diesem Zusammenhang dem Drei-Kaiser-Bündnis zugemessen werden müsse. Er würdigte die Absichten, um derentwillen Rußland den Krieg gegen das Osmanische Reich geführt habe, warnte aber vor zu hochgesteckten Forderungen, die insbesondere von Österreich-Ungarn nicht hingenommen werden könnten. Er ließ keinen Zweifel daran, daß Österreich-Ungarn auf die uneingeschränkte Unterstützung der deutschen Öffentlichkeit werde rechnen können: »Vor allen Dingen haben wir in Deutschland daran ein Interesse [...], daß nicht etwa der Verlauf der Wirren im Orient, die friedliche oder kriegerische Lösung derselben die Interessen Österreichs wesentlich alterire und schädige oder gar zu einer erheblichen Schwächung von Österreich führe.« Diese indirekte Warnung an die Adresse St. Petersburgs kam Bismarck sehr gelegen, denn sie enthob ihn der Notwendigkeit, sich persönlich zu diesem Punkt in ähnlichem Sinne zu äußern. Er erklärte, daß er es als die Aufgabe des Deutschen Reiches ansehe, in diesem Streit nicht für die eine oder die andere Seite Partei zu nehmen, sondern zwischen Rußland und Österreich-Ungarn zu vermitteln. Dieses werde dem Deutschen

Reich dadurch erleichtert, daß es selbst so gut wie keine materiellen Interessen im Orient verfolge. Er lehnte es allerdings ausdrücklich ab, den anderen Mächten die Wege vorschreiben zu wollen, die zu einer Lösung der gegenwärtigen Krise führen könnten, und wies die Idee von sich, daß das Deutsche Reich die Rolle eines Schiedsrichters übernehmen solle, wie dies in der Presse angeregt worden war. »Ich bin nicht der Meinung, daß wir den napoleonischen Weg zu gehen hätten, um, wenn nicht der Schiedsrichter, auch nur der Schulmeister in Europa sein zu wollen.« Dies war auch an die Adresse St. Petersburgs gerichtet. Bismarck sah voraus, daß die Schiedsrichterrolle ein höchst undankbares Geschäft werden würde, und suchte ihr zumindest zu diesem Zeitpunkt aus dem Weg zu gehen. Der Führer der Zentrumspartei Ludwig Windthorst hingegen verlangte eine eindeutige Stellungnahme zugunsten der Donau-Monarchie und vertrat sogar die Ansicht, daß die deutsche Diplomatie schon den Ausbruch des Krieges selbst hätte verhindern müssen, da dieser die Großmachtstellung Österreich-Ungarns auf dem Balkan gefährde; das Interesse Österreichs aber falle mit dem »germanischen Interesse« zusammen. Windthorst verstieg sich gar zu der These, daß es sich um einen Konflikt zwischen dem Slawentum und dem Germanentum handele: »Meine Herren, nach meinem Dafürhalten handelt es sich in diesen orientalischen Fragen um die große und für alle Zukunft bedeutungsvolle Frage, ob das germanische Element oder das slavische Element das die Welt beherrschende sein soll … durch das Vorgehen der Russen – welches notorisch getrieben worden ist von den panslavistischen Ideen [...]« sei »den slavischen Elementen bereits ein Vorsprung gegeben, welchen die germanischen Völkerschaften kaum noch werden aufholen können«. Der konservative Abgeordnete Otto Heinrich von Helldorff verteidigte demgegenüber die zivilisatorische Mission Rußlands in der Orient-Frage. Für solche Argumente hatte Bismarck nun freilich keinerlei Verständnis. Aber der Zweck, nämlich Rußland in unauffälliger Weise darauf vorzubereiten, daß vom Deutschen Reich keine uneingeschränkte Gefolgschaft in den Orient-Fragen erwartet werden könne, wurde auch so erreicht.

Die Warnungen der anderen europäischen Mächte fruchteten zunächst nicht viel. Der russische Unterhändler Nikolai Ignatiew ging davon aus, daß eine konsequente Unterstützung der slawischen Nationalitäten zugleich im besten Interesse Rußlands liege. Er sah den Zeitpunkt gekommen, um eine radikale Umgestaltung der Länderkarte des Balkans durchzusetzen, ohne zu bedenken, daß die anderen Mächte nicht gewillt waren, Rußland uneingeschränkt auf diesem Weg zu folgen. Am 3. März 1878 schlossen Rußland und die Türkei den Präliminarfrieden von San Stefano, der der Pforte äußerst harte Friedensbedingungen auferlegte, welche die ursprünglichen, in Reichstadt in Umrissen mit Österreich abgesprochenen russischen Kriegsziele bei weitem hinter sich ließen. Darin wurde festgelegt, daß Serbien, Montenegro und Rumänien endgültig aus dem Staatsverband des Osmanischen Reiches entlassen und zusätzlich durch

Abtretung weiterer türkischen Staatsgebiets vergrößert werden sollten. Vor allem aber sollte Bulgarien auf nahezu das Dreifache seines bisherigen territorialen Besitzstandes erweitert und zu einem autonomen Fürstentum erhoben werden, das zwar der Pforte weiterhin tributpflichtig, jedoch in allen anderen Hinsichten selbständig sein sollte. Im übrigen sollte Bulgarien für zwei weitere Jahre von russischen Truppen besetzt bleiben. Dies hätte die Wünsche der bulgarischen Nationalbewegung in einem Ausmaß erfüllt, welches sie sich niemals hätte träumen lassen. Doch jedermann war ersichtlich, daß die russische Regierung die Gründung eines großbulgarischen Staates nicht bloß aufgrund panslawistischer Erwägungen betrieb. Dahinter stand vielmehr die Absicht, Bulgarien in einen russischen Satellitenstaat zu verwandeln, der als Basis für eine künftige weitausgreifende Orient-Politik dienen sollte. Außerdem wurde der Pforte eine gewaltige Kriegskontribution von 1.400 Millionen Rubel auferlegt, die zum größeren Teil – denn es war allgemein bekannt, daß die Türkei diese Summe niemals würde aufbringen können – durch Abtretung von weiteren Territorien an Rußland abgegolten werden könne: unter anderem von Ardahan, Kars und Batum, also Gebieten mit überwiegend armenischer Bevölkerung, sowie des Sandschak von Toultcha, mit dem Rumänien für den definitiven Verlust Bessarabiens entschädigt werden sollte. Es versteht sich, daß nun auch die Reste der gegen Rußland gerichteten Bestimmungen des Pariser Friedens von 1856 beseitigt werden sollten; der Präliminarfrieden sah vor, daß der Bosporus und die Dardanellen künftig auch im Kriegsfall für die Handelsschiffahrt neutraler Staaten geöffnet, dagegen für Kriegsschiffe geschlossen bleiben sollten, eine aus russischer Sicht nahezu optimale Lösung der Meerengenfrage.

Dies war ersichtlich ein Gewaltfrieden, der, sofern er in dieser Form verwirklicht worden wäre, Rußlands Vorherrschaft auf dem Balkan für absehbare Zeit festgeschrieben hätte. Darüber hinaus wäre ihm eine hegemoniale Machtposition gegenüber dem Osmanischen Reich zugefallen, die den Grundsätzen des bisherigen europäischen Rechts in der Orient-Frage vollkommen zuwiderlief. Großbritannien sah sich um die Früchte des Krim-Krieges gebracht, und die Donau-Monarchie fürchtete um ihre politische Position auf dem Balkan, ja mehr noch, langfristig auch um ihre politische Stabilität, obschon die russische Diplomatie vereinbarungsgemäß willens war, Österreich-Ungarn Bosnien und die Herzegowina zu überlassen. Unter diesen Umständen bestand durchaus die Möglichkeit, daß es zu einem allgemeinen europäischen Krieg kommen werde. Am Ende mußte sich Rußland dazu bereit finden, daß eine Konferenz der europäischen Mächte über die Neuordnung der Verhältnisse im Orient befinden sollte.

Schon relativ früh war klar, daß diese Konferenz in Deutschland stattfinden solle, in Anerkennung der Bemühungen Bismarcks um eine Vermittlung zwischen den Großmächten. Doch der Kanzler suchte die Konferenzidee zunächst möglichst herunterzuspielen. Statt dessen bemühte er sich, in fieberhaft geführten

Verhandlungen eine Verständigung zwischen Österreich-Ungarn und Rußland herbeizuführen, um das Drei-Kaiser-Bündnis zu retten. Gegenüber Rußland konnte er dabei auf die einhellige Ablehnung des Präliminarfriedens von seiten der Westmächte verweisen. Die österreichisch-ungarische Diplomatie suchte er davon zu überzeugen, daß die Schaffung eines großbulgarischen Staates die machtpolitischen Interessen der Donau-Monarchie gar nicht verletze, sofern man für die entsprechenden politischen Kautelen sorge – eine These, die sich schon wenig später als vollkommen zutreffend erweisen sollte. Ein vereinigtes Großbulgarien, so meinte Bismarck, würde sich »viel weniger geneigt zeigen ..., nach Rußland zu gravitieren«, als ein Bulgarien, das weiterhin territoriale Ansprüche an seine Nachbarn erhebe. Doch er vermochte die österreichische Diplomatie, die wie gebannt auf die panslawistische Gefahr starrte, nicht zu überzeugen. Inzwischen war die britische Regierung unter dem neuen Premierminister Benjamin Disraeli an die Pforte herangetreten und sicherte ihr gegen die Abtretung Zyperns an Großbritannien – dies blieb allerdings zunächst ein gut gehütetes diplomatisches Geheimnis, um die Verhandlungsposition der Pforte nicht noch weiter zu schwächen – weitgehende diplomatische Unterstützung gegen Rußland zu. So sehr es Bismarcks allgemeiner Strategie entsprach, Großbritannien im Orient politisch zu engagieren, so wenig kam ihm dies zu jenem Zeitpunkt gelegen; denn dies versteifte nur den Widerstand des Ballhausplatzes gegen einen für Rußland allenfalls annehmbaren Kompromiß. Sehr zu Bismarcks Erbitterung führten die Verhandlungen zwischen beiden Mächten zu keinem greifbaren Ergebnis. Ärger noch, die russische Diplomatie, der Obstruktionspolitik des Grafen Andrássy, aber auch Bismarcks Politik des Finassierens müde, wandte sich daraufhin direkt an den eigentlichen Gegenspieler Rußlands im Orient, nämlich an Großbritannien. Der russische Botschafter in London, Peter Graf Schuwalow, und der neue britische Außenminister Robert Cecil Lord Salisbury handelten im Mai 1878 ein Geheimabkommen aus, in dem bereits die Grundzüge der später auf dem Berliner Kongreß abgesegneten Regelungen festgelegt waren. Vor allem willigte die zarische Regierung unter britischem Druck in eine Dreiteilung Großbulgariens ein. Nur die Kernregion Bulgariens sollte ganz aus türkischer Herrschaft entlassen werden, während Ostrumelien zwar den Status einer autonomen Provinz erhalten, aber weiterhin unter türkischer Verwaltung stehen sollte. Mazedonien hingegen sollte im türkischen Herrschaftsbereich verbleiben, allerdings unter Abtretung eines Teils von Thessalien an Griechenland. Die britische Politik verfolgte damit die Absicht, einen Schutzwall vor die Kerngebiete des Osmanischen Reiches zu legen und auf diese Weise dem russischen Einfluß am Balkan Grenzen zu setzen. Gleichzeitig sollte Österreich-Ungarn das Recht zur Okkupation Bosniens, der Herzegowina und des Sandschaks Novibazar erhalten, unbeschadet der theoretisch weiterhin aufrechtzuerhaltenden Souveränitätsrechte des Sultans.

Demnach war, als der Berliner Kongreß am 13. Juni 1878 unter dem Vorsitz

Bismarcks eröffnet wurde, die Neuordnung auf dem Balkan in ihren Grundzügen bereits vorgezeichnet. Gleichwohl blieb noch viel zu tun. Bismarck fiel die Aufgabe zu, als »ehrlicher Makler, der das Geschäft wirklich zustande bringen will«, einen Ausgleich zwischen den auf den ersten Blick unlösbar gegeneinander verkeilten Mächteinteressen zu finden. Er entledigte sich dieser Aufgabe mit Glanz und Bravour. In gewissem Sinne stand er damals auf der Höhe seines Ruhms; er wurde nunmehr allseits als der führende Staatsmann Europas anerkannt. Doch die Lage des Deutschen Reiches war keineswegs so rosig, wie dies auf den ersten Blick erscheinen mochte. Denn faktisch präsidierte Bismarck dem feierlichen Begräbnis des Drei-Kaiser-Bündnisses.

Die Frontlinie zwischen den Mächten auf dem Berliner Kongreß verlief ganz anders, als es sich der Kanzler gewünscht hatte: Großbritannien und Österreich-Ungarn einerseits, Rußland andererseits standen sich als Hauptkontrahenten gegenüber, während sich das Deutsche Reich in einer unbequemen Mittellage befand – war es doch sowohl Rußland als auch Österreich-Ungarn politisch verpflichtet. Frankreich stand zwar abseits, war aber in der Lage, sich jeweils der siegenden Partei anzuschließen. Das Osmanische Reich war zwar formal als gleichberechtigte Macht zur Konferenz eingeladen worden, spielte aber ein Schattendasein; es wurde als Objekt der mächtepolitischen Interessen der Großmächte, nicht als ein gleichberechtigter Verhandlungspartner behandelt. Besonders Bismarck ließ die Repräsentanten der Pforte während der Verhandlungen wiederholt in brüsker Form fühlen, daß ihre Interessen bei der Friedensregelung eine völlig untergeordnete Rolle spielten. Österreich-Ungarn und, mit gewissen Einschränkungen, Großbritannien traten für eine weitgehende Wiederherstellung des Osmanischen Reiches auf dem Balkan ein, aber eigentlich nur, weil sie auf diese Weise den Machtzuwachs Rußlands in engen Grenzen halten wollten, nicht, weil sie von der Lebensfähigkeit der Türkei überzeugt waren. Ebenso gingen die Mächte ziemlich unbekümmert über die nationalen Interessen der betroffenen Balkanvölker hinweg; die neuen Grenzziehungen erfolgten ausschließlich nach mächtepolitischem Kalkül und nicht mit Rücksichtnahme auf das in dieser Region ohnehin nicht rein durchführbare Prinzip der nationalen Selbstbestimmung. Das Resultat war ein Kompromiß, welcher die Existenzfähigkeit des Osmanischen Reiches schwer beeinträchtigte und hinter den nationalen Erwartungen der Balkanvölker ebenfalls weit zurückblieb. Der Friede Europas wurde im wesentlichen auf Kosten der Völker des Balkans und der Türkei wiederhergestellt, für einen hohen Preis, nämlich dauernde politische Instabilität in Südosteuropa. Das Osmanische Reich geriet hinfort vollständig unter die Kontrolle der europäischen Großmächte. Es sank zu einer »Halbkolonie« im Sinne Lenins herab, die nur noch eine Chance hatte, eine eigenständige Politik durchzusetzen, wenn es ihr gelang, die europäischen Mächte gegeneinander auszuspielen.

Auch Rußland gehörte insofern zu den Verlierern, als es auf den größten Teil seiner Kriegsbeute wieder verzichten mußte. Statt eines russischen Satellitenstaates Großbulgarien wurde ein autonomes, aber der Pforte weiterhin tributpflichtiges Fürstentum Bulgarien geschaffen, mit der Maßgabe, daß der künftige König von Bulgarien keinem der europäischen Fürstenhäuser angehören dürfe. Die Provinz Ostrumelien, also der südliche Teil Bulgariens, sollte weiterhin unter türkischer Verwaltung stehen, Mazedonien gar im Verband des Osmanischen Reiches verbleiben, abzüglich Thessaliens, das Griechenland zugesprochen wurde, obschon dieses – unter englischem Druck – an den Kriegshandlungen überhaupt nicht teilgenommen hatte. Damit war vorerst sichergestellt, daß Bulgarien nicht zum Einfallstor für eine offensive russische Orient-Politik werden könne, aber um den Preis fortdauernder politischer Instabilität in diesem Land, da die Bulgaren ihre nationalen Interessen auf dem Altar der Mächtepolitik geopfert sahen. Ihre Enttäuschung wurde verstärkt durch die relativ günstige Behandlung der anderen Balkanstaaten, mit denen sie in einem Verhältnis gegenseitiger Rivalität standen. Rumänien, Montenegro und Serbien, letzteres unter einer mäßigen Vergrößerung seines territorialen Besitzstandes, wurden unabhängige Staaten.

Als Gegengewicht zu diesen Regelungen, die den Selbständigkeitsbestrebungen der slawischen Nationalitäten auf dem Balkan immerhin ein gutes Stück entgegenkamen, wurde Österreich-Ungarn das Recht zur Okkupation Bosniens und der Herzegowina sowie des Sandschaks Novibazar auf unbestimmte Zeit zugestanden. Dieser Verwaltungsbezirk schob sich wie ein Riegel zwischen das neugeschaffene Montenegro und Serbien und sollte den Bestrebungen entgegenwirken, einen großserbischen Nationalstaat ins Leben zu rufen, der die Serben und Kroaten unter einem gemeinsamen Dach zusammenführen sollte. Die Österreicher betrachteten die Kontrolle dieser Territorien als eine notwendige Barriere gegen ein mögliches Übergreifen der irredentistischen Bewegungen auf Österreich-Ungarn selbst, zugleich aber als wichtige Ausgangsbasis für eine künftige Politik der wirtschaftlichen Durchdringungen des Balkans mit informellen, vorwiegend ökonomischen Mitteln. Damit handelte sich die Donau-Monarchie freilich langfristig schwere Probleme ein, da die nun getroffene Regelung niemanden, weder die Serben noch die Bulgaren, noch die Griechen und schon gar nicht die moslemische Bevölkerung jener Region, zufriedenstellte. Zwar war die türkische Herrschaft über die christliche Bevölkerung auf dem Balkan erheblich beschnitten worden, aber nicht zugunsten der betroffenen Völker, sondern der beteiligten Großmächte.

Die russische Orient-Politik sah sich erheblich zurückgeworfen. Langfristig bestand freilich weiterhin die Chance, im Bündnis mit den slawischen Völkern die eigene Machtbasis auf dem Balkan auf Kosten entweder des Osmanischen Reiches oder der Donau-Monarchie zu erweitern. Allerdings war der panslawische Kurs Ignatiews auch in St. Petersburg einstweilen in Verruf geraten. Rußland erhielt Bessarabien und Kars, Ardahan und Batum am Schwarzen Meer, Territorien, die sich bald ökonomisch als höchst bedeutsam erweisen sollten, politisch aber bis heute eher eine Belastung für den russischen Staatsverband beziehungsweise die Gemeinschaft unabhängiger Staaten darstellen. Davon abgesehen vermochte es eine immerhin erträgliche Lösung der Meerengenfrage zu erreichen. In Zukunft sollte der Sultan im Kriegsfall frei darüber bestimmen können, ob und welche Flotten die Meerengen passieren dürften – eine Regelung, die zwar faktisch Großbritannien einseitig begünstigte, jedoch die diskriminierenden Bestimmungen des Pariser Vertrages von 1856 beseitigte.

Im übrigen wurde dem Osmanischen Reich, dessen Staatsfinanzen durch die Verpflichtung zur Zahlung einer hohen Kriegskontribution an Rußland endgültig an den Rand des Abgrunds gerieten – es hatte schon 1875 den Staatsbankrott verkündet und damit eine einstweilige Stundung seiner auswärtigen Zahlungsverpflichtungen erreicht –, von den Großmächten »nahegelegt«, eine internationale Schuldenverwaltung zwecks Regelung seiner Auslandsschulden und Wiederherstellung des türkischen Staatskredits zu akzeptieren. Zwei Jahre später wurde im sogenannten Erlaß von Mouharrem die Administration de la Dette Publique Ottomane errichtet, die künftig etwa zwei Fünftel der türkischen Staatseinnahmen, welche als Sicherheit für die Gewährung von Staatsanleihen verpfändet worden waren, in eigener Regie verwaltete. Die türkische Schuldenverwaltung war der Form nach eine private internationale Institution, die im Auftrag der europäischen Gläubiger handelte, welche auch deren Vertreter im Verwaltungsrat wählten; de facto war sie ein Einfallstor des europäischen Finanzimperialismus und indirekt der europäischen Mächtepolitik in das Osmanische Reich. Zum deutschen Vertreter in der türkischen Schuldenverwaltung wurde Gerson von Bleichröder, Bismarcks Bankier, bestimmt, der zwar in der Folge keine sonderlich aktive Rolle in den türkischen Angelegenheiten gespielt hat, aber Bismarck mit hochkarätigen Informationen versorgte.

Aus deutscher Sicht stellten sich die Ergebnisse des Berliner Kongresses auf den ersten Blick sehr positiv dar. Das persönliche Ansehen Bismarcks war gewaltig gestiegen; er hatte glaubwürdig die Position vertreten, daß es ihm in erster Linie um die Wahrung des europäischen Friedens gehe. Doch ganz so uninteressiert an den Balkan-Fragen, wie er dies vorgab, war die deutsche Diplomatie nun doch nicht. Zum einen nutzte Bismarck die informellen Kontakte auf der Konferenz, um Frankreich zu ermutigen, sich in Tunesien festzusetzen; zum anderen ließ er gegenüber den britischen Staatsmännern durchblicken, daß er eine Okkupation Ägyptens nicht ungern sehen würde. Dies lag bekanntlich ganz auf der Linie seiner Strategie der Ableitung der Spannungen an die Peripherie Europas, wie er sie bereits im Kissinger Diktat skizziert hatte. Im übrigen nahm Bismarck die günstige Gelegenheit wahr, um die Verpflichtung des Artikels V des Prager Friedens von 1866 formell aufzukündigen, der zufolge über die Zukunft Nordschleswigs nach Maßgabe der Ergebnisse eines Plebiszit entschieden und dieses gegebenenfalls an

Dänemark zurückgegeben werden solle. Äußerlich kam in der Schlüsselrolle, die Bismarck und dem Geschäftsführer des Kongresses, Joseph Maria von Radowitz, bei den Berliner Verhandlungen zugefallen war, zum Ausdruck, daß das Deutsche Reich nun tatsächlich in die Position der Hegemonialmacht auf dem europäischen Kontinent eingerückt war. Aber dem stand als großer Negativposten gegenüber, daß das Drei-Kaiser-Bündnis zerbrochen und somit die Geschäftsgrundlage für das besondere Verhältnis der drei Ostmächte verlorengegangen war. Am Rande kündigte sich zudem an, daß die Strategie der Abstinenz des Deutschen Reiches in der orientalischen Frage sich langfristig keineswegs mit den steigenden wirtschaftlichen Interessen Deutschlands auf dem Balkan und im Vorderen Orient deckte. Der glanzvolle Ablauf des Berliner Kongresses, an dem die führenden Staatsmänner Europas persönlich teilgenommen hatten, konnte die Tatsache nicht verdecken, daß die Orient-Probleme nur für den Augenblick, nicht auf Dauer gelöst worden waren und deshalb die nächste europäische Krise bereits vorprogrammiert war.

Das Deutsche Reich auf dem Weg zum Industriestaat
(1873–1896)

Wirtschaftliche Wechsellagen und der Ausbau des industriellen Systems

Die ersten Jahre nach der Reichsgründung wurden auf wirtschaftlichem Feld von einem beispiellosen Boom begleitet. Allein in Preußen wurden von 1871 bis 1874 ebenso viele Eisenhütten und Maschinenfabriken gegründet wie in den sieben Jahrzehnten zuvor. Nach Aufhebung der Konzessionspflicht für Aktiengesellschaften im Juni 1870 wurden 928 Aktiengesellschaften mit einem Nominalkapital von 2,8 Milliarden Mark errichtet; dieses Kapital war größer als das aller bisher in Preußen tätigen Aktiengesellschaften. Die hohen Dividenden zwischen 12 und 25 Prozent, die insbesondere die Eisenbahngesellschaften, aber auch die Aktienbanken in diesen Jahren zu zahlen imstande waren, verleiteten zu kühnen Transaktionen, und im allgemeinen Publikum breitete sich der Wunsch aus, unbedingt ebenfalls dabeisein zu wollen. Rein spekulative Unternehmungen, die überwiegend auf der Grundlage von geborgtem Kapital ins Leben gerufen wurden, sorgten für eine zusätzliche Überhitzung der Konjunktur.

Ein Rückschlag konnte nicht ausbleiben. Ausgehend von dem Wiener Börsenkrach vom 5. Mai 1873 kam es zu einer allgemeinen Börsenkrise, die die Aktienkurse mit einem Schlag in den Keller sinken ließ und den Kredit enorm verteuerte. Zahlreiche der neugegründeten, aber auch etablierte Unternehmen gerieten in große Schwierigkeiten. Eine Flutwelle von Konkursen folgte, und viele der Neugründungen der vergangenen Jahre brachen wieder zusammen. Ein drastischer Rückgang der Preise kam hinzu und machte die Überschuldung zahlreicher Unternehmen jedermann offensichtlich. Zeitweilig kamen alle neuen Investitionen in Industrie und Gewerbe ganz zum Erliegen, auch wenn sich dies angesichts der längerfristigen Planung großer Investitionsvorhaben in einigen Bereichen, insbesondere im Eisenbahnbau, nicht sogleich in voller Schärfe auswirkte. Bei weitem am schlimmsten wurde das Börsengeschäft getroffen; es kam zu einem Verfall der Kurse, und viele der papierenen Vermögen, die in den vergangenen anderthalb Jahrzehnten aufgehäuft worden waren, lösten sich über Nacht in Luft auf.

Die psychologischen Auswirkungen der sogenannten Gründerkrise waren ungeheuer. Das bisher grenzenlose Vertrauen in einen günstigen Fortgang der wirtschaftlichen Entwicklung wurde in weiten Kreisen des Wirtschaftsbürgertums erschüttert. Der konjunkturelle Einbruch wurde um so schwerer empfunden, als zuvor alles zum besten gestanden hatte. Ein Bericht der Berliner Kaufmannschaft über das Jahr 1874 vermittelt davon einen unmißverständlichen

Eindruck: »Das Facit des Jahres 1874 ist nach allen Richtungen hin ein ungünstiges: die Busse für die Sünden der vorhergegangenen beiden Jahre hat sich wie ein Naturgesetz mit unerbittlicher Strenge vollzogen; Handel und Verkehr stocken; die Industrie hat einen Theil ihres früheren Absatzgebietes verloren, weil die übermässig gesteigerten Arbeitslöhne bei wesentlich verminderter Arbeitsleistung [...] die Concurrenzfähigkeit deutscher Erzeugnisse auf dem Weltmarkte bedeutend vermindert hat [...] Der ungewöhnliche wirtschaftliche Aufschwung nach dem glücklich beendeten Kriege mit Frankreich hatte zu dem Glauben geführt, dass die Prosperität nicht nur eine dauernde, sondern eine weitersteigende sein würde. Vergrösserung und Neubegründung einer Menge industrieller Etablissements, und als Schlußresultat Ueberproduktion waren die Folge. Grosse Kapitalien sind in Unternehmungen theils vergeudet, theils vorläufig unrentabel angelegt, fast alle Dividendenpapiere, wie Eisenbahnen, Banken etc. gewährten geringere Rente, auch ist die Zahl der nothleidenden Werthpapiere gestiegen [...] Der Drang, ohne oder mit möglichst wenig Arbeit reich zu werden, war in aussergeschäftlichen Kreisen ein ebenso fieberhafter wie in geschäftlichen. Er hatte alle Gesellschaftsklassen ergriffen.«

Die »Gründerkrise« führte zu einer erheblichen Verlangsamung des wirtschaftlichen Wachstums. 1876/77, und noch einmal 1879/80 trat sogar ein absoluter Rückgang des Nettosozialprodukts ein. Im Herbst 1880 war die Talsohle des wirtschaftlichen Einbruchs durchschritten; fortan setzte eine Phase eines zwar deutlich verlangsamten, aber im wesentlichen kontinuierlichen wirtschaftlichen Aufstiegs ein, der nur 1891/92 eine erneute, vergleichsweise insignifikante Stockung erlitt. Während die jährliche Wachstumsrate in der Periode von 1850 bis 1871 bei durchschnittlich 2,4 Prozent gelegen hatte, mit einer starken Zunahme in den letzten Jahren, stabilisierte sie sich nunmehr auf dem durchschnittlichen Niveau von 2,3 Prozent. Man hat die Periode von 1873 bis 1896, nicht zuletzt unter dem Einfluß der pessimistischen Einstellungen der Zeitgenossen, als »Große Depression« bezeichnet und von einer »langfristig enttäuschenden, risikoreich gewordenen Wirtschaftslage« gesprochen (H. Rosenberg). Dies läßt sich freilich anhand der verfügbaren statistischen Daten schwerlich aufrechterhalten, obschon nicht verkannt werden soll, daß die deutsche Wirtschaft gerade in den Jahren von 1874 bis 1880 mit großen Liquiditätsschwierigkeiten und Problemen der Anpassung an die sich rapide verändernden Marktbedingungen zu kämpfen hatte. Ein Blick auf die Entwicklung der Produktion von Roheisen, Stahl, Textilprodukten und der Produktion von Industrie und Handel von 1873 bis 1896 zeigt, daß diese langfristig gesehen eine nur wenig unterbrochene Aufwärtsentwicklung durchlaufen haben, jedenfalls soweit es die Produktionsvolumina angeht. Diese Bilanz ist durchaus eindrucksvoll:

Die Produktion von Roheisen, Stahl und Textilwaren, Industrie und Handel insgesamt, Bergbau (nach Hoffmann, Wachstum, S. 339ff.)

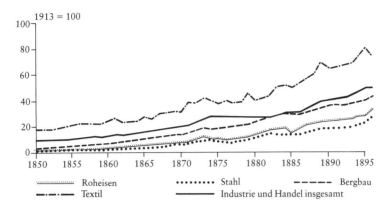

Insgesamt läßt sich aus diesen Daten eine imposante Steigerung der industriellen Produktion ablesen, besonders deutlich sichtbar im Bergbau sowie bei Roheisen und Stahl. Aber auch die Erfolge der Textilindustrie sind bemerkenswert, obschon diese früher gestartet war und demgemäß nicht ganz die gleichen Wachstumsraten erzielen konnte. An der Zunahme des Produktionsvolumens allein läßt sich die konjunkturelle Entwicklung allerdings nicht zuverlässig bewerten. Denn die nahezu stetige, eindrucksvolle Zunahme der Produktionsvolumina ging einher mit einem kontinuierlichen Rückgang oder, wenn man so will, einem Verfall der Preise sowohl für Rohstoffe und Investitionsgüter als auch für Industriegüter aller Art. Eine Tonne Kohle beispielsweise kostete 1873 27,60 Mark, 1887 aber nur noch 11,20 Mark. 100 Kilogramm Roheisen kosteten 1873 14,55 Mark, 1887 nur noch 4,57 Mark. Dies schlug dann auch auf die Preise für Fertigprodukte aller Art durch. Die Verbilligung der industriellen Erzeugnisse war einerseits auf den technologischen Fortschritt sowie auf wesentlich niedrigere Energie- und Transportkosten zurückzuführen, andererseits auf die erheblich verschärfte Konkurrenz im Markt, die scharfe Preiskalkulation erzwang. Dies löste einen beständigen Rationalisierungsdruck aus, der auf längere Sicht nur den leistungsfähigen Unternehmen, die mit der sprunghaft voranschreitenden technologischen Entwicklung Schritt zu halten imstande waren, eine Chance ließ.

Kurzfristig gesehen war das ständige Fallen der Preise sowohl für Rohstoffe und Investitionsgüter als auch für Fertigwaren für die Unternehmerschaft eine Quelle großer Beunruhigung, um so mehr, als dies mit verschärfter Konkurrenz in einem enger werdenden Markt und mit sinkenden Kapitalrenditen einherging. In der Tat sind die Unternehmereinkommen, soweit die spärlichen Statistiken einen zuverlässigen Schluß zulassen, in der Periode von 1873 bis 1887 deutlich gesunken, was jedoch teilweise durch erhöhte Umsätze wettgemacht worden sein dürfte. So entbehrte die düstere Beurteilung der Wirtschaftslage durch die Zeitgenossen keineswegs einer realen Grundlage; darin spiegelten sich nicht nur die Auswirkungen des »Gründerkrachs« von 1873/74, der aus einem überhitzten Boom hervorgegangen

Entwicklung der Preise in Fünfjahresschritten
(nach Hoffmann und Müller, Volkseinkommen, S. 14)

1913 = 100

1851/1855	90,2	1886/1890	81,3
1856/1860	96,3	1891/1895	80,2
1861/1865	94,3	1896/1900	79,4
1866/1870	97,6	1901/1905	89,2
1871/1875	103,4	1906/1910	92,5
1876/1880	92,1	1911/1913	98,3
1881/1885	82,0		

war, sondern auch die objektiven Schwierigkeiten von Industrie und Handwerk, sich in einem rapide wachsenden Markt mit sich stetig verschärfender Konkurrenz zu behaupten. Joseph Schumpeter hat diesen Sachverhalt eindrucksvoll beschrieben: »Deutschland war ein Industrieland geworden: ein mächtiger Apparat für die Produktion von Industrieanlagen war aufgebaut worden, alle Industrien hatten sich vergrößert und reorganisiert und waren nun bereit, ihre Erzeugnisse auf den Markt zu werfen. Die Preise, die für die neuen Unternehmungen in einer Industrie hoch genug waren, waren für die alten Unternehmungen viel zu niedrig. Das bedeutete schlechte Geschäfte, Verluste, Tod für weite Schichten der Wirtschaftsstruktur, von denen einige sich laut Gehör verschafften – wie z. B. die Schicht der Handwerker und der kleinen Selbständigen im allgemeinen, während andere lautlos untergingen [...] Diese Anpassung war ein schmerzvoller Vorgang besonders in einem Lande, das noch im Jahre 1842 so wenig ›kapitalistisch‹ gewesen war.« Insofern war die zeitgenössische Redeweise von der »Großen Depression« verständlich. Aber die subjektiv so schwerwiegend empfundenen Krisenerscheinungen waren insgesamt eher ein Symptom für die großen Fortschritte, die die deutsche Wirtschaft seit 1850 gemacht hatte. Bei stark ansteigenden Produktionsziffern kam es zu einer Mengenkonjunktur, verbunden mit fortlaufender Anpassung der Preise an einen weit flexibler gewordenen Markt. Dies ging mit schmerzhaften Umstrukturierungen innerhalb der Industrie einher, bei der viele weniger leistungsfähige Betriebe auf der Strecke blieben. Dadurch wurde jedoch die Leistungsfähigkeit des wirtschaftlichen Systems langfristig eher gesteigert.

Allerdings darf man sich die wirtschaftlichen Probleme, vor die sich große Teile der Industrie gestellt sahen, nicht zu gering vorstellen. Die Eisen- und die Maschinenbauindustrie gerieten, als die große Nachfrage nach Schienen, Schwellen und rollendem Material seitens des Eisenbahnbaus schlagartig nachließ, zeitweilig in ernste Schwierigkeiten. Im Jahr 1874 mußte selbst eine so leistungsfähige Firma wie Friedrich Krupp die guten Dienste der Preußischen Seehandlung in Anspruch nehmen, um mittels einer Anleihe von 10 Millionen Talern über die Runden zu kommen. Der Abbau der noch bestehenden Eisenzölle, die die Eisenindustrie gegenüber der technologisch einstweilen noch fortgeschritteneren englischen Industrie schützen sollten, war denn auch hart umkämpft. Erst Anfang der achtziger Jahre entspannte sich die Lage wieder, übrigens nicht zuletzt deshalb, weil umfangreiche Exporte von Schienen und rollendem Material für Bahnbauten in den Vereinigten Staaten zusätzliche Absatzmöglichkeiten eröffneten.

Ein Blick auf die Einkommensentwicklung seit 1870 rechtfertigt jedoch keineswegs eine pessimistische Interpretation der wirtschaftlichen Entwicklung in den siebziger und achtziger Jahren. Selbst Hans Rosenberg, der jüngsthin am stärksten eine pessimistische Deutung der »Großen Depression« vertreten hat, räumt ein, daß nicht nur die Arbeiterschaft, sondern auch andere Gruppen der Gesellschaft, etwa die Beamtenschaft, zwischen 1873 und 1896 von dem Absinken der Preise profitiert haben. Die im allgemeinen günstige wirtschaftliche Entwicklung spiegelt sich in dem während des gesamten Zeitraums relativ kontinuierlichen Ansteigen des Volkseinkommens, mit Ausnahme der Stockungsphase von 1874 bis 1879:

Das nominale und reale Volkseinkommen pro Kopf in Deutschland (nach Hoffmann und Müller, S. 13f.)

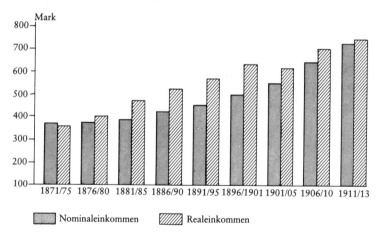

Das nominelle Volkseinkommen fiel zwar 1879 zeitweise geringfügig und wuchs bis 1896 vergleichsweise gemächlich; aber dies wurde wettgemacht durch die beständig fallenden Preise, so daß unter dem Strich eine erhebliche Steigerung des Reallohnniveaus zurückblieb, obschon sich die Zeitgenossen darüber nicht immer voll im klaren waren. Der Anstieg der Reallöhne verbesserte, soweit ersichtlich, auch die Lebenshaltung der Arbeiterschaft, wenngleich, je nach Sektor und Beschäftigungsbereich in unterschiedlichem Maße. Insgesamt wies die Lohnstruktur, langfristig gesehen, aller wirtschaftlichen Umschichtungen ungeachtet, eine bemerkenswerte Stabilität auf, mit anderen Worten: Die scharfen sozialen Unterschiede in den Unterschichten wurden dadurch so gut wie nicht verändert. Im industriellen Sektor waren die Wachstumsraten der Löhne relativ gleichförmig. Die genaue Bemessung der Reallöhne ist allerdings in der Forschung nach wie vor heiß umstritten; doch besteht Einhelligkeit darin, daß sich diese in der Periode von 1850 bis 1871 jährlich um insgesamt etwa 2,15 Prozent (Hoffmann) und in der Periode von 1871 bis 1895 um durchschnittlich 1,2 Prozent, insgesamt um 29,9 Prozent verbessert haben (Desai).

Durchschnittliche Jahresverdienste von Arbeitnehmern in Industrie, Handel und Verkehr (nach Sozialgeschichtliches Arbeitsbuch II, S. 107f.)

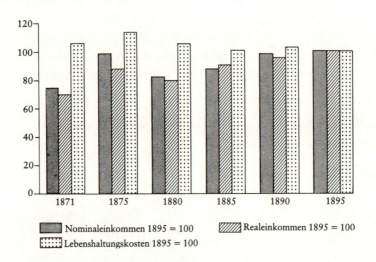

Diese aggregierten Daten berücksichtigen freilich nicht die zuweilen starken konjunkturellen Schwankungen, denen die Löhne in verschiedenen Industriezweigen oder gar in einzelnen Industriebetrieben unterworfen waren, sowohl nach oben als auch nach unten. Beispielsweise kam es während der Jahre 1871 bis 1873 im Bergbau zeitweilig zu Steigerungen der Löhne bis zu 50 Prozent und im Maschinenbau um 30 Prozent, die dann wieder nahezu auf das vor der Hochkonjunkturphase bestehende Niveau zurückfielen. Ebenso entwickelten sich zum Beispiel die Löhne der Arbeiter der Maschinenfabrik Esslingen im einzelnen durchaus unterschiedlich, mit temporären dramatischen Einbrüchen in konjunkturellen Krisenperioden. Überdies wäre es verfehlt, aus dem Anstieg der Reallöhne zu folgern, daß es der Arbeiterschaft deswegen schon gut gegangen sei; vielmehr blieb der typische Lebenszyklus eines Arbeiters davon weitgehend unberührt. In den ersten beiden Jahrzehnten konnte ein Arbeiter, insbesondere solange er jung und physisch leistungsfähig war, ein vergleichsweise hohes Einkommen erzielen. Spätestens im Alter von fünfunddreißig Jahren begann dann ein gegenläufiger Prozeß; mit abnehmender Leistungsfähigkeit sank sein Lohneinkommen, häufig erzwungen durch einen Wechsel in eine andere, nicht im gleichen Maße körperlich anstrengende Tätigkeit. Im Alter und bei Krankheit trat regelmäßig ein Absturz in chronische Armut ein, die zuweilen durch den Verbleib im Familienverband gemildert wurde. Das Phänomen der Arbeitslosigkeit im modernen Sinne war noch weithin unbekannt, und zwar schon wegen der ungewöhnlich hohen Fluktuationsraten der Beschäftigten; mehr oder minder lange Perioden der Minderbeschäftigung oder der Arbeitslosigkeit gehörten damals noch zum normalen Arbeiterleben. Deshalb wird man gut daran tun, nicht zu viel auf die Verbesserung des Lohnniveaus in der hier betrachteten Periode zu bauen. Gleichwohl ist unübersehbar, daß der Ausbau des industriellen Systems seit 1873 mit einem steigenden Lebensstandard für die breiten Massen der Bevölkerung verbunden gewesen ist.

Die relativ günstige Entwicklung der Reallöhne in der Periode von 1873 bis 1896 war im übrigen in nicht unerheblichem Maße der positiven Entwicklung der Landwirtschaft zu danken. Denn diese nahm weiterhin einen wesentlichen Teil der durch die Bevölkerungsvermehrung laufend zuwachsenden Arbeitskräfte auf und entlastete somit den gewerblichen Arbeitsmarkt, obschon mit rückläufiger Tendenz. Auch in der Landwirtschaft kam es, wenn auch in geringerem Maße, zu

Die Beschäftigten nach Wirtschaftsbereichen
(nach Hoffmann, Wachstum, S. 204f.)

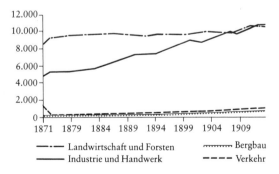

einer Mengenkonjunktur mit sinkenden Agrarpreisen, die dem allgemeinen Publikum zugute kamen. Dies trug wesentlich zur Steigerung der Reallöhne bei; denn noch gab eine Arbeiterfamilie am meisten für Lebensmittel aus. Der Landwirtschaft gelang es weiterhin, vor allem durch Ausnutzung neuer Technologien und Anbaumethoden, ihre Produktivität fortlaufend zu steigern; auf diese Weise konnten die seit Mitte der siebziger Jahre sinkenden Agrarpreise aufgefangen werden. Zwar fiel der Anteil der Landwirtschaft an der Wertschöpfung der deutschen Wirtschaft, der 1870 noch bei 40,5 Prozent gelegen hatte, bis 1896 auf 31,7 Prozent zurück, aber er lag auch jetzt noch immer nur um weniges hinter jenem von Industrie und Handwerk. Die Beschäftigten im Sektor Landwirtschaft, Forsten und Fischerei nahmen im gesamten Zeitraum weiterhin zu, von 8,5 Millionen im Jahr 1871 auf 9,7 Millionen im Jahr 1896; sie beschäftigten immer noch mehr Arbeitskräfte als Bergbau, Industrie und Handwerk und Verkehr zusammen. Daran wird deutlich, daß der landwirtschaftliche Sektor seine wirtschaftliche Stellung innerhalb des gesellschaftlichen Gefüges im Kaiserreich bis zum Ende des 19. Jahrhunderts erfolgreich verteidigen konnte, obschon die Zuwachsraten des industriell-gewerblichen Sektors weit höher lagen.

Der stetige Produktionszuwachs der Landwirtschaft und die internationale Agrarkrise

Die Landwirtschaft vermochte seit 1873 ihre Leistungsfähigkeit zunächst weiter zu steigern, aufbauend auf den Erfolgen der Agrarreform der vergangenen Jahrzehnte. Zwar wurde die Anbaufläche, verglichen mit der Zeit vor 1860, nur noch unwesentlich ausgedehnt. Dafür aber wurde die Intensivierung der landwirtschaftlichen Produktion überaus erfolgreich fortgesetzt. Dazu gehörte unter anderem die vermehrte Verwendung von künstlichen Düngemitteln neben dem natürlichen Dung, der durch die Steigerung der Viehwirtschaft ebenfalls in größeren Mengen anfiel. War der von Südamerika eingeführte Guano bislang am wichtigsten, so wurde mit der Entdeckung, daß sich das sogenannte Thomas-Mehl, das als Nebenprodukt der Eisenverhüttung nach dem in jenen Jahrzehnten auf breiter Front neu eingeführten Thomas-Verfahren anfiel, hervorragend als Phosphatdünger eignete, und mit dem Einsatz von Kalisalz als Stickstoffdünger ein erneuter Produktivitätssprung ermöglicht. In den gleichen Zusammenhang gehört der zunehmende Einsatz von landwirtschaftlichen Maschinen. 1882 gab es im Deutschen Reich 836 Dampfpflüge und 63.842 Sä- und Drillmaschinen, die sich bis 1895 auf 1.696 beziehungsweise 169.463 steigerten. Mähmaschinen waren noch vergleichsweise selten; diese nahmen im selben Zeitraum von 19.643 auf 35.084 Einheiten zu. Von ungleich größerer Bedeutung war die Einführung der Dreschmaschine. Sie führte nicht nur zu erheblichen Produktivitätssteigerungen, sondern auch zu weitreichenden Veränderungen in der Beschäftigungsstruktur der ländlichen Arbeiterschaft. Denn damit wurde das winterliche Dreschen von Hand entbehrlich, und die dafür bislang gezahlten beträchtlichen Druschlöhne entfielen. 1882 gab es 75.690 Dampfdreschmaschinen sowie 298.367 sonstige Dreschmaschinen; bis 1895 stiegen sie auf 295.364 beziehungsweise 596.869 Einheiten. Hinter diesen Zahlen verbirgt sich eine beachtliche Mechanisierung der Landwirtschaft, die freilich den Betrieben wegen ihrer sehr unterschiedlichen Größenordnungen nicht gleichermaßen zugute kam; auch hier profitierten die Großbetriebe am stärksten vom technologischen Fortschritt.

Der Pferdefuß war, daß der Übergang zum Einsatz von Maschinen die Tendenz zur Verschuldung der landwirtschaftlichen Betriebe verstärkte. Zwar standen den bäuerlichen Betrieben mit den neu gegründeten Raiffeisen-Kassen eigene Kreditinstitute zur Verfügung, die Hypotheken oder Darlehen zu vergleichsweise günstigen Bedingungen bereitstellten. Ebenso wurde von diesen Instituten streckenweise auch der genossenschaftliche Einsatz von landwirtschaftlichen Maschinen organisiert. Aber insgesamt war der Übergang zu kapitalintensivem Wirtschaften mit scharfer Kalkulation, der mit dem Erwerb von teuren landwirtschaftlichen Maschinen vollends unvermeidlich wurde, nicht jedermanns Sache, zumal im Hinblick auf die starken Schwankungen der Erträge und zuweilen auch die Preise für die unterschiedlichen Produkte. Bei den typischen großagrarischen Betrieben kam hinzu, daß die Güterpreise angesichts der gesellschaftlichen Geltung, die der Besitz eines Ritterguts verlieh, ohnehin schon überhöht und so die hypothekarische Belastung oft über jene Grenze hinaus gesteigert wurde, die vom Ertragswert her nahegelegen hätte. Allerdings wurde durch die Vermehrung von Fideikommissen, also Gutsbesitz, der rechtlich einer freien Veräußerung entzogen war und auch im Erbfall nicht geteilt werden konnte, der Versuch unternommen, eine Schranke gegen den ökonomischen Niedergang der Aristokratie zu errichten.

Die entscheidenden Produktionsfortschritte in der Landwirtschaft wurden durch eine zunehmende Diversifikation der Produktion erreicht, einerseits durch eine Intensivierung der Tierzucht, vornehmlich der Zucht von Rindern und Schweinen, andererseits durch einen weiteren Ausbau der pflanzlichen Produktion, insbesondere der Zuckerrübe. Die Zuckerrübenproduktion nahm seit dem Ende der siebziger Jahre einen ungeahnten Aufschwung, vor allem in den besseren Böden, beispielsweise der Magdeburger Börde. Der Zuckerrübenanbau brachte, zum Teil wegen der stetigen Steigerung des Zuckergehalts der Rüben, bei weitem die höchsten Erträge pro Hektar. Allerdings erforderte er eine intensive Bearbeitung des Bodens und einen entsprechend erhöhten Arbeitskräftebedarf zumal im Frühjahr und im Herbst. Daneben gewannen andere Hackfrüchte samt der Kartoffel sowie Futterpflanzen zunehmend an Bedeutung. Schon bald konnte der für die steigende Tierhaltung, die wegen der großen Nachfrage und der Erhöhung des Schlachtgewichts der Tiere relativ einträglich war, erforderliche Bedarf an Futter-

Die landwirtschaftliche Produktion in Preisen von 1913
(nach Hoffmann, Wachstum, S. 310)

in Preisen von 1913

mitteln nicht mehr aus eigener Produktion gedeckt werden; die Einfuhr von Futtermitteln aus Übersee nahm deshalb stetig zu und erreichte um die Jahrhundertwende etwa 12 Prozent des Gesamtbedarfs der deutschen Landwirtschaft.

Insgesamt hatte sich die Landwirtschaft den sich rasch verändernden Verhältnissen erfolgreich angepaßt. Insbesondere im Zuckerrübenanbau wurden zeitweilig große Vermögen verdient. Seit dem Ende der siebziger Jahre wurde die Landwirtschaft dann jedoch von der internationalen Agrarkrise zunehmend in Mitleidenschaft gezogen. Diese traf die großen, wesentlich auf Getreideanbau ausgerichteten Gutshöfe des Ostens weit schärfer als die bäuerlichen Betriebe, die überwiegend Milch, Fleisch und Gemüse für relativ nahe gelegene Märkte produzierten und daher von den Getreidepreisen nicht in gleichem Maße abhängig waren. Überdies war die Viehwirtschaft von der überseeischen Konkurrenz weit weniger betroffen als der Anbau von Getreide und anderen Produkten wie Raps und Hanf. Seit 1881 setzte ein Niedergang der Getreidepreise in den internationalen Märkten und, mit einer gewissen Verzögerung, auch in den Binnenmärkten ein, der zunächst die Absatzerträge von Roggen und wenig später auch von Weizen empfindlich reduzierte. Ebenso hielten die Fleischpreise nicht das bisherige, vergleichsweise hohe Niveau, auch wenn sie keineswegs im gleichen Maße gedrückt wurden. Es kam hinzu, daß wegen der übermäßigen Expansion des Zuckerrübenanbaus nicht allein im Deutschen Reich, sondern auch in Österreich-Ungarn und Rußland die Preise für Zuckerrüben in den Keller sanken. In Magdeburg, wo im Jahr 1880 noch 64,10 Mark für den Doppelzentner gezahlt worden waren, sanken die Preise 1890 auf 34,00 Mark und 1895 gar auf 19,90 Mark. Dergleichen konnte durch Rationalisierung allein schwerlich aufgefangen werden.

Die Schwierigkeiten des ostelbischen Großgrundbesitzes, der durch die überseeische Konkurrenz am stärksten getroffen wurde, nicht zuletzt deshalb, weil er seine traditionellen Absatzmärkte in England und in den nordischen Ländern verlor, wurden vermehrt durch einen zunehmenden Mangel an Arbeitskräften. Auf den großen Gütern im ostelbischen Preußen hatte es sich als rentabler erwiesen, einen Teil der bodenständigen Arbeitskräfte durch Wanderarbeiter zu ersetzen, die aus den polnischen Gebieten des Zarischen Reiches kamen. Die wirtschaftlichen Vorteile lagen auf der Hand: Diese Arbeitskräfte brauchten nur während der Hochsaison entlohnt und untergebracht zu werden, während die herkömmlichen Landarbeiter das ganze Jahr über unterhalten werden mußten; der Wegfall des Dreschens aber hatte den Arbeitsanfall im Winter erheblich absinken lassen. Der zunehmende Einsatz von polnischen Wanderarbeitern oder, wie man damals sagte, von »Sachsengängern«, ging auf Kosten der bodenständigen deutschen Landarbeiterschaft. Ihre Löhne gerieten angesichts der Konkurrenz der fremdländischen Landarbeiter, die sich mit äußerst niedriger Entlohnung zufriedengaben, unter Druck. Dies führte zu einer weitreichenden Destabilisierung des Arbeitsmarktes auf dem flachen Lande und weckte in großen Teilen der ländlichen Arbeiterschaft die Neigung, in den Westen abzuwandern, wo günstigere Arbeitsbedingungen bei höheren Löhnen winkten. Dieser Aderlaß ließ sich jedoch durch den vermehrten Einsatz von »Sachsengängern« nicht voll ausgleichen. Demzufolge litt die ostelbische Großgüterwirtschaft zunehmend an »Leutenot«, zumal sie bei dem dramatischen Rückgang der Erträge nicht in der Lage war, wesentlich höhere Löhne zu zahlen, welche die Landarbeiter auf dem Lande festgehalten haben würden. Die traditionellen Methoden, den Kontraktbruch von ländlichen Arbeitern oder ländlichem Gesinde zu verhindern, verfingen immer weniger, zumal sich in der Landwirtschaft ein- bis zweijährige Arbeitskontrakte eingebürgert hatten, um die sonst entstehenden Folgekosten für die Armenfürsorge zu umgehen. Dies verschärfte die wirtschaftlichen Probleme des ostelbischen Großgrundbesitzes noch mehr.

Angesichts der gesellschaftlichen Bedeutung der grundbesitzenden Aristokratie im politischen System des Deutschen Reiches wurde die Krise der Landwirtschaft sogleich zu einem Politikum. Die Interessenorganisationen der Landwirtschaft, die vordem entschiedene Befürworter der Freihandelspolitik gewesen waren, schwenkten nun um zugunsten einer Politik des Schutzzolls. Das traf sich mit Bismarcks Bestrebungen, dem Reich neue, möglichst von parlamentarischen Einflüssen unabhängige Steuerquellen zu erschließen. Demgemäß ging das Reich 1879 zu einer Politik der Schutzzölle für Industrie und Landwirtschaft über, durch die das Überangebot überseeischen Getreides auf dem deutschen Markt zurückgedrängt werden sollte. Am 1. Januar 1880 wurde ein Einfuhrzoll von 10 Mark je Tonne auf Weizen, Roggen und Hafer sowie von 5 Mark auf Gerste eingeführt. Dieser wurde 1885 auf 30 Mark für Weizen und Roggen beziehungsweise 15 Mark für Gerste und Hafer angehoben und 1887 dann auf 50 Mark für Weizen und Roggen, 22,50 Mark für Gerste und 40 Mark für Hafer festgesetzt. Diese Zollsätze, die schließlich rund ein Drittel des Warenwertes betrafen, begünstigten in erster Linie die ostelbische Großgüterwirtschaft, die ganz überwiegend auf den Getreideanbau spezialisiert war, während die bäuerlichen Betriebe wegen der damit verbundenen Verteuerung des Futtergetreides davon teilweise nachteilig betroffen wurden. Durch die Einführung und wiederholte Anhebung der Schutzzölle wurde das Niveau der Getreidepreise, verglichen mit den Preisen auf den internationalen Märkten, um einiges angehoben, keineswegs aber das Grundproblem beseitigt; ebenso wenig ließen sich die starken Schwankungen der Getreidepreise verhindern, die der Großlandwirtschaft fast noch mehr zu schaffen machten als ihre unzureichende Höhe. Die Strukturkrise der Großlandwirtschaft, die sich angesichts der überseeischen Konkurrenz auf den Binnenmärkten abzeichnete, konnte durch diese protektionistischen Maßnahmen nicht abgestellt werden. Die Schutzzollpolitik war nur ein Palliativ, welches die Großgrundbesitzer in Sicherheit wiegte und bei ihnen die Neigung weckte, die Lösung ihrer wirtschaftlichen Probleme allein vom Staat zu erwarten.

Weizenpreise in London, Köln und Königsberg
(nach Teichmann, Agrarpreisstützung, S. 195)

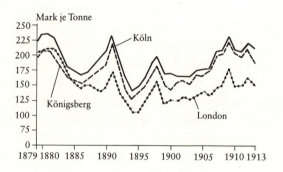

Die Argumente des liberalen Nationalökonomen Lujo Brentano gegen die agrarischen Schutzzölle waren keineswegs gänzlich hergeholt, sondern trafen in gewissem Sinne ins Schwarze. Er meinte:»[...] der Bodenpreis steigt, wenn die Bodenrente infolge einer künstlichen Getreideverteuerung erhöht wird, ohne entsprechende Erhöhung der Bodenergiebigkeit. Gerade dasjenige Produktionselement, auf dessen Teuerkeit die Konkurrenzunfähigkeit der heimischen Landwirtschaft mit dem Ausland beruht, wird noch künstlich verteuert und damit die dauernde Konkurrenzunfähigkeit der heimischen Landwirtschaft gegenüber dem Ausland erhöht.« Auch andere Maßnahmen, wie die »Branntweinliebesgabe« von 1886, die den Großagrariern steuerliche Vergünstigungen bei der Schnapsbrennerei einräumte, und das System der Einfuhrgutscheine, das die Wiederausfuhr von mit russischem Roggen versetztem Getreide erleichterte, konnten das

Dilemma nicht beseitigen. Eine bedauerliche Nebenfolge dieser Entwicklung war, daß sich die Schere zwischen Güterpreisen und deren wirtschaftlicher Rentabilität noch weiter öffnete und somit die Schuldenlast des Großgrundbesitzes immer mehr zunahm. Die Verschuldung der großen Güter stieg von 1883 bis 1896 um 18 Prozent, jene der mittelgroßen um 37 Prozent. Am Ende der hier ins Auge gefaßten Periode hatte die Schuldenlast des Großgrundbesitzes bedrohliche Ausmaße angenommen; in den Provinzen Ostpreußen, Pommern und Posen waren über 60 Prozent der großen Güter mit mehr als 60 Prozent ihres Schätzwertes verschuldet. Die wirtschaftliche Bedrängnis des Großgrundbesitzes war allerdings durch die Agrarkrise nur manifest gemacht, nicht eigentlich verursacht worden. Die großgrundbesitzende Aristokratie war von einer staatstragenden Elite, die es sich hatte leisten können, für die Politik, nicht von der Politik zu leben (Max Weber), zu einem Kostgänger des Staates herabgesunken, und dies wurde zu einem Krisenfaktor ersten Ranges auch für das politische System, je mehr Industrie und Gewerbe ihrerseits die negativen Auswirkungen der Hochschutzzollpolitik auf den deutschen Außenhandel und auf das Lohnniveau der Arbeiterschaft erkannten. Die Getreidezölle führten zu einer fühlbaren Verteuerung der Lebenshaltungskosten und waren deshalb innenpolitisch äußerst umstritten. Zu Zeiten der Herrschaft Bismarcks konnten die Großagrarier sicher sein, daß an der Politik des Protektionismus nicht gerührt werde. Unter seinem Nachfolger Caprivi wurde dies anders. Auf dem Höhepunkt der Agrarkrise 1892 bis 1896 sollte dann der Konflikt zwischen Agrarstaat und Industriestaat mit voller Schärfe hervortreten.

Es wäre jedoch verfehlt, aus der unzweifelhaft bedrängten Lage des ostelbischen Großgrundbesitzes seit dem Ende der achtziger Jahre auf eine Notlage der Landwirtschaft schlechthin zu schließen. Es ist richtig: Industrie und Handwerk hatten inzwischen gewaltig aufgeholt und um 1890 mit ihrem Anteil an der Wertschöpfung den Primärsektor auf den zweiten Platz verwiesen. Waren 1882 noch 5,7 Millionen (42,7 Prozent) der Beschäftigten in der Land- und Forstwirtschaft sowie der Fischerei tätig, im Bergbau und in der Industrie hingegen 5,2 Millionen (39,5 Prozent), so kehrte sich dieses Verhältnis bis 1895 um; nunmehr waren 5,5 Millionen (35,7 Prozent) im Primärsektor beschäftigt, in Bergbau und Industrie dagegen 6,7 Millionen (43,6 Prozent). Dies wird mit einigem Recht immer wieder als Beweis dafür angeführt, daß der industrielle Sektor den agrarischen um 1890 endgültig überrundet habe. Aber wenn man die zeitgleichen Angaben über die durchschnittlichen Betriebsgrößen von Industrie und Handwerk berücksichtigt, so zeigt sich, daß Zweifel an dem tatsächlich um die Jahrhundertwende erreichten Grad der Industrialisierung geboten sind.

Es entfielen auf

Betriebe mit 1 bis 5 Beschäftigten
1875	63,6 Prozent
1882	59,8 Prozent
1895	41,8 Prozent

Betriebe mit 6 bis 10 Beschäftigten
1882	4,4 Prozent
1895	7,4 Prozent

Betriebe mit mehr als 50 Beschäftigten
1882	22,8 Prozent
1895	33,5 Prozent

Betriebe mit mehr als 200 Beschäftigten
1882	11,0 Prozent
1895	16,1 Prozent

Dieses Bild, das sich statistisch noch verfeinert darstellen ließe, verweist darauf, daß es mit dem tatsächlich erreichten Grad der industriellen Entwicklung noch keineswegs weit her war. Denn in den statistischen Angaben sind zahlreiche Klein- und Kleinstbetriebe namentlich des Handwerks enthalten, die im engeren Sinne dem neuen industriellen System gar nicht zugerechnet werden können. Vielmehr besaß der landwirtschaftliche Sektor bis weit in das 20. Jahrhundert hinein ein erhebliches Gewicht im Rahmen der Volkswirtschaft. Die Zeitgenossen sprachen denn auch vielfach davon, daß das traditionelle Gleichgewicht zwischen Landwirtschaft und Industrie erhalten bleiben müsse. Das Deutsche Reich befand sich fraglos auf dem Weg zum Industriestaat, aber noch war es zugleich ein Agrarstaat mit einem allerdings explosiv wachsenden industriellen Sektor.

Technologische Innovationen und wirtschaftliches Wachstum im industriellen Sektor

Vor 1873 war der Eisenbahnbau der wichtigste Motor der Industrialisierung in Deutschland, vor allem dank der großen Rückkopplungseffekte auf die Eisen- und Stahlindustrie, den Kohlenbergbau und die Maschinenbauindustrie. Letzterer gelang es, die ursprünglich dominierenden Importe von rollendem Material nach und nach durch Fabrikate aus eigener Produktion zu ersetzen. Nach der »Gründerkrise« verlor der Eisenbahnbau seine Rolle als bedeutendster Führungssektor an den Bergbau und an die Maschinenindustrie. Allerdings blieb sein Beitrag zur Wertschöpfung der deutschen Wirtschaft aufgrund zahlreicher im Bau befindlicher neuer Strecken weiterhin beachtlich. Hatte die Wachstumsrate der Eisenbahnen zwischen 1840 und 1873 in Tonnenkilometern, das heißt der Transportleistung in Tonnen pro Kilometer, 30,4 Prozent und im Personentransport von 15,3 Prozent betragen, so sank diese für den Zeitraum von 1874 bis 1913 auf 4,8 beziehungsweise 5,1 Prozent. Doch die fortlaufende Verbesserung des Güter- und Personenverkehrs hatte für das sich entfaltende industrielle System große Bedeutung. Zwar wuchs das Eisenbahnnetz in den folgenden Jahrzehnten erheblich langsamer; dafür aber wurde die Transportleistung der Eisenbahnen beständig gesteigert. Sie stieg von 10.296 Tonnenkilometern und 5.844 Personenkilometern im Jahr 1874 auf 26.673 Tonnenkilometer und 15.111 Personenkilometer im Jahr 1896. Die weitsichtige Tarifpolitik des preußischen Staates, welcher einheitliche Tarife für Massengüter, insbesondere für Kohle, durchsetzte, trug dazu bei, daß Energie und Grundstoffe für die Industrie auch an weniger günstigen Standorten zu gleichen Preisen zur Verfügung standen – ein Faktor, der den Ausbau des industriellen Systems begünstigte, obschon die Binnenschiffahrt für Massengüter wie Kohle ebenfalls steigende Bedeutung gewann. Überdies erwiesen sich die Eisenbahnen trotz fallender Tarife als höchst einträgliche Unternehmungen. Diese Tatsache, und nicht so sehr strategische Erwägungen, bestimmte Bismarck, die preußischen Eisenbahnen schrittweise in das Eigentum des preußischen Staates zu übernehmen, nachdem analoge Bemühungen auf Reichsebene gescheitert waren. Die Tarifpolitik der Eisenbahnen diente in der Folge als ein nicht unwichtiger Hebel indirekter staatlicher Einflußnahme auf die Wirtschaft.

In der Eisen- und Stahlindustrie erlaubte die Einführung des Bessemer- und dann des Thomas-Verfahrens zur Stahlgewinnung anstelle des älteren Puddelverfahrens eine erhebliche Senkung der Stahlpreise. Erst langsam setzte sich daneben, vor allem bei Krupp und im Bochumer Verein, das Siemens-Martin-Verfahren durch, das die Erzeugung von wesentlich hochwertigeren Stählen zu tragbaren Preisen ermöglichte. Dies wiederum erleichterte die Herstellung von wesentlich präziseren Werkzeugmaschinen, unter Verwendung besonders gehärteter Schneidestähle. Schrittweise gelang es der deutschen Eisen- und Stahlindustrie, sich gegenüber dem großen Marktführer Großbritannien durchzusetzen und ihn gegen Ende des Jahrhunderts sogar zu überholen.

Die eigentlich zukunftweisenden Entwicklungen vollzogen sich hingegen im Maschinenbau. Hier kam es innerhalb weniger Jahrzehnte zu einer außerordentlichen Diversifikation der Produktion und zu beständigen technologischen Innovationen. Gerade hier bewährte sich die enge Verbindung von industrieller Produktion und angewandten Naturwissenschaften, die sich in Deutschland bereits seit der Mitte des Jahrhunderts entwickelt hatte. Die neu gegründeten Polytechnischen Schulen und die daraus hervorgehenden Technischen Hochschulen bildeten einen modernen Typ des wissenschaftlich gebildeten Ingenieurs aus. Die leitenden technischen Direktoren kamen nun nicht mehr, wie im Fall des ersten Direktors der Maschinenfabrik Esslingen, Emil Keßler, aus der Praxis, sondern hatten durchweg eine theoretische Ausbildung an einer der Technischen Hochschulen absolviert. Die Maschinenbauindustrie legte zugleich die technologischen Voraussetzungen für den sprunghaften wirtschaftlichen Aufschwung in der »Zweiten industriellen Revolution«, die Ende der achtziger Jahre einsetzte und vornehmlich von der Chemie- und Elektroindustrie getragen wurde. Dazu gehörte auch der Aufbau einer leistungsfähigen optischen Industrie, die zugleich Präzisionsmeßinstrumente fertigte. Bahnbrechend waren hier die Optischen Werke von Carl Zeiß in Jena.

Vor allem die junge Elektroindustrie machte sich daran, die neuen Erkenntnisse der Naturwissenschaften auf breiter Basis in die Praxis umzusetzen. Eine Pionierrolle spielte hier die Firma »Siemens & Halske«, die bereits 1847 von dem Artillerieleutnant Werner von Siemens zum Zweck des Baus von Telegraphenanlagen und Meßinstrumenten gegründet worden war und in Deutschland bis 1880 eine monopolartige Stellung im Bereich der Elektroindustrie einnahm. Im Vordergrund stand anfangs der Bau von Telegraphenanlagen für den preußischen Staat, ferner von Signaleinrichtungen für die Eisenbahnen. Mit von der Partie war von Anfang an die bereits 1826 gegründete Firma »Felten & Guillaume« in Köln, die sich auf die Produktion von Draht und Kabeln aller Art spezialisiert hatte; sie wurde in der Folge zum weltweit wichtigsten Hersteller von elektrischen Kabeln. Mit der Entdeckung des elektrodynamischen Prinzips durch Werner von Siemens 1867 war der Weg frei für die Entwicklung von leistungsfähigen Generatoren, die dann von französischen und deutschen Firmen, insbesondere den Schuckert-Werken in Nürnberg und den Lahmeyer-Werken in Frankfurt zur Serienreife gebracht wurden. Dadurch wurde die Produktion von elektrischer Energie zu vertretbaren Preisen möglich. Starkstrom ersetzte zunehmend die bisherige Schwachstromtechnologie.

Die Entwicklung eines leistungsfähigen Elektromotors, der um 1880 ausgereift war, ermöglichte die Anwendung elektrischer Energie in vielfältigen Formen, nicht zuletzt durch kleinere Betriebe und das Handwerk. Damit setzte ein sprunghaftes Wachstum der Elektroindustrie ein. Die Führung in der Verwertung und Weiterentwicklung dieser neuen Technologien übernahm die 1881 unter maßgeblicher Beteiligung Walter Rathenaus gegründete Deutsche Edison-Gesellschaft für angewandte Elektrizität, die sich sogleich auch um die kommerzielle Verwertung amerikanischer Patente, insbesondere der Kohlenfadenglühlampe von Edison, bemühte. Anfänglich konzentrierte sich die Deutsche Edison-Gesellschaft in enger Zusammenarbeit mit Siemens & Halske auf die Entwicklung von öffentlichen und privaten Beleuchtungsanlagen, in Konkurrenz zu der bislang weithin gebräuchlichen Gasbeleuchtung. Nur wenige Jahre später entstand als Nachfolgerin der Deutschen Edison-Gesellschaft die Allgemeine Elektrizitätsgesellschaft (AEG) unter der Leitung Walther Rathenaus, an der auch die Deutsche Bank und

Siemens & Halske als Anteilseigner beteiligt waren. Sie trieb in der Folge die kommerzielle Anwendung der neuen elektrotechnischen Erfindungen auf breiter Front voran. Der Bau von anfänglich privat betriebenen Kraftwerken und der Ausbau von entsprechenden Versorgungsnetzen war äußerst kapitalintensiv. Walter Rathenau zeigte sich erfinderisch in der Entwicklung des »Unternehmergeschäfts«, das heißt der Gründung von betriebseigenen Tochtergesellschaften zwecks Ausnutzung der von den Kommunen erlangten Konzessionen für die Stromversorgung. Mit dem Bau von Generatoren und leistungsfähigen Dampfturbinen, die die älteren stationären Dampfmaschinen ablösten, wurde die Stromherstellung wesentlich effizienter gestaltet. Vor allem aber wurde mit der Entwicklung des Wechselstroms die Übertragung elektrischer Energie über größere Strecken hinweg ermöglicht. Die AEG wandte sich in Anlehnung an amerikanische Erfahrungen schon bald auch dem Bau elektrisch betriebener Straßenbahnsysteme zu. Die erste elektrische Straßenbahn wurde 1881 in Lichterfelde bei Berlin in Betrieb genommen; wenig später folgten Frankfurt (1884), Halle (1891), Berlin (1895/96) und Leipzig (1896). Es versteht sich, daß dies zu einem neuen, außerordentlichen Investitionsschub seitens der städtischen Kommunen Anlaß gab, der seinerseits die wirtschaftliche Konjunktur weiter stabilisierte.

Von großer Bedeutung war es, daß sich die neuen Unternehmen der Elektroindustrie von vornherein nicht auf den deutschen Markt beschränkten, sondern weltweit zu operieren bemüht waren. Siemens & Halske etablierten von Anfang an Tochterfirmen in London und St. Petersburg, und Felten & Guillaume bauten ihr Überseegeschäft bereits seit 1874 systematisch aus, mit geradezu sensationellen Erfolgen sowohl in konventionellen Produkten wie Stacheldraht als auch in neuen Elektrokabeln aller Art. Schon in den achtziger Jahren besaßen Felten & Guillaume ein eigenes internationales Absatznetz. Auch die AEG setzte von vornherein auf eine weltweite Verwertung der eigenen technologischen Innovationen. Allerdings kam hier der Durchbruch erst in den neunziger Jahren, dann aber mit großen Erfolgen, die durch die Gründung von eigenen Finanzierungsgesellschaften zwecks Vorfinanzierung der jeweils erforderlichen enormen Investitionen erleichtert wurden. Für Siemens & Halske wie für die AEG gewann dabei der russische Markt schon früh erhebliche Bedeutung.

Dies galt auch für die chemische Industrie. Die großen Marktführer der Chemieindustrie, die Farbwerke Bayer, die späteren Farbwerke Hoechst und die Badische Anilin- und Sodafabrik (BASF) waren bereits Anfang der sechziger Jahre gegründet worden. Dabei stand neben der massenhaften Herstellung von künstlichen Düngemitteln die Entwicklung neuer synthetischer Farben auf Teerbasis im Vordergrund. Mit der Entdeckung und industriellen Produktion von synthetischen Farben gelang ihnen der Durchbruch im Weltmaßstab. Schon 1877 betrug der Anteil der deutschen Chemieindustrie an der Welterzeugung von synthetischen Farbstoffen etwa 50 Prozent. Marktführer waren dabei die

BASF und die Farbwerke Bayer. Allerdings war das nur ein Anfang; der große Sprung der chemischen Industrie nach vorn kam erst nach der Jahrhundertwende.

Die Textilindustrie, in der technologische Neuerungen zunächst nur in wesentlich geringerem Umfang auf die Produktionsleistung durchschlugen, folgte diesen neuen Führungssektoren mit einigem Abstand. Gleiches galt für die Konsumgüterindustrie, die sich ebenfalls kräftig entwickelte, gestützt durch die steigende Massennachfrage, die sich einerseits aus der Bevölkerungsentwicklung, andererseits aus der ungeachtet eines immer noch niedrigen Einkommensniveaus steigenden Kaufkraft der breiten Massen ergab. Dabei spielte der Ausbau der Organisation des Handels eine Rolle. Die traditionell üblichen offenen Märkte verloren an Bedeutung und wurden durch einen zunehmend stärker spezialisierten Detailhandel ersetzt. Seit Mitte der achtziger Jahre entstanden auch die ersten großen Warenhäuser in den neuen städtischen Metropolen. Obschon sie zunächst erheblichen Anfeindungen seitens des Einzelhandels ausgesetzt waren, führten sie eine Revolutionierung des Absatzsystems von Konsumgütern herbei, mit einem breiten Angebot, mit überschaubaren Qualitäten und festen Preisen.

Der wirtschaftliche Aufschwung der siebziger und achtziger Jahre hätte sich nicht in dem hier skizzierten Umfang vollziehen können ohne ein leistungsfähiges Bankensystem. Obschon der Kapitalmarkt in Frankreich und England ungleich leistungsfähiger war als in Deutschland, wo das Kapital nicht so reichlich zur Verfügung stand, entwickelte sich hier eine enge Zusammenarbeit zwischen der Industrie und dem Bankensystem zwecks Finanzierung der industriellen Entwicklung. Dabei spielten die Großbanken, die auf der Grundlage des Universalbankgeschäfts operierten und auf diese Weise zusätzliche Kapitalquellen erschlossen, eine wichtige Rolle. Die Mehrzahl der Großbanken auf Aktienbasis war bereits in den fünfziger Jahren gegründet worden, wie die Disconto-Gesellschaft (1851), die Bank für Handel und Industrie (1853, die spätere Darmstädter Bank) und die Berliner Handelsgesellschaft (1856). Sie alle verlegten nach der Reichsgründung ihren Hauptsitz nach Berlin und erhielten zudem eine gewichtige Verstärkung durch die Deutsche Bank (1870), die Dresdner Bank (1872) und die Nationalbank für Deutschland (1881). Die Großbanken übernahmen in beachtenswertem Umfang die Finanzierung der rasch expandierenden Industrie, die ihre Investitionen nicht mehr wie in früheren Dekaden nahezu ausschließlich aus den Gewinnen zu bestreiten vermochte, obschon der Anteil der Eigenfinanzierung bei den Großunternehmen immer noch erheblich war. Jetzt begann sich jene Verzahnung der Aufsichtsräte und Vorstände von Banken und Großindustrie herauszubilden, die für die Industrialisierung in Deutschland wie für alle Länder mit vergleichsweise spät einsetzender industrieller Entwicklung typisch war. Allerdings war das Verhältnis von Banken und Industrie keineswegs so einseitig, wie man oft angenommen hat; gerade die Großunternehmen, weit entfernt davon, von den Banken abhängig zu sein, warfen nicht selten ihrerseits erhebliche Eigenmittel auf den Kapitalmarkt. Sie waren vielfach in der Lage, in die Vorstandsetagen oder in die Aufsichtsräte ihrer Hausbanken Männer ihres Vertrauens zu entsenden und deren Entscheidungen in erheblichem Maße in ihrem Sinne zu beeinflussen.

Daneben gewannen die Sparkassen, die, um die meist kleinen Einleger zu schützen, vom Gesetzgeber daran gehindert wurden, ihrerseits direkt in das Industriegeschäft einzusteigen, zunehmend an Gewicht. Ebenso darf die weiterhin bedeutende Gruppe der Privatbankiers keineswegs unterschätzt werden; deren Portefeuilles erhöhten sich zwar nicht ganz im gleichen Maße wie jene der Großbanken, dafür aber übten die Privatbanken eine strategisch wichtige Scharnierfunktion zwischen Industrie und Handel einerseits und den Staatsbehörden beziehungsweise den Führungseliten andererseits aus, wie das Beispiel eines Gerson Bleichröder, des persönlichen Bankiers Bismarcks, oder eines Max Warburg, der über hervorragende Beziehungen zum Auswärtigen Amt verfügte, lehren kann.

Begünstigt wurde die relativ expansionistische Kreditvergabepolitik der Banken durch die 1876 errichtete Reichsbank, welche die diesbezüglichen Funktionen der Preußischen Seehandlung und einer größeren Zahl anderer zur Ausgabe von Banknoten berechtigter Geldinstitute in den einzelnen Bundesstaaten übernommen hatte. Der Nachteil war, daß die Refinanzierungspraxis der Reichsbank sich prozyklisch auswirkte, also im Krisenfall eine Rezession verschärfen mußte. Aber der Gedanke, durch die Steuerung der Geldmenge und durch eine entsprechende Diskontpolitik die Konjunktur zu beeinflussen, lag den Zeitgenossen noch gänzlich fern; entscheidend war für Ludwig Bamberger, den eigentlichen Architekten des neuen Zentralbanksystems, daß durch die Schaffung einer einheitlichen Währung und eines effizienten Kreditsystems nicht nur das wirtschaftliche Wachstum auf dem Binnenmarkt, sondern auch die Anbindung der deutschen Wirtschaft an den Weltmarkt erleichtert wurde.

Es läßt sich im übrigen nicht übersehen, daß der Außenhandel für das expandierende industrielle System im Deutschen Reich von Anfang an höchst bedeutsam gewesen ist. Allein der Umstand, daß das Deutsche Reich ungeachtet der steigenden landwirtschaftlichen Produktion in zunehmendem Maße auf die Einfuhr von Agrarerzeugnissen angewiesen war, um die Ernährung der Bevölkerung sicherzustellen, zwang die deutsche Wirtschaft zur Intensivierung der eigenen Exporte. Der Außenhandel stellte insgesamt einen wachsenden Anteil an der Erwirtschaftung des Nationalprodukts; sein Wert stieg während der Periode von 1850 bis 1913 jährlich durchschnittlich um 4 Prozent, während der durchschnittliche Zuwachs des Nettosozialprodukts im selben Zeitraum (in Preisen von 1913) nur 2,7 Prozent betrug. Davon abgesehen trugen die Exporte von Industriegütern nicht unerheblich dazu bei, die Stockungsphase nach 1873 zu überwinden.

Der deutsche Außenhandel mit seinen Exporten und Importen
(nach Hoffmann, Wachstum, S. 520–525)

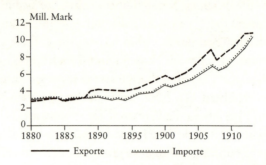

Die Zeitgenossen waren sich dieses Sachverhalts durchaus bewußt. Auch die Reichsleitung sah sich nach 1880 herausgefordert, die Exportchancen der deutschen Wirtschaft in Übersee durch geeignete Maßnahmen zu verbessern. In diesem Zusammenhang wurde zeitweilig der Plan der Gründung eines Reichshandelsmuseums verfolgt, welches den Kaufleuten konkrete Informationen über Exportmöglichkeiten vermitteln sollte. Aber weder dieses Projekt noch die Errichtung einer Reichszentralstelle, womöglich mit Filialen in den wichtigeren Industriemetropolen, die ebenfalls der Wirtschaft entsprechende Informationen bereitstellen sollten, kamen zustande. Hingegen wurden die deutschen Konsuln im Ausland angewiesen, hinfort verstärkt die Förderung des deutschen Außenhandels durch Sammlung und Übermittlung einschlägiger Informationen zu betreiben.

In den gleichen Zusammenhang gehören Bemühungen, durch die Gründung einer halbstaatlichen Außenhandelsbank den Export nach Übersee zu fördern. Bereits 1884 kam es zu konkreten Verhandlungen zwischen den Interessenten über die Gründung einer deutschen Außenhandelsbank, bei der allerdings sogleich erhebliche Meinungsdifferenzen auftraten. Während die überseeischen Wirtschaftsinteressen Hamburgs die Kosten und Risiken eines derartigen Unternehmens vornehmlich dem Reich aufbürden wollten, strebten die Berliner Banken eine privatwirtschaftliche Lösung an. Obschon sich Bismarck persönlich in die Verhandlungen einschaltete und die Interessenten auf eine gemeinsame Linie zu bringen suchte, wurde daraus am Ende nichts. Statt dessen gründete die Deutsche Bank 1886 die Deutsche Überseebank mit Sitz in Buenos Aires, der die mit ihr rivalisierende, von der Disconto-Gesellschaft geführte Gruppe im darauffolgenden Jahr die Brasilianische Bank für Deutschland folgen ließ. 1889 kam es dann, nicht ohne Zutun der staatlichen Instanzen, die auf ein gemeinsames Vorgehen der deutschen Großbanken drängten, zur Gründung der Deutsch-Asiatischen

Bank mit Sitz in Shanghai. Dies waren erste, einstweilen noch recht zögerliche Schritte in Richtung auf ein eigenständiges Engagement der deutschen Banken in Übersee, obschon ihre konkreten Aktivitäten vorläufig noch nicht nennenswert zu Buche schlugen. Die führende Stellung der englischen und französischen Banken in Übersee konnten sie in keiner Weise ernstlich in Frage stellen. De facto waren die deutschen Banken auch in Zukunft in Übersee durchweg auf die Zusammenarbeit mit dem internationalen Finanzkapital angewiesen.

Die vornehmste Aufgabe dieser überseeischen Bankgesellschaften, zu denen ein rasch wachsendes Netz von ähnlichen Banken beziehungsweise Filialen in Europa hinzutrat, war die Exportfinanzierung. Dazu gehörten die Bereitstellung oder die Vermittlung von Kapital für umfängliche Investitionsprojekte in den jeweiligen Gastländern, sei es für Eisenbahnbauten oder den Bau von Kanälen, sei es für die Errichtung von Elektrizitätsanlagen oder gar die Vorfinanzierung von Rüstungsgeschäften durch Gewährung von oder Beteiligung an Staatsanleihen für ausländische Staaten. Am bedeutsamsten war in dieser Hinsicht die Gründung der Anatolischen Bahngesellschaft in der Türkei durch die Deutsche Bank im Jahr 1899, die den Beginn eines umfangreichen finanzimperialistischen Engagements im Nahen Osten markierte, in dessen Mittelpunkt nur wenig später die sogenannte Bagdad-Bahn rücken sollte. Hingegen dürfte die Beteiligung deutschen Kapitals an rein spekulativen Investitionen in Übersee mit tendenziell finanzimperialistischem Zuschnitt anfänglich vergleichsweise gering gewesen sein. Es ist zu vermuten, daß im Zuge des Ankaufs einer größeren Zahl von privaten Eisenbahngesellschaften durch den preußischen Staat eine größere Summe spekulativen Anlagekapitals freigesetzt worden ist, das dann überwiegend in überseeischen Papieren angelegt worden ist. Insgesamt ist nicht sehr viel über die Höhe der deutschen Auslandsinvestitionen während jener Periode bekannt. Sie wurden durchweg über die Londoner oder die Pariser Börse abgewickelt, während der Börsenplatz Berlin noch eine nachrangige Rolle spielte. Die deutschen Kapitalanlagen in Übersee können daher nicht mit Zuverlässigkeit identifiziert werden. Nach Richard Tilly spricht viel dafür, daß die Auslandsinvestitionen um einiges höher gelegen haben, als gemeinhin angenommen wird. Sie bewegten sich nach Walther G. Hoffmann 1882 in Höhe von 7,2 und 1890 in Höhe von 11 Milliarden Mark; doch dürften die tatsächlichen Beträge größer gewesen sein.

Man darf jedoch davon ausgehen, daß nur Bruchteile des deutschen Auslandskapitals in eigentlich finanzimperialistischen Unternehmungen investiert worden sind. Immerhin ist bekannt, daß in den Goldminen an der Rand in Südafrika auch deutsches Kapital in nicht unerheblichem Maße beteiligt gewesen ist. Im Nahen Osten hingegen spielte deutsches Anlagekapital, ungeachtet der hohen Renditen, die hier erzielt werden konnten, bis zum Ende der achtziger Jahre nur eine geringe Rolle. Allerdings erwarb Bismarck persönlich 1889 auf Anraten Bleichröders ein großes Paket ägyptischer Staatsanleihen im Wert von 150.000 Mark, obwohl das preußische Finanzministerium nur wenig zuvor deutschen Staatsbürgern nachdrücklich davon abgeraten hatte, in den Ländern des Nahen Ostens zu investieren, weil mit staatlicher Unterstützung im Krisenfall nicht gerechnet werden könne. Viele der Zeitgenossen, namentlich die wirtschaftlichen Interessenten im Umkreis der Deutschen Kolonialgesellschaft, hatten erwartet, daß sich mit dem Erwerb der deutschen Schutzgebiete zusätzliche profitable Investitionsmöglichkeiten für das deutsche Kapital ergeben würden und daß auf diese Weise die nach wie vor angespannte wirtschaftliche Lage verbessert werden könne. Außerdem ging man vielfach davon aus, daß die Kolonien einen Teil der überschüssigen Bevölkerung der Unterschichten aufnehmen könnten, wodurch man sich eine Milderung der sozialen Gegensätze versprach. Motive dieser Art spielten bei der Inaugurierung der deutschen Kolonialpolitik Anfang der achtziger Jahre eine wesentliche Rolle.

Das Potential für Kapitalinvestitionen in den deutschen Kolonien erwies sich bald als enttäuschend gering; ihr Anteil an den gesamten überseeischen Investitionen des Deutschen Reiches blieb insignifikant. Allenfalls Neuguinea gab in wirtschaftlicher Hinsicht Anlaß zu gewissen Hoffnungen, die sich aber ebenfalls nicht erfüllten. Es stellte sich bald heraus, daß die wirtschaftliche Erschließung von Ländern der unentwickelten Welt mit Hilfe informeller, im Prinzip marktkonformer Methoden, noch dazu in Kooperation mit englischem oder französischem Kapital, weit aussichtsreicher war als jeglicher formeller Kolonialismus, auch wenn einzelne Unternehmer und Banken dabei einträgliche Beutegewinne, zumeist auf Kosten des heimischen Steuerzahlers, machen konnten. Außerdem bereitete es keine sonderlichen Schwierigkeiten, in den kolonialen Imperien der anderen Mächte, vornehmlich des Britischen Empire, zu einträglichen Bedingungen Handel zu treiben, ohne dabei die Kosten einer kolonialen Verwaltung auf die eigenen Schultern nehmen zu müssen. Ungleich profitabler noch gestalteten sich der Exporthandel und das Investitionsgeschäft mit den industriell bereits fortgeschrittenen Ländern der Welt. Auf sie konzentrierten sich in der Folge die Aktivitäten der deutschen Außenwirtschaft, ohne verlockende monopolistische Investitionsprojekte, soweit sie stattliche imperialistische Beutegewinne versprachen, gänzlich beiseite zu lassen, namentlich dann, wenn die finanziellen Risiken ganz oder teilweise der öffentlichen Hand zugeschoben werden konnten.

Aber wie wichtig die außenwirtschaftlichen Aktivitäten auch sein mochten, entscheidend waren einstweilen die wirtschaftlichen Potentiale im Binnenmarkt. Von ausschlaggebender Bedeutung war in dieser Hinsicht der private Wohnungsbau. Zwar hatte sich der Trend zur Verstädterung schon länger angebahnt, doch erst jetzt kam es zu einem dramatischen Bevölkerungszuwachs in den neuen industriellen Zentren. Die sprunghaft zunehmenden Ballungsräume ließen zumeist die herkömmlichen Gemeindegrenzen hinter sich, mit der Folge, daß die

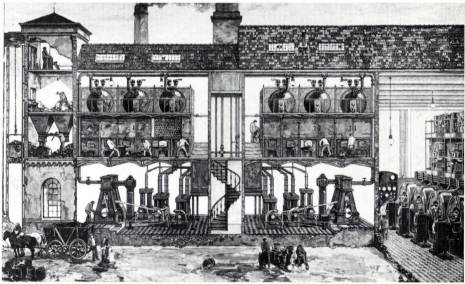

Bauaktivitäten der »Gründerjahre« an der Grenadierstraße in Berlin. Gemälde von Friedrich Kaiser, um 1875. Berlin, Märkisches Museum. – Das erste öffentliche Elektrizitätswerk im Deutschen Reich: die von der Deutschen Edison-Gesellschaft 1885 an der Markgrafenstraße in Berlin errichtete Zentralstation. Gemälde von Fritz Jacobsen. München, Deutsches Museum

AZO-Farbstoff-Betrieb von Bayer in Elberfeld. Photographie, um 1890. Leverkusen, Historisches Archiv der Bayer AG. – Medaille für die verdienstvolle Förderung der Landwirtschaft im Herzogtum Nassau. Silberguß nach der Form von F. Korn, 1864. Wiesbaden, Museum, Sammlung Nassauischer Altertümer

Statistiken den Prozeß der Urbanisierung nur unzureichend dokumentieren. Einige Beispiele mögen dies verdeutlichen: Die Bevölkerung Berlins wuchs von 966.859 Einwohnern im Jahr 1875 auf 1.578.794 Einwohner im Jahr 1890; im selben Zeitraum stieg die Bevölkerung Dortmunds von 57.742 auf 98.663, Essens von 54.790 auf 78.706, Düsseldorfs von 80.695 auf 144.642, Leipzigs von 127.387 auf 295.025 und Münchens von 193.024 auf 349.024. Das war zwar, wenn man berücksichtigt, daß sich die städtische Bevölkerung in den folgenden zwei Jahrzehnten nochmals verdoppelte und überdies das Ruhrgebiet zu einem nahezu geschlossenen urbanen Ballungsraum von außerordentlicher Dichte werden sollte, noch nicht viel; aber auch so sprengten diese Zuwachszahlen gänzlich die überkommenen Stadtgrenzen. Unter solchen Umständen überrascht es nicht, daß die Investitionen in den Bau von Wohnungen bereits 1875 mit 1.190 Millionen Mark jene in Industrie und Eisenbahnen mit 950 Millionen erheblich übertrafen.

Nettoinvestitionen nach Wirtschaftsbereichen in Preisen von 1913
(nach Hoffmann, Wachstum, S. 143)

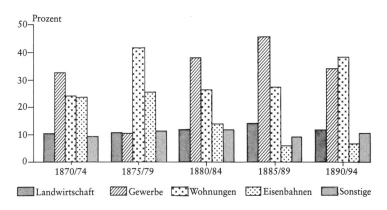

Der Wohnungsbau wurde und blieb auf lange Jahre hinaus ein Motor der wirtschaftlichen Entwicklung, dessen Bedeutung schwerlich überschätzt werden kann, zumal die von ihm ausgehenden Wachstumsanstöße außerordentlich breit gestreut waren; namentlich das Handwerk, insbesondere die Bauhandwerke, wurden dadurch begünstigt. Dennoch blieb der Wohnungsbau hinter dem Bevölkerungszuwachs und der Zuwanderung aus den ländlichen Regionen zurück, so daß sich in den großen Städten teilweise bedrückende Wohnverhältnisse einstellten, die hinter den seinerzeit durch Friedrich Engels in seinem Buch »Die Lage der arbeitenden Klassen in England« für die vierziger Jahre beschriebenen Verhältnissen nur wenig zurückblieben. Dies gab Anlaß zu Wohnungsbauspekulationen großen Ausmaßes. Damals wurden jene typischen Berliner Mietskasernen mit ihren zahlreichen Hinterhöfen eilig hochgezogen, in denen auf engstem Grund möglichst viele karge Arbeiterwohnungen ohne Licht und Luft zusammengedrängt waren. Immerhin gab das Wachstum der Städte den Anstoß zu umfänglichen öffentlichen Investitionen für den Bau von Kanalisierungssystemen zwecks Abwasserbeseitigung und einer öffentlichen Wasserversorgung sowie für den Ausbau der Straßenbeleuchtung und schließlich für ein öffentliches Verkehrssystem. Noch standen die Kommunen ganz am Anfang der Aufgabe, für die stetig wachsende Zahl ihrer Bürger ein erträgliches städtisches Versorgungs- und Entsorgungssystem zu schaffen und die notwendigen sanitären Einrichtungen bereitzustellen. Aber nicht zuletzt dank des Engagements einer neuen Elite von städtischen Verwaltungsbeamten, die sich das Programm eines kommunalen »Sozialismus« zur Lebensaufgabe wählte, gelang dies in der Folge in bemerkenswertem Maße.

Das Gesamtbild der wirtschaftlichen Entwicklung in der Periode der »Großen Depression« ist nach allem sehr uneinheitlich. Einerseits kam es zu einer deutlichen Verlangsamung des wirtschaftlichen Wachstums, untermischt mit wirtschaftlichen Rezessionen. Andererseits bildete sich ein höchst diversifiziertes industrielles System heraus, das mit den fortgeschritteneren Industriewirtschaften des Westens erfolgreich zu konkurrieren vermochte und sich anschickte, sie in einer Reihe von Branchen einzuholen oder sogar zu überholen. Die produktionstechnischen Grundlagen und die technologischen Voraussetzungen für den weiteren wirtschaftlichen Aufstieg waren gelegt. Dennoch war der industrielle Sektor noch nicht in der Lage, die in die neuen Ballungsräume drängenden Arbeitsuchenden in vollem Umfang aufzunehmen und ihnen eine einigermaßen kontinuierliche Beschäftigung zu geben, während die Leistungsfähigkeit des landwirtschaftlichen Sektors angesichts der wachsenden internationalen Konkurrenz rückläufig geworden war.

Die eindrucksvollen Innovationsleistungen in der Industrie, aber durchaus auch in der Landwirtschaft konnten die Tatsache nicht verhüllen, daß von stabilen wirtschaftlichen Verhältnissen noch keinesfalls die Rede sein konnte. Im Gegenteil: Die wirtschaftliche Lage war gekennzeichnet durch beständige Veränderung und krisenhafte Wechselfälle, die die Sekurität und relative Geborgenheit früherer Wirtschaftsepochen vermissen ließ. Zwar waren der Optimismus und der Fortschrittsglaube der bürgerlichen Schichten ungebrochen, aber sie waren durchmischt mit Gefühlen der Unsicherheit, mit Zukunftssorgen und nicht selten mit Existenzangst. Die Unterschichten befanden sich in einem Zustand großer sozialer Labilität. Ihre Lebensverhältnisse und ihre Arbeitsplätze waren einer enormen Fluktuation unterworfen, ohne daß die Möglichkeit bestand, Vorsorge für die Notlagen zu treffen, die die Zukunft für sie bereithielt. Obschon sich ihr Lebensstandard insgesamt gehoben hatte, war ihre soziale Lage mehr denn je den Wechselfällen der Konjunktur unterworfen und von Faktoren abhängig, über die sie selbst keine Kontrolle besaßen. Ausreichende Beschäftigung, physische Leistungsfähigkeit und Gesundheit, erträgliche und zugleich bezahlbare Wohnverhältnisse, eine angemessene Einbindung in kollektive Ordnungen, alles dies war unter den neuen Verhältnissen einer nicht mehr nur ländlichen Gesellschaft, welche bei allen Nachteilen immerhin ein hohes Maß von gesellschaftlicher Geborgenheit geboten hatte, nicht ohne weiteres gegeben; davon aber hing mehr denn je das persönliche Lebensschicksal des Einzelnen ab.

Die großen Wanderungsbewegungen und ihre gesellschaftlichen Auswirkungen

Von 1871 bis 1890 stieg die Bevölkerungszahl im Deutschen Reich von 41 auf 49,2 Millionen. Erstmals schlug dabei eine, allerdings noch geringfügige Erhöhung der Lebenserwartung zu Buch. Aber noch lag das durchschnittliche Lebensalter wesentlich niedriger als heute: Nurmehr 45 Prozent der männlichen Lebendgeborenen konnten hoffen, das 45. Lebensjahr zu erreichen, und bloß 25 Prozent das 65. Lebensjahr; die heutigen Vergleichswerte liegen bei 95 beziehungsweise 76 Prozent. Die Wachstumsraten der Bevölkerungsvermehrung waren, verglichen mit heutigen Verhältnissen, erheblich: Die jährliche Wachstumsrate betrug in Zehnjahresschnitten zwischen 1871 und 1880 10,3 Prozent, sank von 1881 bis 1890 geringfügig auf 8,9 Prozent und stieg nach der Jahrhundertwende wieder beträchtlich an. Der Bevölkerungszuwachs wurde allerdings gemindert durch einen erneuten dramatischen Anstieg der Auswanderung.

Zwischen 1880 und 1893 wanderten insgesamt 1,69 Millionen Menschen nach Übersee aus, der größte Teil davon, wie schon bisher, nach den USA und Kanada, obschon jetzt auch Brasilien und Argentinien zu Zielländern wurden. Die Höhepunkte dieser Auswanderung lagen 1881 bis 1883 und 1889 bis 1892; sie korrelieren, mit einer leichten Zeitversetzung, mit Phasen wirtschaftlicher Rezession. Der Entschluß zur Auswanderung wurde zunehmend nicht mehr mit dem Ziel gefaßt, in Übersee eine neue bäuerliche Existenz zu begründen, sondern den drückenden Erwerbsschwierigkeiten in der Heimat zu entgehen. Dies zeigt einmal mehr, daß die Fortschritte der Industrialisierung auch nach der wirtschaftlichen Erholung seit 1880 nicht zu hoch eingeschätzt werden dürfen. Erst nach der Jahrhundertwende ging die Auswanderung mit dem wieder einsetzenden wirtschaftlichen Aufschwung schlagartig zurück; nunmehr war das industrielle System leistungsfähig genug, um der gesamten nachwachsenden beziehungsweise aus den ländlichen Regionen abwandernden Bevölkerung Arbeit und Brot zu gewähren. Die letzte große Welle der Auswanderungsbewegung unterschied sich von ihren Vorgängern in den Jahren 1846 bis 1857 und 1864 bis 1873 auch durch die veränderte Zusammensetzung der auswandernden Bevölkerungsgruppen.

Immer noch waren es vielfach ganze Familien, die gemeinsam auswanderten, aber der Anteil der männlichen Einzelwanderer meist jugendlichen Alters, gleichviel ob es sich dabei um ländliche Tagelöhner oder gewerbliche Arbeiter handelte, hatte deutlich zugenommen. Die große Mehrheit der Auswanderer kam weiterhin aus landwirtschaftlichen Berufen. Doch die Herkunftsorte hatten sich eindeutig verändert; waren die Auswanderer in früheren Perioden ganz überwiegend aus dem übervölkerten agrarischen Südwesten gekommen, so überwog jetzt die Auswanderung aus dem nordöstlichen Deutschland.

Deutsche überseeische Auswanderung nach Gebietsgruppen
(nach Bade, Massenwanderung, S. 273)

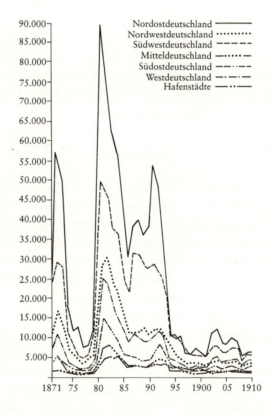

Die Auswanderung nach Übersee war jedoch nur ein Teil einer weit umfassenderen Massenwanderung, die sich in Ost-West-Richtung bewegte und seit 1880 eine geradezu dramatische Größenordnung annahm. Sie schloß auch die Einwanderung von fremdländischen Arbeitskräften aus den westlichen Regionen des Zarischen Reiches, insbesondere Kongreßpolen, ein. In dieser Massenwanderung von einem bislang unbekannten Ausmaß überlagerten sich Nahwanderung vom Land in die Stadt und umgekehrt, Fernwanderung von Ost nach West und transatlantische Wanderung in einer vielfach nicht eindeutig unterscheidbaren Weise. Die Auswanderer bildeten nur einen Bruchteil derjenigen, die keine Chance mehr sahen, in ihrer Heimat für sich und ihre Familien eine auskömmliche Existenz zu finden. Neben die Auswanderung nach Übersee trat die Abwanderung aus den ostelbischen Provinzen Preußens sowie aus Mecklenburg in die neuen industriellen Ballungszentren. Rheinland-Westfalen, insbesondere das Ruhrgebiet, wurde seit 1880 zur wichtigsten Zielregion. Dies ist mit Recht als »größte Massenbewegung innerhalb der deutschen Fernwanderung« bezeichnet worden (W. Köllmann).

Die unterbäuerlichen Schichten stellten nun die übergroße Mehrheit der Abwanderer. Ihr Ziel war es, in den neuen urbanen Ballungsräumen Arbeit und Verdienst zu erträglicheren Bedingungen zu finden, als es in den angestammten heimatlichen Verhältnissen möglich war. Was waren die Gründe für diese, binnen weniger Jahre kaskadenartig ansteigende Landflucht? In erster Linie war dies die Folge der Zerstörung der traditionellen patriarchalischen Agrarverfassung im Zuge des Vordringens einer kapitalintensiven Wirtschaftsweise, die es nicht länger ermöglichte, die Landarbeiter als minderberechtigte, aber eigenverantwortlich wirtschaftende Partner in die herkömmliche Produktionsweise einzubinden. Hinzu kam die Schwächung der Position der einheimischen Arbeiterschaft im ländlichen Arbeitsmarkt durch den Übergang zur Saisonarbeit und den zunehmenden Einsatz von »Sachsengängern«. Aber daneben standen, wie Max Weber gezeigt hat, gewichtige ideelle Motive: »[...] es ist der dunkle Drang nach persönlicher Freiheit, welcher die Arbeiter zur Arbeit in die Fremde treibt.«

Eine gewisse Rolle spielte übrigens auch, daß die Bergbauunternehmen an Ruhr und Emscher zur Befriedigung ihres sprunghaft steigenden Bedarfs an Arbeitskräften dazu übergingen, in den östlichen Provinzen Preußens Arbeiter anzuwerben; sie bedienten sich zu diesem Zweck sogar besonderer Agenten. Davon fühlte sich nicht zuletzt die polnische und masurische Bevölkerung angesprochen. So setzte eine Massenwanderung von polnischen Arbeitern ins Ruhrgebiet ein. 1890 gab es bereits 33.000 polnische Arbeiter an der Ruhr – eine Zahl, die sich bis zum Beginn des Ersten Weltkrieges dann fast verzehnfachen sollte. 1893 machten die Ausländer nur einen geringen Bruchteil der Arbeiterbevölkerung an Ruhr und Emscher aus, doch sollte sich dies in der Folge dramatisch ändern.

Der Trend zur Abwanderung vom Land in die neuen industriellen Zentren führte zu einer Ausdünnung der ländlichen Regionen des Ostens zugunsten der neuen Ballungsräume. Bereits 1890 hatten die östlichen Provinzen Preußens und Mecklenburgs 1,3 Millionen Menschen an den Berliner Großraum und an die Industrieregionen im Westen verloren. Zu dieser Fernwanderung kam die Nahwanderung vom Lande in die Städte hinzu. Der Zustrom in die Städte nahm nahezu explosive Größenordnungen an. Wachstumsraten der städtischen Bevölkerung von 70 bis 130 Prozent im Zeitraum von 1875 bis 1890 waren keine

Seltenheit mehr. Köln beispielsweise erfuhr eine Verdoppelung seiner Einwohnerzahl, und Magdeburg und Leipzig vermehrten sich um rund drei Fünftel. Auch die Bevölkerungszahl der Städte des Ruhrgebiets zog jetzt deutlich an, obschon hier ebenso wie in den industriellen Zentren Sachsens der große Sprung noch bevorstand.

Bei näherer Analyse ergibt sich jedoch, daß die stark gestiegenen Bevölkerungszahlen der Städte, wie sie die Stadtkämmerer auswiesen, gleichsam nur die Spitze eines Eisbergs darstellten. Denn die Zahlen der Menschen, die sich auf Wanderung befanden und sich für kürzere oder längere Zeiträume in den neuen städtischen Ballungszentren niederließen und dort Wohnung und Beschäftigung suchten, war weit größer, als die Einwohnerzahlen vermuten lassen. Ein erheblicher Teil der Zuwanderer – Dieter Langewiesche schätzt sie, vermutlich ein wenig zu hoch, auf bis zu vier Fünftel – verweilte ungewöhnlich kurze Zeit am jeweiligen Ort und wanderte schon bald wieder weiter. Die zahlenmäßigen Zuwächse der städtischen Bevölkerung geben daher nur den Wanderungsgewinn wieder, nicht die tatsächliche Zahl derer, die auf der Suche nach einer auskömmlichen Beschäftigung und einer angemessenen Wohnung in die städtischen Zentren einströmten. Ersichtlich nahm diese Wanderungsbewegung, in der Nahwanderung, Fernwanderung und Umzüge innerhalb industrieller Ballungszentren miteinander verschmolzen, in Zeiten der Konjunktur stark zu, während sie in Rezessionsphasen etwas abflaute. Ihr Umfang war insgesamt beträchtlich. Für Bochum konnte gezeigt werden, daß, während die Bevölkerung von 1880 bis 1900 von 32.798 auf 64.702 Einwohner zunahm, also um 31.904, im selben Zeitraum nicht weniger als 232.092 Menschen zuwanderten und großenteils nach kurzer Zeit wieder abwanderten. Dies bedeutet, daß der Bevölkerungsumschlag während dieser beiden Dekaden dreizehnmal so hoch gewesen ist wie die Gesamtbevölkerung im Jahr 1880; er bewegte sich in der Größenordnung zwischen 9 und 25 Prozent jährlich.

So überrascht es nicht, daß die Bochumer Bürger über die sozialen und ökonomischen Auswirkungen dieser ungewöhnlich hohen Fluktuation, die beständig große Zahlen von unbehausten, armen und nicht selten heruntergekommenen Zuwanderern in die Stadt führte, bittere Klage führten. Denn Verelendung und Straßen- und Hausbettelei waren an der Tagesordnung. Überdies drohten die Zuwanderer, sofern sie nicht sogleich Arbeit fanden, der städtischen Armenpflege zur Last zu fallen. Zumal die jüngeren, unverheirateten Arbeiter, die aus dem Osten oder aus den umliegenden ländlichen Gebieten zugewandert waren, zogen vielfach von Ort zu Ort, um günstigere Arbeitsbedingungen zu finden. Die Mobilität am Arbeitsplatz war, zum Mißfallen der Unternehmer, ungewöhnlich hoch, ebenso allerdings die soziale Unsicherheit der Betroffenen, die bei jeder Rezession in Existenzschwierigkeiten gerieten, wenn sie nicht, wie die zahlreichen Nahwanderer, in ihre ländliche Gemeinde zurückkehren konnten.

Insgesamt war ein erheblicher Teil der Unterschichten aus den ursprünglichen Lebensverhältnissen herausgelöst worden und ständig auf dem Sprung, günstigere Möglichkeiten auf einem starken Fluktuationen unterworfenen Arbeitsmarkt wahrzunehmen, selbst wenn dies einen Ortswechsel erforderte. Gustav Schmoller äußerte sich 1889 tief besorgt ob dieser unaufhörlichen Massenwanderung, die die Gefahren der Entwurzelung und der Zerstörung aller herkömmlichen Bindungen sowie einer Untergrabung der Moral mit sich zu bringen schien: »Ist das letzte Resultat unserer heutigen socialen Zustände eine hausierende Vagabundage der ganzen arbeitenden Bevölkerung, ein Durcheinanderschütteln der Menschen von Ort zu Ort, von Geschäft zu Geschäft, wie es selbst die Nomaden nicht kannten?« Allerdings zeigt sich, daß an der Wanderungsbewegung ganz überwiegend die Altersgruppe zwischen 15 und 30 Jahren beteiligt gewesen ist. Die enorm hohe Mobilität eines großen Teils der städtischen Bevölkerung und die große Fluktuationsgeschwindigkeit schlossen einen festen Kern von seßhafter Bevölkerung nicht aus. Viele der Zuwanderer fanden in höherem Alter, häufig in Verbindung mit der Gründung einer Familie, in den neuen Arbeiterquartieren der Städte eine dauerhafte soziale Heimstatt, die auch neue soziale und kulturelle Bindungen entstehen ließ.

Soziale Mobilität und gesellschaftliche Schichtung

Der hohe Grad der Mobilität der Unterschichten während der Periode von 1873 bis 1896–1907 lebte fast jeder Zweite nicht mehr an seinem Geburtsort, war also in irgendeiner Form in die großen Wanderungsbewegungen einbezogen worden – bestätigt einmal mehr, daß diese Dekaden als eine Zeit des wirtschaftlichen Aufbruchs zu gelten haben. Entsprach der horizontalen Mobilität auch eine vertikale? Wieweit war es den Angehörigen der Unterschichten möglich, aus ihrer sozial bedrängten Lage auszubrechen und sozial aufzusteigen? Positiv kann gesagt werden, daß die große Bereitschaft zum Orts- und Arbeitswechsel dazu beigetragen hat, die wirtschaftliche Lage der Arbeiterschaft, wenn auch in bescheidenem Umfang, zu verbessern. Die Klagen der Unternehmerschaft über die hohe Fluktuation der Belegschaften, obschon sie dieser durch die Errichtung von betrieblichen Arbeiterwohnungen und den Aufbau betrieblicher Sozialeinrichtungen zu begegnen suchten, sind ein Hinweis darauf, daß insbesondere die jüngeren Arbeiter durch häufigen Arbeitsplatzwechsel die jeweils günstigsten Lohnangebote wahrzunehmen bestrebt waren. Das trug dazu bei, angesichts der zeitweiligen hohen Nachfrage nach Arbeitskräften in der Industrie das Lohnniveau stärker nach oben zu treiben, als dies sonst wohl der Fall gewesen wäre.

Aber ein Aufstieg aus den Reihen der Arbeiterschaft in gehobenere soziale

Gruppen blieb die Ausnahme. Zwar gelang es einzelnen hochqualifizierten Arbeitern, zu Werkmeistern zu avancieren, und anderen, in die neue Gruppe der betrieblichen Angestellten, die man damals vielfach noch als »Privatbeamte« bezeichnete, aufzusteigen, vornehmlich in den Großbetrieben, die in technologischer Hinsicht führend waren. Dies waren jedoch sehr bescheidene Zahlen: Bei Siemens & Halske kam auf 30 Arbeiter ein Werkmeister, und im Bergbau hatten nur wenige Bergleute die Aussicht, Steiger zu werden oder eine vergleichbare untere Führungsposition zu erlangen. Insgesamt hielten sich die Aufstiegsmöglichkeiten für die Masse der Arbeiterschaft in engen Grenzen. Für Bochum hat David Crew gezeigt, daß um 1890 die Chancen, vom Status eines ungelernten Arbeiters zu jenem eines Facharbeiters oder eines Angestellten aufzurücken, statistisch nur insignifikant höher waren als die Gefahr, vom Status eines Facharbeiters zu jenem eines ungelernten Arbeiters abzusinken. Doch dies mag mit dem gerade im Bergbau und in der Schwerindustrie tendenziellen Rückgang des Anteils der qualifizierten Facharbeiter zu tun gehabt haben, während es für die neuen Industrien des Maschinenbaus und der Elektroindustrie nicht in gleichem Maße der Fall gewesen ist. Für die große Masse der Arbeiterschaft war in der Regel allenfalls der Aufstieg zu besser bezahlten Positionen innerhalb der Arbeiterklasse erreichbar, und zumeist wurde von ihr auch gar nichts anderes angestrebt.

Auch die intergenerationale Mobilität, das heißt die Rate jener, deren Kinder die sozialen Barrieren der eigenen Schicht nach oben wie nach unten durchbrachen, war damals noch ungewöhnlich niedrig, obwohl sie eine steigende Tendenz aufwies. Im Zeitraum von 1876 bis 1895 gab es nach Berechnungen Gerhard Kleinings auf je 100 der Bevölkerung 26,3 Prozent Aufsteiger und 18,2 Prozent Absteiger, allerdings auf die gesamte Bevölkerung, nicht nur auf die Unterschichten bezogen. Praktisch war der Arbeiterschaft in jener Periode der Ausbruch aus ihrer Klassenlage noch weitgehend versperrt. Allenfalls bestanden Chancen, daß die Söhne von Arbeitern in einen handwerklichen Beruf überwechselten – eine Form sozialen Aufstiegs, die an ihrer ökonomischen Situation meist wenig änderte. Dem stand gegenüber, daß zahlreiche Handwerker in industrielle Stellungen wechselten, auch wenn die Sozialbarriere in dieser Hinsicht nach wie vor sehr hoch war.

Im großen und ganzen spricht viel dafür, daß sich in diesem Zeitabschnitt die soziale Gliederung der deutschen Gesellschaft nur wenig verändert hat. Die sozialen Schichten blieben weiterhin bemerkenswert scharf voneinander abgegrenzt, nicht allein im Hinblick auf die kraß unterschiedlichen Einkommensverhältnisse, sondern auch, und teilweise mehr noch, hinsichtlich ihrer Mentalität. Insgesamt hatte der Anteil der Erwerbstätigen in Industrie, Handel und Verkehr deutlich zugenommen, während er in der Landwirtschaft und den häuslichen Diensten annähernd gleich geblieben war. Doch wäre es verfehlt, aus dieser

Tatsache auf eine bedeutsame Erhöhung der Lohnquote schließen zu wollen; diese blieb vielmehr während des gesamten Zeitraums annähernd konstant. Allerdings zeichnete sich nach den Volkszählungen von 1882 und 1895 eine leichte Abnahme der Selbständigen in der Landwirtschaft und eine deutliche Abnahme der Selbständigen im industriellen Sektor ab, während im Sektor Handel und Verkehr die Selbständigen leicht zunahmen. Dies läßt eine eindeutige Interpretation jedoch nicht zu. In den Führungsetagen der Wirtschaft wurden durch die Umwandlung zahlreicher Unternehmen in Aktiengesellschaften die bislang »selbstbeschäftigten« Unternehmer durch leitende, aber »fremdbeschäftigte« Manager ersetzt, ohne daß dies an den tatsächlichen Verhältnissen viel änderte. Außerdem steckt in der Gruppe der »Selbständigen« eine unbekannte Zahl von »selbstbeschäftigten« weiblichen »Hausindustriellen«, die der Sache nach eine proletarische Existenz als Heimarbeiter fristeten. Andererseits darf man eine gewisse Konzentrationsbewegung in Industrie und im Handwerk vermuten, was im Blick auf die bislang eher langsam steigenden Betriebsgrößen allerdings nicht überschätzt werden darf.

Viel bedeutsamer ist, daß 1882 die neue Gruppe der einstweilen noch kleinen, von der zeitgenössischen Statistik ganz ungenügend erfaßten Gruppe der Angestellten, also des wissenschaftlich, technisch oder kaufmännisch gebildeten Verwaltungs- und Aufsichtspersonals sowie des Rechnungs- und Büropersonals, erstmals als eine eigenständige soziale Gruppe faßbar wird. Sie stieg bis 1895 auf 3,3 Prozent der Beschäftigten, mit steigender Tendenz; im Bereich von Handel und Verkehr trat sie mit 11,2 Prozent der Beschäftigten bereits als Beschäftigungsgruppe von einigem Gewicht hervor, obschon damals Verkäufer zumeist noch als Arbeiter betrachtet wurden. Bemerkenswert ist zudem, daß die Beschäftigten in der öffentlichen Verwaltung, in Bildung und Erziehung, im Gesundheitswesen und in Literatur und Kunst seit 1875 signifikant zugenommen hatten, auch wenn diese Gruppen, gemessen an heutigen Verhältnissen, immer noch sehr klein waren und statistisch kaum zu Buch schlugen. Die große Zahl des ländlichen Gesindes und der Dienstboten hatte sich hingegen nicht nennenswert verringert.

Die deutsche Gesellschaft war unzweifelhaft wohlhabender geworden. An der ausgeprägt hierarchischen Struktur der Einkommensverteilung hatte sich jedoch insgesamt nur wenig geändert. Die außerordentlich schmale Oberschicht war weitgehend unter sich geblieben, obschon nunmehr die Spitzen des neuen Wirtschaftsbürgertums in die Ränge der alten Aristokratie vordrangen und ihr ökonomisch den Rang abzulaufen begannen. Am Beispiel Sachsens, für das relativ früh verläßliche statistische Daten über die Einkommensverteilung zur Verfügung stehen, läßt sich ablesen, daß sich das relative Gewicht der einzelnen Einkommensblöcke im Zeitraum von 1874 bis 1897 vergleichsweise nur geringfügig verändert hat. Die beiden untersten Gruppen, die zusammen die Hälfte aller Einkommensempfänger in Sachsen umfaßten, behaupteten ihren Anteil von etwa

20,4 Prozent am Gesamteinkommen während des gesamten Zeitraums mit nur geringen Schwankungen, während das zweitoberste Viertel der Einkommensempfänger seinen Anteil geringfügig von 18,05 auf 18,51 Prozent steigern konnte; das oberste Viertel fiel hingegen geringfügig von 43,02 auf 41,55 Prozent zurück. Wirkliche Bewegung zeichnete sich lediglich in der obersten Spitze der Einkommensempfänger ab; hier war eine drastische Steigerung der Einkommen zu verzeichnen. Diese Ergebnisse lassen sich nicht ohne weiteres auf die deutsche Gesellschaft in ihrer Gesamtheit übertragen, zumal das wirtschaftliche Wachstum im Königreich Sachsen, welches zu den Frühstartern in der deutschen Industrialisierung gehörte, bereits etwas nachgelassen hatte. Aber grundsätzlich anders dürften die Verhältnisse auch anderswo nicht gewesen sein. Offenbar kam es nicht bloß zu einer unverhältnismäßigen Steigerung des Einkommens der ganz Reichen, sondern auch zu einer zunehmenden Differenzierung der Einkommen im Bereich der Mittelschichten. Während die höheren Einkommen unterhalb der Spitzenverdiener Einbußen hinnehmen mußten, stiegen die mittleren Einkommen teilweise auf Kosten der untersten Einkommensgruppen. Man wird dies unter anderem auf die wachsende Bedeutung der technischen Intelligenz und der leitenden Angestellten im Produktionsprozeß zurückführen dürfen. Die »Privatbeamten« verdienten in der Großindustrie schon damals ansehnliche Gehälter und Tantiemen. Auch die relative Verbesserung der ökonomischen Lage der hohen Beamtenschaft und der Professoren vornehmlich dank des fallenden Preisniveaus schlug hier zu Buche. Allgemein hatte das Gewicht der Mittelschichten innerhalb des gesellschaftlichen Gefüges um einiges zugenommen, freilich bei gleichzeitiger Differenzierung der Einkommen und ebenso der jeweiligen sozio-ökonomischen Interessenlagen.

Uneinheitlicher war die Lage der Unterschichten. Sie hatten quantitativ erheblich zugenommen, jedoch waren sie sozio-ökonomisch keineswegs enger zusammengerückt. Vielmehr hatten sich die bestehenden großen Unterschiede im Einkommensniveau und ihrer sozialen Lage eher noch verschärft, nicht allein aus ökonomischen, sondern auch aus sekundären Gründen, insbesondere durch die Wohnverhältnisse, die die ärmeren Schichten unverhältnismäßig stärker belasteten. Innerhalb der industriellen Arbeiterschaft zeichnete sich eine gewisse Nivellierung ab: Die anfangs der Periode noch überaus deutlichen Unterschiede zwischen Facharbeitern mit handwerklicher Ausbildung und der großen Zahl der ungelernten Arbeiter wurden tendenziell eingeebnet. Von der Herausbildung einer einheitlichen Arbeiterklasse im Sinne der marxistischen Theorie war die deutsche Gesellschaft jedoch nach wie vor weit entfernt. Dazu trugen auch nichtökonomische Faktoren bei, wie das starke Traditionsbewußtsein in Teilen der Handwerkerschaft, die sich von der Fabrikarbeiterschaft scharf distanzierte, obschon ihre wirtschaftliche Lage vielfach weit ungünstiger war als jene ihrer Kollegen in den neuen Industrien. Ebenso spielten, besonders im katholischen

Milieu, ältere, ständische Einstellungen weiterhin eine große Rolle, die mit der jeweiligen sozio-ökonomischen Interessenlage nicht übereingingen.

Weit schärfer noch war die Trennlinie zum »Proletariat« bei der Angestelltenschaft, obschon diese, gemessen an ihren Einkommensverhältnissen alles andere als homogen war. Auch hier wurde die »White-collar line«, die »Kragenlinie«, die die Gehälter beziehenden Angestellten von der lohnabhängigen Arbeiterschaft trennte, nicht allein von ökonomischen Interessen, sondern stärker noch von milieubedingten Einstellungen getragen. Nur die Spitzengruppe der Angestellten, wie die Werkmeister und Techniker in den neuen Großbetrieben, die Steiger im Bergbau oder die »Komptoiristen« in den Handelshäusern, zählten einkommensmäßig zur Mittelschicht, während dies für die »Handlungsgehilfen« in den Geschäften und Kaufhäusern keinesfalls gesagt werden kann. Das Gros der Angestellten unterschied sich von der Arbeiterschaft nicht in der Höhe, sondern nur in der Art ihrer Bezahlung sowie in ihrer vergleichsweise gesicherteren Stellung und sekundär durch größere Bildungschancen und bessere Wohnverhältnisse. Allerdings kam es erst wenig vor der Jahrhundertwende zu einer schärfer ausgeprägten Wahrnehmung der Angestelltenschaft als einer eigenständigen Sozialgruppe zwischen Bürgertum und Arbeiterschaft, mit einem besonderen sozio-ökonomischen Profil und eigenen Berufsorganisationen. Dies koinzidierte vielleicht nicht zufällig damit, daß seit 1900 eine Tendenz zur Einebnung der Gehaltsunterschiede zwischen Angestellten und der Arbeiterschaft einsetzte.

Außerordentlich bedeutsam war zudem, daß sich die Schere zwischen den Einkommen der industriellen Arbeiterschaft und denen der sonstigen Unterschichten, insbesondere des Gesindes, der häuslichen Dienstboten und der Heimarbeiter, immer weiter öffnete. Diese Schichten vermochten sich auch unter den vergleichsweise günstigeren Verhältnissen seit 1879 nicht aus ihrer großenteils noch durch vorindustrielle Verhältnisse geprägten Pariasituation zu befreien. Gerade sie brachten in ihrer bedrängten Lage vielfach weder die geringen Mittel noch die persönliche Energie auf, um einen Ausweg in der Abwanderung in die Industriezentren oder gar nach Übersee zu suchen. Sie bildeten den Bodensatz eines ansonsten erfolgreichen wirtschaftlichen Systems, das zwar allen Sozialschichten eine Verbesserung ihrer ökonomischen Lage gebracht, aber die Ärmsten der Armen dabei weithin vergessen hatte.

Frauen in einer Männergesellschaft

Die Frau im Wirtschaftsleben

Mit der Ausbildung des industriellen Systems und dem Vordringen kapitalistischer Produktionsmethoden auch im agrarischen Sektor veränderte sich nicht zuletzt das herkömmliche Verhältnis der Geschlechter. In der traditionellen Gesellschaft der vorindustriellen Epoche ist die Familie in aller Regel zugleich eine Betriebs- und Erwerbsgemeinschaft gewesen, vor allem im agrarischen Bereich, aber ebenso im Handwerk und im protoindustriellen Heimgewerbe. In ihr wurde dem Hausvater und Ehemann durchweg eine unangefochtene Herrenstellung zugemessen. Er trug die Verantwortung in wirtschaftlicher Hinsicht und besaß das Recht der alleinigen Vertretung der Interessen der Familie und ihrer Glieder gegenüber Dritten. Andererseits besaß die Frau, ungeachtet ihrer rechtlichen Unterprivilegierung, innerhalb der Familie eine eigenständige, geachtete Stellung, zumal ihr Beitrag zur gemeinschaftlichen Wirtschaft unentbehrlich war. Dieses Verhältnis war freilich schon seit längerem in Auflösung begriffen. Für die sich entfaltende bürgerliche Gesellschaft war das Auseinandertreten von Produktions- und privater Lebenssphäre charakteristisch. Nur im landwirtschaftlichen Bereich blieb die ältere Form der gemeinschaftlichen Produktionsweise in Teilen erhalten. Der Arbeitskontrakt des ostelbischen Instmanns beispielsweise erstreckte sich regelmäßig auch auf die Mitarbeit der Frau sowie eines Scharwerkers, für dessen Wohnung und Unterhalt im Rahmen der Familie zu sorgen war. Auch das ländliche Gesinde war weitgehend in dieses herkömmliche System der Arbeit zu gesamter Hand, dem die Familie als natürliche Einheit diente, eingebunden. Dies galt durchaus nicht nur für die Gutsherrschaften, sondern ebenso für die bäuerlichen Betriebe. Aber auch hier wurden die älteren Formen gemeinschaftlicher Produktion ebenfalls durch den schrittweisen Übergang zum Geldlohn und zu befristeten Arbeitskontrakten innerlich ausgehöhlt.

Als Folge dieser Entwicklung wurde das innerfamiliäre Beziehungsgefüge strukturell verändert. Das Verhältnis von Mann und Frau verschob sich unmerklich zu Ungunsten der letzteren; ihre Abhängigkeit von dem Mann und Hauptverdiener, der nicht selten einen wesentlichen Teil des Familieneinkommens in der nahen Fabrik verdiente und nicht länger nur in der Land- und Forstwirtschaft, nahm zu, und damit wurde ihre Rolle innerhalb der Familie geschwächt. Noch ausgeprägter war dies der Fall bezüglich der heranwachsenden, arbeitsfähigen Kinder, soweit diese in den familienwirtschaftlichen Haushalt eingebunden blieben; hier galt die Regel, daß die jungen Männer weit leichter und weit früher aus dem elterlichen Haushalt herauszutreten und eine eigenständige Existenz zu begründen imstande waren als die jungen Frauen. Die große Zahl der »mithelfenden Familienangehörigen« in der Landwirtschaft, die durch die zeitgenössischen Statistiken durchweg nur unzureichend erfaßt wurden, bestand überwiegend aus Frauen. Schon hier zeichnet sich eine Benachteiligung der Frau unter den obwaltenden gesellschaftlichen Verhältnissen ab.

Im Zuge des nach Überwindung der »Gründerkrise« von 1873 bis 1879 endgültigen Durchbruchs des industriellen Systems setzte sich die der bürgerlichen Gesellschaft eigentümliche Differenzierung von privater und beruflicher Lebenssphäre auf breiter Front durch. Gemäß bürgerlicher Auffassung wurde die Frau im Grundsatz auf den Bereich von Familie und Reproduktion, insbesondere auf das Aufziehen der Kinder sowie die damit verbundenen häuslichen Dienstleistungen verwiesen, während für den Mann der nunmehr zumeist außer Haus ausgeübte »Beruf« nicht nur äußerlich, sondern auch innerlich zum Mittelpunkt seiner Lebensführung wurde. Die moderne Berufsethik puritanischen Ursprungs, wie sie Max Weber als wesentlichen Antriebsfaktor für die Durchsetzung des modernen industriellen, marktorientierten Kapitalismus beschrieben hat, galt als eine durchaus »männliche« Angelegenheit. Denn sie verlangte eine durchgängig rationale, methodisch kontrollierte Lebensführung zwecks möglichster Maximierung des beruflichen Erfolgs. Gefühle und emotionale Einstellungen gleichviel welcher Art hatten darin keinen Platz. Allein beruflicher Erfolg begründete persönliche Identität und gesellschaftliche Respektabilität; zugleich aber bildete er die Voraussetzung für die Gründung und die standesgemäße Unterhaltung einer Familie. Demgemäß definierte sich die Rolle der Männer innerhalb des Beziehungsgefüges der Geschlechter in zunehmendem Maße über den Beruf. Werkstatt, Fabrik, Kontor, Kanzlei oder Büro galten als Stätten männlicher Tätigkeit und Selbstverwirklichung, obschon der Anteil der weiblichen Beschäftigten keineswegs gering war und tendenziell zunahm. Denn ihnen wurden zumeist dienende oder nachrangige Funktionen zugewiesen; die leitenden Positionen blieben, was den Zeitgenossen als selbstverständlich erschien, durchweg Männern vorbehalten.

Umgekehrt wurde der Frau die Aufgabe der Wahrung der privaten Dimensionen menschlichen Zusammenlebens zugeschrieben. Sie sollte im familiären Heim jene Atmosphäre der Geborgenheit und der menschlichen Wärme schaffen, die am Arbeitsplatz zunehmend verlorengegangen und von einem harten Leistungsdruck beziehungsweise von unerbittlicher Konkurrenz verdrängt worden war. Im Vordergrund stand dabei zunächst die Aufziehung der damals durchweg noch sehr zahlreichen Kinder. Daneben aber spielte die Erwartung eine wesentliche Rolle, daß es die Aufgabe, ja Pflicht der Ehefrau sei, dem Mann und Familienvater zu Hause jene Behaglichkeit und Fürsorge zuteil werden zu lassen, die er in der Härte des täglichen Arbeitslebens entbehren müsse. Das von der Frau besorgte eigene Heim beziehungsweise das eigene Haus sollte dem Mann »eine Stunde und eine Stätte für die Ruhe nach der Arbeit und in denselben einen freundlichen genußreichen Augenblick, den wahren Lohn seiner Tagesmühe« gewähren; »vor der Schwelle seines Hauses gehört er der Arbeit, hinter derselben dem friedlichen Genuß [...]«, so meinte Lorenz von Stein in seiner 1875 erschienenen, damals weithin beachteten Schrift »Die Frau auf dem Gebiet der Nationalökonomie«. Auch die frühe Frauenbewegung neigte dazu, dieser Bestimmung der Rolle der Frau in der bürgerlichen Erwerbsgesellschaft ihre Billigung zu geben; unter dem Einfluß der Theorien Pestalozzis wählte sie den Begriff der »geistigen Mütterlichkeit« als Inbegriff einer spezifisch weiblichen Rolle in der Gesellschaft zu ihrem Leitideal.

Wie Peter N. Stearns gezeigt hat, nahm diese asymmetrische, die Frauen tendenziell benachteiligende Definition der Geschlechterrollen im Laufe des 19. Jahrhunderts mit dem Fortschreiten der Industrialisierung zunehmend rigidere Formen an. Sie bestimmte in besonderem Maße das Sozialverhalten und die Lebensformen des gehobenen Bürgertums, aber erfaßte zunehmend auch andere soziale Schichten, namentlich die Arbeiterschaft. Obschon die realen Verhältnisse es unabweisbar machten, daß Frauen in großer Zahl gewerblichen und industriellen Tätigkeiten nachgingen, galt allgemein die Maxime, daß die Frau, sobald sie verheiratet sei, »an den häuslichen Herd« gehöre, und nicht allein nur dann, wenn die Aufziehung der Kinder eine regelmäßige Berufstätigkeit außer Haus nicht zuließ. Gerade die industrielle Arbeiterschaft betrachtete es als bedeutsamen Teil ihres Strebens nach Respektabilität, der eigenen Frau zumindest während des Heranwachsens der Kinder eine regelmäßige Erwerbstätigkeit in der Fabrik oder im Gewerbe nach Möglichkeit zu ersparen.

Die wirtschaftliche Realität sah freilich immer schon anders aus. Denn ebenso wie die vorindustrielle konnte die sich entfaltende industrielle Gesellschaft auf die Arbeitsleistung eines großen Teils der weiblichen Bevölkerung gar nicht verzichten, auch wenn, wie eingeräumt sein möge, die Erwerbstätigkeit der Frauen nur etwa ein Drittel aller gewerblich Beschäftigten ausmachte. Lediglich in Teilen des gehobenen und des Großbürgertums sowie immer schon im Adel war das Ideal der von Berufsarbeit freigestellten Hausfrau und Mutter tatsächlich realisierbar. Unter diesen Umständen entwickelten sich im Übergang von der Agrar- zur Industriegesellschaft »zwei extrem unterschiedliche Rollenmodelle für die Frau [...], das Modell der von der Erwerbstätigkeit freigesetzten Bürgersfrau, die in den gehobenen Ständen selbst in der Hausarbeit und Kindererziehung durch dienendes Personal weitgehend entlastet wurde, und das von vornherein durch die Doppelbelastung [von Beruf und Hausarbeit] geprägte Modell der Arbeiterfrau« (W. Müller). Auch für große Teile der Arbeiterschaft blieb die Freistellung der Hausfrau und Mutter von regelmäßiger gewerblicher Arbeit außerhalb des Hauses weiterhin ein anzustrebendes Ideal. Die Meinung, daß Frauen, sobald Kinder da waren, aus dem Produktionsprozeß auszuscheiden hätten, war weit verbreitet, und dies keineswegs nur deshalb, weil es an Möglichkeiten, die Kinder während der Arbeitszeit der Mutter in Kindergärten, Tagesstätten oder auf andere Weise betreuen zu lassen, noch nahezu gänzlich fehlte. Auch der Staat handelte gemäß dieser Maxime: Von Lehrerinnen und sonstigen weiblichen Beschäftigten im öffentlichen Dienst wurde erwartet, daß sie unverheiratet blieben, weil sie als Ehefrauen und Mütter nicht in der Lage seien, ihre dienstlichen Aufgaben in angemessener Weise zu erfüllen.

Dies spiegelt sich auch in der Struktur der weiblichen Beschäftigten. Die große Mehrheit der in Fabriken oder sonstigen gewerblichen Betrieben regelmäßig beschäftigten Frauen war während des gesamten hier zur Betrachtung stehenden Zeitraums unverheiratet; es waren überwiegend Mädchen und junge Frauen, die in den Fabriken und den Kontoren vornehmlich der Textil- und Bekleidungsindustrie, der Lederverarbeitung, der Nahrungs- und Genußmittelindustrie und des Handels arbeiteten, während der Anteil der älteren, verheirateten Frauen vergleichsweise gering war. 1882 waren nur 10,6 Prozent aller weiblichen Beschäftigten, die einer »marktmäßigen Erwerbstätigkeit« in Industrie, Handel und Gewerbe nachgingen, verheiratet, und dieser Anteil war bis 1895 eher rückläufig, stieg jedoch nach der Jahrhundertwende wieder geringfügig an. Dabei war der Anteil der verheirateten Frauen in den untersten Sozialschichten am höchsten. Ein Vergleich mit heutigen Verhältnissen mag diesen Sachverhalt verdeutlichen: 1979 waren 49 Prozent aller Arbeitnehmerinnen in der Bundesrepublik verheiratet.

Dieses auf den ersten Blick ebenso überraschende wie vergleichsweise günstige Bild verdunkelt sich sogleich, wenn berücksichtigt wird, daß Frauen ganz überwiegend nur in gewerblichen Bereichen Beschäftigung fanden, in denen ihre angeblich typisch weiblichen Fähigkeiten in besonderem Maße genutzt werden konnten, beispielsweise in der Leder-, Textil- und Bekleidungsindustrie sowie, mit leicht steigender Tendenz, im Handel. Im übrigen wurden sie in die Pflege- und Dienstleistungsberufe abgedrängt. So finden sich im Gesundheitswesen, insbesondere aber in dem großen Bereich des ländlichen Gesindes und der städtischen Dienstmädchen in erster Linie Frauen.

Frauenquote in einzelnen Wirtschaftsbereichen in Prozent der Gesamtbeschäftigten (nach Angela Willms, in: W. Müller, Strukturwandel der Frauenarbeit, 1983)

	1882	1895	1907
Landwirtschaft	38,7	36,3	40,8
Leder/Textil/Bekleidung	34,1	42,7	49,4
Handel	17,4	19,4	28,2
Gesundheitswesen	55,9	57,6	54,3
Persönliche Dienstleistungen	51,0	55,3	46,0

Es entsprach der herrschenden Auffassung der Zeit, daß Frauen in besonderem Maße dazu berufen seien, wenn überhaupt, dann in dienenden Stellungen sowie in Pflegeberufen tätig zu sein, in denen ihre angeblich spezifisch weiblichen Eigenschaften und Fähigkeiten zum Zuge kommen könnten, während ihnen der Zugang zur übergroßen Mehrheit der gehobenen oder gar mit Leitungsfunktionen ausgestatteten Berufe weithin versperrt blieb. Nach wie vor war eine große, tendenziell leicht steigende Zahl von Frauen im ländlichen Gesinde tätig, oft in drückender Abhängigkeit von der jeweiligen Herrschaft. Aus dieser Abhängigkeit konnten sie sich im Regelfall lediglich durch die Eheschließung mit einem Mann, der für eine auskömmliche Existenz zu sorgen vermochte, befreien. Um so wichtiger war es für sie, von der meist kärglichen Geldentlohnung, die sie erhielten, eine angemessene Aussteuer zusammenzusparen. Auf dem Lande bestanden vielfach noch ältere Formen der Geschlechterbeziehungen fort. Geheiratet wurde meist erst dann, wenn bereits ein Kind unterwegs war. Der moralische Zwang für den betroffenen Mann, den Schritt in die Ehe zu tun, wurde allerdings mit der steigenden Mobilität der ländlichen Arbeiterschaft und der Abnahme der traditionell hohen sozialen Kohäsion innerhalb der Dorfgemeinschaft abgeschwächt. Eine Schwangerschaft bedeutete in jedem Fall die Entlassung, nicht so sehr aus moralischen als aus pragmatischen Gründen. Dies fand seinen Niederschlag in der nicht abnehmenden Zahl der »Kindsmörderinnen«, deren Verhalten aus der Sicht einer bürgerlichen Justiz, die mit den ländlichen Lebensverhältnissen nicht vertraut war, schlechterdings unverständlich erschien.

Ansonsten gab es keinen anderen Ausweg aus der Misere des ländlichen Gesindedaseins – oder im Falle der jüngeren Bauerntöchter, die nicht hoffen konnten, bei einem Erbgang eine nennenswerte Abfindung zu erhalten –, der untergeordneten Tätigkeit in Haus und Hof zu entgehen, als in die Städte abzuwandern und sich dort als Dienstmädchen zu verdingen oder eine Stelle als Fabrikarbeiterin anzunehmen. Ersteres war aus ihrer Sicht sehr viel naheliegender und stellte einen weit geringeren Bruch mit ihren herkömmlichen Lebensformen dar als die Existenz einer auf sich gestellten Arbeiterin in der Industrie. So verdrängten Frauen fast vollständig die anfänglich vielfach noch männlichen Dienstboten in herrschaftlichen und zunehmend auch bürgerlichen Haushalten. Die Statistik weist für das Jahr 1882 1.324.924 Dienstboten aus, von denen 96,8 Prozent weiblich waren; bis 1895 stiegen diese auf 1.339.316, davon 98,2 Prozent weiblich. Diese gehörten überwiegend der Altersgruppe zwischen fünfzehn und dreißig Jahren an; doch gab es nicht wenige Dienstmädchen, die zeitlebens ledig blieben und in ihrem unermüdlichen Dienst für die jeweilige »Herrschaft« ihren ausschließlichen Lebensinhalt fanden. Der Dienstmädchenberuf war, wie man treffend gesagt hat, eine »frauenspezifische Form der Teilhabe an der Industrialisierung und ihrer Förderung« (Dorothee Wierling).

Für die jungen Frauen, die aus den ländlichen Gebieten in die Städte zogen, um dort eine Stellung als Dienstmädchen anzunehmen, kam die frühzeitige Trennung vom Elternhaus einem Verlust ihrer eigenen Identität gleich; diese wurde vielfach substituiert durch eine weitgehende Identifikation mit den Interessen und norma-

Landarbeiter beiderlei Geschlechts auf dem Rübenfeld. Gemälde von Max Liebermann, 1876. Hannover, Niedersächsisches Landesmuseum. – Fabrikarbeiterinnen während der Mittagspause. Gemälde von Eyre Crowe, 1874. Manchester, City Art Gallery

»Höhere Töchter« in ihrem Milieu. Gemälde »Chopin« des Albert von Keller, 1873. München, Bayerische Staatsgemäldesammlungen

tiven Vorgaben ihrer »Herrschaft«. Dadurch wurde die große Abhängigkeit der Dienstmädchen von ihren Arbeitgebern noch verstärkt und zugleich verinnerlicht. Denn ihre Rechtsstellung war von Anfang an schwach. Das Dienstbuch, welches sie regelmäßig zu führen hatten, verzeichnete die jeweiligen Stellungen und die nicht selten unfreundlichen Kommentare der »Herrschaft«, wenn es zu einem Stellungswechsel kam, der jeweils von den Polizeibehörden beglaubigt werden mußte. Reklamationen gegen ungünstige oder gar rachsüchtige Eintragungen der »Herrschaft« in das Dienstbuch, die es schwer machten, eine Folgestellung zu finden, waren selbst in offensichtlich begründeten Fällen zumeist aussichtslos. Unter diesen Umständen eignete sich das Dienstbuch vorzüglich als ein Disziplinierungsinstrument. Im übrigen waren die Arbeitsbedingungen hart und völlig unzureichend geregelt. Im Prinzip hatte das Dienstmädchen jederzeit, Tag wie Nacht, zur Verfügung zu stehen, sofern die »Herrschaft« dies so wünschte. Die Entlohnung, die in ihrer Höhe von »Herrschaft« zu »Herrschaft« und von Ort zu Ort stark variierte, war meist bescheiden bemessen und ließ sehr wenig Spielraum, um die begehrte, für eine Heirat unabdingbare Aussteuer zusammenzubringen. Andererseits gewährte die Aufnahme in den bürgerlichen Haushalt den Dienstmädchen ein erhebliches Maß an sozialer Sicherheit und Geborgenheit, das ihre Geschlechtsgenossinnen, die einer Arbeit in der Fabrik den Vorzug gegeben hatten, weil dies weit bessere Verdienstmöglichkeiten bot, durchweg bitter entbehrten. Es kam hinzu, daß gerade Industriearbeiter Dienstmädchen als potentielle Ehepartner schätzten, weil ihr soziales Ansehen höher war als jenes der Fabrikarbeiterinnen und sie sich auf die Führung eines Haushalts verstanden.

Erst die Dienstmädchen ermöglichten den »bürgerlichen Lebensstil«, wie er in den Haushalten des gehobenen Bürgertums und des Großbürgertums üblich wurde. Sie schufen die Voraussetzung für die weitgehende Freistellung der Ehefrau von den häuslichen Verpflichtungen, wie sie, in Nachahmung aristokratischer Lebensformen, standesgemäß erwartet wurde. Sie erledigten den größten Teil der Hausarbeiten, die damals, angesichts weithin fehlender technischer Hilfen, noch schwer waren, und nahmen im Regelfall die Betreuung und Erziehung der Kinder wahr. Erst dies erlaubte es der Hausfrau, den gesellschaftlichen Anforderungen gerecht zu werden, die sich aus dem Berufsfeld ihres Mannes ergaben, und sich, soweit dazu Neigung und Gelegenheit bestanden, aktiv oder passiv mit Musik, Literatur oder den schönen Künsten zu beschäftigen oder sich auf philanthropischem Gebiet zu betätigen. Davon abgesehen stellte die Beschäftigung eines Dienstmädchens ein ganz unentbehrliches soziales Statussymbol dar, auf das nicht leicht verzichtet werden konnte, wenn man etwas »auf sich hielt«. Dank der Verfügbarkeit der Dienstmädchen sowie der in regelmäßigem Rhythmus tageweise beschäftigten Wäscherinnen oder Hausschneiderinnen blieben die »höheren Töchter« weitgehend von der Notwendigkeit verschont, selbst in Haus und Küche Hand anzulegen; sie führten in der Regel ein Leben weitgehenden Müßiggangs, verbunden mit mehr oder minder aktiver kultureller Betätigung, in Vorbereitung auf eine früher oder später erwartete Eheschließung mit einem Mann aus entsprechenden gesellschaftlichen Kreisen, die ihnen die Befreiung aus den sozialen Ritualen des Elternhauses versprach und eine angemessene Versorgung sicherte.

Vielen bürgerlichen Familien, insbesondere in Kreisen der Beamten, fiel es allerdings sehr schwer, mit den damals meist noch bescheidenen Gehältern jene standesgemäße Lebensführung aufrechtzuerhalten, wie sie im Berufsmilieu des Mannes erwartet wurde. Das Prinzip, daß die Gehälter der Diener des Staates so zu bemessen seien, daß eine auskömmliche Bezahlung gewährleistet sei, erwies sich in der Realität häufig als Fiktion. Vielfach wurde gerade in Beamtenfamilien angesichts des schmalen Einkommens des Familienvaters eine äußerst bescheidene Lebensführung erzwungen, obschon dies nach außen hin möglichst wenig in Erscheinung treten durfte. Dies ging in erster Linie auf Kosten der Hausfrau; sie sollte aus Wenigem viel machen und die Haushaltsausgaben auf das Notwendigste beschränken, ohne den Eindruck der Ärmlichkeit zu erwecken. Dementsprechend gab es auch in den gehobenen Schichten der Gesellschaft, zumal der unteren und mittleren Beamtenschaft, häufig eine versteckte Erwerbstätigkeit der Frauen, in der Regel in Form von Heimarbeit aller Art, die es erlaubte, das Familienbudget in meist bescheidener Weise aufzubessern, ohne den eigenen häuslichen Lebenskreis verlassen zu müssen. Denn die Verdienstmöglichkeiten, die unter solchen Voraussetzungen zu erlangen waren, zumeist mit Näh- oder Stickarbeiten, blieben äußerst begrenzt; die Vergütungen der Frauen waren danach bemessen, daß deren Lebensunterhalt von anderer Seite gewährleistet wurde und es sich nur um ein Zusatzeinkommen handelte.

In den Unterschichten hingegen war zusätzliche Erwerbstätigkeit der Frauen, die das Einkommen des Mannes aufzubessern bestimmt war, in der Regel in Form von Heimarbeit, ohnehin weit verbreitet. Während die vorindustriellen Formen der Heimarbeit in der zweiten Hälfte des 19. Jahrhunderts immer mehr zurückgingen, bildeten sich insbesondere im Bereich der Textil- und Bekleidungsindustrie sowie in der Tabakindustrie neue Formen der Heimarbeit aus, die ein beträchtliches Ausmaß erreichten. Denn hier war es ökonomisch rentabel, große Teile der Produktion unter Einschaltung von sogenannten Zwischenmeistern aus den Betrieben heraus zu verlagern und an Heimarbeiter oder Heimarbeiterinnen zu vergeben. Auf diese Weise konnten die Kapitalinvestitionen auf ein Mindestmaß beschränkt und die konjunkturellen Schwankungen größtenteils auf die Schultern der Arbeitskräfte verlagert werden. Es kam hinzu, daß die Nachfrage gerade in der Bekleidungsindustrie in besonderem Maße den Wechselfällen des modischen Geschmacks unterworfen war. Das hier vorhandene Überangebot von Arbeit nachfragenden Kräften erlaubte es, die Löhne auf ein Minimum zu reduzieren. Übrigens waren die Übergänge von der Fabrikarbeit zur Heimarbeit fließend; in vielen Fällen gingen Fabrikarbeiterinnen in der Textil- und Bekleidungsindustrie mit ihrer Heirat dazu über, für ihren bisherigen Arbeitgeber als Heimarbeiterin zu arbeiten. Dies gab den Frauen die Möglichkeit, weiterhin hinzuzuverdienen und sich gleichzeitig um Haushalt und Kinder kümmern zu können, freilich um den Preis einer enormen Doppelbelastung.

Nach den Angaben der amtlichen Statistik des Deutschen Reiches waren 1882 etwa 475.000 Personen als Heimarbeiter registriert, davon 209.000 Frauen; in der Folge verschob sich, bei einem geringfügigem Rückgang der Gesamtzahl der Heimarbeiter und Heimarbeiterinnen, das Geschlechterverhältnis drastisch zugunsten der Frauen. Mit anderen Worten, Heimarbeit wurde mehr und mehr zu einer Domäne der Frauen. Dabei dürfte der tatsächliche Umfang der Teilzeitbeschäftigung von Frauen in Form von Heimarbeit, in der Regel zu ausbeuterischen Lohnbedingungen, noch erheblich größer gewesen sein, da sie aus vielfältigen Gründen davor zurückschreckten, ihre kärglichen Zusatzverdienste gegenüber den Behörden oder ihrer Umgebung offenzulegen.

Weitaus der größte Teil der Heimarbeiterinnen war in der Textilindustrie beschäftigt. Vor allem die sich sprunghaft entwickelnde Konfektionsindustrie wurde zu einer Domäne der Beschäftigung von Heimarbeiterinnen. Dabei spielte die Einführung der Nähmaschine eine wesentliche Rolle. Sie erlaubte es, die Produktionsleistung einer Näherin um etwa das Zehnfache zu steigern und die Präzision der Arbeitsabläufe erheblich zu erhöhen. Dadurch wurde die Neigung der zahlreichen, oft kleinen Unternehmer der Konfektionsindustrie verstärkt, alle dafür geeigneten Arbeitsgänge außer Haus zu geben und lediglich die komplexeren Arbeitsgänge im eigenen Betrieb durchführen zu lassen. Für die Lohnnäherinnen bedeutete das nicht unbedingt eine Verbesserung ihrer Lebensverhältnisse; denn die Anschaffung einer Nähmaschine stellte für Arbeiterhaushalte eine hohe finanzielle Belastung dar. Der Erwerb auf Raten war vielfach ein Teufelskreis, weil die wöchentlich zu zahlende Rate durchschnittlich ein Fünftel der Arbeitsverdienste auffraß.

Die Verdienste der Heimarbeiterinnen lagen ohnehin außerordentlich niedrig; das Lohngefälle von Fabrikarbeit über die von Zwischenmeistern beaufsichtigte Werkstattarbeit zur Heimarbeit war beträchtlich. In den achtziger Jahren betrug der Lohn einer Fabrikarbeiterin in der Konfektionsbranche bei neuneinhalbstündiger Arbeitszeit durchschnittlich 10 Mark, in der Werkstatt eines Zwischenmeisters bei zehn- bis zehneinhalbstündiger Arbeitszeit 9 Mark, während Heimarbeiterinnen für die gleiche Leistung nur mit 5 Mark Entlohnung rechnen konnten. Geringfügig günstigere Verhältnisse bestanden in Berlin, das seit 1880 zu einem Zentrum der »großstädtischen Frauenhausindustrie« (Alfred Weber) geworden war. Aber auch hier lag der ortsübliche Wochenlohn eines Tagelöhners 1882 doppelt so hoch wie jener einer geübten Heimarbeiterin mit entsprechenden

Handfertigkeiten. Derartig niedrige Vergütungen konnten normalerweise den Lebensunterhalt der betreffenden Heimarbeiterinnen nicht decken. Inmitten eines sich rasch entfaltenden industriellen Systems mit tendenziell steigendem Lohnniveau entwickelten sich Inseln bitterer Not – ein Sachverhalt, der die Aufmerksamkeit zunächst des »Vereins für Socialpolitik«, wenig später auch des Reichstages auf sich ziehen sollte. Dabei kamen mehrere Faktoren zusammen: Zum einen wurden Verdienste aus Heimarbeit als zusätzliches Einkommen zum Familieneinkommen angesehen und daher von den zumeist männlichen Unternehmern niedriger bemessen, als es ansonsten üblich gewesen wäre; zum anderen konkurrierten zahllose Frauen in einer vergleichsweise äußerst schwachen Arbeitsmarktposition um diese Tätigkeiten; schließlich fehlte ihnen damals noch jegliche gewerkschaftliche Rückendeckung.

Am ärgsten waren unter den gegebenen Verhältnissen jene Frauen betroffen, die frühzeitig ihren Ehemann und Ernährer verloren hatten und sich und ihre Familie allein durchbringen mußten. Denn vor Einführung der Alters- und Invaliditätsversicherung gab es für die Hinterbliebenen von verstorbenen Arbeitern so gut wie keinerlei Versorgung. Auch die Unfallversicherung zahlte allenfalls minimale Beträge an die Witwen von Versicherten, die bei Betriebsunfällen zu Tode gekommen waren. Sie mußten sich auf kümmerlichste Weise durchschlagen, mit Gelegenheitsarbeiten der unterschiedlichsten Art: als Wäscherinnen, Putzfrauen und nicht selten als Näherinnen. Gerade für sie stellte die Anschaffung einer Nähmaschine, ohne die keine Arbeit zu finden war, häufig ein unüberwindliches Hindernis dar, und manche griffen zum äußersten Mittel einer Petition an den Monarchen. 1881 richtete beispielsweise eine dreiundfünfzigjährige Witwe, die sich seit dem Tode ihres Mannes als Wäschenäherin mühsam über Wasser hielt, das folgende Bittgesuch an Kaiser Wilhelm I.: »[...] weil ich mit der Nähnadel mein Brot verdienen muß weil ich keine andere Beschäftigung bekommen kann und da ich mir mit der Hand nicht das Essen verdienen kann und ich 6 Wochen rumgelaufen bin und sie mir fragen ob ich eine Nähmaschine habe und ich keine Habe denn da kann ich keine Arbeit bekommen und ich über all schon eingekommen bin wo ich gehört habe daß Witwen eine Maschine bekommen haben und sie mir zurückgeschrieben haben das soll ich auf Abzahlung nehmen und ich nicht die Mittel besitze denn ich kann mir nicht mal satt Essen so habe ich mir erlaubt die Bitte an Euer Majestät zu richten.« Es ist nicht bekannt, in wie vielen Fällen solche Petitionen positiv beschieden worden sind. Das zeitgenössische, zuweilen in dieser Art Eingaben auftauchende Argument, daß die Bittstellerinnen sonst der Armenpflege anheimfallen würden, entbehrte nicht der Grundlage und beeinflußte die Entscheidungen des Königlichen Civilkabinetts. Wir wissen heute, daß ungeachtet der Ende der achtziger Jahre einsetzenden Versorgungsleistungen der Sozialversicherung unter den weiterhin der Armenpflege zur Last fallenden Personen alleinstehende Witwen einen hohen Prozentsatz bildeten.

Es ist demgemäß festzuhalten, daß die Frauen von den nach wie vor bestehenden schweren sozialen Problemen in einem vergleichsweise höheren Maße betroffen wurden als die Männer. Nicht allein hinsichtlich der Freiheit der Lebensführung und der Verfügungsgewalt über materielle Güter, sondern auch der Zumutung von Entbehrung und Leiden waren die Lebenschancen der Geschlechter höchst ungleich verteilt. Außerdem lagen die Löhne für Frauen gemäß den Vorstellungen der Zeit auch bei gleicher Leistung durchweg um ein gutes Drittel niedriger als jene der Männer, zum einen, weil die Zeitgenossen davon ausgingen, daß die Männer im Regelfall für den Unterhalt einer Familie aufzukommen hätten, zum anderen, weil Frauenarbeit als minderwertiger angesehen wurde. Mehr noch: Nahezu ausnahmslos wurde den Frauen gar nicht erst der Zugang zu Berufen geöffnet, die höhere Verdienste und Aufstiegschancen versprachen; sie fanden sich abgedrängt in Dienstleistungs- und Pflegeberufe oder in Tätigkeiten, die in einer gewissen Beziehung zur häuslichen Tätigkeit standen und als typisch weiblich angesehen wurden. Es ist bezeichnend, daß die Verbände der Handlungsgehilfen das Vordringen von Frauen im Handel und in Angestelltenberufen des Dienstleistungssektors anfänglich erbittert bekämpft haben, weil sie dies als Verdrängung und noch dazu als lohndrückende Konkurrenz ansahen. Die Verkäuferinnen, so meinten sie, untergruben den Sozialstatus ihres Berufsstandes. Dadurch konnte die Ausweitung der Beschäftigung von Frauen im Dienstleistungssektor jedoch nicht auf Dauer aufgehalten werden.

Die Asymmetrie der Geschlechterrollen und die Anfänge der Frauenbewegung

Die bürgerliche Frauenbewegung setzte sich in ihren Anfängen vor allem das Ziel, die Emanzipation der Frauen im Wirtschaftsleben durchzusetzen, während die Forderung nach Gleichberechtigung in Gesellschaft und Staat auch von ihren Wortführerinnen als viel zu radikal und extrem feministisch angesehen und daher gar nicht erst erhoben wurde. Nicht Gleichheit der Geschlechter, sondern Gleichwertigkeit von weiblicher und männlicher Berufstätigkeit war ihre Parole. Bereits in dem Programm des 1865 begründeten »Allgemeinen Deutschen Frauenvereins« wurde »das Recht auf Arbeit« für alle Frauen in Anspruch genommen und gefordert, daß »alle der weiblichen Arbeit entgegenstehenden Hindernisse entfernt werden«.

Diese Beschränkung der Zielsetzungen der Frauenbewegung war unter den obwaltenden Umständen nur zu verständlich; denn die Einengung und Diskriminierung der weiblichen Berufsarbeit war bei Lage der Dinge die wichtigste Quelle für die Benachteiligung der Frauen gegenüber den Männern in der sich entfaltenden industriellen Gesellschaft. Sie ergab sich aus der besonderen Lage der jüngeren Frauen des gebildeten Bürgertums, denen vor der Ehe kaum die Möglichkeit einer respektablen öffentlichen Tätigkeit offenstand, die ihrem Bildungsstand und ihrem Selbstbewußtsein angemessen gewesen wäre. Im übrigen beeinträchtigte die nutzlose und unausgefüllte jahrelange Wartezeit der »höheren Töchter« vor der Ehe ohne jegliche sinnvolle Beschäftigung das Selbstwertgefühl der Frauen gegenüber dem männlichen Geschlecht und verstärkte die patriarchalischen Binnenstrukturen innerhalb der Familie. Gewiß gab es mancherlei Auswege aus dem untätigen Dasein der »höheren Töchter«, die mit der allgemeinen Erwartung harmonierten, daß das weibliche Geschlecht in der Gesellschaft eine vornehmlich dienende Rolle wahrzunehmen habe, und die deshalb als gesellschaftlich akzeptabel galten. Dazu gehörte vor allem karitative Betätigung. In gewissem Sinne stehen die patriotischen Frauenvereine, die sich schon 1866 und dann insbesondere im deutsch-französischen Krieg von 1870/71 der Pflege und Versorgung von verwundeten Soldaten und Invaliden annahmen, am Anfang der deutschen bürgerlichen Frauenbewegung. Ihre Tätigkeit hielt sich gänzlich im Rahmen des hergebrachten Erwartungsmusters hinsichtlich der Rolle der Frauen in der Gesellschaft und erfreute sich denn auch der Allerhöchsten Protektion bei Hofe. Auch auf dem Gebiet der Armenpflege bot sich ein reiches Feld für die Tätigkeit der Frauen. Sozialarbeit schien zum Frauenberuf prädestiniert zu sein; denn hier konnte das Prinzip der »geistigen Mütterlichkeit«, der Ausdehnung der Fürsorge und Pflege, die die Frau ihrer eigenen Familie angedeihen ließ, auf die Gesellschaft uneingeschränkt zum Zuge kommen. Viele junge Frauen des gebildeten Bürgertums empfanden, wie das Beispiel von Helene Lange zeigt, die Chance, auf sozialem Gebiet nützliche Arbeit zu verrichten und einen Beitrag zur Milderung der schroffen gesellschaftlichen Gegensätze zu tun, geradezu als einen Akt der Befreiung. So entstanden vielerorts lokale Vereinigungen mit sozialer Zielsetzung, beispielsweise für die Ausbildung von Krankenschwestern sowie für die Unterhaltung von Suppenküchen für die Verwahrlosten in den industriellen Zentren, Volksspeisehallen, Ausbildungsstätten für Kindergärtnerinnen, Kindergärten und Kinderhorte, Jugendheime und vieles andere. Die Bremerin Hedwig Heyl richtete, mit Unterstützung der Kronprinzessin (der späteren Kaiserin Friedrich) 1886 in Berlin Kurse zur besseren Haushaltsführung für junge Arbeiterinnen ein – eine Idee, die wenig später auch vom »Deutschen Verein für Armenpflege« aufgegriffen wurde. Doch erwiesen sich diese Bemühungen, die 1889 in Bremen zur Gründung eines »Vereins für Haushaltungsschulen« führten, am Ende als Fehlschlag. Die jungen, von Beruf und privater Haushaltsführung doppelt beanspruchten Arbeiterinnen nahmen diese Form patriarchalischer Fürsorge ebenso wenig an wie die Fortbildungskurse für Frauen aus den Unterschichten, welche der 1893 gegründete »Bund deutscher Frauenvereine« in den neunziger Jahren ins Leben rief.

Alle diese wohlgemeinten und teilweise eindrucksvollen Initiativen waren jedoch bestenfalls ein Tropfen auf den heißen Stein. Auf diese Weise konnte die Notlage der Unterschichten um so weniger wirksam bekämpft werden, als die aktive Mitwirkung der betroffenen Arbeiterinnen weithin ausblieb. Im übrigen bestanden hinsichtlich der Mitwirkung der Frauen an der Sozialarbeit der kommunalen Wohlfahrtseinrichtungen bezeichnenderweise anfänglich erhebliche Reserven. Es wurde zunächst für undenkbar gehalten, daß Frauen in der öffentlichen Wohlfahrtspflege zu Armenpflegern bestellt werden könnten, unter anderem deshalb, weil man sie für zu weichherzig und nachgiebig hielt; allenfalls als Helferinnen waren sie willkommen. Erst nach 1890 entfaltete sich das soziale Engagement der Frauenbewegung auf breiter Front, und erst jetzt wurden Frauen in größerer Zahl in der kommunalen Armenpflege beschäftigt, obschon weiterhin in untergeordneten und unbezahlten Funktionen.

Die Emanzipation der Frauen, sei es im gesellschaftlichen oder im politischen Raum, war auf diesem Weg nicht zu erreichen. Die frühen Ansätze des Kampfes für die vollständige politische, rechtliche und gesellschaftliche Gleichstellung der Frau, wie sie in der Revolution von 1848/49 erstmals zutage getreten waren, versandeten bereits in den sechziger Jahren nahezu völlig und gerieten nach der Reichsgründung fast gänzlich in Vergessenheit. Auch der »Allgemeine Deutsche Frauenverein« unter der Führung der erstmaligen Vorkämpferin für die Revolution, Luise Otto-Peters, der seit seiner Gründung im Jahr 1865 eine eher kärgliche Entwicklung genommen hatte, vermied es sorgfältig, sich mit feministischen Positionen zu identifizieren. Er setzte vielmehr auf die Gewährung der Gleichberechtigung der Frauen, bei grundsätzlicher Anerkennung der Unterschiedlichkeit der Geschlechterrollen. Auch hier wurde das Prinzip, daß die Lebenserfüllung der Frau grundsätzlich in Ehe, Familie und Kindererziehung liege, uneingeschränkt akzeptiert und die Prädominanz der Männerwelt nicht wirklich in Frage gestellt; vielmehr wurde lediglich die Anerkennung der kompensatorischen Funktion des weiblichen Geschlechts in der industriellen Gesellschaft eingefordert. Allein durch die Wirksamkeit der Frauen könne in der Gesellschaft ein höheres Maß an Sittlichkeit erreicht, könnten die bestehenden sozialen Beziehungen der Menschheit mit der weiblichen Disposition zu »Begeisterung«, »Aufopferung« und »Hingebung« durchdrungen und auf ein höheres sittliches Niveau gehoben werden. Dies schloß allerdings ein, daß den Frauen ein Recht auf die volle Entfaltung ihrer geistigen und sittlichen Persönlichkeit zugestanden werden müsse, statt sie, wie bislang, mit einem Minimum an schulischer Bildung abzuspeisen.

Angesichts der bestehenden Verhältnisse stand die Misere der unverheirateten Frauen im Zentrum der Erwägungen der frühen bürgerlichen Frauenbewegung. Sie betrachtete es als ihre vornehmliche Aufgabe, die Minderberechtigung der Frauen im beruflichen Bereich zu überwinden und ihnen angemessene Chancen für den Erwerb von Bildung zu erkämpfen, gemäß dem liberalen Prinzip, welches gesellschaftliche Emanzipation durch den Erwerb von Bildung verhieß. Bislang standen den Frauen, besonders jenen, die unverheiratet waren, so gut wie keine gesellschaftlich respektablen Berufe offen. Ihre einzige Chance, dem bedrückenden Müßiggang und der Unselbständigkeit ihrer Existenz im gutbürgerlichen Elternhause zu entgehen, ohne sozial abzusteigen, bestand, sofern sie nicht den begehrten, aber raren Posten einer Hausdame in einem begüterten aristokratischen oder großbürgerlichen Hause zu erlangen vermochten, darin, den Lehrerinnenberuf zu ergreifen, obschon dies potentiell den Verzicht auf eine künftige Heirat bedeutete.

Die bürgerliche Frauenbewegung fand in ihren Bemühungen um eine Ausweitung des Berufsfeldes vornehmlich für Frauen aus dem Bildungsbürgertum partiell Unterstützung bei einem Teil der liberalen Bewegung. Schon 1866 war, unter maßgeblicher Beteiligung von Adolf Lette, in Berlin ein »Verein zur Förderung der Erwerbsfähigkeit des weiblichen Geschlechts« gegründet worden, aus dem in der Folge zahlreiche »Lette-Vereine«, wie sie bald allgemein genannt wurden, hervorgingen, die sich um die Förderung der Frauenarbeit bemühten. Die Frauenerwerbsvereine standen, obschon deren Arbeit schon bald in weiblicher Hand lag, unter männlicher Führung, und sie wollten mit dem Postulat der politischen Gleichberechtigung der Frauen nicht das Geringste zu tun haben. Bereits ganz am Anfang hatte Adolf Lette dies klipp und klar zum Ausdruck gebracht: »Was wir nicht wollen und niemals, auch nicht in noch so fernen Jahrhunderten wünschen und bezwecken, ist die politische Emanzipation und Gleichberechtigung der Frauen.« Gleichwohl bewirkten die Lette-Vereine unter den damaligen Bedingungen manches Gute: Sie halfen, die Barrieren abzubauen, die einer beruflichen Tätigkeit der Frauen im Weg standen, und setzten sich für die Behebung der gröbsten sozialen Mißstände hinsichtlich der Beschäftigung von Arbeiterinnen ein.

Von der Sozialdemokratie konnte die bürgerliche Frauenbewegung hingegen anfänglich nur wenig Unterstützung erhoffen. Die große Mehrheit der Sozialdemokraten teilte die Vorstellungen vom wesentlichen Vorrang der Männer in der industriellen Gesellschaft. Karl Marx hatte gemeint, daß die Emanzipation der Frau nur erreichbar sei, wenn die bürgerliche Familie durch das galvanische Bad der industriellen Gesellschaft, das die uneingeschränkte Berufstätigkeit der Frau einschließe, hindurchgegangen sei. Ungeachtet dessen lehnten die Sozialdemokraten die Frauenarbeit in der Industrie, in der sie vor allem ein Mittel zur Senkung der Löhne sahen, auf breiter Front ab. Und selbst die demokratische Forderung nach Gewährung des Wahlrechts für die Frauen war nicht unumstritten; nur in indirekter Form fand sie schließlich Eingang in das sozialdemokratische »Gothaer Einigungsprogramm« von 1875. Noch weniger war von den Gewerkschaften zu erwarten. Sie bekämpften fast durchweg die Frauenarbeit in Industrie und Gewerbe, weil sie darin ein Mittel der Unternehmer sahen, die Löhne zu drücken.

Demgemäß gediehen die Ansätze zur Ausbildung einer sozialdemokratischen Frauenbewegung nicht sonderlich weit. Eine von Gertrud Guillaume-Schack 1884 in Offenbach gegründete »Central-Krankenkasse für Frauen und Mädchen« blieb weitgehend ohne Nachfolge, und die Bemühungen, Ende der achtziger Jahre in Berlin eine Gewerkschaft für die Arbeiterinnen vor allem der Konfektionsindustrie zu gründen, blieben aufgrund interner Streitigkeiten in Ansätzen stecken. Einstweilen war die sozialdemokratische Frauenbewegung wenig mehr als eine flankierende Unterstützung der weiterhin nahezu ausschließlich von Männern geführten Sozialdemokratischen Partei, die trotz August Bebels bekanntem Buch »Die Frau und der Sozialismus« dem Gedanken der Frauenemanzipation – auch hierin ein getreues, wenngleich spiegelbildliches Abbild der bestehenden halbautoritären Gesellschaftsordnung – wenig abzugewinnen vermochte.

Der einzige Bereich, in dem die Frauenbewegung in den achtziger Jahren wirklich Terrain zu gewinnen vermochte, war die Erziehung und Ausbildung des weiblichen Geschlechts. Schrittweise gelang es, die Öffentlichkeit an den Gedanken zu gewöhnen, daß Frauen ebenfalls eine angemessene Schulbildung erhalten müßten und ihnen die Möglichkeit eines Universitätsstudiums eröffnet werden sollte. »Der Kampf um die höhere Frauenbildung«, wie dies Gertrud Bäumer im Rückblick genannt hat, erwies sich freilich als ein mühsames und zähes Unterfangen. Es bedurfte mehrerer Jahrzehnte, um die Kommunalverwaltungen und die Staatsbehörden von der Notwendigkeit der Errichtung öffentlicher höherer Mädchenschulen zu überzeugen. Auch dann noch blieb die Vorrangstellung der männlichen Lehrer ungebrochen bestehen. Nur in den humanistischen Fächern gelang es, den Lehrerinnen einen festen Platz im Unterricht an den Mädchengymnasien zu sichern. 1887 wurde in einer späterhin berühmt gewordenen Eingabe an das preußische Unterrichtsministerium und das Abgeordnetenhaus, die von Helene Lange verfaßt worden war, erstmals die Forderung nach völliger Gleichberechtigung der Lehrerinnen im Unterricht an den höheren Mädchenschulen auch in der Oberstufe öffentlich erhoben. Doch dies sollte vorerst Zukunftsmusik bleiben. Noch befand sich die Schule fest unter männlicher Kontrolle, wenngleich Lehrerinnen mittlerweile einen wachsenden Anteil des Unterrichts geben durften. Zwar begründete Helene Lange 1889 in Berlin »Realkurse für Frauen«, die als ein Äquivalent für das für den Hochschulzugang qualifizierende Abitur gedacht waren, doch der Zugang zur Universität blieb den Frauen weiterhin versperrt, obwohl die Zeichen der Zeit auf eine schrittweise Lockerung der bestehenden Barrieren hindeuteten.

Im öffentlichen Bereich hingegen blieb die Dominanz der Männer durchweg unangefochten. Die Gleichberechtigung der Frauen auf politischem Feld wurde von keiner Seite entschieden eingefordert. Auch dort, wo die Parteien an die aktive Mithilfe der Frauen zur Durchsetzung ihrer politischen Ziele appellierten, wie in der Sozialdemokratie und im politischen Katholizismus, war es im Grunde unbestritten, daß Politik in allem Wesentlichen eine Sache der Männer sei und die Frauen ins zweite Glied zu treten hätten. Der Aufruf »An die Katholiken Deutschlands«, den der »Verein deutscher Katholiken« auf dem Höhepunkt des Kulturkampfes an die »Katholiken Deutschlands« richtete, forderte selbstredend lediglich »alle katholischen Männer Deutschlands, denen die Freiheit der Kirche nicht minder als die Wohlfahrt des Vaterlandes am Herzen liegt«, zum Beitritt auf; von den katholischen Frauen war nicht die Rede. Die Gewährung des Wahlrechts an die Frauen war kein Thema, zumal der Kampf für das allgemeine, gleiche, geheime und direkte Wahlrecht in den Bundesstaaten andauerte und Erfolge vorerst keinesfalls zu erwarten standen. An der Monopolstellung der Männer im öffentlichen Leben, insbesondere im politischen System änderte sich einstweilen nichts.

Dies kann nicht überraschen; denn die politische Kultur im Kaiserreich war ausschließlich von Männern geprägt. »Männlichkeit« war einer der zentralen Leitwerte politisch-sozialen Verhaltens. Selbst Max Weber, der über seine Frau Marianne der Frauenbewegung nahestand, kannte nichts Verwerflicheres als »unmännliches« Verhalten in kritischen Situationen. »Männlichkeit« war mit »Würde« und sozialem Status eng verzahnt, und dies kam auch in den Ritualen der Lebensführung des Bürgertums ebenso wie der Aristokratie zum Ausdruck. Das Duell hatte, wie Ute Frevert gezeigt hat, schon länger seinen Charakter als eine ausgeprägt aristokratische Form der Austragung von persönlichen Konflikten verloren. Im Gegenteil, es war zu einer verbürgerlichten Form der Wahrung eines »martialisch definierten Begriffs sozialer Ehre« abgesunken. Es war keineswegs in erster Linie das Offizierskorps, welches an dem, inzwischen freilich halbherzig strafrechtlich verfolgten Ritual des Duells festhielt, sondern mehr noch das Großbürgertum, welches auf diese Weise seine Ebenbürtigkeit gegenüber der Aristokratie unter Beweis zu stellen suchte. Und es ist von mehr als symbolischer Bedeutung, daß die große Mehrzahl der Duelle, die tatsächlich zum Austrag kamen, dazu bestimmt waren, die angeblich oder tatsächlich durch Ehebruch erfolgte Verletzung der bürgerlichen Ehre eines Mannes zu sühnen. Der Frau hingegen wurde jede Möglichkeit zur Wiederherstellung ihrer Ehre genommen; vielmehr wurde sie der gesellschaftlichen Ächtung preisgegeben. In mancher Hinsicht war das Duell geradezu ein »Bollwerk gegen die schleichende ›Feminisierung‹ der Gesellschaft, die sich im öffentlichen Leben, aber auch in der Welt von Technik und Industrie immer deutlicher abzuzeichnen begann« (Ute Frevert).

In den gleichen Zusammenhang gehören die Männlichkeitsrituale des studentischen Mensurwesens, die ebenfalls den Eintritt in die »satisfaktionsfähige Gesellschaft« signalisierten. Es paßt dazu, daß die studentischen Korporationen reine Männergesellschaften waren und Frauen nur bei geselligen Veranstaltungen zugelassen wurden, gleichsam als Objekte, nicht als Subjekte gesellschaftlichen Umgangs der Geschlechter miteinander. Die Mitgliedschaft in einem Korps oder in einer der schlagenden Verbindungen diente zur Knüpfung jener gesellschaftlichen Beziehungen, die dem Einzelnen in seinem künftigen Berufsleben raschen Aufstieg und erfolgversprechende professionelle oder geschäftliche Verbindungen zu vermitteln versprachen. In gewissem Sinne handelte es sich, wie Max Weber später bitter kritisiert hat, um Symptome einer Feudalisierung des Bürgertums, bei dem die klassischen bürgerlichen Tugenden – nämlich das Leistungsprinzip und eine nur der Sache verpflichtete rationale Lebensführung – auf der Strecke zu bleiben drohten.

In denselben Zusammenhang gehört auch das Reserveoffizierswesen. Der Besitz eines Reserveoffizierspatents galt ebenfalls als Ausweis von »Männlichkeit« und zugleich von gesellschaftlicher Auserwähltheit. Zwar handelte es sich nur um ein Surrogat, denn ein gehobenes gesellschaftliches Ansehen genossen eigentlich nur die Offiziere der Garderegimenter und einige wenige ihnen an Rang nur wenig nachstehende Eliteregimenter. Diese rekrutierten ihren eigenen Offiziersnachwuchs aufgrund von rigiden gesellschaftlichen Kriterien, dabei auf soziale Exklusivität bedacht; Juden zum Beispiel hatten normalerweise keine Chance, zu Offizieren gewählt zu werden. Außerdem wurde streng auf standesgemäße Heiratsverbindungen geachtet, wiewohl Affären mit Frauen der unteren Stände als ganz in der Ordnung befunden wurden. Verglichen damit war der soziale Status eines Reserveoffiziers eine zweitrangige Angelegenheit. Aber gleichwohl genoß das Bürgertum das Derivat des gesellschaftlichen Glanzes und der, wie später die Affäre des Hauptmanns von Köpenick zeigen sollte, vielfach nur geborgten, persönlichen Autorität, welche die Zugehörigkeit zum preußisch-deutschen Offizierskorps in der Öffentlichkeit vermittelte.

All dies beruhte darauf, daß das Militär und insbesondere das Offizierskorps im Kaiserreich nach wie vor einen privilegierten gesellschaftlichen Status innehatte, der vor allem in dem besonderen Verhältnis des Offizierskorps zur Krone und dessen, vor Einflußnahme von seiten der »zivilen« Behörden und dem Reichstag sorgfältig abgeschirmten, persönlichem Verhältnis zum Monarchen zum Ausdruck kam. Das militärische Gepränge, mit dem alle bedeutenderen politischen Ereignisse im Kaiserreich gefeiert wurden, und der martialische Habitus im politischen Alltagsbetrieb erinnerten jedermann beständig an die Rangordnung der Werte in der politischen Kultur des Deutschen Reiches. Es war charakteristisch, daß Bismarck bei wichtigeren Anlässen als Reichskanzler in der Uniform eines Kürassieroffiziers vor den Reichstag zu treten pflegte und nicht in dem seinem Amte eigentlich angemessenen Zivil. Die militärische Fassade, hinter der die Führungsschichten des Deutschen Reichs agierten, eignete sich nur zu gut dazu, die halbautoritären Herrschaftsstrukturen abzustützen, die ihnen eine Vorrangstellung in Gesellschaft und Staat sicherten.

Dies alles trug indirekt dazu bei, das asymmetrische Verhältnis der Geschlechter weiter zu verfestigen. Andererseits erforderte das industrielle System mit zunehmender Entfaltung die formalrechtliche Gleichstellung der Geschlechter innerhalb des Wirtschaftslebens. Dies konnte auf die Dauer nicht ohne Folgen für das Verhältnis der Geschlechterrollen bleiben. Ebenso blieben die demokratischen Strömungen, welche die deutsche Gesellschaft erfaßt hatten, obschon sie auf den Kommandohöhen immer noch von den alten Eliten beherrscht wurde, unterschwellig nicht ohne Einfluß auf die Stellung der Frau in der Gesellschaft. Das Prinzip der patriarchalischen Unterordnung der Frau unter den Ehemann und Hausvater innerhalb der Familie geriet am Ende ebenso unter Druck wie die Diskriminierung der Frauen im Berufsleben und im Bildungssystem. Ebensowenig ließ sich die rechtliche Unterprivilegierung der Frauen im bisherigen Umfang aufrechterhalten. Die Entwürfe des neuen »Bürgerlichen Gesetzbuches«, die 1888 erstmals der Öffentlichkeit vorgelegt wurden, trugen dieser Sachlage bereits zu Teilen Rechnung. Die Frau wurde nunmehr jedenfalls im Prinzip als eigenständige Rechtspersönlichkeit behandelt, auch wenn im Familienrecht dem Ehemann weiterhin erhebliche Vorrechte eingeräumt wurden. Der Weg bis zu einer wirklichen Gleichstellung der Frau in Gesellschaft und Staat war gleichwohl noch weit. Es bedurfte noch erheblicher Kämpfe der Frauenbewegung, um im Verhältnis der Geschlechter wenigstens jenen Stand durchzusetzen, welcher in der Mehrzahl der anderen europäischen Gesellschaften bereits erreicht worden war.

Die Ära der Vorherrschaft des nationalen Liberalismus (1871–1879)

Die Verfassung des Deutschen Reiches als »System umgangener Entscheidungen«

Bismarck hatte bereits während der Verhandlungen mit den süddeutschen Regierungen über einen Beitritt zum Norddeutschen Bund im Dezember 1870 jeden Gedanken an eine grundlegende Umgestaltung der Verfassung des Norddeutschen Bundes entschieden zurückgewiesen und alle Alternativvorschläge von vornherein niedergekämpft. Die in der Umgebung des Kronprinzen und bei einem Teil der deutschen Fürsten durchaus populäre Idee, nun zu einem Verfassungssystem nach englischem Muster mit einem überwiegend aristokratischen Oberhaus überzugehen, in dem die Spitzen der deutschen Hocharistokratie einschließlich der Standesherren vertreten sein sollten, wurde ebenso abgelehnt wie die liberalen Forderungen nach einer Fortentwicklung der Reichsverfassung in entschieden parlamentarischem Sinne, einschließlich der Einführung verantwortlicher Reichsministerien.

Die Tendenzen in dieser Richtung waren immerhin stark genug, um Heinrich von Treitschke als Wortführer jenes Flügels der Liberalen, die bedingungslos ins Lager des Kanzlers übergewechselt waren, in den einflußreichen »Preußischen Jahrbüchern« zu einer wortgewaltigen Verteidigung des bestehenden halbkonstitutionellen Systems zu veranlassen. Aber unter dem Druck der Umstände gelang es Bismarck mühelos, die Nationalliberalen in der Verfassungsfrage zu weitgehendem Stillhalten zu veranlassen, mit dem Argument, daß sonst der Beitritt der süddeutschen Staaten, insbesondere des renitenten Bayern, noch mehr erschwert würde. Von dem Zusammentritt einer nationalen Konstituante, die über eine neue Verfassung für ganz Deutschland beraten haben würde, wie man sich dies wohl hätte vorstellen können, war allenfalls bei einem winzigen Grüppchen einflußloser linksliberaler Politiker die Rede. Vielmehr war das Deutsche Reich, ganz im Sinne der Strategie Bismarcks, in erster Linie als eine dynastische Gründung zustande gekommen, während die politischen Parteien in die Rolle von Sekundanten verwiesen worden waren.

Die Wahlen zum ersten deutschen Reichstag am 3. März 1871 brachten aus Bismarcks Sicht ein auf den ersten Blick befriedigendes Ergebnis. Schon in den Wahlen zur Zweiten Badischen Kammer und zum preußischen Abgeordnetenhaus hatte die Nationalliberale Partei große Gewinne auf sich ziehen können; dem stand gegenüber, daß sich die Position des großdeutsch-katholischen Lagers konsolidiert hatte, ungeachtet der Zeitströmungen, die unter dem Eindruck des glanzvollen Sieges der deutschen Armeen über das gefürchtete Frankreich und der erfolgreichen Reichseinigung standen. Die Reichstagswahlen brachten den erwarteten großen Sieg der liberalen Parteien, vor allem der Nationalliberalen. Mit 28,5 Prozent der Wählerstimmen und 125 Mandaten wurden sie die stärkste Partei im neuen Reichstag; zusammen mit den Altliberalen, die es auf 6,6 Prozent der Wählerstimmen und 30 Mandate brachten, sowie der Fortschrittspartei, die von ihrer einst stolzen Höhe während des preußischen Verfassungskonflikts auf 8,3 Prozent der Wählerstimmen und 46 Mandate zurückgefallen war, verfügten sie über insgesamt 201 von insgesamt 382 – späterhin 397 – Mandaten, also über eine eindeutige Mehrheit, die durch die Eigenart des Systems der absoluten Mehrheitswahl, welches für den Fall, daß im ersten Wahlgang kein Kandidat 50 Prozent der abgegebenen Stimmen auf sich vereinigte, eine Stichwahl zwischen den beiden zweitstärksten Kandidaten vorsah, gegenüber dem numerischen Stimmergebnis um einiges verstärkt wurde.

Die Ergebnisse der Wahlen zum deutschen Reichstag
vom 3. März 1871

	Stimmen in Prozent	Mandate
Deutschkonservative	13,3	57
Freikonservative	8,4	37
Altliberale	6,6	30
Nationalliberale	28,5	125
Fortschrittspartei	8,3	46
Deutsche Volkspartei	0,5	1
Zentrum	17,0	61
Welfen	2,1	9
Sozialdemokraten	3,0	2
Polen	4,3	13
Dänen	0,4	1
Sonstige	1,9	–

Die große Sensation war das überraschend gute Abschneiden der Zentrumspartei, die mit 17 Prozent der Wählerstimmen und 61 Mandaten, selbst die Deutschkonservativen überholend, zur zweitstärksten Partei im Reichstag aufstieg. Nicht die beiden konservativen Parteien, die Deutschkonservative Partei mit 13,3 Prozent der Wählerstimmen und 57 Mandaten und die gouvernementale Freikonservative Partei mit 8,4 Prozent der Wählerstimmen und 37 Mandaten, sondern die Zentrumspartei erwies sich als der stärkste Gegner der Nationalliberalen. Empfindliche Verluste in einzelnen Wahlkreisen mit überwiegend katholischer Bevölkerung wie in Mainz, wo Ludwig Bamberger um ein Haar sein Mandat verloren hätte, der Stadt Düsseldorf oder der Rheinprovinz lösten im nationalliberalen

Lager erhebliche Irritation aus. Ein Trost war, daß die großdeutsch ausgerichtete Deutsche Volkspartei nahezu erfolglos geblieben war und auch die Welfen mit 2,1 Prozent der Wählerstimmen und 9 Mandaten nicht ins Gewicht fielen, desgleichen auch die Sozialdemokraten, die vielfach sogar an die Zentrumspartei Stimmen hatten abgeben müssen und mit 3 Prozent der Wählerstimmen und 2 Mandaten an abgeschlagener Stelle figurierten. Nur begrenzte Bedeutung kam den nationalen Minoritäten zu, den Dänen in Nordschleswig, dessen Zugehörigkeit zum Deutschen Reich damals noch durch ein Plebiszit sanktioniert werden sollte, das aber nie stattgefunden hat, und der polnischen Volksgruppe in den ostelbischen Gebieten Preußens.

Am 21. März 1871 wurde der deutsche Reichstag im festlich geschmückten Weißen Saal des Berliner Schlosses mit einer Thronrede Wilhelms I. feierlich eröffnet, in Anwesenheit einer großen Zahl von Würdenträgern, die jene der Abgeordneten bei weitem übertraf, unter ihnen eine Reihe deutscher Fürsten, der kaiserliche Hofstaat, zahlreiche ranghohe Militärs mit dem Grafen Moltke an der Spitze, die Vertreter des Bundesrates und das ganze preußische Kabinett. Die Einheit der Nation in allen ihren Gliedern schien nun auch äußerlich vor aller Welt demonstriert zu sein. Zugleich aber wurde das Übergewicht der Monarchie und der traditionellen Faktoren innerhalb des Verfassungssystems anschaulich vor Augen geführt.

Eine Passage der Thronrede, in der es hieß, daß Deutschland die »Achtung«, die es für seine eigene Selbständigkeit in Anspruch nehme, »bereitwillig der Unabhängigkeit aller anderen Staaten und Völker, der schwachen wie der starken« zolle, gab indessen sogleich Anlaß zu einem ersten schweren Zusammenstoß zwischen den Parteien, der seine Schatten vorauswarf. In der Dankadresse an den Kaiser, die die Mehrheit der Reichstagsparteien unter maßgeblicher Beteiligung der Nationalliberalen im Anschluß an die Thronrede entwarf, wurde an diese Formulierung direkt angeknüpft, ganz deutlich in der Absicht, der Forderung von katholischer Seite entgegenzutreten, daß das Deutsche Reich sich für die Wiederherstellung der weltlichen Macht des Papstes, welche Italien nach Abzug der französischen Garnison im Vatikan für beendet erklärt hatte, einsetzen möge. Derartige Interventionen in die inneren Angelegenheiten dritter Staaten dürfe das Deutsche Reich grundsätzlich nicht unternehmen. Gegen diese apodiktische Zurückweisung selbst der bloßen Möglichkeit einer Intervention zugunsten des Papstes wandte sich August Reichensperger in der Debatte für die Zentrumspartei in leidenschaftlichen Worten; er wollte eine eventuelle Intervention zugunsten des Papsttums zumindest nicht ausdrücklich ausgeschlossen wissen. Der Vorstoß der Zentrumspartei in dieser Sache kam einigermaßen überraschend. Allerdings hatte die Frage der Wahrung der weltlichen Autorität des Papstes in der politischen Agitation der katholischen Klubs und Vereine, der der beachtliche Wahlsieg der Zentrumspartei in den katholischen Regionen zu einem guten Teil zu verdanken war, eine erhebliche Rolle gespielt. Die Führung der Zentrumspartei hielt es für wichtig, die eigenen Parteigänger in dieser Frage nicht einfach im Stich zu lassen, obschon die parlamentarische Situation für ein Plädoyer zugunsten der weltlichen Herrschaft des Papsttums höchst ungünstig war. In der Tat witterten die Nationalliberalen eine günstige Gelegenheit, die verhaßte Zentrumspartei voll ins Messer laufen zu lassen.

Rudolf von Bennigsen verwahrte sich in einer großen Rede gegen jedwede Auslegung des Kaisertums im Sinne mittelalterlicher Universalherrschaftsansprüche, aufgrund derer eine Intervention des Reiches in Italien allenfalls eine Rechtfertigung hätte erfahren können, und betonte demgegenüber den neudeutsch-protestantischen Charakter des Kaisertums: »An den Namen von Kaiser und Reich knüpfen sich nicht bloß Erinnerungen so mancher Kriege Deutschlands mit seinen Nachbarn [...], es knüpfen sich vor allem an den Namen von Kaiser und Reich die großen und verhängnisvollen Kämpfe, welche die deutschen Kaiser, nicht als Könige von Deutschland, sondern als Kaiser mit den Rechten und Ansprüchen, die den Nachfolgern der römischen Imperatoren beizuwohnen schienen, mit der römischen Kirche, mit dem Lande Italien geführt haben. Unsre Aufgabe wird es sein, von vornherein darüber bei unserm eignen Volke keinen Zweifel zu lassen, daß die ganz überwiegende [...] Mehrheit seiner Vertreter in voller Uebereinstimmung mit der Kaiserlichen Regierung weit entfernt ist, in diese alten, falschen Bahnen deutsch-italienischer und kirchlicher Politik wieder einzulenken.« Bismarck seinerseits empfand den Vorstoß des Zentrums als einen ganz unangemessenen Eingriff in die dem Kaiser und seinem Kanzler vorbehaltene Sphäre der Auswärtigen Politik. Unter solchen Umständen handelte sich die Zentrumspartei in der sogenannten Adressdebatte Ende März 1871 eine folgenschwere Niederlage ein, die sie in die politische Isolierung trieb und ihre Chancen, in den nachfolgenden Verhandlungen über die Reichsverfassung ihre eigenen Auffassungen wirkungsvoll zur Geltung zu bringen, in verhängnisvoller Weise beeinträchtigte. Dem Zentrum wurde von nationalliberaler Seite mangelnde nationale Gesinnung und Rom-Hörigkeit vorgeworfen – ein erster Auftakt der kommenden Kämpfe um die Gleichberechtigung der katholischen Minderheit im Deutschen Reich.

Die erste Aufgabe des Reichstages bestand in der Beschlußfassung über die neue Reichsverfassung, die bislang nur die Form eines Bündels von Ergänzungen und Modifikationen der Verfassung des Norddeutschen Bundes, vornehmlich aufgrund der Dezemberverträge mit den süddeutschen Staaten, besaß. Angesichts der bestehenden politischen Konstellation verbot es sich von vornherein, nun eine grundlegende Neugestaltung der Verfassung anzustreben. Vielmehr unterwarfen sich die Nationalliberalen Bismarcks Forderung, daß materielle Änderungen der Verfassung gleichviel welcher Art nicht in Frage kämen, weil diese das mühsam erreichte Gleichgewicht zwischen den einzelnen Verfassungsfaktoren wieder in

Gefahr bringen würden. Es ging demnach im wesentlichen um eine redaktionelle Anpassung der Verfassung des Norddeutschen Bundes an die inzwischen veränderte Lage. Eduard Lasker machte sich in den Reichstagsverhandlungen denn auch diesen Standpunkt im Namen der nationalliberalen Fraktion ausdrücklich zu eigen, wenn er, mit dem Beifall Bismarcks, erklärte, daß dies nicht der Zeitpunkt für weitgreifende verfassungspolitische Reformen sei; die Nation bedürfe »nach langen inneren und äußeren Kämpfen eines Ruhepunktes«. Die Nationalliberalen würden sich deshalb auf keine materielle Änderung der Verfassung einlassen.

Unter diesen Umständen stießen die Vertreter der Zentrumspartei mit ihrem Begehren, die Grundrechte der preußischen Verfassung, namentlich die Bestimmungen über das Verhältnis von Staat und Kirche, in die Reichsverfassung aufzunehmen, von vornherein auf scharfen Widerstand, obschon sie damit im Grunde nur alte liberale Forderungen aufgriffen. Nach den Vorstellungen des Zentrums sollten nach Artikel 1 der Verfassung sechs neue Artikel eingefügt werden, in denen die Grundrechte der freien Meinungsäußerung in Wort und Schrift, Versammlungs-, Vereinigungs- und Glaubensfreiheit sowie das Recht der evangelischen und der katholischen Kirche auf selbständige Ordnung und Verwaltung ihrer Angelegenheiten in aller Form verfassungsrechtlich garantiert würden. Auch die Verfassung von 1849 hatte einen ausführlichen Grundrechtskatalog enthalten, und die Grundrechte der preußischen Verfassung gingen in ihrer Substanz auf diese zurück. Darüber hinaus konnten sich die Vertreter der Zentrumspartei auf das Präzedens des Antrags von Moritz Wiggers im Norddeutschen Reichstag vom Jahr 1869 stützen, in dem aus Anlaß der fortdauernden rechtlichen Benachteiligung der Juden in Mecklenburg von seiten des Norddeutschen Bundes festgelegt worden war, daß »alle noch bestehenden, aus der Verschiedenheit des religiösen Bekenntnisses hergeleiteten Beschränkungen der bürgerlichen und staatsbürgerlichen Rechte« aufgehoben seien. Doch selbst bei den Linksliberalen, die grundsätzlich für eine Fortentwicklung der Verfassung im demokratischen Sinne eintraten, fand das Zentrum mit diesen Vorschlägen keinerlei Gegenliebe. Aus Bismarcks Sicht war dergleichen ohnehin nicht akzeptabel, nicht so sehr wegen des materiellen Inhalts der vorgeschlagenen Ergänzungen, als vielmehr weil dadurch die Rolle des Parlaments innerhalb des Verfassungsgefüges eine nicht unerhebliche Aufwertung erfahren haben würde.

Ebensowenig Erfolg war der polnischen Reichstagsfraktion mit ihrem Protest beschieden, der sich dagegen richtete, daß die unter preußischer Herrschaft stehenden polnischen Landesteile, die nie dem Deutschen Bund angehört hatten und deren nationale Sonderstellung in der Wiener Schlußakte feierlich verbrieft worden war, nunmehr dem Deutschen Reich eingegliedert werden sollten. Bei Lage der Dinge bestand freilich für die polnische Fraktion keinerlei Aussicht, mit einem solchen Vorschlag durchzudringen; mehr als eine grundsätzliche Verwahrung, in der Hoffnung auf bessere Zeiten, war nicht zu erreichen. Bismarck bestritt den polnischen Vertretern das Recht, überhaupt für die polnische Bevölkerung in den ostelbischen Provinzen Preußens zu sprechen; sie seien ausschließlich Vertreter klerikaler Sonderinteressen. Schließlich hätten die preußischen Polen ebenso für die Reichseinigung gestritten wie alle anderen Preußen. Im übrigen hätte sich die polnische Bevölkerung Preußens »für die Segnungen der preußischen Cultur gerade so dankbar, wie die Bewohner Schlesiens und anderer Provinzen« gezeigt. Wenn Bismarck den preußischen Polen schlankweg die Qualität abstritt, Angehörige einer anderen Nation zu sein, so befand er sich in diesem Punkt in Übereinstimmung mit der großen Mehrheit der Parteien des Reichstages. So konnten die Polen nur die Stimmen der beiden Sozialdemokraten für ihr Begehren gewinnen.

Die Verfassungsberatungen des Reichstages beschränkten sich somit auf die durch die veränderte Lage erforderlich gewordenen Anpassungen der Verfassung des Norddeutschen Bundes an die neue Situation. Aber selbst in dieser Hinsicht drängte Bismarck darauf, nur das absolut notwendige Minimum von Modifikationen vorzunehmen. Er war nach Kräften bemüht, dafür zu sorgen, daß auch der Ursprung des Reiches als eines föderativen Zusammenschlusses der Bundesfürsten im Wortlaut der Verfassung nicht zugunsten einer Hervorhebung des Prinzips der nationalen Einheit eingeebnet würde; vielmehr sollten die dynastischen Grundlagen des Reiches als eines »ewigen Bundes« der deutschen Fürsten in aller Form festgeschrieben und alle Formulierungen, die dem entgegenstanden, nach Möglichkeit vermieden werden. So beharrte der Kanzler beispielsweise hartnäckig auf der Beibehaltung des Begriffs »Bundesgebiet« anstelle von »Reichsgebiet«. Insbesondere aber wollte er an der Bezeichnung »Bundesrat« anstelle des nun auch von Wilhelm I. bevorzugten Begriffs »Reichsrat« festhalten, weil dann, wie er meinte, der Charakter des Bundesrates als der Vertretung der »Verbündeten Regierungen«, bei denen, wie er angelegentlich betonte, die Souveränität verblieben sei, nicht mehr deutlich genug hervortrete.

Bismarck wandte sich in diesem Zusammenhang mit großer Entschiedenheit zugleich gegen alle Bestrebungen, die Verfassung des Deutschen Reiches im Sinne eines Zweikammersystems zu interpretieren. Der Bundesrat, so argumentierte er, wiege »schwerer als ein gewöhnliches Erstes Haus [...], weil er zugleich ein Staatenhaus im vollsten Sinne des Wortes« sei, das heißt eine Vertretung der Bundesstaaten. Er müsse jede Neuerung, durch die der Bundesrat in seiner Bedeutung geschwächt, gewissermaßen mediatisiert werde, entschieden zurückweisen. Vielmehr sei die bestehende Regelung eine höchst glückliche Lösung, die den Einzelstaaten ihren monarchischen Charakter nicht nehme und dennoch sicherstelle, daß sie gemeinsam die Souveränität des Reiches »als föderatives Collegium« ausübten. Denn, so fügte er hinzu, »die Souveränität ruht nicht beim Kaiser, sie ruht bei der Gesammtheit der verbündeten Regierungen«. An dieser staatsrechtlichen Fiktion, die mit den tatsächlichen Verhältnissen nicht im Einklang stand, und dies mit der Entwicklung des Deutschen Reiches zu einem wirklichen Nationalstaat in immer stärkerem Maße, hat Bismarck zeitlebens mit großer Hartnäckigkeit festgehalten, nicht zuletzt deshalb, weil der Bundesrat in seiner Mehrfachfunktion als Vertretung der Regierungen, als ein dem Reichstag gleichberechtigt nebengeordnetes Organ der Legislative und schließlich als Teilhaber an der Exekutive den Übergang zu einem parlamentarischen System wie ein erratischer Block versperrte.

Diese Argumentation stand in einigermaßen scharfem Gegensatz zu den Verfassungsidealen der Nationalliberalen. Schon im Norddeutschen Reichstag war von ihnen wiederholt die ungenügende Regelung der Verantwortlichkeiten der Exekutive angemahnt worden; in diesem Punkt war Bismarck aber nicht zu Klarstellungen zu bewegen. Ebensowenig wurde die heiße Frage angeschnitten, ob dem Reichstag die Kompetenz zustehe, beliebige Gesetzgebungsmaterien an sich zu ziehen, die im Zusammenhang mit der Regelung des Handels- und Strafrechts aufgetreten war, und ob er über das dem Norddeutschen Reichstag ursprünglich allein zugewiesene Feld der Wirtschaftsgesetzgebung einschließlich des Zollwesens hinausgehen dürfe. Dies alles blieb einstweilen in der Schwebe, wenngleich mit der Folge, daß dem Reichstag immer weitere Zuständigkeiten zuwuchsen, ohne daß dies jemals klar geregelt worden wäre. Zum damaligen Zeitpunkt hielten es die Parteien nicht für opportun, vor allem aber für aussichtslos, in eine Debatte über Fragen einzutreten, die die Machtverteilung zwischen den einzelnen Verfassungsfaktoren tangierten. Nach allem kann es nicht verwundern, daß die Regierungsvorlage, ohne daß es zu grundsätzlicheren Erörterungen gekommen wäre, nach lediglich dreitägigen Verhandlungen mit nur sieben Gegenstimmen angenommen wurde. Niemand wollte das Omen auf sich nehmen, der errungenen Reichseinheit jetzt noch entgegenzutreten.

In verfassungsgeschichtlicher Perspektive entsprach die Verfassung des Deutschen Reiches weder dem hergebrachten Muster der konstitutionellen Verfassungen, wie sie sich seit dem Vormärz in nahezu allen deutschen Bundesstaaten — Mecklenburg bildete eine anachronistische Ausnahme — entwickelt hatten, noch den westeuropäischen Verfassungen. Schon der Norddeutsche Bund hatte den Zwittercharakter, der sich aus seiner Entstehung als Zusammenschluß formell souveräner Staaten unter preußischer Führung ergab, nie abgelegt; er setzte sich in der Reichsverfassung ungeschmälert fort. Es handelte sich um ein kompliziertes, schon die Zeitgenossen verwirrendes System pluralistischer Machtteilhabe, in welchem die Verteilung der Gewichte rechtlich weithin unscharf war. Weder die Kompetenzen der jeweils beteiligten Instanzen waren eindeutig festgelegt, noch die Verantwortlichkeiten klar abgegrenzt. Zwar hatte Bismarck im Zuge der Gründung des Norddeutschen Bundes den Nationalliberalen insbesondere in der Gestaltung der Position des Kanzlers entgegenkommen müssen, doch er hatte sich beharrlich geweigert, die Konsequenzen, die sich daraus ergaben, zur Gänze zu ziehen und neben dem Kanzler ein formelles Ministerium mit jeweils für bestimmte Ressorts zuständigen Ministern einzurichten, einerseits weil dies zu einer Schwächung der föderalistischen Elemente des Verfassungsgebäudes geführt haben würde, andererseits weil Bundes- beziehungsweise Reichsministerien, schon gar mit eigenständiger Verantwortlichkeit gegenüber dem Reichstag, viel zu weit in Richtung auf ein parlamentarisches Regiment gegangen wären. Die Frage der verfassungsmäßigen Ausgestaltung der Exekutive war offengeblieben, und mit ihr eine ganze Reihe von ebenfalls politisch äußerst bedeutsamen Fragen, zumal die Handhabung des Budgetrechts, welches an einer entscheidenden Stelle, dem Militärbudget, das den größten Anteil der Reichsausgaben ausmachte, zunächst nur vorläufig geregelt wurde. In diesem Sinne stellte die Reichsverfassung ein »System umgangener Entscheidungen« dar, eine Konstellation, die anfänglich in erster Linie die Exekutive begünstigte, späterhin jedoch zentrifugale Auswirkungen haben sollte. Dabei spielte gewiß Bismarcks Neigung eine Rolle, die jeweils anstehenden politischen Probleme eher pragmatisch als grundsätzlich anzugehen und die politischen Widerstände gegen seine Politik auf solche Weise gering zu halten. Aber zugleich war Bismarck nicht bereit, seinen politischen Gegenspielern mehr entgegenzukommen, als ihm unbedingt nötig erschien, selbst wenn dies auf Kosten eindeutiger rechtlicher Regelungen ging. Es ist eine der Paradoxien der deutschen Geschichte, daß dieses Kompromißprodukt, welches 1867 weithin als bloß vorläufige Lösung betrachtet wurde, dann bis zum Ende des Kaiserreiches in allem Wesentlichen unverändert Bestand haben sollte, obwohl manche seiner Bestimmungen ihre Bedeutung weitgehend verloren und andere auf gesetzlichem Weg oder aber durch die Kraft des Faktischen zusätzliche Stützpfeiler eingezogen wurden.

Die Reichsverfassung läßt sich am besten als eine halbkonstitutionelle Verfassung bezeichnen. Sie kam zwar mit dem nach allgemeinem, gleichen, direkten und geheimen Wahlrecht gewählten Reichstag dem Trend der Epoche weit entgegen und war insofern demokratischer als die Verfassungen Großbritanniens oder der Dritten Französischen Republik. Aber sie räumte der Exekutive – der Form nach dem Monarchen, der Sache nach dem Reichskanzler – eine vergleichsweise unangreifbare Stellung ein, gegenüber der sich der Reichstag im Zweifelsfall nicht durchsetzen konnte. Das Parlament besaß keinerlei direkten Einfluß auf die Exekutive; der Aufstieg von Parlamentariern in Regierungsämter war verfassungsrechtlich aufs äußerste erschwert, wenn nicht gar unmöglich. In Artikel 9 der Reichsverfassung war förmlich festgeschrieben, daß niemand gleichzeitig Mitglied des Reichstages und Bevollmächtigter zum Bundesrat sein könne. Dies hieß, wie schon Max Weber hervorgehoben hat, daß die Parteiführer, wenn sie denn zu Bundesbevollmächtigten aufsteigen wollten, ihre politische Gefolgschaft aufgeben und in der Wahrnehmung ihres Amtes auf den Rückhalt ihrer eigenen

Partei verzichten mußten. Ebenso besaß der Reichstag keine rechtliche Handhabe, um seine Politik gegenüber der monarchischen Exekutive durchzusetzen. Der Bestimmung des Artikels 17, nach der der Reichskanzler die politische Verantwortlichkeit für die Anordnungen und Verfügungen des Kaisers übernahm, fehlten die Zähne; das ursprünglich vorgesehene Ausführungsgesetz, welches diese Verantwortlichkeit in justizförmiger Form konkretisieren sollte, wurde nie erlassen. Der Reichstag hatte somit nicht die Möglichkeit, auch für den Fall bedeutsamer politischer Gegensätze zwischen einer Parteienmehrheit und der Exekutive die Entlassung des Reichskanzlers, geschweige denn die Berufung eines anderen, ihrer politischen Linie nahestehenden, Reichskanzlers zu erzwingen. Dies war schon deshalb nicht der Fall, weil der Kanzler als Vorsitzender des verfassungsrechtlich für das Parlament nicht greifbaren Bundesrates handelte und demgemäß auch rechtlich nicht an die Beschlüsse von Reichstagsmehrheiten gebunden werden konnte. Die Bevollmächtigten zum Bundesrat nahmen gleichsam die Funktion einer Regierungsbank wahr. Sie hatten, wie die Minister in einem konstitutionellen System, das Recht, auf Verlangen jederzeit im Reichstag das Wort zu ergreifen; aber sie konnten vom Reichstag nicht politisch in die Pflicht genommen werden, weil sie im Prinzip den Standpunkt der Regierung ihres Bundesstaates zu vertreten verpflichtet waren, der sie entsandte.

Formal gesehen bildete der Bundesrat, die Vertretung der insgesamt 25 Bundesstaaten, unter denen sich allerdings nicht weniger als 17 Zwergstaaten befanden, den Kern des Verfassungsgebäudes des Deutschen Reiches. Wer weiß heute noch, daß beispielsweise Schwarzburg-Rudolfstadt oder Reuß älterer Linie formell gleichberechtigte Bundesstaaten mit jeweils einer Stimme im Bundesrat waren! Die Stimmenanteile der einzelnen Bundesstaaten trugen in bescheidenem Maße ihrer jeweiligen Bevölkerungszahl Rechnung; gleichwohl waren die bevölkerungsstärksten Bundesstaaten erheblich unterrepräsentiert. Während Preußen mit 17, Bayern mit 6, Sachsen und Württemberg mit je 4, Baden und Hessen mit je 3 und Mecklenburg-Schwerin mit 2 Stimmen vertreten waren, verfügten die Zwergstaaten über jeweils eine Stimme. Auf den ersten Blick war Preußen, das mit drei Fünfteln des gesamten Reichsgebiets auch territorial ein gewaltiges Übergewicht besaß, massiv benachteiligt, aber faktisch konnten die Zwergstaaten, die von Preußen wirtschaftlich völlig abhängig waren, jederzeit dazu gebracht werden, sich seinem Willen zu unterwerfen. Die Bestimmung, wonach Verfassungsänderungen im Bundesrat bereits mit 14 Stimmen abgelehnt werden konnten, war ursprünglich als eine Schutzklausel für die süddeutschen Bundesstaaten gedacht; sie konnte aber jederzeit auch von Preußen angerufen werden, um unliebsame Entwicklungen zu verhindern.

Der Bundesrat war nach Auffassung Bismarcks alleiniger Träger der Souveränität, die sich formal gesehen von jener der einzelstaatlichen Monarchien sowie der beiden Freien Städte Hamburg und Bremen herleitete. Diese Auffassung machte sich auch die zeitgenössische Staatsrechtslehre zu eigen. Der Bundesrat setzte sich aus den Bevollmächtigten der einzelnen Bundesländer zusammen, die ihre Instruktionen von den jeweiligen Regierungen erhielten und an diese gebunden waren. Der Vorsitz im Bundesrat stand dem Reichskanzler zu, der zugleich in seiner Eigenschaft als preußischer Außenminister die preußischen Bevollmächtigten zum Bundesrat instruierte. Die Bundesstaaten hatten im Bundesrat ein gewichtiges Mitspracherecht an der Gesetzgebung, da für das Zustandekommen von Reichsgesetzen die Zustimmung des Bundesrates unabdingbar war. Darüber hinaus besaß der Bundesrat einen eigenständigen Anteil an der Umsetzung dieser Gesetzgebung. Er erließ die Verwaltungsvorschriften hinsichtlich der Ausführung von Reichsgesetzen, die für die Verwaltungen der Bundesstaaten verbindlich waren. Faktisch besaß Preußen in diesem Gremium stets ein großes Übergewicht. Obwohl es formal nur 17 von insgesamt 58 Stimmen führte, konnte es durch Einwirkung auf die kleineren norddeutschen Bundesstaaten eine Mehrheit erzwingen, wenn es dies für notwendig hielt. Bismarck sprang denn auch mit dem Bundesrat zumeist äußerst selbstherrlich um und zögerte selbst bei trivialen Angelegenheiten nicht, gegebenenfalls mit seinem Rücktritt zu drohen, was regelmäßig zum Einlenken der widerstrebenden Regierungen führte.

Der Sache nach war der Bundesrat ein bürokratisches Gremium, das kaum in der Lage war, eigenständig politisch gestaltend hervorzutreten. In ihm gaben die preußischen Staatsminister und die sonstigen Bevollmächtigten Preußens den Ton an; nur äußerst selten gelang es den süddeutschen Bundesstaaten, dagegen anzukommen und eigene Vorstellungen durchzusetzen. Die Schlüsselstellung nahm der Reichskanzler ein; er vermochte nach Belieben auf der Klaviatur des Bundesrates zu spielen. Andererseits konnte er sich gegenüber mißliebigen politischen Forderungen des Reichstages jederzeit hinter dem Bundesrat verstecken; dieser, nicht der Kanzler, brachte im Zweifelsfall die Vorlagen des Reichstages zu Fall. Der Bundesrat war eine eherne Barriere, an der die Beschlüsse des Reichstages immer wieder zerschellten oder, was auf das Gleiche hinauslief, auf den St. Nimmerleinstag verschoben wurden, sofern der Reichskanzler auch nur die Stirn runzelte. Um eigenständige Gesetzgebungsinitiativen des Reichstages oder Änderungen von Regierungsvorlagen durchzusetzen, bedurfte es in der Regel mühevoller Verhandlungen mit den Bevollmächtigten zum Bundesrat, sei es während der Reichstagsverhandlungen selbst, sei es hinter den Kulissen, die selten ohne mehr oder minder weitreichende Kompromisse seitens des Reichstages endeten. Die materielle Vorbereitung der Regierungsvorlagen wurde in der Regel von den zuständigen preußischen Ministerien vorgenommen, die gleichsam auf der »inneren Linie« operierten und dem Reichstag kraft ihres Sachwissens allemal überlegen waren. In ihrer Hand lag gleichzeitig auch die Ausführung der Gesetze, da dem Reich ein eigener Verwaltungsunterbau fehlte und es sich statt dessen des Verwaltungsapparates der Bundesstaaten bedienen mußte. Vor allem auf diese

Konstellation gründeten sich die vielbeschworene Hegemonie Preußens innerhalb des Verfassungsgebäudes des Deutschen Reiches und die Überlegenheit der Exekutive über den Reichstag.

Anfänglich hatte Bismarck nahezu gänzlich ohne einen eigenen Beamtenstab des Reiches auskommen wollen. Die vergleichsweise wenigen Angelegenheiten, wie das Post- und Telegraphenwesen und das Konsulatswesen, für die allein das Reich zuständig war, wurden ebenso von dem neu eingerichteten Reichskanzleramt wahrgenommen wie der Geschäftsverkehr des Reichskanzlers mit den anderen Regierungsinstanzen. Das Reichskanzleramt war ursprünglich als eine unselbständige, ausschließlich zur Unterstützung des Kanzlers bestimmte Behörde gedacht. Unter Rudolf Delbrück, seinem ersten Präsidenten, gewann es allerdings bald größere Bedeutung, zumal sein Aufgabenbereich rasch zunahm. Bereits Anfang 1870 hatte es sich als zweckmäßig erwiesen, das preußische Außenministerium zum Auswärtigen Amt des Norddeutschen Bundes aufsteigen zu lassen. Es wurde nun stillschweigend zum Auswärtigen Amt des neuen Reiches erhoben, ohne daß dem Staatssekretär des Äußeren eine irgendwie herausgehobene Position eingeräumt wurde; er blieb einstweilen ein bloßer Gehilfe Bismarcks, dem eine selbständige Stellung als preußischer Staatsminister versagt blieb. Bismarck suchte zu verhindern, daß sich das Reichskanzleramt und das Auswärtige Amt zu unabhängigen Reichsbehörden entwickelten. Vielmehr sollten diese nur als Hilfsorgane des Reichskanzlers tätig werden, während die eigentliche Regierungsarbeit den jeweils zuständigen preußischen Fachministern zufiel. Diese hatten im Regelfall zugleich den Vorsitz der entsprechenden »dauernden Ausschüsse« des Bundesrates inne; nur im Fall des Ausschusses für die auswärtigen Angelegenheiten, der jedoch von Anbeginn ein Dornröschendasein führte, blieb diese Rolle einem Bevollmächtigten Bayerns vorbehalten.

Idealiter waren die Bundesratsausschüsse, jedenfalls nach Bismarcks eigenen Vorstellungen, dazu bestimmt, gleichsam die Funktion von Ministerien des Reiches auszuüben. In der Praxis waren es jedoch zumeist die preußischen Ministerien, in denen die Regierungsvorlagen, gegebenenfalls gemäß den Vorgaben des Reichskanzleramtes, oft aber auch in eigener Regie, ausgearbeitet wurden. Von ihnen gingen zudem in aller Regel die Gesetzesinitiativen aus. Sie verfügten deshalb auch unter den neuen Verhältnissen über eine erhebliche eigenständige Machtstellung. Sie waren es, die als Bevollmächtigte zum Bundesrat und als Chefs der einschlägigen preußischen Ressorts die Gesetzgebungsprojekte vor dem Reichstag und der Öffentlichkeit vertraten. Der Reichstag aber hatte zumeist nur den Kanzler, nicht jedoch die verfassungsrechtlich eigentlich nicht vorgesehenen und in ihrer Eigenschaft als Bevollmächtigte zum Bundesrat streng genommen unverantwortlichen preußischen Minister als Gegenüber. Auch dies reduzierte die Möglichkeiten der Parteien, auf die Exekutive Einfluß zu nehmen.

Allerdings erwies sich dieses System schon bald in mehrfacher Hinsicht als problematisch. Es setzte voraus, daß die preußischen Ministerämter in erster Linie unter dem Gesichtspunkt der Reichspolitik besetzt wurden, nicht aber gemäß den Interessen der preußischen Innenpolitik. Dies wurde seitens der preußischen Konservativen nicht zu Unrecht als ein Ansatz zu einer Mediatisierung Preußens zugunsten des Reiches empfunden, und man sprach gelegentlich von einer »Staatssekretarisierung« oder von einer »Verreichlichung Preußens«. In der Tat bestand ein potentieller Konflikt zwischen der Rolle der preußischen Minister als Mitglieder des kollektiv entscheidenden preußischen Staatsministeriums, welches zudem mit den parlamentarischen Mehrheiten in den beiden Häusern des preußischen Landtages zu rechnen hatte, und ihrer Rolle als Bundesbevollmächtigte und politische Gehilfen des Reichskanzlers. Dieser Konflikt sollte schon bald manifest hervortreten und Bismarck große Schwierigkeiten bereiten. Angesichts der Fülle der dem Reich zuwachsenden Geschäfte erwies es sich immer weniger als möglich, mit einem derartigen, gleichsam von Preußen ausgeborgten Team von reichsverfassungsrechtlich nicht sanktionierten ministeriellen Gehilfen auszukommen. Vielmehr entwickelte sich das Reichskanzleramt unter Rudolf Delbrück bereits binnen weniger Jahre zu einer Superbehörde, die zu Bismarcks Ärger immer größere Eigenständigkeit an den Tag legte und das Arcanum imperii des Bismarckschen Systems, nämlich die »Fassade der Regierung« aus dem Bundesrat heraus, zunehmend mißachtete und statt dessen in direkte Verhandlungen mit den Vertretern der Parteien eintrat. So wurden nach und nach immer weitere Bereiche aus dem Reichskanzleramt ausgegliedert und dafür selbständige Reichsämter geschaffen, beginnend mit dem Reichseisenbahnamt, deren Leitung wiederum idealiter in Personalunion mit den entsprechenden preußischen Ministerien verwaltet wurden. Aber auch dies funktionierte nicht immer befriedigend. Schließlich wurden an die Spitze dieser Reichsämter Staatssekretäre berufen, die in der Regel auch zu preußischen Bevollmächtigten zum Bundesrat bestellt wurden und als solche im Reichstag die Reichspolitik in ihren jeweiligen Geschäftsbereichen vertreten konnten. Sie galten jedoch gleichfalls als persönlich unverantwortliche Gehilfen des Reichskanzlers und waren insofern für den Reichstag verfassungsrechtlich kaum greifbarer als die preußischen Minister.

Ungeachtet der schrittweisen Entstehung selbständiger Reichsämter blieb die enge Verzahnung von preußischen Ministerämtern mit der Reichsexekutive weiterhin bestehen. Im Fall des Heerwesens wurde bis zum Ende des Kaiserreiches daran festgehalten, daß die Vertretung der Angelegenheiten des Heeres durch den preußischen Kriegsminister, nicht durch einen Reichsstaatssekretär für das Heerwesen, wahrgenommen wurde. Dabei spielte eine Rolle, daß die Heeresangelegenheiten soweit wie möglich der Kontrolle des Reichstages entzogen bleiben sollten; dafür bot sich der Rückzug auf die Bastion des preußischen Kriegsministeriums auch deshalb an, weil sich der Monarch in erster Linie als Chef des preußischen Heeres und erst in zweiter Linie als Chef des Reichsheeres betrachtete. Bismarck verhinderte allerdings, daß dem preußischen Kriegsminister das Immediatrecht, das heißt der selbständige Zugang zum Monarchen, zugestanden wurde, um zu vermeiden, daß dieser zu unabhängig vom Reichskanzler werden könnte. Erst unter Wilhelm II. wurde dem Kriegsminister dann mit Admiral Alfred von Tirpitz ein Staatssekretär des Reichsmarineamtes für die Wahrnehmung der Seekriegsangelegenheiten zur Seite gestellt.

An der Spitze dieses verwickelten Regierungsapparates stand der Kaiser und König von Preußen in seiner Eigenschaft als »Präsidium des Bundes«. Nicht ganz zu Unrecht hatte Wilhelm I. die Bezeichnung »Deutscher Kaiser« eher als eine Art von »Charaktermajor« empfunden und deshalb anfänglich abgelehnt. Erst nach und nach sollte dem Kaiser, mit der zunehmenden Identifikation des Kaisertums mit dem Nationalstaat, ein stärkeres, wiewohl immer noch informelles Gewicht innerhalb des Verfassungssystems zuwachsen. Die vornehmlichste Prärogative des Kaisers war die Berufung und gegebenenfalls die Entlassung des Reichskanzlers; ansonsten waren seine Befugnisse auf dem Gebiet von Gesetzgebung und Verwaltung eigentlich eher bescheiden. Ihm oblag die Ausführung und Verkündigung der Reichsgesetze, jedoch mit der Erfordernis der Gegenzeichnung des Kanzlers; er besaß noch nicht einmal das Recht, in eigener Machtvollkommenheit sein Veto gegen bestimmte Gesetze, und sei es auch nur mit aufschiebender Wirkung, einzulegen. In dieser Hinsicht lief alles auf den Reichskanzler zu, der gleichsam der zentrale Pfeiler war, um den herum das gesamte Verfassungsgebäude errichtet war.

Allerdings besaß der Kaiser einen, wenngleich im einzelnen verfassungsrechtlich umstrittenen, eigenständigen Anteil an der Macht insofern, als er nach der Ansicht der herrschenden Staatsrechtslehre allein, und im Prinzip ohne die Gegenzeichnung des Kanzlers, über die Ernennung oder Entlassung aller Reichsbeamten entschied. Das war ein wichtiger Ansatzpunkt für eine eigenständige Sphäre politischen Handelns des Monarchen. In der Tat wurde die Berufung der hohen Staatsbeamten vom »Königlichen Zivilkabinett« vorbereitet, auch wenn dieses im Regelfall den Wünschen des Reichskanzlers Rechnung trug. Noch ausgeprägter war dies der Fall im militärischen Bereich. Hier beanspruchte der Kaiser zugleich als König von Preußen die alleinige Zuständigkeit für die »Kommandogewalt«, deren Grenzen während des Kaiserreiches stets fließend waren, die aber in jedem Fall die Entscheidung über alle Personalangelegenheiten einschloß. In diesem Bereich hatte der Reichskanzler nach geltender Praxis keinerlei Eingriffsrecht. Die hohe Mauer, die traditionsgemäß in Preußen zwischen politischer und militärischer Führung bestand und die Bismarck in seinen Auseinandersetzungen mit Moltke während der Belagerung von Paris am eigenen Leibe zu spüren bekommen hatte, blieb auch im Reich unvermindert bestehen, obgleich man darüber streiten kann, ob sie wirklich durch den Wortlaut der Reichsverfassung gedeckt war. Anfänglich war dies Bismarck jedoch gar nicht einmal so unlieb, weil dadurch ein wesentlicher Teil der Militärangelegenheiten dem Zugriff des Reichstages entzogen war; erst in der Folge sollte er selbst erfahren, daß sich diese Regelung auch zuungunsten der Staatsautorität auswirken konnte. Aber in diesem Punkt war Wilhelm I. unerbittlich, und sein Enkel Wilhelm II. hat späterhin an den mit dem Begriff der »Kommandogewalt« verbundenen militärischen Vorrechten der Krone, die gleichsam die letzte Bastion des vormaligen Königtums von Gottes Gnaden darstellten, mit größter Hartnäckigkeit festgehalten. Hier vor allem traten die militärischen, ja in gewissem Sinne die militaristischen Züge des neuen deutschen Kaiserreiches deutlich hervor.

Auch in der Vertretung des Reiches gegenüber anderen Mächten bildete sich allmählich ein Anspruch der Krone heraus, die äußere Politik in eigener Machtvollkommenheit, gegebenenfalls ohne oder gar gegen den Willen des Reichskanzlers zu führen. Doch dieses »persönliche Regiment«, wie es Wilhelm II. später in die Praxis umzusetzen versucht hat, war durch die Reichsverfassung keinesfalls gedeckt; vielmehr fiel die Wahrnehmung der auswärtigen Angelegenheiten dem Reichskanzler und preußischen Außenminister zu. Die äußere Politik war denn auch das Arcanum imperii der Politik Bismarcks. Das große Prestige des »Reichsgründers« beruhte in erster Linie auf seinen außenpolitischen Leistungen, und hier verstand er es stets, sich gegenüber seinem Monarchen durchzusetzen. Insgesamt stand der Kaiser, darin in Übereinstimmung mit der Tradition des konstitutionellen Verfassungsrechts, weitgehend im Schatten des Reichskanzlers, der für alle seine Handlungen die politische Verantwortung übernahm. Da dessen Verantwortlichkeit jedoch in der Verfassung nicht eindeutig festgelegt war und sich eher auf eine allgemeine Verantwortlichkeit vor der Öffentlichkeit und der Geschichte beschränkte, konnte sich der Reichskanzler im Konfliktfall gegen den Kaiser nicht formell darauf berufen – ein Sachverhalt, der eine potentielle Einbruchsstelle des »persönlichen Regiments« darstellte, was aber während der Kanzlerschaft Bismarcks keine Bedeutung erlangen sollte. Der Reichskanzler war in hohem Maße von dem persönlichen Vertrauen des Kaisers abhängig, wie groß auch immer sein politisches Ansehen und sein Durchsetzungsvermögen gegenüber den übrigen Verfassungsinstanzen sein mochte.

Dank seines gewaltigen persönlichen Prestiges als Gründer des Reiches verfügte Bismarck über eine starke personalplebiszitäre Position innerhalb des politischen Systems, die ihm ein Maß von Macht verlieh, welches weit über seine rechtlichen Befugnisse innerhalb des Verfassungsgefüges hinausging. Diese aber waren an und für sich schon erheblich. Der Reichskanzler stellte in seiner Person nahezu das einzige verfassungsgemäße Bindeglied zwischen Bundesrat, Reichstag und dem preußischen Staatsministerium dar; als preußischer Außenminister kontrollierte er zudem das Stimmverhalten der preußischen Bevollmächtigten zum Bundesrat. Vor allem aber war er es allein, der die Reichspolitik gegenüber dem Reichstag als der Vertretung des Volkes wahrzunehmen hatte, auch wenn er diese Aufgabe in weniger wichtigen Fragen nach Belieben an den preußischen Staatsminister oder die zuständigen Staatssekretäre des Reiches delegieren konnte. Eine Reichsregierung im eigentlichen Sinne gab es nicht, und der Begriff wurde amtlich sogar als untunlich betrachtet. Erst sehr viel später, nach dem Sturz Bismarcks, bürgerte sich statt dessen die Bezeichnung »Reichsleitung« ein; auch sie verschleierte freilich den Tatbestand, daß die Führung der Reichspolitik verfassungsrechtlich allein dem Kanzler vorbehalten war, seine Gehilfen hingegen formell politisch unverantwortlich, unangreifbar und im Prinzip beliebig austauschbar waren.

Diese im Vergleich mit anderen europäischen Verfassungen ungewöhnliche, um nicht zu sagen: anormale Gestaltung der Exekutive ging auf den föderativen Ursprung des Deutschen Reiches zurück. Taktische Gesichtspunkte legten es nahe, daß daran auch in der Phase der Vollendung der Reichseinheit nicht gerührt wurde. Aber Bismarck sah darin den zusätzlichen Vorteil, daß dieses System den im Reichstag repräsentierten demokratischen Kräften eine denkbar geringe Angriffsfläche bot. Alle politischen Vorstöße des Reichstages richteten sich unvermeidlich primär gegen den Kanzler selbst; er aber konnte sein gewaltiges Ansehen in der Bevölkerung stets gegen mißliebige Beschlüsse einer Parteienmehrheit im Reichstag ausspielen. Unter diesen Umständen besaß die Drohung, gegebenenfalls zur Waffe der Auflösung des Reichstages zu greifen und unmittelbar an die Wählerschaft zu appellieren, erhebliche Wirkkraft; die Parteien scheuten daher vielfach mit guten Gründen davor zurück, eine Reichstagswahlkampagne gegen den Kanzler führen zu müssen. Vor allem die Nationalliberalen, in ihrer Rolle als selbsternannte »Regierungspartei« Bismarcks, mußten dergleichen fürchten wie der Teufel das Amen in der Kirche. Insofern konnte eine widerspenstige Parteienmehrheit während der Regierungszeit Bismarcks vergleichsweise leicht durch den personalplebiszitären Appell des »eisernen Kanzlers« an die breiten Massen der Wählerschaft ausgehebelt werden. Im äußersten Fall blieb Bismarck noch die extrakonstitutionelle Waffe der Drohung mit dem Staatsstreich, sprich: der Auflösung des Bundes der deutschen Fürsten, gefolgt von der Oktroyierung neuen Verfassungsrechts. In der Folge spielte der Kanzler wiederholt mit dem Gedanken, auf diesem Weg das allgemeine Wahlrecht wieder zu beseitigen, um so den Reichstag in die Knie zu zwingen. Obwohl er am Ende davon Abstand nahm, hing doch die Drohung mit einem möglichen Staatsstreich wie ein Damoklesschwert über dem Verfassungssystem.

Die autoritären Elemente des Verfassungsgebäudes kamen besonders deutlich zum Ausdruck in der Regelung der Zukunft der annektierten Provinzen Elsaß und Lothringen. Die ursprünglichen Erwägungen, Elsaß und Lothringen aufzuteilen oder aber geschlossen dem preußischen Staat zuzuschlagen, wurden 1871 sang- und klanglos fallengelassen. Statt dessen erhielt Elsaß-Lothringen den Sonderstatus eines Reichslandes unter der direkten Herrschaft des Kaisers. Angesichts der feindseligen Haltung der Mehrheit der elsaß-lothringischen Bevölkerung, die die Annexion nach wie vor ablehnte, wurde einstweilen davon Abstand genommen, dort sogleich die Reichsverfassung einzuführen; dies war erst zum 1. Januar 1874 vorgesehen. Bis dahin sollte das Reichsland durch den Kaiser, oder genauer: den Reichskanzler, der für alle kaiserlichen Maßnahmen gegenzuzeichnen hatte, verwaltet werden; für alle gesetzgeberischen Maßnahmen sollte die Zustimmung des Bundesrates, nicht aber des Reichstages erforderlich sein.

Diese reichlich autoritäre Lösung, die einer Kaiserdiktatur nahekam, wurde von den liberalen Parteien des Reichstages aus nationalpolitischen Gründen nur behutsam angegriffen, gleichwohl mit dem Ergebnis, daß Bismarck die Kritik der Parteien als »Ausdruck des Mißtrauens« in seine persönliche Amtsführung brandmarkte und damit der Opposition den Wind aus den Segeln nahm. Eduard Lasker beeilte sich, namens der Nationalliberalen eine Ehrenerklärung für den Kanzler abzugeben, deren Annahme dieser jedoch verweigerte. Im Falle Elsaß-Lothringens, einer klassischen Ausnahmesituation im Sinne Carl Schmitts, dokumentierte sich anschaulich die relative Schwäche des Verfassungsfaktors »Reichstag«. Anfänglich war Bismarck entschieden darum bemüht gewesen, den Reichstag aus der elsaß-lothringischen Frage gänzlich herauszuhalten; wegen des verhaltenen, aber hartnäckigen Widerstands der Nationalliberalen gelang dies jedoch nicht vollständig. Am Ende wurde, sofern die Aufnahme besonderer Anleihen für Elsaß-Lothringen erforderlich werden sollte, die Frist, bis zu der die Reichsverfassung in Elsaß-Lothringen eingeführt werden müsse, um ein Jahr verkürzt. In den folgenden Jahrzehnten wurde Elsaß-Lothringen einem autoritären Regiment unterworfen, das die fehlende Selbstbestimmung durch eine kompetente bürokratische Verwaltung zu ersetzen suchte, die ihre Spitze in einer besonderen Abteilung für das Reichsland im Reichskanzleramt erhielt. Das Vereinigungsgesetz vom 9. Juni 1871, das eine wichtige Ergänzung der Reichsverfassung darstellte, war ein charakteristisches Kompromißprodukt, bei dem der Reichstag der Form nach sein Mitspracherecht wenigstens zu Teilen hatte durchsetzen können, obschon die Verfügungsgewalt der kaiserlichen Beauftragten im Reichsland der Sache nach nahezu unumschränkt blieb. An dem Tatbestand, daß den Bürgern des Reichslandes auf Jahrzehnte hinaus das Selbstbestimmungsrecht vorenthalten wurde, änderte dies nichts. Dies trug mehr als alles andere dazu bei, daß es am Ende nicht zu dem angestrebten allmählichen Hineinwachsen Elsaß-Lothringens in das Reich gekommen ist.

Selbst wenn man die vielen einschränkenden Bedingungen gebührend in Rechnung stellt, denen die parlamentarische Arbeit des Reichstages unterworfen war, bleibt festzuhalten, daß die Mitwirkung des Parlaments bei der Gesetzgebung in allem Wesentlichen gesichert werden konnte. Ebenso stellte das Budgetrecht, ungeachtet der fortbestehenden Kautelen hinsichtlich der parlamentarischen Einflußnahme auf den Militärhaushalt, als solches eine potentiell scharfe politische

Waffe dar. Ansonsten aber war der Reichstag, wie Max Weber dies unübertrefflich formuliert hat, zu »negativer Politik« verurteilt. Der Graben zwischen den preußischen Ministerien, die im Regelfall für die Ausarbeitung von Gesetzesvorlagen zuständig waren, und den Parteien des Reichstages war tief und wurde im Laufe der Zeit nicht nennenswert eingeebnet. Vielmehr standen die Parlamentarier einer geschlossenen Front der hohen Bürokratie gegenüber, die der Krone kraft Diensteid, Tradition und entsprechender Auslese eng verbunden war; die Zeiten, in denen die Beamtenschaft ein liberales Element in der preußisch-deutschen Politik gebildet hatten, waren längst vorbei. Die Verfassung errichtete eine grundsätzliche Trennwand zwischen Parlamentarier- und Ministerkarrieren. Mit nur verschwindend geringen Ausnahmen wurden Ministerkandidaten stets aus den Kreisen der alten Führungseliten und der mit ihnen verquickten hohen Bürokratie genommen. Parlamentarier hingegen hatten keine Aussichten, jemals in verantwortliche Positionen aufzusteigen. Nur in wenigen Fällen konnte die Barriere zwischen dem Reichstag und der Ministerbank, oder genauer: der Bank der Bevollmächtigten zum Bundesrat, wirklich übersprungen werden, wenn man von dem Aufstieg Miquels zum preußischen Finanzminister, der aber mit dem Verlust seiner Parteikarriere einherging, und der Episode der Kanzlerschaft des Grafen Georg Hertling in den Jahren 1917/18 absieht.

Die antagonistische Entgegensetzung der Exekutive und des im Reichstag verkörperten Teils der Legislative erschwerte nicht nur die alltägliche Gesetzgebungsarbeit, sondern verlegte den Parteien jede Möglichkeit, unmittelbar gestaltenden Einfluß auf die Regierungsgeschäfte zu gewinnen, es sei denn der Kanzler beziehungsweise der Bundesrat konzedierten dergleichen aus freien Stücken. Eine »regierende Partei« oder eine regierende Parteienkoalition im Wortsinne konnte es unter diesen Umständen nicht geben, bestenfalls »Regierungsparteien« von des Kanzlers Gnaden. Das führte dazu, daß der Reichstag, wie schon Werner Sombart und nach ihm Max Weber beobachtet haben, wirklich bedeutenden politischen Persönlichkeiten keine Möglichkeit bot, ihre Fähigkeiten wirkungsvoll zur Geltung zu bringen, mit nachteiligen Auswirkungen auf das Niveau der parlamentarischen Auseinandersetzungen und auf die Qualität der Abgeordneten. Vor allem aber begünstigte diese Machtkonstellation die Neigung zu einer rein ideologischen Politik, die sich um die Konsequenzen des eigenen Tuns nicht zu kümmern hatte. Anstelle eines von Verantwortungsethik geprägten politischen Klimas breitete sich bei den Parteien des Reichtages der Hang zu einer oberflächlichen Gesinnungspolitik aus, der es in erster Linie um den Beifall der jeweils eigenen Klientel zu tun war, während die Verantwortung für die Gesamtheit dahinter vielfach aus dem Auge verloren wurde.

Insgesamt waren die Hindernisse, die der Entwicklung eines echten parlamentarischen Systems entgegenstanden, groß. Gleichwohl war die Verfassung des Kaiserreiches entwicklungsfähig. Das Kaiserreich war verfassungspolitisch gesehen nicht nur eine »Sackgasse«, wie man gemeint hat, wie groß die Widrigkeiten auch sein mochten, mit denen die parlamentarischen Parteien zu kämpfen hatten. Sehr viele wichtige Dinge wurden erreicht: das Recht der Selbstorganisation des Reichstages, die Öffentlichkeit der Verhandlungen, die Immunität der Abgeordneten, der Schutz der Beamten unter den Abgeordneten vor staatlichen Maßregelungen, wie dies in der Zeit des Verfassungskonflikts gang und gäbe gewesen war, die rechtliche Verpflichtung, daß im Falle einer Auflösung des Reichstages binnen drei Monaten ein neuer Reichstag zusammentreten müsse. Es gab freilich erhebliche Schönheitsfehler: so nur dreijährige Legislaturperioden, die einer Konsolidierung von Parteienkoalitionen nicht günstig waren, und vor allem die Verweigerung von Diäten. Wiederholte Vorstöße des Reichstages, in dieser Frage eine Änderung zu erreichen, trafen stets erneut auf den entschiedenen Widerstand des Reichskanzlers; mehr als die Gewährung von Freifahrscheinen auf den Staatseisenbahnen ließ sich nicht erreichen. Bismarck wollte verhindern, daß sich im Parlament eine neue Klasse von Berufspolitikern bildete oder, wie er sich ironisch ausdrückte, »aus der Volksvertretung einen Lebensberuf machende Abgeordnete« entstünden. Solche Abgeordneten würden sich, wie er argumentierte, unvermeidlich vom Willen des Volkes ablösen und zu einer eigenständigen Kaste werden. Dahinter stand die ältere Vorstellung, daß das Parlament ein Ort der Repräsentation der einzelnen Stände und Berufsgruppen sein solle, nicht aber von Parlamentariern »ohne Halm und Ahr«, ohne jegliche Vertrautheit mit den praktischen Geschäften des Alltags. Zugleich sah Bismarck in der Verweigerung von Diäten ein bescheidenes Korrektiv gegen die Auswirkungen des allgemeinen, gleichen, direkten und geheimen Wahlrechts auf die Zusammensetzung des Reichstages. Diese Auffassung wurde übrigens nicht nur von den konservativen Parteien geteilt; sie fand auch Zustimmung bei den Altliberalen und einem nicht unerheblichen Teil der Nationalliberalen.

Bismarck hatte sich 1867 aus mehreren Gründen dazu entschlossen, dem allgemeinen Wahlrecht den Vorzug zu geben vor einem Dreiklassenwahlrecht nach preußischem Vorbild oder einem Zensurwahlrecht, das die aktive und passive Wählerschaft an ein bestimmtes Steueraufkommen band, wie in den meisten konstitutionellen Verfassungen der Zeit vor 1867. Zum einen waren es außenpolitische Gründe, wenn Bismarck 1866 das demokratische Wahlrecht der Reichsverfassung von 1848 »in die Pfanne« warf, wie er sich später in »Erinnerung und Gedanke« ausgedrückt hat. Er erblickte darin ein sicheres Mittel, um den Deutschen Bund zu sprengen, da der Vielvölkerstaat Österreich dies keinesfalls hätte hinnehmen können. Zum anderen stand nüchternes politisches Kalkül dahinter. Die Erfahrungen mit dem nach dem Dreiklassenwahlrecht gewählten preußischen Abgeordnetenhaus während der Zeit des Verfassungskonflikts hatten ihn seit 1864 zu der Überzeugung gebracht, daß die Interessen der Krone bei einem Übergang zum allgemeinen, gleichen und direkten, wenn auch nicht geheimen Wahlrecht weit besser gewahrt sein würden als bei einem Wahlrecht, das die besitzenden Schichten, insbesondere das liberale Bürgertum, begünstigte und deren politisches Gewicht vervielfachte: »Ich darf es wohl als eine auf langer Erfahrung begründete Überzeugung aussprechen, daß das künstliche System indirekter und Klassenwahlen ein viel gefährlicheres ist, indem es die Berührung der höchsten Gewalt mit den gesunden Elementen, welche den Kern und die Masse des Volkes bilden, verhindert. In einem Lande mit monarchischen Traditionen und loyaler Gesinnung wird das allgemeine Stimmrecht, indem es die Einflüsse der liberalen Bourgeoisieklassen beseitigt, auch zu monarchischen Wahlen führen [...]. In Preußen [...] sind neun Zehntel des Volkes dem Könige treu und nur durch den künstlichen Mechanismus der Wahl um den Ausdruck ihrer Meinung gebracht [...].«

Hermann Wageners damalige erfolgreiche Bemühungen, durch die Gründung von preußischen Volksvereinen die konservativen Kräfte auf dem flachen Lande zu sammeln, gerade unter dem ländlichen und kleinstädtischen Handwerk und dem Kleingewerbe, die von einer konsequent freihändlerischen Wirtschafts- und Gewerbepolitik nichts Gutes zu erwarten hatten, dürfte Bismarck in diesen Überzeugungen bestärkt haben. Er setzte konsequent auf eine bonapartistische Strategie, welche die breiten Massen der bisher politisch noch kaum mobilisierten Bevölkerung zu gewinnen suchte, in scharfem Gegensatz zu jener der liberalen Parteien, die sich überwiegend auf die städtischen Honoratiorenelite stützten, und auf die veröffentlichte Meinung der Zeitungen für das gebildete Publikum, die nahezu ausnahmslos auf liberalem Kurs lagen. Demzufolge fürchteten die Nationalliberalen weithin die Konsequenzen des allgemeinen, gleichen, direkten und geheimen Wahlrechts. Anläßlich der Beratungen des neuen Wahlgesetzes des Norddeutschen Bundes vom 31. Mai 1869, das dann für das Deutsche Reich übernommen wurde, hatte Heinrich von Sybel erklärt, daß ein solches Wahlrecht den Anfang vom Ende der parlamentarischen Institutionen bedeute. Ebenso hatte im Oktober 1869 Lasker sich in düsteren Reflexionen über die bedenklichen Alternativen ergangen, vor denen man stehe: einerseits »der Emanzipation des Volkes«, andererseits dem Widerstand »des Mobs gegen das reifere Urteil seiner Oberen«. Ähnlich schmähte Heinrich von Treitschke noch 1874 das allgemeine, gleiche, direkte und geheime Wahlrecht als »organisirte Zuchtlosigkeit, die anerkannte Ueberhebung des souveränen Unverstandes, die Ueberhebung des Soldaten gegen den Offizier, des Gesellen gegen den Meister, des Arbeiters gegen den Unternehmer«.

Das Ergebnis der Reichstagswahlen vom 3. März 1871, der ersten gesamtdeutschen Wahlen aufgrund des allgemeinen, gleichen, direkten und geheimen Wahlrechts, bedeutete sowohl für jene, die auf dessen sozialkonservative Wirkungen gesetzt hatten, als auch für die liberalen Parteien ein unangenehmes Erwachen. Das unerwartet gute Abschneiden der Zentrumspartei war ein alarmierendes

Zeichen. Denn dieser Partei, mochten die Liberalen auch noch so sehr über die Kaplanokratie als deren Wahlmaschine herziehen, war es gelungen, sich eine bemerkenswert stabile Basis in den breiten Massen der katholischen Bevölkerung zu erobern. Das Zentrum, nicht die einstweilen noch zersplitterte und handlungsunfähige Sozialdemokratie, hatte sich in den katholischen Regionen des Reiches als die Vertreterin der Interessen der Unterschichten und zugleich aller jener etabliert, die von einer industriekapitalistischen Entwicklung nur Nachteile zu erwarten hatten. In den rheinischen Großstädten war es überwiegend zu einer Polarisierung zwischen dem Liberalismus – die parteipolitischen Differenzierungen im liberalen Lager fielen in der akuten Konfliktsituation glatt zu Boden – als der Partei der bürgerlichen Oberschicht und dem Zentrum als dem Anwalt der Unterschichten gekommen, und es war kein Trost für den Liberalismus, daß die katholischen Unternehmer ebenfalls nationalliberal gewählt hatten. Dies waren aus liberaler Sicht keine günstigen Aussichten für die Zukunft; es erklärt dies zu Teilen die große Erbitterung im bürgerlichen, aber auch im konservativen Lager gegen die neue »ultramontane« Gefahr.

Im Grunde zeichnete sich hier in ersten Anfängen eine Strukturwandlung des politischen Systems ab, die, sofern sie von den bestehenden Parteien erkannt und entsprechend genutzt worden wäre, dem Reichstag enorme zusätzliche politische Schubkraft hätte zuführen können. Der Eintritt der breiten Massen, die bislang zumeist abseits der Tagespolitik gestanden hatten, in die politische Arena kündigte sich an. Doch es kam zunächst zu dem Versuch, eben dies mit allen Mitteln zu verhindern, durch Eröffnung eines »Kulturkampfes« gegen den katholischen Volksteil und die Repression der Sozialdemokratie. August Bebels berühmt gewordene Communerede vom 25. Mai 1871 im Reichstag, in dem er den Schlachtruf der französischen Kommunarden »Krieg den Palästen, Friede den Hütten« aufgriff und den Communeaufstand als den Anfang der kommenden sozialistischen Revolution interpretierte, bestärkte die bürgerlichen Schichten in ihrer tiefliegenden Revolutionsfurcht. Infolgedessen gewann die Neigung an Boden, angesichts der Bedrohung durch die Unterschichten in den Schutz des bestehenden Obrigkeitsstaates zu flüchten. Dies hat von Anfang an die Durchsetzung liberaler Grundsätze in Staat und Gesellschaft behindert und die Bemühungen um eine effektive Parlamentarisierung des Verfassungssystems gebremst. Dennoch wuchs dem Reichstag im Zuge der allmählichen Ausweitung der Staatsfunktionen auf immer weitere Bereiche des gesellschaftlichen Lebens, wie sie in den folgenden Jahrzehnten einsetzte, beständig mehr Macht zu. Ungeachtet der zahlreichen konstitutionellen und politischen Beschränkungen seiner Arbeit wurde er langfristig zu einem Machtfaktor eigenen Rechts. Die Versuche Bismarcks, den Reichstag mit ständig wechselnden Methoden immer wieder in Schranken zu verweisen, sollten am Ende zu seinem eigenen Niedergang führen. In gewissem Sinne kam es tatsächlich zu einer »stillen Parlamentarisierung« der

Zahlung einer ersten Rate
der dem französischen Staat auferlegten Kriegskontribution

Wechsel über eine Million Taler
Berlin, Privatsammlung

Das Bankhaus Rothschild beherrschte noch während des Deutsch-Französischen Krieges den Pariser Finanzmarkt. So sicherte Alphonso Rothschild, der Sohn von James, die Durchführung der von Bismarck nach der Kapitulation der Stadt Paris am 28. Januar 1871 erhobenen finanziellen Forderungen, indem er für Frankreich die Garantie übernahm.

Der am 12. Februar 1871 in Paris für Bleichröder in Berlin ausgestellte Wechsel mit dem Giro von Jules Ferry, Maire von Paris und Mitglied der Regierung der Nationalen Verteidigung, sowie der Quittung der Preußischen Seehandlung vom 18. März wurde am 12. April 1871 fällig.

Reichsverfassung, die aber die autoritäre Struktur der politischen Ordnung des Kaiserreiches niemals wirklich zu überwinden vermocht hat.

Der innere Ausbau des Reiches

Während der Reichsgründung hatte sich Bismarck gegenüber den partikularistischen Kräften namentlich in Süddeutschland, aber auch gegenüber den altkonservativen Strömungen in Preußen in zunehmendem Maße auf die Parteien des national gesinnten Bürgertums gestützt, insbesondere auf die Nationalliberalen. Von einem förmlichen Bündnis war dies allerdings weit entfernt; vielmehr hatten die Nationalliberalen ihre gesellschafts- und verfassungspolitischen Ziele lediglich partiell und nur in äußerst zähen Auseinandersetzungen mit Bismarck durchsetzen können. Allein auf dem Gebiet der Wirtschaftspolitik bestand ein grundsätzlicher Gleichklang zwischen den Führungseliten im Reich und in Preußen und den liberalen Parteien, nämlich im Bekenntnis zum Freihandel. Ansonsten aber fand sich der Liberalismus in ein kompliziertes System von Dämmen eingefangen, die zwar mit zahlreichen Schleusen versehen waren, aber ihrer politischen Initiative enge Grenzen setzten. Der national gesinnte bürgerliche Liberalismus war in den siebziger Jahren das stärkste politische Potential im Deutschen Reich. Im nationalliberalen Lager bestand die Hoffnung, daß es im Zeichen des Nationalstaates wieder zu einer Einigung des gesamten Liberalismus unter einem gemeinsamen Dach kommen werde. Max von Forckenbeck schrieb am 19. Oktober 1871 an Eduard Lasker: »Wenn sich nach so gewaltigen Ereignissen statt der ›Fraktionen‹ eine feste und großherzige liberale Partei bilden wollte, so würde dieselbe m. E. mit Ruhe und ohne Überstürzung mit immer steigender Macht für lange Zeit den Gang der Dinge bestimmen, und es könnte dann statt nervöser Hast ein wirklich politisches parlamentarisches Leben, an welchem die ganze Nation teilnimmt, sich herausstellen.« Dies sollte ein schöner Traum bleiben, denn an eine neuerliche Zusammenführung der verschiedenen Lager des Liberalismus war, wie sich erweisen sollte, gar nicht zu denken. Vielmehr trat am Ende das Gegenteil ein: die fortschreitende Zersplitterung der liberalen Parteien unter der Wucht der sich im industriellen System herausbildenden ökonomischen und gesellschaftlichen Interessenkonflikte. Im Augenblick freilich konnte niemand den liberalen Parteien die hegemoniale Position innerhalb des parteipolitischen Spektrums streitig machen.

Die Altliberalen, die sich am 28. März 1871 auch formell als Partei konstituierten und die Bezeichnung »Liberale Reichspartei« annahmen, erwiesen sich im großen und ganzen als zuverlässige Partner der Nationalliberalen. Aber die Liberale Reichspartei, deren Mitgliedschaft sich größtenteils aus früheren Ministern und leitenden Staatsbeamten rekrutierte, die sehr gute Beziehungen zu den Staatsbehörden einbrachten, war eher gouvernemental ausgerichtet; ihr parlamentarisches Auftreten hielt sich durchgängig in den Grenzen des der Reichsleitung Annehmbaren. Die Fortschrittspartei hingegen spielte im wesentlichen die Rolle eines moralischen Gewissens des Liberalismus; in gesinnungspolitischem Rigorismus warf sie den Nationalliberalen immer wieder unangemessene Nachgiebigkeit gegenüber Bismarck vor. Obschon ihr entschiedenes Auftreten von der Wählerschaft im Grunde nicht honoriert wurde, hielt sie prinzipientreu an der Verfolgung des verfassungspolitischen Programms des entschiedenen Liberalismus fest. Darüber geriet sie zunehmend in das politische Abseits. Unter diesen Umständen fiel den Nationalliberalen, die nicht nur die weitaus stärkste Fraktion stellten, sondern auch mit Männern wie Rudolf von Bennigsen, Johannes Miquel, Eduard Lasker, Max von Forckenbeck und Ludwig Bamberger über eine erfahrene politische Führungsmannschaft verfügten, eine Schlüsselposition zu. Selbst die Regierung konnte an ihnen nicht vorbeigehen. Allerdings bedeutete dies noch lange nicht, daß die Nationalliberalen ihr politisches Programm durchsetzen konnten.

Das Programm des nationalen Liberalismus konzentrierte sich auf den inneren Ausbau des Nationalstaates, von dem einstweilen nur das Gehäuse geschaffen war, während die innere Reichsgründung noch weithin ausstand. Die Kräfte, die sich dieser Politik entgegenstellten, waren nicht zu unterschätzen. Der dynastische Partikularismus hatte zwar weitgehend ausgespielt, obschon damals noch nicht voll erkennbar, aber die konservativen Patrioten in den einzelnen Bundesstaaten, die für die Erhaltung eines möglichst hohen Maßes von Eigenstaatlichkeit eintraten, verfügten nach wie vor über einen beachtlichen Rückhalt in der Bevölkerung. Die Welfen in Hannover und die katholisch-konservativen Parteien in den süddeutschen Staaten hatten zwar den Kampf gegen die gefürchtete Vereinnahmung in ein großpreußisch geführtes Reich verloren, aber auch sie waren keineswegs definitiv besiegt. Die Zentrumspartei hatte zwar in den Eröffnungsgefechten der Adreßdebatte und der Verhandlungen über die Reichsverfassung bittere Niederlagen einstecken müssen, aber ihr Rückhalt im katholischen Volksteil war dadurch eher noch gestärkt worden. Sie war entschlossen, ihren parlamentarischen Einfluß konsequent zu nutzen, um jede weitere Schwächung der föderativen Elemente des Verfassungssystems zu verhindern. In dem offiziellen Programm, das sich die Zentrumsfraktion des Reichstages Ende März 1871 gegeben hatte, hieß es unmißverständlich: »Der Grundcharakter des Reiches als eines Bundesstaates soll gewahrt, demgemäß die Bestrebungen, welche auf eine Änderung des föderativen Charakters der Reichsverfassung abzielen, entgegengewirkt, und von der Selbstbestimmung und Selbsttätigkeit der einzelnen Staaten in allen inneren Angelegenheiten nicht mehr geopfert werden, als die Interessen des Ganzen es unabweislich fordern.« Auch die preußischen Konservativen blieben von tiefem Mißtrauen in die Reichspolitik Bismarcks und deren Auswirkungen auf die

Stellung Preußens erfüllt. Hans Hugo von Kleist-Retzow erklärte in der Adreßdebatte: »Wir wollen in dem deutschen Reiche nicht aufgehen, sondern in ihm Preußen bleiben, ihm unsere davon unzertrennlichen Gaben und Kräfte zubringen.« Zugegebenermaßen waren die preußischen Konservativen, die nunmehr das Epitheton »Altkonservative« auf sich nehmen mußten, einstweilen paralysiert; sie hatten wenig Chancen, mit einer gegen Bismarck gerichteten Strategie im Lande Zustimmung zu finden. So fiel den Freikonservativen, obschon auch sie eine Fraktionspartei ohne nennenswerten Anhang im Lande waren, einstweilen eine Vermittlerrolle zu, die ihr einen ganz überproportionierten Einfluß auf die politischen Entscheidungen verlieh. Dagegen spielte die sozialistische Linke noch so gut wie überhaupt keine Rolle. Die Sozialdemokratische Arbeiterpartei mit ihrer ausgeprägt großdeutschen Ausrichtung und ihrer süddeutschen radikaldemokratischen Vergangenheit befand sich im neuen Reich in einer völligen Außenseiterposition, und die wenigen Lassalleaner waren durch ihre zeitweilige Kollaboration mit Bismarck kompromittiert. Die Vertreter der Polen und Dänen, zu denen seit 1875 immerhin 15 Abgeordnete des Reichslandes Elsaß-Lothringen hinzutraten, konnten zwar angesichts ihrer bescheidenen Zahl nichts Wesentliches ausrichten, aber sie verstärkten jene Negativkoalition, die einem weiteren Ausbau des Deutschen Reiches im unitarischen Sinne, wie dies die Nationalliberalen anstrebten, mehr oder minder entschieden entgegentrat.

In dieser parlamentarischen Konstellation sah sich Bismarck gezwungen, sich politisch noch stärker zur Mitte hin zu bewegen, als er es schon in den Jahren der Reichsgründung getan hatte, und dies, obwohl er persönlich keinerlei politischen Gesinnungswandel vollzogen hatte. Auf dem Gebiet der Wirtschafts- und Justizgesetzgebung wurde den Nationalliberalen nunmehr weitgehend freie Hand gegeben. Sie nutzten dies, um in enger Zusammenarbeit mit dem Präsidenten des Reichskanzleramtes, Rudolf Delbrück, mit dem preußischen Finanzminister Otto von Camphausen und dem Justizminister Gerhard A. W. Leonhardt eine einheitliche rechtliche Infrastruktur für die Entwicklung eines modernen industriellen Systems im Deutschen Reich zu schaffen. Insofern ist es durchaus berechtigt, in der Reichsgründung das Äquivalent einer »bürgerlichen Revolution« zu sehen, wie dies jüngst David Blackbourn und Geoff Eley vertreten haben. Aus der Perspektive Bismarcks gesehen war dies allerdings eine politische Diversionsstrategie; auf wirtschafts- und justizpolitischem Gebiet sollte das liberale Bürgertum die Gelegenheit bekommen, die notwendige Modernisierung des gesellschaftlichen Systems in die Wege zu leiten, ohne daß es auf den Kommandohöhen des politischen Systems reale Macht erhielt. Im Gegenteil: Bismarck wachte mit Argusaugen darüber, daß die politischen Reservate der Krone und die Befugnisse der Staatsautorität durch die neue Gesetzgebung keinerlei Einbußen erfuhren. Im übrigen tat er alles, um eine dauerhafte Konsolidierung der politischen Parteien, namentlich der Nationalliberalen Partei, zu verhindern.

Die innenpolitische Entwicklung der ersten Jahre nach der Reichsgründung war wesentlich davon beeinflußt, daß alle großen Parteien, mit Ausnahme allenfalls des Zentrums, einen offenen Konflikt mit Bismarck, dem populären Heros der Nation, nach Möglichkeit vermeiden wollten. Dies verwies den Reichstag von vornherein auf den Weg des Kompromisses mit dem Kanzler und mit den im Bundesrat repräsentierten »Verbündeten Regierungen«. Dennoch kam es in den folgenden Jahren immer wieder zu heftigen Auseinandersetzungen zwischen den Repräsentanten der Regierungspolitik und den Vertretern der Parteien. Die große Mehrheit der Gesetzgebungsprojekte kam nur nach langem, zähem Tauziehen zwischen ihnen zustande.

Das vornehmliche Ziel der Nationalliberalen und der ihnen nahestehenden Parteien war die Vollendung der inneren Reichseinheit, nachdem schon im Norddeutschen Reichstag wichtige Schritte in diese Richtung getan worden waren. Die Ausdehnung der Gesetzgebung des Norddeutschen Bundes auf das gesamte Reichsgebiet hatte man bereits in den Novemberverträgen vorgesehen, im Falle Bayerns war hingegen, gemäß dem Beitrittsvertrag vom 23. November 1870, ein förmlicher Beschluß des neuen Reichstages erforderlich. Dementsprechend beschloß er aufgrund einer Vorlage des Bundesrates am 14. April 1871 nahezu einstimmig die Ausdehnung von vierundzwanzig Gesetzen des Norddeutschen Bundes auf Bayern. Der in Form eines Reichsgesetzes sogleich Rechtskraft erlangende Beschluß, als solcher eine bloße Formalität, stand am Anfang eines umfänglichen Gesetzgebungswerkes, durch welches eine einheitliche Rechtsordnung insbesondere auf dem Gebiet des Wirtschaftslebens geschaffen werden sollte. Aber die Nationalliberalen, die darauf drängten, auf allen Gebieten, die der Gesetzgebung des Reichstages unterlagen, einheitliche Verhältnisse zu schaffen, stießen dabei vielfach auf den hartnäckigen Widerstand der Bundesstaaten. Diese hatten nicht selten die fraglichen Gesetzgebungsmaterien bereits in eigener Regie befriedigend, zuweilen sogar in einem durchaus fortschrittlichen Sinne, geregelt und waren zudem abgeneigt, auf liebgewordene Befugnisse zu verzichten. Bismarck selbst hielt sich in diesen Dingen zumeist im Hintergrund, obwohl er darauf achtete, daß die widerstrebenden Bundesstaaten nicht durch massiven politischen Druck zum Nachgeben gezwungen wurden. Das führte zu großen Verzögerungen im Gesetzgebungsverfahren und zu leidenschaftlichen Protesten der Parteien gegen die, wie sie es sahen, unerträgliche Verzögerungsstrategie des Bundesrates.

Besondere Bedeutung kam der Finanz- und Wirtschaftsgesetzgebung zu. Für die Nationalliberalen stand es fest, daß das Deutsche Reich in allen wirtschafts- und finanzpolitischen Fragen dem großen Vorbild Großbritanniens, des führenden Industriestaates in Europa, nacheifern müsse. Sie nahmen sich vor, die Voraussetzungen für einen weiteren wirtschaftlichen Aufstieg der mittleren Klassen der Gesellschaft zu schaffen und damit ihre eigene Machtbasis im Volk auf Kosten der Aristokratie und ihrer Mitläufer zu erweitern. Eine kraftvolle Entfaltung des industriellen Systems lag also in ihrem eigenen Interesse, zugleich aber auch, wie sie gemäß der zeitgenössischen Lehre zuversichtlich annahmen, im Interesse der Gesamtheit der Nation. Einzig für die Aristokratie traf dies nicht zu. Der nationalliberale Abgeordnete Ludwig Bamberger sah schon 1873 den Augenblick voraus, an dem »ein verarmter Adel an dem unaufhaltsamen Vorauseilen der Industrie und der Finanzen den tiefsten Anstoß nehmen« müsse, »denn dies« verringere »den Werth seines politischen Einflusses, seines gesellschaftlichen Prästigiums und seiner materiellen Einnahmen«. Die Herstellung eines einheitlichen Wirtschaftsraumes für das ganze Deutsche Reich war nicht zufällig von Anfang an ein wichtiger Bestandteil des Programms der nationalen Bewegung.

Einen der neuralgischsten Punkte für eine fortschrittliche Gestaltung der rechtlichen Rahmenbedingungen für eine prosperierende Wirtschaft bildeten das Münzwesen und das Bankensystem. Nach der Reichsgründung bestanden in Deutschland immer noch sieben verschiedene Münzordnungen; von einem rationalen Währungssystem war man noch weit entfernt. Darüber hinaus beruhten diese Münzordnungen in einem von Bundesstaat zu Bundesstaat unterschiedlichem Maße auf dem Prinzip der Doppelwährung: Gold und Silber dienten, auf der Basis eines theoretischen Verhältnisses von 1 Einheit Gold zu 15,5 Einheiten Silber, gleichermaßen als Grundlage des Währungssystems. Das war den Nationalliberalen seit längerem ein Dorn im Auge. Bereits seit 1868 hatte Ludwig Bamberger, der über große Erfahrungen im Bankwesen verfügte und 1870 maßgeblich an der Gründung der Deutschen Bank beteiligt war, im Norddeutschen Reichstag und ebenso im Zollparlament für eine gründliche Reform des Münzwesens und für die Abkehr von der Silberwährung plädiert. Schon damals hatte er, gemäß dem Vorbild Großbritanniens, in den Staaten des Zollvereins den Übergang zum Goldstandard als der einzig angemessenen Grundlage eines zeitgemäßen kapitalistischen Währungssystems gefordert. Die französische Kriegskontribution, die zeitweilig die Liquidität des Deutschen Reiches erheblich erhöhte, eröffnete nun die Chance, den Übergang zum Goldstandard rasch und vergleichsweise schmerzlos zu vollziehen.

Eine Vorlage des Reichskanzleramtes vom 11. November 1871, die die Ermächtigung zur Ausgabe von Goldmünzen im Wert von 10, 20 und 30 Mark vorsah, ansonsten aber die wesentlichen Probleme vor sich herschob, nahm Bamberger zum Anlaß, um mit großem Nachdruck, gestützt auf seine bemerkenswerte Beherrschung der schwierigen Materie, auf eine grundlegende Reform des Münzwesens zu drängen und vor allem den sofortigen Übergang zu einem allein auf Gold beruhenden Währungssystem zu verlangen, statt, wie es in der Vorlage Delbrücks vorgesehen war, der Silberwährung eine Hintertür offenzulassen. Mit der rigorosen Abwendung von der Silberwährung wollte Bamberger zugleich den Umlauf ausländischer Noten, insbesondere des österreichischen Gulden, im Deutschen Reich unterbinden. Außerdem sollten die Prägung von Münzen und die

Emission von Banknoten nicht länger den Staatsbanken der Bundesstaaten überlassen bleiben, sondern künftighin allein Sache des Reiches sein. Zu diesem
Zweck müsse eine Reichsbank gegründet werden. Nach Bambergers Vorstellungen sollten mit einer besonderen Ermächtigung des Reichskanzlers auch private
Personen das Recht erhalten, Goldmünzen auf eigene Rechnung zu prägen. Damit
wollte er erreichen, daß nicht staatliche Manipulation, sondern allein der Markt
über den Wert beziehungsweise die Parität der neuen Reichswährung im Vergleich mit anderen Währungen entscheiden würde. Grundsätzlich liefen seine
damals als revolutionär empfundenen Vorschläge darauf hinaus, ein weitgehend
staatlicher Manipulation entzogenes Währungssystem auf Goldbasis zu schaffen,
das in finanzpolitischer Hinsicht den Anschluß des deutschen Wirtschaftsraumes
an das internationale System bringen sollte.

Bambergers Pläne stießen zunächst auf den entschiedenen Widerstand der
Bundesstaaten, zumal des preußischen Finanzministers Otto von Camphausen.
Weder waren die Bundesstaaten bereit, das Prägerecht ihrer eigenen Staatsbanken
aufzugeben, noch hielten sie eine derart radikale Abwendung vom Prinzip der
Silberdeckung für gangbar. Camphausen war ganz und gar abgeneigt, die preußische Seehandlung, die bislang regelmäßig Überschüsse produzierte und somit
lukrative Einnahmen für den preußischen Fiskus abwarf, in ein Reichsinstitut zu
überführen. Bayern wollte ebenfalls seine Sonderrechte behalten. So gelang es
vorerst nur, nicht zuletzt aufgrund eines dramatischen Auftritts Bambergers, der
bei weiterer Unnachgiebigkeit der »Verbündeten Regierungen« den Abbruch
jeglicher parlamentarischer Verhandlungen androhte, zu erreichen, daß wenigstens die Prägung von Goldmünzen im Wert von 10 und 20 Mark allein von seiten
des Reiches vorgenommen und alle im Umlauf befindlichen älteren Münzen
eingezogen werden sollten. Aber in der Folge brachten die Nationalliberalen,
nicht zuletzt dank der zwingenden Argumentation Bambergers, den Bundesrat
schrittweise dahin, ein zentralistisches Währungssystem auf der Grundlage des
Goldstandards zu akzeptieren. Das Münzgesetz vom 9. Juli 1873 blieb zwar
wiederum hinter den Erwartungen der Liberalen weit zurück, aber das Ziel,
nämlich der Übergang zu einem allein auf Gold gestützten Währungssystem, war
immerhin klar avisiert. Die schwere Wirtschaftskrise von 1873, die unter anderem durch den Zusammenbruch eines ungeheuren Spekulationsgebäudes verursacht worden war, gab einen zusätzlichen Anstoß, in einem vom Reichstag
hinzugefügten Paragraphen 18 die Einziehung aller nicht auf Reichsmark lauten-
den Noten bis spätestens zum 1. Januar 1875 vorzusehen. Dies führte zu heftigen
Auseinandersetzungen, weil damit erneut die leidige Frage der Gründung einer
Reichsbank aufgeworfen war, gegen die Camphausen, nunmehr im Gegensatz zu
Delbrück, der den Liberalen entgegenzukommen geneigt war, nach wie vor
heftigen Widerstand leistete. Von der idealiter erstrebten Einhelligkeit im Bundesrat war nicht mehr die Rede. Bismarck suchte die Nationalliberalen dazu zu

bringen, in der laufenden Session auf eine Erledigung der strittigen Vorlage zu verzichten, um die Risse im Regierungslager behutsam flicken zu können, doch das war angesichts des entschiedenen, durch großen Sachverstand gedeckten Widerspruchs Bambergers vergeblich. Am Ende blieb dem Bundesrat sowie dem preußischen Finanzminister, der wegen seiner einseitigen Verfolgung preußischer Partikularinteressen zunehmend Bismarcks Unwillen auf sich zog, nichts anderes übrig, als in die Ausgabe von Banknoten von Reichs wegen – ursprünglich hießen sie »Reichskassenscheine« – einzuwilligen und der Errichtung einer Reichsbank ihre Zustimmung zu geben, die zum Hüter der auf Goldbasis gestützten Reichsmark bestimmt wurde.

Es war dies ein bedeutsamer Sieg der Nationalliberalen, der zeigte, daß durch beharrliche Politik, gepaart mit Sachverstand und Engagement, auch diesem Regierungssystem liberale Gesetze abgerungen werden konnten. Mit einiger Zufriedenheit konnte Bamberger im Rückblick feststellen: »Der Parlamentarismus ist am Ende doch nicht jenes fünfte Rad am Wagen, als welches eine wohlfeile Kritik ihn zu verspotten beliebt, und der Liberalismus der nationalen Parteien hat außer der Aufgabe, der Regierung in ihren freisinnigen Tendenzen nachdrängende Stütze zu sein, auch noch die besondere, in großen und kleinen Angelegenheiten des öffentlichen Wohls, welche der nationalen Form den wahren verdienstlichen Inhalt liefern, die Reichsregierung auf den rechten Weg zurückzuweisen, da wo sie von ihm ablenkt.« Allerdings war das nur möglich, weil Bismarck selbst sich in diesen Gesetzgebungsmaterien zurückhielt und es den Instanzen überließ, die Sache untereinander auszukämpfen, bevor er sich dann auf die siegende Seite stellte. Die Währungs- und Bankgesetzgebung setzte eine unitarische Tendenz in Gang, die in der Struktur des Reichsgebäudes ursprünglich gar nicht angelegt war.

Die Währungsgesetzgebung war der Eckstein eines umfassenderen Bündels von Gesetzen, die ebenfalls der Freisetzung wirtschaftlicher Tätigkeit und der Vereinheitlichung der ihr zugrunde liegenden rechtlichen Bedingungen dienten, wie etwa die Neuregelung von Maßen und Gewichten und eine rechtliche Neugestaltung des Konzessionswesens. Alle diese gesetzlichen Maßnahmen liefen auf die Festschreibung des Prinzips eines Freihandels auch im innerstaatlichen Raum hinaus. Ihre Vorteile für ein trotz der Krise von 1873 blühendes industrielles System waren unübersehbar, einschließlich der Anpassung an die Bedingungen des Weltmarktes. Dergleichen ging allerdings nicht ohne Kosten und ohne Verlierer ab, selbst wenn die Liberalen sich das nicht eingestehen wollten. Der Goldstandard verschärfte auf dem Agrarmarkt den Konkurrenzdruck jener Staaten, die wie Rußland noch der Silberwährung folgten, zum Nachteil insbesondere der ostelbischen Großgüterwirtschaft. Und der von seiten Preußens und des Reiches forcierte Bau von Eisenbahnen, verbunden mit dem Bemühen, alle privaten Eisenbahnen in staatlichen Besitz zu überführen – eine Politik, der die Nationalliberalen aus Gründen der Herstellung eines einheitlichen nationalen Marktes zögernd

Folge leisteten –, ging ebenfalls auf Kosten der Agrarier, für die die verkehrsmäßige Erschließung des flachen Landes höhere Lohnkosten und eine verstärkte Abwanderung von Arbeitskräften nach Westen mit sich brachte. Schließlich gewann mit dem sprunghaften Wachstum der Industrie auch die »Arbeiterfrage«, das heißt die gedrückte soziale Lage der industriellen Arbeiterschaft, zunehmend an Sprengkraft.

Vorderhand war die Stoßkraft des bürgerlichen Liberalismus ungebrochen. Auch auf dem Gebiet der Justizgesetzgebung gelangen ihm entscheidende Schritte in Richtung auf die Schaffung eines einheitlichen Rechtssystems, das die Grundsätze der Rechtsstaatlichkeit und der Sicherung der Individualrechte des Bürgers in weitgehendem Maße verwirklichte, obschon in einigen, politisch für besonders wichtig erachteten Bereichen Reste obrigkeitsstaatlicher Regelungen überlebten. Vor allem setzten die Nationalliberalen nunmehr durch, daß der Reichstag die Kompetenz für das gesamte Zivilrecht erhielt; bislang war er lediglich für jene Bereiche zuständig, die unmittelbar oder mittelbar wirtschaftliche Belange betrafen. Aber es bedurfte auch hier mehrerer Anläufe, bis die föderalistischen Bedenken der bundesstaatlichen Regierungen gegen eine einheitliche Gesetzgebung für das gesamte Zivilrecht überwunden werden konnten. Am 2. April 1873 brachte Eduard Lasker zum dritten Mal seinen, allerdings mit Rücksicht auf bayerische Sonderwünsche nunmehr leicht modifizierten Antrag ein, in Abänderung der Reichsverfassung dem Reichstag die Gesetzgebungskompetenz für das gesamte bürgerliche Recht zuzugestehen. Gegen die Gewährung jener Kompetenz an den Reichstag wurde von föderalistischer Seite unter anderem das Argument vorgebracht, daß sie zu einem regellosen Durcheinander von Spezialgesetzen führen werde, die den historisch gewachsenen Rechtstraditionen in den deutschen Staaten nur Schaden zufügen könnten. Gerade die süddeutschen Regierungen neigten dazu, daß, wenn schon eine Vereinheitlichung des bürgerlichen Rechts stattfinden solle, dies dann besser auf dem Weg einer allgemeinen Kodifikation geschehen sollte. Dagegen stand der Einwand der historischen Rechtsschule, deren Einfluß auf die Rechtsauffassung der Zeit immer noch sehr stark war, daß die Gegenwart »keinen Beruf zur Gesetzgebung« habe; vielmehr habe man sich an die historisch gewachsenen Rechtstraditionen zu halten. Lasker wußte solchen aus unterschiedlicher Richtung kommenden Einwänden geschickt zu begegnen. Die Spezialgesetzgebung, so meinte er, könne einer allgemeinen Kodifikation vorarbeiten, gerade wenn dabei die spezifisch deutschrechtlichen Traditionen gebührende Beachtung finden würden: »[...] wenn wir in gemeinsamer Arbeit gelernt haben, auch unsere Zivilgesetze in Wort und Geist nach deutscher Art zu gestalten, dann ist der rechte Zeitpunkt gekommen, an die Kodifikation [des bürgerlichen Rechts, d. Vf.] zu gehen.« Obwohl die historische Rechtsschule ihre Anhänger vorwiegend im konservativen und im katholisch-föderativen Lager besaß, ging der Riß zwischen ihren Befürwortern und den Vertretern eines formal-rationalen, in freier

Deliberation gesatzten Rechts auch durch die Nationalliberale Partei. Laskers Mitstreiter, namentlich Johannes Miquel, vertraten allerdings eine pragmatische Linie in dieser Frage; sie meinten, daß der Graben zwischen beiden Rechtsschulen in der Praxis gar nicht so tief sei.

Delbrück schlug sich nunmehr uneingeschränkt auf die Seite der Anhänger einer umfassenden Rechtskodifikation, die einerseits die im Interesse der Rechtseinheit erforderlichen neuen Rechtsregelungen bringen werde, andererseits durch Heranziehung der juristischen Fachvertreter eine Entpolitisierung der anstehenden Fragen zu ermöglichen schien. So kündigte er, noch bevor die endgültige Zustimmung des Bundesrates vorlag, die Einsetzung einer Kommission zur Ausarbeitung eines Allgemeinen Bürgerlichen Gesetzbuches an. Am 24. Dezember 1874 wurde dann die erforderliche Verfassungsänderung, die dem Reich die Zuständigkeit für das gesamte bürgerliche Recht, das Strafrecht und das gerichtliche Verfahren gab, im »Reichsgesetzblatt« verkündet. Ein großer, grundsätzlich bedeutsamer Sieg für die Reichseinheit war erfochten. Schon im Sommer 1874 begann eine vom Bundesrat berufene Expertenkommission unter der Leitung von Gottlieb Planck mit den Vorarbeiten für ein Bürgerliches Gesetzbuch; diese sollten dann freilich noch vierzehn Jahre in Anspruch nehmen, bis 1898 den gesetzgebenden Körperschaften ein endgültiger Entwurf vorgelegt werden konnte. Aber der Anfang war gemacht.

Noch ein weiterer, gleichfalls kontroverser Gegenstandsbereich wurde vom Reichstag schon im März 1873 in Angriff genommen, nämlich ein neues Pressegesetz, das an die Stelle der veralteten landesgesetzlichen Regelungen treten sollte. Eine Vereinheitlichung jener höchst verworrenen Rechtsverhältnisse war dringend erforderlich. Der Deutsche Journalistentag hatte bereits 1872 einen Entwurf eines Reichspressegesetzes vorgelegt, der dazu bestimmt war, die Zöpfe des aus den Zeiten der Restauration stammenden Presserechts zu beseitigen, das die Presse durchgängig besonderen Ausnahmeregelungen unterwarf. Der Reichstag griff diesen Entwurf auf und machte sich ihn zum überwiegenden Teil zu eigen. Die Presse sollte »von den unwürdigen Beschränkungen des in den meisten deutschen Staaten geltenden Präventivsystems«, das die vorgängige Prüfung der Zeitungen durch die Staatsbehörden vorsah, befreit werden; es sollte den Polizeibehörden nicht mehr zulässig sein, im Falle von Beanstandungen kurzerhand zur vorläufigen Beschlagnahme von Presseorganen zu greifen oder gar eine Entziehung der Konzession anzuordnen. Auch die Presse sollte hinfort den Bestimmungen des allgemeinen Strafrechts unterworfen werden und nicht länger das Objekt behördlicher Willkür sein. Allfällige Verfahren sollten vor Geschworenengerichten zur Verhandlung kommen – eine Maßnahme, von der die Liberalen eine sachgerechtere Rechtsprechung erwarteten. In einer politisch so sensitiven Angelegenheit wie dem Presserecht wollte sich die Reichsleitung jedoch nicht das Gesetz des Handelns vom Reichstag vorschreiben lassen. Deshalb legte der Bundesrat wenig später einen eigenen Entwurf vor, der hinter jenem der Reichstagsmehrheit, der von sämtlichen liberalen Parteien und sogar, wenngleich mit geringen Vorbehalten, dem Zentrum getragen wurde, erheblich zurückblieb. Er hielt vor allem an dem Recht der Beschlagnahme von Presseerzeugnissen fest, »wenn der Inhalt den Tatbestand eines Vergehens oder Verbrechens begründet« – eine Formulierung, die den Staatsbehörden einen weiten Ermessensspielraum gewährte und die sogleich als unangemessen angegriffen wurde. Vor allem aber enthielt der Entwurf die folgende äußerst pauschal gehaltene Bestimmung: »Wer in einer Druckschrift die Familie, das Eigentum, die allgemeine Wehrpflicht oder sonstige Grundlagen der staatlichen Ordnung in einer die Sittlichkeit, den Rechtssinn oder die Vaterlandsliebe untergrabenden Weise angreift, oder Handlungen, welche das Gesetz als strafbar bezeichnet, als nachahmungswert, verdienstlich oder pflichtmäßig darstellt oder die Verhältnisse der bürgerlichen Gesellschaft in einer den öffentlichen Frieden gefährdenden Weise erörtert, wird mit Gefängnis oder Festungshaft bis zu zwei Jahren bestraft.«

Dagegen erhob sich ein Proteststurm in der breiten Öffentlichkeit, aber ebenso im Parlament selbst. Doch die Regierung war nicht bereit, in den von ihr für politisch ausschlaggebend gehaltenen Punkten nachzugeben und von jeglicher politischen Bevormundung der Presse abzulassen. Umgekehrt sah die Reichstagsmehrheit wenig Sinn darin, das Gesetz wegen einiger von der Regierung geforderten, klar anti-liberalen Bestimmungen scheitern zu lassen. Nach langem Feilschen und informellen Verhandlungen zwischen der Reichstagskommission und den Vertretern des Bundesrates wurde ein Kompromiß erzielt: Die Möglichkeit der Beschlagnahme von Druckerzeugnissen wurde auf fünf Tatbestände des Strafgesetzbuches eingeschränkt, nämlich auf Verbreitung unzüchtiger Literatur, Aufforderung zum Hochverrat, Majestätsbeleidigung, öffentliche Aufforderung zu einer strafbaren Handlung sowie »Anreizung zum Klassenkampf«. Von Geschworenengerichten war nicht mehr die Rede. Außerdem setzte sich die Regierung gegen heftige Widerstände mit ihrer Auffassung durch, daß ein Zeugnisverweigerungsrecht für Redakteure, wie es die liberalen Parteien verlangt hatten, nicht in Frage komme, ebenso kein besonderer rechtlicher Schutz des Redaktionsgeheimnisses, welcher heute eine gängige rechtsstaatliche Praxis darstellt. Ferner sah der Regierungsentwurf eine Berichtigungspflicht der Presse im Falle von Falschmeldungen auf Ersuchen der jeweils Betroffenen vor, eine rechtlichen Grundsätzen entsprechende Bestimmung, die heute als selbstverständlich gilt. Am 25. April 1874 wurde das Pressegesetz, nachdem Delbrück die Zustimmung des Bundesrates in Aussicht gestellt hatte, mit großer Mehrheit angenommen; bereits am 7. Mai trat es mit seiner Veröffentlichung in Kraft. Das Pressegesetz brachte, gemessen an der Situation in der Mehrzahl der deutschen Bundesstaaten, erhebliche Verbesserungen, auch wenn es in entscheidenden Punkten hinter liberalen Grundsätzen zurückblieb; vor allem entfielen damit die wirtschaftlichen Behinderungen, die bisher für die Presse in zahlreichen Bundesstaaten gegolten hatten. Die Auseinandersetzungen, die es über das Pressegesetz gegeben hatte, warfen einen Schatten voraus; denn es war deutlich geworden, wie schwierig es sein würde, im Deutschen Reich uneingeschränkt liberale Grundsätze zur Geltung zu bringen.

Im November 1874 befaßte sich der Reichstag mit drei großen Justizgesetzen, betreffend eine einheitliche Gerichtsverfassung, eine grundlegende Neugestaltung der Strafprozeß- und der Zivilprozeßordnung sowie eine neue Konkursordnung. Diese schwierigen Gegenstände sollten die gesetzgebenden Körperschaften für mehr als zwei Jahre beschäftigen. Gerade hier bewies der Reichstag, der mit Lasker und Miquel über bemerkenswert gute Kenner der Materie verfügte, seine Sachkompetenz auch gegenüber den vielen Experten, die das preußische Justizministerium aufgeboten hatte. Die Entwürfe wurden einer besonderen Justizkommission unter dem Vorsitz Miquels überwiesen, die sich in langwierigen Verhandlungen bemühte, eine Verständigung mit den Regierungsvertretern zu erreichen. Vornehmlich das Gerichtsverfassungsgesetz gab Anlaß zu heftigen politischen Auseinandersetzungen; hier geriet die obrigkeitliche Einstellung der Verbündeten Regierungen, die sich zusätzliche Unterstützung von seiten der Fachjuristen zu verschaffen wußten, mit den Rechtsauffassungen des Liberalismus in einer ganzen Reihe von Punkten hart aneinander. Die Liberalen warfen einmal mehr das Zeugnisverweigerungsrecht für Redakteure und die Zuständigkeit von Geschworenengerichten für Pressevergehen in die Debatte, doch sie stießen damit bei Bismarck auf granitenen Widerstand. Die zum Arsenal liberalen Rechtsdenkens gehörende Einrichtung des Geschworenengerichts konnte nur bei Kapitalverbrechen durchgesetzt werden; ansonsten mußten sie mit dem Schöffengericht vorliebnehmen. Die Hoffnung, daß »Preßvergehen« nur durch Schwurgerichte verfolgt werden sollten, ging ebenfalls nicht in Erfüllung. Immerhin konzedierten die »Verbündeten Regierungen«, daß in jenen süddeutschen Staaten, in denen dies bereits geltendes Recht war, die bisherigen Bestimmungen bestehenblieben. So wurde wenigstens ein substantieller Rückschritt in dieser Sache verhindert. Demgemäß blieb das ganze Gesetzgebungswerk bis zur letzten Minute umstritten und wäre um ein Haar gänzlich gescheitert. Erst Mitte Dezember 1876 konnte in direkten Verhandlungen Bennigsens, Laskers und Miquels mit Bismarck und dem preußischen Justizminister Leonhardt ein Kompromiß gefunden werden. Die Nationalliberalen fanden sich mit den von Bismarck geforderten Beschränkungen des Presserechts ebenso ab wie mit der Einschränkung des Prinzips der Geschworenengerichte und der Eliminierung der Möglichkeit einer Berufung gegen Urteile der zweitinstanzlichen Strafgerichte, weil es ihnen wichtiger erschien, die Gesetze in ihrer Substanz zustande zu bringen, als sich in diesen Fragen durchzusetzen. Miquel rechtfertigte die Annahme der so veränderten Vorlage durch die Nationalliberalen in einer großen Rede im Plenum am 18. Dezember 1878, in der er ausführte, daß der ausgehandelte Kompromiß der Reichstagsmehrheit erhebliche Opfer abverlange, daß er es aber für unverantwortlich hielte, an den strittig gebliebenen Einzelfragen das ganze Gesetzgebungswerk scheitern zu lassen. Die »Rechtseinheit der deutschen Nation« sei »eine Lebensbedingung und eine Lebensfrage der deutschen Nation«; ihre Sicherstellung stelle gegenüber den verbliebenen Mängeln der Justizgesetze ein höherwertiges Gut dar.

Insgesamt gelang es den Nationalliberalen unter der sachkundigen Führung von Lasker und Miquel mit diesen Gesetzen die Grundlagen für ein von der Staatsautorität weitgehend unabhängiges Rechtssystem zu legen, einschließlich einer einheitlichen Ausbildung für die Richter und die Anwaltschaft. Die Unabhängigkeit der Richterschaft war gesichert, der strafrechtlichen Verfolgung der Beamtenschaft seitens der Behörden waren wenigstens verfahrensrechtliche Schranken gesetzt worden, die allerdings behördliche Willkür nach wie vor nicht gänzlich ausschlossen. Die Krönung des Ganzen bildete der Beschluß zur Errichtung eines Reichsgerichts in Leipzig als oberster Appellationsinstanz, das an die Stelle des bisherigen Handelsgerichtshofes treten sollte. Hinter den Grundsätzen liberaler Rechtsstaatlichkeit blieben die Justizgesetze an wichtigen Punkten zurück; dabei war besonders störend, daß gerade auf dem Gebiet des Presserechts Rückschritte gegenüber der fortschrittlicheren Praxis in einigen der süddeutschen Bundesländer hingenommen werden mußten. Auch waren sie nicht frei von Rücksichtnahmen auf partikulare bundesstaatliche Interessen. Von einer wirklich einheitlichen Rechtsordnung in allen ihren Zweigen, wie sie die Liberalen ursprünglich auf ihr Panier geschrieben hatten, konnte demnach nicht die Rede sein. Die Fortschrittspartei griff denn auch die Mängel der Vorlage in größter Schärfe an und warf den Nationalliberalen Charakterlosigkeit und Verrat an der gemeinsamen liberalen Sache vor; dazu hat der Umstand beigetragen, daß das Zustandekommen der Gesetze am Ende in geheimen Verhandlungen der Nationalliberalen mit der Regierung, unter Ausschluß der anderen Parteien, erreicht worden war. In den erbitterten parlamentarischen Fehden trat die Spaltung des Gesamtliberalismus in einen entschieden fortschrittlichen, vornehmlich gesinnungsethisch argumentierenden linken Flügel und einen pragmatischen, zunehmend am Grundsatz der Realpolitik orientierten rechten Flügel erstmals scharf hervor. Bennigsen reagierte auf die Kritik der Fortschrittspartei mit einiger Schärfe; er warf ihr »unfruchtbare Politik« und Doktrinarismus vor. Die »Unterscheidung« zwischen den beiden liberalen Parteien bestehe, so führte er im Reichstag aus, »nicht darin, daß Sie in den liberalen Grundsätzen weiter gehen – die Unterscheidung besteht darin, daß wir sagen, die Politik und die Gesetzgebung sind keine Lehre und keine Doktrin, sie sind eine Praxis und eine Kunst [...]«. Aber auch er konnte nicht umhin, den Kern der Differenzen anzusprechen, nämlich die Frage, wie man sich angesichts des Widerstandes der Verbündeten Regierungen verhalten solle: »[...] auch wir müssen uns entschließen zu einer erheblichen Nachgiebigkeit; denn nimmer können wir, und kann auch dieses Haus verlangen, daß durch die Mehrheit des Reichstags allein die Gesetze in Deutschland gemacht werden.« Gerade die obrigkeitliche Bevormundung der gesetzgebenden Körperschaften durch die Exekutive wollten die entschiedenen Liberalen überwinden, statt sich, wie die Nationalliberalen, zumindest vorläufig mit den gegebenen Machtverhältnissen abzufinden, die beständig zu Kompromissen mit den »Verbündeten Regierungen« zwangen.

Die Annahme der Justizgesetze im Reichstag am 21. Dezember 1876 erfolgte erstmals mit den Stimmen der Nationalliberalen und der beiden konservativen Fraktionen gegen jene der Fortschrittspartei, des Zentrums sowie der Polen und der Sozialdemokraten. Das umfangreiche Gesetzgebungswerk trat gemäß den Wünschen der Reichstagsmehrheit zum 1. Oktober 1879 in Kraft. Es hatte sich erwiesen, daß selbst eine starke Parteiengruppierung, zu der anfänglich nicht nur die liberalen Parteien, sondern auch das Zentrum und ein Teil der Freikonservativen gehört hatten, ihre von großen Mehrheiten getragenen Beschlüsse gegenüber den »Verbündeten Regierungen« nur partiell, mit weitreichenden Kompromissen, die ihre Glaubwürdigkeit bei den eigenen Anhängern gefährdeten, durchzusetzen vermochte. Bereits auf dem Höhepunkt der liberalen Ära offenbarten sich die Grenzen der Macht des Reichstages innerhalb des bestehenden Verfassungssystems in unübersehbarer Weise.

Das sollte sich in noch höherem Maße bei der Zoll- und Finanzgesetzgebung zeigen, obschon anfänglich in den wirtschaftspolitischen Zielsetzungen zwischen dem Reichskanzleramt unter Delbrück und der liberalen Reichstagsmehrheit eine nahezu vollkommene Harmonie bestanden hatte. Der Reichstag setzte weitgehend die Freihandelspolitik fort, die bereits vom Zollverein betrieben worden war. Der weitere Abbau des Zolltarifsystems und eine fortschrittliche Wirtschafts- und Gewerbegesetzgebung gingen dabei Hand in Hand. Mit dem Gesetz über die Kommanditgesellschaften auf Aktien und die Aktiengesellschaften von 1870 hatte schon der Norddeutsche Reichstag freie Bahn für moderne Organisationsformen im Wirtschaftsleben gegeben, trotz mancherlei Bedenken vor allem auf konservativer Seite gegen diese angeblich institutionalisierte Form »gesellschaftlichen Diebstahls«, wie es der Staatsrechtler Rudolf von Ihering zu bezeichnen für nötig hielt. Artikel 11 des Frankfurter Friedensvertrages, in dem Frankreich verpflichtet wurde, dem Deutschen Reich auf alle Zeiten die Meistbegünstigung einzuräumen, war ein weiterer Schritt hin zu einem reinen Freihandelssystem, brachte dieser doch das Reich in den Genuß all jener zolltariflichen Bevorzugungen, die Frankreich zahlreichen westeuropäischen Staaten und ebenso Rußland eingeräumt hatte. Unter diesen Umständen erschien der Abbau der noch bestehenden Eisenzölle hoch an der Zeit. Vornehmlich der Kongreß deutscher Volkswirte plädierte auf seinen Zusammenkünften in den Jahren 1871 und 1872 erneut für den Übergang zu einer uneingeschränkten Freihandelsordnung. Die

Freien Städte Bremen und Hamburg und zahlreiche andere an der See gelegene Städte forderten gleichfalls die Beseitigung der noch bestehenden Zolltarife. Die entscheidende Unterstützung für den Übergang zum Freihandel, dem die betroffenen industriellen Interessen hinhaltenden Widerstand leisteten, kam freilich von seiten der Agrarier. Die ostdeutsche Großgüterwirtschaft war damals noch weithin auf den Export von Getreide nach anderen europäischen Ländern, vornehmlich Großbritannien, eingestellt; zudem erhoffte sich die Landwirtschaft von einer Beseitigung der Eisenzölle eine Verbilligung der landwirtschaftlichen Maschinen und indirekt eine Verminderung des Lohngefälles zwischen industrieller und landwirtschaftlicher Arbeit, das vielen Landarbeitern die Abwanderung in die sich rasch entwickelnden industriellen Zentren so attraktiv erscheinen ließ. Unter diesen Umständen trug Bismarck keine Bedenken, im Frühsommer 1873 seinerseits mit einer Vorlage hervorzutreten, welche die Beseitigung der Eisenzölle und die Herabsetzung der Zollsätze für Maschinen und sonstige Eisenprodukte zum 1. Oktober 1873 vorsah. Dagegen erhoben die unmittelbar betroffenen Interessenten, namentlich die Stahl- und Maschinenindustrie, leidenschaftlichen Protest. Am Ende kam es zu einem Kompromiß, den Miquel und Hammacher, die beide der Eisenindustrie nahestanden, ausgehandelt hatten. Darin wurde der Eisenindustrie eine Gnadenfrist bis zum 1. Januar 1877 eingeräumt, damit sie sich auf die internationale Konkurrenz einstellen könne. Auch wenn so nicht alle Wünsche der Freihändler erfüllt waren, schien der Weg in Richtung auf ein uneingeschränktes System des Freihandels eindeutig beschritten zu sein.

Doch der schrittweise Übergang zum Freihandel warf Probleme finanzpolitischer Art auf. Denn dadurch wurden die ohnehin schmal bemessenen unmittelbaren Einnahmen des Reiches noch weiter beschnitten. Das Reich war nun in vermehrtem Umfang darauf angewiesen, auf die Matrikularbeiträge der einzelnen Bundesstaaten zurückzugreifen. Obwohl dieses Problem durch die Kriegsentschädigung von seiten Frankreichs vorübergehend abgeschwächt wurde, gewann es immer mehr an Dringlichkeit. Grundsätzlich waren die Nationalliberalen stärker noch als Bismarck selbst daran interessiert, das Reich finanziell auf eigene Füße zu stellen, statt es weiterhin, von den eher bescheidenen Einnahmen aus Zöllen und diversen Reichssteuern abgesehen, gleichsam als Kostgänger der Bundesstaaten, in erster Linie Preußens, zu behandeln. Aber sie waren nicht sonderlich geneigt, dem Reich neue, ergiebige Steuerquellen zu erschließen, wenn auf diese Weise das Budgetrecht in den Bundesstaaten, vor allem in Preußen, unterminiert werde, weil diese dann über die durch eine Minderung der Matrikularbeiträge ersparten Summen ohne jede Kontrolle der Parlamente frei hätten verfügen können. Die Verurteilung des Systems der Matrikularbeiträge war allgemein, nicht zuletzt deshalb, weil sie die wohlhabenden Bundesstaaten ebenso trafen wie die zahlreichen, wirtschaftlich zurückgebliebenen Kleinstaaten, aber auch, weil eine geordnete Finanzgebarung in den Bundesstaaten durch die in ihrer Höhe unvorhersehbaren und von den einzelstaatlichen Parlamenten nicht beeinflußbaren Matrikularumlagen nahezu unmöglich gemacht wurde. Außerdem drängten die Parteien auf eine eindeutigere Regelung der Verantwortlichkeiten auf steuerpolitischem Gebiet; in der Tat führte eine Situation, in der Delbrück für die Zölle und unmittelbaren Reichseinnahmen, der preußische Finanzminister von Camphausen für die Erstellung des Reichshaushalts zuständig waren, zu Unzuträglichkeiten. Die Nationalliberalen gingen davon aus, daß die Entwicklung früher oder später mit innerer Notwendigkeit auf die Einrichtung eines Reichsfinanzministeriums – so Miquel in seiner großen Rede über die Reichsfinanzen am 27. Mai 1873 – hinauslaufen müsse. Davon freilich wollte Bismarck vorderhand überhaupt nichts wissen. Erst 1879, nach einem Jahrzehnt erbitterter Auseinandersetzungen zwischen Reichstag, dem preußischen Finanzministerium, dem mit diesem keineswegs immer übereingehenden Bundesrat und mit Bismarck persönlich, der die Geschichte aus einiger Distanz beobachtete und dann nur von Fall zu Fall direkt eingriff, wurde schließlich ein Reichsschatzamt mit einem eigenen, allerdings dem Parlament nicht unmittelbar zur Rechenschaft verpflichteten Staatssekretär errichtet.

Die liberalen Parteien bestanden darüber hinaus auf einer klaren Regelung des Haushaltsrechts und setzten, gegen einige Widerstände im Bundesrat, ein Reichshaushaltsgesetz durch, welches die Aufstellung und parlamentarische Behandlung des Reichsetats auf eine verläßliche Grundlage stellte. Aber die Bemühungen des Reichstages, anstelle der im Jahr 1868 beschlossenen und 1870 noch einmal erneuerten provisorischen Regelung, welche die Rechnungsprüfung der Behörden des Reiches der preußischen Oberrechenkammer übertrug, endlich eine Reichsbehörde zu schaffen, blieben einstweilen erfolglos. Wiederholte Anläufe zur Errichtung eines »Rechnungshofes des deutschen Reiches« sowie auf Erlaß eines Finanzverwaltungsgesetzes, mit dem die Finanzgebarung des Reiches auf eine solide rechtliche Grundlage gestellt werden sollte, scheiterten an den unterschiedlichen Vorstellungen der Verbündeten Regierungen, in erster Linie Preußens, sowie des Reichstages über eine zeitgerechte Ausgestaltung des Rechnungswesens des Reiches. Die Reichstagsmehrheit drängte darauf, auch die außeretatmäßigen Einnahmen des Reiches in das Budgetrecht des Parlaments einzubeziehen und die Praxis zu unterbinden, daß Ersparnisse im Besoldungswesen unter Umgehung des Parlaments zu anderen Zwecken, beispielsweise zur Zahlung von besonderen Remunerationen an verdiente Persönlichkeiten, verwendet wurden. Ebenso wollte sie die aus der Zeit der Alleinherrschaft stammende Regelung beseitigen, die es ermöglichte, von einer strafrechtlichen Verfolgung außerplanmäßiger Etatüberschreitungen abzusehen, die durch inkorrektes Verhalten von Behörden oder einzelnen Personen verursacht worden waren, durch kaiserliches Dekret. Obschon die »Verbündeten Regierungen« dem Bemühen des Reichstages schrittweise entgegenkamen, eine umfassende rechtliche Ordnung des gesamten Rechnungswesens zu erreichen, verhinderte Bismarck persönlich noch 1877 die endgültige Behandlung eines bereits weitgehend ausgehandelten Kompromisses durch den Bundesrat. Auf dem politisch neuralgischen Gebiet des Budgetrechts betrachtete der Kanzler jede Ausweitung der Rechte des Reichstages, und mochte diese auch noch so formaler Natur sein, mit größtem Argwohn, während die Bundesstaaten in ihrer Sorge, politisch ausgehebelt zu werden, auf ihre Rechte pochten. Unter diesen Umständen erwies es sich zunächst als unmöglich, eine grundlegende Reorganisation der Reichsfinanzen zustande zu bringen. Vorderhand war Lavieren die Devise, da weder Bismarck und die »Verbündeten Regierungen« noch die liberalen Parteien von ihren Grundvorstellungen abzugehen geneigt waren.

Nicht zufällig brach der erste schwere Konflikt zwischen Bismarck und der Reichstagsmehrheit ob der Heeresvorlage von 1874 aus, die mit dem Ablauf des 1871 ausgehandelten Kompromisses, des »Pauschquantums«, unvermeidlich geworden war. Rein finanziell hatte sich das »Pauschquantum« für das Heer eher als eine Zwangsjacke erwiesen, denn die zeitweilige Unabhängigkeit von parlamentarischer Bevormundung war durch eine Fixierung der Präsenzstärke des Heeres auf einem Niveau, das sich schon bald als unrealistisch erwiesen hatte, erkauft worden. Pragmatisch gesehen hätte einiges dafür gesprochen, nun zur jährlichen Bewilligung des Heeresetats überzugehen, da die Reichstagsmehrheit im Prinzip durchaus bereit war, die für eine angemessene militärische Rüstung des Reiches notwendigen Mittel zu bewilligen. Doch dazu waren Bismarck und der preußische Kriegsminister Albrecht von Roon keinesfalls bereit. Im Gegenteil: Sie forderten die Festlegung einer neuen, höheren Friedenspräsenzstärke des Heeres, an der sich die Höhe der bereitzustellenden Finanzmittel orientierte, auf unbestimmte Dauer. Dieses »Äternat«, durch welches der größte Teil der Ausgaben des Reiches ein für allemal der Kontrolle des Reichstages entzogen worden wäre, war für die großen Parteien im Reichstag schlechterdings inakzeptabel. Während der Fortschritt und das Zentrum rundheraus eine Herabsetzung der beantragten Friedenspräsenzstärke und jährliche Budgetbewilligung verlangten, sahen sich die Nationalliberalen, die sich bislang als »Partei Bismarcks« profiliert hatten, in einem Dilemma. Das Gros der Nationalliberalen war durchaus zur Bewilligung der Sachforderungen bereit; vor allem aber wollte es einen erneuten Konflikt mit Bismarck über die Frage der Bewilligung des Heeresetats unter allen Umständen vermeiden. Andererseits hätte die Annahme dieser Forderung die Nationalliberalen nicht nur des Einflusses auf die innere Gestaltung der Armee, sondern auch der parlamentarischen Waffe des Budgetrechts beraubt. Gegenüber der Fortschrittspartei, ihrem linksliberalen Rivalen, wäre die Nationalliberale Partei ebenfalls in eine taktisch höchst ungünstige Lage geraten.

Bismarck aber setzte einigermaßen kühl die Daumenschrauben an, wohl schon zu diesem Zeitpunkt darauf abzielend, den linken Flügel der Nationalliberalen unter Lasker und Stauffenberg vom Gros der Partei abzusprengen. Von Varzin aus, wohin sich der Kanzler krankheitshalber zurückgezogen hatte, warf er den Nationalliberalen – »diejenigen Herren, die ausdrücklich auf meinen Namen gewählt sind« – vor, daß sie glaubten, »nicht tun zu dürfen, was die Lage des Augenblicks gebieterisch fordert,« weil sie sich bei früherer Gelegenheit in anderem Sinne ausgesprochen hätten. Bismarck ließ durchblicken, daß er das Bündnis mit den Nationalliberalen, sofern diese nicht nachgeben würden, aufkündigen müsse, und drohte offen mit seinem Rücktritt oder jedenfalls mit einer Auflösung des Reichstages. Es ist unübersehbar, daß Bismarck darauf setzte, in der sich anschließenden Reichstagswahl unter der Devise der Sicherung der nationalen Verteidigung des Reiches die Nationalliberalen gleichsam mit populistischen Methoden aushebeln zu können. Der Gedanke, daß der Kanzler ob des Militärgesetzes zurücktreten könnte, war für weite Teile der bürgerlichen Wählerschaft nicht nachvollziehbar, und die Nationalliberalen wollten mit einigem Recht dieses Odium unter keinen Umständen auf sich laden. Ihre Lage wurde noch verschlechtert durch den Tatbestand, daß ein großer Teil der Presse, teilweise mit amtlicher Ermutigung, sich für eine ungeschmälerte Annahme der Regierungsvorlage einsetzte, um das Undenkbare, nämlich den Rückzug des großen Kanzlers von der Politik, nicht eintreten zu lassen.

Einmal mehr standen sich die Positionen der Reichstagsmehrheit und des konservativen Establishments diametral gegenüber. Die Militärs und mit ihnen die Entourage Wilhelms I. befürchteten, daß die parlamentarische Kontrolle der Militärausgaben die eigenständige Stellung der Armee im monarchischen Staat untergraben werde und den Anfang der Revolution darstelle. Roon meinte beispielsweise, daß eine schlagkräftige Armee den einzigen Schutz »sowohl gegen das rote, wie gegen das schwarze Gespenst« bilde. »Ruinieren sie die Armee, dann ist das Ende da«, schrieb er an Blanckenburg am 4. Februar 1874. Im liberalen Lager wurde es hingegen für unannehmbar gehalten, auf das Budgetrecht endgültig zu verzichten. Angesichts des Umstandes, daß die Militärausgaben einschließlich der Aufwendungen für Pensionen 78,5 Prozent der gesamten Reichsausgaben ausmachten, wäre ein Nachgeben praktisch gleichbedeutend damit gewesen; nur mit großer Mühe war seinerzeit das »Pauschquantum« als eine ausgesprochene Übergangsregelung zustande gekommen. Andererseits fürchteten die Nationalliberalen einen erneuten Verfassungskonflikt, und wegen der Stimmung in der breiteren Öffentlichkeit hatten sie allen Grund dazu. Deshalb handelte Bennigsen schließlich einen Kompromiß aus, das »Septennat«, nämlich die Bewilligung der Heeresausgaben gemäß der neu festgesetzten Friedenspräsenzstärke des Heeres für sieben Jahre. Damit war diese so konfliktträchtige Frage einmal mehr aufgeschoben; im Jahr 1881 würde die Grundsatzdebatte über die Sonderstellung des Heeres erneut geführt werden müssen.

Bennigsen rechtfertigte die Annahme dieses Kompromisses am 13. April 1874 im Reichstag gegenüber der leidenschaftlichen Opposition der gesamten Linken vor historischem Hintergrund. Er bezog sich dabei unter anderem auf »die starke Volksbewegung, welche in den letzten Wochen und Tagen durch die deutsche Nation gegangen« sei, nicht ohne ihr mit einer gewissen Distanz zu begegnen: »Ich bin allerdings persönlich der Meinung, wenn ich versuche, unbefangen diese Erscheinung zu beurteilen, daß auf dem rein politischen Gebiete eine so primitive und starke Bewegung seit dem Jahre 1848 nicht dagewesen ist.« In diesen Worten schwang die Erkenntnis mit, daß die Nationalliberalen als die eigentliche Partei des Honoratiorenbürgertums hier durch Bismarcks populistischen Appell an die breite Öffentlichkeit gleichsam ausgehebelt worden waren. Doch Bennigsen zog daraus den Schluß, daß die Politik des Entgegenkommens bei Lage der Dinge der einzig gangbare Weg gewesen sei: »[...] diese Bewegung ist hervorgegangen aus dem ganz unmittelbaren Drang, daß jetzt die Zeit nicht da ist, wo der neue deutsche Staat einen Konflikt zwischen seiner Regierung und dem Reichstag auf dem Gebiete der Heeresverfassung vertragen kann.«

Dieser Ausgang der Dinge förderte nicht gerade die Bereitschaft des Reichstages zu Entgegenkommen in den finanzpolitischen Fragen, obschon die Reichsfinanzen unter den Auswirkungen der Wirtschaftskrise und angesichts des Versiegens der französischen Milliarden seit 1875 in eine kritische Lage gerieten. Zwar bestand darüber Einverständnis, daß die Matrikularumlagen nicht noch weiter erhöht werden sollten, doch die Reichstagsmehrheit war nicht willens, ein umfassenderes Steuerpaket zu akzeptieren, solange dies nicht mit entsprechenden Umschichtungen von Steuern der Bundesstaaten auf das Reich verbunden sei; umgekehrt weigerten sich die »Verbündeten Regierungen«, die verlangten »konstitutionellen Garantien« zu geben, welche eine Verwendung von ersparten Matrikularbeiträgen an den Parlamenten vorbei verhindern sollten. So wurde einstweilen weiter laviert, zumal es im federführenden preußischen Finanzministerium an Weitblick und Phantasie fehlte. Bismarck persönlich hielt sich in diesen Dingen weitgehend im Hintergrund, obwohl er nicht verkannte, daß es hier letztlich auch um das Machtgleichgewicht zwischen den »Verbündeten Regierungen« und dem Reichstag ging. Dementsprechend suchte er nach Auswegen, um das Reich auf eine festere finanzielle Grundlage zu stellen, die den parlamentarischen Parteien weniger Angriffsflächen bot als das bestehende System, welches darauf hinauslief, daß das Reich gleichsam von der Hand in den Mund zu leben gezwungen war. Bereits seit 1873 verfolgte er den Plan, die Eisenbahnen sämtlich in Reichsbesitz zu überführen. Anfänglich hatten dabei außerwirtschaftliche Motive eine Rolle gespielt, auch solche strategischer Art, wie zum Beispiel bei der Übernahme der elsaß-lothringischen Eisenbahnen durch das Reich im Jahr 1873. Daneben stand der Gedanke, auf diese Weise dem Reich eine feste und dauerhafte Einnahmequelle zu erschließen. Für diese Pläne, die bereits 1873 zur Gründung eines Reichseisenbahnamtes geführt hatten, fand Bismarck nur zögerliche

Zustimmung bei den Nationalliberalen, die zwar die damit verbundene Stärkung der Reichseinheit begrüßten, aber einen Mißbrauch der dem Reich zuwachsenden Einnahmen befürchteten. Die Bundesstaaten, allen voran Preußen, widersetzten sich jedoch hartnäckig einer Übertragung ihrer eigenen Eisenbahnen auf das Reich, und so wurde vorerst nichts daraus.

Im übrigen sann Bismarck schon seit einiger Zeit über Mittel und Wege nach, um der ewigen Finanzmisere, vor allem jedoch den politischen Friktionen mit den Parteien des Reichstages und mit den bundesstaatlichen Regierungen ein Ende zu setzen. Schon 1874 soll er gegenüber Reichstagsabgeordneten gesagt haben: »Ich langweile mich; die großen Dinge sind gethan. Das Deutsche Reich ist aufgerichtet [...]. Warum soll ich mir also nicht Ruhe gönnen? Ich habe keine Lust mehr dazu, auf eine schlechte Hasenjagd zu gehen. Dazu bin ich zu müde. Ja, wenn es gälte, einen großen und mächtigen Eber — meinetwegen einen erymanthischen — zu erlegen, dann würde ich dabei sein, dann würde ich mir noch einmal etwas zumuten. Dem Deutschen Reiche eine mächtige unerschütterliche finanzielle Grundlage zu geben, welche demselben eine dominierende Stellung verleiht und es in eine organische Verbindung bringt mit allen öffentlichen Interessen in Staat, Provinz, Kreis und Gemeinde, das wäre eine große und würdige Aufgabe, die mich reizen könnte, den letzten Hauch meiner sinkenden Kraft daran zu setzen.« Allerdings trat Bismarck erst im November 1875 anläßlich der Budgetberatungen für das Haushaltsjahr 1876 erstmals öffentlich mit einer eigenen Stellungnahme zu den Steuerfragen hervor, in der er allerdings vor radikalen Lösungen warnte: »Eine totale Steuerreform inklusive der Zollreform — wer wünschte sie nicht! Aber die ist eine Herkulesarbeit [...].« Jedoch skizzierte er, wie er sich eine umfassende Regelung der Finanzen des Reiches, der Bundesstaaten und der Gemeinden vorstellte. Er dachte an einen Übergang zu indirekten Steuern im Reich und an ein reines Finanzzollsystem, bei gleichzeitigem Verzicht auf die Matrikularbeiträge. Dies würde den Bundesstaaten ihrerseits eine grundlegende Steuerreform ermöglichen, unter anderem die weitgehende Beseitigung der Einkommensteuer, die nur als eine Art von »Anstands- beziehungsweise Ehrensteuer« beizubehalten sei, sowie die Aufhebung der unteren Klassen der Klassensteuer. Hingegen wollte er das »Elend« der direkten Steuern den städtischen Kommunen überlassen, nicht zuletzt um den Zuzug vom flachen Land abzubremsen. Er war überzeugt, daß den indirekten Steuern, eben weil sie für die breiten Massen der Bevölkerung viel weniger fühlbar seien als die direkten, vom konservativen Standpunkt unbedingt der Vorzug gebühre. Hinzu kam ihre leichtere Erhebbarkeit. Damals gab sich Bismarck noch mit dem Steuerkompromiß zufrieden, den der Reichstag durchsetzte; man sah angesichts der in den vergangenen Jahren aufgelaufenen Überschüsse von der Bewilligung neuer Steuern gänzlich ab und begnügte sich mit einer mäßigen Erhöhung der Matrikularbeiträge.

In der folgenden Parlamentssession kam es zu einer folgenschweren Zuspitzung des Konflikts über die Steuerfragen. Dazu hatte beigetragen, daß sich die Rahmenbedingungen der parlamentarischen Auseinandersetzungen wesentlich verändert hatten. Unter dem Einfluß der Gründerkrise, die zum Zusammenbruch des in den vergangenen Jahren entstandenen spekulativen Kreditgebäudes geführt und die gewerbliche Wirtschaft, insbesondere die Führungssektoren des Eisenbahnbaus und der Eisen- und Stahlindustrie, in ernste Bedrängnis gebracht hatte, verschärfte sich das innenpolitische Klima. Von konservativer Seite wurde die Wirtschaftskrise der freihändlerischen Wirtschaftspolitik zur Last gelegt und zugleich die hegemoniale Stellung, die die Nationalliberalen bislang auf wirtschaftspolitischem Felde eingenommen hatten, in Frage gestellt. Die Liberalen führten die wirtschaftlichen Zusammenbrüche seit 1873 hingegen in erster Linie auf rein spekulative Machenschaften kleiner Gruppen von Gewinnstrebern zurück, die mit seriösem Unternehmertum nicht das geringste gemein hätten. Lasker ging zur Gegenoffensive über und brandmarkte Anfang Februar 1873 in einer großen Rede im preußischen Abgeordnetenhaus den »Gründerschwindel«, der im Zusammenhang der Vergabe von Eisenbahnkonzessionen durch die preußische Regierung einen Höhepunkt erreicht und in der Folge zu schwerwiegenden Zusammenbrüchen geführt habe. Dadurch sei der Unterschied zwischen gediegenen und schwindelhaften Unternehmungen verwischt und alle Aktiengesellschaften »in denselben Kessel der Verurteilung hineingeworfen« worden. Er wählte dabei Hermann Wagener, den bisherigen konservativen Gefolgsmann Bismarcks und engen Mitarbeiter Roons, der sich auf betrügerische Manipulationen in Eisenbahnwerten eingelassen hatte, und den »Eisenbahnkönig« Henry Strousberg – beide hatten mit dem preußischen Handelsminister Heinrich von Itzenplitz eng zusammengearbeitet – als Zielscheibe für seine Kritik an dem »Gründerschwindel« der Eisenbahngesellschaften und der mit ihnen verschwisterten Banken; er legte die zahlreichen Verflechtungen offen, die zwischen den Machenschaften der Spekulanten und der preußischen Hocharistokratie bestanden.

Dies brachte die Liberalen freilich keineswegs aus der Schußlinie der konservativen Polemik gegen die angeblich zu liberalistische Wirtschaftspolitik seit 1867 heraus. Im Reichstag war es namentlich Miquel, einer der Architekten der liberalen Ära, der nun wegen seiner Beteiligung am Erwerb von Eisenbahnaktien durch den Reichsinvalidenfonds, die auf dem Höhepunkt der Wirtschaftskrise mit schweren Verlusten verkauft werden mußten, scharf angegriffen wurde. Miquel gehörte zu jenen führenden Liberalen, die fest auf ein stetiges Wirtschaftswachstum gesetzt und zu entsprechend wachstumsorientierten öffentlichen Investitionen geraten hatten. Erst vergleichsweise spät hatte er den Charakter und das Ausmaß der Wirtschaftskrise erkannt. Ihm wurde nun die Verflechtung von Reichstagsmandat und seinem Direktorposten bei der Disconto-Gesellschaft als unzulässige Verquickung von Politik und Geschäft vorgeworfen; sein Austritt aus dem Direktorengremium und schließlich die Niederlegung des Vorsitzes im Verwaltungsrat der Disconto-Gesellschaft konnte seine Kritiker nicht befriedigen. Obschon Miquel durch einen Untersuchungsausschuß des Reichstages formal von jeglicher Verfehlung freigesprochen wurde, zog er sich 1876 verbittert auf den Posten des Oberbürgermeisters der Stadt Detmold zurück, den er schon zuvor eingenommen hatte – ein Schritt, der in mancher Hinsicht die Verdrängung des Nationalliberalismus aus der Führungsebene des Reiches vorwegnahm.

Angesichts der fortgesetzt gedrückten wirtschaftlichen Verhältnisse, die zu starken Preiseinbrüchen und erheblichen Produktionsrückgängen vor allem in der Eisen- und Stahlindustrie geführt hatten, geriet die Idee des Freihandels zunehmend in Mißkredit. Der 1876 gegründete »Centralverband deutscher Industrieller« warf sich sogleich an die Front der Befürworter des Protektionismus. Ebenso startete der »Verein deutscher Eisen- und Stahlindustrieller« eine großangelegte Agitation zugunsten der Aufrechterhaltung der 1877 auslaufenden Eisenzölle. Der Industrielle August Servaes gab für den »Langnamverein« die Parole aus, »daß jeder in seinem Kreise und in geeigneter Weise für die Beibehaltung der Eisenzölle eintreten und namentlich auf Reichstagsabgeordnete, Behörden und Presse [...] einwirken« möge. Der Eisenindustrie gelang es, auch die Textilindustrie von den Vorteilen des Übergangs zum Zollschutz zu überzeugen. Demgemäß überschütteten die unmittelbaren Interessenten den Bundesrat, den Reichstag und die Regierungen mit Petitionen, die für die Beibehaltung, ja Reaktivierung der bisherigen Zollpolitik plädierten und eine Wende in der Wirtschaftspolitik forderten. Darüber hinaus wurde versucht, selbst den »Kongreß deutscher Volkswirte«, die führende Organisation der Freihändler, auf protektionistischen Kurs zu bringen. Der 1872 gegründete »Verein für Socialpolitik« wurde gleichfalls um Unterstützung angegangen. Aber noch war die große Mehrheit auch der Interessenorganisationen der gewerblichen Wirtschaft für die Beibehaltung des Freihandels. Befürworter einer hochprotektionistischen Politik wie Wilhelm von Kardorff vermochten unter diesen Umständen einstweilen kaum Boden zu gewinnen, obschon auch der Kaiser vornehmlich unter dem Einfluß Friedrich Krupps für die Beibehaltung der Eisenzölle eintrat.

Schwerwiegender war, daß im Lager der Landwirtschaft die bislang ungebrochene Front der Befürworter einer liberalen Außenhandelspolitik wegen der überseeischen Konkurrenz auf den Agrarmärkten ins Wanken geriet. Die 1876 gegründete »Vereinigung der Wirtschafts- und Steuerreformer« unter Führung von Udo Graf zu Stolberg-Wernigerode, Otto Wilhelm Ferdinand Graf von der Schulenburg-Beetzendorf und des aus Bayern kommenden Hans Freiherr von Thüngen-Roßbach stellte es sich zur Aufgabe, auf wirtschaftlichem und sozialem Gebiet die bisherige absolute Vorherrschaft des Liberalismus zu brechen und konservative Grundsätze zur Geltung zu bringen; es gelang ihr binnen kurzem, eine beträchtliche Anhängerschaft im Lager der Landwirtschaft zu mobilisieren.

Im Rheinland und in Westfalen zeichnete sich bereits im Februar 1877 ein Zusammengehen der industriellen und der agrarischen Interessen ab. Dies war ein politisches Signal von einiger Bedeutung. Männer wie Alexander Bueck machten sich sogleich daran, das immer noch tiefsitzende Mißtrauen gegenüber der Industrie im agrarischen Lager abzubauen und die psychologischen Voraussetzungen für ein gemeinsames politisches Vorgehen von Großindustrie und Landwirtschaft zu schaffen.

Erschwerend kam hinzu, daß unter dem Druck der Wirtschaftskrise andere europäische Staaten, insbesondere Österreich-Ungarn, ihre Bereitschaft zur Erneuerung der bisherigen, auf der Grundlage weitgehenden Freihandels abgeschlossenen Handelsverträge aufkündigten. Das gab auch im Regierungslager jenen Kräften Auftrieb, die nunmehr zumindest für reziproke Schutzzölle plädierten, anstelle weiterhin auf dem bisherigen, wie es hieß, einseitig freihändlerischen Standpunkt zu beharren. Selbst Bismarck meinte jetzt, daß man angesichts der anstehenden Verhandlungen über die Erneuerung des Handelsvertrages mit Österreich-Ungarn von 1868 nicht mehr ohne weiteres an der Beseitigung der noch bestehenden Schutzzölle festhalten sollte, sondern sich deren eventuelle Aufrechterhaltung als Waffe in den Verhandlungen vorbehalten müsse.

Die Position des Freihandels erlitt eine weitere und, wie sich in der Folge herausstellen sollte, entscheidende Schwächung durch den überraschenden Rücktritt Rudolf Delbrücks als Chef des Reichskanzleramtes im April 1876. Dafür waren allerdings in erster Linie nicht Differenzen über die zu verfolgende Wirtschaftspolitik des Reiches ausschlaggebend, sondern der Unwille Bismarcks darüber, daß sich das Reichskanzleramt in den vergangenen Jahren zu einer überaus einflußreichen Zentralbehörde entwickelt hatte, die immer mehr Machtbefugnisse an sich gezogen hatte. Dadurch wurde nicht nur die bisher verfolgte Strategie des Regierens aus dem Bundesrat heraus, die sich aus innenpolitischen Gründen empfahl, zunehmend ausgehöhlt, sondern auch das Verhältnis Preußens zum Reich erschwert. Vor allem aber erschien die Stellung des Kanzlers durch die Machtfülle des Chefs des Reichskanzleramtes beeinträchtigt. So wenigstens sah es Bismarck. Obschon einstweilen äußerlich alles beim Alten blieb, mit Ausnahme der Ausgliederung der Reichsverwaltung für Elsaß-Lothringen und der Justizangelegenheiten, für die 1877 eigenständige Reichsämter errichtet wurden, wurde der Rücktritt Delbrücks allgemein als Signal eines Systemwechsels verstanden. Der neue Präsident des Reichskanzleramts, Karl von Hofmann, war in der Tat in Fragen der Wirtschaftspolitik weit weniger auf eine freihändlerische Linie festgelegt und zudem stärker bereit, sich Bismarcks Direktiven anzupassen, als sein Vorgänger, der sich in den Sachfragen meist zu einer weitgehenden Zusammenarbeit mit den Nationalliberalen bereitgefunden und diese auch gegenüber dem Bundesrat durchzusetzen verstanden hatte.

Die Reichstagswahlen von 1877 standen somit im Zeichen verschärfter innen-

politischer Spannungen. Die Einheit des Gesamtliberalismus, der bisher im großen und ganzen getrennt zu marschieren, aber vereint zu schlagen sich angewöhnt
hatte, war zerbrochen. Auch die Nationalliberale Partei war von inneren Bruchlinien durchzogen. Eine starke Minderheit, die ihre politische Basis in den industriellen Regionen im Westen besaß, trat nun für eine Abkehr vom Freihandel ein.
Davon abgesehen hatten sich die Trennlinien zwischen dem von Bennigsen ange-
führten rechten Flügel, der im Zweifelsfall für ein Zusammengehen mit Bismarck
zu optieren geneigt war, und dem von Lasker dominierten linken Flügel, der in
stärkerem Maße an den Grundsätzen liberaler Politik festhalten wollte, deutlich
verschärft. Das Zentrum hingegen war unter dem Eindruck der Wirtschaftskrise
voll ins Lager des Protektionismus übergegangen, zumal dieser den wirtschaftlich
benachteiligten Schichten im Lande stärkeren Schutz gegenüber den Kräften des
Marktes zu bringen versprach. Vor allem aber hatte sich der politische Konservativismus konsolidiert. Die 1876 gegründete »Deutschkonservative Partei« hatte
sich von ihrer bisher rein negativen Politik, nämlich der Gegnerschaft gegen das
mit der Reichsgründung geschaffene neue politische System, gelöst und versprach
in ihrem Gründungsaufruf, »auf dem Boden der Reichsverfassung« für die Wahrung der »berechtigte[n] Selbständigkeit und Eigenart der einzelnen Staaten,
Provinzen und Stämme« einzutreten. Die Deutschkonservativen traten mit einer
offenen Herausforderung an die herrschende liberale Freihandelslehre hervor:
»Gegenüber der schrankenlosen Freiheit nach liberaler Theorie wollen wir im
Erwerbs- und Verkehrsleben eine geordnete wirtschaftliche Freiheit. Wir verlan-
gen von der wirtschaftlichen Gesetzgebung gleichmäßige Berücksichtigung aller
Erwerbstätigkeiten [...]. Wir fordern demgemäß die schrittweise Beseitigung der
Bevorzugung des großen Geldkapitals« und »[...] die Heilung der schweren
Schäden, welche die übertriebene wirtschaftliche Zentralisation und der Mangel
fester Ordnungen für Landwirtschaft und Kleingewerbe zur Folge gehabt hat.«
Auch die Sozialdemokratie hatte sich seit dem Gothaer Einigungsparteitag politisch konsolidiert und trat erstmals als ernst zu nehmender Gegner der bürgerli-
chen Parteien auf.

Ungeachtet dieser politischen Konstellation vermochten sich die Nationalliberalen mit 29,7 Prozent der Stimmen gegenüber 1874 exakt zu behaupten, während die Fortschrittspartei mit 7,8 Prozent gegenüber 8,6 Prozent 1874 leichte
Verluste hinnehmen mußte. Doch die Umsetzung der Stimmenzahlen in Reichstagsmandate fiel wegen der Verschiebungen in der Struktur der Bevölkerung und
der unterschiedlichen taktischen Allianzen der Parteien keineswegs so günstig
aus. Die Nationalliberalen fielen von bisher 155 auf 128 Mandate zurück, die
Fortschrittspartei sank von 49 auf 35; hinzu trat die wegen des Septemnats von ihr
abgesplitterte Gruppe Löwe mit 9 Mandaten. Insgesamt blieben die Nationalliberalen weiterhin die dominierende Partei im Reichstag, aber sie verfügten nicht
mehr, wie bisher, über eine Mehrheit zusammen mit den anderen liberalen

Parteien. Sie waren fortan auf ein politisches Zusammengehen mit den konservativen Parteien angewiesen, die in gewissem Sinne als Gewinner aus der Wahl hervorgegangen waren. Die Deutschkonservativen hatten ihre Stimmenzahl von 7,0 Prozent 1874 auf 9,8 Prozent steigern können und ihre Mandate von 22 auf 40, während die Freikonservativen, die sich nunmehr »Deutsche Reichspartei« nannten, zwar geringfügige Stimmenverluste erlitten hatten, aber ihre Mandatszahl von 33 auf 38 erhöhen konnten. Demgegenüber fielen die übrigen Parteien noch nicht nennenswert ins Gewicht. Die Sozialdemokratie vermochte zwar stattliche 9,1 Prozent der Stimmen auf sich zu ziehen, doch angesichts der widrigen Verhältnisse in den Stichwahlen hatten sich diese in nur 12 Sitze umsetzen lassen. Wie sehr die Sozialdemokraten durch das System der Stichwahlen benachteiligt wurden, ergibt sich aus dem Vergleich mit der Deutschkonservativen Partei, die bei gleichen Stimmzahlen mehr als dreimal so viele Mandate erhalten hatte. Noch war die Hegemonie der liberalen Parteien innerhalb des Parteienspektrums ungebrochen, aber sie waren nunmehr auf Bundesgenossen angewiesen, die ob des heillosen Konflikts mit der Zentrumspartei und des unversöhnlichen Gegensatzes zur Sozialdemokratie nur aus dem konservativen Lager kommen konnten.

Unmittelbar nach den Reichstagswahlen flammte die Agitation der Interessengruppen zugunsten protektionistischer Maßnahmen erneut auf. Im neuen Reichstag befürworteten 140 Abgeordnete, quer durch die Parteien, den Übergang zum Protektionismus, obschon dafür eine Mehrheit noch lange nicht gegeben war und auch die Anhänger des Freihandels nicht untätig blieben. Bismarck erkannte rasch die Chancen, die sich hier für die Durchsetzung seiner Vorstellung über eine grundlegende Reorganisation der Reichsfinanzen eröffneten. Schon am 13. Februar 1877 skizzierte er für von Camphausen die Grundzüge einer Finanzreform: »Verminderung der Matrikularbeiträge durch Reform der Zölle und Reichssteuern. Befürwortung indirekter Steuern auf Tabak, Zucker, Wein, Bier, Kaffee, Petroleum, Gas und einer Reichsstempelsteuer. Schutz der deutschen Industrie durch Einfuhrzölle und Ausfuhrvergütungen [...].« Doch das war vorerst Zukunftsmusik, denn so schnell ließ sich eine entsprechende Vorlage auch infolge des hinhaltenden Widerstands des zuständigen Ministeriums nicht zustande bringen. Immerhin bekundete Bismarck wenig später auch im Reichstag sein Interesse an einer »systematisch geordneten Steuerreform«, die sich in erster Linie auf indirekte Steuern stützen werde, wobei er die politischen Hindernisse, die einem derartigen Plan entgegenstanden, offen ansprach. Einmal mehr verteidigte der Kanzler seine Auffassung, daß die Einführung eines verantwortlichen Reichsfinanzministers, wie sie von der Linken gefordert wurde, gar nichts bringen würde, schon deshalb nicht, weil die höchsten Reichsbeamten keinerlei Rückhalt im preußischen Staatsministerium besäßen und von diesem nicht notwendigerweise zu Bundesratsbevollmächtigten berufen würden. Er ließ durchblicken, daß er die Lösung der bestehenden, auch von ihm keineswegs bestrittenen Kommunikationsprobleme zwischen den Reichsämtern und den entsprechenden preußischen Staatsministerien durch den Übergang zum Prinzip der Personalunion von preußischen Ministern und Reichsstaatssekretären zu mildern hoffte.

Für den Augenblick wurde noch einmal die Politik des Lavierens fortgesetzt, ohne daß es zu einer grundlegenden Verbesserung der Finanzverhältnisse des Reiches gekommen wäre. Der Kanzler ließ sich für längere Zeit offiziell beurlauben, nachdem es zu einem scharfen Konflikt mit dem Reichsstaatssekretär der Marine, Admiral Albrecht von Stosch, gekommen war, der daraufhin gegen den Willen des Monarchen zum Rücktritt gezwungen wurde, anscheinend weil Bismarck in ihm für den Fall einer Thronfolge des Kronprinzen einen möglichen Rivalen in der Kanzlerschaft sah. Bismarck überließ indessen Hofmann, von Camphausen und dem neuen Handelsminister Heinrich von Achenbach die Führung der Geschäfte. Nur die Handelsvertragsverhandlungen mit Österreich-Ungarn steuerte er von Varzin aus bis ins Detail, mit der Zielsetzung, einerseits die wirtschaftlichen Interessen des Reiches durch Androhung entsprechender Schutzzollmaßnahmen zu wahren, andererseits diesem die Möglichkeit eines Übergangs zum Protektionismus offenzuhalten. Im übrigen strickte er in seinem Refugium an neuen Plänen für eine grundlegende Reform der Reichsfinanzen, mit Hilfe derer er zugleich eine sichere parteipolitische Mehrheit für die nächste Zukunft zu erlangen hoffte. Dabei ging es ihm darum, den linken Flügel der Nationalliberalen, dessen Drängen auf konstitutionelle Reformen er als staatsgefährdend ansah, von der Nationalliberalen Partei abzusprengen und auf diese Weise eine Koalition des pragmatischen Flügels mit den beiden aus den Wahlen gestärkt hervorgegangenen konservativen Parteien zu schmieden. Seit April 1877 spielte er mit dem kühnen Gedanken, dem Führer der Nationalliberalen Partei, von Bennigsen, das preußische Innenministerium anzutragen und dergestalt einen Kristallisationskern für eine liberalkonservative Innenpolitik zu schaffen, die insbesondere eine grundlegende Reform der Reichsfinanzen auf der Grundlage des Übergangs zu indirekten Steuern, einschließlich der Schaffung eines staatlichen Tabakmonopols, zum Ziel haben sollte. Bismarck verfolgte diese Pläne während des ganzen Jahres 1877 mit großer Energie. Im Juli 1877 lud er Bennigsen erstmals zu Gesprächen nach Varzin ein, und im Oktober und Dezember folgten weitere Unterredungen, in denen offenbar sehr konkret über eine Regierungsbeteiligung des Führers der Nationalliberalen Partei gesprochen worden sein muß.

Auf den ersten Blick stellte die Ministerkandidatur Bennigsens den weitesten Ausschlag der Innenpolitik Bismarcks nach links hin dar. Am 6. Oktober 1877 erklärte der Kanzler im preußischen Staatsministerium: »Ich regiere mit der Verfassung, mit der Nationalliberalen Partei; wenn Graf Eulenburg [der damals amtierende preußische Innenminister, mit dem sich Bismarck wegen der aus seiner Sicht »zu liberalen Städteordnung« überworfen hatte, d. Vf.] ausscheidet, werde ich ein Mitglied dieser Partei dem Könige zu seinem Nachfolger vorschlagen, wobei ich freilich nicht weiß, ob ich durchdringe; die Nationalliberalen hätten schon längst selbst im Ministerium vertreten sein sollen, um die Verantwortung für das Regieren mitzutragen und zu sehen, wie anders und schwerer es sich mache, als dem Parlamentarier scheine.« Das Angebot der Übernahme des preußischen Innenministeriums, welches Bismarck Bennigsen im Dezember 1877 tatsächlich unterbreitete, war keineswegs eine Finte, um die Nationalliberalen in Sicherheit zu wiegen, bis eine alternative schutzzöllnerische Kombination unter Dach und Fach sein würde, wie man verschiedentlich gemeint hat. Vielmehr war es Bismarck bitterer Ernst damit. Er dachte jedoch nicht daran, auf diese Weise zu einem parlamentarischen System überzugehen; ihm war es vielmehr darum zu tun, den pragmatischen Flügel der Nationalliberalen in das bestehende politische System einzubinden und diesem damit für absehbare Zeit größere politische Stabilität zu verleihen. Dennoch hätte dies die Sternstunde der liberalen Ära sein können, sofern eine Verständigung zwischen dem Kanzler und Bennigsen zustande gekommen wäre. Denn dann wäre, wie immer begrenzt, die politische Vorrangstellung der Nationalliberalen Partei auf Dauer gestellt worden, und es hätte sich immerhin die Chance ergeben, schrittweise liberale Breschen in das halbautoritäre Herrschaftssystem zu schlagen.

Allein, in den Unterredungen des Kanzlers mit Bennigsen, über die wir bis heute nur unzureichend informiert sind, zeigte sich sogleich, daß die Differenz der Standpunkte außerordentlich groß, ja nahezu unüberbrückbar war. Gegenstand der Verhandlungen war in erster Linie die Zoll- und Steuerreform, und Bismarck machte kein Hehl daraus, daß er die Finanzen des Reiches allein auf die Grundlage von Zolleinnahmen und indirekten Steuern stellen wollte. Insbesondere wollte er durch Errichtung eines staatlichen Tabakmonopols dem Reich eine substantielle, von politischen Wechselfällen unabhängige Quelle eigenständiger Einnahmen erschließen, wohingegen die Matrikularbeiträge gänzlich entfallen sollten; damit wäre zugleich der Ansatzpunkt für eine Reform auch der Steuersysteme der Bundesstaaten geschaffen worden. Darüber hinaus gedachte Bismarck, die Reichsverwaltung auf eine ganz neue Grundlage zu stellen. Das Reichskanzleramt sollte zerschlagen und eine Reihe von Reichsämtern, darunter eines für die Reichsfinanzen, geschaffen werden, die zweckmäßigerweise weitgehend in Personalunion mit den entsprechenden preußischen Ministerämtern geführt werden sollten. Unter diesem Gesichtspunkt gewann das Angebot der Übernahme des preußischen Innenministeriums zusätzliches Gewicht, eröffnete sich damit doch die Perspektive der Einflußnahme auch auf das Reichskanzleramt. Schließlich erörterte Bismarck auch die Frage der Regelung seiner eigenen Stellvertretung, die zu einem Problem geworden war, nachdem der Reichstag, formal im Einklang mit dem Wortlaut der Reichsverfassung, die Vertretung des Reichskanzlers von Fall zu Fall durch besondere Bevollmächtigte für unrechtmäßig befunden hatte.

Bennigsen glaubte in dieser Situation die besseren Karten zu haben. Angesichts der sich zuspitzenden Finanzkrise des Reiches und der für 1880 bevorstehenden Erneuerung des Septemnats werde, wie er einigermaßen optimistisch annahm, Bismarck über kurz oder lang nichts anderes übrig bleiben, als den Nationalliberalen weit entgegenzukommen. Bennigsen forderte daher für sich das preußische Finanz-, nicht das Innenministerium und verlangte, darüber hinausgehend, daß zwei weitere führende Nationalliberale, nämlich Stauffenberg und Forckenbeck, ebenfalls Ministerposten erhalten sollten. Dahinter stand die Überlegung, daß er unter keinen Umständen allein für seine Person, losgelöst von der Nationalliberalen Partei, in ein Ministerium Bismarck eintreten wollte, sondern wenn, dann nur mit der vollen Rückendeckung seiner Partei. Schon dies war für Bismarck »starker Tobak«, hätte es doch nahe an eine parlamentarische Regierungsweise herangeführt. Außerdem verlangte Bennigsen, in Übereinstimmung mit der bisherigen Linie der Nationalliberalen Partei, die Zusicherung, daß durch die geplante Steuerreform das Budgetrecht im Reich wie in Preußen nicht obsolet gemacht werden dürfe. Nach Artikel 105 der preußischen Verfassung konnte die Regierung bekanntlich die bestehenden Steuern weiterhin erheben, wenn nicht ein besonderes Gesetz etwas anderes bestimmte; bei einer Entlastung Preußens ebenso wie der anderen Bundesstaaten von der Verpflichtung zur Zahlung von Matrikularbeiträgen wären jedoch erhebliche Steuermittel verfügbar geworden, über die die betreffenden Regierungen gegebenenfalls ohne die parlamentarischen Körperschaften frei hätten verfügen können. Auch dies traf Bismarcks Pläne an einem neuralgischen Punkt; denn aus seiner Sicht war die Finanzreform ja gerade erforderlich, um die ständigen lästigen Budgetauseinandersetzungen mit den Parteien des Reichstages wenn nicht loszuwerden, so doch politisch zu entschärfen. Schließlich brachte Bennigsen die Abneigung der Nationalliberalen gegenüber allen wirtschaftlichen Monopolen, so auch dem Tabakmonopol, zum Ausdruck. Letzteres war in der Tat mit der reinen Lehre des wirtschaftlichen Liberalismus nicht zu vereinbaren. Davon abgesehen war es aus liberaler Sicht nicht unbedenklich, die großenteils mittelständische Tabakindustrie dem Fiskus zu opfern.

Die Gegensätzlichkeit der Standpunkte beider Männer liegt auf der Hand. Sie verfochten ganz unterschiedliche Zielsetzungen. Bismarck erstrebte die Stabilisierung des bestehenden halbkonstitutionellen Systems durch Konzessionen an die Nationalliberalen ohne formelle Änderungen des Verfassungssystems, Bennigsen dagegen die endliche Einlösung der liberalen Forderung, daß der Verfassungsbau des Reiches mit dem Übergang zu einer uneingeschränkt konstitutionellen, wenn schon nicht parlamentarischen Regierungsweise seine Vollendung finden möge. Dennoch wurden die Verhandlungen, ungeachtet einer Intervention Wilhelms I., die von interessierter konservativer Seite lanciert worden war, vorerst nicht abgebrochen. Noch im Februar 1878 erging sich Bennigsen in der Reichstagsfraktion der Nationalliberalen Partei in Andeutungen über den Tenor seiner Unterredungen mit Bismarck: Es bedürfe statt der bisherigen Zerfahrenheit einer einheitlichen Leitung im Reiche wie in Preußen, mit großen führenden Gedanken und in wirklichem Zusammenhange mit der Mehrheit des Reichstages, also einer tatsächlichen parlamentarischen Regierung. Allerdings nahm Bennigsen an, daß sich dieser Systemwechsel nicht durch eine Änderung des Verfassungsrechts, sondern durch die Macht der Tatsachen von selbst ergeben werde, ebenso wie sich die Verfassungsentwicklung in England stets nach ungeschriebenen Gesetzen vollzogen habe. Jedoch schätzten die Nationalliberalen ihre bargaining position in der gegebenen Situation viel zu günstig ein. Bennigsen meinte am 18. Februar 1878 in der Reichstagsfraktion, »die Bewilligung neuer Steuern müsse man als Pressionsmittel in der Hand behalten, sowohl dem Bundesrat gegenüber als [...] auch dem Kaiser und Bismarck gegenüber, um (kurz gesagt) eine parlamentarische Reichsverwaltung zu erzwingen.« Bismarck war zwar weiterhin daran interessiert, durch die Berufung Miquels das Gros der Nationalliberalen für eine liberalkonservative Politik zu gewinnen, die eine grundlegende Finanzreform einschloß, durch welche das Reich nicht mehr Kostgänger der Bundesstaaten gewesen, sondern in die Rolle eines Gebenden gekommen wäre. Aber er war zu keinem Zeitpunkt willens, Stauffenberg und den als vergleichsweise links geltenden Forkkenbeck »mit an Bord« zu nehmen; außerdem dachte er nicht daran, in die Aufhebung des Artikels 109 der preußischen Verfassung einzuwilligen. Sofern sich die Nationalliberalen dem Kanzler zu seinen Bedingungen verweigern würden, hatte Bismarck wie üblich von vornherein eine Alternativstrategie ins Auge gefaßt. Für diesen Fall war er entschlossen, auf den Übergang zur Politik des Schutzzolls zu setzen, für die sich, angesichts der Annäherung der industriellen Schutzzöllner und der Agrarier, eine neue politische Mehrheit jenseits des Liberalismus abzeichnete, auch wenn dies nicht ohne eine frontale Kampfansage an den Gesamtliberalismus und die Auflösung des Reichstages abgehen würde.

Vorerst freilich suchte der Kanzler von Camphausen hinsichtlich der Steuervorlagen nach vorn zu schieben, gemäß seiner Maxime, daß man vom Reichstag allemal konsequent das fordern müsse, was man für richtig halte, wie immer die Aussichten auf eine parlamentarische Durchsetzbarkeit sein mochten. »Das Ziel, welches ich als preußischer Minister des Deutschen Kaisers erstrebe, geht [...] über eine Abminderung der Matrikularbeiträge um 30 Prozent wesentlich hinaus: zur Konsolidation des Reiches ist es meines Erachtens nützlich, die Reichseinnahme so hoch zu treiben, daß das Reich nach der Matrikel herauszahlt, anstatt zu fordern.« Zudem betrieb er insgeheim seinen Plan eines umfassenden Tabakmonopols konsequent weiter, ohne von Camphausen darüber näher zu unterrichten. Und in den Reichstagsverhandlungen über die für die Deckung des Reichshaushalts 1879 erforderlichen neuen Steuervorlagen trat er, obschon ihm die ablehnende Haltung wenn auch nicht unbedingt Bennigsens selbst, so doch der Natio-

nalliberalen bekannt war, am 23. Februar 1878 mit seinem Projekt eines Tabakmonopols überraschend an die Öffentlichkeit. Damit desavouierte er indirekt von
Camphausen, der vergebens seine Haut zu retten suchte, indem er darauf hinwies,
daß er sich bei früherer Gelegenheit für das Tabakmonopol ausgesprochen habe –
ein fragwürdiges Verfahren, das durch eine sich daran anschließende ostentative
Ehrenerklärung Bismarcks für von Camphausen eher noch schlimmer gemacht
wurde. Dies brachte Bennigsen, der die Übernahme des Finanzministeriums
durchaus nicht am Tabakmonopol hatte scheitern lassen wollen, in eine taktisch
äußerst ungünstige Lage. Zum einen schien Bismarck durch die Erklärung zugunsten von Camphausens den Plan einer Ministerkandidatur Bennigsens fallengelassen oder längerfristig vertagt zu haben, zum anderen sah sich Bennigsen seinen
eigenen Fraktionskollegen gegenüber kompromittiert und in eine Zwangslage
gebracht. Ohne eine Andeutung konkreter Gegenleistungen des Kanzlers, sei es
auf konstitutionellem Gebiet, sei es durch Erklärung der Bereitschaft, gegebenenfalls neben Bennigsen weitere nationalliberale Politiker in Ministerämter zu berufen, erschien ein Entgegenkommen nicht länger vertretbar. Daraufhin warf Bennigsen in einer Unterredung mit dem Kanzler, die noch am Abend des 23. Februar
1878 stattfand, das Handtuch und erklärte, daß er für weitere Verhandlungen
nicht mehr zur Verfügung stehe. Von Camphausens Steuerprogramm blieb unter
diesen Umständen im wesentlichen auf der Strecke; der Kampf um eine grundlegende Reform der Reichsfinanzen wurde einmal mehr aufgeschoben. Bennigsen
wie seine nationalliberalen Fraktionskollegen dürften damals angenommen
haben, daß Bismarck ohnehin über kurz oder lang einlenken müsse. Ludwig
Bamberger gab der Stimmung in den Kreisen der führenden Nationalliberalen in
überschwenglichen Worten Ausdruck, wenn er erklärte: »Nicht die Einführung
des Tabakmonopols möge die ruhmreiche Laufbahn des Reichskanzlers krönen,
sondern die Einführung einer konstitutionellen Steuerpolitik und eines gut konstitutionellen Reichsministeriums.« Aber in Wirklichkeit bedeutete jener Februar-
tag das Ende der Ära der liberalen Vorherrschaft im Reich.

Denn Bismarck war weit entfernt davon, vor der Nationalliberalen Partei zu
kapitulieren. Er sann nun nach Mitteln und Wegen, um die aus seiner Sicht
unerträglich gewordene Vorherrschaft der Nationalliberalen, koste was es wolle,
zu brechen und dem drohenden Abgleiten in parlamentarische Regierungsformen
entgegenzutreten. Er setzte jetzt zielbewußt auf seine alternative Strategie – die
Abkehr vom Freihandel und den Übergang zu einer protektionistischen Wirtschaftspolitik –, um so mehr, als sich dies auch aus handelspolitischen Gründen
anbot. Die Parole vom Schutz der »nationalen Arbeit« durch eine Politik des
Protektionismus eignete sich, wie der Kanzler längst erkannt hatte, nur zu gut als
Ansatzpunkt, um die Nationalliberale Partei zu spalten und den Liberalismus in
einen heillosen Bruderstreit zu verwickeln. Zugleich bot sich die Chance, die
protektionistischen Kräfte in Industrie und Landwirtschaft zusammenzuführen

und auf dieser gesellschaftlichen Basis eine neue parlamentarische Mehrheit zu schmieden, die es erlauben würde, den Schwerpunkt der Reichspolitik hinfort nach rechts zu verlagern.

Was die Steuerfrage anging, so suchte Bismarck den Druck auf die Reichstagsmehrheit weiterhin unvermindert aufrechtzuerhalten. Der neuberufene preußische Finanzminister Arthur Hobrecht, ein Mann, der ebenso wie der neue Handelsminister Achenbach dem Protektionismus zuneigte, wurde in einem ausführlichen Schreiben des Kanzlers aus Friedrichsruh vom 25. Mai 1878 angewiesen, die künftigen Steuervorlagen ohne Rücksicht auf ihre parlamentarische Durchsetzbarkeit zu gestalten, selbst wenn das zu schweren Auseinandersetzungen führen sollte: »Ich werde, solange ich imstande bin, als Minister oder im Parlament an den Staatsgeschäften teilzunehmen, nicht ablassen, in jeder Session und so oft ich Gelegenheit dazu finde, die politischen und wirtschaftlichen Maßregeln an[zu]regen und [zu] befürworten, die ich für die richtigen halte, und dabei an den schließlichen Sieg der gesunden Vernunft über Fraktionstaktik und Rhetorik glauben. Die Gelehrten ohne Gewerbe, ohne Besitz, ohne Handel, ohne Industrie, die vom Gehalt, Honoraren oder Coupons leben, werden sich im Laufe der Jahre den wirtschaftlichen Forderungen des produzierenden Volkes unterwerfen oder ihre parlamentarischen Plätze räumen müssen. Dieser Kampf kann länger dauern, als wir beide leben, aber ich wenigstens bin entschlossen, ihn auch dann nicht aufzugeben, wenn sich die augenblickliche Erfolglosigkeit mit Sicherheit voraussehen läßt.«

Hier schon leuchtete auf, was Bismarck wenig später in die Realität umzusetzen versuchen sollte, nämlich die »produktiven Stände« der Gesellschaft mit ihren angeblich naturwüchsigen konservativen Interessen gegen die Selbstläufigkeit doktrinärer liberaler Parteipolitik zu mobilisieren. Der Sache nach lief dies auf eine partielle Abwendung vom bisherigen System der Zusammenarbeit mit dem Liberalismus hinaus, dem als Gegenleistung für den fehlenden Zugang zu den leitenden Positionen im Staat auf parlamentarischem Feld weitgehend freie Hand gelassen worden war. Allerdings endete dieses Bekenntnis zu einer offensiven Strategie gegenüber dem Reichstag in einer durchaus pessimistischen Note: »[...] mit den bisherigen parlamentarischen Klopffechtereien der Fraktionspolitik auf doktrinären, für die wählende Bevölkerung unzugänglichen Gebieten fürchte ich, daß wir das parlamentarische System der Abwirtschaftung aussetzen, und doch gibt es nichts, was wir an seine Stelle setzen könnten, ohne in Experimente zu verfallen, welche die Geschichte ad absurdum führte. Was ich mit meinen schwachen Kräften noch tun kann, um zu hindern, daß unsere neuen Einrichtungen an unpraktischem Idealismus politischer Kinder u[nd] schließlich an dem persönlichen Ehrgeiz der fraktionsführenden Redner zugrunde gehen, unter Verfall von Freiheit und Nationalität, unter Rückfall in Partikularismus und in Schwankungen zwischen Anarchie und dummer Gewalt – das will ich wenigstens versuchen, solange ich lebe, und wenn ich keinen Beistand dabei finde, so kann ich den Untergang unserer neuen Herrlichkeit doch mit kühlerem Herzen ansehen als diejenigen, welche ihn herbeizuführen beschäftigt sind.«

Es ist eine müßige Frage, ob die Nationalliberalen, hätten sie ihre reale Machtposition innerhalb des bestehenden halbkonstitutionellen Verfassungssystems richtiger eingeschätzt, nicht doch eine Fortführung der liberalen Ära hätten erreichen können. Der Sache nach waren die Differenzen zwischen dem pragmatischen Flügel der Nationalliberalen, geschweige denn dem Gesamtliberalismus, und den Führungseliten in Preußen und im Reich, mit Bismarck an der Spitze, zu groß, als daß sie auf die Dauer hätten überbrückt werden können. Die große Hoffnung der Nationalliberalen, sich auf den Kommandohöhen des Staates fest zu etablieren, war zumindest vorerst zerstoben. Dennoch war die Bilanz der Ära nationalliberaler Vorherrschaft unter dem Strich durchaus positiv. Ungeachtet vielfach weitgehender Konzessionen an das autoritäre Herrschaftssystem war ihnen auf weiten Strecken die Durchsetzung liberaler Grundsätze im gesellschaftlichen Raum gelungen. Die rechtliche und institutionelle Infrastruktur für die rasche Entfaltung des industriellen Systems war geschaffen und konnte nicht mehr zurückgerollt werden, auch nicht unter den sich schnell verändernden wirtschaftlichen und sozialen Bedingungen, unter dem Einfluß der wirtschaftlichen Krisenlage von 1873 bis 1879. Darüber hinaus verfügte der Liberalismus weiterhin über eine wesentliche Bastion der Macht im Bereich der kommunalen Selbstverwaltung. Auf den unteren Ebenen des politischen Systems, vornehmlich in den städtischen Kommunen, blieben die Liberalen fest etabliert, nicht zuletzt aufgrund des die besitzenden Klassen einseitig begünstigenden Dreiklassenwahlrechts. Wenn sich Miquel 1876 wieder auf den Posten des Oberbürgermeisters in Detmold zurückzog, so hatte dies symbolische Bedeutung. Das städtische Bürgertum und die städtische bürgerliche Kultur bildeten auch in der Folgezeit ein bedeutendes Widerlager liberaler Politik in der Ära des »Solidarprotektionismus«. Hier wenigstens ernteten die Liberalen einige der Früchte ihrer Politik. Dank der in den frühen siebziger Jahren gegen den zähen Widerstand der Konservativen durchgesetzten Reform der Selbstverwaltung sowohl in den Städten als auch auf dem flachen Lande vermochten sie vielfach auf lange hinaus eine hegemoniale Stellung zu behaupten, getragen von den Schichten von Bildung und Besitz, die zugleich Träger des Kulturkampfes waren, mit dessen Hilfe der Aufstieg des Zentrums zur dominanten politischen Kraft einstweilen auch in den überwiegend katholischen Stadtgemeinden hintangehalten werden konnte. Erst nach und nach trat dann auch die sozialdemokratische Arbeiterbewegung als Gegner der Zukunft ins Blickfeld. Die großen Präventivkriege der siebziger Jahre gegen den politischen Katholizismus und die Sozialdemokratie hatten aus liberaler Sicht zum Ziel, die Hegemonialstellung des Liberalismus im politischen System des Deutschen Reiches auf Dauer zu stellen. Anfänglich war dies in der Tat der

Fall, doch am Ende bewirkten die Liberalen das genaue Gegenteil, nämlich die Unterminierung der Glaubwürdigkeit der liberalen Lehre und die Schwächung der politischen Schlagkraft der liberalen Bewegung.

Staatliche Bürokratie oder liberale Ordnung: der Kampf um die Selbstverwaltung in Preußen

Der deutsche Liberalismus maß von Anfang an dem Ausbau der Selbstverwaltung der Bürger auf den unteren Ebenen der staatlichen Ordnung größte Bedeutung zu, stärker noch als der Teilnahme am Gesetzgebungsprozeß im Reich und in den Bundesstaaten. Der Grundsatz der freien Mitwirkung der mündigen Bürger an den öffentlichen Angelegenheiten in Gemeinde, Kreis und Provinz, der in der preußischen Städteordnung des Freiherrn vom Stein eine erste, wenn auch noch unvollkommene Verwirklichung gefunden hatte – seinerzeit mit dem Ziel, die Bürger Preußens wieder für den eigenen Staat zu gewinnen –, galt allgemein als beispielhaft. Daneben stand das englische Vorbild, das für den deutschen Liberalismus immer schon maßgeblich war. Der liberale Staatsrechtler Rudolf von Gneist veröffentlichte in den Jahren 1857 bis 1860 ein vielbeachtetes Werk über die »Geschichte und [die] heutige Gestalt der englischen Communalverfassung oder das Selfgovernment«; es gewann sogleich großen Einfluß auf das zeitgenössische politische Bewußtsein. Darin pries Gneist das englische System der Selbstverwaltung in den höchsten Tönen und sah in ihm, mit einiger Überzeichnung der tatsächlichen englischen Verhältnisse, das Fundament der englischen freiheitlichen Verfassungsordnung. »Das Ebenmaß dieser Verfassung ist [...] ein schönes ermuthigendes Bild von der Möglichkeit durch die innere Stärke des Staatsorganismus die geschiedenen Klassen der Gesellschaft zur selbstthätigen Einheit zu verbinden, und dadurch ein Maß socialer, persönlicher und politischer Freiheit zu erreichen, wie es in dieser Weise in keiner andren Staatsverfassung der Welt erlangt ist.« Gerade die weitgehende ehrenamtliche Beteiligung der Bürger an der Verwaltung der Gemeinden und Grafschaften, wie sie in England bestehe, begründe jene organische Verbindung von Gesellschaft und Staat, ohne die eine freiheitliche Ordnung nicht zu bestehen vermöge. Heinrich von Treitschke gehörte zu jenen, die Gneists Ideen im liberalen Lager zu großer Resonanz verhalfen; allerdings wollte er selbst hinsichtlich der Zurückdrängung der Befugnisse der staatlichen Verwaltung keineswegs ganz so weit gehen wie Gneist. Treitschke hielt eine reine Laienverwaltung durch ehrenamtlich wirkende Bürger nach englischem Vorbild, wie sie Gneist propagierte, für nicht ohne weiteres auf Preußen-Deutschland übertragbar: »Die Verwaltung durch königliche Beamte unter dem Beirat von Kreis- und Provinzialständen, welche England nicht kennt, bleibt für Preußen das natürliche Verhältnis.« Aber er trat dem Grundgedanken Gneists begeistert bei, durch den Ausbau der Selbstverwaltung gleichsam eine natürliche Ergänzung des konstitutionellen Systems zu schaffen, die einen Übergang zu parlamentarischen Regierungsformen entbehrlich machen würde.

Für den fortschrittlichen Liberalismus hingegen war das Beispiel der französischen und belgischen Kommunalverwaltung mit ihren frei gewählten und quasi autonomen Selbstverwaltungsorganen der maßgebliche Orientierungsmaßstab ihres politischen Wollens. Hier stand der Gedanke im Vordergrund, daß die städtische und ebenso die ländliche Selbstverwaltung weitreichende Autonomie gegenüber der staatlichen Verwaltung erhalten und ihre Angelegenheiten in eigener Verantwortung regeln müßten. Demgemäß sollten die Selbstverwaltungsorgane in der Wahl ihrer Exekutivbeamten weitgehend freie Hand haben, so wie dies für die städtischen Kommunen bereits die Regel war. Zwischen beiden Konzeptionen bestanden grundlegende Unterschiede, die allerdings in der konkreten Situation, nämlich der Frontstellung gegen die anachronistischen Verhältnisse vor allem in den östlichen Provinzen Preußens, zunächst nicht sonderlich ins Gewicht fielen.

Der Ausbau einer liberal geprägten Selbstverwaltung auf den unteren Ebenen des preußischen Staates, unter Beseitigung der Reste des patrimonialstaatlichen Regiments auf dem flachen Lande und der Alleinherrschaft der Bürokratie auf Kreis- und Provinzebene, war aus liberaler Perspektive ein Desiderat erster Ordnung. Dies galt um so mehr, als die in Preußen noch 1850 zustande gekommene fortschrittliche Gemeinde-, Kreis-, Bezirks- und Provinzialordnung nur wenige Jahre später im Zuge der Restauration sistiert und die während der Revolution errungenen Rechte der Selbstverwaltungskörperschaften wieder auf das vorrevolutionäre Niveau zusammengestrichen worden waren. Aber wegen des Verfassungskonflikts war in Preußen zunächst alles beim alten geblieben. Allerdings waren in den 1866 annektierten Territorien, um ihnen die Eingliederung in den preußischen Staat zu erleichtern, vielfach beachtliche Konzessionen an die bestehenden, vergleichsweise liberal gestalteten Selbstverwaltungseinrichtungen gemacht worden. Insbesondere in Hannover gelang es, unter der tatkräftigen Mitwirkung führender Nationalliberaler, namentlich Bennigsens, aber auch mit Unterstützung Ludwig Windthorsts, eine völlige Gleichschaltung der lokalen und regionalen Selbstverwaltung nach preußischem Muster zu verhindern. Die preußische Staatsregierung verzichtete auf die ursprünglich vorgesehene Einführung des Landrates und setzte an dessen Stelle Kreishauptmänner, die aus den Amtshauptmännern des jeweiligen Kreises rekrutiert wurden. Der hannoveranische Provinziallandtag erhielt erhebliche Rechte, die um einiges über diejenigen der Landtage in den altpreußischen Provinzen hinausgingen. Außerdem setzte Bennigsen durch, daß dem Provinziallandtag die Einkünfte aus dem ehemaligen Dominialablösungsfonds zu eigener Verfügung überlassen wurden. Das ging allerdings nicht ohne einen schweren Konflikt mit der konservativen Partei in Preußen ab, die von jener Regelung nachteilige Auswirkungen auf die eigene Machtstellung befürchtete. Es war dies der erste folgenschwere Zusammenstoß Bismarcks mit den preußischen Konservativen.

Von den neuen Provinzen, zumal aus Hannover und aus Kurhessen, sollte in der Folge erheblicher Druck auf eine zeitgemäße Gestaltung der Selbstverwaltung im preußischen Gesamtstaat ausgehen. Dort wurde in erster Linie ein höheres Maß an Dezentralisierung der staatlichen Machtausübung erwartet, darüber hinaus aber die Schaffung von rechtlichen Voraussetzungen für eine aktive Mitwirkung der Bürger in allen lokalen und regionalen Angelegenheiten. Ein zusätzlicher Anstoß ging von Baden aus, das mit der Verwaltungsreform August Lameys bereits 1863 landschaftliche Kommunalverbände oberhalb der Gemeinden auf Kreisebene eingerichtet hatte, denen ein hohes Maß an Autonomie zugesprochen wurde; der badische Staat beschränkte sich hinfort auf die Ernennung der Kreishauptmänner und behielt sich lediglich ein Aufsichtsrecht vor. Die Einführung einer dreistufigen Repräsentation der Bürger, in den Gemeinden, den Kreisen und auf Landesebene, sowie eines Systems der Selbstverwaltung, das die Regelung der öffentlichen Angelegenheiten auf lokaler Basis weitgehend in die Hände der unmittelbar betroffenen Bürger legte und die Machtbefugnisse der Staatsbeamtenschaft weitgehend beschnitt, wurde allgemein als Vollendung des konstitutionellen Prinzips begrüßt. Die anderen süddeutschen Staaten standen hinter diesem Muster liberaler Verwaltungsreform zurück. Besonders in Bayern lebte die ältere Tradition obrigkeitlicher Staatsverwaltung in vielfältiger Form fort. Doch selbst hier waren die Institutionen der Selbstverwaltung stärker entfaltet als in Preußen, dessen eigene Bemühungen um eine grundlegende Verwaltungsreform vor der Revolution von 1848/49 steckengeblieben und dann, nach dem Reformschub der Revolutionszeit, wieder auf den vorrevolutionären Stand zurückgefallen waren.

Deshalb traten nach der Gründung des Norddeutschen Bundes die Liberalen aller Richtungen, vor allem die Nationalliberalen, erneut mit der Forderung nach einer Verwaltungsreform in Preußen hervor. Sie sollte die Reste der patrimonialen Selbstverwaltung beseitigen, welche fast ausnahmslos dem adeligen Großgrundbesitz die Macht auf den unteren Ebenen der Staatsverwaltung überließ, und dem Prinzip der Selbstverwaltung auch auf dem flachen Lande zum Durchbruch verhelfen. Bislang waren die Kreistage nach dem ständischen Kurienprinzip zusammengesetzt, das dem Großgrundbesitz ein absolutes Übergewicht verlieh. Ebenso war die Besetzung der Position des Landrates in den ostelbischen Gebieten Preußens de facto ein Vorrecht der jeweiligen lokalen Grundaristokratie. Auf der Ebene des Gutsbezirks übten die Grundherren nach wie vor die staatliche Polizeigewalt aus. Davon abgesehen schaltete und waltete die staatliche Bürokratie, die den herkömmlichen Denkmustern autoritärer Herrschaft verhaftet war, auf den Ebenen des Regierungsbezirks beziehungsweise der Provinz vorderhand ungebro-

chen und weitgehend nach ihrem Gutdünken. Die Erbitterung der Liberalen aller
Richtungen über diese Zustände war auch insofern groß, als die Beamtenschaft
nicht zuletzt in der Schulpolitik mit den Konservativen gemeinsame Sache machte
und alle liberalen Forderungen rundweg ignorierte. Wilhelm Wehrenpfennig
geißelte 1868 die Verschleppung der Kreisreform durch das preußische Staatsministerium in scharfen Worten; er führte sie unter anderem auf »die impotente
Faulheit« des preußischen Innenministers Eulenburg zurück: »Wenn [...] dieses
ganze Bevormundungssystem bleibt, wenn in Kirche, Schule, Verwaltung immer
mehr die schroffsten Extreme obenauf kommen, – wann sollen wir dann zu einem
Anfang mit der Freiheit und Selbständigkeit kommen? [...] der Gedanke, daß ein
halb Dutzend Geheimräte [...] den Vorsatz haben und ausführen können, die
geistige Entwicklung eines der edelsten und gebildetsten Völker der Erde nach
ihren nichtsnutzigen Ideen zu reglementieren, [...] kann mich in kochende Wut
versetzen.« Auch Heinrich von Treitschke, sonst jeglichem Radikalismus abgeneigt, forderte in seiner Abhandlung »Über das konstitutionelle Königtum in
Deutschland«, daß es höchste Zeit sei, »der alten konstitutionellen Schablone
durch eine verständige Verwaltungsreform erst den Inhalt zu geben«. Aber der im
Herbst 1869 vorgelegte Entwurf einer neuen Kreisordnung kam damals nicht
mehr zur Erledigung, weil die Vorstellungen der preußischen Staatsregierung und
die Erwartungen der Nationalliberalen in der Sache noch weit auseinandergingen.
Auch intern waren sich die Nationalliberalen keineswegs einig; während der
gemäßigte Flügel für die Übernahme der bisher von den Gutsherren wahrgenom-
menen lokalen Herrschaftsfunktionen durch ehrenamtliche, von der Krone
bestallte Repräsentanten der lokalen Elite eintrat, verlangte das Gros der Partei
eine Neuordnung der Kreisverfassung nach dem Vorbild der städtischen Kommunalverfassung. Die Landräte sollten künftig von den Kreisausschüssen – den
Kollegialorganen der Kreisverwaltungen – gewählt und nicht, wie bisher, von der
Krone aus dem Kreis der östlichen Großgrundbesitzer bestellt werden. Dies wäre
auf eine weitgehende Zurückdrängung der staatlichen Beamtenschaft auf den
unteren Ebenen der Staatsverwaltung hinausgelaufen – eine Lösung, welche die
preußischen Führungseliten unter den damaligen Umständen keinesfalls hinzunehmen bereit waren.

Nach der Reichsgründung lebten die Auseinandersetzungen über die Kreisreform, die allgemein als erster Schritt auf dem Weg zu einer, wie man meinte, längst
überfälligen, Reorganisation der Selbstverwaltung des preußischen Gesamtstaates angesehen wurde, sogleich wieder auf. Noch im Januar 1870 wandte sich
Miquel in einer großen Rede im preußischen Abgeordnetenhaus diesem Thema
erneut zu und forderte die Schaffung leistungsfähiger Gemeinden als Träger der
Selbstverwaltung auch in den ostelbischen Gebieten Preußens, statt hier weiterhin
am Gutsbezirk als der untersten Verwaltungseinheit festzuhalten: »Ich leite
unsere gegenwärtigen Zustände, das Prädominieren der Bürokratie, die allgewal-

tige Zentralisation der Staatsgewalt, das völlige Getrenntsein des bürokratischen Verwaltungskörpers vom Volke nur aus einem ab, nämlich aus dem Mangel an [...] Gemeinden, die wirklich selbst fähig sind zu verwalten, diejenigen Aufgaben zu erfüllen, die ihnen notwendig gestellt werden müssen [...].« Er sprach sich daher mit größter Entschiedenheit dagegen aus, daß durch die Kreisordnung die Macht, die »bis dahin die Bürokratie und die Staatsgewalt« ausübten, wiederum »auf eine einzige Gesellschaftsklasse«, das heißt die Aristokratie, übertragen würde. Damit waren die Grundpositionen abgesteckt: Die Nationalliberalen wollten den ländlichen Selbstverwaltungsorganen weitgehende Autonomie gewähren, wie sie die städtischen Kommunen im Rheinland und in Westfalen bereits besaßen, und dazu das Recht, die jeweiligen Träger der lokalen Exekutive frei zu wählen, allerdings vorbehaltlich einer Bestätigung durch die Staatsbehörden; hingegen bestand die Regierung auf einem dualen System, das der staatlichen Beamtenschaft zwar Selbstverwaltungsorgane mit teils legislativen, überwiegend aber beratenden Funktionen beigeben, dieser jedoch alle wesentlichen Befugnisse belassen wollte. Der bislang starke Einfluß des lokalen Großgrundbesitzes sollte nunmehr durch indirekte, modernen Verhältnissen angepaßte Methoden sichergestellt werden, für die sich Gneists Vorschläge empfahlen, »königliche Beamte« auf ehrenamtlicher Basis zu bestellen, die den lokalen Honoratiorenoliten entnommen werden sollten. Der ultrakonservative Flügel hingegen wollte an der bisherigen Ordnung unter allen Umständen festhalten, die dem adeligen Großgrundbesitz einen eigenständigen Anteil an der Lokalverwaltung einräumte und damit dessen uneingeschränkte Vorrangstellung in der ländlichen Gesellschaft auch administrativ absicherte.

Ende 1871 legte die preußische Staatsregierung einen neuen Entwurf einer Kreisordnung für die östlichen Provinzen Preußens vor, die den Wünschen der Liberalen geringfügig weiter entgegenkam als bisher, im übrigen aber deutliche Spuren des Einflusses der Vorschläge Gneists trug, welcher Bismarck bereits 1869 ein ausführliches Gutachten zugeleitet hatte. Nach langen, zähen Auseinandersetzungen kam im Herbst 1872 ein Kompromiß zwischen der Regierung und einer aus den Nationalliberalen, dem Fortschritt und den Freikonservativen bestehenden Mehrheit des Abgeordnetenhauses zustande, gegen den erbittertsten Widerstand der Altkonservativen. Er sah die Abschaffung der grundherrlichen Rechte auf der untersten Ebene der Selbstverwaltung vor, vornehmlich die Beseitigung der gutsherrlichen Polizeigewalt; er definierte das Amt des Landrates, des der Verwaltung des Kreistages vorstehenden Repräsentanten der Exekutive, neu; dieser war hinfort nicht länger der Repräsentant der lokalen Aristokratie, sondern ein Karrierebeamter, der einer juristischen Ausbildung bedurfte und seine Orientierung in erster Linie bei seinen Vorgesetzten innerhalb der staatlichen Beamtenhierarchie suchte. Schließlich wurde das Virilstimmrecht der Gutsherren, das heißt das Recht der persönlichen Vertretung des lokalen Großgrundbesitzes auf dem Kreistag, abgeschafft; auch dieser mußte sich von nun an der Wahl stellen. Ansonsten bestand die wichtigste Konzession an die Liberalen darin, daß alle Städte über 25.000 Einwohner »kreisfrei« wurden, also in den Genuß der vergleichsweise liberaleren kommunalen Selbstverwaltung gelangten.

Doch damit war die Herrschaft der preußischen Aristokratie auf dem flachen Lande keineswegs gebrochen. Dafür sorgte schon die Beibehaltung des ständischen Wahlprinzips für die Kreistage; hier wählte die Landbevölkerung in zwei Kurien, einer ersten, in der nur die Großbesitzer wahlberechtigt waren, und in einer zweiten, in der die kleineren Besitzer repräsentiert waren. Im übrigen war festgelegt, daß die nicht kreisfreien Städte in keinem Falle eine Vertretungsmehrheit auf den Kreistagen haben durften; auf diese Weise wurde den agrarischen Interessen in jedem Falle ein Übergewicht zugesichert. Gewählt wurde außerdem gemäß den Grundsätzen des Dreiklassenwahlrechts. Infolgedessen blieb in den ländlichen Regionen vornehmlich des ostelbischen Preußens die Vorrangstellung der Aristokratie in der Selbstverwaltung nahezu ungeschmälert erhalten. Mit der Einrichtung des ehrenamtlich tätigen Amtmanns, dem die Oberaufsicht über die Polizei oblag, wurde überdies die gutsherrliche Polizeigewalt zu Teilen indirekt aufrechterhalten. Immerhin mußte die ländliche Aristokratie ihren Einfluß künftig in höherem Maße als zuvor mit der Staatsbeamtenschaft teilen. Die Position des Landrates wurde von nun an zu einer Station für eine berufliche Laufbahn im höheren Staatsdienst.

Die Kreisordnung entsprach einmal mehr dem Muster einer Kombination obrigkeitsstaatlicher und liberaler Bauelemente, wie sie uns im Verfassungsgebäude des Deutschen Reiches immer wieder begegnen. Charakteristisch für sie war ihre dualistische Struktur, die das Prinzip der Selbstbestimmung der Bürger im Rahmen der Selbstverwaltung mit dem Prinzip der hierarchischen Beamtenverwaltung in einer sehr komplexen Weise miteinander verflocht. Dies kam am deutlichsten in der Doppelstellung des Landrates zum Ausdruck. Er hatte einerseits den Vorsitz im Kreistag, dem Vertretungsorgan der Bürger – oder genauer, der Interessen des Kreises – inne, andererseits fungierte er als Repräsentant der Staatsgewalt. Zwar wurde der Landrat vom zuständigen Oberpräsidenten aufgrund eines, allerdings nicht bindenden Vorschlags des Kreistages ernannt und hatte dessen Beschlüsse auszuführen, aber im Zweifelsfall war er an die Weisungen seiner Vorgesetzten und nicht an die Beschlüsse des Kreistages gebunden. Folglich besaß der Landrat das Übergewicht gegenüber dem Exekutivgremium des Kreistages, dem sogenannten Kreisausschuß, der aus sechs ehrenamtlich tätigen, vom Kreistag gewählten Mitgliedern sowie einem Staatsbeamten bestand. Nur auf der untersten Ebene, den Landgemeinden, konnten die Gemeindevorsteher frei gewählt werden, aber auch ihre Wahl bedurfte der Bestätigung durch die Staatsregierung. Die Vorsteher der Amtsbezirke, der nächsthöheren Verwaltungseinheit, die für die Polizei und die Beaufsichtigung von Wegen und

Straßen zuständig waren, wurden entgegen den ursprünglichen Wünschen der liberalen Parteien ebenfalls von den Staatsbehörden ernannt; allerdings wurde ihnen ein vom Kreistag gewählter Amtsausschuß beigegeben. Das war nurmehr ein Residuum des ehrwürdigen, von Gneist mit äußerster Hartnäckigkeit verfochtenen Prinzips, wonach die Ämter der lokalen Selbstverwaltung nach englischem Vorbild sämtlich ehrenamtlich von den Repräsentanten der lokalen Führungseliten ausgeübt werden sollten; dennoch stellte es eine Kompensation der lokalen grundbesitzenden Eliten für die verlorengegangene Polizeihoheit dar.

Der eigentliche Gewinner in diesem Ringen war die Staatsbürokratie, auf Kosten der Machtstellung der ortsansässigen großgrundbesitzenden Aristokratie. Allerdings wurde dies durch den Umstand gemildert, daß sich die Staatsbeamtenschaft nach wie vor in nicht geringem Maße aus dem Adel rekrutierte. Der Anteil des Adels an den Landräten, der 1851 noch 64 Prozent betragen hatte, sank zwar bis 1911 auf 44 Prozent, aber namentlich in den ostelbischen Gebieten waren die Beamten der Selbstverwaltung zum größeren Teil Angehörige des Adels. Eine wirkliche Belebung der Initiative der Bürger im Rahmen einer freiheitlichen Staatsordnung konnte von der Kreisordnung nicht erwartet werden. Immerhin war der Willkür der lokalen Behörden ein Ende gesetzt und den Bürgern die Möglichkeit eröffnet worden, gegen die Entscheidungen der lokalen Verwaltungsorgane rechtliche Schritte zu unternehmen. Es paßt in dieses Bild, daß die Inkraftsetzung der Kreisreform in der Provinz Posen vorerst ausgesetzt wurde, da die Befürchtung bestand, daß sie von den preußischen Polen zur Stärkung ihres Einflusses genutzt werden könnte; hier wurde eine Einführung von Teilen der neuen Ordnung in das Belieben der Behörden gestellt, was dann füglich unterblieb.

Obwohl die Kreisreform hinter liberalen Grundsätzen weit zurückblieb, liefen die Altkonservativen unter Führung von Hans Hugo von Kleist-Retzow, einem ehemaligen engen Kampfgefährten Bismarcks, gegen die Vorlage Sturm. Sie brachten es schließlich so weit, daß das preußische Herrenhaus am 31. Oktober 1872 die Vorlage ablehnte, mit dem Argument, daß man grundsätzlich »gegen Experimente, wie das der Selbstverwaltung«, eingestellt sei. Bismarck fand dieses Verhalten schlichtweg »antigouvernemental« und war entschlossen, obschon er mit den Einzelheiten der Kreisordnung nicht glücklich war, diese Art der Insubordination der konservativen Partei in Preußen keinesfalls durchgehen zu lassen. Der Innenminister Graf Eulenburg nutzte seine guten persönlichen Beziehungen zu Wilhelm I., um diesen für energische Schritte gegen die »konservative Fronde« zu gewinnen. So wurde der Widerstand des Herrenhauses gegen die Kreisreform am Ende durch einen Pairsschub gebrochen, der die preußischen Konservativen in einen Zustand tiefer Zersplitterung und Entmutigung versetzte. Am 13. Dezember 1872 wurde die Kreisordnung verkündet; sie trat zum 1. Januar 1874 in Kraft.

Die Reaktionen in der Öffentlichkeit auf dieses Zwitterprodukt obrigkeitlicher und liberaler Politik waren gemischt. Die »Preußischen Jahrbücher« äußerten sich eher zuversichtlich: »Das Gesetz ist getragen durch eine sehr hohe, sehr hoffnungsvolle Anschauung von der Reife und Tüchtigkeit des deutschen Volkes.« Im Klartext meinte dies eher das Gegenteil; dahinter stand die Sorge, daß man in der Gewährung liberaler Rechte an die Bürger der östlichen Provinzen Preußens zu weit gegangen sein könnte. Auch Treitschke bewertete das Gesetzgebungswerk positiv: »Die neue Kreisordnung bezeichnet den ersten großen Fortschritt auf den Bahnen, welche Steins Städteordnung eröffnete, die bedeutendste gesetzgeberische Leistung des konstitutionellen Preußen.« Tatsächlich aber war dies ein halbherziger Schritt in Richtung auf eine Freisetzung des Bürgers von staatlicher Bevormundung, der aus liberaler Sicht nur dann akzeptabel war, wenn, wie allgemein angenommen wurde, demnächst eine liberale Gemeindeordnung die notwendige Ergänzung in freiheitlichem Sinne bringen würde. Die ursprünglich vorgesehene Ausdehnung auf die westlichen Provinzen unterblieb. Erst ein Jahrzehnt später wurde die Kreisverfassung auch in Hannover, in Hessen-Nassau, im Rheinland und in Westfalen sowie Schleswig-Holstein eingeführt, zu einem Zeitpunkt, als die Dynamik der liberalen Reformbestrebungen im Reich und in Preußen längst gebrochen war. Auch in der Provinz Posen fand die Kreisordnung vorerst keine Anwendung, weil man befürchtete, daß der polnische Volksteil in den Selbstverwaltungsgremien einen zu großen Einfluß gewinnen könnte.

Die scharfen Kontroversen mit den Altkonservativen, die durch die Kulturkampfgesetze zusätzlichen Brennstoff erhielten, veranlaßten Bismarck, das Amt des preußischen Ministerpräsidenten niederzulegen und sich auf die Position des preußischen Außenministers zurückzuziehen. An seiner Stelle wurde Bismarcks alter Kampfgefährte aus der Konfliktzeit, Albrecht von Roon, zum Ministerpräsidenten bestellt, der aber an diesem Posten wenig Gefallen fand und ihn binnen Jahresfrist niederlegte. Wenn Bismarck gehofft hatte, auf diese Weise aus der Schußlinie seiner hochkonservativen Standesgenossen herauszukommen, so war das eine Fehlrechnung. Vielmehr nahmen die Angriffe der konservativen Partei auf Bismarck in den folgenden Jahren immer mehr an Schärfe zu; vertieft wurde der Konflikt durch Differenzen in der Schul- und Kirchenpolitik. Bismarck selbst verurteilte die Opposition der Altkonservativen am 4. Februar 1874 mit ätzender Schärfe: »Das Gros dieser Partei besteht aus Leuten, die wenig denken und gar nicht arbeiten [...]. Die Führer von diesem Gros der konservativen Partei waren meist malkatante ehemalige Minister, zur Disposition gestellte Unterstaatssekretäre und zu früh verabschiedete Oberpräsidenten.« Er zögerte nicht, auch die Altkonservativen in die Reihe der »Reichsfeinde« einzureihen: »[...] die sog. altkonservative Partei steht heute mit ihrem Organ, der Kreuzzeitung, auf demselben revolutionären Boden und im Kampfe gegen die Autorität ihres Landesherrn wie die katholischen Bischöfe [...] und wie der polnische Adel.«

Die unmißverständliche Kritik des Kanzlers an der Politik der Altkonservativen blieb in der Öffentlichkeit nicht folgenlos; sie trug dazu bei, deren Rückhalt in der Wählerschaft in zunehmendem Maße zu untergraben. Nach schweren Wahlniederlagen – 1873 bei den Wahlen zum preußischen Abgeordnetenhaus und 1874 für den Reichstag – brach die Opposition der Konservativen gegen die Regierungspolitik in Preußen allmählich zusammen, während die Gegner Bismarcks immer schrillere Töne anschlugen. Sie gingen dazu über, auch die Reichspolitik des Kanzlers und sein Zusammengehen mit den Nationalliberalen unter Beschuß zu nehmen. Der liberalen Wirtschaftspolitik wurde jetzt auch die wirtschaftliche Misere seit dem Einsetzen der Krise von 1873 angelastet. Ende Juni 1875 veröffentlichte die »Kreuzeitung« die Artikelserie eines Franz Perrot über »Die Ära Bleichröder, Delbrück, Camphausen und die neudeutsche Wirtschaftspolitik«, in welcher beiden Ministern eine enge Verflechtung mit dem spekulativen betrügerischen jüdischen Bankkapital vorgeworfen und Gerson von Bleichröder, der Bankier Bismarcks, als der geistige Vater der angeblich verfehlten liberalistischen Wirtschaftspolitik angegriffen wurde. Um das Maß voll zu machen, fehlte es nicht an Anspielungen auf Bleichröders Verdienste bei der Mehrung von Bismarcks bescheidenen persönlichen Einkünften während seiner Tätigkeit als Gesandter in St. Petersburg. Bismarck erklärte daraufhin im Reichstag, niemand möge sich hinfort an einem Blatt wie der »Kreuzeitung« mit einem Abonnement beteiligen, welches sich nicht entblöde, »die schändlichsten und lügenhaftesten Verleumdungen über hochgestellte Männer in die Welt zu bringen«. Darauf erklärten sich mehrere hundert Angehörige der preußischen Hocharistokratie, die »Deklaranten«, unter ihnen Bismarcks eigener Schwiegervater Adolf von Thadden-Trieglaff, demonstrativ mit der »Kreuzeitung« solidarisch. Die Entfremdung Bismarcks von seinen Standes- und einstigen engen Gesinnungsgenossen hätte nicht schärfer sein können.

Auf den weiteren Gang der Gesetzgebung in Sachen Verwaltungsreform in Preußen hatte dies zunächst keine Auswirkungen. Die Kreisreform wurde 1875 durch eine neue Provinzialordnung ergänzt, durch die das Prinzip der bürokratisch gebremsten Selbstverwaltung, wie es in der Kreisordnung von 1872 seinen Niederschlag gefunden hatte, auf die Provinzen ausgedehnt wurde. Der Wunsch der Liberalen, daß die Provinzialordnung von vornherein für die ganze Monarchie Geltung erhalten sollte, blieb jedoch unerfüllt; das Gesetz galt wiederum nur für die altpreußischen Provinzen, während für Rheinland und Westfalen an den dort bestehenden, vergleichsweise archaischen Regelungen einstweilen festgehalten wurde. Den Oberpräsidenten der Provinzen wurde nunmehr ein Provinziallandtag beigegeben, der von Delegierten der Kreise sowie der kreisfreien Städte beschickt wurde und aus sich heraus einen fünfköpfigen Provinzialrat bildete, dem zusätzlich zwei Staatsbeamte angehörten. Auf diese Weise wurde die in den Kreistagen gegebene Überrepräsentation des Großgrundbesitzes zu Lasten der

Städte und der Landgemeinden noch potenziert. Hinzu trat auf Drängen des Herrenhauses ein besonderer Provinzialausschuß, dem die Wahrnehmung der staatlichen Hoheitsaufgaben übertragen wurde und dessen Vorsitz gleichfalls der Oberpräsident innehatte. Die hier vorgesehene Trennung der hoheitlichen Befugnisse von den Selbstverwaltungsfunktionen der Repräsentationsgremien der Provinzen war weitgehend fiktiv, symbolisierte aber einmal mehr, daß der Gedanke unbeschränkter Selbstverwaltung der Bürger mit dem Prinzip staatlicher Herrschaftsausübung in einem ungelösten Konflikt lag, der sich unter den gegebenen Umständen unvermeidlich zugunsten einer Machtsteigerung der staatlichen Beamtenschaft auswirkte. Die Nationalliberalen stimmten diesem Gesetz am Ende nur mit großen Vorbehalten zu, während die Fortschrittspartei sich damit nicht länger zu identifizieren wünschte.

Die aufwendige vierstufige Gliederung der ländlichen Selbstverwaltung, ausgehend von der Gemeinde und dem Gutsbezirk, über den Amtsbezirk, den Kreis bis zur Provinz, erfüllte in der Folge bei weitem nicht die Erwartung, die die Liberalen ursprünglich daran geknüpft hatten, die Ablösung des bisherigen »Bevormundungssystems« durch ein System wirklich freier Selbstbestimmung und individueller Initiative der Bürger. Die ländliche Selbstverwaltung blieb vielmehr einseitig beherrscht von der Beamtenschaft, die auf allen Ebenen die Schlüsselpositionen innehatte, die Selbstverwaltungsgremien gegeneinander ausspielen konnte und zudem über ein weitgehendes Kontrollrecht verfügte. Insofern förderte das neue System der ländlichen Selbstverwaltung in Preußen eher obrigkeitliche Gesinnung und die Bereitschaft zur Anpassung an die gegebenen Verhältnisse als Bürgertugenden und freiwilliges Engagement für die öffentlichen Angelegenheiten. Immerhin hatten die Nationalliberalen durchgesetzt, daß der einzelne Bürger auf dem Rechtsweg gegen Beschlüsse oder Maßnahmen der Verwaltungsbehörden vorgehen konnte. Zu diesem Zweck wurden auf der Ebene der Provinzialverwaltungen eigenständige Verwaltungsgerichte eingerichtet und damit auch in diesem Bereich der Staatsordnung, der bisher überwiegend von patrimonialen und feudalen Traditionen bestimmt gewesen war, das Prinzip der Rechtsstaatlichkeit verwirklicht. Der tiefe Graben zwischen Ostelbien und den westlichen Provinzen Preußens, die seit der Napoleonischen Zeit eine vergleichsweise freiheitlichere Selbstverwaltung besaßen, war dadurch zwar abgeflacht, aber nicht wirklich zugeschüttet worden.

Die süddeutschen Staaten, die – dem preußischen Vorbild folgend – ebenfalls eine Verwaltungsreform in Angriff nahmen, gingen in der Stärkung der Selbstverwaltung auf Kosten der Kompetenzen der Staatsbürokratie um einiges weiter als Preußen. Dies galt sogar für Sachsen, obschon dort die Sozialdemokratie bereits in den frühen siebziger Jahren zu einer ernstzunehmenden politischen Kraft geworden war. Freilich waren auch hier die Vertretungsorgane der Selbstverwaltung durch entsprechend restriktive Wahlbeschränkungen, die das Wahlrecht und das

Gewicht der Stimmen an die jeweilige Steuerleistung knüpften, den oberen Schichten, vornehmlich dem besitzenden Bürgertum und der Aristokratie, vorbehalten.

Das Verlangen der Nationalliberalen nach einer Ergänzung der Gesetzgebung für die östlichen Provinzen Preußens durch eine neue gesamtstaatliche Städteordnung, durch welche die liberalen Errungenschaften auf Dauer sichergestellt werden sollten, ging ebenfalls nicht in Erfüllung. Eine gründliche Neugestaltung der Institutionen der städtischen Selbstverwaltung, unter Beseitigung der altertümlichen Trennung von Stadt und Land, die sich 1853 abermals manifestiert hatte, erschien aus liberaler Sicht dringend geboten. Den Städten wuchs angesichts der sich sprunghaft vollziehenden Urbanisierung immer größeres Gewicht zu; hier, nicht auf dem flachen Lande, lag die Machtbasis der liberalen Parteien. Gemäß der Reichsverfassung stand die Regelung der kommunalen Angelegenheiten den Bundesstaaten zu; wäre es anders gewesen, so hätten die Nationalliberalen gewiß auch eine Regelung von Reichs wegen gewünscht. Bei Lage der Dinge suchten sie diese wenigstens für den preußischen Gesamtstaat zu erreichen. Bereits 1873 hatten die Fortschrittspartei und die Nationalliberalen gemeinsam einen Antrag auf eine Revision und Vereinheitlichung der preußischen Städteordnungen gestellt. Die Liberalen nahmen Anstoß nicht allein an der »chaotischen Buntscheckigkeit« (H. Preuß) der Städteordnungen in den verschiedenen Territorien und Regionen Preußens, sondern vor allem auch an den weitreichenden Macht- und Kontrollbefugnissen der Staatsbehörden gegenüber den Organen der städtischen Selbstverwaltung, welche erst im Zuge der Sistierung der durchgängig liberal ausgerichteten Gemeindeordnung von 1850 in den Jahren der Restauration wiederhergestellt worden waren. Im einzelnen bestanden in Preußen neun verschiedene Städteordnungen: diejenige für die sechs östlichen Provinzen Preußens vom 30. Mai 1853, die für die Rheinprovinz vom 31. Juli 1856, das Gesetz betreffend die Städteverwaltung von Neuvorpommern vom 29. Mai 1853, die Städteordnung für Hannover von 1858, die Gemeindeverfassung für Frankfurt vom 25. März 1867 und die Städteordnung für Schleswig-Holstein vom 14. April 1869. Wenn man die ländlichen Gemeindeordnungen hinzurechnet, waren es sogar über zwanzig. Johannes Miquel, der in diesen Fragen in der Nationalliberalen Partei als unumstrittene Autorität galt, erklärte am 21. Januar 1873 im preußischen Abgeordnetenhaus, daß die zu erwartende Ausdehnung der Kreisordnung auf die westlichen Provinzen eine Neuregelung auch der Städteordnungen erforderlich mache. Vor allem aber sei die krasse Unterschiedlichkeit in der Gewährung des Bürgerrechts mit dem Grundsatz der Freizügigkeit, wie ihn die Reichsverfassung vorsehe, unvereinbar. In der Tat war der Übergang von der herkömmlichen Bürgergemeinde, die das Bürgerrecht einem besonderen, in aller Regel eng begrenzten Personenkreis vorbehielt, zur modernen Einwohnergemeinde, die im Grundsatz alle Einwohner als Gemeindebürger betrachtete, noch längst nicht endgültig vollzogen. Darüber hinaus wandte sich Miquel gegen das dualistische Nebeneinander von Magistrat und Stadtverordnetenversammlung, das ein Ergebnis der restaurativen Reformen der fünfziger Jahre war, vor allem aber gegen die umfassenden Befugnisse der Staatsgewalt gegenüber den städtischen Selbstverwaltungskörperschaften. Insbesondere beanstandete er, daß die Verfügungsgewalt über die Polizei den städtischen Korporationen vielfach ganz entzogen und den Repräsentanten der Staatsgewalt oder deren Beauftragten vorbehalten sei, obschon dies in der Praxis zu äußerst widrigen Verhältnissen geführt habe.

Dennoch kam es in Preußen zunächst nicht zu einer neuen Gesetzesinitiative auf diesem Gebiet, teils weil der Kulturkampf alle Gemüter beschäftigte, teils weil eine weitere Ausdehnung der Rechte der städtischen Korporationen im Rheinland und in Westfalen das Zentrum begünstigt haben würde. Dafür ging Baden in Deutschland einmal mehr mit einem bemerkenswert liberalen Gesetzgebungswerk voran, welches die restaurativen Züge der badischen Kommunalverfassung gründlich revidierte. In der Städteordnung vom 28. Juni 1874 wurde der Übergang zur Bürgergemeinde, zunächst für die größeren Städte, vollzogen; an die Stelle des durch Geburt oder auf Antrag zu erwerbenden Bürgerrechts trat ein durch längeren Aufenthalt in der Gemeinde begründetes Bürgerrecht. Allerdings blieben die politischen Mitbestimmungsrechte der Bürger weiterhin an eine ganze Reihe von Vorbedingungen geknüpft, unter anderem an eine selbständige Lebensstellung und an die Zahlung einer direkten Staatssteuer. Auf diese Weise war die Zahl der zur aktiven Teilnahme an der Selbstverwaltung berechtigten Bürger immer noch auf kaum mehr als 10 Prozent der Gesamtbevölkerung beschränkt. Auch hier sorgte die Kombination eines indirekten Wahlverfahrens mit einem am Steueraufkommen orientierten Dreiklassenwahlrecht dafür, daß das Großbürgertum ein klares Übergewicht in den Repräsentativorganen behielt; derart war die Vorherrschaft des Nationalliberalismus auch in Städten mit überwiegend katholischer Bevölkerung auf lange hinaus gesichert. Als in Freiburg 1875 gleichwohl eine Zentrumsmehrheit zur Macht gelangte, wurde das Wahlrecht noch plutokratischer gestaltet. Auf diese Weise erhielt sich in den städtischen Kommunen durchweg die Honoratiorenverwaltung, wie sie für den älteren Liberalismus typisch war, allerdings mit einem kräftigen Einschlag wirtschaftsbürgerlicher Elemente. Von der Abschottung der städtischen Selbstverwaltung gegenüber der breiten Masse und der Privilegierung der wirtschaftlichen Eliten einmal abgesehen, bewährte sich dieses westeuropäischen Verhältnissen nahekommende System hervorragend. Es verwirklichte zumindest ansatzweise das alte Ideal der Liberalen, nämlich an die Stelle der »Bevormundung« durch eine obrigkeitlich gesonnene Staatsbeamtenschaft die eigenverantwortliche Initiative der Bürger zu setzen. Das staatliche Bestätigungsrecht für die Bürgermeister und die Gemeinderäte war in Baden schon 1870 gefallen, und die Rechte des Staates waren im wesentlichen auf eine Kontrollfunktion zurückgenommen worden. Allerdings begünstigte dieses System die besitzenden Schichten in massiver Weise und räumte dem liberalen Bürgertum ohne deren eigenes Zutun eine hegemoniale Position in den städtischen Selbstverwaltungsorganen ein.

In den preußischen Territorien war die Lage der städtischen Selbstverwaltung ungleich ungünstiger. Das Grundprinzip der Städteordnung des Freiherrn vom Stein, die Bürger durch ihre freie Mitarbeit in den Gemeinden an den preußischen Staat heranzuziehen, war durch die Revision der Städteordnung von 1850 einigermaßen verwässert worden. Diese hatte die alte Trennung von Stadt und Land wiederhergestellt und sämtliche Aktivitäten der Selbstverwaltungsorgane der rigiden Kontrolle des Staates unterworfen. Sie verlangte im übrigen die Bestätigung nicht nur des Bürgermeisters, sondern des gesamten Magistrats einschließlich der besoldeten Beigeordneten durch die Krone beziehungsweise deren nachgeordnete Behörden. Zudem waren dort alle der Staatshoheit zugeschriebenen Befugnisse, insbesondere die Weisungsbefugnis über die örtliche Polizei, den Selbstverwaltungsgremien vorenthalten und teils dem Bürgermeister persönlich, teils besonderen Polizeidienststellen übertragen worden. Die Rheinische Städteordnung von 1856 hatte diese Regelungen im wesentlichen übernommen; das verbriefte Recht der freien Wahl des Bürgermeisters und der Beigeordneten war den Rheinländern wieder entzogen worden. Nach der erneut in Kraft gesetzten Regelung von 1845 wählten die Stadtverordneten den Bürgermeister und die besoldeten Beigeordneten für die Dauer von zwölf Jahren oder auf Lebenszeit, unbesoldete Beiräte auf sechs Jahre. Auch hier bedurfte die Wahl des Bürgermeisters und der ihm unterstellten Beigeordneten sowie der Stadträte in Städten mit einer Größe von mehr als 10.000 Einwohnern der Bestätigung durch die Krone. Diese Regelungen verliehen dem Bürgermeister eine nahezu unangreifbare Stellung gegenüber der Stadtverordnetenversammlung, und er konnte die Stadtverwaltung mit nahezu autoritärer Gewalt führen. Allein die Stadt Frankfurt erhielt 1867 ein Gemeindeverfassungsgesetz, das wenigstens in einigen Punkten modernen Verhältnissen angepaßt war. Hier wurde die Bestätigung durch die Krone nur für die beiden leitenden Bürgermeister vorgesehen, für den Oberbürgermeister allerdings mit der Maßgabe, daß für diesen Posten dem preußischen König jeweils drei Kandidaten zur Auswahl vorgeschlagen werden mußten. Ähnlich gestaltet war auch die Städteordnung für Schleswig-Holstein vom 14. April 1869, in der die Wahl des Magistrats durch die Bürgerschaft an ein kompliziertes Vorschlagsverfahren geknüpft war, welches für obrigkeitliche Wahlen sorgen sollte.

Es bestand also Anlaß genug, eine neue gesetzgeberische Regelung der äußerst vielgestaltigen Städte- und Landgemeindeordnungen in Preußen zu fordern. Allein, der Entwurf einer neuen Städteordnung, den die preußische Staatsregierung schließlich am 18. März 1876 vorlegte, war aus der Sicht der liberalen Parteien in vielfacher Hinsicht eine »schwere Enttäuschung«. Er beschränkte sich auf eine Neuregelung der Verhältnisse in den östlichen Gebieten Preußens, sparte mithin gerade jene Regionen des preußischen Staates aus, in denen angesichts des sprunghaft einsetzenden Wachstums der Städte eine leistungsfähige kommunale Selbstverwaltung besonders dringlich geworden war. Im übrigen lehnte er sich eng an die Bestimmungen der Städteordnung von 1853 an, mit nur geringfügigen Modifikationen im liberalen Sinne. Statt einer grundlegenden Reform lief dieser Entwurf darauf hinaus, die bestehenden Rechtsverhältnisse festzuschreiben und nur die Städteordnungen in den östlichen Provinzen Preußens auf das im Westen bereits erreichte Niveau zu heben. Die Liberalen beider Richtungen, allen voran Miquel, unterzogen denn auch die Vorlage wegen ihrer Rückschrittlichkeit scharfer Kritik.

Miquel legte in einer großen Rede vom 18. März 1876, die zu dem Besten gehört, »was wohl je in einem deutschen Parlament über die Prinzipien städtischer Selbstverwaltung gesagt worden ist« (H. Preuß), die Schwächen des Regierungsentwurfs offen. Er monierte, daß die auf den ersten Blick sehr liberale Weise der Beschränkung des Bestätigungsrechts der Krone auf den Bürgermeister und die Beigeordneten unter Verzicht auf eine Bestätigung auch der Stadträte mit einer solchen Präponderanz des Bürgermeisters über den Magistrat erkauft werde, daß dies einem Präfektensystem nach französischem Muster, nicht aber einem System freier Selbstverwaltung der Bürger gleichkomme. Dezidiert beanstandete Miquel die Zuweisung der Polizeigewalt allein an die Person des Bürgermeisters, nicht an den Magistrat in seiner Gesamtheit, sowie die Beibehaltung einer besonderen königlichen Polizeigewalt neben der obrigkeitlichen Gewalt des Magistrats. Diese Regelung sei eine schiere Absurdität, die sich in der Realität nicht bewährt habe, wie er als langjähriger Oberbürgermeister aus eigener Anschauung mit zahlreichen Beispielen zu belegen wußte. Ebenso wandte sich Miquel entschieden gegen die nach seiner Ansicht viel zu weitgehenden Aufsichtsbefugnisse der Staatsregierung, namentlich das Recht, alle Beschlüsse des Magistrats beziehungsweise der Stadtverordnetenversammlung zu beanstanden, welche, wie es im Entwurf hieß, »das Interesse der Stadtgemeinde in dringender Weise gefährden«. Keinesfalls hinzunehmen aber sei die Befugnis des Staatsministeriums, durch Königliche Verordnung die Auflösung einer Stadtverordnetenversammlung vorzunehmen; dieses Recht finde sich in keiner der bisher bestehenden Städteordnungen, und die bewährte Tätigkeit zahlreicher städtischer Verwaltungen habe gezeigt, daß dazu auch keinerlei Anlaß bestehe. Schließlich monierte er die scharfe Trennung der Beratungen des Magistrats und der Stadtverordnetenversammlung, die wie feindliche Brüder einander gegenübergestellt würden. Alle diese Bestimmungen waren von der Besorgnis der Staatsregierung geprägt, daß sich die Selbstverwaltungsorgane gerade in den ländlichen Gemeinden tatsächlich zu eigenständiger Aktivität durchringen und der Staatsautorität entgegentreten könnten. Der Entwurf atmete die obrigkeitliche Gesinnung, die in Preußen selbst in der Ära des Liberalismus kaum vermindert herrschend geblieben war. Auch Windthorst konnte sich nicht die höhnische Bemerkung versagen: »[...] ich weiß wohl, Sie sind in Preußen längst entwöhnt von der Freiheit, wir in Hannover sind das bis jetzt noch nicht.«

Die liberalen Parteien unterzogen demzufolge den Entwurf in der zuständigen Kommission einer weitreichenden Umarbeitung mit dem Ziel, dessen autoritäre Elemente wenn nicht zu beseitigen, so doch zu mildern. Insbesondere wurden die Rechte des Magistrats hinsichtlich der Ausübung der polizeilichen Befugnisse erheblich erweitert und die Eigenständigkeit der staatlichen Polizeibehörden auf die sicherheitspolizeilichen Aufgaben beschränkt. Ebenso fiel die einigermaßen archaische Bestimmung, die, wie in einigen der bestehenden Städteordnungen, auch juristischen Personen, in der Regel den großen industriellen Unternehmen, das Wahlrecht einräumte. Dagegen konnte sich die Mehrheit des Abgeordnetenhauses auf eine völlige Beseitigung oder auch nur auf eine wirksame rechtliche Beschränkung der Befugnis der Staatsbehörden bei der Bestätigung des Bürgermeisters der größeren Städte nicht einigen; sie sollte nurmehr von den Oberpräsidenten, nicht von den Regierungspräsidenten ausgeübt werden, mit der Maßgabe, daß die Versagung der Bestätigung der Zustimmung des Provinzialrates bedürfe – eine angesichts der tendenziell obrigkeitsfreundlichen Zusammensetzung dieses Gremiums nicht eben sonderlich wirksame Kautele. Allerdings sollte gegen eine Wiederwahl des Bürgermeisters ungeachtet des Einspruchs des Oberpräsidenten kein staatlicher Eingriff mehr möglich sein.

Am umstrittensten, selbst innerhalb des liberalen Lagers, war die Frage des Wahlrechts zu den Stadtverordnetenversammlungen. Die bislang dominante Stellung der Nationalliberalen auch in überwiegend katholischen Städten war in erster Linie der Privilegierung der Besitzenden mittels der Kombination von Zensusvorschriften und Dreiklassenwahlrecht zu verdanken. Rudolf Virchow für die Fortschrittspartei und Ludwig Windthorst für die Zentrumspartei beantragten aus jeweils unterschiedlichen Motiven die Beseitigung des Dreiklassenwahlrechts und brachten damit die Nationalliberalen in einigen Gewissenszwang. Die Nationalliberalen waren zwar bereit, die Steuersätze zu senken, deren Zahlung erst zur Ausübung des kommunalen Wahlrechts berechtigte. Hingegen waren sie nicht bereit, in eine Beseitigung des Dreiklassenwahlrechts für die Kommunen einzuwilligen – eine Forderung, die auch die Fortschrittspartei nur mit halbem Herzen unterstützte. Miquel brachte den Standpunkt der Nationalliberalen offen zum Ausdruck, wenn er davon sprach, »daß ein vollständig gleiches geheimes Wahlrecht für Kommunalverhältnisse ohne irgendwelchen Zensus« in keiner Weise akzeptabel und auch nicht durch das Vorbild des Reichstagswahlrechts geboten sei. Im Gegenteil: Da die Gemeinden im wesentlichen nur wirtschaftliche, nicht allgemeinpolitische Dinge zu behandeln hätten, müsse hier nach ganz anderen Rücksichten entschieden werden. Dies hieß im Klartext, daß die Nationalliberalen die bevorzugte Repräsentation des Bürgertums, wie sie durch das Dreiklassenwahlrecht in den Kommunen gewährleistet war, als durchaus in der Ordnung betrachteten, obschon Miquel mit etwas schlechtem Gewissen eine mögliche, sich dem gleichen Wahlrecht annähernde Revision in Aussicht stellte, freilich immer noch unter Beibehaltung eines hohen Zensus, der die Ausübung des Wahlrechts den wohlhabenden Schichten vorbehielt. Die Oberbürgermeister der großen rheinischen Städte im Herrenhaus waren in dieser Hinsicht ungenierter; sie erklärten rundheraus, daß sie eine eventuelle künftige Ausweitung der Städteordnung auf das Rheinland nur dann für tragbar hielten, wenn sowohl am Dreiklassenwahlrecht als auch an der Befugnis der Gemeinden festgehalten würde, den Zensus zur Ausübung des Bürgerrechts gegebenenfalls in eigenem Recht noch weiter anheben zu können. Gegenüber solchen geballten Argumenten zugunsten der Sicherung der Interessen der besitzenden Klassen vermochte Eugen Richter nur wenig auszurichten, wenn er für eine möglichst demokratische Regelung eintrat und auf den Umstand hinwies, daß die Bevorrechtigung der wirtschaftlichen Interessen vielfach gerade zu Cliquenwirtschaft führe: »Wenn man befürchtet, daß bei dem gleichen Stimmrecht die Besitzlosen einen zu großen Einfluß gewinnen, so muß ich doch immer sagen: das Interesse der Besitzlosen ist dem allgemeinen Interesse unter Umständen viel näher als das Interesse der Besitzenden in den Kommunen.« Die Mehrheit fand sich lediglich dazu bereit, die plutokratischen Auswirkungen des Dreiklassenwahlrechts behutsam abzumildern, indem sie nach dem Muster der badischen Städteordnung vorsah, daß die erste Klasse mindestens ein Zwölftel, die zweite Klasse mindestens zwei Zwölftel der Wähler umfassen müsse. Der Rückgriff auf das badische Vorbild beruhigte ein wenig das gesinnungsethische Gewissen der Nationalliberalen, selbst wenn darin kaum etwas an Liberalität zu entdecken war.

Dieses von den liberalen Parteien eher behutsam als radikal abgeänderte Gesetz wurde dann gleichwohl vom Herrenhaus verworfen. Das Herrenhaus stellte, von einigen wenigen Punkten abgesehen, kurzerhand die ursprüngliche Regierungsvorlage wieder her und ging in der Frage des staatlichen Aufsichtsrechts sogar noch über sie hinaus, unzweifelhaft in der Hoffnung auf eine Revanche für seine Niederlage in der Kreisreform. Das kam nach halbjährigen intensiven Beratungen einer Provokation gleich. Einmal mehr standen sich das liberale Lager, das auf einen schrittweisen Ausbau der Selbstverwaltung setzte und das Prinzip obrigkeitlicher Verwaltung zurückzudrängen suchte, und das konservative Lager, das eine Ausdehnung des liberalen Grundsatzes der Selbstbestimmung der Bürger ablehnte und die Kontrollfunktion der Staatsautorität so weit wie irgendmöglich zu verteidigen suchte, unvermittelt gegenüber. Beide liberalen Parteien stellten daraufhin die ursprünglichen Beschlüsse des Abgeordnetenhauses wieder her, obschon dies im Hinblick auf das bevorstehende Ende der Legislaturperiode zunächst das Scheitern des Gesetzes bedeuten mußte. Zu einem erneuten Pairsschub aber wäre Bismarck, der die angeblich zu liberale Politik Eulenburgs schon länger mißbilligte, keinesfalls bereit gewesen. Die Nationalliberalen gingen jedoch zuversichtlich davon aus, daß das preußische Staatsministerium nicht umhin könne, in absehbarer Zeit eine neue Vorlage einzubringen, die dann vermutlich für das gesamte preußische Staatsgebiet gelten und endlich die fehlende Rechtseinheit auf den unteren Ebenen des politischen Systems bringen werde. Dazu sollte es aber nicht mehr kommen. Bismarck zog es vor, lieber mit altertümlichen Gesetzen und Ordnungen zu regieren und eine höchst buntscheckige Struktur zu erhalten, als den liberalen Parteien in der Frage der Selbstverwaltung entgegenzukommen und so die Machtstellung der preußischen Beamtenschaft weiter einzuengen.

Das Deutsche Reich sollte bis 1918, von wenigen Modifikationen abgesehen, mit dem aus der Restaurationszeit stammenden »chaotisch buntscheckigen« System der Selbstverwaltung in Gemeinde, Stadt, Kreis und Provinz leben. Die Liberalen mußten sich damit abfinden, daß inmitten der städtischen Freiheiten ein gutes Stück des alten Obrigkeitsstaates fortbestand. Für die preußische Herrschaftselite war es, wie Hugo Preuß es unübertrefflich formuliert hat, »eine unvollziehbare Vorstellung, das Obrigkeit anders als von oben her stammen könne. Wo obrigkeitliche Gewalt ist, da muß sie vom Staate, das heißt praktisch von den Staatsverwaltungsbehörden delegiert sein.« Ebenso hielten es die konservativen Eliten zunächst für undenkbar, auf die der Restaurationsepoche entstammenden Vorrechte der Staatsbehörden zu verzichten, die ihnen die Befugnis zu umfassenden Eingriffen in die Tätigkeit der Selbstverwaltungsorgane einräumten, obwohl diese in der Praxis zumeist geringe Bedeutung besaßen und nur die Eigenverantwortlichkeit der Selbstverwaltungsorgane schwächten. Ihr größter Nachteil war, daß sie der Verselbständigung der städtischen Magistrate und der kommunalen Verwaltungsbürokratie gegenüber den Stadtverordnetenversammlungen Vorschub leisteten – eine Entwicklung, die der Durchsetzung liberaler Grundsätze in der Selbstverwaltung, wie sie den Liberalen vorgeschwebt hatte, nicht eben zuträglich war. Erst 1891 sollte es zum Erlaß einer neuen Landgemeindeordnung für die östlichen Provinzen Preußens kommen. Auch in den anderen Bundesstaaten unterblieben vorerst neue Kodifikationen des kommunalen Rechts, und dies, obschon mit dem raschen Voranschreiten der industriellen Entwicklung und dem Bevölkerungswachstum in den städtischen Ballungszentren die Fragen der Daseinsvorsorge für die breiten Massen und die Aufgaben der kommunalen Selbstverwaltung immer mehr an Bedeutung gewannen.

Immerhin konnten die liberalen Parteien auch mit dem geltenden System gut leben. In gewissem Sinne wurden die Städte seit der Mitte der siebziger Jahre sogar zum Zufluchtsort des Liberalismus, während die liberalen Parteien auf der Ebene des Reiches und der Bundesstaaten ihre anfängliche Vormachtstellung mehr und mehr einbüßten. In den rapide wachsenden Städten verfügte der bürgerliche

Liberalismus über eine eigenständige politische Machtbasis, die er dank der restriktiven Wahlrechtsbestimmungen bis weit über die Jahrhundertwende hinaus auch gegenüber seinen politischen Konkurrenten, anfangs in erster Linie dem Zentrum, späterhin den Sozialdemokraten, zu behaupten vermochte. Hohe Zensusbestimmungen oder aber die Erfordernis des Besitzes von städtischem Hauseigentum hielten die Zahl der zur Ausübung des Bürgerrechts Befugten in engen Grenzen. Das Dreiklassenwahlrecht beziehungsweise, wie in Frankfurt, ein hohes Zensuswahlrecht sorgten zusätzlich für eine massive Begünstigung der besitzenden Klassen. Das hatte zur Folge, daß die Zahl der für die Stadtverordnetenversammlungen wahlberechtigten Bürger, verglichen mit den Verhältnissen bei den Reichstagswahlen, aber auch bei den bundesstaatlichen Wahlen sehr gering war; sie schwankte je nach den örtlichen Verhältnissen zwischen 5 Prozent und 10 Prozent der Gesamtbevölkerung. Nur jeder fünfte, günstigenfalls jeder vierte Bürger, der das Reichstagswahlrecht besaß, durfte an den Kommunalwahlen mitwirken. In Essen waren 1868 17 Prozent, 1874 29 Prozent und 1878 wiederum nur 25 Prozent der vierundzwanzigjährigen männlichen Einwohner wahlberechtigt. Da die Minderbesitzenden sowieso kein Wahlrecht besaßen, wirkte sich das Dreiklassenwahlrecht noch stärker im plutokratischen Sinne aus. In Krefeld beispielsweise waren 1875 267 Bürger in der ersten Klasse, 833 in der zweiten und 2.818 in der dritten wahlberechtigt; hätte es den Zensus, der erst den Zugang zur Wahlberechtigung eröffnete, nicht gegeben, wären 382 Wähler in der ersten, 1.233 in der zweiten und 10.615 in der dritten Klasse wahlberechtigt gewesen. Dort war Friedrich Krupp bei den Wahlen von 1874 und wiederum von 1886 der einzige Wähler in der ersten Klasse, gegenüber 153 beziehungsweise 400 Wählern in der zweiten und 3.560 beziehungsweise 3.161 Wählern in der dritten Klasse. In Düsseldorf gab es 1878 in der ersten Klasse 361, in der zweiten 1.138 und in der dritten 4.647 Bürgerwahlberechtigte, bei einer Bevölkerungszahl von 95.000. In kleineren Industriegemeinden oder Industriestädten, in denen auch juristische Personen das Wahlrecht besaßen, kam es häufig vor, daß die jeweils dominierenden Unternehmer die einzigen Wähler in der ersten Klasse stellten, während deren Direktoren und leitende Angestellte die zweite Klasse beherrschten.

Der vergleichsweise exklusive Zuschnitt der politisch aktiven Bürgerschaft in den städtischen Kommunen wurde durch die Änderungen der Steuergesetzgebung von 1873 und 1875, die eine steuerliche Entlastung der unbemittelten Bevölkerungskreise vornahmen, zusätzlich verstärkt, denn jetzt fielen noch mehr Bürger aus dem Raster der Wahlberechtigten heraus als zuvor. Aber die Stadtverordnetenversammlungen zogen daraus nicht die Folgerung, daß der Zensus abgesenkt werden müsse, sondern neigten angesichts des rapiden Zustroms in die urbanen Zentren dazu, den bestehenden Zensussatz beizubehalten oder gar noch weiter anzuheben. Dies war insbesondere in den großen rheinischen Städten der Fall, in denen die liberalen Mehrheiten unter dem Druck des Zentrums standen, welches seine Anhänger hauptsächlich in der unteren Mittelschicht fand.

Unter diesen Umständen blieb der Anteil der zu aktiver politischer Mitwirkung berechtigten Bürger bis zum Ende der achtziger Jahre relativ konstant auf einem niedrigen Niveau, mit meist leicht steigender, gelegentlich jedoch sinkender Tendenz. Dies traf, ungeachtet ansonsten sehr unterschiedlicher Bedingungen, nahezu für das gesamte Reichsgebiet zu. Besondere Verhältnisse bestanden in den Hansestädten Hamburg und Bremen. Ihre Bürgerschaftsverfassungen wurden zwar behutsam modernisiert, aber hier hatten die Besitzenden gleichfalls ein absolutes Übergewicht. Die Wahl der Senatoren auf Lebenszeit, welche dem durch Herkunft geheiligten und demgemäß unvermindert in Kraft stehenden System der Honoratiorenherrschaft entsprang und wogegen politischer Widerspruch nahezu chancenlos war, stärkte die Machtstellung der Exekutive gegenüber der Bürgerschaft außerordentlich. Paradoxerweise war in Mecklenburg, wo sich das ältere ständische Repräsentationssystem unverändert erhalten hatte, die Zahl der zu den Bürgervertretungen Wahlberechtigten größer als irgendwo sonst.

Der Kreis der Bürger, die an der städtischen Selbstverwaltung aktiv mitwirken konnten, blieb also auch in einer Zeit, die ansonsten den Eintritt der breiten Massen der Bevölkerung in die politische Arena brachte, sehr klein. Im Durchschnitt ganz Preußens wählten zwischen 1853 und 1891 3 bis 6 Prozent der Wahlberechtigten in der ersten Klasse, 8 bis 20 Prozent in der zweiten und 70 bis 80 Prozent in der dritten Klasse. Demgemäß erhielt sich hier die ältere Form liberaler Honoratiorenpolitik bis in das letzte Jahrzehnt vor dem Ersten Weltkrieg nahezu uneingeschränkt. Gewerbliche oder industrielle Berufstätigkeit, Mitwirkung in den zahlreichen gemeinnützigen Vereinen, nicht zuletzt solchen, die der Förderung kultureller Aktivitäten dienten, und die verantwortliche Mitarbeit in den städtischen Selbstverwaltungsgremien waren durchweg eng miteinander verzahnt. Dabei gab das Großbürgertum deutlich den Ton an. In Krefeld beispielsweise stellten die Seidenfabrikanten bis weit über die Jahrhundertmitte hinaus ein Drittel der Stadträte. Die Handwerkerschaft, wie überhaupt das Kleinbürgertum, war in den Stadtverordnetenversammlungen in der Regel nur schwach vertreten, während die Arbeiterschaft gänzlich fehlte. Und der Faktor der Abkömmlichkeit begann wegen der recht häufigen Sitzungen eine nicht unwichtige Rolle zu spielen.

Dies alles begünstigte die liberalen Parteien, die allerdings auf der kommunalen Ebene mit einem vergleichsweise niedrigeren politischen Profil auftraten als bei Reichstags- oder Bundesstaatswahlen. Es überrascht somit nicht, daß hier die Trennlinien zwischen Fortschrittspartei und Nationalliberaler Partei unscharf gewesen sind und vielfach ganz gefehlt haben. Auf kommunaler Ebene erhielt sich die Gemeinsamkeit der liberalen Parteien, wenngleich bei deutlicher Prävalenz der Nationalliberalen, weit länger als im Reich oder in den Bundesstaaten. Hierzu trug in jenen Städten, in denen katholische Bevölkerungsmehrheiten bestanden, die gemeinsame Frontstellung gegen das Zentrum bei, das sich dort durchweg zum Anwalt des »gemeinen Mannes«, und darüber hinaus der kleinbürgerlichen Schichten machte, die nicht in gleichem Maße Vorteile von der Industrialisierung zu erwarten hatten wie die gewerbliche Oberschicht. Nicht zufällig wurden die Schul- und die Kulturpolitik auf kommunaler Ebene ebenso zu Gegenständen des politischen Kampfes wie die zumeist im Vordergrund stehenden wirtschaftlichen Fragen, betrachteten sich doch gerade die Liberalen als die Repräsentanten der modernen, fortschrittsorientierten, säkularisierten Kultur. Nach dem Ende des Kulturkampfes und mit den beginnenden Streitigkeiten über die Schutzzollpolitik kam es auch auf kommunaler Ebene schrittweise zu einer politischen Differenzierung des Liberalismus in unterschiedliche Richtungen. Sehr viel später erst trat in der Kommunalpolitik die Sozialdemokratie als ernstzunehmender Gegner in Erscheinung. Die Zeitgenossen trachteten danach, den angeblich unpolitischen Charakter kommunaler Politik in den Vordergrund zu stellen. Doch der Sache nach war die Tätigkeit der städtischen Verwaltungen, in denen der Liberalismus vornehmlich nationalliberaler Spielart eine Schlüsselposition innehatte, gleichwohl ein »Teil bürgerlicher Herrschaft« im Kaiserreich.

Die große Hoffnung der liberalen Parteien, wenigstens auf den unteren Ebenen des Staates das halbautoritäre Herrschaftssystem zu überwinden und die freie Selbsttätigkeit des Bürgers an die Stelle obrigkeitlichen Staatshandelns zu setzen, ging nur partiell in Erfüllung. Dennoch erwies sich die städtische Selbstverwaltung in den kommenden Jahrzehnten als überaus leistungsfähig. Im Gefolge der raschen Industrialisierung wurden die Stadtverwaltungen vor große Aufgaben gestellt. Die wachsende Zuwanderung aus den ländlichen Gebieten des Ostens, begleitet von einer sprunghaften Zunahme der Nahwanderung aus der ländlichen Umgebung der neuen urbanen Zentren, warf eine Fülle von Problemen auf, die rasche und aufwendige Lösungen verlangten. Dazu gehörten der Ausbau der Energieversorgung, die Errichtung von Wasserwerken und Kanalisationssystemen und vor allem die Bereitstellung und Erschließung von Ländereien für den Bau von Wohnungen, die vielfach die Eingemeindung von angrenzenden Orten zur Folge hatten. Ursprünglich waren die städtischen Versorgungsunternehmen überall von privaten Gesellschaften betrieben worden, zuweilen ausländischen, insbesondere englischen Ursprungs. Aber bereits seit den sechziger Jahren gingen viele rheinische Großstädte dazu über, solche Unternehmen, zumal die Wasser-, Gas- und Elektrizitätswerke, in eigener Regie zu betreiben und sie dort, wo bereits private Firmen bestanden, in städtischen Besitz zu übernehmen. Das entsprach nicht der reinen Lehre des Wirtschaftsliberalismus, und anfangs sperrten sich manche Stadtverordnetenversammlungen gegen die dramatische Ausweitung der städtischen Etats. Aber sowohl fiskalische Gesichtspunkte als auch das Bedürfnis nach einer hinreichenden Versorgung selbst weniger attraktiver Stadtteile sprachen für ein unmittelbares Engagement der kommunalen Körperschaften.

Die Überwindung traditioneller liberaler Tabus durch die städtischen Verwaltungen wurde dadurch erleichtert, daß die Bürgermeister und Magistrate dank der obrigkeitlichen Residualstrukturen der Selbstverwaltung beispielsweise in Preußen leichter über lokale Interessen hinweggehen konnten als anderswo. Das Eigeninteresse der neuen Schicht der besoldeten Beigeordneten, die den technischen Ressorts der Stadtverwaltungen vorstanden, und der städtischen Beamtenschaft stellte ohne Zweifel ein Antriebsmotiv für die Ausweitung des Funktionsbereichs der Stadtverwaltungen dar. Sicher ist ebenso, daß die neue administrative Führungsschicht, die sich zunehmend aus dem Bildungsbürgertum rekrutierte, ein Gegengewicht zu den lokalen wirtschaftlichen Interessen abgegeben hat, die in den städtischen Selbstverwaltungsgremien das Sagen hatten. Jedenfalls entfaltete die Kommunalbeamtenschaft schon bald eine erhebliche Eigendynamik, die die städtischen Korporationen über die ursprünglichen Grenzen ihres Tätigkeitsbereichs weit hinausgetragen hat. Die Kommunalisierung aller wichtigen Versorgungsbetriebe führte schrittweise in eine Politik des »Munizipalsozialismus« hinein, wie schon die Zeitgenossen dies genannt haben. Dabei war die Vorstellung leitend, daß die umfassende Versorgung der rasch zunehmenden Bevölkerung nicht nur unter wirtschaftlichen Gesichtspunkten erforderlich sei, sondern auch eine soziale Verpflichtung darstelle. So läßt sich festhalten, daß das Massenelend, welches mit der Durchbruchskrise des Kapitalismus einherging, wie es Friedrich Engels eindrucksvoll am Beispiel Manchesters beschrieben hat, in den urbanen Zentren Deutschlands niemals jene dramatischen Größenordnungen erreicht hat wie eine Generation zuvor in Großbritannien. Zwar bestanden auch hier, namentlich in den explosionsartig wachsenden Großstädten, bedenkliche Wohnungsverhältnisse, aber in der Regel gelang es den Stadtverwaltungen, die sanitären Verhältnisse wenigstens einigermaßen in den Griff zu bekommen, von vereinzelten Fällen wie den wiederholten Choleraepidemien in Hamburg 1873 und 1892 abgesehen. Die Gründung von Badehäusern und städtischen Schlachthöfen gehörte ebenfalls zu den Maßnahmen, mit denen die Städte die hygienischen Probleme zu bewältigen suchten, die sich mit der Zusammenballung großer Bevölkerungszahlen in engen Quartieren einstellten.

Die ständige Ausweitung des Aufgabenbereichs der Städte und die Gründung zahlreicher kommunaler Regiebetriebe zogen eine zunehmende Professionalisierung der kommunalen Leitungspositionen nach sich. Ebenso kam es zu einer starken Vermehrung des Personals der städtischen Verwaltungen. Während beispielsweise in Mannheim im Jahr 1870 ein städtischer Beamter auf 815 Einwohner entfiel, verschob sich dieses Verhältnis bis 1880 auf 446 und bis 1890 auf 414 Einwohner. Die Übernahme leitender Positionen setzte in zunehmendem Maße eine fachliche Ausbildung voraus, besonders bei der Besetzung des Postens des Bürgermeisters, der meist an juristische Qualifikationen geknüpft war; er wurde nun zum Gipfelpunkt einer regelrechten kommunalpolitischen Laufbahn.

Damit ging eine stille Veränderung der Führungsauslese für leitende politische Positionen einher, zugunsten der meist protestantisch und liberal ausgerichteten akademisch Gebildeten. Zugleich wurde durch die Professionalisierung der kommunalen Führungselite die ohnehin schon starke Stellung der Bürgermeister und Magistrate gegenüber den Stadtverordnetenversammlungen indirekt noch weiter gestärkt. Das beeinträchtigte auf längere Sicht den Honoratiorencharakter der städtischen Politik. Die ehrenamtlich tätigen Mitglieder der Selbstverwaltungskörperschaften und die Repräsentanten der lokalen Wirtschaftsunternehmen wurden nach und nach durch Vertreter der professionellen kommunalen Führungseliten verdrängt. Dadurch wurde die gesellschaftliche Basis der liberalen Parteien im städtischen Milieu verändert, und zwar zugunsten einer differenzierteren Basis der Rekrutierung liberaler Politiker. Auch unter diesen Verhältnissen blieb die Selbstverwaltung der großen Städte ein Ort »politischer Führerauslese« (Max Weber) und ein wichtiges Reservoir bedeutender Politiker, wie die große Zahl von Oberbürgermeistern, die auch späterhin zu Führungspositionen im Reich und in den Ländern aufstiegen, bestätigt. Die politische Elite namentlich der liberalen Parteien rekrutierte sich weiterhin zu erheblichen Teilen aus den Institutionen der Selbstverwaltung. In der zweiten Hälfte des 19. Jahrhunderts stellten die Städte mit wenigen Ausnahmen Hochburgen des Liberalismus dar; sie bildeten ein wichtiges Widerlager liberaler Politik in den Kämpfen mit dem allerorten noch lebendigen Obrigkeitsstaat. Daneben bestand ein ganzes Netzwerk von liberalen Vereinen, Casinos und dergleichen, die der liberalen Führungsschicht eine zusätzliche informelle Abstützung gewährten, von den zahlreichen professionellen Organisationen abgesehen.

Der »Kulturkampf«: ein innenpolitischer Präventivkrieg gegen den politischen Katholizismus

Der Versuch des Zentrums, anläßlich der Adreßdebatte im deutschen Reichstag am 30. März 1871 zumindest die Möglichkeit offenzuhalten, daß das Deutsche Reich sich für die Erhaltung der weltlichen Macht des Papstes einsetzen werde, warf von vornherein einen tiefen Schatten auf die künftigen Beziehungen des politischen Katholizismus zur Reichspolitik und mehr noch zu den liberalen Parteien, die sich als Bannerträger des neuen deutschen Nationalstaates verstanden. Bismarck wertete den Vorstoß des Zentrums zugunsten des Papsttums als Vorstoß einer Partei in verbotenes Territorium, nämlich in die Führung der auswärtigen Politik, obschon er sich aus taktischen Gründen zunächst zurückhielt. Aus der Sicht der liberalen Parteien stellte das Eintreten des Zentrums für die weltliche Machtstellung des Papstes einmal mehr dessen anti-nationale Gesinnung unter Beweis. In der Tat war das Abseitsstehen des Zentrums bei der Dankadresse an Kaiser Wilhelm I. ein Affront, der bei etwas geschickterer Politik hätte vermieden werden können. Die erbitterte Auseinandersetzung, welche sich daran anschloß, geriet sogleich ins Grundsätzliche. Joseph Völk, der einer der entschiedensten Vorkämpfer der deutschen Einigung in Bayern gewesen und nun Sprecher der Liberalen Reichspartei im Reichstag war, deutete den Vorstoß des Zentrums als Teil einer wohlgeplanten Strategie, die darauf abziele, mittels der politischen Mobilisierung der katholischen Bevölkerung für die Erhaltung des Vatikanstaates auch in Deutschland den Vorrang der geistlichen Machtstellung des Papstes vor jener des weltlichen Staates zur Geltung zu bringen. Dieser Vorstoß sei ein Teil der großen Herausforderung des Ultramontanismus an den Liberalismus, die in dem »Syllabus errorum« von 1864 und der Erklärung der Unfehlbarkeit des Papstes ihren deutlichsten Ausdruck gefunden habe. Die Auseinandersetzung des Liberalismus mit dem Ultramontanismus, die zugleich eine Auseinandersetzung zwischen Germanismus und Romanismus sei, müsse mit aller Entschiedenheit geführt werden. Er sei sich gewiß, daß dieser Kampf mit dem Sieg des »germanischen Geistes« enden werde. Demgemäß forderte die Liberale Reichspartei anläßlich der Debatte über die Grundrechte sogleich besondere gesetzliche Maßregeln, um die Rechte des Staates gegenüber den Machtansprüchen der katholischen Kirche, nachdem diese ins Fahrwasser des Ultramontanismus geraten sei, ein für allemal sicherzustellen.

In gewissem Sinne war diese Initiative, obschon sie vorerst folgenlos blieb, bereits der erste Schritt in dem großen Ringen zwischen Staat und katholischer Kirche in Preußen und im Deutschen Reich, für das Rudolf Virchow wenig später den Begriff »Kulturkampf« prägte. Der »Kulturkampf« war allerdings nur ein Teil einer umfassenden Auseinandersetzung zwischen dem modernen Verfassungsstaat und der katholischen Kirche sowie zwischen dem liberalen Zeitgeist und der katholischen Lehre, die sich schon länger am Horizont abgezeichnet hatte. Die herkömmliche katholische Lehre ging davon aus, daß allein der christliche Staat, der sich als Schutzherr und Garant der christlichen Lehre und der katholischen Kirche verstehe, vor Gott und den Menschen Legitimität beanspruchen könne. Der moderne rationale Anstaltsstaat hingegen war mit der hier geforderten Verschränkung von staatlicher und kirchlicher Gewalt, wie sie in zahlreichen Lebensbereichen bestand und teilweise in besonderen Konkordaten mit dem Heiligen Stuhl festgeschrieben worden war, nicht vereinbar. Der Staat der Restaurationsepoche hatte einen Ausweg aus diesem Dilemma in einem Staatskirchentum gesehen, das Kirche und Staat enger denn je zuvor aneinanderband und den Kirchen als vornehmlichen Instrumenten der Sozialdisziplinierung die Vorteile staatlicher Unterstützung in reichem Maße zuteil werden ließ. Mit dem Vordringen des liberalen Konstitutionalismus, der der legitimistisch begründeten Staatsautorität das Prinzip der Öffentlichkeit und der Mitwirkung der

Bürger an der Gesetzgebung entgegensetzte, war diese Politik nicht länger aufrechtzuerhalten. Eine Neuregelung des Verhältnisses von Staat und Kirche war unvermeidlich geworden.

Der Liberalismus war ein Kind der Aufklärung, die Kirche und Religion abschaffen oder wenigstens als private Angelegenheit des einzelnen Bürgers gelten lassen wollte. Auch der deutsche Liberalismus stand im Bann der laizistischen Weltanschauung, die unter dem Einfluß der modernen Wissenschaft seit der Mitte des Jahrhunderts auf allen Gebieten des öffentlichen Lebens an Boden gewonnen hatte. Dennoch konnte in der deutschen Staatenwelt von einer laizistischen Bewegung im eigentlichen Wortsinn, wie sie gleichzeitig in Frankreich bestand, nicht die Rede sein; das Gros der Liberalen verharrte vielmehr weiterhin im Einflußbereich des Protestantismus, freilich überwiegend in seiner kulturprotestantischen Spielart, die der evangelischen Kirche und ihren Institutionen eher mit Distanz gegenüberstand. Für die Liberalen war der Nationalstaat »aller irdischen Güter höchstes« (H. von Sybel); für sie war es undenkbar, daß es daneben übernationale Bindungen religiöser oder anderer Art geben könne, die Verhaltensweisen im politischen Leben begründeten, welche die Loyalität gegenüber der eigenen Nation transzendierten. Insofern sahen sie im Papsttum als der höchsten Instanz der katholischen Kirche mit bindender Weisungskraft für die Gläubigen aller Nationen auch in politischen Fragen, wie dies von Teilen des zeitgenössischen politischen Katholizismus vertreten wurde, eine Herausforderung an den Grundgedanken der souveränen Nation. Für die Liberalen gründete sich die Idee der Nation in erster Linie auf die großen geistigen, literarischen und ästhetischen Hervorbringungen der deutschen Kultur und darüber hinaus, soweit die religiöse Dimension ins Spiel kam, auf die Reformation Martin Luthers. Aus ihrer Sicht stand der Katholizismus wegen seiner geistigen und kulturellen Orientierung an der mittelalterlichen Welt gleichsam außerhalb der großen ideellen Traditionen, die die nationale Identität der Deutschen begründet hatten. Die Ablehnung des preußisch-deutschen Nationalstaates von Bismarcks Gnaden durch den politischen Katholizismus schien das Vorurteil zu bestätigen, daß es dem katholischen Volksteil, zumindest aber seinen kirchlichen und politischen Sprechern, an nationaler Gesinnung fehle. Schon Anfang Januar 1871 schrieb Alfred Dove in der eben gegründeten liberalen Wochenschrift »Im Neuen Reich«, daß die größte Gefahr für das junge Reich nun von der »finstere[n] Macht Roms« drohe. Diese halte »ihre schwere Hand bedrohend und beängstigend über manchem deutschen Gewissen [...] gleich feindlich dem Staatsbewußtsein wie der Entwicklung des Volkstums«.

Hinzu kam, daß sich der Katholizismus wegen seines Festhaltens an überalterten religiösen Doktrinen und kirchlichen Zwängen aus zeitgenössischer Sicht als der große Widersacher der Moderne darbot. Dem Traditionalismus der katholischen Lehre setzten die Liberalen die Idee des Fortschritts entgegen. Dieser werde sich unaufhaltbar durchsetzen, sofern nur die Individuen aus den überkommenen obrigkeitlichen Herrschaftsstrukturen und gesellschaftlichen Zwangssystemen herausgelöst und ihnen die uneingeschränkte Entfaltung ihrer menschlichen Fähigkeiten ermöglicht würden. Diesem Ziel diente die universelle Verbreitung von Bildung und Wissenschaft als Instrument zur Befreiung des Menschen aus seiner »selbstverschuldeten Unmündigkeit« (Immanuel Kant). Den wichtigsten Widersacher auf diesem Gebiet sahen die Liberalen in der katholischen Kirche und ihren Institutionen.

Diese weltanschaulichen Gegensätze hatten eine Entsprechung im gesellschaftlichen Raum. Die Liberalen forderten den schrittweisen Abbau aller traditionalistischen Ordnungen in Wirtschaft und Gesellschaft zugunsten des Grundsatzes der Selbstorganisation der jeweils unmittelbar Betroffenen, vorzugsweise in Form des privaten Vereins. Der Übergang zur Freizügigkeit, unter Beseitigung des Zunftzwanges, war für sie nur ein Anfang, dem die freie wirtschaftliche Tätigkeit aller Individuen folgen werde. Von einer Dynamisierung der gesellschaftlichen Ordnungen und, damit untrennbar verbunden, der herrschenden Werthaltungen erwarteten sie den Durchbruch zu einer neuen Gesellschaft, die am Ende Wohlstand für alle, zumindest für alle, die sich aus eigener Kraft dafür einsetzten, bringen werde. Obwohl der Katholizismus keineswegs eine industriefeindliche Macht war, hatte er eine natürliche Präferenz für die Erhaltung gewachsener ökonomischer und sozialer Strukturen. Wenn schon Veränderung unabweisbar zu sein schien, so sollte sie sich behutsam vollziehen, und zwar in einer Weise, durch die die überkommenen religiösen und gesellschaftlichen Bindungen des Individuums nicht zerstört würden. Es lag daher nahe, daß sich die katholische Kirche und ebenso das Zentrum zum Anwalt jener sozialen Schichten machten, die von raschem Wirtschaftswachstum im Zeichen einer freihändlerischen Wirtschaftspolitik zumindest zunächst nur Nachteile zu erwarten hatten. Auch dies vertiefte den Gegensatz zwischen dem liberalen Zeitgeist und dem zeitgenössischen Katholizismus.

Die Zeitgenossen warfen der katholischen Kirche Rückwärtsgewandtheit, engstirnigen Dogmatismus und das Festhalten an überlebten autoritären Führungsstrukturen vor. Der von der katholischen Kirche erhobene Anspruch, daß die Autorität des Papsttums universale Geltung besitze, stieß weithin, auch in katholischen Kreisen, auf Mißtrauen. Die katholische Kirche befand sich im geistigen Leben und im politischen Raum eindeutig in der Defensive. Pius IX. reagierte auf diese Lage mit einer Gegenoffensive, die darauf abzielte, die Reihen der Kirche gegenüber ihren Gegnern zu schließen. Statt vage Kompromisse mit dem liberalen Zeitgeist einzugehen, artikulierte er die religiöse Botschaft der Kirche gegenüber ihren Gegnern mit äußerster Schärfe. In der Enzyklika »Quanta cura« vom Jahr 1864 kam die neue Strategie der römischen Kurie mit wünschenswerter Deutlichkeit zum Ausdruck. In dem der Enzyklika beigegebenen »Syllabus errorum«

wurden die Anschauungen des Liberalismus als tödliche Irrlehren gebrandmarkt, die das Seelenheil der Menschen gefährdeten und der religiösen Aufgabe der Kirche absolut feindlich gegenüberstünden. Außerdem wurde dem Staat das Recht abgesprochen, die Kirche in der Ausübung ihrer Aufgaben in irgendeiner Weise zu beschränken; die Kirche beanspruchte in allen Fragen des religiösen Unterrichts und der theologischen Lehre die uneingeschränkte kirchliche Jurisdiktionsgewalt. Der Staat sei nicht dazu befugt, von sich aus in kirchliche Angelegenheiten einzugreifen oder die Ernennung oder Entlassung von kirchlichen Würdenträgern von seiner Zustimmung abhängig zu machen. Im Gegenteil: Es sei die Verpflichtung des Staates, der katholischen Kirche in Sachen der christlichen Religion seine Zwangsgewalt zu leihen; im übrigen habe kirchliches Recht, da es göttlichen Ursprungs sei, stets den Vorrang vor staatlichem Recht. In der liberalen Öffentlichkeit wurde der »Syllabus« als Beleg für die neuerlich ins Maßlose gesteigerten Machtansprüche der katholischen Kirche gedeutet. Die Thesen des »Syllabus errorum« wurden in vielfach massiv vergröbernder Form verbreitet und äußerst feindselig kommentiert. Auch wenn man dies einräumt, so bleibt bestehen, daß die achtzig Thesen des »Syllabus« eine Herausforderung an den modernen laizistischen Staat darstellten. Damit sollte den Bestrebungen nach einer Begrenzung der Rechtsstellung der Kirchen in Staat und Gesellschaft, wie sie in einer ganzen Reihe von europäischen Ländern zu Gesetzesinitiativen entsprechender Art geführt hatten, entgegengetreten werden. Insbesondere in Österreich, der Schweiz, Bayern und Baden waren die Auseinandersetzungen über das Verhältnis von Staat und Kirche bereits Anfang der sechziger Jahre in voller Schärfe entflammt.

Im zisleithanischen Österreich drängte die liberale Mehrheit in den Landtagen die Regierung, das bestehende Konkordat mit der Kurie zu kündigen und das Verhältnis zur katholischen Kirche auf eine neue, liberale Grundlage zu stellen. Hier spielte vor allem die Forderung nach Gleichstellung der evangelischen Kirche, die dieser im katholischen Österreich bisher vorenthalten worden war, eine Rolle; zudem wurde, wie auch andernorts, die Beseitigung der Kontrolle des Volksschulwesens durch die katholische Kirche gefordert. Das Drängen auf eine Neugestaltung des Verhältnisses von Staat und Kirche wurde dann nach 1867 übermächtig und veranlaßte die Regierung, im Mai 1868 drei grundlegende Gesetze zu erlassen, die den Wünschen der liberalen Parteien, aber auch dem Selbstverständnis des konstitutionellen Staates wenigstens teilweise entgegenkamen. Dabei handelte es sich um ein Gesetz über das Unterrichtswesen, welches im Prinzip die Schule zur alleinigen Sache des Staates erklärte, obschon den Religionsgemeinschaften weiterhin das Recht der Beaufsichtigung des Religionsunterrichts zugestanden wurde, ein Gesetz über die Gleichberechtigung aller Religionsgemeinschaften, das mit der Sonderstellung der katholischen Kirche in den zisleithanischen Ländern der Monarchie brach, sowie ein Gesetz über das Eherecht, welches neben der weiterhin rechtlich verbindlichen kirchlichen Eheschlie-ßung eine Notzivilehe zuließ. Mit ausdrücklicher Billigung des österreichischen Kaiserhauses wurden diese Gesetze dann gegen den entschiedenen Widerstand der Kurie und des österreichischen Klerus durchgesetzt. Auch Bayern hatte bereits 1867 den Entwurf eines Schulgesetzes eingebracht, der auf die Entkonfessionali-sierung des bayerischen Schulwesens abzielte, aber nach dem Sieg der bayerischen Patriotenpartei im November 1869 nicht mehr zur Verabschiedung gelangte. Die liberal-konservative Führungselite in Bayern betrachtete die Durchsetzung des Staatsgedankens gegenüber den Ansprüchen der katholischen Kirche als Bestand-teil ihres Abwehrkampfes gegen die populistische Politik der bayerischen Patrio-tenpartei und ihres Anhangs in der katholischen Bevölkerung; ihre Bereitschaft, die Rechte der Kirchen zurückzuschneiden, entsprang weniger spezifisch liberalen Anschauungen als vielmehr den Traditionen der Politik Montgelas' und des aufgeklärten Spätabsolutismus.

Dies war in Baden anders. Hier wurde der Konflikt mit der katholischen Kirche von der Regierung Lamey/Roggenbach in engem Zusammenspiel mit der libera-len Kammermehrheit geführt und seit 1865 unter dem Ministerium Jolly mit größter Energie betrieben. Baden war bereits 1860 mit dem Übergang zur »Neuen Ära« zum Vorreiter einer neuen, liberalen Ordnung geworden. Den beiden christ-lichen Kirchen sollte im Rahmen der konstitutionellen Verfassung eine klar umrissene Rechtsstellung gegeben und, darauf aufbauend, »eine möglichst freie Entwicklung« garantiert werden, wie es in der Osterbotschaft des Großherzogs Friedrich von Baden vom 7. April 1860 hieß. Dafür sollten die Kirchen jedoch auf die Vorrechte verzichten, die ihnen bislang eine unmittelbare Mitwirkung in bestimmten Bereichen der Staatsordnung, insbesondere im Schulwesen, aber auch, kraft der kirchlichen Eheschließung, im Personenstandswesen eingebracht hatten. Während die evangelische Kirche sich einigermaßen zögernd mit dieser Wende abfand, sprach der Erzbischof von Freiburg in einem Rundschreiben an den badischen Klerus dem badischen Staat schlichtweg das Recht ab, das künftige Verhältnis von Staat und Kirche auf dem Gesetzgebungs- und Verordnungsweg neu zu regeln; dies sei ausschließlich Gegenstand von Vereinbarungen mit dem Heiligen Stuhl, und zwar auf der Grundlage des bestehenden Konkordats. Das war eine eindeutige Kampfansage an die badische Regierung, die sich frontal gegen den Anspruch des konstitutionellen Staates richtete, die Angelegenheiten aller gesellschaftlichen Gruppen, einschließlich der Religionsgemeinschaften, auf der Grundlage der bestehenden Verfassung zu regeln. Die Antwort des Großher-zogs brachte den Gegensatz der Meinungen auf den Punkt: »Wer sich über das Gesetz erhebt und das Oberhaupt des Staates nicht mehr als alleinigen Ausfluß der Souveränität anerkennt«, wie dies die katholische Kirche mit dem Rundschreiben des Erzbischofs getan habe, der entziehe sich »freiwillig des wohltätigen Schutzes der Staatsverfassung« und könne nicht beanspruchen, daß ihm »eine Mitwirkung bei Regelung irgendwelcher Fragen eingeräumt« werde. Vielmehr sei dadurch erneut die dringende Notwendigkeit vor Augen geführt worden, nicht nur die Verhältnisse von Staat und katholischer Kirche neu zu regeln, sondern auch »den Staat durch besondere Gesetze vor solchen Überschreitungen zu schützen [...].« Damit waren die Fronten des kommenden »Kulturkampfes« abgesteckt. Die Regierung Lamey beabsichtigte, die offensichtliche Mißachtung der Befugnis des Staates zur rechtlichen Regelung aller öffentlichen Angelegenheiten seitens der katholischen Kirche unter Berufung auf die »ultramontane« Autorität der Kurie mit Kampfgesetzen zu beantworten, um den Klerus in seine Schranken zu verweisen. Auf kirchlicher Seite war man entschlossen, den bisherigen privilegierten Rechtsstatus der katholischen Kirche unter Berufung auf die bestehenden Vereinbarungen mit der Kurie, notfalls auch durch die Mobilisierung der Gläubigen gegen die Regierungspolitik, kompromißlos zu verteidigen.

Auch in Baden stand die Frage der staatlichen Hoheit über das Unterrichtswesen im Mittelpunkt der Auseinandersetzungen zwischen Staat und Kirche. Die Schule war nach allgemeiner Überzeugung des Liberalismus der Ort, an dem der Einfluß der katholischen Kirche mehr denn irgendwo sonst zurückgedrängt werden müsse, denn diese sei schlechthin fortschrittsfeindlich. Kultur und Wissenschaft und damit die Idee des Fortschritts zur Humanität waren aus der Sicht des Liberalismus mit der katholischen Lehre nicht vereinbar. Die Schule habe die Aufgabe, den nachfolgenden Generationen die großen gemeinsamen Kulturwerte der Nation zu vermitteln, ohne die es keine nationale Gesinnung gebe. Wesentlich deshalb verlangten die Liberalen die Beseitigung des bisher maßgeblichen Einflusses der christlichen Kirchen auf die Volksschulerziehung und die Durchsetzung der uneingeschränkten staatlichen Autorität auf dem Gebiet des öffentlichen Schulwesens. So ging Baden schon 1860 dazu über, ein staatliches Schulwesen einzuführen und die Schulaufsicht, die bisher auf regionaler und lokaler Ebene in der Hand der Kirchen gelegen hatte, staatlichen Organen zu übertragen, auch wenn vorderhand am Prinzip der Konfessionsschule festgehalten und den Geistlichen ein Mitwirkungsrecht in den Ortsschulräten eingeräumt wurde. Diese Maßnahmen wurden 1864 durch ein Schulaufsichtsgesetz ergänzt, das sich gegen die »Anmaßungen von ultramontan-kirchlicher Seite« richtete, die, wie der badische Minister Lamey bei dieser Gelegenheit deklamatorisch erklärte, das »Maß dessen übersteigen, was noch mit Geduld hingenommen werden« könne; die Obstruktionshaltung des katholischen Klerus in der Schulfrage wurde also mit staatlichen Zwangsmaßnahmen beantwortet.

Dies war jedoch nur der Anfang einer sich lang hinziehenden, wechselvollen Auseinandersetzung. Der fortgesetzte Widerstand des katholischen Klerus gegen die Schulpolitik der Regierung Lamey mochte als solcher noch angehen; doch die katholische Kirche rief seit 1865 eine Volksbewegung großen Stils gegen die Kirchenpolitik der Regierung Lamey ins Leben, die für die Liberalen ein äußerst unangenehmes »Erwachen aus der trügerischen Sicherheit« bedeutete, »in der sie sich im Vertrauen auf ihre unerschütterlichen Positionen im Volke gewiegt hatten« (L. Gall). Mit einem Mal wurden auf dem Höhepunkt der liberalen Ära die Grenzen der Machtstellung des Liberalismus sichtbar. Freilich bestärkte die katholische Protestbewegung die Liberalen nur in ihrem Willen, den Kampf mit Entschiedenheit fortzuführen. Das charakteristischste Produkt dieser Bemühungen war die Einführung eines »Kulturexamens« für Theologen im Jahre 1867. Hinfort wurde die Anstellung von Geistlichen neben dem Nachweis einer theologischen Fachausbildung auch von einer besonderen Prüfung abhängig gemacht, in der Kenntnisse der deutschen Literaturgeschichte, der Geschichte der europäischen Staaten, vor allem aber der deutschen Geschichte und des modernen Verfassungsrechts, unter besonderer Berücksichtigung der Rechtsstellung der Kirchen im modernen Staat, nachgewiesen werden mußten. Das Gesetz sollte dafür sorgen, daß die jüngeren Geistlichen während ihrer Ausbildung mit der deutschen nationalen Kulturtradition vertraut gemacht und damit dem einseitigen Einfluß des ultramontan orientierten katholischen Klerus entzogen würden. Das vorhersehbare Ergebnis war, daß der Erzbischof von Freiburg Hermann von Vicari im Einvernehmen mit der Kurie allen Geistlichen und Kandidaten des geistlichen Standes die Ablegung des Kulturexamens untersagte. Der offene Konflikt war da, und es war nicht zu sehen, wie er auf kurze Frist wieder beigelegt werden könne. Für die badische Staatsregierung war das Ziel klar, nämlich einer weiteren Verbreitung der ultramontanen Lehren in der Bevölkerung mit allen gebotenen Mitteln den Weg zu verlegen. Für die katholische Kirche war es hingegen unabweislich, eine derart massive Einmischung des Staates in die Ausbildung der eigenen Geistlichen zurückzuweisen. Auf beiden Seiten gewann nunmehr die doktrinäre Richtung die Oberhand, während eine wirklich liberale Lösung, wie sie in einer strikten Trennung von Staat und Kirche gelegen haben würde, auf der Strecke blieb. Nun war die Bahn frei für die Einführung der fakultativen Simultanschule in Baden, die es den Gemeinden freistellte, bestehende konfessionelle Schulen in Gemeinschaftsschulen für alle Bekenntnisse umzuwandeln, und für die obligatorische Zivilehe, die Baden als erster deutscher Staat am 21. Dezember 1869 zum Gesetz erhob. Beides wurde von kirchlicher Seite, nunmehr nicht mehr allein von der katholischen Konfession, als Anfang einer »Entchristlichung« der Gesellschaft empfunden.

Dies alles stand bereits unter dem Einfluß der folgenschweren Entwicklungen in Rom selbst. Hier hatte sich Papst Pius IX. gegen alle Bedenken nicht zuletzt von seiten des deutschen Episkopats mit seiner Absicht durchgesetzt, 1869 ein Konzil nach Rom zu berufen, das die Lehre von der Unfehlbarkeit des Papstes in aller Form zum kirchlichen Dogma erheben sollte. Vergebens hatte eine Bischofskonferenz in Fulda eine vertrauliche Eingabe an den Papst gerichtet, in der die beabsichtigte Dogmatisierung der Unfehlbarkeit des Papstes, soweit Deutschland in Frage komme, zum gegenwärtigen Zeitpunkt für »weniger geeignet« erklärt und vor den nachteiligen Folgen gewarnt wurde, welche jene für die Kirche haben müsse. Vielleicht wäre dies alles wirksamer gewesen, wenn die deutschen Bischöfe den Mut gehabt hätten, ihre Auffassung gleichzeitig auch dem Kirchenvolk zur Kenntnis zu bringen, statt dieses mit beruhigenden Worten zum Gehorsam gegenüber den Beschlüssen des bevorstehenden Konzils zu ermahnen. In der Öffentlichkeit wurde die Nachricht von der bevorstehenden Kanonisierung der Unfehlbarkeit des Papstes, sofern dieser ex cathedra spreche, als ein weiterer Beweis für die Machtansprüche der Kurie gedeutet. Der Vatikan sei offenbar entschlossen, seine kirchliche Autorität auch in politischen Angelegenheiten außerhalb Italiens rückhaltlos einzusetzen und die Gläubigen mit religiösen Waffen gegen den modernen konstitutionellen Staat und den regierenden Liberalismus zu mobilisieren.

In Wirklichkeit verfügte die ultramontane Richtung im deutschen Katholizismus keinesfalls über eine zuverlässige Gefolgschaft. Selbst in orthodoxen Kreisen bestand größte Besorgnis über die absolutistischen Tendenzen, die in Rom die Oberhand gewonnen hatten. Eine beachtliche Zahl von bedeutenden katholischen Theologen an den deutschen Universitäten, mit dem Münchener Professor Ignaz Döllinger an der Spitze, verwahrte sich ebenfalls mit gewichtigen theologischen Argumenten gegen die Infallibilitätslehre. Auch der Mainzer Bischof Wilhelm Emmanuel Freiherr von Ketteler und der Hannoveraner Ludwig Windthorst, die führend an der Gründung der Zentrumspartei beteiligt waren, waren entschiedene Gegner des Unfehlbarkeitsdogmas. Aber angesichts der Polarisierung der Verhältnisse blieben solche gemäßigten Auffassungen einstweilen einflußlos. Windthorst war von Hause aus keineswegs ein Anhänger des liberalen Katholizismus, welcher schon während der Revolution von 1848/49 seine Stimme wirkungsvoll zugunsten einer freiheitlichen Verfassung erhoben hatte, die auch der Kirche zugute kommen werde. Doch er gehörte zu jenen Männern der ersten Stunde, die früh die Chancen erkannten, die sich im konstitutionellen Verfassungsstaat für eine Stärkung der Stellung der katholischen Kirche ergaben, sofern dieser den Kirchen das Recht zur eigenständigen Regelung ihrer Angelegenheiten einräume. Nicht zuletzt unter dem Einfluß Windthorsts setzte das Zentrum von Anfang an auf eine Politik der Ausnutzung der Möglichkeiten, die insbesondere die preußische Verfassung, aber auch die Reichsverfassung für die Sicherung der Rechte der Kirche boten. Deshalb hatte das Zentrum den unter den obwaltenden Umständen allerdings aussichtslosen Versuch unternommen, die Grundrechte der preußischen Verfassung auch in der Reichsverfassung zu verankern. Weder im liberalen noch im konservativen Lager war die Bereitschaft vorhanden, diese Tendenz in irgendeiner Weise positiv zu würdigen. Im Gegenteil: In den Bemühungen des Zentrums, im konstitutionellen Verfassungsrecht liberale Grundsätze zum Zuge zu bringen, wurde nur eine sinistre Strategie gesehen, um den Triumph des Katholizismus über den Staat vollkommen zu machen. Friedrich Julius Stahl, der theoretische Vordenker des preußischen Konservativismus, hatte bereits 1863 in seinen berühmten akademischen Vorlesungen über »Die gegenwärtigen Parteien in Staat und Kirche« argumentiert: »In der katholischen Kirche ist eine Parteischattierung, welche [...] die Trennung von Staat und Kirche anstrebt, sie will keine Förderung mehr vom Staate, er soll profan sein, aber dafür auch keine Einschränkung und Überwachung durch den Staat [...], sie will absolute Emancipation der Kirche vom Staate, absolute Emancipation der Schule vom Staate. Es bewegt sie dabei die Hoffnung, daß die Kirche durch ihren festen hierarchischen Organismus, durch die korporative Macht ihrer Orden das Volk in sich sammeln und ordnen werde ohne Beihülfe des Staates und daß selbst die Revolution ihr nur förderlich sein könne: wenn diese den Staatsorganismus zerstört, so bleibt dann eben der kirchliche Organismus als der einzige feste Organismus über, um den das Volk sich sammelt. Auf dem Wege der Trennung von Staat und Kirche, der absoluten Emancipation der Kirche vom Staat, wird dann indirekt das Ziel erreicht, welches der Papst in dem Mittelalter direkt anstrebte: die Alleinherrschaft der Kirche.« Man darf folgern, daß unter den gegebenen Verhältnissen der gemäßigte Weg, der zu einem neuen Verhältnis von Staat und Kirche auf freiheitlicher Grundlage hätte führen können, versperrt war, einerseits weil die Kurie unter dem Pontifikat von Pius IX. absolutistische Bahnen eingeschlagen hatte und der deutsche Klerus keine Möglichkeit sah, sich davon offen loszusagen, andererseits weil sowohl die Liberalen als auch die Konservativen dem liberalen Katholizismus ebenso mißtrauten wie seiner orthodox-autoritären Spielart und im Grunde beide in einen Topf warfen.

Dazu hat allerdings die Erklärung des Dogmas der Päpstlichen Unfehlbarkeit am 19. Juli 1870 und mehr noch die Art und Weise maßgeblich beigetragen, in der die Infallibilitätslehre gegenüber jenen katholischen Gläubigen, die sich davon distanzierten, mit Einsatz aller verfügbaren kirchlichen Zwangsmittel rücksichtslos durchgesetzt wurde. Preußen hatte sich, im Unterschied zu anderen deutschen Staaten, bislang von allen Maßnahmen gegen die katholische Kirche zurückgehalten. Ebenso hatte Bismarck es abgelehnt, im vorhinein auf diplomatischem Weg Einspruch gegen die Infallibilitätserklärung des Konzils zu erheben, wie ihm dies von seiten König Ludwigs II. von Bayern nahegelegt worden war. Nunmehr aber sah sich Bismarck in seiner Doppelfunktion, als Reichskanzler und als preußischer Ministerpräsident, vor die Frage gestellt, wie sich Preußen und das Deutsche Reich angesichts der jüngsten Ereignisse, die bei einem Teil der Gläubigen auf schärfste Ablehnung stießen, gegenüber der Kurie und der katholischen Kirche verhalten sollten.

Anfänglich war Bismarck entschlossen, sich aus den innerkirchlichen Auseinandersetzungen über das Unfehlbarkeitsdogma, die zur Abspaltung der sogenannten Altkatholiken unter Führung des Münchener Theologen Döllinger von der katholischen Kirche geführt hatten, nach Möglichkeit herauszuhalten. Der

Kanzler wies den preußischen Gesandten in München, Georg von Werthern, an, gegenüber der altkatholischen Bewegung, deren Führern dieser persönlich nahestand, »ganz besondere Zurückhaltung« zu üben: »Wir können nicht wünschen, daß die konfessionellen Gegensätze auch auf das Reich übertragen werden und die Reichsgewalt nötigen, eine andere Stellung dazu einzunehmen als die zurückhaltender Neutralität in katholisch-dogmatischen Fragen.« Preußen schloß sich denn auch dem Protest Bayerns und Sachsens gegen das Infallibilitätsdogma nicht an. In Berlin bestanden von vornherein nur geringe Hoffnungen, daß sich die Protestbewegung gegen die ultramontane Richtung, die den Beschlüssen des Vatikanischen Konzils die Anerkennung verweigerte, werde durchsetzen können und die Kurie auf diese Weise zum Rückzug gezwungen werden könne. Eher hoffte Bismarck, auf diplomatischem Weg die kommende Papstwahl zu beeinflussen, die wegen des hohen Alters Pius' IX. in absehbarer Zeit zu erwarten stand, und die Wahl eines gemäßigten Nachfolgers zu erreichen.

In der Tat stellte sich der deutsche Episkopat nach anfänglichem Zögern entschieden auf die Seite der Kurie und verlangte von den Gläubigen die formelle Anerkennung der neuen Doktrin; deren Gegner unter den katholischen Theologen wurden zur Revozierung ihrer Kritik aufgefordert. Ihren Höhepunkt erreichten diese Bestrebungen mit der Forderung an die Mitglieder der theologischen Fakultät der Universität München, ein formelles Bekenntnis zum neuen Dogma abzugeben, unter Androhung der Entziehung der kirchlichen Lehrbefugnis und äußersten Falls der Exkommunikation. Ignaz Döllinger stellte sich nach schweren inneren Kämpfen an die Spitze der Protestbewegung. In Anlehnung an das historische Vorbild Martin Luthers bot er den Widerruf seiner zahlreichen Stellungnahmen gegen das Unfehlbarkeitsdogma an, sofern er in einer Disputation mit den deutschen Bischöfen »mit Zeugnissen und Tatsachen« widerlegt würde. Er brachte die Vorbehalte der gemäßigten Richtung des deutschen Katholizismus gegen die ultramontan-absolutistische Tendenz des Unfehlbarkeitsdogmas in einem Schreiben an den Erzbischof von München, das am 31. März 1871 auch in der »Augsburger Allgemeinen Zeitung« veröffentlicht wurde, in bemerkenswerter Prägnanz zum Ausdruck: »Als Christ, als Theologe, als Geschichtskundiger, als Bürger kann ich diese Lehre nicht annehmen. Nicht als Christ, denn sie ist unverträglich mit dem Geiste des Evangeliums und den klaren Aussprüchen Christi und der Apostel; sie will gerade das Imperium dieser Welt aufrichten, welches Christus ablehnte [...]. Nicht als Theologe: denn die gesamte echte Tradition der Kirche steht ihr unversöhnlich entgegen. Nicht als Geschichtskenner kann ich sie annehmen, denn als solcher weiß ich, daß das beharrliche Streben, diese Theorie der Weltherrschaft zu verwirklichen, Europa Ströme von Blut gekostet, ganze Länder verwirrt und heruntergebracht, den schönen organischen Verfassungsbau der alten Kirche zerrüttet [...] hat. Als Bürger endlich muß ich sie von mir weisen, weil sie mit ihren Ansprüchen der Unterwerfung der Staaten und

Monarchen und der ganzen politischen Ordnung unter die päpstliche Gewalt, und durch die eximierte Stellung, welche der Klerus fordert, den Grund legt zu endloser verderblicher Zwietracht zwischen Staat und Kirche [...]. Denn das kann ich mir nicht verbergen, daß diese Lehre, an deren Folgen das alte deutsche Reich zugrunde gegangen ist, falls sie bei dem katholischen Teil der deutschen Nation herrschend würde, sofort auch den Keim eines unheilbaren Siechtums in das eben erbaute Reich verpflanzen würde.«

Durch die Feder eines der bekanntesten katholischen Theologen und eines wortgewaltigen Streiters für die Sache des Katholizismus wurden hier alle die Besorgnisse hinsichtlich der angeblichen Machtgelüste des Papsttums bestätigt, welche die Zeitgenossen hegten. Unter den obwaltenden Umständen war freilich an eine Verständigung unter den streitenden Gegner nicht zu denken; der Erzbischof von München lehnte jegliches Entgegenkommen mit großer Schärfe ab. In katholischen Kreisen bestand weithin die Befürchtung, daß die ohnehin nicht beneidenswerte Lage des katholischen Volksteils in Deutschland durch die Beschlüsse des Vatikanischen Konzils und das kompromißlose Eintreten des Episkopats für deren Durchsetzung entscheidend verschlechtert und das Zentrum vollends in die politische Isolierung hineingetrieben würde. Die Exkommunikation Döllingers und einer Reihe seiner Anhänger gab das Signal für die Gründung einer altkatholischen Kirchenbewegung, die auf die aktive Unterstützung des Staates hoffte, der seinerseits keinen Anlaß sah, diese ohne weiteres zu versagen. Da der Episkopat mit großer Massivität gegen die Anhänger der altkatholischen Bewegung vorging, sofern sie sich nicht unterwarfen – mit allen der Kirche zur Verfügung stehenden Machtmitteln, bis hin zum großen Kirchenbann –, war der offene Konflikt mit der Staatsgewalt vorprogrammiert.

Die innerkirchlichen Richtungskämpfe waren als solche, obschon sie indirekt auch die Position der Staatsgewalt tangierten, für Bismarck kein Anlaß, nunmehr aus seiner Zurückhaltung herauszutreten und die Weichen auf Konfliktkurs zu stellen. Vielmehr war dabei seine Einschätzung des Zentrums als einer potentiell revolutionären Partei ausschlaggebend, welche die breiten Massen der katholischen Bevölkerung gegen die bestehende politische Ordnung in Bewegung zu bringen suche und dabei sogar von einem Zusammenspiel mit den Sozialisten nicht zurückschrecke. Ein vermutlich von Bismarck inspirierter Artikel in der »Neuen Preußischen Zeitung« vom 19. Juni 1871 gab das Signal für eine grundsätzliche Wende in der amtlichen Politik. Darin hieß es, daß »die deutsche Reichsregierung, welche den Evolutionen der klerikalen Fraktion mit einer gewissen Zurückhaltung gegenübergestanden« habe, »einer fortdauernden Aggression gegenüber sich« nicht »auf die Defensive beschränken« könne; »vielmehr, und zwar schon in der nächsten Zeit«, werde sie sich entschließen müssen, »einer ferneren Aggression auch ihrerseits mit Aggression, und zwar gleichmäßig nach außen wie nach innen, zu begegnen.«

Von Bismarck wurde zum Angriff geblasen, weil er in der Zentrumspartei eine staatsgefährdende, potentiell revolutionäre Partei sah; er hielt es sogar für möglich, für ein Vorgehen gegen die Zentrumspartei die Konnivenz der Kurie zu erlangen, wie aus einem Erlaß vom 30. Juni 1871 an den bayerischen Gesandten in Rom, Karl Graf von Tauffkirchen, der die Stellvertretung des verwaisten preußischen Gesandtenpostens wahrnahm, eindrucksvoll hervorgeht: »Das Zentrum steigert die vom Kommunismus der Gesellschaft drohenden Gefahren. Es fördert die subversiven, aller Autorität feindlichen Tendenzen. Unter dem Bündnis der Schwarzen mit den Roten muß die Kirche leiden. Bricht der Vatikan nicht mit diesem Zentrum und verhindert seine Angriffe, lehnt sie die Verantwortlichkeit für die Folgen ab.« Das war natürlich gröblich übertrieben; von einem förmlichen Bündnis des Zentrums mit den Sozialdemokraten konnte beim besten Willen nicht die Rede sein. Dieser Schritt ist nur einigermaßen plausibel, wenn man darin den Versuch einer diplomatischen Absicherung des bevorstehenden inneren Präventivkrieges gegen die Zentrumspartei bei der Kirche sieht; denn ernstlich konnte von der Kurie nicht erwartet werden, in einer für die katholische Kirche äußerst kritischen Situation das Zentrum einfach fallenzulassen. Die Gefährlichkeit des Zentrums beruhte aus Bismarcks Sicht vor allem darauf, daß hier eine Partei neuen Typs entstanden war, die in einem bisher unbekannten Umfang auf die Unterstützung der unteren Volksschichten zurückgreifen konnte und insofern einen starken Konkurrenten für seine eigene personalplebiszitäre Herrschaftstechnik darstellte. In einer Rede im preußischen Abgeordnetenhaus vom 30. Januar 1872 sprach der Kanzler mit bemerkenswerter Offenheit, auf die Auseinandersetzungen der letzten Monate zurückblickend, diesen Aspekt des »Kirchenkampfes« an: »Ich habe, als ich aus Frankreich zurückkam, die Bildung dieser Fraktion [die Fraktion des Zentrums] nicht anders betrachten können, als im Lichte einer Mobilmachung der Partei gegen den Staat [...]. Wir hatten gehofft, an einer streng kirchlichen Partei eine Stütze für die Regierung zu gewinnen, die dem Kaiser gibt, was des Kaisers ist, die die Achtung vor der Regierung auch da, wo man glaubt, daß die Regierung irrt, in allen Kreisen, namentlich in den Kreisen des politisch weniger unterrichteten gemeinen Mannes, der Masse, zu erhalten sucht. Ich mußte mit Betrübniß und Befremden hören, daß die Wahlreden, [...], die Preßerzeugnisse, die auf die Wahlen hinwirkten, gerade an die Leidenschaft der unteren Classen, der Masse, appellirten, um sie zu erregen gegen die Regierung; daß dagegen Nichts geschah, um irgend ein von Seiten der Regierung vorgekommenes Versehen zu entschuldigen, sondern, daß man Alles, was man an unserer Regierung wie an jeder nach menschlicher Unvollkommenheit tadeln kann, sehr scharf beleuchtete; aber etwas Gutes über die preußische Regierung [...] habe ich in diesen Wahlreden nie gelesen.« Es war also die Mobilisierung der breiten Massen gegen die Regierung, die Bismarck am Zentrum mit größtem Mißfallen beobachtete, und zugleich die Verletzung der Solidarität der oberen Schichten der Gesellschaft gegenüber dem »gemeinen Mann«, der nicht unnötig und vorsätzlich in Unruhe versetzt werden dürfe. Nicht ohne Irritation verwies er auf die Tatsache, daß »dieses streitbare Corps [...] zweifellose Anhänger der Regierung aus ihren Sitzen« verdränge »und eine solche Macht« übe, »daß es gänzlich unbekannte Leute, die in den Wahlkreisen niemals gesehen waren, bei der Wahl durch einfachen Befehl von hier [Berlin] aus« durchsetze. Was Bismarck hier ansprach, war die Durchbrechung des Honoratiorensystems durch das Zentrum und die dessen Politik unterstützenden kirchlichen Institutionen und Vereinigungen; auf dem Honoratiorensystem beruhte bislang die Wahlorganisation aller bürgerlichen Parteien und auch das reibungslose Funktionieren des Dreiklassenwahlrechts.

Damit war ein neuralgischer Punkt der inneren Politik berührt, nämlich die Gefährdung der Vorrangstellung des Nationalliberalismus innerhalb des politischen Systems. Nicht nur aus weltanschaulichen, sondern auch aus wahltaktischen Gründen hatten die liberalen Parteien, namentlich die Nationalliberale Partei, ein starkes Interesse daran, dem politischen Katholizismus den Aufstieg zu einer breiten Massenbewegung zu verlegen. Bei Lage der Dinge war das Zentrum in den Wahlkreisen mit überwiegend katholischer Bevölkerung der einzige ernst zu nehmende Rivale der Nationalliberalen. Wenn die liberalen Parteien den Kampf gegen das Zentrum zu einem »Kulturkampf« stilisierten, so entsprach das unzweifelhaft der Überzeugung der großen Mehrheit ihrer Anhänger, insbesondere aus dem protestantischen Bildungsbürgertum. Und man sollte nicht verkennen, daß es in der Tat auch darum ging, ob im Bildungssystem und in der Gesellschaft rationale, an der modernen Wissenschaft orientierte oder traditionelle katholisch-universalistische Werte und Zukunftsideale den Vorrang erhalten sollten. Aber zugleich war dies ein Kampf um Macht und Machterhaltung, bei dem das mit der Staatsgewalt verbündete protestantische Bürgertum, im Bündnis mit Teilen des preußischen Konservatismus, dem katholischen Volksteil entgegentrat; ihm stand eine schmale Führungselite von adeligen und bürgerlichen Honoratioren katholischer Gesinnung gegenüber, die sich der zuverlässigen Unterstützung der Kirche erfreute und der es rasch gelang, in der katholischen Bevölkerung großen Anhang zu finden.

Aus liberaler Sicht war der »Kulturkampf« ein unaufgebbarer Bestandteil der »inneren Reichsgründung«, deren Vollendung vorderhand noch ausstand; durch das Auftreten des Zentrums als einer von außen gesteuerten und demnach antinationalen Partei erschienen die Grundfesten des politischen Kompromisses, der 1867 erreicht und 1871 bestätigt worden war, gefährdet. Davon abgesehen betrachteten die Liberalen die Durchsetzung der Grundsätze des säkularen Staates, anstelle der überkommenen Verschränkung von staatlicher und kirchlicher Autorität, als unabdingbar. Die Kirchen sollten hinfort ebensowenig eine Sonderstellung in Staat und Gesellschaft genießen wie alle anderen freien Vereinigungen der Bürger. Dies gehörte für die Liberalen zu den rechtlichen Grundlagen eines freiheitlichen Nationalstaates moderner Prägung. Vor allem aber sollte in Schule und Universität, den Stätten, an denen künftige Generationen herangebildet und mit den Grundwerten der deutschen Nationalkultur vertraut gemacht wurden, allein der Staat das Sagen haben.

Für Bismarck waren derartige Erwägungen weit weniger wichtig, zumal die liberale Forderung, daß der dominierende Einfluß der Kirchen auf die Schulen beseitigt werden müsse, auf starke konservative Widerstände stieß. Wenn er sich gleichwohl dazu entschloß, im »Kulturkampf« mit den Nationalliberalen weitgehend gemeinsame Sache zu machen, so spielte dabei das Kalkül eine Rolle, daß auf diese Weise die politischen Energien des liberalen Bürgertums in eine verfassungspolitisch ungefährliche Richtung abgelenkt und damit neutralisiert werden könnten. Allerdings dürfte dieser Gesichtspunkt für Bismarck anfänglich nachrangig gewesen sein; ihm lag sehr viel mehr daran, die politische Zusammenarbeit mit der Nationalliberalen Partei zu festigen. In einem Erlaß vom 3. Juni 1872 an Delbrück heißt es — aus Anlaß des Verbots altkatholischer Gottesdienste durch den Feldpropst Namszanowski in der Kirche St. Pantaleon in Köln —, daß angesichts dieses Konflikts »die mir seit Jahr und Tag zu meinem Bedauern klare Tatsache, daß wir uns mit der Rom jetzt beherrschenden Partei im Kriege befinden, publice juris geworden ist, und Passivität gilt für Schwäche und ist Schwäche. Wir sind gezwungen zu fechten oder uns zu unterwerfen. Daß letzteres mit der Zerstörung unserer heutigen ministeriellen und parlamentarischen Combination gleichbedeutend wäre, brauche ich Ihnen nicht nachzuweisen.« Es bestand demnach nicht allein für die Liberalen, sondern auch für den Reichskanzler ein enger Zusammenhang zwischen dem Kampf gegen das Zentrum und seiner organisatorischen Basis in den Institutionen und subsidiären Organisationen der katholischen Kirche und der parlamentarischen Absicherung der Innenpolitik der liberalen Ära.

Der erste konkrete Schritt gegen den Katholizismus war die Aufhebung der Katholischen Abteilung des preußischen Kultusministeriums, die nach dem Kölner Kirchenkonflikt von 1841 eingerichtet worden war, um ein einvernehmliches Verhältnis mit der katholischen Kirche zu erleichtern. Damit entsprach das preußische Staatsministerium einem schon seit 1865 wiederholt vorgetragenen Wunsch der Liberalen, die die Katholische Abteilung als einen Fremdkörper innerhalb der preußischen Verwaltung betrachteten und das Prinzip des gegenüber allen weltanschaulichen Richtungen neutralen Staates durchgesetzt sehen wollten. Die Auflösung der Katholischen Abteilung wurde formal mit dem Argument gerechtfertigt, daß wegen der Konflikte innerhalb des katholischen Lagers zwischen romtreuen Katholiken und Altkatholiken die Unparteilichkeit der Staatsgewalt gewahrt bleiben müsse. Doch fehlte nicht ein ausdrücklicher Hinweis auf das Wirken der »ultramontanen Partei« gegen das »Deutsche Reich und dessen evangelischen Kaiser«, »zu deren Bekämpfung das Bündnis mit den revolutionären Kräften nicht verschmäht wird«.

Angesichts dieser Begründung wurde die Aufhebung der Abteilung von katholischer Seite mit einigem Recht als eine Provokation betrachtet. Bismarck ließ diesem ersten Schritt nur wenig später einen zweiten, diesmal »nach außen« gerichteten folgen, nämlich die Bestallung eines prominenten Gegners der ultramontanen Richtung, Kardinal Prinz Gustav von Hohenlohe-Waldenburg-Schillingsfürst, zum Botschafter des Deutschen Reiches, die dem Vatikan am 25. April 1872 angezeigt wurde. Hohenlohe war ein süddeutscher katholischer Hocharistokrat, der früher Geheimkämmerer Pius' IX. gewesen war, aber Rom nach den Beschlüssen des Vatikanischen Konzils demonstrativ den Rücken gekehrt hatte; er gehörte der Liberalen Reichspartei an und galt als Fürsprecher der altkatholischen Richtung. Seine Ernennung wurde, unter Verletzung der üblichen diplomatischen Usancen, den anderen Mächten mitgeteilt, bevor das dafür erforderliche Agrément der Kurie vorlag. Die Kurie zog sich aus der Affäre, indem sie dem Kardinal nach kirchlichem Recht die Annahme des Botschafterpostens untersagte und ihn zur Absage nötigte, ohne daß das Agrément formell verweigert werden mußte. Jedoch half ihr dieses geschickte Manöver wenig. Bismarck nahm den Vorgang, der sogleich in dramatischer Weise zu einem Angriff auf das Ansehen des deutschen Kaisertums aufgebauscht wurde, zum Anlaß, um im Reichstag eine Frontalattacke gegen den Heiligen Stuhl zu reiten. Er vereinbarte mit dem Führer der nationalliberalen Fraktion im Reichstag, Bennigsen, daß dieser bei der Beratung des Haushalts des Auswärtigen Amtes am 14. Mai 1872 die Zurückweisung des designierten Botschafters Hohenlohe durch die Kurie zur Sprache bringen und dem Reichstag und dem Bundesrat die Streichung der entsprechenden Haushaltsposition nahelegen möge.

Bennigsen übernahm diese Aufgabe mit dem größten Vergnügen. Sie eröffnete ihm zugleich die Möglichkeit, die Reichsleitung dazu aufzufordern, »die Frage der Regulierung des Grenzgebiets zwischen Staat und Kirche, die Aufrechterhaltung des Friedens zwischen den Konfessionen, den Schutz, der den einzelnen Staatsbürgern gewährt werden« solle »gegen Mißbräuche und Gewalt, von welcher Seite sie auch kommen mögen, selbständig in die Hand zu nehmen [...]«. Die Zurückweisung des vom Kaiser designierten Botschafters sei ein verletzender Schritt, gegen den nachdrücklich Verwahrung eingelegt werden müsse, zumal er sich gegen das Oberhaupt des Deutschen Reiches selbst richte. Überhaupt stelle sich die Frage, ob die anstehende Neuregelung des Verhältnisses zwischen Staat und Kirche nicht künftighin vom Reich und den Bundesstaaten in eigenem Recht, und nicht in der Form vertraglicher Vereinbarungen mit dem päpstlichen Stuhl, erfolgen sollte. Demnach sei eine besondere Gesandtschaft beim Papst, der ja nicht länger als weltlicher Herrscher des Kirchenstaates gelten könne, überflüssig geworden. Bennigsens Interpretation gab Bismarck die willkommene Gelegenheit, namens der Reichsleitung zu erklären, daß er sich angesichts der neuerdings öffentlich vertretenen Dogmen der katholischen Kirche nicht vorstellen könne, daß es möglich sei, mit ihr zu einem Konkordat zu gelangen, welches für das Deutsche Reich annehmbar sein würde. Und er versicherte seinen Zuhörern: »Seien Sie außer Sorge: Nach Canossa gehen wir nicht [...]« – ein Wort, das in der öffentlichen Meinung sogleich ungeheuren Widerhall fand. In einer anschließenden parlamentarischen Debatte, die zu einer scharfen Auseinandersetzung des Kanzlers mit Windthorst führte, bekräftigte Bismarck einmal mehr die Absicht der »Verbündeten Regierungen«, die Verbindlichkeit der Gesetze, welche zur Wiederherstellung des im Deutschen Reich momentan »getrübten confessionellen Friedens« notwendig werden sollten, mit allen dem Staat »zu Gebote stehenden Mitteln« auch gegenüber Personen des geistlichen Standes durchzusetzen; sie seien sich dabei der uneingeschränkten Unterstützung der beiden Konfessionen sicher. Bismarck brachte damit indirekt den Standpunkt der Reichsleitung und des preußischen Staatsministeriums zum Ausdruck, daß die in Vorbereitung befindlichen Kulturkampfgesetze nicht Gegenstand von Vereinbarungen mit dem Heiligen Stuhl sein könnten, im Gegensatz zu der unter anderem von Windthorst geäußerten Erwartung, daß die Regelung des Verhältnisses von Staat und Kirche auf dem Verhandlungsweg und in Form von vertraglichen Vereinbarungen mit der Kurie geschehen möge.

Zu diesem Zeitpunkt war der preußische Staat bereits auf breiter Front in Scharmützel mit dem Episkopat verstrickt, in der Hauptsache wegen der kirchlichen Disziplinarmaßnahmen gegen Professoren, Lehrer und Geistliche, die sich weigerten, das Unfehlbarkeitsdogma anzuerkennen. An den Universitäten Bonn und Breslau wurde zahlreichen Professoren die kanonische Lehrbefugnis entzogen. Aber Kultusminister Heinrich von Mühler weigerte sich, nicht zuletzt unter dem Einfluß der heftig protestierenden Fakultäten, die betreffenden Hochschullehrer aus ihrem Lehramt zu entlassen, zumal die Verweigerung der Anerkennung des Infallibilitätsdogmas schwerlich als Verletzung der Dienstpflichten angesehen werden konnte. Gleiches betraf zahlreiche Religionslehrer an den Höheren Schulen, die ebenfalls das Infallibilitätsdogma nicht anerkannten. Die Staatsgewalt versagte in diesen Fällen der katholischen Kirche das früher bereitwillig eingeräumte Recht, als ihr verlängerter Exekutivarm tätig zu werden. Rechtlich war es strittig, ob die Staatsbehörden unter den bestehenden Vereinbarungen mit der Kurie so verfahren durften, aber in dem überhitzten kirchenpolitischen Klima hätten sie schwerlich anders handeln können. Der Sache nach nahm der preußische Staat, entgegen der ursprünglichen Absicht Bismarcks, damit Partei zugunsten der altkatholischen Bewegung, die sich inzwischen als eigenständige Konfessionsgemeinschaft etabliert hatte.

Im Bistum Ermland setzte Erzbischof Philipp Krementz, obschon er anfänglich selbst zu den Gegnern des Infallibilitätsdogmas gehört hatte, gegen die widerspenstigen Theologen an der Braunsberger theologischen Akademie, dem Liceum Hosianum und gegen die Religionslehrer am dortigen katholischen Gymnasium noch schärfere Waffen ein, nämlich die Exkommunikation, und in einem Fall sogar den großen Kirchenbann. Doch das preußische Kultusministerium sprach diesen kirchlichen Maßregelungen jegliche staatsrechtliche Erheblichkeit ab und willigte weder in die Entlassung des Schulleiters des Braunsberger Gymnasiums, gegen den die Exkommunikation ausgesprochen worden war, noch in die Suspension des Religionslehrers Dr. Wollmann ein, dem nicht nur die kanonische Lehrbefugnis entzogen, sondern über den auch der große Kirchenbann verhängt worden war, der allen Gläubigen den sozialen Umgang mit dem Betroffenen untersagte. Da der große Kirchenbann auch die bürgerliche Privatsphäre des Einzelnen tangierte, war diese Maßnahme aus liberaler Sicht besonders anstößig; nach herrschender Auffassung durfte sich die Staatsmacht keinesfalls dazu hergeben, dergleichen massive Eingriffe in die persönliche Lebensführung der Bürger aufgrund problematischer theologischer Lehrmeinungen zu tolerieren. Staatliche und kirchliche Rechtsauffassung standen hier einander diametral gegenüber; der offene Konflikt zwischen den Staatsbehörden und der katholischen Kirche war da und verlangte nach einer Klärung.

Eine etwas anders gelagerte Auseinandersetzung entstand wegen der katholischen Feldpropstei, der die katholische Seelsorge im preußischen Heer unterstand und die herkömmlicherweise ein enges Loyalitätsverhältnis zum preußischen Staat besaß. Unter der katholischen Feldgeistlichkeit hatten die Gegner des Unfehlbarkeitsdogmas anfänglich besonders starken Zulauf. Als der Kriegsminister von Roon die Benutzung der ohnehin von beiden Konfessionen genutzten Kirche St. Pantaleon in Köln auch für altkatholische Gottesdienste genehmigte, belegte der katholische Feldpropst Namszanowski St. Pantaleon mit dem Interdikt, um auf diese Weise dort die Abhaltung von altkatholischen Gottesdiensten zu verhindern. Das war rechtlich gesehen ein problematischer Schritt, für den der Feldpropst jedoch auf seine Anfrage nachträglich die ausdrückliche Genehmigung der Kurie erhielt; er untersagte daraufhin dem betreffenden Divisionspfarrer die Abhaltung jeglicher Gottesdienste in St. Pantaleon, solange diese Kirche auch von den »Protestkatholiken« benutzt werde. Hiermit sollte auf die preußischen Behörden indirekter Druck ausgeübt werden, um sie zu veranlassen, den Altkatholiken die Gleichbehandlung wieder zu entziehen. Der Kriegsminister von Roon sah darin eine »offene Kriegserklärung gegen den Staat«, wie er am 23. Mai 1872 erklärte. Daraufhin wurde die Feldpropstei, obwohl Wilhelm I. selbst anfänglich dagegen Bedenken äußerte, einstweilen suspendiert. Auch hier hatte sich eine Konfliktzone zwischen preußischem Staat und katholischer Kirche aufgetan. An die Stelle der früher fraglosen Zusammenarbeit von »Thron und Altar« war nun ein tiefer Spalt zwischen staatlichem und kirchlichem Rechtsbewußtsein, zwischen der Loyalität gegenüber der Staatsautorität einerseits und den kirchlichen

Instanzen andererseits, getreten, dem in der erhitzten Atmosphäre jener Monate eine übersteigerte Bedeutung zugemessen wurde.

Bismarck spielte in allen diesen Fragen die Rolle eines Antreibers. Ihm erschien die Gangart des Kultusministers von Mühler, der der Tradition des herkömmlichen Staatskirchentums verhaftet war und sich mit drastischen Strafmaßnahmen gegen die katholischen Würdenträger schwer tat, viel zu gemäßigt. Auch im preußischen Abgeordnetenhaus, in dem die liberalen Parteien damals über eine satte Mehrheit verfügten, war Mühler äußerst umstritten, da ihm die verfahrene Lage teilweise persönlich zur Last gelegt wurde. So wurde er am 22. Januar 1872 durch Adalbert Falk ersetzt, der bisher im preußischen Justizministerium mit der Ausarbeitung der Justizgesetze befaßt gewesen war. Falk hatte seit 1858 als gemäßigter Liberaler dem preußischen Abgeordnetenhaus und später als nationalliberaler Abgeordneter dem Norddeutschen Reichstag angehört; er war, obschon er zum fraglichen Zeitpunkt nicht mehr als ein Parteimann gelten konnte, eine Persönlichkeit ganz nach dem Geschmack der Liberalen. Schon in einer Debatte im preußischen Abgeordnetenhaus am 30. Dezember 1871, in der Falk für den bereits auf dem Rückzug befindlichen Kultusminister Mühler eingesprungen war, hatte er sich mit scharfen Worten gegen das Zentrum gewandt und die Auflösung der Katholischen Abteilung mit dem wirkungsvollen Argument verteidigt, daß dann jede religiöse Gruppe, auch die Juden, den Anspruch erheben könnten, ihre eigene Abteilung zu erhalten. Im übrigen hatte Falk zur Freude der Liberalen erklärt, daß im konstitutionellen Staat eine Regierung selbstverständlich mit einer eindeutigen Parteienmehrheit zusammenarbeiten müsse; dies konnten damals nur die liberalen Parteien sein. Von dem neuen Kultusminister konnte füglich erwartet werden, daß er aus eigener Überzeugung alles daran setzen werden, die Grundsätze des konstitutionellen Staates gegenüber der katholischen Kirche durchzusetzen.

Schon zuvor hatte auf Reichsebene die offene Konfrontation mit dem Katholizismus begonnen. Die bayerische Regierung, die dem Unfehlbarkeitsdogma formell das nach dem bayerisch-vatikanischen Konkordat vom Jahr 1809 erforderliche Plazet versagt hatte, fand sich in besonderem Maße in die Richtungskämpfe innerhalb des Katholizismus verstrickt; sie mußte zugleich fürchten, im bayerischen Landtag, in dem die Patriotenpartei über die Mehrheit verfügte, keine ausreichende Unterstützung für ihre Maßnahmen gegen die katholische Kirche zu finden. So nahm sie ihre Zuflucht zu einem Appell an das Reich, der »fortgesetzten maßlosen Agitation« des katholischen Klerus »vor allem durch die Kanzelvorträge« gegen die Kirchenpolitik der Regierung mit Hilfe einer Ergänzung des Strafgesetzbuches entgegenzutreten, in der der Mißbrauch der Kanzel zum Zweck der Anstiftung öffentlicher Unruhe unter Strafe gestellt würde. Dieser Vorstoß war, wie wir heute wissen, zuvor mit den liberalen Parteien im Reichstag auf seine Erfolgsaussichten hin abgeklärt worden. Fürst Hohenlohe hatte dabei die Rolle des Vermittlers zwischen der bayerischen Regierung und den Führern der liberalen sowie der freikonservativen Reichstagsfraktionen übernommen. Obwohl sich die liberalen Parteien, unter denen die Liberale Reichspartei die Führungsrolle übernahm, nicht auf einen gemeinsamen Gesetzentwurf hatten einigen können, war deutlich geworden, daß sie sich einem solchen Antrag nicht entziehen würden. Zwar erhoben namentlich die Vertreter der Fortschrittspartei Einwände gegen ein derartiges Ausnahmegesetz, aber sie wollten diesem ihre Unterstützung nicht verweigern, sofern alle liberalen Parteien gemeinsam dafür eintreten würden. Auch Bennigsen, Bamberger, Forckenbeck und Miquel versprachen ihre Zustimmung, obschon sie das Gesetz in der vorgeschlagenen Form ebenfalls nicht für besonders glücklich ansahen. Bennigsen hielt es im übrigen für gut, wenn auf diese Weise die Ultramontanen aus ihrer Defensivhaltung herausgelockt würden. Die liberalen Parteien waren also in dieses bedenkliche Gesetzesvorhaben, das sie späterhin mehrheitlich bedauern sollten, von vornherein tief verstrickt; die Kampfparole gegen das Zentrum war zugkräftig genug, um sich über Grundprinzipien des liberalen Rechtsstaates hinwegzusetzen.

Bismarck, dem ein Hilfsersuchen Bayerns an das Reich aus allgemeinpolitischen Gründen höchst willkommen war, war von vornherein für die Vorlage zu haben. Hingegen gab es im Bundesrat anfänglich keine Mehrheit für dieses im Ansatz problematische Ausnahmegesetz gegen den katholischen Klerus. Sachsen plädierte statt dessen für ein Gesetz, das sich nicht allein auf eine Personengruppe, die Geistlichkeit, erstrecken, sondern unangemessene Agitation allgemein unter Strafe stellen solle, während andere Bundesstaaten überhaupt dagegen waren. Bismarck jedoch trat mit großer Entschiedenheit für die Vorlage ein; er meinte, daß man einem bedrängten Bundesglied die nötige Hilfe nicht versagen könne. Kraft seiner persönlichen Autorität setzte er, ungeachtet aller Vorbehalte, die Annahme des Ausnahmegesetzes im Bundesrat durch. Bereits wenige Tage später, am 23. November 1871, wurde die Vorlage betreffend »die Verschärfung des Paragraphen 130 des Strafgesetzbuches« – der sogenannte Kanzelparagraph – in den Reichstag eingebracht. Angesichts der sorgfältigen Vorbereitung hinter den Kulissen wurde sie nur zwei Tage später mit großer Mehrheit angenommen. Im liberalen Lager bestanden zwar weiterhin Bedenken, einem solchen Ausnahmegesetz, das möglicherweise ein ungutes Präzedens abgeben könne, zuzustimmen, und es wurde vorgeschlagen, ob man nicht statt dessen »den Geistlichen unter Strafandrohung den Mißbrauch der Kanzel und des Amtes zu Wahlumtrieben sowie zur Empfehlung von Kandidaten bei Reichstags-, Landtags- und Kommunalwahlen« verbieten könnte. Aber alle diese Erwägungen wurden übertönt von dem Haß der liberalen Parteien auf »die schwarze Bande«, wie beispielsweise Ernst Rohmer den katholischen Klerus titulierte.

Vergebens warnte Eugen Richter: »[...] dieses Gesetz stammt aus der Rüstkammer der Reaktion. Das kann mich nicht trösten, daß der reaktionäre Spieß, nachdem er bisher gegen links gekehrt war, nun gegen das Zentrum gerichtet wird, dieselbe Hand, die ihn nach rechts gedreht hat, kann ihn auch wieder nach links drehen.« Nur Eduard Lasker, der freilich aus Loyalität gegenüber der eigenen Fraktion davon Abstand nahm, im Plenum das Wort zu ergreifen, und elf Abgeordnete der Fortschrittspartei mit Richter an der Spitze stimmten am Ende gegen den Kanzelparagraphen, obschon dieses Ausnahmegesetz mit einer äußerst schwammigen Tatbestandsumschreibung mit liberalen Rechtsgrundsätzen keinesfalls vereinbar war und dem Mißbrauch Tür und Tor öffnete. Allerdings stellte sich bald heraus, daß dem Kanzelparagraphen eigentlich nur eine symbolische Bedeutung zukam. Er war eine Kampfansage gegen den politischen Katholizismus; seine praktische Bedeutung blieb jedoch gering, auch in seiner späterhin durch das Gesetz vom 26. Februar 1876 verschärften Fassung. Als Waffe gegen die Erfolge der Zentrumspartei bei den Wahlen, sei es für den Reichstag, sei es für die bundesstaatlichen Parlamente, für die er ursprünglich gedacht gewesen ist, erwies er sich von vornherein als völlig untauglich.

Der Schwerpunkt der Auseinandersetzung über das künftige Verhältnis von Staat und Kirche lag in Preußen, das in den kommenden Jahren zum eigentlichen Terrain erbitterter Kämpfe zwischen der Staatsgewalt und dem Katholizismus wurde. Bereits im Braunsberger Schulkonflikt hatten sich die Grenzen der Macht des Staates deutlich gezeigt. Während die preußische Staatsregierung daran festhielt, den von kirchlicher Seite inkriminierten Altkatholiken Dr. Wollmann weiterhin als Religionslehrer zu beschäftigen, vertrat der Ermländer Erzbischof Krementz unnachgiebig den kirchlichen Standpunkt und stürzte damit die Schüler und ihre Eltern in einen Gewissenskonflikt, denn es wurde den Eltern als »schwere Versündigung« angekreidet, sofern sie »ihre Kinder in den Religionsunterricht eines wegen Abfalls vom katholischen Glauben exkommunizierten Priesters schicken« sollten. Die Staatsbehörden sahen sich schließlich gezwungen, die katholischen Schüler vom Besuch des Religionsunterrichts zu dispensieren, damit der Prinzipienstreit nicht auf ihrem Rücken ausgetragen würde. Doch dies konnte schwerlich als eine befriedigende Lösung gelten, und so spitzte sich der Konflikt immer stärker zu.

Den Staatsbehörden stellte sich jetzt die Frage, ob im staatlichen Schulwesen, soweit dies katholische Schulen betraf, auch weiterhin katholische Geistliche auf lokaler Ebene und auf Kreisebene als Schulinspektoren oder als Schulräte beschäftigt werden sollten. Das ließ den Erlaß eines neuen Schulgesetzes, nachdem im Jahr 1869 ein solches nicht zustande gekommen war, weil Mühler damals die Schulinspektion in den Händen der Geistlichkeit beider Konfessionen hatte belassen wollen, um so dringlicher erscheinen. Das preußische Kultusministerium war an diese Frage nur zögerlich herangegangen, weil eine Ausschaltung der katholischen Geistlichkeit zugleich die Beseitigung des Einflusses der evangelischen Kirche auf die Schule zur Folge haben mußte; dies aber war in hochkonservativen

Kreisen und besonders bei Hofe nichts weniger als willkommen. Hier war man nicht bereit, das überkommene Bündnis von »Thron und Altar«, das auf dem flachen Lande weiterhin wirksam war, wegen des Kulturkampfes abzuschreiben. Doch die liberalen Parteien drängten, nicht zuletzt unter dem Eindruck des Braunsberger Schulstreits, immer stärker auf den Erlaß eines Schulgesetzes, welches die einseitige Einflußnahme der Kirchen auf die Volksschulen beseitigen und der konfessionellen Ausrichtung der Höheren Schulen ein Ende setzen sollte. Schon 1862 hatte Heinrich von Sybel die Marschroute der Liberalen formuliert: »Wer die Schule besitzt, der besitzt die Herrschaft über die Zukunft und über die Welt. Nach meiner Überzeugung hoffe ich, daß der Staat die Schule besitzen wird für alle Zukunft, und daß dem Staate damit die Herrschaft über die Geister und die Zukunft gehören wird.« Angesichts des Umstands, daß sich die katholische Kirche mit dem »Syllabus errorum« und dem Infallibilitätsdogma in frontalen Gegensatz zur Idee des modernen säkularen Staates gesetzt hatte, gewann diese Parole erhebliches Gewicht.

Die Widerstände in der preußischen Aristokratie und nicht zuletzt bei Wilhelm I. und seiner Gemahlin gegen eine fortschrittliche Schulgesetzgebung, die mit dem maßgebenden Einfluß der beiden christlichen Konfessionen im Volksschulunterricht brach, waren jedoch nach wie vor sehr stark. Es war Bismarck, der die Dinge vorantrieb. Er tat dies vornehmlich mit dem nicht zuletzt auf den Monarchen berechneten Argument, daß die Aktivität der katholischen Geistlichkeit in den Randgebieten des Reiches, insbesondere in den östlichen Provinzen Preußens und in Elsaß-Lothringen, aber auch im Zusammenhang mit den welfischen Oppositionsbestrebungen eine direkt reichsfeindliche Wendung genommen habe, die staatliche Gegenmaßnahmen zwingend notwendig mache, wolle man den Bestand des Reiches nicht gefährden. In der Sitzung des preußischen Staatsministeriums vom 13. Oktober 1871 erklärte Bismarck, »daß nach seiner Auffassung auf dem Gebiete des Schulwesens das Recht des Staates vor allen Dingen zu wahren sei und daß [...] auf diesem Gebiete bisher zu große Nachsicht gegen ultramontane preußenfeindliche Bestrebungen gewaltet habe, namentlich in Westpreußen, Posen und Oberschlesien. Es tue sich eine slawische Propaganda zusammen mit den Ultramontanen und Reaktionären von der russischen Grenze bis zum Adriatischen Meere auf, und es sei notwendig, unsere nationalen Interessen, unsere Sprache gegen solche feindlichen Bestrebungen offen zu verteidigen.« Die Befürchtung, daß es in den Grenzgebieten des Reiches, so namentlich in den östlichen Provinzen Preußens und in Elsaß-Lothringen, zu einem Zusammenspiel des katholischen Klerus mit reichsfeindlichen Kräften kommen könne, wurde von Bismarck bewußt hochgespielt, um die bei Hofe und in hochkonservativen Kreisen bestehenden starken Widerstände gegen den Erlaß eines fortschrittlichen Schulgesetzes zu überwinden. Die von ihm ins Feld geführten außenpolitischen Argumente erschienen unwiderlegbar und auch der Kultusminister von Mühler wagte nicht, ihnen offen entgegenzutreten. Demgemäß wurde zunächst erwogen, ein derartiges Gesetz auf die polnisch besiedelten Provinzen Preußens zu beschränken, obschon dies im Abgeordnetenhaus kaum durchzusetzen gewesen wäre.

Mühler konnte nur mit einiger Nachhilfe dazu gebracht werden, im Dezember 1871 wenigstens ein Schulaufsichtsgesetz einzubringen, welches die rechtliche Handhabe liefern sollte, um den Einfluß der katholischen Geistlichkeit auf das Schulwesen zu beschränken. Falk, der mit dem Auftrag in sein Ministeramt berufen wurde, die Rechte des Staates gegenüber der Kirche wiederherzustellen, und zwar möglichst ohne Geräusch, war aus einem anderen Holz geschnitzt als sein Vorgänger, der ängstlich auf die Vorbehalte in konservativ-aristokratischen Kreisen Rücksicht zu nehmen gesucht hatte. Er setzte das Schulaufsichtsgesetz, welches vor allem die bisher höchst einflußreichen katholischen Schulinspektoren beseitigen sollte, im Abgeordnetenhaus ohne viel Federlesen durch, obschon nicht nur seitens der Zentrumspartei, sondern auch der Fortschrittspartei schwere Bedenken dagegen geäußert wurden, daß dieses Gesetz der Kulturbürokratie einen ganz unangemessen großen Entscheidungsspielraum einräume. Die Konservativen bekämpften das Gesetz mit einiger Entschiedenheit; sie setzten dabei auf die stille Unterstützung des Monarchen, dem die Einschränkung der Rolle seiner evangelischen Landeskirche im Schulwesen weiterhin äußerst mißfiel. Windthorst wußte diese Konstellation geschickt auszunutzen. Eine Äußerung des Kanzlers aufgreifend, daß »in einem konstitutionellen Staate [...] wir Ministerien einer Majorität« bedürften, »die unsere Richtung im Ganzen unterstützt«, was eine Zusammenarbeit mit dem Zentrum ausschließe, warf er Bismarck am 30. Januar 1872 im Abgeordnetenhaus vor, daß dieser die Einführung des »Parlamentarismus« betreibe – ein Argument, das von der »Kreuzzeitung« sogleich triumphierend aufgegriffen und entsprechend kommentiert wurde. Diesen sinistren Angriff auf Bismarcks angeblich wankende monarchische Gesinnung konterte der Kanzler mit einem ebenso scharfen wie unhaltbaren Angriff auf Windthorst, der angeblich weiterhin welfische Obstruktionspolitik und damit gewissermaßen Hochverrat betreibe und dafür die Zentrumspartei mißbräuchlich benutze.

Der Versuch des Zentrums, einen Keil zwischen Bismarck und Wilhelm I. zu treiben, konnte jedoch das Zustandekommen des Schulaufsichtsgesetzes nicht verhindern. Aber der Konflikt Bismarcks mit den Konservativen wurde dadurch zusätzlich verschärft. Nur mit einiger Mühe gelang es, nicht zuletzt dank des persönlichen Einsatzes Bismarcks, der wiederum alle Register über eine angebliche außenpolitische Bedrohung Preußen-Deutschlands durch die katholische Flügelmächte Europas im Bund mit dem Katholizismus und den preußischen Polen zog, das Schulaufsichtsgesetz durch das Herrenhaus zu bringen. Damit wurde endlich einer alten Forderung der Liberalen zu einem erheblichen Teil Genüge getan, nämlich »die Schule, die es vorzugsweise zu tun hat mit der Bildung des

Menschen und des Staatsbürgers, [...] von den Einflüssen« der Kirchen loszulösen. Aber dies geschah um den Preis einer beträchtlichen Stärkung des kontrollfreien Einflusses der Staatsbürokratie auf das Schulwesen in Preußen. Einstweilen waren die beiden christlichen Kirchen und in gewissem Sinne die Konservativen die Verlierer in jenem Ringen; auf längere Sicht sollte sich dies umkehren. Die katholischen Bischöfe nahmen die Verabschiedung des Gesetzes zum Anlaß einer Eingabe an das preußische Staatsministerium, in der sie feierlich erklärten, daß dadurch »das unveräußerlich, heilige Recht der Kirche auf die Volksschule beeinträchtigt« sei und »verderbliche Folgen für die Kirche wie für den Staat sicher« vorauszusehen seien. In der damaligen politischen Atmosphäre konnte eine derartige Erklärung von der preußischen Regierung ebenso wie von der liberalen öffentlichen Meinung nur als eine weitere Herausforderung empfunden werden, ließ sie doch erkennen, daß die katholische Kirche ihre Ansprüche auf die Kontrolle des Schulwesens kraft natürlichen, vorstaatlichen Rechts keineswegs aufgegeben habe, sondern vollinhaltlich aufrechterhalte.

In der breiteren Öffentlichkeit war die antikatholische Stimmung inzwischen zur Siedehitze gestiegen. Sie wählte sich als vermeintlich nächstliegendes Ziel den Jesuitenorden, dessen Mitgliedern man allgemein eine sinistre Agitation für die Ziele des Ultramontanismus unterstellte. Die Volksmission der Jesuiten, die in der Tat die Verteidigung des Vaticanums zu einer ihrer Hauptaufgaben gemacht hatte, konnte für dergleichen Verdächtigungen teilweise als Anhaltspunkt dienen. Der deutsche Protestantentag hatte schon am 4. Oktober 1871 ein Verbot des Jesuitenordens und insbesondere den Ausschluß der Jesuiten von jeglicher Tätigkeit in den Schulen verlangt. Die gegen die Jesuiten gerichteten Proteste schwollen in den kommenden Monaten zu einem förmlichen Propagandafeldzug gegen die Jesuiten an, dem sich auch die Altkatholiken anschlossen. Die Gegner des Jesuitenordens organisierten eine große Zahl von Petitionen an den Reichstag, in denen sämtlich ein Verbot des Ordens gefordert wurde; die katholische Seite fand es freilich nicht schwer, mit einer noch ungleich größeren Zahl von Petitionen entgegengesetzter Tendenz zu kontern. Der Reichstag beschloß daraufhin auf Vorschlag des Petitionsausschusses, den »Verbündeten Regierungen« die Vorlage eines Gesetzentwurfs nahezulegen, welcher »die rechtliche Stellung der religiösen Orden, Kongregationen und Genossenschaften, die Frage ihrer Zulassung und deren Bedingungen regelt, sowie die staatsgefährliche Thätigkeit derselben, namentlich der ›Gesellschaft Jesu‹, unter Strafe stellt«. Der Wortlaut dieses Beschlusses, der aus einem Kompromiß der liberalen Parteien und der Freikonservativen Partei hervorgegangen war, verriet, daß die Liberalen sich nur mit zwiespältigen Gefühlen auf das Gleis eines erneuten Ausnahmegesetzes begeben hatten. Nicht wenige Liberale, zum Beispiel Karl Biedermann, sahen darin »ein Ausnahmegesetz im allerschlimmsten Sinne«, »ein Ausnahmegesetz mit dem ganzen Odium, direkt gegen eine bestimmte Klasse von Personen gerichtet zu sein«. Gleichwohl wollte man es auf ein völliges Scheitern des Gesetzes nicht ankommen lassen.

Die antikatholische Stimmung des Augenblicks war groß genug, um alle Bedenken zurücktreten zu lassen. Dabei war die Vorstellung obwaltend, daß die Societas Jesu als eine von außerhalb Deutschlands geleitete, streng hierarchisch gegliederte Geheimgesellschaft die Speerspitze des Ultramontanismus darstelle und die katholische Kirche im Deutschen Reich von dieser gleichsam unterjocht worden sei. Auch der Bundesrat war anfänglich über ein so weitreichendes Gesetz nicht sonderlich begeistert und fand sich nur zögerlich dazu herbei, dem Reichstag einen entsprechenden Entwurf zuzuleiten. Dieser Entwurf wurde dann von einer Mehrheit der liberalen Parteien und der Freikonservativen Partei in ein generelles, auf Dauer angelegtes Verbot des Jesuitenordens ausgeweitet. Nicht wenige Liberale, unter ihnen Bamberger und Lasker, versagten dem Jesuitengesetz bei der Endabstimmung im Reichstag am 19. Juni 1872 ihre Zustimmung, während sich andere der Abstimmung enthielten, um dem Gewissenskonflikt zu entgehen, der zwischen ihren liberalen Grundsätzen und ihrer Entschlossenheit aufgebrochen war, den Kampf gegen den ultramontanen Katholizismus und seine angeblichen Helfershelfer mit allen verfügbaren Mitteln zu führen. Der Sache nach kam das Jesuitengesetz einer Kriegserklärung gegen die katholische Kirche und in gewissem Sinne gegen den katholischen Volksteil und seine politische Repräsentation, die Zentrumspartei, gleich. So jedenfalls sah es der Verein der deutschen Katholiken, der auf seiner Gründungsversammlung in Mainz am 8. Juli 1872 einen Aufruf »An die Katholiken Deutschlands!« richtete, in dem »die katholischen Männer Deutschlands« zu »gemeinsamem Handeln« aufgefordert wurden, um den Angriff des Staates auf »die Existenz der katholischen Kirche in Deutschland überhaupt« mit aller Kraft abzuwehren.

Ursprünglich hatte Bismarck den Kampf in erster Linie gegen das Zentrum, nicht gegen die katholische Kirche führen wollen, aber diese ursprüngliche Kampflinie war nunmehr durchbrochen. Die Unnachgiebigkeit des katholischen Klerus, der sich durch finanzielle Strafmaßnahmen nicht beeindrucken ließ, wie die Temporaliensperre für den Bischof von Ermland, Krementz, zeigte, der im Braunsberger Schulstreit keinen Zentimeter von der bisherigen Linie abwich, zwang die preußische Staatsregierung zu einer Eskalation der einzusetzenden Machtmittel. Bismarck nutzte die Scheu des Monarchen, notfalls bis zu einer Verhaftung des ihm persönlich bekannten und geschätzten Bischofs gehen zu müssen, geschickt, um dessen Zustimmung für eine Serie von Kampfgesetzen zu gewinnen, die die rechtlichen Grundlagen dafür legten, um den katholischen Klerus auf die Knie zu zwingen und womöglich von der Masse der Gläubigen zu trennen. Das Gesetz »betr. die Grenzen des Rechtes zum Gebrauche kirchlicher Straf- und Zuchtmittel« war dazu bestimmt, die Verhängung kirchlicher Strafen an rigide rechtliche Schranken zu binden und auf diese Weise die Disziplinargewalt der Bischöfe über die Gläubigen weitgehend auszuhöhlen. Dem katholischen Klerus sollte es hinfort nicht mehr erlaubt sein, kirchliche Strafmaßnahmen öffentlich bekannt zu machen, um so zu verhindern, daß die Rechtsstellung davon betroffener Bürger beeinträchtigt werde; der Sache nach lief dies auf ein Verbot der sogenannten excommunicatio major hinaus. Zuwiderhandlungen gegen dieses wie gegen die folgenden Gesetze wurden mit empfindlichen Geldstrafen belegt; äußerstenfalls war die Möglichkeit einer Amtsentsetzung bis zu fünf Jahren vorgesehen. Ungleich bedeutsamer noch war das Gesetz über »die Vorbildung und Anstellung der Geistlichen«, welches nach badischem Muster die Zulassung zum geistlichen Amt von einem »Kulturexamen« abhängig machte, das Kenntnisse auf dem Gebiet der Philosophie, der Geschichte, der deutschen Literatur sowie der klassischen Sprachen voraussetzte, die im Regelfall durch ein dreijähriges Studium an einer deutschen Universität erworben werden sollten. Innerkirchliche Ausbildungsstätten wie Knabenseminare und dergleichen sollten hinfort verboten sein. Es war die Zielsetzung dieses Gesetzes, die heranwachsenden Theologen dem ausschließlichen Einfluß der katholischen Kirche zu entziehen und sie mit jenen Bildungsgütern vertraut zu machen, die nach damaliger Lehre für die Konstituierung eines deutschen Nationalbewußtseins besonders bedeutsam waren. Daneben sollte durch die Bestimmung, daß die Qualifikation für ein geistliches Amt an einer deutschen Hochschule erworben werden müsse, ausländischen, »ultramontanen« Einflüssen auf die Geistlichen ein Riegel vorgeschoben werden.

Diese Bestimmungen wurden im katholischen Lager schon deshalb als anstößig empfunden, weil sie mit einer Anzeigepflicht verbunden waren, also der Verpflichtung, bei Einstellung oder auch bei Versetzung eines Geistlichen in ein anderes Amt die Zustimmung der Staatsbehörden einzuholen, die insbesondere dann versagt werden konnte, wenn die Vorbildung des Betreffenden den Bestimmungen des Gesetzes nicht entsprach. Vor allem aber wurden die angehenden Theologen zu einem teilweise weltlichen Gegenständen zugewandten Studium verpflichtet, welches die Gefahr des Abweichens vom Pfad der Rechtgläubigkeit in sich schloß und überdies die altkatholische Richtung begünstigte. Um das Maß voll zu machen, wurde in einem dritten Gesetz über »die kirchliche Disziplinargewalt und die Errichtung des königlichen Gerichtshofs für kirchliche Angelegenheiten« sogar die Jurisdiktionsgewalt des Papstes für unrechtmäßig erklärt, mit dem Argument, daß die kirchliche Disziplinargewalt nur von deutschen kirchlichen Behörden ausgeübt werden dürfe. Statt dessen wurde die Errichtung eines staatlichen Gerichtshofes für kirchliche Angelegenheiten als höchste Instanz in allen kircheninternen Streitigkeiten vorgesehen. Hier feierte der Dogmatismus, versetzt mit einem gehörigen Schuß deutschnationalen Denkens, nun wirklich Urständ, zumal dadurch die bestehenden, rechtlich weiterhin gültigen Vereinbarungen mit dem Vatikan kurzerhand beiseite geschoben wurden.

Das Ziel dieser Gesetze war es, die innerkirchlichen Machtstrukturen zu zerschlagen und den niederen Klerus weitgehend der Kontrolle des Episkopats zu entziehen. Die liberale Presse feierte die »Maigesetze« als entscheidenden Schritt zur Freisetzung des Individuums innerhalb des katholischen Kirchensystems. Aus den gleichen Gründen aber sah sich der katholische Episkopat völlig außerstande, diese Gesetze hinzunehmen, die, wie sie richtig sahen, »die Abtrennung der Bischöfe von dem sichtbaren Oberhaupte der gesamten katholischen Kirche« sowie »die Trennung des Klerus und des Volkes von seinen rechtmäßigen Bischöfen« bezweckten. Noch umstrittener war das gleichzeitig eingebrachte Gesetz über den »Austritt aus der Kirche«. Hierfür sollte hinfort eine einfache Erklärung vor einem staatlichen Richter genügen, so daß den Kirchen jegliche Chance genommen wurde, die austrittsgeneigten Gläubigen vor den möglichen geistlichen Folgen dieses Schritts zu warnen. Es entsprach in seiner Anwendung auf alle Religionsgemeinschaften und in der Wahrung ihrer jeweiligen Rechte durchaus liberalen Grundsätzen. Andererseits löste es in evangelischen Kreisen große Unruhe aus, da man hier allgemein mit einer beträchtlichen Zahl von Kirchenaustritten rechnete, während es auf katholischer Seite gar nicht angefochten wurde, weil man sich der Gefolgschaft der Gläubigen sicher genug war.

Die katholische Geistlichkeit und die Zentrumspartei taten während der parlamentarischen Beratungen alles, was in ihrer Macht stand, um eine breite Volksbewegung gegen die preußische Kirchengesetzgebung auf die Beine zu bringen. Die Initiative dazu ging in erster Linie von dem Verein Deutscher Katholiken aus, der seinen Sitz in Mainz, außerhalb der Reichweite der preußischen Behörden, genommen hatte, aber gleichwohl fast über Nacht eine große Massengefolgschaft in der katholischen Bevölkerung erwarb; allein im Rheinland und in Westfalen hatte er bereits ein Jahr nach seiner Gründung 59.725 Mitglieder gewonnen. Zahl und Ausmaß der Protestversammlungen gegen die »Maigesetze«, die der Mainzer Verein in der Provinz Rheinland und Westfalen zustande brachte, stellten für die Behörden eine Überraschung dar. In Düsseldorf kamen zu einer Protestversammlung des Mainzer Vereins im September 1872 nicht weniger als 6.000 Teilnehmer, etwa 40 Prozent der männlichen katholischen Bevölkerung Düsseldorfs und seiner Umgebung. Mit einiger Irritation vermeldete der Landrat in Düsseldorf im Dezember 1872, daß kaum eine Woche vorbeigehe, ohne daß irgendwo eine katholische Protestversammlung in Szene gesetzt werde. Versuche der Behörden, dieser Agitation mit polizeilichen Mitteln Herr zu werden, verfingen nicht. Erst 1876 gelang es schließlich, ein Urteil des preußischen Staatsgerichtshofes zu erwirken, welches die Aktivitäten des Vereins Deutscher Katholiken verbot.

Durch die Agitation, die in vielen katholischen Klubs und Vereinen auf lokaler Basis ihre Fortsetzung fand, wurde das Netzwerk der Zentrumspartei auf dem flachen Lande noch enger geknüpft. Die Parole des Vereins deutscher Katholiken, daß die von den Liberalen getragene anti-kirchliche Gesetzgebung darauf abziele, die katholische Religion gänzlich auszulöschen und einen gottlosen Staat zu schaffen, fiel bei der katholischen Bevölkerung auf fruchtbaren Boden. Zur Verteidigung ihres Glaubens waren die Katholiken um so mehr bereit, als die Wortführer auf katholischer Seite nicht nur die religiösen Ängste der Bevölkerung, sondern auch ihre sozialen Besorgnisse mobilisierten. Sie führten die Verfolgung der Kirche in letzter Instanz auf die revolutionären Machenschaften der Freimaurer zurück; die Untergrabung der Religion aber werde am Ende auch den Zusammenbruch des Staates und der bestehenden Sozialordnung nach sich ziehen. Anläßlich der Vertreibung der Jesuiten in Essen kam es zu gewaltsamen Protestaktionen, die mit einer Attacke der Massen auf die dortige Freimaurerloge ihren Höhepunkt erreichten. Die Massenproteste der katholischen Bevölkerung konnten allerdings die Annahme der »Maigesetze« nicht verhindern. Im Gegenteil: Die Tatsache, daß sich das Zentrum in der Lage zeigte, die katholische Bevölkerung in so großer Zahl auf die Straße zu bringen, bestärkte die preußische Staatsregierung und mit ihr die Liberalen und die Freikonservativen, mit ihren Kampfmaßnahmen gegen die katholische Kirche unbeirrt fortzufahren.

Unter solchen Umständen nahmen die Debatten im preußischen Landtag über die »Maigesetze« eine äußerst scharfe Tonart an. In grotesker Überzeichnung des Sachverhalts begrüßte Virchow die Gesetze als Wendepunkt in der tausendjährigen Geschichte des Verhältnisses von Papsttum und Kaisertum, die mit der Unterwerfung der Hohenstaufen unter die Autorität der Päpste ihren Anfang genommen, zu einer immer weiter voranschreitenden Italisierung des Papsttums geführt und schließlich im Ultramontanismus ihren vorläufig letzten Höhepunkt gefunden habe: »Es handelt sich hier um einen großen Kulturkampf«, und, im Hinblick auf die Gesetzesvorlage über das Kulturexamen der Geistlichen, um ein Gesetz »nicht [...] von heute auf morgen, sondern [...] ein Gesetz aus der großen Entwickelung der Jahrtausende«. Für die Liberalen war entscheidend, daß mit den »Maigesetzen« die Vorherrschaft des Staates in Schule und Gesellschaft sichergestellt wurde. Der Gesichtspunkt, daß dies in Form eines Bündels von bürokratischen Reglementierungen des religiösen Lebens durchgesetzt werden sollte, die mit liberalen Grundsätzen schwerlich vereinbar waren, trat dabei ganz zurück. Es waren die Vertreter der Zentrumspartei mit Ludwig Windthorst an der Spitze, die gegenüber den Staatsbehörden immer wieder die Grundsätze der bürgerlichen Freiheit einklagten und die liberalen Parteien damit in arge Bedrängnis brachten. In der Tat verletzten die »Maigesetze« die Grundrechtsartikel 14, 15 und 18 der preußischen Verfassung, ohne daß sich die Liberalen darüber sonderlich bekümmert zeigten. Immerhin wurde es unabweisbar, den Artikel 15 in geeigneter Weise zu ergänzen, um den offenbaren Widerspruch der Kulturkampfgesetzgebung mit der dort verfassungsrechtlich garantierten selbständigen Verwaltung aller religiösen Angelegenheiten durch die Kirchen zu kaschieren.

Die Altkonservativen hatten gegen eine Machterweiterung der preußischen

Disput zwischen je einem Vertreter der Sozialdemokraten, Bauern, Bürger und Handwerker vor den Reichstagswahlen 1877. Gemälde von Ernst Henseler, 1877. Darmstadt, Hessisches Landesmuseum

Der Papst und der deutsche Kanzler im »Kampf für die Kultur« (R. Virchow) und das Ende des »Kulturkampfes«. Karikaturen in den »Berliner Wespen« vom April 1873 und März 1880. Nürnberg, Germanisches Nationalmuseum

Bürokratie an und für sich nichts einzuwenden. Doch sie befürchteten, daß durch die »Maigesetze« der Einfluß der christlichen Kirchen – und hier dachten sie natürlich vorrangig an die evangelische Kirche – auf die unteren Schichten der Bevölkerung in gefährlicher Weise geschwächt werden würde, zum Nachteil der Respektierung von Recht und Ordnung und der Erhaltung der bestehenden Sozialordnung. Ludwig von Gerlach, einst ein enger Freund und Förderer Bismarcks, ging so weit zu behaupten, daß die Vorlagen für die evangelische Kirche tödlich sein würden. Aber die Konservativen befanden sich in einer politischen Zwickmühle. Sie mißbilligten Falks formalrechtliches Vorgehen aus einem tiefsitzenden konservativen Instinkt, weil es die überkommenen patriarchalischen Bande zwischen dem adeligen Großgrundbesitz und den Kirchen zerschnitt. Andererseits hätte sie eine Ablehnung der »Maigesetze«, die dazu bestimmt waren, die angeblich staatsfeindlichen und revolutionären Umtriebe des ultramontanen Katholizismus zu bekämpfen, in offenen Widerspruch zu dem konservativen Prinzip unbedingter Loyalität gegenüber ihrem königlichen Landesherrn und seiner Regierung gebracht.

Bei den parlamentarischen Verhandlungen über die »Maigesetze« trat Bismarck selbst in die vorderste Kampflinie, insbesondere mit einer Rede im preußischen Herrenhaus am 24. April 1873, in der er die antikatholische Gesetzgebung als Akt staatlicher »Notwehr« rechtfertigte: »[...] durch die Thätigkeit, nicht der katholischen Kirche, sondern der nach weltlicher Priesterherrschaft strebenden Partei innerhalb der katholischen Kirche« sei eine Politik getrieben worden, welche »die Grundlagen unseres Staates in einer Weise anfaßte resp[ektive] erschütterte oder bedrohte«, daß er die Verantwortung für längeres Zuwarten nicht mehr habe tragen können. Unter Hinweis auf die angeblichen Verbindungen der ultramontanen Bewegung mit reichsfeindlichen Kräften außerhalb der deutschen Grenzen plädierte der Kanzler dafür, daß »alle treuen Anhänger des Königs, [...] alle treuen Anhänger des preußischen Staates« verpflichtet seien, gegen jene beiden Parteien – gemeint waren das Zentrum und die Sozialdemokratie – zusammenzustehen, welche die »Gegnerschaft gegen die nationale Entwickelung in internationaler Weise bethätigen, daß sie Nation und nationale Staatenbildung bekämpfen.« Mit diesem Appell gelang es, gegen den erbitterten Widerstand des von Kleist-Retzow geführten rechten Flügels der Altkonservativen, dem Bismarck den Beruf zur Kritik an der Regierung erregt absprach, die Zustimmung des Herrenhauses zu den »Maigesetzen« zu erlangen. Sie traten noch in der ersten Maihälfte 1872 in Kraft.

Die Wirkung dieser legislativen Maßnahmen, durch die der preußischen Staatsregierung scharfe Waffen gegen den unbotmäßigen katholischen Klerus in die Hand gegeben werden sollten, war freilich gleich Null. Die Anweisung Falks an die Staatsbehörden, mit unnachsichtiger Strenge gegen die Angehörigen des katholischen Klerus vorzugehen, die gegen die »Maigesetze« verstießen, fruchteten nichts. Vielmehr ging nun der katholische Klerus, bestärkt durch eine Enzyklika des Papstes, in der die Kirchengesetze samt und sonders als unrechtmäßig und wider das sittliche Recht verworfen wurden, und mit ihm die katholische Bevölkerung zu einer Politik teils des passiven, teils des aktiven Widerstandes über. Der Episkopat lehnte es einmütig ab, sich den »Maigesetzen« zu beugen und verpflichtete die Geistlichkeit darauf, ihrerseits das gleiche zu tun. Ebenso wurde das »Kulturexamen« von den Theologiestudenten durchgängig boykottiert. Die Bischöfe sorgten in zahlreichen Fällen für Einweisungen in kirchliche Ämter, ohne der Anzeigepflicht zu genügen. Sie nahmen es dabei geflissentlich in Kauf, daß die Staatsbehörden daraufhin gerichtlich gegen sie einschritten. In den Jahren 1873 und 1874 wurden gegen eine stetig wachsende Zahl von Bischöfen und anderen kirchlichen Amtsträgern wegen Mißachtung der »Maigesetze« massive Geldstrafen verhängt, deren Zahlung diese jedoch durchweg verweigerten. Daraufhin gingen die zuständigen Instanzen mehr und mehr dazu über, das persönliche Eigentum der Betroffenen zu pfänden und schließlich öffentlich zu versteigern. Dies gab vielfach den Anstoß zu Demonstrationen der aufgebrachten Gläubigen gegen die Staatsbehörden. Häufig konnte eine Versteigerung wegen passiven Widerstands der Bevölkerung nicht vollzogen werden; nicht selten ersteigerten die Bürger der Gemeinde das Mobiliar und überließen es dann »leihweise« dem geschädigten Geistlichen. In einigen Fällen kam es gar zu gewaltsamen Protesten gegen Personen, die den Behörden bei der Versteigerung oder dem Transport des Mobiliars von kirchlichen Würdenträgern behilflich waren. In Münster verwüstete eine aufgebrachte Menge das Haus eines Zimmermanns, der den Abtransport der Möbel des Bischofs von Münster übernommen hatte. In Essen demolierten katholische Arbeiter die Häuser von Bürgern, die mit den Behörden zusammengearbeitet hatten. Letztlich schritten die Behörden, da die zumeist durch wiederholte »Zuwiderhandlungen« aufgelaufenen Geldstrafen nicht oder nicht mehr durch Pfändungen einzutreiben waren, zur Verhaftung von zahlreichen katholischen Geistlichen. Ihren Gipfelpunkt erreichten diese Repressivmaßnahmen im Frühjahr 1874 mit der Verhaftung und anschließenden Amtsentsetzung des Erzbischofs von Posen, Mieczysław Ledóchowski, aufgrund eines fragwürdigen Urteils des inzwischen eingerichteten Staatsgerichtshofes für kirchliche Angelegenheiten.

Diese Maßregelungen erwiesen sich allerdings als ungeeignet, um den Widerstand der katholischen Geistlichkeit zu brechen. Im Gegenteil: Die Opposition im katholischen Lager versteifte sich immer mehr. Anfang 1874 waren über tausend katholische Pfarrstellen vakant; ganze zwölf »Maipriester« hatten sich bereit gefunden, zu den von den Staatsbehörden diktierten Bedingungen Pfarrämter zu übernehmen, aber ihre Amtshandlungen wurden durchweg von den Gläubigen ihrer Gemeinde boykottiert. Zahlreiche Bischöfe saßen im Gefängnis, andere, wie die Bischöfe von Münster und Paderborn sowie der Erzbischof von Köln, hatten sich der Verfolgung durch die Flucht ins Ausland entzogen. Massendemonstrationen der katholischen Bevölkerung und, als diese unter polizeilichem Druck nicht mehr stattfinden konnten, spezielle Wallfahrten bekundeten die Sympathie der Gläubigen für ihre Bischöfe. Es war nicht zu übersehen, daß die Verfolgungsmaßnahmen einstweilen nur zu einer Solidarisierung der katholischen Bevölkerung mit dem Episkopat und sogar mit dem Papsttum geführt hatten.

Bismarck und Falk waren desungeachtet nicht willens, den Kampf für verloren zu geben. Unter dem Beifall der liberalen Presse wurde die Gangart des »Kulturkampfes« sogar nochmals verschärft, und zwar mit den sogenannten Kampfgesetzen von 1873 bis 1875. Sie sollten zum einen die vorhandenen Lücken in den bisherigen Gesetzen schließen, zum anderen die Rechtsgrundlagen für staatliche Eingriffe in die Verwaltung kirchlicher Institutionen bereitstellen, die durch die Vakanz zahlreicher Diözesen zusammenzubrechen drohte. Ein Gesetz »betr. die Verhinderung der unbefugten Ausübung von Kirchenämtern« sollte den Staatsbehörden die rechtliche Handhabe geben, um Geistliche, die ihr Amt ohne das Plazet der Staatsgewalt ausübten, effektiv an ihrer Tätigkeit zu hindern, notwendigenfalls durch Ausweisung aus dem betreffenden Ort oder Bezirk. Ein »Gesetz über die Verwaltung erledigter katholischer Bistümer« sollte es ermöglichen, deren finanzielle Verwaltung durch Staatskommissare fortzuführen sowie gegebenenfalls die Neuwahl eines Amtsträgers durch die Gemeinde vornehmen zu lassen. Ein Ergänzungsgesetz sollte die Anzeigepflicht mit drastischen Zwangsmaßregeln auch in solchen Fällen durchsetzen, in denen eine Anzeige unterblieben war, aber die betreffenden Pfarrer weiterhin amtierten. Zusätzlich wurde auch hier die Möglichkeit der Wahl eines Amtsnachfolgers durch die Gemeinde aufgrund einer behördlichen Anordnung angedroht. Weiterhin setzte Bismarck im Reichstag ein Ausweisungsgesetz durch, welches die Ausbürgerung beziehungsweise Ausweisung von Geistlichen ermöglichen sollte, die gegen die »Maigesetze« verstoßen hatten und deswegen rechtskräftig verurteilt waren. Das Ausweisungsgesetz stellte einen erneuten, massiven Verstoß gegen das Prinzip des Rechtsstaates dar, aber in der überhitzten Atmosphäre jener Monate wagte sich auch der Linksliberalismus dem Vorschlag der »Verbündeten Regierungen« nicht entgegenzustellen.

Die Staatsbehörden setzten alles daran, auf der Grundlage dieses formidablen Arsenals rechtlicher Handhaben den katholischen Klerus zum Nachgeben zu zwingen. Das führte zur Verhaftung und zur Ausweisung zahlreicher katholischer Würdenträger und einer beträchtlichen Zahl von Mitgliedern des niederen Klerus. In den katholischen Regionen Preußens, zumal in Posen, aber auch in einzelnen Orten des Ruhrgebietes, kam es vereinzelt zu Unruhen und immer wieder zu Demonstrationen der Solidarität mit den verhafteten oder außer Landes befindlichen Bischöfen. Die Katholiken mieden nun demonstrativ die Beteiligung an den Feiern zum Sedan-Tag, dem informellen Nationalfeiertag des neuen Deutschen

Reiches, und begingen statt dessen den 16. Juni, den Tag der Wahl Pius' IX., als alternativen Festtag. Der Mainzer Erzbischof Ketteler untersagte seinen Pfarrern jegliches feierliche Glockenläuten am Sedan-Tag und empfahl statt dessen die Abhaltung von Bittgottesdiensten, »um Gottes Gnade und Segen über Deutschland zu erflehen und namentlich um Gott zu bitten, daß er Uns (dem Deutschen Volk) die innere Einheit wiedergebe, ohne welche die äußere Einheit nur ein leerer Schein ist.«

Die katholische Presse, die in den letzten Jahren unter maßgeblicher Beteiligung des Zentrums und des Vereins deutscher Katholiken aufgebaut worden war, um das bisher bestehende Meinungsmonopol der liberalen Blätter zu brechen, begleitete diesen Abwehrkampf mit entsprechenden Berichten und Kommentaren. Mit der »Kölnischen Volkszeitung« und der »Germania« verfügte der katholische Volksteil nun über gut geschriebene, im ganzen Reich gelesene Blätter, die den katholischen Standpunkt wirkungsvoll vertraten. Die Versuche der Behörden, die katholische Presse durch polizeiliche Maßnahmen einzuschüchtern, blieben zumeist wirkungslos. Zwischen 1872 und 1875 wurden dreißig Nummern der »Kölnischen Volkszeitung« beschlagnahmt beziehungsweise zum Anlaß einer nachträglichen gerichtlichen Verfolgung genommen. Der »Germania«, die einen ungleich aggressiveren und rüderen Ton anschlug, erging es nicht anders. Allerdings fingen sich die Staatsbehörden einen Krebs, als sie am 11. Dezember 1874 den leitenden Redakteur der »Germania«, Kaplan Paul Majunke, der wegen Majestäts- und Ministerbeleidigung verurteilt worden war, während der laufenden Reichstagsverhandlungen verhaften ließen; daraufhin mißbilligte der Reichstag auf Antrag Laskers diese offenbar unrechtmäßige Verletzung der Immunität eines Reichstagsabgeordneten, sehr zum Verdruß Bismarcks, der darob in größte Erregung verfiel und sogar mit seinem Rücktritt drohte. Desgleichen drangsalierte die preußische Staatsregierung zahlreiche katholische Beamte, weil sie angeblich die Politik der Regierung nicht linientreu genug vertraten. Dies geschah mit ausdrücklicher Billigung der Nationalliberalen. Bennigsen persönlich forderte Bismarck am 10. April 1875 auf, »endlich« den preußischen Innenminister Graf Eulenburg »zu zwingen, alle die unfähigen oder geradezu klerikal gesinnten höheren Beamten, Präsidenten, Regierungsräte und Landräte am Rhein und in Westfalen zu beseitigen oder doch in protestantische Gegenden zu versetzen, welche fortwährend alle unsre gesetzlichen Maßregeln illusorisch« machten. In anderen Fällen besorgten die Nationalliberalen die Verdrängung von mißliebigen katholischen Beamten aus ihren Ämtern mit Hilfe öffentlicher Proteste; so legte der katholische Oberbürgermeister der Stadt Düsseldorf, dem seine Nichtteilnahme an den Abstimmungen über die Kirchenkampfgesetze im preußischen Herrenhaus als Verletzung seiner Amtspflichten vorgehalten wurde, schließlich selbst sein Amt nieder. Das Verhalten der Liberalen in diesen Dingen, welches in krassem Gegensatz zu ihren prinzipiellen Überzeugungen stand, ist nur insofern verständlich, als sie sich in eine regelrechte Phobie gegenüber dem Katholizismus hineingesteigert hatten. Schon im März 1872 hatte Bennigsen im Zusammenhang mit dem Jesuitengesetz gemeint: »[...] wenn wir nicht jetzt, wo es noch möglich ist, den Jesuiten Widerstand mit nachhaltigem Erfolg leisten, sind unsre Enkel sämtlich katholische Knechte des Unfehlbaren.« Dies schien drastische Maßnahmen des Staates gegen die katholische Kirche zu rechtfertigen.

Gesinnungsschnüffelei und polizeiliche Überprüfung der politischen Loyalität der Beamtenschaft waren demnach gang und gäbe. Der Düsseldorfer Landrat Graf Wilderich von Spee wurde 1873 seines Amtes enthoben, weil er sich geweigert hatte, Erhebungen über das Abstimmungsverhalten der Lehrer bei den Wahlen zum preußischen Abgeordnetenhaus, ob ultramontan oder regierungsfreundlich, in seinem Kreis durchzuführen. Doch die Drangsalierung der katholischen Presse und die Reglementierung der katholischen Beamtenschaft erwiesen sich als ziemlich wirkungslos; auch auf diese Weise konnte die Loyalität der katholischen Gläubigen gegenüber der Geistlichkeit nicht wirklich gebrochen werden. Materiell bedeutsam war lediglich das Gesetz über die Einführung der obligatorischen Zivilehe in Preußen vom 9. März 1874. Gerade dieses Gesetz, das aus liberaler Sicht unerläßlich war und eine modernen Verhältnissen angemessene Lösung dieser Frage brachte, war innerhalb der preußischen Führungselite äußerst umstritten. Namentlich Wilhelm I. war ein Gegner der obligatorischen Zivilehe, die der Säkularisierung von Staat und Gesellschaft Tür und Tor öffne. Infolgedessen hatte lange die Alternative einer fakultativen Zivilehe zur Debatte gestanden. Aber angesichts der zahlreichen verwaisten katholischen Pfarrstellen und aufgrund der verbreiteten Zweifel an der Rechtmäßigkeit der Eheschließungen, die von gesetzwidrig angestellten Geistlichen vorgenommen worden waren, setzte sich die Lösung der Zivilehe durch. Bismarck selbst hielt sich in jener Frage bedeckt; er wollte sich gegenüber dem Monarchen nicht mit dem Odium belastet sehen, für die Einführung der Zivilehe verantwortlich zu sein.

Die ohnehin äußerst gespannte innenpolitische Situation erfuhr eine weitere Verschärfung, als am 13. Juli 1874 ein katholischer Tischlergeselle in Bad Kissingen ein Attentat auf Bismarck verübte. Der Kanzler wurde durch einen Streifschuß an der rechten Hand leicht verwundet; die Verletzung blieb jedoch ohne dauernde Nachwirkungen. Eduard Kullmann, Mitglied eines katholischen Gesellenvereins, war ein Einzeltäter ohne jegliche Hintermänner; von einer politischen Verschwörung zwecks Ermordung des Reichskanzlers konnte keine Rede sein. Dennoch wurde das Attentat von der regierungsnahen Presse dem Ultramontanismus zur Last gelegt. Damit wurde den weit verbreiteten Befürchtungen in der Öffentlichkeit über die angeblichen sinistren Machenschaften der klerikalen Partei zusätzliche Nahrung gegeben. Vergeblich distanzierte sich das Zentrum in aller Form von dem Anschlag. Bismarck persönlich hielt den Zentrumsabgeordneten im Reichstag erregt entgegen: »Aber mögen Sie sich lossagen von diesem Mörder,

wie Sie wollen, er hängt sich an Ihre Rockschöße fest« – ein Argument, das er zur
äußersten Entrüstung des Zentrums, unter Berufung auf seine persönliche Befra-
gung Kullmanns nach dem Attentat, wenig später fast wörtlich wiederholte.
Windthorst konterte eiskalt mit der Frage, wieso der Kanzler sich das Recht
herausgenommen habe, den Attentäter persönlich zu vernehmen, obschon dies
gegen alle prozeßrechtlichen Verfahrensregeln verstoße. Die Erbitterung, mit der
die kirchenpolitischen Auseinandersetzungen geführt wurden, hatte längst auch
in der äußersten Zuspitzung des Verhältnisses Bismarcks und Windthorsts eine
persönliche Note erhalten. Nach allem konnte die förmliche Verdammung der
Kulturkampfgesetze durch Pius IX. in einem Schreiben an den deutschen Episkopat vom 5. Februar 1875, das sogleich seinen Weg in die Presse fand, die Flammen
des Konflikts nur noch stärker entfachen. Die liberale Presse und mit ihr die
Regierung sahen darin den Beweis, daß das Papsttum das Recht beanspruche,
kraft der von ihm usurpierten »Autorität des göttlichen Rechts« die Gesetzgebung
des nationalen Staates nach Belieben für ungültig zu erklären und die katholischen
Gläubigen gegebenenfalls zum Widerstand gegen die Staatsgewalt aufzurufen.

Ihren Höhepunkt erreichte die Kulturkampfgesetzgebung mit dem sogenannten Sperrgesetz vom 22. April 1875, in dem generell die Zahlung der Temporal-
ien, also aller staatlichen Finanzzuwendungen an die Kirchen, von der ausdrücklichen Unterwerfung der Geistlichen unter die Staatsgesetze abhängig gemacht
wurde; in der katholischen Presse wurde dem Erlaß sogleich die publikumswirk-
same Bezeichnung »Brotkorbgesetz« gegeben. Bismarck rechtfertigte diese
äußerst weitgehende Maßnahme, die, wenn sie wirklich zur Gänze durchgeführt
worden wäre, die Seelsorge und die Tätigkeit der katholischen Kirche im Lande
praktisch zum Erliegen gebracht haben würde, am 16. April 1875 im preußischen
Abgeordnetenhaus mit markigen Worten, die einmal mehr bekundeten, daß er
nicht in erster Linie die katholische Kirche, sondern die Zentrumspartei als den
eigentlichen Gegenspieler des Staates betrachtete, nun aber gezwungen sei, das
Papsttum selbst als Gegner anzunehmen. Die katholische Episkopalkirche habe
sich, so führte er aus, seit der »Umwälzung« des Vaticanums in »die absolute
Herrschaft des Papstes« verwandelt und bilde nunmehr einen »Staat im Staate«.
Der Papst habe »die bischöfliche Gewalt absorbirt und sich selbstherrlich an
deren Stelle gesetzt«. »Dieser Monarch befindet sich außerdem bei uns an der
Spitze einer geschlossenen Partei, die wählt und abstimmt nach seinem Willen
[...]. Der Papst hat in Preußen seine officiöse Presse besser bedient, wie die des
Staates, wohlfeiler, ausgedehnter, zugänglicher [...]; er hat außerdem auf unse-
rem Boden ein Heer von Geistlichen, er zieht Steuern ein, er hat uns mit einem
Netz von Vereinen und Congregationen übersponnen, deren Einfluß sehr wirk-
sam ist.« Bismarck wertete das Sperrgesetz als eine unmißverständliche Kampf-
maßnahme, mit der er seinen Gegner, und dies war nunmehr in erster Linie der
Papst selbst, nicht der deutsche Episkopat, an den Verhandlungstisch zu bringen

hoffte. Denn insgeheim war der Kanzler inzwischen selbst des Kampfes müde, der zu einem immer stärkeren Einsatz der Staatsgewalt geführt hatte, ohne daß die Kirche Anstalten machte, auch nur im geringsten zurückzuweichen. Aber vorerst war kein Ende des Konfliktes abzusehen. Vielmehr kam es zu einem erbitterten Stellungskrieg zwischen dem preußischen Staat und dem katholischen Episkopat, in dem in beiden Lagern die extremistischen Positionen obsiegten. In der katholischen Geistlichkeit gewann nunmehr die ultramontane Richtung beherrschenden Einfluß, während die Anhänger eines liberalen Kirchenverständnisses zurückgedrängt wurden; die wenigen prominenten Vertreter eines Kompromißkurses, wie der Trierer Dompropst Carl Joseph Holzer, waren völlig isoliert.

Nur eine insignifikante Zahl von Geistlichen fand sich bereit, die im »Brotkorbgesetz« gewünschte Wohlverhaltenserklärung abzugeben; in der Diözese Münster waren es 3 von 1.000 Geistlichen und in der Diözese Köln 45 von 1.880. Weite Strecken des Landes waren nun ohne kirchliche Versorgung, zumal die wenigen »Staatspriester«, die dem Druck der Behörden nachgegeben hatten, vielfach von ihren Kollegen und von den Gläubigen boykottiert wurden. Unter diesen Umständen gingen die Behörden dazu über, jeden Geistlichen, der sich nur einigermaßen im Sinne des Staates zu verhalten schien, selbst wenn er eine Erklärung in dem vom Sperrgesetz vorgeschriebenen Sinne nicht abgegeben hatte, auch fernerhin zu besolden. Auf kirchlicher Seite wurde es nun aber zur Ehrensache, die Zahlungen des Staates abzulehnen, und dort, wo einzelne Priester dies nicht von sich aus taten, wurde in geeigneter Weise nachgeholfen. Besondere Geheimdelegaten der Kurie, deren Identität gegenüber den Behörden sorgfältig verborgen wurde, übernahmen die Leitung der verwaisten Bistümer. Sie betrachteten die bloße Annahme des Gehalts durch die Pfarrer bereits als Unterwerfung unter die »Maigesetze«. Sie suchten die »Staatspfarrer« zu zwingen, von sich aus Verwahrung gegen die Fortzahlung ihres Gehaltes einzulegen. Viele von ihnen erhielten anonyme Drohbriefe, in denen sie aufgefordert wurden, sich öffentlich von den »Maigesetzen« zu distanzieren. Andere wurden durch die Androhung von Repressalien unterschiedlicher Art unter Druck gesetzt.

Die Polarisierung war nahezu vollständig, die Lage desolat, die religiöse Versorgung der katholischen Bevölkerung ernstlich gefährdet. 989 Pfarreien waren ohne Geistlichen, und 225 Geistliche befanden sich in Haft. Die Inhaber der Erzbistümer Köln und Posen-Gnesen und der Bistümer Breslau, Münster und Limburg waren ihres Amtes enthoben, die Bistümer Fulda, Trier, Osnabrück und Paderborn nach dem Tod des bisherigen Amtsinhabers nicht neu besetzt worden. Das Verbot der Betätigung aller katholischen Orden und Kongregationen, mit Ausnahme der Krankenpflege, brachte einen weiteren schweren Einbruch in die institutionelle Basis des Katholizismus, der für die deutsche Gesellschaft nicht folgenlos blieb. Zahlreiche Lehrerinnen katholischer Kongregationen, die bislang ohne Bezahlung Religionsunterricht an öffentlichen Schulen gegeben hatten, mußten durch weltliches Personal ersetzt werden. Viele mildtätige katholische Organisationen, unter ihnen die Einrichtungen des Franziskanerordens, wurden aufgelöst; ihre Angehörigen sahen sich zumeist gezwungen, außer Landes zu gehen. Auch für die Städte und Gemeinden erwies sich dies als ein schwerer Aderlaß, der nicht leicht zu verkraften war. Als einziges positives Resultat der Kampfgesetzgebung zeichnete sich ab, daß die katholischen Gemeinden und Institutionen angehalten wurden, in der Verwaltung ihrer eigenen Angelegenheiten moderne Grundsätze zu beachten und die Gemeindemitglieder in höherem Maße an den Entscheidungen zu beteiligen, als dies bisher üblich gewesen war. Im Episkopat selbst dominierte zunächst weiterhin die intransigente Richtung, während sich auf staatlicher Seite schrittweise die resignierte Einsicht Bahn brach, daß der »Kulturkampf« mit staatlichen Gewaltmitteln nicht zu gewinnen war.

Bismarcks Erwartung, daß es möglich sei, das Zentrum als erste moderne Massenpartei in einem innenpolitischen Präventivkrieg niederzuringen, bevor es sich in den breiten Massen fest etablieren konnte, hatte sich als eine Fehlrechnung erwiesen. Vielmehr hatte das Zentrum bereits in den preußischen Landtagswahlen von 1873 einen gewaltigen Sprung nach vorn getan: Gegenüber 58 Abgeordneten im Jahr 1870 war es nun mit 88 Abgeordneten vertreten. Ungeachtet der nahezu geschlossenen parteipolitischen Front seiner Gegner gelang es ihm 1876, sogar noch ein weiteres Mandat hinzuzugewinnen, und der Trend wies weiter nach oben. Die Eigentümlichkeiten des Dreiklassenwahlrechts, das die besitzenden Schichten erheblich begünstigte, wirkten sich für die Zentrumspartei nicht sonderlich nachteilig aus, da deren sozial gemischte Wählerschaft die Nachteile dieses Systems zu unterlaufen vermochte; Einbußen hinsichtlich der Unterstützung der Unterschichten wurden durch eine Begünstigung der katholischen Mittelschicht und des grundbesitzenden Flügels der Partei annähernd ausgeglichen. Eindrucksvoller noch waren die Wahlerfolge des Zentrums bei den Reichstagswahlen von 1874: Mit 27,9 Prozent der Stimmen hatte es nahezu zwei Drittel der katholischen Wählerschaft an die Urnen bringen und für sich gewinnen können.

Aus der Nahperspektive nahmen sich diese Erfolge besonders spektakulär aus. Der Zentrumspartei war es gelungen, das Wählerpotential auf der Linken so gut wie vollständig aufzusaugen und die Position der liberalen Parteien erheblich zu schmälern, zumal sie in großem Umfang Wählergruppen, die bisher abseits der Politik gestanden hatten, überwiegend aus der Unterschicht und der unteren Mittelschicht, an sich heranzuziehen verstand. Bei den Landtagswahlen von 1873 hatten die liberalen Parteien noch Krefeld und Köln, wenn auch mit einiger Mühe, behaupten können; ein Jahr darauf eroberte die Zentrumspartei alle Reichstagswahlkreise im nördlichen Rheinland und in Westfalen. Mit 91 Mandaten war und blieb das Zentrum weiterhin die zweitstärkste Partei im Reichstag. Auch auf dem Höhepunkt des »Kulturkampfes« vermochte es seine Stimmenzahl nahezu zu halten; es fiel nur leicht, auf 24,8 Prozent der Stimmen und 93 Mandate, zurück –

eine Position, die es auch in den Reichstagswahlen von 1878, die im Schatten der Attentate auf Wilhelm I. und der Auseinandersetzungen über das Sozialistengesetz standen, im großen und ganzen behaupten konnte. Der »Kulturkampf« führte also zu einer Konsolidierung der Zentrumspartei, obwohl die anderen Parteien in der Folge deren Vorsprung in der Erschließung eines breiten Wählerpotentials teilweise aufzuholen vermochten. Im politischen Sinne war der innere Präventivkrieg gegen das Zentrum eindeutig gescheitert. Bismarck verlor denn auch die Lust, den Kampf in der bisherigen Weise fortzuführen. Obgleich er gegenüber dem Episkopat und der Zentrumspartei prinzipiell an dem Standpunkt festhielt, daß der Katholizismus nicht das Recht habe, politische Macht auszuüben, da dies allein Sache des Staates sei, sollte der »Kulturkampf« hinfort nurmehr »defensiv« geführt werden.

Auch der Nebenzweck, den Bismarck mit dem Präventivkrieg gegen das Zentrum und seine Stützen in der katholischen Kirche sowie im katholischen Vereinswesen verbunden hatte, nämlich die Nationalliberalen auf der Linie einer gemäßigten Politik in den Verfassungsfragen zu halten, hatte seit 1877 seine Ratio verloren. Immerhin war das Kalkül gutenteils aufgegangen, die liberalen Parteien ganz und gar in den »Kulturkampf« zu verstricken und darob von ihren konstitutionellen Zielvorstellungen abzulenken. Die Stoßkraft des Liberalismus hatte sich im »Kulturkampf« in erheblichem Maße verbraucht und Bismarck und den konservativen Eliten das Geschäft in mancher Hinsicht leichter gemacht, zumal die Gemeinsamkeit der Frontstellung gegen Zentrum und Katholizismus es den Liberalen nahelegte, über Gegensätze in anderen politischen Fragen hinwegzusehen. Der Liberalismus hatte sich, wie die »Neue Preußische Zeitung« schon 1875 mit einer gewissen Süffisanz bemerkt hatte, im »Kulturkampf« in bedenklicher Weise kompromittiert: »Zwar welchen Ausgang dieser Culturkampf auch nehmen mag, zur Abnutzung des Liberalismus als politische Partei wird er voraussichtlich beitragen, denn in demselben verleugnet er, ohne eine Miene zu verziehen, eine Menge Grundsätze, welche er bisher als unumstößlich mit größtem Eifer verfochten hat; und eine Partei, welche dahin gekommen ist, hat ihren Höhepunkt überschritten und geht dem Verfall entgegen.« Diese Beobachtung eilte den Ereignissen zwar um einiges voraus, aber es war schon bemerkenswert, daß sich die liberalen Parteien in Sachen der Verteidigung konstitutioneller Freiheitsrechte vom Zentrum in den Schatten stellen ließen, wie es sich beispielsweise bei der Aufhebung der Artikel 15, 16 und 18 der preußischen Verfassung gezeigt hatte, die Bismarck im Sinne einer legislatorischen Flurbereinigung noch 1875 durchgedrückt hatte. Mittlerweile bot sich das Zentrum als potentieller politischer Partner für einen möglichen Übergang zum Schutzzollsystem an. Es war Windthorst, der 1878 mit großem taktischen Geschick die Karte einer Fortführung der Eisenzölle ins Spiel brachte.

Bismarck suchte seit 1877 nach Mitteln und Wegen, um aus der offenbaren

Sackgasse des Kirchenkampfes herauszukommen, freilich ohne dabei Einbußen der Staatsautorität hinnehmen zu müssen. Er war mit manchen Aspekten der Kulturkampfgesetzgebung persönlich gar nicht recht einverstanden, namentlich mit der rechtlichen Regelung des Status der evangelischen Kirche, die Falk jetzt ebenfalls in Angriff nahm, ungeachtet des Umstands, daß er damit das Mißfallen des Monarchen und seiner Gemahlin Auguste auf sich zog. Nunmehr gab Bismarck der Konservativen Partei die Schuld für die Übertreibungen der Kampfgesetzgebung; »der Boden, der« ihm annehmbar sei, sei verloren worden »durch die landesfeindliche Desertion der Conservativen Partei in der katholischen Frage«. Allerdings war es leichter gesagt als getan, mit der katholischen Kirche wieder zu einer Verständigung zu gelangen. Einstweilen waren die gegenseitigen Positionen völlig unvereinbar; die Anknüpfung von Verhandlungen war nicht möglich. Es ist bemerkenswert, daß die Kulturkampffronten zuerst in den süddeutschen Bundesstaaten in Bewegung gerieten. Bayern und Hessen waren der preußischen Kulturkampfgesetzgebung im großen und ganzen gefolgt; in Bayern war die altkatholische Bewegung zunächst vom Staat gestützt worden. Doch der Wahlsieg der Patriotenpartei im Jahr 1875 erzwang einen schrittweisen Rückzug von den Kulturkampfpositionen. In Baden kam es 1876, nach der Annahme eines neuen Schulgesetzes, welches die Simultanschule zur Regelschule machte, zum Rücktritt des Kulturkampfministers Julius Jolly; es war der Großherzog Friedrich von Baden persönlich, der die badische Kulturkampfpolitik in ein konzilianteres Fahrwasser steuerte.

Doch erst der Tod Pius' IX. am 7. Februar 1878 veränderte die Lage von Grund auf. Bismarck hatte seit längerem auf diesen Zeitpunkt gewartet. Zu Beginn des »Kulturkampfes« hatte er sogar versucht, durch eine gemeinsame diplomatische Aktion der Mächte auf die Wahl des Nachfolgers Pius' IX. einzuwirken. Jetzt enthielt er sich sorgfältig jeglicher Intervention. Der neue Papst, Leo XIII., war seinerseits von Anbeginn seines Pontifikats darum bemüht, die katastrophale Lage der Kirche im Deutschen Reich auf dem Verhandlungsweg zu verbessern. Allerdings hatte er dabei die Intransigenz der Kurie zu befürchten, die gerade jetzt neue scharfe Maßnahmen gegen die »Staatspfarrer« beschloß. Bismarck ergriff sofort die Gelegenheit, um das Zentrum, nachdem er es im Frontalangriff nicht aus seinen Stellungen hatte werfen können, mittels einer umfassenden Verständigung mit dem Vatikan über das Verhältnis von Staat und katholischer Kirche doch noch politisch auszumanövrieren. Er bot Leo XIII. über indirekte diplomatische Kanäle ein weitgehendes Entgegenkommen an, mit der Maßgabe, daß sich die Kurie als Gegenleistung zu einer Preisgabe des angeblich intransigenten Zentrums bereitfinden und es im Sinne der Regierungspolitik beeinflussen möge. Er verwies dabei auf den subversiven Charakter des Zentrums als einer Partei, die mit den Gegnern des Reiches, zumal mit den Sozialdemokraten, gemeinsame Sache mache. Sein Ziel war es, die Zentrumspartei mit Hilfe des Papstes in den

Augen der katholischen Bevölkerung als staatsfeindlich zu diskreditieren; wenn dies gelang, dann war er bereit, auf die Kampfgesetze weitgehend zu verzichten und seinen Frieden mit der katholischen Kirche zu machen. Gegenüber Ludwig II. von Bayern brachte Bismarck seine Strategie am 12. August 1878 auf die folgende Formel: »Die im Centrum vereinten Kräfte fechten zwar jetzt unter päpstlicher Flagge, sind aber an sich staatsfeindlich, auch wenn die Flagge der Katholicität aufhörte, sie zu decken; ihr Zusammenhang mit der Fortschrittspartei und den Socialisten auf der Basis der Feindschaft gegen den Staat ist von dem Kirchenstreit unabhängig.«

Auch wenn Bismarck die Beendigung des »Kulturkampfes« als eine außenpolitische Frage betrachtete und mit diplomatischen Mitteln betrieb, war sein Ziel innenpolitischer Natur, nämlich die Zentrumspartei zu schwächen und, was wichtiger war, politisch zu zähmen. In diesem Punkt kam ihm die Kurie, die selbst hochkonservativen Anschauungen huldigte und ihrerseits das traditionelle Bündnis von Staat und Kirche wiederherzustellen suchte, willig entgegen; sie war bereit, als Preis für einen umfassenden und dauernden Friedensschluß die Zentrumspartei außen vor zu lassen und auf diese im Sinne Bismarcks einzuwirken. Umgekehrt wies sie alle Versuche der Führung der Zentrumspartei zurück, auf die Entscheidungen in Rom Einfluß zu gewinnen. Sie ging auf den Vorschlag Windthorsts, die Beendigung des »Kulturkampfes« auf normalem verfassungspolitischen Weg, das heißt durch gesetzgeberische Maßnahmen im preußischen Abgeordnetenhaus herbeizuführen, überhaupt nicht ein. Mehr noch: Sie drängte das Zentrum, sich politisch zurückzuhalten und Bismarck die gewünschten Signale politischen Entgegenkommens, vor allem in der Frage der Bekämpfung der Sozialisten, zu geben. Außerdem legte sie dem Zentrum, ganz im Sinne Bismarcks, eine Zustimmung zum Septennat nahe, das 1881 zur Erneuerung anstand. Windthorsts eigene Vorstellungen über eine Beendigung der Konfrontation fanden bei der Kurie keinerlei Widerhall. Er plädierte vergeblich dafür, entweder im Zusammenspiel mit den Konservativen eine Revision, wenn schon nicht eine förmliche Abschaffung der Kulturkampfgesetze im ordentlichen Gesetzgebungsverfahren zu erzwingen, oder aber in Kooperation mit der Fortschrittspartei eine klare Trennung von Staat und Kirche nach westeuropäischem Muster herbeizuführen, durch die die Autonomie der katholischen Kirche wiederhergestellt worden wäre. Die Kurie zog, wie Bismarck, eine Lösung des Kirchenkonflikts auf der Ebene der großen Politik vor, in Übereinstimmung mit den in Rom vorwaltenden Anschauungen über ein gutes Verhältnis von Kirche und konservativem Staat.

Die Verhandlungen mit dem Beauftragten der Kurie, dem Nuntius Ludovico Jacobini, die im Oktober 1879 in Wien aufgenommen wurden, gestalteten sich, ungeachtet der grundsätzlich entgegenkommenden Einstellung Leos XIII., zunächst äußerst schwierig, zumal die komplizierte Rechtslage, die das Gebäude der Kulturkampfgesetzgebung Falks hinterlassen hatte, nicht einfach zu entwirren war. Bismarck legte überdies keinerlei Eile an den Tag; ihm genügte es, wenn einstweilen ein Waffenstillstand erreicht wurde. Auch den Rücktritt Falks im Juli 1879, den dieser wegen der Differenzen mit dem Monarchen über den Rechtsstatus der evangelischen Kirche im Mai 1879 angeboten hatte, hatte Bismarck zu verzögern gesucht, weil dies von der Kurie als ein Signal allzu großer Bereitschaft zum Entgegenkommen hätte aufgefaßt werden können. Er wollte nicht gleich größere Zugeständnisse machen, solange die Gegenleistung noch ausstand, nämlich eine innenpolitische Kursänderung des Zentrums.

Windthorst suchte mit allen Mitteln zu verhindern, daß die Beendigung des »Kulturkampfes« mit einer Schwächung oder gar Sprengung des Zentrums erkauft würde. Eine Regelung des kirchenpolitischen Konflikts hinter dem Rükken der Zentrumspartei, die an vorderster Front gefochten hatte, mußte eine augenfällige Prestigeeinbuße mit sich bringen. Außerdem war die Anhängerschaft der Zentrumspartei auf einen radikalen Kurswechsel zugunsten der Unterstützung der Politik Bismarcks nicht vorbereitet. Davon abgesehen widersetzte sich Windthorst aus grundsätzlichen Erwägungen dem Ansinnen, die Ausnahmegesetzgebung gegen die Sozialdemokratie mitzutragen, die seit dem Attentat Karl Eduard Nobilings auf den Kaiser am 20. Mai 1878 überraschend auf die politische Agenda gelangt war. Er versuchte nun, durch Unterstützung der Schutzzollpolitik einen Keil in das Lager des Liberalismus zu treiben; in eben diese Richtung bewegten sich seit dem Scheitern der Gespräche mit Bennigsen Bismarcks eigene Planungen. Der Kanzler war bestrebt, von der einseitigen Abhängigkeit von den Nationalliberalen loszukommen, und dafür wäre eine Unterstützung seiner künftigen Wirtschafts- und Steuerpolitik durch das Zentrum wünschenswert, wenn nicht gar erforderlich gewesen. Aber zunächst konnte von einem Sichanbieten des Zentrums als künftiger Regierungspartei, wie die Zeitgenossen im Hinblick auf die als sensationell empfundene Teilnahme Windthorsts an Bismarcks alljährlichem Frühjahrsempfang am 3. Mai 1879 vermuteten, nicht die Rede sein. Dennoch war Bismarcks Bereitschaft, sich mit der Kurie zu verständigen, auch von dem Bestreben bestimmt, einen Kurswechsel in der inneren Politik anzubahnen und die Stützen der Regierung nach rechts hin zu verlagern. Dafür würde ein gezähmtes, durch Einwirkung der Kurie von seinen radikalliberalen Velleitäten befreites Zentrum ein erwünschter Partner sein. Rückblickend hat Bismarck den Abbruch des »Kulturkampfes« im Jahr 1881 mit dem Argument verteidigt, daß »der Kampf [...] gegen Rom«, als dessen »intellektuellen Träger [...] die letzten 10 Jahre hindurch« er sich bei dieser Gelegenheit selbst bezeichnete, erst dann fortgesetzt werden könne, wenn die Regierung »sich außerhalb des Zentrums auf eine Majorität zu stützen« vermöge, die nicht mit dem »Preisgeben von Kronrechten« erkauft werden müsse. Vorläufig sei der Fortschritt der gefährlichere Feind, und demgemäß sei »bis zu besseren Wahlen« ein »faktische[r] Waffenstillstand« gegenüber Rom unvermeidlich.

In der Frage des Abbaus des »Kulturkampfes« gingen Bismarck und Windthorst weiterhin gänzlich unterschiedliche Wege. Bismarck widersetzte sich mit
Erfolg dem Ansinnen der Kurie, unverzüglich die Autonomie der katholischen
Kirche anzuerkennen und die »Maigesetze« aufzuheben; statt dessen strebte er
eine Lösung des Konflikts auf dem Weg einer sogenannten diskretionären
Ermächtigung an, die es der preußischen Staatsregierung erlaubte, die Bestimmungen der Kirchenkampfgesetzgebung nach Belieben ganz oder teilweise auszu-
setzen, statt sogleich ein ganzes Bündel von neuen Gesetzen mit dem Vatikan
aushandeln und diese im preußischen Abgeordnetenhaus mit einer gegenüber
dem Zentrum und dem Linksliberalismus ungedeckten Flanke politisch äußerst
verlustreich durchkämpfen zu müssen. Als Vorleistung auf päpstlicher Seite
bestand er jedoch auf der Anerkennung der Anzeigepflicht. Auf diesem Weg
gelang es dann auch, am Zentrum vorbei eine Verständigung anzubahnen. Am
24. Februar 1880 konzedierte Leo XIII. in einem »Breve« an den Erzbischof von
Köln, Paulus Melchers, die Anzeigepflicht für die Pfarrer und die dauernd
beschäftigten Vikare. Es war dies ein ungedeckter Wechsel auf die Zukunft, da
wirkliche Gegenleistungen auf seiten des preußischen Staates noch keineswegs
erbracht und auch nicht sicher zugesagt waren. Die Zentrumspartei sah sich in
übelster Weise ausmanövriert. Windthorst rief bei Erhalt der Nachricht verzwei-
felt aus: »Erschossen! Vor der Front erschossen. Vom Rücken her erschossen! Ich
gehe nach Hause!« Es bedurfte in der Folge seines ganzen taktischen Geschicks,
um diese krasse Desavouierung der langjährigen Politik des Zentrums durch die
Kurie zu parieren und gegenüber der eigenen Anhängerschaft in einen halben
Erfolg umzumünzen.

Die Revision der Kulturkampfgesetzgebung sollte denn auch noch geraume
Zeit in Anspruch nehmen; erst 1887 gelangte sie definitiv zum Abschluß. Die
Zentrumspartei aber wurde daran gehindert, die politischen Früchte zu ernten,
obschon sie die Hauptlast des Kampfes getragen hatte. Auf dem Höhepunkt des
»Kulturkampfes« hatte Windthorst einmal gesagt, daß das Zentrum sich nach
Wiederherstellung des Friedens zwischen Staat und Kirche ruhig wieder auflösen
könne. Davon war natürlich jetzt nicht mehr die Rede; vielmehr ging das Zentrum
als stärkste politische Kraft des Parteienspektrums aus dem »Kulturkampf« hervor. Dem stand als Nachteil gegenüber, daß es, ganz entgegen Windthorsts
ursprünglichen Neigungen, seine Anhängerschaft ausschließlich im katholischen
Milieu gesammelt hatte und während des Bestehens des deutschen Kaiserreichs
über dieses niemals hat hinausdringen können; die späteren Versuche des politischen Katholizismus, aus dem »Zentrumsturm« auszubrechen, führten nicht zum
Erfolg. Im Rückblick gesehen hat der innere Präventivkrieg gegen das Zentrum
den politischen Katholizismus erst zu einer geschlossenen politischen Kraft
gemacht. Der »Kulturkampf« hat zur politischen Polarisierung der Parteien und
zur Versäulung des Parteiensystems im Kaiserreich erheblich beigetragen. Dies

aber hat die Aussichten für eine schrittweise Überführung des Verfassungssystems des Deutschen Reiches in ein echtes konstitutionelles System, die bis zum Jahr 1878 eigentlich günstig waren, nachhaltig beeinträchtigt. Es war nicht zuletzt dem Zusammenspiel Bismarcks mit der Kurie zu danken, daß der liberale Flügel des Zentrums am Ende der Ära des »Kulturkampfes« vorerst ausmanövriert war und dieses sich daher dem Kanzler als williger Partner zur Verfügung stellte, die konservative Wende von 1878/79 zu vollziehen.

Die »rote Gefahr« als innenpolitische Waffe: der Weg zum Sozialistengesetz

Die noch schwache, in sich zersplitterte organisierte Arbeiterbewegung in Deutschland geriet nach dem Ausbruch des deutsch-französischen Krieges in äußerste politische Bedrängnis. Für die Sozialdemokratische Arbeiterpartei (SDAP) August Bebels und Wilhelm Liebknechts brachte der Gang der Dinge eine Serie schwerster Enttäuschungen. Die gefürchtete kleindeutsch-großpreußische Lösung der »deutschen Frage« war Wirklichkeit geworden. Bebels und Liebknechts Proteste gegen den Krieg, die aus taktischen Gründen zunächst nicht so weit gingen, die Bewilligung der Kriegskredite rundheraus abzulehnen, drängten die kleine Partei in die völlige politische Isolation. Es ist überdies fraglich, ob diese Haltung der Meinung der Mehrheit selbst der politisch organisierten Arbeiterschaft entsprochen hat. Das Berliner Organ des Allgemeinen Deutschen Arbeitervereins (ADAV) konterte sogleich: »Es ist Pflicht, mit dem ganzen Ernste eines deutschen Mannes für das Vaterland, für seine Einheit und für seine endliche Freiheit einzutreten.« Der Braunschweiger Ausschuß der Sozialdemokratischen Arbeiterpartei unter August Geib und Wilhelm Bracke versuchte vergeblich, in einem Aufruf vom 24. Juli 1870 der Erklärung Bebels und Liebknechts entgegenzuwirken, um nicht gänzlich die Fühlung mit der von nationaler Begeisterung erfaßten Öffentlichkeit zu verlieren. Mit einigen Einschränkungen erklärten sich die Braunschweiger mit dem »nationalen Verteidigungskampf« gegen Napoleon III. solidarisch. »Auch das Streben nach Erringung der nationalen Einigung« sei »berechtigt«. Die Sozialdemokratische Arbeiterpartei entziehe sich keineswegs den nationalen Pflichten der Gegenwart: »Unsere Aufgabe ist es, bei der Geburt dieses, so hoffen wir, ganz Deutschland umfassenden Staates bestimmend mitzuwirken, damit, wenn es möglich ist, nicht der dynastische Staat, sondern der sozialdemokratische Volksstaat ins Dasein tritt [...]«. Dies waren bei Lage der Dinge utopische Hoffnungen; denn einstweilen geriet die sozialdemokratische Bewegung gänzlich in das politische Abseits.

Als Liebknecht und Bebel drei Monate später, am 24. November 1870, im

Norddeutschen Reichstag tapfer ihr Votum gegen die Annexion des Elsaß und Lothringens abgaben, geschah dies in vollem Bewußtsein der einstweiligen Machtlosigkeit der SDAP – man stehe hier »mit zwei Abgeordneten gegen zweihundert und einige achtzig«, vermerkte Bebel, und möge deshalb ruhig angehört werden –, zugleich aber auch in der Erkenntnis, von der nationalen Euphorie des Augenblicks, die den Blick für die Realitäten versperre, frei zu sein. Die Annexion sei ein krasser Verstoß gegen das Selbstbestimmungsrecht. Überdies berge sie die Gefahr eines künftigen Krieges in sich; dann jedoch werde aller Wahrscheinlichkeit nach das Selbstbestimmungsrecht zum Nachteil Deutschlands beiseite geschoben werden. Die Distanzierung von der Annexion Elsaß-Lothringens drängte die Sozialdemokraten noch stärker an den Rand des politischen Spektrums, mochte Bebel in der Reichstagsdebatte vom 26. November 1870 auch versichern, daß er »ein ebenso guter Deutscher und ein ebenso guter Patriot« sei wie seine Vorredner. So weitsichtig Bebels Analyse der voraussichtlichen Folgen der Annexion des Elsaß und Lothringens auch sein mochte, sie ebenso wie die Ablehnung des Nachtragshaushalts durch die Sozialdemokratie verfestigte die Auffassung bei den anderen Parteien und in der breiteren Öffentlichkeit, daß man es hier mit einer in nationaler Hinsicht unzuverlässigen, internationalistischen Partei zu tun habe, welche es mit allen Mitteln zu bekämpfen gelte. Das hatten die Parteianhänger im Land schon länger zu spüren bekommen, in Form von repressiven Maßnahmen der Staatsbehörden, die insbesondere gegen öffentliche Versammlungen der Sozialdemokratischen Arbeiterpartei vorgingen. Auch Bebel und Liebknecht blieben von politischer Verfolgung nicht verschont. Nach Abschluß der letzten außerordentlichen Sitzung des Norddeutschen Reichstages, mit dem Ablauf ihrer parlamentarischen Immunität, wurden sie und der Redakteur des sozialdemokratischen Blattes »Der Volksstaat« verhaftet und der Vorbereitung zum Hochverrat angeklagt; da der Prozeß erst im Februar 1872 eröffnet wurde, entließ man sie Ende März 1871 aus der Untersuchungshaft. Auch der fünfköpfige Ausschuß der SDAP unter Leitung Wilhelm Brackes wurde von den Militärbehörden verhaftet, weil er nach dem Sturz Napoleons III. einen jubilierenden Aufruf veröffentlicht hatte, in dem die Gründung einer demokratischen Republik in Frankreich im Namen der deutschen Arbeiterklasse begeistert begrüßt und zugleich gegen die Annexion von Elsaß-Lothringen Protest eingelegt wurde. Sogar der bekannte Fortschrittsparteiler Friedrich Jacobi wurde festgenommen, eine Maßnahme, die selbst Bismarck als einen unvertretbaren Übergriff der Militärbehörden betrachtete. Die Strafverfolgung Brackes und seiner Kollegen verlief demgemäß im Sande; die Anklage auf Hochverrat wurde fallengelassen.

Der ADAV hatte sich anfänglich eindeutig für den deutsch-französischen Krieg erklärt und entging so zunächst den Maßregelungen der Behörden. Trotzdem war auch hier die Begeisterung für den Krieg begrenzt und schlug in entschiedene

Ablehnung um, nachdem in Frankreich das Regime Napoleons III. gefallen war. Johann Baptist von Schweitzer und Wilhelm Hasenclever verurteilten nun in der Presse des ADAV diesen dynastischen Krieg, der nicht länger im Interesse der deutschen Nation geführt werde. Allerdings fiel die Verurteilung der Annexion Elsaß-Lothringens im Lager der Anhänger des ADAV nicht eindeutig aus. Befürworter und Gegner hielten sich die Waage, und Schweitzer neigte dazu, eine Entscheidung auf dem Weg eines Plebiszits zu suchen. Infolgedessen gerieten jetzt auch die Lassalleaner ins nationalpolitische Abseits, zumal die Öffentlichkeit zwischen beiden Richtungen der sozialdemokratischen Arbeiterbewegung nicht scharf zu unterscheiden vermochte. Andererseits wurden die beiden Parteien auf diese Weise politisch näher zusammengeführt. Angesichts der gemeinsamen Front gegen eine Lösung der »deutschen Frage« mit den Mitteln eines dynastischen Annexionskrieges gegen das republikanische Frankreich schwanden die alten politischen Gegensätze zwischen den Eisenachern und den Lassalleanern dahin. Die großdeutsche, preußen-feindliche Einstellung der Eisenacher war über Nacht ebenso bedeutungslos geworden wie die Spekulation der Lassalleaner auf eine progressiv-populistische Politik Bismarcks im Bündnis mit der Arbeiterschaft. Das Debakel bei den unter dem Einfluß der nationalen Euphorie der Reichsgründung durchgeführten Reichstagswahlen vom März 1871 traf beide Richtungen hart. Die vergleichsweise positivere Haltung der Lassalleaner in der nationalen Frage hatte ihnen nur wenig geholfen; sie erhielten 62.952, die Eisenacher 38.975 Stimmen. Zusammengenommen waren dies ganze 3 Prozent der abgegebenen Stimmen, die sich infolge der weiten Streuung der sozialdemokratischen Wählerschaft und der Eigentümlichkeiten des Reichstagswahlrechts in nur 2 Mandate umsetzten, die der relativen Stärke beider Gruppierungen keineswegs entsprachen. Obwohl August Bebel sich noch in Untersuchungshaft befand, siegte er in Glauchau-Meerane über Hermann Schulze-Delitzsch, und im benachbarten Zwickau-Crimmitschau wurde Reinhold Heinrich Schraps für die Sächsische Volkspartei in den Reichstag gewählt; die Lassalleaner hingegen gingen völlig leer aus. Für Schweitzer, den Vorsitzenden des ADAV, der sich in Elberfeld nicht hatte durchsetzen können, bedeutete dies das politische Aus; er trat daraufhin von der Führung des ADAV zurück und überließ diese dem Lohgerber Wilhelm Hasenclever.

Zum damaligen Zeitpunkt war die Massenbasis der beiden sozialdemokratischen Arbeiterparteien noch verschwindend gering. Zwar war der Prozeß der Herausbildung einer industriellen Arbeiterklasse, insbesondere eines »geborenen Proletariats«, seit längerem im Gang, aber einstweilen bestand nur in einigen wenigen städtischen Zentren, vornehmlich in Sachsen, im Rheinland und in Berlin, ein größeres Potential von Fabrik- und Manufakturarbeitern, die für ein sozialistisches Programm gleichviel welcher Spielart hätten empfänglich sein können. Die überwiegende Mehrheit der Anhänger beider Parteien kam jedoch

Attentat auf Se. Majestät den Deutschen Kaiser.

Der Klempnergeselle Emil Hödel aus Leipzig versuchte am Sonnabend, den 11. Mai, Nachmittags 3½ Uhr, unsern Kaiser, der in Begleitung seiner Tochter, der Großherzogin von Baden, von einer Spazierfahrt zurückkehrend, im offenen Wagen die Linden herunterfuhr, zu erschießen. Mehrere Schüsse, die der ruchlose Verbrecher auf unsern Kaiser abfeuerte, gingen glücklicherweise fehl, so daß das Leben unseres geliebten Herrschers erhalten blieb. Der Thäter Hödel wurde sofort durch das zahlreich anwesende Publikum festgehalten und ins Gefängniß gebracht. Die Kunde von dem Attentat verbreitete sich schnell durch die ganze Welt und überall freuen sich deutsche Herzen, daß das deutsche Vaterland nicht das Leben seines vielgeliebten Kaisers zu beklagen hat.

Original u Eigenthum N: 6440   C Schwager in Dresden

Attentat Emil Hödels auf Kaiser Wilhelm I. in Berlin am 11. Mai 1878. Farblithographie aus dem Dresdener Verlag C. Schwager. Berlin, Staatliche Museen Preußischer Kulturbesitz, Museum für Deutsche Volkskunde

August Bebel als Reichstagsabgeordneter der Sozialdemokraten mit einer Trophäe vom »staatlichen Widersacher« Bismarck. Lithographie nach einer Zeichnung von Karl Klič in der Wiener Zeitschrift »Der Floh« vom 22. September 1878. Nürnberg, Germanisches Nationalmuseum

nach wie vor aus Gewerben, die sich im Übergang vom Handwerk beziehungs-weise der Manufaktur zur Industriearbeit befanden, und den Kern bildeten immer noch Handwerker in zumeist unselbständigen Beschäftigungsverhältnissen. Sowohl die SDAP als auch der ADAV erreichten einstweilen nur winzige Teile dieser Gruppen der Arbeiterschaft. Ihre Rekrutierungsbasen befanden sich, mit wenigen Ausnahmen, in städtischen und vorstädtischen Regionen. Der große Bereich der ländlichen Arbeiterschaft und des ländlichen Handwerks blieb ihnen ebenso verschlossen wie die wenigen Betriebe der großen Industrie. Zudem ver-mochte die Arbeiterbewegung nahezu ausschließlich in protestantischen Regio-nen Fuß zu fassen, während im katholischen Milieu die zentrumsnahen katholi-schen Arbeitervereine eine dominante Rolle spielten.

In beiden Parteien gab nach wie vor jene Schicht der Arbeiterschaft den Ton an, die aus handwerklichen Verhältnissen stammte und weiterhin in handwerksähn-lichen Betrieben beschäftigt war, wie die Buchdrucker, die Zigarrenarbeiter oder die Beschäftigten im Baugewerbe; sie war für die klassischen lassalleanischen Postulate beziehungsweise die radikaldemokratischen Forderungen des Pro-gramms der SDAP von 1869 weit empfänglicher als für marxistische Vorstellun-gen. Andererseits brachten die gesellschaftlichen Veränderungen, die im Zuge der nunmehr mit großer Beschleunigung verlaufenden industriellen Entwicklung ein-traten, zunehmende soziale Unsicherheit für den Einzelnen mit sich und förderten damit die Bereitschaft, Zuflucht in utopischen Zukunftserwartungen sozialisti-schen Charakters zu nehmen. Allerdings kann für die siebziger Jahre von einem wirklichen Eindringen des Marxismus in die Sozialdemokratische Arbeiterpartei oder in den ADAV nicht die Rede sein; das Bekenntnis der SDAP zur Internationa-len Arbeiterassoziation in London war keineswegs mit der Übernahme der theore-tischen Positionen des Marxschen Lehrgebäudes verbunden, sondern lediglich von dessen messianischem Sendungsbewußtsein. Der Anschluß an die Erste Inter-nationale Arbeiterassoziation hatte zudem auch eine taktische Funktion, nämlich die Ablösung der SDAP von der Deutschen Volkspartei.

Gerade die relativ schwache politische Verankerung in den breiten Massen der proletarischen und vorproletarischen Arbeiterschaft erklärt, weshalb Bebel und Liebknecht vorzugsweise Zuflucht zu prophetischen Zukunftsvisionen nahmen. Am spektakulärsten war in dieser Hinsicht Bebels Reichstagsrede vom 25. Mai 1871, in der er sich, angeregt durch entsprechende Äußerungen von Karl Marx, in aller Form mit dem Schicksal der »Commune« in Frankreich identifizierte: »[...] das ganze europäische Proletariat und Alles, was noch ein Gefühl für Freiheit und Unabhängigkeit in der Brust trägt, sieht auf Paris, [...] und wenn auch im Augenblick Paris unterdrückt ist, dann erinnere ich Sie daran, daß der Kampf in Paris nur ein kleines Vorpostengefecht ist, daß die Hauptsache uns in Europa noch bevorsteht, und daß, ehe wenige Jahrzehnte vergehen, der Schlachtenruf des Pariser Proletariats: ›Krieg den Palästen, Friede den Hütten, Tod der Not und dem

Müßiggange!‹ der Schlachtruf des gesamten europäischen Proletariats sein wird.«
Derartige Erklärungen jagten dem Bürgertum einen großen Schrecken ein,
mochte man sie auch für noch so utopisch halten. Ganz Europa wurde von einer
panischen Furcht vor den angeblichen Machenschaften der Sozialistischen Internationale erfaßt. Eine tiefsitzende Revolutionsfurcht gehörte hinfort zur Grund-
befindlichkeit der bürgerlichen Schichten im Kaiserreich, eine mentale Haltung,
die sich, wie die deutsche Arbeiterbewegung in der Folge wiederholt zu ihrem
Schaden erfahren sollte, leicht gegen sie politisch ausspielen ließ. Umgekehrt
weckten solche Prophezeiungen bei der Arbeiterschaft inmitten der Misere der
Gegenwart Hoffnungen auf eine bessere Zukunft. In Teilen der Arbeiterbewegung wurde der 18. März, der Tag der Märzerhebung 1848 und zugleich der Tag
des Ausbruchs des Communeaufstandes in Paris, zu einem Gegenfeiertag zum
Sedan-Tag erhoben.

Bismarck hat später erklärt, daß er von dem Augenblick an, an welchem, er
wisse nicht mehr genau, ob der Abgeordnete Bebel oder der Abgeordnete Liebknecht im Reichstag »in pathetischem Appell die französische Commune als
Vorbild politischer Einrichtungen hinstellte und sich selbst offen […] zu dem
Evangelium dieser Mörder und Mordbrenner bekannte, […] in den socialdemo-
kratischen Elementen einen Feind erkannt« habe, »gegen den der Staat, die
Gesellschaft sich im Stande der Nothwehr« befinde. Es sieht freilich nicht danach
aus, als habe Bismarck die sozialdemokratische Gefahr von Anbeginn als sonderlich real angesehen. Vielmehr gab die unter den Führungsschichten Europas
verbreitete Furcht vor den internationalen sozialistischen Bestrebungen für ihn
einen willkommenen Ansatzpunkt, um eine Annäherung der konservativen Ostmächte unter dem Vorzeichen einer antirevolutionären Gesellschaftspolitik herbeizuführen. Zu diesem Zweck nahm Bismarck mit den Regierungen der Großmächte, insbesondere der beiden konservativen Mächte Österreich-Ungarn und
Rußland, Verhandlungen über eine konzertierte Bekämpfung der internationalen
sozialistischen Bewegung einschließlich geeigneter Maßnahmen auf dem Sektor
der Sozialpolitik auf. Insofern waren in erster Linie außenpolitische Rücksichten
im Spiel, wenn Bismarck am 21. Oktober 1871 an den preußischen Innenminister
Graf Itzenplitz appellierte, dieser möge Vorarbeiten einerseits über ein mögliches
Entgegenkommen gegenüber den »Wünsche(n) der arbeitenden Klassen […]
durch Gesetzgebung und Verwaltung, soweit es mit den allgemeinen Staatsinteressen verträglich« sei, in die Wege leiten, andererseits »Verbots- und Strafgesetze«
zur Hemmung »staatsgefährliche(r) Agitationen« von seiten der sozialistischen
Bewegung ausarbeiten. »[…] die Aktion der gegenwärtig herrschenden Staatsgewalt« erscheine, so erklärte der Kanzler, »als das einzige Mittel, der sozialistischen Bewegung in ihrer gegenwärtigen Verirrung Halt zu gebieten und dieselbe
besonders dadurch in heilsamere Wege zu leiten, daß man realisiert, was in den
sozialistischen Forderungen als berechtigt erscheint und in dem Rahmen der

gegenwärtigen Staats- und Gesellschaftsordnung verwirklicht werden kann«. In Preußen sei eine sachliche Verständigung noch möglich, da die Lassalleanische Partei sich im Gegensatz zu der mit der Internationalen in Verbindung stehenden Bebel-Liebknechtschen befinde. Es werde bei einem »rechten Eingreifen des Staates zur Zeit auch noch gelingen, die Mehrzahl der Arbeiter mit der bestehenden Staatsordnung auszusöhnen und die Interessen von Arbeitern und Arbeitgebern wiederum in Harmonie zu bringen«. Gegenüber dem preußischen Innenminister Graf Itzenplitz betonte Bismarck weiterhin, daß »die sozialistischen Theorien und Postulate bereits so tief und breit in die Massen eingedrungen« seien, daß es als ein »vergebliches Bemühen« erscheine, »dieselben ignorieren oder die Gefahren derselben durch Stillschweigen beschwören« zu wollen. Der Staat müsse diese vielmehr aufgreifen und seinerseits öffentlich erörtern, um den sozialistischen Agitatoren nicht allein das Feld zu überlassen. Dies aber bedeute, daß auch die brennendsten Fragen von Arbeitszeit und Arbeitslohn, Wohnungsnot und dergleichen nicht ausgespart werden dürften.

Bereits hier wird in Umrissen die spätere Strategie Bismarcks gegenüber der Sozialdemokratie sichtbar, nämlich eine Kombination von Repressivmaßnahmen zur Eindämmung der sozialdemokratischen Agitation und einer fortschrittlichen Sozialpolitik, die das Ziel verfolgen sollte, die berechtigten Gravamina der Arbeiterschaft von Staats wegen auszuräumen. Dem ob der internationalen sozialistischen Bewegung tief beunruhigten Monarchen, der zu massiven Unterdrückungsmaßnahmen neigte, schrieb Bismarck am 4. April 1872 abwiegelnd, daß mit Repressivmaßnahmen allein nichts gegen die Bestrebungen der internationalen sozialistischen Bewegung ausgerichtet werden könne: »Die sogenannte Internationale ist nur eine, wenn auch augenblicklich die hervorragendste von den Formen, in welchen eine die ganze civilisierte Welt durchziehende Krankheit zur Erscheinung kommt. Diese Krankheit hat ihre Ursache darin, daß die besitzlosen Klassen in dem Maaße als ihr Selbstgefühl und ihre Ansprüche am Lebensgenuß allmählich steigen, sich auf Kosten der besitzenden Klassen die Mittel zur Befriedigung dieser Ansprüche zu verschaffen streben. Auf eine Heilung dieser Krankheit durch repressive Mittel wird man verzichten müssen; dieselbe kann nur das sehr langsame Werk theils der fortschreitenden Bildung und Erfahrung, theils einer Reihe [...] legislativer und administrativer Maßregeln sein, welche darauf gerichtet sind, die Hindernisse thunlichst zu beseitigen, die der Erwerbsfähigkeit der besitzlosen Klassen im Wege stehen.« Es sei jedoch Aufgabe der Regierungen, die Gesellschaft gegen gewaltsame Angriffe auf den Bestand des Besitzes zu schützen. Von dieser Doppelstrategie blieb vorderhand nur die Repression übrig, während die von Bismarck angeregten sozialpolitischen Planungen einstweilen in der Schublade blieben, nachdem die Notwendigkeit, sie zugleich auch für außenpolitische Zwecke bereitzuhalten, nicht mehr gegeben war. Dabei spielte allerdings eine Rolle, daß der hohen Staatsbürokratie, die einseitig auf einem freihändlerischen Standpunkt verharrte, jegliche staatlichen Eingriffe in das Wirtschaftsleben widerstrebten; sie zog es vor, den zu erwartenden Widerstand der Nationalliberalen, bei denen derartige Projekte in der Tat keinerlei Gegenliebe gefunden haben würden, als Vorwand zu benutzen, um Bismarcks Initiativen im Sand verlaufen zu lassen.

Anfänglich hatte sich die Repressionspolitik der preußischen Staatsbehörden und der Justiz in erster Linie gegen die Sozialdemokratische Arbeiterpartei gerichtet, während der ADAV glimpflicher behandelt worden war, obschon zahlreiche örtliche Vereine des ADAV ebenfalls mit den Behörden in Konflikt geraten und teilweise verboten worden waren. Der Hochverratsprozeß gegen Bebel und Liebknecht, der von Februar bis März 1872 vor dem Staatsgerichtshof in Berlin verhandelt wurde, erwies sich als ein Pyrrhus-Sieg für die Staatsgewalt. Die Gerichtsverhandlungen wurden von Bebel und Liebknecht zu einem öffentlichen Propagandaforum für die Idee des Sozialismus umfunktioniert – eine Wende der Dinge, der gegenüber sich die Staatsanwälte und Richter einigermaßen hilflos zeigten. Die unzulänglichen Kenntnisse der Staatsanwaltschaft über die sozialistischen Bestrebungen und die marxistische Theorie grenzten bisweilen an Naivität. Bebel wie Liebknecht erklärten, daß der Übergang zur sozialistischen Gesellschaft einen evolutionären Prozeß darstelle, der keineswegs notwendigerweise gewaltsame Aktionen der Arbeiterschaft gegen die bestehende Gesellschaft einschließe, sondern sehr wohl in legalen Formen ablaufen könne. Die Revolution werde sich kraft ökonomischer Gesetzlichkeit vollziehen und zwangsläufig tiefgreifende Veränderungen der Gesellschaft herbeiführen. Sie nahmen also ihre eigene revolutionäre Rhetorik zurück und erklärten sich für eine evolutionäre Variante des Siegs der sozialistischen Bewegung. Bebel betonte, daß der Weg zur Machtergreifung der Sozialdemokratie über Mehrheitsbeschlüsse des Parlaments führen werde; deshalb seien keine unrechtmäßigen Gewaltakte zu erwarten, es sei denn, daß die herrschenden Kräfte von sich aus zu Gewaltmaßnahmen greifen sollten. Ungeachtet dieser eigentlich unwiderleglichen Argumentation wurden Liebknecht und Bebel zu je zwei Jahren Festungshaft verurteilt; daran schloß sich im Falle Bebels noch ein von den sächsischen Behörden angestrengter Majestätsbeleidigungsprozeß an, der ihm neun Monate Haft und, was schwerwiegender war, den Verlust seines Reichstagsmandats einbrachte. Doch Bebel wurde nach seiner Entlassung aus der Haft sogleich mit vergrößerter Mehrheit wiedergewählt. Die Staatsmacht hatte zwei Märtyrer der sozialistischen Bewegung geschaffen, deren Ansehen in den breiten Arbeitermassen nunmehr unerschütterlich feststand.

Wenn die preußischen Staatsbehörden von diesem rechtlich wie sachlich gleichermaßen zweifelhaften Hochverratsprozeß erwartet hatten, daß die sozialdemokratische Arbeiterbewegung auf diese Weise in gemäßigte Bahnen zurückgelenkt werden könne, so erwies sich dies als eine Fehlrechnung. Vielmehr trat das Gegenteil ein, eine Stärkung des Selbstbewußtseins der Arbeiterbewegung und eine Intensivierung ihrer Aktivität. In gleicher Richtung wirkte sich die für gewerkschaftliche Aktionen günstige Hochkonjunktur der frühen siebziger Jahre aus. Vielerorts gelang es lokalen Organisationen der Arbeiterschaft, durch gezielte Streikaktionen eine deutliche Verbesserung ihrer Reallöhne durchzusetzen. Bei diesen Aktionen erwies sich die Notwendigkeit solidarischen Handelns, um die Gegenmaßnahmen der Unternehmerschaft parieren zu können. Die Lehre vom »ehernen Lohngesetz«, derzufolge eine dauernde Verbesserung des Lebenshaltungsniveaus der Arbeiterschaft durch gewerkschaftliche Lohnkämpfe nicht erreichbar sei, schien erschüttert zu sein; denn es zeigte sich, daß jedenfalls in der Phase der Hochkonjunktur Streiks, entgegen der Theorie des orthodoxen Lassalleanismus, durchaus erfolgreich sein konnten. Die Gründung von in aller Regel noch auf örtlicher Basis organisierten Fachgewerkschaften nahm sprunghaft zu und brachte auch den sozialdemokratischen Parteien wie den christlichen Arbeitervereinen erheblichen Zulauf, während die Anhängerschaft der liberalen Arbeitervereinsbewegung, die in Fragen der Streiks eine unklare Haltung einnahm, zusehends zurückging.

Der ADAV hatte schon seit 1868 seine Gegnerschaft gegen den gewerkschaftlichen Kampf schrittweise aufgegeben und 1870 sogar den Versuch gemacht, mit der Gründung eines »Allgemeinen deutschen Arbeiterunterstützungsverbandes« eine Dachorganisation der Gewerkschaften zu schaffen, die sich aber unter den damaligen Umständen als wenig wirkungsvoll erwies. Die lokalen Fachgewerkschaftsverbände hingegen florierten. Im Unterschied zur Lassalleanischen Theorie stellte sich heraus, daß bei zweckmäßiger Organisation mit Hilfe der Waffe des Arbeitskampfes weit mehr erreichbar war als nur die Verteidigung des Existenzminimums. Die orthodoxen Lassalleaner, die auch jetzt noch gegen den gewerkschaftlichen Kampf eingestellt waren, verließen die Partei. Hinfort bestand in diesem strategisch wichtigen Punkt kein Gegensatz zu den Eisenachern mehr; mehr noch, auf dem Gebiet des gewerkschaftlichen Kampfes waren die Anhänger des ADAV sogar weit militanter als die Lassalleaner. Der Schwerpunkt der gewerkschaftlichen Organisation lag in solchen Gewerbezweigen, die noch den älteren Formen der Handwerksproduktion nahestanden. Allen voran standen die Bauhandwerker, insbesondere die Maurer und Zimmerer, die in den rasch wachsenden Industriezentren wie Hamburg und Berlin günstige Bedingungen für gewerkschaftliche und damit verbunden auch politische Betätigung fanden. Angesichts der großen Nachfrage vermochten sie sich vielfach vergleichsweise günstige Lohn- und Arbeitsbedingungen zu erkämpfen. Nicht zufällig bildeten sie den Kern der frühen sozialdemokratischen Bewegung. Es waren vor allem die Lassalleanisch orientierten Berufsverbände der oberen Schichten der Arbeiterschaft, der Maurer, Zimmerer, Schlosser, Former und Schmiede, der Tabakarbeiter und bald auch der Metallarbeiter, die auf lokaler Ebene das organisatorische Rückgrat insbesondere des ADAV, teilweise auch der Sozialdemokratischen

Arbeiterpartei bildeten und zu den wichtigsten Trägern der politischen Arbeiterbewegung wurden. Die Arbeiterbewegung der siebziger Jahre war, pointiert gesagt, zu guten Teilen Gewerkschaftsbewegung. Die sozio-ökonomischen Erfahrungen, welche die Arbeiter in den gewerkschaftlichen Tageskämpfen sammelten, prägten auch ihr politisches Verhalten; nur mittels einer eigenständigen politischen Repräsentation diesseits der liberalen Arbeitervereine konnten sie hoffen, dem vereinten Druck von Arbeitgeberschaft und Staat erfolgreich entgegenzutreten. Sie waren es auch, die die politischen Führungsgruppen beider Parteien drängten, den bitteren Bruderzwist nun endlich zu begraben.

Mit einigem Recht läßt sich sagen, daß die sozialdemokratische Bewegung in dieser Periode noch ganz überwiegend nur von den Spitzengruppen der Arbeiterschaft getragen wurde, und dies stellte man im sozialdemokratischen Lager auch nicht in Abrede. So schrieb der »Socialdemokrat«: »Man hat die Gewerkschaften eine Aristokratie der Arbeiterklasse genannt. Das sind sie in der That, aber das ist auch an sich noch kein Vorwurf. Verwerflich wird eine Aristokratie erst, wenn sie zu einer Kaste mit Sonderinteressen gegenüber denen der Allgemeinheit wird [...]«; die »Vorhut besser situierter Elemente« sei nur von Nutzen.

In der Phase der Hochkonjunktur gelang es den gewerkschaftlichen Berufsverbänden und den ihnen nahestehenden Parteiorganisationen, vielfach Einfluß auf die Belegschaften der Betriebe der Eisen- und Stahlindustrie an Rhein und Ruhr und an der Saar zu gewinnen. Die Unternehmerschaft und mit ihr die Staatsbehörden in Preußen waren über diese Entwicklung höchst beunruhigt. Sie suchten alles zu tun, um ein Einsickern sozialdemokratischer Elemente in die Betriebe zu verhindern. Alfred Krupp beispielsweise appellierte anläßlich des Bergarbeiterstreiks vom Juni 1872 in einem öffentlichen Aufruf an die Arbeiter seiner Gußstahlfabrik, den falschen Parolen, welche »herumtreibende Aufwiegler in die Betriebe tragen«, nicht Folge zu leisten. »Nichts, keine Folge der Ereignisse wird mich veranlassen, mir irgend etwas abtrotzen zu lassen.« Er warnte die Arbeiter, sofern sie nicht den Verlust seines fürsorglichen Wohlwollens in Kauf nehmen wollten, »vor den Verlockungen einer Verschwörung gegen Ruhe und Frieden. Es ist im Kreis meiner Unternehmungen dem braven, ordentlichen Arbeiter die Gelegenheit geboten, nach einer mäßigen Arbeitsfrist im eigenen Haus seine Pension zu verzehren – in einem so günstigen Maße wie nirgendwo anders in der Welt. Ich erwarte und verlange volles Vertrauen, lehne jedes Eingehen auf ungerechtfertigte Anforderungen ab, werde wie bisher jedem gerechten Verlangen zuvorkommen.« Er schloß mit der »Versicherung, daß ich in meinem Hause wie auf meinem Boden Herr sein und bleiben will«.

In dieser Erklärung, die sich unbekümmert der Sprache einer patriarchalischen Herrenmoral bediente, kam gleichwohl die Sorge vor einer Erstarkung der sozialdemokratischen wie der christlichen Arbeitervereine zum Ausdruck, deren Aktivität zu einer ernstlichen Gefahr für das bisher freie Schalten und Walten der

Unternehmerschaft in allen betrieblichen Angelegenheiten und vor allem in den Fragen des Arbeitslohns und der Gestaltung der Arbeitsbedingungen zu werden drohte. Besorgnisse dieser Art waren weit verbreitet, zumal die Unternehmerschaft sich in vielen Fällen gezwungen sah, den Streikaktionen der Arbeiterschaft partiell nachzugeben. Umgekehrt entstanden im Zusammenhang von lokalen Arbeitskämpfen oder Kampagnen für eine Aufbesserung der Löhne und eine Begrenzung der Arbeitszeiten überall neue örtliche Zusammenschlüsse der Arbeiterschaft, gleichviel ob es sich um ADAV-Gemeinden, Ortsvereine der SDAP, christliche Arbeitervereine oder Fachgewerkschaften handelte; nicht selten waren es Gesangvereine oder andere gesellschaftliche Vereinigungen, die dem neuen, vielfach bewährten solidarischen Bewußtsein der aufsteigenden Arbeiterschaft als Basis dienten. Die fortdauernde Behinderung der Organisationen der Arbeiterschaft durch staatliche Maßnahmen unterschiedlichster Art, insbesondere das Verbot oder die vorzeitige Schließung von öffentlichen Versammlungen, konnten an dieser Entwicklung nichts Nennenswertes ändern. Im Gegenteil, sie trugen vor allem im örtlichen Bereich dazu bei, daß die sich befehdenden Richtungen der sozialdemokratischen Arbeiterbewegung enger aneinanderrückten.

Der Konflikt zwischen dem nationalen Staat und der organisierten Arbeiterbewegung war nunmehr auf breiter Front ausgebrochen, und damit wurde den überkommenen Richtungskämpfen zwischen dem ADAV und den Eisenachern mehr und mehr die Grundlage entzogen. Schon im Wahlkampf zu den Reichstagswahlen vom Januar 1874 kam es vielerorts zu einer engen Zusammenarbeit beider Parteien, und das zahlte sich dann auch entsprechend aus. Die Wahlen brachten eine substantielle Verstärkung der Repräsentation nicht allein des Zentrums, das ebenfalls als Sachwalter der Interessen der Unterschichten gegenüber dem industriellen Bürgertum gelten durfte, sondern jetzt auch der beiden sozialdemokratischen Parteien. Die SDAP und der ADAV erlangten zusammen 6,8 Prozent der abgegebenen Stimmen und 9 Mandate; sie wurden damit zu einer ernst zu nehmenden politischen Kraft, ja zum Kristallisationskern der Mobilisierung der Arbeiterschaft gegen den bestehenden Staat. Bismarcks Versuche, die Sozialdemokraten ebenso wie die Zentrumspartei als »Reichsfeinde« aus dem nationalen Konsensus auszuschließen, hatten nicht das erwünschte Ergebnis gebracht. Sein Appell an alle, die ein Interesse an der Erhaltung des Staates und der gesellschaftlichen Ordnung besäßen, sich gegen die Zentrumspartei und die Sozialdemokratie, jene beiden Parteien, »die [...] ihre Gegnerschaft gegen die nationale Entwickelung in internationaler Weise betätigen« und die die »Nation und nationale Staatenbildung bekämpfen«, auf die Seite der Krone zu stellen, hatte die liberalen Parteien darin bestärkt, dem Reichsgründer selbst bei Bedenken im einzelnen Gefolgschaft zu leisten. Aber die politische Verteufelung der Sozialdemokratie und der Zentrumspartei, der vorgehalten wurde, mit der sozialistischen »Umsturzpartei« zusammenzuarbeiten, führte zu einer bedenklichen

Polarisierung der deutschen Gesellschaft. Die Verdammung der Sozialdemokraten als »vaterlandslose Gesellen« lieferte Wilhelm Liebknecht den Ansatzpunkt, seinerseits den Spieß herumzudrehen und dem bestehenden Staat in aller Form den Kampf anzusagen. Er äußerte auf dem Kongreß der SDAP zu Coburg im Juli 1874: »Der Staat, in dem wir leben, das sogenannte Deutsche Reich, – in Wirklichkeit nur ein erweitertes Preußen – ist Klassenstaat in des Wortes vollster Bedeutung [...] Wir sind ›Reichsfeinde‹, weil wir Feinde des Klassenstaates sind.«

Das vergleichsweise gute Abschneiden der Sozialdemokratie bei den Reichstagswahlen 1874 veranlaßte die Staatsbehörden, in massiver Weise gegen die Presse und die Organisationen der Arbeiterbewegung vorzugehen. Dem Reichstag wurde am 11. Februar 1874 der Entwurf eines »Gesetzes über die Presse« zugeleitet, das ein wirksameres Vorgehen gegen »Preßverbrechen« sicherstellen sollte. Es sah unter anderem vor, daß alle an der Herstellung und Verbreitung von unrechtmäßigen Druckerzeugnissen Beteiligten summarisch bestraft werden konnten, »ohne daß es eines Beweises ihrer Mitschuld bedarf«. Darüber hinaus sollte den Polizeibehörden das Recht eingeräumt werden, Druckerzeugnisse auch ohne richterliche Anordnung zu beschlagnahmen, »wenn der Inhalt der verbreiteten Druckschrift den Thatbestand eines Verbrechens oder Vergehens begründet«, allerdings mit der Maßgabe einer nachträglichen richterlichen Überprüfung. Diese eindeutig in erster Linie gegen die Sozialdemokratie gerichteten Bestimmungen hätten den Staatsbehörden einen weiten Spielraum für ihr ohnehin bereits drastisches Repertoire an Repressionsinstrumenten gegen die Presse der Arbeiterbewegung eingeräumt; mochten sich diese Vorschläge formal noch in den Grenzen eines rechtsstaatlichen Verfahrens bewegen, so wäre der Willkür der Polizeibehörden damit dennoch Tür und Tor geöffnet worden. Noch ärger war der Paragraph 21 des Gesetzentwurfs; danach sollte jeder, der »mittels der Presse den Ungehorsam gegen das Gesetz oder die Verletzung von Gesetzen als etwas Erlaubtes oder Verdienstliches« darstellt, bestraft werden können. Dies wäre einer Globalermächtigung der Staatsbehörden und der Justiz gleichgekommen, jegliche publizistische Vertretung der Ziele der Sozialdemokratie, die ja nach allgemeiner Auffassung auf den gewaltsamen Sturz der bestehenden Gesellschaftsordnung hinarbeitete, als strafbar verfolgen zu können.

Auch die Nationalliberalen waren in der erhitzten innenpolitischen Atmosphäre, in der nicht wenige Angehörige des Bürgertums soziale Unruhen für möglich hielten, bereit, das Instrumentarium des Staates zur Bekämpfung der sozialdemokratischen Agitation zu verstärken, aber zu derart weitgehenden Ermächtigungen fanden sie sich denn doch nicht bereit. Das Pressegesetz, das nach langen Auseinandersetzungen zwischen der Reichsleitung und der Reichstagsmehrheit schließlich doch noch zustande kam, räumte den Behörden die Befugnis zur Beschlagnahme von als strafbar angesehenen Druckerzeugnissen ohne vorherige richterliche Anordnung ein, wenn der Tatbestand der Aufforderung zum Hoch- und Landesverrat, der Majestätsbeleidigung, der Aufforderung zu strafbaren Handlungen sowie der Aufreizung zu Gewalttätigkeiten der Klassen gegeneinander gegeben sei. Dies zielte eindeutig auf die Sozialdemokraten, und insofern stellte das Pressegesetz bereits ein Ausnahmegesetz dar. Allerdings blieb den Staatsbehörden das Herzstück ihrer Forderungen versagt, daß nämlich jegliche öffentliche Kritik an der bestehenden Rechtsordnung beziehungsweise dem bestehenden Gesellschaftssystem an und für sich schon einen Straftatbestand erfüllen würde. Im Jahr 1875 versuchte die Reichsleitung dann auf anderem Wege, eine derartige Globalermächtigung zur Unterdrückung der Agitation der Sozialdemokratie zu erhalten, nämlich durch eine Verschärfung der Paragraphen 110 und 130 des Strafgesetzbuches. Dadurch sollte die strafrechtliche Verfolgung eines jeden ermöglicht werden, der »öffentlich vor einer Menschenmenge [...] zum Ungehorsam gegen Gesetze oder rechtsgültige Verordnungen [...] auffordert oder anreizt« beziehungsweise »verschiedene Klassen der Bevölkerung gegeneinander« aufreizt, »da die durch die Hetzereien veranlaßte Erregtheit sich leicht in Gewaltthätigkeiten Luft schafft«. Diesen Bestimmungen, durch die ganz eindeutig ein politisches Ausnahmerecht geschaffen worden wäre, verweigerte die Reichstagsmehrheit freilich ihre Zustimmung. Eduard Lasker kritisierte die Vorschläge äußerst wirkungsvoll als »Kautschukparagraphen«, die Mißbrauch geradezu herausfordern müßten.

Aber auch das geltende Recht lieferte bereits eine Handhabe für eine ganze Kette von Verfolgungsmaßnahmen gegen die organisierte politische Arbeiterbewegung. Im März 1874 wurden die Polizeibehörden in einem Rundschreiben des preußischen Innenministeriums eigens darauf hingewiesen, daß die Bestimmungen des Paragraphen 130 des Strafgesetzbuches durchaus ausreichende Möglichkeiten für die Verfolgung der sozialdemokratischen Agitation böten. Den Polizeibehörden wurde eingeschärft, »auf das strengste darüber zu wachen, daß die aufreizenden Agitationen in öffentlichen Versammlungen, sobald sie Verletzungen des Strafgesetzes, insbesondere des § 130... enthalten, nicht ungeahndet bleiben. Redner, welche sich derartige Verletzungen zu Schulden kommen lassen, sind... sofort in Haft zu nehmen und der Staatsanwaltschaft vorzuführen; gleichzeitig ist der Beweis des begangenen Delictes mit Sorgfalt und Umsicht sicher zu stellen.« Unter solchen Umständen häuften sich polizeiliche Maßnahmen gegen sozialdemokratische Aktivitäten, gleichviel ob es sich um solche des ADAV oder der SDAP handelte. Vielen Versammlungen wurde die gesetzlich erforderliche polizeiliche Genehmigung versagt, andere wurden nach Gutdünken des anwesenden Polizeibeamten bei der geringsten anstößigen Äußerung aufgelöst. Ebenso wurden zahlreiche Redner angeklagt oder kurzerhand ausgewiesen, politische Demonstrationen verhindert und Agitationsmaterial konfisziert.

Als weit wirksamer aber erwies sich die strikte Anwendung des Verbindungsverbots des preußischen Vereinsgesetzes, das es politischen Vereinen untersagte, überörtliche Verbindungen zu unterhalten, gegen sozialdemokratische Vereine und gegen die Fachgewerkschaften; setzte doch nahezu jegliche effektive Agitation überörtliche Zusammenarbeit voraus. Besonders tat sich auf diesem Felde der Staatsanwalt Tessendorff in Magdeburg hervor. Dieser wurde angesichts seiner Erfolge bei der Bekämpfung des sozialdemokratischen Vereinswesens wenig später nach Berlin versetzt und in der Folge zum Motor einer Repressionswelle, die überörtliche wie lokale Vereine der Arbeiterschaft, soweit sie sich politisch mißliebig gemacht hatten, mit dem Diktum der Auflösung bedrohte. Das Verbindungsverbot lieferte fast immer eine Handhabe dafür, und die Rechtsprechung sanktionierte in aller Regel nachträglich die polizeilichen Maßnahmen. Tessendorff selbst erklärte im März 1875 vor dem Berliner Stadtgericht mit bemerkenswerter Offenheit, daß die rigide Unterdrückung aller überörtlichen Verbindungen zwischen den Organisationen der Arbeiterschaft in erster Linie das Ziel verfolge, die sozialdemokratische Bewegung als solche zu zerschlagen: »Ohne Zentralisation und Organisation [...] ist die Sozialdemokratie tot, die sozialdemokratische Bewegung hat dann keine Bedeutung mehr.« Die Ära Tessendorff erreichte ihren Höhepunkt mit dem Verbot des ADAV am 25. Juni 1874, kurz nach dessen Hauptversammlung in Hannover. Unbeabsichtigterweise leistete Tessendorff damit der aufsteigenden sozialdemokratischen Arbeiterbewegung einen großen Dienst; denn die straffe zentralistische Führungsstruktur des ADAV war für die Eisenacher immer schon ein Stein des Anstoßes gewesen. Die Auflösung der Zentralorganisation des ADAV in Preußen arbeitete den Vereinigungsbestrebungen in die Hände.

Gleichwohl stieß die Repressionspolitik der Ära Tessendorff auf deutliche Grenzen. Die Mehrzahl der kleineren Bundesstaaten versagte sich einem derartig rigiden Vorgehen gegen die Organisationen der Arbeiterschaft einschließlich zahlreicher Berufsverbände und geselliger Vereine. Vor allem die Hansestädte waren nicht bereit mitzuziehen, ungeachtet nachdrücklicher diplomatischer Einwirkungen von preußischer Seite. Gleiches galt, in etwas vermindertem Maße, für die süddeutschen Staaten und selbst für Sachsen, das ansonsten mit Repressionsmaßnahmen gegen sozialdemokratische Bestrebungen schnell zur Hand zu sein pflegte. Infolgedessen war es den Sozialdemokraten wie den Gewerkschaften vielfach möglich, sich politische Führungszentren außerhalb des Zugriffs der preußischen Staatsbehörden aufzubauen. Auch die sozialdemokratische Presse gewann trotz ständiger Verbote immer mehr an Boden. Im übrigen gab es für die Verfolgung der sozialdemokratischen Parteien eine feste Grenze, da deren parlamentarische Tätigkeit als solche keinen rechtlichen Beschränkungen unterworfen werden konnte und auch die Agitation für Reichstags- und sonstige Wahlen zugelassen werden mußte.

Mit dem Einsetzen der Wirtschaftskrise von 1873 fand die Repressionspolitik der preußischen Staatsbehörden gegenüber der Arbeiterschaft und ihren Organisationen in der Wirtschaft, zumal in der Eisen- und Stahlindustrie, eine Entsprechung. Hier setzten nunmehr intensive Bemühungen ein, den Belegschaften die Konzessionen, die man ihnen während der Hochkonjunktur hatte machen müssen, nach Möglichkeit wieder abzujagen. Die Beseitigung zahlreicher Feiertage war ein erster Schritt, um die Löhne der Arbeiterschaft ohne allzuviel Aufsehen absenken zu können, die Bekämpfung sozialdemokratischer Gewerkvereine ein weiterer. Die Eisen- und Stahlindustrie ging auf breiter Front dazu über, Arbeiter, die der Sozialdemokratie angehörten oder sozialdemokratischen Organisationen nahestanden, aus den Betrieben zu entlassen. Friedrich Krupp beispielsweise verfügte 1877 die Entfernung aller sozialdemokratischen Arbeiter. Bereits das Halten sozialdemokratischer Blätter genügte, um als politisch unzuverlässig aus den Diensten der Firma Krupp entlassen zu werden. Und die Arbeiter der Eisen- und Stahlindustrie an der Saar mußten unter Androhung der Entlassung einen Revers unterschreiben, in dem sie versicherten, mit der Sozialdemokratie in keinerlei Verbindung zu stehen. Dieser Kampagne sahen sich die sozialdemokratischen Organisationen weithin wehrlos gegenüber, zumal die Staatsbehörden vielfach mit den Unternehmern gemeinsame Sache gegen die Arbeiterschaft machten, etwa durch das Führen schwarzer Listen von politisch mißliebigen Arbeitern. Die preußischen Staatsbehörden ihrerseits unternahmen große Anstrengungen, um die Eisenbahnen von, wie es bezeichnenderweise hieß, »sozialistischen Elementen zu reinigen«.

Der massive Kampfkurs von Staat und Wirtschaft gegen die Sozialdemokratie war von sehr realen Interessen bestimmt, insbesondere von der Befürchtung, daß der wirtschaftliche Handlungsspielraum der Unternehmerschaft in einer Zeit wachsender, konjunkturell bedingter Schwierigkeiten durch kollektive gewerkschaftliche Aktionen zunehmend eingeengt werden könnte. Vor allem aber wurde er geleitet von einer fast hysterischen Furcht vor möglichen revolutionären Erschütterungen der Gesellschaft, die alle Realitäten hinter sich ließ. Heinrich von Treitschke zum Beispiel glaubte in einer Zeit »unheimlicher socialer Gärung« zu leben, in welcher schon der Aufruf eines radikalen Blattes »›Heute abend werden die Fabriken gestürmt‹« unter Umständen »der Funke sein« könne, »der in das Pulverfaß fällt«, wie er es am 23. März 1874 im Reichtag formulierte. Es gab aber auch besonnenere Gemüter, die das Heil der bestehenden Gesellschaft nicht in polizeilicher Repression, sondern in umfassenden Sozialreformen sahen, durch die der aufbrechende Klassengegensatz zwischen der industriellen Arbeiterschaft und dem Bürgertum wieder geschlossen werden könne. Selbst Bismarck stand derartigen Auffassungen durchaus nicht fern.

Bereits im Oktober 1873 war in Eisenach von einem Kreis führender Nationalökonomen der »Verein für Socialpolitik« ins Leben gerufen worden, als einer freien Vereinigung, die sich das Ziel setzte, mittels des ordnenden Eingriffs des Staates einen Ausgleich zwischen dem Bürgertum und den arbeitenden Klassen herbeizuführen, statt immer tiefer in einen augenscheinlich unlösbaren Klassen-konflikt hineinzugeraten. Im Unterschied zur großen Mehrheit der öffentlichen Meinung waren diese Nationalökonomen bereit, viele der Gravamina der Sozial-demokratie im Grundsatz als berechtigt anzuerkennen; vor allem aber bezweifel-ten sie die Selbstheilungskraft des liberalen marktwirtschaftlichen Systems. Viel-mehr müsse die bürgerliche Gesellschaft mit Hilfe sozialer Reformen auf friedli-chem Weg umgebildet werden, sofern sie der Revolution entgehen wolle. Von liberaler Seite wurde dem »Verein für Socialpolitik« sogleich vorgeworfen, mit den Sozialisten gemeinsame Sache zu machen. Heinrich von Treitschke machte sich 1874 in einem vielbeachteten Aufsatz in den »Preußischen Jahrbüchern«, »Der Sozialismus und seine Gönner«, zum prominenten Sprecher dieser Rich-tung. Er mißbilligte nicht nur die theoretischen Postulate der »Kathedersozialis-ten«, die zuweilen »den Wahngebilden des rohen Sozialismus sehr ähnlich sehen und, durchgeführt, jede Ordnung der Gesellschaft aufheben würden«, sondern vor allem auch ihr Eintreten für die Gewerkschaften. Die Einsicht in die Wahrheit, daß die naturgegebene Ungleichheit der Menschen nicht aufgehoben werden könne, dürfe nicht verstellt werden; sie stelle eine unabdingbare Voraussetzung für jede höhere Kulturentwicklung dar: »Die Millionen müssen ackern und schmieden und hobeln, damit einige Tausend forschen, malen und regieren kön-nen.« Es sei »keineswegs die Aufgabe der Gesellschaft, alle Menschen zum Genuß aller Güter der Cultur heranzuziehen«; wer dies – wie Schmoller und Brentano – behaupte, ohne hinzuzufügen, »soweit die Gliederung der Gesellschaft es gestat-tet«, der sei entweder ein gewissenloser Demagoge oder ein jugendlicher Schwär-mer.

Aus dem polemischen Schlagwort »Kathedersozialisten«, das man den Mitglie-dern des »Vereins für Socialpolitik« entgegenschleuderte, wurde jedoch schon bald ein Ehrentitel. Gustav Schmoller und Adolf Wagner, die zu den bedeutend-sten Nationalökonomen ihrer Zeit gehörten, standen mit ihren Auffassungen in der sozialkonservativen Tradition von Lorenz von Stein und Karl Rodbertus. Sie vertraten die Ansicht, daß es die Pflicht des Staates als einer über den Klassen der Gesellschaft stehenden Macht sei, das angesichts der stürmischen industriellen Entwicklung gestörte Gleichgewicht der Interessen zwischen den sozialen Schich-ten durch geeignete gesetzgeberische Maßnahmen wieder ins rechte Lot zu brin-gen. Durch Einwirkung auf das gebildete Bürgertum, vor allem aber auf die Beamtenschaft, hofften sie, eine Politik umfassender staatlicher Sozialreformen anzuregen, die dazu beitragen sollte, die Arbeiterschaft wieder in den Organismus der Gesellschaft und des Staates einzufügen, statt diese bloß mit repressiven Maßnahmen niederzuhalten. Der Staat habe eine moralische Pflicht, durch ent-sprechende Eingriffe in das Wirtschaftsleben ein weiteres Absinken der Arbeiter-klasse zu verhindern. Es komme darauf an, so hatte Schmoller schon 1872 dargelegt, »einen immer größeren Teil unseres Volkes zur Teilnahme an allen höheren Gütern der Kultur, an Bildung und Wohlstand zu berufen«. Der liberale Sozialreformer Lujo Brentano, der ebenfalls zu den Gründern des »Vereins für Socialpolitik« gehörte, ging noch einen Schritt weiter; er bezeichnete es als die vornehmliche Aufgabe der Sozialpolitik, dafür zu wirken, daß das »Aufsteigen der Arbeiterklasse zu einer gleichberechtigten Stellung im Staats- und Gesellschaftsleben ohne Katastrophe sich abspiele«.

Die Aktivität des »Vereins für Socialpolitik« beschränkte sich allerdings vorderhand ganz auf wissenschaftliche Erörterungen der sogenannten sozialen Frage; erst in späteren Jahren sollte er eine wichtige Rolle in der Politikberatung erlangen. Auch sonst regten sich im bürgerlichen Lager Bestrebungen, geeignete Gegenmittel zu finden, um die zunehmenden sozialen Spannungen zu mildern. Der »Centralverein für das Wohl der arbeitenden Classen«, der schon auf ein Vierteljahrhundert der Förderung privater Sozialhilfe zurückblickte, dehnte 1875 seine Aktivitäten auf das ganze Reich aus; er konnte zahlreiche Handelskammern, Gewerbevereine sowie einzelne Großbetriebe und sogar städtische Magistrate als korporative Mitglieder gewinnen. Dennoch beschränkte sich seine Tätigkeit in dem überaus gespannten sozialen Klima der siebziger Jahre ebenfalls in erster Linie darauf, die »socialen Lebensverhältnisse und Bedürfnisse ... unserer (ärmeren) Mitbrüder zu erforschen« und dabei zu helfen, »ihre Zustände durch Einrichtungen, welche diesen besonderen Verhältnissen entsprechen, fortschreitend zu verbessern«. Alles in allem waren dies zögerliche, tastende Versuche, denen einstweilen noch jegliche Breitenwirkung fehlte. Vorläufig blieben diese Bemühungen einflußlos, wenn sie nicht gar in das Fahrwasser von Bestrebungen gerieten, die angeblich planlosen und schädlichen Sozialhilfeleistungen von privater Seite durch geeignete Koordinierungsstrategien zu reglementieren, um dadurch, wie man argwöhnte, ungewollte Anreize zum Müßiggang zu vermeiden. Die Zeitläufte standen nicht gut für fortschrittliche Sozialreformen. Selbst dort, wo der Staat die soziale Lage der neuen industriellen Unterschichten mit gesetzlichen Maßnahmen zu verbessern bestrebt war, zum Beispiel mit dem Hilfskassengesetz von 1876, das der industriellen Arbeiterschaft die Mitgliedschaft in einer freien Krankenkasse oder in einer der neu zu errichtenden Ortskrankenkassen zur Pflicht machte, geschah dies in erster Linie, um den »wilden« Hilfskassen der sozialdemokratischen Gewerkschaften das Wasser abzugraben und ihnen damit ein attraktives Angebot zur Rekrutierung von Mitgliedern zu verschließen. Ebenso plante die Reichsleitung eine Änderung der Paragraphen 152 und 153 der Gewerbeordnung, die den »Kontraktbruch« unter Strafandrohung stellen sollte. Diese von der Arbeiterschaft erbittert bekämpfte Vorlage fand allerdings im Reichstag keine Mehrheit.

Angesichts der sich verschärfenden staatlichen Repression und der sich verhärtenden Haltung der öffentlichen und privaten Arbeitgeber wurden die Organisationen des ADAV und der Eisenacher dazu gebracht, ihre Differenzen zu begraben. Dies lag um so näher, als viele der historischen Gegensätze, die beide Richtungen voneinander getrennt hatten, in der konkreten Situation ihre Bedeutung verloren hatten, beispielsweise die Unvereinbarkeit der großdeutschen Orientierung der Eisenacher mit der pro-preußischen Einstellung des ADAV, die Option der Eisenacher für die Sozialistische Internationale und nicht zuletzt die unterschiedliche Einschätzung des gewerkschaftlichen Kampfes. Im Dezember 1874 wurden Einigungsverhandlungen zwischen beiden Richtungen eingeleitet. Es erwies sich, daß die Standpunkte der beiden Parteien letztlich gar nicht so weit voneinander entfernt waren, wie man in der Hitze der Auseinandersetzungen der vergangenen Jahre allgemein angenommen hatte. Wenn Marx und Engels im fernen London wähnten, daß die SDAP sich auf ihrer Linie bewege und als marxistische Partei zu betrachten sei, so waren sie unzureichend unterrichtet. Denn die Option der Partei für die Internationale hatte in erster Linie taktische Bedeutung gehabt; von einer substantiellen Übernahme der marxistischen Theorie durch die Eisenacher konnte keine Rede sein. Auch sie wollten die Überwindung der bestehenden Produktionsweise »durch genossenschaftliche Arbeit« erreichen, durch die den Arbeitern der »volle Arbeitsertrag« gesichert werden sollte. Zu diesem Zweck hatten sie ebenso wie die Lassalleaner staatlich geförderte und mit Staatskredit ausgestattete Produktionsgenossenschaften ins Auge gefaßt. Aus der Perspektive des aufsteigenden industriellen Systems stellen sich diese Lassalleanischen Postulate als einigermaßen utopisch und rückwärtsgewandt dar; aber damals entsprachen sie weithin dem Selbstverständnis der Anhänger beider Parteien, die sich vorwiegend aus handwerksnahen Berufen rekrutierten, während die Industriearbeiter, mit Ausnahme der qualifizierten Facharbeiter, noch weit in der Minderzahl waren.

Unter diesen Umständen gestaltete sich die Verständigung über ein gemeinsames Programm nicht sonderlich schwierig. Bereits Anfang März 1875 wurde ein Programmentwurf vorgelegt und der Anhängerschaft beider Parteien zur Kenntnis gebracht. Es war wesentlich das Werk von Wilhelm Hasenclever und Wilhelm Hasselmann für den ADAV, von August Geib und Wilhelm Liebknecht für die Eisenacher; letzterer bemühte sich dabei, das, was er als die zentralen Postulate der Internationale ansah, in den Text einzubringen. Karl Marx und Friedrich Engels, die den Entwurf mit großer Verspätung erhalten hatten, waren über den Inhalt einigermaßen aufgebracht. Engels suchte die Eisenacher anfänglich von einem Zusammenschluß mit den verhaßten Lassalleanern doch noch abzuhalten; wenn dies aber nicht mehr zu vermeiden sei, sollten sie wenigstens von der Verabschiedung eines förmlichen Parteiprogramms Abstand nehmen. Doch weder Bebel, der allerdings im Dezember 1874 noch im Gefängnis saß und deshalb handlungsunfähig war, noch Liebknecht oder Bracke, obschon letzterer persönlich Bedenken gegen die theoretischen Passagen des Programms hegte, waren bereit, die Einigung wegen der Einwände von Marx und Engels scheitern zu lassen. Wilhelm Bracke behielt die berühmt gewordenen »Randglossen zum Programm der deutschen Arbeiterpartei«, die Karl Marx ihm Anfang Mai 1875 zusandte und die eine vernichtende Kritik des Einigungsprogramms enthielten, kurzerhand in der Tasche. Auch Bebel und Liebknecht, die durch einen ausführlichen Brief von Engels vom 18./28. März 1875 von den massiven Einwänden der Väter des »wissenschaftlichen Sozialismus« gegen den Programmentwurf Kenntnis erhalten hatten, nahmen davon Abstand, die Einwände der Londoner in die Beratungen einzubringen.

Bebel, Liebknecht und Bracke waren in hohem Maße daran interessiert, das Geschäft der Vereinigung, die von der Basis beider Parteien als längst überfällig betrachtet wurde, unter allen Umständen erfolgreich zustande zu bringen. Gleichwohl hatte es nicht allein taktische Gründe, wenn sie die Kritik von Marx für sich behielten. Denn das schwere Geschütz, das Marx in den »Randglossen« gegen die aus seiner Sicht theoretisch völlig verfehlten und sachlich überholten Lassalleanischen Positionen des Entwurfs auffahren ließ, traf keineswegs nur die Anhänger des ADAV, sondern auch die Eisenacher, und zwar teilweise noch schärfer. So war die Forderung nach dem »unverkürzten Arbeitsertrag«, die er Lassalle zuschrieb und höchst sarkastisch als völlig verfehlt kommentierte, dem Eisenacher Programm entnommen. Und die massiv beanstandete Formulierung: »Die Befreiung der Arbeit muß das Werk der Arbeiterklasse sein, der gegenüber alle anderen Klassen nur eine reaktionäre Masse sind«, hatte ausgerechnet Liebknecht in das Programm hineingebracht. Am meisten erregt aber war Marx über die Formulierung: »die Aufhebung des Lohnsystems mit dem ehernen Lohngesetz«. Darin sah er einen großen Rückschritt gegenüber dem seit Lassalles Tod erreichten und, wie er irrtümlich glaubte, in der SDAP inzwischen allgemein akzeptierten theoretischen Niveau in der Frage des Arbeitsertrages. Er warf den Eisenachern vor, daß sie mit »frevelhaftem Leichtsinn« und »Gewissenlosigkeit« bei der »Abfassung des Kompromißprogramms zu Werke« gegangen seien. Noch 1891, als die »Randglossen« schließlich publiziert wurden, glaubte Engels, diese Passagen entschärfen zu müssen. Die radikaldemokratischen Postulate der Eisenacher, die in vollem Umfang in das neue Programm Eingang gefunden hatten, wurden von Marx schlechterdings lächerlich gemacht und als naiver kleinbürgerlicher Demokratismus vorgeführt. Schon in seinem Schreiben an Bebel hatte Engels darauf verwiesen, daß die Forderung nach dem »freien Volksstaat« eigentlich sinnlos sei, weil der Staat »doch nur eine vorübergehende Einrichtung« sei, die sich »mit Einführung der sozialistischen Gesellschaftsordnung« von selbst auflösen und verschwinden werde und allenfalls während der sozialistischen Revolution zur gewaltsamen Niederhaltung der Gegner des Proletariats tauglich sei. Marx sattelte in seinen »Randglossen« noch ein weiteres Argument darauf; er entwickelte hier die Theorie, daß der Staat in der »Periode der revolutionären Umwandlung« der kapitalistischen in die kommunistische Gesellschaft nichts anderes sein könne als »die revolutionäre Diktatur des Proletariats«. Aus solcher Sicht stellte sich das Ziel der Eroberung der Macht im Staat, das beide Richtungen der deutschen Sozialdemokratie gleichermaßen anstrebten, als einigermaßen illusorisch dar. Es ist schwer vorstellbar, daß dergleichen Forderungen jemals Eingang in das Programm der Sozialdemokratischen Partei hätten finden können, schon gar nicht unter den damaligen Verhältnissen; vor allem aber verfehlten sie die damalige reale Situation der deutschen Arbeiterbewegung. Die Relativierung der Grundsätze einer demokratischen Ordnung, die in dieser Kritik enthalten war, war unter den seinerzeitigen Gegebenheiten ganz unangemessen und wirft ein bedenkliches Licht auf die politische Urteilskraft von Marx und Engels in der damaligen historischen Situation.

Wenn die Eisenacher ebenso wie die Lassalleaner damals entschlossen eine andere Position einnahmen, nämlich die eines entschiedenen Eintretens für einen demokratischen Weg zum Sozialismus, so war dies gewiß nicht ein Ausdruck theoretischer Rückständigkeit, sondern ein Zeichen der realistischen Einschätzung der gegebenen Möglichkeiten, aber auch echter demokratischer Überzeugung. Hingegen waren die Vorstellungen des Gothaer Programms über die sozialistische Gesellschaftsordnung der Zukunft reichlich nebulös; das Postulat der »Verwandlung der Arbeitsmittel in Gemeingut der Gesellschaft und die genossenschaftliche Regelung der Gesamtarbeit mit gemeinnütziger Verwendung und gerechter Verteilung des Arbeitsertrages« war im Grunde rückwärtsgewandt und den Bedingungen der sich entfaltenden industriellen Produktionsweise keineswegs angepaßt, und ebensowenig der konkrete Weg, der dahin führen sollte, nämlich »die Errichtung von sozialistischen Produktivgenossenschaften mit Staatshilfe unter der demokratischen Kontrolle des arbeitenden Volkes«. Es ist aus heutiger Perspektive schwer verständlich, weshalb die damalige bürgerliche Gesellschaft von so großer Furcht vor den Bestrebungen dieser Partei erfaßt wurde. Marx' Urteil, daß »die sozialistischen Ideen« dieser »deutschen Arbeiterpartei« »nicht einmal hauttief sitzen«, traf den Nagel auf den Kopf. In der Tat überwogen im Gothaer Programm pragmatische Zielsetzungen; es enthielt in erster Linie einen Katalog radikaldemokratischer Forderungen, unter anderem auf Einführung des allgemeinen, gleichen, direkten und geheimen Wahlrechts für alle Vertretungskörperschaften in Staat und Gemeinde und, damit allerdings überhaupt nicht vermittelt, der Forderung nach »direkter Gesetzgebung durch das Volk«. Das Programm legte den Schwerpunkt auf die Stärkung des politischen Einflusses und die Hebung der sozialen Lage der Arbeiterschaft. Einzig die trotzige Formel, daß die Befreiung der Arbeit allein das Werk der Arbeiterklasse sein müsse, symbolisierte den Kampfwillen der neuen Partei angesichts der nahezu geschlossenen Gegnerschaft von Bürgertum, Unternehmerschaft und Staat.

Einstweilen war die »Sozialistische (späterhin »Sozialdemokratische«) Arbeiterpartei Deutschlands« (SAP) noch viel zu schwach, um Gesellschaft und Staat ernstlich herausfordern zu können. Auf dem Vereinigungskongreß in Gotha waren die SDAP mit 9.121, der ADAV mit 15.322 Mitgliedern vertreten; die Gesamtmitgliederschaft belief sich demnach unter 30.000; sie stieg dann bis 1876 auf 38.254. Allerdings sind diese Zahlen nicht ganz zuverlässig, weil Partei- und Gewerkschaftsmitgliedschaften noch nicht klar voneinander geschieden waren. Die in Gotha beschlossene zentralistische, aber demokratisch strukturierte Parteiorganisation mit einem fünfköpfigen Vorstand, einem siebenköpfigen Kontrollausschuß und einem achtzehnköpfigen Ausschuß, welche den von den Ortsorganisationen beschickten Parteitagen verantwortlich sein sollten, kam angesichts der politischen Lage überhaupt nicht zum Zuge. Bereits im März 1876 wurde die Sozialistische Arbeiterpartei in Berlin und in ganz Preußen verboten; die Parteiführung wich nach Hamburg aus, das damals eine Vorrangstellung hinsichtlich der politischen Mobilisierung der Arbeiterschaft innehatte. 1876 besaß die Partei nur geringfügig mehr Mitglieder als zum Zeitpunkt des Gothaer Vereinigungskongresses, insgesamt etwa 38.000; insoweit konnte sie bestenfalls als Vorhut der Arbeiterklasse gelten. Im übrigen gelang es ihr zunächst so gut wie überhaupt nicht, in den katholischen Volksteil einzudringen; hier behaupteten die christlichen Arbeitervereine das Feld. Die liberalen Arbeitervereine und mit ihnen die Hirsch-Dunckerschen Gewerkschaften fielen hingegen weithin der Stagnation anheim; die politische Initiative war nun eindeutig an die SAP übergegangen.

Dies zeigte sich dann auch bei den Reichstagswahlen vom Januar 1877, die mit 9,1 Prozent der Stimmen ein sehr gutes Ergebnis für die Partei brachten, das sich jetzt, dank der Massierung der Anhängerschaft der SAP in einigen wenigen städtischen Ballungsräumen, insbesondere in Sachsen und in Berlin, in 12 Reichstagsmandate umsetzte; bei einer proportionalen Berücksichtigung der sozialdemokratischen Stimmen hätte die organisierte Arbeiterbewegung dreimal soviel Abgeordnete erhalten müssen. Noch waren diese Erfolge auf einige wenige städtische Zentren begrenzt, aber es war nicht zu übersehen, daß die SAP zu einer bedeutenden politischen Kraft geworden war, auch wenn sie insbesondere im Osten Deutschlands, aber auch in der Rheinprovinz so gut wie überhaupt nicht, allenfalls in einzelnen örtlichen Inseln wie Düsseldorf und Köln, hatte Fuß fassen können. Die Staatsbehörden waren über das gute Abschneiden der Sozialdemokratie bei den Reichstagswahlen tief beunruhigt. Obschon die Repressionspolitik in Preußen offensichtlich nicht die gewünschten Resultate gebracht hatte, wurde die Verfolgung der SAP mit unveränderter Härte fortgesetzt. Noch am 1. Juni 1878 instruierte der preußische Innenminister alle nachgeordneten Behörden, daß sämtliche staatlichen Organe verpflichtet seien, in der Bekämpfung der Sozialdemokratie von den gesetzlichen Mitteln bis an die Grenze des Zulässigen Gebrauch zu machen. Im preußischen Innenministerium schmiedete man seit längerem an Plänen für eine weitere Verschärfung der Gesetzgebung, hielt aber im Februar

1878 deren Realisierung für »zur Zeit aussichtslos, solange die für Gesetze repressiver Natur wenig günstige Stimmung der Mehrheit in den gesetzgebenden Körperschaften des Deutschen Reiches und für Preußen andauert und nicht die Erkenntnis von der unbedingten Notwendigkeit, den Bestand der bürgerlichen Gesellschaft durch strengere Maßregeln zu schützen, die doktrinäre Liebhaberei für sogenannte Garantien der Freiheitsrechte zu überwinden vermag«. Die Politik der Repression hatte schon deshalb keine Aussicht auf durchschlagenden Erfolg, weil die anderen Bundesstaaten nur wenig geneigt waren, Preußen uneingeschränkt auf diesem Wege zu folgen. Außerdem stand der Partei das Forum der Parlamente, insbesondere des Reichstages, zur Verfügung, um die Öffentlichkeit zu erreichen, und ebensowenig konnte ihr das Recht zur Durchführung von Wahlkämpfen genommen werden, ohne das bestehende halbkonstitutionelle Verfassungssystem zu einer Absurdität werden zu lassen.

Die Ergebnisse der Reichstagswahlen 1877 und 1878

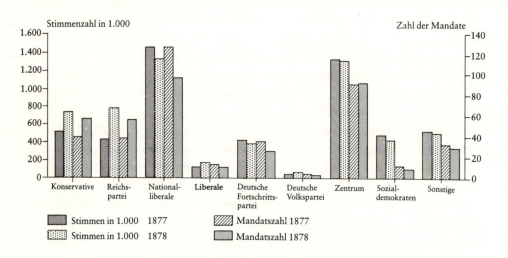

Es scheint, als ob Bismarck schon damals daran zweifelte, ob die Sozialdemokratie mit repressiven Methoden allein jemals besiegt werden könnte. Er sann seit längerem über Wege und Mittel nach, wie man die industrielle Arbeiterschaft wieder dem Einfluß der, wie er es sah, »sozialistischen Agitatoren« entziehen könne. Dabei dachte er an konstruktive Sozialreformen, welche die wirklichen, nicht die aus seiner Sicht nur eingebildeten Beschwerdepunkte der Arbeiterschaft ausräumen sollten. Von Arbeiterschutzmaßnahmen, wie sie eine Mehrheit der Parteien des Reichstages schon länger gefordert hatte und wie sie jetzt Friedrich Wilhelm Fritzsche im Reichstag in Vorschlag brachte, wollte Bismarck hingegen nichts wissen. Bereits 1876 hatte er sich gegen eine Verschärfung der Gewerbeordnung, insbesondere gegen eine generelle Beschränkung der Arbeitszeit für bestimmte Arbeitergruppen, speziell für Jugendliche und Frauen, gewandt. Er war davon überzeugt, daß dies den wirklichen Interessen der betroffenen Gruppen der Arbeiterschaft, zumal in einer schlechten konjunkturellen Lage, nicht entspreche. Ebenso scharf wandte er sich im August 1877 gegen Pläne des Handelsministeriums, die Kompetenzen der Fabrikinspektoren auszuweiten. Er war prinzipiell der Auffassung, daß der Staat sich jeden Eingriffs in das Verhältnis zwischen Unternehmern und Arbeiterschaft zu enthalten habe. Eine »Lösung der sozialen Frage« sei auf diesem Weg nicht zu erreichen. Hingegen faßte der Kanzler schon damals die Ausdehnung der Haftpflicht der Unternehmer für Unfälle und deren »mögliche Ausdehnung auf die Invalidität, die aus Erschöpfung durch Arbeit und aus Krankheit im Dienst hervorgeht«, als konkrete Schritte zur Verbesserung der Lage der Arbeiterschaft ins Auge. Diese Ansätze zu einer konstruktiveren Politik gegenüber der Arbeiterschaft wurden freilich vorderhand nicht in praktische Maßnahmen umgesetzt. Im Gegenteil: Es trat eine Situation ein, in der statt dessen eine neue gesetzgeberische Initiative gegen die Sozialdemokratie vielversprechender erschien. Am 11. Mai 1878 verübte der Bäckergeselle Emil Heinrich Max Hödel ein Attentat auf Wilhelm I. Obschon Hödel ein neurotischer, geisteskranker Einzelgänger war, der bereits nach kurzer Mitgliedschaft aus der Leipziger Sozialdemokratie ausgeschlossen worden war, wurde das Attentat zumal von der Regierungspresse der Sozialistischen Arbeiterpartei in die Schuhe geschoben. Bismarck erkannte sofort die günstige Konstellation; er telegraphierte noch am selben Tag aus Friedrichsruh nach Berlin an den preußischen Innenminister Graf Eulenburg: »Sollte man nicht von dem Attentat Anlaß zu sofortiger Vorlage gegen Sozialisten und deren Presse nehmen?«

Im preußischen Innenministerium, das schon länger auf eine Verschärfung der rechtlichen Handhaben gegen die sozialdemokratische Agitation gedrängt hatte, wurde die Anregung Bismarcks sofort aufgegriffen, um so mehr, als ein Reichsgesetz die irritierende Situation zu beseitigen versprach, daß die Sozialdemokraten sich den Repressionsmaßnahmen der preußischen Behörden durch ein Ausweichen auf das Territorium anderer Bundesstaaten, in denen es kein dem preußischen vergleichbares Vereinsgesetz gab, vielfach erfolgreich hatten entziehen können. Nur neun Tage später wurde ein Gesetz zur Abwehr der Ausschreitungen der Sozialdemokratie im Reichstag eingebracht. Es war eilig zusammengezimmert worden und juristisch höchst unzulänglich; unter anderem war die Möglichkeit des Verbots von sozialdemokratischen Vereinen, Publikationen und Versammlungen, »welche die Ziele der Sozialdemokratie verfolgen«, durch den Bundesrat vorgesehen, allerdings mit der Maßgabe, daß diese Maßnahme nachträglich durch Beschluß des Reichstages wieder aufgehoben werden könne. Faktisch handelte es sich dabei um ein Ermächtigungsgesetz für die Polizeibehörden mit gleitenden Formulierungen und äußerst vagen Tatbestandsbeschreibungen, das in vieler Hinsicht die ordentliche Rechtsprechung zu umgehen erlaubte.

Es ist zweifelhaft, ob Bismarck überhaupt angenommen hat, daß das Sozialistengesetz in dieser gänzlich unausgereiften Form durch den Reichstag gebracht werden könne. Wollte er damit wirklich den Schutz der Gesellschaft vor den »sozialdemokratischen Agitatoren« erreichen, oder wollte er vielmehr die Sprengung der Nationalliberalen Partei, die Abspaltung ihres linken Flügels, der für die Zustimmung zu einem offenbaren Ausnahmegesetz nicht zu haben gewesen wäre? Wollte er – wie es Wolfgang Pack annimmt – die offensichtlich zu erwartende Ablehnung der Nationalliberalen, um deren »Sündenkonto« noch weiter zu vermehren? Die Mitteilungen, die Bismarck aus Varzin durch seinen Sohn Herbert an den Staatssekretär des Äußeren von Bülow, dem die Aufgabe oblag, die Zustimmung der bundesstaatlichen Regierungen für eine solche Vorlage zu erwirken, übermitteln ließ, weisen mit großer Eindeutigkeit darauf hin, daß von vornherein das Kalkül mit im Spiel war, die Vorlage als eine Waffe gegen den allzu widerspenstig gewordenen Reichstag, namentlich gegen die Nationalliberalen, zu benutzen: »Wir sind es dem Lande und unserer Pflicht schuldig, wenigstens den Versuch zu machen, hier durch die Gesetzgebung Remedur zu schaffen. [...] Lehnt es der Reichstag ab, der Regierung die Niederhaltung der Sozialdemokratie zu erleichtern, so muß man in der nächsten Session wieder darauf zurückkommen. Für die nächsten Wahlen kann es jedenfalls nur nützlich sein, wenn man den Reichstag jetzt nötigt, angesichts des Attentates, Stellung zu nehmen zu einer Vorlage gegen die sozialistischen Umtriebe.« Wie doppelbödig diese Argumentation war, zeigt auch die Tatsache, daß der Handelsminister von Hofmann instruiert wurde, die Vorlage nicht unter Hinweis auf das Hödelsche Attentat zu begründen, sondern darauf zu verweisen, daß der Reichstag der Regierung schon seit längerem die notwendigen Rechtsmittel zur Bekämpfung der Bestrebungen der Sozialdemokratie verweigert habe und das Attentat lediglich ein neuer Beweis für die Richtigkeit der Auffassungen der Regierung sei. Es ist unabweisbar, daß Bismarck beabsichtigt hat, die öffentliche Erregung über das Attentat auf den populären Monarchen auszunutzen, um die Nationalliberalen, die weiterhin eine Schlüsselstellung innerhalb der parlamentarischen Konstellation einnahmen, politisch auszumanövrieren und damit die Gefahr ein für allemal zu beseitigen, daß es angesichts der ungelösten Finanzfragen doch noch zu einem im echten Sinne konstitutionellen Regiment kommen könnte. Dies heißt natürlich nicht, daß Bismarck nicht auch ein Gesetz gegen die Sozialdemokratie wollte; aber in der gegebenen Konstellation hielt er dies für eine Cura posterior.

Die Nationalliberale Partei befand sich in einer schwierigen Lage. Die Mehrheit ihrer Anhänger war durchaus für energische Maßnahmen gegen die Sozialdemokratie, insbesondere in dieser atmosphärisch so aufgeheizten Situation. Andererseits waren die Nationalliberalen nahezu einhellig der Meinung, daß die Annahme eines solchen Ausnahmegesetzes der Bankrotterklärung eines gesunden konstitutionellen Staates gleichkommen würde. In jedem Fall aber wollten sie einen Bruch mit Bismarck vermeiden. Vergeblich boten sie eine Verschärfung der einschlägigen Bestimmungen des Strafgesetzbuches als Ersatz für das Sozialistengesetz an. Rudolf von Bennigsen ließ in einer großen Rede im Reichstag keinen Zweifel darüber aufkommen, daß auch die Nationalliberalen »dieser angewachsenen Wühlerei und Gefährdung der rechtlichen und sittlichen Grundlagen der bürgerlichen Gesellschaft« entgegenzutreten bereit seien. Jedoch deckte er in eindrucksvoller Weise die verfassungsrechtlichen Ungereimtheiten der Vorlage auf und verwies darauf, daß das Gesetz in der vorliegenden Form nur eine weitere Radikalisierung der Sozialdemokratie bewirken werde. »Die Regierung möge im nächsten Jahre kommen – wenn sie es wünscht, wir sind ja bereit, mitzuwirken schon im Herbst – mit einer Vorlage, welche die bürgerliche Freiheit mit gesetzlicher Ordnung und fester Autorität auf dem Boden des gemeinsamen Rechts im öffentlichen Leben für alle Klassen vereinigt.« Noch unerbittlicher zerpflückte Eduard Lasker die Vorlage, die behördlicher Willkür Tür und Tor öffne und im übrigen gar nicht praktikabel sein werde. Der Reichstag lehnte die Vorlage am 24. Mai 1878 mit 251 zu 57 Stimmen ab; nur die Deutschkonservativen und die Freikonservativen, außerdem die rechtsliberalen Außenseiter Rudolf von Gneist und Heinrich von Treitschke stimmten mit der Regierung.

Dies war eine eindeutigere Niederlage, als Bismarck sie wohl erwartet hatte; eine Spaltung der Nationalliberalen war, ungeachtet der erregten Stimmung in der breiten Öffentlichkeit, ausgeblieben. Da kam dem Kanzler der historische Zufall zu Hilfe. Nur neun Tage später, am 2. Juni 1878, wurde ein erneutes Attentat auf Wilhelm I. verübt. Ein Dr. Karl Nobiling schoß aus dem Fenster eines Hauses »Unter den Linden« auf den vorbeifahrenden Kaiser mit einer Schrotflinte und verletzte diesen erheblich. Es handelte sich um die Tat eines Einzelgängers, dessen wahre Motive nie aufgeklärt werden konnten, da er sich bei der Verhaftung eine Kugel in den Kopf schoß und nicht mehr vernommen werden konnte. Es war dies eines der nicht seltenen Anschlußattentate, wie wir es von der Ermordung des amerikanischen Präsidenten John F. Kennedy kennen, und hatte, soweit wir wissen, keine politischen Hintergründe. Nobiling hatte zur Sozialdemokratie mit Sicherheit keinerlei Verbindung, aber Bismarck ging ohne weiteres vom Gegenteil aus. Seine spontane Reaktion, als er von dem Attentat erfuhr, war: »Dann lösen wir den Reichstag auf!« Es war der erste Gedanke des Kanzlers, dieses zweite, noch verabscheuungswürdigere Attentat auf den greisen Kaiser auszunutzen, um gegenüber der Reichstagsmehrheit die Initiative zurückzugewinnen. Angesichts der anti-sozialistischen Feindbilder, die in den bürgerlichen Schichten grassierten, bot sich nun die Chance, die liberalen Parteien, zumal die Nationalliberalen, von ihren Wählern zu trennen und den verhaßten linken Flügel der Nationalliberalen unter Führung von Lasker vom Gros der Partei abzusprengen. Wider besseres Wissen schob Bismarck in einem Telegramm des Wolffschen Telegraphenbureaus das Attentat wiederum der Sozialdemokratie in die Schuhe. In einer Sitzung des preußischen Staatsministeriums vom 5. Juni fiel die Entscheidung, das zweite Attentat zum Anlaß der Einbringung eines neuen, noch ungleich schärferen Sozialistengesetzes und zum Ausgangspunkt für eine großangelegte politische Offensive gegen die bestehende Reichstagsmehrheit zu nehmen, mit dem Ziel, sich für die angestrebte konservative Wende endlich eine willfährige Mehrheit zu verschaffen. Bismarck ließ keinen Zweifel daran, daß es ihm nicht allein um die Durchsetzung des Sozialistengesetzes ging, welches die bisherige Reichstagsmehrheit mit Sicherheit nicht akzeptieren werde, sondern darum, sich die Nationalliberalen auf Dauer gefügig zu machen: »Wenn es der nationalliberalen Partei nicht gelingt, sich der Herrschaft jener fortschrittlichen Elemente [d. i. des Lasker-Flügels] zu entziehen, so werden die Regierungen [...] auf die Gemeinschaft mit dieser bisher einflußreichsten Partei verzichten müssen.« In der Sitzung des preußischen Staatsministeriums äußerte der Kronprinz Bedenken, ob es sich nicht doch empfehle, auf eine Auflösung zu verzichten und nach Rücksprache mit den Parteiführern eine entsprechende Vorlage an den jetzigen Reichstag zu richten. Aber Bismarck wollte diesen Vorschlag nicht gelten lassen, zumal seine Versuche, mit den Führern der Fraktionen Vereinbarungen zu treffen, bisher von extremen Elementen immer wieder zu Fall gebracht worden seien. Auch bei den süddeutschen Bundesstaaten bestanden anfänglich erhebliche Widerstände gegen diese Stoßrichtung der Politik Bismarcks; die badische Regierung erhob im Bundesrat Bedenken gegen ein solches Vorgehen, das, wie der badische Innenminister Franz Ludwig Stösser richtig voraussah, zu einer »heillosen Zersetzung« der liberalen Parteien führen müsse. Bismarck beantwortete derartige Einwände mit dunklen Drohungen, gegebenenfalls in besonders gefährdeten Regionen, unter Umständen auch in Baden, den Ausnahmezustand auszurufen. Ebenso sei eventuell eine Revision der Reichsverfassung ins Auge zu fassen, wenn dem Kanzler die Möglichkeit genommen werde, das Parlament durch eine Auflösung des Reichstages zur Räson zu bringen. Unter diesen Umständen stellte die badische Regierung ihre Bedenken zurück. Die Reichstagswahlen wurden auf den 30. Juni 1878 festgesetzt; der Wahlkampf begann sofort, in einer äußerst gespannten Atmosphäre.

Die Sozialdemokratie sah sich im Wahlkampf einer Flutwelle öffentlicher Verunglimpfungen ausgesetzt, während die liberalen Parteien mit dem Vorwurf konfrontiert wurden, sie hätten den Staatsbehörden die notwendigen Rechtsmittel gegen die »sozialdemokratische Wühlerei« verweigert. Die Fortschrittspartei pochte demgegenüber darauf, daß sie immer schon eine klare Sprache gegenüber der Sozialdemokratie geführt habe, aber ein Ausnahmegesetz nicht das geeignete Mittel sei, um diese zu bekämpfen. Der Wahlaufruf des Zentralwahlkomitees der Nationalliberalen Partei vom 16. Juni 1878 war überwiegend defensiv gehalten; darin wurde nunmehr die Mitwirkung der Partei bei neuen Gesetzen zur Bekämpfung der umstürzlerischen Bestrebungen in Aussicht gestellt. »Alle Vorschläge, welche darauf gerichtet sind, in wirksamer Weise die auf den Umsturz der bestehenden Rechtsordnung und die Zerstörung des bürgerlichen Friedens gerichteten Angriffe zu verhindern und abzuwehren, ohne die dauernden Garantien unserer schwer errungenen bürgerlichen Freiheit zu gefährden, werden unsere Unterstützung finden.« Dies half freilich alles nichts. Die Wahlen führten zu einem schweren Rückschlag nicht nur für die Sozialdemokratie, sondern auch für die Nationalliberalen und die Fortschrittspartei, während die beiden konservativen Parteien ihre Wählerschaft um gut ein Drittel steigern konnten und darüber hinaus bei den Stichwahlen hervorragend abschnitten. Der lachende Dritte im bürgerlichen Lager war die Zentrumspartei, die zwar in absoluten Zahlen geringfügig an Stimmen einbüßte, aber ihre Mandatszahl auf 94 Mandate steigern konnte. Allerdings hielt sich der Einbruch im liberalen Lager noch in Grenzen: Die Nationalliberalen fielen von 29,7 Prozent auf 25,8 Prozent der abgegebenen Stimmen zurück, während der Stimmenrückgang im linksliberalen Lager von 7,8 Prozent auf 6,7 Prozent nicht ganz so gravierend war. Aber im Rückblick erweist sich, daß dies einer Trendwende gleichkam, die den langfristigen Niedergang des Gesamtliberalismus einleitete. Die Zentrumspartei hingegen, die eben noch als gleichermaßen »reichsfeindlich« verteufelt worden war, wurde nun von Bismarck auf dem Umweg über den Vatikan als möglicher Partner in einem neuen konservativen Bündnis umworben, das die Ära liberaler Vorherrschaft ablösen sollte.

Allerdings war diese Entwicklung damals noch nicht voraussehbar. Zunächst wurde der Nationalliberalen Partei, die darum bemüht war, ihre bisherige Hegemonialstellung als Partei der Reichsgründung, so gut es ging, zu retten, das »Gesetz gegen die gemeingefährlichen Bestrebungen der Sozialdemokratie« aufgezwungen. Bismarck nahm an den Vorbereitungen der Vorlage unmittelbar Anteil. Er drängte darauf, daß das »Ausweisungsrecht« betreffend sozialistische Agitatoren so gestaltet würde, daß Rechtsmittel dagegen weitgehend wirkungslos blieben, und verlangte, daß die Möglichkeit zu einem Verbot sozialistischer Zeitungen nicht noch weiter rechtlich eingeengt werden dürfe. Vor allem aber wollte er mit dem Gesetz zugleich die parlamentarische Tätigkeit der Sozialdemokratie als solche treffen; so wünschte er, wie er dem Präsidenten des Reichskanzleramtes am 3. August schrieb, daß »stillschweigend oder ausdrücklich« die Möglichkeit dafür geschaffen würde, die »Verbreitung sozialistischer Parlamentsreden« zu verhindern. Über die vorzeitige Publikation der Vorlage in der amtlichen preußischen »Provinzial-Correspondenz« zeigte er sich äußerst irritiert, weil damit die Chance für weitere Verschärfungen verspielt worden sei. Dazu gehörte, daß allen »wegen sozialistischer Bestrebungen« verurteilten Bürgern das passive, ja sogar das aktive Wahlrecht abgesprochen werden sollte. Ebenso sollten alle Beamten, die der Sozialdemokratie angehörten, fristlos ohne Pensionsrechte entlassen werden können. Diese Maßregeln würden, sofern sie gesetzliche Gültigkeit erlangt hätten, in der Tat den Bestand der Sozialdemokratischen Partei ernstlich gefährdet haben. Bismarck war das Gesetz also bei weitem nicht scharf genug. Es fragt sich, ob er sich überhaupt von der im Bundesrat ausgehandelten Vorlage politisch viel versprochen hat: »Die Vorlage, so wie sie jetzt ist, wird praktisch dem Sozialismus nicht Schaden tun, zu seiner Unschädlichmachung keinesfalls ausreichen, namentlich, da ganz zweifellos ist, daß der Reichstag von jeder Vorlage etwas abhandelt.« Selbst wenn die vorzeitige Veröffentlichung der Vorlage unterblieben wäre, hätten nicht eben sonderlich gute Aussichten bestanden, die Zustimmung des Bundesrates für ein noch schärferes Gesetz zu erlangen; hier war schon das ursprünglich vorgesehene Reichsamt als Beschwerdeinstanz gegen Maßnahmen der Behörden auf entschiedenen Widerspruch gestoßen. Man hatte sich schließlich auf eine gemischte Kommission von zwei Vertretern des Bundesrates und drei Repräsentanten der höchsten Gerichte geeinigt.

Da Bismarcks Versuche, durch Vermittlung des Vatikans die Zustimmung des Zentrums zum Sozialistengesetz zu erwirken, nicht zum Ziel geführt hatten, hing das Zustandekommen desselben im Reichstag, obschon sich dessen politische Zusammensetzung stark nach rechts verlagert hatte, nach wie vor von dem Verhalten der Nationalliberalen ab. Über den antiliberalen Charakter der Regierungsvorlage konnte ernstlich kein Zweifel bestehen. Die Frankfurter Zeitung brachte dies am 13. Juli 1878 mit aller Deutlichkeit zum Ausdruck: »Wir haben in diesem Entwurf einen Versuch vor uns, das öffentliche Leben, die Freiheit der politischen und geistigen Bewegung in Fesseln zu schlagen, die sie mit dem Untergang bedrohen, eine Art von Ruhe und Ordnung herzustellen, welche die Ruhe des Kirchhofs und die Ordnung des Zellengefängnisses ist.« Die Nationalliberalen hatten sich jedoch bereits im Wahlkampf gegenüber ihren im Bann einer emotionalen anti-sozialistischen Agitation stehenden bürgerlichen Wählern ganz überwiegend dazu bereit erklärt, ein neues Sozialistengesetz mittragen zu wollen. Jetzt sahen sie sich vor die Quadratur des Kreises gestellt, wie man ein »Gesetz gegen die gemeingefährlichen Bestrebungen der Sozialdemokratie« so gestalten könne, daß die rechtsstaatlichen Grundsätze ob dieses Ausnahmegesetzes möglichst wenig in Mitleidenschaft gezogen würden.

Besonders Eduard Lasker, der sich noch im Frühjahr 1878 mit größter Entschiedenheit gegen ein »Ausnahmegesetz« gewandt hatte, da ein solches die sozialdemokratische Gefahr nur vergrößern werde, setzte nun in den Kommissionsberatungen sein großes juristisches Geschick und all seine Beredsamkeit ein, um möglichst viele rechtsstaatliche Kautelen in den Regierungsentwurf hineinzubringen. Er stieß dabei jedoch auf die Opposition nicht allein der beiden konservativen Fraktionen, sondern, je mehr sich der Widerstand der Regierung gegen weitreichende Konzessionen verhärtete, auch des rechten Flügels der Nationalliberalen, um so mehr, als Bismarck erkennen ließ, daß er gegebenenfalls auf das Gesetz ganz verzichten und zu einer erneuten Auflösung des Reichstages schreiten werde. Einen erneuten Wahlgang aus diesem Anlaß aber fürchteten die National-liberalen mehr als der Teufel eine gute Seele. Andererseits warf der Kanzler mit bemerkenswerter Konzilianz den Nationalliberalen den Köder hin, weiterhin Regierungspartei bleiben zu können, sofern sie sich dazu bereitfänden, zusammen mit den beiden konservativen Fraktionen dem Sozialistengesetz zu einer Mehrheit zu verhelfen. Dies führte zu einer Zerreißprobe der Nationalliberalen Partei. Bennigsen griff zu dem bereits bewährten Mittel, in direkten Verhandlungen mit Bismarck, hinter dem Rücken der Fraktion und in Desavouierung des linken Flügels unter Führung Laskers, einen Kompromiß zustande zu bringen, der die Annahme des Sozialistengesetzes im Reichstag sicherte, es gleichzeitig aber den Nationalliberalen erlaubte, einigermaßen das Gesicht zu wahren. So wurden in den Verhandlungen im Plenum wieder einige der Sicherungen zurückgenommen, die Lasker mit Mühe in die Vorlage der Reichstagskommission hineingebracht hatte.

Die Strategie der Nationalliberalen lief darauf hinaus, den Entwurf so umzuge-stalten, daß nicht sämtliche Bestrebungen der Sozialdemokratie schlechthin und auch nicht ihre parlamentarische Tätigkeit, sondern lediglich die auf den »Umsturz der bestehenden Staats- und Gesellschaftsordnung« – in der Regie-rungsvorlage war statt dessen erheblich weitgreifender von »Untergrabung« die Rede – gerichteten Aktionen der Partei den Strafbestimmungen des Sozialisten-setzes unterliegen sollten. Dies war eine fragwürdige Unterscheidung, die jedoch die Wirksamkeit des Gesetzes an entscheidender Stelle durchlöcherte, wie Bis-marck richtig vorausgesehen hatte. Zudem beruhigten die Nationalliberalen ihr schlechtes Gewissen damit, daß sie die Geltungsdauer des Sozialistengesetzes, entgegen den Vorstellungen der »Verbündeten Regierungen«, auf nur zweiein-halb Jahre begrenzten, um sich zu einem möglichst frühen Zeitpunkt die Möglich-keit zu Korrekturen und Nachbesserungen vorzubehalten. Bismarck hingegen war taktisch klug genug, ihnen für ihr Entgegenkommen die Aussicht auf zukünf-tige Zusammenarbeit zu offerieren: »Mein Bestreben geht über dieses Gesetz und diese Vorlage hinaus dahin, womöglich aus den drei Fractionen, die überhaupt an den staatlichen Zwecken der Regierung in befreundeter Weise mitarbeiten, und aus der Regierung zusammen eine feste [...] Phalanx zu bilden, die im Stande ist, allen Stürmen, denen unser Reich ausgesetzt ist, wirksamen Widerstand entgegen zu setzen.«

Dieser Versuchung vermochten sich die Nationalliberalen mehrheitlich nicht zu entziehen. Bennigsen rechtfertigte die Zustimmung der Nationalliberalen Par-tei jetzt mit dem Argument, daß diese Vorlage sich nicht mehr gegen bestimmte Klassen oder bestimmte Parteien richte, sondern lediglich gegen Bestrebungen, die auf den Umsturz der bestehenden Staats- oder Gesellschaftsordnung »in einer den öffentlichen Frieden« und »insbesondere die Eintracht der Bevölkerungsklassen gefährdenden« Weise hinwirkten. Er umging dabei geflissentlich den Tatbestand, daß das Sozialistengesetz auch mit diesen Einschränkungen den Staatsbehörden nahezu unumschränkte Vollmachten für die Verfolgung der Sozialdemokratie einräumte. Im übrigen sprach er offen den Kern der liberalen Befürchtungen an, wenn er beklagte, daß die sozialistische Agitation geeignet sei, der Arbeiterschaft jegliche Hoffnung zu nehmen, daß überhaupt jemals eine allmähliche Verbesserung ihrer Lage werde erreicht werden können; ihnen werde täglich eingeimpft, daß das sogenannte eherne Lohngesetz ganz unverbrüchlich wäre und jede Verbesserung ihrer Lage ausschließe, »solange die jetzigen Eigentums- und Produktionsverhältnisse« bestünden. Demgegenüber verwies er auf die so unterschiedliche Situation in England, in der radikale Tendenzen in der Arbeiterschaft abgestorben und nicht zuletzt auch kraft der Aktivität der Gewerkschaften eine kontinuierliche Hebung der wirtschaftlichen Lage der Arbeiterschaft eingetreten sei. Zugleich aber malte Bennigsen ein düsteres Bild dessen, was die deutsche Nation zu erwarten habe, wenn die Sozialdemokraten zur Herrschaft im Staat gelangen würden; dies würde eine »Polizeiadministration« sein müssen, »mit Beseitigung aller und jeder individuellen Freiheit, mit der selbst die schlimmsten Zeiten des Polizeiregiments in irgendeinem Staate keinen Vergleich aushalten könnten [...] wenn es jemals in der jetzigen Zeit in irgendeinem europäischen Lande der sozialdemokratischen Agitation gelingen sollte, sich der Gewalt zu bemächtigen und auf kurze Zeit [... sozialistische] Verhältnisse einzuführen, [...] was würde da verwüstet sein! [...] dann würde zugleich mit dem Rechte, der Sitte und der überlieferten Kultur zerstört sein der größte Teil des seit Jahrhunderten angesammelten nationalen Kapitals auf Nimmerwiedersehen.«

Dies alles mochte angehen, aber mit ihrer Unterstützung dieser, wenn auch abgeschwächten Vorlage hatten die Nationalliberalen in dem Wunsch, auch weiterhin die Partei des Reichsgründers bleiben zu dürfen, ihre Seele verkauft. Am 19. Oktober 1878 wurde das Sozialistengesetz von einer Mehrheit, bestehend aus den beiden konservativen Parteien und der Nationalliberalen Partei, gegen die Stimmen des Zentrums, des Fortschritts und der kleineren Parteien, einschließlich der neun Abgeordneten der Sozialdemokratie, angenommen. Lasker, über die weitgehende Desavouierung der von ihm verfochtenen politischen Linie tief entmutigt, enthielt sich der Stimme; es bedurfte des guten Zuredens seiner engeren Mitstreiter, um ihn von einer sofortigen Niederlegung seiner Parteifunktionen und seines Mandats abzuhalten. Die Zustimmung des Bundesrates hatte Bismarck schon zuvor in Aussicht gestellt. Das Sozialistengesetz trat bereits am 22. Oktober 1878 in Kraft.

Das »Gesetz gegen die gemeingefährlichen Bestrebungen der Sozialdemokratie« enthielt nicht, wie man im Zeitalter totalitärer politischer Bewegungen hätte annehmen können, ein Verbot der Sozialdemokratie schlechthin, sondern nur ihrer Organisationen und ihrer Presse. Es machte den Polizeibehörden zur Pflicht, alle Versammlungen aufzulösen, in denen »sozialdemokratische, auf den

Umsturz der bestehenden Staats- oder Gesellschaftsordnung gerichtete Bestrebungen zu Tage treten«. Der Paragraph 11 des Gesetzes erlaubte es den Polizeibehörden, alle Druckschriften sozialistischen Charakters zu verbieten und diese
gegebenenfalls zu beschlagnahmen sowie gegen deren Urheber vorzugehen. Nicht
strafbar allerdings war der Besitz solcher Schriften; dies war eine der vielen
halbherzigen Kautelen, die die Nationalliberalen durchgesetzt hatten, um nicht
den einfachen Mann zu treffen. Außerdem sollten sozialdemokratische Agitatoren, die wegen Verletzungen des Gesetzes verurteilt waren, aus bestimmten Orten,
außer ihrem Heimatort, ausgewiesen werden können. Besonders spektakulär war
die Möglichkeit, im Rahmen des sogenannten »Kleinen Belagerungszustandes«
auch »Personen, von denen eine Gefährdung der öffentlichen Sicherheit und
Ordnung zu besorgen ist«, ohne jede rechtliche Grundlage aus bestimmten Orten
und Regionen auszuweisen. Schließlich wurde jegliche Tätigkeit für verbotene
Vereine, insbesondere die Sammlung von Geldern zu solchen Zwecken, unter
Strafe gestellt. Es war alles in allem ein Katalog von drastischen Maßnahmen, die
der polizeilichen Willkür Tür und Tor öffneten und zudem ein blühendes Spitzel-
wesen hervorbrachten. Dennoch hatte das Ganze einen Pferdefuß; die Tätigkeit
der Sozialdemokratischen Partei im Parlament und bei den Wahlen konnte nicht
unterbunden werden. Dies gab den Führern der Sozialdemokratischen Partei die
begründete Hoffnung, daß man die Zerschlagung ihrer Organisationen und ihrer
Presse werde verwinden und die eigene Anhängerschaft bei der Stange halten
können. Die trotzigen Reden Hasselmanns und Liebknechts anläßlich der
abschließenden Beratungen des Sozialistengesetzes waren nicht zuletzt darauf
gerichtet, den Sozialdemokraten im Lande die Zuversicht zu geben, daß man die
bevorstehende Verfolgung erfolgreich überstehen werde.

Das Sozialistengesetz beruhte auf einer weitgehenden Fehleinschätzung der
Sozialdemokratie, die einstweilen ja kaum mehr war als die bescheidene Vorhut
der Arbeiterschaft, die großenteils noch gar nicht politisch aktiviert war. Sie
repräsentierte vorderhand nur eine vergleichsweise kleine Gruppe von Arbeitern
vornehmlich aus gehobenen Berufen, die der Handwerkstradition nahestanden;
lediglich im Bereich der metallverarbeitenden Gewerbe war der Partei bereits ein
Einbruch in die Großindustrie gelungen. Die Sozialdemokratie oder auch nur die
wenigen ihrer Führer, die von marxistischen Ideen beeinflußt waren, als eine
ernsthafte Gefährdung der bestehenden Gesellschaft anzusehen, war ein kapitaler
Fehler. Ihre noch unausgereiften Postulate von einer sozialistischen Gesellschaft
der Zukunft hatten vorwiegend utopistischen Charakter und waren den Realitäten der sich entfaltenden Industriegesellschaft überhaupt nicht angepaßt. Die
Ideologie des sozialistischen Zukunftsstaates diente faktisch bloß als rhetorische
Abstützung eines pragmatischen Programms umfassender demokratischer und
sozialpolitischer Reformen, die großenteils liberaldemokratischen Ursprungs
waren und sich von den Forderungen des linken Liberalismus nur in ihrer Radi-

kalität, nicht aber in ihrer Substanz unterschieden. Die Furcht des bürgerlichen Publikums vor der Sozialdemokratie beruhte weithin auf Unkenntnis des tatsächlichen Charakters der Sozialdemokratie, und dies galt in vermehrtem Maße für die Polizeibehörden, die ein Problem, das nur mit politischen Mitteln hätte gelöst werden können, mit einem umfassenden System der Bespitzelung, der Ausforschung und der Repression aus dem Weg räumen sollten. Auf diese Weise wurde die bislang ganz oberflächlich marxistisch und internationalistisch geprägte Partei nach links hin gedrängt und in eine unversöhnliche Haltung gegenüber dem bestehenden Staat und den bürgerlichen Parteien hineingezwungen, während sich die Einstellung der Gesellschaft und der Staatsbehörden gegenüber der Arbeiterschaft im Gegenzug immer mehr verhärtete. Jetzt trat eben das ein, was Bennigsen von der sozialdemokratischen Agitation befürchtet hatte, nur unter umgekehrtem Vorzeichen: die Ausgrenzung der Arbeiterschaft aus dem Horizont einer fortschrittlichen Politik liberalen Zuschnitts, im Unterschied beispielsweise zu den gleichzeitigen Entwicklungen in Großbritannien.

Dies aber kam einer nachhaltigen Schwächung der reformwilligen Kräfte in der deutschen Gesellschaft gleich. Das Opfer des Intellekts, das die Nationalliberalen in der Hoffnung erbracht hatten, damit ihre politische Haut zu retten, zahlte sich nicht aus. Die deutliche Schwächung des linken Flügels der Nationalliberalen Partei, die sich schon bei den Wahlen angekündigt hatte und die dann in der weitgehenden Vergeblichkeit von Laskers Versuchen einer Schadensbegrenzung ihren parlamentarischen Ausdruck fand, ließ sich nicht wiedergutmachen. Die ursprünglich geschlossene Front der liberalen Parteien gegenüber dem autoritär verfaßten System des Kaiserreiches hatte einen weiteren, folgeträchtigen Riß erhalten. Bismarck aber war entschlossen, nunmehr mit den Nationalliberalen definitiv zu brechen. Als Mittel dazu bot sich die Frage der Schutzzölle an, in der die Nationalliberalen ebenfalls tief gespalten waren. Der Übergang zu Schutzzöllen für Industrie und Landwirtschaft sollte dazu dienen, die verhaßte »fortschrittliche Richtung« in der Nationalliberalen Partei endgültig von deren Gros abzusprengen und auf diese Weise den Weg für eine Politik der Interessensolidarität von Industrie, Handel und Großlandwirtschaft frei zu machen.

Die innenpolitische Kurswende im Jahr 1879

Bei der Annahme des Sozialistengesetzes hatte Bismarck den Nationalliberalen Avancen gemacht, auch weiterhin die bestimmende Partei im Reich zu bleiben. Aber im Grunde war dem Kanzler die enge politische Bindung, die er nach 1867 mit der Nationalliberalen Partei eingegangen war, leid. Die steigenden Machtansprüche der Nationalliberalen, die auf dem Weg über die überfällige Sanierung der Reichsfinanzen immer noch ein uneingeschränkt konstitutionelles Regime im Reich zu erreichen hofften, ließen ihn nach alternativen Möglichkeiten Ausschau halten. Dafür waren nach den Reichstagswahlen von 1878 die parlamentarischen Bedingungen günstiger geworden. Die Konservativen hatten sich aus der Krise, in die sie in den siebziger Jahren wegen ihrer anfänglich unerbittlichen Gegnerschaft gegen die Reichsgründung geraten waren, wieder herausgearbeitet. Die am 7. Juni 1876 neu gegründete Deutsch-Konservative Partei hatte sich in ihrem Gründungsaufruf dazu bekannt, »die für unser Vaterland gewonnene Einheit auf dem Boden der Reichsverfassung in nationalem Sinne stärken und ausbauen« zu wollen.

Mit dem Beginn der Wirtschaftskrise von 1873, die allgemein als Anfang einer langen Periode wirtschaftlicher Depression erfahren wurde, gewann auch die antikapitalistische Grundhaltung der Konservativen Partei an Gewicht. Die Konservativen machten durchweg den rücksichtslos freihändlerischen Kurs der liberalen Parteien für die Wirtschaftskrise verantwortlich. Schon am 17. Oktober 1873 hatte die »Neue Preußische Zeitung (Kreuzzeitung)« beklagt: »Die Krankheit aber, an welcher unser ganzer Staats-Organismus an Mark und Bein krank ist, welche seinen gesammten noch gesunden Lebenssaft aufzuzehren droht, ist die künstliche, unnatürliche, durch und durch ungesunde Verschiebung aller wirtschaftlichen Verhältnisse, welche zu Gunsten der Industrie und des Capitals und der beide bergenden Großstädte und zum Nachtheil des Grundbesitzes überhaupt, vorzugsweise aber zum Nachtheil des ländlichen Grundbesitzes, der Ackerbau treibenden Kleinstädte und ihres Handwerks-Betriebs durch unsere Gesetzgebung stattgefunden hat.« In dieser Phase strukturellen Wandels der Wirtschaft, in der viele kleinere Unternehmer und Teile des Handwerks in schwere Bedrängnis gerieten, schien sich jene Prognose nur zu sehr bestätigt zu haben. In dem Gründungsaufruf der Deutsch-Konservativen wurde die Zielgruppe direkt angesprochen: »Gegenüber der schrankenlosen Freiheit nach liberaler Theorie wollen wir im Erwerbs- und Verkehrsleben eine geordnete wirtschaftliche Freiheit. Wir verlangen von der wirtschaftlichen Gesetzgebung gleichmäßige Berücksichtigung aller Erwerbstätigkeiten und gerechte Würdigung der zur Zeit nicht ausreichend berücksichtigten Interessen von Grundbesitz, Industrie und Handwerk.« Die Konservativen plädierten also für eine grundsätzlich antiliberale Wirtschaftspolitik, die, statt »die bloße Entfesselung der individuellen Kräfte« zu betreiben, mit Hilfe von ordnungspolitischen Maßnahmen die »redliche Erwerbsarbeit gegen das Überwuchern der Spekulation und des Aktienunwesens zu schützen« habe. Heinrich August Winkler hat diese Strategie mit einigem Recht als »Mobilisierung von Bauern, Handwerkern und Kleinhändlern gegen den Liberalismus als den Motor der gesellschaftlichen Modernisierung« bezeichnet.

In der »Vereinigung der Steuer- und Wirtschaftsreformer« schufen sich die

Großagrarier, die das Rückgrat der Deutsch-Konservativen Partei bildeten, gleichzeitig eine wirksame Interessenorganisation, die mit Nachdruck für eine steuerliche Entlastung des Grundbesitzes und umgekehrt für eine stärkere steuerliche Belastung des Bank- und Industriekapitals plädierte. Die »Vereinigung der Steuer- und Wirtschaftsreformer« protestierte lautstark gegen die angeblichen »Steuerumgehungen des Geldkapitals« und forderte, um das Gleichgewicht zwischen Industrie und Landwirtschaft aufrechtzuerhalten, unter anderem die Einführung einer Börsenumsatzsteuer und eine internationale Gold- und Silberwährung. Aus dem gleichen Mißtrauen gegenüber der Großindustrie heraus, die, wie man argwöhnte, die überkommenen Sozialstrukturen zum Nachteil der Nation zu zersetzen drohte, widersetzte sich die »Vereinigung der Steuer- und Wirtschaftsreformer« den Forderungen nach Beibehaltung oder gar Erhöhung der Eisenzölle. Bedeutsamer war, daß die »Steuer- und Wirtschaftsreformer« angesichts der internationalen Agrarkrise dazu übergingen, agrarische Schutzzölle zu fordern, im Bruch mit einer langen freihändlerischen Tradition der ostelbischen Großgüterwirtschaft. Den unmittelbaren Anstoß dazu gab ein signifikantes Sinken der Weizenpreise in den Jahren 1877 bis 1879. Aber noch war die Stimmung im Lager der Agrarier keineswegs einheitlich. Namentlich die Bauern in Süd- und Südwestdeutschland zögerten, sich den agrarprotektionistischen Parolen der »Steuer- und Wirtschaftsreformer« anzuschließen, zumal der Übergang zum Schutzzoll zu einer Verteuerung der vielfach importierten Futtermittel führen mußte; auch in Nord- und Ostdeutschland, wo die überkommenen überseeischen Absatzverbindungen weithin noch intakt waren, bestand vielerorts Zögern, auf diese Linie einzuschwenken. Außerdem waren die Agrarier noch nicht bereit, Schutzzölle auch für industrielle Produkte zu konzedieren. Es bedurfte erheblicher Bemühungen von seiten der industriellen Interessenverbände, das Mißtrauen der Landwirtschaft gegenüber der Industrie schrittweise abzubauen. In diesem Punkt half am Ende auch Bismarck selbst nach und machte seinen Einfluß zugunsten einer Milderung des antiindustriellen Kurses der Deutsch-Konservativen Partei geltend. Die solide Unterstützung der Regierung durch die Deutsch-Konservativen in Sachen der Verfolgung der Sozialdemokratie tat ein übriges, um die Industrie der Landwirtschaft gegenüber entgegenkommend zu stimmen. Bereits im Februar 1878 zeichnete sich angesichts fallender Preise sowohl für industrielle als auch für agrarische Produkte eine Entwicklung ab, die man irrigerweise weitgehend den Auswirkungen der überseeischen Konkurrenz zurechnete: ein Zusammengehen von Industrie und Landwirtschaft zugunsten des Übergangs zum Protektionismus, obwohl über die Höhe und Struktur der Zölle einstweilen keinerlei Übereinstimmung in Sicht war. Hier bot sich also ein Ansatzpunkt für eine Politik der Zusammenführung der »produktiven Stände«, wie sie Bismarck nunmehr vorschwebte.

Nach dem großen Wahlerfolg von 1878, der überwiegend der Strategie des

Kanzlers zu danken war, wechselte das Gros der Konservativen Partei in das Bismarcksche Lager über, auch wenn die Opposition des hochkonservativen Flügels wegen des »Kulturkampfes« vorläufig noch anhielt. Ende 1879 schwenkte auch die Kreuzzeitungsgruppe auf die Linie einer bedingungslosen Unterstützung Bismarcks ein. 1880 kam es gar zu einer offiziellen Aussöhnung der »Deklaranten« mit dem Kanzler. Allerdings zögerten die Altkonservativen unter Führung Hammerstein zunächst, sich uneingeschränkt mit Bismarcks Schutzzollpolitik zu befreunden. Aber insgesamt konnte sich der Kanzler jetzt auf die Konservativen verlassen. Der neue Vorsitzende der Konservativen Partei, Otto Heinrich von Helldorf, war »ganz Bismarckianer«. Eine selbständige konservative Politik neben Bismarck gab es für ihn nicht. Allerdings kam es auf dem linken Flügel der Konservativen Partei zu einer bedeutsamen, wenn auch am Ende folgenlosen Abspaltung. Der Berliner Theologe und Hofprediger Adolf Stoecker gründete 1878 die Christlich-soziale Arbeiterpartei, die in bewußter Entgegensetzung zur Sozialdemokratie ein Programm umfassender Sozialreformen auf christlich-konservativer Grundlage vertrat. Die Christlich-soziale Arbeiterpartei sollte gleichsam den linken Flügel eines sich auf die Volksmassen stützenden Reformkonservativismus abgeben. Stoecker selbst meinte 1878, es könne »bei dem herrschenden allgemeinen Stimmrecht allerdings nicht zweifelhaft sein, daß die konservative Partei nur als Volkspartei ihre Auferstehung feiern und nur in der sozialen Frage ihre Stärke gewinnen könne«. Allerdings wurde daraus nichts. Die Versammlungen der Christlich-sozialen Arbeiterpartei in Berlin wurden von Anhängern der Sozialdemokratie überflutet und umfunktioniert; bei den Wahlen blieb ihr jeglicher Erfolg versagt. Am Ende mündete die Gründung Stoeckers in die »Berliner Bewegung« ein, eine mittelständisch-konservative Gruppierung mit stark antisemitischen Tendenzen. Die Erwartung Stoeckers, daß er mit seiner Bewegung der Konservativen Partei zu einer breiteren Basis in der Bevölkerung verhelfen könne, erwies sich als illusorisch. Die Deutsch-Konservative Partei blieb zeit ihrer Existenz eine rein großagrarische Partei, deren Einzugsbereich nahezu ausschließlich auf das ostelbische Preußen beschränkt war.

Die Reichs- und Freikonservative Partei, mit dem Sprung von 38 auf nicht weniger als 51 Mandate die größte Gewinnerin der Wahlen von 1878, war seit jeher eine gouvernementale Partei par excellence. Sie profitierte davon, daß sie als einzige Partei rückhaltlos auf Bismarckschem Kurs gelegen hatte. Personell wie programmatisch lebte die Partei von ihrer Nähe zur Regierung und der Staatsbürokratie. Soweit die Freikonservativen überhaupt ein eigenes politisches Profil besaßen, favorisierten sie ein Zusammengehen von Industrie, Landwirtschaft und der hohen Beamtenschaft, im Zeichen einer entschiedenen Bekämpfung der Sozialdemokratie sowie der Abwehr konstitutioneller Experimente. Es ist für die Rückständigkeit der politischen Kultur des Kaiserreiches bezeichnend, daß diese Partei, die ein obrigkeitlich-patriarchalisches Politikverständnis besaß und der im

Grunde jede Massenbasis fehlte, im Zuge der politischen Wende von 1879 gleichwohl eine parlamentarische Schlüsselstellung hat einnehmen können. In Wilhelm von Kardorff, der zugleich Gründungsmitglied des Centralverbandes der deutschen Industrie (CVdI) war, verfügte die Partei über einen Mittelsmann sowohl zur Schwerindustrie als auch zu Bismarck. Sie wurde zum eigentlichen Exponenten der neuen Politik des »Schutzes der nationalen Arbeit«.

Die Aufgabe, die deutsche Öffentlichkeit und den Reichstag, in dem bislang die Anhänger des Freihandels immer noch die Oberhand hatten, von der Notwendigkeit der Einführung von Schutzzöllen zu überzeugen, fiel freilich den unmittelbaren Interessenten zu. Eine entscheidende Rolle spielte dabei der 1876 von Wilhelm von Kardorff ins Leben gerufene »Centralverband deutscher Industrieller«, in dem die Rheinisch-Westfälische Eisen- und Stahlindustrie eine Schlüsselstellung einnahm. Die Forderung, daß von der endgültigen Aufhebung der Eisenzölle Abstand genommen werden solle, wurde jetzt auf eine neue Ebene gehoben, und zwar mit einer großangelegten Kampagne für ein umfassendes System von Schutzzöllen für industrielle Produkte. Dies vollzog sich vor dem Hintergrund der schweren wirtschaftlichen Anpassungskrise der siebziger Jahre, die zu einem teilweise rapiden Preisverfall sowohl für Halbfertigprodukte als auch für Fertigwaren geführt hatte. Die Industrie, die bisher ihre Investitionen vielfach mühelos über die Preise hatte finanzieren können, war zu Teilen dadurch in erhebliche Schwierigkeiten geraten. Der Schutzzollagitation lag die unzutreffende, aber damals allgemein für richtig gehaltene Annahme zugrunde, daß sich durch protektionistische Maßnahmen das Preisniveau wieder werde anheben lassen und damit die Prosperität vergangener Jahre wiederhergestellt werden könne. Unter den gegebenen Umständen fanden Argumente dieser Art in den Kreisen der Industrie, insbesondere in jenen Sektoren großen Zuspruch, die sich als Folge des allzu stürmischen Wachstums in den sechziger und den frühen siebziger Jahren vor große Absatzprobleme gestellt sahen oder jedenfalls nicht mehr zu den Preisen verkaufen konnten, an die sie sich vor dem Beginn der Krise 1873 gewöhnt hatten. Andererseits war die Überzeugung, daß der beachtliche Aufschwung der deutschen Wirtschaft seit dem Ende der fünfziger Jahre vorwiegend dem Freihandel zu verdanken sei, in weiten Kreisen der Wirtschaft noch ungebrochen. Insbesondere der Handel und die Banken waren nach wie vor nicht von den Vorteilen des Schutzzolls mit seinen unabsehbaren Rückwirkungen auf den deutschen Außenhandel überzeugt. Gleiches galt für große Teile der Konsumgüterindustrie, die mit einigem Recht befürchteten, daß der Übergang zu Schutzzöllen für sie nur höhere Preise für ihre Rohprodukte bringen würde, nicht aber vermehrte Absatzchancen auf dem Binnenmarkt oder im Ausland. Infolgedessen verlagerte sich die Agitation der unmittelbaren Interessenten und mit ihnen des damals durchaus noch nicht für die deutsche Wirtschaft in ihrer Gesamtheit repräsentativen CVdI auf die politische Ebene. Das Argument vom »Schutz der nationalen Arbeit« gegenüber der angeblich oder wirklich unlauteren ausländischen Konkurrenz paßte gut in eine politische Situation, in der die Furcht vor der »Roten Gefahr« in aller Munde war. Die Wiederherstellung eines leistungsfähigen industriellen Systems mit hohem Beschäftigungsgrad durch Maßnahmen zur Abwehr der ausländischen Konkurrenz wurde als zusätzliche Voraussetzung für eine erfolgreiche Bekämpfung der »sozialistischen Umtriebe« propagiert.

Der »Centralverband deutscher Industrieller« zögerte nicht, in dieser Sache auch unmittelbar an Wilhelm I. zu appellieren, der, wie damals allgemein bekannt, für solche Argumente zugänglich war. In einer Eingabe vom 12. Juli 1877 wurde die Wirtschaftskrise seit 1873 in aller Form der freihändlerischen Politik der Reichstagsmehrheit in die Schuhe geschoben und auf das bedrohliche Ansteigen der Arbeitslosigkeit verwiesen; diese sei dadurch bedingt, daß die ausländische Industrie »die Erzeugnisse ihrer überaus beträchtlichen Überproduktion« ungehindert »auf den deutschen Markt zu werfen« imstande sei. Die Eisenindustrie könne »unter den Verhältnissen, wie sie zur Zeit obwalten, nicht existieren«, und dies gelte auch für »viele andere Gewerbezweige«. Deutschland ginge, so hieß es weiter, »mit Riesenschritten einer allgemeinen Verarmung« entgegen. Damit nicht genug; die Eingabe schloß mit der handgreiflichen Warnung: »[...] Der deutschen Industrie hat es sicherlich niemals an Opferwilligkeit und Patriotismus gefehlt: wenn aber dem allgemeinen Notstande nicht bald begegnet wird, und wenn alle Hilfsquellen versiegen, aus welchen das Nationaleinkommen fließt, dann wird die Steuerverwaltung nicht mehr imstande sein, ohne unaufhörliche Vermehrung der Anleihen die Mittel zur Deckung des progressiv steigenden Staatshaushaltes zu beschaffen!« Massiver läßt sich die Politisierung des Eigeninteresses einzelner industrieller Sektoren, vorrangig der Eisen- und Stahlindustrie, in zweiter Linie der Textilindustrie, die in den »Gründerjahren« übermäßig expandiert hatten, nicht artikulieren. Die »Meisterleistung« der Agitation der neu entstandenen industriellen Interessenverbände war die Überbrückung des traditionellen Gegensatzes zwischen Landwirtschaft und Industrie. Auf einem gemeinsamen Treffen des CVdI und der »Steuer- und Wirtschaftsreformer« Mitte Februar 1878 gelang ein erster Einbruch in die antiindustrielle Front der Agrarier. Bei dieser Gelegenheit plädierte der Führer der bayerischen Agrarier, Freiherr von Thüngen, erstmals für eine Allianz von Landwirtschaft und Industrie. Ein Jahr später, auf dem 10. Kongreß Deutscher Landwirte vom 24./25. Februar 1879, kam es dann zur förmlichen Besiegelung eines »unverbrüchlichen Bündnisses« von Landwirtschaft und Industrie in der Frage der Schutzzollpolitik. Man verpflichtete sich nun zur gemeinsamen Unterstützung der entsprechenden Gesetzgebungsinitiativen gegenüber der Öffentlichkeit und den Parteien des Reichstages.

Es fehlte jedoch nicht an Gegenaktionen der Freihandelspartei. Aber viel zu lange hatte diese angenommen, die Position des Freihandels wäre mit der Gründung des Reiches und dem wirtschaftlichen Aufschwung seit 1850 so untrennbar verbunden, daß sie im Grunde unangreifbar sei. Die Selbstgewißheit und Intransigenz der Anhänger des Freihandels selbst auf dem Höhepunkt der Wirtschaftskrise in den Jahren 1878/79 trug dazu bei, deren Sache in der Öffentlichkeit zu diskreditieren. Es war eigentlich nur der überwiegend von den Hansestädten getragene »Verein zur Förderung der Handelsfreiheit«, der sich aktiv bei der Abwehr der protektionistischen Agitation engagierte. In den Vordergrund einer Kampagne stellte dieser das Argument, daß Getreidezölle zu einer allgemeinen Verteuerung der Lebenshaltung und damit zu einer Vermehrung der wirtschaftlichen Misere führen würden. Die für die Freihändler ungünstige Konstellation wurde noch dadurch verschlechtert, daß sich das Zentrum bereits seit geraumer Zeit den konservativen Parteien gleichsam als natürlicher Bündnispartner angeboten hatte, um den Übergang zum Schutzzoll durchzusetzen. Dabei war viel Taktik und sogar ein wenig Opportunismus im Spiel, insofern als es dem Zentrum in erster Linie darauf ankam, die Nationalliberalen als bislang führende Regierungspartei auszubooten und sich als Ersatz zu empfehlen. Andererseits verfügte die Zentrumspartei über einen nicht unbeachtlichen agrarischen Flügel, und je mehr sich auch in den Kreisen der mittelständischen Landwirtschaft der Gedanke durchsetzte, daß der Verfall der Agrarpreise mit Hilfe von Schutzzöllen aufgehalten werden könne, desto weniger schwer wurde es für die Zentrumsführung, zugunsten einer Politik nicht allein industrieller, sondern auch agrarischer Schutzzölle einzutreten.

Bismarcks eigene Position stand im Grundsatz seit längerem fest. Er wünschte den Übergang des Reiches zu einem System ausgedehnter Finanzzölle, zum einen, weil er indirekte Steuern aus konservativer Sicht für unbedenklicher hielt, da sie für den gemeinen Mann weniger fühlbar seien, zum anderen, weil er die Finanzen des Reiches auf eine feste, dauerhafte Grundlage stellen wollte, unter Beseitigung der sogenannten Matrikularbeiträge, durch die das Reich gleichsam als ein »lästiger Kostgänger bei den Einzelstaaten« dastand, wie sich der Kanzler am 2. Mai 1879 ausdrückte. Entscheidend war jedoch das Kalkül, daß den liberalen Parteien auf solche Weise die Möglichkeit entzogen würde, durch Ausspielen des Budgetrechts eine wirklich konstitutionelle Regierungsweise, unter verantwortlicher Mitwirkung der Führer der Parteien in einem kollegialen Reichsministerium, zu erzwingen. In den Verhandlungen mit Bennigsen hatte Bismarck selbst zeitweilig den Übergang zu einem konstitutionellen Regiment erwogen, dann aber definitiv verworfen. Die Besorgnis, daß es früher oder später dennoch so kommen könne, beschäftigte ihn in zunehmendem Maße. Dies geht auch aus einem Artikel hervor, den er selbst verfaßt hatte und der am 1. Juni 1878 in anonymer Form in der offiziösen »Norddeutschen Allgemeinen Zeitung« erschien. Darin wurde unter anderem dargelegt, daß im Deutschen Reich, anders als in England, angesichts der höchst unterschiedlichen politischen Verhältnisse an eine wahrhaft konstitutionelle, geschweige denn an eine Parteiregierung nicht gedacht werden könne. Ein Jahr später erregte sich Bismarck maßlos über den Rücktritt des Finanzministers Karl Rudolf Friedenthal, weil er vermutete, daß dieser sich dadurch für den Fall, daß es unter dem jetzigen Kronprinzen zu einem Regierungswechsel in liberalem Sinne kommen sollte, bessere Ausgangschancen für ein neues Ministeramt verschaffen wollte. Er schwärzte Friedenthal beim Kaiser als einen Mann an, der linksliberalen Tendenzen und der »Nachgiebigkeit gegen das Parlament« zuneige und der ihm, Bismarck, schon jetzt die Geschäfte erheblich erschwert habe.

Bismarck war an sich in der Frage »Freihandel versus Schutzzoll« nicht sonderlich engagiert; die wissenschaftliche Kontroverse darüber ließ ihn, wie er gelegentlich sagte, kalt. Aber für ihn stand fest, daß Schutzzölle ein legitimes Mittel darstellten, um zollpolitische Barrieren dritter Staaten zu bekämpfen. Dieses Problem stellte sich konkret im Zusammenhang der Erneuerung des deutsch-österreichisch-ungarischen Handelsvertrages, der im Dezember 1878 zur endgültigen Verhandlung anstand. Davon abgesehen war Bismarck von den Argumenten der Protektionisten keineswegs unbeeindruckt. Der Kanzler veranlaßte persönlich eine Überprüfung der deutschen Handelspolitik durch den Bundesrat gemäß den Wünschen des CVdI. Aber entscheidend war für ihn die Aussicht, nach Jahren fruchtloser Verhandlungen mit den Nationalliberalen durch den Übergang zum Protektionismus die ersehnte Trias seiner politischen Zielsetzungen mit einem Schlag zu erreichen, nämlich erstens die finanzpolitische Absicherung des Reiches durch Außenzölle mit genügender Ertragshöhe; zweitens die Aushebelung der Möglichkeit, daß eine Reichstagsmehrheit durch Verweigerung der entsprechenden Steuern eine uneingeschränkt konstitutionelle oder gar parlamentarische Regierungsweise erzwingen könnte; drittens, damit zusammenhängend, die Verlagerung des Schwerpunkts der Regierungspolitik nach rechts, sei es durch eine endgültige Aufsplitterung der Nationalliberalen Partei, sei es, was mit dem Abflauen des »Kulturkampfes« in erreichbare Nähe gerückt zu sein schien, durch die Heranziehung des Zentrums an die Regierung.

Schon vor den Reichstagswahlen vom 30. Juni 1878 hatte Bismarck sein Interesse an einer grundlegenden Steuerreform auch öffentlich bekundet. Das Wahlergebnis fiel für seine Ziele am Ende günstiger aus, als er selbst erwartet hatte; es erbrachte eine ausreichende Mehrheit für den Übergang zum Schutzzoll. Die »Volkswirtschaftliche Vereinigung des Reichstags«, eine Verbindung der protektionistisch eingestellten Abgeordneten des Reichstages, veröffentlichte am 17. Oktober 1878 eine Erklärung zugunsten einer Reform des deutschen Zolltarifs in schutzzöllnerischem Sinne. Sie war von 204 Abgeordneten unterzeichnet; davon gehörten 87 dem Zentrum, 36 der Deutsch-Konservativen Partei, 39 der Freikonservativen Partei und 27 der Nationalliberalen Partei an. Damit waren die Würfel im Prinzip gefallen. Es erwies sich jedoch als ein steiniger Weg, die zahlreichen Interessenten auf eine einheitliche Linie zu bringen; denn über die genaue Gestaltung und die Höhe der zahllosen Positionen des Zolltarifs bestanden innerhalb wie außerhalb der Reichsleitung ganz erhebliche Meinungsverschiedenheiten. Zudem mußte erst einmal der Ausgang der Handelsvertragsverhandlungen mit Österreich-Ungarn abgewartet werden. Am 15. Dezember 1878 legte der Kanzler dann in einem Schreiben an den Bundesrat das Programm einer grundlegenden Tarifreform vor, das die Rückkehr zum Schutzzoll einschloß; es wurde entgegen den üblichen Usancen sogleich in der offiziösen »Norddeutschen Allgemeinen Zeitung« veröffentlicht. In der Folge warf sich der Kanzler persönlich ins Geschäft und nahm, entgegen seiner Gewohnheit, selbst an den entscheidenden Verhandlungen im Bundesrat teil, um die Dinge zu einem raschen Abschluß zu bringen. Die Beschlüsse der »Verbündeten Regierungen« liefen darauf hinaus, daß, mit Ausnahme von Rohmaterialien, Zollsätze in Höhe von 10 bis 15 Prozent ad valorem auf alle importierten Industriewaren gelegt werden sollten und 3 bis 5 Prozent ad valorem auf sämtliche Agrarprodukte. Am 4. April 1879 wurde dem Reichstag der Entwurf eines Gesetzes betreffend die neuen Zolltarife nebst einer ausführlichen Begründung zugeleitet.

Für die liberalen Parteien bedeutete diese Entwicklung eine bittere Herausforderung, brach sie doch mit der großen Tradition der Politik des Freihandels, die seit den Anfängen des Zollvereins von allen Richtungen des Liberalismus uneingeschränkt unterstützt worden war. Mehr noch: Für die Nationalliberalen war dies eine Frage, bei der die Einheit der Partei auf dem Spiel stand. Die Schutzzollpolitik, bei der massive materielle Interessen sehr unterschiedlicher Art ins Spiel kamen, wurde zum Sprengmittel für die Nationalliberale Partei. Verfassungspolitische Ideale, materielle Interessen und die taktische Erwägung, daß die Nationalliberale Partei selbst um den Preis substantieller Konzessionen an die Adresse Bismarcks ihre bisherige Stellung als informelle Regierungspartei zu erhalten trachten müsse, ließen sich jetzt nicht mehr auf einen Nenner bringen, wie groß das vermittelnde Geschick des Parteizentrums und seines langjährigen Führers Bennigsen auch sein mochte. Es zeigte sich nun, daß das liberale Bürgertum unter dem Einfluß der fortschreitenden Entfaltung des industriellen Systems seine Geschlossenheit als eine Klasse mit einem einheitlichen politischen Ethos und gemeinsamen ökonomischen Interessen weitgehend verloren hatte. In den liberalen Parteien spielten die Angehörigen der Bildungsschicht immer noch eine dominante Rolle, aber sie waren in aller Regel in vielfältiger Weise mit gewerblichen und industriellen Interessen verbunden. Zudem gab es nicht wenige Gutsbesitzer in den Reihen der Nationalliberalen Partei; darauf beruhte unter anderem ihre relative Stärke in Ostpreußen. Überhaupt darf das Gewicht des agrarischen Flügels innerhalb der Nationalliberalen Partei nicht zu gering veranschlagt werden. Bisher konvergierten die wirtschaftlichen Interessen der einzelnen Gruppen des liberalen Bürgertums in dem gemeinsamen Kampf für die Durchsetzung eines marktorientierten Wirtschaftssystems liberalen Zuschnitts; die Idee des einheitlichen, starken Nationalstaates wirkte als eine zusätzliche Klammer. Die beständige Beschwörung der historischen Rolle der Partei als Bismarcks Partner im Reichsgründungsprozeß durch die Parteiführer war keineswegs nur Selbstbestätigung; sie diente ihnen als ein einigendes Band, welches die unterschiedlichen materiellen Interessenlagen transzendierte und die Partei zusammenhalten sollte. Alles dies reichte nun nicht mehr aus, um die Gegensätze innerhalb der Nationalliberalen Partei, hinter denen einerseits unterschiedliche regionale Tendenzen, andererseits divergierende wirtschaftliche Interessen standen, zu überbrücken.

Noch vor dem Zusammentritt des Reichstages trat der Konflikt im nationalliberalen Lager über den zukünftigen Kurs der Partei offen zutage. Der rechte Flügel der Partei hatte sich schon im vorhinein für eine Unterstützung der Schutzzollpolitik ausgesprochen, teils, wie Treitschke, Gneist und Wehrenpfennig, weil sie der »staatserhaltenden« Politik Bismarcks ihre Unterstützung nicht versagen wollten, teils, wie insbesondere eine Gruppe von süddeutschen Abgeordneten, weil sie sich von der Beseitigung der Matrikularbeiträge eine Entlastung der bedrängten wirtschaftlichen Lage der Bundesstaaten erhofften, teils, weil sie unmittelbar Interessen der Eisen- und Stahlindustrie vertraten. Der linke Flügel der Nationalliberalen Partei hingegen, angeführt von Lasker und Forckenbeck, sah überhaupt keine wirtschaftspolitische Berechtigung für die Schutzzollpolitik und argwöhnte mit einigem Recht, daß die von Bismarck offen betriebene Anbahnung einer Allianz der industriellen und der agrarischen Kreise lediglich reaktionären politischen Zielsetzungen diene. Max von Forckenbeck hatte schon im Januar 1879 die Hintergründe des Übergangs zum Schutzzoll bemerkenswert klar erkannt: »Das System Bismarcks entwickelt sich mit furchtbarer Schnelligkeit so, wie ich es immer fürchtete. Allgemeine Wehrpflicht, unangemessene und überreichliche und indirekte Steuern, ein düpierter und herabgewürdigter Reichstag und eine durch den Kampf aller materiellen Interessen verdorbene und daher ohnmächtige öffentliche Meinung, das ist allerdings die Politik der Machtlosigkeit der Völker, der Untergang jeder konstitutionell freiheitlichen Entwicklung.« Lasker und Forckenbeck wollten am politischen Ziel eines »liberal regierten Deutschen Reiches« auch auf die Gefahr eines endgültigen Bruchs mit Bismarck hin festhalten. Dabei spielte nicht zuletzt die Erwartung eine Rolle, daß mit dem in absehbarer Zeit zu erwartenden Thronantritt des Kronprinzen Friedrich ein Wechsel zu einem gemäßigt liberalen Regime in Aussicht stand, für das sie sich bereitzuhalten gedachten. Außerdem wollten sie sich die Chance nicht entgehen lassen, nach dem historischen Vorbild von Richard Cobdens »Corn Law League« für billiges Brot zu agitieren, mit anderen Worten, sich gemeinsam mit der Fortschrittspartei als Verteidiger der Interessen der breiten Bevölkerung gegen die die Lebenshaltungskosten verteuernden Agrarzölle politisch zu profilieren.

Der Kern der Nationalliberalen Partei unter der angestammten Führerschaft Bennigsens wünschte hingegen, einen offenen Bruch mit Bismarck, koste es, was es wolle, zu vermeiden, auch um den Preis einer weitgehenden Unterstützung des Schutzzollprogramms, um weiterhin im Spiel zu bleiben. Als Gegenleistung für die Zustimmung zu der ohnehin zu erwartenden Erhöhung der Zolltarife, bei denen er in einer Manier, die Bismarck noch überbot, einseitig die finanzpolitische Zielsetzung in den Vordergrund stellte, verlangte Bennigsen konstitutionelle Garantien gegen die ansonsten zu erwartende Aushöhlung des Budgetrechts des Reichstages, obschon zunächst nicht einmal klar war, wie diese aussehen sollten. Die Gegensätze zwischen diesen Strategien waren unüberbrückbar. Noch vor Beginn der Reichstagsverhandlungen drohte die Nationalliberale Partei auseinanderzubrechen. Die Frage war nur, ob der rechte oder der linke Flügel die Partei zuerst verlassen werde. Obschon Bennigsen alles daran setzte, eine Spaltung, wenn nicht abzuwenden, so doch hinauszuschieben, stellte er seine Politik auf eine Abspaltung der Linken ein. In dieser kläglichen Verfassung ging die ehemals »regierende Partei« der Reichsgründungsära in die entscheidenden Reichstagsverhandlungen. Am 2. Mai 1879 eröffnete Bismarck persönlich die Verhandlungen mit einer großen, äußerst publikumswirksamen Rede, in der er den mit der Zoll- und Finanzvorlage eingeleiteten grundlegenden Wandel in der Wirtschaftspolitik des Reiches eingehend begründete. Er legte das Hauptgewicht auf die Finanzzölle, durch welche die Reichsfinanzen auf eine neue, gesicherte Grundlage gestellt werden sollten, und verband damit die Erwartung, daß der Übergang zu einer Finanzierung der Ausgaben des Reiches durch indirekte Steuern nicht nur die endgültige Beseitigung der Matrikularbeiträge erlauben werde, sondern daß darüber hinaus die Einzelstaaten in die Lage versetzt würden, ihrerseits weitgehend von dem bestehenden System der direkten Steuern abzugehen. Bismarck begründete dies unter anderem in weitläufigen Ausführungen über die angeblich unzumutbar hohe Steuerbelastung vor allem des ländlichen Grundbesitzes, bei denen er sich nicht zuletzt auf seine persönlichen Erfahrungen als Großgrundbesitzer stützte. Die Einführung von Schutzzöllen für Industriewaren wie für Agrarprodukte suchte er in ihrer wirtschaftspolitischen Bedeutung herunterzuspielen und sie in erster Linie als Gegenmaßnahme zu rechtfertigen, welche durch die Schutzzollpolitik dritter Mächte notwendig geworden sei. Zugleich aber bezeichnete er den Übergang zum Protektionismus als unabdingbaren Schritt, um den wirtschaftlichen »Verblutungsprozeß« aufzuhalten, dem das Deutsche Reich angesichts der Überflutung der deutschen Märkte mit der Überproduktion anderer Länder seit längerem ausgesetzt sei.

Unter diesen Umständen hatten die entschiedenen Freihändler im liberalen Lager, obschon sie mit Rudolf von Delbrück den Architekten der freihändlerischen Wirtschaftspolitik der Reichsgründungsära ins Feld führen konnten, von vornherein schlechte Karten. Ludwig Bamberger zerpflückte mit eindrucksvollen

Beweisführungen die ökonomischen Argumente der Protektionisten, ohne doch damit im Geringsten durchzudringen. Eugen Richter legte dar, daß die Vorteile des Schutzzolls weder den Interessen der Verbraucher noch denen der Produzenten in ihrer Gesamtheit entsprächen. Wilhelm Oechelhäuser verwies auf die nachteiligen Folgen für die Exportindustrie, von der die deutsche Wirtschaft in hohem Maße abhängig sei. Das alles vermochte jedoch die geschlossene Front der Protektionisten nicht wirklich zu erschüttern. Am schärfsten und zugleich mit einem Unterton persönlicher Bitterkeit sprach Lasker für den linken Flügel der Nationalliberalen. Er sah durch die Wende, die die Dinge genommen hatten, mit einigem Recht alles gefährdet, für das er in den vergangenen Jahrzehnten gekämpft hatte. Insbesondere nahm er die, wie er argumentierte, zum Schaden des Reiches geschmiedete Allianz von Landwirtschaft und Industrie aufs Korn, durch die engstirnige Interessenpolitik in die politische Arena hineingetragen worden sei, und dafür machte er Bismarck persönlich verantwortlich. In der Tat war bekannt geworden, daß der Kanzler durch die Vermittlung des Freiherrn von Thüngen die Agrarier vor dem Beginn der Reichstagsverhandlungen ermuntert hatte, ihre protektionistischen Forderungen zu steigern und mit aller Entschiedenheit in der Öffentlichkeit zur Geltung zu bringen. Außerdem legte Lasker den Finger auf den wunden Punkt des in Aussicht genommenen Finanz- und Zollsystems. Die Vorlage werde angesichts der zu erwartenden regelmäßigen hohen Einnahmen des Reiches dazu führen, daß nicht nur das verfassungsrechtlich garantierte Budgetrecht des Reichstages ausgehöhlt, sondern auch die Budgetkontrolle der Parlamente der Bundesstaaten untergraben würde; denn diese könnten dann an den Parlamenten vorbei mit mehr oder minder hohen Zuwendungen des Reiches rechnen.

Bismarck sah seine Politik durch Lasker, den ihm persönlich verhaßten Exponenten des linken Flügels der Nationalliberalen Partei, einmal mehr herausgefordert. Er konterte mit einem Angriff auf die Berufsparlamentarier ohne Beruf und ohne Besitz in den liberalen Parteien, der an vitriolischer Schärfe nicht zu überbieten war. Parlamentarier vom Schlage Laskers seien unfähig, so führte der Kanzler aus, die wirklichen, realen Interessen des Landes zu erfassen, geschweige denn sachgerecht zu vertreten. Mit anderen Worten: Lasker treibe »die Finanzpolitik eines Besitzlosen«. »Er gehört zu denjenigen Herren, [...] von denen die Schrift sagt: sie säen nicht, sie ernten nicht, sie weben nicht, sie spinnen nicht, und doch sind sie gekleidet. [...] Die Herren, die unsere Sonne nicht wärmt, die unser Regen nicht naß macht, wenn sie nicht zufällig ohne Regenschirm ausgegangen sind, [...] die weder Industrie, noch Landwirthschaft, noch ein Gewerbe treiben, es sei denn, daß sie sich damit vollständig beschäftigt fühlen, das Volk nach verschiedenen Richtungen hin zu vertreten, [...] die verlieren leicht den Blick und das Mitgefühl für diejenigen Interessen, die ein Minister, der auch Besitz hat, also auch zu der misera contribuens plebs gehört, der auch regiert wird und fühlt, wie die Gesetze dem Regierten thun [...].« Es war dies ein offenes Bekenntnis zu einer Politik der Mobilisierung der ökonomischen Interessen, um sie gegen den bestehenden parlamentarischen Betrieb, der angeblich zu einem Selbstzweck geworden sei, auszuspielen. Dies war bei Lage der Dinge in erster Linie gegen die liberalen Parteien gerichtet.

Unter solchen Umständen hatten Bennigsens Versuche, zu retten, was noch zu retten war, und dem Kanzler doch noch die Unterstützung der Kerntruppe der Nationalliberalen Partei anzutragen, sofern nur ausreichende konstitutionelle Garantien gefunden werden könnten, keine sonderlichen Erfolgsaussichten. Mit seinem Vorschlag, bestimmte Verbrauchssteuern künftighin der jährlichen Bewilligung des Reichstages zu unterwerfen und die Erträge anderer Steuern direkt den Einzelstaaten zuzuweisen, um das Budgetrecht des Reichstages auch bei hohen Zolleinnahmen zu gewährleisten, hoffte er, eine Plattform zu gewinnen, mit der die Einheit der Nationalliberalen Partei gerettet werden könnte. Aber Bismarck behagten diese Vorschläge überhaupt nicht, weil sie von seinem erstrebten Fernziel abführten, den Parteien die Reichsfinanzen als Hebel für verfassungspolitische Reformen zu entwinden. Außerdem brodelte es in der Nationalliberalen Partei selbst. Forckenbeck, damals Oberbürgermeister der Stadt Berlin, organisierte am 17. Mai 1879 eine große freihändlerische Kundgebung von fünfundsiebzig Städten des Reiches, zugestandenermaßen nur solchen, die für eine Beibehaltung des Freihandels eintraten, gegen die Schutzzollpläne der Regierung. Bei dieser Gelegenheit forderte er die Bildung einer neuen liberalen Partei unter dem Banner des Freihandels – ein Plan, bei dem der zeitgenössische britische Liberalismus Pate stand. Es sei an der Zeit, so erklärte Forckenbeck, »daß das deutsche Bürgerthum gegenüber anderen Bestrebungen, die sich jetzt mit allen Kräften regen, sich zusammenfasse und sein volles Gewicht in die Waagschale der Entscheidung lege«. Die Zeit sei nahe, »in der eine liberale Partei, als Kern in sich fassend das deutsche Bürgerthum, Einfluß gewinnen werde auf die weitere Entwicklung des deutschen Reiches«. Der linke Flügel der Nationalliberalen war nunmehr fest entschlossen, dem beständigen Finassieren und den immer neuen Konzessionen der Parteiführung an Bismarck ein Ende zu setzen und eine klare Frontstellung gegen Bismarck zu beziehen, selbst wenn dies vorerst mit dem Wechsel in die Opposition bezahlt werden müsse.

Der schwerste Rückschlag für die Taktik Bennigsens aber kam, als am 25. Juni 1879 bekannt wurde, daß Bismarck in der Frage der konstitutionellen Garantien mit dem Zentrum einen Handel auf Gegenseitigkeit abgeschlossen hatte, der die Mitwirkung der Nationalliberalen Partei entbehrlich machte. In der Tat hatte der Kanzler mit dem Freiherrn Georg von und zu Franckenstein einen Kompromiß in der Frage ausgehandelt, wie man beim Übergang zum Schutzzoll das Budgetrecht des Reichstages wahren könne. Franckensteins Vorschlag lief darauf hinaus, daß von den zu erwartenden Einnahmen des Reiches aus Zöllen und aus der Tabaksteuer die eine bestimmte Summe – am Ende einigte man sich auf 130 Millionen Mark – übersteigenden Beträge jeweils an die Einzelstaaten zu überweisen seien; da jedoch die verbleibenden Einnahmen für die Bedürfnisse des Reiches nicht ausreichten, sollten die Matrikularbeiträge wie bisher, jedoch nunmehr in geringerer Höhe, weiter erhoben werden. Aus der Sicht des Zentrums bedeutete das eine sehr erwünschte Stärkung der Bundesstaaten, obschon diese weitgehend nur symbolischer Natur war, während andererseits das Budgetrecht des Reichstages gewahrt blieb. Bismarck erblickte in dieser Lösung mit sicherem Instinkt das im Vergleich zu den nationalliberalen Vorschlägen bei weitem geringere Übel und ging sogleich darauf ein, obschon die finanzielle Abhängigkeit des Reiches von den Einzelstaaten, die er zu beseitigen ausgezogen war, damit wiederhergestellt wurde. Es war für die Lage bezeichnend, daß er dafür auf der Stelle die Zustimmung der beiden konservativen Fraktionen zusagen konnte.

Aus liberaler Sicht war dieser Schritt blanke Felonie und zudem eine schwere Beeinträchtigung des Reichsgedankens. Die »Franckensteinsche Klausel« stand einer Weiterentwicklung der Reichsverfassung in unitarischem Sinne ebenso im Weg wie einer wirklich konstitutionellen Regierungsweise. Zumindest symbolisch zementierte sie die Herrschaftstechnik Bismarcks, aus dem Bundesrat heraus zu regieren und so die Angriffsflächen der Exekutive gegenüber dem Parlament zu verringern. Die Entrüstung über die »Franckensteinsche Klausel« brachte die Nationalliberalen nochmals auf eine einheitliche Linie. Bennigsen trug in einer beachtenswerten Rede die liberalen Bedenken gegen die Klausel vor und machte die Zustimmung der Nationalliberalen zur gesamten Vorlage von einem Verzicht auf diese föderalistische Lösung abhängig. Bismarck war ungerührt; er war ohnehin entschlossen, mit den Nationalliberalen zu brechen. Er rügte die Agitation der Liberalen in der Frage der »Franckensteinschen Klausel« in seiner Reichstagsrede vom 9. Juli 1879 als »Untergrabungen des Reichsbestandes gerade so gut, wie die sozialdemokratischen Untergrabungen, die wir durch das Gesetz vom [letzten] Herbst bekämpfen wollen«. Er rechnete mit der selbsternannten Rolle der Nationalliberalen als Quasi-Regierungspartei ab und erklärte, daß er nach 1871 lediglich durch äußere Verhältnisse »enger an die liberale Fraktion« gedrängt worden sei, als dies für einen jeden Minister auf Dauer tragbar sei. Der Anspruch der Nationalliberalen auf eine zumindest informelle Partizipation an den Entscheidungen der Reichsleitung wurde klar zurückgewiesen. Die Regierung bedürfe zwar »der Unterstützung der Fraktionen [...], aber der Herrschaft einer Fraktion werde sie sich niemals unterwerfen können«. Damit nicht genug: Bismarck überschüttete die Nationalliberalen und insonderheit Bennigsen, mit dem er soeben noch vertraulich verhandelt hatte, mit blankem Hohn, wenn er ihnen »eine größere Bescheidenheit für die Zukunft« anzuraten für nötig hielt. Dies war das Ende der Ära liberaler Vorherrschaft im Reich.

Der weitere Ablauf der Dinge war abzusehen: Die Annahme der Zollvorlagen erfolgte mit den Stimmen der beiden, nunmehr lammfrommen konservativen Fraktionen und der Zentrumspartei, die sich bei dieser Gelegenheit ausdrücklich als Liquidator des Konkurses der bankrotten liberalen Wirtschaftspolitik bezeichnete, sowie von 20 Abgeordneten der Nationalliberalen Partei. Daran schloß sich der Austritt der schutzzöllnerischen Rechten sowie Heinrich von Treitschkes, der längst zum Exponenten eines unbedingt regierungstreuen Kurses geworden war, aus der Nationalliberalen Partei an. Dieses Ereignis markierte den Anfang einer fortschreitenden Aufsplitterung des Liberalismus unter dem Druck widriger wirtschaftlicher, politischer und moralischer Verhältnisse in einander erbittert befehdende Richtungen. Nur wenige Wochen später handelten sich die demoralisierten liberalen Parteien bei den preußischen Landtagswahlen eine weitere, noch schwerere Niederlage ein. Die Nationalliberalen fielen von 39 Prozent der abgegebenen Stimmen und 169 Mandaten auf 24 Prozent und 104 Mandate zurück, die Fortschrittspartei von 14,5 Prozent der abgegebenen Stimmen und 63 Mandaten auf 8,7 Prozent und 38 Mandate, während die Konservativen ihre Mandatszahl verdreifachen und die Freikonservativen die ihre verdoppeln konnten. Hinfort stand Bismarck im Reich wie in Preußen eine konservativ-klerikale Mehrheit zur Verfügung.

Max Weber hat einmal gesagt, daß die Liberalen der Ära der Reichsgründung »ihre selbstgewählte politische Aufgabe« nicht hätten durchführen können und schließlich zerbrochen seien, »letztlich nicht aus sachlichen Gründen, sondern weil Bismarck keine wie immer geartete irgendwie selbständige, d. h. nach eigenen Verantwortlichkeiten handelnde Macht neben sich zu dulden vermochte«. Dies ist freilich nur die halbe Wahrheit. Denn die Nationalliberalen haben es niemals gewagt, sich Bismarcks personalplebiszitärer Machtstellung, die auf seinem enormen Ansehen gerade in den bürgerlichen Schichten beruhte, entschlossen entgegenzustellen; sie haben vielmehr immer wieder versucht, an seinem großen Prestige zu partizipieren und sich in seinem Glanz zu sonnen. Gegenüber der bürgerlichen Öffentlichkeit glaubten sie, es auch dann, wenn sie die besseren Argumente hatten, nicht mit dem großen Kanzler aufnehmen zu können. Sie hofften auf bessere Zeiten und verkannten, daß die Bedingungen für eine entschiedene liberale Politik nicht besser, sondern immer ungünstiger wurden. Die Entfaltung des industriellen Systems vollzog sich entgegen ihren Erwartungen. Die anfänglich gegebene innere Geschlossenheit der bürgerlichen Klasse zerbrach an der Vielgestaltigkeit der aufbrechenden materiellen Interessenkonflikte, während die hohe Beamtenschaft und Teile der Gebildeten zunehmend dazu tendierten, die Lösung der großen politischen und gesellschaftlichen Probleme, nicht zuletzt der »Arbeiterfrage«, vom obrigkeitlichen Staat und nicht von einem liberalen Regiment zu erwarten. Die konservativen Parteien hingegen witterten Morgenluft, und auch Bismarck trug sich mit Plänen für einen weitreichenden Umbau des Deutschen

Reiches im obrigkeitlichen Sinne. Paradoxerweise war es die Zentrumspartei, die in den kommenden Jahren dafür sorgte, daß diese Pläne nicht in den Himmel wuchsen und das beständig umkämpfte Gleichgewicht zwischen reaktionären und fortschrittlichen Kräften in der deutschen Gesellschaft auch weiterhin bestehen blieb.

Das Deutsche Reich als Vormacht Europas
(1879–1890)

Bismarcks zweites Bündnissystem
(1879–1884)

Bismarcks Politik auf dem Berliner Kongreß von 1878 hatte vor allem einem Ziel gegolten, nämlich einen militärischen Konflikt zwischen den beiden konservativen Flügelmächten des Deutschen Reiches, Rußland und Österreich-Ungarn, zu verhüten. Dies war erreicht worden, jedoch nur um einen Preis, der sich in der Folge als überaus hoch herausstellen sollte; denn es ergab sich eine dauernde Verärgerung Rußlands. Das Zarenreich schrieb der deutschen Diplomatie unter Bismarck einseitig die Verantwortung dafür zu, daß es die im Frieden von San Stefano bereits zugesicherten politischen und territorialen Vorteile auf dem Balkan angesichts des Einspruchs der Großmächte nicht hatte behaupten können. Darüber hinaus hatte Bismarcks Strategie der Ableitung von Spannungen an die Peripherie mit Hilfe der Ermutigung anderer Mächte, sich in den Außenbezirken des Osmanischen Reiches oder auch anderswo zu engagieren, bislang nur in geringem Maße Erfolg gehabt. Vorderhand war nicht das erwartete Ergebnis eingetreten, daß der Druck auf das Zentrum Europas verringert würde und die anderen, potentialiter feindlichen Mächte dadurch daran gehindert würden, mit Frankreich enge Beziehungen zu begründen oder gar gemeinsame Sache zu machen.

Die innenpolitische Krise in Ägypten, die zur Aufhebung der Doppelkontrolle der ägyptischen Staatsfinanzen durch einen französischen und einen englischen Finanzfachmann mit Ministerrang in der Regierung geführt hatte, gab Bismarck allerdings die Chance, erneut die ägyptische Karte zu spielen. Obschon die deutschen Kapitalanlagen in Ägypten äußerst gering waren, protestierte der Kanzler energisch gegen diese angebliche Verletzung des europäischen Rechts, in der Absicht, die Krise zu verschärfen und die Situation für eine Intervention Großbritanniens reif zu machen. Bismarcks vorsichtige Avancen an die britische Adresse, sich Ägyptens zu bemächtigen, blieben zunächst ohne konkretes Ergebnis. Gleiches galt von entsprechenden Hinweisen, daß Frankreich sich gegebenenfalls in Syrien schadlos halten möge. Allerdings okkupierte Frankreich 1881 Tunesien; damit war ein erster Schritt in Richtung auf einen Prozeß imperialistischer Landnahme in Afrika getan, der zunächst nur insofern folgenreich war, als sich der junge italienische Nationalstaat dadurch unmittelbar herausgefordert sah. In Tunis bestand seit längerem eine starke italienische Kolonie, und demgemäß lag Tunesien eigentlich im italienischen Interessenbereich. Die Errichtung eines tunesischen Schattenregiments unter französischem Protektorat im Vertrag von Bardo 1881 weckte in Italien mit einem Schlage imperialistische Begehrlichkeiten, die weitreichende Auswirkungen haben sollten. Vorerst aber brachten diese Entwicklungen keinerlei fühlbare Entlastungen für die deutsche Politik. Im Gegenteil, sie veranlaßten Rußland und Österreich-Ungarn, ihre beiderseitigen Bemühungen um einen Ausbau ihrer Vorrangstellung auf dem Balkan zu intensivieren. Darüber kam es zu einer erneuten Verschärfung der Spannungen zwischen beiden Mächten. Dies aber konnte nicht ohne Rückwirkungen auf das Bismarcksche Bündnissystem bleiben.

Die deutsch-russischen Beziehungen entwickelten sich nach dem Berliner Kongreß in denkbar ungünstiger Weise. Die Schlappe, die Rußland dort hatte hinnehmen müssen, wurde von Zar Alexander II. und seinem Außenminister Gortschakow Bismarck persönlich angelastet. Die im Frieden von Berlin getroffenen Regelungen wurden in der Folge für Rußland noch weiter verschlechtert, im Zuge der Arbeit einer Reihe von internationalen Kommissionen, die 1878 von den Großmächten eingesetzt worden waren, um die Beschlüsse des Berliner Kongresses im Detail umzusetzen. Die Erbitterung in St. Petersburg über Bismarcks angeblich anti-russische Politik fand ihren Höhepunkt mit dem sogenannten Ohrfeigenbrief Alexanders II. an Wilhelm I. vom 3./15. August 1879, in dem sich der Zar über das unfreundliche Verhalten des Deutschen Reiches gegenüber Rußland bitter beschwerte und darauf hinwies, daß dies mit der wohlwollenden Haltung, die die russische Politik seit 1870 gegenüber Deutschland an den Tag gelegt habe, überhaupt nicht vereinbar sei. Eine derartige Politik könne, so fügte der Zar drohend hinzu, traurige Konsequenzen haben, indem sie die beiden Völker gegeneinander aufbringe, wie dies hier wie da in der Presse bereits geschehe. Desgleichen wurde Klage darüber geführt, daß die deutschen Schutzzölle für agrarische Produkte die russischen Agrarexporte nach Deutschland schwer schädigten. Wilhelm I. war über diesen Brief sehr beunruhigt, denn in seinem simplizistischen konservativen Weltbild erschienen enge freundschaftliche Beziehungen zu Rußland schon aus Gründen weltanschaulicher Art unabdingbar. Er war äußerst irritiert darüber, daß mit diesem Schreiben das Drei-Kaiser-Verhältnis von 1873 sich gleichsam in Luft aufgelöst hatte.

Bismarck war ebenfalls sehr betroffen, auch wenn er über die russische Haltung nicht ganz so überrascht war wie sein Souverän. Er schloß daraus, daß unter den obwaltenden Umständen Rußland eine größere Gefahr für den europäischen Frieden darstelle als selbst Frankreich. Doch er dachte nicht daran, daß Steuer herumzuwerfen; immerhin blieb ihm nichts anderes übrig, als behutsam die Gewichte innerhalb des Dreiecksverhältnisses mit Rußland und Österreich-Ungarn noch stärker zugunsten der Donau-Monarchie zu verlagern. Bismarck stellte klar, daß die Dankbarkeit Deutschlands für die russische Haltung 1866 und 1870/71 »so weit nicht reichen« könne, »daß die deutsche Politik für immer der russischen untergeordnet würde und wir Rußland zuliebe die Zukunft unserer Beziehungen zu Österreich opfern«, zumal dies die Neigung der russischen Diplomatie nur steigern würde, Pressionen auf das Deutsche Reich auszuüben. Andererseits versicherte er seinem Monarchen, daß »das Drei-Kaiser-Bündnis im Sinne einer friedlichen und erhaltenden Politik [...] ein ideales Ziel« seiner Politik bleibe.

Der Sache nach war Bismarck entschlossen, die Russen durch geeignete politische Gegenzüge wieder zur Vernunft zu bringen. Er befand sich nun in jener Situation, welche er bislang mit geschicktem Taktieren zu vermeiden gesucht hatte, nämlich zwischen Rußland und Österreich-Ungarn optieren zu müssen. Landläufig geht man davon aus, daß die Hinwendung zu Österreich-Ungarn nur eine temporäre »Aushilfe« gewesen sei und lediglich das Ziel gehabt habe, die Russen auf die bisherige Linie einer gemeinsamen Politik der konservativen Mächte zurückzuführen. Die Wirklichkeit sah ein wenig anders aus. Denn das Bündnis mit Österreich-Ungarn, das Bismarck nunmehr im Gegenzug zu den russischen Drohungen ins Auge faßte, war überaus weitreichend konzipiert. Er dachte an ein uneingeschränktes Defensivbündnis beider Mächte, welches von beiden Parlamenten förmlich ratifiziert werden und öffentlich sein sollte; unter diesen Umständen wäre die Bindungskraft eines solchen Abkommens außerordentlich groß gewesen. Ein solcher Schritt läßt sich schwerlich unter dem Stichwort diplomatische »Aushilfen auf Zeit« abbuchen. Es kommt hinzu, daß Bismarck die Absicht hatte, dieses Bündnis durch eine deutsch-österreichische Zollunion zu ergänzen und ihm dadurch eine materielle Grundlage zu geben; das war aber nur dann sinnvoll, wenn das Bündnis selbst auf einige Dauer angelegt wurde. Dies war ganz offenbar Bismarcks Absicht, entgegen seiner sonstigen Praxis, Bündnisse mit nur sehr kurzen Laufzeiten zu schließen und miteinander derart zu kombinieren, daß ein Eintreten des Bündnisfalls ausgeschlossen wurde. Er bezeichnete den Plan eines engeren deutsch-österreichischen Bündnisses gelegentlich gar als eine Art von Wiederherstellung des Deutschen Bundes. Dies hätte bedeutet, daß das deutsch-österreichische Verhältnis innerhalb des europäischen Staatensystems einen besonderen Status erhalten haben würde.

Diese Planungen konnten sich überdies auf eine pro-österreichische Einstellung der deutschen öffentlichen Meinung stützen. Sie liefen in gewisser Weise darauf hinaus, die großdeutsche Idee im nachhinein doch noch, wenn auch nur in indirekter Form, vor den Wagen der Außenpolitik des Deutschen Reiches zu spannen. Bismarck knüpfte damit an eine lange Tradition an. Die Idee eines deutschen Mitteleuropa besaß eine lange Vorgeschichte; sie ist in regelmäßigen Intervallen immer wieder aufgetaucht: 1848/49, 1865, dann 1913, und sie erfuhr schließlich 1931 erneute Wiederbelebungsversuche, von Hitlers nationalsozialistischer Großraumpolitik ganz zu schweigen. Zumindest auf dem Höhepunkt der Krise der deutsch-russischen Beziehungen 1879/80 war Bismarck offenbar weit stärker geneigt, auf die Karte einer mitteleuropäischen Politik zu setzen, als jene Historiker es wahrhaben wollen, die den Schlüssel seiner außenpolitischen Strategie in einer konservativen Gleichgewichtspolitik sehen. Ungeachtet der äußerst positiven Aufnahme, die die Idee einer engeren deutsch-österreichischen Bindung in der deutschen Öffentlichkeit fand, angefangen von den Katholiken bis hin zu den Nationalliberalen, wurde aus diesen hochfliegenden Plänen am Ende so gut wie nichts. Graf Andrássy, dem österreichischen Außenminister, gingen sie viel zu weit. Überdies standen die Bestimmungen des Prager Friedens von 1866 der Errichtung einer deutsch-österreichischen Zollunion im Weg, da Frankreich dann berechtigt gewesen wäre, für sich die gleichen Rechte zu beanspruchen.

Statt dessen kam es lediglich zum Abschluß eines gewöhnlichen Defensivbündnisses, das sich ganz in den Bahnen der klassischen Mächtepolitik bewegte und außerordentlich behutsam formuliert war, dem sogenannten Zweibundvertrag vom 7. Oktober 1879. Es versteht sich, daß dieser Vertrag nunmehr geheim bleiben sollte; von einer Ratifizierung durch den österreichischen Reichsrat beziehungsweise die österreichisch-ungarischen Delegationen und den deutschen Reichstag war nun nicht mehr die Rede. Dabei spielte eine wesentliche Rolle, daß Wilhelm I. sich dem Abschluß eines Vertrages mit Österreich-Ungarn, der einer Brüskierung Rußlands gleichgekommen wäre, mit größter Hartnäckigkeit widersetzte. Nur mit einer Rücktrittsdrohung gelang es Bismarck schließlich, seinen Souverän dazu zu bewegen, dem Abschluß des Zweibundvertrags zuzustimmen. Doch der Monarch bestand am Ende, entgegen Bismarcks Absichten, darauf, daß dem Zaren wenigstens in allgemeiner Form Mitteilung von dem Vertragsabschluß gemacht werden solle.

Der Zweibundvertrag von 1879 ist in der Folge zum Eckpfeiler des zweiten Bündnissystems Bismarcks geworden. Er wurde indirekt gestützt durch die pro-österreichische Stimmung der Deutschen, die in Österreich-Ungarn, in Verkennung der dort bestehenden staatsrechtlichen Verhältnisse, einen deutschen Bruderstaat sahen. Sein konkreter Inhalt war jedoch durchaus begrenzter Natur. Es handelte sich um eine reine Defensivallianz, die sich ausschließlich gegen Rußland richtete – wobei sogar im Vertragstext davon die Rede war, daß man darauf hoffe, »daß die Rüstungen Rußlands sich als bedrohlich ... in Wirklichkeit nicht erweisen werden«. Im Falle von Konflikten mit dritten Mächten war hingegen nur die beiderseitige Verpflichtung zu wohlwollender Neutralität vereinbart, also das denkbare Minimum dessen, was in einem Bündnisvertrag zwischen Staaten geregelt zu werden pflegt. Der Zweibundvertrag sollte eine Laufzeit von fünf Jahren haben und, sofern nicht Verhandlungen mit dem Ziel einer Veränderung des Vertrages aufgenommen würden, sich jeweils automatisch um drei Jahre verlängern. Es war also noch etwas von Bismarcks ursprünglicher Absicht zu erkennen, diesen Vertrag langfristig anzulegen, im Unterschied zu der sonst von ihm geübten Praxis.

Der Zweibundvertrag gewährte Österreich-Ungarn Schutz gegen einen Angriffskrieg Rußlands, gab dem Zarenreich aber jedenfalls der Intention nach keinerlei Freibrief für eine offensive Politik auf dem Balkan. Umgekehrt gab der Vertrag dem Deutschen Reich die Gewähr, daß im Falle eines erneuten Krieges mit Frankreich Österreich-Ungarn nicht mit diesem gemeinsame Sache machen würde – eine Gefahr, die 1875 immerhin akut gegeben gewesen ist. Die relative Dürftigkeit dieses Vertrages, zumal im Vergleich mit den anfänglichen, ziemlich hochgesteckten Plänen Bismarcks, ging nicht zuletzt auf die Abneigung Wilhelms I. zurück, überhaupt eine vertragliche Bindung dieser Art einzugehen, welche die traditionell guten Beziehungen zu Rußland gefährden könne. Selbst in der höchst mageren Form, die dieser schließlich erhalten hatte, hätte der Zweibundvertrag, wäre er der russischen Politik im Wortlaut bekannt geworden, die in St. Petersburg bestehenden Irritationen über die deutsche Außenpolitik gewaltig verstärkt. Gemeinhin wird die Ansicht vertreten, daß Bismarck den Zweibundvertrag nur als Schachzug benutzt habe, um die Russen zu zwingen, in das Lager der drei konservativen Ostmächte zurückzukehren. Dafür spricht in der Tat, daß der Text keinerlei Bestimmungen enthielt, die Österreich-Ungarn zu einer aktiveren Politik auf dem Balkan hätten ermutigen können. Bismarck war nicht gewillt, sich, wie er einmal bei anderer Gelegenheit gesagt hat, von Österreich »das Leitseil überwerfen zu lassen«. Gleichwohl brachte der Vertrag eine Stärkung der Position Österreichs innerhalb des europäischen Mächtesystems und indirekt auch auf dem Balkan mit sich und veranlaßte den Ballhausplatz, zusätzlich Defensivverträge mit Serbien und Rumänien zu schließen, die gleichermaßen gegen die russischen Balkan-Aspirationen gerichtet waren. Allerdings wurde dabei vermieden, die russische Politik direkt herauszufordern. 1881 ersuchte Rumänien das Deutsche Reich um Beitritt zum Zweibund; es wurde von Bismarck an Wien verwiesen, um eine direkte vertragliche Bindung zwischen dem Deutschen Reich und Rumänien, die aus russischer Sicht äußerst mißbilligt worden wäre, tunlichst zu vermeiden. In der Tat konnte Bismarck es am Ende als einen großen Erfolg seiner Politik verbuchen, daß es über diesen Verhandlungen nicht zu einer weiteren Verschärfung der Beziehungen zwischen dem Reich und Rußland gekommen war.

Vielmehr gelang es Bismarck in der Folge, aus einer Position relativer Stärke heraus, wieder eine Entente zu dritt, zwischen Rußland, Österreich-Ungarn und dem Deutschen Reich, zuwege zu bringen, die einer effektiven Wiederaufnahme des Drei-Kaiser-Verhältnisses gleichkam. Die deutsche Politik konnte dabei das beiderseitige Mißfallen in Berlin und St. Petersburg über Gladstones Orient-Politik als Anknüpfungspunkt benutzen. Der 1880 als Premier einer liberalen Regierung unter anti-imperialistischem Vorzeichen erneut zur Macht gekommene Führer der britischen Liberalen Partei, Sir William Ewart Gladstone, drängte auf durchgreifende Reformen in den Territorien der europäischen Türkei

Der 1882 geschlossene Dreibund zwischen dem Deutschen Reich, Österreich-Ungarn und Italien. Stich nach dem sogenannten Friedensschild von Hermann Dürrich, 1894. Privatsamm-lung

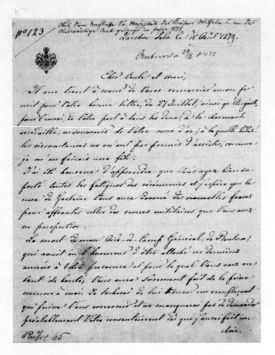

Beschwerde Alexanders II. über die angeblich rußlandfeindliche Haltung der deutschen Reichsleitung. Erste und letzte Seite des sogenannten Ohrfeigenbriefes an Wilhelm I. vom 15. August
1879. Bonn, Politisches Archiv des Auswärtigen Amtes

angesichts der anhaltenden politischen Unruhen und der beständigen, zuweilen brutalen Übergriffe der jeweiligen türkischen Provinzgouverneure gegenüber der einheimischen Bevölkerung. Er deklarierte es als letztendliches Ziel der britischen Politik, den nicht-türkischen Nationalitäten auf dem Balkan die volle politische Unabhängigkeit zu gewähren. Eine solche Politik lag verständlicherweise weder im Interesse Rußlands noch in dem Österreich-Ungarns. Beide hofften vielmehr, ihre jeweilige indirekte Einflußzone auf dem Balkan weiter auszubauen; und dies ließ sich am besten bewerkstelligen, indem man sich gegenüber der Pforte als Schutzmacht der christlichen Bevölkerungsgruppen in der europäischen Türkei gerierte. Dabei stand die Absicht im Hintergrund, zumindest partiell in die Rolle des Sultans als Oberhoheit jener Region zu schlüpfen. Beiden Mächten konnte daher an einer beschleunigten politischen Mobilisierung der Nationalitäten auf dem Balkan nicht gelegen sein, ganz abgesehen davon, daß die Nationalitäten-konflikte den inneren Zusammenhalt der Donau-Monarchie unmittelbar gefähr-deten. Bismarck scheute sich zudem nicht, Gladstone in den anderen europä-ischen Hauptstädten auch allgemein als einen wenig vertrauenerweckenden Poli-tiker zu diskreditieren, der im Bund mit den revolutionären Bewegungen stehe: England treibe dem Republikanismus zu, ließ er allen Ernstes zur Übermittlung an seine russischen Kollegen nach St. Petersburg drahten.

Sachlich bedeutete dies, daß sich Bismarck auf dem Balkan für die Erhaltung des Status quo einsetzte, unter Zurückweisung aller weitergehenden Reformvor-schläge von seiten der Westmächte, die auf eine grundlegende Änderung der türkischen Herrschaftsmethoden gerichtet waren, um so mehr, als diese im Namen des Selbstbestimmungsrechts vorgetragen wurden. Damit war allerdings die Absicht verbunden, mäßigend, ja bremsend auf die österreichischen wie die russischen Aspirationen auf dem Balkan einzuwirken. Angesichts der Tatsache, daß Rußland ohne die Rückendeckung des Deutschen Reiches Gefahr lief, in den Orient-Fragen einmal mehr allein dazustehen, schienen Bismarcks Angebote der russischen Diplomatie und auch dem Zaren besser als gar nichts zu sein. Aber es war ein schwieriges Stück diplomatischer Arbeit, eine konkrete Vereinbarung zwischen den drei Monarchien zustande zu bringen. Denn Rußland wie Öster-reich-Ungarn hegten nach wie vor äußerstes Mißtrauen hinsichtlich der Intentio-nen des jeweils anderen Partners, von dem immer noch vorhandenen Argwohn gegen die manipulatorischen Methoden Bismarcks ganz zu schweigen. Es erfor-derte erhebliche Überzeugungsarbeit, beiden Regierungen klarzumachen, daß sie ihre Balkan-Pläne, wenn überhaupt, dann nur in vorab sorgfältig koordinierten Aktionen vorantreiben könnten, weil sich allein auf diese Weise entsprechende diplomatische Schritte Englands und Frankreichs zugunsten des Osmanischen Reiches beziehungsweise der verschiedenen Nationalitäten auf dem Balkan wür-den abfangen lassen. Selbst der russische Botschafter in Berlin, Peter A. von Saburow, räumte 1880 ein, daß es »gefährlich sein könnte, heute in den Kampf mit Österreich um den Osten einzutreten, den eine spätere Generation vielleicht erleben wird. Gegenwärtig können wir diesen nur dann mit einiger Erfolgsaussicht mit friedlichen Mitteln führen, wenn wir uns mit den Kompromissen zufriedengeben, für die Deutschland seine Unterstützung anbietet, und zwar immer dann, wenn sich dazu die Gelegenheit bietet.«

In der Drei-Kaiser-Allianz vom 18. Juni 1881, die in einem äußerst schwierigen Klima beständigen Einwirkens auf die russischen und österreichischen Staatsmänner zustande kam, wird man das Meisterstück der Diplomatie Bismarcks zu sehen haben. Sie war das Ergebnis einer höchst geschickten Ausnutzung der expansionistischen Bestrebungen beider Mächte auf dem Balkan. Obschon sie sich im Wortlaut einer rein technizistischen Sprache bediente, betrachtete sie de facto die imperialistischen Tendenzen Rußlands und Österreichs als vorgegeben. Es ging nicht darum, sie zu bremsen oder gar abzublocken; vielmehr galt es, sie zu koordinieren und gegenüber möglichen Aktionen dritter Mächte, vornehmlich Englands, nach Möglichkeit im vorhinein abzuschirmen. Auf diese Weise sollten beide Mächte zufriedengestellt und zu einem dauernden Zusammengehen mit dem Deutschen Reich bewogen werden. Natürlich war dieser Gesichtspunkt im Vertragswerk nirgends explizit zum Ausdruck gebracht. Aber dieser Aspekt der Vereinbarungen war namentlich aus russischer Sicht das Wertvollste an dem ganzen Vertragswerk, während man sich durch die Einzelbestimmungen arg an die Kette gelegt fühlte.

Die Drei-Kaiser-Allianz bestand aus einem Bündnisvertrag, der die gegenseitigen Verpflichtungen im einzelnen festlegte, und einem Zusatzprotokoll, in dem über die Objekte imperialistischer Begehrlichkeiten gesprochen und damit konkreter zur Sache selbst geredet wurde. Der Vertrag hielt zunächst formell fest, daß für den Fall, daß einer der Vertragspartner in einen Krieg mit einer vierten Macht verwickelt werden sollte, die anderen Mächte wohlwollende Neutralität zu bewahren hätten. Sofern freilich diese vierte Macht die Türkei sein würde – und darum ging es in erster Linie –, war zusätzlich vorgesehen, daß eine vorgängige Verständigung – »une accord préalable« – zwischen den Vertragspartnern stattfinden solle, und zwar jeweils mit beiden anderen Mächten. Dies bedeutete, daß Rußland und Österreich-Ungarn in der Orient-Frage nur im gemeinsamen Einverständnis offensiv werden konnten und daß das Deutsche Reich in jedem Falle im Bremserhäuschen saß und erforderlichenfalls gegen jedwede politische Aktion, komme sie von Österreich-Ungarn oder von Rußland, ein Veto einzulegen vermochte. Die Erfordernis einer vorgängigen gegenseitigen Absprache wurde verstärkt in dem darauffolgenden Artikel 2; darin wurden die Vertragspartner ausdrücklich verpflichtet, erneute territoriale oder sonstige Veränderungen in den Gebieten der europäischen Türkei nur in gegenseitigem Einvernehmen vorzunehmen. Als quid pro quo für die weitgehende Anerkennung der Position Österreich-Ungarns auf dem Balkan, wie sie auf dem Berliner Kongreß 1878 die Sanktion der

Großmächte gefunden hatte, wenn auch von seiten der russischen Diplomatie nur mit Zähneknirschen, wurde jetzt die russische Interpretation des Berliner Vertrages hinsichtlich der Meerengenfrage, der zufolge die Durchfahrt durch die Dardanellen unter allen Umständen für die Streitkräfte anderer Mächte gesperrt sein sollte, in aller Form anerkannt.

Im Zusatzprotokoll ging es dagegen um konkrete territoriale Fragen. Österreich-Ungarn wurde zugesichert, daß es Bosnien und die Herzegowina annektieren könne, wann immer es den Zeitpunkt dafür als gegeben erachte; ebenso wurde ihm garantiert, daß der Sandschak Novibazar unter österreichische Verwaltung gestellt werden könne. Dafür wurde Rußland im Gegenzug die Aussicht eröffnet, daß Ostrumelien, das 1878 in Berlin, entgegen den Bestimmungen des Friedens von San Stefano, der Türkei belassen worden war, baldmöglichst mit Bulgarien vereint werden möge. Dies bedeutete, daß es dann indirekt unter russischen Einfluß kommen würde, da Rußland in Sofia weiterhin eine prädominante Stellung innehatte. Schließlich verständigten sich die drei Mächte darauf, daß ihre Bevollmächtigten beim Sultan von Konstantinopel jeweils nur nach vorheriger Konsultation handeln und für den Fall eventueller Divergenzen zunächst bei ihren Regierungen um weitere Weisungen nachsuchen sollten. Diese Bestimmung sollte künftig ein gemeinsames Vorgehen der drei Mächte in der Orient-Frage sicherstellen. Sie enthielt eine direkte Spitze gegen England und Frankreich; beide waren in Konstantinopel in eine Minoritätsposition geraten, sehr zum Nachteil ihres politischen Einflusses.

Unzweifelhaft richtete sich die Drei-Kaiser-Allianz indirekt gegen die Westmächte; sie wäre sonst wohl kaum jemals zustande gekommen. Aus russischer Sicht rechtfertigte sich der Abschluß dieses Vertrages, der Rußland in der Orient-Frage erhebliche Beschränkungen seiner Handlungsfreiheit auferlegte, einzig und allein aus dieser Perspektive. Für den Fall eines erneuten Krieges mit der Türkei mußte das Zarenreich nicht nochmals eine Demütigung durch die anderen Großmächte befürchten, wie dies 1878 in Berlin geschehen war. Andererseits waren jeder militärischen Aktion gegen das Osmanische Reich durch die Notwendigkeit einer vorherigen Übereinkunft der drei Kaisermächte enge Grenzen gesetzt. In mancher Hinsicht war das Deutsche Reich zum Bremser des russischen und des österreichischen Imperialismus im Nahen Osten avanciert – eine ohne Zweifel wenig beneidenswerte Position. Dies war um so mehr der Fall, als Rußland seine politischen Aspirationen auf dem Balkan weitgehend hatte aufgeben oder auf eine ferne Zukunft vertagen müssen. Dennoch geht es zu weit, von einer »politischen Kapitulation Rußlands« zu sprechen, wie es Andreas Hillgruber getan hat. Denn das Zarenreich hatte zumindest in Teilen eine Revision der Beschlüsse des Berliner Kongresses erreicht; ansonsten war ihm ein Weg eröffnet, um dies in Zukunft zu bewerkstelligen, wenn auch gebunden an die Notwendigkeit einer vorgängigen Verständigung mit Österreich-Ungarn. Die Ausbeute, die Österreich-Ungarn aus dem Vertragswerk gewann, war allerdings viel konkreter. Bosnien und die Herzegowina standen bereits seit 1878 unter österreichischer Okkupation; nun bot sich die Chance, diese bei erstbester Gelegenheit in formelle Herrschaft umzuwandeln. Die Aussicht, den Sandschak Novibazar demnächst unter österreichische Verwaltung stellen zu können, war von großem ökonomischen Wert; denn dieser bildete eine günstige Ausgangsbasis für den Bau einer Eisenbahnlinie nach Warna, die der ökonomischen Penetration des Balkans durch österreichisch-ungarische Wirtschaftsinteressen als Unterpfand zu dienen vermochte.

Aus deutscher Sicht war der Ertrag des Drei-Kaiser-Bündnisses weit bescheidener. Nicht zuletzt deshalb ist es in der Literatur vielfach, so auch von Theodor Schieder, als ein pragmatisches »Zweckbündnis von Partnern, die sich gegenseitig von einer kriegerischen Intervention abhalten wollen«, mit begrenzter Laufzeit und von begrenzter Bedeutung oder gar als eine bloße »Aushilfe« betrachtet worden. Es stellte jedoch das Vertragsverhältnis der drei konservativen Mächte wieder her, das die Grundlage des älteren Bismarckschen Systems dargestellt hatte, wenn auch nunmehr auf vergleichsweise weit labileren Fundamenten, da es die imperialistischen Tendenzen beider Mächte, also die Dynamisierung der Verhältnisse an der Peripherie, als gegeben voraussetzte. Es garantierte für absehbare Zeit die mächtepolitische Isolierung Frankreichs und stellte die Neutralität des zaristischen Rußland für den Fall eines erneuten deutsch-französisch-österreichischen Krieges in Aussicht. Es verstärkte das Gewicht der konservativen Mächte in Europa, wenn nicht tatsächlich, so doch tendenziell. Und es erlaubte Bismarck, gegenüber Großbritannien, dessen Bündniswert er aus ideologischen Gründen sehr niedrig einstufte, weiterhin relative Distanz zu halten. Die Instabilität dieses Bündnissystems ist gleichwohl nicht zu übersehen. Es beruhte teils auf der Koordinierung, teils auf der Zähmung der imperialistischen Tendenzen Rußlands und Österreich-Ungarns; sofern diese sich erneut ungestüm entfalten sollten, waren die Tage der Gültigkeit dieses Bündnisses gezählt. Vorderhand bildete das Deutsche Reich den Mittelpunkt eines weitgespannten kontinentalen Bündnissystems, dessen Abrundung durch die Einbeziehung Italiens, Rumäniens und in indirekter Form sogar Serbiens in den folgenden Jahren relativ mühelos gelang.

Dieses System wurde durch den Abschluß des sogenannten Dreibundvertrages zwischen dem Deutschen Reich, Österreich-Ungarn und Italien vom 20. Mai 1882 noch weiter ausgebaut. Italien hielt seit langem stärker zum Lager der Mittelmächte, insbesondere zum Deutschen Reich; die flankierende Unterstützung Preußen-Deutschlands gegenüber Österreich in der Periode des italienischen Einigungskrieges war hier vergessen. Hinzu kam die »vatikanische Frage«, in der Bismarck stets eine pro-italienische Position eingenommen hatte. Die Staatsmänner der Zentralmächte hofften, mit diesem Vertrag einen weiteren Schritt zur Sicherung des europäischen Friedens auf der Basis des politischen Status quo vollzogen zu haben. Der Dreibund bildete, so schien es wenigstens, den formalen

Schlußstein einer langen Periode bitterer Auseinandersetzungen Österreich-Ungarns mit Italien über die italienische Einigung und die italienisch-sprachigen Territorien des Vielvölkerstaates. Künftigen irredentistischen Bestrebungen Italiens war jetzt, so schien es wenigstens, ein Riegel vorgelegt. Zugleich sah Österreich-Ungarn in der italienischen Bindung an die Mittelmächte einen wichtigen Flankenschutz für die eigenen Balkan-Aspirationen, die langfristig auf die Erlangung der Hegemonie gegenüber den kleineren slawischen Staaten und auf die ökonomische Penetration des Balkans angelegt waren.

Der Abschluß des Dreibundvertrages war allerdings erst möglich geworden als Folge des französischen Ausgreifens nach Tunesien. Im Vertrag von Bardo am 12. Mai 1881 war Tunesien zu einem französischen Protektorat erklärt worden, ungeachtet der Tatsache, daß die italienische Kolonie in Tunis bis dahin unbestritten eine Vorrangstellung innegehabt hatte. Der Bey von Tunis mußte sich hinfort mit einem Schattendasein als Strohmann einer französischen Kolonialadministration begnügen. Er mußte einen französischen Residenten akzeptieren, in dessen Hände, zwar nicht rechtlich, aber faktisch die Verwaltung Tunesiens überging. Dies veranlaßte die italienische Regierung, nunmehr politische Anlehnung bei den Mittelmächten zu suchen. Für Bismarck wiederum brachte der Abschluß des Dreibundvertrages eine weitere Absicherung seines Bündnissystems, allerdings um den Preis einer indirekten Absegnung der imperialistischen Bestrebungen Italiens und, in zweiter Linie, Österreich-Ungarns.

Der Dreibundvertrag war in seinem Tenor äußerst restriktiv ausgelegt, und man wird darüber streiten können, ob er angesichts der radikal unterschiedlichen Erwartungen, die die einzelnen Partner an das Vertragswerk knüpften, im Bündnisfall sonderliche Bindungskraft gehabt haben würde. Er sah zunächst vor, daß keine der drei Mächte einem gegen einen von ihnen gerichteten Bündnis beitreten dürfe, sowie die Verpflichtung zu gegenseitiger Konsultation in allen wichtigen Fragen wirtschaftlicher und politischer Natur. Im Falle eines französischen Angriffs auf Italien »ohne unmittelbare Herausforderung« sollte dieses auf den militärischen Beistand der beiden anderen Mächte rechnen können. Gleiches sollte für einen Angriff Frankreichs auf das Deutsche Reich gelten. Sofern eine Großmacht, die nicht Partner des Vertrages sei, die Sicherheit eines der Vertragspartner so bedrohe, daß dieser sich gezwungen sehe, militärische Schritte zu unternehmen, sollten die anderen zumindest »wohlwollende Neutralität« wahren. Die Möglichkeit, daß das Bündnis auch für den Fall eines Präventivkrieges seine Geltung behalten würde, war demnach nicht ausdrücklich ausgeschlossen. Über alle weitergehenden Vorschläge, etwa jener einer gegenseitigen Garantie des territorialen Status quo durch Italien und Österreich-Ungarn, insbesondere wegen des Status des Vatikans, ließ sich jedoch keine Einigkeit erzielen; als führende katholische Macht wollte Österreich-Ungarn die 1871 geschaffenen Verhältnisse nach wie vor nicht ausdrücklich sanktionieren. Umgekehrt stieß

Italien mit seiner Forderung, daß es in den Orient-Fragen als gleichberechtigter Partner beteiligt werden möge, in Wien auf keinerlei Gegenliebe. Dort wollte man die eigene Balkan-Politik nicht durch die Verpflichtung zur Berücksichtigung italienischer Interessen zusätzlich erschwert sehen.

Im Hintergrund standen sowohl auf österreichischer als auch auf italienischer Seite Begehrlichkeiten imperialistischer Natur, deren gegensätzlicher Charakter nur deshalb nicht zum Ausdruck kam, weil alle entsprechenden Formulierungen am Ende nicht in den Vertrag aufgenommen wurden. Dies sollte sich in späteren Verhandlungen über eine Verlängerung des Vertrages deutlich ändern. Kurz vor Abschluß der Vertragsverhandlungen trat Italien überdies zur allgemeinen Überraschung mit einer zusätzlichen Forderung hervor, nämlich dem Verlangen, es möge einvernehmlich festgestellt werden, daß »der Vertrag keine offensive Tendenz gegenüber England enthalte und daß die Unterzeichnermächte einen Beitritt Englands zum Bündnis begrüßen würden«. Diese »Mancini-Erklärung« wurde namentlich in Berlin, aber auch in Wien mit großer Irritation zur Kenntnis genommen, jeweils aus unterschiedlichen Gründen. Doch schließlich willigte man in die gemeinsame Abgabe einer solchen Erklärung ein, obgleich sie mit der gegen die Westmächte gerichteten Spitze besonders der Drei-Kaiser-Allianz, die einen indirekten Bestandteil des Bündnissystems darstellten, im Grunde nicht vereinbar war.

Ungeachtet seines ostentativ defensiven Charakters, der allerdings durch die Insertion von Klauseln, die einen Präventivkrieg immerhin als möglich erklärten, teilweise ausgehöhlt war, besaß der Dreibundvertrag, was Italien und Österreich-Ungarn anging, indirekt eine imperialistische Dimension. Österreich-Ungarn konnte sicher sein, im Falle eines durch die Drei-Kaiser-Allianz ja keineswegs ausgeschlossenen Konflikts mit Rußland die Unterstützung oder jedenfalls die wohlwollende Neutralität Italiens zu erhalten, während Italien gegenüber möglichen aggressiven Aktionen Frankreichs – und hier waren mittelbar auch wirtschaftliche Sanktionen einbezogen worden – auf die Hilfe der beiden Zentralmächte rechnen durfte. Dies bedeutete eine zwar nur indirekte, aber für die Regierung Crispi gleichwohl höchst wertvolle Unterstützung der italienischen kolonialen Aspirationen in Nordafrika.

Insgesamt wurde mit dem Dreibundvertrag vom 20. Mai 1882 der Schlußstein für Bismarcks zweites europäisches Bündnissystem gelegt. Zumindest auf den ersten Blick sah dieses mit großen Mühen geschaffene System außerordentlich eindrucksvoll aus, umspannte es doch einen großen Teil Europas und ließ an bedeutenderen Mächten eigentlich nur Frankreich und Großbritannien, daneben allenfalls Spanien beiseite. Bismarck selbst war äußerst zufrieden mit dem Erreichten. Er erklärte gelegentlich, die auswärtige Politik bereite ihm keine einzige schlaflose Nacht mehr; die Sache sei seit zehn Jahren so aufgezogen, daß sie von selbst gehe. Fraglos befand sich das Deutsche Reich in einer starken

Position; es operierte gleichsam auf der inneren Linie der mächtepolitischen Konstellation in Europa. Zwar war das Bismarcksche Bündnissystem keineswegs frei von inneren Bruchlinien und Widersprüchen; es hätte eine tatsächliche Belastungsprobe in Form eines europäischen Krieges wohl kaum überstanden. Die Zuverlässigkeit Italiens als Bündnispartner konnte schwerlich hoch veranschlagt werden; jeder europäische Konflikt, in dem Großbritannien dem gegnerischen Lager angehörte, hätte ihm die Möglichkeit gegeben, formal gesehen ohne Vertragsbruch aus seinen Bündnisverpflichtungen wieder auszuscheiden. Aber seinen primären Zweck, den Frieden in Europa zu erhalten und namentlich auf dem Balkan allenfalls Piecemeal change zu erlauben, erfüllte dieses Bündnissystem zumindest vorderhand sehr wohl.

Das Deutsche Reich war, so schien es, gleichsam durch zwei miteinander verzahnte dreigliedrige Bündnisse gegenüber mächtepolitischen Verwicklungen, welche die bestehenden Verhältnisse hätten gefährden können, abgesichert. Das Drei-Kaiser-Bündnis, der Bund der drei konservativen Monarchien, bildete das Rückgrat dieses Systems, aber es wurde ergänzt und teilweise überlagert vom deutsch-österreichisch-italienischen Dreibundvertrag, der einerseits dem Deutschen Reich einen zusätzlichen Bundesgenossen für den Fall eines französischen Angriffskrieges garantierte, andererseits Österreich-Ungarn eine gewisse, wenn auch in ihrer Tragfähigkeit nicht sonderlich hoch zu veranschlagende Rückendeckung für die eigenen offensiven Orient-Pläne gewährte. Abgerundet wurde dieses System überdies durch einen geheimen Bündnisvertrag Österreich-Ungarns mit Serbien, das gegenüber den expansiven Aspirationen Bulgariens und gegenüber dem Osmanischen Reich bei Österreich-Ungarn Anlehnung suchte, und durch ein Bündnis mit Rumänien, welches gleichermaßen daran interessiert war, gegenüber den slawischen Balkanvölkern und deren Protektor Rußland eine außenpolitische Absicherung zu finden. Entgegen anfänglicher Zurückhaltung trat das Deutsche Reich dem österreichisch-rumänischen Vertrag schließlich am 30. Oktober 1883 auch formell bei. Als zusätzlicher Vorteil hatte sich ergeben, daß Großbritannien in Ägypten und Frankreich in Tunesien politisch fest engagiert waren und deshalb in stärkerem Maße als bisher damit gerechnet werden konnte, daß sie russischen imperialistischen Tendenzen im Nahen oder Mittleren Osten mit einiger Energie entgegentreten würden. Überdies war Bismarcks Rechnung insofern voll aufgegangen, als sich Frankreich und England über der Frage der Zukunft Ägyptens so weitgehend entzweiten, daß der Kanzler zeitweilig sogar die Karte einer deutsch-französischen Kolonialentente zu spielen vermochte.

In Wirklichkeit war dieses System gar nicht so stabil, wie das hier beigegebene Stemma der Bündnisbeziehungen des Deutschen Reiches nahelegen könnte. Bismarck war sich fast überscharf der Tatsache bewußt, daß es einen »dynamischen Komplex«, dessen Glieder einander ausbalancierten, darstellte. Dem entsprach die sehr kurz bemessene Laufzeit der Bündnisverträge; diese waren für die Part-

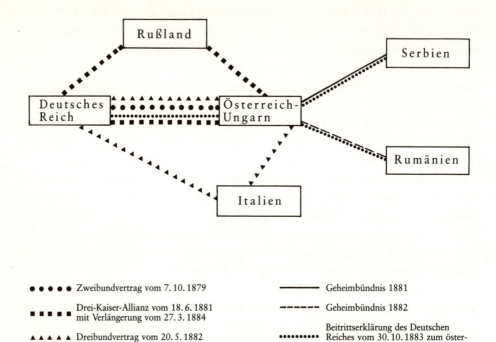

● ● ● ● ● Zweibundvertrag vom 7. 10. 1879   ——————— Geheimbündnis 1881

■ ■ ■ ■ ■ Drei-Kaiser-Allianz vom 18. 6. 1881   - - - - - - - Geheimbündnis 1882
            mit Verlängerung vom 27. 3. 1884

▲ ▲ ▲ ▲ ▲ Dreibundvertrag vom 20. 5. 1882   Beitrittserklärung des Deutschen
                                    ● ● ● ● ● ● ● Reiches vom 30. 10. 1883 zum öster-
                                            reichisch-rumänischen Bündnis

nerstaaten des Deutschen Reiches nur deshalb akzeptabel, weil sie ihren langfristigen machtpolitischen Aspirationen lediglich für eine vergleichsweise kurze Frist Fesseln anlegten beziehungsweise zu einer gutenteils als lästig, ja hinderlich empfundenen Kooperation mit den jeweils rivalisierenden Mächten zwangen. Mittelfristig waren sowohl Rußland wie Italien und auch Österreich-Ungarn entschlossen, ihre Pläne einer Ausweitung der eigenen Machtstellung, sei es auf dem Balkan, sei es in Nordafrika, ohne Rücksicht auf die Vertragsverpflichtungen untereinander und gegenüber dem Deutschen Reich zielbewußt weiterzuverfolgen. Insofern läßt sich nur mit Einschränkungen davon ausgehen, daß das zweite Bündnissystem Bismarcks »defensiver Natur« gewesen sei, wie man immer wieder gemeint hat. Denn es beruhte trotz des auf den ersten Blick defensiven Charakters aller dieser Verträge auf dem Prinzip der beständigen Austarierung der expansiven Tendenzen nicht allein des zaristischen Rußland und der Donau-Monarchie, sondern auch der Mächte zweiten Ranges. Die imperialistischen Interessen, gleichviel ob sie sich der hergebrachten Formen territorialer Annexion oder der Begründung von Protektoratsverhältnissen oder der moderneren Form informeller ökonomischer und kultureller Durchdringung bedienten, entwickelten in der Folge eine Eigendynamik, die mit dem klassischen Instrumentarium der

Kabinettsdiplomatie immer weniger beherrscht werden konnte. Gleiches gilt in noch höherem Maße von den nationalrevolutionären Bewegungen auf dem Balkan, deren potentielle Sprengwirkung für die bestehende Staats- und Gesellschaftsordnung in Südost- und Ostmitteleuropa nur schwer abzuschätzen war. Bismarck war sich über dieses Problem vollauf im klaren; er neigte dazu, die potentiellen Gefahren für das bestehende System überscharf einzuschätzen, und suchte mit ausgeklügelten diplomatischen Schachzügen, die zuweilen die Spannungen eher noch verschärften, ihnen im vorhinein zu begegnen.

Besondere Sorge bereiteten Bismarck die expansiven Bestrebungen der russischen Diplomatie, die weiterhin unbeirrt darauf hinarbeitete, die eigene Machtstellung auf dem Balkan auszuweiten. Dabei wurde allerdings ganz unzureichend in Rechnung gestellt, daß es auch auf russischer Seite nicht nur Scharfmacher auf außenpolitischem Feld gab und daß insbesondere die panslawistische Ideologie, die Rußlands Mission darin sah, den Balkanvölkern zu voller nationaler Emanzipation zu verhelfen, in den Führungskreisen des zarischen Reiches durchaus mit gemischten Gefühlen betrachtet wurde. Denn eine politische Mobilisierung der breiten Massen der Bevölkerung, wie sie mit der Entwicklung nationaler Bewegungen einherzugehen pflegt, wollte die russische Autokratie natürlich ebenfalls tunlichst vermeiden; die ziemlich konsequente Politik der Repression nationalpolnischer Tendenzen, welche die russische Regierung in Russisch-Polen betrieb, lag auf der gleichen Linie. Sowohl Rußland als auch Österreich-Ungarn betrachteten die bestehenden vertraglichen Bindungen in vieler Hinsicht als eine höchst unbequeme Einengung ihrer politischen Handlungsfreiheit. Es lag allerdings keineswegs in der Absicht der Bündnispolitik Bismarcks, den anderen Partnern Zügel anzulegen und sie zur Mäßigung in der Verfolgung ihrer Ziele zu zwingen. Vielmehr war es dieser allein darum zu tun, die expansiven Tendenzen der anderen Mächte in einer solchen Weise zu kanalisieren, daß die Stabilität des Mächtesystems als solches nicht in Frage gestellt und eine maximale Entlastung der Position des Reiches bewirkt würde. Dies erwies sich freilich seit Mitte der achtziger Jahre als ein immer schwierigeres Geschäft.

Bereits Anfang 1883 wurde der deutschen Regierung von russischer Seite nahegelegt, eine Erneuerung des Drei-Kaiser-Bündnisses vorzunehmen, obschon es noch bis zum 17. Juni 1884 galt, also noch gut fünfzehn Monate Laufzeit besaß. Das war offenbar mit der Absicht verbunden, die Bestimmungen dieses Bündnisses behutsam zu modifizieren, um Rußland gegenüber Österreich-Ungarn ein größeres Maß an Handlungsfreiheit zu verschaffen. Der russische Botschafter Saburow ließ durchblicken, daß man in St. Petersburg am liebsten eine Erweiterung der Vereinbarungen mit dem Deutschen Reich und Österreich-Ungarn nach Art des Reichstadter Abkommens, das ja eine regelrechte Kriegszielabsprache war, sehen würde, etwas, wozu sich Bismarck allerdings von vornherein nicht herbeizulassen bereit war. Er wies bei dieser Gelegenheit ausdrücklich darauf hin, daß es nicht Sache des Deutschen Reiches sein könne, Rußland zu mäßigen, und daß dies ebenso auch für Österreich-Ungarn gelte; es könne nicht die Aufgabe beider Mächte sein, »die Rolle des europäischen Polizisten in der Beaufsichtigung resp[ective] Festhaltung Rußlands« zu übernehmen. Vielmehr müsse man dies den primär betroffenen Mächten, der Türkei und insbesondere Großbritannien, überlassen. »Letzteres kann, trotz Gladstone, doch nimmer zugeben, daß Constantinopel und der Verschluß des Bosporus in russische Hände fällt, u[nd] Kleinasien eine russische Enclave zwischen Armenien u[nd] der Dardanellenposition, letztere aber die Ausfallstation auf den egyptisch-indischen Seeweg würde.« Hier trat bereits in Umrissen jene Strategie zutage, die Bismarck wenige Jahre später systematisch zu entfalten gesucht hat, nämlich einerseits Großbritannien in aller Form an den Dreibund heranzuziehen, gleichsam als Gegengewicht zu den russischen Orient-Interessen, andererseits Rußland dazu zu ermutigen, in die so bereitgestellte Gasse hineinzulaufen.

Von russischer Seite wurde eine Abschwächung des Drei-Kaiser-Bündnisses auch deshalb angestrebt, weil man für den Fall, daß es in Frankreich zu einer Restauration der Monarchie kommen sollte, einen deutschen Angriffskrieg zwecks Wiederherstellung eines republikanischen Regimes für möglich hielt. Bismarcks ständige Hinweise darauf, daß das republikanische Frankreich nicht eigentlich als ernstlicher Bündnispartner zu betrachten sei, hatten hier also eine unbeabsichtigte Rückwirkung gefunden. Um dieses Argument zu entkräften, bedurfte es schließlich einer unmißverständlichen Erklärung Bismarcks, daß es, solange er Kanzler sei, einen Angriffskrieg auf Frankreich nicht geben werde. Am Ende wurde das Drei-Kaiser-Bündnis am 27. März 1884 mit einigen unbedeutenden Abschwächungen um weitere drei Jahre verlängert. Bismarck ging davon aus, daß die Geschäftsgrundlage ungeachtet der verklausulierten Vertragsbestimmungen, die eine Ausweitung des russischen oder des österreichisch-ungarischen Einflusses auf dem Balkan an eine vorhergehende Verständigung aller Mächte banden, darin bestehe, daß Serbien sowie Bosnien und die Herzegowina stillschweigend der österreichisch-ungarischen, Bulgarien hingegen der russischen Einflußsphäre zugewiesen worden seien. Dies sollte sich schon bald als eine irrtümliche Annahme erweisen.

Einstweilen schien freilich alles überaus günstig arrangiert zu sein. Die Drei-Kaiser-Revue in Skierniewice vom 15. bis 17. September 1884 fand Wilhelm I., Kaiser Franz Joseph und Zar Alexander II. in bestem Einvernehmen. Allerdings hatte Bismarck, für dieses Mal im Zusammenspiel mit dem russischen Außenminister Nikolai von Giers, dem wenig zuvor für seine Verdienste um die Verlängerung des Drei-Kaiser-Bündnisses der Schwarze Adlerorden verliehen worden war, dafür gesorgt, daß keine spannungsgeladenen politischen Fragen auf der Agenda standen. Statt dessen kam es in Skierniewice zu einer höchst wirklichkeitsfremden Debatte über das monarchische Prinzip, ausgelöst durch die damals vagen Aussichten auf eine Restauration der Monarchie in Frankreich. Bei dieser Gelegenheit erging sich insbesondere der Zar in Reflexionen darüber, daß Großbritannien eine Art Wahlmonarchie geworden sei und daher eigentlich nicht mehr zu den echten monarchischen Staaten gezählt werden könne. Bismarcks altes Zaubermittel, um die auseinanderstrebenden Ostmächte gleichwohl aneinander zu kitten, nämlich der Appell an das konservative Prinzip, hatte sich für den Augenblick einmal mehr als wirkungsvoll erwiesen. Aber Franz Josephs Sorge, daß sich unter russischer Ägide ein »slawischer Ring« um die Südostflanke der Donau-Monarchie zu legen beginne, war nur für den Augenblick, nicht auf Dauer besänftigt, und gleiches galt von der Dynamik der russischen Orient-Politik, die immer stärker in den Sog der slawischen Nationalbewegungen hineingeriet und infolgedessen immer weniger eine Beschneidung ihrer Ziele durch Österreich-Ungarn und das mit ihm verbündete Deutsche Reich hinzunehmen geneigt war. Einstweilen aber konnte Bismarck es wagen, die bisherige strikte Zurückhaltung, die er dem Deutschen Reich auf kolonialpolitischem Gebiet verordnet hatte, aufzugeben und schließlich sogar in der Frage der Zukunft Westafrikas gegenüber England als Sprecher der drei Ostmächte und Italiens aufzutreten.

Die Anfänge des deutschen Imperialismus (1882–1885)

Das Deutsche Reich ist vergleichsweise spät in die imperialistische Arena eingetreten. Anders als Großbritannien, Frankreich und die Niederlande konnte es nicht auf einer langen Tradition kolonialer Herrschaft in außereuropäischen Gebieten aufbauen. Davon abgesehen war es im ersten Jahrzehnt seines Bestehens viel zu sehr mit sich selbst beschäftigt, um den Blick über die Grenzen Europas hinaus zu richten. Angelegentlich der Friedensverhandlungen mit Frankreich 1871 war einen Augenblick erwogen worden, ob man von diesem die Abtretung Kotschinchinas, das heißt des südlichen Teils des heutigen Vietnam, verlangen solle, doch davon wurde sogleich wieder Abstand genommen. Bismarck selbst war ein entschiedener Gegner jeglicher Kolonialpolitik im engeren Sinne. Er erklärte in diesem Zusammenhang: »Ich will auch gar keine Kolonien. Die sind bloß zu Versorgungsposten gut. [...] Diese ganze Koloniegeschichte wäre für uns genau so, wie der seid[e]ne Zobelpelz in polnischen Adelsfamilien, die keine Hemden haben.«

Die Außenpolitik des Deutschen Reiches war seit 1871 auf das Prinzip ausgerichtet, daß es territorial »saturiert« sei; die Strategie der Ableitung von Spannungen an die Peripherie setzte voraus, daß das Deutsche Reich sich in den überseeischen Regionen zurückhielt und nicht selbst als Konkurrent anderer Mächte auftrat. Damit war aller auf formellen Kolonialbesitz gerichteten Politik vorerst ein Riegel vorgeschoben. Allerdings war Bismarck durchaus bereit, den deutschen Handel in Übersee mit staatlichen Mitteln zu fördern, soweit und sofern sich dies als notwendig erwies; er war, wie Hans-Ulrich Wehler dies treffend beschrieben hat, ein Anhänger des Freihandelsimperialismus, mit anderen Worten der vornehmlich wirtschaftlichen Expansion nach Übersee mit informellen Mitteln. Bereits seit der Mitte der siebziger Jahre bemühte sich die Reichsleitung, dem deutschen Handel in Übersee und namentlich in unterentwickelten Regionen politische Hilfestellung zu leisten, insbesondere durch die Bereitstellung konsularischer Dienste und durch den Abschluß von Handelsverträgen auch mit Staaten der überseeischen Welt, zum Beispiel 1879 mit Hawai und Samoa. Dadurch sollte der deutsche Handel gegenüber den jeweiligen lokalen Herrschern, vor allem aber gegenüber unliebsamen Interventionen dritter Mächte, die erforderliche Absicherung erhalten.

Während der Periode der Vorherrschaft des Nationalliberalismus von 1867 bis 1879 spielten koloniale Bestrebungen in der deutschen Öffentlichkeit allerdings noch keine sonderlich bedeutsame Rolle. Die große Mehrheit des Bürgertums und mit ihm die liberalen Parteien begrüßten zwar ein deutsches wirtschaftliches Vordringen nach Übersee, doch außerhalb eines eng begrenzten Kreises von Interessenten war für eine von Staats wegen betriebene Kolonialpolitik keinerlei Unterstützung vorhanden. Der Bruch mit dem Prinzip des Freihandels und der Übergang zur Schutzzollpolitik 1879, die zugleich eine Verlagerung des innenpolitischen Kurses nach rechts brachten, setzten in dieser Hinsicht neue Akzente. Nun wurde in der Öffentlichkeit die Forderung laut, daß auch das Deutsche Reich den Erwerb von Kolonien in Übersee ins Auge fassen müsse. Zwei Gesichtspunkte standen dabei im Vordergrund. Zum einen sollte die damals immer noch hohe Zahl von Auswanderern in deutsche Siedlungskolonien in Übersee gelenkt werden, um diese wertvollen Elemente der deutschen Volkskraft nicht auf Dauer zu verlieren. Zum anderen hoffte man, daß durch die Abwanderung eines Teils der Arbeiterschaft nach Übersee die chronische Armut der Unterschichten vermindert und die explosiven sozialen Spannungen, die den Bestand der bürgerlichen Gesellschaft gefährdeten, abgebaut werden könnten. Darüber hinaus wurde die Idee propagiert, daß mit der Gründung von überseeischen Kolonien der Wirtschaft neue Absatzmärkte erschlossen würden und auf diese Weise der gefährliche Zyklus periodischer wirtschaftlicher Krisen, wie sie die deutsche Gesellschaft erst jüngst, 1873, wieder zu spüren bekommen hatte, gemildert werden könnte. Die frühen deutschen Kolonialagitatoren, zu denen insbesondere der Leiter der Rheinischen Missionsgesellschaft in Wuppertal, Friedrich Fabri, gehörte, standen freilich den Kreisen der Wirtschaft eher fern; hier war einstweilen noch ganz die herkömmliche Freihandelsidee vorherrschend, wenn man von einer kleinen Gruppe von Kaufleuten und Unternehmern absieht, die unmittelbar in überseeischen Unternehmungen engagiert war. Auch die bürgerlichen Parteien waren vorerst noch nicht für ein aktives Hervortreten des Staates auf kolonialpoliti-schem Felde, in Abweichung von den Grundsätzen des Freihandels, zu haben.

Dies zeigte sich anläßlich der Einbringung der sogenannten Samoa-Vorlage im Reichstag im Sommer 1880. Die »Deutsche Handels- und Plantagengesellschaft« des Hamburger Handelshauses Godeffroy, die auf Samoa umfangreiche Planta-gen betrieb und eine Schlüsselposition in der Wirtschaft dieser vergleichsweise reichen Pazifik-Insel innehatte, war wegen Fehlspekulationen mit Eisenbahnwer-ten, die mit ihren Aktivitäten in Übersee nichts zu tun hatten, in finanzielle Schwierigkeiten geraten. Unter diesen Umständen erwog Johann Cesar Godeffroy den Verkauf der Gesellschaft, an der auch die Disconto-Gesellschaft beteiligt war, an britische Interessenten. Daraufhin entschloß sich die Reichsleitung, vornehm-lich auf Drängen der unmittelbar Betroffenen, insbesondere Adolph von Hanse-manns von der Disconto-Gesellschaft, die in Bismarcks Mitarbeiter Heinrich von Kusserow einen einflußreichen Fürsprecher fanden, helfend einzugreifen, um dieses wertvolle wirtschaftliche Unternehmen nicht in englische Hände gelangen zu lassen. Es bestand der Plan, eine Auffanggesellschaft, die »Deutsche Seehan-delsgesellschaft«, ausgestattet mit einer dreiprozentigen Dividendengarantie des Reiches, ins Leben zu rufen, die die »Deutsche Handels- und Plantagengesell-schaft« und ihre Besitzungen auf Samoa übernehmen sollte. Dieses Projekt wurde allerdings in der Folge von den Liberalen aller Richtungen in der Luft zerrissen. Insbesondere der finanzpolitische Sprecher der Nationalliberalen Partei, Ludwig Bamberger, wollte von einem derartigen direkten Eingreifen des Reiches zugun-sten der wirtschaftlichen Belange Einzelner nichts wissen, schon gar nicht zugun-sten kolonialer Unternehmungen. »Die Kolonialkrankheit«, so meinte er, habe »ihre Grundzüge darin, daß die Staatätigkeit für die Bereicherung der Indivi-duen eintreten solle [...]«. Es gehe nicht an, daß der Privatwirtschaft von staatli-cher Seite Konkurrenz gemacht werde. Die Samoa-Vorlage wurde daraufhin mit einer Mehrheit von 128 zu 112 Stimmen zu Fall gebracht. Bei der Abstimmung, die implizit eine Entscheidung gegen eine staatliche Kolonialpolitik, wenn auch nicht gegen koloniale Expansion schlechthin bedeutete, hatte die Erbitterung der Nationalliberalen über ihre Ausschaltung als »Regierungspartei« durch Bismarck ebenso eine Rolle gespielt wie die unglückliche Art, in der hier einzelne Firmen beziehungsweise Firmengruppen auf Kosten des Steuerzahlers einseitig begünstigt werden sollten. Schließlich gelang es einem Bankenkonsortium unter Führung Adolph von Hansemanns und unter Beteiligung Gerson von Bleichröders, des Bankiers Bismarcks, die »Deutsche Handels- und Plantagengesellschaft« auch ohne Staatshilfe zu konsolidieren.

Durch diese Vorgänge sah sich die freihändlerische Richtung, die ein direktes Eingreifen des Staates in das Wirtschaftsleben auch hinsichtlich der überseeischen Interessen für verfehlt hielt, in ihren Auffassungen im Grunde nur bestätigt. Auf dem neunzehnten »Kongress deutscher Volkswirthe«, einer der führenden freihändlerischen Interessenorganisationen, wurde ihre Haltung wenig später noch einmal ausdrücklich bekräftigt. Auf dem Kongreß im Jahr 1880 wurde eine Resolution verabschiedet, in der es für »nicht zulässig« erachtet wurde, »dass auf Kosten der Gesamtheit und zu Gunsten einzelner Klassen theure und aussichtslose [...] Versuche mit Einrichtung irgend welcher Art von Kolonien angestellt werden«. Allerdings bedeutete dies keineswegs, daß von deutscher wirtschaftlicher Betätigung in Übersee Abstand genommen werden sollte. Im Gegenteil: Diese sollte sich, wie man heute sagen würde, informeller Methoden bedienen, nicht aber in die überlebten des Merkantilismus zurückfallen. Auch Bamberger vertrat diese Ansicht: »Wenn der freie Kaufmann von sich aus Kolonien erwerben wolle, hätte er nichts dagegen, aber die Oberaufsicht der Polizei und die fürsorgende Hand des Staates dürfte nicht darüber gesetzt werden.«

Doch der Ansturm der Interessenten auf die Reichsleitung war nur für den Augenblick, nicht auf Dauer gestoppt. Bereits ein Jahr später unternahm Hansemann in einer ausführlichen Denkschrift an den Reichskanzler einen neuen Anlauf, ihn von der Notwendigkeit einer zielbewußten Förderung kolonialer Unternehmungen durch das Reich zu überzeugen. Er war gerade damit beschäftigt, ein Konsortium zur Gründung einer Kolonialgesellschaft zustande zu bringen, die im nördlichen Neuguinea tätig werden sollte. Bismarck war zunächst höchst zurückhaltend. Eine Inbesitznahme Neuguineas durch das Reich sei unmöglich: »Mit Geheimräten? [...] Der Staat ist nicht im Besitz von Beamten, um ›Kolonien‹ damit zu gründen [...]. Die Sache müßte kaufmännisch entstehen.« Dies blieb auch in der Folge Bismarcks Standpunkt. Er war zwar durchaus geneigt, koloniale Unternehmungen deutscher Kaufleute in Übersee zu unterstützen, jedoch sollte dies ausschließlich in informeller Weise geschehen; jedes unmittelbare Engagement des Deutschen Reiches lehnte der Kanzler hingegen beharrlich ab. Er wollte nach dem Vorbild der englischen Chartered Companies verfahren, die, gestützt auf einen königlichen Freibrief, die jeweilige Kolonie in eigener Verantwortung, auf eigene Kosten und auf eigenes Risiko verwalten sollten. Das Reich sollte sich auf Gewährung von Schutz nach außen, insbesondere gegenüber Interventionen dritter Mächte, beschränken. Von dem Aufbau staatlicher Kolonialverwaltungen und der Errichtung von Garnisonen wollte er grundsätzlich nichts wissen; es sei nicht die Sache des Staates, sondern der beteiligten wirtschaftlichen Interessengruppen, für die Verwaltung der betreffenden kolonialen Territorien und die Gewährleistung der inneren Sicherheit zu sorgen. Nur unter diesen Bedingungen war Bismarck bereit, die Förderung kolonialer Unternehmungen in Übersee von seiten des Staates ins Auge zu fassen; auch dies stellte bereits eine behutsame Modifikation seines bisherigen antikolonialistischen Standpunktes dar. Er blieb zeitlebens ein konsequenter Anhänger des Systems indirekter Herrschaft. In jedem Fall sollte die Initiative für den Erwerb von kolonialen Territorien von der Kaufmannschaft selbst kommen. Jeden Gedanken an eine präventive

Annexion von überseeischen Gebieten, die erst noch wirtschaftlich erschlossen werden mußten, wies er entschieden zurück.

Seit 1882 zeichnete sich in der öffentlichen Meinung eine erhebliche Veränderung der Einstellung gegenüber kolonialer Politik ab. Die wirtschaftliche Rezession von 1883, die verbreiteten Besorgnisse über die bedrängte soziale Lage der Arbeiterschaft und die revolutionäre Agitation der Sozialdemokratie, der das Sozialistengesetz offenbar nichts hatte anhaben können, sowie das gespannte innenpolitische Klima nach der Wahlniederlage der Nationalliberalen bei den Reichstagswahlen von 1881 – dies alles verhalf den Argumenten der radikalen Kolonialagitatoren, an ihrer Spitze Friedrich Fabri, des Leiters der Rheinischen Missionsgesellschaft in Wuppertal, zu ungewöhnlicher Resonanz. Koloniale Expansion, so versprachen sie, könne helfen, alle Übel, die die deutsche Gesellschaft befallen hatten, gleichermaßen zu beseitigen. Sie werde zur Überwindung der periodischen Überproduktionskrisen der Industrie beitragen, sie verheiße eine Lösung der drängenden sozialen Frage, indem sie den Unterschichten der Bevölkerung, die im Binnenmarkt keine ausreichende Beschäftigung finden könnten, in Übersee neue Arbeitsmöglichkeiten eröffnen, die Überbevölkerung im Lande reduzieren und die Auswanderung in eine dem Reich nützliche Richtung lenken würde. Durch eine Politik kolonialer Erwerbungen würden schließlich der deutschen Nation neue große nationale Ziele vor Augen gestellt, die die Zwietracht und den Parteienstreit im Innern vergessen machen könnten. Ernst von der Brüggen schrieb 1883 in den angesehenen und von den Führungsschichten Deutschlands vielgelesenen »Preußischen Jahrbüchern«: »Wenn ich das Heil Deutschland's nicht in einer künftigen Kolonialpolitik beschlossen sehe, so erkenne ich doch in dem kräftigen und von allen Theilen der Nation ausgehenden Erfassen unserer kolonialen Aufgaben den Beginn einer äußeren Bewegung, von der ich reichen Segen in ihrer Rückwirkung auf unsere inneren Zustände erwarte.« Mit einem Wort: Wer für die Erhaltung der bestehenden Sozialordnung sei, der müsse auch für ein deutsches Kolonialreich eintreten.

In unmittelbarem Zusammenhang damit kam es zur Gründung von Agitationsvereinen, wobei die politischen und wirtschaftlichen Interessenten an einer Politik imperialistischer Expansion eng zusammenarbeiteten. Friedrich Fabri gründete 1881 den »Westdeutschen Verein für Colonisation und Export« in Düsseldorf, der sich insbesondere um die Gewinnung von Vertretern der Wirtschaft bemühte, wenn auch mit mäßigem Erfolg. Ein Jahr später entstand in Berlin die »Deutsche Kolonialgesellschaft« unter Führung des liberalen Hocharistokraten Hermann Fürst zu Hohenlohe-Langenburg. Die treibende Kraft in der »Deutschen Kolonialgesellschaft« war der nationalliberale Politiker Johannes Miquel, der in den sechziger Jahren ein führendes Mitglied des Nationalvereins gewesen war; er sah in der Propagierung der Idee eines deutschen Kolonialreiches in erster Linie eine nationale Aufgabe, die gleichsam die Bemühungen des Nationalvereins auf einer

neuen, höheren Ebene fortsetzen sollte. Miquel hoffte auf diese Weise der Nationalliberalen Partei wieder neuen politischen Elan zu verschaffen und neue Wäh-
lerschichten zu erschließen. Ihren primär politischen Zielsetzungen gemäß richtete sich die Agitation der »Deutschen Kolonialgesellschaft« nicht in erster Linie
an die unmittelbaren ökonomischen Interessenten tatsächlicher oder potentieller
Art, sondern an die Führungsschichten in Gesellschaft und Staat. Sie bemühte sich
vornehmlich um die Unterstützung von prominenten Persönlichkeiten der deutschen Gesellschaft, die auch gegenüber der amtlichen Politik einiges Gewicht in
die Waagschale zu werfen hatten. Demgemäß waren radikale Agitatoren vom
Schlage Fabris nunmehr weniger gefragt; die Tonart der Argumentation war
gemäßigter und die Gangart behutsamer. Als die »Deutsche Kolonialgesellschaft«
1882 mit dem »Westdeutschen Verein für Colonisation und Export« fusionierte,
wurde dafür Sorge getragen, daß Fabri nicht in eine leitende Position berufen
wurde. In der Folge gelang es, eine große Zahl von Persönlichkeiten des öffentlichen Lebens, die politisch überwiegend im nationalliberalen oder freikonservativen Lager standen, für die Arbeit der Kolonialgesellschaft zu gewinnen, unter
ihnen den späteren Reichskanzler Chlodwig Fürst zu Hohenlohe-Schillingsfürst.

Obschon die Kolonialgesellschaft anfänglich einen vergleichsweise gemäßigten
Kurs steuerte und vorderhand nur die Schaffung von Handelsposten in Übersee
unter deutschem Schutz propagierte, während der Gedanke, deutsche Siedlungskolonien zur Aufnahme des Bevölkerungsüberschusses zu schaffen, in den Hintergrund gedrängt wurde, offensichtlich um die amtliche Politik nicht von vornherein herauszufordern, beklagte man lebhaft die Zurückhaltung Bismarcks auf
kolonialpolitischem Gebiet. Fürst zu Hohenlohe-Langenburg empfand ein
Gefühl der Frustration angesichts der eher abweisenden Haltung des Kanzlers in
der Kolonialfrage und vermutete, daß es übergreifende staatsmännische Erwägungen sein müßten, die Bismarck davor zurückhielten, seine Autorität uneingeschränkt zugunsten einer zielbewußten Kolonialpolitik geltend zu machen. In der
Tat spielte für Bismarck der Gesichtspunkt eine wichtige Rolle, daß ein Hinausgreifen des Deutschen Reiches über die Grenzen Europas schwerwiegende Konsequenzen für dessen Stellung innerhalb des europäischen Mächtesystems haben
könne. Fürst zu Hohenlohe-Langenburg zeigte Verständnis für dergleichen Erwägungen, war jedoch besorgt, »daß Deutschland zu spät erkennen würde, wie sehr
es Kolonien nötig habe« und dergestalt den Zeitpunkt für den Erwerb von
Kolonien verpassen könnte.

Bismarck erkannte jedoch bald die politischen Chancen, die ein Aufgreifen des
Kolonialgedankens durch die Reichsleitung boten. Ihm war daran gelegen, die
politische Konstellation, die sich nach der innenpolitischen Wende von 1879
ergeben hatte, zu konsolidieren. Die Unterstützung der Idee einer deutschen
Kolonisation eröffnete die Aussicht auf eine Stärkung des gemäßigten Flügels der
Nationalliberalen Partei, und zwar auf Kosten des radikalen Flügels, in dem die

Zwischendeckpassagiere auf einem Auswandererschiff. Holzstich nach einer Zeichnung von
Carl Heinrich Küchler, Ende des 19. Jahrhunderts. Berlin, Archiv für Kunst und Geschichte. –
Unterkünfte der Plantagenarbeiter in den Besitzungen Godeffroys auf Samoa. Holzstich nach
einer Photographie von Ph. Remelé, 1881. Berlin, Staatsbibliothek Preußischer Kulturbesitz

Hissen der deutschen Flagge in Kamerun durch den Reichskommissar Gustav Nachtigal im Juli 1884. Holzstich eines Unbekannten. Privatsammlung

doktrinären Freihändler das Sagen hatten. Eine Abspaltung der gouvernementalen Elemente vom Gros der Nationalliberalen Partei und ihre Einbeziehung in eine Koalition der »staatsbejahenden« Parteien, unter gleichzeitiger Frontstellung gegen den entschiedenen Liberalismus, lag in seinem unmittelbaren Interesse — mußte ihm doch daran liegen, den auch im Lager der Nationalliberalen weiterhin gehegten Plänen, einen Ausbau der Reichsverfassung in Richtung auf ein parlamentarisches System zu erzwingen, einen Riegel vorzuschieben. Im Hinblick auf die für 1884 bevorstehenden Reichstagswahlen war es ebenfalls erwägenswert, den kolonialpolitischen Strömungen in der öffentlichen Meinung entgegenzukommen. Die Propagierung einer deutschen Kolonialpolitik unter nationalem Vorzeichen eröffnete die Chance, von den inneren Schwierigkeiten abzulenken und die internationalistisch gesonnene Sozialdemokratie politisch zu isolieren. In diesem Sinne läßt sich Bismarcks Übergang zu einer aktiven Kolonialpolitik nach Hans-Ulrich Wehler als Spielart des Sozialimperialismus bestimmen. Es kam hinzu, daß die außenpolitische Situation des Deutschen Reiches 1882 ungewöhnlich günstig war.

Der Übergang zu einer aktiven Kolonialpolitik vollzog sich in einer höchst pragmatischen, ganz undogmatischen Weise. Soweit der deutsche Handel in Übersee in den kolonialen Besitzungen dritter Mächte ungestört und unbeeinträchtigt von behördlichen Interventionen operierte, wollte Bismarck keinesfalls von seiten des Staates eingreifen. Er sah Anlaß zum Schutz der deutschen Interessen nur dort gegeben, wo es an Protektion für die deutschen Kaufleute und ihre Agenten vor Ort durch die betreffenden Kolonialmächte fehle oder wo sie in ihren Aktivitäten gegenüber den Kaufleuten anderer Nationen ernstlich benachteiligt würden. Aber im wesentlichen wollte er sich auf die flankierende Abstützung deutscher wirtschaftlicher Aktivitäten in Übersee beschränken. Dazu gehörte unter anderem die Bereitschaft, Postdampferlinien nach Ostasien mit finanziellen Zuschüssen des Reiches einzurichten. Nach den schlechten Erfahrungen, die die Reichsleitung mit der Samoa-Vorlage gemacht hatte, wurde mit der Ausarbeitung einer entsprechenden Postdampfervorlage erst im September 1883 begonnen; diese wurde, wiederum mit großer Verzögerung, im Juni 1884 im Reichstag eingebracht. Auch diese Vorlage, die eine maßvolle Subventionierung deutscher Schiffahrtslinien nach Übersee durch das Reich vorsah, geriet ins Kreuzfeuer freihändlerischer Kritik, obschon sich Bismarck persönlich dafür verwendete: »Wollen wir Nichts thun für die Seefahrt, die Arbeit, die Erhaltung unseres Exports, zur Vorbeugung von Nahrungslosigkeit im Lande wegen Mangel an Export und Mangel an Arbeit? Wollen wir nicht vielmehr jedes Mittel wählen, die Ausfuhr zu fördern, auch solche Mittel, für deren Rentabilität wir nicht vorher den Beweis liefern können. [...]« Die Vorlage wurde von der Reichstagsmehrheit mit dem Argument, daß es sich um eine unzulässige Einmischung des Reiches in privatwirtschaftliche Angelegenheiten handele, zu Fall gebracht.

Zu diesem Zeitpunkt war Bismarck allerdings bereits fest entschlossen, alles zu tun, um die deutschen wirtschaftlichen Unternehmungen in Übersee von staatlicher Seite zu fördern, soweit dies auf indirektem Weg möglich sei. Nur von der Errichtung formeller Kolonien mit einer eigenständigen Verwaltung und eigenen Garnisonen wollte er nach wie vor nichts wissen: »Direkte Kolonien können wir nicht verwalten, nur [private Handels-] Kompagnien unterstützen. Kolonialverwaltungen wären nur Vergrößerung des parlamentarischen Exerzierplatzes.« Dies hieß freilich nicht, die Hände in den Schoß zu legen und nichts zu tun. Der Abschluß einer englisch-französischen Konvention vom 28. Juni 1882 über die Abgrenzung der beiderseitigen Interessensphären in Westafrika, in der zugleich festgelegt wurde, daß der Handel von Angehörigen beider Staaten, im Unterschied zu dem Handel dritter Länder, gleichberechtigte Behandlung erfahren sollte, veranlaßte Bismarck, im Frühjahr 1883 die Interessenten, insbesondere die Senate der Hansestädte, zu der Frage Stellung zu nehmen, in welchem Maße durch diesen Vertrag legitime deutsche Schiffahrts- und Handelsinteressen in Westafrika beeinträchtigt werden könnten. Damit gab er selbst den Anstoß für die Mobilisierung der wirtschaftlichen Interessenten zugunsten eines verstärkten Engagements des Deutschen Reiches in Übersee.

Das tatsächliche wirtschaftliche Engagement deutscher Kaufleute und Unternehmer in den überseeischen Regionen hielt sich zu diesem Zeitpunkt noch in engen Grenzen. Am bedeutendsten waren die wirtschaftlichen Aktivitäten der Deutschen auf Samoa. Nach der erfolgreichen Sanierung der »Deutschen Handels- und Plantagengesellschaft« kontrollierten deutsche Firmen rund siebzig Prozent des Außenhandels der Inselgruppe, obschon die deutsche Position von dem erwachenden Subimperialismus Australiens bedroht war. Davon abgesehen bestanden beachtliche, wenn auch quantitativ bescheidene Handelsbeziehungen mit Westafrika, insbesondere im Gebiet der Kongo-Mündung, des Niger und des späteren Kamerun. Eine Reihe von Hamburger und Bremer Handelshäusern, unter anderen Jantzen & Thormählen und C. Woermann, unterhielten dort Niederlassungen, die über afrikanische Mittelsmänner einen lebhaften Handel mit der eingeborenen Bevölkerung im Landesinnern unterhielten und darüber hinaus eigene Plantagen betrieben. Ungeachtet wiederholter Klagen darüber, daß diese Unternehmungen vom Reich gegenüber ihren englischen und französischen Konkurrenten nicht zureichend unterstützt würden, hatte die Reichsleitung bisher konsequent davon abgesehen, hier in irgendeiner konkreten Weise, die über diplomatische Unterstützung hinausging, zugunsten der deutschen Handelshäuser tätig zu werden. Dies deckte sich weitgehend mit den Ansichten der hanseatischen Wirtschaft, die in ihrer übergroßen Mehrheit dem Gedanken einer aktiven deutschen Kolonialpolitik eher reserviert gegenüberstand. Nur allmählich begann sich deren Einstellung zu ändern. In Hamburg war es insbesondere der »königliche Kaufmann« Adolf Woermann, der Direktor der Handels- und Schiffahrtsge-

sellschaft Woermann & Co und Vorsitzende der Handelskammer, der seine ganze
Energie einsetzte, um für eine aktive deutsche Kolonialpolitik Stimmung zu
machen. Jedoch war er der Ansicht, daß der Staat, nicht die private Wirtschaft,
auf diesem Gebiet den ersten Schritt tun müsse. »Wenn die deutsche Regierung
[...] einen Landstrich tatsächlich erwerben sollte, so würde eine solche Tatsache
in sehr vielen hiesigen Kaufmannskreisen mit Freuden begrüßt werden. Solange
aber die deutsche Reichsregierung, ohne deren Mitwirkung eine deutsche Kolonie
unmöglich erscheint, sich so ablehnend verhält wie bisher, wird man sich hier
nicht theoretisch für die Erwerbung von Kolonien erwärmen können.« Die primär interessierten Kreise der Wirtschaft erwarteten von der Reichsleitung, daß sie
in der Frage des Erwerbs von Kolonien ihrerseits vorangehen solle, während
Bismarck und mit ihm das Auswärtige Amt nach wie vor die Ansicht vertraten,
daß solche Initiativen von den wirtschaftlichen Interessenten ausgehen müßten
und diese das Risiko und die Kosten der Verwaltung eventueller kolonialer
Gründungen selbst zu tragen haben würden. Das Deutsche Reich habe allenfalls
für den Schutz gegenüber dritten Mächten zu sorgen. Woermanns Bemühungen,
in dieser Frage eine Änderung der Haltung der Reichsleitung herbeizuführen,
blieben auch in den folgenden Monaten zunächst ergebnislos. Ein Vorschlag vom
März 1883, eine deutsche Handelskolonie in Westafrika zu gründen, fand bei
Bismarck noch immer kein positives Echo, und auch eine Eingabe der Hamburger
Handelskammer vom Juni 1883 zugunsten dieses Projektes, die auf Betreiben
Woermanns zustande gekommen war, vermochte an Bismarcks grundsätzlicher
Zurückhaltung nichts zu ändern.

Kaum anders erging es der von Friedrich Fabri und dem Düsseldorfer Unternehmer F. A. Hasenclever mit Unterstützung der Disconto-Gesellschaft gegründeten »Deutschen Bergbaugesellschaft an der Walfisch Bai«, die im Hinterland des
britischen Territoriums Walfish Bay Bergbau betreiben wollte, und ebenso dem
Bremer Kaufmann Adolf Lüderitz, der mit Unterstützung von Bremer Kaufleuten
in Angra Pequeña, dem Kernland der späteren Kolonie Deutsch-Südwestafrika,
umfangreiche Ländereien erworben hatte. Lüderitz' Ersuchen vom 16. November
1882, seine zunächst noch relativ bescheidenen Besitzungen unter den Schutz des
Deutschen Reiches zu stellen, wurde vom Auswärtigen Amt abgewiesen. Dabei
spielte eine Rolle, daß dieser Schritt von Lüderitz auch deshalb unternommen
worden war, um seinem finanziell äußerst schwachbrüstigen Unternehmen in den
Augen der deutschen Investoren größere Respektabilität zu verleihen; denn die
Geldgeber mußten zum größten Teil erst noch gefunden werden. Aber Lüderitz
ließ nicht locker. Als er im Januar 1883 anläßlich eines Besuches in Berlin sein
Schutzersuchen erneuerte, nachdem es ihm gelungen war, seine Unternehmungen
auszuweiten und ein wenig zu konsolidieren, war die Reaktion der Reichsleitung
wiederum höchst zwiespältig. Bismarck ließ daraufhin am 7. Februar 1883 durch
seinen Sohn Herbert die Anfrage an die britische Regierung richten, ob sie in

dieser Region Souveränitätsrechte wahrnehme oder beabsichtige, dort in naher Zukunft selbst direkte Herrschaft auszuüben, hinzufügend, daß »uns jetzt wie früher alle überseeischen Projekte und insbesondere jede Einmischung in vorhandene britische Interessen fernlägen, sowie daß wir es nur gern sehen würden, wenn England eventuell deutschen Ansiedlern in jenen Gegenden seinen wirksamen Schutz angedeihen lassen wollte«.

Dies lag auf der bisherigen Linie einer pragmatischen Politik, die zwar die Förderung deutscher Wirtschaftsinteressen im Rahmen des Möglichen zu betreiben suchte, aber nicht über die Linie eines informellen Imperialismus hinausgehen wollte. Die britische Regierung nahm diese höchst zurückhaltende diplomatische Anfrage, der der deutsche Botschafter in London, Georg Herbert Graf zu Münster, der persönlich ein scharfer Gegner jeglicher Kolonialpolitik war, überdies keine sonderliche Dringlichkeit verlieh, zunächst nicht recht ernst und reagierte darauf mit großer Verzögerung. Die britische Präsenz in Angra Pequeña war jedoch gering. Daher war das Foreign Office anfänglich bereit, grünes Licht für die Errichtung eines deutschen Protektorats in Angra Pequeña zu geben. Aber die vom britischen Colonial Office konsultierte Kap-Kolonie protestierte gegen eine Festsetzung des Deutschen Reiches an ihrer nördlichen Grenze. Daraufhin erklärte die britische Regierung ein Protektorat über die gesamte Westküste Afrikas von der Kap-Kolonie bis zum 18. Breitengrad, obschon »die Regierung Ihrer Britischen Majestät«, wie man am 21. November 1883 in Berlin mitteilen ließ, »ihre Souveränität nicht entlang der gesamten Küste«, sondern nur an einzelnen Punkten proklamiert habe. Diese Stellungnahme, die schon die Zeitgenossen als eine afrikanische Variante der Monroe-Doktrin – der Begriff ging auf den Premierminister der Kap-Kolonie, Scanlen, zurück – bezeichnet haben, wurde in Berlin als außerordentliche Zumutung empfunden. Bismarck sah darin nichts anderes als den Anspruch Großbritanniens, über alle bisher unberührten Territorien des Erdballs prophylaktisch einen Herrschaftsanspruch geltend zu machen, ganz unabhängig davon, ob dort ein reales britisches Engagement vorliege oder nicht. In scharfer Wendung gegen diese »Anmaßung« gab er nunmehr Anweisung, »überall, wo England nicht tatsächlich Jurisdiktion ausübt und unseren Angehörigen ausreichenden Schutz gewährt, diesen Schutz selbst in die Hand zu nehmen beziehungsweise in der Hand zu behalten«.

Dies kam einem Wendepunkt in der deutschen Kolonialpolitik gleich, obschon die Konsequenzen dieser Entscheidung nicht sogleich in vollem Umfang sichtbar wurden. Fortan wurden Ersuchen um Unterstützung deutscher wirtschaftlicher Vorhaben in überseeischen Regionen, von Angra Pequeña bis zu den Fidschi-Inseln, vom Auswärtigen Amt höchst wohlwollend behandelt. In Angra Pequeña wurde Lüderitz nunmehr zum Abschluß weiterer Verträge mit einheimischen Stammesherrschern zwecks Ausweitung des eigenen Herrschaftsgebietes ermutigt; desgleichen wurden seine Unternehmungen am 24. März 1884 formell unter den Schutz des Reiches gestellt. Allerdings war zu Lüderitz' Mißfallen damit noch nicht der Anspruch verbunden, daß die Territorien der an diesem Projekt beteiligten deutschen Handelsunternehmen unter deutscher Souveränität stünden. Diese liege, wie das Auswärtige Amt unmißverständlich erklärte, wenn überhaupt, bei Lüderitz, nicht beim Reich. Das Bemühen, die beteiligten Gruppen zur Gründung einer gemeinschaftlichen Gesellschaft zur Übernahme der Verwaltung zu bewegen, scheiterte jedoch bereits im Ansatz. Lüderitz selbst stand bereits im Dezember 1884 am Rande des Bankrotts; seine Rechte wurden dann in eine unter wesentlicher Beteiligung Adolph Hansemanns und Bleichröders ins Leben gerufene »Deutsche Kolonialgesellschaft für Südafrika« eingebracht, die ihre Tätigkeit allerdings erst vier Monate später aufnehmen sollte. Ebenso wurde den deutschen Firmen in Kamerun nahegelegt, ihre Ansprüche ohne Rücksicht auf eventuelle britische oder französische Einsprüche konsequent zu verfolgen und zu diesem Zweck gegebenenfalls Verträge mit eingeborenen Herrschern abzuschließen, um konkurrierenden Schritten von britischer Seite möglichst zuvorzukommen. Ja mehr noch: Bismarck entschloß sich auf Drängen der unmittelbar betroffenen Wirtschaftskreise zur Entsendung eines Reichskommissars für die westafrikanische Küste nach Little Popo, dem späteren Togo, und Kamerun – eine Aufgabe, für die Gustav Nachtigal ausersehen wurde. Er wurde damit beauftragt, an Ort und Stelle Informationen über die Lage des deutschen Handels einzuholen und durch den Abschluß von Handelsverträgen die wirtschaftliche Gleichberechtigung der deutschen Kaufleute gegenüber rivalisierenden Unternehmungen anderer Nationen zu sichern. Die förmliche Errichtung einer Handelskolonie, wie sie namentlich von Woermann erneut gefordert worden war, oder auch nur eines Protektorats wurde allerdings wiederum abgelehnt. Kurz, Bismarck verlegte sich nunmehr darauf, wo immer möglich, Anwartschaften für künftige deutsche Besitzungen in Übersee zu begründen, um den augenscheinlich auf Ausschluß aller anderen Mächte gerichteten kolonialen Aktivitäten Großbritanniens wirksam entgegentreten zu können, ohne sich im einzelnen schon jetzt festzulegen.

Somit trat das Deutsche Reich nunmehr in das Wettrennen um koloniale Besitzungen in Übersee ein, wenn auch vorerst mit verhaltener Energie. Den Brennpunkt der Auseinandersetzungen bildeten, neben Ägypten, dessen Besetzung durch Großbritannien im Sommer 1882 auf erbitterte Kritik insbesondere Frankreichs gestoßen war, die westafrikanischen Küstenregionen am Kongo und Niger. Vor allem der französische Kolonialpionier Pierre de Brazza machte große Anstrengungen, von Norden aus in den Kongo vorzustoßen, dessen Hinterland nach Meinung der Zeitgenossen ungeahnte Reichtümer enthielt. Gleichzeitig bemühte sich die Internationale Kongo-Assoziation des belgischen Königs Leopold II. darum, die Zustimmung der Mächte für die Gründung eines riesigen privaten Imperiums im Kongo-Becken zu erhalten. Leopold II. hatte sich zu diesem Zweck unter anderem die Dienste des berühmten amerikanischen Geographen Henry Stanley gesichert; dieser ging daran, in der Region des unteren Kongo eine ganze Reihe von Handelsstationen zu begründen, nicht zuletzt, um damit den territorialen Ansprüchen der Internationalen Kongo-Assoziation eine rechtliche Grundlage zu verschaffen. Der »Scramble for Africa« war in vollem Gange. Am 26. Februar 1884 schloß Großbritannien mit Portugal einen Vertrag ab, in dem letzterem formell aufgrund alter, eigentlich längst erloschener Ansprüche, die bis in das 17. Jahrhundert zurückgingen, die ausschließliche Souveränität über den gesamten Küstenstreifen in Westafrika vom 5. Breitengrad (12 Grad) nordwärts bis zum Kongo, einschließlich der schiffbaren Teile des Flusses, zugestanden wurde. Dies war ganz offensichtlich ein Versuch, dem Vordringen namentlich der Franzosen, die mit de Brazza einen äußerst ehrgeizigen und energischen Pionier kolonialer Expansion besaßen, zum Kongo, aber auch den Aktivitäten der Internationalen Kongo-Assoziation einen Riegel vorzuschieben. Portugal sollte gleichsam als Strohmann dienen, um einstweilen politisch nicht realisierbare territoriale Ansprüche Großbritanniens an den Küsten Westafrikas zu sichern und eine Festsetzung anderer europäischer Mächte in dieser Region zu verhindern.

Angesichts der berüchtigten, extrem protektionistischen Methoden der portugiesischen Kolonialherrschaft stieß der Vertrag freilich selbst in Großbritannien sogleich auf Widerstand bei den in diesen Gebieten tätigen Handelshäusern. Noch ungleich schärfer war die Reaktion Frankreichs, das in dem Vertragsabschluß einen hinterhältigen Schachzug sah und in London und Lissabon Protest einlegte, sobald ihm dessen Einzelheiten bekannt wurden. Auch die deutschen Handelsinteressen wurden von dem Vertrag berührt, mußten sie doch eine Benachteiligung gegenüber portugiesischen Firmen, vor allem aber hohe Zoll- und Verwaltungsabgaben befürchten. Der britisch-portugiesische Vertrag vom 26. Februar 1883 schien einmal mehr zu bestätigen, daß Großbritannien große Teile Afrikas dem Zugriff anderer Mächte zu entziehen bestrebt war, obschon es in diesen Regionen so gut wie nirgends koloniale Herrschaft ausübte. Dies weckte den Zorn Bismarcks, der, wie er wenig später auch formell erklärte, argwöhnte, daß Großbritannien »nach möglichster Alleinherrschaft in den außereuropäischen Meeren« strebe. Der Kanzler sah darin eine schwerwiegende Mißachtung der Grundsätze des europäischen Völkerrechts, der mit äußerster Härte zu begegnen sei. Nur bei effektiver Herrschaftsausübung, so erklärte er, könnten kolonialen Ansprüchen völkerrechtliche Geltung zugestanden werden, nicht aber bloß »papierenen Protektoraten« nach englischer Manier, hinter denen keinerlei effektive Machtausübung vor Ort stehe.

Bismarck hatte demgemäß gute Gründe, seinerseits gegen den britisch-portugiesischen Vertrag Protest einzulegen, als ihm dies Anfang April 1884 von seiten der französischen Regierung unter Jules Ferry nahegelegt wurde. Er erkannte sofort, daß sich hier eine unwiederbringliche Chance für das Deutsche Reich eröffnete, in den kolonialen Fragen mit Frankreich gemeinsame Sache gegen

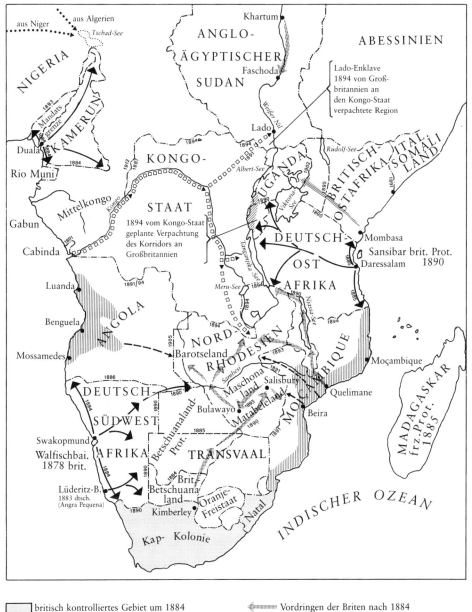

Legend:

britisch kontrolliertes Gebiet um 1884

portugiesisch kontrolliertes Gebiet um 1884

französisch kontrolliertes Gebiet um 1884

—·—·— internationale Grenzen

———— andere Grenzen

⊷⊷⊷⊷ Vordringen der Briten nach 1884

◄——— Vordringen der Portugiesen nach 1884

◄······ Vordringen der Franzosen nach 1884

◄——— Vordringen der Deutschen nach 1884

◄□□□□□ Vordringen der Beauftragten des Kongo-Staates

Großbritannien zu machen. Das Deutsche Reich schloß sich dem französischen Vorgehen an und veranlaßte zugleich seine Bundesgenossen Rußland und Österreich-Ungarn zu analogen diplomatischen Schritten in London und Lissabon. Unter diesen Umständen blieb der britisch-portugiesische Vertrag von Anbeginn ein toter Buchstabe; die britische Regierung zog es schließlich vor, von der erforderlichen Ratifikation durch das Unterhaus Abstand zu nehmen.

In den folgenden Monaten bemühte sich Bismarck, das Zusammengehen Frankreichs und des Deutschen Reiches in der Frage des britisch-portugiesischen Vertrages zu einer förmlichen Kolonialallianz gegen Großbritannien auszubauen. Er bot der französischen Regierung diplomatische Unterstützung bei der Verfolgung seiner westafrikanischen Interessen an, hinzufügend, daß sich die Aktivitäten der deutschen Kaufleute in Kamerun nicht gegen Frankreich richteten, und versprach, was in französischen Augen ungleich wichtiger war, sich in der »ägyptischen Frage« uneingeschränkt auf seiten Frankreichs einzusetzen. Angesichts der unmittelbar bevorstehenden Londoner Konferenz, in der die Engländer auf Kosten der europäischen Kapitaleigner einen erträglichen Kompromiß hinsichtlich der bedrängten Finanzlage Ägyptens zu erreichen suchten, war dies für die französische Regierung von großem Wert. Denn die Franzosen wollten die ägyptische Schuldenverwaltung als Hebel benutzen, um einen baldigen Rückzug der Engländer vom Nil zu erzwingen; eine Erleichterung der ägyptischen Schuldenlast lag daher nicht in ihrem Interesse. Bismarck verfolgte mit der Kolonialallianz mit Frankreich eine Doppelstrategie: Einerseits wollte er die politischen Energien der französischen Nation von dem »Loch in den Vogesen« auf imperialistische Aktivitäten in Übersee ablenken, ganz in Übereinstimmung mit seinem außenpolitischen Programm jener Jahre, zum anderen gedachte er einen Keil zwischen England und Frankreich zu treiben, der ein Zusammengehen beider Mächte gegen das Deutsche Reich, wie es in der Vergangenheit immer wieder gedroht hatte, für absehbare Zukunft ausschließen würde. Dieser Kurs verhieß zugleich die Möglichkeit, Großbritannien zu zwingen, die deutschen kolonialen Ansprüche in überseeischen Regionen, angefangen von Angra Pequeña bis hin zu Neuguinea und den Fidschi-Inseln, definitiv anzuerkennen und damit die legitimen Schutzbedürfnisse des deutschen Überseehandels sicherzustellen. Machtpolitische Erwägungen, denen es in erster Linie darum zu tun war, die günstige politische Konstellation zur Stabilisierung der informellen Hegemonialstellung des Deutschen Reiches auf dem europäischen Kontinent zu nutzen und die augenscheinlich maßlosen Absichten Großbritanniens gebührend zurückzuweisen, und wirtschaftspolitische Erwägungen gingen dabei Hand in Hand.

In den folgenden Wochen und Monaten tat Bismarck alles, was in seiner Macht stand, um eine großangelegte diplomatische Offensive gegen Großbritannien zustande zu bringen. Sein Ziel war es, eine internationale Konferenz zur Regelung der Zukunft Westafrikas zustande zu bringen, in der Großbritanniens vorgeblicher Alleinherrschaftsanspruch bezüglich aller noch nicht in europäischer Hand befindlichen Territorien in Übersee ein für allemal als unrechtmäßige Usurpation gebrandmarkt werden sollte. Um Frankreich für diesen weitreichenden Plan zu gewinnen, der auf die Isolierung Großbritanniens im Kreis der Großmächte abzielte, diente Bismarck als Waffe vor allem die »ägyptische Frage«, in der Großbritannien weiterhin verwundbar war, nachdem die Londoner Konferenz im Juli 1884 ohne greifbare Ergebnisse zu Ende gegangen war. Der Kanzler instruierte den deutschen Botschafter in London, Graf zu Münster, dessen anglophile Haltung ihm ohnehin ein Dorn im Auge war, in aller Deutlichkeit über seine diesbezüglichen Absichten: »Ich bitte [...] nicht zu vergessen, daß Ägypten als solches für uns ganz gleichgültig und für uns nur ein Mittel ist, den Widerstand Englands gegen unsere kolonialen Bestrebungen zu überwinden. Der kleinste Zipfel von Neu-Guinea oder Westafrika, wenn derselbe objektiv auch ganz wertlos sein mag, ist gegenwärtig für unsere Politik wichtiger als das gesamte Ägypten und seine Zukunft.« Ganz nebenbei gab Bismarck zu erkennen, daß er die Politik kolonialer Expansion gerade auch aus innenpolitischen Gründen für höchst bedeutsam hielt.

Seine Pläne liefen darauf hinaus, daß auf dieser Konferenz für alle Mächte verbindliche, völkerrechtliche Grundsätze über die Inbesitznahme der noch herrenlosen überseeischen Territorien sowie über deren Verwaltung beschlossen werden sollten; dazu sollte insbesondere das Prinzip der effektiven Herrschaft gehören, ferner das Prinzip des Freihandels, das heißt des freien wirtschaftlichen Zugangs für den Handel aller Nationen, nach dem Vorbild der »offenen Tür« im Fernen Osten. Dies richtete sich in erster Linie gegen die britische Politik, der Bismarck unterstellte, daß sie sämtliche Territorien, die nicht bereits von anderen Nationen okkupiert seien, kraft alten Herkommens als ihren rechtmäßigen Besitz betrachte. Der Kanzler erwartete, daß Großbritannien die Teilnahme an dieser Konferenz, bei der es mit der geschlossenen Gegnerschaft der anderen Großmächte zu rechnen habe, ablehnen werde: »Kann Englands Beitritt herbeigeführt werden, so wäre das erwünscht, für wahrscheinlich halte ich es kaum, glaube vielmehr, daß die exklusiven englischen Bestrebungen nach möglichster Alleinherrschaft in den außereuropäischen Meeren die anderen handeltreibenden Nationen in die Notwendigkeit setzen werden, durch Assoziation untereinander ein Gegengewicht der englischen Kolonialsuprematie herzustellen.« Mit anderen Worten: Bismarck schwebte vor, die Spielregeln des europäischen Mächtesystems nunmehr auch auf die überseeische Welt auszudehnen. Künftig sollten die Grundsätze des europäischen Völkerrechts auch für die kolonialen Besitzungen der Mächte, ja sogar für die überseeischen Regionen des Erdballs, die bisher gleichsam außerhalb des Geltungsbereiches des Völkerrechts gelegen hatten, allgemein Gültigkeit erlangen. Ein Motiv war dabei, den Wettlauf unter den Kolonialmächten um überseeische Besitzungen in rationale Bahnen zu lenken und rechtlichen

Beschränkungen zu unterwerfen, die es entbehrlich machen würden, seitens des Deutschen Reiches formelle Kolonien in Übersee zu gründen. Bismarck verfolgte das Ziel, für ganz Westafrika, zumindest aber für das Kongo-Becken den Grundsatz der »offenen Tür«, das heißt des unbeschränkten Zugangs und der ungehinderten Handelsmöglichkeiten für Kaufleute aller Nationen auf der Grundlage völliger Gleichberechtigung, durchzusetzen. Damit wäre aus Bismarcks Sicht den legitimen Forderungen der deutschen Wirtschaft in ausreichendem Maße Genüge getan worden.

In Übereinstimmung mit dieser Strategie suchte Bismarck noch im Frühsommer 1884 das direkte Engagement des Deutschen Reiches in Übersee so gering wie möglich zu halten. Er erklärte sich aus Anlaß der öffentlichen Proklamierung des Protektorats über Angra Pequeña, den Kern des späteren Deutsch-Südwestafrika, am 26. Juni 1884 im Reichstag erneut für ein System indirekter Herrschaft, das die Verantwortung für die Verwaltung und Entwicklung der »Schutzgebiete« den betroffenen Interessenten überließ und die Rolle des Staates auf den Schutz gegenüber dritten Mächten beschränkte: »Meine von Sr. Majestät dem Kaiser gebilligte Absicht ist, die Verantwortlichkeit für die materielle Entwickelung der Colonie ebenso wie ihr Entstehen der Thätigkeit und dem Unternehmungsgeiste unserer seefahrenden und handeltreibenden Mitbürger zu überlassen und weniger in der Form der Annectirung von überseeischen Provinzen an das Deutsche Reich vorzugehen, als in der Form von Gewährung von Freibriefen nach Gestalt der englischen Royal charters, im Anschluß an die ruhmreiche Laufbahn, welche die englische Kaufmannschaft bei Gründung der Ostindischen Compagnie zurückgelegt hat, und den Interessenten der Colonie zugleich das Regieren derselben im Wesentlichen zu überlassen und ihnen nur die Möglichkeit europäischer Jurisdiction für Europäer und desjenigen Schutzes zu gewähren, den wir ohne stehende Garnison dort leisten können. [...] Unsere Absicht ist, nicht Provinzen zu gründen, sondern kaufmännische Unternehmungen, aber in der höchsten Entwickelung, auch solche, die sich eine Souveränität, eine schließlich dem Deutschen Reich lehnbar bleibende, unter seiner Protection stehende kaufmännische Souveränität erwerben, zu schützen in ihrer freien Entwicklung sowohl gegen die Angriffe aus der unmittelbaren Nachbarschaft als auch gegen Bedrückung und Schädigung von Seiten anderer europäischer Mächte. Im Uebrigen hoffen wir, daß der Baum durch die Thätigkeit der Gärtner, die ihn pflanzen, auch im Ganzen gedeihen wird, und wenn er es nicht thut, so ist die Pflanze eine verfehlte, und es trifft der Schade weniger das Reich, denn die Kosten sind nicht bedeutend, die wir verlangen, sondern die Unternehmer, die sich in ihren Unternehmungen vergriffen haben. [...]«

Allerdings war Bismarck schon im Frühjahr 1884 unter dem Druck der Interessenten in Kamerun über die Linie bloß indirekter Schutzgewährung hinausgedrängt worden. Bereits am 8. April 1884 war der Reichskommissar Nachtigal angewiesen worden, in Kamerun die von den deutschen Gesellschaften vertraglich erworbenen Territorien unter den Schutz des Deutschen Reiches zu stellen und die deutsche Flagge zu hissen. Angesichts der Konflikte der deutschen Firmen Woermann und Jantzen & Thormählen mit den Dualas, die sich ihre profitable Rolle als Mittelsmänner im Handel mit den Stämmen des Hinterlandes nicht aus der Hand nehmen lassen wollten, aber auch der Gefahr, daß von englischer Seite ein Protektorat proklamiert werden könne, stellte der Reichskommissar im Juni 1884 die Küstenregionen Kameruns formell unter die Schutzherrschaft des Deutschen Reiches. Gleichwohl gibt es keinen Anlaß, an der Aufrichtigkeit der Erklärung Bismarcks vom 13. September 1884 gegenüber dem französischen Botschafter Alphonse de Courcel zu zweifeln: »Die Ausdehnung unserer kolonialen Besitzungen ist nicht Gegenstand unserer Politik; wir haben nur im Auge, dem deutschen Handel den Eingang nach Afrika an Punkten zu sichern, welche bis jetzt von der Herrschaft anderer europäischer Mächte unabhängig sind.« In der Tat ging es ihm einstweilen nur um die Gewährung von Schutz für die deutschen Handelsgesellschaften in Angra Pequeña, Kamerun, Togo, Neuguinea und schließlich in Ostafrika, die freilich die Verwaltung und wirtschaftliche Entwicklung der jeweiligen Territorien auf eigene Rechnung und Gefahr übernehmen sollten. Im übrigen machte er in den diplomatischen Verhandlungen mit Großbritannien schon damals den Vorschlag, ob man nicht für das Angebot künftigen deutschen Entgegenkommens in der »ägyptischen Frage« die Rückgabe Helgolands von Großbritannien betreiben solle, statt den Schwerpunkt der deutschen Anstrengungen auf den Erwerb kolonialer Territorien in Übersee zu legen.

Auch jetzt noch suchte Bismarck nach geeigneten Mitteln und Wegen, um das Ausmaß des deutschen Engagements in Übersee in möglichst engen Grenzen zu halten. Im Oktober 1884 wurde unter persönlicher Beteiligung Bismarcks ein »Syndikat für Westafrika« gegründet. Doch die beteiligten Firmen weigerten sich zu seinem Ärger von vornherein, die Verwaltung der deutschen Besitzungen in Kamerun in eigener Verantwortung zu übernehmen und deren Kosten aus eigener Tasche zu bezahlen. Sie verlangten die unverzügliche Einsetzung eines Gouverneurs auf Kosten des Reiches. Wenig später kam es zu militärischen Auseinandersetzungen mit den Dualas, in die das Reich nolens volens den deutschen Firmen mit militärischen Kräften zu Hilfe kommen mußte, wollte es nicht ganz und gar das Gesicht verlieren. Das Modell indirekter Herrschaft war damit in Westafrika gescheitert, bevor es überhaupt etabliert worden war. Die Verhältnisse hatten sich de facto stärker erwiesen als Bismarcks hartnäckige Bemühungen um eine Begrenzung des staatlichen Engagements. Im Mai 1885 kam es schließlich zur Einsetzung des ersten deutschen Gouverneurs Julius von Soden in Kamerun; ein Jahr später löste sich das »Syndikat für Westafrika« ohne großes Aufsehen wieder auf.

Zuvor, im Sommer und Herbst 1884, war Bismarck noch energisch darum bemüht gewesen, durch eine Internationalisierung des gesamten Kongo-Beckens einschließlich des Niger-Deltas den imperialistischen Gegensätzen ihre Schärfe zu nehmen und zumindest für diese Region eine politische Lösung durchzusetzen, die unabhängig von den zu treffenden territorialen Regelungen alle beteiligten Mächte gleichermaßen zufrieden stellen würde. Zu diesem Zweck sollte insbesondere das Prinzip des unbehinderten Zugangs für die Kaufleute aller Nationen vertraglich festgeschrieben werden. Darüber hinaus sollten unter anderem internationale Kommissionen nach dem Muster der seit 1815 bestehenden Internationalen Donau-Schiffahrtskommission, in der die angrenzenden Mächte Sitz und Stimme hatten, ins Leben gerufen werden, um für alle Nationen freie Schiffahrt auf dem Kongo und seinen Nebenflüssen sowie dem Niger zu gewährleisten. Schließlich sollte das Kongo-Becken im Kriegsfall zu einer neutralen Zone erklärt, also den Wechselfällen der europäischen Mächtepolitik entzogen werden. Bismarck erklärte in diesem Zusammenhang wiederholt unzweideutig, daß es ihm gleichgültig sei, wer die Herrschaft in den betreffenden westafrikanischen Gebieten ausübe, sofern jene Grundsätze respektiert würden. Wesentlich aus Gründen dieser Art war er geneigt, der Internationalen Kongo-Assoziation Leopolds II., die offiziell das Prinzip uneingeschränkten Freihandels für die von ihr beanspruchten Territorien am Kongo in Aussicht gestellt hatte, seine volle Unterstützung zu gewähren. Bismarck wollte der Kongo-Assoziation ein so großes Stück Afrikas zugestehen, wie es die Franzosen tolerieren würden. Hauptsächlich dank der Unterstützung des Deutschen Reiches und in zweiter Linie der Vereinigten Staaten gelang es Leopold II., sein ambitiöses Vorhaben in den wichtigsten Punkten durchzusetzen, zumal er den Argwohn der französischen Regierung, daß bei einem eventuellen finanziellen Zusammenbruch der Internationalen Kongo-Assoziation Großbritannien der lachende Erbe werden könne, durch Gewährung des Vorkaufsrechts bezüglich ihrer gesamten Besitzungen an Frankreich auszuräumen verstand.

Gleichwohl ist es im nachhinein schwer verständlich, wieso die europäischen Staatsmänner diesem Tausendsassa, der sich in anderem Zusammenhang als Anhänger der rücksichtslosen Ausbeutung kolonialer Besitzungen einen äußerst schlechten Ruf verschafft hatte, ihre rückhaltlose Unterstützung gewährten. Was Bismarck anging, so lagen die Vorschläge des belgischen Königs, nämlich den Kongo-Staat gleichsam stellvertretend für alle europäischen Nationen und die Vereinigten Staaten der westlichen Wirtschaft zu erschließen und zugleich den Eingeborenen die Segnungen der westlichen Zivilisation zu bringen, ganz auf der Linie seiner eigenen Interessen. In langwierigen Verhandlungen, die dem Zusammentritt der Afrika-Konferenz in Berlin unter Bismarcks Vorsitz vorausgingen, zeichneten sich bereits die Umrisse einer künftigen Regelung ab: die Etablierung Frankreichs am nördlichen Kongo-Ufer als Kern des späteren Französisch-Äquatorialafrika, die internationale Anerkennung des Kongo-Staates der Internationalen Kongo-Assoziation als einer riesigen Privatdomäne Leopolds II., die Respektierung der britischen Position in Nigeria unter Verzicht auf die Errichtung einer Internationalen Schiffahrtskommission für den Niger sowie schließlich die Einrichtung deutscher Schutzgebiete in Kamerun und Togo; dazu kam die stillschweigende Sanktionierung eines deutschen Schutzgebietes in Angra Pequeña durch die beteiligten Großmächte.

Damit waren bereits vor Beginn der Konferenz die Würfel zugunsten der definitiven Aufteilung Afrikas unter die europäischen Großmächte gefallen. Bismarcks Versuche, die Sprengkräfte der imperialistischen Expansion durch internationale Regelungen zu entschärfen, die die wirtschaftlichen Interessen aller beteiligten Nationen unabhängig von der Frage der Errichtung formeller Kolonialherrschaft sicherstellen sollten, waren im wesentlichen gescheitert. Dazu hatte freilich die auf ihn zurückgehende Forderung, daß die völkerrechtliche Anerkennung kolonialer Herrschaft künftig an das Prinzip der Effektivität der Herrschaft gebunden sein müsse, ihren Teil beigetragen. Denn dadurch wurde den älteren Formen informeller Herrschaft mit Hilfe indigener Kollaborationsregime und indirekter Einflußnahme von wenigen Küstenpositionen aus, wie sie insbesondere Großbritannien in der Vergangenheit in großem Stil praktiziert hatte, weitgehend die Grundlage entzogen. Die Epoche des informellen Imperialismus war an eine Grenze gestoßen; fortan sahen sich die Großmächte, wenn auch nicht selten wider Willen, dazu gedrängt, selbst die Führungsrolle in dem Prozeß der imperialistischen Expansion der westlichen Industriegesellschaften über den ganzen Erdball zu übernehmen.

All dies war im Grund schon entschieden, als die Afrika-Konferenz am 18. November 1884 in Berlin erstmals zusammentrat. Die Teilnehmer bemühten sich redlich darum, völkerrechtliche Rahmenbedingungen für die Ausübung kolonialer Herrschaft auszuarbeiten und darüber hinaus Garantien für eine humanitäre Behandlung der eingeborenen Bevölkerung festzulegen, die freilich nur als Objekt der Mächteverhandlungen figurierte, aber selbst gar nicht vertreten war – immerhin hatten die Briten anfänglich erwogen, ob man gegebenenfalls den Sultan von Sansibar zur Konferenz hinzuziehen solle. Die beteiligten Mächte verpflichteten sich feierlich zu gemeinsamem Zusammenwirken bei der wirtschaftlichen und zivilisatorischen Entwicklung des Kongo-Beckens, unter Ausschaltung aller nationalen Rivalitäten für die Gegenwart und die Zukunft. Sie verständigten sich auf ein Verbot des Sklavenhandels sowie auf das Prinzip der Gleichberechtigung aller religiösen Konfessionen einschließlich des Islams; dieser hatte auf Drängen der Pforte in letzter Minute ebenfalls Berücksichtigung gefunden, was eine eigentlich gar nicht beabsichtigte Durchbrechung des Monopols der christlichen Konfessionen bedeutete. Darüber hinaus wurde sämtlichen Kolonialmächten die Verpflichtung auferlegt, in angemessener Weise für die Wohlfahrt der Eingeborenen zu sorgen – eine Formel, die jeglicher inhaltlichen Füllung entbehrte; der Vorschlag, die Einfuhr von Branntwein zu unterbinden, dessen katastrophale Auswirkungen auf die Eingeborenen schon damals bekannt waren, war zuvor unter maßgeblicher Beteiligung der Vertreter des Deutschen Reiches zu Fall gebracht worden. Doch diese humanitären Bestimmungen blieben weitgehend auf dem Papier. Die großen territorialen Entscheidungen, die die Aufteilung Zentralafrikas unter die europäischen Mächte besiegelten, fielen ohnehin nicht am Konferenztisch, sondern in parallel geführten bilateralen Verhandlungen zwischen den primär betroffenen Regierungen. Das Prinzip der Effektivität der Herrschaft erwies sich angesichts der Tatsache, daß sich die europäische Kontrolle durchweg nur auf wenige Küstenregionen, nicht auf das Hinterland der betreffenden Territorien erstreckte, weithin als undurchführbar. Ebenso wurde die Zusicherung des freien Zugangs für den Handel aller Nationen im Kongo-Becken von vornherein durchlöchert; den jeweiligen Kolonialmächten wurde das Recht eingeräumt, nach Ablauf einer Frist von zwanzig Jahren Zölle für fiskalische Zwecke zu erheben.

Die am 26. Februar 1885 feierlich beschlossene Kongo-Akte hat die kolonialen Landnahmeprozesse in den folgenden Jahrzehnten nur in äußerst bescheidenem Maße beeinflußt. Vor allem die zaghaften und halbherzigen Bestimmungen zum Schutz der einheimischen Bevölkerung sind von den Kolonialmächten und mehr noch von ihren Repräsentanten vor Ort immer wieder aufs gröblichste umgangen worden. Und ausgerechnet der Kongo-Staat sollte sich ungeachtet aller humanitären Beteuerungen seiner Initiatoren in eines der oppressivsten Kolonialregime verwandeln, welches die Geschichte jemals erlebt hat.

Die großen Erwartungen, die Bismarck in die Afrika-Konferenz gesetzt beziehungsweise mit ihr verbunden hatte, wurden nur zu einem geringen Teil erfüllt. Die deutsch-französische Kolonialallianz gegen Großbritannien erreichte niemals jenen Grad der Intimität, den er angestrebt hatte; vielmehr scheute die französische Regierung von Anfang an davor zurück, sich in ein ausgeprägt anti-britisches Fahrwasser ziehen zu lassen. Aus der angestrebten Allianz aller kontinentaleuropäischen Mächte gegen Großbritannien war unter diesen Umständen ebenfalls nichts geworden; vielmehr stellte sich im Zuge der Verhandlungen auf der Konferenz heraus, daß die Gemeinsamkeiten zwischen England und dem Deutschen Reich auf kolonialpolitischem Gebiet immer noch größer waren als jene mit Frankreich, das hartnäckig auf seinen herkömmlichen hochprotektionistischen Praktiken beharrte. Das Mißtrauen Frankreichs in die Aufrichtigkeit der deutschen Bündnisofferten in imperialistischen Fragen erwies sich in der Folge als nur zu begründet, da Bismarck sehr rasch bereit war, gegen Zugeständnisse Großbritanniens in den kolonialpolitischen Fragen die kompromißlos pro-französische Linie der deutschen Vertreter in den Verhandlungen über die künftige Regelung der ägyptischen Staatsfinanzen zu verlassen und Großbritannien eine Konsolidierung seiner Herrschaft am Nil zu ermöglichen. Überdies ging mit dem Sturz des französischen Ministerpräsidenten Jules Ferry am 30. März 1885, der die Politik seines Landes in ausgeprägt imperialistische Bahnen gesteuert hatte, obschon es dafür an einer ausreichenden Basis im Volk fehlte, die Geschäftsgrundlage für ein Zusammengehen auf kolonialpolitischem Feld verloren. Mit dem Aufstieg Georges Clemenceaus wandte sich die französische Politik erneut vorrangig den europäischen Fragen zu; die Strategie der Ablenkung Frankreichs von dem »Loch in den Vogesen« auf überseeische Ziele war vorerst mißlungen. Andererseits war auf der Berliner Afrika-Konferenz die Führungsposition im internationalen System, die das Deutsche Reich unter der Kanzlerschaft Bismarcks errungen hatte, einmal mehr unter Beweis gestellt worden; dies gab der Reichsleitung für den Reichstagswahlkampf im Herbst 1884 eine günstige Ausgangsposition. Hingegen war der außenpolitische Ertrag begrenzt geblieben; von einer dauerhaften Trennung Frankreichs von Großbritannien konnte nicht die Rede sein, und der Prestigeerfolg gegenüber Großbritannien, dem Bismarck die Lehre hatte erteilen wollen, daß eine deutsch-französische Allianz gegen das ländergierige Albion durchaus im Bereich der Möglichkeiten liege, war nicht eben gewaltig. Als positives Ergebnis konnte die deutsche Diplomatie eigentlich nur die Tatsache verbuchen, daß der internationalen Anerkennung der deutschen »Schutzgebiete« nun keine Hindernisse mehr im Wege standen. Aber diese »Schutzgebiete« stellten vorderhand nur wenig mehr als papierene Protektorate dar, deren wirtschaftliche Entwicklung zunächst allein den dort tätigen privaten Gesellschaften überlassen wurde.

Parallel zu den Ereignissen auf der diplomatischen Bühne waren die von Bismarck ermutigten Landnahmeaktionen in Afrika und im Fernen Osten zügig vorangetrieben worden. Die Schutzerklärung des Deutschen Reiches über die Besitzungen der »Deutschen Kolonialgesellschaft in Südwestafrika« hatte am 21. Juni 1884, nach einem anfänglich schweren Konflikt mit der britischen Regierung, die ihrerseits unter dem Druck der Kap-Kolonie stand, welche jegliche deutsche Festsetzung in dieser Region zu verhindern gesucht hatte, die diplomatische Anerkennung Großbritanniens gefunden. Doch es kam in der Folge weiterhin zu irritierenden Auseinandersetzungen mit der Kap-Kolonie, die auf eigene Faust drei kleinere Inseln vor der Walfischbai okkupiert hatte. Am 7. August 1884 wurde dann Angra Pequeña von einer deutschen Flottenschwadron in einem feierlichen Proklamationsakt unter »den Schutz und die Oberherrschaft Seiner Majestät des Kaisers Wilhelm I.« gestellt. Auch die Territorien, die die »Deutsche Gesellschaft für Kolonisation« unter Carl Peters seit September 1884 mittels fragwürdiger Verträge mit zahlreichen Stammeshäuptlingen im Hinterland von Sansibar in Ostafrika »erworben« hatte, wurden nun am 27. Februar 1885 unter den Schutz des Deutschen Reiches gestellt. Die Inbesitznahme Togos und Kameruns wurde aufgrund einer förmlichen Vereinbarung mit der britischen Regierung im März 1885 völkerrechtlich anerkannt. Auf Neuguinea zogen sich die Dinge ein wenig länger hin. Hier war noch im Dezember 1884 eine Besitzerklärung des nordöstlichen Teils der Insel von deutscher Seite erfolgt, ungeachtet der von Australien auf den Besitz der gesamten Insel erhobenen Ansprüche; doch wurde erst im April 1885, nach langwierigen Verhandlungen mit Großbritannien, eine Abgrenzung der beiderseitigen territorialen Ansprüche erreicht. Damit wurden Nordost-Neuguinea unter der Bezeichnung »Kaiser-Wilhelms-Land« und die Inselgruppe von Nova Britannia, die dann am 19. Mai 1885 offiziell die Bezeichnung »Bismarck-Archipel« erhielt, definitiv zu Schutzgebieten des Deutschen Reiches erhoben, ebenso wie die mikronesischen Marshall-Inseln. Nur auf Samoa, wo die deutschen Gesellschaften mit amerikanischen und britischen Unternehmen konkurrierten, wurde das bisherige System der indirekten Herrschaft der drei Mächte zur gesamten Hand bei formeller Aufrechterhaltung der Souveränität der einheimischen Königsdynastie weiterhin beibehalten, obschon dies in der Folge zu immer neuen Konflikten und Mißhelligkeiten führen sollte.

Neuguinea und der Bismarck-Archipel

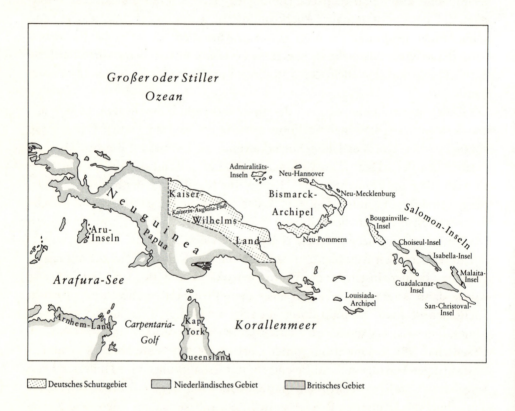

Deutsches Schutzgebiet   Niederländisches Gebiet   Britisches Gebiet

Ungeachtet der definitiven Klärung der politischen Verhältnisse war das neugeschaffene deutsche Kolonialreich mit seinen zahlreichen über den Erdball zersplit-

Sitzung der Afrika-Konferenz in Berlin unter dem Vorsitz Bismarcks am 15. November 1884.
Holzstich nach einer Zeichnung von Hermann Lüders. Berlin, Archiv für Kunst und Geschichte

Strafexpedition der Besatzung der S.M.S. Victoria gegen die Eingeborenen von Nannakrou an der Westküste Afrikas im März 1881. Holzstich nach einer Skizze des Korvettenkommandanten. – Von der Expedition Hermann Wißmanns in Ostafrika: Sturm einer Mannschaft aus Bagamojo auf eine Boma im Palamakala-Gebiet im März 1890. Holzstich nach einer Skizze von Conrad Weidmann. Beide: Berlin, Staatliche Museen Preußischer Kulturbesitz, Kunstbibliothek

terten Territorien vorerst von einer Konsolidierung weit entfernt. Der Landesaus-
bau im Innern stand noch aus und brachte in der Folge schwerste Enttäuschungen
mit sich. Nahezu überall wurden die neuen Herren, nicht zuletzt infolge fehlender
Kenntnisse der örtlichen Bedingungen und krassen Fehlverhaltens gegenüber der
einheimischen Bevölkerung, in blutige und kostenreiche Kriege verwickelt, die
wenig Raum für die erhoffte rasche wirtschaftliche Entfaltung der Schutzgebiete
ließen. Nahezu alle Kolonialgesellschaften gerieten binnen weniger Jahre in finanzielle Schwierigkeiten. Sie mußten am Ende sämtlich vom Reich übernommen
werden. Die Pazifizierung der kolonialen Territorien zog sich über fast zwei
Jahrzehnte hin und verschlang gewaltige öffentliche Mittel, etwas, das Bismarck
stets hatte vermeiden wollen.

Der Kanzler selbst war völlig desillusioniert und wollte von weiteren imperialistischen Aktivitäten des Deutschen Reiches nichts mehr hören. Seine Prognose,
daß sich Kolonien von preußischen Beamten und Militärs nicht würden verwalten
lassen, schien sich nur zu sehr zu bewahrheiten. Als verschärfender Umstand kam
hinzu, daß sich mit dem Wiederaufflammen der Orient-Krise die außenpolitische
Gesamtsituation des Reiches, die Anfang des Jahrzehnts so günstig ausgesehen
hatte, erneut außerordentlich brisant gestaltete. Deshalb kehrte er zu seiner alten
Linie kolonialpolitischer Abstinenz zurück. Am 5. Dezember 1888 besuchte der
Afrika-Reisende Eugen Wolff den Kanzler auf dessen Gut Friedrichsruh im Sachsenwald und berichtete ihm über seine Absicht, an einer von dem deutschen
Afrika-Forscher Hermann Wißmann vorbereiteten Expedition zur Wiederauffin-
dung des in Ostafrika verschollenen Emin Pascha teilzunehmen; diese Expedition,
so meinte Wolff, könne darüber hinaus zur Begründung einer deutschen Interessensphäre im Innern Ostafrikas führen. Bismarck, der sich sogleich ausmalte, daß
im Falle des Scheiterns der Aktion eine militärische Entsetzung der Expedition mit
allen ihren problematischen Folgen notwendig werden könnte, nahm diese Eröff-
nungen mit kaum verhülltem Unwillen entgegen: »Ihre Karte von Afrika ist ja
sehr schön, aber meine Karte von Afrika liegt in Europa. Hier liegt Rußland und
hier [...] liegt Frankreich, und wir sind in der Mitte; das ist meine Karte von
Afrika.« Damals war Bismarck sogar bereit, für die Rückgewinnung Helgolands
gegebenenfalls ganz Deutsch-Ostafrika wieder aufzugeben, das er ebenso wie den
übrigen deutschen Kolonialbesitz als eine Erwerbung von höchst zweifelhaftem
Wert betrachtete, die im Falle eines europäischen Krieges sogleich verlorengehen
und den Gegnern bloß als bequemes Faustpfand dienen würde. Aber die imperialistische Expansion nach Übersee hatte längst ihr eigenes Momentum gewonnen;
sie ließ sich weder zurücknehmen noch wirksam abbremsen. Obwohl das Deutsche Reich nur widerwillig in den Kreis der imperialistischen Mächte eingetreten
war, wurde es in der Folge in den Konkurrenzkampf hineingezogen, der am Ende
das europäische Staatensystem sprengen sollte.

Das Wiederaufflammen der Orient-Krise und der Umbau des Bismarckschen Bündnissystems (1885–1887)

Noch Anfang 1885 hatte sich die außenpolitische Situation des Deutschen Reiches günstig präsentiert. Auf der Berliner Afrika-Konferenz war die Vorrangstellung Bismarcks unter den Staatsmännern Europas einmal mehr sichtbar hervorgetreten. Der erfolgreiche Verlauf der Konferenz stellte zumindest nach außen hin einen persönlichen Prestigeerfolg des Kanzlers dar, der dann auch in der regierungsnahen Presse entsprechend herausgestellt und politisch ausgewertet wurde. Immerhin hatte Bismarck nicht nur für das Deutsche Reich, sondern gleichsam für die Mittelmächte und ebenso für Rußland agieren können. Dennoch erwiesen sich diese Erfolge als kurzlebig. Insbesondere die Kolonialallianz mit Frankreich hatte, was die Stellung des Deutschen Reiches im internationalen System betraf, nur sehr begrenzt Früchte getragen; auf der Konferenz zeigte sich, daß Großbritannien gegenüber den deutschen kolonialen Interessen eine weit entgegenkommendere Haltung einnahm als Frankreich und demgemäß der Versuch Bismarcks, dieses international zu isolieren, bereits im Ansatz verfehlt gewesen war. Davon abgesehen sollte sich schon bald herausstellen, daß die internationalen Vereinbarungen, die man in Berlin ausgehandelt hatte, weitgehend auf dem Papier standen und sich außenpolitisch als nur wenig belastbar erwiesen. Es war kein Zufall, daß der Kanzler selbst bereits vor dem Abschluß der Konferenz das Interesse an der Sache verloren hatte. Bismarck betrachtete die Ergebnisse der deutschen Kolonialpolitik durchaus mit gemischten Gefühlen. Er war weit über jene Linie hinausgetragen worden, die er für richtig hielt. Das Deutsche Reich war nun im Besitz einer ganzen Reihe von Schutzgebieten in Afrika und im asiatischen Raum, die zwar politisch befriedigend abgesichert waren, die aber ein weit höheres direktes Engagement des Reiches erforderten, als er es einzugehen beabsichtigt hatte.

In der Folgezeit suchte die Reichsleitung die unmittelbaren Verpflichtungen des Reiches in den Schutzgebieten sowohl in politischer als auch in militärischer und finanzieller Hinsicht so gering wie möglich zu halten. Doch dies ließ sich nur schwer bewerkstelligen. Die politische und militärische Präsenz des Reiches erwies sich nahezu überall als unzureichend, um rasch und ohne große Schwierigkeiten befriedete Verhältnisse zu schaffen; vielfach konnten selbst die gegenüber den einheimischen Fürsten oder Stammeshäuptlingen eingegangenen Schutzverpflichtungen nicht erfüllt werden. Angesichts dieser Lage bestand für die Reichspolitik die Gefahr, auch die bescheidenen innenpolitischen Pluspunkte, welche ihr die Kolonialpolitik der vergangenen Jahre eingebracht hatte, wieder einzubüßen.

Überdies war zunächst aller Anlaß dazu gegeben, den Blick auf die kontinentalen Probleme zu lenken. Denn mit dem Sturz Jules Ferrys im März 1885 und dem Aufstieg Georges Clemenceaus kam in der Dritten Republik jene Richtung zur Macht, die in den vergangenen Jahren deutlich ihr Mißtrauen gegenüber den

Motiven zum Ausdruck gebracht hatte, die die deutsche Diplomatie bei ihrer Unterstützung der französischen kolonialen Interessen am Kongo und in Ägypten geleitet hatten. Nunmehr richtete sich die allgemeine Aufmerksamkeit erneut auf das »Loch in den Vogesen«. Es kam zu einem neuen Schub nationalistischen Denkens, durch den die amtliche Politik wieder in stärkerem Maße als bisher auf den Gegensatz zum Deutschen Reiche hingelenkt wurde.

Auch auf dem Balkan setzte seit Mitte der achtziger Jahre eine Intensivierung der nationalistischen Strömungen ein. Dies war verbunden mit dem Eintritt breiterer Schichten der Bevölkerung in die politische Arena; dadurch wurde die politische Vorherrschaft der schmalen Führungseliten, die bisher die Geschicke der Balkanstaaten bestimmt hatten, zunehmend in Frage gestellt. Der neue, insbesondere von den bürgerlichen Schichten getragene Nationalismus entfaltete ein solches Maß an Eigendynamik, daß die Prämissen der überkommenen politischen Ordnung auf dem Balkan unstimmig wurden. 1885 brach eine nationale Aufstandsbewegung in Ostrumelien gegen die osmanische Herrschaft aus. Unter Verletzung der Bestimmungen des Berliner Vertrages von 1878 und offener Mißachtung der Abmahnungen der Großmächte wurde Alexander zu Battenberg zum Herrscher Ostrumeliens gewählt und anschließend zum Oberhaupt des vereinigten Bulgarien ausgerufen.

Rußland hatte wiederholt die Vereinigung Ostrumeliens mit Bulgarien gefordert; jedoch war es 1878 von den Großmächten daran gehindert worden, eine solche großbulgarische Lösung durchzusetzen. Darüber hinaus hatten das Deutsche Reich und Österreich-Ungarn der zarischen Regierung im Drei-Kaiser-Bündnis von 1881, das nach einigem Hin und Her 1884 noch einmal für drei Jahre erneuert werden konnte, ausdrücklich zugesichert, daß Rußland auf die Unterstützung beider Mächte zählen könne, sofern es sich zu einem von ihm selbst zu bestimmenden Zeitpunkt dazu entschließen sollte, die Vereinigung Ostrumeliens mit Bulgarien auch gegen den Wunsch der Westmächte zu vollziehen. Aber die russische Diplomatie hatte niemals mit der Möglichkeit gerechnet, daß sich dies unter nationalrevolutionären Vorzeichen ereignen könnte, noch dazu unter Bedingungen, die sich gegen Rußlands informelle Vorrangstellung in Bulgarien richteten. Mit einem Mal erwies sich Alexander zu Battenberg nicht mehr als der gefügsame Kollaborateur der russischen Politik, als welcher er wenige Jahre zuvor zum Herrscher Bulgariens erhoben worden war. Vielmehr zeigte er sich nun geneigt, mit den nationalliberalen bürgerlichen Führungseliten Bulgariens gemeinsame Sache zu machen, welche die uneingeschränkte Selbständigkeit Bulgariens auch gegenüber Rußland durchzusetzen entschlossen waren und im übrigen ihre Blicke eher nach Westen richteten. Dementsprechend reagierte die russische Diplomatie in äußerst scharfer Weise auf die Wahl Alexanders zum Fürsten Großbulgariens. Die zarische Regierung veranlaßte die Zurückziehung aller russischen Offiziere, die bisher im bulgarischen Offizierskorps Schlüsselstellungen

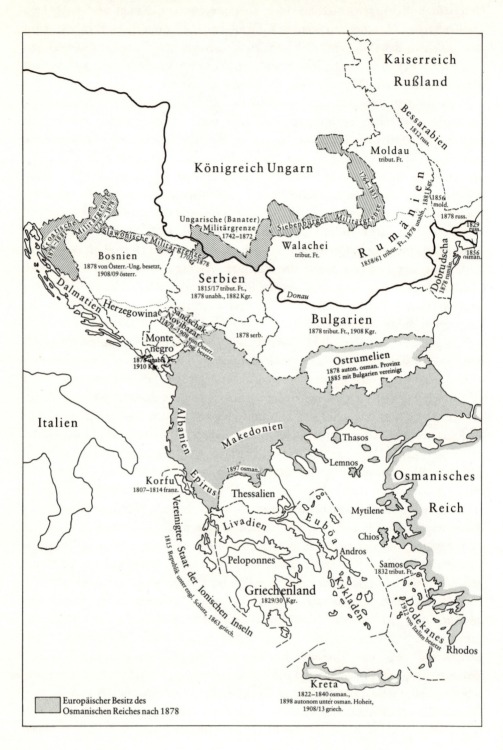

Kaiserreich Rußland

Bessarabien
1812 russ.

Moldau
tribut. Ft.

Königreich Ungarn

1856 mold.

1856 mold.

1878 russ.

1829 russ.

Ungarische (Banater)
Militärgrenze
1742–1872

Siebenbürger Militärgrenze

R u m ä n i e n

Walachei
tribut. Ft.

1858/61 tribut. Ft., 1878 unabh., 1881 Kgr.

Dobrudscha
1878 rumän.

1856 osman.

Bosnien
1878 von Österr.-Ung. besetzt,
1908/09 österr.

Slawonische Militärgrenze
1704/1878

Donau

Serbien
1815/17 tribut. Ft.,
1878 unabh., 1882 Kgr.

Bulgarien
1878 tribut. Ft., 1908 Kgr.

Dalmatien

Herzegowina

Sandschak
Novibazar
1878–1908 von Österr.-Ung. besetzt

1878 serb.

Monte
negro
1878 unabh. Ft.,
1910 Kgr.

Ostrumelien
1878 auton. osman. Provinz
1885 mit Bulgarien vereinigt

Italien

Albanien

Makedonien

Thasos

Lemnos

Osmanisches

Korfu
1807–1814 franz.

Epirus

1897 osman.

Thessalien

Reich

Mytilene

Vereinigter Staat der Ionischen Inseln
1815 Republik unter engl. Schutz, 1863 griech.

Livadien

Euböa

Chios

Andros

Samos
1832 tribut. Ft.

Peloponnes

Griechenland
1829/30 Kgr.

Kykladen

Dodekanes
1912 von Italien besetzt

Rhodos

Kreta
1822–1840 osman.,
1898 autonom unter osman. Hoheit,
1908/13 griech.

Europäischer Besitz des
Osmanischen Reiches nach 1878

innegehabt hatten, und drohte mit einem militärischen Eingreifen, um den bisherigen informellen Satellitenstatus Bulgariens wiederherzustellen. Die Lage erfuhr eine weitere Zuspitzung durch den Ausbruch des Krieges zwischen Serbien und Bulgarien am 13. November 1885. Serbien wollte die günstige Gelegenheit nutzen, um sich in dem Augenblick, in dem sich die Pläne der Schaffung eines Großbulgariens zu verwirklichen schienen, seinerseits der schon immer strittigen, nach seiner Ansicht überwiegend von serbokroatischer Bevölkerung besiedelten Gebiete Makedoniens mit Gewalt zu bemächtigen. Die russische Diplomatie witterte hinter diesem Vorgehen österreichische Machenschaften. Dies traf freilich nicht zu. Auch Serbien lief seinem Oberherrn unter dem Druck der nationalistischen Strömungen im eigenen Lande gleichsam aus dem Geschirr. Nach anfänglichen militärischen Erfolgen erlitt es eine schwere Niederlage und mußte anschließend von Österreich-Ungarn vor dem Schlimmsten bewahrt werden.

So bestand Anfang 1886 akute Gefahr, daß es zu einem europäischen Kriege kommen könne. Bismarck befand sich insofern in einer besonders schwierigen Lage, als er von der russischen Diplomatie für diese Entwicklungen persönlich verantwortlich gemacht wurde, nahm man doch in St. Petersburg an, daß das Deutsche Reich Österreich-Ungarn den Rücken gestärkt habe. Nur mit großer Mühe konnte schließlich eine Kompromißlösung ausgehandelt werden. Eine Konferenz der Botschafter der Großmächte in Konstantinopel erreichte es, daß Alexander von Battenberg vom Sultan Abdul Hamid II. am 2. Februar 1886 für fünf Jahre zum Generalgouverneur Ostrumeliens bestellt wurde. Damit war auf den ersten Blick sowohl den Interessen der bulgarischen Nationalbewegung Genüge getan als auch dem Verlangen des zarischen Rußland, daß an den bisherigen Rechtsverhältnissen nichts geändert werden möge. In der Folge bemühte sich die russische Politik mit einigermaßen dubiosen Methoden, ein weiteres Abdriften Bulgariens aus der russischen Einflußzone doch noch zu verhindern. In der Nacht vom 20. auf den 21. August 1886 wurde Alexander zu Battenberg von einer Gruppe russischer Offiziere gekidnappt und erst nach längerem Hin und Her wieder freigelassen. Bismarck war nicht daran interessiert, wegen der bulgarischen Händel eine weitere Verschlechterung des deutsch-russischen Verhältnisses in Kauf zu nehmen, und versagte deshalb dem Battenberger jegliche Rückendeckung. Da dieser einigermaßen schutzlos dem russischen Druck ausgesetzt war, trat er zurück. Aber auch das reichte nicht aus, um Rußlands Zorn über die Entwicklung der bulgarischen Angelegenheiten und über die Haltung Österreich-Ungarns und in zweiter Linie des Deutschen Reiches in den Orient-Fragen zu besänftigen.

Bismarck sah sich wegen seines kompromißlos pro-russischen Kurses in der bulgarischen Frage, der auf die weitgehende Preisgabe der Interessen der bulgarischen Nationalbewegung hinauslief, heftigen Angriffen im Reichstag und in der Öffentlichkeit ausgesetzt. Diese erwartete von der deutschen Regierung eine viel entschiedenere Stützung der nationalen Interessen Bulgariens sowie derjenigen Österreich-Ungarns und war über die Tatsache, daß das Deutsche Reich sogar das Kidnapping Alexanders zu Battenberg ohne Proteste hingenommen hatte, einigermaßen verärgert. Bismarcks Hinweise, daß die außenpolitischen Interessen des Deutschen Reiches ein Eintreten für Bulgarien nicht erlaubten, wurden zunehmend mit Mißtrauen aufgenommen. Die »Kölnische Volkszeitung« gab am 28. August 1886 der Mißstimmung, zumal in den katholischen Kreisen, deutlich Ausdruck: »Wenn Deutschland in der Weltpolitik auf diese bescheidene Rolle sich beschränken wollte, dann hätte das deutsche Volk sich die Ströme von Blut und Schweiß sparen können, welche dazu gehörten, das Deutsche Reich zu gründen.«

Auch die diplomatischen Einwirkungen der Großmächte, insbesondere Rußlands und des Deutschen Reiches, konnten nicht verhindern, daß sich die Bulgaren in der Folge über die bestehenden internationalen Regelungen hinwegsetzten. Die Dynamik der bulgarischen Nationalbewegung erwies sich als unkontrollierbar. Schließlich wurde gegen den Protest der Großmächte Ferdinand von Sachsen-Coburg-Koháry zum neuen Monarchen Bulgariens erhoben. Der Krönungsakt symbolisierte, daß man entschlossen war, den bulgarischen Nationalstaat ohne Rücksicht auf die überkommenen internationalen Vereinbarungen und insbesondere unter Negierung der russischen Hegemonialansprüche fest zu etablieren. Durch diese Entwicklungen wurden die Grundlagen des Drei-Kaiser-Abkommens, das Rußland eine Art von informeller Kontrolle über Bulgarien, dafür aber Österreich-Ungarn eine gleichartige Vorrangstellung in Serbien zugestanden hatte, sehr zu Bismarcks Irritation nahezu vollständig untergraben. Der »Draht nach Rußland« war damit so gut wie abgerissen.

Es half nicht viel, daß sich auch Österreich-Ungarn nunmehr mit der Tatsache konfrontiert sah, daß Serbien unter der Herrschaft des Fürsten Milan Obrenović zunehmend seinem Einfluß entglitt. Noch war Politik in diesen relativ unentwickelten konstitutionellen Staaten eine Angelegenheit von kleinen Faktionen, während die große Masse der Bevölkerung daran nicht wirklich beteiligt war. Aber im Zuge der wachsenden Partizipation der bürgerlichen Schichten an den politischen Entscheidungsprozessen war es auch in Belgrad der pro-österreichischen Fraktion nicht länger möglich, sich am Ruder zu halten. Serbien entfaltete wie Bulgarien immer stärker ein eigenständiges Nationalbewußtsein. Die unter den Serbokroaten erwachenden irredentistischen Strömungen richteten sich nun zunehmend nicht mehr nur gegen die ehemaligen osmanischen Herren und gegen die rivalisierenden Balkanstaaten, sondern auch gegen Österreich-Ungarn selbst. Damit wurden die Prämissen des österreichischen Kalküls, wonach Serbien die Rolle eines Stellvertreterregimes für österreichische imperiale Aspirationen auf dem Balkan hatte übernehmen sollen, immer brüchiger. Allerdings zielte die Stoßrichtung der irredentistischen Bestrebungen Serbiens einstweilen immer noch primär auf den

Erwerb der überwiegend serbokroatisch besiedelten Restbestände des türkischen Herrschaftsbereichs, nämlich Makedoniens sowie Albaniens.

Die Rückwirkungen dieser Entwicklungen auf das internationale System vor 1914 können kaum zu hoch eingeschätzt werden. Bisher war es den Großmächten in aller Regel möglich gewesen, die schmalen Führungsschichten in den Balkanstaaten mit einer Kombination von Patronage und politischem Druck dazu zu bringen, sich ihren Machtinteressen mehr oder minder willig anzupassen; nunmehr wuchs bei ihnen die Neigung, ein Bündnis mit den bürgerlichen Schichten unter nationalistischem Vorzeichen zu schließen. Damit wurden die Voraussetzungen der traditionellen Kabinettdiplomatie zunehmend untergraben; dies tangierte insbesondere die außenpolitische Strategie Bismarcks, die ja stets mit den Regierungen und deren rationalem Kalkül und nicht mit den Massenkräften rechnete. Aber auch in den europäischen Großstaaten selbst kam es zu einer Zunahme der nationalistischen Strömungen, mit weitreichenden Auswirkungen auf die politischen Systeme. In Rußland sah sich die traditionell deutsch-freundlich orientierte Hofgesellschaft, in der die Hocharistokratie den Ton angab, immer mehr dem Druck des russischen nationalen Bürgertums ausgesetzt, das eine kraftvollere Außenpolitik unter Berücksichtigung der eigenen politischen und ökonomischen Interessen forderte und im Zeichen der panslawistischen Idee zu Teilen auch die Befreiung der anderen slawischen Völker von fremder Herrschaft auf seine Fahnen schrieb. Vergleichsweise bedrohlicher war das Wiedererwachen revanchistischer Tendenzen in Frankreich. Der Exponent einer prononciert anti-deutschen Politik, wenn auch mehr der Phrase als der Tat nach, war General Georges Boulanger, der im Januar 1886 zum Kriegsminister berufen worden war. Boulanger war eine elegante, Faszination ausstrahlende Persönlichkeit; er hoffte, über eine populistische Agitation nationalistischen Zuschnitts gleichsam auf demokratischem Weg zu einem neuen Napoleon III. aufsteigen zu können. Gestützt auf radikale rechte Gruppen, namentlich auf Paul Déroulèdes »Ligue des Patriotes«, entfaltete er eine betont nationalistische Propaganda mit offen anti-deutscher Stoßrichtung. Allerdings wurde Boulanger erst wirklich zu einer nationalen Symbolfigur, als Bismarck 1887 auf diplomatischen Kanälen gegen dessen »kriegerischen Patriotismus« protestierte und gar die Gefahr eines französischen Revanchekrieges beschwor.

In mancher Hinsicht kamen die nationalistischen Tendenzen in Frankreich und die pathetischen Plädoyers Boulangers für eine Politik der Revanche gegenüber Deutschland dem Kanzler gerade recht. Er nutzte sie, um dem Reichstag am 25. November 1886 eine neue große Heeresvorlage zu unterbreiten, die eine Erhöhung der Friedenspräsenzstärke des deutschen Heeres um etwas unter zehn Prozent vorsah. Mit dieser Vorlage verband er zugleich innenpolitische und außenpolitische Zielsetzungen. Die Gelegenheit erschien günstig, um unter Betonung der von Frankreich drohenden Gefahren eine Verewigung des Septemnats, das heißt die Bewilligung aller Heeresausgaben auf jeweils sieben Jahre, durchzusetzen und damit die endgültige Zertrümmerung des Liberalismus als einer geschlossenen politischen Bewegung zu bewirken. Zugleich aber war die Heeresvorlage Ausdruck einer auch aus seiner Sicht erheblich verschlechterten politischen Gesamtlage, die eine Verstärkung der deutschen Rüstungen angeraten sein ließ. Wie immer, so auch hier, waren Besorgnisse und taktische Motive bei Bismarck schwer zu trennen. Bereits im Dezember 1886 erklärte er gegenüber dem Kriegsminister Paul Bronsart von Schellendorf, daß ein deutscher Sieg im nächsten großen Feldzug gegen Frankreich keinesfalls als gesichert gelten könne. Obwohl der Kanzler anläßlich der Einbringung der Heeresvorlage im Reichstag versicherte, daß keineswegs die »Absicht« bestehe, »demnächst einen Krieg zu führen«, ließ er doch keine Zweifel daran, daß mit der Möglichkeit eines erneuten Krieges mit Frankreich gerechnet werden müsse: »Wir haben ihn zu fürchten durch den Angriff Frankreichs; ob in zehn Tagen oder in zehn Jahren, das ist eine Frage, die ich nicht entscheiden kann. [...] Es ist an jedem Tage möglich, daß eine französische Regierung ans Ruder kommt, deren ganze Politik darauf berechnet ist, von dem feu sacré zu leben, das jetzt so sorgfältig unter der Asche erhalten wird.« General Boulanger könne, falls er ans Ruder käme, »Napoleons III. Spiel vom Jahre 1870 wiederholen«. Diese Worte lösten in Deutschland eine regelrechte Kriegshysterie aus, die durch Äußerungen des Generalstabschefs Helmuth von Moltke, der unter anderem im Reichstag erklärte, daß, sofern die Forderung der Regierung abgelehnt werde, man »den Krieg ganz sicher« haben werde, zusätzliche Nahrung erhielt. Dies führte zu einer erheblichen Zuspitzung der antifranzösischen Strömungen in der öffentlichen Meinung.

Bismarck war nicht daran interessiert, dieser Stimmung öffentlich entgegenzutreten. Im Gegenteil: Er hielt während der Verhandlungen des Reichstages über die Heeresvorlage einen Immediatbericht des deutschen Botschafters in Paris, Graf zu Münster, an, in dem jener geschrieben hatte, daß nach Stimmung und Lage in Frankreich von dieser Seite ein Krieg nicht zu erwarten sei, und zwang ihn, diesen Bericht als ungeschrieben zu betrachten, mit der bemerkenswerten Begründung: »Wenn Seine Majestät und die verbündeten Regierungen die darin [...] entwickelten Ansichten teilten, so würde die Reichsregierung kaum in der Lage sein, die von ihr gemachte Militärvorlage mit Überzeugung vor dem Reichstag zu vertreten und aufrechtzuerhalten.« Andererseits war Bismarcks Besorgnis, daß es tatsächlich zu einem europäischen Kriege kommen könnte, der für das Deutsche Reich ein Zweifrontenkrieg gegen Rußland und Frankreich sein würde, keineswegs nur das Produkt einer innenpolitischen Krisenstrategie. In gewisser Weise hoffte er, durch das Herausstellen einerseits der angeblich aggressiven Tendenzen der französischen Politik, andererseits der Friedensliebe Rußlands die russische Regierung in seinem Sinne zu beeinflussen. Zugleich erneuerte er am 11. Januar 1887 seine Versicherung, daß das Deutsche Reich keine territorialen Expansionsziele in Europa verfolge: »Wir haben keine kriegerischen Bedürfnisse, wir gehören zu den [...] saturierten Staaten, wir haben keine Bedürfnisse, die wir durch das Schwert erkämpfen könnten.« Er sei nicht dafür zu haben, sich wegen der »bulgarischen Frage« mit Rußland zu überwerfen: »Die ganze orientalische Frage ist für uns keine Kriegsfrage. Wir werden uns wegen dieser Frage von Niemand das Leitseil um den Hals werfen lassen, um uns mit Rußland zu brouilliren.«

Ganz unbegründet waren Bismarcks Befürchtungen freilich nicht. Denn inzwischen waren erste Schritte in Richtung auf eine russisch-französische Wiederannäherung in Gang gekommen, sowohl in Frankreich als auch in Rußland. Die französische Regierung hatte sich bereits seit Ende 1886 intensiv um eine Verbesserung der diplomatischen Beziehungen zu Rußland bemüht, und diese Bestrebungen fanden nun angesichts der Besorgnis, daß das Deutsche Reich womöglich einen Präventivkrieg gegen Frankreich beginnen könne, zwar nicht bei dem russischen Außenminister Nikolai von Giers, der nach wie vor an einem zurückhaltend pro-deutschen Kurs festhielt, wohl aber beim Zaren Resonanz. Alexander III. war geneigt, den Franzosen die erbetene Versicherung zu geben, daß Rußland im Falle eines von Deutschland provozierten Krieges gegen Frankreich freie Hand habe und zumindest moralisch Hilfe leisten werde. Der russische Außenminister Giers hielt solche Erklärungen für einigermaßen gefährlich, denn sie hätten die russische Position gegenüber dem Deutschen Reich kompromittieren können, fand es aber durchaus schwierig, dergleichen ganz und gar aus dem Wege zu gehen, als er Anfang 1887 von dem französischen Botschafter Antoine de Laboulaye direkt gefragt wurde, ob Rußland für den Fall eines deutschen Angriffs auf Frankreich uneingeschränkte Handlungsfreiheit besitze. Er eröffnete diesem: »Wir haben keine formelle Verpflichtung gegenüber den Deutschen, die unsere Handlungsfreiheit für den Fall beschneiden würde, daß diese sie [die Franzosen] angreifen sollten, aber wenn Sie diese angreifen würden, wären wir nicht frei, Ihnen zu Hilfe zu kommen.« Was zunächst nur ein Alleingang des französischen Botschafters in St. Petersburg gewesen war, wurde einen Monat später offizielle Politik.

Unter dem Eindruck eines möglichen erneuten Krieges zwischen Frankreich und dem Deutschen Reich, der durch die aggressiven Stimmen in der deutschen Öffentlichkeit verstärkt wurde, kam es zu Gesprächen über die Haltung des Zarenreiches für den Fall, daß es zu einem unprovozierten Angriff deutscherseits auf Frankreich kommen sollte. Dies war zwar keineswegs bereits als ein Übergang Rußlands in das französische Lager zu werten, sondern sollte lediglich eine Rückversicherung sein, damit man nicht unvermuteterweise in einen deutsch-französischen Krieg hineingezogen werden könnte. Doch die russische Diplomatie sah sich schon bald erheblichem Druck von seiten der russischen Öffentlichkeit ausgesetzt, welche die einseitig pro-deutsche Orientierung in den vergangenen Jahren mißbilligte. Bereits 1886 hatte der russische Journalist Michail Katkow, einer der Bannerträger des Panslawismus, in der »Moskauer Zeitung« eine Kampagne begonnen, die das Ziel hatte, die deutsch-freundliche Gruppe in der zarischen Regierung und insbesondere Giers selbst zu stürzen sowie den Weg für eine Politik der freien Hand freizumachen. Die Kampagne besaß zugleich eine gesellschaftspolitische Dimension: Katkow trat in gewissem Sinne als Sprecher des aufsteigenden russischen Großbürgertums auf, das die Wahrung der russischen nationalen Interessen in den Händen der überkommenen hocharistokratischen, deutsch-orientierten Führungsschicht des Zarenreiches nicht mehr zuverlässig gewährleistet sah. Hinzu kam, daß die Hochschutzzollpolitik, die Bismarck seit 1879 eingeleitet und 1885 nochmals verschärft hatte, die Exportinteressen der russischen Wirtschaft erheblich schädigte und die ökonomische Entwicklung des Landes nachteilig beeinflußte. Unter diesen Umständen kam es 1887 zu einer lebhaften Diskussion in der russischen wie spiegelbildlich auch in der französischen Presse, die darauf hinauslief, daß sich Rußland für den Fall eines Konflikts in Westeuropa eine freie Hand bewahren möge, statt sich auf die Seite des Deutschen Reiches zu schlagen, zumal ihm bei einem Krieg ohnedies die Hegemonie in Südosteuropa zufallen würde.

All dies spielte sich vor dem Hintergrund der Entwicklung in Bulgarien ab. Obschon Bismarck sich dazu bereit gefunden hatte, den russischen Wünschen in Bulgarien weitgehend zu entsprechen, bis hin zu einer öffentlichen Preisgabe des Battenbergers, machte die zarische Regierung für die Tatsache, daß Bulgarien Anstalten machte, sich dem russischen Einfluß zunehmend zu entziehen, das Deutsche Reich verantwortlich; sie sah dahinter in erster Linie österreichische Intrigen, die von der deutschen Regierung gedeckt würden. Das war für das Bismarcksche Bündnissystem äußerst bedrohlich. Mit dem Verlust der russischen Präponderanz in Bulgarien war die Geschäftsgrundlage des Drei-Kaiser-Bündnisses hinfällig, das Bündnis selbst zu einer leeren Hülse geworden. Der Sache nach war das Deutsche Reich in bündnispolitischer Hinsicht auf den Dreibund zurückgefallen. Gleichwohl war Bismarck im Unterschied zu einer einflußreichen Gruppe in den Führungskreisen des Deutschen Reiches, die von Rußland das Schlimmste befürchtete und sogar mit dem Gedanken eines Präventivkrieges spielte, noch am 21. Dezember 1886 der Meinung, »daß das Drei-Kaiser-Bündnis keineswegs hinter den Ofen geworfen werden dürfe, sondern weiter gesponnen werden müsse«, solange es irgend ginge.

Behutsame russische Avancen, aller dieser Ereignisse ungeachtet, gleichwohl eine Erneuerung des Drei-Kaiser-Bündnisses, die für 1887 anstand, vorzunehmen, führten zunächst zu keinen konkreten Ergebnissen. Dabei spielte eine Rolle, daß die russische Regierung befürchtete, im gegebenen Augenblick durch eine Bekräftigung des Bündnisses mit dem Deutschen Reich die dort bestehenden oder vermuteten Bestrebungen zugunsten eines Präventivkrieges gegen Frankreich zu stärken. Überwältigend aber war in St. Petersburg die Abneigung, mit Österreich-

Ungarn, von dessen Unaufrichtigkeit man überzeugt war, erneut in vertragliche Bindungen eintreten zu müssen. Unter diesen Umständen entschloß sich Bismarck zu einer großen, dreistufigen Rekonstruktion seines Bündnissystems, um die Sicherheit des Deutschen Reiches in der Mitte Europas auch für den Fall sich weiter verschlechternder deutsch-russischer Beziehungen zu gewährleisten. Doch es erwies sich, daß dies angesichts der zunehmenden imperialistischen Tendenzen in Österreich-Ungarn und vor allem in Italien nur dann erreichbar sein würde, wenn zumindest partiell von dem defensiven Grundcharakter dieses Systems abgegangen wurde.

Der erste Schritt Bismarcks galt der Erneuerung des Dreibundes. Demgemäß kam es zu einem intensiven Werben um Italien, das seinerseits entschlossen war, aus einem solchen Bündnis das Beste für die eigenen imperialistischen Bestrebungen in Nordafrika herauszuholen. Der italienischen Regierung ging es vornehmlich darum, Sicherheiten gegen eine mögliche Ausweitung der französischen Machtstellung in Nordafrika zu erhalten und darüber hinaus Anwartschaften auf eine künftige Festsetzung in Tripolis zu begründen. Zu diesem Zweck hatte die italienische Diplomatie schon zuvor Fühlung mit Spanien, vor allem aber mit Großbritannien aufgenommen und dabei insbesondere die Karte einer Unterstützung der englischen Position in Ägypten gegen Frankreich ins Spiel gebracht. Insofern befand sie sich bei den Verhandlungen über die Erneuerung des Dreibundes im Februar 1887 in einer günstigen Ausgangslage. Aus deutscher Sicht war die Erneuerung des Dreibundvertrages mit Italien und Österreich-Ungarn von vornherein ein schwieriges Unterfangen. Österreich-Ungarn zeigte keine Bereitschaft, die italienischen Aspirationen auf Tripolis zu unterstützen. Noch weniger war es geneigt, die Wünsche Italiens auf eine Mitsprache auf dem Balkan und über die Zukunft des Osmanischen Reiches zu honorieren, schon deshalb nicht, weil sich im Ägäischen Meer und an der Adria österreichische und italienische imperialistische Interessen unmittelbar kreuzten. Nur der Umstand, daß Österreich-Ungarn für den Fall eines Konflikts mit Rußland Sicherheit vor erneuten italienischen irredentistischen Bestrebungen haben wollte, gab der deutschen Politik eine Handhabe, um das Geschäft schließlich doch noch zustande zu bringen.

Der Dreibundvertrag bestand nunmehr aus vier verschiedenen Dokumenten: der unveränderten Erneuerung des Abkommens vom Jahr 1882, einem deutsch-italienischen Zusatzvertrag, einem österreichisch-ungarisch-italienischen Zusatzvertrag und schließlich einem Schlußprotokoll, welches diese Vereinbarungen zusammenfaßte. Im deutsch-italienischen Vertrag wurde Italien für den Fall, daß Frankreich zu einer Ausweitung seines Protektorats über Tunesien schreiten sollte, in aller Form militärische Unterstützung zugesagt; ja mehr noch, für den Fall, daß es zu einem Kriege mit Frankreich kommen sollte, wurde Italien in zwar indirekter, dennoch eindeutiger Form die Unterstützung des Deutschen Reiches zugesagt, sofern es zur Sicherung seiner Grenzen von Frankreich territoriale

Garantien fordern sollte. Dies wäre de facto auf eine Rückgewinnung der 1859 an Frankreich verlorenen Provinzen Savoyen und Sardinien hinausgelaufen. Im Gegenzug versprach Italien dem Deutschen Reich Unterstützung für den Fall eines deutsch-französischen Krieges. Noch bedeutsamer war die Tatsache, daß Italien nunmehr vom Deutschen Reich und von Österreich-Ungarn ein Mitspracherecht in den Balkan-Fragen zugesprochen erhielt. Für den Fall, daß Österreich-Ungarn zur zeitweiligen oder permanenten Okkupation von Territorien auf dem Balkan gezwungen sein würde, sollte Italien seinerseits entsprechende territoriale Kompensationen »außerhalb der Reiche der beiden hohen Kontrahenten« beanspruchen dürfen.

Dies kam einer zwar verklausulierten, aber eindeutigen Unterstützung der imperialistischen Tendenzen Italiens in Nordafrika wie auf dem Balkan gleich. Im Prinzip wurde Italien für den Fall, daß es zu der allgemein erwarteten fortschreitenden Aufsplitterung des Osmanischen Reiches unter die europäischen Mächte kommen sollte, ein Anteil an der Beute eingeräumt. Es ist einigermaßen irritierend zu sehen, wie weit Bismarck sich von dem Wunsch hatte treiben lassen, Frankreich unter allen Umständen diplomatisch zu isolieren und der Donau-Monarchie den Rücken gegen einen möglichen Angriff Italiens freizuhalten, sofern es zu einem Kriege der Mittelmächte mit Rußland oder mit den Westmächten kommen sollte. Von italienischer Warte gesehen war die Erneuerung des Dreibundvertrages ein großer Erfolg. Italien wurde zu einem gleichwertigen Partner der Mittelmächte sowohl in den Orient-Fragen als auch in den Fragen der allgemeinen europäischen Politik erhoben. Zugleich erlaubte die Rückendeckung seitens der Mittelmächte Italien künftig ein erheblich energischeres Auftreten gegenüber Frankreich, als es ansonsten seinen machtpolitischen beziehungsweise wirtschaftlichen Möglichkeiten entsprochen hätte. Aus der Sicht des Deutschen Reiches war die Isolierung Frankreichs durch ein effektives Bündnis mit Italien, das in der Folge durch eine Militärkonvention ergänzt wurde, die sogar den Einsatz italienischer Truppen nördlich der Alpen vorsah, zumindest für die nächste Zukunft sichergestellt, wenn auch für einen vergleichsweise hohen Preis.

Von großer Bedeutung war, daß dieses komplizierte Bündnis gleichzeitig durch die am 12. Februar 1887 abgeschlossene Mittelmeer-Entente zwischen Italien, Großbritannien und Österreich-Ungarn eine indirekte Abstützung und Überwölbung erhielt. Das entsprach ganz der von Italien stets geäußerten Forderung, daß sich der Dreibundvertrag nicht gegen Großbritannien richten dürfe. Die Mittelmeer-Vereinbarungen, die ohne die direkte Beteiligung, aber mit der flankierenden Unterstützung des Deutschen Reiches zustande kamen, richteten sich einerseits, wenn auch nur indirekt, gegen Frankreich, da Italiens koloniale Aspirationen in Nordafrika von den anderen Bündnispartnern in aller Form sanktioniert wurden. Andererseits richteten sie sich gegen die russischen imperialistischen Expansionsbestrebungen auf dem Balkan und gegenüber dem Osmanischen

Reich. So wurde festgelegt, daß »bezüglich der Küsten des Schwarzen Meeres, des Ägäischen Meeres sowie der Nordküste von Afrika der Status quo aufrechterhalten« werden solle und, sofern sich dies als unmöglich herausstelle, verhindert werden müsse, »daß nicht die Herrschaft irgendeiner anderen Großmacht über irgendeinen Teil dieser Küsten ausgedehnt werde«. Diese Bestimmungen richteten sich unmittelbar gegen die russischen Bestrebungen, sich durch diplomatischen Druck oder mit militärischen Mitteln in Bulgarien wieder genehme Verhältnisse zu verschaffen, aber auch gegen die Absichten der zarischen Regierung, die internationalen Vereinbarungen über die Durchfahrt durch den Bosporus zu ihren Gunsten geändert zu sehen oder die Meerengen gar direkt unter die Kontrolle Rußlands zu bringen.

Gemeinhin wird das Zustandekommen dieses Vertragswerkes, das durch eine italienisch-spanische Kolonial-Entente gegen Frankreich ergänzt wurde, wesentlich Bismarcks Wirken zugeschrieben. Das trifft insoweit zu, als Italien und Österreich-Ungarn sich nur mit Zusicherung deutscher Unterstützung zu so weitgehenden Verpflichtungen herbeilassen konnten, die auf eine völlige Blockierung der expansionistischen Bestrebungen des zarischen Rußland im Orient hinausliefen. Italien und vor allem Großbritannien hatten jedoch ein eigenes Interesse daran, gegen Frankreich und Rußland, die imperiale Interessen der beiden Mächte bedrohten, gemeinsame Sache zu machen. Zumal der britischen Politik war damals sehr daran gelegen, sich durch eine endgültige Lösung der »ägyptischen Frage« außenpolitisch den Rücken freizumachen und in diesem Punkt nicht ständig den Erpressungen anderer Mächte ausgeliefert zu sein. Tatsächlich war der neue britische Premier Salisbury über Bismarcks Strategie, bei jeder Gelegenheit die ägyptische Karte auszuspielen und dann von Großbritannien Wohlverhalten beziehungsweise Entgegenkommen einzufordern, einigermaßen verärgert. Er äußerte gegenüber Sir Henry Drummond Wolff: »Bismarcks Politik könnte man in alltäglicher Sprache Erpressung nennen. Er pflegt uns beständig zu erzählen, daß Frankreich ihm Versöhnung auf der Basis eines Angriffs auf England in Ägypten anbiete, und die Opfer zu betonen, die Deutschland bringe, indem es diese Vorschläge zurückweise, Opfer, für welche Großbritannien wenigstens einige Gegenleistungen erbringen müsse, und er verlangt dann dieses oder jenes. Ich wünsche mir von Herzen, daß wir niemals nach Ägypten gegangen wären. Hätten wir dies nicht getan, so könnten wir überall in der Welt territoriale Erwerbungen machen.« Italien und Großbritannien waren daran interessiert, eine weitere Ausdehnung der Einflußsphäre Frankreichs in Nordafrika zu verhindern und seinen Widerstand gegen eine dauerhafte Regelung der »ägyptischen Frage« im britischen Sinne zu brechen. Gleichermaßen strebten sie eine Stabilisierung des Status quo auf dem Balkan und im Osmanischen Reich an, mit dem Ziel, die imperialen Tendenzen des zarischen Rußland in diesem Raum abzufangen. Indirekt wurde damit die östliche Achse des Bismarckschen Bündnissystems, das durch die Entwicklung der Dinge in Bulgarien bereits einen entscheidenden Schlag erhalten hatte, auch von Westen her geschwächt.

Desungeachtet wurde die Politik der Mittelmeer-Entente von Bismarck positiv aufgegriffen und tatkräftig unterstützt; sie bot einerseits eine Handhabe, Frankreich weiterhin politisch zu isolieren, andererseits versprach sie eine zusätzliche Absicherung der Position Österreich-Ungarns gegenüber dem zarischen Rußland, wie sie die Reichsleitung im eigenen Interesse für angezeigt hielt. Daher trat Bismarck mit großer Entschiedenheit dafür ein, daß Großbritannien aus seiner »splendid isolation« heraustreten müsse, obschon er früher von einer aktiven britischen Mitwirkung innerhalb des europäischen Bündnissystems nur wenig gehalten hatte. Er argumentierte am 3. Februar 1887, daß »wir, wenn England sich von jeder Beteiligung an der europäischen Politik zurückzöge, keinen Grund mehr haben würden, den französischen Wünschen in Ägypten oder den russischen im Orient, wie weit immer dieselben sich erstrecken möchten, unsere Förderung vorzuenthalten«. Der Kanzler konnte sich also auch jetzt des alten strategischen Rezepts, die anderen Partner innerhalb seines Systems mit einer Mischung aus Lockungen und Drohungen in seinem Sinne zu beeinflussen, nicht enthalten, obwohl diese Karte inzwischen nicht mehr sonderlich stach. Bereits hier deutete sich eine grundlegende Verlagerung der Gewichte im Bündnissystem an: die weitgehende Preisgabe einer der beiden Zentralachsen, nämlich der Verbindung nach St. Petersburg, zugunsten der Heranziehung Italiens und, teilweise durch dessen Vermittlung, Großbritanniens an die Mittelmächte. Bismarcks Ziel war es, sofern es notwendig werden sollte, eine neue überlegene Koalition gegen die potentiellen Zukunftsgegner des Deutschen Reiches Frankreich und Rußland zur Hand zu haben. Denn die Beziehungen zu Rußland hatten sich spürbar verschlechtert, nicht zuletzt unter dem Einfluß wirtschaftlicher Faktoren. Grundlinie dieses alternativen Bündnissystems – vorausgesetzt es hätte sich konsolidieren lassen – wäre die Schaffung eines mitteleuropäischen Blocks mit einer ausgeprägt anti-russischen Stoßrichtung gewesen, bei fortbestehendem Gegensatz zu Frankreich, unter wohlwollender Unterstützung Großbritanniens. Auch Bismarck war zu diesem Zeitpunkt äußerst skeptisch, wie man die künftige Haltung Rußlands einzuschätzen habe; er befürchtete das Schlimmste. Andererseits wies er jeden Gedanken, es zu einer offenen Herausforderung Rußlands kommen zu lassen oder gar zum Mittel eines Präventivkrieges zu greifen, wie der Generalstabschef Graf Waldersee es damals forderte, nachdrücklich zurück. Statt dessen nahm er die von St. Petersburg ausgehenden Fühler, den demnächst auslaufenden Drei-Kaiser-Vertrag durch ein bilaterales Bündnis zu ersetzen, zum Anlaß, um mit dem Zarenreich den sogenannten Rückversicherungsvertrag vom 18. Juni 1887 abzuschließen.

Auf den ersten Blick beinhaltete der Rückversicherungsvertrag eine Erneuerung des Drei-Kaiser-Bündnisses, jedoch ohne Beteiligung Österreich-Ungarns, obschon dieses dem Deutschen Reich im Zweibund weiterhin verbündet blieb – eine Tatsache, die Bismarck den russischen Staatsmännern durchaus nicht verheimlichte. Für die russische Diplomatie war ausschlaggebend, daß man auf die Unterstützung des Deutschen Reiches in der bulgarischen Frage, in der Rußland nahezu vollständig isoliert war, nicht ohne Not verzichten wollte. Aus deutschem Blickwinkel hingegen erschien es ratsam, die Bindung zu Rußland unter allen Umständen, wenn auch auf noch so schmaler Grundlage, zu erhalten, um ein weiteres Abdriften des Zarenreiches in die Arme Frankreichs zu verhindern. Der eigentliche Vertrag bestand aus einem Defensivbündnis für den Fall eines Konfliktes des zarischen Rußland mit Österreich-Ungarn beziehungsweise des Deutschen Reiches mit Frankreich; dabei war der Bündnisfall, sofern es sich um einen Angriffskrieg handeln würde, ausdrücklich ausgeschlossen. Weiterhin wurden die historischen Rechte Rußlands in Bulgarien und Ostrumelien anerkannt, und ebenso wurde die russische Interpretation des Berliner Vertrages betreffend der Meerengen seitens der deutschen Diplomatie für verbindlich erklärt, obschon sich dies unmittelbar gegen die entgegenstehenden Positionen der Westmächte, aber auch die entsprechenden Bestimmungen der Mittelmeer-Entente richtete. In einem streng geheimen Zusatzprotokoll wurde darüber hinausgehend Rußland die Unterstützung des Deutschen Reiches für den Fall einer Intervention in Bulgarien zwecks Etablierung eines der zarischen Regierung genehmen Stellvertreterregimes garantiert; ja mehr noch, dieser wurde, sofern sie zu einem Vorgehen gegen das Osmanische Reich Anlaß sehen sollte, welche die uneingeschränkte Kontrolle der Meerengen durch das Zarenreich zum Ziel hatte, wohlwollende Neutralität und diplomatische Unterstützung zugesichert. Letzteres stand in krassem Gegensatz zu den Zielsetzungen der unter Bismarcks tätiger Mithilfe zustande gekommenen Mittelmeer-Vereinbarungen zwischen Italien, Österreich-Ungarn und Großbritannien. Wenn die Bestimmungen dieses geheimen Zusatzprotokolls bekannt geworden wären, hätte das die deutsche Politik in den Augen der anderen europäischen Großmächte völlig kompromittiert.

Bismarck hat den Rückversicherungsvertrag dennoch ohne jeden Zweifel als ein geeignetes Instrument angesehen, um in einer ungemein schwierigen Lage trotzdem eine Stabilisierung der Mächtekonstellation in Europa und damit indirekt der Sicherung des Reiches zu bewirken. Sein eigentliches Ziel war, die zarische Regierung zu ermutigen, in der Orient-Frage in eine Sackgasse hineinzulaufen und damit die gemeinsame Gegnerschaft Großbritanniens, Österreich-Ungarns und Italiens heraufzubeschwören; er konnte mit der Entschlossenheit der britischen Regierung, das Osmanische Reich unter allen Umständen erhalten zu wollen, nunmehr zuverlässig rechnen. Es handelte sich um eine ausgesprochen manieristische Steigerung der diplomatischen Strategie Bismarcks, die darauf abzielte, die Spannungen vom Zentrum an die Peripherie Europas zu verlagern. Der Kanzler ging dabei von der Prämisse aus, daß es nicht die Aufgabe des

Deutschen Reiches sein könne, den aggressiven Tendenzen Rußlands im Orient entgegenzutreten; dies sei vielmehr in erster Linie eine Angelegenheit der unmittelbar beteiligten Mächte. In diesem Sinne versuchte er auch – zum Beispiel in einem Erlaß an den deutschen Botschafter in Wien vom Januar 1888 –, die österreichische Diplomatie zu beeinflussen: »Die Aufgabe der österreichischen Politik wäre meines Erachtens, die Russen in die türkische Sackgasse zu lassen und erst zu laden, wenn sie englisches Pulver vorher gerochen haben«; das besagte mit anderen Worten: Die Österreicher sollten davon Abstand nehmen, für den Fall eines derartigen russischen Vorstoßes vorzeitig Gegenmaßnahmen zu ergreifen. Vielmehr sollte sichergestellt werden, daß sich Großbritannien unmittelbar engagieren werde, statt die Gegenwehr zunächst den anderen Großmächten zu überlassen.

Unter diesen Umständen ist es schwerlich angebracht, im Rückversicherungsvertrag in erster Linie eine »strategische Aushilfe« auf Zeit in einer gleichsam ausweglosen Situation zu sehen, wie es die ältere Forschung durchweg getan hat. Vielmehr war Bismarck davon überzeugt, daß damit das bisherige Spiel seiner Mächtediplomatie auf einer veränderten Grundlage weiterbetrieben werden könne. Dies läßt sich auch aus dem Fortgang der Dinge ablesen. Denn in der Folge setzte Bismarck, wie man sagt, auf einen Keil noch anderthalbe. Unter seiner aktiven Mitwirkung wurde im Dezember 1887, also wenige Monate nach dem Abschluß des Rückversicherungsvertrages, der Mittelmeer-Entente zwischen Großbritannien, Italien und Österreich-Ungarn der Charakter eines formellen Bündnisvertrages mit klar gegen Rußland gerichteter Zielsetzung gegeben. Darin wurde nun in aller Form das Prinzip der territorialen Unverletzlichkeit und Unabhängigkeit des Osmanischen Reiches festgelegt und jegliche präponderante Einflußnahme einer anderen Großmacht – damit war unzweifelhaft Rußland gemeint – auf die Pforte ausgeschlossen. Es wurde außerdem vereinbart, daß das Osmanische Reich als Wächter der Meerengen in Kleinasien weder auf irgendwelche seiner souveränen Rechte zugunsten anderer Staaten verzichten noch seine Herrschaftsrechte an diese delegieren dürfe. Dies richtete sich gegen die expansiven Bestrebungen Rußlands im Orient. Ein massiverer Gegensatz zum Rückversicherungsvertrag, als ihn diese Regelungen darstellten, ist kaum denkbar. Hier wurden vertragliche Vereinbarungen getroffen, die exakt das Eintreten eben jener Eventualitäten auszuschließen bestimmt waren, für die Bismarck kurz zuvor Rußland die Unterstützung des Deutschen Reiches zugesichert hatte.

Selbst Herbert Bismarck, der jetzt in der Funktion eines Staatssekretärs des Auswärtigen als rechte Hand des alternden Kanzlers agierte, sehr zum Ärger der Berufsdiplomaten im Auswärtigen Amt, bezweifelte, ob der Rückversicherungsvertrag große Bedeutung gewinnen könne. Er meinte, daß dieser »uns im Ernstfall die Russen wohl doch 6 bis 8 Wochen länger vom Halse als ohne dem« halten werde, aber nicht mehr. Bismarck selbst jedoch war anderer Meinung. Er sah das

Die Hohenzollern und das deutsche Vaterland von S. Excellenz Prof. Dr. Graf Stillfried Alcántara Dr. Bernhard Kugler. Illustrirt von den ersten deutschen Künstlern. Friedr. Bruchmann's Verlag München.

Vollständig bis Weihnachten 1881 in 25 Lieferungen á 2 Mark.

Eine Hohenzollern-Apologie für das deutsche Volk. Verlagsankündigung des Hauses Bruckmann nach einem Entwurf von Franz Seitz, 1881. München, Stadtmuseum

Die Kanzlerkrise im Frühjahr 1888. Zwei Seiten des Artikelmanuskripts für die »Norddeutsche Allgemeine Zeitung« mit eigenhändigen Verbesserungen Bismarcks. Koblenz, Bundesarchiv

Vertragswerk und die Mittelmeer-Entente als Teil ein und derselben Gesamtstrategie, die darauf hinauslief, die aggressiven Tendenzen Rußlands einerseits herauszulocken und sie andererseits ins Abseits laufen zu lassen, zum Vorteil der hegemonialen Position der Mittelmächte innerhalb des europäischen Staatensystems. Er hielt es für angemessen, der russischen Politik nahezulegen, nunmehr ihrerseits in der Meerengen-Frage offensiv zu werden. In einem geheimen, zur sofortigen Vernichtung bestimmten Schreiben an Wilhelm II. erläuterte er die Grundlinien seiner Strategie in folgender Weise: »Ich zweifele nicht an der russischen Absicht, den Vorstoß auf Konstantinopel zu machen und nach Fertigstellung der Schwarzenmeerflotte, also im Anfang der 1890er Jahre, den Zeitpunkt zur Aktion zu wählen, je nachdem die europäische Lage ihn angezeigt erscheinen läßt. Meines alleruntertänigsten Dafürhaltens liegt es nicht in der Aufgabe unserer Politik, Rußland an der Ausführung seiner Pläne auf Konstantinopel zu hindern, sondern dies den anderen Mächten, wenn sie es in ihrem Interesse halten, lediglich zu überlassen; unser Interesse an der Bosporusfrage ist einen so großen Krieg nach zwei Fronten, wie der Bruch mit Rußland nach sich ziehn würde, nicht wert; im Gegenteil, wenn Rußland sich dort einläßt, mindert sich seine Gefährlichkeit für uns durch Abziehung von unsrer Grenze und durch die herausfordernde Spannung, in die es zu den Mittelmeermächten, namentlich zu England und auf die Länge auch zu Frankreich tritt. Daß der russische Vorstoß auf Konstantinopel durch Bulgarien mit Benutzung des letzteren geschehen würde, möchte ich kaum annehmen, glaube vielmehr, daß der Seeweg und der durch Kleinasien vorgezogen werden, und daß man vorher und gleichzeitig versuchen wird, die Pforte zur Annahme eines russischen Vertrages zu bewegen, welcher dem Sultan seine Besitzungen, den Russen aber die Verfügung über Schluß und Öffnung des Bosporus durch Besetzung einer festen Position sichert. Ist letzteres geschehen, so wird Rußland im Schwarzen Meer gesichert und seine Expansivkraft gegen Persien und Indien verwendbar sein. Damit ist dann für England die Unmöglichkeit gegeben, in seiner bisherigen Fiktion einer kühlen Zuschauerrolle zu verharren, und wir können abwarten, wie die Konstellation unter den übrigen Mächten sich gestaltet, da ein russischer Angriff auf Konstantinopel an sich noch keinen casus foederis zwischen Österreich und uns herstellt.«

Das außenpolitische System Bismarcks im Strudel mächtepolitischer Rivalitäten (1887–1890)

Mit dem Abschluß der Mittelmeer-Entente war Großbritannien, jedenfalls so wie sich Bismarck die Dinge darstellte, gleichsam in die erste Linie der Abwehrfront gegen ein eventuelles offensives Vorgehen des zarischen Rußland im Orient, sei es gegen Bulgarien, sei es gegen das Osmanische Reich, eingerückt, ohne daß das Deutsche Reich seinerseits dabei unmittelbar bündnispolitisch engagiert war. Es war nicht leicht gewesen, Salisbury für ein derartiges Engagement zu gewinnen, war er doch voller Argwohn, daß Bismarck dank der Mittelmeer-Entente sein eigenes Süppchen kochen könnte. Der englische Premier befürchtete, daß die deutsche Diplomatie die erstbeste Gelegenheit ergreifen würde, um Österreich-Ungarn zu offensiven Schritten auf dem Balkan zu verleiten und den daraus entstehenden allgemeinen Konflikt zu benutzen, um ihre noch offenstehende Rechnung mit Frankreich zu begleichen. Es hatte großen diplomatischen Geschicks und schließlich sogar der Übermittlung des Wortlauts des strikt defensiv gehaltenen Zweibundvertrages mit Österreich-Ungarn an die Downing Street bedurft, um die englischen Bedenken zu beschwichtigen. Man kann sich leicht vorstellen, wie die britischen Diplomaten reagiert haben würden, wenn sie den Rückversicherungsvertrag mit Rußland gekannt hätten.

Bei Lage der Dinge ging Bismarck davon aus, nun gegenüber Rußland wieder am längeren Hebel zu sitzen, und dies kam in der deutschen Rußland-Politik der kommenden Jahre auch deutlich zum Ausdruck. Ungeachtet des streng geheimen Rückversicherungsvertrages, von dessen Existenz die breitere Öffentlichkeit weder in Rußland noch im Deutschen Reich die geringste Ahnung hatte, war das deutsch-russische Verhältnis im Herbst 1887 und im Frühjahr 1888 weiterhin von dunklen Gewitterwolken überschattet. Die trotz der Proteste der Großmächte erfolgte Wahl des deutschen Prinzen Ferdinand von Sachsen-Coburg-Koháry im Juli 1887 als Nachfolger des unglücklichen Battenbergers zum neuen Monarchen Bulgariens war in St. Petersburg als erneute Herausforderung empfunden worden, und die russische Diplomatie, vor allem aber die russische Presse, die nunmehr eine scharf anti-deutsche Tonart anschlug, gaben in erster Linie dem Deutschen Reich die Schuld an dieser Entwicklung, die dem definitiven Ausscheiden Bulgariens aus dem russischen Einflußbereich gleichkam und in gewissem Sinne die für Rußland ohnehin mageren Ergebnisse des Berliner Kongresses von 1878 vollends zu Makulatur werden ließ.

In Deutschland blieben die entsprechenden Reaktionen nicht aus; auch hier stellte sich die öffentliche Meinung unter Führung der liberalen Presse zunehmend auf die Seite Österreich-Ungarns und Bulgariens, das jetzt bei der Donau-Monarchie politische Anlehnung suchte. Bismarck selbst hatte mit seiner strategischen Linie, die grundsätzlich Ferdinand und seinem einen betont anti-russischen Kurs steuernden Ministerpräsidenten Stefan Stambulow jegliche politische Unterstützung versagte, gegenüber der deutschen öffentlichen Meinung mittlerweile einen schweren Stand. Man machte sich nun auch in Berlin wenig Illusionen über den Stand der deutsch-russischen Beziehungen. Seit Herbst 1887 mußte bei Lage der Dinge mit der Möglichkeit einer kriegerischen Entladung der Spannungen gerechnet werden. Selbst der deutsche Botschafter in London, Graf Hatzfeld, meinte am

23. November 1887, daß das »politische Treiben der Dinge« auf einen russisch-österreichischen Krieg hinausgehe, in den dann das Deutsche Reich nolens volens hineingezogen werden würde. In militärischen Kreisen wurde jetzt ernstlich erwogen, ob man nicht zum Mittel eines Präventivkrieges gegen Rußland greifen solle, da angesichts der schwer überwindbaren französischen Ostgrenze im Kriegsfall eine rasche Entscheidung im Westen, wie sie wegen der Zweifrontensituation im deutschen Interesse lag, nicht erreichbar zu sein schien. Der Generalquartiermeister Graf Waldersee rechnete im Herbst 1887 mit einem baldigen Kriege gegen Rußland. Moltke, obwohl der Sache nach zurückhaltender, verlangte die Aufnahme militärischer Gespräche mit dem österreichischen Generalstab, um für den Kriegsfall die notwendigen militärischen Absprachen zu treffen. Der Aufmarschplan Moltkes vom Frühjahr 1888 sah bei einem Zweifrontenkrieg eine gemeinsame Niederwerfung Rußlands vor, ehe eine Entscheidung im Westen gesucht werden sollte. Ende Dezember 1887 plädierte Waldersee in aller Form dafür, eine baldige Entscheidung zu suchen und einen Präventivkrieg zu führen. Er war der Meinung, daß der Konflikt unabwendbar sei: »Der Kanzler hofft noch immer, um den Krieg mit Rußland herumzukommen. Es wird ihm alles nichts helfen, wir treiben in den Krieg hinein, und zwar zum Frühjahr.«

Bismarck wollte freilich von derartigen offensiven Lösungen der Krise nichts wissen; doch er stand damit in den Führungskreisen des Deutschen Reiches nahezu allein. Friedrich von Holstein berichtete am 14. Januar 1888: »Hier ist eigentlich alle Welt für den Krieg. Mit fast alleiniger Ausnahme von Seiner Durchlaucht, der die äußersten Anstrengungen macht, den Frieden zu erhalten [...].« Ein Präventivkrieg gegen Rußland wäre aus Bismarcks Sicht so ziemlich das Letzte gewesen, was die deutsche Regierung hätte tun sollen – war doch seine ganze Strategie darauf angelegt, für den Fall eines Orient-Konflikts in der Hinterhand zu bleiben und die Abwehr eines russischen Vorstoßes zunächst den unmittelbar beteiligten Mächten Österreich-Ungarn und Großbritannien zu überlassen. Er war deshalb nach wie vor bemüht, alles zu tun, um eine weitere Zuspitzung des deutsch-russischen Verhältnisses zu vermeiden. Aber die Chancen dafür standen auch nach seiner eigenen Einschätzung nicht gut; die Massivität der Vorwürfe, die Zar Alexander III. bei einem Zusammentreffen mit Wilhelm I. im November 1887 an die deutsche Adresse gerichtet hatte, hatte auch Bismarck einigermaßen ratlos gemacht. Gleichzeitig war die Regierungskrise in Frankreich auf ihrem Höhepunkt angelangt, und eine Machtübernahme durch General Boulanger im Zeichen eines chauvinistischen Revisionismus schien nicht länger ausgeschlossen zu sein.

Die Lage war so bedrohlich geworden, daß Bismarck nach jedem nur tauglichen Mittel griff, um die Gefahren eines in den Bereich des Möglichen gerückten Zweifrontenkrieges zu verringern. Ein erster Schritt dazu war die Einbringung einer neuen Heeresvorlage bereits unmittelbar nach Annahme des Septennats im

Reichstag. Sie sollte die Voraussetzungen schaffen, im Kriegsfall bereits im Anfangsstadium der militärischen Operationen auf eine große Zahl von Reservisten zurückgreifen zu können. In der Vorlage war vorgesehen, die Gruppe der bisher aus unterschiedlichen Gründen nicht zum Wehrdienst Herangezogenen zu erheblichen Teilen einer Ersatzreserve zuzuweisen, sie also bei einer Mobilmachung zusätzlich verfügbar zu machen. Zweck dieser Maßnahmen war es, im Augenblick des Kriegsausbruchs über ein starkes, schlagfähiges Heer zu verfügen, das, so darf man hinzufügen, für Angriffsoperationen großen Stils tauglich war. Insgesamt sollte die Kriegsstärke des Heeres durch Heranziehung aller wehrfähigen Reservisten um 700.000 Mann erhöht werden. Dementsprechend sah die Vorlage die Wiedereinführung der Landwehr ersten und zweiten Aufgebots vor, an die sich dann der Dienst im Landsturm anschließen sollte. Die Altersgrenze für die Landwehr ersten Aufgebots, die im Kriegsfall sofort eingezogen werden sollte, wurde von 32 auf 39 Jahre, jene des zweiten Aufgebots auf 42 Jahre heraufgesetzt; außerdem wurde die Verpflichtung zum Dienst im Landsturm um weitere drei Jahre, das heißt bis zum 45. Lebensjahr, verlängert. Ferner waren erhebliche Mehrforderungen für militärische Ausrüstungen und organisatorische Zwecke vorgesehen, die durch eine Reichsanleihe von nicht weniger als 278 Millionen Mark finanziert werden sollten.

Dies war ein dramatischer Schritt in Richtung auf die volle Ausschöpfung der deutschen Volkskraft im Kriegsfall. Bismarck selbst sprach von einer »gewaltige[n] Verstärkung« des deutschen Heeres, die dem Beitritt »eine[r] vierte[n] Großmacht mit 700.000 Mann Truppen« zum Dreibund gleichkomme, von einer »gewaltigen Maschine, zu der wir das deutsche Heerwesen ausbilden« wollen. Er sei sich sicher, daß die anderen Mächte mit ihrer viel unvollkommeneren Militärverfassung und einem weit weniger leistungsfähigen Offiziers- und Unteroffizierskorps diesem Schritt ihrerseits nicht würden nachfolgen können. Der Kanzler rechtfertigte diese Maßnahme, welche die deutsche Gesellschaft dem Zustand einer völligen inneren Militarisierung erheblich näherbringen sollte, in einer großen Rede im Reichstag vom 6. Februar 1888, die ganz auf den Nachweis abgestellt war, daß die Heeresvermehrung ausschließlich der Sicherung des europäischen Friedens dienen solle und daß mit ihr in keiner Weise Angriffsabsichten gegen wen auch immer verbunden seien. Er ließ in seiner zweistündigen Rede die gesamte europäische Mächtepolitik seit 1870 Revue passieren, um nachzuweisen, daß das Deutsche Reich stets um die Erhaltung des europäischen Friedens bemüht gewesen sei. Seine Darlegungen galten vor allem der Rechtfertigung der deutschen Außenpolitik gegenüber den Vorwürfen von russischer Seite. Sie gipfelten in der Feststellung, daß die Erhaltung des österreichisch-ungarischen Kaiserstaates ein unabdingbares Lebensinteresse des Deutschen Reiches darstelle: »[...] wenn wir die Isolierung, die gerade in unserer angreifbaren Lage für Deutschland besonders gefährlich ist, verhüten wollen, so müssen wir einen sicheren Freund haben.«

Zwei Tage zuvor hatte Bismarck, offenbar um Rußland die möglichen Folgen eines Krieges gegen die Donau-Monarchie über die »bulgarische Frage« klar vor Augen zu führen, einen spektakulären Schritt unternommen, der eigentlich den Prinzipien seiner außenpolitischen Strategie gänzlich widersprach: die Veröffentlichung des Zweibundvertrages, noch dazu unter Auslassung des letzten Paragraphen, der die Erfordernis einer Erneuerung binnen fünf Jahren vorsah. Die Öffentlichkeit mußte annehmen, daß der Zweibundvertrag eine unbeschränkte Laufzeit habe. Der Zustimmung der großen Mehrheit des Reichstages für diese eindeutige Option zugunsten Österreich-Ungarns konnte sich Bismarck unter den gegebenen Umständen sicher sein.

Freilich war Bismarck bemüht, die noch bestehenden Fäden nach Rußland nicht abreißen zu lassen. Er warnte vor der Annahme, daß die russische Regierung Angriffsabsichten hege; dies sei gänzlich unwahrscheinlich. Im übrigen reichte er von der Tribüne des Reichstages der russischen Diplomatie einen Friedenszweig; er regte an, sie möge den rechtmäßigen Oberherrn Bulgariens, den Sultan von Konstantinopel, dazu veranlassen, Ferdinand von Sachsen-Coburg-Koháry wieder abzusetzen und in Bulgarien rechtliche Verhältnisse herzustellen, die im Einklang mit den Vormachtinteressen Rußlands stünden. Zugleich aber verwahrte er sich in scharfer Form gegenüber den Drohungen an die Adresse des Deutschen Reiches in der russischen Presse, mit Worten, die im Reichstag und in der Öffentlichkeit einen Begeisterungssturm auslösten: »Wir Deutsche fürchten Gott, aber sonst Nichts in der Welt; und die Gottesfurcht ist es schon, die uns den Frieden lieben und pflegen läßt.«

In der Tat waren die deutsch-russischen Beziehungen an einem Tiefpunkt angelangt. Daran trug freilich die aggressive und, wie Bismarck in der regierungsamtlichen Presse verlauten ließ, durch Fehlinformationen irregeleitete zarische Außenpolitik keineswegs allein die Schuld. Vielmehr hatte die deutsche Politik der vergangenen Monate selbst in erheblichem Maße dazu beigetragen, daß es seit dem Sommer 1887 zu einer wachsenden Entfremdung zwischen beiden Reichen und in der Folge zu einer schrittweisen Annäherung Rußlands an Frankreich gekommen war. Die Gründe dafür lagen nicht primär auf diplomatischem, sondern auf wirtschaftspolitischem Gebiet. Hier glaubte Bismarck einen geeigneten Ansatzpunkt gefunden zu haben, um Rußland, außerhalb des sensitiven Bereichs der mächtepolitischen Beziehungen, unter Druck zu setzen und ihm den Wert eines guten Verhältnisses zu Deutschland vor Augen zu führen. Den Anstoß hatte ein Ukas des Zaren vom 24. Mai 1887 gegeben, in dem Ausländern der Erwerb von Grundbesitz in den Weichsel-Gouvernements untersagt wurde und dessen Vererbung nur dann gestattet sein sollte, wenn die betreffenden Erben bereits vor 1887 Grundbesitz in Rußland besaßen. Das stellte einen Gegenzug zur preußischen Ansiedlungspolitik dar, die seit 1886 damit begonnen hatte, mit Staatsmitteln polnischen und russischen Großgrundbesitz in den polnischen Gebieten

Preußens aufzukaufen und dort deutsche Bauern anzusiedeln. Der Ukas des Zaren traf eine Reihe von hochadeligen preußischen Großgrundbesitzern, die Güter in Rußland besaßen, ungewöhnlich hart. Der Hocharistokrat Guido von Donnersmarck führte bei Bismarck Beschwerde und schlug als Gegenzug die Sperrung deutscher Kredite für Rußland vor. Daraufhin verfügte die preußische Staatsregierung am 2. November 1887 ein Lombardverbot sowie zahlreiche begleitende Maßnahmen, beispielsweise die Annullierung der Mündelsicherheit für russische Staatspapiere, in der offenkundigen Absicht, den Handel mit russischen Staatspapieren auf den deutschen Finanzmärkten zu erschweren. Diese Maßnahmen hatten einen dramatischen Kurssturz für russische Werte an den deutschen Börsen zur Folge und veranlaßte das mobile Kapital zu einem weitgehenden Ausstieg aus russischen Kapitalwerten.

Hinter dieser Aktion stand das Kalkül, man könne den Russen den Wert der deutschen Freundschaft auf einem »Nebenkriegsschauplatz« handgreiflich vor Augen führen. Entscheidend aber war die Erwägung, daß man durch eine Erschwerung des russischen Staatskredits auf mögliche Kriegsneigungen des Zarenreiches abkühlend einwirken könne. Dieses Motiv ist ausdrücklich für Herbert Bismarck belegt, der auf dem Höhepunkt der Krise gegenüber dem österreichischen Außenminister Alois Lexa Graf von Aerenthal erklärt haben soll, »von deutscher Seite« werde konsequent »dahingearbeitet, den Kredit Rußlands niedrig zu halten, um kalmierend auf die Kriegslust und wenn möglich retardirend zu wirken«. Erwägungen gleicher Art lassen sich bei dem Ersten Generalquartiermeister Graf Waldersee nachweisen, der sich nur wenig später leidenschaftlich dagegen verwahrte, daß die russische Aufrüstung durch Kreditgewährung von deutscher Seite noch weiter gefördert werde.

Zunächst wurden die von Bismarck verfolgten Ziele in bemerkenswertem Maße erreicht. Die russische Kapitalanleihe von 1887 wäre angesichts der Haltung der deutschen Börsen beinahe gescheitert; sie konnte nur durch großzügigen Rückkauf der nicht plazierten Papiere seitens der zarischen Regierung einigermaßen stabilisiert werden. Aber dies erwies sich schon bald als ein zweischneidiges Schwert, denn nun wurde die zarische Regierung dazu gezwungen, ihr Heil auf dem französischen Kapitalmarkt zu suchen, um den riesigen Kapitalbedarf für ihre in einer ersten großen Anlaufphase befindlichen umfangreichen Industrialisierungsprojekte zu decken. Das war zunächst kein leichtes Unterfangen, weil die Kreditwürdigkeit des Zarenreiches in den Augen der französischen Kapitalanleger einstweilen nicht eben groß war. Angesichts der Zurückhaltung des deutschen Börsenpublikums war auch das französische Bankenpublikum nicht bereit, die erste russische Anleihe in Frankreich vom Jahr 1888 positiv aufzunehmen. Die Emission wurde ein empfindlicher verlustreicher Fehlschlag. Bismarck aber wünschte seinen Triumph vollständig zu machen; er gab Weisung, daß das Scheitern der russischen Anleihe von 1888 in der »Kölnischen Zeitung« negativ kommentiert würde, mit dem Hintergedanken, aus den russischen Finanzproblemen möglichst viel politisches Kapital zu schlagen.

Doch es gelang der russischen Hochfinanz dank der Unterstützung eines französischen Bankenkonsortiums unter Führung der Bankiers Hoskier und Sautter von der Banque de Paris et des Pays-Bas, eine neue große Staatsanleihe auf dem französischen Kapitalmarkt zu plazieren. Dies wurde dadurch erreicht, daß den Gläubigern zugleich die Möglichkeit eröffnet wurde, dafür ältere russische Auslandsanleihen zu günstigen Bedingungen in Zahlung zu geben. Durch diesen Schachzug wurden die noch bestehenden Zweifel an der Sicherheit russischer Staatspapiere wenn nicht ausgeräumt, so doch erfolgreich unterlaufen. Derart wurde die Kreditwürdigkeit des russischen Staates auf den internationalen Finanzmärkten wiederhergestellt und der französische Kapitalmarkt definitiv für russische Anleihen erschlossen. In der Folge wurden diese für den französischen kleinen Anleger sogar zu einer äußerst beliebten Form der Geldanlage. Das Eis war gebrochen und die Strategie Bismarcks ins Gegenteil umgeschlagen. Der Weg war frei für eine lange Periode französisch-russischer Zusammenarbeit, zunächst auf dem Bereich internationaler finanzieller Transaktionen und indirekt auch auf dem Gebiet der militärischen Rüstungen und des Baus der russischen Westbahnen. Es half nichts, daß Bismarck auf den Rat seines Bankiers Bleichröder im Sommer 1888 das Ruder in Fragen der russischen Staatsanleihen wieder herumwarf, übrigens zur größten Empörung Waldersees, der sich brüsk über die Machenschaften der »Juden und Judengenossen« der »Gruppe Bleichröder« äußerte. Die Weichen waren zugunsten von Paris gestellt.

Allerdings zögerte die russische Diplomatie zu diesem Zeitpunkt, ungeachtet der massiv unfreundlichen Haltung der deutschen Reichsleitung in den finanzpolitischen Fragen, eine eindeutig anti-deutsche oder gar pro-französische Bündnispolitik einzuschlagen; denn die Risiken eines solchen Kurses erschienen zu groß. Die zarischen Staatsmänner wußten, daß Frankreich, wo gerade eben die Boulanger-Krise das politische System in seinen Grundfesten erschütterte, kein vollgültiger Bündnispartner für den Fall eines Krieges mit den Mittelmächten darstellte; sie waren zumindest vorerst nicht geneigt, offen für Frankreich zu optieren, zumal in den Kreisen der Hocharistokratie immer noch eine pro-deutsche Einstellung vorherrschte. Aber der Trend wies in die Richtung einer Annäherung an Frankreich. Im Herbst 1889 begrüßte die »Novoje Vremja« in einem Leitartikel zur Pariser Weltausstellung, an der sich diesmal die Deutschen auf Weisung der Reichsleitung nicht beteiligt hatten, überschwenglich den Wiederaufstieg Frankreichs zu einer allseits respektierten Macht. Frankreich, so hieß es in diesem Artikel, sei der erwünschteste Bundesgenosse Rußlands. Frankreich und Rußland hätten keine Interessen, die miteinander in Konflikt stünden. Sie könnten Hand in Hand die Wege der Zivilisation, des Handels, der Kunst und der Wissenschaft beschreiten und einander beistehen, sofern fremde Machenschaften die Existenz des einen oder anderen bedrohen sollte. »Es ist ein Bündnis ohne Vertrag oder schriftliche Urkunde; doch es gründet sich auf gemeinsame Bedürfnisse; vielleicht ist, unter allen möglichen Formen von Bündnissen, diese Art eines Bündnisses die beständigste.«

Vor diesem politischen Hintergrund sind die diplomatischen Wege zu sehen, die Bismarck seit 1888 einzuschlagen Anlaß sah. Obschon er selbst dem Rückversicherungsvertrag kein allzu großes Gewicht beimaß, sah er darin doch ein Unterpfand dafür, daß eine explizite bündnispolitische Umorientierung Rußlands zugunsten Frankreichs vorerst unterblieb. Es begründete kein Vertrauensverhältnis, sondern stellte nur eine Art Vernunftarrangement auf Zeit dar. Aber bei Lage der Dinge war dies besser als gar nichts. Allerdings bestand aus Bismarcks Sicht nunmehr die Notwendigkeit, für den Fall, daß es doch zu einem Konflikt kommen sollte, die Widerlager so stark wie möglich auszubauen, jedoch ohne Österreich-Ungarn dadurch zu einem offensiven Vorgehen in den Balkan-Fragen zu ermutigen. Die Lösung dieser Aufgabe kam in gewisser Weise der Quadratur des Kreises gleich. Auch wenn Bismarck den alarmistischen Stimmen in Kreisen des Generalstabs und des Auswärtigen Amtes, die mit einem baldigen Krieg rechneten und einen Präventivkrieg bei Lage der Dinge für die beste Lösung hielten – Stimmführer solcher Ansichten war insbesondere die »graue Eminenz« im Auswärtigen Amt, Friedrich von Holstein –, weiterhin entgegentrat, war er über die internationale Lage äußerst beunruhigt. Daher suchte er Großbritannien über das Mittelmeer-Abkommen hinaus noch enger an die Mittelmächte heranzuziehen, um auf diese Weise der Gefahr eines allgemeinen europäischen Krieges wenigstens für die allernächste Zeit vorzubeugen. Zu diesem Zweck hatte er schon seit längerem vertrauensbildende Maßnahmen gegenüber der britischen Regierung eingeleitet, in partieller Korrektur der implizit anti-englischen Tendenz seiner Außenpolitik der frühen achtziger Jahre, die Großbritannien bewußt aus dem europäischen Bündnissystem herausgehalten hatte.

Bereits während der Schlußphase der Verhandlungen über den Abschluß der Mittelmeer-Entente im November 1887 hatte Bismarck in einem langen persönlichen Schreiben an Lord Salisbury die in London bestehenden Besorgnisse über die potentiell aggressiven Zielsetzungen der deutschen Außenpolitik zu zerstreuen gesucht und um Verständnis für die Lage des Deutschen Reiches geworben. Er suchte insbesondere der Befürchtung entgegenzuwirken, daß Prinz Wilhelm, mit dessen baldigem Regierungsantritt angesichts des Gesundheitszustands des Thronfolgers Friedrich III. gerechnet werden mußte, einen Anschluß der deutschen Politik an Rußland befürworte. Schon aus konstitutionellen Gründen sei es, wie der Kanzler darlegte, ganz und gar ausgeschlossen, daß Prinz Wilhelm – der künftige Wilhelm II. – eine anti-englische Politik betreiben würde; dies liege keinesfalls im objektiven Interesse des Deutschen Reiches. Im übrigen entwarf Bismarck ein umfassendes Bild der deutschen und der europäischen Mächtekonstellation. Während das Deutsche Reich grundsätzlich eine friedenswahrende Politik betreibe, könne dies leider weder von Frankreich noch von Rußland gesagt werden; ersteres sei vielmehr wieder auf seine historische Politik eingeschwenkt, die auf eine beständige Bedrohung seiner Nachbarn hinauslaufe; Frankreich hingegen sei heute zum eigentlichen Unruheherd Europas geworden, wie zur Zeit Ludwigs XIV. Die Rüstungen des Deutschen Reiches seien ausschließlich zur Verteidigung seiner bedrohten Stellung in Mitteleuropa bestimmt, nicht aber zu offensiven Zwecken; das Deutsche Reich habe keinerlei Anlaß dazu, jemals einen anderen als einen Defensivkrieg zu führen. Allerdings betrachte die deutsche Regierung die Erhaltung der Großmachtstellung Österreich-Ungarns als unabdingbar; aber für beide Mächte gelte prinzipiell, daß sie »saturierte« Nationen seien, im Gegensatz zu Rußland und Frankreich.

Bismarck warb hier also mit ungewöhnlicher Offenheit um die politische Unterstützung Großbritanniens gegen die beiden angeblich potentiellen Störer des europäischen Friedens, in Übereinstimmung mit seiner bündnispolitischen Gesamtstrategie, die Großbritannien in erster Linie die Aufgabe zuweisen wollte, Österreich-Ungarn und der Pforte bei möglichen russischen Aktionen zu Hilfe zu kommen. Doch in Bismarcks Schreiben an Salisbury kam eine noch stärkere Verlagerung des Schwerpunkts des deutschen Bündnissystems zum Ausdruck, als dies bislang der Fall gewesen war. An die Stelle des deutsch-russischen Vertrauensverhältnisses, das ursprünglich die Achse seines Bündnissystems gebildet hatte, war jetzt endgültig der Zweibund getreten. Vorderhand stellte Bismarcks Vorstoß nur eine »good-will message« dar, die für ein Zusammengehen der drei angeblich »saturierten« Mächte – Deutschland, Österreich-Ungarn und Großbritannien – zwecks Erhaltung des europäischen Friedens plädierte, gleichsam in Auffüllung des Mittelmeer-Abkommens. Aber daran knüpfte sich die Erwartung, daß Großbritannien endgültig aus seiner Splendid isolation heraustreten werde. Von einem förmlichen Bündnis war jedoch weder auf deutscher noch auf englischer Seite die Rede. Salisbury wies die besorgte Nachfrage des englischen Botschafters in St. Petersburg, Robert Morier, ob an den Gerüchten über den Abschluß einer Defensivallianz Großbritanniens mit dem Dreibund etwas Wahres sei, mit dem Bemerken zurück, daß »keine zwei Mächte für ein wechselseitiges Verteidigungsbündnis weniger geeignet« seien als England und Deutschland; er fügte jedoch, Bismarcks entsprechende Stellungnahmen fast wörtlich aufgreifend, hinzu: »Gleichzeitig ist es notwendig hervorzuheben, daß unsere Politik identisch mit der der Zentralmächte ist. England und Deutschland und in großem Maße auch Österreich sind saturierte Mächte, während Frankreich und Rußland ›hungrige‹ Mächte sind.« Bismarcks Argumente waren also nicht ganz ergebnislos geblieben, aber an eine feste Bindung Großbritanniens an die Mittelmächte dachte man in London gewiß nicht.

In den folgenden Monaten kam es zu einer zeitweiligen schweren Verstimmung zwischen beiden Mächten, und zwar als Folge der sogenannten Battenberg-Affäre. Am 9. März 1888 war Wilhelm I. gestorben; ihm folgte der bereits todkranke Friedrich III. auf den Thron, der mit Viktoria von Preußen, einer Tochter der Königin Viktoria, verheiratet war und dessen Neigungen zu einem gemäßigt-liberalen Regime nach englischem Vorbild sowie zu einer pro-englischen Orientierung in der äußeren Politik allgemein bekannt waren. Obschon unter den gegebenen Umständen an eine Ablösung des Kanzlers und die Berufung eines gemäßigt liberalen Politikers, wie dies Friedrich III. und Viktoria seit langem beabsichtigt hatten, nicht zu denken war, entwickelten sich sogleich erhebliche politische Differenzen zwischen Bismarck und dem Monarchen, genauer mit der Kaiserin Viktoria, die faktisch die Geschäfte führte. Der Kanzler widersetzte sich mit äußerster Schärfe dem Plan einer Heirat der Kronprinzessin Viktoria mit Alexander von Battenberg, der soeben dem bulgarischen Thron entsagt hatte, denn er befürchtete Rückwirkungen auf das deutsch-russische Verhältnis. Im März 1888 verhinderte Bismarck sogar einen Besuch des Battenbergers am kaiserlichen Hof mit der schärfsten Waffe, die ihm zur Verfügung stand, einem Rücktrittsgesuch, darüber hinaus aber mit der Drohung, daß er sich für den Fall, daß es dazu kommen sollte, gezwungen sehe, der russischen Politik, die auf eine Absetzung Ferdinands von Sachsen-Coburg-Koháry durch den Sultan Abdul Hamid und die Wiederherstellung des bisherigen Rechtszustandes in Bulgarien drängte, uneingeschränkt entgegenzukommen. Im übrigen machte er keinen Hehl daraus, daß er den pro-englischen Tendenzen bei Hofe mit äußerster Skepsis gegenüberstand. Dennoch hielt er es für ratsam, wieder stärker auf die englische Karte zu setzen. Holstein berichtete dem Grafen Hatzfeldt, der damals deutscher Botschafter in London war, am 20. April 1888 in einem seiner berüchtigten »Privatbriefe« einigermaßen bissig: »Wir nähern uns jetzt wieder England. Seine Durchlaucht will zeigen, daß er trotz der Battenbergsache doch für England wohlgesinnt ist.«

Aber Bismarck bestimmten keineswegs nur Rücksichten auf das neue Herrscherpaar, wenn er weiterhin um eine Annäherung an Großbritannien bemüht war; vielmehr ließ es die weltpolitische Konstellation als ratsam erscheinen, England so eng wie möglich an die Mittelmächte heranzuziehen. Als Ansatzpunkt für eine Intensivierung der deutsch-englischen Beziehungen bot es sich an, die bestehenden Gegensätze über eine Reihe von strittigen kolonialen Fragen in bilateralen Verhandlungen auszuräumen. Bismarck war von den bisherigen Ergebnissen der deutschen Kolonialpolitik ohnehin enttäuscht und wollte von den Aktivitäten der Kolonialaktivisten vor Ort nichts mehr hören; er klagte gelegentlich lauthals über den »furor consularis«, welcher das Reich allerorten in ungewünschte Konflikte zu verwickeln drohte. Persönlich hätte er am liebsten ganz Deutsch-Ostafrika für den Erwerb Helgolands hergegeben; entsprechende Signale hatte er der britischen Politik schon 1887 zukommen lassen. Den konkreten Ansatzpunkt für beiderseitige Verhandlungen gab dann die Frage einer Verständigung über die beiderseitigen territorialen Ansprüche in Ostafrika ab. Hier trug sich die zwar finanzschwache, aber äußerst ehrgeizige Deutsch-Ostafrikanische Gesellschaft, DOAG, unter Führung von Carl Peters mit der Absicht, die eigene Herrschaft tief ins Landesinnere bis nach Uganda auszuweiten, was sie unvermeidlich in einen Konflikt mit der britischen East Africa Company verwickeln mußte, während sich gleichzeitig die Gebrüder Dehnhardt ein allerdings weitgehend fiktives Protektorat über Witu gesichert hatten, obschon dieses riesige Gebiet unter der Oberherrschaft des unter britischer Tutelage stehenden Sultans von Sansibar stand und insofern indirekt dem britischen Herrschaftsbereich angehörte. Gleichzeitig geriet die DOAG in äußerste Bedrängnis, als sich 1888 die einheimische Bevölkerung des von ihr vom Sultan von Sansibar gepachteten Küstenstreifens gegen ihre Herrschaft auflehnte.

Bismarck gelang es zunächst, um den Aufstand der Küstenbevölkerung zu brechen, eine gemeinsame Seeblockade des Deutschen Reiches und Großbritanniens zuwege zu bringen, die allerdings nur begrenzte Wirkungen zeitigte. Gleichzeitig setzte er den ambitiösen Kolonialprojekten der DOAG und der Brüder Dehnhardt ein entschiedenes Nein entgegen, mit dem Bemerken: »Wir haben schon mehr afrikanischen Besitz, als wir zur Zeit verdauen können, und auch Friktion mit England mehr wie nützlich.« Ihm lag ausschließlich daran, Großbritannien an den Dreibund fester heranzuziehen, und dafür war ihm die Preisgabe schattenhafter deutscher Kolonialansprüche in Ostafrika nur zu willkommen. In diese Frage spielte überdies der Gesichtspunkt hinein, daß es ratsam sei, die bedrängte innenpolitische Stellung Lord Salisburys gegenüber der eigenen Kolonialagitation wieder zu stärken, um eine im Falle eines Sturzes der konservativen Regierung zu erwartende Regierung Gladstone, die für ein Zusammengehen mit den Mittelmächten nicht zu haben gewesen wäre, zu verhüten. Herbert Bismarck, dem der Kanzler die Führung der Verhandlungen anvertraut hatte, meinte denn auch bei dieser Gelegenheit: »Seine [Salisburys] Stellung und sein Verbleiben im Amt ist für uns jetzt hundertmal mehr wert als das ganze Ostafrika.« Demgemäß wurden Verhandlungen über eine umfassende Regelung der beiderseitig strittigen kolonialen Fragen eingeleitet. Während das Deutsche Reich auf die äußerst vagen Ansprüche auf Witu, Somaliland und Uganda verzichtete und die britische Vorherrschaft über Sansibar und die ihm unterworfenen Gebiete auf dem Festland anerkannte, erklärte sich Großbritannien zur Abtretung Helgolands an das Reich bereit. Auch in der Frage über die Zukunft Samoas, über der es zu ernstlichen Konflikten insbesondere mit den USA hinsichtlich der Rolle der Schutzmächte und ihres Verhältnisses zum indigenen Herrscherhaus gekommen war, bemühte sich die deutsche Diplomatie um ein Zusammengehen mit Großbritannien. Die Regelung der strittigen kolonialen Fragen wurde von der deutschen Regierung primär als ein Mittel eingesetzt, um das Verhältnis zu Großbritannien in einer Situation akuter internationaler Spannungen in Europa enger zu gestalten.

Die Regierungsübernahme Wilhelms II. am 15. Juni 1888 dürfte Bismarck darin bestärkt haben, an diesem im Licht der bisherigen Politik einigermaßen ungewöhnlichen Kurs festzuhalten. Denn Wilhelm II., obschon ursprünglich als Anhänger einer Anlehnung des Reiches an Rußland bekannt, geriet schon bald nach seinem Regierungsantritt in das Fahrwasser des extrem anti-russischen Kurses in den Kreisen des Generalstabs und des Auswärtigen Amtes – eine Entwicklung, der der greise Kanzler, der nur noch selten nach Berlin kam und die täglichen Geschäfte längst weitgehend durch seinen Sohn Herbert wahrnehmen ließ, kaum etwas entgegenzusetzen hatte. Die schon bald offen aufbrechende Rivalität zwischen Kaiser und Kanzler kam als erschwerender Faktor hinzu. Unter diesen Umständen hegte Bismarck die Absicht, durch eine weitere Verbesserung der vergleichsweise guten, wenn auch, wie die englischen Akten zeigen, keinesfalls intimen Beziehungen zu Großbritannien ein zusätzliches Gegengewicht gegen die anti-russischen Tendenzen bei Hofe zu schaffen. Vermutlich haben ihn Erwägungen dieser Art dazu bestimmt, am 11. Januar 1889 ein förmliches Bündnisangebot an Großbritannien zu richten. Der Kanzler schlug Salisbury »für einen begrenzten Zeitraum« einen Vertrag zur gemeinschaftlichen Abwehr eines eventuellen französischen Angriffs auf das Deutsche Reich oder auf Großbritannien vor, mit dem ausdrücklichen Ziel, für die allernächste Zeit den Frieden in Europa zu retten. Diesem Vertrag müsse allerdings eine öffentliche Form gegeben werden, weil er nur dann eine potentielle Angreifer abschreckende, de facto friedenswahrende Wirkung haben könne. Es sei demnach, so hieß es in dem entsprechenden Erlaß an den deutschen Botschafter in London, von Hatzfeldt, zu prüfen, »ob wir auf dem vorgeschlagenen Wege durch öffentliche und dreiste Anerkennung des Friedensbedürfnisses Europas und durch parlamentarische Vertretung desselben den Krieg hintenanhalten können, wenigstens pro tempore, vielleicht für lange Zeit«. Freilich fehlte es auch hier nicht an einem Pferdefuß. Bismarck deutete an, daß sofern Großbritannien es grundsätzlich ablehne, aus seiner Isolation herauszutreten, das Deutsche Reich »sein eigenes Heil in solchen internationalen Beziehungen« werde suchen müssen, »die es ohne England erreichen kann«. Ursprünglich war erwogen worden, das Bündnis ausdrücklich auf den Eventualfall eines Krieges mit Rußland auszudehnen. Davon wurde aber dann Abstand genommen. Dem Vertrag wurde vielmehr eine äußerst restriktive Form gegeben, beschränkt auf Frankreich und auf eine Geltungsfrist von wenigen Jahren, um ihn für Salisbury annehmbarer zu machen. Außerdem suchte man der britischen Regierung den Abschluß eines derartigen Bündnisses insofern schmackhafter zu machen, als darauf hingewiesen wurde, daß es für eine gewisse Frist, bis die britische Aufrüstung zur See effektiv geworden sei, einen zusätzlichen Schutz vor einem allgemeinen Krieg bieten würde.

Man hat diesen Vorschlag vielfach als »wesentliche Ergänzung, nicht Neufundamentierung der deutschen Politik« (Hans Rothfels) bezeichnet. Doch man wird darin eher eine extreme Form der »Aushilfe« zu sehen haben, geboren aus der Sorge, daß mit einem Einsturz des von Bismarck mühsam gezimmerten Bündnissystems zu rechnen sei, wenn Frankreich, der Unterstützung Rußlands gewiß, den Versuch einer nochmaligen Revision von 1870 wagen und den Stein ins Rollen bringen könnte. Der Vorschlag ging im übrigen von einer weitreichenden Überschätzung des außenpolitischen Wertes eines deutsch-englischen Zusammengehens in der gegebenen Situation aus. Die britische Politik war schon damals geneigt, die Lösung der internationalen Probleme nicht in erster Linie mittels einer zusätzlichen Festigung der bündnispolitischen Fronten gegenüber Rußland, sondern auf dem Weg bilateraler Absprachen zu suchen. Die Idee Friedrich von Holsteins, Salisbury den Bündnisvertrag durch eine Erweiterung auf Rußland oder zumindest durch eine deutsche Garantie des territorialen Bestandes Indiens attraktiver zu machen, wäre der britischen Diplomatie mit einiger Gewißheit als absurd erschienen, hätte Bismarck sie sich zu eigen gemacht. Das Bündnisangebot ist denn auch von Lord Salisbury nicht ernstlich aufgegriffen worden, zumal es angesichts der politischen Gesamtinteressen Großbritanniens und der Einstellung der englischen öffentlichen Meinung überhaupt nicht durchsetzbar gewesen wäre. Immerhin vermied er es, das Angebot rundweg abzulehnen, sondern erklärte, es »on the table« liegen lassen zu wollen. Im Grunde beruhte dieser diplomatische Vorstoß, dessen politische Hintergründe bis heute nicht restlos aufgeklärt werden konnten, auf Fehleinschätzung der Lage Großbritanniens. Dennoch behielt der Kanzler Großbritannien als Widerlager gegenüber dem unberechenbar gewordenen Rußland weiterhin im Auge. Die Verhandlungen über ein Kolonialabkommen, das den weitgehenden Verzicht auf deutsche Kolonialansprüche in Ostafrika im Austausch gegen Helgoland vorsah, wurden konsequent fortgeführt. Nicht zuletzt durch die Tatsache bedingt, daß Großbritannien nunmehr zu einem wichtigen Faktor im außenpolitischen System Bismarcks aufgestiegen war, führten sie zu einer Frontbegradigung in sämtlichen kolonialen Fragen. Obwohl die Verhandlungen erst unter Bismarcks Nachfolger Graf Leo von Caprivi zu einem definitiven Abschluß gebracht worden sind, gehören sie in den Zusammenhang der Bemühungen des alten Kanzlers, eine Neufundamentierung seines politischen Systems herbeizuführen, durch die die Flügelmacht Großbritannien weit direkter gegenüber Rußland ins Spiel gebracht werden sollte, als er dies bislang angestrebt hatte.

Eine Gesamtwürdigung der späten Bündnispolitik Bismarcks muß davon ausgehen, daß sie von dem Ziel geleitet war, einen europäischen Krieg, wie immer dieser aussehen möge, zu vermeiden oder, sofern dies nicht möglich war, diesen an die Peripherie Europas abzulenken und zu lokalisieren. Die ursprüngliche Strategie der Ableitung der Spannungen innerhalb des Mächtesystems vermittels der Ermutigung der anderen Mächte zu imperialistischer Expansion im Nahen Osten oder in Übersee auf Kosten des Osmanischen Reiches und seiner nicht-türkischen

Untertanen sowie im weiteren Sinne der afrikanischen und asiatischen Völker war jedoch nicht mehr in herkömmlicher Weise anwendbar. Das System internationaler Verträge, das 1887 zustande gekommen war, bestellte Österreich-Ungarn, Italien und Großbritannien gemeinsam zu Wächtern gegenüber den russischen expansiven Bestrebungen auf dem Balkan und im Nahen Osten, während das Deutsche Reich selbst in der Hinterhand blieb. Gleichzeitig aber war das zarische Rußland behutsam ermuntert worden, in eben dieser Richtung voranzugehen, in der Erwartung, daß es dann auf den gemeinsamen Widerstand Großbritanniens, Österreich-Ungarns und Italiens stoßen und zum Rückzug gezwungen würde. Dieses antagonistische Modell sich gegenseitig in Schach haltender imperialistischer Bestrebungen muß als manieristische Extremform dessen angesehen werden, was Bismarck ursprünglich vorgeschwebt hatte, nämlich die Schaffung »einer politischen Gesamtsituation, in welcher alle Mächte außer Frankreich unser bedürfen, und von Koalitionen gegen uns durch ihre Beziehungen zueinander nach Möglichkeit abgehalten werden«. Mit einem Male bedurfte das Deutsche Reich der anderen Mächte, nicht umgekehrt, um dieses komplizierte Bündnissystem weiterhin auf Kurs zu halten und die aggressiven Tendenzen Rußlands und Frankreichs, aber auch der Mächte zweiten Ranges einzudämmen. Dementsprechend erwog Bismarck jetzt ein förmliches Bündnis der Mittelmächte mit Großbritannien.

Vor allem aber schlugen nun die Spannungen von der Peripherie auf das Zentrum, nämlich das europäische Mächtesystem, zurück, und es half nicht mehr, daß die deutsche Diplomatie weiterhin beteuerte, das Deutsche Reich sei saturiert, nachdem seine Bündnispartner, aber auch die Mächte zweiten Ranges sich längst in ein imperialistisches Fahrwasser begeben hatten. Zudem begannen die anderen Mächte, das hinter diesem System stehende Kalkül zu durchschauen. Sie machten in zunehmendem Maße das Deutsche Reich für die eigenen imperialen Mißerfolge verantwortlich und nicht die jeweiligen unmittelbaren Rivalen. Dies läßt sich insbesondere an der weiteren Entwicklung des Verhältnisses zu Rußland ablesen. Schrittweise gelangte die russische Diplomatie zu der Überzeugung, daß sich die eigenen imperialistischen Ziele auf dem Balkan nur gegen das Deutsche Reich würden durchsetzen lassen. Die antagonistischen Tendenzen innerhalb des Mächtesystems wurden friedensgefährdend allerdings erst in dem Augenblick, als das Deutsche Reich seine Politik der kolonialpolitischen Abstinenz seinerseits aufgab und sich aktiv im Osmanischen Reich engagierte. Hinzu kam, daß die Widersprüchlichkeit des außenpolitischen Systems, wie es sich seit 1887 entwickelt hatte, und die mangelnde Stetigkeit der Aktionen der deutschen Diplomatie zunehmend die Glaubwürdigkeit der deutschen Außenpolitik untergruben. Die von Bismarck selbst ins Werk gesetzte Legende, daß erst die Nichterneuerung des Rückversicherungsvertrages und das damit ausgelöste Abreißen des »Drahts nach St. Petersburg« die entscheidende Wende zum Schlechteren gebracht habe, hat dazu beigetragen, diesen grundlegenden Tatbestand auf lange hinaus zu verschleiern.

Nicht zufällig trug die ungünstige Entwicklung der außenpolitischen Lage auch dazu bei, Bismarcks innenpolitische Machtstellung schrittweise zu untergraben. Dabei spielte das Verhältnis zu Rußland eine besondere Rolle. Unter dem Einfluß namentlich des Grafen Waldersee, der sich selbst Hoffnungen machte, Nachfolger des Kanzlers zu werden, setzte sich am kaiserlichen Hof die Auffassung durch, daß Bismarck die Entwicklung der Dinge in Rußland in viel zu rosigem Lichte sehe. Bismarcks Bemühungen, der Behinderung russischer Staatsanleihen auf dem deutschen Markt, die er 1887 selbst in die Wege geleitet hatte, ein Ende zu machen, um die russische Politik nicht noch mehr zu verunsichern, lösten am kaiserlichen Hofe erhebliche Irritationen aus. Wilhelm II. ließ sich von Waldersee davon überzeugen, daß es »unzulässig« sei, »den Russen ihre Finanzoperationen noch weiter zu erleichtern und ihnen damit das Geld zum Kriege gegen uns zu verschaffen«. Im Kampf gegen den Kanzler war unterdessen jedes Mittel recht, und dazu gehörten selbst antisemitische Parolen und die Verdächtigung purer Gewinnsucht, die sich gegen Bismarcks Bankier Bleichröder richteten, der bei den internationalen Anleihegeschäften seine Hand im Spiel hatte. Bereits im April 1889 gab Graf Waldersee die Marschroute aus: »Wir müssen das große Geschick des Kanzlers und sein Ansehen in der Welt benutzen, um noch einige Zeit den Frieden zu erhalten, sobald aber unsere Rüstung fertig ist, den Kampf, dessen Beginn die Gegner zu bestimmen hoffen, selbst herbeiführen. Bis dahin mit dem Kanzler, wenn es Ernst wird, aber ohne ihn; wenn es sein muß, auch gegen ihn.«

In der Tat war das Prestige des Kanzlers auch auf außenpolitischem Feld nicht mehr unanfechtbar. Eine schäbige Affäre, die zur unrechtmäßigen Verhaftung eines Zollbeamten namens Guillaume Schnaebele geführt hatte, veranlaßte die »Germania« zu schreiben, was viele dachten, aber einstweilen noch nicht offen auszusprechen wagten: »Es gelingt nichts mehr.« Nur unter solchen Umständen ist es denkbar, daß bei Bismarcks Sturz am 18. März 1890 das Argument eine ernstliche Rolle spielen konnte, wonach Rußland einen Angriff auf das Deutsche Reich vorbereite, mit dem binnen weniger Tage gerechnet werden müsse, und daß die vom russischen Botschafter in Berlin angebotene Verlängerung des Rückversicherungsvertrages bloß als Camouflage für die russischen Truppenkonzentrationen in den westlichen Regionen des Zarenreiches diene. Solche Argumente entbehrten jeglicher Grundlage, doch sie konnten Glauben finden, weil sich in weiten Kreisen, nicht nur am kaiserlichen Hof und bei den Militärs, sondern auch im Auswärtigen Amt, die Überzeugung ausgebreitet hatte, daß sich das diplomatische Spiel Bismarcks in der bisherigen Form nicht werde weiterführen lassen.

Wirtschafts- und Gesellschaftspolitik im Zeichen des Bündnisses von Industrie und Großagrariern (1879–1890)

Das Scheitern der »zweiten Reichsgründung«: »Fortwursteln« in der inneren Politik unter konservativem Vorzeichen

Obschon die »Große Depression« in erster Linie eine Anpassungskrise des industriellen Systems an die sich nunmehr voll entfaltende, zunehmend international ausgerichtete Marktwirtschaft war, bei stetigem, wenn auch vermindertem wirtschaftlichen Wachstum, nicht eine Wirtschaftskrise mit stark rückläufiger Produktion, waren ihre Auswirkungen auf die politischen und gesellschaftlichen Ordnungen tief und nachhaltig. Liberale Politik, schon gar liberale Wirtschaftspolitik, war unter diesen Umständen nicht mehr gefragt. Selbst Bismarck sprach in unverfälscht konservativem Jargon im Mai 1880 davon, daß »die freihändlerische Gesetzgebung, die seit dem Beginn der sechziger Jahre an die Stelle der alten Zollvereinstradition getreten« sei, zu einem Rückgang des Wohlstands der Nation geführt habe. Vielmehr hatte ein nostalgischer Konservativismus Konjunktur, der sich in der Beschwörung der ehemals »heilen Welt« gefiel und zu obrigkeitlichen Lösungen der Tagesprobleme neigte. Dies gab jenen tief antiliberalen und zugleich autoritären Strömungen Oberwasser, welche die liberale Wirtschafts- und Gesellschaftspolitik schon seit 1873 als Zerstörung einer gewachsenen Sozialordnung bekämpft und der Regierung vorgeworfen hatten, die Wirtschaftspolitik einseitig an den Interessen des großen Kapitals auszurichten.

Autoren wie Otto Glagau, die schon seit einiger Zeit argumentiert hatten, daß die industriellen Interessen und das jüdische Finanzkapital einseitig bevorzugt würden, fanden nun eine bereitwillige Leserschaft. Nachdem eine Artikelserie Glagaus in der »Gartenlaube«, die die liberale Wirtschaftspolitik scharf attackierte, im Publikum eine unerwartet positive Resonanz gefunden hatte, veröffentlichte er 1878 ein Pamphlet mit dem bezeichnenden Titel »Der Bankerott des Nationalliberalismus und die ›Reaktion‹«. Darin wurde einmal mehr die angebliche Mißwirtschaft der nationalliberalen Wirtschaftsgesetzgebung angeprangert: »Die Werke des Nationalliberalismus liegen vor Aller Augen. Unsere ganze Gesetzgebung seit 1866 ist ein Werk der Hast und Ueberstürzung, der blassen Doctrin und grauen Theorie.« »Die Sündfluth von Gesetzen« sei so groß, »dass die meisten dem Volke gänzlich unbekannt« blieben; ja mehr noch: Diese seien unpraktisch und würden überdies ganz unzulänglich angewendet. Noch schlimmer stehe es mit der Rechtsprechung; sie liege ganz überwiegend in der Hand von Richtern, die gleichfalls Nationalliberale seien und ihrerseits »die Gründer und Börsenschwindler« deckten. Die Politik der Nationalliberalen habe nicht nur die

Arbeiter und Gesellen, sondern auch die Kleinbürger und Kleinhändler, die kleinen Handwerker und kleinen Beamten der Sozialdemokratie in die Arme getrieben. Er begrüßte jubelnd den Kurswechsel in der inneren und insbesondere in der Wirtschaftspolitik: »[...] was uns der Himmel bescheeren möge, ist eine wirthschaftliche ›Reaction‹. Die Nationalliberalen haben das Vaterland an den Rand des Abgrundes gebracht, und die wirthschaftliche Reaction ist daher die Errettung des Reichs.« Die Quintessenz dieser Abrechnung mit dem Nationalliberalismus aber war die Gleichsetzung von Freihandel und jüdischem Wirtschaftsgeist. Manchesterliberalismus und Judentum seien, so argumentierte Glagau, nur zwei Seiten ein und derselben Münze: »Das Judenthum ist das angewandte, bis zum Extrem durchgeführte Manchesterthum.« Gleichzeitig aber behauptete er, daß »die sociale Frage wesentlich [eine] Judenfrage« sei; »alles Uebrige ist Schwindel«. Mit den Juden war ein Sündenbock gefunden, der für alle wirklichen oder eingebildeten Übel der Zeit gleichermaßen verantwortlich gemacht wurde: für die Zerrüttung althergebrachter sozialer Ordnungen im Zuge des Voranschreitens des Industriekapitalismus, für die Wirtschaftskrise und ihre bedrückenden Auswirkungen auf Gewerbe, Handwerk und Industrie, für die »soziale Frage« und das bedrohliche Anwachsen der Sozialdemokratie. Die Schriften von Otto Glagau und Ludwig Marr bildeten nur die Speerspitze der Agitation zahlreicher populistischer Autoren, die die kulturelle Matrix vom »Antisemitismus« als einem Universalübel der modernen Gesellschaft prägten, auf das die negativen Auswirkungen der Industriellen Revolution und der Freisetzung einer individualistischen Wirtschaftsgesinnung aus der Sicht der in traditionalistischen Vorstellungen verharrenden und damit ökonomisch zurückgebliebenen Bevölkerungsgruppen sämtlich zurückgeführt wurden.

In der Umbruchsituation des Jahres 1879, die selbst eine Folge einer allgemeinen Verunsicherung der Öffentlichkeit in wirtschaftlicher wie in politischer Hinsicht war, gewannen antisemitische Tendenzen erstmals größeres Gehör in der Öffentlichkeit. Noch waren diese auf eine vergleichsweise kleine Gefolgschaft beschränkt; weder bei Hofe noch in den bürgerlichen Schichten waren antisemitische Tendenzen gesellschaftlich akzeptiert, auch wenn es namentlich in konservativen Kreisen immer schon antijüdische Vorurteile gegeben hatte. Die Ergebnisse der Judenemanzipation, die zu einem bemerkenswert hohen Grad der Integration der jüdischen Minderheit in die Gesellschaft geführt hatte, wurden nicht ernstlich in Zweifel gezogen. Gleichwohl hatte sich das Klima geändert; der Antisemitismus hatte mit einem Mal Konjunktur. Es war Heinrich von Treitschke, der den Antisemitismus, wenn auch in einer gewissermaßen noch verhaltenen Form, gesellschaftsfähig machte. Er wählte dafür die rhetorische Form der Reflexionen eines wohlmeinenden Biedermanns, der die in der Öffentlichkeit aufgeflammten antisemitischen Tendenzen mit Besorgnis betrachtete. In einer vielbeachteten Abhandlung, die im November 1879 in den »Preußischen Jahrbüchern« unter dem Titel »Unsere Ansichten«, erschien, stellte Treitschke einleitend fest: »Unter den Symptomen der tiefen Umstimmung, welche durch unser Volk geht, erscheint keines so befremdend, wie die leidenschaftliche Bewegung gegen das Judenthum.« Aber dann zählte er sogleich auf, welche konkreten Sachverhalte Anlaß zu diesen Besorgnissen gäben. An erster Stelle nannte er die angeblich stetig steigende Einwanderung von Ostjuden, für die er das infernalische Wort von einer »Schaar strebsamer hosenverkaufender Jünglinge« prägte, »deren Kinder und Kindeskinder dereinst Deutschlands Börsen und Zeitungen beherrschen sollen«; weiterhin bezog er sich auf die vorgeblich überheblichen Angriffe der Juden auf die beiden christlichen Kirchen. Entscheidend aber war, daß Treitschke in den Chor derer einstimmte, die die »Gründerkrise« den Juden in die Schuhe schoben. Unbestreitbar habe das »Semitenthum an dem Lug und Trug, an der frechen Gier des Gründer-Unwesens einen großen Antheil, eine schwere Mitschuld an jenem schnöden Materialismus unserer Tage, der jede Arbeit nur noch als Geschäft betrachtet und die alte gemüthliche Arbeitsfreudigkeit unseres Volkes zu ersticken droht«. Besonders bedenklich aber sei »das unbillige Übergewicht des Judenthums in der Tagespresse«, und er versäumte nicht, die aktuelle tagespolitische Pointe hinzuzufügen, daß es »ein Unglück für die liberale Partei und einer der Gründe ihres Verfalls« gewesen sei, daß gerade die liberale Presse »jüdischen Federn« besonders großen Spielraum gewährt habe. Aus diesen Beobachtungen folgerte er mit einem scheinheiligen Unterton des Bedauerns: »Bis in die Kreise der höchsten Bildung hinauf [...] ertönt es heute wie aus einem Munde: die Juden sind unser Unglück.«

Alle gängigen Klischees der vulgären antisemitischen Propaganda, wie sie von zahlreichen Publizisten in den vorangegangen Jahren in die öffentliche Debatte eingeführt worden waren, erfuhren hier durch die Feder eines der angesehensten Historiker und Publizisten der Zeit und zugleich eines ehemals führenden Liberalen eine intellektuelle Aufwertung. Aber nicht genug damit: Treitschke als angeblich aufrichtiger Verfechter der Judenemanzipation empfahl den Juden die Preisgabe ihrer kulturellen und religiösen Identität und ihr Aufgehen in der deutschen Nation: »Was wir von unseren israelischen Mitbürgern zu fordern haben, ist einfach: sie sollten Deutsche werden.« Der Begriff der Nation, den Treitschke hier dem jüdischen Volksteil als Maßstab vorhielt, hatte nichts mehr gemein mit der freiheitsorientierten Nationalidee des Vormärz. Diese neue Variante nationalen Denkens wollte sich mit der erreichten politischen Einigung der Nation nicht zufriedengeben; vielmehr sah sie in einem höchstmöglichen Maß ethnischer und kultureller Homogenität im Innern die Entsprechung einer starken Machtstellung des Nationalstaates nach außen. Es überrascht nicht, daß den Juden die Übernahme jenes spezifischen Amalgams von protestantischer Religiosität, deutschgesinntem Nationalbewußtsein und deutscher Kulturtradition anempfohlen wurde, das den staatstragenden Eliten im Kaiserreich gemeinsam war; dabei wurde völlig außer acht gelassen, daß nicht nur der katholische Volksteil, sondern auch die breiten Schichten der lutherisch gesinnten Bevölkerung damit ebenfalls wenig gemein hatten. Treitschke witterte hinter den Bestrebungen der jüdischen Bevölkerung, im Rahmen des nationalen Staates ihre eigene religiöse und kulturelle Identität zu pflegen, einen versteckten Anschlag auf die nationale Idee als solche. Er wandte sich mit besonderer Schärfe gegen die angeblich von den Juden geforderte Anerkennung einer eigenständigen jüdischen Nationalität neben der deutschen; würde eine derartige Forderung geltend gemacht, »so gebe es nur ein Mittel: Auswanderung, Begründung eines jüdischen Staates irgendwo im Auslande [...]«.

Hier wurden nahezu alle jene Töne angeschlagen, die späterhin in der antisemitischen Agitation in Deutschland eine große Rolle spielen sollten, wenn auch unter der Maske des wohlmeinenden Beobachters, der sich selbst damit nicht identifiziere. Allerdings fehlte bei Treitschke die rassistische Komponente des vulgären Antisemitismus. Hingegen wurde hier eine assoziative Brücke zwischen antisemitischen Denkweisen und einem neuartigen integralistischen Nationalismus geschlagen, der die emanzipative Dimension des älteren nationalen Denkens abgestreift und an dessen Stelle das Bekenntnis zum nationalen Machtstaat gesetzt hatte. Treitschkes Ideen fanden eine radikalisierte Fortsetzung unter anderem in den Schriften Paul de Lagardes, die einen emotionalen Nationalismus großdeutscher Ausrichtung propagierten.

Immerhin kam es zu scharfen Gegenreaktionen in der Öffentlichkeit. Nicht nur protestierten prominente Persönlichkeiten der deutschen jüdischen Intelligenz gegen diese Verunglimpfung des jüdischen Volksteils, auch Treitschkes Kollegen an der Universität Berlin distanzierten sich von einer derartigen Judenschelte, die mit dem vulgären Antisemitismus gemeinsame Sache mache. An ihre Spitze trat Theodor Mommsen mit einem Artikel »Auch ein Wort über unser Judenthum«, in dem er sich mit tiefem Ernst, zugleich aber mit großer Entschiedenheit gegen die Bestrebungen wandte, die Juden aus dem deutschen Volke auszugrenzen: »Was heißt das, wenn er [Treitschke] von unsern israelitischen Mitbürgern fordert, sie sollen Deutsche werden? Sie sind es ja, so gut wie er und ich.« Auch Mommsen war nicht ganz frei davon, die Bestrebungen des jüdischen Volksteils zur Absonderung von der übrigen Bevölkerung zu mißbilligen. Gleichwohl protestierte er in großer Schärfe gegen »das Evangelium der Intoleranz«, welches Treitschke predige, und warnte davor, die Juden als »Mitbürger zweiter Klasse« zu behandeln. Die Gefahr sei nicht von der Hand zu weisen, daß dergleichen am Ende auf einen »Bürgerkrieg einer [christlichen] Majorität gegen eine [jüdische] Minorität« hinauslaufen könnte; dies aber sei, »auch nur als Möglichkeit... eine nationale Calamität«.

Die Proteste aus der Akademikerschaft und dem bürgerlichen Liberalismus erreichten ihren Höhepunkt mit einer von Forckenbeck veranlaßten öffentlichen

Erklärung von fünfundsiebzig Repräsentanten des öffentlichen Lebens. Aber das konnte die Polemik nicht ungeschehen machen. Vielmehr wurde der vulgäre Antisemitismus durch diese Auseinandersetzung verstärkt in das Licht der Öffentlichkeit gerückt und fand Nachahmung in Kreisen, die bisher davon nahezu frei gewesen waren. Es war symptomatisch, daß Stoecker mit einem Male im Rückgriff auf antisemitische Parolen ein Mittel entdeckte, um seiner bislang wenig erfolgreichen christlich-sozialen Bewegung neue Anziehungskraft zu verschaffen. Stoecker erhielt bei jenen Gruppen der Gesellschaft, die gute Gründe hatten, über die liberale Wirtschafts- und Gesellschaftspolitik der vergangenen Jahre Klage zu führen, bei Kleinhändlern, Angestellten, Handwerksmeistern und dergleichen einigen Zulauf, während die Arbeiterschaft ihm den Rücken kehrte. Stoeckers populistischer Antisemitismus fand allerdings eine Grenze in einer betont christlichen Gesinnung; rassistische Argumente lagen ihm ebenso wie Treitschke noch fern. In diesem Punkt sahen sich die akademischen Verfechter der sogenannten Judenfrage sogleich von anderen Gruppen überholt. Bernhard Förster, der Schwager Friedrich Nietzsches, und Max Liebermann von Sonnenberg gründeten im März 1881 den »Deutschen Volksverein«, eine antisemitische Vereinigung, die zunächst großen Erfolg hatte. Sonnenberg erhoffte die »Rettung Deutschlands« von der »materielle[n] und sittliche[n] Neugeburt unseres Volkstums« und der »Vertiefung des deutschen Wesens«. In sozialpolitischer Hinsicht vertrat der »Deutsche Volksverein« ein ausgeprägt reaktionäres Programm, welches die Wiederherstellung der Zünfte auch für die Arbeiterschaft forderte und den Parlamentarismus als die Quelle allen Übels betrachtete. Die zur gleichen Zeit von dem Gymnasiallehrer Ernst Henrici ins Leben gerufene »Soziale Reichspartei« war demgegenüber ausgeprägt links orientiert. Sie setzte auf den radikalen populistischen Nationalismus in den unteren Mittelschichten und war noch entschiedener antisemitisch eingestellt. Henrici forderte ein generelles Verbot der jüdischen Einwanderung und den Ausschluß der Juden von allen öffentlichen Ämtern. Für ihn war, anders als für Treitschke und für Stoecker und zu Teilen auch für Sonnenberg, das jüdische Wesen nicht in erster Linie in der israelitischen Religion verkörpert; das Judentum sei vielmehr eine Rassenfrage und der Übertritt der Juden zum Christentum nicht nur keine Lösung, wie dies von Treitschke behauptet worden sei, sondern ebenso untunlich wie unerwünscht. Von den radikalen Antisemiten wurden die Juden nicht nur als die heimlichen Beherrscher der Welt denunziert, sondern auch als die Wegbereiter und Strategen des Umsturzes, als die Propagandisten und Aktivisten des Nihilismus, im Hinblick auf das anarchistische Attentat auf den Zaren Alexander II. im März 1881, welches die öffentliche Meinung Europas damals stark beschäftigte.

Die Agitation der antisemitischen Parteien erreichte im Winter 1880/81 ihren Höhepunkt mit einer Petition an die Reichsleitung, für die im ganzen Reich 269.000 Unterschriften gesammelt worden waren. Darin wurde der Ausschluß von Juden aus dem Richteramt, ein Einwanderungsverbot für osteuropäische Juden und die Einführung einer besonderen Judenstatistik gefordert, die die angebliche Zunahme des jüdischen Bevölkerungsanteils im Deutschen Reich amtlich dokumentieren sollte. Die Auswirkungen dieser Agitation auf die Haltung vor allem der ländlichen Unterschichten waren nicht unbeachtlich. Eine antisemitische Kundgebung Henricis in Neustettin führte zu antijüdischen Unruhen und dem Niederbrennen der örtlichen Synagoge – ein Vorbote künftigen Unheils, das ein halbes Jahrhundert später in der »Reichskristallnacht« vom 9. November 1938 seinen Höhepunkt erreichen sollte.

Allerdings erwiesen sich die Erfolge der antisemitischen Agitation als relativ kurzlebig. Es gelang nicht, sie in greifbare politische Erfolge umzumünzen. Bei den Reichstagswahlen von 1881 erlitten die antisemitischen Gruppierungen eine vernichtende Niederlage; weder Stoecker noch Sonnenberg noch Henrici, der als unabhängiger Kandidat in den Wahlkampf gegangen war, konnten nennenswerte Erfolge erzielen, und das gleiche Schicksal erlitt in Sachsen Alexander Pinkerts »Deutsche Reformpartei«. Noch war der Antisemitismus nicht gesellschaftsfähig, und die Stellung der Juden im bürgerlichen Leben blieb unangefochten. Auch die Staatsbehörden förderten die Integration der Bürger jüdischen Glaubens in die Gesellschaft. Unter den erfolgreichen Geschäftsleuten, denen vom preußischen Staat der begehrte Titel eines Geheimen Kommerzienrats verliehen wurde, waren jüdische Bürger stets in großer Zahl vertreten. Dennoch bestanden weithin latente Vorbehalte gegenüber dem jüdischen Volksteil; sie wurden durch die antisemitische Agitation – und hier war die Stimme Treitschkes einflußreicher als jene der populistischen Agitatoren – sogar noch verfestigt. So blieb den Juden nach wie vor der Zugang zum Offizierskorps verwehrt, was in gewissem Sinne eine gesellschaftliche Deklassierung bedeutete, zumal ihnen damit das Patent des Reserveoffiziers, das in bürgerlichen Kreisen große Hochschätzung genoß, unerreichbar blieb. Für die Karrierechancen junger Leute nicht nur in der Wirtschaft war es durchaus bedeutsam, ob sie ein Reserveoffizierspatent vorweisen konnten oder nicht. Auch der Aufstieg in die höhere Beamtenschaft blieb den Juden in der Regel verwehrt; hier galten ungeachtet des zunehmend wichtiger werdenden Examensprivilegs weiterhin die überkommenen, ungeschriebenen Gesetze, die den Angehörigen der aristokratischen Schichten und den ihnen nahestehenden großbürgerlichen Kreisen den Vorrang einräumten. Im akademischen Leben gewannen Gelehrte jüdischer Gesinnung eine geachtete, einflußreiche Stellung. Aber der Aufstieg in die Spitzenpositionen, namentlich die Professuren an den führenden Universitäten, wurde ihnen weit schwerer gemacht als ihren christlichen Mitbürgern. Die Integration der jüdischen Bürger in die deutsche Gesellschaft blieb stets prekär und gefährdet; auch die arrivierte und gesellschaftlich respektierte jüdische Elite wurde ungeachtet ihrer großen Leistungen in Wirtschaft, Kultur und Wissenschaft sowie im politischen Raum nie das Empfinden los, als Staatsbürger zweiter Klasse geboren zu sein und niemals darüber hinauszudringen (Walther Rathenau).

Die zwiespältige gesellschaftliche Stellung der jüdischen Bürger im deutschen Kaiserreich wird besonders deutlich in der persönlichen Biographie Gerson Bleichröders, des Berliner Repräsentanten des Bankimperiums der Rothschilds, der unter anderem die persönlichen Finanzangelegenheiten Bismarcks und zahlreicher Angehöriger der Hocharistokratie betreute. Bleichröder stieg zu höchsten Ehren auf und erlangte sogar den persönlichen Adel. Seine Soireen gehörten zu den glänzendsten gesellschaftlichen Ereignissen in Berlin. Aber er wurde von der Hocharistokratie nicht als ebenbürtig betrachtet. Das Stigma des jüdischen Parvenus wurde Bleichröder zeitlebens nicht los, obschon er sich frenetisch darum bemühte, als vollwertiges Mitglied der aristokratischen Gesellschaft Anerkennung zu finden, und darob seine gesellschaftlichen Beziehungen zu seiner jüdischen Umgebung weitgehend abbrach. Dies war freilich ein extremer Fall; normalerweise gelang es den jüdischen Bürgern, im Vergleich mit ihrer gedrückten Lage vor der Emanzipation, eine gesicherte, bedeutende Stellung im wirtschaftlichen, politischen und kulturellen Leben des Kaiserreiches zu erringen, ohne deswegen ihren jüdischen Glauben und ihre Eigenständigkeit als besondere ethnisch-soziale Gruppe aufgeben zu müssen. Desungeachtet fühlten sie sich der deutschen Nationalkultur eng verbunden. Alles in allem wird man, auch im internationalen Vergleich, sagen können, daß das jüdische Bürgertum in bemerkenswert hohem Maße in das gesellschaftliche und kulturelle Leben des Kaiserreiches integriert war und sich selbst uneingeschränkt mit dem nationalen Staat identifizierte. Einstweilen wurde seine gesellschaftliche Stellung durch die aufflackernde antisemitische Agitation noch nicht ernstlich beeinträchtigt, aber das Bewußtsein, daß diese potentiell gefährdet sei, wurden die Bürger jüdischen Glaubens hinfort nie mehr los.

Die unmittelbaren Auswirkungen der antisemitischen Agitationswelle der frühen achtziger Jahre auf Wirtschaft und Gesellschaft waren gering. Immerhin trug die antisemitische Agitation dazu bei, die liberalen Parteien in die Defensive zu drängen und den konservativen Parteien neue Anhänger zuzuführen. Die Stimmung im liberalen Lager war denn auch äußerst gedrückt. Die Fortschrittspartei hatte sich auf ihrem Parteitag im November 1878 klar für einen entschieden liberalen Kurs eingesetzt und ihre alten Forderungen nach »verantwortlichen Reichsministerien, unverkürzter konstitutioneller Regierungsweise und voller Durchführung des Rechtsstaats« erneuert. Aber dies hatte ihr nichts eingebracht; die Zeichen wiesen vielmehr in Richtung auf eine weitere Verkürzung der Rechte der Volksvertretungen im Reich und in den Bundesstaaten, vornehmlich in Preußen. Bei den Nationalliberalen stand es nicht viel besser. Bennigsen selbst trug sich mit dem Gedanken des Rückzugs aus der Politik; er war sich nicht sicher, ob er sein Mandat im neu gewählten preußischen Abgeordnetenhaus überhaupt annehmen solle. Er sah im Grunde für seine Richtung liberaler Politik keine Perspektive mehr gegeben: »In derselben Art wie seit zehn bis zwölf Jahren die Regierung im Reich und in Preußen zu unterstützen, ist nicht mehr möglich, wie weit durch die Schuld der Regierung, will ich nicht näher untersuchen. Eine systematische Opposition auf wirtschaftlichem und politischem Gebiete der Regierung zu machen, so etwa wie hervorragende Mitglieder unsrer Partei es für geboten erachten, habe ich ebensowenig Neigung, um so weniger, als die deutsche Bevölkerung in ihrer übergroßen Mehrheit weder von einer radikalen Freihandelspolitik noch überhaupt von einer an die Fortschrittspartei sich anlehnenden mehr radikalen inneren Politik etwas wissen will.« Forckenbeck und Lasker plädierten für den Übergang zu einem entschiedenen Oppositionskurs, als einem ersten Schritt zur Begründung einer neuen liberalen Partei, unter deren Banner sich alle, die an liberale Ideale glaubten, erneut sammeln sollten. Diese Strategie hielt Bennigsen angesichts der Bismarckhörigkeit weiter Teile der bürgerlichen Schichten für ungangbar. Aufgrund eines persönlichen Appells Bismarcks ließ er sich schließlich doch dazu bewegen, die Wahl zum preußischen Abgeordnetenhaus anzunehmen; die ihm in Aussicht gestellte Präsidentschaft des Abgeordnetenhauses ließen die Konservativen freilich nicht zu – ein weiteres Symptom für die Veränderung des politischen Klimas zugunsten der konservativen Kräfte.

Diese Entscheidung Bennigsens fand bei den Nationalliberalen keineswegs ungeteilten Beifall. Denn dem linken Flügel der Nationalliberalen war die Politik des Fortwurstelns, verbunden mit steten faulen Kompromissen mit Bismarck, für die Bennigsen stand, endgültig leid; hier stieg die Neigung immer mehr, das Handtuch zu werfen. Franz August Schenk von Stauffenberg schrieb Ende Januar 1880 an Lasker: »Was man liberale Partei heißt, führt nur ein galvanisches Scheinleben, und nur das persönliche Interesse vermag noch etwas über die Menschen. Unsere Rolle scheint ausgespielt zu sein, und ich vermag mich des täglich mehr drückenden Gefühls, ein halbes Leben pro nihilo gearbeitet zu haben, immer weniger zu erwehren. [...] wäre ein gemeinschaftlicher, motivierter Austritt aus dem parlamentarischen Leben nicht das Richtigste?« In der Tat hatten sich die Rahmenbedingungen für liberale Politik entscheidend verschlechtert. Die Kurswende von 1879 hatte zu einer Konsolidierung der konservativen Parteien geführt. Gleichzeitig hatte das Zentrum im Zuge des Abbruchs des »Kulturkampfes« seine Respektabilität zurückgewonnen und war zu einer potentiellen Regierungspartei auf Abruf aufgestiegen. Beide Parteigruppen waren den sozialkonservativen Tendenzen in der Gesellschaft weit angepaßter als die liberalen Parteien; sie standen sämtlich unter aristokratischer Führung und konnten darauf verweisen, daß sie sich stets gegen zu viel Industrialisierung, gegen zu rasche Modernisierung gewandt hätten. Das Zentrum, mit einem starken Anteil von überwiegend kleinbäuerlicher Wählerschaft, konnte relativ mühelos die proagrarische Politik aufgreifen, die seit 1879 Konjunktur hatte. Die liberalen Parteien hingegen fanden sich von einer Zangenbewegung umfaßt, zum einen der plebiszitären Herrschaftstechnik Bismarcks, zum anderen der Agitation der aufsteigenden Arbeiterschaft von unten. Schwerwiegender noch war, daß die zunehmende Differenzierung der bürgerlichen Schichten im Zuge der Entfaltung des industriellen Systems nicht nur schwere Interessenkonflikte im eigenen Lager auslöste, sondern mehr noch eine neue Schicht kleinbürgerlicher Existenzen hervorbrachte, die aus dem Spektrum liberaler Politik herausdrängten und das Potential der konservativen Wählerschaft vermehrten.

Auf den ersten Blick schien Bismarck nunmehr für eine Politik, die das Reichsgebäude auf eine neue, konservative Grundlage stellen sollte, freie Hand zu haben. Aber der Kanzler selbst war keineswegs begeistert über die Aussicht, für die Reichspolitik auf die Unterstützung des Zentrums angewiesen zu sein. Auch mit den parlamentarischen Verhältnissen im preußischen Abgeordnetenhaus war er alles andere als zufrieden, zumal der orthodoxe Flügel der Konservativen sich seinen Beeinflussungen in der Präsidentenfrage entzogen hatte. Der Kanzler gab sich über die Tatsache, daß das Zentrum sich sein Entgegenkommen in wirtschafts- und verfassungspolitischen Fragen durch entsprechende Gegenleistungen auf dem Gebiet der Beziehungen von Kirche und Staat werde honorieren lassen, keinerlei Illusionen hin. Am 3. November 1879 schrieb er an Lucius: »Mit einer Majorität, deren Fortbestand von dem freien Willen des Centrums abhängt, wird die Regierung nicht lange wirthschaften können, denn ich glaube kaum, daß das Centrum durch irgendwelche Concessionen jemals zu einer sicheren und dauernden Stütze irgend einer Regierung gewonnen werden könnte [...].«

Unter den gegebenen Umständen wollte Bismarck ohnehin davon loskommen, überhaupt mit einer wie immer zusammengesetzten Parteienmehrheit zu regieren; sein Bemühen ging nunmehr dahin, dem verhängnisvollen Abgleiten in parlamentarische Verhältnisse, das sich in den vergangenen Jahren abgezeichnet hatte, ein für alle Mal Einhalt zu gebieten. Zuverlässige Unterstützung konnte er für einen solchen Kurs freilich nur bei den beiden konservativen Fraktionen erwarten. Daher hielt er es für den gangbarsten Weg, sich für seine Politik von Fall zu Fall eine Mehrheit, sei es mit Hilfe des Zentrums, sei es mit Hilfe der Nationalliberalen Partei, oder genauer, ihres von Bennigsen repräsentierten Flügels, zu suchen und im übrigen die Parteien nach Kräften gegeneinander auszuspielen. Zu diesem Zweck zögerte Bismarck auch nicht, rückhaltlos den ihm zur Verfügung stehenden Apparat der Regierungspresse einzusetzen. Im Grunde arbeitete er nunmehr darauf hin, den politischen Einfluß der parlamentarischen Körperschaften zu beschneiden. Den zuständigen Ministerien wurde einmal mehr eingeschärft, sich bei der Vorbereitung von Gesetzesvorlagen nicht an dem Gesichtspunkt des parlamentarisch Erreichbaren zu orientieren, sondern allein das sachlich Erforderliche ins Auge zu fassen, auch auf die Gefahr hin, in den parlamentarischen Körperschaften für die Vorlagen zunächst keine Zustimmung zu finden. Ebenso untersagte der Kanzler alle informellen Verhandlungen der Ressorts mit den Parteien über bestimmte in Vorbereitung befindliche Vorlagen oder auch nur über deren Details; selbst dann, wenn die Parteien nur eine teilweise Zustimmung in Aussicht gestellt hätten, seien zunächst die ursprünglichen Regierungsvorlagen in ihrer Gesamtheit im Reichstag einzubringen, um allein den Parteien das Odium ihrer nur teilweisen Billigung zuzuschieben. Auch die bisherige Praxis, daß der Bundesrat vom Reichstag abgeänderte Vorlagen nolens volens ohne nennenswerte Debatten hinnehme und verabschiede, müsse ein Ende haben. An die Stelle des inzwischen üblich gewordenen Give and Take zwischen den zuständigen Ressorts und den Parteien sollte eine strikt dialogische Geschäftsführung treten; den Fraktionen solle es überlassen bleiben, die Einzelheiten der Vorlagen untereinander auszukämpfen, während die Regierung in der Hinterhand zu bleiben habe. Mit anderen Worten: Die »Verbündeten Regierungen« sollten wieder zu einer streng hoheitlichen Rolle zurückkehren und den Parteien gar nicht erst die Chance einräumen, sich als Quasi-Regierungsparteien zu gerieren.

Obschon sich die zuständigen Minister vielfach weigerten, sich diese aus dem fernen Friedrichsruh an sie ergehenden Verhaltensvorschriften uneingeschränkt zu eigen zu machen, kam es zu einer deutlichen Verhärtung der parlamentarischen Umgangsformen in den Beziehungen zwischen den Parteien und der Regierung. Franz Schenk von Stauffenberg sprach damals von »dieser großen Lüge des Parlamentarismus«, an der man sich nicht mitschuldig machen dürfe. Der Fortschrittsparteiler Saucken-Tarputschen monierte, daß der Reichstag nicht mehr die Bedeutung eines wirklichen Parlaments habe, wenn man berücksichtige, in welcher Art neuerdings Beschlüsse zustande kämen, und daß der Reichskanzler als der einzig verantwortliche Beamte des Reiches nur noch mit den Führern der Fraktionen verkehre, statt mit dem Reichstag als solchem in Verbindung zu stehen.

Anläßlich der Eröffnung des neu gewählten Reichstages wartete Bismarck sogleich mit einer ganzen Reihe von Vorlagen auf, die darauf berechnet waren, das bisher gewonnene Terrain gegen die Parteien auf Dauer zu stellen. Dazu gehörte insbesondere der Vorschlag, den Reichshaushalt künftighin jeweils für einen Zeitraum von zwei Jahren, statt, wie in allen europäischen Parlamenten üblich, von einem Jahr, zu beschließen, ersichtlichermaßen, um damit die Einwirkungsmöglichkeiten des Reichstages auf die politischen Entscheidungsprozesse zu vermindern. Außerdem kam der Reichskanzler um eine vorzeitige Erneuerung des 1881 ablaufenden Septennats ein, das die Nationalliberalen 1874 bekanntlich als einen Kompromiß auf Zeit, dem dann die ordentliche einjährige Bewilligung zu folgen habe, mit einiger Mühe konzediert hatten. Vor allem aber wurde eine Verlängerung des Sozialistengesetzes um weitere fünf Jahre gefordert, unter Hinweis darauf, daß die Zeitbeschränkung 1878 gegen den Willen des Bundesrates in das Gesetz gelangt sei. Allerdings verzichteten die »Verbündeten Regierun-

gen« auf die Wiederaufnahme einer noch vor Ende der vorangegangenen Reichstagssession eingebrachten Vorlage, in der der Reichstag dazu aufgefordert worden war, alle die öffentliche Ordnung gefährdenden Parlamentsreden aus den
Protokollen zu streichen – eine Maßregel, die es den Sozialdemokraten verwehren
sollte, das Parlament als öffentliches Propagandaforum zu benutzen; diese Vorlage war im Vorjahr in der Sackgasse der Ausschußberatung steckengeblieben
und nicht zur Verhandlung gekommen. Gleichzeitig brachte die preußische
Staatsregierung im preußischen Abgeordnetenhaus eine umfangreiche Vorlage
ein, die die Überführung zahlreicher Eisenbahnen in Staatsbesitz vorsah. Dahinter
stand die Absicht, dem preußischen Staat zusätzliche, ertragreiche Einnahmequellen zu erschließen, die nicht der jährlichen parlamentarischen Steuerbewilligung
unterlagen. Dies war der Auftakt für ein groß angelegtes Steuerprogramm im
Reich und in Preußen, das die Einführung beziehungsweise Anhebung zahlreicher
indirekter Steuern bezweckte, um in den Ländern, vor allem in Preußen, die Bahn
für die weitgehende Beseitigung der direkten Steuern freizumachen.

Dies alles waren Bestandteile eines »Gesamtplane[s]«, der die Beschneidung der
Macht des Reichstages und der Landtage zum Ziel hatte und der auf finanzpoliti-
schem Gebiet die Voraussetzungen dafür schaffen sollte, »von dem Irrwege der
direkten Steuern auf die glatte Bahn der indirekten überzugehen«. Bismarck setzte
dabei voraus, daß der Bürger indirekte Steuern nicht in gleichem Maße wahrnehme wie direkte und daß bei einer Verlagerung der Steuerlast auf Zölle und
Verbrauchssteuern die Steuerfragen nicht mehr, wie bisher, ein zentraler Gegenstand der politischen Auseinandersetzung sein würden. Der Agitation der Sozialdemokratie würde auf diese Weise weniger Angriffsfläche geboten, zumal damit
die Absicht verbunden war, die untersten Schichten der Bevölkerung steuerlich zu
entlasten. Außerdem wollte Bismarck zumindest einen erheblichen Teil der Ausgaben der in Vorbereitung befindlichen Sozialgesetzgebung aus diesem Steueraufkommen abdecken und die Arbeiterschaft auf diese Weise materiell an den Staat
binden.

Darüber hinaus hatte Bismarck noch andere Pfeile im Köcher, über die er
zunächst nichts verlauten ließ, weil dies große Widerstände hervorgerufen haben
würde. Dazu gehörte vor allem der Plan der Errichtung einer eigenständigen
Vertretung der wirtschaftlichen Interessen neben dem Reichstag in Gestalt eines
Reichswirtschaftsrates, der den zuständigen Ressorts in allen wichtigen wirtschaftlichen Gesetzgebungsvorhaben beratend zur Seite stehen sollte und dessen
Votum sich gegebenenfalls gegen die widerspenstigen Parteien würde ausspielen
lassen. Die Verlagerung der politischen Auseinandersetzungen auf das Gebiet der
wirtschaftlichen Fragen, wie sie sich seit 1878 abgezeichnet hatte, wurde von
Bismarck als günstiger Ansatzpunkt gesehen, um den Fraktionspolitikern »ohne
Beruf« das Wasser abzugraben und statt dessen die unmittelbaren wirtschaftlichen Interessenten, die besser wüßten, wo sie der Schuh drücke als die Parlamen-

tarier, stärker ins Spiel zu bringen. Dazu erschien ihm die Wiederbelebung der älteren berufsständischen Vertretungsmodelle durchaus geeignet. Schließlich verfiel Bismarck, allerdings erst ein wenig später, auf die Idee, die Machtstellung der Parteiführer zu schwächen, indem er anregte, die gleichzeitige Mitgliedschaft im Reichstag und im preußischen Abgeordnetenhause zu unterbinden und damit die Ämterhäufung der Parteiführer zu beseitigen. Hinzu traten Gedankenspiele über eine mögliche Änderung des Reichstagswahlrechts, die jedoch nie das Stadium konkreter politischer Planung erreichten. Zusammengenommen hätte dieses Bündel von Maßnahmen, das auf eine partielle, wenngleich nur vordergründige Entpolitisierung der politischen Entscheidungsprozesse abzielte, in der Tat eine Stabilisierung der Machtverhältnisse zugunsten der monarchischen Exekutive sowie der besitzenden Schichten bewirken können. Aber selbst Bismarcks enge Mitarbeiter mochten nicht so recht daran glauben, daß alle diese Pläne durchsetzbar sein würden. Lucius fand Bismarck im Juni 1881 »voll[er] Projekte und trotz seines leidenden Gesundheitszustandes höchst unternehmungslustig. Hindernisse für alle diese gigantischen Pläne sieht er nicht und meint, alles durchsetzen zu können.«

Anfänglich verliefen die Dinge nach Bismarcks Wünschen. Die Erneuerung des Septemnats um weitere sieben Jahre, bei gleichzeitiger Erhöhung der Friedenspräsenzstärke des Heeres auf 427.000 Mann, ging angesichts der Paralysierung des Liberalismus ohne Schwierigkeiten über die Bühne; jetzt war gewiß nicht der Zeitpunkt gekommen, um die 1874 aufgeschobene grundsätzliche Auseinandersetzung über die Gewährung des uneingeschränkten Budgetrechts erfolgreich zu führen. Diese parlamentarische Entscheidung hatte allerdings aus Bismarcks Sicht den Schönheitsfehler, daß nicht nur die Linksparteien, sondern auch das Zentrum, ungeachtet seiner neuen Rolle als Regierungspartei auf Abruf, gegen das Septemnat gestimmt hatten. Nicht ganz so einfach gestalteten sich die Verhältnisse bei der Verlängerung des Sozialistengesetzes. Insbesondere die Nationalliberalen, aber auch das Zentrum schreckten davor zurück, darüber in eine erneute frontale Auseinandersetzung mit der Regierung verstrickt zu werden, während die Deutschkonservativen sowie die Freikonservativen für eine Verlängerung ohne jegliche sachliche Prüfung und ohne Debatte eintraten. Bennigsen unterstützte das Gesetz nunmehr vorbehaltlos, wenn auch mit der Maßgabe, daß der Paragraph 28 über den Belagerungszustand während der Sitzungszeiten des Reichstages nicht auf Berlin angewendet werden dürfe. Die Zentrumspartei schickte mit dem Grafen Hertling zunächst einen der wenigen Befürworter des Gesetzes ins Feld, während Windthorst, obschon er sich prinzipiell weiterhin als Gegner des Sozialistengesetzes bekannte, an »Verbesserungsvorschlägen« strickte, die eine Abmilderung desselben zum Ziel haben sollten. Offenbar waren weder die Nationalliberalen noch das Zentrum bereit, Bismarck die Chance einzuräumen, eine eventuelle Ablehnung des Sozialistengesetzes politisch gegen sie auszuschlachten und womöglich den Reichstag erneut aufzulösen. Einzig Lasker wandte sich in aller Schärfe gegen das Gesetz und mehr noch gegen die extensive Anwendung seiner Bestimmungen durch die Staatsbehörden, in offenbarer Verletzung des geltenden Rechts. Unter diesen Umständen hatten weder die Fortschrittler noch die Betroffenen selbst, die Sozialdemokraten, die geringsten Aussichten, eine Verlängerung des Gesetzes zu verhindern, obwohl die Proteste der letzteren bei einem Teil der bürgerlichen Parteien positive Resonanz fanden. Am 16. Mai 1881 wurde das Sozialistengesetz, ohne nennenswerte Änderungen, für weitere dreieinhalb Jahre bestätigt; die Zustimmung des Bundesrates erfolgte wenige Tage später.

Hingegen versagte sich der Reichstag Bismarcks weitergehenden Plänen. Der Vorschlag einer zweijährigen Budgetperiode wurde mit großer Mehrheit abgelehnt; auch das Zentrum war nicht für eine derartige Beschränkung der Rechte des Parlaments zu haben. Außerdem wies der Reichstag im Frühjahr 1881 zum zweiten Mal die Steuervorlagen der Regierung zurück. Dabei handelte es sich unter anderem um eine Verdoppelung der Brausteuer und ein Stempelsteuergesetz, das vor allem Börsengeschäfte belastete, Steuern, die dem Ziel dienen sollten, das System der direkten Steuern in Preußen zu reformieren und die vier untersten Stufen der Klassensteuer ganz aufzuheben. Noch bedeutsamer war, daß der Reichstag Bismarcks finanzpolitisches Lieblingsprojekt ablehnte, nämlich ein Tabakmonopol, welches ein erhebliches Ertragsaufkommen versprach und mit dem der Kanzler seinem Ziel einer grundlegenden Steuerreform einen großen Schritt näherzukommen gedachte. Der Hauptvorzug diese Projekts war aus Bismarcks Sicht, daß der Einzelne die Belastung durch ein Tabakmonopol nicht in annähernd gleichem Maße empfunden haben würde wie eine von ihm direkt zu erbringende Steuer. Zugleich aber hoffte er damit, ein ganzes Bündel von Gesetzgebungsvorhaben zu finanzieren, die sämtlich darauf gerichtet waren, der Autorität des Staates gleichsam an den gesetzgebenden Körperschaften vorbei eine neue, populäre Stütze in den breiten Schichten der Bevölkerung zu verschaffen. Dazu gehörte insbesondere das Projekt einer staatlichen Unfallversicherung. Schon der erste Vorstoß zugunsten des Tabakmonopols beim preußischen Finanzminister verwies auf diesen Zusammenhang: »Die beabsichtigten Vorlagen für Unfall- und Altersversorgung im Reiche, für die Beteiligung des Staates an den Schul-, Armen- und anderen bisher auf die Gemeinden abgebürdeten Lasten, sowie die Herstellung eines umfassenden Kanalsystems für die Schiffahrt in Preußen werden mit Erfolg nicht eingebracht werden können, ohne eine so bedeutende Steigerung des Reichseinkommens in Aussicht zu nehmen, wie sie nur die Monopolisirung oder eine analoge Behandlung des Tabacks gewähren kann, und wenn wir letztere mit den zu Gunsten der ärmeren Klassen erstrebten Reformen prinzipiell in einen solchen Zusammenhang bringen, daß die Erträge des Tabacks als der Vermögensantheil des Arbeiters und des Armen am Staate sich darstellen, so daß beide in systematischem Zusammenhang stehen, so werden die uns gestellten Aufgaben auf beiden Gebieten an Wahrscheinlichkeit der Erfüllung gewinnen.« Aber es war gerade dieses patriarchalische Kalkül, das auf die Dankbarkeit der breiten Massen gegenüber dem Staat spekulierte, welches die Reichstagsmehrheit irritierte. Bamberger, der allseits anerkannte Experte der Nationalliberalen in Finanzfragen, war keineswegs ein absoluter Gegner eines Tabakmonopols. Doch unter den gegebenen Umständen hielt er »die Schlacht um das [Tabak]monopol« für gleichbedeutend mit einer »Schlacht um Bismarcks Diktatur«. Bamberger erklärte im Reichstag, daß das Tabakmonopol nicht bloß eine finanzpolitische Maßnahme darstelle, sondern für ein alternatives sozio-ökonomisches System stehe, das aus dem Tabakmonopol und anderen indirekten Steuern die Mittel gewinnen wolle, um nach Belieben obrigkeitliche Wohltaten an den Bürger auszuteilen, obschon dieser in Wahrheit für diese selber zur Kasse gebeten werde.

Davon abgesehen stieß der Plan eines Tabakmonopols schon deshalb auf den einhelligen Widerstand der liberalen Parteien, weil sie darin ein unzulässiges Eingreifen des Staates in das Wirtschaftsleben sahen. Es kam hinzu, daß dadurch auch die Interessen der Tabakindustrie, einer nicht unwichtigen Klientel der Nationalliberalen, beeinträchtigt wurden. In allen diesen Planungen nahmen die liberalen Parteien nicht den sachlichen Kern wahr, sondern nur die politische Absicht, an ihnen vorbei eine neue populistische Machtbasis aufzubauen. Auch dem Zentrum konnte dies nicht gleichgültig sein, obwohl es von traditionellen freihändlerischen Erwägungen frei war und einer Sozialphilosophie nahestand, die ein unmittelbares Eingreifen des Staates in die gesellschaftlichen Belange aus sozialpolitischen Gründen eher begrüßte. Denn der Abbau des »Kulturkampfes« vollzog sich nur schrittweise und unter schweren Auseinandersetzungen; auch der gemäßigte Flügel der Zentrumspartei dachte deshalb nicht daran, auf die uneingeschränkte Wahrnehmung der in der Verfassung garantierten konstitutionellen Rechte zu verzichten. So hallte Bismarck in der Öffentlichkeit sogleich das Wort vom »Staatssozialismus« entgegen.

Auch die Samoa-Vorlage, die in mancher Hinsicht als Vorbote des Übergangs zu einer aktiven imperialistischen Politik zu gelten hat, gehörte in den Zusammenhang der neuen Wirtschafts- und Gesellschaftspolitik, wie sie Bismarck nun einzuleiten suchte. Der Vorschlag, eine deutsche Dampferlinie nach dem Fernen Osten zu subventionieren, war zwar eigentlich nur eine äußerst bescheidene Maßnahme, um das wirtschaftliche Ausgreifen deutscher Unternehmen nach Übersee zu fördern. Aber sie war außerdem ein symbolisches Pendant zu den gleichzeitigen Bemühungen, die Hansestädte Hamburg und Bremen in den Zollverband des Reiches einzubeziehen – eine Maßnahme, die durch den Übergang zum Schutzzollsystem unabweisbar geworden war, signalisierte die Reichsleitung doch damit die Bereitschaft zur Förderung der überseeischen Handelsinteressen der Hansestädte, die in der Schutzzollpolitik eine massive Beeinträchtigung der eigenen wirtschaftlichen Interessen hatten hinnehmen müssen. In jener Situation stellte die Samoa-Vorlage eine erneute Herausforderung an die Freihandelspartei dar, die derartige Interventionen des Staates zugunsten partikularer Wirtschaftsinteressen strikt ablehnte. Bismarck hingegen kam es auch bei dieser Gelegenheit darauf an, demonstrativ zu zeigen, daß das Reich zu aktivem Handeln auch im außenwirtschaftlichen Bereich willens und fähig sei. Außerdem erschien es als angebracht, zu einem Zeitpunkt, an dem die einheimische Wirtschaft mit schweren Krisenerscheinungen zu kämpfen hatte, die zarte Pflanze der deutschen wirtschaftlichen Unternehmungen im Fernen Osten nach Möglichkeit zu pflegen.

Dabei dürfte allerdings auch die Absicht eine Rolle gespielt haben, den Nationalliberalen einen zusätzlichen Zankapfel zuzuspielen, der die Abspaltung des linken Flügels beschleunigen würde. Ludwig Bamberger wies denn auch diesen Vorschlag mit schneidender Schärfe zurück, nicht in erster Linie mit freihändlerischen Argumenten, sondern weil es völlig unangebracht sei, eine Gesellschaft, die noch dazu eine schlechte Reputation in Samoa besitze – gemeint war das Haus Godeffroy – mit Reichsmitteln vor dem Bankrott zu retten – eine Argumentation, der die Regierungsbank wenig entgegenzusetzen vermochte. Da Bamberger es vorgezogen hatte, die Samoa-Vorlage mit rein faktischen Argumenten zu Fall zu bringen, wirkte sich deren Ablehnung nicht unmittelbar auf das Binnenverhältnis der beiden Richtungen im nationalliberalen Lager aus; aber die Richtungsdifferenzen zwischen dem rechten Flügel, der eine aktive staatliche Kolonialpolitik zu unterstützen bereit war, und den Verfechtern eines Imperialismus mit »informellen Mitteln« waren nur aufgeschoben, nicht aufgehoben und sollten bei nächster Gelegenheit erneut hervortreten.

Zu Bismarcks großer Irritation wurde die Samoa-Vorlage jedoch nicht nur von der Fortschrittspartei und dem linken Flügel der Nationalliberalen abgelehnt, wie zu erwarten gewesen war, sondern auch von exakt der Hälfte der Abgeordneten des Zentrums, das hier einmal mehr den Parteien der Linken Schützenhilfe gab. Der Kanzler sah darin ein Zeichen prinzipieller Opposition des Zentrums gegen die Regierung und bemerkte am 8. Mai 1880 im Reichstag bitter, der Eindruck, den er im vergangenen Jahr gewonnen habe, daß nämlich das Zentrum sich der Regierung habe nähern und mit ihr zu einem Kompromiß habe gelangen wollen, sei offenbar eine Täuschung gewesen: »Centrum, Fortschritt, Freihandel«, dies sei offenbar nun die neue Parteienkoalition, gegen die er, der Kanzler, zum Schutz und zur Wahrung des Reichs ankämpfen müsse.

Unter diesen Umständen bestand wenig Aussicht, für die Politik der Neuorientierung im konservativen Sinne auf die Stimmen des Zentrums zu rechnen. Daher zog Bismarck es vor, sich, was das Projekt eines Volkswirtschaftsrates anging, nicht von vornherein eine Absage der Parteien einzuhandeln. Statt eines deutschen Volkswirtschaftsrates wurde zunächst einmal am 17. November 1880 ein preußischer Volkswirtschaftsrat durch eine Königliche Kabinettsordre errichtet. Der

Plan, dergestalt eine eigenständige Vertretung der wirtschaftlichen Interessen vorerst für Preußen ins Leben zu rufen, war selbst innerhalb des preußischen Staatsministeriums anfänglich auf einigen Widerspruch gestoßen, nicht zuletzt weil die zuständigen Ressorts davon eine Einschränkung ihrer Kompetenzen befürchteten. Es bedurfte der Entlassung des Handelsministers Karl Hoffmann und der Übernahme des Handelsressorts durch den Kanzler persönlich, um den Weg dafür frei zu machen. Der Volkswirtschaftsrat sollte nach Bismarcks Vorstellungen dazu dienen, den »gemeinsamen und besonderen Interessen der Industrie, des Gewerbes, des Handels und der Landwirtschaft« in allen Fragen der Wirtschaftsgesetzgebung stärkere Berücksichtigung zu verschaffen, als dies bisher der Fall gewesen sei. Der Volkswirtschaftsrat sollte gutachtliche Voten zu sämtlichen »wichtigeren Gesetzen und Verordnungen« abgeben, welche die Interessen der Industrie, des Handels und der Gewerbe einschließlich der Landwirtschaft tangierten. Dementsprechend war er in drei Sektionen unterteilt, die jeweils getrennt beraten sollten, nämlich einer Sektion »des Handels«, einer Sektion »der Industrie und des Gewerbes« und schließlich einer Sektion »der Landwirtschaft«; allerdings war zugleich ein gemeinsamer »permanenter Ausschuß« vorgesehen, der gegebenenfalls eine Plenarsitzung aller drei Ausschüsse anberaumen konnte. Mit der Eigenständigkeit des Volkswirtschaftsrates war es jedoch schlecht bestellt; er sollte lediglich auf Einberufung des oder der zuständigen Minister und nur unter deren Vorsitz tagen dürfen. Die Mitglieder des Volkswirtschaftsrates wurden nach einem komplizierten Verfahren teils von den Handelskammern und kaufmännischen Korporationen beziehungsweise den landwirtschaftlichen Vereinen für je fünf Jahre gewählt, teils von der Krone berufen. Gemäß Bismarcks Vorstellungen wurden auch neun Handwerksmeister und sechs Arbeiter zu Mitgliedern des preußischen Volkswirtschaftsrates bestellt. Aber die Zusammensetzung des Volkswirtschaftsrates befriedigte niemanden, nicht einmal die Interessenten selbst, zumal überwiegend nur unbekannte Persönlichkeiten gewählt worden waren, die von den betreffenden wirtschaftlichen Interessengruppen keineswegs als repräsentativ betrachtet wurden. Selbst eines seiner wenigen prominenten Mitglieder, Gustav von Mevissen, äußerte Zweifel, »ob diese aus einer sonderbar zusammengewürfelten Gesellschaft bestehende Einrichtung sich überhaupt bewähren würde«.

Im preußischen Abgeordnetenhaus wurde der Volkswirtschaftsrat von Eugen Richter sogleich als ein »Rückfall in das alte ständische Prinzip der Vertretung eines bestimmten Interesses in getrennten Verbänden« kritisiert, und dies war in der Tat der Fall. Bismarck selbst verband damit ja gerade die Absicht, die wirtschaftlichen Interessengruppen, von denen er annahm, daß sie ungleich sachlicher und pragmatischer auftreten würden als die Parlamentarier, die nach seiner Ansicht alle Fragen wirtschaftlicher Natur in Kämpfe für ihre persönliche Statuserhaltung umfunktionierten, gegen die Parlamente auszuspielen. Allerdings zeigten die Verhandlungen des Volkswirtschaftsrates über die Vorlage des Unfallhaftpflichtgesetzes und über ein neues Innungsgesetz, daß auch hier die Meinungen aufeinanderprallten. Für die Lieblingsidee des Kanzlers, die untersten Einkommensgruppen der Arbeiterschaft von allen Zahlungsverpflichtungen zu befreien, fand sich selbst bei den »Arbeitern« des Volkswirtschaftsrates keine Unterstützung; auch sie zogen »Respektabilität« der Annahme von staatlichen Unterstützungsleistungen vor.

Nach allem erwies sich der »Preußische Volkswirtschaftsrat« als ein Nonstarter. Nirgendwo fand er sonderliche Gegenliebe, selbst bei Bismarcks eigenen Ministerkollegen nicht. Dennoch verfolgte der Kanzler das Projekt mit großer Hartnäckigkeit. Das Ziel war, diesen baldmöglichst zu einem »Deutschen Volkswirtschaftsrat«, der 125 Mitglieder haben sollte, zu erweitern. Es gelang Bismarck allerdings nur mit erheblicher Mühe, dafür die Zustimmung der bundesstaatlichen Regierungen zu erlangen. Die Unfruchtbarkeit dieser Politik, die sich mehr oder minder deutlich gegen das bestehende halbkonstitutionelle System richtete und dessen Rückwärtsrevidierung anstrebte, war nur allzu offensichtlich. Das Bündnis von Großagrariern und Landwirtschaft hatte sich für eine Umgestaltung des Reichsgebäudes im konservativen Sinne als nicht ausreichend tragfähig erwiesen. Das Zentrum hatte sich den Umarmungen durch die Regierung entzogen, und auch die Einwirkungen vermittels des Vatikans auf die Zentrumsführung, um sie zum Einschwenken auf einen konservativen Kurs zu bringen, hatten nicht zu greifbaren Ergebnissen geführt. Weit entfernt davon, einen wirklichen Neuanfang zu bringen, hatte die Kurswende die Beziehungen zwischen der Regierung und den Parteien des Reichstages deutlich verschlechtert. Auf der Rechten war eine spürbare Verhärtung eingetreten, die sich in Unlust und Unbehagen an den Parteien und am parlamentarischen Betrieb überhaupt artikulierte. Auf der Linken hingegen gewannen jene Politiker Oberwasser, die annahmen, daß das »System Bismarck« in eine irreversible Krise geraten sei. Auch Kronprinz Friedrich Wilhelm meinte im Mai 1880, daß Bismarck an der Grenze seines Könnens in der inneren Politik angelangt sei.

Der einzige Lichtblick aus Bismarcks Perspektive war, daß die ersehnte Abspaltung des linken Flügels der Nationalliberalen nun endlich eintrat und damit die Einbindung der Nationalliberalen in eine konservative Parteienkoalition in erreichbare Nähe rückte. Bereits im März 1880 hatte Eduard Lasker seinen Austritt aus der Reichstagsfraktion erklärt und so signalisiert, daß der Liberalismus, wenn überhaupt, dann nur im Bruch mit der bisherigen nationalliberalen Strategie und in entschiedener Opposition zu Bismarcks antikonstitutioneller Politik eine Zukunft habe. Das unentschiedene Taktieren der Nationalliberalen im preußischen Abgeordnetenhaus, wo ihre Stimmen gebraucht wurden, um den allmählichen Abbau der Kulturkampfgesetze auch ohne die Stimmen des Zentrums zuwege zu bringen, gab den letzten Anstoß für den Bruch. Am 30. August

1880 war das Maß voll: Der linke Flügel unter Führung von Lasker, Forckenbeck und Bamberger sagte sich endgültig von der offiziellen Parteilinie los und gründete die »Liberale Vereinigung«. In einer öffentlichen Erklärung vom selben Tag bekannten sich die »Sezessionisten«, wie sie sogleich allgemein genannt wurden, zu einer entschieden liberalen Politik: »Eine in sicheren Bahnen ruhig fortschreitende Entwicklung unserer in Kaiser und Reichsverfassung ruhenden Einheit wird nur aus der Wirksamkeit eines wahrhaft konstitutionellen Systems hervorgehen [...] Fester Widerstand gegen die rückschrittliche Bewegung, Festhalten unserer nicht leicht errungenen politischen Freiheiten, ist die gemeinschaftliche Aufgabe der gesamten liberalen Partei. Mit der politischen Freiheit ist die wirtschaftliche eng verbunden, nur auf der gesicherten Grundlage wirtschaftlicher Freiheit ist die materielle Wohlfahrt der Nation dauernd verbürgt [...].«

Die »Liberale Vereinigung« war eigentlich gar nicht als eigenständige Partei gedacht, sondern sollte den Nukleus für eine künftige »große liberale Partei« abgeben, die auch die Linksliberalen einbeziehen würde. »Das einige Zusammengehen der liberalen Partei in den wesentlichsten Fragen, das Aufhören verwirrender und aufreibender Kämpfe verschiedener liberaler Fraktionen«, so hieß es in einer Ende August 1880 veröffentlichten Erklärung von 25 liberalen Abgeordneten des Reichstages und des preußischen Abgeordnetenhauses, die von Heinrich Rickert verfaßt worden war, sei die »unerläßliche Voraussetzung für das erstrebte Ziel«. In der »Liberalen Vereinigung« sammelte sich eine äußerst eindrucksvolle Gruppierung von großen Männern des deutschen Liberalismus. Neben Eduard Lasker, Max von Forckenbeck, Ludwig Bamberger und Franz Schenk von Stauffenberg standen Heinrich Rickert, Theodor Barth, der Herausgeber der Zeitschrift »Die Nation«, Theodor Mommsen sowie Georg Siemens und Karl Schrader von der Deutschen Bank. Freilich war die »Liberale Vereinigung« einstweilen nur eine Parteigruppierung ohne Organisation und ohne gefestigte Gefolgschaft im Lande, obschon sie, unter anderem mit Theodor Barths »Nation«, über eine starke publizistische Basis verfügte. Es blieb jedoch fraglich, ob sie unter den obwaltenden Umständen eine Wende der Dinge in fortschrittlicher Richtung werde erreichen können.

Die Entwicklung schien zunächst die Erwartungen der neuen Parteigruppierung voll zu bestätigen. Bismarck war in den Wahlkampf mit eindeutiger Stoßrichtung gegen die Machtgelüste der parlamentarischen Parteien und gegen den parlamentarischen Betrieb gegangen. Er propagierte erneut seine Pläne einer Verlagerung des Steuersystems auf indirekte Steuern und warb mit der Absicht einer Senkung der direkten Steuern, die naturgemäß vornehmlich die besitzenden Schichten trafen, besonders um die Gunst der ländlichen Grundbesitzer. Auch das umstrittene Projekt des »Deutschen Volkswirtschaftsrates« wurde zu einem Gegenstand der amtlichen Wahlkampagne gemacht. Die offiziöse Presse beklagte lauthals das Übermaß an Parlamentarismus und den einseitigen Machtanspruch der politischen Parteien der Linken. »Fortschritt u[nd] Freihandel« waren die von Bismarck insbesondere in den Blick genommenen Gegner, wie es sein Sohn Herbert in einem Schreiben vom 6. Juli 1881 an Tiedemann formuliert hat.

Doch zahlte sich diese schroffe Kampfpolitik gegen die Linke nicht aus. Die Reichstagswahlen vom Herbst 1881 führten zu einer schweren Niederlage für die Politik Bismarcks. Es kam zu einem ausgesprochenen Linksrutsch, der sich in den Stichwahlen noch verstärkte. Die beiden konservativen Fraktionen fielen von 116 auf 78 Sitze zurück, die durch die Sezession geschwächten Nationalliberalen wurden halbiert; statt bisher mit 99 waren sie nurmehr mit 47 Mandaten im Reichstag vertreten. Hingegen hatte die entschiedene Linke – die »Liberale Vereinigung«, die Fortschrittspartei und die neu gegründete »Demokratische Volkspartei« – es gemeinsam auf 115 Mandate, gegenüber bisher 26 nur für die Fortschrittspartei, gebracht. Das Zentrum aber konnte in bemerkenswerter Stabilität, trotz eines geringfügigen Stimmenverlusts noch ein Mandat hinzugewinnen und verfügte jetzt über 100 Mandate im Reichstag. Die Sozialdemokratie dagegen hatte angesichts der Behinderungen durch das Sozialistengesetz deutlich an Stimmen verloren, gleichwohl ihre Position mit 12 gegenüber bisher 9 Mandaten um einiges verbessert.

Die Politik der konservativen Wende war damit zunächst in eine Sackgasse geraten. Eine Mehrheitsbildung im konservativen Sinne war im Reichstag einstweilen nicht mehr möglich, da die konservativen Fraktionen weder zusammen mit den Nationalliberalen noch mit dem Zentrum über eine ausreichende Mehrheit verfügten. Schwächere Politiker als Bismarck hätten das Ruder nun nach links drehen müssen. Ende November 1881 hatte Bismarck Erwägungen angestellt, in dieser parlamentarischen Konstellation ein konstitutionelles Regiment, unter Einbeziehung der Nationalliberalen oder des Zentrums, Platz greifen zu lassen und sich selbst auf das »Altenteil der äußeren Politik«, mit anderen Worten, auf das Amt des preußischen Außenministers, zurückzuziehen. Aber auch dies wäre unter den gegebenen Verhältnissen nicht möglich gewesen; denn eine konservativ-nationalliberale beziehungsweise konservativ-klerikale Mehrheit war gar nicht mehr zur Hand. Umgekehrt war auch die Rechnung der »Liberalen Vereinigung« nicht aufgegangen; die liberalen Parteien verfügten nicht über eine tragfähige Regierungsmehrheit, selbst wenn sie sich auf die kleineren Parteien, insbesondere auf die Sozialdemokratie, hätten stützen können, was unter den obwaltenden Umständen als unvorstellbar galt.

Die »Liberale Vereinigung« ging davon aus, daß es darauf ankomme, eine starke, geschlossene liberale Partei gemäßigt-konstitutioneller Ausrichtung zu schaffen, damit der Thronfolger, sobald es zum Thronwechsel kommen würde, was bei dem hohen Alter Wilhelms I. in aller Kürze zu erwarten stand, den allgemein erwarteten Kurswechsel im liberalen Sinne vorziehen könne. Davon konnte allerdings keine Rede sein. Die Gegensätze innerhalb des liberalen Lagers waren nach wie vor groß, und die Fortschrittspartei ließ einstweilen keinerlei Neigung erkennen, die ihr von den Sezessionisten angesonnene Fusion zu vollziehen. In der Zentrumspartei bestand ebenfalls ein Gegensatz zwischen einer stärker gouvernementalen Richtung, die mit dem schrittweisen Abbau des »Kulturkampfes« an Gewicht gewann, und dem Gros der Partei, das unter Windthorsts geschickter Führung an einem strikt konstitutionellen Kurs festhielt. Insgesamt spiegelte sich in der parlamentarischen Konstellation die innere Zerklüftung der deutschen Gesellschaft, die durch Bismarcks Strategie, die Parteien beständig gegeneinander auszuspielen, noch verschärft worden war. Das bürgerliche Lager war tief verunsichert und infolge der massiven ökonomischen Interessenkonflikte, die im Zusammenhang des Übergangs zum Protektionismus offen hervorgetreten waren, auch politisch gespalten. Davon abgesehen war angesichts der nach wie vor herrschenden Kulturkampfstimmung im liberalen Bürgertum an ein politisches Zusammengehen mit dem Zentrum, selbst in peripheren Fragen, nicht zu denken, was umgekehrt ebenso galt. Die »Rote Gefahr« aber war, so schien es wenigstens, durch das Sozialistengesetz eher bedrohlicher geworden. Allgemein hatte sich im parteipolitischen Raum eine Versäulung der politischen Kräfte ergeben, die eine konstruktive parlamentarische Politik nahezu unmöglich machte. Umgekehrt wurde dadurch in großen Teilen der bürgerlichen Wählerschaft die Neigung verstärkt, gegen die Gefahren »von unten« Schutz unter »dem Schirm des Gottesgnadentums« (Max Weber) zu suchen. Daraus erklärt sich der immer noch bemerkenswert große Zulauf zu den konservativen Parteien, obschon deren sozio-ökonomische Basis zunehmend schrumpfte.

Bismarck war durch den Ausgang der Wahlen zwar entmutigt, aber keinesfalls willens, das Handtuch zu werfen, wie manche Politiker auf der Linken gehofft hatten. Seine Antwort auf die veränderte parlamentarische Konstellation war eine Kombination verschiedener politischer Strategien, die darauf abzielten, den Einfluß der Parteien zurückzudrängen und, soweit möglich, die Machtstellung des Reichstages innerhalb des Verfassungssystems zu begrenzen. Der Kanzler suchte auf seine Weise der Gefahr vorzubeugen, daß es bei einer Thronnachfolge zu einem Kurswechsel kommen werde. Er entschloß sich, ungeachtet des Widerstandes einer Mehrheit der Parteien des Reichstages, zur unveränderten Fortsetzung seiner bisherigen Politik, die sich auf die Zusammenarbeit der »produktiven Stände« von Industrie, Gewerbe und Landwirtschaft stützte. Demgemäß bemühte er sich um eine enge Fühlungnahme nicht nur mit den Repräsentanten der Landwirtschaft, also seinen eigenen Standesgenossen, sondern auch mit den Vertretern der Großindustrie. Dabei bediente er sich unter anderem der Vermittlung seines Bankiers Gerson von Bleichröder. Der Bochumer Schwerindustrielle Louis Baare und der Saar-Industrielle von Stumm rückten zu persönlichen Beratern des Kanzlers in den Fragen der Sozialgesetzgebung auf. Ebenso wurde die Konsultation der Vertreter der industriellen Interessenverbände in allen diese betreffenden Angelegenheiten den Ressortministern zur Pflicht gemacht. Auf der gleichen Linie lag es, daß Bismarck an dem Plan eines »Deutschen Volkswirtschaftsrates« unbeirrt festhielt, ungeachtet der durchweg negativen Reaktion der parlamentarischen Körperschaften. Er handelte sich in dieser Frage allerdings eine glatte Ablehnung des Reichstages ein, der die geforderten Mittel für die Diäten der Mitglieder des »Deutschen Volkswirtschaftsrates« ablehnte. Dabei muß berücksichtigt werden, daß dem Reichstag bislang die Gewährung von Diäten an die Abgeordneten von den »Verbündeten Regierungen« immer wieder verweigert worden war. Das führte dazu, daß Bismarck die Reaktivierung des »Preußischen Staatsrates« betrieb, um auf diese Weise das angeblich unabhängige Urteil der Fachleute zu erlangen und gegen die Parteipolitiker auszuspielen. Unterpfand dieser industriefreundlichen Politik war die Fortführung des Kampfes gegen die Sozialdemokratie, die auf ihrem Parteitag zu Wyden 1880 demonstrativ die Passage »mit allen gesetzlichen Mitteln« aus ihrem Programm gestrichen hatte. Dabei verlor Bismarck nie das Nebenziel aus dem Auge, mit Hilfe des Sozialistengesetzes die liberalen Parteien in politische Verlegenheit zu bringen und mit ihren Wählern, die weiterhin große Besorgnisse hinsichtlich der sozialdemokratischen Gefahren hegten, zu entzweien.

Vor allem aber kündigte der Kanzler anläßlich der Eröffnung des neugewählten Reichstages am 17. November 1881 in einer von ihm selbst verlesenen »Kaiserlichen Botschaft« ein großes Programm sozialer Reformen an, an dessen Spitze die endgültige Verabschiedung des Gesetzes über die Einführung einer staatlichen Unfallversicherung stehen sollte, mit der schon der vorangegangene Reichstag befaßt worden war. Bismarcks Ziel war es, auf diese Weise die breite Masse der Arbeiterschaft von ihren sozialdemokratischen Führern zu trennen und unmittelbar an den Staat zu binden. »Die Heilung der socialen Schäden«, so erklärte er im Reichstag, werde »nicht ausschließlich im Wege der Repression socialdemokratischer Ausschreitungen, sondern gleichmäßig auf dem der positiven Förderung des Wohles der Arbeiter zu suchen sein.« Der Akzent war deutlich auf die »Fürsorge« des Staates gelegt, und es fehlte nicht ein Hinweis darauf, daß im Zuge dieser Maßnahmen ein »engerer Anschluß an die realen Kräfte« des »Volkslebens« angestrebt werde. Zugleich aber durfte Bismarck hoffen, mit einem großangelegten Programm sozialer Reformen den Liberalismus als politische Bewegung an einer seiner empfindlichsten Stellen zu treffen, nämlich seiner Unfähigkeit, den sozialen Problemen mit konstruktiven Maßnahmen zu begegnen.

Mit dem Rückenwind eines umfassenden und naturgemäß kostenträchtigen Programms von Sozialreformen hoffte Bismarck zugleich, den Reichstag doch noch für umfassende Steuerreformen und insbesondere für die Einführung des Tabakmonopols gewinnen zu können, obschon dieses Projekt sich bereits im Wahlkampf als äußerst unpopulär erwiesen hatte. Er verfolgte seine Steuerpläne mit bemerkenswerter Hartnäckigkeit, auch wenn selbst innerhalb der Regierung und nicht zuletzt im Bundesrat wenig Begeisterung dafür bestand. Obwohl der Reichstag seine Abneigung für ein derartiges Projekt bereits kundgetan hatte und eine Annahme desselben vernünftigerweise nicht zu erwarten war, wurde ihm am 27. April 1881 ein neuer Entwurf eines Reichstabakmonopols vorgelegt. Zuvor hatte Bismarck versucht, für seine Pläne einer weitgehenden Beseitigung der direkten Steuern im preußischen Abgeordnetenhaus entsprechende Beschlüsse herbeizuführen; dabei war für den Fall, daß das Reich für einen Ausgleich aus neuen indirekten Steuern Sorge tragen würde, folgendes vorgesehen: die Beseitigung der vier untersten Stufen der Klassensteuer, die Bismarck als »den Rest [...] des Feudalstaates« betrachtete, die Überweisung der Hälfte der Erträge aus der Grund- und Gebäudesteuer an die Kreise, die dann die üblichen Zuschläge für die Kreislasten entsprechend senken sollten, sowie der Verzicht auf die bisher von den Gemeinden als Zuschläge zur Grundsteuer erhobenen Schullasten. Doch das preußische Abgeordnetenhaus hatte sich vorerst einer Entscheidung entzogen, weil unübersehbar war, daß damit nur dem Tabakmonopol der Weg gebahnt werden sollte.

Bismarck nutzte die zweite Lesung des Tabakmonopols im Reichstag am 12. Juni 1881, um sein Steuerprogramm, das eine weitgehende Reduzierung der direkten Steuern, insbesondere die Befreiung der untersten Schichten der Bevölkerung von der Zahlung der Klassensteuer, vorsah, erneut in aller Breite vor der Öffentlichkeit zu entwickeln. Angesichts der nahezu einmütig ablehnenden Voten der liberalen Parteien wie des Zentrums in der ersten Lesung ging er von vornherein davon aus, daß eine Annahme der Regierungsvorlage nicht erreichbar sein werde. Aber er wollte den parlamentarischen Parteien in aller Form das Odium einer Ablehnung des Reichstabakmonopols zuschieben, obschon dies »die zweckmäßigste, [...] die wirksamste Finanzquelle« sei: »Wir brauchen Ihre Ablehnung, um unsere Verantwortlichkeit für die Zukunft zu decken [...].« Dem Kanzler kam es also darauf an, den liberalen Parteien vor der Öffentlichkeit die Schuld dafür aufzubürden, daß das preußische Volk nicht in den Genuß dieses Bündels von Steuererleichterungen kommen werde, einschließlich einer Erhöhung der Beamtengehälter, die aus dem ordentlichen Etat nicht finanzierbar sei. Von diesem wahltaktischen Motiv abgesehen, war es Bismarck einmal mehr darum zu tun, zu demonstrieren, daß »indirecte Steuern leichter zu tragen und leichter aufzubringen sind als die directen«.

Demgemäß malte der Kanzler die Mängel des bisherigen Steuersystems samt der Schwierigkeiten der Eintreibung der Klassensteuer und der damit verbundenen sozialen Ungerechtigkeiten vor dem Reichstag in großer Breite aus. Im übrigen aber nahm er die Kritik von liberaler Seite, daß das Tabakmonopol eine höchst verwerfliche staatssozialistische Maßnahme sei, frontal an und erklärte kühl: »Etwas mehr Socialismus wird sich der Staat bei unserem Reiche überhaupt angewöhnen müssen.« Und er ging gegen die Liberalen, die im Grunde jede Form von Staatsinterventionismus ablehnten, zum Gegenangriff über. »[…] Sie werden genöthigt sein, dem Staate ein paar Tropfen socialen Oels im Recepte beizusetzen, wie viel, weiß ich nicht, aber es wäre meines Erachtens eine große Vernachlässigung der Pflichten der Gesetzgebung, wenn sie die Reform auf dem Gebiete der Arbeiterfrage nicht erstreben würde«, mit der man jetzt den Anfang gemacht habe. »[…] wenn Sie glauben, mit dem Worte ›Socialismus‹ Jemand Schrecken einflößen zu können oder Gespenster zu citiren, so stehen Sie auf einem Standpunkte, den ich längst überwunden habe, und dessen Ueberwindung für die ganze Reichsgesetzgebung durchaus nothwendig ist.« Bismarcks Ausführungen kulminierten in ätzender Kritik an dem Fraktionsunwesen der Parlamente, das dazu führte, daß die Volksvertreter über dem »Fraktionsinteresse« den Blick »für die Gesammtinteressen« aus dem Auge verlören. Diese Schelte der »Fraktionskrankheit«, an der das konstitutionelle Prinzip in allen Ländern leide, fand ihre Fortsetzung in einer scharfen Auseinandersetzung mit Bamberger und Lasker, die dem Kanzler vorgehalten hatten, daß dieser gar nicht erst den Versuch gemacht habe, mit dem Parlament zu regieren. Bismarck bekräftigte erneut, daß er nicht daran denke, jemals zu einem parlamentarischen Regiment nach englischem Muster überzugehen. In der Tat sann der Kanzler schon seit einiger Zeit über Mittel und Wege nach, wie die Macht der Parlamentarier beschnitten werden könne; er schloß nun die Möglichkeit nicht mehr aus, gegebenenfalls das Reichstagswahlrecht durch eine Auflösung des Bundes der einzelstaatlichen Regierungen, der nach seiner Ansicht die Grundlage des Reichsgebäudes bildete, zu beseitigen. Ebenso erwog er, gegen eine Reform des preußischen Dreiklassenwahlrechts den Verzicht auf den geheimen Charakter der Reichstagswahlen einzutauschen; dies war allerdings nur als ein taktischer Schachzug gedacht, der die Möglichkeit dazu eröffnen sollte, »auf anderem Wege eine Änderung des Wahlgesetzes resp. eine Revision der Verfassung« herbeizuführen, »wenn die Regierungen sich von der Unmöglichkeit überzeugen müßten, mit den jetzigen Einrichtungen die Einheit des Reiches zu erhalten«. Außerdem spielte er mit dem Gedanken, den Reichstag durch die Nichternennung von Bundesratsbevollmächtigten politisch trockenzulegen. Selbst die Idee, daß er, der Reichskanzler, der als solcher kein Bevollmächtigter zum Bundesrat sei, künftighin seine Beziehungen zum Reichstag völlig abbreche und dort gar nicht mehr in Erscheinung trete, fehlte nicht.

Auch wenn diese Pläne sich in der Folge weithin als Sandkastenspiele erwiesen, zeigen sie doch, daß die Beziehungen zwischen der Reichsleitung und den Parteien des Reichstages, insbesondere den Liberalen, auf einem Tiefpunkt angekommen waren. Rudolf von Bennigsen zog angesichts dieser Situation für sich persönlich die Konsequenzen; am 11. Juni 1883 legte er seine Mandate im Reichstag und im preußischen Abgeordnetenhaus nieder. Den letzten Anstoß dazu hatte eine Unterredung mit dem Kanzler über die parlamentarische Behandlung einer Vorlage betreffend den weiteren Abbau des »Kulturkampfes« gegeben, in der Bennigsen ein ganzes Sündenregister des Nationalliberalismus vorgehalten worden war. Nur drei Tage später trat Eduard Lasker eine Schiffsreise in die Vereinigten Staaten an, von der er nicht lebend zurückkehren sollte. Beide verließen die aktive Politik, weil sie für eine konstruktive liberale Politik keinen Raum mehr sahen.

Bismarck war bestrebt, den Druck auf die parlamentarischen Parteien mit allen verfügbaren Mitteln aufrechtzuerhalten. Dazu gehörte, daß nunmehr die Beamtenschaft in aller Form angehalten wurde, die Politik der Regierung bei den Wahlen zu vertreten und ihre Stimme den regierungsnahen Parteien zu geben. Der neue Innenminister Robert Viktor von Puttkamer ging als getreuer Exekutor des Kanzlerwillens noch einen Schritt weiter. Er erklärte im Dezember 1881 im Reichstag: Da sich die Presse »zu sieben Achteln in den Händen der Oppositionsparteien« befinde, müßten die Staatsbehörden erwarten, »daß diejenigen Beamten, in deren Händen wesentlich die politische Vertretung der Staatsgewalt« liege, »wenn und insoweit sie ihre Rechte als Wähler ausüben, die Regierung unterstützen«. Zwar räumte der Minister gegenüber den entrüsteten Protesten insbesondere des Abgeordneten Hänel von der Fortschrittspartei ein, daß eine unerlaubte Wahlbeeinflussung seitens der Beamtenschaft nicht stattfinden dürfe. Wohl aber wünsche die Regierung, »daß innerhalb der Schranken des Gesetzes ihre Beamten sie bei der Wahl nachdrücklich unterstützen«, und er fügte hinzu, »daß diejenigen Beamten, welche das in treuer Hingebung bei den letzten Wahlen getan haben, des Dankes und der Anerkennung der Regierung sicher sind, und, was mehr wert ist, daß sie auch des Dankes ihres kaiserlichen Herrn sicher sind!« Diese Äußerungen lösten im Parlament einen Proteststurm aus und veranlaßten sogar Bennigsen, dieser Interpretation der Rechtsstellung der Beamtenschaft im Verfassungsstaat mit großer Entschiedenheit entgegenzutreten. Aber Bismarck nahm dies nur zum Anlaß, die Auffassung Puttkamers in aller Form zu jener der Regierung zu erklären, und er fuhr das stärkste Geschütz auf, das denkbar war. Er erwirkte einen Erlaß des Kaisers, in dem der »feste Wille« des Monarchen bekundet wurde, »daß sowohl in Preußen wie in den gesetzgebenden Körpern des Reiches über Mein und Meiner Nachfolger verfassungsmäßiges Recht zur persönlichen Leitung der Politik kein Zweifel gelassen« werden dürfe. Desgleichen wurde den Beamten eingeschärft, ihre »durch den Diensteid beschworene Pflicht auf Vertretung der Politik Meiner Regierung auch bei den Wahlen« zu erfüllen. Den darüber aufgebrachten Parteien der Linken hielt Bismarck entgegen, der Erlaß sei dazu bestimmt, »die constitutionellen Legenden zu bekämpfen, welche sich wie wucherische Schlingpflanzen an den ganz klaren Wortlaut der Preußischen Verfassungsurkunde legen [...].« Eine deutlichere Distanzierung von der Idee der konstitutionellen Monarchie, als sie Bismarck bei dieser Gelegenheit formulierte, hätte sich schwerlich finden lassen. Hier wurden – eine Konsequenz, die Bismarck natürlich nicht im Auge hatte – die Wurzeln für Wilhelms II. späteres »persönliches Regiment« gelegt.

In Anwendung dieser Doktrin ging Puttkamer dazu über, die preußische Verwaltung rigoros von solchen Beamten zu reinigen, die als politisch unzuverlässig galten. Zwar wurde davon abgesehen, Beamte nur deshalb zu maßregeln, weil sie bei den Wahlen in mißliebiger Weise abgestimmt hatten; das wäre eine allzu offenkundige Verletzung des konstitutionellen Verfassungsrechts gewesen. Aber – hier zeigten sich die negativen Wirkungen der öffentlichen Stimmrechtsabgabe unmittelbar – diese wurden »in der Regel« nicht zur Beförderung und zu Auszeichnungen vorgeschlagen. Die Zurücksetzung politisch mißliebiger Beamter in ihren Karrierechancen genügte, um die Beamtenschaft politisch gefügig zu machen. »Politische Agitation« von Beamten, auch von solchen in untergeordneten Positionen, gegen die Politik der Regierung hingegen galt als ausreichender Grund für eine Entlassung. Der eigentliche Ansatzpunkt für die politische Gleichschaltung der Beamtenschaft bot sich bei der Rekrutierung. Die Beamtenanwärter mußten bereits bei ihrer Anstellung nachweisen, daß ihre Eltern in der Lage sein würden, ihnen während der vergleichsweise langen Ausbildungszeit eine standesgemäße Lebensführung zu ermöglichen. Außerdem wurde von ihnen im Regelfall der Besitz eines Reserveoffizierspatents erwartet, was bedeutete, daß Angehörige der minderbemittelten Schichten und jüdische Bürger vorab von einer Einstellung ausgeschlossen wurden. Das alles sorgte für eine konservative Grundhaltung. Darüber hinaus wurde von den zuständigen Behörden strikt auf das politische Verhalten der Beamtenanwärter geachtet und ihr Fortkommen von einem entsprechend regierungskonformen Verhalten abhängig gemacht.

Seit 1862 hatten gemäßigt-liberal gesinnte Beamte in der preußischen Verwaltung in immerhin so hohem Maße Fuß gefaßt, daß dagegen von seiten der Rechten zunehmend öffentlich Kritik laut geworden war. Nun wurden jene Tendenzen auf breiter Front zurückgerollt. Dies betraf in erster Linie das Justizwesen. Der Ansatzpunkt dafür war die Selektion des Nachwuchses. Die weitgehende Abhängigkeit der Juristen während ihrer Assessorzeit bot eine geeignete Handhabe, um politische Loyalität zu erzwingen, und die Richter und Staatsanwälte paßten sich durchweg den politischen Wünschen des Systems an. Liberale Juristen wurden hingegen in die Anwaltspraxis abgedrängt. Derart wurde schrittweise die politische Homogenität der Beamtenschaft im Sinne des konservativen Systems erzwungen, ungeachtet des stetigen Rückgangs des Anteils adeliger Beamter, und damit wurde den liberalen Parteien auch hier zunehmend das Wasser abgegraben. Es versteht sich, daß katholische Beamte weiterhin eine kleine Minderheit blieben und der preußische Staat gerade in katholischen Gebieten darauf achtete, daß die Landräte und Oberpräsidenten protestantischen Glaubens waren. Nach allem wird es niemanden überraschen, daß die Beamtenschaft, deren berufliches Fortkommen von einem entsprechend angepaßten politischen Verhalten abhing, nahezu durchweg im Sinne der Regierungspolitik agierte.

In den gleichen Zusammenhang gehört, daß die von Puttkamer durchgeführte

Behördenreform in Preußen die strikte Trennung der Verwaltungsbehörden und der Verwaltungsgerichte, die die liberalen Parteien im Zuge der Auseinandersetzungen über die Kreis- und Provinzialreform durchgesetzt hatten, wieder beseitigte. Nicht zufällig häuften sich seitdem die Beschwerden des Reichstages über mehr oder minder krasse Fälle behördlicher Beeinflussung der Wahlen; diese wurden seitens des preußischen Innenministeriums regelmäßig in höchst arroganter Weise zurückgewiesen, zumal es sich auf die »Loyalität« der Verwaltungsgerichte im Regierungssinne verlassen konnte. Intern machte Puttkamer keinen Hehl daraus, daß er die Beamtenschaft im Sinne der Regierungspolitik zu beeinflussen suche. Max Weber sprach späterhin verächtlich von einer »landrätlichen Wahlmaschine«, die rücksichtslos für die Konservative Partei arbeite.

Noch in einem anderen Bereich staatlichen Handelns bemühte sich Bismarck – mit langfristig fatalen Auswirkungen – um eine möglichst weitgehende Beschränkung des Einflusses der parlamentarischen Körperschaften, nämlich im Militärwesen. Als sich der Kriegsminister von Kameke im Februar 1883 hinsichtlich der Frage der Befreiung des Offizierskorps von kommunalen Vermögenssteuern zu gewissen Konzessionen an den Reichstag bereiterklärte, um dafür ein Militärpensionsgesetz nach seinen Wünschen durchzusetzen, ohne dafür zuvor die Zustimmung des Kanzlers eingeholt zu haben, reagierte dieser mit äußerster Schärfe. Bismarck fuhr schwerstes Geschütz auf, um zu verhindern, daß dem Reichstag in den Fragen der militärischen Kommandogewalt auch nur die geringsten Konzessionen gemacht würden. Er erklärte in einer Eingabe an den Monarchen: »Eine Monarchie, welche sich auf das System, den Fortschritt der Gesetzgebung durch Preisgabe von Kronrechten zu erkaufen, überhaupt einließe, würde früher oder später nach dem Lauf der Dinge von allen Rechten, auch den unentbehrlichsten, entblößt werden.« Da Kameke »aktiver General« und ein »hervorragendes Mitglied der Armee« sei, müsse »jedes Werben und Paktieren um die Gunst des Parlaments« die ungünstigsten Auswirkungen auf die Armee haben und bei dieser den Eindruck erwecken, »vom Parlament mehr oder weniger abzuhängen«, obschon dies durch die Verfassung nicht geboten sei. Dies aber sei geeignet, den Weg in eine Zukunft zu bahnen, in welcher »die monarchischen Traditionen unseres Heeres langsam aber sicher hinfällig werden müßten«.

Kameke wurde zum Rücktritt gezwungen und die Gelegenheit dazu benutzt, die Rechtsstellung des preußischen Kriegsministers neu zu regeln. Bisher hatte dieser innerhalb des Verfassungssystems des Deutschen Reiches eine vergleichsweise eigenständige Position eingenommen; als Mitglied des preußischen Staatsministeriums und als ausübendes Organ der königlichen Kommandogewalt besaß er unmittelbaren Zugang zum Monarchen, ohne dafür die Zustimmung des Kanzlers beziehungsweise des preußischen Ministerpräsidenten zu benötigen. Zugleich agierte er gegenüber dem Reichstag als Vorsitzender des Bundesratsausschusses für das Heerwesen. Dies war Bismarck ein Dorn im Auge. Die Rechtsstellung des Kriegsministers als Bevollmächtigter des Bundesrates für das Heerwesen ließ sich bei Lage der Dinge nicht vermeiden. Daher entschloß sich Bismarck, das Kriegsministerium zu einer Verwaltungsbehörde hinunterzustufen, die ausschließlich für die finanziell relevanten Bereiche des Militärwesens zuständig war, und gleichzeitig den Geltungsbereich der sogenannten königlichen Kommandogewalt, deren Wahrnehmung dem königlichen Militärkabinett oblag, so weit wie möglich auszudehnen. Auch der Große Generalstab, der ursprünglich nur eine Abteilung des Kriegsministeriums war, wurde nun in einer, übrigens der Öffentlichkeit vorenthaltenen, Kabinettsordre vom 24. Mai 1883 als selbständige Kommandobehörde etabliert, einschließlich des Immediatrechts für den Chef des Großen Generalstabes. Bismarcks Abneigung gegen die Parteien war so groß, daß er, um den Einfluß des Reichstages auf die Heeresangelegenheiten zu beschneiden, unbedenklich eine erhebliche Ausweitung der königlichen Kommandogewalt in Kauf nahm. 1885 sorgte er gar dafür, daß grundsätzlich alle militärischen Ordres, die keine Veränderungen im Heeresetat zur Folge hatten, von jeder ministeriellen Gegenzeichnung befreit wurden. Unter dem greisen Monarchen Wilhelm I. war ein Mißbrauch dieser Kompetenzen seitens der Krone nicht zu befürchten; doch das sollte sich unter seinem Enkel dann dramatisch verändern. Aber damals erschien Bismarck jedes Mittel recht, um die Machtansprüche des Reichstages und der Parteien in Grenzen zu halten. Es versteht sich, daß mit jenen Maßnahmen zugleich das Heer gegenüber parlamentarischen Einflüssen abgeschirmt und die monarchische Gesinnung des Offizierskorps, das in wachsendem Maße auf bürgerliche Offiziersaspiranten zurückgreifen mußte, gestärkt werden sollte.

Darüber hinaus eröffnete sich für Bismarck seit 1882 ein neues Terrain, um die liberalen Parteien in Verlegenheit zu setzen und den Spalt zwischen den sich nach rechts hin orientierenden Nationalliberalen und der »Liberalen Vereinigung«, von der Fortschrittspartei ganz zu schweigen, noch weiter zu vergrößern, nämlich die Auseinandersetzung über das Für und Wider einer staatlichen Kolonialpolitik. Der freihändlerische Liberalismus stand dem Erwerb von Kolonien durchweg ablehnend gegenüber, weil er im Zeitalter des Freihandels als antiquierte Form staatlicher Intervention in das freie Spiel der Kräfte innerhalb des internationalen Marktsystems erschien. Dies schloß freilich einen informellen Imperialismus, das heißt wirtschaftliche Penetration überseeischer Regionen mit informellen Methoden, keineswegs aus. Doch die orthodoxen Liberalen hielten den friedlichen Handel mit überseeischen Territorien, gleichviel in wessen Besitz sie sich befanden, unter den Bedingungen des Freihandels für ungleich vorteilhafter als die kostspielige Unterhaltung von Kolonien durch den eigenen Staat. Bismarck teilte die Skepsis hinsichtlich eines direkten staatlichen Engagements auf kolonialem Gebiet in hohem Maße und tendierte demgemäß zunächst dazu, die Gründung von Kolonien den unmittelbaren Interessenten zu überlassen. Aber es war ersichtlich, daß in einer Welt, in der die Schutzzollmauern immer breiter und höher wurden, die traditionelle freihändlerische Ablehnung von jeglichem formellen Kolonialismus zunehmend weniger glaubhaft wurde. Bismarck erkannte blitzschnell, daß sich mit einer aktiven Unterstützung der Kolonialbewegung die Chance eröffnete, den Linksliberalismus und namentlich die »Liberale Vereinigung« an einem äußerst verletzlichen Punkt zu treffen und ihre ablehnende Haltung einmal mehr als bloßen Doktrinarismus zu brandmarken, der in krassem Gegensatz zu den Interessen der unmittelbar betroffenen Wirtschaftskreise stehe. Was letztere anging, so versorgte ihn sein Mitarbeiter Kusserow mit Informationen aus erster Hand. Es kam hinzu, daß sich die Nationalliberalen, erleichtert durch den Generationswechsel in ihrer Führungsgruppe, dem kolonialen Gedanken zugewandt hatten. Johannes Miquel, der nun die Zügel der nationalliberalen Parteiführung in die Hand nahm, die Bennigsen entglitten waren, hatte bereits 1882 den Vorsitz der Deutschen Kolonialgesellschaft übernommen. Obschon der Übergang zu einer aktiven Kolonialpolitik im Jahr 1883 durch eine günstige außenpolitische Konstellation erleichtert wurde und sich damit politische Nebenzwecke verknüpften, hatte dieser vor allem eine innenpolitische Funktion, nämlich die »Partei des Fortschritts und des Freihandels« ins politische Abseits zu manövrieren und die Nationalliberalen behutsam weiter ins Lager der Rechten zu drängen.

Mit seinem unnachgiebigen Konfrontationskurs gegen die parlamentarischen Körperschaften gewann Bismarck keineswegs nur Freunde. Im Gegenteil: Der fortschrittliche Liberalismus witterte Morgenluft, zumal man allgemein auf den früher oder später zu erwartenden Thronwechsel setzte. Im März 1884 schlossen sich die Fortschrittspartei und die Sezession zur Deutsch-Freisinnigen Partei zusammen; der Liberalismus schien dem Ziel der Schaffung einer neuen »großen liberalen Partei« ein großes Stück näher gekommen zu sein. Doch es war die Vereinigung zweier ungleicher Partner; die »Liberale Vereinigung« war eigentlich ein Generalstab ohne Armee, mit einer beachtlichen Zahl von klingenden Namen, während die Fortschrittspartei sich auf zahlreiche Vereine im Lande stützen konnte, die sich der nahezu diktatorischen Führung des Parteiführers Eugen Richter willig beugten. Hinter der »Liberalen Vereinigung« standen vornehmlich Teile des akademischen Bildungsbürgertums und freihändlerisch gesinnte Kreise der Wirtschaft, während die Fortschrittspartei ihre Basis vor allem im unteren Mittelstand besaß. Auf seiten der »Liberalen Vereinigung« war der Zusammenschluß überdies nur als eine Durchgangsstation gedacht, die den Eintritt für den linken Flügel der Nationalliberalen offenhalten sollte; deshalb vermied man ein »Kampfprogramm gegen die Nationalliberalen«. Umgekehrt wollte der Fortschritt unter der Führung Eugen Richters jetzt den Kampf gegen das »System Bismarck« mit ungebremster Kraft ohne Rücksichtnahme auf die Nationalliberalen führen. Hinter diesen Meinungsverschiedenheiten taktischer Art standen jedoch grundsätzliche Differenzen. Eugen Richter wollte eine konsequente Loslösung von den nationalliberalen Traditionen; er plädierte für einen radikalen Oppositionskurs gegen die Außen-, Militär- und Kolonialpolitik der Regierung, außerdem für eine rückhaltlose Bekämpfung der Sozialdemokratie. Die Sezessionisten unter Führung Rickerts strebten hingegen in erster Linie die Wiederherstellung einer einheitlichen liberalen Gesamtbewegung an. Im Grunde unterstützten sie Bismarcks Außenpolitik und eine starke militärische Rüstung des Reiches ohne wesentliche Vorbehalte und mißbilligten nur dessen antikonstitutionelle Politik, die dem Bürgertum eine angemessene Partizipation an den politischen Entscheidungen vorenthielt. Bei Prinzipientreue in den grundsätzlichen Fragen wollten sie sich nicht in fruchtloser Opposition erschöpfen. Im Hintergrund stand die Hoffnung auf den Kronprinzen. Auch nach der Vereinigung behielten beide Flügel der Partei ihre selbständige Organisation weitgehend bei, ebenso ihre Presse. Nur die radikale Kampfpolitik Bismarcks gegen den linken Liberalismus jedweder Färbung garantierte vorerst den Zusammenhalt der Deutsch-Freisinnigen Partei. Die großen wirtschaftlichen und gesellschaftspolitischen Interessenkonflikte im Lager des entschiedenen bürgerlichen Liberalismus, in der Konfrontation mit den Folgen von Hochkapitalismus und Imperialismus, konnten dadurch nicht überbrückt werden.

Die Zersplitterung der liberalen Parteibewegung

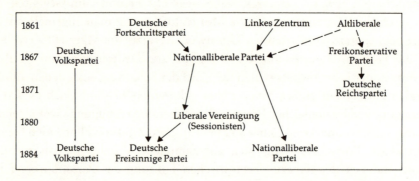

Die Nationalliberale Partei dagegen wandte sich umgekehrt nach rechts; sie brach nun endgültig mit ihrer großen Vergangenheit als einer Partei, die ungeachtet aller Widrigkeiten für die Durchsetzung eines liberalen Konstitutionalismus gekämpft hatte, und schrieb die Erhaltung der bestehenden politischen und gesellschaftlichen Ordnung auf ihre Fahnen. Den Vorreiter spielten dabei die Nationalliberalen Süddeutschlands, die in den Landtagen nicht nur von seiten des politischen Katholizismus bedrängt wurden, sondern neuerdings, insbesondere in Sachsen, das zu einer Hochburg der Sozialdemokratie geworden war, zunehmend auch von den Konservativen. Sie suchten ihr Heil darin, enger an Bismarck und die Staatsmacht heranzurücken. In ihrer Heidelberger Erklärung vom 23. März

1884 bekannten sie sich in starken Worten einmal mehr zum Reichsgedanken und betonten ihre hohe Befriedigung über die Außenpolitik des Deutschen Reiches und »die großen Erfolge der Friedensbestrebungen des Reichskanzlers«. Vor allem aber bejahten sie jetzt die Zollgesetzgebung und die Sozialgesetzgebung sowie die Kampfpolitik gegen die Sozialdemokratie ohne Wenn und Aber. Entscheidend jedoch war die Wiederentdeckung der agrarischen Interessen und ihre Bereitschaft, die, wie es vorsichtig verklausuliert hieß, »gegenwärtige Lage der deutschen Landwirtschaft« zu würdigen, sprich, diese mit entsprechenden staatlichen Maßnahmen zu unterstützen. Gleichzeitig erteilten sie einem eventuellen Zusammenschluß mit der Freisinnigen Volkspartei eine definitive Absage.

Auf einem Nationalliberalen Parteitag in Neustadt am 14. April 1884 verteidigte Miquel wortreich die Heidelberger Erklärung, die der Sache nach einen deutlichen Ruck nach rechts darstellte. Allerdings spielte er sie in ihrem Stellenwert ein wenig herunter; sie sei »kein Zukunftsprogramm«, sondern beschränke sich »verständigerweise [...] auf eine bestimmte Stellungnahme zu den brennenden politischen und sozialen Tagesfragen.« Aber in den entscheidenden Punkten unterstrich er deren Tenor, so wenn er sich mit Entschiedenheit für eine Politik des Gleichgewichts von Industrie und Landwirtschaft aussprach. Nicht die schrittweise Fortentwicklung der Reichsverfassung im konstitutionellen Sinne, sondern die Verteidigung des bestehenden politischen und sozialen Status quo erklärte er nun zum Ziel nationalliberaler Politik. Die alte nationalliberale Forderung nach parlamentarischen Reichsministerien hingegen sei, so meinte er, »für die momentane Gegenwart eine... Doktorfrage«, die ihre Bedeutung verloren habe. Statt dessen identifizierte sich Miquel mit der Machtpolitik des Reiches, einschließlich seines Ausgreifens nach Übersee. Nationales Pathos trat an die Stelle herkömmlicher liberaler Überzeugungen: »[...] wir ... sind stolz auf die herrliche Machtstellung, die unsere Nation jetzt in der Welt hat, wir sind auch stolz auf den Mann, der die hohe Autorität in Europa hat und sie am wenigsten mißbraucht [...] aber selbständig wollen wir doch prüfen und entscheiden.« Die Nationalliberalen Norddeutschlands waren zwar nicht voll und ganz bereit, Miquel auf dem Pfad uneingeschränkter Unterstützung der Schutzzollpolitik und der gleichmäßigen Berücksichtigung der Interessen von Industrie und Landwirtschaft zu folgen, aber eine Parteikonferenz in Berlin im Mai 1884 schloß sich der Heidelberger Erklärung im wesentlichen an. Damit schlug die Nationalliberale Partei eine neue Bahn ein, die sie vollends an die Seite der beiden konservativen Parteien führte und zugleich der Idee der Wiedervereinigung des Liberalismus endgültig den Laufpaß gab. Jetzt war die Nationalliberale Partei das geworden, was Bismarck seit langem erstrebt hatte: eine Partei der bedingungslosen Verteidigung des halbkonstitutionellen Systems und der bestehenden Staatsautorität.

Die Reichstagswahlen vom 28. Oktober 1884 bestätigten den Trend nach rechts, der sich in diesen Entwicklungen niedergeschlagen hatte. Sie brachten einen schweren Rückschlag für die Deutsch-Freisinnige Partei und mäßige, aber deutliche Gewinne für die Deutschkonservativen, während das Zentrum seine Position halten und, gemessen an der Zahl der abgegebenen Stimmen, sogar leicht verbessern konnte. Vielleicht am wichtigsten war, daß es der Sozialdemokratie gelungen war, in die traditionellen Hochburgen der Fortschrittspartei einzubrechen; so gelang es ihr, dieser 7 Wahlkreise, davon 2 allein in Berlin, abzunehmen. Insgesamt errang sie mit 9,7 Prozent der abgegebenen Stimmen und 24 Mandaten einen beträchtlichen Erfolg, obschon dieser unter den restriktiven Bedingungen des Sozialistengesetzes erfochten worden war. Der entschiedene Liberalismus war von links her unter Druck geraten. Die Deutsche Fortschrittspartei blieb mit 17,6 Prozent der abgegebenen Stimmen und 67 Mandaten weit hinter dem allerdings ungewöhnlich günstigen Ergebnis der beiden Linksparteien im Jahr 1881 zurück, das ihnen zusammen 21,3 Prozent der abgegebenen Stimmen und 106 Mandate gebracht hatte. Die Konkurrenz der Sozialdemokratie erklärt die Wahlniederlage der Deutschen Fortschrittspartei nur zum Teil; es kam hinzu, daß die kompromißlos wirtschaftsliberale Position der Fortschrittspartei und ihre Ablehnung jeglicher Kolonialpolitik in weiten Kreisen des Bürgertums auf wenig Verständnis gestoßen waren. In manchen Regionen, zumal in Ostpreußen, gingen zahlreiche traditionell vom Linksliberalismus gehaltene Wahlkreise nun an die Freikonservativen.

Insgesamt waren die extremen Flügelparteien innerhalb des Parteienspektrums, die Deutschkonservativen und in etwas geringerem Maße die Sozialdemokraten, die eigentlichen Gewinner der Wahl, allerdings teilweise auch wegen des Ausgangs der Stichwahlen, die den Trend noch verschärften. Was die Gewinne der Konservativen und das mäßig günstige Abschneiden der Nationalliberalen anging, so hatte dabei die »landrätliche Wahlmaschine« vornehmlich bei den Stichwahlen einiges nachgeholfen, wie Puttkamer gelegentlich selbst einräumte. Das hatte jedoch nicht gereicht, um Bismarck zu einer zuverlässigen parlamentarischen Mehrheit zu verhelfen. Die von ihm bevorzugte konservativ-nationalliberale Koalition war zwar angesichts des Abschwenkens der Nationalliberalen Partei in das Lager der Rechten in greifbare Nähe gerückt, aber mit 157 Mandaten blieb sie um einiges hinter einer ausreichenden Mehrheit zurück. Mit der Regierbarkeit des Reiches war es also keineswegs besser geworden; die tiefen Bruchlinien im gesellschaftlichen System waren ebenso wenig überbrückt wie die Versäulung des Parteiensystems überwunden. Im übrigen deutete das Wahlergebnis an, daß der Niedergang des Liberalismus offenbar irreversibel geworden war und die Nationalliberalen sich dieser Entwicklung nur durch die Flucht ins rechte Lager glaubten entziehen zu können. Dieser Trend setzte sich in den Wahlen für das preußische Abgeordnetenhaus, allerdings unter den Bedingungen des Dreiklassenwahlrechts, das nunmehr eindeutig die konservativen Parteien begünstigte, weiter fort. Während die Konservative Partei ihre Führungsposition noch stärker auszubauen vermochte und mit 133 Mandaten nahezu ein Drittel der Abgeordneten stellte und auch die Nationalliberalen zulegen konnten, fiel die Deutsche Freisinnige Partei auf ganze 53 Abgeordnete zurück, und das war bloß der Anfang von noch Schlimmerem. Auch in Sachsen, dem drittgrößten Bundesstaat des Reiches, vollzog sich, unter den Bedingungen eines exklusiven Zensuswahlrechts, das nur etwa 12 Prozent der Bevölkerung das aktive Wahlrecht einräumte, eine gleichartige Entwicklung. Die Fortschrittspartei fiel hier von 18,7 Prozent der abgegebenen Stimmen im Jahre 1883 auf 8,7 Prozent im Jahre 1885 zurück. Das besitzende Bürgertum verließ in Scharen den Linksliberalismus. Er wurde mehr und mehr zu einer Partei der Intellektuellen und des Kleinbürgertums; nur im Handel und im Bankwesen konnte er weiterhin auf einigen Sukkurs rechnen.

Stimmenentwicklung der Parteien bei den Reichstagswahlen von 1871 bis 1912

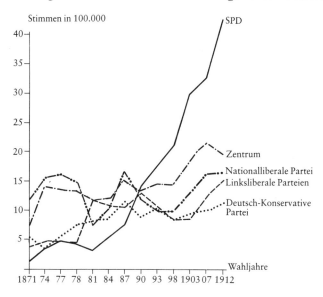

Angesichts dieser Konstellation verlagerte Bismarck das politische Kampffeld hinfort stärker nach Preußen, zumal ihm dort mit dem Innenminister von Puttkamer ein hochkonservativer Gefolgsmann zur Verfügung stand, der sich nicht scheute, den Parteien der Linken forsch entgegenzutreten, auch wenn dabei die Bestimmungen der preußischen Verfassung vielfach ein wenig in den Hintergrund gerieten. Denn Bismarck war weiterhin in erster Linie damit beschäftigt, einen Präventivkrieg gegen die oppositionellen Parteien zu führen und dazu zählte er eigentlich alles, was links von den Nationalliberalen stand, unter Einschluß des Zentrums, oder doch wenigstens des von Windthorst geführten Gros jener Partei. Er wollte, so gut es ging, Pflöcke einschlagen, um ein Abgleiten in den Parlamentarismus, oder genauer, in einen uneingeschränkten Konstitutionalismus, wie es unter dem Kronprinzen immerhin noch zu erwarten stand, ein für allemal zu verhindern. Zum Hauptgegner avancierten jetzt die Freisinnigen, denen vorgehalten wurde, die nationalen Interessen des Reiches zu mißachten, aber auch der entschieden konstitutionell gesinnte Flügel des Zentrums. Die Zeiten, in denen Bismarck mit Windthorst persönliche Beziehungen angeknüpft hatte, gehörten der Vergangenheit an. Die politischen Auseinandersetzungen in den parlamentarischen Körperschaften und in der Öffentlichkeit wurden auf allen Seiten mit zunehmender Gereiztheit geführt, und dies war einer ersprießlichen Gesetzgebungsarbeit nicht förderlich. Bismarck wurde immer mehr zu einem Stein des Anstoßes, an dem sich die Geister schieden.

Infolgedessen fiel den Nationalliberalen eine ganz unverdiente parlamentarische Schlüsselstellung zu, um so mehr, als Bismarck die von ihm als unvermeidlich angesehene endgültige Revision der Kulturkampfgesetze im preußischen Abgeordnetenhaus nach Möglichkeit ohne, ja gegen die Stimmen des Zentrums durchzuführen suchte. Darüber hinaus war Bismarck bestrebt, sich in noch stärkerem Maße auf jene Gruppen der deutschen Gesellschaft zu stützen, die ein unmittelbares Interesse an der Erhaltung des politischen Status quo besaßen und eine nationalkonservative Koalition unter Einschluß auch der Nationalliberalen zu tragen bereit waren. Vor allem sollte das Bündnis von Industrie und Großagrariern, welches bereits der Wende von 1879 zugrunde gelegen hatte, nun ein zusätzliches Unterfutter erhalten. Bereits am 8. Januar 1885 wurde dem Reichstag eine neue umfangreiche Zollvorlage angekündigt, die substantielle Erhöhungen bei zahlreichen Warengattungen vorsah. Ihren Kern aber bildete eine massive Anhebung der Zölle für Getreide und eine Reihe anderer agrarischer Erzeugnisse. Der Zollsatz auf Weizen sollte um das Dreifache, das heißt auf 3 Mark pro Doppelzentner, erhöht werden, jener für Roggen, Hafer, Buchweizen und Hülsenfrüchte auf das Zweifache des bisherigen Satzes, also auf 2 Mark, sowie für Gerste auf 1,50 Mark. Bismarck erklärte frank und frei, daß damit in erster Linie der Landwirtschaft geholfen werden sollte: »Wenn irgend ein Gewerbe ein Recht auf Schutz hat, so ist es doch in unseren constitutionellen Verhältnissen, wo die Majorität entscheidet, dasjenige, an dem die Majorität hängt, das ist die Landwirthschaft.«

Für diese Vorlage war aufgrund der Stärke der »Freien volkswirtschaftlichen Vereinigung« im Reichstag eine Mehrheit von vornherein sicher. Auf Antrag des Zentrumsabgeordneten Freiherr von Schorlemer-Alst ging sie sogar über die Vorschläge der »Verbündeten Regierungen« insofern noch hinaus, als Roggen wie Weizen behandelt werden sollte. Daher hatte Bismarck leichtes Spiel mit der Opposition der Linksliberalen und der Sozialdemokraten, die diese Maßnahmen als Verteuerung der Lebenshaltung der breiten Massen der Bevölkerung anprangerten. Denn diese wüßten nicht zu sagen, wie der unzweifelhaft notleidenden Landwirtschaft zu helfen sei; sie predigten aus doktrinärer Freihandelsgesinnung heraus reinen Quietismus. Der Kanzler gab auf die Vorhaltungen Bambergers hin ohne weiteres zu, daß es ihm jetzt nicht mehr um Finanzzölle, sondern um Schutzzölle gehe und daß er mit dem Blick auf die Krise der Landwirtschaft eine Erhöhung der Getreidepreise anstrebe: »Ich wünsche, daß der Preis [des Getreides] gesteigert werde, ich halte es für ganz nothwendig, daß er gesteigert werde.« Und zu dem Argument Bebels, daß durch die Zollgesetzgebung die ohnehin weit überhöhten Preise für Großgüter noch steigen würden, meinte der Kanzler nur, daß man den kleineren Besitzern, die Land verkauften, diese Gewinne doch wohl gönnen sollte. Seine Rede mündete in eine Apotheose des ostelbischen Großgrundbesitzes als einer für den Staat und die Nation gleichermaßen unentbehrlichen Schicht, an der die Angriffe der Linken zerschellen würden. Die Annahme der Zollvorlage, übrigens ohne jede eingehendere parlamentarische Überprüfung, war eine willkommene Bekräftigung des Bündnisses von Landwirtschaft und Industrie gegen die Parteien der Linken. Gleiches kann von den parlamentarischen Verhandlungen über die Kolonialpolitik gesagt werden. Hier ergab sich ebenfalls eine Frontstellung gegen die politische Linke, freilich mit leicht nach links verschobenem Spektrum, da sich jene Parteien, die Industrie und Gewerbe nahestanden, mit den neuen imperialistischen Tendenzen weitaus stärker befreundeten als die Konservativen, die nur aus taktischen Gesichtspunkten das überseeische Engagement des Reiches begrüßten, von dem man damals in erster Linie eine willkommene Entlastung des Binnenmarktes von überschüssiger Bevölkerung und eine Reduzierung der Arbeitslosen erwartete.

Hingegen erlitt Bismarck einmal mehr Schiffbruch mit Steuervorlagen, mit denen er eine Entlastung der besitzenden Schichten – in erster Linie des ländlichen, in zweiter Linie des städtischen Grundbesitzes in Preußen – von direkten Steuern erreichen wollte. Das Branntweinmonopol, das die Reichsleitung dem Reichstag im März 1886 vorlegte, lag ganz auf dieser Linie. Diese sollte die Mittel erbringen, um die direkte steuerliche Belastung der Einzelstaaten – gedacht war insbesondere an eine Verminderung der Bismarck besonders verhaßten Grundsteuer – zu senken. Als Nebeneffekt war eine Stabilisierung der Rohbranntweinpreise auf vergleichsweise hohem Niveau vorgesehen, was die agrarischen Interessenten mit dem bürokratischen Charakter dieser Lösung versöhnen sollte. Als der Reichstag das Branntweinmonopol erwartungsgemäß ablehnte – mehr aus Mißtrauen gegen die gesellschaftspolitischen Zielsetzungen, die man mit einigem Recht hinter Bismarcks Steuerpolitik vermutete, als aus freihändlerischen Gründen –, wurde eine Branntweinsteuervorlage nachgeschoben, die sich ebenfalls dadurch auszeichnete, daß den ländlichen Brennereien, also indirekt den Großagrariern, erhebliche Zugeständnisse gemacht wurden. Aber auch hier kam eine Mehrheit nicht zustande, da der Reichstag nicht einsah, weshalb im Hinblick auf das zu erwartende steigende Aufkommen der soeben erhöhten Zölle neue Steuereinnahmen überhaupt notwendig seien. In der Tat läßt sich Bismarcks Steuerpolitik nur rechtfertigen, wenn man berücksichtigt, daß er damit langfristige gesellschaftliche Strukturveränderungen anstrebte.

Etwas mehr Erfolg hatte Bismarck mit seinem Antrag auf Verlängerung des Sozialistengesetzes um weitere fünf Jahre. Selbst bei den Nationalliberalen war die Begeisterung für das Gesetz gering, da es sich ersichtlichermaßen als wenig erfolgreich und in seinen Auswirkungen auf die sozialdemokratische Agitation als zweischneidig erwiesen hatte. Die Freisinnigen waren nunmehr, anders als 1884, eindeutig ablehnend, und das Zentrum verlegte sich darauf, zahlreiche abschwächende Amendements zu fordern. Aber keine der Mittelparteien wollte es wegen dieser Frage auf einen massiven Konflikt mit den »Verbündeten Regierungen« ankommen lassen. So einigte man sich im April 1886 auf eine Verlängerung um weitere zwei anstelle der von der Regierung geforderten fünf Jahre. Der Beschluß war ein fauler Kompromiß, geprägt durch Lustlosigkeit und Apathie bei den bürgerlichen Parteien; sie waren nicht geneigt, wegen dieser Frage eine Auflösung des Reichstages und anschließende Neuwahlen zu riskieren. Es war jedoch abzusehen, daß eine Mehrheit für eine neuerliche Verlängerung nicht mehr zu haben sein würde. Alles in allem war die parlamentarische Situation völlig verfahren; wie auf außenpolitischem Felde, so begann auch in der inneren Politik der Satz zur Wahrheit zu werden: »Es gelingt nichts mehr.«

In Preußen erreichte die reaktionäre Politik des Innenministers von Puttkamer 1885 mit Massenausweisungen von Polen und Juden aus den östlichen Provinzen Preußens einen wenig rühmlichen Höhepunkt. Vorhergegangen waren Maßnahmen der preußischen Behörden gegen Juden russischer Staatsangehörigkeit. Die antisemitische Agitation der frühen achtziger Jahre, die lautstark gegen die angeblich ständig steigende ostjüdische Einwanderung polemisiert hatte, spielte dabei ebenso eine Rolle wie der Umstand, daß die Juden im Ruf standen, die politische Opposition des Freisinns gegen Bismarck in besonderem Maße zu unterstützen. Ein Vorfall bei den Reichstagswahlen 1884 weckte Bismarcks persönlichen Unwillen. In Danzig, dem Wahlkreis Heinrich Rickerts, hatten sich 42 Juden russischer Staatsangehörigkeit in die Wählerlisten eintragen lassen und, so meinte man, zur Wiederwahl dieses Gegenspielers des Kanzlers beigetragen. Bismarck glaubte daraus folgern zu sollen, daß zahlreiche im Lande befindliche Juden russischer Staatsangehörigkeit versucht hätten, sich die Rechte eines deutschen Staatsbürgers durch einen längeren Aufenthalt in Preußen gewissermaßen zu ersitzen. In der Tat stand das Staatsbürgerrecht des Deutschen Reiches in mancher Hinsicht im Widerspruch zu den international gültigen Bestimmungen der Wiener Schlußakte von 1814, die ungeachtet der Teilung Polens unter die drei Mächte Rußland, Österreich und Preußen das Prinzip der Einheit der polnischen Nation nicht völlig negiert und die Freizügigkeit der Polen – und damit auch polnischer Juden – über die Staatsgrenzen der drei Großmächte hinweg garantiert hatte. In den vergangenen Jahrzehnten hatten die preußischen Behörden daher der Einwanderung aus Kongreßpolen keinerlei Hindernisse in den Weg gelegt, sondern die Dinge frei laufen lassen. Diese Verhaltensweise geriet nun mit dem Selbstverständnis des integralen Nationalstaates in Widerspruch, der auf einem möglichst hohen Maß nationaler Homogenität bestand.

Seit 1881 hatte das preußische Innenministerium unter dem Einfluß der antisemitischen Kampagne in der Öffentlichkeit Anläufe unternommen, die Zahl der polnischen »Überläufer«, das heißt der ohne Genehmigung aus Kongreßpolen eingewanderten und nicht naturalisierten Polen, unter denen sich viele Juden befanden, amtlich zu ermitteln und die Oberpräsidenten der östlichen Provinzen angewiesen, die Zuwanderung von Juden zu beschränken. Im Juni 1884 wurden diese Maßnahmen überraschend auch auf den Stadtkreis Berlin ausgedehnt. Innerhalb eines halben Jahres wurden insgesamt 677 russische beziehungsweise polnische Juden, obschon viele von ihnen bereits Jahre oder gar Jahrzehnte in Berlin lebten, aber keine Aufenthaltsgenehmigung besaßen, aus Berlin ausgewiesen. Darunter befanden sich neben Arbeitern, Handwerkern und kleinen Gewerbetreibenden sogar einige Journalisten, Ärzte und Angehörige anderer akademischer Berufe sowie eine ganze Reihe von Studenten. Die Ausweisungen trafen die Betroffenen völlig unvorbereitet und wurden mit unnachgiebiger Härte exekutiert. Die teilweise äußerst kurzen Fristen – die Arbeiter mußten das Land binnen weniger Tage verlassen – wurden allerdings auf Antrag bei den Behörden vielfach auf ein Vierteljahr, in einigen Fällen auf ein halbes Jahr verlängert, zumal dann, wenn über Eigentum verfügt werden mußte. Die Ausweisungswelle zielte keineswegs nur auf die Unterschicht der jüdischen »Überläufer«, sondern gerade auf die gebildeten Juden, unter denen man Anhänger des »nihilistischen« russischen Anarchismus vermutete. Im europäischen Ausland lösten die Ausweisungen große Irritation und zahlreiche Proteste aus.

Sie waren freilich nur der Auftakt zu den Massenausweisungen von Bürgern russisch-polnischer Herkunft, die Puttkamer seit 1885 auf Weisung des Reichskanzlers auf breiter Front ins Werk setzte. Den Hintergrund bildeten jetzt nicht in erster Linie antijüdische Motive, obschon diese weiterhin eine Rolle spielten, sondern die Sorge vor einen angeblich drohenden Polonisierung der östlichen Provinzen Preußens. Den aktuellen Anlaß dafür bildete die Massenabwanderung von deutschen Landarbeitern aus den ostelbischen Provinzen in die neuen industriellen Zentren Berlins, Hamburgs und des Ruhrgebiets beziehungsweise deren Auswanderung nach Übersee, insbesondere in die Vereinigten Staaten. Die Wanderungsbewegung führte zu akutem Arbeitermangel – zur »Leutenot«, wie man damals sagte – auf den Höfen der ostelbischen Großgüterwirtschaft und förderte die Neigung zur Beschäftigung polnischer Wanderarbeiter, der sogenannten Sachsengänger. Auf diese Weise wurden zahlreiche polnische Landarbeiter ins Land gezogen, die teilweise die ehemals deutsche, seßhafte Arbeiterschaft verdrängten. Nicht wenige Zuwanderer aus Kongreßpolen blieben auf Dauer und mit ihnen nicht selten ihre Familien und ihre Kinder. In manchen Grenzregionen, beispielsweise in Marienwerder, veränderte sich dadurch auch das Verhältnis der Konfessionen nachhaltig zugunsten des Katholizismus; die evangelischen Arbeiter deutscher Nationalität wanderten ab, und an ihre Stelle traten katholische Polen, die zumeist erst vor kürzerer Zeit zugewandert waren und eigene Familien gründeten. In manchen Fällen mußten evangelische Volksschulen mangels genügender Kinderzahl geschlossen und statt dessen katholische eingerichtet werden. Dieser Umstand verlieh der Auseinandersetzung nicht nur eine nationalpolitische, sondern zugleich eine kulturkämpferische Dimension.

Schon die antikirchlichen Maßnahmen des »Kulturkampfes« hatten unter anderem das Ziel verfolgt, den Einfluß des katholischen Volksteils in den östlichen Provinzen Preußens zurückzudrängen und den polnischen Katholiken eine eigenständige kulturelle und politische Entwicklung nach Möglichkeit zu erschweren. Nunmehr kam ein neues Moment hinzu, nämlich die Furcht, daß die Polen in den östlichen Gebieten Preußens ihre Position auch rein numerisch zu verstärken im Begriff seien. Teilweise wurde den polnischen Organisationen sogar unterstellt, die Einwanderung von Polen aus den russischen Teilen Preußens systematisch zu organisieren. Dies war allerdings nicht zutreffend; wie wir heute wissen, genügt bereits ein stärkeres ökonomisches Gefälle zwischen unterschiedlichen Ländern, um derartige Wanderungsbewegungen in Gang zu setzen. Seit 1884 schlug die nationalliberale Presse im Deutschen Reich Alarm. Den Anfang machte im Januar 1884 ein Aufsatz des Philosophen Eduard von Hartmann in der Wochenschrift »Die Gegenwart«. Wenn die Deutschen es schon nicht hindern könnten, so hieß es hier, daß »die deutsche Art« außerhalb der Grenzen des Reiches ausgerottet werde, dann müsse wenigstens im eigenen Hause die unbedingte Herrschaft des Deutschtums sichergestellt werden, »wenn nicht der Einfluß des Deutschtums in der Geschichte der Naturvölker beträchtlich sinken soll«. Hier verband sich die Idee des homogenen Nationalstaates mit einem rassisch überformten Kulturnationalismus, der in der bürgerlichen Bildungsschicht große Resonanz fand. Die Tagespresse griff dieses Thema sogleich auf. Es bestehe, so schrieb beispielsweise das »Leipziger Tageblatt«, die Gefahr, daß der polnische Einwanderungsstrom in die östlichen Provinzen Preußens immer größere Dimensionen annehmen könnte, und es sei ein Gebot der nationalen Selbsterhaltung, jener bedrohlichen Entwicklung einen Riegel vorzuschieben.

In diesem Punkt bestand eine Interessengemeinschaft der preußischen Staatsbehörden, die in erster Linie an einer Reduzierung der für staatsfeindlich oder doch für oppositionell gehaltenen Unterschicht der russisch-polnischen Einwanderer interessiert waren, und der Nationalliberalen, die sich mit Verve für die Idee eines homogenen deutschen Nationalstaates einsetzten, der ethnische Minderheiten innerhalb seiner Grenzen nur dann dulden wollte, wenn sie sich mit den Idealen der deutschen Kulturnation identifizierten und deren Sprache zumindest beherrschten. Die Duldung eigenständiger kultureller Ethnien, noch dazu mit dem potentiellen Anspruch, einer anderen Nation zuzugehören, waren mit diesem neuen integralen Nationsbegriff nicht vereinbar. Bismarck selbst machte sich diese Auffassung, obwohl sie seiner eigenen altpreußischen Herkunft eigentlich nicht entsprach, sogleich zu eigen. Die Idee der machtvollen Nation, die sich gegenüber ihren Widersachern im Außenverhältnis wie im Innern kraftvoll zur Wehr setzen müsse, wurde zu einem Paradigma, das er in den unterschiedlichsten Kontexten immer wieder gegen die Parteien der Linken ausspielte.

Daraus erklärt sich wohl auch, daß das preußische Innenministerium im April 1885 auf direkte Anweisung Bismarcks in ungewöhnlich massiver Weise die Ausweisung sämtlicher in den vier östlichen Provinzen Preußens ohne Lizenz eingewanderten Polen verfügte. Die Frist für das Verlassen des Landes betrug für die Landarbeiter in der Regel drei oder acht Tage; den Handwerkern und Kaufleuten wurden allerdings zumeist wesentlich längere Fristen eingeräumt. Unter den Ausgewiesenen befanden sich viele Polen, die längst in ihrem Wohnort eine wirtschaftliche Existenz begründet und sich häuslich niedergelassen hatten, obschon sie rechtlich als russische Staatsangehörige galten. Dementsprechend lösten diese Maßnahmen große Unruhe unter der polnischen Bevölkerung der östlichen Provinzen aus. Aber auch die örtlichen Behörden und mehr noch die Gutsbesitzer waren einigermaßen konsterniert über derart drastische, aus heiterem Himmel kommende Verfügungen, die gewachsene Sozialbeziehungen und lange bestehende Arbeitsverhältnisse gleichsam über Nacht abrupt zerrissen. Die großen Güter waren, zumal wegen der Abwanderung eines Teils der deutschen Landarbeiter, auf die polnischen Landarbeiter geradezu angewiesen. Der Rückgriff auf »billige und willige« Saisonarbeitskräfte jenseits der Grenze, die insbesondere zur Erntezeit zu bescheidenen Löhnen und unter Hinnahme kärglicher Wohn- und Arbeitsbedingungen einsetzbar waren, half dem Großgrundbesitz, über seine schwierigen wirtschaftlichen Verhältnisse einigermaßen hinwegzukommen; ihr Ersatz durch Landarbeiter anderer Herkunft war nur in begrenztem Umfang möglich. Überdies hatte die Verfügbarkeit billiger polnischer Arbeitskräfte bisher vielfach eine extensive Bewirtschaftung von Grund und Boden ermöglicht; nun aber wurden die Großgrundbesitzer von einem Tag auf den anderen zu Rationalisierung und intensiver Bodennutzung gezwungen. Insofern lösten die Ausweisungsverfügungen in den östlichen Provinzen keineswegs eitel Freude aus, und es wurden vielerlei Wege gesucht, um sie zu umgehen. Aber solche ökonomischen Argumente wurden von den Staatsbehörden »mit Rücksicht auf die politische Sicherheit unsres Staates« und »auf die Pflege des deutschen Wesens und der deutschen Kultur« zurückgewiesen. Der preußische Kultusminister Goßler verwies darauf, daß die massenhafte Einwanderung polnischer Arbeiter zur Verdrängung und Abwanderung der deutschen Arbeiter führe – ein Argument, das dann vornehmlich von nationalliberaler Seite aufgegriffen und zur Verteidigung der preußischen Polenpolitik verwendet wurde. Ungeachtet der Einwände von wirtschaftlicher Seite wurde der Kreis der Auszuweisenden schrittweise immer weiter ausgedehnt, unter Einbeziehung von Polen aus anderen Staaten, insbesondere solcher österreichisch-ungarischer Abkunft. Allerdings vollzog sich der Ausweisungsprozeß nur schleppend, da die russischen Behörden der Aufnahme der Betroffenen zunehmend Schwierigkeiten in den Weg legten. Insgesamt wurden bis Ende 1887 von etwa 44.000 polnischen »Überläufern« etwa 32.000 ausgewiesen. Hinfort wurden die östlichen Grenzen auch für »Wanderarbeiter«, soweit es sich nicht um bloße Tagesgrenzgänger handelte, gesperrt. Die Zurückgebliebenen standen von nun an unter dem Damokles-Schwert der Ausweisung, was sie zu noch größerer Fügsamkeit gegenüber ihren Arbeitgebern veranlaßte.

Nicht so sehr die Ausweisungen als solche, sondern die ungewöhnliche Härte und Rücksichtslosigkeit, mit der sie durchgeführt wurden, gaben Anlaß zu heftigen parlamentarischen Auseinandersetzungen sowohl im preußischen Abgeordnetenhaus als auch späterhin im Reichstag. Hier machten sich neben der polnischen Fraktion vor allem das Zentrum und die Freisinnigen zu Anwälten der polnischen Minderheit, während die Nationalliberalen die Ausweisungen aus nationalen Gründen unterstützten. Ihren Höhepunkt erreichten diese Auseinandersetzungen am 19. November 1885 mit einer großen Anfrage der polnischen Reichstagsfraktion »an die Reichsregierung«, der sich das Zentrum, die große Mehrheit der Freisinnigen Volkspartei, die Sozialdemokraten sowie die Welfen, die Dänen und die Elsässer angeschlossen hatten. Bismarck reagierte auf diese Interpellation mit denkbar größter Schärfe. Er erwirkte bei Wilhelm I. eine Allerhöchste Botschaft, in der die Anfrage als ein unrechtmäßiger Eingriff in die Hoheitsrechte Preußens zurückgewiesen wurde. Aber mehr noch: Darin wurde gegen die angeblich in der Interpellation vertretene Rechtsauffassung Verwahrung eingelegt, wonach der Reichstag befugt sei, die Regierungsakte der Bundesfürsten seiner Kritik zu unterwerfen: »Es gibt keine Reichsregierung, welche berufen wäre, unter der Controle des Reichstags, wie sie durch jene Interpellation versucht wird, die Aufsicht über die Handhabung der Landeshoheitsrechte der einzelnen Bundesstaaten zu führen, soweit das Recht dazu nicht ausdrücklich dem Reiche übertragen worden ist.« Bismarck fügte nach der Verlesung dieser Botschaft im Reichstag erläuternd hinzu, daß die Grundlage des Reiches der Bundesvertrag zwischen dem König von Preußen und den anderen Bundesfürsten sei, und es demgemäß eine in der Interpellation »vorausgesetzte Reichsregierung« gar nicht gebe, sondern nur die »Verbündeten Regierungen«. Die Interpellation liege auf dem Weg der Entwicklung des Reichstages in unitarischer Richtung, zu der er seine Hand nicht bieten könne. Und er überzog die Interpellanten, die noch nicht einmal wüßten, daß die Reichsregierung »eine Behörde« sei, »die es gar nicht gibt«, mit ätzendem Hohn.

Diese, dem Sachverhalt in keiner Weise angemessene Reaktion, die auf seiten der Abgeordneten durchweg mit Überraschung und Unverständnis aufgenommen wurde, verriet gleichwohl die geheimen Gedanken des Kanzlers, nämlich das Bestreben, die politische Funktion des Reichstages als des wichtigsten unitarischen Faktors der Reichsverfassung nach Möglichkeit zu beschneiden; dafür war ihm auch die These gut genug, daß der Reichskanzler ein bloß ausführendes Organ des Bundesrates sei und demgemäß dem Reichstag gegenüber gar keine Verpflichtungen habe. Im übrigen rechtfertigte der Kanzler die Ausweisungen mit dem Argument: »Der Polonismus und die polnische Propaganda ist der Grund der Ausweisungen gewesen.« Dieser »Kanonenschuß« des Kanzlers, wie Frau von Spitzemberg in ihrem Tagebuch über die Aktion des Kanzlers vermerkte, erwies sich allerdings als eine höchst zwiespältige Angelegenheit. Selbst die Nationalliberalen wollten die hier vertretene, schroff anti-unitarische Interpretation der Reichsverfassung nicht hinnehmen. Und die Debatte über die Ausweisungen konnte ebenfalls nicht verhindert werden, obschon Bismarck und die Bevollmächtigten des Bundesrates der Sitzung vom 16. Januar 1886 demonstrativ fernblieben. Der Sprecher der polnischen Fraktion von Jaźdzewski wies in seiner Begründung der Interpellation darauf hin, daß sich die Regierung mit den Ausweisungen meilenweit von dem Potsdamer Toleranzedikt des Großen Kurfürsten aus dem Jahre 1685 entfernt habe; den Tausenden von Ausgewiesenen könne »keine andere persönliche Verschuldung zur Last gelegt werden« als ihre Zugehörigkeit zur polnischen Nation und ihr katholischer Glaube. Jaźdzewski sah darin unter anderem eine »kulturkämpferische Maßregel neuester Erfindung«. Er schloß seine Rede mit den bedenkenswerten Worten: »Es wird [...] eine Zeit kommen, wo die Geschichte über diese Ausweisungen sich erklären wird, und ich glaube, es wird dem Staatswesen dasjenige nicht zum Ruhme gereichen, was sie darüber wiedererzählen wird.«

In der Debatte gingen die Parteien der Linken und das Zentrum einmal mehr mit den brutalen Methoden der preußischen Behörden und dem sachlich nicht gerechtfertigten Umfang der Ausweisungen zu Gericht, während die Konservativen die Ausführungen der oppositionellen Redner als unpatriotisches Verhalten zu brandmarken suchten. Helldorff, der Führer der Deutsch-Konservativen Partei, ließ sich gar zu der Äußerung hinreißen, daß die Kritiker der Ausweisungen »die Geschäfte des Auslands« betrieben. Auch die Nationalliberalen verteidigten die Politik der Regierung; wenngleich die aufgetretenen »Härten« zu bedauern seien, so führte Marquardsen aus, dürfe man sich, da es sich hier um »tiefe nationale Pflichten und Aufgaben« handele, daran nicht zu sehr stoßen. Auf Antrag Windthorsts wurde schließlich mit den Stimmen der übergroßen Mehrheit des Reichstages eine Resolution verabschiedet, in der die Überzeugung zum Ausdruck gebracht wurde, »daß die von der königlich preußischen Regierung verfügten Ausweisungen russischer und österreichischer Untertanen nach ihrem

Umfang und nach ihrer Art nicht gerechtfertigt erscheinen [...]«. Diese Resolution, deren Behandlung der Bundesrat demonstrativ verweigerte, hatte keinerlei unmittelbare Konsequenzen. Vielmehr wurden die Ausweisungsmaßnahmen in der Folge noch verschärft. Immerhin sollten in Verhandlungen mit den Regierungen Rußlands und Österreich-Ungarns die Modalitäten der Ausweisungen geklärt und deren Folgen für die Betroffenen ein wenig gemildert werden. Andererseits wurde der Kampf gegen die »Polonisierung« der – ehemals polnischen – Gebiete Preußens durch ein Bündel zusätzlicher Maßnahmen verschärft, zu denen vor allem die Oktroyierung des Deutschen als alleiniger Geschäftssprache und die Intensivierung des deutschen Schulwesens gehörten.

Insbesondere die Nationalliberalen mißbilligten die bloß restriktive Politik der preußischen Staatsregierung gegenüber den Polen in den deutschen Ostprovinzen. Sie verlangten, daß diese durch ein großangelegtes Programm der »inneren Kolonisation«, in der Tradition Friedrichs des Großen, ergänzt und ins Positive gewendet werden müsse. Johannes Miquel, Oberbürgermeister von Frankfurt und als solcher Mitglied des preußischen Herrenhauses, einer der Führer der Nationalliberalen Partei, machte sich zum Vorkämpfer der Ansiedlung deutscher Bauern in den östlichen Gebieten Preußens mit staatlicher Hilfe, um auf solche Weise den Anteil des deutschen Elements in Posen und in Westpreußen wieder zu stärken und der Abwanderung der deutschen Landarbeiterschaft entgegenzuwirken. Dieses Programm entsprach den politischen Überzeugungen der Nationalliberalen. Sie sahen in der Förderung des mittleren und kleineren bäuerlichen Besitzes ein Mittel, um das Gleichgewicht von Industrie und Landwirtschaft, in dem sie eine wesentliche Voraussetzung für eine Stabilität der gesellschaftlichen Ordnung des Kaiserreiches erblickten, wiederherzustellen.

Auch in den Regierungskreisen gewann die Idee, durch die staatlich geförderte Ansiedlung von Bauern und ländlichen Arbeitern die Germanisierung der gefährdeten östlichen Provinzen zu fördern, breite Zustimmung, zumal interne Erhebungen erbracht hatten, daß zum augenblicklichen Zeitpunkt eine große Zahl von zumeist polnischen Gütern relativ preiswert erworben werden könne. Es bestand Einigkeit darüber, daß diese Güter aufgesiedelt werden sollten, doch gingen sogleich die Meinungen darüber auseinander, ob die einzelnen Parzellen an Ansiedler verpachtet oder, wie es die Nationalliberalen wollten, ihnen zu freiem Eigentum überlassen werden sollten, mit der Maßgabe, daß eine freie Veräußerung solcher Besitzungen nicht möglich sein sollte. Das Ergebnis war das Ansiedlungsgesetz vom 26. April 1886. Eine Ansiedlungskommission für Posen und Westpreußen sollte, mit einer aus öffentlichen Mitteln bereitgestellten Summe von zunächst 100 Millionen Mark, Grund und Boden aus polnischem und gegebenenfalls auch deutschem Besitz aufkaufen, parzellieren und die einzelnen Parzellen an deutsche Bauern und Landarbeiter in der Rechtsform eines Rentenguts abgeben, gegen eine feste, jährlich an den preußischen Staat zu zahlende

Rente, allerdings mit der Auflage, daß daraus nach Ablauf einiger Jahre freies, jedoch rechtlich gebundenes Eigentum entstehen würde. Dahinter stand die große Vision der Schaffung geschlossener deutscher Bauerndörfer in den Grenzregionen mit polnischer Mehrheit. Ein Nebeneffekt dieser Gesetzgebung, der den Konservativen die Annahme der Vorlage wesentlich erleichterte, war, daß dadurch zwar der Vorherrschaft des Großgrundbesitzes Grenzen gesetzt, aber zugleich die »Leutenot« in der ostelbischen Großgüterwirtschaft gemildert werden sollte. Miquel, der eigentliche Vater der Vorlage, verteidigte sie im preußischen Herrenhaus unter ausdrücklicher Bezugnahme auf die Kolonisierungspolitik des Großen Kurfürsten und Friedrichs des Großen, deren beachtliche Erfolge er eindrucksvoll in Erinnerung rief. Daran anknüpfend führte er aus, daß »es doch wunderbar sein« müßte, »wenn uns nicht Ähnliches mit den Erfahrungen der damaligen Zeit und den großen Mitteln der Gegenwart, bei der Übervölkerung, die wir in Deutschland haben [...], auch gelingen sollte«.

Miquel räumte offen ein, daß es sich dabei um die Fortsetzung der gewaltsamen Germanisierung des Ostens, wenn auch mit anderen, »friedlichen Mitteln« handele, zumal »ein solcher Kampf zwischen der polnischen Bevölkerung und dem Deutschtum – ich will nicht sagen der Rasse, aber der Nationalität« auch heute noch andauere. In der Tat war das Ansiedlungsgesetz als massive Kampfmaßnahme gedacht, um die Eindeutschung der östlichen Provinzen Preußens, die ehemals zum polnischen Staat gehört hatten, zu erzwingen; denn diese Territorien zählten völkerrechtlich immer noch zu dem in der Wiener Schlußakte von 1814 garantierten Gesamtverband der unterdessen allerdings zu einem bloßen Schemen herabgesunkenen polnischen Nation. In der Folge sollte sich herausstellen, daß die Ansiedlungspolitik eher der Sanierung des deutschen Großgrundbesitzes als der Zurückdrängung des polnischen Bevölkerungsanteils dienlich war. Sie hat, ebenso wie die massive Ausweisungspolitik der preußischen Behörden, zu einer dauernden Vergiftung des deutsch-polnischen Verhältnisses geführt, nicht aber zu einer nennenswerten Stärkung des deutschen Elements in den östlichen Provinzen Preußens. Sie war Ausdruck jenes neuen, ungleich aggressiveren nationalen Denkens, welches als erster Heinrich von Treitschke in seinen Artikeln über die Judenfrage zum Ausdruck gebracht hatte, das aber inzwischen in breiten Schichten des Bürgertums Wurzeln geschlagen hatte.

Wenn sich die Nationalliberalen in der Ansiedlungsgesetzgebung mit ihrer Idee des freien Bauernguts durchsetzten, so deshalb, weil ihre Mitwirkung angesichts der ablehnenden Haltung des Zentrums unentbehrlich war. Windthorst nannte das Ansiedlungsgesetz nicht unberechtigterweise ein Ausnahmegesetz gegen die polnische Bevölkerung, das mit dem Gleichheitsgrundsatz der preußischen Verfassung nicht vereinbar sei. Er zog sich damit in den Debatten erneut den Zorn des Kanzlers zu, zumal dieser ihm die Resolution des Reichstages zur Ansiedlungsfrage nicht verziehen hatte. Bismarck erging sich einmal mehr in dunklen Drohungen, daß die Bundesfürsten sich gegebenenfalls von der »Obstruktionspolitik der Reichstagsmehrheit«, die bei dieser Gelegenheit erneut zum Ausdruck gekommen sei, »unabhängig stellen«, mit anderen Worten eine Wiederauflösung des Bundes vornehmen könnten, auf den sich die Einheit des Reiches stütze. Er gehöre nicht zu den Advokaten dieser Politik, erklärte der Kanzler – wobei sich die Frage aufdrängt, wer außer ihm jemals dergleichen erwogen haben könnte –, »aber ehe ich die Sache des Vaterlandes ins Stocken und in Gefahren kommen lasse, da würde ich doch Sr. Majestät dem Kaiser und den verbündeten Fürsten die entsprechenden Rathschläge geben und auch für sie einstehen. Ich halte den Minister für einen elenden Feigling, der nicht unter Umständen seinen Kopf und seine Ehre daran setzt, sein Vaterland auch gegen den Willen von Majoritäten zu retten.«

Noch war es nicht so weit. Denn Bismarck hatte begründete Hoffnungen, am Ende doch ein tragfähiges Bündnis der Konservativen und des nunmehr gezähmten Kerns der ehemals so unabhängigen Nationalliberalen Partei zustande zu bringen. Vielversprechende Ansätze dafür zeigten sich in den parlamentarischen Verhandlungen über den Abbau des »Kulturkampfes«. Denn Bismarck fand Verständnis bei den Nationalliberalen dafür, daß die entsprechende Gesetzgebung möglichst ohne das Zentrum durchgesetzt werden müsse. Auch hier wählte Bismarck den Weg über die Kurie, über den Kopf des Zentrums hinweg, und handelte die entsprechenden Vereinbarungen unmittelbar mit dem Episkopat aus, sehr zum Ärger Windthorsts, der sich wieder einmal von den Kirchenoberen in eine unzumutbare politische Situation gebracht sah. Bismarck zog Nachbesserungen der Kirchengesetzgebung gemäß den Wünschen der Kurie einer Verständigung mit dem Zentrum auf parlamentarischer Ebene vor; dies löste auch bei den an sich auf Loyalität bedachten Nationalliberalen einige Verärgerung aus. Im Frühsommer 1886 wurde der »Kulturkampf« nach langen Auseinandersetzungen zu einem erträglichen Ende gebracht. Aber die tiefen Gegensätze zwischen den politischen Lagern blieben unverändert bestehen, und ebenso war das Verhältnis zwischen Kanzler und Reichstag nachhaltig gestört. Bismarcks autoritärer Herrschaftsanspruch und die Ansichten der parlamentarischen Parteien über eine modernen Verhältnissen angepaßte konstitutionelle Regierungsweise gingen weiter auseinander als jemals zuvor. Die nächste große Krise des Herrschaftssystems war bereits vorprogrammiert, und zwar mit der für 1887 anstehenden Erneuerung des Septemnats.

Die Arbeiterschaft unter dem Sozialistengesetz

Bereits vor dem Inkrafttreten des »Gesetzes gegen die gemeingefährlichen Bestrebungen der Sozialdemokratie« am 21. Oktober 1878 wurde die politische Tätigkeit der sozialdemokratischen Arbeiterbewegung in mannigfaltiger Weise behindert. Die Staatsbehörden ermutigten die Unternehmerschaft, dem Vorbild Friedrich Krupps und der Saar-Industriellen zu folgen und auch ihrerseits geeignete Maßnahmen zu ergreifen, um den Einfluß der sozialdemokratischen Bewegung einzudämmen. Die Unternehmer in der Eisen- und Stahlindustrie gingen jetzt allgemein dazu über, alle Arbeiter, die der Sozialdemokratie nahestanden, zu entlassen oder zu zwingen, ihre Verbindungen mit dieser abzubrechen. Der »Verein zur Wahrung der gemeinsamen wirtschaftlichen Interessen in Rheinland und Westfalen«, gemeinhin als »Langnamverein« bekannt, beschloß auf einer Versammlung am 24. Juni 1878 gemeinsame Maßnahmen aller seiner Mitglieder gegen sozialdemokratische Arbeiter mit dem Ziel, »alle unlauteren Elemente« aus den Belegschaften auszumerzen. Auf diese Weise gelang es der Eisen- und Stahlindustrie, die Sozialdemokratie ebenso wie die sozialistischen Gewerkschaften weitgehend aus ihren Betrieben zu vertreiben. Dies wurde allerdings durch objektive Faktoren begünstigt, zum Beispiel durch die hohe Fluktuation eines Teils der Arbeiterschaft und die patriarchalischen Sozialeinrichtungen der großen Betriebe, die die Abhängigkeit der Arbeiter von den Unternehmern stärkten.

Gleiches galt für den Bergbau an Rhein und Ruhr, der in jenen Jahren in eine Phase großen Aufschwungs eintrat. In den siebziger Jahren war es den Sozialdemokraten gelungen, in allerdings noch bescheidenem Umfang im Revier Fuß zu fassen. Zum Sedan-Tag 1877 trat in Duisburg unter dem Vorsitz Tölkes ein Arbeitertag zusammen, der unter Beweis stellte, daß die sozialdemokratische Bewegung auch im Ruhrgebiet zu einer politischen Kraft geworden war. Aber in den folgenden Jahren konnte sich die SAP gegenüber der vom Zentrum unterstützten christlich-sozialen Arbeiterbewegung nicht behaupten. In der gespannten Atmosphäre nach den beiden Attentaten auf Wilhelm I., in der sich auch unter der Bergarbeiterschaft Reserven gegenüber der Sozialdemokratie verbreiteten, ging viel von dem bereits gewonnenen Terrain wieder an die katholischen Arbeitervereine verloren. Dabei spielte allerdings die besondere Tradition der Bergarbeiterschaft, deren Knappschaftsorganisation traditionale Verhaltensweisen begünstigte, eine zusätzliche Rolle.

Auch die Bergbauunternehmen wurden im Juni 1878 von staatlicher Seite dazu aufgefordert, »selbst unter Hintansetzung augenblicklicher Geschäftsinteressen die socialdemokratische Agitation zu bekämpfen« und »durch eine energische vereinigte und planmäßige Selbstthätigkeit dafür zu sorgen, daß jene Agitationen von dem in ihren Unternehmungen beschäftigten Personal ferngehalten und, wo sie bereits Boden gefunden haben, wieder beseitigt werden«. Dies ließen sich die Unternehmer natürlich nicht zweimal sagen, zumal die Kommunalbehörden dabei ihre Hilfe anboten und schwarze Listen entlassener Arbeiter anlegten. Die Zechenverwaltungen drohten allen Arbeitern, die an sozialdemokratischen Veranstaltungen teilnahmen, die Entlassung an. Die wenigen sozialdemokratischen

Versammlungen, die unter solchen Umständen überhaupt noch zustande kamen, wurden vielfach durch die »Zuführung einer großen Zahl staatstreuer Arbeiter« gesprengt. So befanden sich die Sozialdemokraten an Rhein und Ruhr schon vor dem Erlaß des Sozialistengesetzes in der Defensive. Die Mehrzahl der sozialdemokratischen Wahlvereine löste sich auf; lediglich in Dortmund konnten sich die Sozialdemokraten einigermaßen behaupten. Die erfolgreiche Zurückdrängung der Sozialdemokratie gab der christlich-sozialen Bergarbeiterbewegung weitgehend freies Feld, wenn auch nicht zur vollen Zufriedenheit der Unternehmerschaft, die auch deren Aktivität mit wachsender Besorgnis betrachtete.

Die preußischen Staatsbehörden hatten schon vor Inkrafttreten des Sozialistengesetzes ein ganzes Bündel von Maßnahmen eingeleitet, die zum Ziel hatten, die Staatsbetriebe, vorrangig die Eisenbahnen, von Sozialdemokraten zu reinigen. Agitatoren waren sofort zu entlassen, während Arbeiter, die angeblich oder tatsächlich an sozialdemokratischen Aktivitäten teilgenommen hatten, schriftlich versichern mußten, daß sie jeden Kontakt zur Sozialdemokratie abgebrochen hätten. Die privaten Eisenbahngesellschaften wurden dazu veranlaßt, in gleicher Weise zu verfahren. Ähnliche Regelungen wurden für die staatlichen Bauverwaltungen in Preußen getroffen.

Auch in der Landwirtschaft war der Einfluß der jungen sozialdemokratischen Arbeiterbewegung bereits vor 1878 erfolgreich zurückgedrängt worden. Im Unterschied zu gängigen Lehrmeinungen hatte die Sozialdemokratie in einigen ländlichen Regionen, so etwa in Ostholstein, in den siebziger Jahren unter der ländlichen Arbeiterschaft durchaus bemerkenswerte Erfolge erzielen können. 1874 hatte der ADAV in Holstein mit einem Stimmenanteil von 32,8 Prozent zwei hochagrarische Wahlkreise in den Herzogtümern gewonnen, zur äußersten Irritation der Regierung und der Konservativen Partei. Im allgemeinen waren die Landarbeiterschaft und das ländliche Gesinde zum damaligen Zeitpunkt, besonders in den östlichen Gebieten Preußens und in Mecklenburg, noch fest in die traditionelle vorkapitalistische Herrschafts- und Arbeitsverfassung eingebunden. Dies galt in vermindertem Maße auch für die anderen deutschen Bundesstaaten. Nur in der Rhein-Provinz bestand in Teilen das ältere französische Recht des »Code Napoléon« fort. 1872 wurden für das ganze Reich einheitliche Gesindebücher eingeführt, um die polizeiliche Kontrolle der Dienstboten angesichts der zunehmenden Fluktuation auf dem Arbeitsmarkt zu erleichtern, während von dem Erlaß einer einheitlichen Gesindeordnung abgesehen wurde. Deshalb war die ländliche Arbeiterschaft vorderhand für die sozialdemokratische Agitation so gut wie unzugänglich. In manchen Regionen Norddeutschlands, in denen das preußische Gesetz von 1854 zur Ergänzung der Gesindeordnung nicht galt, so in Schleswig-Holstein und in Hannover, war die herkömmliche Sozialordnung jedoch bereits in Bewegung geraten. Hier entdeckten nicht allein die freien, eigentumslosen Tagelöhner, sondern auch die in die traditionelle agrarische Produktionsweise anteilig eingebundenen Land- und Hausinsten, deren herkömmliche Rechtsstellung einer fortschreitenden Erosion unterworfen war, in der Sozialdemokratie ein Sprachrohr für ihre eigenen Bedrängnisse.

Allein, auch hier kam es zur konzertierten Aktion der Staatsmacht und der ländlichen Arbeitgeber, um den Einfluß der Sozialdemokratie zurückzurollen. In Schleswig-Holstein setzten die Behörden eine Ausdehnung des preußischen Gesetzes zur Ergänzung der Gesindeordnung von 1854 durch, welches die Zwangsgewalt der ländlichen Arbeitgeber gegenüber ihrem Gesinde wiederherstellte. In den Gutsbezirken gingen die Großgrundbesitzer in rigoroser Weise gegen Tagelöhner und Insten vor, die der Sympathie für die Sozialdemokratie verdächtig waren oder der sie ihre Stimme gegeben hatten. Selbst unterwürfige Petitionen an die Grundherren fruchteten in der Regel nichts. »Mir fällt nichts zur Last«, schrieb ein Landinste im September 1874 an seinen Grundherrn, den Großherzog Peter von Oldenburg, »als daß ich bei einer freien Wahl meine Stimme einem Socialdemokraten gegeben habe.« Es ist nicht bekannt, ob daraufhin die Entlassung aus seiner Stelle zurückgenommen worden ist. Auf solche Weise wurden die hoffnungsvollen Ansätze einer sozialdemokratischen Bewegung in Schleswig-Holstein bereits im Ansatz abgeblockt. Bei den Reichstagswahlen im Januar 1877 wurde der konservative Kandidat Graf Holstein ungeachtet eines immer noch beachtlichen Stimmenaufkommens der Sozialdemokraten in der Stichwahl unter Einschluß der Stimmen der Fortschrittspartei gewählt; fortan blieb dieser Wahlkreis bis zum Ende des Kaiserreiches fest in konservativer Hand. Andererseits kam ein Gesetz »über die Dienstbotenverhältnisse«, das das preußische Innenministerium 1879 den beiden Häusern des Parlaments zuleitete, in welchem der »Kontraktbruch« einer verschärften Bestrafung unterworfen werden sollte, trotz eines zustimmenden Votums des Herrenhauses nicht zustande. Das einzig wirksame Mittel des Protests, über welches das ländliche Gesinde verfügte, war vorderhand der Wechsel der Arbeitsstellung und die Abwanderung in die Städte.

Die Herrschaftsgewalt des Großgrundbesitzes, teilweise auch der Großbauern, über die Landarbeiterschaft und die Dienstboten war weithin noch ungebrochen. Die Abhängigkeitsverhältnisse, in denen die ländliche Arbeiterschaft stand, boten ausreichende Handhaben, um der sozialdemokratischen Bewegung, wenn auch vielleicht nicht immer der sozialdemokratischen Agitation, auf dem flachen Lande wirksam Einhalt zu gebieten. Die in der Landwirtschaft unselbständig Beschäftigten nebst ihren arbeitenden Familienangehörigen aber stellten Ende der siebziger Jahre mit über 6 Millionen Menschen und rund einem Siebtel der Gesamtbevölkerung bei weitem die größte Berufsgruppe der Arbeiterschaft dar, weit mehr als die Industriearbeiterschaft. Schon Max Weber hat auf diesen, im Rückblick oft übersehenen Tatbestand hingewiesen: »Es gibt keine Gruppe von Arbeitern irgend einer Berufsart, welche an diese Zahl nur von Ferne heranreichte.«

Die traditionelle ländliche Agrarverfassung ist, wie Max Weber sie beschrieben hat, in erster Linie darauf ausgerichtet gewesen, den Grundbesitzern eine auskömmliche standesgemäße Lebensführung zu sichern, nicht aber darauf, mit dem Ziel möglichst hohen Gewinns für den Markt zu produzieren. Auch für die Bauernschaft galt in erster Linie das Prinzip, der jeweiligen Bauernfamilie und ihrem Anhang, zu dem die Knechte und Mägde beziehungsweise das Gesinde gehörten, eine erträgliche Lebenshaltung zu erwirtschaften, die nur in begrenztem Umfang auf Austausch von Gütern im Markt angewiesen war. Diese traditionelle ländliche Wirtschaftsordnung war ursprünglich in hohem Maße auf Entlohnung in Naturalien, nicht in Geld, abgestellt. Unter dem Einfluß des vordringenden Kapitalismus war dies seit längerem rückläufig; Ende der siebziger Jahre waren die älteren Formen der Entlohnung der ländlichen Arbeiterfamilien durch Sachleistungen allerdings durchaus noch üblich, auch wenn daneben ein Teil in Bargeld ausgezahlt wurde. Zu den Sachleistungen zählte normalerweise die Bereitstellung einer meist äußerst kärglichen Wohnung sowie eines Stücks Land sowie von Weide- und sonstigen Nutzungsrechten und Deputaten aller Art, angefangen vom Brennholz bis hin zur Bereitstellung einer bestimmten Menge von Getreide und anderen agrarischen Produkten. Typisch für die ländliche Arbeitsverfassung im Osten und Nordosten Deutschlands war immer noch die Figur des Instmanns, der gelegentlich auch »Dreschgärtner« genannt wurde. Er erhielt vom Gutsherrn für sich und seine Familie zugewiesen: eine Wohnung sowie eine bestimmte Fläche teils als Garten, teils als Ackerland, welches häufig mit dem jährlich veränderten Schlag wechselte, dazu das Recht zur Viehhaltung in begrenztem Umfang, gegen die Verpflichtung, dem Gutsherrn das ganze Jahr über mit seiner Familie und einem von ihm zu stellenden Scharwerker in einem ortsüblichen, zeitlich nicht festgelegten Ausmaß für die Gutsarbeiten zur Verfügung zu stehen. Für sein Familieneinkommen spielte das Recht auf einen bestimmten Anteil des erdroschenen Getreides, ortsüblich wechselnd, herkömmlich »der 16. bis 18. Scheffel«, also ungefähr ein Zehntel des Gesamterdruschs, eine große Rolle. Gerade dieses für das Auskommen der ländlichen Tagelöhner mit festen Arbeitskontrakten äußerst wichtige Recht geriet mit dem Vordringen der Dreschmaschine als erstes in Verfall. Es wurde schrittweise reduziert und am Ende durch die Zahlung baren Geldes abgelöst. Ursprünglich bestand aufgrund der dem Insten eingeräumten anteiligen Nutzungsrechte eine partielle Interessenidentität des Gutsherrn und seiner kontraktlich an ihn gebundenen Landarbeiterfamilien, da diese ja an den Erträgen der Gutswirtschaft anteilig partizipierten und auch die Höhe der in Form von Naturalien zu empfangenden Deputate davon abhing. Aber schon länger waren die Gutsherren dazu übergegangen, feste Deputate zu gewähren; dies erhöhte zwar die Sicherheit für die Insten, dafür aber fielen alle Mehrerträge nun allein dem Gutsherrn zu.

Im bäuerlichen Bereich entsprachen den Insten die Heuerlinge, die ebenfalls überwiegend durch Überlassung einer meist äußerst dürftigen Wohnung und von anteiligen Nutzungsrechten beziehungsweise Landanteilen für ihre Arbeit entlohnt wurden. Auch hier setzte sich mit dem Vordringen kapitalistischer Produktion für den Markt mehr und mehr die Tendenz durch, alle diese Nutzungsrechte teils durch feste Deputate, teils durch Geldlöhne abzulösen. Insofern wurde der Unterschied zwischen Insten, Dreschgärtnern und Heuerlingen zunehmend eingeebnet; die freien Tagelöhner, sei es, daß sie über eigenen Kleinstbesitz verfügten, sei es, daß sie selbst landlos waren und daher beim Gutsherrn oder Bauern – oft nur für kürzere Fristen – einwohnten, waren auf dem Vormarsch. Aber auch die Gruppe der Häusler und Kätner, die sich vielfach bloß auf Zeit, meist für die Erntesaison, bei ländlichen Arbeitgebern verdingten, waren, ungeachtet ihrer meist bedrückenden sozialen Lage, noch in die traditionelle ländliche Arbeitsverfassung eingebunden. Klassenschranken zwischen den Bauern und den Kleinststellenbesitzern im eigentlichen Sinne bestanden nicht. In der Umgebung der neuen industriellen Zentren hingegen gingen die Häusler vielfach dazu über, eine Beschäftigung in der Industrie aufzunehmen, ohne jedoch ihre Einbindung in die ländliche Gesellschaft aufzugeben. Solche »Arbeiterbauern« stellten eine typische Mischform im Übergang zur Industriegesellschaft dar; ihre ungesicherte Existenz als Arbeiter wurde durch den Besitz bescheidenen ländlichen Eigentums aufgewogen.

Von einer Proletarisierung der Landarbeiterschaft im eigentlichen Sinne konnte demnach, trotz vielfach äußerst gedrückter Lebensverhältnisse der Unterschichten auf dem Lande, noch nicht die Rede sein. Allerdings setzte in den achtziger Jahren mit dem Einsatz der Dreschmaschine und der Ablösung des herkömmlichen Dreschanteils sowie dem Übergang zur Rübenwirtschaft besonders in der Magdeburger Börde ein Prozeß der schrittweisen Auflösung der alten ländlichen Arbeitsverfassung zugunsten rein geldwirtschaftlicher Beschäftigungsverhältnisse ein. Die ländliche Arbeiterschaft wurde nun zu freien Tagelöhnern mit zeitlich begrenzten, häufig nur für eine Erntesaison abgeschlossenen Arbeitskontrakten hinabgedrückt. Zugleich begannen die ländlichen Unternehmer in zunehmendem Umfang auf vergleichsweise weit billigere saisonale Wanderarbeiter zurückzugreifen. Schnitterkolonnen und »Sachsengänger« übernahmen einen guten Teil der Landarbeit während der Spitzenzeiten des Arbeiterbedarfs, während die bodenständigen Arbeitskräfte an Bedeutung verloren. Für die Sozialdemokratie bedeutete dies, daß vorerst kaum Chancen bestanden, über die städtischen Unterschichten hinaus die ländliche Arbeiterschaft und das ländliche Gesinde für ihre politischen Ziele zu gewinnen, zumal letzteres aufgrund der Gesindeordnungen fest in den Hausstand ihrer jeweiligen Arbeitgeber eingebunden war. Deshalb überrascht es nicht, daß sich die Sozialdemokraten von Anfang an mit der Agrarfrage und mit Plänen für eine sozialistische Umgestaltung der Landwirtschaft schwergetan haben. Die Bauernschaft war für sozialistische Ideen ohnehin nicht zu gewinnen. Aber auch die unterbäuerlichen Schichten waren nur schwer erreichbar. Denn zwischen den eigenständig wirtschaftenden Bauern und den Häuslern und Kätnern, die Landwirtschaft nur als Nebenerwerb betrieben, bestanden fließende Grenzen. Letztere aber konnten, auch wenn sie nur über bescheidenen Eigenbesitz verfügten, mit der Idee einer Enteignung der Produktionsmittel verständlicherweise nichts anfangen.

Insgesamt wird man festhalten können, daß den Rekrutierungsbemühungen der jungen sozialdemokratischen Arbeiterbewegung wichtige Sektoren der Wirtschaft von vornherein weitgehend verschlossen waren: die Eisen- und Stahlindustrie und der Bergbau an Rhein, Ruhr und Saar, die Eisenbahnen und die sonstigen staatlichen Regiebetriebe und nicht zuletzt die Beamtenschaft. Ebenso gelang der Sozialdemokratie zunächst kaum ein Einbruch in jene Arbeitergruppen, die aus den ländlichen Gebieten des östlichen Preußen in die in den industriellen Zentren entstehenden Großbetriebe der Eisen- und Stahlindustrie abwanderten oder bei den zahllosen Bahn- und Straßenbauten Beschäftigung fanden, die im Zuge des Vordringens der Industrie überall aus dem Boden schossen. Vorläufig wurde die Sozialdemokratie auf ihr ursprüngliches Milieu zurückgedrängt, nämlich auf jene Gruppen der Arbeiterschaft, die in handwerksnahen Gewerben und in damals zumeist noch kleinen Betrieben der Metallindustrie beschäftigt waren; nur in der sächsischen Textilindustrie, in der der Kleinbetrieb überwog, gelang es, feste Bastionen sozialdemokratischen Einflusses zu begründen. Auch die konfessionelle Barriere war hoch; der Sozialdemokratie blieben in den katholischen Gebieten, namentlich im Rheinland, nennenswerte Erfolge versagt.

Der »innenpolitische Präventivkrieg« gegen die sozialdemokratische Arbeiterbewegung, der mit dem Inkrafttreten des Sozialistengesetzes in sein akutes Stadium eintrat, richtete sich dem Selbstverständnis seiner Urheber nach gegen eine Bewegung, die angeblich darauf ausgerichtet sei, die Ärmsten der Armen zum gewaltsamen Aufstand gegen die bürgerliche Gesellschaft aufzuhetzen. Tatsächlich traf er eine selbstbewußte, zu rationaler Politik befähigte und im Grunde durchaus nicht zu Radikalismus neigende Oberschicht von beruflich durchweg erfolgreichen Arbeitern, die der »respektablen« Arbeiterschaft in der sich entfaltenden industriellen Gesellschaft einen angemessenen Platz erkämpfen wollte.

Im Grunde war die SAP, obwohl sie bereits vor 1878 beständigen Verfolgungen ausgesetzt gewesen war, auf das Gesetz keineswegs vorbereitet. Der Zentralwahlausschuß der Partei in Hamburg unter der Führung von August Geib, das einzige noch bestehende Führungszentrum der SAP, löste sich schon zwei Tage vor dem Inkrafttreten des Gesetzes freiwillig auf, um einem entsprechenden Schritt der Behörden zuvorzukommen, und empfahl allen sozialdemokratischen Vereinigungen im Lande, das gleiche zu tun. Statt den Weg in den Untergrund zu wählen, beschloß die Führung der Sozialdemokratie, sich den Bestimmungen des Gesetzes weitgehend zu unterwerfen, in der Annahme, daß das Gesetz nur für einen

Ludwig Windthorst auf einer Soiree im Haus des Reichskanzlers im Mai 1879. Holzstich nach einer Zeichnung von Ernst Henseler. Berlin, Archiv für Kunst und Geschichte

»Im Namen des Gesetzes«: Auflösung einer sozialdemokratischen Versammlung durch die
Polizei in Leipzig im April 1881. Holzstich in der Zeitschrift »Daheim« vom 23. April 1881.
Nürnberg, Germanisches Nationalmuseum

begrenzten Zeitraum bestehen bleiben werde, den es zu »überwintern« gelte. Damit verband sich die nicht unbegründete Erwartung, daß man das Gesetz, unter Ausnutzung aller der Partei verbliebenen legalen Möglichkeiten, weitgehend werde unterlaufen können. Offiziell bekannte sich die Parteiführung zu einem Kurs strikter Legalität, mit dem Ziel, vor aller Öffentlichkeit zu erweisen, daß das Sozialistengesetz grundlos sei. Auch »Der Vorwärts« erklärte, daß er bereit sei, sich künftig innerhalb der Grenzen zu halten, die das Sozialistengesetz vorschreibe, in der Hoffnung, damit einem Verbot zuvorzukommen. Der offizielle Legalitätskurs, den die Parteiführung und ihr folgend die Reichstagsfraktion einschlugen, war zudem teilweise durch die Überlegung bedingt, daß man angesichts der zwiespältigen Rechtslage den Behörden durch Aufbau einer illegalen Organisation bloß in die Hände arbeiten werde. Ignaz Auer gab die Parole aus: »An unserer Gesetzlichkeit müssen unsere Feinde zugrunde gehen.« Außerdem waren dabei pragmatische Erwägungen im Spiel, nicht zuletzt der Wunsch, die sozialdemokratischen Parteizeitungen und die parteieigenen Genossenschaftsdruckereien vor einer Liquidierung zu bewahren.

Das relative Wohlverhalten der Sozialdemokratie half ihr freilich nichts. Schon in den ersten Wochen der Gültigkeit des Gesetzes wurden mit dem »Vorwärts«, der »Berliner Freien Presse« und dem »Hamburg-Altonaer Volksblatt« drei der führenden sozialdemokratischen Zeitungen verboten. Der »Frankfurter Volksfreund« sowie eine Reihe anderer sozialdemokratischer Blätter hatten ihr Erscheinen bereits vor dem Inkrafttreten des Sozialistengesetzes eingestellt. Anfänglich wurde von den Redaktionen der Versuch unternommen, nach dem Verbot, das die Mitarbeiter hart traf, politisch farblose Zeitungen herauszubringen, um die Redakteure und Drucker vor der Entlassung zu bewahren. Außerdem suchte die Partei der örtlichen Sozialdemokratie auf diese Weise wenigstens ein indirektes Sprachrohr zu erhalten. In Hamburg wurde von der Redaktion des bisherigen »Hamburg-Altonaer Volksblatts« eine »Gerichtzeitung« auf den Markt gebracht, die unter der Flagge von Berichten aus dem Gerichtssaal eine sorgfältig kaschierte politische Berichterstattung wagte und im liberalen Hamburg immerhin eineinhalb Jahre zu überleben vermochte. In Frankfurt wurde anstelle des sozialdemokratischen »Volksfreund« zunächst »Die Hoffnung. Ein Wochenblatt für das Volk« und dann, nach einem weiteren, ebenfalls vergeblichen Anlauf, gar eine ähnlich wie in Hamburg als juristisches Fachblatt getarnte Zeitung »Justitia. Wochenblatt für populäre Belehrung und Unterhaltung über Recht und Gesetz, Unfall- und Moralstatistik« herausgebracht; doch die Behörden vereitelten dies jedesmal binnen weniger Wochen. Dasselbe Schicksal erlitten zahlreiche gleichartige Versuche in Berlin, Leipzig und anderen großen Städten. Nur das »Offenbacher Abendblatt« und die »Fränkische Tagespost«, die dem Zugriff der preußischen Behörden entzogen waren, konnten durch eine betont unpolitische Berichterstattung ihr weiteres Erscheinen sicherstellen.

Im allgemeinen gingen die Behörden mit größter Schärfe gegen die der Partei nahestehenden Presseorgane vor. Bis zum 30. Juni 1879 fielen insgesamt 127 periodisch und 278 nicht periodisch erscheinende Publikationen den Verboten zum Opfer. Desgleichen wurden zahlreiche Vereine und Gewerkschaften, die der Sozialdemokratie nahestanden, verboten und aufgelöst. Noch schwerwiegender war, daß bereits am 29. November 1878 der »Kleine Belagerungszustand« gemäß Paragraph 28 des Sozialistengesetzes für Berlin, Charlottenburg, Potsdam und die Kreise Teltow, Nieder-Barmin und Ost-Havelland erklärt wurde, welcher unter anderem ein allgemeines Verbot, Waffen zu tragen, enthielt. Aufgrund dessen wurden 67 Sozialdemokraten aus Berlin und seiner näheren Umgebung ausgewiesen. Unter derart massiven Repressionsmaßnahmen kam die sozialdemokratische Agitation anfangs nahezu ganz zum Erliegen. Aber der Berliner Polizeipräsident von Madai, in dessen Behörde eine Art von Informationszentrum zur Bekämpfung der sozialdemokratischen Bestrebungen gebildet worden war und die sich einer beträchtlichen Zahl von Spitzeln bediente, warnte davor, die Sozialdemokraten bereits als besiegt zu betrachten. Es wäre verfehlt, so hieß es in einem Bericht des Berliner Polizeipräsidiums vom 10. Juni 1879, aus der Tatsache, daß »die sozialistische Bewegung sich schon seit dem vorigen Herbst aus der Oeffentlichkeit fast ganz zurückgezogen hat«, zu folgern, »daß die Partei auch schon irgend eine erhebliche Einbusse, sei es an der Zahl oder dem Eifer ihrer Anhänger, erlitten habe«. Tatsächlich führten die Repressionsmaßnahmen dazu, daß sich breitere Kreise der Arbeiterschaft der SAP zuwandten. Das Verbot zahlreicher Gewerkvereine, Hilfskassen und anderer Organisationen der Arbeiterschaft, die keineswegs in allen Fällen uneingeschränkt als sozialdemokratisch gelten konnten, hatte zur Folge, daß die SAP jetzt weithin als die einzig legitime Vertretung der Interessen der Arbeiterschaft angesehen wurde, zumindest in den protestantischen Regionen des Reiches. Die anfängliche Verwirrung und Desorientierung der Anhänger der Partei wich bald neuer Zuversicht; die wachsende Unterstützung der SAP von seiten bisher nicht politisch engagierter Gruppen der Arbeiterschaft bestärkte die Parteiführung in ihrer Annahme, dem Gesetz erfolgreich trotzen zu können.

Im übrigen war der wesentlichste Effekt der Verfolgungswelle, zumal der Ausweisungen, die samt und sonders Familienväter trafen und deren Familien in große Not stürzten, eine Welle der Solidarisierung mit den Betroffenen, die stellenweise sogar über die Kreise der Arbeiterschaft hinausging. Unter den Ausgewiesenen befanden sich neben aktiven Funktionären zahlreiche Redakteure und Schriftsetzer, die für sozialdemokratische Presseorgane tätig waren, ferner Parteigastwirte sowie viele einfache Parteimitglieder, letztere zumeist, weil sie sich wegen agitatorischer Tätigkeit oder illegaler Verbreitung von Druckschriften bei der Polizei mißliebig gemacht hatten. In der Regel gehörten die Gemaßregelten der Oberschicht der Arbeiterschaft an. Außerdem verlor eine große Zahl von

Mitarbeitern der sozialdemokratischen Zeitungsverlage, insbesondere der Genossenschaftsdruckereien, die sämtlich in die Liquidation gingen, ihre berufliche Tätigkeit und ihr Auskommen. Der Appell der Betroffenen an die Solidarität der Arbeiterschaft erwies sich als äußerst erfolgreich. In großen Sammelaktionen, die zumeist in den Betrieben oder an der Arbeitsstelle durchgeführt wurden, kamen erhebliche Mittel für die Unterstützung der Ausgewiesenen und ihrer Familien zusammen. In Leipzig wurde unter Führung von Bebel, Liebknecht und Hasenclever ein Zentrales Unterstützungskomitee zur Verteilung dieser Mittel an die Betroffenen gegründet, das zugleich Funktionen des nicht mehr existenten Parteivorstands übernahm. Die Ausweisungsmaßnahmen, von denen zunächst Berlin, nach hartnäckigem hinhaltenden Widerstand der Hamburger Behörden im Oktober 1880 auch die Hansestadt Hamburg, Altona und Umgebung und im März 1881 dann Leipzig betroffen wurden, erwiesen sich als zweischneidige Waffe. Zwar bewirkten sie anfänglich den weitgehenden Zerfall der vor Ort bestehenden Organisationen der Partei, aber dafür wurde die sozialistische Agitation in neue, bisher von der Sozialdemokratie wenig erreichte Regionen getragen. Ein Teil der ausgewiesenen Berliner Sozialdemokraten ließ sich in Hamburg nieder und verstärkte die dort ohnehin aktive sozialdemokratische Arbeiterbewegung; andere wanderten nach den USA aus, aber es blieben immer noch viele, die an ihren neuen Wohnorten die sozialistische Botschaft ausbreiteten.

Dennoch stand die SAP vor einer äußerst schwierigen Situation. Die Parteiarbeit verlagerte sich unter diesen Umständen weitgehend auf die Reichstagsfraktion, deren Tätigkeit durch das Gesetz formell nicht behindert wurde, obwohl Bismarck in mehreren Anläufen, vor allem mit dem »Maulkorberlaß« vom Juli 1879, versuchte, die Agitationsmöglichkeiten der Reichstagsfraktion ebenfalls zu unterbinden. Die Vorbereitung von Wahlen dort, wo solche anstanden, bot die Möglichkeit für ein gewisses Maß an planmäßiger, rechtlich nicht zu unterbindender Agitation. Sie diente stellenweise als Ansatzpunkt für den Aufbau neuer, informeller Lokalorganisationen, die allerdings in aller Regel nicht auf Dauer Bestand hatten und früher oder später dem Zugriff der Polizei anheimfielen. Ansonsten stützte sich die Partei vornehmlich auf die nach außen hin ganz unpolitischen lokalen Hilfskassen der einzelnen Gewerbzweige, um ihre Anhänger an sich zu binden. Besonders schmerzlich aber war der Verlust fast der gesamten Parteipresse, der es den Führungsgremien der Partei nahezu unmöglich machte, sich gegenüber ihren Anhängern direkt zu Gehör zu bringen.

Die publizistische Vertretung der Ansichten der Sozialdemokratie wurde unter den obwaltenden Umständen in weitem Umfang von Zeitungen und Wochenschriften wahrgenommen, die außerhalb der Reichsgrenzen verlegt und nach Deutschland eingeschmuggelt wurden. Hier ist zunächst die Wochenschrift »Die Laterne« zu nennen, die von dem Sozialdemokraten Carl Hirsch in Brüssel herausgebracht wurde und sich des Wohlwollens von Karl Marx und Friedrich

Engels erfreute. »Die Laterne«, die, in sehr kleinem Format gedruckt, namentlich im Rheinland und in Schlesien einen vergleichsweise großen, obschon ständig wechselnden Leserkreis erreichte, setzte es sich ausdrücklich zur Aufgabe, da innerhalb des Reiches keinerlei sozialdemokratische Presseorgane erscheinen konnten, »die Arbeiter [...] in Ideengemeinschaft« zu halten. »Die Laterne« steuerte einen ausgeprägt radikalen Kurs. Obwohl sie darum bemüht war, der Sozialdemokratie vom Ausland aus agitatorische Hilfe bei anstehenden Wahlkämpfen zu geben, unterzog sie den gemäßigten Kurs der Reichstagsfraktion scharfer Kritik. Jedwedes Eingehen auf die Forderungen der Reichsleitung, und sei es in noch so nachrangigen Fragen, lehnte sie rigoros ab; mit der »Militärdespotie« Bismarcks dürfe es keinerlei Zusammenarbeit geben. Dies richtete sich deutlich gegen einige der gemäßigteren Abgeordneten, die, wie zum Beispiel Kayser, geneigt waren, der Schutzzollpolitik Bismarcks ihre Unterstützung zu geben. »Die Laterne« erhob ohnehin den Anspruch, den Reichstagsabgeordneten »einige Fingerzeige über das« zu geben, »was die Partei von ihnen erwartete«, mit anderen Worten: Sie suchte die Rolle eines Anwaltes der sprachlosen Basis gegenüber der Reichstagsfraktion wahrzunehmen.

In noch weit schärferer Form wurde die Politik der Reichstagsfraktion von dem Wochenblatt »Die Freiheit« angegriffen, das seit Anfang Januar 1879 von Johann Most in London herausgegeben wurde. Anfänglich begrüßten nicht nur Marx und Engels in London, sondern auch Bebel und Liebknecht die scharfe Sprache der »Freiheit«, doch als sie immer schrillere Töne anschlug, sah die Parteiführung Anlaß, ihr entgegenzutreten. Geib, Auer und Blos wandten sich im Mai 1879 an Marx und Engels, sie möchten doch auf Most einwirken, »um ihn zu veranlassen, daß er wenigstens eine kurze Zeit lang auf die deutschen Zustände Rücksicht nehmen möge«; aber selbst die Proteste der Londoner »Kirchenväter« gegen die bloßen »Revolutionsphrasen« der »Freiheit« verfingen nicht. Vielmehr erklärte sich Most zunehmend entschiedener gegen jedwede Form parlamentarischer Arbeit und propagierte immer offener eine putschistische Strategie der Gewalt. Er spekulierte dabei mit erheblichem Erfolg auf die Erbitterung weiter Kreise unter den Sozialdemokraten, die mit dem zaghaften Kurs der Parteibürokratie äußerst unzufrieden waren. Die von Most vertretene Strategie der »direkten Aktion«, die das Sozialistengesetz mittels konspirativer Geheimorganisation und Terroraktionen bekämpfen wollte, stand in diametralem Gegensatz zu der politischen Linie der Fraktion, welche die in der Öffentlichkeit verbreitete antisozialistische Hysterie durch eine Politik des Augenmaßes und der Zurückhaltung abzubauen hoffte. Die Ironie der Dinge wollte es, daß die bei weitem aufreizendsten Artikel in der »Freiheit« von Agenten der preußischen Polizei verfaßt wurden, die sich in der Rolle von agents provocateurs gefielen, um den zögerlichen Hamburger Senat zu einer energischeren Verfolgung der »sozialistischen Umtriebe« zu bewegen. In der Folge kam es zu einer Reihe folgenschwerer Prozesse gegen Hamburger Sozialdemokraten, die am illegalen Vertrieb der »Freiheit« beteiligt und durch Spitzeltätigkeit aufgeflogen waren.

Es war nicht zuletzt der Umstand, daß »Die Freiheit« ungeachtet ihrer zunehmend anarchistischen Tendenzen bei der Arbeiterschaft im Lande viel Zuspruch fand, der die Parteiführung dazu bestimmte, ein eigenes Blatt im Ausland herauszubringen, auf dessen Redaktion man unmittelbar Einfluß werde nehmen können. Überdies galt es, dem zunehmend unverantwortlicher werdenden Radikalismus der Zeitungen Hasselmanns entgegenzuwirken, die ebenfalls die Unzufriedenheit der Basis über die zurückhaltende Strategie der Parteiführung zu schüren bemüht waren. Dabei spielten rein persönliche Motive eine Rolle, nicht zuletzt das Bestreben Hasselmanns, seinen Zeitungsgründungen durch eine radikale Sprache zu einer größeren Leserschaft zu verhelfen; er wurde dabei von der preußischen Polizei begünstigt, die es vorteilhaft fand, durch die zeitweilige Tolerierung seiner Blätter die Richtungskämpfe innerhalb der SAP zu verschärfen. Auf Bebels Initiative gründete die SAP Ende 1879 in Zürich eine neue Tageszeitung mit dem Titel: »Der Sozialdemokrat. Internationales Organ der Sozialdemokratie deutscher Zunge«, die sich von Anbeginn als »ein offizielles Zentralorgan der Partei« bezeichnete. Diesem Schritt waren einige Auseinandersetzungen auch mit Marx und Engels in London vorausgegangen, die sich unter anderem um die Frage drehten, ob das Parteiorgan einen revolutionären oder, wie Bebel es wünschte, einen vorsichtigen, pragmatischen Kurs einnehmen solle, der den Realitäten des politischen Kampfes unter den Bedingungen des Sozialistengesetzes Rechnung trug. Am Ende wurde Georg von Vollmar zum Chefredakteur des neuen Blattes erkoren, während eine Verwaltungskommission, bestehend aus Karl Höchberg, Carl August Schramm und Eduard Bernstein, die organisatorische Leitung übernahm. »Der Sozialdemokrat« war in erster Linie als Sprachrohr der Parteiführung an die Mitglieder im Lande gedacht, zugleich aber sollte er ein Korrektiv gegen die anarchistischen Bestrebungen Mosts und Hasselmanns sein. Bereits in der ersten Probenummer erklärte »Der Sozialdemokrat«, »die Partei bleibe nach wie vor eine revolutionäre Partei im besten Sinne des Wortes, sie werde aber der törichten Revolutions- und Putschmacherei auf das entschiedenste entgegentreten«. In Julius Motteler fand August Bebel dann eine Persönlichkeit von bemerkenswerter Umsicht, großen Fähigkeiten und unerschöpflicher Energie, die von Zürich aus die illegale Einschleusung des »Sozialdemokrat« nach Deutschland mit Hilfe eines weitverzweigten konspirativen Verteilersystems organisierte. Mottelers »Rote Feldpost« trug dafür Sorge, die Deckadressen im Deutschen Reich beständig zu wechseln und gegebenenfalls im »Sozialdemokrat« vor Partnern zu warnen, die als unzuverlässig erkannt oder gar als Polizeispitzel entlarvt worden waren. Da der Besitz sozialdemokratischer Zeitungen als solcher gemäß des Sozialistengesetzes nicht strafbar war und das Postgeheimnis von der Politischen Polizei nur in Ausnahmefällen gebrochen werden konnte, hielt sich die

Zahl der Verhaftungen wegen des Vertriebs des »Sozialdemokrat« in Grenzen; zeit des Bestehens des Gesetzes konnte dieser von der Polizei trotz größter Anstrengungen nicht wirksam unterbunden werden.

Für die Wahl des Standortes hatte es eine Rolle gespielt, daß August Bebel zuversichtlich war, in Zürich beständig persönlich auf die Redaktion einwirken zu können. Doch auch der »Sozialdemokrat« lief der Parteiführung binnen kurzer Zeit aus dem Ruder. Vollmar befleißigte sich einer überaus revolutionären Sprache, die zwar anfänglich darauf abzielte, Mosts »Freiheit« den Wind aus den Segeln zu nehmen, die aber zunehmend an Eigengewicht gewann. Schon bald regte sich in der Fraktion entschiedener Widerstand gegen die Redaktion des »Sozialdemokrat«, die Most an Verbalradikalismus noch übertreffe. Bebel widersetzte sich jedoch dem Ansinnen, Vollmar zu maßregeln oder gar von seinem Posten abzulösen. Nach einem Jahr trat dann Bernstein an Vollmars Stelle, doch er führte den »Sozialdemokrat« in ziemlich der gleichen Weise als ein Blatt fort, das bewußt die revolutionäre Grundhaltung der Partei, die früher oder später von der gesellschaftlichen Entwicklung selbst zum Sieg getragen werde, in den Vordergrund rückte und jedes Entgegenkommen an die herrschenden Mächte als Anbiederung ablehnte. Der »Sozialdemokrat« wurde zunehmend das geistige Zentrum der sozialdemokratischen Bewegung, und weder Vollmar noch späterhin Bernstein konnten es sich versagen, die vergleichsweise radikale Stimmung eines Teils der Mitgliedschaft, die sich in zahlreichen Zuschriften an die Redaktion artikulierte, gegen die vorsichtige und zugleich pragmatische Haltung der Reichstagsfraktion auszuspielen.

Die Doppelbödigkeit der Strategie der Sozialdemokratie unter dem Sozialistengesetz kam auch auf dem Kongreß zu Wyden vom 20. bis 23. August 1880 zum Ausdruck. Der Kongreß war von Bebel und seinen Zürcher Gefolgsleuten mit teilweise konspirativen Methoden vorbereitet worden; alle Teilnehmer erfuhren erst bei ihrer Anreise den genauen Tagungsort, so daß der Reichsleitung die Möglichkeit versagt blieb, dessen Durchführung durch diplomatische Einwirkungen auf das Gastland im vorhinein zu verhindern. Offiziell war der Kongreß als »Generalversammlung der Kranken- und Sterbekassen der deutschen Arbeitervereine in der Schweiz« getarnt worden. Ungeachtet der scharfen Kontrolle der Teilnehmer, die nur zugelassen wurden, wenn sie eine Legitimation seitens einer lokalen Parteigruppierung vorweisen konnten, gelang es der Polizei, einen Spitzel einzuschleusen, so daß der Inhalt der Verhandlungen sehr zum Ärger Bebels den Behörden sogleich bekannt wurde. Dennoch war die Durchführung eines solchen Kongresses unter den Bedingungen des Sozialistengesetzes ein großer Erfolg.

Auf dem Kongreß konnte die Parteiführung ihre Position festigen. Die Leitung der Partei wurde nunmehr formell der Reichstagsfraktion übertragen; die Schlüsselfunktion fiel hinfort dem Fraktionsvorstand zu, dem Ignaz Auer, August Bebel, Carl Grillenberger, Wilhelm Hasenclever, Heinrich Meister und Paul Singer angehörten und der mehrheitlich einen gemäßigten Kurs repräsentierte. Das kam einer Bestätigung der pragmatischen Politik der Parteiführung gleich. Der Angriff einer Gruppe von Berliner Abgeordneten auf die Fraktionsführung, der sich die Zustimmung eines Teils der Fraktion zur Schutzzollpolitik und Bebels Erklärung während der Beratung der Militärvorlage, daß die Sozialdemokraten im Falle eines Angriffs eines dritten Staates es nicht an Patriotismus fehlen lassen würden, zur Zielscheibe gewählt hatte, lief ins Leere. Der »Sozialdemokrat« wurde als offizielles Organ der Partei anerkannt. Most und Hasselmann wurden aus der Partei ausgeschlossen und damit ein scharfer Trennungsstrich zwischen der Sozialdemokratie und den Anarchisten gezogen. Gleichzeitig wurde jedoch mit pathetischer Geste die Formulierung des Gothaer Programms »mit allen gesetzlichen Mitteln« abgeändert und das Wort »gesetzlich« gestrichen. Jedoch bedeutete dies keineswegs, daß hinfort die Anwendung konspirativer Methoden und der Übergang zu einer revolutionären Taktik der Gewaltanwendung ins Auge gefaßt worden wäre. Gewaltanwendung wurde vielmehr weiterhin lediglich als äußerstes Mittel für den Fall einer vollständigen Unterdrückung der Bewegung betrachtet. Auch fortan wurde die Übernahme der Macht auf dem legalen Weg über die Erringung einer parlamentarischen Mehrheit als Normalfall betrachtet, während der Gedanke einer gewaltsamen Machtübernahme durch revolutionäre Aktionen außerhalb des Horizontes der großen Mehrheit der Delegierten lag.

Vollmars entschieden forsch gehaltene Zusammenfassung der Verhandlungen des Kongresses zu Wyden im »Sozialdemokrat«, in der die Bereitschaft der Sozialdemokraten zum Einsatz aller verfügbaren Mittel unterstrichen wurde, löste denn auch großen Ärger bei der Parteiführung aus. »Unsere Gegner«, so hatte Vollmar geschrieben, »sind verblendet genug, jede Möglichkeit einer friedlichen Entwicklung radikal auszuschließen und dadurch die Dinge notwendig und unausbleiblich einem gewaltsamen Ende entgegenzutreiben. Die heutigen politischen Herrscher Deutschlands wollen keine Unterhandlung, keine Verständigung, sondern den Krieg, den Vernichtungskampf. Gut, wenn sie wollen, sollen sie ihn haben, und voll und ganz haben.« Das war den Mitgliedern der Reichstagsfraktion und selbst August Bebel eine viel zu scharfmacherische Sprache, und Vollmar wurde rigoros zurückgepfiffen, durchaus mit Recht. Denn der preußische Innenminister von Puttkamer zitierte eben diesen Bericht wenig später im Reichstag als Beweis dafür, daß die Gefahren, die von der Sozialdemokratie ausgingen, noch weiter gestiegen seien und deshalb auf das Sozialistengesetz auch fernerhin nicht verzichtet werden könne. Die Sozialdemokraten sahen sich gezwungen, sich in aller Form von dem Bericht des »Sozialdemokrat« zu distanzieren. Das Problem, wie man sich den Reichsbehörden und mehr noch den bürgerlichen Parteien als eine respektable Partei mit vernünftigen Auffassungen präsentieren und sich zur Mobilisierung der Massen gleichwohl einer emotionalen, revolutionären Sprache bedienen könne, blieb ungelöst.

Das ideologische Profil der Sozialdemokratischen Partei wurde zudem durch die in Randgruppen der Arbeiterschaft fortbestehenden anarchistischen Unterströmungen verunklärt. Die Sozialdemokratie wurde trotz der Trennung von Most und Hasselmann den Schatten des Anarchismus nicht los, zumal die Öffentlichkeit und die Staatsbehörden zwischen Sozialismus und Anarchismus nicht klar zu unterscheiden vermochten. Durch den Attentatsversuch auf Wilhelm I. anläßlich der Einweihung des Niederwald-Denkmals am 28. September 1883 fiel ein grelles Licht auf die anarchistischen Tendenzen. Der Urheber des Attentats, der Schriftsetzer August Reinsdorf, ein Gefolgsmann Mosts, war zwar schon seit geraumer Zeit aus der Sozialdemokratie ausgeschieden, und seine beiden Komplizen hatten ebenfalls nichts mit ihr zu tun, aber das fehlgeschlagene, überdies absolut dilettantisch vorbereitete Attentat, ebenso wie ein von beiden anschließend verübter Dynamitanschlag auf die Festhalle in Rüdesheim wurde auf ihr Schuldkonto geschrieben. Das hatte insofern noch ein Nachspiel, als am 13. Januar 1885, wenig nach dem Abschluß des Prozesses gegen die Niederwald-Attentäter, in Frankfurt der Polizeirat Rumpf, der in diesem Prozeß eine führende Rolle gespielt hatte, ermordet wurde. Rumpf war als entschiedener »Sozialistenfresser« in sozialdemokratischen Kreisen äußerst verhaßt gewesen, und der »Sozialdemokrat« ließ sich dazu hinreißen, das Attentat zu verteidigen; es habe sich nicht um »gemeinen Mord«, sondern um einen »Akt wilder Gerechtigkeit« gehandelt. Dies rückte die Glaubwürdigkeit der Distanzierung der Sozialdemokratie von anarchistischen Gewaltstrategien in ein bedenkliches Zwielicht.

Hinter diesen hier zutage tretenden Widersprüchlichkeiten taktischer Art standen grundsätzliche Differenzen, die auch in der Folge nicht ausgeräumt werden konnten. Der gemäßigte Flügel der SAP unter Führung von Wilhelm Hasenclever, Wilhelm Blos und Bruno Geiser mißbilligte weiterhin die Linie des »Sozialdemokrat«, der unverhüllt die Ansicht vertrat, daß die Entwicklung auf eine gewaltsame Revolution hintreibe. Hasenclever und Blos distanzierten sich in aller Form von der politischen Linie des Blattes, die nicht der Auffassung der Partei entspreche. Es gebe »zwei Parteien«, eine ausländische und eine einheimische, meinte Blos: »Die ausländische Partei hat ihre Organe, die inländische Partei hat keine mehr.« Der »inländischen Partei« aber dürften nicht »sämtliche Sünden der ausländischen Partei auf den Hals geladen werden«. Dies brachte ihm den Vorwurf des »Sozialdemokrat« ein, ein Anhänger des Opportunismus zu sein, »des zersetzenden Giftes, das unseren Organismus, unsere Partei aufzulösen geeignet« sei. Hasenclever erklärte daraufhin, daß er jede Verantwortung für die Schreibweise des »Sozialdemokrat« ablehne. Auch Bruno Geiser wandte sich entschieden gegen den von der Redaktion des »Sozialdemokrat« betriebenen Wortradikalismus. Es sei eine »lächerliche Unwahrheit«, daß sich in Deutschland eine Revolution vorbereite und die Sozialdemokratie eine solche Katastrophe herbeizuführen suche. Dies führte zu einer erbitterten Auseinandersetzung in der Partei. Bernstein konterte mit dem Argument, daß der Klassenkampf »mit akademischen Diskussionen nicht ausgefochten werden« könne, und verteidigte die scharfe Sprache des »Sozialdemokrat« mit dem Hinweis, daß die Sozialdemokraten im Lande einer solchen eindeutigen Sprache bedürften; allein dies könne ihnen den notwendigen Halt gegenüber den beständigen Bedrückungen von seiten der Behörden geben. Dementsprechend schrieb damals der »Sozialdemokrat«: »Wir müssen vielmehr dem Volk von der Revolution und ihrer unabwendbaren Notwendigkeit sprechen; wir müssen die Revolution den Geknechteten und Ausgebeuteten [...] als die einzige Möglichkeit einer ergiebigen und dauernden Besserung [...] weisen [...] durch diese sichere Hoffnung, durch diese Gewißheit des endlichen Sieges und der endlichen Befreiung erwecken wir Mut und Tatkraft im Volk und geben ihm die Fähigkeit, bis zum rechten Zeitpunkt auszudauern.«

Am Ende stellten sich die Parteiorganisationen im Lande ebenso wie die Fraktion mit großer Mehrheit hinter den »Sozialdemokrat« und die von diesem vertretene Linie einer vorwiegend rhetorischen Strategie der Schürung der Revolutionserwartungen; die Reformisten sahen sich in die Minderheit gedrängt. Es ist aber zu bezweifeln, ob die der SAP einerseits von außen, andererseits von einigen Gruppen an der Basis nahegelegte revolutionäre Strategie tatsächlich als Übernahme marxistischer Positionen zu werten ist, selbst wenn die Zeitgenossen es durchweg so gesehen haben, oder ob dies nicht eher ein Auskunftsmittel war, um die Masse der Anhänger der Partei in einer ausweglosen Situation bei der Stange zu halten. Der Blick auf die sozialistische Zukunft sollte den trüben Alltag der Anhängerschaft aufhellen. Tatsächlich war das Votum zugunsten des »Sozialdemokrat« nur einer der vielen Beschlüsse, die ein verbales Bekenntnis zu einer revolutionären Strategie für den Fall, daß diese der Partei von ihren Gegnern aufgezwungen werden sollte, mit einer höchst vorsichtigen, in ihren Inhalten reformistischen Praxis kombinierten. Vergebens plädierte Geiser im August 1882 einmal mehr dafür, die »Revolutionsparolen« aufzugeben: »Die Entwicklung der Kultur geht auch ohne Revolution vor sich, deshalb soll man auch nicht immer mit der Revolution als letztes Mittel, um unsere Ziele zu verwirklichen, aufspielen.« Der Glaube an die Revolution, die eher früher als später der gegenwärtigen Bedrückung ein Ende machen werde, war ein unentbehrlicher Bestandteil der Kampfmoral der Anhängerschaft im Lande; ihr diesen zu nehmen, wagten auch die Gemäßigten nicht.

Überhaupt spielten utopische Zukunftserwartungen, die sich an die früher oder später erwartete sozialistische Revolution knüpften, im ideologischen Arsenal der Sozialdemokratie während der Jahre der Verfolgung eine große Rolle. Mit der Annahme einer baldigen Revolution verbanden sich vielfältige Vorstellungen über einen dann sogleich nachfolgenden weitreichenden Umbau der Gesellschaft. Joseph Dietzgen fand es in einer 1878 erschienenen, späterhin in großer Auflage illegal nachgedruckten Broschüre »Die Zukunft der Sozialdemokratie« für angebracht, vor allzu sanguinischen Erwartungen zu warnen und das Augenmerk der Sozialdemokraten auf das Nächstliegende zu lenken. Aber auch er erwartete von einer Revolution als unverzügliche Nahergebnisse ein allgemeines Arbeitsbeschaffungsprogramm zur Sicherstellung der Vollbeschäftigung und eine Lohnerhöhung um hundert Prozent. Besonders großen Erfolg aber hatte in der Folge August Bebels Entwurf einer sozialistischen Zukunftsgesellschaft, die dank der »Expropriation der ExproprIateure« schlagartig eine Verbesserung der Lebensverhältnisse auf fast allen Gebieten bringen werde. Dieser Zukunftsentwurf bildete den letzten Teil seines 1879 erstmals erschienenen und dann immer wieder in großen Stückzahlen neu aufgelegten Werkes »Die Frau und der Sozialismus« und dürfte zu dessen großen Publikumserfolg um einiges beigetragen haben.

In der Tat hatte die sozialdemokratische Bewegung im Lande, nach einer anfänglichen Phase der Resignation, rasch wieder Tritt gefaßt. Die Opferwilligkeit nicht nur einzelner Mäzene der Partei wie Höchberg und Singer, sondern zahlreicher Arbeiter, die durch die Übernahme von illegalen Aufgaben im Rahmen der Parteiarbeit vielfach Gefängnisstrafen, Verlust des Berufs oder gar die Ausweisung riskierten, war imponierend. Auch der Berliner Polizeipräsident mußte dies widerwillig anerkennen: Es ergebe sich, so heißt es in seinem Bericht zum Jahresende 1880, »daß der Muth der deutschen Sozialdemokratie noch immer ungebrochen ist, daß die Bewegung, welche eine Zeit lang etwas erschlafft war, jetzt wieder einen neuen Aufschwung genommen hat, und daß die Gemüther wieder von den besten Hoffnungen erfüllt sind«. Dies drückte sich in einem enormen Aufschwung der Organisation der Partei aus. Zu diesem Zweck entstand neben den Hilfskassen- und Gewerkvereinen, soweit die Polizei sie tolerierte, eine reiche Vielfalt von geselligen Vereinen aller Art, die als Treffpunkte der Parteianhänger auf örtlicher Ebene dienten. Daneben bildeten sich sogenannte Corpora, die von häufig wechselnden Vertrauensmännern geführt wurden. Da Versammlungen größeren Umfangs in aller Regel nicht durchgeführt werden konnten, selbst unmittelbar vor anstehenden Wahlen nicht, wurden häufig Wahlversammlungen anderer Parteien, insbesondere solche der Fortschrittspartei, umfunktioniert und als Plattform für die Propagierung sozialdemokratischer Ideen benutzt. Große Bedeutung gewannen, als Symbole der Zusammengehörigkeit, Massendemonstrationen aus Anlaß des Begräbnisses von führenden Sozialdemokraten. So kamen bei der Beerdigung von Klaus Peter Reinders in Breslau im Mai 1879 20.000 Menschen zusammen und bei jener von August Geib in Hamburg über 15.000. Daneben wurden Massenausflüge, die so diskret vorbereitet wurden, daß die Polizei dagegen nicht oder nicht rechtzeitig einschreiten konnte, zunehmend populär. Insgesamt bewirkte die Verfolgungsatmosphäre des Sozialistengesetzes, daß jetzt wirklich ein hohes Maß von Solidarität der Arbeiterschaft entstand. Zahlreiche Gruppen der Arbeiterschaft, die bisher abseits gestanden hatten, wurden nunmehr in das sozialdemokratische Milieu hineingezogen.

Dies blieb den Regierungsbehörden nicht verborgen. Demgemäß kam es nach den Reichstagswahlen von 1881, die zu einem immerhin schweren Rückschlag für die Sozialdemokratie geführt hatten – sie war auf 6,1 Prozent der abgegebenen Stimmen und 12 Sitze zurückgefallen –, zu einer Änderung der offiziellen Strategie, die gemeinhin als »milde Praxis« bezeichnet wird. Jedenfalls ließ die Verfolgung der Behörden an Intensität um einiges nach. Es wurde vorerst davon abgesehen, den sogenannten kleinen Belagerungszustand, dessen Anwendung bei den bürgerlichen Parteien höchst umstritten war, auf andere Regionen des Reiches auszudehnen, obwohl weiterhin vereinzelt Ausweisungen vorgenommen wurden. Aus Bismarcks Sicht sollte der Arbeiterschaft im Zuge der nunmehr anlaufenden Sozialgesetzgebung die Chance gegeben werden, sich mit dem Staat auszusöhnen. Daher wurden der Gründung von freien Hilfskassen und Fachvereinen auf lokaler Ebene keine behördlichen Hindernisse mehr in den Weg gelegt. So brachten die achtziger Jahre einen enormen Aufschwung des Gewerkschaftswesens. 1886 überschritt die Zahl der gewerkschaftlichen Zusammenschlüsse auf lokaler Basis jene der Gewerkschaftsorganisationen, die vor dem Erlaß des Sozialistengesetzes bestanden hatten. Ebenso stieg die Zahl der gewerkschaftlichen Hilfskassen, für die die Sozialdemokraten lebhaft Propaganda machten, rasch an, obschon die Krankenversicherungsgesetzgebung diese gegenüber den Ortskrankenkassen benachteiligte, weil die Arbeitgeber dort ein Drittel der Beiträge zahlten, während die gewerkschaftlichen Hilfskassen auf sich selbst gestellt blieben. Allerdings wäre es falsch anzunehmen, daß die Mitglieder dieser Organisationen sämtlich oder auch nur mehrheitlich der Sozialdemokratie nahestanden; selbst die Hirsch-Dunckerschen Gewerkvereine nahmen unter den neuen Verhältnissen einen bescheidenen Aufschwung. Überdies wachten die Staatsbehörden weiterhin mit Argusaugen darüber, daß in den Versammlungen der Hilfskassen und Fachvereine keine »politischen Gegenstände« zur Verhandlung kamen. Außerdem wurde das Verbindungsverbot politischer Vereine auch in diesen Fällen rigoros angewendet und damit der Bildung von überregionalen gewerkschaftlichen Verbänden von vornherein ein Riegel vorgeschoben. Aber ungeachtet der andauernden Wachsamkeit der Polizei wurde dadurch gleichwohl die Tätigkeit der SAP vor Ort um einiges erleichtert.

Die fortdauernde Repression der politischen Aktivitäten, zumal der sozialdemokratischen Presse, durch die Staatsbehörden verhinderte jedoch, daß die programmatischen Richtungskämpfe mit offenem Visier ausgetragen wurden. Die große Grundfrage war, ob die Partei zielbewußt auf eine Übernahme der Macht mit revolutionären Mitteln hinarbeiten solle, unter bloß taktischer Ausnutzung der parlamentarischen Gegebenheiten, oder ob sie diese auf legalem, parlamentarischen Weg anstreben solle, um dann die Revolutionierung der gesellschaftlichen Verhältnisse in einem evolutionären Prozeß mit Hilfe des staatlichen Apparates herbeizuführen. Aber eben diese Frage blieb weiterhin ungeklärt. Führende

Reformisten, beispielsweise Ignaz Auer, vertraten dezidiert die Auffassung, daß die Arbeiterschaft nicht mit der »Revolutionsphrase«, sondern nur durch die »mit Bestimmtheit, Energie und ruhiger Würde« geforderte »Reform zur Besserung der Lage des arbeitenden Volkes« gewonnen werden könne: »Wollen wir [...] die Partei der deutschen Arbeiter bleiben, wollen wir nach wie vor der Hort und die Hoffnung des deutschen Proletariats bleiben, dann muß im Vordergrund unseres Strebens das Verlangen stehen, auf dem Wege der friedlichen – ich sage nicht gesetzlichen – Propaganda auf politischem und wirtschaftlichem Gebiet Reformen und Umwälzungen herbeizuführen, die der arbeitenden Bevölkerung zum Nutzen gereichen und zugleich uns um eine Etappe dem sozialistischen Staate näher bringen.« Die Verfolgungssituation enthob die Partei jedoch der Notwendigkeit, sich eindeutig für einen reformerischen oder aber für einen revolutionären Kurs zu entscheiden. Vielmehr wurde diese Frage bewußt in der Schwebe gehalten. Auf dem Kongreß der Sozialdemokratischen Partei zu Kopenhagen vom 29. März bis 2. April 1883, dessen Zustandekommen die preußischen Staatsbehörden wiederum nicht hatten verhindern können, wurde eine Kompromißformulierung zur Leitlinie der künftigen Politik der Partei erhoben: »Wir sind eine revolutionäre Partei, unser Ziel ist ein revolutionäres. Und wir geben uns über seine Durchführung auf parlamentarischem Wege keinen Illusionen hin. Aber wir wissen, daß die Art, in der es zur Verwirklichung gelangen wird, nicht von uns abhängt, daß wir die Bedingungen, unter denen wir kämpfen, nicht machen können, sondern sie zu studieren haben, und daß unsere Aufgabe neben dieser Erkenntnis darin besteht, lediglich dem Erkannten gemäß zu handeln.« Dies hieß, überspitzt gesagt, die Entscheidung über die richtige Taktik dem Klassengegner zuzuschieben. Immerhin konnten die Marxisten in der Partei diese Resolution als einen Erfolg buchen. Die im selben Jahr von Karl Kautsky gegründete »Neue Zeit« wurde zu einem Sprachrohr marxistischen Denkens. Kautsky selbst bezeichnete die »Neue Zeit« als eine »Stätte marxistischen Wirkens...«, dienstbar dem proletarischen Klassenkampf und der Anwendung und Weiterentwicklung der Marxschen Methode«. Allerdings erfuhr die Lehre von Karl Marx unter der Hand, nicht zuletzt mit dem aktiven Zutun von Friedrich Engels, eine Umdeutung in einem mechanistischen Sinne: Die Revolution wurde nicht länger als das Werk der Arbeiterklasse selbst angesehen; vielmehr nahm Kautsky an, daß die antagonistische Entwicklung der Produktionsverhältnisse zwangsläufig von selbst zu einer Revolution führen werde; der Arbeiterklasse würde die der Bourgeoisie entfallende Macht dann gleichsam kampflos in den Schoß fallen.

Einstweilen fuhr die Partei mit dieser ziemlich wolkigen Strategie, die eher die sozialistische Zukunft als die Gegenwart in den Blick nahm, ganz gut. Der Wahlaufruf zu den Reichstagswahlen 1884 war höchst pragmatisch gehalten; er sprach einigermaßen vage davon, daß die Sozialdemokratie, sobald sie die Macht im Staate errungen habe, für eine planmäßige Organisation der Arbeit und der

Produktion sowie eine gerechte Verteilung des Arbeitsprodukts Sorge tragen würde, um mit einer unmittelbar an Lassalle gemahnenden Sentenz zu schließen: »Unser Programm ist einfach: Wir wollen eine gerechte und vernünftige Regelung der wirtschaftlichen Verhältnisse durch den Staat.« Diese Strategie zahlte sich aus; die Sozialdemokratie erzielte mit 9,7 Prozent der abgegebenen Stimmen einen beträchtlichen Erfolg und verdoppelte die Zahl ihrer Mandate auf 24. Auch in den folgenden Jahren gab es keine Anzeichen dafür, daß die Arbeiterschaft die sozialpolitischen Errungenschaften des Staates zu honorieren beginne. Im Gegenteil: Mit einem Antrag im Reichstag vom Januar 1885 auf Einführung von umfassenden Arbeiterschutzbestimmungen und einer diese Initiative begleitenden breit angelegten Agitation nahm die Sozialdemokratie der Reichsleitung auch auf sozialpolitischem Feld gleichsam den Wind aus den Segeln.

Die Bilanz, die der Berliner Polizeipräsident im Juni 1886 aus diesen Entwicklungen zog, war niederschmetternd. Die »Gefahren für den Bestand der heutigen staatlichen und gesellschaftlichen Ordnung« seien gewachsen. Gerade in der Zunahme der sozialpolitischen Forderungen der Arbeiterschaft sah er eine Quelle der Unruhe: »An die Stelle berechtigter oder auch nur billiger und vor allen Dingen erfüllbarer Wünsche treten die ungemessensten Forderungen; die Arbeiter werden mit Mißachtung gegen göttliche und menschliche Gesetze, mit Neid, Haß und Feindschaft gegen die besitzenden Klassen erfüllt, und von dem friedlichen Kampf um die Verbesserung ihrer Lage auf den Weg der Gewalt hingelenkt [...].« Dieser Lageanalyse gemäß schlugen die Staatsbehörden nun wieder eine äußerst scharfe Gangart gegen die Partei an. Dabei war auch Gereiztheit im Spiel. Bei den zahlreichen öffentlichen Demonstrationen kam es jetzt häufiger zu massiven Protesten und gelegentlich sogar zur Anwendung von Gewalt gegen die einschreitenden Polizeibeamten. Außerdem stellte die Sozialdemokratie angelegentlich der Debatten über eine Erneuerung des Sozialistengesetzes die Staatsbehörden in empfindlicher Weise bloß: Singer trug dem Reichstag, gestützt auf ein reiches, unwiderlegliches Tatsachenmaterial, den Fall eines von der Berliner Polizei beschäftigten Spitzels vor, der eine Gruppe von Sozialdemokraten im Verfertigen von Bomben unterrichtet hatte, offensichtlich in provokatorischer Absicht.

Andererseits gelang es den Staatsbehörden, die Parteiführung an einer höchst sensiblen Stelle zu treffen. Das Landgericht in Freiberg verurteilte im Juli 1886 eine Gruppe führender Sozialdemokraten, die bei der Rückkehr von dem Kongreß in Kopenhagen verhaftet worden waren, unter ihnen Auer, Bebel, Dietz und Vollmar, wegen ihrer illegalen Verbindung mit dem Parteiorgan »Der Sozialdemokrat« zu vergleichsweise hohen Gefängnisstrafen. Zwar war die gleiche Anklage von anderen Gerichten zurückgewiesen worden, doch hatte sich endlich ein »gefügiges« Richterkollegium gefunden. Bisher hatte die Rechtsprechung eine derartige Verknüpfung zwischen dem Auftreten führender Sozialdemokraten auf einem Kongreß und dem dort als offiziell anerkannten Parteiorgan nicht als beweiskräftigen Beleg für Geheimbündelei anerkannt. Jetzt war der Durchbruch an der juristischen Front erzielt, und so folgte eine große Zahl gleichartiger Prozesse, in denen am Ende nicht weniger als 236 Personen zu Gefängnisstrafen verurteilt wurden. In dem letzten dieser Prozesse, ein großer Schauprozeß in Elberfeld gegen 90 Angeklagte, unter denen sich wiederum Bebel befand, suchte das Gericht zu beweisen, daß die Sozialdemokratie eine nationale Geheimorganisation aufgebaut hatte; das hieß, den Gegner gefährlicher einzuschätzen, als er wirklich war. Das Ergebnis dieser erneuten Welle der Verfolgungen war freilich nur eine Schwächung des gemäßigten parlamentarischen Flügels der Partei, der auf eine pragmatische Reformpolitik hinarbeitete. Zugleich verhalf die Verurteilung in diesem Prozeß Bebel zu dem Nimbus eines Märtyrers und sicherte ihm endgültig die Stellung des unumschränkten Führers der Sozialdemokratischen Partei.

Durch die erneute Verschärfung der Repression, die auch in der neuerlichen Anwendung des kleinen Belagerungszustandes zum Ausdruck kam, wurde die organisierte Arbeiterschaft endgültig in die Rolle eines Parias innerhalb der deutschen Gesellschaft hineingedrängt. Dies galt in gewissem Sinne auch für die christlich-soziale Arbeiterbewegung, die ebenso wenig toleriert wurde wie die sozialdemokratische. Unter solchen Bedingungen bildete sich eine eigenständige politische Kultur der Arbeiterbewegung heraus, die die ursprünglich starken liberalen Traditionen der Arbeiterbewegung nun weitgehend hinter sich ließ. Intellektuelle wie Franz Mehring und Karl Höchberg konnten sich eine Fortsetzung ihres eigenen Engagements für eine liberale Gesellschaft nur in den Reihen der unterdrückten Arbeiterbewegung vorstellen. Franz Mehring hatte noch 1877 eine kritische Studie »Zur Geschichte der deutschen Sozialdemokratie« veröffentlicht, in der er die Übernahme der Führung der Partei durch die »communistische Fraktion« lebhaft bedauert hatte; jetzt aber ging er selbst ins sozialistische Lager über. Später wurde er mit seiner unabhängigen »Geschichte der deutschen Sozialdemokratie« zu einem bedeutenden Historiographen der Partei. Die Arbeiterschaft aber suchte ihre politische Identität nun in erster Linie in einer Entgegensetzung zur bürgerlichen Gesellschaft. Das kam nicht zuletzt in der sich zunehmend ausbildenden räumlichen Trennung der sozialen Klassen zum Ausdruck. Die Wohnviertel der Arbeiterschaft wurden jetzt von jenen des Bürgertums streng geschieden, und die Formen ihres Soziallebens und ihrer Geselligkeit wiesen in eine radikal unterschiedliche Richtung.

Im übrigen stellte sich immer deutlicher heraus, daß die Sozialdemokratie durch staatliche Repressivmaßnahmen auf die Dauer nicht unterdrückt werden konnte, sondern daß dadurch nur ihre Anziehungskraft auf die breiten Schichten der Arbeiterschaft gesteigert wurde. Mit einigem Stolz konnten die Sozialdemokraten darauf verweisen, daß sie nicht mehr nur in den kleingewerblichen Vorstädten der großen Industriestädte, wie dies in den siebziger Jahren der Fall gewesen ist, sondern auch in den städtischen Zentren zur stärksten politischen Kraft geworden waren. Nur die Widrigkeiten des Wahlrechtssystems verhinderten es, daß die politische Stärke der Sozialdemokratie noch deutlicher hervortrat. Der Einzug in die Stadtverordnetenversammlungen wurde ihnen durch ein rigides Dreiklassenwahlrecht und die Beschränkung des Stimmrechts durch einen zusätzlichen Zensus beziehungsweise die Privilegierung des Hausbesitzes fast gänzlich verlegt, und auch in den Bundesstaaten sorgten die Wahlrechtsbestimmungen dafür, daß sie so gut wie keine Chance hatten, sich bei den Wahlen in stärkeren Zahlen durchzusetzen. Nur im sächsischen Landtag spielte die Sozialdemokratie eine stärkere Rolle. Auf Reichsebene sorgte die Wahlkreiseinteilung, die die ländlichen Regionen massiv begünstigte, während die städtischen Kreise zunehmend unterrepräsentiert waren, für eine Schwächung der parlamentarischen Repräsentation der Partei.

Dies konnte den Fortschritt der Partei bei den Wahlen zwar abbremsen, aber nicht aufhalten. Selbst in den Reichstagswahlen von 1887, die im Zeichen einer beispiellos nationalistischen Wahlkampagne standen, stellte die Sozialdemokratie ihre Stärke unter Beweis, obschon sie angesichts der Zusammenballung ihrer Wählerschaft in den großen industriellen Zentren und wegen des kompromißabgeneigten Verhaltens der bürgerlichen Parteien bei den Stichwahlen ihre numerische Stärke nicht in entsprechende Mandatszahlen hatte umsetzen können. Die Zahl ihrer Wähler war von 550.000 1884 auf 763.000 gestiegen, allerdings bei einer allgemein stark erhöhten Wahlbeteiligung. Aus der Perspektive der Anhänger der Partei erschien es nicht sonderlich bedeutsam, daß die Reichstagsfraktion auf 11 Mitglieder geschrumpft war und sogar ihren Fraktionsstatus verloren hatte. Denn parlamentarische Arbeit stand unter den gegebenen Umständen nicht hoch im Kurs. Auch dies stärkte, obschon nur für den Augenblick, den radikalen Flügel, der seine Aufgabe allein darin sah, die Massen der Arbeiterschaft auf den früher oder später bevorstehenden Tag der Revolution vorzubereiten, an dem es gelte, die dem Klassengegner entfallende Macht aufzugreifen. Für unabhängige Beobachter aber war schon 1887 unübersehbar, daß der »innenpolitische Präventivkrieg Bismarcks gegen das Gespenst der roten Gefahr« (Hans Rosenberg) gescheitert war, obwohl das Sozialistengesetz vom Reichstag gerade noch einmal verlängert worden war. Der große Bergarbeiterstreik im Jahr 1889, der fast ohne Zutun der Sozialdemokratie ausgebrochen war, zeigte einmal mehr, daß die politischen Energien der Arbeiterbewegung nicht länger mit kleinlichen Repressivmaßnahmen in eine bestimmte Richtung gelenkt werden konnten. Dabei war es von sekundärer Bedeutung, ob die Arbeiter den Sozialdemokraten ihre Unterstützung gaben oder der christlich-sozialen Arbeiterbewegung Gefolgschaft leisteten oder, wie es einstweilen in weitem Maße der Fall war, noch weitgehend politisch abseits standen. Wenn die Politik des Sozialistengesetzes überhaupt etwas bewirkt hatte, dann eine Stärkung des radikalen Flügels der Arbeiterbewegung und eine Steigerung des Einflusses der marxistischen Ideologie auf Kosten einer pragmatischen Reformpolitik.

Leistungen und Defizite der staatlichen Sozialpolitik Bismarcks

Bismarck hatte schon anläßlich der Verhandlungen mit der österreichisch-ungarischen Regierung über eine gemeinsame Bekämpfung der sozialistischen Bestrebungen im Jahr 1872 deutlich gemacht, daß die »rote Gefahr« mit repressiven Maßnahmen allein nicht unter Kontrolle gebracht werden könne, und angeregt, den Wünschen der arbeitenden Klassen entgegenzukommen, »soweit es mit den allgemeinen Staatsinteressen verträglich ist«. Doch er hatte damals bei der freihändlerischen Bürokratie für diese Vorschläge wenig Gegenliebe gefunden und selbst bald das Interesse an der Sache verloren. Statt dessen wurde einstweilen versucht, der Sozialdemokratie mit polizeistaatlichen Methoden Herr zu werden – eine Entwicklung, die mit dem Erlaß des Sozialistengesetzes 1878 einen Höhepunkt erreichte.

Allein, die Entwicklung der sozialen Verhältnisse ließ auf die Dauer staatliche Untätigkeit auf dem Feld der Sozialgesetzgebung nicht zu. Im Zuge der anlaufenden Industrialisierung kam es zu einer zunehmenden Dynamisierung der Lebensverhältnisse der ländlichen und städtischen Arbeiterschaft. Die beständig sich verstärkende Abwanderung von Arbeitskräften vom flachen Lande in die rasch wachsenden Industriezentren und die quantitativ erhebliche Nahwanderung zwischen den neuen urbanen Zentren und den sie umgebenden ländlichen Gebieten stürzte die traditionelle Organisation der öffentlichen Armenpflege in eine Krise. Die öffentliche Fürsorge für die Ärmsten der Armen, die sich nicht aus eigener Kraft ernähren und auch nicht auf die Hilfeleistung von Familienangehörigen zurückgreifen konnten, war seit alters her eine Sache der untersten Verwaltungseinheiten, der Städte sowie der ländlichen Gemeinden und der Gutsbezirke. Bereits im »Preußischen Allgemeinen Landrecht« von 1794 war die Verpflichtung des Staates festgeschrieben worden, für die Lebensbedürfnisse jener Bürger zu sorgen, die sich ihren Unterhalt nicht selbst verschaffen und auch von anderer, privater Seite nicht erlangen konnten. Dieses System der sozialen Fürsorge für die völlig Verarmten setzte stabile, überschaubare gesellschaftliche Verhältnisse voraus, in der die Träger der staatlichen Armenpflege in der Lage waren, die unabweisbar Hilfsbedürftigen ohne großen Verwaltungsaufwand aus der großen Zahl der am Rand des Existenzminimums lebenden Bürger auszusondern und mit dem Notwendigsten zu versorgen, vorzugsweise in Form von Naturalzuwendungen und/oder Geldzahlungen. Dabei galt der Grundsatz, daß die öffentliche Armenpflege lediglich hilfsweise und nur dann als letzte Rettung eintreten dürfe, wenn

Empfang der Delegation der streikenden Bergarbeiter an der Ruhr durch Kaiser Wilhelm II. am 14. Mai 1889. Photographie eines Unbekannten. Bochum, Deutsches Bergbau-Museum

Gedenkblatt zum Sieg über das Sozialistengesetz. Lithographie aus dem Hamburger Verlag Jean Holze, 1890. Amsterdam, Internationaal Instituut voor Sociale Geschiedenis

alle anderen Wege, sich über Wasser zu halten, versagt hatten. Ein einklagbares Recht auf Unterstützung besaß der Einzelne überhaupt nicht; im übrigen war sie an die Prüfung beziehungsweise den Nachweis der »Unterstützungsbedürftigkeit« gebunden. Für letztere galten rigide Maßstäbe. So sollten die Unterstützungsleistungen stets unter den niedrigsten allenfalls erzielbaren Lohnsätzen liegen, um die Sozialhilfeempfänger dazu anzuhalten, sich nach Möglichkeit wieder einen eigenen Verdienst, wenn auch nur bescheidensten Ausmaßes, zu verschaffen und Drückebergerei allemal auszuschließen. Sozialpolitische Maßnahmen, die über die bloße Existenzerhaltung zu dürftigsten Bedingungen hinausgingen, kannte die vorindustrielle Gesellschaft überhaupt nicht. Die öffentliche Armenpflege war nur für jene bestimmt, die wegen Krankheit, Invalidität und hohen Alters nicht mehr in der Lage waren, sich aus eigener Kraft notdürftig zu ernähren, und die keinerlei Anverwandte besaßen, die für sie zu sorgen imstande waren. Die Annahme von Armenunterstützung war mit einem sozialen Stigma verbunden und wurde von den Armen selbst als der Anfang vom Ende gefürchtet. Den absoluten Tiefpunkt stellte die Einweisung in ein Armenhaus dar. Die Armenhäuser wurden verstanden und geführt als Zuchtanstalten für Arbeitsscheue und heruntergekommene Existenzen; normalerweise führte von dort kein Weg mehr in eine eigenständige Existenz zurück.

Im Zuge der fortschreitenden Industrialisierung und Verstädterung, zugleich aber als Folge der steigenden sozialen Mobilität der Unterschichten sahen sich die Bundesstaaten mit einem ganzen Bündel von sozialen Problemen konfrontiert, die mit den herkömmlichen Methoden der privaten oder öffentlichen Armenpflege nicht mehr bewältigt werden konnten. Zwar gelang es, durch eine Rationalisierung der Armenpflege gemäß dem sogenannten Elberfelder System, das für überschaubare Wohnviertel ehrenamtlich tätige Armenpfleger einsetzte, die die jeweiligen Sozialhilfeempfänger persönlich überwachten und der Gemeinde über die von ihnen verausgabten Leistungen regelmäßig genau Rechenschaft zu legen verpflichtet waren, die steigenden Kosten der Sozialfürsorge in Grenzen zu halten und vorübergehend sogar zu verringern. Daneben standen Bemühungen, durch Arbeitsbeschaffungsmaßnahmen sowie durch eine rigorose Begrenzung der Zahl der Unterstützungsempfänger auf ein unabdingbares Minimum die Kosten für die Träger niedrig zu halten. Aber ungeachtet dieser kostendämpfenden Maßnahmen war nicht zu verkennen, daß die Lasten, die die Städte, Gemeinden und Gutsbezirke zu tragen hatten, aufgrund des sich ausbreitenden industriellen Systems immer höher aufwuchsen und die Städte und Gemeinden, was noch stärker ins Gewicht fiel, in höchst unterschiedlicher Weise belasteten.

Die gröbsten Auswüchse des industriellen Systems – die anfangs überhandnehmende Kinderarbeit und die überlangen Arbeitszeiten – waren bereits im Preußischen Allgemeinen Gewerbegesetz vom Jahr 1845 und den entsprechenden Gesetzen der anderen deutschen Staaten abgestellt worden. Aber dies hatte nicht verhindern können, daß in Teilen der Industrie zahlreiche Mißbräuche und ausbeuterische Praktiken fortbestanden und im Zuge der rapiden Expansion der industriellen Produktion eher noch zunahmen. Fürsorgliche Erwägungen sowie das konservative Interesse daran, daß die Industriellen die sozialen Folgekosten der Beschäftigung von Arbeitnehmern zu unzuträglichen Bedingungen nicht auf die Gesamtheit und damit auf die ländlichen Schichten abwälzen könnten, hatten schon 1853 zur Einführung von staatlichen Fabrikinspektoren geführt; allerdings waren deren Kompetenzen noch äußerst eng gezogen. Kinder- und Frauenarbeit wurden zeitlichen Beschränkungen unterworfen und das sogenannte Truck-System, das heißt die Entlohnung in Naturalien oder in Gütern, die die Arbeiter allenfalls mittelbar für ihren Lebensunterhalt benötigten, verboten. Mit der Gewerbeordnung des Norddeutschen Bundes von 1869 wurden dann die bislang in Preußen gültigen Arbeiterschutzbestimmungen auf alle Staaten des Norddeutschen Bundes ausgedehnt und zugleich schärfer gefaßt. Kinderarbeit unter zwölf Jahren war hinfort gänzlich verboten, Kinder vor vollendetem vierzehnten Lebensjahr mußten täglich mindestens drei Stunden Schulunterricht erhalten und durften maximal sechs Stunden arbeiten, Vierzehn- bis Sechzehnjährige durften nicht länger als zehn Stunden täglich beschäftigt werden. Maßgebend dafür war freilich weniger das Bestreben, junge Menschen vor wirtschaftlicher Ausbeutung zu bewahren, als vielmehr der Gesichtspunkt, daß regelmäßiger Schulbesuch die Voraussetzung für eine angemessene Sozialisierung der Jugendlichen als unentbehrlich angesehen wurde und diese zugleich vor moralischen Abwegen schützen sollte. Durch diese Schutzbestimmungen wurden jedoch allenfalls die Auswüchse des industriellen Systems beschnitten, nicht aber dessen soziale Auswirkungen als solche gemildert.

Mit dem Gesetz über die Freizügigkeit für alle Bürger der Staaten des Norddeutschen Bundes und zugleich des freien Arbeitskontrakts, unter Aufhebung aller bisher bestehenden zünftlerischen oder sonstigen Bindungen, entstand ein freier Arbeitsmarkt. Mit der Einführung des Rechts auf Freizügigkeit und der Niederlassungsfreiheit wurden die rechtlichen Voraussetzungen dafür gelegt, daß die unselbständig Beschäftigten innerhalb des Reiches ihre Arbeitskraft formell frei an jedem beliebigen Ort auf dem Arbeitsmarkt anbieten konnten. Das erhöhte schlagartig die Bereitschaft zur Abwanderung in die industriellen Regionen. Dadurch wurde das traditionelle System der Armenpflege in große Schwierigkeiten gestürzt; denn es setzte ein hohes Maß sozialer Stabilität voraus, weil jede Gemeinde beziehungsweise jeder Gutsbezirk herkömmlicherweise nur für die eigenen verarmten Mitglieder zu sorgen verpflichtet war. Bereits der Norddeutsche Reichstag hatte sich bemüht, mit dem Gesetz über den Unterstützungswohnsitz vom 6. Juni 1870 dieser neuen Situation Rechnung zu tragen und dafür zu sorgen, daß die Städte, Gemeinden und Gutsbezirke unter bestimmten Bedingungen auch für notleidende Bürger aufkommen mußten, die erst vor kurzer Zeit zugewandert waren. Maßgeblich für die Regelung der Zuständigkeit war hinfort der »Unterstützungswohnsitz«, also der Wohnsitz, an dem ein in Armut geratener Bürger von der Ortsarmenbehörde versorgt werden müsse. Dieser Unterstützungswohnsitz war nicht wie bisher an das Heimatrecht geknüpft, sondern wurde bereits nach einem zweijährigen ununterbrochenen Aufenthalt erworben. Die Verpflichtung der »Ortsarmenbehörde«, im Regelfall der Gemeinden, für hilfsbedürftige Personen zu sorgen, wurde auf diese Weise erheblich erweitert. Diese Regeln wurden dann nach und nach auf das gesamte Reich ausgedehnt; nur in Bayern galt weiterhin das im Grunde fortschrittlichere Bayerische Heimatgesetz vom 16. April 1868, welches die Fürsorgeleistungen der Gemeinden an ein besonderes Heimatrecht band, jedoch die jeweilige »Arbeitsgemeinde« verpflichtete, erforderlichenfalls in Vorleistung zu gehen, vorbehaltlich einer späteren Verrechnung. In Elsaß-Lothringen blieben die liberalen Bestimmungen des französischen Rechts in Kraft, die der privaten Fürsorge den Vorrang vor staatlichen Hilfsleistungen beließen und das Eintreten der öffentlichen Hände nur fakultativ vorsahen.

Gleichwohl fiel noch immer eine zunehmende Zahl von Hilfsbedürftigen außerhalb ihres Unterstützungswohnsitzes der Armenpflege anheim. Für diese Fälle sah das Gesetz vor, daß die Ortsarmenverbände auch hilfsbedürftige Personen unterstützen mußten, die sich nur temporär in dem betreffenden Bezirk aufhielten, unter späterer Verrechnung der Kosten mit dem dafür jeweils zuständigen Ortsarmenverband. Für Gesellen, Dienstboten, Gewerbegehilfen und Lehrlinge mußten die Gemeinden im Falle der Erkrankung den Bedürftigen für sechs Wochen – in Bayern für neunzig Tage – freie Kur und Verpflegung gewähren, ohne Ansprüche auf Entschädigung gegenüber dem zuständigen Ortsarmenverband geltend machen zu können. Für jene Sozialhilfeempfänger, die in keine dieser Kategorien fielen und überhaupt keinen Unterstützungswohnsitz nachweisen konnten, wurden sogenannte Landarmenverbände gebildet; sie sollten für alle diejenigen Fürsorgeleistungen aufkommen, für die eine Zuständigkeit eines Ortsarmenverbandes nicht bestand. In der Praxis entzogen sich die Gemeinden und Gutsbezirke gegenüber nicht ansässigen hilfsbedürftigen Bürgern weitgehend jeder Leistungspflicht, zumal deren Art und Höhe in ihrem Belieben stand und nicht einklagbar war. Im übrigen erforderten das Abschieben solcher Personen an den zuständigen Ortsarmenverband und das Eintreiben der Entschädigungsleistungen einen vergleichsweise hohen Verwaltungsaufwand. Armenfürsorge wurde infolgedessen mehr noch, als dies immer schon der Fall war, zu einem Betätigungsfeld auch der Polizei. Dies galt nicht zuletzt für die rigorose Heranziehung der jeweiligen Verwandten zu Fürsorgeleistungen, gegebenenfalls mit polizeilichen Mitteln.

Dieses elaborate System behördlicher Regulierung der Armenpflege darf freilich nicht darüber hinwegtäuschen, daß die Leistungen der Armenpflege äußerst begrenzt waren und überdies je nach den örtlichen Bedingungen höchst unterschiedlich ausfielen. Im ganzen gewährte die Armenpflege in den vergleichsweise finanziell leistungsfähigeren städtischen Kommunen wesentlich höhere Hilfsleistungen als in den ländlichen Gemeinden oder gar den Gutsbezirken, zumal sich diese an den ortsüblichen Lohnsätzen und Lebensbedingungen orientierten. Ebenso wäre es verfehlt anzunehmen, daß dieses System durchgängig befriedigend funktionierte; zu viel war in das Belieben der örtlichen Behörden und der Armenpfleger gestellt. Dies führte zu höchst unliebsamen Erscheinungen. Viele kleine Gemeinden, namentlich solche in der Nähe der industriellen Ballungsgebiete, klagten über eine dramatische Zunahme der Armenlasten. In den ostelbischen Provinzen, in denen vielfach die Gutsbezirke mit den Ortsarmenverbänden zusammenfielen, wurde es üblich, die Tagelöhner und das sonstige Gesinde nach spätestens zwei Jahren zu entlassen und zum Wegzug in eine andere Gemeinde zu zwingen, um solcherart eine Verpflichtung zur Leistung von Armenpflege gar nicht erst entstehen zu lassen. Die sozialen Auswirkungen dieser Praxis waren unübersehbar; sie förderten die Destabilisierung der ländlichen Gesellschaft und steigerten das dort ohnehin bestehende Elend. Dabei waren die Leistungen der Armenfürsorge ohnehin kärglich bemessen; sie lagen stets merklich unter dem niedrigsten ortsüblichen Lohn, da sonst, nach den Vorstellungen der Zeit, die Armenpflege nur zum Müßiggang und Lotterleben anreizen würde. Auch von seiten der Betroffenen, in aller Regel, wenn Krankheit, Invalidität oder der Verlust des Ehepartners schlechterdings keinen anderen Ausweg mehr ließen, wurde die Armenpflege bloß im äußersten Notfall in Anspruch genommen; sie war mit einem sozialen Stigma versehen und zog die soziale Deklassierung der Betroffenen nach sich, unter anderem den Verlust der bürgerlichen Ehrenrechte einschließlich des Wahlrechts.

Die Ausgaben für die Armenpflege stiegen erheblich, zumal angesichts der sich vermehrenden Zahl von Arbeitern, die, sei es durch Unfälle, sei es durch Berufskrankheiten, ganz oder großenteils zu Invaliden wurden. Längere Krankheit oder der Tod des Ernährers stürzten eine Arbeiterfamilie fast regelmäßig in tiefe Not, und nicht selten war das der Anfang einer sich immer mehr verschärfenden Notlage, an deren Ende dann nur noch die Armenpflege verblieb, sei es als »offene Armenpflege«, also Unterstützung des oder der Hilfsbedürftigen durch die Zuweisung von Naturalien und Gütern beziehungsweise durch Geldzahlungen, oder aber als »geschlossene Armenpflege«, das heißt die Einweisung in Krankenanstalten, Altenpflegeheime, Waisenhäuser oder gar in das allseits gefürchtete Arbeitshaus. Davon abgesehen führte die zweijährige Befristung des Erwerbs eines Unterstützungswohnsitzes infolge der ständig zunehmenden Mobilität der Arbeiterschaft dazu, daß erhebliche Teile der notleidenden Unterschicht von der Armenpflege überhaupt nicht oder nur unzureichend erfaßt wurden.

Die Ursachen, die dazu führten, daß Arbeiter oder sonstige Angehörige der

Unterschichten der Armenpflege anheim fielen, waren vielfältiger Art. Der Lebenszyklus des industriellen Arbeiters schloß schon immer Perioden großer Armut und Entbehrungen ein, insbesondere im Alter, wenn seine Leistungsfähigkeit auf einen Bruchteil absank. Nach einer Hochbeschäftigungsphase im jugendlichen Alter bis zu 35 Jahren mit überdurchschnittlich gutem Verdienst konnte der Arbeiter normalerweise seinen guten Verdienst in der kritischen Umbruchphase von 35 bis 40 Jahren zumeist nur durch Sonderleistungen und Überstunden halten; fortan ging sein Verdienst mit sinkendem Leistungsvermögen schrittweise, aber unwiderruflich zurück und konnte nur temporär, beispielsweise durch einen Arbeitsplatzwechsel, aufgefangen werden. Bei einer durchschnittlichen Lebenserwartung von 58 Jahren bestand kaum Aussicht, den eigenen Lebensstandard im Alter auch nur annähernd aufrechtzuerhalten; leichtere Beschäftigungen, wie sie aus altersbedingten Gründen schließlich allein offenstanden, wurden wesentlich geringer entlohnt. Am Ende blieben Nebenerwerbe bis hin zu Gelegenheitsarbeiten aller Art und Betteln als einziger Ausweg. Alter bedeutete in jedem Falle sozialen Abstieg und schließlich den Rückfall in bittere Armut, der nur dann, wenn der Familienverband intakt blieb, einigermaßen aufgefangen wurde. Krankheit und als Folge davon Arbeitslosigkeit aber führten meist mit Zwangsläufigkeit zur Verarmung, vielfach verbunden mit dem Verlust des ganzen, in glücklicheren Jahren erworbenen Besitzes. Diese Entwicklung war im Regelfall für den Einzelnen nicht mehr umkehrbar; der soziale Abstieg war irreversibel. Für die Frauen, besonders solche, die noch für minderjährige Kinder zu sorgen hatten, hatte der Tod des Ernährers häufig die gleichen Auswirkungen. Invalidität aber führte allemal zu Entbehrung und Armut, selbst dann, wenn diese unfallbedingt war und die Unternehmer sich zu entsprechenden Entschädigungszahlungen bereitfanden.

Die Krankenversorgung der arbeitenden Bevölkerung war für die Behörden der deutschen Bundesstaaten schon lange ein Sorgenpunkt gewesen, war doch Krankheit die Hauptursache, die dazu führte, die Armenpflege in Anspruch zu nehmen. Die Verpflichtung, bedürftigen Personen gegebenenfalls Arzt, Kur und Verpflegung zu gewähren, wenn auch oft nur für begrenzte Zeit, war für die Gemeinden durchweg eine schwere Bürde. Unter diesen Umständen entdeckten die staatlichen Instanzen ein öffentliches Interesse daran, daß die Arbeiter, und zwar namentlich solche der unteren Lohnklassen, ausreichend krankenversichert waren. In Bayern ging man schon 1868 dazu über, Krankenversicherungen für die Arbeiterschaft auf örtlicher Grundlage, finanziert durch Zwangsbeiträge der Arbeitgeber, einzurichten, um auf diese Weise die Armenpflegebehörden finanziell zu entlasten. Anderswo bestanden lediglich freiwillige Versicherungen auf privater Grundlage, die jedoch nur Bruchteile der Arbeiterschaft erfaßten.

In der Handwerkerschaft und ebenso in der frühen industriellen Arbeiterschaft gab es eine lange Tradition der kollektiven Versicherung der Mitglieder der einzelnen Handwerke beziehungsweise industriellen Branchen gegen Krankheit und andere Risiken im Rahmen der gewerkschaftlichen Fachvereine und ähnlicher gewerkschaftlicher Zusammenschlüsse. Solche Unterstützungskassen operierten durchweg auf lokaler Basis; ihre Mitgliederzahl war freilich nicht selten äußerst gering und ihre Zahlungsfähigkeit im Falle stärkerer Beanspruchungen rasch erschöpft. Es war dies eine der wesentlichen Leistungen, die die frühen Gewerkschaften ihren Mitgliedern zu bieten hatten. Schon Gustav Schmoller urteilte, daß die Unterstützungskassen einen unabdingbaren Bestandteil eines leistungsfähigen Gewerkschaftswesens darstellten. »Ohne diese Kassen« fehle »den Gewerkvereinen die wichtigste äußere Funktion und Thätigkeit, ohne diese Kassen werden sie bloße [sic!] Strikevereine, die Händel suchen, nur um etwas zu thun zu haben«; sie seien deshalb unbedingt zu erhalten. Allerdings bemühten sich die freien Hilfskassen, das Versicherungsrisiko möglichst gering zu halten; so nahmen sie in aller Regel nur gesunde Arbeiter auf und schlossen in einigen Fällen sogar Arbeiter, wenn sie an langwierigen Leiden erkrankten, wieder aus. Vor allem aber praktizierten sie gegenüber Arbeitern der unteren Lohnklassen, zumal den ungelernten und vielfach unständig beschäftigten Arbeitern, eine strikte Aufnahmesperre; gerade diese sozial besonders ungesicherte Gruppe der Arbeiterschaft kam also im Regelfall nicht in den Genuß der Vorteile einer gewerkschaftlichen Versicherung. Versuche des Gesetzgebers, die restriktive Mitgliederpolitik der Unterstützungskassen durch gesetzliche Anordnung zu durchbrechen und gegebenenfalls Ortskrankenkassen einzurichten, denen alle Beschäftigten bestimmter Gewerbe angehören mußten, fruchteten nicht viel, nicht zuletzt deshalb, weil auch die Unternehmer, denen ein Teil der Prämien aufgehalst wurde, diese Bemühungen hintertrieben und vorzugsweise Arbeiter beschäftigten, die den freien Hilfskassen angehörten, für die keine Arbeitgeberanteile zu erbringen waren. In der Gewerbeordnung von 1869 waren diese tendenziell obrigkeitlichen Bestimmungen zudem wieder aufgehoben und statt dessen vorgesehen worden, daß eine Verpflichtung, den Ortskrankenkassen beizutreten, nur dann bestehe, wenn die Arbeiter nicht nachweislich einer anderen Kranken-, Hilfs- oder Sterbekasse angehörten. Das bedeutete, daß den gewerkschaftlichen Hilfskassen ein neues Feld freier Betätigung eingeräumt wurde. Die Zahl dieser Gewerkschaften war beachtlich: 1874 gab es in Preußen nicht weniger als 2.710 »Gesellenkassen« und 1931 Fabrikarbeiterkassen, in denen immerhin 275.145 beziehungsweise 455.583 Handwerker und Arbeiter versichert waren, überdies mit steigender Tendenz. Daneben bestanden zahlreiche Betriebskrankenkassen.

Das Problem, wie eine ausreichende Krankenversicherung für alle Arbeitergruppen, gerade jene mit geringerem und unbeständigem Einkommen, sichergestellt werden könne, blieb jedoch weiterhin ungelöst. Nur im Bergwerkswesen war nach der Auflösung der alten staatlichen Regie ein modernes Versicherungssystem gegen Krankheit und Invalidität sowie der Altersversorgung einschließlich der Witwen und Waisen entstanden, die sogenannte Knappschaft, die unter der Aufsicht der Oberbergämter von den Unternehmern und den Arbeitern gemeinsam getragen und paritätisch verwaltet wurde und deren finanzielle Bonität durch eine Ausfallgarantie des preußischen Staates abgesichert war. Hier wurde erstmals der Grundsatz des Versicherungszwanges angewendet, aber auch hier waren die Beiträge und Leistungen noch scharf nach den einzelnen Lohngruppen gestaffelt. Sie bot im Krankheitsfall freie Kur und Arznei sowie einen Krankenlohn, bei Arbeitsunfähigkeit eine Invalidenunterstützung und im Todesfalle Witwen- und Waisenunterstützung. Je nach der Arbeitergruppe trugen die Unternehmer, im Hinblick auf das hohe Unfallrisiko vor allem im Untertagebau, bis zur Hälfte zu den jeweiligen Prämien bei. In vieler Hinsicht lebten hier noch ältere ständische Traditionen fort, hauptsächlich in Gestalt der Knappschaftsältesten. Die Leistungen der Kasse beruhten keineswegs auf festen Rechtsansprüchen der Betroffenen; sie richteten sich vielmehr weithin nach der jeweiligen finanziellen Lage der Knappschaft. Die diskretionären Entscheidungen der Knappschaftsvorstände über die Höhe und vielfach über die Kürzung bereits gewährter Renten und Vergütungen erwiesen sich denn auch als ein Thema immer wieder auftretender Auseinandersetzungen. Immerhin handelte es sich, gemessen an damaligen Verhältnissen, um ein bemerkenswert modernes System, das wenigstens für eine, wenn auch privilegierte Kategorie von Arbeitern die Zukunft berechenbar machte und äußerste Not abwendete. Für die industrielle Arbeiterschaft in ihrer Gesamtheit aber ließen die Verhältnisse weiterhin erheblich zu wünschen übrig.

Den Behörden in Preußen war die steigende Zahl der sozialdemokratisch ausgerichteten gewerkschaftlichen Hilfskassen ein Dorn im Auge. Das Krankenkassengesetz von 1876 hatte dieser Entwicklung vergeblich zu steuern versucht, indem es das Prinzip des Versicherungszwanges wieder zur Geltung bringen wollte. Den gewerkschaftlichen Hilfskassen wurden strenge Auflagen diktiert, insbesondere die Beschränkung ihrer Tätigkeit ausschließlich auf die Krankenversicherung, unter Ablösung von allen sonstigen gewerkschaftlichen Aktivitäten. Gleichzeitig wurde den Gemeinden durch eine Novellierung des Paragraphen 141 der Gewerbeordnung das Recht eingeräumt, durch Ortsstatut ihrerseits Hilfskassen einzurichten und alle Gesellen, Gehilfen und Fabrikarbeiter vom 16. Lebensjahr an zum Beitritt zu verpflichten, sofern sie nicht die Mitgliedschaft in einer freien Hilfskasse nachwiesen, die den behördlichen Auflagen genügte und demnach als »Ersatzkasse« anerkannt war. Allerdings zögerten die Gemeinden, in diesem Sinne voranzugehen und die Gründung von Ortskrankenkassen zu betreiben, zum Teil, weil die Unternehmer darüber nicht sonderlich begeistert waren, da sie dann mit einem Drittel zu den Beitragsleistungen herangezogen werden konnten; sie zogen es in der Regel vor, Arbeiter, die in freien Hilfskassen versichert waren, zu beschäftigen, sofern sie nicht, wie dies in der Schwerindustrie häufig der Fall war, eigene Betriebskrankenkassen unterhielten, die den Vorteil hatten, die Arbeiter an die Betriebe zu binden. Insofern erwies sich diese Gesetzgebung, die die freien, zumeist von Fachverbänden beziehungsweise Gewerkschaften getragenen Hilfskassen eindeutig benachteiligte, als Fehlschlag. Obschon die »eingeschriebenen« Hilfskassen, das heißt die von gewerkschaftlicher Seite betriebenen, wenn auch formell von ihnen unabhängigen und von den Behörden nolens volens anerkannten Krankenkassen, weiterhin einen erheblichen Aufschwung nahmen, war der Versuch, mit Hilfe der Gemeinden und Lokalverwaltungen auf fakultativer Grundlage eine generelle Krankenversicherung für alle Arbeiter zustande zu bringen, zunächst einmal weitgehend gescheitert. Das Problem, auf welche Weise die drückenden Lasten der öffentlichen Armenpflege herabgemindert werden könnten, blieb weiterhin ungelöst. Denn gerade die untersten Schichten der Arbeiterschaft wurden in aller Regel von den freien Hilfskassen nicht erfaßt, und im Falle schwerer, langwieriger Erkrankungen setzten diese ihre Leistungen ohnehin aus.

Noch größere Sorge bereitete die zunehmende Zahl der Unfälle in den neuen Industrien, die unter den damaligen meist schweren Arbeitsbedingungen häufig Arbeiter zu lebenslangen Krüppeln werden ließen, zumal die Betriebe oft nur unzureichende Arbeiterschutzmaßnahmen kannten. Unfallbedingte Invalidität war einer der gewichtigen Faktoren, die zu fortschreitender Verarmung und, wenn die persönlichen Lebensverhältnisse sich ungünstig gestalteten, zur Inanspruchnahme der Armenpflege führten. Das 1871 verabschiedete Unfallhaftpflichtgesetz hatte sich als unzulänglich erwiesen; denn es legte den betroffenen Arbeitern einseitig die Verpflichtung auf, den Nachweis für eine Verschuldung des Arbeitgebers zu führen. Ein solcher Nachweis war aber in der Regel nur schwer und vielfach überhaupt nicht zu erbringen. Die zahlreichen privaten Unfallversicherungsgenossenschaften, denen die Industrie die Regelung der gegen sie geltend gemachten Ansprüche wegen Betriebsunfällen übertragen hatte, suchten ihren Zahlungsverpflichtungen meist durch Beschreitung des Rechtsweges zu entgehen; eine Flut von Prozessen war die Folge, die fast immer zugunsten der Arbeitgeber ausgingen, zumal die Arbeiter gegenüber den finanzkräftigen Versicherungsträgern in einem strategischen Nachteil waren. In der großen Mehrzahl der Fälle verzichteten die Arbeiter von vornherein darauf, ihre Ansprüche auf rechtlichem Weg geltend zu machen, und suchten die Arbeitgeber in oft bedrückend demütig gehaltenen Bittschriften dazu zu bewegen, ihnen zumindest einen ihrer verminderten Leistungsfähigkeit angemessenen Arbeitsplatz im Betrieb zu geben, nicht selten vergebens. Zumeist bedeutete die durch einen Unfall verursachte Invalidität eines Arbeiters den Absturz in äußerste Not; vielfach genügte schon eine längere Erkrankung, um den oder die Betroffenen zu einem Fall für die Armenpflege werden zu lassen.

Das Reichsamt des Innern bemühte sich um Mittel und Wege, dieser bedrohlichen Entwicklung durch eine Änderung des Gesetzes über den Unterstützungswohnsitz, das die Handhabung der öffentlichen Armenpflege den geänderten Verhältnissen anzupassen erlaubte, sowie durch eine Verschärfung der Arbeiterschutzgesetzgebung entgegenzuwirken, waren doch angesichts der mangelhaften Schutzvorkehrungen in den Betrieben der großen Industrie schwere Unfälle an der Tagesordnung. Außerdem wurde daran gedacht, die zweijährige Karenzfrist, nach deren Ablauf die Gemeinden zur Armenpflege verpflichtet waren, zu beseitigen und die Bestimmungen des Unterstützungswohnsitzes hinsichtlich der zeitweiligen Versorgung erkrankten Gesindes, erkrankter Gesellen, Gewerbegehilfen und Lehrlinge durch die Ortsarmenverbände auf Fabrikarbeiter auszuweiten und zugleich auf einen Zeitraum von drei Monaten auszudehnen. Aber diese Gesetzgebungsvorhaben stießen bei Bismarck teilweise auf schärfsten Widerspruch. Was die geplante Neufassung des Gesetzes über den Unterstützungswohnsitz anging, so wollte er allenfalls einer Verkürzung der Karenzperiode auf ein Jahr seine Zustimmung geben, empfahl aber im übrigen eine drakonische Handhabung der Armenpflege unter möglichster Ausschaltung jeglicher Unterstützung Hilfsbedürftiger mit barem Geld, gemäß den in den ländlichen Gemeinden herkömmlichen Methoden. Außerdem wollte er die Einweisung von Landstreichern und Obdachlosen in Arbeitshäuser unter Ausschluß der Rechtspflege ermöglicht sehen.

Der Kanzler nahm diese Probleme wesentlich aus der Perspektive eines ländlichen Arbeitgebers wahr und verkannte zunächst das Ausmaß der sich hier abzeichnenden sozialen Notlage und den Umstand, daß es sich in aller Regel um unverschuldet in Bedrängnis geratene Industriearbeiter handelte, die zunehmend die gemeindliche und gutsherrliche Armenpflege belasteten, nicht aber um Arbeitsscheue und Asoziale. Er ließ allerdings dem Handelsministerium in diesen Dingen vorerst freie Hand. Doch er war befriedigt, als ein entsprechender Entwurf zur Änderung des Gesetzes über den Unterstützungswohnsitz, der eine Erweiterung der Verpflichtung der Gemeinden zu sozialer Hilfeleistung vorsah, bereits im Bundesrat scheiterte, da er auf diesem Weg »eine durchgreifende Abhülfe der schädlichen Wirkungen unserer gegenwärtigen Armen- und Niederlassungs-Gesetzgebung« nicht für erreichbar hielt. Noch ungleich schroffer wies Bismarck die Bestrebungen im Reichsamt des Innern zurück, die bestehenden Bestimmungen über den Arbeiterschutz zu verschärfen und den Fabrikinspektoren größere Kompetenzen zu geben. Bekanntlich lehnte der Kanzler jeden Eingriff des Gesetzgebers in das unmittelbare Verhältnis von Arbeitgebern und Arbeitnehmern mit großer Entschiedenheit ab; er handelte hier, wie man gesagt hat, als ein ländlicher Arbeitgeber und ein sehr rückständiger dazu. Bismarck wandte sich gegen jedwede Erweiterung der Arbeiterschutzgesetzgebung schon deshalb, weil dies zu einer unvertretbaren Verzerrung der Wettbewerbsbedingungen der deutschen Industrie auf dem internationalen Markt führen müsse. Davon abgesehen war er überzeugt, daß die Arbeiter selbst, vor allem jugendliche Arbeiter und

Frauen, durch derartige gesetzliche Maßnahmen nur in ihren Chancen beeinträchtigt würden, überhaupt Beschäftigung zu finden. Schon 1876 hatte er die Ausarbeitung einer Vorlage zur Änderung der Gewerbeordnung, in der die bisherigen Bestimmungen über die Betreibung von industriellen Anlagen, über die Beschäftigung insbesondere von jugendlichen Arbeitern und Frauen, über Samstags- und Sonntagsarbeit auf eine umfassendere Grundlage gestellt werden sollten, im Hinblick auf die soeben überwundene Wirtschaftskrise beanstandet. »Angesichts der gegenwärtigen ungünstigen Lage der Industrie erscheint jede gesetzgeberische Thätigkeit bedenklich, welche ohne absolut zwingende Gründe die Produktion erschwert. Die Industrie bedarf der Ruhe, um nach der rückläufigen Bewegung der letzten Jahre den Kampf mit der ausländischen Konkurrenz wieder aufnehmen zu können. Für Abänderungen unserer Gesetzgebung, welche auf den Geschäftsbetrieb störend einwirken oder die einheimische Industrie hinsichtlich ihrer Leistungsfähigkeit gegenüber der ausländischen in Nachtheil setzen, dürfte daher der gegenwärtige Zeitpunkt ungeeignet sein.« Im übrigen wandte er sich sowohl gegen das in der Vorlage vorgesehene Verbot der Nachtarbeit für Frauen als auch gegen die Beschränkung der Arbeitszeit für junge Mädchen auf sechs Stunden, welches keineswegs im tatsächlichen Interesse der Betroffenen liege. Noch in seinem Memoirenwerk »Erinnerung und Gedanke« hat Bismarck im Rückblick seine rigorose Ablehnung jeglicher Arbeiterschutzpolitik verteidigt: »Es widerstrebte meiner Ueberzeugung und Erfahrung, in die Unabhängigkeit des Arbeiters, in sein Erwerbsleben und in seine Rechte als Familienhaupt so tief einzugreifen wie durch ein gesetzliches Verbot, seine und der Seinigen Arbeitskräfte nach eigenem Ermessen zu verwerthen. Ich glaube nicht, daß der Arbeiter an sich dankbar dafür ist, daß man ihm verbietet, Geld zu verdienen an Tagen und in Stunden, wo er dazu geneigt ist, wenn auch ohne Zweifel von den Führern der Socialisten diese Frage zu einer erfolgreichen Agitation benutzt wird, mit der Vorspiegelung, daß die Unternehmer auch für die verkürzte Arbeitszeit den unverkürzten Lohn zu zahlen im Stande seien.«

Vor allem aber verwahrte sich der Kanzler gegen die mit der geplanten Verschärfung des Fabrikgesetzes verbundene erneute Vermehrung gesetzlicher Bestimmungen, die in der Praxis dann doch nicht eingehalten würden und deren Beachtung nicht erzwungen werden könne. Im August 1877 erhob er gegen ein ganzes Bündel von sozialpolitischen Vorlagen Einspruch, in denen die geltenden Bestimmungen über den Arbeiterschutz auf eine neue, umfassendere Grundlage gestellt werden sollten. Sein besonderer Zorn galt der beabsichtigten Ausweitung der Befugnisse der Fabrikinspektoren. Er protestierte vehement gegen den Glauben, »die Schwierigkeiten, welche das Verhältniß der Arbeitgeber und Arbeiter mit sich bringt, durch Schöpfung einer neuen Beamtenklasse zu lösen, welche alle Keime zur Vervielfältigung büreaukratischer Mißgriffe in sich trägt«. Im Gegenteil: Er wollte die Kompetenzen der Fabrikinspektoren, die zu großen Eigenmäch-

tigkeiten neigten, rigoros beschränken und sie an die Kandare besonderer Gewer-
begerichte nehmen, damit ihre meist subjektiv bedingten Auflagen rechtlich über-
prüft werden könnten. Zudem bestritt er, daß es Sache des Staates sein könne, die
Arbeiter uneingeschränkt und ohne jede Rücksicht auf die besonderen Bedingungen des jeweiligen Gewerbebetriebs »gegen Gefahr für Leben und Gesundheit« zu
schützen: »Wenn von der Industrie alle Gefahren, mit denen sie die Sicherheit und
die Gesundheit des Arbeiters bedrohen kann, fern gehalten werden sollen, so
müßte den Pulver- und Dynamitfabriken, der Verarbeitung von giftigen Stoffen
und den Anstrengungen, wie die der Glasfabrikation und andere, die eben nur
eine kurze und hochbezahlte Periode eines Arbeiterlebens hindurch ertragen
werden können, schon jedes Existenzrecht versagt werden [...].« Mit diesen
Gesetzentwürfen, so meinte der Kanzler, sei einer »Lösung der sozialen Frage«
nicht näher zu kommen. Er erblickte einen gangbaren Weg nur in einer Verschärfung der »Haftpflicht für Unfälle, [...] auch ihre mögliche Ausdehnung auf die
Invalidität, die aus Erschöpfung durch Arbeit und aus Krankheit im Dienste
hervorgeht«. In all diesen Fragen nahm der Kanzler einen Standpunkt ein, der sich
von den Auffassungen nicht nur der großen Mehrheit der politischen Parteien,
sondern auch seiner Ministerkollegen unterschied. Diese drängten in erster Linie
auf eine Erweiterung der Arbeiterschutzgesetzgebung und auf eine Revision des
Unfallhaftpflichtgesetzes der Unternehmer hin, die das Prinzip der Gefährdungshaftung und einer möglichst weitgehenden »Gefahrloshaltung« des Arbeiters im
Betrieb zur Grundlage nahmen.

Angesichts des hinhaltenden Widerstands seitens des Kanzlers kam am Ende
von diesem umfangreichen Katalog von Arbeitsschutzmaßnahmen, obschon die
Mehrheit der Parteien sie nachdrücklich forderte, nur ein Torso zustande. In einer
Novelle zur Gewerbeordnung vom 17. Juli 1878 wurde die Sonntagsarbeit von
Jugendlichen verboten; ebenso wurde die gewerbliche Tätigkeit von Kindern
unter zwölf Jahren gänzlich untersagt. Weiterhin wurde die Beschäftigung von
Frauen und Minderjährigen zusätzlichen Beschränkungen unterworfen und die
Nachtarbeit von weiblichen Arbeitskräften in bestimmten Gewerbezweigen ver-
boten. Aber da der Bundesrat zugleich ermächtigt wurde, in weitem Umfang
Dispens von diesen Bestimmungen zu gewähren, blieb die Novelle gutenteils eine
leere Hülse. Nicht nur im Reichstag und in der Öffentlichkeit, sondern auch in der
Regierungsbürokratie war die Auffassung weit verbreitet, daß die Regierung weit
hinter dem zurückgeblieben sei, was beim Stand der Dinge rein sachlich erforderlich sei. Theodor Lohmann, der verantwortliche Sachbearbeiter im Handelsministerium, hätte es lieber gesehen, wenn die Vorlage gänzlich gescheitert wäre, um
die Chance für einen neuen Anlauf zu einer gründlichen, sachgerechten Reform
der Fabrik- und Gewerbegesetzgebung nicht zu verschütten.

Im Grundsatz war Bismarck überzeugt, daß der Staat die Verpflichtung habe,
den notleidenden Schichten zu helfen. Schon in den späten sechziger Jahren hatte

er unter dem Einfluß seines langjährigen Mitstreiters Hermann Wagener mit Plänen gespielt, den notleidenden schlesischen Webern unmittelbar zur Hilfe zu kommen. Er stand seit langem unter dem Einfluß konservativer Sozialtheoretiker wie Carl Rodbertus und Albert Schäffle. Aber sozialethische Motive lagen dem Kanzler auch jetzt eher fern. Es ging ihm in erster Linie darum, praktische und zugleich industriefreundliche Wege zu finden, um der zunehmenden Belastung der öffentlichen Armenfürsorge Einhalt zu gebieten. Daneben trat immer stärker ein zweites Motiv in den Vordergrund, nämlich das Bestreben, der Sozialdemokratie durch Reformen auf sozialpolitischem Gebiet das Wasser abzugraben und die Arbeiter wieder an den Staat heranzuziehen. Gegenüber Lothar Bucher, der früher einmal Sozialist, jetzt aber einer seiner engsten Mitarbeiter war, brachte der Kanzler damals seine geheimsten Erwägungen offen zum Ausdruck: »Jetzt habe ich das Ziel, und den Weg dahin werde ich finden. Harte Kämpfe wird es kosten – um so besser! Wenn der Arbeiter keinen Grund mehr zur Klage hätte, wären der Sozialdemokratie die Wurzeln abgegraben. Freilich, ob es je dahin kommen wird?«

Über die Wege, die zu diesem Zweck eingeschlagen werden sollten, war Bismarck allerdings mit seiner eigenen Regierungsmannschaft keineswegs einer Meinung. Das zeigte sich einmal mehr anläßlich der Vorbereitung eines neuen Unfallhaftpflichtgesetzes, das mittlerweile unabweisbar geworden war. Denn das Haftpflichtgesetz von 1871 hatte zu einer Flut von Prozessen geführt, in der die Arbeiter fast stets das Nachsehen hatten; nur für etwa 20 Prozent aller betrieblichen Unfälle wurden von Arbeitgeberseite Entschädigungen gezahlt. Das preußische Handelsministerium suchte im November 1879, nicht zuletzt unter dem Druck der Parteien des Reichstages, in zweierlei Hinsicht Abhilfe zu schaffen: zum einen durch Einführung einer Unfallmeldepflicht für industrielle Unternehmer, mit der Absicht, es den Unternehmern schwerer zu machen, sich der Haftung für die Folgen von Betriebsunfällen zu entziehen; zum anderen durch eine Neufassung des Haftpflichtgesetzes, in welcher die Verpflichtung der Unternehmer, adäquate Vorkehrungen zur Verhütung von Unfällen zu treffen, genauer präzisiert werden sollte, mit der Absicht, »den Arbeitern die Wohltaten des Haftpflichtgesetzes mehr, als es bisher der Fall war, zu sichern«. Beides stieß auf den massiven Einspruch des Kanzlers, der darin einen unangemessenen Eingriff in die Belange der Unternehmerschaft sah. Bismarck machte die Entwürfe sogleich den interessierten Kreisen der Industrie zugänglich und erbat sich deren Stellungnahme. Dies entsprach der Tendenz der inneren Politik, die seit 1879 die Heranziehung der unmittelbar betroffenen Interessenten aus Handel, Gewerbe, Industrie und Landwirtschaft in allen Fragen der Gesetzgebung zur Maxime erhoben hatte.

Desungeachtet wagte der preußische Handelsminister von Hofmann es Anfang 1880 erneut, dem Kanzler eine Vorlage zur Änderung des Haftpflichtgesetzes zu unterbreiten, die sich zwar von dem radikalen Prinzip der Gefährdungshaftung, die uns heutzutage als einzige rechtlich tragbare Lösung des Problems gilt, fernhielt, jedoch den Unternehmern die Beweispflicht dafür zuschob, daß ein Unfall sich ohne ihr oder ihrer Untergebenen Verschulden ereignet habe. In diesem Punkt war Bismarck, obschon ansonsten alles andere als ein Manchesterliberaler, radikal gegenteiliger Ansicht. Er könne »nicht verhehlen«, daß ihm »die Tendenz des beabsichtigten Entwurfs sowohl für unsere Industrie als für unsere sozialen Zustände so gefährlich erscheint, daß ich sie mit allen mir zu Gebote stehenden Mittel[n] bekämpfen [...] werde«. Er wandte sich vehement gegen die Vorlage des preußischen Handelsministers und Stellvertreters des Reichskanzlers, die, wie er meinte, einseitig gegen die Unternehmer Partei ergreife. Die dort vorgesehene Regelung, bis zum Beweis des Gegenteils die Verschuldung des Arbeitgebers anzunehmen, »wäre eine ungerechte Gewalttat«. In einer Sitzung des preußischen Staatsministeriums am 28. August 1880 erhob der Kanzler erneut in denkbar scharfer Form Protest gegen die Tendenz der hier vorbereiteten Gesetzgebung, die auf dem bislang schon als unzulänglich erkannten Weg einer Verschärfung des Haftpflichtgesetzes nur noch weiter voranschreite. Die präsumtive Verschuldung des Arbeitgebers sei »vielfach unwahr und führe zu Ungeheuerlichkeiten, die die Arbeitgeber entmutige und die Arbeiter zu rechtswidrigen Ansprüchen anrege«. Und er wies den Weg, der künftig gegangen werden solle, nämlich den einer Unfallversicherung von Reichs wegen. In einem Memorandum vom selben Tag, das vermutlich den Mitgliedern des preußischen Staatsministeriums vorgelegen hat, machte er seine Position einmal mehr klar: Statt einer Verschärfung oder Änderung des Haftpflichtgesetzes wollte er den Weg einer obligatorischen Versicherung für alle Arbeitnehmer unter maßgeblicher Beteiligung des Staates gehen, und zwar unter »verhältnismäßiger Heranziehung der Arbeitgeber, der Arbeiter und auch der Armenverbände«. Der Kanzler stützte sich dabei auf eine Denkschrift des Bochumer Industriellen Kommerzienrat Baare, eines Repräsentanten der rheinisch-westfälischen Schwerindustrie, die ihm Ende April 1880 zugegangen war. Sie kam seinen eigenen Auffassungen insofern weit entgegen, als sie die Freistellung der Unternehmer von jeglicher Haftpflicht und die Regelung aller aus Betriebsunfällen resultierenden Ansprüche durch eine obligatorische staatliche Versicherung vorschlug.

In ihrer großen Mehrheit stand die deutsche Wirtschaft dem Gedanken einer staatlichen Unfallversicherung ablehnend gegenüber; hier überwog die Sympathie für bewährte liberale, marktkonforme Lösungen. In den Kreisen der Schwerindustrie hingegen bestand große Neigung, für eine staatliche Versicherung zu plädieren, zumal man mit der Knappschaftsversicherung im Bergbau gute Erfahrungen gemacht hatte. Bereits am 12. Februar 1879 hatte Freiherr von Stumm namens der Freikonservativen Fraktion einen Antrag im Reichstag eingebracht, der auf die Einführung von obligatorischen Altersversorgungs- und Invalidenkassen für alle Fabrikarbeiter, nach dem Muster der bergmännischen Knappschafts-vereine, abzielte. Dies war in gewissem Sinne ein vorsorglicher Gegenzug gegen die beabsichtigte Verschärfung des Unfallhaftpflichtgesetzes zum Nachteil der Unternehmer, da die Knappschaftsversicherung eine Versicherung gegen die gerade im Bergbau relativ häufigen und nicht selten schweren Unfälle einbe-schloß. Das Promemoria Baares, das in allen wesentlichen Punkten mit den Spitzenverbänden der rheinisch-westfälischen Großindustrie und mit dem Cen-tralverband Deutscher Industrieller abgesprochen worden war, wurde in der Folge neben einem Entwurf Theodor Lohmanns der Ausarbeitung einer Gesetzes-vorlage zugrunde gelegt.

Der Herr-im-Haus-Standpunkt der Schwerindustrie und der Patriarchalismus Bismarcks gingen hier eine symbiotische Verbindung ein. Im Zeichen der Politik des »Schutzes der nationalen Arbeit«, einer Parole, die schon den Übergang zum Protektionismus hatte rechtfertigen helfen, lag eine Zusammenarbeit Bismarcks mit der Schwerindustrie ohnehin nahe. Im Grundsatz hatte das Projekt der obligatorischen Unfallversicherung mit staatlicher Beteiligung insofern den Vor-zug, als die Belastungen der Industrie gering gehalten wurden und ein Teil der aus betrieblichen Unfällen herrührenden Kosten auf die Allgemeinheit abgewälzt werden konnte. Das entsprach durchaus Bismarcks Vorstellungen, wollte er doch jegliche zusätzliche Belastung der Industrie unbedingt vermieden sehen. Aller-dings verband sich dieser Gesichtspunkt mit der Zielvorstellung, daß der Staat hier unmittelbar als Wohltäter der Arbeiterschaft tätig werden sollte; ursprüng-lich hatte Bismarck sogar daran gedacht, die Arbeitnehmer gänzlich von allen Prämienzahlungen freizustellen. Er versprach sich davon die Aussicht, die Arbei-ter materiell an den Staat zu binden und für diesen zurückzugewinnen. Deshalb, aber auch wegen des vom Staat verordneten Versicherungszwanges, hielt er einen unmittelbaren oder gegebenenfalls – auf dem Umweg über die Heranziehung der Armenverbände zu den Prämien – auch mittelbaren Zuschuß der öffentlichen Hand ebenso für angemessen wie die Verwaltung der Versicherung durch eine Reichsanstalt. Eben diesen Weg beschloß Bismarck nun mit aller Entschiedenheit zu gehen, ungeachtet der zu erwartenden Widerstände im Reichstag und inner-halb der Staatsbürokratie. Daher entschloß er sich, tief unzufrieden mit der bisherigen Handhabung der sozialpolitischen Gesetzgebung durch das Reichsamt des Innern und das preußische Handelsministerium, die sich nach seiner Meinung viel zu sehr im Fahrwasser der liberalen Parteien bewegt hatte, die Dinge persön-lich in die Hand zu nehmen und zu diesem Behuf die Leitung des Handelsministe-riums selbst zu übernehmen. Damit setzte der Kanzler ein Signal für seine Ent-schlossenheit, eine Politik konkreter Verbesserungen der sozialen Lage der Arbei-terschaft, als einer positiven Ergänzung des Sozialistengesetzes, wie er dies anläß-lich seiner Rede zu dessen Begründung am 9. Oktober 1878 angedeutet hatte, in Angriff zu nehmen und trotz aller Hindernisse zum Ziele zu führen.

Nach mannigfachen Änderungen der ursprünglichen Entwürfe – die Industrie hatte im Gegensatz zu Bismarck ebenfalls eine Beteiligung der Arbeiter an den Versicherungsprämien gewünscht – wurde die Vorlage des Unfallversicherungsgesetzes Anfang 1881 zunächst dem neubegründeten Preußischen Volkswirtschaftsrat und dem Bundesrat zugeleitet. Hier erfuhr der Entwurf eine Modifikation lediglich in einem, allerdings wesentlichen Punkt: Während ursprünglich neben den Unternehmern und den Arbeitern die Landesarmenverbände als Träger der Versicherung genannt worden waren – ein weiterer Hinweis darauf, daß das Gesetz primär eine Entlastung der öffentlichen Armenpflege bezweckte –, setzte der Bundesrat an deren Stelle das Reich, durchaus im Sinne der Intentionen des Kanzlers. In dieser Form wurde der Entwurf dann am 8. März 1881 dem Reichstag zugeleitet, nebst einer umfangreichen Begründung, die Bismarck selbst eigenhändig umgearbeitet hatte. Das Gesetz sah die Errichtung einer Reichsversicherungsanstalt vor, bei der alle in Bergwerken, Salinen, Werften, Bauhöfen und vor allem in Fabriken und Hüttenwerken beschäftigten Arbeiter und Angestellte, sofern ihr Jahresarbeitslohn nicht mehr als 2.000 Mark betrug, obligatorisch gegen die Folgen eines Unfalls versichert sein sollten. Im Falle völliger Erwerbsunfähigkeit sollte den Betroffenen eine Rente in Höhe von zwei Dritteln ihres Arbeitsverdienstes gewährt werden; im Falle ihres Todes wurde ihren Angehörigen eine allerdings bescheiden bemessene Rente zugesprochen. Bedeutsam und sogleich strittig war allerdings die Art, in der die Prämien aufgebracht werden sollten. Bei allen Versicherten mit einem Jahreseinkommen von weniger als 750 Mark sollten die Unternehmer zu zwei Dritteln und das Reich zu einem Drittel zur Kasse gebeten werden; bei der Einkommensgruppe zwischen 750 und 1.000 Mark sollten die Unternehmer zwei Drittel, die Versicherten selbst ein Drittel der Prämien aufbringen, und bei der Einkommensgruppe zwischen 1.000 und 2.000 Mark war eine Halbierung der aufzubringenden Prämien zwischen Unternehmern und Versicherten vorgesehen. Die Forderung nach einem Reichszuschuß, auf den Bismarck aus allgemein politischen Gründen besonderen Wert legte, war also schon im Vorfeld der Gesetzesausarbeitung erheblich zurückgenommen worden; nur für die unterste Lohngruppe der Arbeiterschaft, die allerdings die Mehrheit der Beschäftigten umfaßt haben dürfte, wurde eine Freistellung der Versicherten von Prämienzahlungen und dafür ein Zuschuß aus Reichsmitteln ins Auge gefaßt.

Dennoch war es vor allem der Reichszuschuß, der auf nahezu einhellige Ablehnung der Parteien stieß und Bismarck von vornherein den Vorwurf des »Staatssozialismus«, ja des »Communismus« einbrachte. In der dem Entwurf beigegebenen Begründung wurde die Beteiligung des Staates an der Unfallversicherung, die in der Tat eine grundsätzliche Neuerung war, welche den Prinzipien einer liberalen Wirtschaftsordnung fundamental zu widersprechen schien, mit dem Argument gerechtfertigt, daß es sich bei der Vorlage um Verpflichtungen handele, die bisher der öffentlichen Armenpflege oblagen; der Sache nach trete das Reich nur an die Stelle der Armenverbände. Es bestehe eine sittliche Verpflichtung des Staates, für seine in Not geratenen Untertanen helfend einzugreifen: »Daß der Staat sich in höherem Maße als bisher seiner hülfsbedürftigen Mitglieder annehme, ist nicht blos eine Pflicht der Humanität und des Christentums, von welchen die staatlichen Einrichtungen durchdrungen sein sollen, sondern auch eine Aufgabe staatserhaltender Politik [...].« Im übrigen sei es unbillig, ausschließlich die Unternehmer mit den Kosten der Unfallversicherung zu belasten, zumal nicht feststehe, »ob sie nicht den Rückgang der Industrie in einem für die ganze Nation und insbesondere für die arbeitende Klasse bedenklichen Grade herbeiführen würde«. Zudem handele es sich um Aufwendungen, die bisher von der öffentlichen Armenpflege erbracht worden seien; es sei unbillig, diese künftighin allein den Arbeitgebern aufzubürden; vielmehr habe der Staat, »welcher durch seine Gesetze das Recht der Armen schafft und trägt«, die Pflicht, zumindest zu Teilen zu den Kosten der Unfallversicherung beizutragen. Wenn man gegen die Vorlage einwende, hier werde ein sozialistisches Element in die Gesetzgebung eingeführt, so sei dazu zu bemerken, daß die Armenpflege des modernen Staates immer schon ein sozialistisches Moment in sich getragen habe. In diesem Zusammenhang wurde einmal mehr auf den Sachverhalt hingewiesen, daß die Verminderung der gegenwärtig höchst ungleich verteilten Armenlasten der Gemeinden und Gutsbezirke eines der wesentlichen Motive für die Einbringung des Unfallversicherungsgesetzes darstelle.

Die Aufnahme des Entwurfs der Unfallversicherung in der Öffentlichkeit und im Reichstag war höchst uneinheitlich und überwiegend kritisch, obwohl die Initiative als solche vielfach begrüßt wurde. Die politische Situation nach der Kurswende von 1879 war weiterhin äußerst gespannt. Die liberalen Parteien begegneten der Tendenz der inneren Politik Bismarcks, die darauf hinauslief, die wirtschaftlichen Interessenten gegen die Parlamente auszuspielen, mit großem Mißtrauen. Das galt in besonderem Maße für die weitausgreifenden Steuerpläne des Kanzlers, die, wie mit einigem Recht allgemein angenommen wurde, eine Aushebelung des parlamentarischen Budgetrechts beabsichtigten. Das Zentrum nahm, angesichts erster Friedensangebote des Kanzlers in Sachen des »Kulturkampfes«, vorläufig eine vorsichtig abwartende Stellung ein, war aber gegebenenfalls bereit, sich an politischen Kombinationen zu beteiligen, die sich gegen den verhaßten Liberalismus, zumal gegen die Nationalliberalen richteten. Doch Windthorst hielt nach wie vor dafür, daß die Macht des Reiches nicht eine noch weitere Steigerung erfahren dürfe. Allein die beiden konservativen Parteien unterstützten das Prinzip einer obligatorischen staatlichen Unfallversicherung, wie sie Bismarck anstrebte, aber auch sie, wie sich zeigen sollte, mit erheblichen Vorbehalten. Von der Sozialdemokratie war nach dem Erlaß des Sozialistengesetzes ohnehin keine konstruktive Reaktion zu erwarten. Bismarck ging deshalb von der

Erwartung aus, daß das Unfallversicherungsgesetz mit diesem Reichstag vermutlich nicht zustande gebracht werden könne; er war, gemäß seiner Grundhaltung in Fragen der inneren Politik, von vornherein darauf eingestellt, daß das Gesetz möglicherweise erst im zweiten oder dritten Anlauf durchgesetzt werden könne. Jedenfalls war die parlamentarische Konstellation für ihn kein Anlaß, nennenswerte Modifikationen an der Vorlage vorzunehmen.

Die Idee, eine allgemeine obligatorische Versicherung gegen betriebliche Unfälle von Staats wegen einzuführen, wurde damals als revolutionär empfunden. Gemäß den Grundsätzen einer liberalen Wirtschaftsgesellschaft hatte der Staat nur die Rahmenbedingungen des Wettbewerbs aller Wirtschaftssubjekte zu gewährleisten und sich selbst als Ordnungsmacht zurückzuhalten, während die Individuen dazu aufgerufen seien, ihre Angelegenheiten, gegebenenfalls in Form von privaten Zusammenschlüssen, eigenständig zu regeln. Diesen Grundsätzen stand die Vorlage diametral entgegen. Der Gedanke einer Versicherung von Staats wegen, noch dazu unter Einbringung erheblicher öffentlicher Mittel zugunsten einer vergleichsweise begrenzten Berufsgruppe, nämlich der Arbeiterschaft in der Schwerindustrie und in sonstigen Industriebetrieben mit relativ hohen Unfallquoten, ließ sich mit herkömmlichen liberalen Vorstellungen nicht vereinbaren. Die liberale Presse griff denn auch Bismarcks Vorhaben sogleich als »Staatssozialismus« an, der die Grundlagen einer liberalen Wirtschaftsordnung zu untergraben geeignet sei. Durch das unterschiedslose Eintreten des Staates und das Prinzip des staatlichen Zwangs würden die Selbstverantwortlichkeit des Einzelnen und seine Verpflichtung, seine und seiner Angehörigen Lebensführung selbst zu gestalten und für die Wechselfälle des Lebens aus eigener Kraft vorzusorgen, nachhaltig geschwächt. Außerdem werde die Reichsanstalt mit einiger Sicherheit zu einem riesigen bürokratischen Moloch anwachsen, der weit teurer und ineffizienter arbeiten würde als kommerzielle Versicherungen. Die im Entwurf vorgesehene vollständige Ausschaltung der privaten Versicherungen, wie sie Bismarck als Korrelat des Zwangs für unvermeidlich ansah, wurde ebenso kritisch kommentiert wie die Absicht, durch Gewährung von Zuschüssen, die der allgemeine Steuerzahler aufbringen müsse, bestimmte Sozialgruppen zu begünstigen. Dahinter stand verständlicherweise die Besorgnis, daß Bismarck die Unfallversicherung als Mittel benutzen könnte, um seine Steuerpläne doch noch durchzusetzen, und der Argwohn, daß der Reichszuschuß dazu dienen solle, den Reichskanzler gemäß bonapartistischem Vorbild als unmittelbaren Wohltäter der breiten Massen paradieren zu lassen.

Bei den Parteien des Reichstags fand der Entwurf infolgedessen eine äußerst gemischte Aufnahme. Die Fortschrittliche Volkspartei war am entschiedensten; sie lehnte gemäß der traditionellen Freihandelslehre jede unmittelbare Intervention des Staates in wirtschaftliche Fragen strikt ab. Zwar bedürfe die bisherige Regelung der Haftpflicht für Unfälle einer Erweiterung, aber damit lasse sich weder die Notwendigkeit des Versicherungszwangs noch die der Einführung öffentlicher Versicherungsanstalten gegen Unfall und schon gar nicht eine Reichs-versicherungsanstalt rechtfertigen. Keinesfalls aber bestehe Anlaß, die Versiche-rung durch die Gewährung eines Zuschusses aus öffentlichen Kassen zu subven-tionieren. Ludwig Bamberger sah in der Vorlage gar eine Parallele zu der Politik der »Panem et circenses« der römischen Kaiser, welche die Steuern, die man den Provinzen abgepreßt habe, für den römischen Pöbel und zu allerhand öffentlichen Volksbelustigungen verwendet hätten, um zu zeigen, »daß der Staat nicht bloß für die Reichen da sei, sondern auch zum Vergnügen und zur Unterhaltung der Massen«. Eugen Richter legte den Finger auf die entscheidende Schwachstelle des Entwurfs. Er machte geltend, daß dieser einseitig die Großindustrie begünstige und der öffentlichen Hand Verpflichtungen auferlege, die gemäß dem Verursa-cherprinzip von privater Seite getragen werden müßten. Bismarck hatte einen schweren Stand mit seinem Argument, daß es sich hier doch um die Ablösung von Armenlasten handele, die bislang die öffentlichen Hände getragen hätten, und daß die »Verbündeten Regierungen« nur um die Erlaubnis nachsuchten, »den Staat an die Stelle der armenpflegenden Gemeinden treten zu lassen«. Er erklärte kategorisch: »Wenn die Staatshilfe, sei es in Form der Landarmenverbände, sei es in Form der Provinz, sei es in Form des Staates, vollständig fortbleibt«, so werde er nicht »den Muth haben, für die Folgen dieses Gesetzes der Industrie gegenüber einzustehen«. Aber selbst die Großindustrie verweigerte dem Kanzler in diesem Punkt schließlich ihre uneingeschränkte Gefolgschaft. Der Centralverband deut-scher Industrieller verlangte in einer Eingabe an den Kanzler vom 2. März 1881 aus »ethischen und sozialpolitischen Gründen« die Wiederherstellung der Bei-tragspflicht für alle Arbeiter, also auch für jene, die der untersten Lohnstufe angehörten. Und in einem späteren Stadium der Beratungen fiel sogar Freiherr von Stumm, der der Reichspartei angehörte, dem Kanzler in den Rücken, indem er sich ebenfalls gegen den Reichszuschuß erklärte und meinte, daß die Betroffenen die fraglichen Prämien schon würden aufbringen können.

Die Nationalliberalen waren an und für sich geneigt, durch Unterstützung der Vorlage den Anschluß an die Regierung zurückzugewinnen. Aber sie waren innerlich tief gespalten. Sie waren zwar mit dem Prinzip der Zwangsversicherung einverstanden und begrüßten die unitarische Tendenz des Gesetzes. Dennoch lehnten sie, wie es der nationalliberale Fabrikant Oechelhäuser formulierte, »den büreaukratisierten Rattenkönig einer monopolisierten Reichsversicherungsan-stalt« entschieden ab. Sie favorisierten statt dessen ein subsidiäres System, dem zufolge die staatliche Versicherung nur dann tätig werden solle, wenn die betref-fenden Risiken durch privatwirtschaftlich geführte Versicherungsgesellschaften nicht zureichend abgedeckt würden. Den Reichszuschuß wiesen sie als system-widrig zurück; die Unfallversicherung dürfe nicht als eine öffentliche Pflicht zur Versorgung der durch Unfall in Not geratenen Bürger aufgefaßt werden, sondern als eine Vorkehrung zur Sicherstellung von Versorgungsleistungen bei Unfällen. Im Grunde standen sich hier die etatistische Einstellung Bismarcks, die teilweise älteren Vorstellungen über die Verpflichtung des Staates zur Armenhilfe verhaftet war, und die liberale Vorstellung, daß der Staat erst dann einzutreten habe, wenn alle Möglichkeiten einer Regelung der anstehenden Probleme durch die Selbstorganisation der Betroffenen ausgeschöpft seien, diametral gegenüber.

Auch das Zentrum, obschon es in dieser Frage relativ offen war, fürchtete die Steigerung der »Staatsomnipotenz«, die, wie man meinte, mit diesem Gesetz verbunden war, und die Schwächung der individuellen Initiative sowie die Auflösung der korporativen Bindungen, in denen der Einzelne stehe, welche zu befürchten seien, sofern ein anonymer bürokratischer Apparat die Sozialvorsorge des Arbeiters ausschließlich übernehme. Die Errichtung einer Reichsanstalt begegnete darüber hinaus auch föderalistischen Bedenken. Dementsprechend plädierte das Zentrum für eine Lösung der anstehenden Probleme nicht auf staatlicher, sondern auf korporativer Grundlage; dafür konnten die Vertreter des Zentrums auf die erfolgreiche Tätigkeit einer ganzen Reihe von bereits bestehenden korporativen Zusammenschlüssen zum Zwecke der Unfallversicherung verweisen. Selbst die konservativen Parteien leisteten Bismarck nur zum Teil Heerfolge. Hier begrüßte man zwar den Versicherungszwang und die Ausschaltung der privaten Versicherungsgesellschaften. Aber sie wollten von einer Freistellung auch nur eines Teils der Arbeiterschaft von Prämienleistungen und einem Reichszuschuß ebenfalls nichts wissen; statt dessen favorisierten sie eine Versicherung der betroffenen Gewerbe auf genossenschaftlicher Grundlage. Bei den Deutschkonservativen spielte im Hintergrund der Gedanke eine Rolle, daß die Industrie die von ihr verursachten Kosten gefälligst selber tragen möge. Für die Reichspartei trat Freiherr von Stumm sehr zu Bismarcks Verärgerung dafür ein, auch die unteren Lohngruppen der Arbeitnehmer zu den Prämienleistungen heranzuziehen, bei gleichzeitigem Wegfall des Staatszuschusses – und man sollte hinzufügen: einer Absenkung des Anteils der Arbeitgeber auf ein Drittel; er regte eine Aufteilung der Leistungen zwischen Unternehmern und Arbeitnehmern im Verhältnis zwei zu eins an und unterlief damit das Argument Bismarcks, daß die Industrie diese Kosten nicht werde aufbringen können, sofern sie nicht in ihrer Wettbewerbsfähigkeit ernstlich beeinträchtigt werden solle.

Das konservativ-klerikale Kompromißprodukt, welches schließlich aus dem parlamentarischen Gesetzgebungsprozeß herauskam, befriedigte eigentlich niemanden. Es sah, um den föderalistischen Bedenken im katholischen Lager Rechnung zu tragen, Landesversicherungsanstalten anstelle der Reichsanstalt vor und stärkte im übrigen die korporativen Elemente des Gesetzes. Alle die Dinge, die Bismarck selbst am wichtigsten waren, die unmittelbare Beteiligung des Reiches an der Verwaltung, der Staatszuschuß und die Freistellung der untersten Lohnarbeiterkategorien von der Prämienzahlung, waren gefallen. Unter diesen Umständen verzichtete der Kanzler auf eine Weiterverfolgung der Vorlage und ließ sie am 25. Juni 1881 durch den Bundesrat ablehnen, mit der ostentativen Begründung, daß die vom Reichstag beschlossene Fassung des Unfallversicherungsgesetzes, im Gegensatz zu den Absichten der »Verbündeten Regierungen«, eine Mehrbelastung für den ärmeren Teil der Arbeiterschaft nach sich ziehen würde. Statt dessen verfügte er die Auflösung des Reichstages, um die kommenden Wahlen unter der Devise eines »sozialen Königtums« zu führen.

Bismarck betrachtete den Ausgang der Dinge keineswegs als Niederlage, sondern nur als das erste Scharmützel in einer noch bevorstehenden langen Schlacht. Gegenüber seinem Presseadlatus Moritz Busch meinte er nur wenige Tage später, der Staat müsse »die Sache in die Hand nehmen. Nicht als Almosen, sondern als Recht auf Versorgung [...] Der Staatssozialismus paukt sich durch«. Immerhin hatten sich die Fronten einigermaßen geklärt. Die liberalen Parteien befanden sich gänzlich in der Defensive. Bismarck hatte ihren Bedenken manchester-liberalen Zuschnitts erfolgreich entgegengehalten, daß im modernen Staat das Prinzip des »laissez faire, laissez aller« nicht statthaben könne. Andererseits bestanden keine günstigen Aussichten für eine rein etatistische Lösung, wie sie Bismarck vorschwebte; selbst im konservativen Lager hatte sich dafür nur begrenzt Zustimmung gefunden. Die Schlüsselstellung lag hinfort beim Zentrum, und dieses gab einer korporativen Organisation dezentralen Zuschnitts klar den Vorzug. Insgesamt drängte eine große Mehrheit der Parteien auf die Verwaltung der vom Staat gesetzlich vorzuschreibenden Versicherung durch die Betroffenen selbst, unter Einschluß der Arbeiterschaft, und ebenso auf die eigenständige Aufbringung der erforderlichen Mittel durch diese. Noch freilich war Bismarck nicht bereit, seine Wunschträume hinsichtlich einer patriarchalischen Lösung der sozialen Frage, die von seinen Erfahrungen als ländlicher Unternehmer geprägt und modernen Verhältnissen im Grunde nicht mehr angepaßt waren, aufzugeben. Im Gegenteil: Er plante weiterhin, das Prinzip der Versicherung von Reichs wegen und mit finanzieller Beteiligung des Reiches, das im Unfallversicherungsgesetz erstmals umgesetzt worden war, auch wenn es einstweilen nicht die Zustimmung des Reichstages gefunden hatte, auf alle Bereiche der öffentlichen Armenpflege auszudehnen, insbesondere die Fürsorge bei Alter und Invalidität. Der Kanzler hoffte, dies alles zu einem erheblichen Teil aus den Erträgen des Tabakmonopols finanzieren zu können: »Das [Tabaks]Monopol kann 100 Millionen bringen und diese Summe würde hinreichen, in der großen Masse der Besitzlosen die konservative Gesinnung zu erzeugen, welche das Gefühl der Pensionsberechtigung mit sich bringt.« Die Zeichen der Zeit wiesen jedoch in eine andere Richtung. Aber Bismarck hatte den Stein ins Rollen gebracht, und er verfolgte den Gedanken einer umfassenden Sozialgesetzgebung weiterhin mit großer Energie, auch wenn er die Richtung der Dinge hinfort nicht mehr in dem Maße zu bestimmen vermochte, wie er dies anfänglich angenommen hatte.

Bismarck ließ den neu zusammengetretenen Reichstag am 17. November 1881 mit einer kaiserlichen Botschaft eröffnen, in der neben einer erneuten Vorlage des Unfallversicherungsgesetzes auch eine Vorlage über »eine gleichmäßige Organisation des gewerblichen Krankencassenwesens« sowie eine Vorlage zur Alters- und Invaliditätsversicherung in Aussicht gestellt wurden. Gleichzeitig wurde eine Vorlage über die Einführung eines Tabakmonopols angekündigt, allerdings ohne konkrete Bezugnahme auf die sozialpolitische Gesetzgebung. Damit wurde das Ziel Bismarcks in aller Form vor der Öffentlichkeit abgesteckt, nämlich die Schaffung eines umfassenden Sozialversicherungssystems, das die wichtigsten Ursachen der Verarmung der Arbeiterschaft abdecken und damit einen wesentlichen Teil der Soziallasten indirekt auf das Reich verlagern würde, ohne die Industrie übermäßig in Anspruch zu nehmen. Von diesen Maßnahmen erwartete er eine wesentliche Entlastung der öffentlichen Armenpflege. Zugleich aber hoffte er, der Sozialdemokratie durch die »positive Förderung des Wohles der Arbeiter« schrittweise die Gefolgschaft der Arbeiterschaft entziehen zu können. Er legte deshalb nach wie vor den größten Wert darauf, daß der Staat bei der praktischen Umsetzung der Sozialgesetzgebung im Alltag führend und für jedermann sichtbar hervortrete.

Mit den Vorbereitungen für eine neue Unfallversicherungsvorlage wurde unmittelbar nach dem Abschluß der Reichstagsberatungen begonnen. Die Federführung lag wiederum bei Theodor Lohmann, obschon er persönlich ein Gegner einer etatistischen Lösung war und ein Sozialversicherungssystem auf der Grundlage der Selbstorganisation der Betroffenen befürwortete, weil nur durch die Förderung der Selbstverantwortung und der Mitverantwortung der Arbeiterschaft der soziale Friede auf Dauer erreichbar sein werde. Mit den Arbeiten an der Unfallversicherungsvorlage wurde jedoch sogleich die Ausarbeitung einer allgemeinen obligatorischen Krankenversicherung für alle Industriearbeiter verbunden. Damit griff die Reichsleitung die entsprechende Resolution des Reichstages bei der Beratung des ersten Unfallversicherungsentwurfs auf, dafür zu sorgen, daß die eingeschriebenen Hilfskassen während der bis zum Eintreten der Unfallversicherung vorgesehenen Karenzzeit von vier Wochen für die Versorgung der Betroffenen aufzukommen hätten. Bismarck zeigte sich damit einverstanden, daß beide Entwürfe »uno actu« in den Gesetzgebungsprozeß eingebracht würden, »da beide eng miteinander zusammenhängen«. Allerdings wurde der Krankenversicherung eine ganz neue Funktion angesonnen: eine substantielle Ergänzung der Unfallversicherung. Sie sollte nun für die Kosten von unfallbedingter Arbeitsunfähigkeit nicht bloß für eine begrenzte Karenzzeit, sondern für die ersten dreizehn Wochen aufkommen. Dies betraf die übergroße Mehrzahl aller betrieblichen Unfälle; nur für Unfälle, die zu schweren Verletzungen oder zum Tode geführt hatten, sollten die Folgekosten fortan zum größten Teil von der Unfallversicherung getragen werden. Auf diese indirekte, in mancher Hinsicht unauffällige Weise sollte die von

Bismarck so dringlich geforderte, aber bisher von den Parteien des Reichstages nicht eigentlich akzeptierte Forderung, daß die Unternehmer nicht mit den vollen Kosten der Unfallversicherung belastet werden dürften, wenigstens teilweise Verwirklichung finden, unbeschadet des weiterhin vorgesehenen Reichszuschusses. Das war allerdings keinesfalls sozial ausgewogen, sondern kam einer nicht unwesentlichen Umschichtung der Folgelasten von Betriebsunfällen zuungunsten der Arbeiterschaft gleich, die die Prämien zur Krankenversicherung zum überwiegenden Teil und im Falle der Hilfskassen zur Gänze aufzubringen hatten. Diese Regelung hatte immerhin den Vorteil, daß die Frage der Selbstverschuldung oder der Fremdverschuldung von Unfällen, die bisher Anlaß zu endlosen Auseinandersetzungen gegeben hatte, umgangen wurde.

Die Vorschaltfunktion der Krankenkassen erforderte die »Einführung eines möglichst allgemeinen, unmittelbar auf gesetzlicher Vorschrift beruhenden Krankenversicherungszwanges«. Dabei kam zusätzlich ins Spiel, daß das Hilfskassengesetz von 1876 nicht die gewünschte Auswirkung gehabt hatte, die Gemeinden zur Gründung von Ortskrankenkassen zu bewegen, in denen alle Arbeiter eines bestimmten Betriebszweiges, die nicht ihre Mitgliedschaft in einer eingeschriebenen Hilfskasse nachweisen konnten, obligatorisch versichert sein mußten. Eben dies sollte nunmehr mit Hilfe eines umfassenden Krankenversicherungsgesetzes von Reichs wegen erzwungen werden. Lohmann dachte zunächst an eine vollständige Ausschaltung der freien Hilfskassen, die vielfach Bastionen der sozialdemokratischen Partei waren, und an die möglichst einheitliche Durchsetzung eines allgemeinen Versicherungszwanges. Jedoch wurde in der Folge von einer derart radikalen Lösung Abstand genommen, weil, wie sich Lohmann ausdrückte, »das Krankenversicherungsgesetz nicht zustande gekommen wäre, wenn man schon bei der Einbringung des Entwurfs die volle Konsequenz des Versicherungszwanges gezogen hätte«. Ebenso wurde auf eine zentralistische Organisation des Krankenkassenwesens, die unzweifelhaft den Widerspruch der Mehrheit der Parteien, namentlich des Zentrums, herausgefordert haben würde, verzichtet und eine dezentrale Organisation auf der Grundlage der von den Gemeinden zu errichtenden Ortskrankenkassen beziehungsweise von Betriebskrankenkassen vorgesehen, mit der Maßgabe, daß auch die eingeschriebenen Hilfskassen, sofern sie die gesetzlichen Vorgaben erfüllten, für ihre Mitglieder die gleiche Funktion übernehmen könnten. Die Beiträge zu den öffentlichen Krankenkassen oder zu den ihnen gleichzustellenden Betriebskrankenkassen sollten zu zwei Dritteln von den Betroffenen, zu einem Drittel von den Unternehmern aufgebracht werden. Das sollte jedoch nicht für die Hilfskassen gelten, deren Mitglieder infolgedessen eindeutig benachteiligt wurden, weil hier die Arbeitgeberbeiträge entfielen.

An einen Reichszuschuß war hier von vornherein nicht gedacht, und es scheint, als ob der Kanzler daran auch keinerlei Interesse gehabt hat. Bismarck bemängelte zwar, daß in der Gesetzesvorlage »dem Voluntarismus zu weite Konzessionen« gemacht worden seien, war ansonsten aber mit der Vorlage einverstanden. Er rühmte sogar öffentlich die Sachkompetenz seiner Mitarbeiter. Dennoch widmete er dem Krankenkassengesetz, das er als ein »untergeschobenes Kind« betrachtete, keine sonderliche Aufmerksamkeit, weil er vermeinte, daß es für die Verwirklichung seiner politischen Ziele vergleichsweise untauglich sei. Darin täuschte er sich freilich gewaltig; denn nur wenig später sollte sich herausstellen, daß Krankheit und die unzureichende Krankenversorgung der Arbeiterschaft wie der Unterschichten überhaupt die bei weitem wichtigsten Verursacher von Aufwendungen der öffentlichen Armenpflege darstellten, auf dem flachen Lande ebenso wie in den Städten. Tatsächlich ist durch die Einführung einer allgemeinen Krankenversicherung eine weit nachhaltigere finanzielle Entlastung der Gemeinden erreicht worden als durch die Unfallversicherung, obschon sich dieser Effekt erst mit beträchtlicher Verzögerung einstellen sollte.

Vorderhand konzentrierten sich die Bemühungen der Regierung auf das Unfallversicherungsgesetz. Hier entschied sich Bismarck, die Verwaltung der Unfallversicherung nunmehr eigens zu diesem Zweck zu begründenden Berufsgenossenschaften zu übertragen, wie er dies für die ländliche Arbeiterschaft schon anläßlich seiner Rede bei der Einbringung des ersten Entwurfes ins Auge gefaßt hatte. Die Industrie sollte von Staats wegen in korporativen Verbänden organisiert werden, die als Träger der Unfallversicherung fungieren sollten. Zugleich sollten bei deren Bildung die unterschiedlichen Gefahrenklassen der einzelnen Industriezweige berücksichtigt werden, um die Unfallrisiken und demgemäß die Beitragsleistungen nach den jeweiligen Verhältnissen entsprechend zu differenzieren. Als zusätzlicher Vorteil kam hinzu, daß die Berufsgenossenschaften ein Eigeninteresse daran haben würden, auf die präventive Verhütung von Unfällen hinzuwirken; dies war aus Bismarcks Sicht dem bürokratischen Hineingreifen der Fabrikinspektoren in die betrieblichen Entscheidungen zur Durchsetzung von Arbeiterschutzmaßnahmen bei weitem vorzuziehen. Die Berufsgenossenschaften sollten jeweils von einem Ausschuß geleitet werden, der zur Hälfte von der Mitgliederversammlung aller beteiligten Betriebe, zur anderen Hälfte von einer Delegiertenversammlung der Versicherten, also der betreffenden Arbeiter selbst, zu wählen sei. Im übrigen wollte Bismarck die Arbeiter von Beiträgen ganz freigestellt sehen; dafür war, wie bisher schon, ein Reichszuschuß in Höhe von einem Drittel der Ausgaben vorgesehen, obschon gerade dieser bisher auf die nahezu einmütige Ablehnung der Parteien im Reichstag gestoßen war. Weiterhin sollte das Reich für die Leistungen der Unfallversicherung im Schadensfall aus seinen eigenen Mitteln in Vorlage treten.

Bismarcks Vorliebe für diese Organisation der Unfallversicherung, unter Verzicht auf die zuvor so heftig umkämpfte Reichsanstalt, beruhte auf weiterreichenden politischen Zielsetzungen. Er ging damals mit dem Gedanken um, die ganze innere Organisation des Reiches in ein Verfassungssystem auf korporativer Grundlage umzugestalten; die Errichtung des Preußischen Volkswirtschaftsrates und die beabsichtigte, wenn auch einstweilen vom Reichstag abgelehnte Begründung eines Reichswirtschaftsrates lagen in dieser Richtung. Unter dem Einfluß Albert Schäffles schwebte Bismarck eine korporative Organisation aller Berufsklassen der Bevölkerung vor, und er spielte sogar mit dem Gedanken, auf dieser Grundlage statt des bestehenden Reichstagswahlrechts ein berufsständisches Wahlrecht einzuführen. Dafür kam ihm das Prinzip der Gliederung der Industrie nach Berufsgenossenschaften gerade recht: »Mit der Regelung der Unfallversicherung auf der Basis von Zwangs-Korporationen wird die Grundlage zu einer sozialen Selbstverwaltung gelegt, welcher keines der Bedenken entgegensteht, die gegen politische Selbstverwaltung sprechen [...].« Daß Bismarck mit den Berufsgenossenschaften einen Umbau der inneren Verhältnisse, unter wesentlicher Schwächung der parlamentarischen Körperschaften, im Auge hatte, klang auch in der offiziösen Presse an. »Wäre mit der Unfallversicherung der Arbeiter Alles gethan«, so schrieb die amtliche preußische Provinzialkorrespondenz am 16. Juni 1880, »was auf dem Gebiete der Sozialreform überhaupt zu thun ist, hätten die vorgeschlagenen Berufsgenossenschaften in der That keine andere Bestimmung, als diejenige, Träger der auf die Unfallversicherung bezüglichen Funktionen zu sein, so könnte man die beliebten Einwendungen gegen den ›großen Apparat‹ dieser Genossenschaften allenfalls gelten lassen. [...] Die Unfallversicherung der Arbeiter soll nicht den Schlußstein, sondern – neben der Krankenversicherung – der Grundstein der Sozialreform [...] bilden [...]. Es handelt sich um die Herstellung von Grundpfeilern einer Organisation, die stark genug sind, ein ganzes Gebäude sozialer Reformen zu tragen, – um korporative Bildungen, welche in naturgemäßer, dem deutschen Wesen entsprechender Weise eine Vermittlung zwischen den Interessen der Einzelnen und denjenigen des Staates [...] zu übernehmen vermögen.«

Der zweite Entwurf des Unfallversicherungsgesetzes und der Entwurf des Krankenversicherungsgesetzes wurden dem Reichstag nach eingehender Beratung im Bundesrat, der nur zögerlich seine Zustimmung gab, Anfang Mai 1882 zugeleitet. Dieser überwies die Vorlage nach einer ersten Lesung am 15. und 16. Mai an die zuständige Kommission, die sogleich beschloß, wie dies nicht anders zu erwarten war, die höchst kontroverse Vorlage des Unfallversicherungsgesetzes einstweilen zurückzustellen und sich zunächst ausschließlich mit dem Krankenversicherungsgesetz zu befassen. Denn die neue Unfallversicherungsvorlage befriedigte keine der Parteien. Nicht nur die liberalen Parteien, sondern auch das Zentrum und selbst die Konservativen bekämpften den Reichszuschuß, an dem Bismarck hartnäckig festgehalten hatte; darüber hinaus überzeugte die vorgesehene, reichlich artifizielle Gliederung der Industrie in Berufsgenossenschaften nach Gefahrenklassen nicht, weil dadurch die bestehenden natürlichen Einheiten auseinandergerissen würden. Selbst die Großindustrie, die in besonderem Maße von der vorgesehenen Versicherung profitierte, die sie von jeglicher individueller Gefährdungshaftung entlastete und von der Verpflichtung zu präventiver Vorsorge für Leib und Leben der Arbeitnehmer freistellte, war mit der Vorlage unzufrieden; sie verlangte vor allem eine Beteiligung der Arbeiter an den Prämien, nicht zuletzt unter dem Gesichtspunkt, daß dadurch ein Ansatzpunkt für eine stärkere Disziplinierung der Arbeiterschaft am Arbeitsplatz geschaffen würde. Bei Lage der Dinge blieb die Vorlage, ungeachtet des Drängens des Kanzlers, der zu diesem Behuf schließlich im April 1883 erneut das Instrument einer Kaiserlichen Botschaft an den Reichstag einsetzte, in den Ausschußberatungen stecken. Hingegen verabschiedete der Reichstag, zufrieden darüber, daß Lohmann von einem Reichszuschuß abgesehen und eine zentralistische Organisation vermieden hatte, das Krankenkassengesetz am 31. Mai 1883 mit nur geringen Modifikationen mit großer Mehrheit. Der Bundesrat akzeptierte es am 11. Juli 1884; es wurde am 15. Juli 1884 veröffentlicht.

Die Krankenversicherung war fraglos ein großer Wurf, gemessen an den früher bestehenden Verhältnissen, und sie bildete das Herzstück des umfassenden Sozialversicherungssystems, wie es bis heute besteht. Seine vergleichsweise positive Aufnahme seitens des Reichstages beruhte darauf, daß es sich an das bereits vorhandene System von Hilfskassen, Betriebskrankenkassen, Knappschaftskassen anpaßte, statt diese radikal in Frage zu stellen, und, jedenfalls in seiner ursprünglichen Gestalt, bemerkenswert weitgehend dezentral organisiert war. Erst im Zuge der weiteren Entwicklung sollte es in höherem Maße jene bürokratischen Züge annehmen, die für die heutige Sozialversicherung charakteristisch sind. Theodor Lohmann hatte es vermieden, dem System eine ausgeprägt zentralistische Struktur zu verleihen. Vielmehr hatte er in bestimmten Grenzen das Subsidiaritätsprinzip gelten lassen, obschon, sehr zur Irritation der liberalen Parteien, die freien Hilfskassen und andere auf kommerzieller Basis operierende Krankenkassen nur dann an dem System teilhaben durften, wenn sie bestimmte, gesetzliche Vorgaben erfüllten. Grundsätzlich waren alle Arbeiter in Industrie, Gewerbe und Handwerk einschließlich der Gesellen und Lehrlinge sowie die Betriebsbeamten, Werkmeister und Techniker versicherungspflichtig, sofern ihr Jahreseinkommen nicht 2.000 Mark überstieg. Dagegen blieben alle im staatlichen Dienst stehenden Personen ebenso ausgeschlossen wie das Gesinde und alle nicht stetig Beschäftigten. Die Arbeiter und Dienstboten in der Land- und Forstwirtschaft wurden ebenfalls ausgespart, unter anderem, weil in die dort bestehenden patriarchalischen Bindungen zwischen Arbeitgebern und Gesinde, die die Fürsorge durch den Dienstherrn im Krankheitsfall einschlossen, nicht eingegriffen werden sollte. Außerdem sollte die im ländlichen Bereich übliche, zumeist von den Arbeitgebern geleistete Hilfe in Form der Verabreichung von Naturalien »im Interesse möglichster Erhaltung der den ländlichen Verhältnissen am meisten entsprechenden Naturalwirthschaft« nicht »durch ein nothwendig durch ein auf Geldwirthschaft zu basirendes System von Krankenkassen« verdrängt werden. Es wurde hier also auf die in den ländlichen Gebieten noch intakten, zumindest für intakt gehaltenen älteren sozialen Strukturen Rücksicht genommen, in denen die Verpflichtung zur Fürsorge für die eigenen Untergebenen noch unbestritten galt; deren Kehrseite war freilich, daß dadurch die Abhängigkeit vom Gutsherrn oder Bauern gesteigert wurde. Immerhin wurde wenig später den Ländern und Gemeinden das Recht eingeräumt, einzelne Gruppen der in der Land- und Forstwirtschaft Beschäftigten in das Krankenversicherungssystem einzubeziehen.

Grundsätzlich sah das Gesetz die Errichtung von eigenständigen Ortskrankenkassen für alle Gewerbe- und Industriebetriebe vergleichbarer Art und mit annähernd gleichen Risiken vor, in der Absicht, eine Versicherung auf Gegenseitigkeit, getragen von korporativen Verbänden der Berufsgenossen, zu erreichen und damit die Möglichkeit zu schaffen, die Versicherungsprämien ebenso wie die Leistungen den jeweiligen Verhältnissen anzupassen. Neben den Ortskrankenkassen bestand die Möglichkeit zur Bildung beziehungsweise Fortführung von Betriebskrankenkassen, Baukrankenkassen (d. h. Krankenkassen für Arbeiter, die bei größeren Bauvorhaben wie Eisenbahn- oder Kanalbauten auf einige Zeit beschäftigt wurden), Innungskrankenkassen sowie der Knappschaftskassen vor; nur dann, wenn sich am jeweiligen Ort nicht genügend Versicherungsnehmer fanden, sollten von den jeweiligen Gemeindeverwaltungen in eigener Regie geführte Gemeindekrankenkassen treten – gleichsam als Aushilfe, falls andere geeignete Kassen nicht zur Verfügung standen. Daneben sollten die freien Hilfskassen weiterhin bestehenbleiben, sofern sie mit ihren Leistungen nicht hinter jenen der Ortskrankenkassen zurückblieben.

Die Leistungen der neuen Ortskrankenkassen waren zunächst bescheiden; sie orientierten sich weithin an den Verhältnissen der öffentlichen Armenpflege. Im Grundsatz zahlten die Krankenkassen, nach einer Karenzzeit von drei Tagen, bis zu dreizehn Wochen die Hälfte des ortsüblichen Satzes eines Tagelöhners; dieser Satz wurde von den örtlichen Verwaltungsbehörden in regelmäßigem Turnus neu festgesetzt. Dazu kamen freie ärztliche Versorgung und freie Kur, gegebenenfalls unter Einweisung in ein Krankenhaus, ohne jede Verpflichtung zur Zuzahlung des Patienten. Es entsprach dies der bisherigen Praxis der öffentlichen Armenpflege, die, wo immer möglich, Geldzahlungen an die Bedürftigen vermied und statt dessen Sachzuweisungen gewährte oder Naturalien beziehungsweise Unterkunft zuwies. In dieser Hinsicht übertraf das staatliche Versicherungssystem die Praxis der Hilfskassen. Denn diese leisteten in der Regel während der Dauer einer Erkrankung zwar die Fortzahlung eines beträchtlichen Teils der Löhne, überließen es aber den Betroffenen meist selbst, davon die Kosten für Kur und Arzt zu bestreiten; sofern dennoch Arztkosten und Pflege gewährt wurden, war dies an strikte Auflagen und vielfach an die Übernahme eines Eigenanteils gebunden.

Allerdings konnten auch die Ortskrankenkassen und die ihnen gleichgestellten Kassen gegebenenfalls über die genannten Mindestleistungen hinausgehen. Umgekehrt konnte es den Versicherten passieren, daß die Leistungen gekürzt wurden, wenn die finanzielle Lage der betreffenden Krankenkasse dies erforderlich machte. Denn die Finanzierung des gesamten Systems beruhte auf dem Umlageverfahren. Die günstige Konjunktur der späten achtziger und der neunziger Jahre sowie die vergleichsweise günstige Altersstruktur der Industriearbeiter ließen diese Probleme allerdings für den Augenblick noch nicht scharf hervortreten.

Anfänglich war das Krankenkassensystem, wie es 1883 ins Leben gerufen wurde, noch relativ vielgestaltig, mit einer großen Zahl von meist relativ kleinen Kassen. Die begrenzte Reichweite dieses Versicherungssystems war unübersehbar. Besonders die Tatsache, daß die Krankenkassen ihre Leistungen nach dreizehn Wochen einstellten und die Betroffenen dann doch der öffentlichen Armenpflege anheimfielen, fiel schwer ins Gewicht. Aber auch die Lohnfortzahlung, die sich nicht an dem bisherigen tatsächlichen Einkommen, sondern an dem ortsüblichen durchschnittlichen Tagelöhnerlohn orientierte, war kärglich bemessen und reichte bei weitem nicht aus, die abhängigen Angehörigen einigermaßen über Wasser zu halten. Auch hier boten die eingeschriebenen Hilfskassen, je nach der Zusammensetzung und finanziellen Leistungsfähigkeit ihrer Mitglieder, zumeist erheblich mehr; zudem waren in aller Regel die Familienangehörigen einbezogen. Ihre Praxis, statt freier ärztlicher Behandlung und Arznei ein höheres Krankengeld zu zahlen und es den Betroffenen selbst zu überlassen, in welchen Formen sie um ärztliche Hilfe nachsuchten, war denn auch dem Gesetzgeber ein Dorn im Auge. Deshalb wurden sie nach und nach gesetzlich verpflichtet, sich den Ortskrankenkassen beziehungsweise den ihnen gleichgestellten Kassen anzupassen.

Vielleicht die langfristig bedeutsamste Auswirkung der Einführung eines obligatorischen Krankenkassensystems für alle Arbeiter mit kostenloser ärztlicher Behandlung und Kur war die Entwicklung eines flächendeckenden Systems der ärztlichen Versorgung der Bevölkerung. Bisher hatten die Angehörigen der Arbeiterschaft in hohem Maße ganz davon Abstand genommen, im Krankheitsfall ärztliche Hilfe zu suchen; statt dessen hatten sie zumeist ihre Zuflucht zu bewährten Hausmitteln und gelegentlich zu Kurpfuschern genommen. In aller Regel nahmen sie Krankheit und Siechtum wie ein gottgegebenes Schicksal hin. Für sie war es zumeist viel zu teuer, zum Arzt zu gehen, da der Verlust der Löhne sie binnen kürzester Frist ohnehin in bittere Armut stürzte. Erst mit der Einführung der staatlichen Krankenversicherung wurde es den breiten Massen der Bevölkerung möglich, in größerem Umfang ärztliche Hilfe in Anspruch zu nehmen. Die von den Krankenkassen angestellten Kassenärzte waren zwar verpflichtet, die Kosten so niedrig wie möglich zu halten, aber die Versicherten wurden nun, unter Gefahr der Entziehung ihrer Unterstützungsleistungen, angehalten, sich rechtzeitig in ärztliche Behandlung zu begeben. Krankenhausaufenthalte waren jetzt nicht mehr die letzte Station des Leidensweges der Patienten, sondern Stätten der Heilung, die den Weg zurück ins Berufsleben bahnten. Eine weitere indirekte Folge waren die Vermehrung der Ärzteschaft und die Hebung der Standards der ärztlichen Kunst, die nicht mehr allein für die Ober- und Mittelschichten erreichbar war. Während 1876 im Deutschen Reich ein Arzt auf 3.112 Einwohner kam, waren es 1898 2.114; allerdings waren die regionalen Unterschiede in der ärztlichen Versorgung immer noch außerordentlich groß. Im Zuge des weiteren Ausbaus des Versicherungswesens gingen die Ortskrankenkassen dann sogar zum Bau eigener Krankenhäuser für ihre Versicherten über, vornehmlich um die medizinische Versorgung rationeller zu gestalten und die Kosten zu senken.

Die freien Hilfskassen wurden von den Staatsbehörden schon deshalb mit Mißbilligung betrachtet, weil sie der Sozialdemokratischen Partei vielfach als informelles organisatorisches Rückgrat zur Sammlung ihrer Mitglieder gedient hatten; alle rechtlichen Beschränkungen ihrer Tätigkeit hatten dies nicht verhindern können. Nach 1883 gestatteten die Staatsbehörden den Hilfskassen zunächst wieder eine freiere Entwicklung, nicht zuletzt unter dem Gesichtspunkt, daß sonst die positiven Auswirkungen der Sozialgesetzgebung auf die Arbeiterschaft verschüttet werden könnten. Umgekehrt startete die Sozialdemokratie eine große Kampagne zugunsten der freien, gewerkschaftlich orientierten Hilfskassen und drängte ihre Gefolgschaft, diesen treu zu bleiben, obschon hier die Arbeitgeber nicht verpflichtet waren, zu den Prämien beizutragen. Trotzdem besaßen die freien Hilfskassen eine erhebliche Anziehungskraft auf die besser situierten Gruppen der Arbeiterschaft, die sich zwecks Versicherung gegen die Wechselfälle des Lebens auch höhere Prämien leisten konnten als die ein bis zwei Prozent des Lohns, die die Ortskrankenkassen im Regelfall erhoben. Die Risiken der Hilfskassen waren angesichts ihrer restriktiven Aufnahmebedingungen und der relativ günstigen Mitgliederstruktur wesentlich geringer; sie konnten mühelos erheblich bessere Leistungen bieten als die Ortskrankenkassen, einschließlich der Mitversicherung der Familienangehörigen. Davon abgesehen galt es vielfach als sozialer Abstieg, in die Ortskrankenkasse oder gar die Gemeindekrankenkasse, in denen auch die Ärmsten der Armen und die sozial Deklassierten versichert waren, überzuwechseln, zumal deren Leistungen niedriger ausfielen.

Die Mitgliederzahl der freien Hilfskassen stieg nach 1885 zunächst noch erheblich an – ein aus der Sicht der Ortskrankenkassen und ebenso der Behörden höchst unerfreulicher Vorgang. Es kam zu einem regelrechten Konkurrenzkampf zwischen den Ortskrankenkassen und den freien Hilfskassen, bei welchem erstere die Behörden auf ihrer Seite hatten. Die Ortskrankenkassen führten allerorten lauthals Klage darüber, daß die Hilfskassen angeblich nicht die gesetzlich vorgeschriebenen Leistungen erbrächten, und zuweilen hatte dies zur Folge, daß deren Mitglieder gezwungen wurden, in die Ortskrankenkassen einzutreten. Viele Ortskrankenkassen beobachteten argwöhnisch die Aktivität der freien Hilfskassen, um ihnen Verstöße gegen die gesetzlichen Regelungen nachzuweisen, zum Beispiel die Nichtzahlung von Leistungen an erkrankte, aber noch erwerbsfähige Mitglieder oder die rigiden Maßnahmen gegen Mitglieder bis hin zum Ausschluß, wenn diese die in den jeweiligen Statuten festgelegten, meist strengen Verhaltensmaßregeln nicht beachteten. Umgekehrt sahen die öffentlichen Krankenkassen sich dazu gezwungen, aus Konkurrenzgründen ihre eigenen Leistungen anzuheben. So wurde insbesondere die Leistungsfrist von dreizehn Wochen nach und nach immer mehr verlängert und dann 1892 für sämtliche Kassen auf sechsundzwanzig Wochen festgelegt. Außerdem sahen sich viele der Ortskrankenkassen dazu veranlaßt, ihre Leistungen schrittweise auch auf Familienangehörige ihrer Mitglieder auszudehnen. Auf Dauer konnten die Hilfskassen dieses ungleiche Rennen nicht gewinnen. 1892 wurde ihnen per Gesetz auferlegt, ebenfalls zum Sachleistungsprinzip überzugehen und freie ärztliche Versorgung zu gewähren. Damit wurde der Kostenvorsprung, den die freien Hilfskassen bisher besaßen, weitgehend eingeebnet.

Dies führte am Ende dazu, daß sich die Arbeiterschaft seit Anfang der neunziger Jahre von den freien Hilfskassen abwandte und in die Ortskrankenkassen eintrat, die inzwischen ebenfalls ein weit breiteres Feld von Leistungen gewährten, als dies anfänglich der Fall gewesen war. In mancher Hinsicht stellten die freien Hilfskassen mit ihrer Zurückhaltung gegenüber Sachleistungen ohne jegliches finanzielles Risiko für die Versicherten eine kostengünstigere Form der Versicherung dar, die zugleich die Solidarität der Versicherten weit stärker zum Zuge kommen ließ als die zunehmend bürokratisch geleiteten Ortskrankenkassen; aber die Zeitläufte standen gegen sie. Erst heute, im Zuge der erneut eingeführten Kostenbeteiligung der Versicherten, erinnert man sich wieder dieses älteren Prinzips. Freilich waren es vorwiegend politische Gründe, die die Konkurrenz der freien Hilfskassen und damit die Pluralität eines Versicherungsangebots als unliebsam erscheinen ließen. Gerade die liberale Komponente des Krankenkassensystems, die neben den staatlichen Krankenkassen auch freie Kassen mit unterschiedlichem Leistungsniveau zugelassen hatte, ging mit der Entstehung immer größerer Ortskrankenkassen anonymen, bürokratischen Zuschnitts verloren. Am Ende stand die Routine eines riesigen Krankenkassenapparats mit ausgeprägt bürokratischen Zügen und unökonomischen Nebeneffekten.

Allerdings wurden diese Tendenzen abgemildert durch den Umstand, daß die Ortskrankenkassen und die ihnen gleichgestellten Kassen, mit Ausnahme der Gemeindekrankenkassen, grundsätzlich von ihren Mitgliedern, das heißt den zu Beitragszahlungen verpflichteten Arbeitgebern und den Versicherten selbst, verwaltet werden sollten. Es war Theodor Lohmann, der Bismarck davon hatte überzeugen können, daß die Sozialversicherung nur dann positive Auswirkungen auf die Haltung der Arbeiterschaft haben werde, wenn sie als ein System von selbständigen Einheiten sozialer Selbstverwaltung gestaltet würde, die den Betroffenen, also der Arbeiterschaft und den Unternehmern, eine einvernehmliche Regelung der gemeinsamen Belange ermöglichen würde. Die Ortskrankenkassen wurden von einem Vorstand geleitet, der für seine Amtsführung einer Generalversammlung Rechenschaft schuldete, die im Verhältnis von zwei zu eins aus den Versicherten und deren Arbeitgebern – späterhin konnten diese sich vertreten lassen – zusammengesetzt war. Zwei Drittel der Vorstandsmitglieder wurden von den Versicherten, ein Drittel von den Arbeitgebern oder deren Repräsentanten gestellt. In den Betriebskrankenkassen stand, abweichend von den sonstigen Kassen, der Vorsitz stets dem jeweiligen Betriebseigentümer zu. Die Vorstandstätigkeit war ein Ehrenamt, das unentgeltlich, allenfalls unter Entschädigung für Zeitverlust und entgangenen Arbeitsverdienst, ausgeübt wurde. Doch dies konnte nicht verhindern, daß schon bald besoldete Beamte die praktischen Geschäfte dieser Krankenkassen übernahmen und der auch vom Reichstag befürchtete Prozeß der Verbeamtung des Krankenkassenwesens seinen Anfang nahm. Die Vorschriften über die Verfahrensweise der Ortskrankenkassen waren vielfach jenen des Hilfskassengesetzes von 1876 nachgebildet – ein Indiz dafür, daß die Erwartung bestand, die neuen Kassen würden auch in politischer Hinsicht das Erbe der freien Hilfskassen antreten und die Arbeiterschaft in neue, positiv für ihre Belange wirkende Selbstverwaltungskörperschaften einbinden, die noch dazu den Vorzug besaßen, Körperschaften des Öffentlichen Rechts zu sein. Allerdings waren die Befugnisse der Aufsichtsbehörden – in der Regel der Gemeindeverwaltungen, die wiederum dem Weisungsrecht der Regierungspräsidenten unterlagen – gegenüber den Ortskrankenkassen erheblich, so daß diese durchweg behördlichen Vorgaben zu folgen hatten.

Bereits in den parlamentarischen Beratungen war insbesondere seitens des Zentrums das Bedenken vorgetragen worden, die Selbstverwaltungsorgane der Ortskrankenkassen könnten zu Einbruchstellen der Sozialdemokratie werden. Doch selbst Bismarck hatte im Mai 1884 gemeint, ohne ein bißchen »demokratisches Öl« könnte die Sache nun einmal nicht funktionieren. Anfänglich war diese Befürchtung grundlos, da die Sozialdemokratie die neuen Ortskrankenkassen ablehnte und die freien Hilfskassen, wo immer möglich, zu stärken suchte. Späterhin aber sollte sich dies ins Gegenteil verkehren. Als sich zu Beginn der neunziger Jahre abzeichnete, daß die Ortskrankenkassen in ihrem »systematischen Feldzug gegen die freien Kassen« obsiegen würden, änderten die Sozialdemokratie und die Gewerkschaften ihre Strategie und schoben ihre Repräsentanten in die Gremien der Ortskrankenkassen, sehr zur Verärgerung der Staatsbehörden. Gleichviel, die Rechnung, der Sozialdemokratie mit den Ortskrankenkassen das Wasser abzugraben, ging nicht auf, vielleicht deshalb nicht, weil sich die Polarisierung zwischen Arbeiterschaft und Staat bereits viel zu tief eingegraben hatte. Überdies veränderten die Ortskrankenkassen mit der schrittweisen Ausweitung ihrer Tätigkeit nach und nach ihren Charakter. Die befürchtete Bürokratisierung, die Lohmann durch die Errichtung einer Vielzahl von vergleichsweise kleinen, überschaubaren Krankenkassen hatte verhüten wollen, setzte in der Folge unvermeidlich ein. Somit ging ein Teil der ursprünglichen sozialreformerischen Impulse des Krankenkassengesetzes im weiteren Verlauf verloren.

Dies galt in noch höherem Maße von der Unfallversicherung. Anfang 1884 wurden die Grundzüge eines neuen, dritten Entwurfs des Unfallversicherungsgesetzes veröffentlicht. Die Unfallversicherung wurde nunmehr auf der Grundlage eines reichsweiten Systems von Berufsgenossenschaften errichtet, die von den einzelnen Industriezweigen unter behördlicher Aufsicht und gegebenenfalls mittels behördlicher Anordnung gebildet werden sollten. Das bisherige Gliederungsprinzip nach Gefahrenklassen sollte zurücktreten und erst innerhalb der neu zu bildenden korporativen Zusammenschlüsse der Industrie Platz greifen. Diesem verfahrensmäßig ungewöhnlichen Schritt, durch den der Druck auf den Reichstag, in der Sache rasch zu definitiven Beschlüssen zu gelangen, erhöht werden sollte, waren erhebliche Auseinandersetzungen innerhalb des Regierungslagers vorausgegangen. Sie hatten sich vor allem um die Frage gedreht, in welchem Maße staatlicher Zwang eingesetzt werden solle, um funktionsfähige Berufsgenossenschaften zu erhalten. Theodor Lohmann hatte die Bildung solcher korporativen Zusammenschlüsse den betroffenen Industriezweigen und Gewerben selbst überlassen und nur indirekte Mittel einsetzen wollen, um dies zu erreichen. Bismarck war in diesem Punkt ganz anderer Ansicht, nicht zuletzt, weil er mit den Berufsgenossenschaften weiterreichende Ziele verfolgte. »Die Unfallversicherung an sich«, so erklärte er Lohmann, »sei ihm Nebensache, die Hauptsache sei ihm, bei dieser Gelegenheit zu korporativen Genossenschaften zu gelangen, welche nach und nach für alle produktiven Volksklassen durchgeführt werden müßten, damit man eine Grundlage für eine künftige Volksvertretung gewinne, welche anstatt oder neben dem Reichstag ein wesentlich mitbestimmender Faktor der Gesetzgebung werde, wenn auch äußerstenfalls durch das Mittel eines Staatsstreichs.«

Es kam darüber zum Bruch mit Lohmann. Christoph von Tiedemann und der preußische Innenminister von Boetticher übernahmen die weitere Ausarbeitung der Vorlage. Bismarcks Wünschen entsprechend sah der Entwurf vor, daß die Berufsgenossenschaften die Unfallversicherung für ihren Tätigkeitsbereich mittels gewählter Organe selbständig wahrnehmen sollten; doch der Kanzler plädierte zugleich für eine weitgehende Staatsaufsicht. Ansonsten erklärte er sich, wenn auch einigermaßen widerstrebend, dazu bereit, die Abänderungsbeschlüsse der Reichstagskommission im großen und ganzen zu übernehmen, vor allem die ausschließliche Belastung der Unternehmer mit den Prämienzahlungen, und den bisher so hartnäckig geforderten Staatszuschuß fallen zu lassen. Dies wurde indirekt dadurch erleichtert, daß in den ersten dreizehn Wochen die Krankenversicherung für die Folgekosten von Unfällen eintrat und die Arbeitnehmer auf diese

Weise ebenfalls, wenngleich indirekt, zu den Kosten herangezogen wurden. Die Proteste der Unternehmerschaft blieben in diesem Punkt erfolglos; hier setzte sich der Eindruck fest, daß sich die »Verbündeten Regierungen [...] Schritt für Schritt von den radikalen Elementen« hätten zurückdrängen lassen. Der Kanzler bestand aber darauf, daß das Reich zumindest indirekt an der Unfallversicherung beteiligt werde, einmal indem es bei der Auszahlung der Entschädigungsleistungen, die über die Postämter abgewickelt werden sollte, in Vorleistung trete, und zum anderen als Garant für den Fall, daß einzelne Berufsgenossenschaften zahlungsunfähig werden sollten. Der nach diesen Vorgaben gestaltete dritte Entwurf der Unfallversicherung wurde dem Reichstag am 6. März 1884 zur Beschlußfassung zugeleitet und löste erneut höchst kontroverse Auseinandersetzungen aus.

Bismarck verteidigte die Unfallversicherungsvorlage, in der er das Herzstück der Sozialversicherungsgesetzgebung überhaupt sah, höchstpersönlich in einer bemerkenswerten Reichstagsrede am 15. März 1884. Er wies die Angriffe der Sozialdemokratie, die darin nur eine flankierende Maßnahme zum Sozialistengesetz zu sehen vorgab, welche die Macht der Unternehmer noch weiter stärken und die Kapitalkonzentration beschleunigen werde, mit großer Entschiedenheit zurück: »Daß die Führer der Socialdemokratie diesem Gesetz keinen Vortheil wünschen, das begreife ich; sie brauchen eben unzufriedene Arbeiter.« Gegenüber den liberalen Angriffen auf die Vorlage, die überall auf Kosten der Privatinitiative gehe und die nützliche Tätigkeit der kommerziellen Versicherungsgesellschaften beiseite schiebe, und dies, wie Ludwig Bamberger es ausdrückte, wegen einer »sozialistischen Schrulle«, antwortete er mit der rhetorischen Frage: »Hat der Staat die Pflicht, für seine hilflosen Mitbürger zu sorgen, oder hat er sie nicht? [...] Es gibt Zwecke, die nur der Staat in seiner Gesammtheit erfüllen kann [...]. Zu diesen gehört auch die Hilfe der Nothleidenden [...].« Wenn dies Sozialismus sei, so scheue er das gar nicht. Allerdings ließ der Kanzler zugleich durchblicken, daß sich das herkömmliche parlamentarische Verfahren erschöpft habe, und wenn es damit so weiter gehe, womöglich ein Auseinanderfall des Reichsbaues zu befürchten sei. Den bestehenden politischen Parteien prognostizierte er angesichts der zunehmenden Bedeutung der wirtschaftlichen Fragen eine düstere Zukunft: »Die Parteien werden in der Politik wie Eis und Schnee verschwinden und schmelzen.« Das war natürlich nicht eben ein geeigneter Weg, um die Parteien zu konstruktiver Mitarbeit zu veranlassen. Aber in gewisser Weise wollte Bismarck dies auch gar nicht. Das Sozialversicherungssystem sah er als einen zusätzlichen Hebel an, um den überlieferten parteipolitischen Betrieb zu überwinden.

In den Verhandlungen des Reichstages über die Unfallversicherungsvorlage wurde die Reichsleitung in einer Reihe von Punkten noch weiter zurückgedrängt. Zwar scheiterten die liberalen Parteien mit ihren Einwendungen, daß diese Vorlage die Bahn zum Staatssozialismus ebne, und ihre Versuche, einiges für die private Versicherungswirtschaft zu retten, blieben ergebnislos. Eine Kombination

Armen- und Altersfürsorge: das Altmännerhaus in Lübeck. Gemälde von Gotthard Kuehl, 1886. Lübeck, Behnhaus, Dauerleihgabe der Staatlichen Museen Preußischer Kulturbesitz

Angehörige der unteren Schichten als Zuschauer der Wachtparade auf dem Odeonsplatz in
München. Gemälde von Wilhelm Trübner, 1881. Obbach, Sammlung Georg Schäfer

des Zentrums und der beiden konservativen Parteien, der sich am Ende, wenngleich halbherzig, auch die Nationalliberalen anschlossen, akzeptierte im großen und ganzen den Regierungsentwurf, verlieh ihm aber eine wesentlich dezentralere und weniger etatistische Form. Allerdings wurde der Reichseinfluß erheblich zurückgedrängt; neben der von Bismarck gewünschten Reichsanstalt, die weitgehend ihrer Funktionen entkleidet wurde, wurden Landesversicherungsämter vorgesehen. Auseinandersetzungen ernsterer Art gab es dann nur noch wegen der in der Vorlage vorgesehenen Arbeiterausschüsse, die den Vertretungskörperschaften der Berufsgenossenschaften beigegeben werden sollten, um den Arbeitern wenigstens ein Forum für die Artikulation ihrer Gravamina zu geben. Es lag nahe, daß die Unternehmer gegen die Arbeiterausschüsse Sturm liefen. Aber auch die bürgerlichen Parteien, vor allem das Zentrum, hatten Bedenken, daß dadurch der Einfluß der Sozialdemokratie gestärkt würde. Die Arbeiterausschüsse wurden statt dessen in die Vertretungsorgane der Berufsgenossenschaften eingebaut, freilich ohne daß ihnen dort ein nennenswerter Einfluß auf die Sachentscheidungen eingeräumt wurde. Einmal mehr führte die Furcht vor den revolutionären Tendenzen zu einer Abschwächung der ursprünglichen Intention, den Arbeitern alternative Institutionen zur Vertretung ihrer Interessen bereitzustellen und damit die Monopolstellung der Sozialdemokratie zu brechen. Auch Bismarcks Hoffnung, daß man die zu bildenden Berufsgenossenschaften, die nach dem Willen des Zentrums eine wesentlich dezentralisiertere Form erhalten sollten, für den Aufbau einer neuen, korporativen Sozialordnung werde heranziehen können, erfüllte sich nicht. In diesem Punkt war die am 27. Juni 1884 ausgesprochene Warnung Heinrich Rickerts, daß mit dem Gesetz eine Grundlage »zu dem sozialbüreaukratischen Staate des Herrn Reichskanzlers« gelegt werden solle, nicht ohne Wirkung geblieben.

Einstweilen erstreckte sich die Unfallversicherung nur auf industrielle Unternehmen und solche Betriebe, die in regelmäßiger Weise Dampfkraft einsetzten. Doch sie wurde bereits 1885 auf die Reichs- und Staatsbetriebe ausgedehnt, 1886 dann auf land- und forstwirtschaftliche Betriebe und ein Jahr später auf das Baugewerbe und die Seeschiffahrt. Auch die Unternehmerschaft, die sich anfangs weit günstigere Konditionen erhofft hatte, akzeptierte die nunmehr erreichte Regelung. Während 1887 Betriebe mit insgesamt rund 4,1 Millionen Arbeitern unter das Gesetz fielen, stieg deren Zahl bis zur Jahrhundertwende auf 19 Millionen an. Die Organisation der Unfallversicherung auf der Grundlage von Berufsgenossenschaften erwies sich als durchaus leistungsfähig. Es kam hinzu, daß diese in der Folge aus dem Interesse heraus, die Prämien möglichst gering zu halten, wirksame Maßnahmen zur Verhütung von Betriebsunfällen trafen. Einzig mit einer angemessenen Beteiligung der Arbeiterschaft haperte es; sie konnte ihre Interessen nach dem Wegfall der Arbeiterausschüsse zwar durch ihre Vertreter in den Verwaltungsgremien geltend machen, doch diese wurden von den Unternehmern beherrscht. Allerdings bestand die Möglichkeit, in Konfliktfällen Schiedsgerichte anzurufen, die unter dem Vorsitz eines Staatsbeamten paritätisch von Unternehmer- und von Arbeitervertretern besetzt waren, welch letztere von den Krankenkassenvertretern gewählt wurden. Damit war eine Ursache fortwährender schwerer sozialer Konflikte, die bislang den sozialen Frieden im Kaiserreich empfindlich gestört hatte, im wesentlichen erfolgreich beseitigt worden.

Der krönende Abschluß der Arbeiterversicherung, die Alters- und Invalidenversicherung, die bereits in der Kaiserlichen Botschaft vom 17. November 1881 angekündigt worden war, stand freilich noch aus. Bismarck knüpfte gerade an sie hohe politische Erwartungen. Er hoffte, durch ein unmittelbares Eintreten des Staates für die alten und invaliden Arbeiter den Ansatzpunkt zu finden, um die Arbeiterschaft dem bestehenden Staat zurückzugewinnen. Schon im Mai 1884 hatte er anläßlich der Verhandlungen über eine Verlängerung des Sozialistengesetzes an die Abgeordneten appelliert: »Geben Sie dem Arbeiter das Recht auf Arbeit, so lange er gesund ist, geben Sie ihm Arbeit, so lange er gesund ist, sichern Sie ihm Pflege, wenn er krank ist, sichern Sie ihm Versorgung, wenn er alt ist, wenn Sie das thun, und die Opfer nicht scheuen und nicht über Staatssocialismus schreien, sobald Jemand das Wort ›Altersversorgung‹ ausspricht, wenn der Staat etwas mehr christliche Fürsorge für den Arbeiter zeigt, dann glaube ich, daß die Herren vom Wydener Programm [die Sozialdemokraten] ihre Lockpfeife vergebens blasen werden [...].« Nach Bismarcks Vorstellungen sollten weder die Beschäftigten noch die Unternehmer mit den Kosten für die Alters- und Invalidenversicherung belastet werden, für die seit längerem Vorbereitungen im Reichsamt des Innern im Gange waren. Der Kanzler wollte die alten und invaliden Arbeiter gleichsam zu Staatsrentnern von allerdings höchst bescheidenem Zuschnitt machen; er versprach sich davon in echt populistischer Manier, daß sie dann als Bezieher staatlicher Renten eine loyale Einstellung gegenüber dem Staat an den Tag legen würden. Er hatte die Absicht, die gesamten Kosten der Alters- und Invaliditätsversicherung mit Hilfe der aus dem Tabakmonopol zu erwartenden, erheblichen Einkünfte aufzubringen; hinzu kam, daß durch eine solche soziale Zweckbestimmung die Zustimmung einer Mehrheit der Parteien des Reichstages für das Tabakmonopol leichter zu erlangen sein würde. Einwände dagegen, der Allgemeinheit die Kosten für die Invaliditäts- und Altersversicherung einer bestimmten Berufsgruppe aufzubürden, wie sie in einer Epoche liberalistischen Wirtschaftsdenkens nur allzusehr vorherrschten, wollte er keinesfalls gelten lassen: »Den Satz, daß man nicht die Gesamtheit der Steuerzahler zugunsten einzelner Klassen der Bevölkerung belasten dürfe, vermag ich als richtig nicht anzuerkennen. Vielmehr trifft hier der Grundsatz zu, auf dem schon die Fabel des Menenius Agrippa von den Gliedern des Körpers und dem Magen beruht. Wie jeder lebendige Organismus an der Erhaltung und dem Wohlbefinden eines jeden seiner Glieder ein vitales Interesse hat, so hat auch die zum Staat gefügte Gesamtheit aller Stände und Berufszweige ein Interesse daran, daß jeder einzelne – insbesondere auch Industrie und Landwirtschaft – gedeihe, und darf sich nicht scheuen, dafür Opfer zu bringen. Die Alters- und Invaliden-Versicherung ist ein allgemeines und nationales Bedürfnis, welches daher aus dem Nationalvermögen befriedigt werden sollte.« Obschon sich abzeichnete, daß der Reichstag zur Bewilligung des Tabakmonopols auf absehbare Zeit nicht zu bringen sein würde, weil er mit einigem Recht fürchtete, daß dies zur Aushöhlung des Budgetrechts des Parlaments führen werde, verfolgte Bismarck diese Pläne mit großer Hartnäckigkeit weiter. Allerdings befaßte er sich nicht mehr persönlich mit den Details der auszuarbeitenden Vorlage, sondern überließ dies dem Reichsamt des Innern. Am 16. November 1887 wurden der Presse die Grundzüge der in Vorbereitung befindlichen Vorlage mitgeteilt; doch es sollte dann, vor allem weil die Finanzierungsprobleme zunächst unüberwindlich erschienen, noch ein weiteres Jahr dauern, bis der Gesetzesentwurf am 27. November 1888 dem Reichstag vorgelegt werden konnte.

Die Alters- und Invaliditätsversicherung zielte darauf ab, die bei Arbeitern nahezu aller Berufsgruppen auftretende Altersarmut wenn nicht zu beseitigen, so doch abzumildern. Von dem Ziel, dem Arbeiter nach dem krankheits- oder altersbedingten Ende seiner beruflichen Tätigkeit eine arbeitsfreie Lebensphase zu sichern, war diese Gesetzgebungsinitiative noch weit entfernt; sie wollte nur eine Linderung der oft extremen Notlage der Alten und Verkrüppelten auf anderem Weg erreichen als jenem der gesellschaftlich diskriminierenden Armenpflege. Beachtliche mentale Barrieren waren zu überwinden: Die Besorgnis, daß eine derartige Gesetzgebung Invaliden »züchten« werde, war ebenso verbreitet wie die Meinung, daß dergleichen niemals die Aufgabe des Staates sein könne, sondern nur jene kirchlicher und privater sozialer Hilfeleistung. Schließlich war unklar, ob eine derartige Altersversorgung durch Beiträge der Beschäftigten sowie der Arbeitgeber jemals würde finanziert werden können, zumal, mit Ausnahme der Knappschaftsversicherung, dafür keinerlei Erfahrungen vorlagen. Immerhin wurde mit der Vorlage ein erster Anlauf gemacht, um den bislang für unabwendbar gehaltenen altersbedingten sozialen Abstieg im typischen Lebenszyklus des Arbeiters zu durchbrechen.

Das Gesetz über die Alters- und Invaliditätsversicherung war von Anfang an politisch besonders umstritten. Bereits im Bundesrat hatte sich die Reichsleitung mit ihren Vorstellungen hinsichtlich einer unmittelbaren Beteiligung des Reiches an den Kosten nur teilweise durchsetzen können. Im Reichstag stellte sich eine noch verworrenere Situation ein. Die Konservativen argwöhnten, daß das Gesetz in der vorliegenden Form eine Benachteiligung des flachen Landes mit sich bringen könnte, da sich hier das Problem der Altersinvalidität angeblich weit weniger drastisch darstelle. Die Zentrumspartei befürchtete eine weitere Stärkung des Zentralismus, ein zu tiefes Hineingreifen des Staates in die Beziehungen der sozialen Gruppen untereinander sowie eine Schwächung der kirchlichen und privaten Wohlfahrtspflege. Die Liberalen waren besorgt, daß das Gesetz den Ansatzpunkt für eine bedenkliche Durchstaatlichung der Gesellschaft mittels der Instrumente der Sozialpolitik abgebe und in ein System des Staatssozialismus hineinführen werde. Die Sozialdemokraten sahen darin bloße Augenwischerei, die ihnen die Arbeiterschaft abspenstig machen sollte, ohne deren soziale Lage nachhaltig zu verbessern. Im Hintergrund stand bei der Sozialdemokratie die Erwägung, daß die Mittel für die Invaliditäts- und Altersversorgung von den im Berufsleben stehenden besser verdienenden Arbeitern aufgebracht werden müßten, ohne daß diese eine ausreichende Chance besaßen, jemals selbst in den Genuß der Vorteile des Gesetzes zu kommen.

In der Tat war der Geltungsbereich der Alters- und Invaliditätsversicherung zunächst vergleichsweise begrenzt, und ihre Leistungen waren äußerst bescheiden. Die Beiträge sollten zu je einem Drittel vom Reich, vom Arbeitgeber und vom Arbeitnehmer aufgebracht werden; die Bemessung der Beiträge richtete sich nach dem jeweils ortsüblichen durchschnittlichen Tagelohn, nach Maßgabe von fünf unterschiedlichen Ortsklassen. Die Beiträge sollten sich in der Regel zwischen 1 und 2 Prozent des Lohns bewegen. Entsprechend mager waren die Leistungen, obschon der bei weitem größere Teil der Beitragszahler nie in den Genuß einer Rente zu gelangen die Aussicht hatte und daher ihre Beiträge à fonds perdu in die Versicherungskasse flossen. Schon im Entwurf ist davon die Rede gewesen, daß die Renten so bemessen sein müßten, um »die Möglichkeit einer bescheidenen Lebenshaltung, wie sie insbesondere der Aufenthalt an billigem Orte bietet«, zu gewährleisten; gedacht war an die ländlichen Gebiete. Die Invalidenrente sollte mindestens 24 Prozent des normalen Jahreslohnes betragen und bis zu maximal 50 Prozent steigen. Frauen sollten nur zwei Drittel dieser Sätze erhalten – eine Regelung, die der Reichstag allerdings wieder beseitigte. Vorgesehen war, daß die Versicherung Arbeiter aller Art einschließlich von Gesellen, Lehrlingen und Dienstboten umfassen sollte, darüber hinaus auch Betriebsbeamte, Werkmeister und andere, jeweils mit einem Jahresverdienst von nicht mehr als 2.000 Mark oder einem entsprechenden Wochenverdienst. Im Vordergrund stand dabei die Vorsorge gegen Invalidität, während eine Altersrente lediglich Arbeitern, die das 70. Lebensjahr erreicht hatten, gewährt wurde, und auch nur dann, wenn diese 30 Beitragsjahre ununterbrochen 47 Wochen im Jahr gearbeitet und entsprechende Beiträge gezahlt hatten. Dies war angesichts der Tatsache, daß vergleichsweise wenige Arbeiter damals überhaupt ein Alter von 70 Jahren erreichten, eine verschwindend geringe Zahl. 1891, im Jahr des Inkrafttretens des Gesetzes, gab es bei etwa 995.000 Versicherten in der Landesversicherungsanstalt Düsseldorf nur 9.685 Rentner. Auch späterhin veränderte sich dieses Mißverhältnis nicht wesentlich: Im Jahr 1914 standen 98.000 Beziehern von Altersrenten mehr als 1 Million von Invaliditätsrentnern gegenüber. Allerdings war in der Invaliditätsversicherung nur eine Wartezeit von 5 gegenüber 30 »Beitragsjahren« vorgesehen; der Anspruch auf eine Rente war hier also weit früher erreichbar. Dies zeigt abermals, daß die Invaliditäts- und Altersversicherung in erster Linie auf jenen Personenkreis zielte, der bisher nahezu unabwendbar der öffentlichen Armenpflege zur Last gefallen war. Von teilinvaliden Arbeitern wurde erwartet, daß sie sich mit Tätigkeiten aller Art über Wasser hielten; nur dann, wenn die noch verfügbare Arbeitskraft nach Auskunft der Kassenärzte weniger als ein Sechstel eines normalen Erwerbstätigen betrug, war der Anspruch auf eine Rente gegeben. Es läßt sich denken, daß sehr viele bedürftige Arbeiter in diesem engmaschigen Netz von Voraussetzungen hängenblieben.

Die Vorgaben des Regierungsentwurfs wurden in den Reichstagsberatungen nicht unwesentlich modifiziert, allerdings ohne daß dabei die Struktur des Systems als solches angetastet wurde. Die Beteiligung des Reiches verfiel der Ablehnung; dafür wurde eine Aufstockung aller Renten durch einen gleichbleibenden Reichszuschuß um jeweils jährlich 50 Mark vorgesehen. Dies war, bezogen auf das Jahr 1891, bei einem Durchschnittsbetrag von 123,35 Mark für die Altersrente und 113,38 Mark Invalidenrente gar nicht so wenig. Ob dieser Reichszuschuß freilich den Effekt haben würde, den sich Bismarck erhoffte, nämlich in der Arbeiterschaft durch die Aussicht auf eine staatliche Rente eine positive Einstellung zum Staat zu erzeugen, steht dahin. Im übrigen wurde Selbständigen und kleineren Gewerbetreibenden die Möglichkeit zu freiwilliger Selbstversicherung eingeräumt. Gemäß den Vorgaben des Entwurfs wurde die Errichtung von einunddreißig Landesversicherungsanstalten vorgesehen, statt, wie der Kanzler es ursprünglich angestrebt hatte und wie es von einigen konservativen Heißspornen in den Debatten erneut vorgeschlagen wurde, den Berufsgenossenschaften die Verwaltung auch der Alters- und Invaliditätsversicherung zu übertragen. Auch hier sollte grundsätzlich das Prinzip der Selbstverwaltung durch die Versicherten gelten, nunmehr allerdings nach einem Schlüssel, der die Vertretung in den Gremien je zur Hälfte den Versicherten und den Arbeitgebern einräumte und dem jeweiligen Repräsentanten der Staatsbehörden den Vorsitz und damit die ausschlaggebende Rolle sicherte. In der Tat sollten die Landesversicherungsanstalten eine wesentlich bürokratischere, obrigkeitlichere Gestalt annehmen, als es ursprünglich beabsichtigt war.

Die Meinungsverschiedenheiten im Reichstag waren bei weitem größer als bei den beiden anderen Sozialversicherungsgesetzen. Die Sozialdemokraten lehnten das Gesetz unter anderem auch deshalb ab, weil dessen Leistungen viel zu gering seien; davon abgesehen betrachteten sie es als bloßes Pendant zum verabscheuungswürdigen Sozialistengesetz. Die linksliberalen Parteien bekämpften das Gesetz, weil es sich ihnen als ein weiterer Schritt auf dem Weg zu einer bürokratisch verfaßten autoritären Staatsordnung darstellte, und für diese Besorgnis gab es reichlich Anhaltspunkte. Entscheidend aber war, daß sie sich von der klassischen Freihandelsideologie nach wie vor nicht zu lösen vermochten. Das in sozialpolitischen Fragen bisher relativ geschlossene Zentrum brach über der Vorlage auseinander; eine Mehrheit des Zentrums unter Führung des Grafen Hertling und des Kaplans Hitze sprach sich insbesondere dagegen aus, das Gesetz auf Dienstboten und das ländliche Gesinde auszudehnen, weil die Fürsorgeprobleme, die es hier zu lösen gelte, in erster Linie eine private beziehungsweise eine kirchliche Aufgabe seien. Zum anderen bestehe hier kein dringendes Handlungsbedürfnis. Es ist ersichtlich, daß der konservative Flügel des Zentrums die patriarchalischen Strukturen, die, wie man glaubte, auf dem Lande und in den nichtgewerblichen Bereichen des Arbeitslebens noch intakt seien, durch die Einführung der Alters- und Invaliditätsversicherung nicht gefährden wollte. Hingegen trat Freiherr von Franckenstein ungeachtet des auch ihm unsympathischen Reichszuschusses entschieden für die Annahme der Vorlage ein. Auch in konservativen Kreisen bestand die Sorge, daß diese einseitig die Landwirtschaft belaste, zugleich aber, daß mit der Einführung einer Alters- und Invalidenfürsorge in barem Geld das bisherige patriarchalische Verhältnis zwischen Gutsherrn und Hintersassen beeinträchtigt würde.

Im Hinblick auf die prekären Mehrheitsverhältnisse – mit der Ablehnung der Vorlage durch die Deutsch-Freisinnige Volkspartei und die Sozialdemokratie sowie die Welfen und Polen mußte gerechnet werden – griff Bismarck persönlich in die Debatten der dritten Lesung ein. Er ging zunächst scharf mit den Sozialdemokraten ins Gericht: »Täuschen wir uns doch darüber nicht, daß wir mit der Socialdemokratie nicht wie mit einer landsmannschaftlichen Partei in ruhiger Diskussion sind; sie lebt mit uns im Kriege, und wird losschlagen, [...] sobald sie sich stark genug dazu fühlt.« Dafür aber sei ihnen »auch jedes Entgegenkommen für die Leiden des armen Mannes, welches von Staats wegen geschieht, hinderlich«. Sein Plädoyer richtete sich jedoch in erster Linie an die konservativen Gegner des Gesetzes, die in einer Frage, »welche die Gesammtheit des Reiches« berühre, Kirchtumspolitik und Lokalpatriotismus betrieben. Es liege nicht in der Tradition der Konservativen Partei, »in dergleichen Sachen die Gutsinteressen, [...] die persönlichen Interessen [...] den großen Reichsinteressen« voranzustellen. Wahrscheinlich sicherte erst diese Intervention eine knappe Mehrheit für die Alters- und Invaliditätsversicherung; allerdings standen die Abgeordneten zugleich unter dem Eindruck des losbrechenden großen Bergarbeiterstreiks an der Ruhr, welcher der Öffentlichkeit die Notwendigkeit aktiver Sozialpolitik einmal mehr vor Augen führte. Am 24. Mai 1889 wurde das Gesetz mit der denkbar knappen Mehrheit von 185 zu 165 Stimmen angenommen; es trat am 1. Januar 1891 in Kraft. Damit war der Schlußstein des Sozialversicherungssystems gelegt. Es durfte, ungeachtet seiner geringen Reichweite und seiner strukturellen Mängel, im damaligen Europa als vorbildlich gelten. Mit ihm wurde eine Entwicklung eingeleitet, an deren Ende der moderne Wohlfahrtsstaat stand.

Warum aber ging Bismarcks Rechnung, daß es auf diese Weise gelingen könne, die Arbeiterschaft dem Staat zurückzugewinnen, in keiner Weise auf? Dazu ist zunächst zu sagen, daß sich der Gegensatz zwischen Staat und Arbeiterschaft viel zu tief eingefressen hatte, als daß er durch eine noch so großzügige Sozialpolitik hätte überwunden werden können. Es kam hinzu, daß sich die Sozialgesetzgebung in Teilen direkt gegen die Sozialdemokratie und die freien Gewerkschaften richtete, nicht zuletzt durch die Behinderung und schließlich offene Bekämpfung der freien Hilfskassen, die während des Sozialistengesetzes zu einer wichtigen informellen Stütze der Partei geworden waren. Nur auf dem Weg durchgängiger Kooperation hätten die Sozialgesetze sich positiv auf das Verhältnis zur Sozialdemokratie auswirken können. Schon Max Weber hat überscharf, aber im Kern treffend die Stoßrichtung der Sozialpolitik Bismarcks kritisiert: »Demagogie, und zwar eine sehr schlechte Demagogie, wurde in Bismarcks Händen auch die soziale Gesetzgebung des Reiches, so wertvoll man sie rein sachlich finden mag. Den Arbeiterschutz, der doch für die Erhaltung unserer physischen Volkskraft das Unentbehrlichste war, lehnte er als Eingriff in Herrenrechte [...] ab. Die Gewerkschaften, die einzig möglichen Träger einer sachlichen Interessenvertretung der Arbeiterschaft, ließ er aus dem gleichen Standpunkt heraus auf Grund des Sozialistengesetzes polizeilich zersprengen [...]. Dagegen glaubte er [...] ›Staatsgesinnung‹ und ›Dankbarkeit‹ durch Gewährung staatlicher oder staatlich erzwungener Renten zu schaffen. [...] Wir erhielten Renten für die Kranken, die Beschädigten, die Invaliden, die Alten. Das war gewiß schätzenswert. Aber wir erhielten nicht die vor allem nötigen Garantien für die Erhaltung der physischen und psychischen Lebenskraft und für die Möglichkeit sachlicher und selbstbewußter Interessenvertretung der Gesunden und Starken [...].« Es war in der Tat der entscheidende Mangel dieser Gesetzgebung, daß sie dem gesunden beschäftigten und leistungsfähigen Arbeiter keinerlei direkte Vorteile brachte. Im Gegenteil: Das einzige Gesetz, welches unmittelbar ihre Interessen betraf, war die Unfallversicherung; gerade sie aber war weitgehend nach den Wünschen der Unternehmerschaft »geschneidert« worden.

Davon abgesehen hatten die Sozialversicherungsgesetze der eigentlichen Trägerschicht der Sozialdemokratie, zu der in erster Linie die vergleichsweise besser situierten Gruppen der Arbeiterschaft zählten, relativ wenig zu bieten. Denn es war ganz ungewiß, ob ein jugendlicher oder erwachsener Arbeiter jemals in den Genuß einer Invaliden- oder Altersrente kommen würde. Ihre Gewährung war an äußerst stringente Vorbedingungen gebunden, insbesondere 30 Jahre ununterbrochener beruflicher Tätigkeit; zum anderen waren die Altersgrenzen so angesetzt, daß die große Mehrheit der unselbständig Beschäftigten diese nie erreichen würden. Die Sozialdemokratie hatte demgemäß mit ihren Einwendungen, daß die Versicherungsgesetze dem Arbeiter zu wenig und dies erst in einem viel zu hohen Alter böten, leichtes Spiel. Und was die Krankenversicherung angeht, so waren die gewerkschaftlichen Hilfskassen zumindest anfänglich wesentlich leistungsfähiger als die schwerfälligen Ortskrankenkassen. Sowohl die Invalidenrenten als auch die Altersrenten blieben einstweilen weit hinter jenem Minimum zurück, welches eine einigermaßen erträgliche Lebensführung ermöglicht hätte. Die erhoffte nachhaltige Entlastung der Armenpflege wurde gleichfalls nicht erreicht; diese sah sich vielmehr gezwungen, die beträchtlichen Lücken zu schließen, die die Sozialversicherung in der Versorgung der verarmten Bevölkerungsgruppen offenließ. Vielfach führten die Armenpflegebehörden Klage darüber, daß mit der Einführung der staatlichen Sozialversicherung das Anspruchsniveau der Empfänger von Armenfürsorge gestiegen und die Erwartung, daß man ihnen helfen müsse, größer geworden sei.

Von einem sorgenfreien Altersdasein nach erfolgreichem Berufsleben war die Arbeiterschaft immer noch weit entfernt. Erst nach und nach, mit der Ausweitung der Versicherungsleistungen auch auf die Familienangehörigen der Versicherten und der Anhebung der Leistungen, rückten die Vorteile dieses Systems deutlicher in das Bewußtsein der breiten Schichten der Bevölkerung; auch dann noch aber weckte deren vielfach bürokratische Handhabung weithin Mißtrauen und Unverständnis. Bismarck selbst war es jedenfalls nicht mehr vergönnt, die Früchte dieser Politik zu ernten. Im Gegenteil: Die einseitige Ausrichtung der Sozialpolitik auf Versicherung im Schadensfall, nicht auf präventive Vorsorge zur Erhaltung der Gesundheit und der unverminderten Arbeitskraft der Arbeitnehmer, war eines der Momente, die in der Folge zum Niedergang der innenpolitischen Machtstellung des Kanzlers nicht unerheblich beitragen sollten.

Das »Kartell der schaffenden Stände«, die letzte Karte in Bismarcks großem Spiel um die Machterhaltung (1887–1890)

Seit Mitte der achtziger Jahre hatte sich das Verhältnis zwischen dem Reichstag und der Regierung zunehmend zugespitzt. Bismarck hatte mit seinen Versuchen einer grundlegenden Neugestaltung des Steuersystems vor allem durch Einführung eines Tabakmonopols weitgehend Schiffbruch erlitten. Ebenso hatte der Reichstag die Regierungsvorlagen zur Sozialgesetzgebung in erheblichem Maße umgestaltet. Bismarck war mit seinen ursprünglichen Ideen nicht durchgedrungen; es blieb ihm die maßgebliche Beteiligung des Staates an der Finanzierung des Versicherungssystems versagt, von der er sich aus einer patriarchalischen Gesinnung heraus eine wesentliche Besserung des Verhältnisses der Arbeiterschaft zum Staat erhofft hatte. Desgleichen war der Absicht Bismarcks, die korporativen Körperschaften, welche als Träger der Unfallversicherung ausersehen waren, zur Grundlage einer berufsständischen Repräsentation zu machen, nicht entsprochen worden; der Kanzler hatte damit das Ziel verfolgt, die Machtstellung des Reichstages auszuhöhlen und ihn womöglich durch eine berufsständische Vertretung zu ersetzen, in der nicht die Berufspolitiker ohne »Halm und Ar«, sondern die wirtschaftlichen Interessengruppen das Sagen haben würden. Bismarck spielte schon seit geraumer Zeit mit dem Gedanken, auf dem Weg eines verfassungsrechtlich sorgfältig verbrämten Staatsstreichs das allgemeine, gleiche, direkte und geheime Wahlrecht zum Reichstag wieder zu beseitigen.

Freilich war die Zeit für derartige extreme Schritte keinesfalls reif, wie Bismarck selbst durchaus erkannte. Aber eine Politik der kleinen Schritte und des beständigen Taktierens, um Gesetzesvorlagen durch einen widerspenstigen Reichstag zu bringen, in dem die Exekutive über keine eindeutige »Heerfolge« verfügte, war nicht nach dem Geschmack des Kanzlers. Schon gar nicht war er für eine genuin konstitutionelle Regierungsweise zu haben, die bereits im Stadium der Vorbereitung von Gesetzesvorhaben die Zusammenarbeit mit den Parteien suchte. Zwar fehlte es nicht an theoretischen Überlegungen, unter Umständen führende Parlamentarier in Ministerämter zu berufen. Aber Bismarck bevorzugte den Angriff, mit dem Ziel, sich endlich, wann immer sich dafür eine Aussicht eröffnete, die gefügige Parteienmehrheit zu schaffen, welche sich nach 1879 nicht recht hatte einstellen wollen und überdies in den nachfolgenden Reichstagswahlen wieder zerbröckelt war.

Den Ansatzpunkt dafür bot die Zuspitzung des außenpolitischen Verhältnisses zu Frankreich. 1887 trieb dort die Boulanger-Krise ihrem Höhepunkt entgegen, mit allerhand martialischem Propagandagerede, das sich in erster Linie gegen das Deutsche Reich richtete und in der Öffentlichkeit den Gedanken an einen neuen deutsch-französischen Krieg wach werden ließ. Bismarck entschloß sich deshalb, die eigentlich erst für 1888 fällige Erneuerung des Septennats um ein Jahr vorzuziehen. Dem Reichstag wurde Ende November 1886 überraschend ein neues Gesetz über die Friedenspräsenzstärke des Heeres vorgelegt; dieses sah eine kräftige Erhöhung vor und sollte wiederum für sieben Jahre, also bis 1894, gültig sein. Die Militärs hatten selbst nicht damit gerechnet, daß die erst für April 1888 vorgesehene Vorlage schon jetzt eingebracht werden solle, und mußten in den Beratungen einräumen, daß sie überhastet vorbereitet worden war. Die Entscheidung, die Vorlage einzubringen, war nur wenige Tage vor der Einberufung des Reichstages gefallen. Im Hinblick auf die inzwischen erfolgte starke Bevölkerungszunahme wurde eine Erhöhung der Friedenspräsenzstärke auf nunmehr 468.409 Mann zuzüglich der sogenannten Einjährig-Freiwilligen gefordert. Somit sollte wieder 1 Prozent der ortsansässigen Bevölkerung unter Waffen stehen. Der Schwerpunkt der Heeresvermehrung sollte der vergleichsweise weniger Kosten verursachenden Infanterie zugute kommen; doch im Hinblick auf die technologische Entwicklung war auch an einen Ausbau des Trains, der Eisenbahntruppen und der Feldartillerie gedacht. Diese Mehrforderungen wurden hauptsächlich mit der kürzlich in Frankreich vorgenommenen Heeresvermehrung begründet, obschon der Kriegsminister Bronsart von Schellendorf bei der Einbringung der Vorlage davon Abstand nahm, auf die Spannungen im deutsch-französischen Verhältnis zu sprechen zu kommen. Statt dessen stellte er die friedensbewahrende Funktion eines starken deutschen Heeres in den Mittelpunkt seiner Erörterungen. Dennoch war jedermann klar, daß dahinter das Argument stand, daß das Deutsche Reich sich gegebenenfalls für einen erneuten deutsch-französischen Krieg wappnen müsse.

Gegen die sachliche Berechtigung der materiellen Anforderungen erhob sich von seiten der Parteien des Reichstages, von der Sozialdemokratie abgesehen, kaum ernstlicher Widerspruch, obschon über deren Dringlichkeit unterschiedliche Meinungen bestanden. Angesichts der wirtschaftlichen Rezession, die 1886 eingesetzt hatte, schien es untunlich, dem Land neue Steuern zur Finanzierung der zusätzlichen Rüstungen aufzuerlegen, es sei denn, sie seien aus außenpolitischen Gründen zwingend erforderlich – ein Gesichtspunkt, den namentlich Eugen Richter für die Freisinnige Volkspartei vorbrachte. Dagegen stieß die Forderung, die Mittel wiederum auf sieben Jahre zu bewilligen, bei der großen Mehrzahl der Parteien auf entschiedenen Widerspruch. Nur die Nationalliberalen waren sich uneinig, ob sie im Bruch mit ihrer Strategie vom Jahr 1880 nun kompromißlos auf die Linie Bismarcks einschwenken und sich damit bei ihrer schwankend gewordenen Wählerschaft abermals als die eigentlich allein zuverlässige Partnerin der nationalen Politik des Reichsgründers empfehlen sollten, oder ob sie einen Kompromiß, etwa eine Bewilligung nur auf fünf Jahre, anstreben sollten, um mit ihrer eigenen politischen Vergangenheit, die auf den weiteren Ausbau des Reiches in Richtung auf eine uneingeschränkt konstitutionelle Regierungsweise ausgerichtet gewesen war, nicht gänzlich in Widerspruch zu geraten. Im konservativen Lager hingegen bestand anfänglich die Neigung, sich obrigkeitlicher als die Regierung selbst zu gerieren; die konservative Presse holte den Vorschlag eines Äternats aus der Rumpelkammer hervor, nicht zuletzt in der Absicht, die Nationalliberalen in Treue zu Kanzler und Vaterland noch zu übertrumpfen.

In gewisser Weise kam es zu einer Neuauflage der parlamentarischen Auseinandersetzungen der Jahre 1874 und 1881, nur mit dem Unterschied, daß die Nationalliberale Partei jetzt aus einer Position der Schwäche heraus agierte und nur dann hoffen konnte, den Gang der Dinge zu beeinflussen, wenn sie gegenüber den Wünschen des Kanzlers ein hohes Maß an Fügsamkeit an den Tag legte. Denn nunmehr nahm das Zentrum und nicht die Nationalliberalen die Schlüsselstellung im Reichstag ein. Allen Beteiligten war klar, daß es nicht um die Bewilligung der Heeresvorlagen ging, sondern um die Erhaltung und den weiteren Ausbau der Sonderrechte der Krone auf dem Gebiet des Heereswesens, und zwar auf Kosten des verfassungsmäßig garantierten Budgetrechts des Parlaments. Zudem war von vornherein ersichtlich, daß Bismarck eine Ablehnung der Vorlage benutzen würde, um unter nationaler Flagge eine Kampagne gegen die Parteien des Reichstages, die ihre nationale Pflicht verletzt hätten, vom Zaun zu brechen. Dennoch waren weder der Freisinn noch das Zentrum bereit, sich auf diese Weise von Bismarck das Gesetz des Handelns vorschreiben zu lassen; sie einigten sich darauf, die materiellen Forderungen der Regierung zu akzeptieren, nicht zuletzt in dem Bemühen, aus der Schußlinie herauszukommen, daß man in der Stunde der Gefahr den militärischen Bedürfnissen der Nation nicht zu entsprechen bereit sei. Aber weder der Freisinn noch das Zentrum waren willens, unbesehen eine Bewilligung auf weitere sieben Jahre zuzugestehen. Die Nationalliberalen, im Widerstreit mit ihrer eigenen politischen Vergangenheit, spielten auf Zeitgewinn und suchten nach einem Kompromiß. Bei Windthorst spielten nicht nur konstitutionelle Erwägungen eine Rolle, sondern auch das Bestreben, eine eventuelle Zustimmung zur Heeresvorlage gegen weitere konkrete Schritte zur Beseitigung der Kulturkampfgesetzgebung zu verhandeln. Ein auf Bismarcks Anregung hin ergangenes Ersuchen des Kardinalstaatssekretärs Jacobini, das Zentrum möge im Interesse der endgültigen Beilegung des »Kulturkampfes« dem Septemnat seine Zustimmung geben, blieb erfolglos; anfänglich erhielten Franckenstein und Windthorst davon noch nicht einmal Kenntnis.

Die zögerliche Haltung der Mehrheit der bürgerlichen Parteien konnte auch durch eine im Ton entschiedene, jedoch sachlich inhaltsleere Erklärung des alten Generalfeldmarschalls Helmuth von Moltke, der als Abgeordneter der Deutschkonservativen im Reichstag saß, nicht überwunden werden. Statt, wie Moltke es als ihre selbstverständliche nationale Pflicht erklärte, »die Regierungsvorlage« auf der Stelle »unverkürzt und unverändert anzunehmen«, verlangten sie eine ausführliche Erörterung in der zuständigen Reichstagskommission sowie eine Erklärung des Reichskanzlers zur auswärtigen Lage, obschon dieser eine solche zunächst abgelehnt hatte. Jetzt mußte Bismarck aus seiner Deckung heraustreten. Er faßte die Beschlüsse der Mehrheit der Parteien, vor allem die gemeinsame Stellungnahme des Freisinns und des Zentrums, wonach man der Regierung »jeden Mann und jeden Groschen« bewilligen wolle, aber nur auf drei, nicht auf sieben Jahre, als eine offene Herausforderung an die Krone auf. In einer großen Rede im Reichstag am 11. Januar 1887 hob er die Differenzen auf eine grundsätzliche Ebene: »Das deutsche Heer ist eine Einrichtung, die von den wechselnden Majoritäten des Reichstags nicht abhängig sein kann [...]. Der Versuch, [...] den Stand des Heeres von den wechselnden Majoritäten und den Beschlüssen des Parlaments abhängig zu machen, also – mit anderen Worten – aus dem Kaiserlichen Heer, das wir bisher in Deutschland haben, ein Parlamentsheer zu machen, ein Heer, für dessen Bestand nicht Se. Majestät der Kaiser und die verbündeten Regierungen, sondern die Herren Windthorst und Richter zu sorgen haben, wird nicht gelingen.«

Die Debatte im Reichstag spitzte sich, obwohl in der Frage der Heeresvermehrung als solcher eigentlich kaum sachliche Gegensätze zwischen der Reichsleitung und den bürgerlichen Parteien bestanden, zu einem persönlichen Duell zwischen Bismarck und Windthorst zu, dem der Reichskanzler in grotesker Übersteigerung der Dinge unter anderem vorwarf, nach einem Ministerposten zu streben. Bismarck stellte es zwar in Abrede, daß eine konkrete Kriegsgefahr bestehe, und distanzierte sich auch ausdrücklich von dem Gedanken eines Präventivkrieges gegenüber Frankreich, aber er bestand aus nationalpolitischen Gründen auf einer unveränderten Annahme der Vorlage. Er wies jeden Gedanken an eine Modifizierung derselben mit dem Argument zurück, daß die siebenjährige Bewilligung bereits einen Kompromiß darstelle, und kündigte an, daß er für den Fall einer Ablehnung die Auflösung des Reichstages verfügen und die strittige Frage der Öffentlichkeit zur Entscheidung unterbreiten werde. Im übrigen drohte er für diesen Fall offen mit einem budgetlosen Regiment. Der weitere Ausbau des Heeres könne gegebenenfalls von der Krone auch ohne Zustimmung des Reichstages, gestützt auf den Paragraphen 60 der Reichsverfassung, betrieben werden.

Im Grunde setzte Bismarck von vornherein auf ein Scheitern der Vorlage und auf anschließende Reichstagswahlen, die er unter nationaler Flagge zu führen gedachte, um den verhaßten, auf ein parlamentarisches Regierungssystem hindrängenden Parteien des Freisinns und des Zentrums einen entschiedenen Dämpfer aufzusetzen, obschon er eine derartige Absicht in den Reichstagsdebatten in Abrede stellte. Ein Kompromiß, etwa im Sinne einer Beschränkung auf einen Bewilligungszeitraum von fünf Jahren, wäre ohne sonderliche Mühe erreichbar gewesen, zumal die Argumente für eine längerfristige Bewilligung, wie auch die militärischen Fachleute insgeheim anerkannt hatten, längst durchlöchert worden waren. Bismarck wollte den Konflikt, und er spielte die Gegensätze bewußt hoch, indem er darauf bestand, daß das Heer lediglich bei einer siebenjährigen Bewilligung ausreichend aus den parlamentarischen Auseinandersetzungen herausgehalten werden könne und daß nur dann den militärpolitischen Bedürfnissen des Reiches und den außenpolitischen Notwendigkeiten Rechnung getragen würde. Als die Vorlage am 14. Januar 1887 gleichwohl gegen die Stimmen der konservativen Parteien und der Nationalliberalen abgelehnt wurde, verlas Bismarck sogleich die bereits vorbereitete Kaiserliche Botschaft, in der die Auflösung des Reichstages verfügt wurde.

Dies war der Auftakt zu einem beispiellos hitzigen Wahlkampf, bei dem die Parteileidenschaften höher gingen als jemals zuvor und später in der Geschichte des Kaiserreiches. Es kam zu einer Polarisierung der Fronten von bislang unbekannter Schärfe, bei der sich das Zentrum und die Freisinnigen des hundertfach variierten Vorwurfs erwehren mußten, in der Stunde der Gefahr die Bedürfnisse des Vaterlandes mißachtet zu haben. Die konservativen Parteien witterten Morgenluft; endlich einmal wieder konnten sie uneingeschränkt auf die Unterstützung der Regierung zählen. Die Nationalliberalen aber sahen die einmalige Gelegenheit gekommen, durch ein kompromißloses Eintreten für das Septemnat ihre alte Rolle als inoffizielle Regierungspartei zurückzugewinnen. Zugleich bot sich ihnen die Möglichkeit, durch das Ausspielen der nationalen Karte die auseinanderdriftenden Richtungen in der Partei wenigstens für den Augenblick wieder auf eine einheitliche Linie zu bringen. Die Führer der Nationalliberalen Partei gingen davon aus, daß die Gefahr eines Krieges mit Frankreich unmittelbar gegeben sei. Die historische Chance, in dieser Situation dem Kanzler wie in alten Zeiten als getreue Schildknappen zu Hilfe zu kommen und vor der Wählerschaft als Retter des Vaterlandes gegen die Winkelzüge des verhaßten Zentrums und die Kleinmütigkeit der linken Parteien aufzutreten, wollten sie nicht verpassen.

Schon zwei Tage nach der Reichstagsauflösung schlossen die Nationalliberalen unter führender Beteiligung Bennigsens und Miquels, die beide aus ihrer selbstgewählten Abseitsstellung in die öffentliche Arena zurückkehrten, eine Wahlabsprache mit den beiden konservativen Parteien, die vorsah, in den bevorstehenden Reichstagswahlen nicht gegeneinander aufzutreten und in den Wahlkreisen jeweils nur einen Kandidaten aufzustellen. Die Konservativen konnten anfänglich nur mit einiger Mühe für dieses Bündnis gewonnen werden, da der »Kreuzzeitungs-Flügel« unter von Hammerstein und Kleist-Retzow lieber die Zusammenarbeit mit dem Zentrum unter christlich-konservativem Vorzeichen fortgesetzt hätte. Aber dank der Vermittlung des Freikonservativen von Kardorff und der Einwirkungen Bismarcks fand sich die Konservative Partei dann doch geschlossen zu einem weitreichenden Bündnis im Zeichen einer Konsolidierung der Reichsgewalt unter konservativem Vorzeichen bereit, das in der Öffentlichkeit sogleich unter der Bezeichnung »Kartell der schaffenden Stände« bekannt und von der Linken als »Kartell der raffenden Hände« persifliert wurde.

Tatsächlich war es für die Nationalliberalen nicht unproblematisch, in das konservative Lager überzulaufen. Bennigsen gab sich alle Mühe, der Öffentlichkeit deutlich zu machen, daß dies nur geschehe, um angesichts der »jeden Augenblick« drohenden Gefahr eines »Angriffs des westlichen Nachbars« die Stärkung der deutschen Wehrkraft sicherzustellen; es bedeute dies keinesfalls eine Abkehr der Nationalliberalen Partei von ihren verfassungspolitischen Grundsätzen. Schon gar nicht sei an eine Verschmelzung mit den Konservativen zu denken. Der Sache nach war damit jedoch die Schwenkung der Nationalliberalen nach rechts hin besiegelt; nicht die Weiterentwicklung der Reichsverfassung und der inneren Verhältnisse, sondern deren entschiedene Verteidigung gegen die linken Parteien und Strömungen wurde nun ihre Devise.

Das Zentrum und die Freisinnige Partei, von der Sozialdemokratie ganz zu schweigen, befanden sich in der Defensive. Ihr Argument, daß es in Wahrheit um die Verteidigung der Rechte des Reichstages und die Wahrung der Reichsverfassung gehe, stieß bei Lage der Dinge bei den Wählern weithin auf Unverständnis. Es kam hinzu, daß Bismarck im Zuge des Wahlkampfes den Vatikan gegen die Zentrumsführung mobilisierte, was im Hinblick auf die Tatsache, daß zum gleichen Zeitpunkt im preußischen Abgeordnetenhaus eine Vorlage zur endgültigen Beseitigung der Kulturkampfgesetze zur Entscheidung anstand, nicht ungefährlich war. In Rom wurde Windthorst förmlich angeschwärzt. Er habe, so ließ Bismarck am 17. Januar 1887 nach Rom mitteilen, »die Militär-Vorlage benutzt, um in Presse und Reden den Klassenhaß zu schüren, die niederen Volksleidenschaften aufzuregen und die ärmeren Klassen zu Haß und Gewalttätigkeiten gegen die wohlhabenderen aufzuhetzen.« Das blieb nicht ohne Wirkung. Schon zuvor, am 3. Januar, hatte der Kardinalstaatssekretär von Jacobini eine Note an den römischen Nuntius di Pietro in München gesandt, das Zentrum möge »in jeder demselben zur Verfügung stehenden Weise« für das Septemnat eintreten. Da die Zentrumsführung den Interventionsversuch des Vatikans zugunsten der Reichsleitung zunächst ihrem Parteivolk vorenthalten hatte, ging Windthorst und Franckenstein am 21. Januar 1887 eine zweite, noch eindeutigere Note zu. Da die Führung des Zentrums es jedoch ablehnte, sich in ihrer politischen Strategie den Wünschen des Vatikans zu unterwerfen, spielte Bismarck die Note der Presse zu. Auf diese Weise wurde das Zentrum um eine klare Wahlkampflinie gebracht und tief verunsichert. Nur mit großer Mühe wußte Windthorst die offene Desavouierung der Zentrumsführung durch Leo XIII. in einer großen Rede im Kölner Gürzenich am 5. Februar 1887 aufzufangen und ihr durch eine kühne Uminterpretation der neuerlichen Note Jacobinis einen positiven Sinn abzugewinnen. In der Sache gab Windthorst kein Jota nach; er erklärte einigermaßen wagemutig, daß der Papst der Zentrumsfraktion in Fragen weltlicher Natur grundsätzlich völlige Freiheit eingeräumt habe: »Die Zentrumsfraktion besteht lediglich und allein auf dem Vertrauen des Volkes: Keine andere Stütze steht ihr zu Gebote, und sie ist deshalb mehr als irgendeine andere Fraktion imstande und genötigt, den

Pulsschlag des Volkes zu beachten.« Freilich blieben bittere Auseinandersetzungen innerhalb der Zentrumspartei nicht aus; erst im nachhinein setzte sich die Linie Windthorsts, das Zentrum habe eine katholische Volkspartei, nicht bloß eine Schutztruppe der katholischen Kirche zu sein, endgültig durch.

Die Sozialdemokratie schließlich wurde im Wahlkampf durch die Polizeibehörden in weit stärkerem Maße behindert, als es in den Jahren zuvor der Fall war; die Periode der milden Handhabung des Sozialistengesetzes kam abrupt zu einem Ende. Vor allem aber fand sich die Sozialdemokratie wegen der dramatischen Schwächung des Linksliberalismus in den Stichwahlen im wesentlichen alleingelassen, mit entsprechend negativen Wirkungen auf die Zahl der realisierten Mandate.

Der Wahlkampf stand völlig im Zeichen der Furcht vor einem angeblich unmittelbar bevorstehenden Krieg mit Frankreich. Anfänglich hatte sich Bismarck in der Frage des deutsch-französischen Verhältnisses sehr moderat geäußert; jetzt aber zögerte er nicht, alle Register zu ziehen, auch wenn er sich mit öffentlichen Äußerungen seinerseits zurückhielt und in geheimen diplomatischen Kontakten weiterhin jegliche kriegerische Absicht in Abrede stellte. So wurde am 25. Januar 1887 ein generelles Pferdeausfuhrverbot nach Frankreich erlassen; dies sollte »den Wählern die Situation richtig kennzeichnen«. Am 7. Februar wurden 73.000 Reservisten zu zwölftägigen militärischen Übungen im Elsaß einberufen – ein Schritt, der ebenfalls nicht ohne Wirkung auf die hysterisch erregte öffentliche Meinung blieb. Die Nachricht von einer angeblich bevorstehenden großen Kriegsanleihe in Höhe von 300 Millionen Mark, die der Kanzler vom preußischen Abgeordnetenhaus zu erlangen hoffe – in der Tat hatte Bismarck dergleichen zu einem früheren Zeitpunkt ernstlich erwogen, sofern der Reichstag die Erneuerung des Septennats verweigern werde –, wurde selbst in Regierungskreisen als Auftakt zum Krieg gedeutet. Diese Gerüchte waren zwar keineswegs zutreffend, aber Bismarck ließ ihnen zunächst freien Lauf, weil ihm deren Wirkung auf die Öffentlichkeit nur recht war. Der Höhepunkt dieser Kampagne wurde mit einem offiziös inspirierten Artikel der konservativen »Post« vom 31. Januar 1887 erreicht, der von Konstantin Rößler, einem dem Kanzler nahestehenden Journalisten, verfaßt worden war. Unter dem bezeichnenden Titel »Auf des Messers Schneide« berichtete Rößler von einer »unmittelbare[n] und ernste[n] Kriegsgefahr«, die durch Boulangers unangreifbar gewordene Stellung und sein Verhalten herbeigeführt worden sei. Obwohl Bismarck diesen Bericht, der in Paris und auch in Berlin eine Börsenpanik auslöste, sogleich dementieren ließ, tat er seine Wirkung. Die öffentliche Meinung war überzeugt, an der Schwelle eines neuen Krieges mit Frankreich zu stehen. Selbst Bennigsen, der es angesichts seiner engen Beziehungen zu Bismarck hätte besser wissen können, wurde von dieser Kriegspsychose erfaßt. »Dieser zweite Krieg mit Frankreich über Elsaß-Lothringen ist und bleibt eine geschichtliche Notwendigkeit«, schrieb er am 16. Februar an einen Verwandten. »Nur nachdem derselbe siegreich durchgeführt ist, wird der deutsche Nationalstaat dauernd gesichert sein.«

Unter diesen Umständen nahmen die Reichstagswahlen ausgesprochen personalplebiszitäre Züge an. Die Haltung gegenüber Bismarck, dem die Parteien der Linken angeblich die Mittel zur Verteidiung des Reiches gegen den französischen Erbfeind verweigert hätten, stand im Mittelpunkt des Wahlkampfes. So gelang es, erhebliche Teile der Bevölkerung, die bisher am Rande der politischen Arena gestanden hatten, erstmals an die Wahlurnen zu bringen. Die Wahlbeteiligung betrug 77,5 Prozent der Stimmberechtigten – ein Niveau, das niemals zuvor erreicht worden war. Das Ergebnis war entsprechend; zumindest auf den ersten Blick kam es einem glänzenden Wahlsieg der Kartellparteien gleich. Das Kartell hatte zwar nur 47,2 Prozent der Stimmen auf sich vereinigen können, aber dank der Eigentümlichkeiten des Wahlsystems, das die ländlichen Regionen begünstigte und zudem in den Stichwahlen die jeweils stärksten Parteien bevorzugte, konnte es 220 von insgesamt 397 Mandaten erlangen; es verfügte somit im neuen Reichstag über eine stabile Mehrheit. Während die Deutschkonservativen ihre Stimmenzahl halten und ihre Mandate auf 80 steigern konnten, gelang es den Freikonservativen, in beachtlichem Umfang Stimmen hinzuzugewinnen. Ihre Stimmenzahl stieg von 6,9 Prozent 1884 auf 9,8 Prozent; desgleichen errangen sie statt bisher 28 nunmehr 41 Mandate. Noch eindrucksvoller schnitten die Nationalliberalen ab; sie konnten zwar ihre Stimmenzahl nur von 17,6 auf 22,2 Prozent der abgegebenen Stimmen steigern, erhielten aber dank ihrer strategisch günstigen Mittelstellung statt bisher 51 stolze 99 Mandate und wurden damit wieder zur stärksten Partei im Reichstag. Die Zeche mußte vor allem der Freisinn bezahlen; er fiel von 17,6 auf 12,9 Prozent der Stimmen zurück und behauptete aufgrund der Ungunst der parlamentarischen Konstellation bei den Stichwahlen ganze 32 gegenüber bisher 67 Mandaten. Das Zentrum hingegen kam, aller Widrigkeiten des Wahlkampfes zum Trotz, ohne größere Stimmeneinbußen davon, es büßte nur ein einziges Mandat ein; doch dies reichte, um mit 98 Mandaten gegenüber der Nationalliberalen Partei auf den Platz der zweitgrößten Partei im Reichstag zurückzufallen. Interessant war das Wahlergebnis der Sozialdemokraten. Sie fielen zwar angesichts der nationalistischen Atmosphäre und der nahezu geschlossenen Front der bürgerlichen Parteien bei den Stichwahlen von 24 auf bescheidene 11 Mandate zurück und verloren damit im Reichstag erheblich an Gewicht; aber dieses Ergebnis trog, denn sie hatten die für sie abgegebenen Stimmen ungeachtet der nationalistisch aufgeheizten öffentlichen Meinung von 550.000 auf 763.100 steigern können, das hieß von 9,7 auf 10,1 Prozent.

Dennoch wies dieses Wahlergebnis aus konservativer Sicht eine ganze Reihe von Schönheitsfehlern auf, die von den siegreichen Parteien freilich zunächst kaum wahrgenommen wurden. Störend war, daß die Deutschkonservativen überhaupt keine Stimmen hinzugewonnen hatten. Das weckte in hochkonservativen

Das Drei-Kaiser-Jahr 1888. Zwischen Bismarck und Moltke: Wilhelm I., Friedrich III., Wilhelm II. und der Kronprinz; oben das 1883 vollendete Germania-Denkmal auf dem Niederwald; unten Rauchs 1851 geschaffenes Denkmal für Friedrich den Großen. Maschinengewebte Gardine, 1888. Hamburg, Museum für Kunst und Gewerbe

Feierliche Eröffnung des Reichstages im Weißen Saal des Berliner Schlosses durch den neuen Souverän, Kaiser Wilhelm II., am 25. Juni 1888 aus Anlaß seiner Thronbesteigung. Gemälde des Anton von Werner unter Auslassung der Abgeordneten der Sozialdemokratischen Partei, 1888. Bonn, Johanniterorden

Kreisen sogleich berechtigte Zweifel, ob man denn wirklich auf dem rechten Weg sei. Aber vorderhand hielt der Parteiführer von Helldorff-Bedra die Deutschkonservativen auf einem stramm Bismarckschen Kurs, zumal er hoffen durfte, auf diese Weise die strategische Lage der Konservativen nachhaltig zu verbessern, hatte ihm doch Bismarck erklärt, er wolle »die letzten Jahre« seines Lebens »daran setzen, den schwersten Fehler [nämlich die Einführung des Reichstagswahlrechts] wieder gut zu machen«, den er »begangen« habe.

Im Lager der Nationalliberalen war die Begeisterung verständlicherweise groß. Die alten Zeiten, in denen die Nationalliberale Partei als die Partei Bismarcks eine Schlüsselrolle im parlamentarischen Leben gespielt hatte, schienen zurückgekehrt zu sein, und die großen alten Männer des Nationalliberalismus hatten wieder die Führung der Partei übernommen. Aber schon bald sollte sich zeigen, wie prekär die Lage der Nationalliberalen tatsächlich war. Weder in Preußen noch in Süddeutschland wollte sich eine vergleichbar enge Zusammenarbeit mit den konservativen Parteien im Zeichen eines gemäßigten Konservativismus einstellen, wie Bennigsen dies auf Reichsebene zuversichtlich erwartete. In Preußen bestanden unvermindert scharfe Gegensätze zwischen den Nationalliberalen und dem rechten Flügel der Konservativen fort, und in Süddeutschland legte die anhaltende Kulturkampfatmosphäre auch weiterhin eher eine Zusammenarbeit mit den anderen liberalen Gruppierungen nahe.

Die Linksliberalen waren zwar nachhaltig geschwächt worden – und dies, wie sich herausstellen sollte, auf Dauer –, aber es war keineswegs ausgemacht, ob nicht die Nationalliberalen dadurch den konservativen Parteien, die jederzeit auf die Alternative eines Zusammengehens mit dem Zentrum ausweichen konnten, auf Gedeih und Verderb ausgeliefert waren. Der offenbar unaufhaltsame Aufstieg der Sozialdemokratie war zwar abgebremst, jedoch nicht wirklich aufgehalten worden. Gleichwohl brachte das Kartell Bismarck nun eine parlamentarische Konstellation, wie er sie seit langem angestrebt hatte, eine Konstellation, die die Aussicht bot, das politische Zusammenwirken von Industrie und Landwirtschaft auf Dauer zu stellen und alle Tendenzen wirkungsvoll abzuwehren, die, wie Bismarck es nannte, auf eine »Parlamentsherrschaft« abzielten. Mit der Zähmung der Nationalliberalen und der vernichtenden Niederlage des linken Liberalismus waren die parlamentarischen Voraussetzungen für eine Kursschwenkung zugunsten eines gemäßigt liberalen Regiments, wie sie für den Fall der Übernahme der Krone durch den Kronprinzen Friedrich Wilhelm allgemein erwartet und von Bismarck insgeheim gefürchtet wurde, nicht mehr gegeben; der Kanzler konnte dem Ableben des hochbetagten Kaisers Wilhelm I. jetzt mit Ruhe entgegensehen.

Anfänglich lief auch alles nach Wunsch. Der neugewählte Reichstag gab dem Septemnat uneingeschränkt seinen Segen. Darüber hinaus wurde im Frühjahr 1888 ein neues Landwehrgesetz beschlossen, in dem die Wehrpflicht für das reguläre Heer vom 32. bis zum 39. Jahr und für die wiederhergestellte Landwehr des ersten und zweiten Aufgebots bis 45 Jahre ausgedehnt wurde. Somit würde die deutsche Armee im Kriegsfall zusätzlich auf über 700.000 Mann zurückgreifen können. Im Grunde bedeutete das ein Einschwenken auf das Prinzip des Volksheeres, welches die Krone im Verfassungskonflikt so leidenschaftlich zurückgewiesen hatte, ohne daß dieser Aspekt damals öffentlich thematisiert worden wäre. Auf diese Weise wurde die Schlagkraft der deutschen Armeen im Kriegsfall ganz beachtlich gesteigert. Indirekt wurde die Militarisierung der deutschen Gesellschaft damit ein großes Stück vorangetrieben, konnte doch ein erheblicher Teil der männlichen Bevölkerung nun zeitweilig zu den Waffen gerufen werden, gleichviel ob im aktiven Dienst oder in der Reserve. Die Umsetzung dieser Maßnahmen erforderte es, in sehr viel höherem Maße als bisher auf Reserveoffiziere zurückzugreifen, die in erster Linie dem Bürgertum angehörten. Das Patent des Reserveoffiziers als einer zunehmend auch in den bürgerlichen Schichten für bedeutsam erachteten sozialen Qualifikation gewann ebenfalls an Bedeutung, und mit ihm die Verbreitung militärischer Lebensformen und militärischer Gesinnung. Die Landwehrvorlage wurde von allen bürgerlichen Parteien gleichermaßen unterstützt; das Zentrum und die Freisinnigen suchten bei dieser Gelegenheit einmal mehr klarzumachen, daß sie dem Reich keineswegs ausreichende Rüstungen gegen äußere Gefahren hatten verweigern wollen.

Gleichzeitig gelang der Reichsleitung mit der Einbringung eines Branntweinsteuergesetzes, das ansehnliche Steuererleichterungen für die kleineren ländlichen Branntweinbrennereien vorsah, eine materielle Absicherung der Kartellmehrheit. Denn von diesem Gesetz profitierten sowohl die Großgrundbesitzer, die vielfach Branntweinbrennereien im Nebenbetrieb unterhielten, als auch zahlreiche Anhänger der Nationalliberalen im Südwesten Deutschlands. Es verschlug nicht, daß die linken Parteien das Branntweinsteuergesetz sogleich als eine »Liebesgabe« an die Großagrarier brandmarkten. Innerhalb der herrschenden Eliten schreckte es niemanden mehr, die interessenpolitische Zusammenarbeit von Landwirtschaft und Industrie offen anzuerkennen, und die Linke war viel zu geschwächt, um dagegen effektiv angehen zu können. Ergänzt wurde dies durch ein Zuckergesetz. Damit wurde dem Reichsfiskus ein beachtliches zusätzliches indirektes Steueraufkommen erschlossen (ganz nach den Wünschen Bismarcks, der ja stets in diese Richtung hatte gehen wollen), gleichzeitig aber die Landwirtschaft in höchst wünschenswerter Weise begünstigt.

Dennoch wurde Bismarck der politischen Zusammenarbeit mit der Kartellmehrheit nicht recht froh. Sie versagte sogleich, als in Preußen die Gesetzesvorlagen über die Wiederzulassung der katholischen Orden und der Verzicht auf die Anzeigepflicht der Kurie zur Verhandlung anstanden. Kleist-Retzow, der Führer des hochkonservativen Flügels der Konservativen Partei, brachte eine Vorlage ein, die darauf hinauslief, im Zusammenwirken mit der Zentrumspartei wieder ein höheres Maß der Selbständigkeit der evangelischen Kirche im Schulwesen durchzusetzen, sehr zur Verärgerung der Nationalliberalen, die ihre in zwei Jahrzehnten mühsam erkämpften nationalpolitischen Grundsätze im staatlichen Erziehungswesen in Gefahr sahen. Um so weniger fanden sich die Nationalliberalen dazu bereit, die bittere Pille der »Friedensgesetze« zu schlucken. Dies war aus Bismarcks Sicht äußerst unangenehm; denn er war daran interessiert, die »Friedensgesetze«, die er mit dem Vatikan hinter dem Rücken des Zentrums ausgehandelt hatte, nach Möglichkeit ohne dessen Mitwirkung zustande zu bringen. Am Ende aber hatte Bismarck einige Mühe, die Annahme der Gesetze im preußischen Abgeordnetenhaus zuwege zu bringen. Zu diesem Behuf setzte er erneut die Kurie ein, von der die Zentrumsführung nunmehr in bemerkenswert brüsker Form massiv unter Druck gesetzt wurde, die »Friedensgesetze« ohne jegliche Änderung zu akzeptieren. Windthorst selbst war tief betroffen über die Haltung der Kurie, durch welche dem Zentrum dann doch noch der Wind aus den Segeln genommen wurde: »Sollte es so endigen, dann wäre der lange Kampf m. E. nicht nötig gewesen [...]. Unsere heilige Kirche liegt zu den Füßen ihrer erbittertsten Gegner [...]. Nun soll ich gar zu diesem traurigen Ende meine Zustimmung geben.«

Die innere Brüchigkeit des Kartells trat in vollem Umfang hervor, als es darum ging, die großagrarische Landwirtschaft durch eine nochmalige kräftige Anhebung des Schutzzolls für Roggen und Weizen für ihre Schützenhilfe gegen die linken Parteien zu belohnen. Bereits im Spätsommer 1888 hatte die Reichsleitung erkennen lassen, daß die Absicht bestehe, der Landwirtschaft, die unter dem Druck der internationalen Agrarkrise stand und ungeachtet des bestehenden Schutzzolls mit stark fallenden Getreidepreisen auf dem Binnenmarkt zu kämpfen hatte, durch eine drastische Erhöhung der Getreidezölle unter die Arme zu greifen. Beabsichtigt war eine Verdoppelung der Zollsätze für Roggen und Weizen auf 6 Mark, was einem Zollsatz von nicht weniger als 66 Prozent des Wertes entsprach. Dies gab sofort Anlaß zu hitzigen Auseinandersetzungen in der Öffentlichkeit. Die Freisinnige Volkspartei nutzte die Chance, die Nationalliberalen anzuklagen, sie seien zu einer Hilfstruppe der großagrarischen Interessen geworden und auf dem besten Weg, inmitten der Wirtschaftskrise einer substantiellen Verteuerung der Lebenshaltung der breiten Massen ihre Unterstützung zu geben.

Wie wenig populär die Verschärfung der Hochschutzzollpolitik im Lande war, signalisierte eine Nachwahl für den Reichstag am 8. Oktober 1888 in Sagan-Sprottau, in der Forckenbeck, der als führender Repräsentant des Freihandels galt und deswegen von der Nationalliberalen Partei zum Freisinn übergetreten war, einen imposanten Sieg über den Kandidaten des Kartells errang. Das löste eine erbitterte Debatte auch im Lager der Kartellparteien aus. Während die freikonservative »Post«, das Organ der Schwerindustrie, für Mäßigung hinsichtlich der Erhöhung des Zolltarifs für Getreide plädierte, verlangten die Agrarier eine noch weitergehende Erhöhung der Zollsätze auf 8 Mark. Dies hätte mit einiger Gewißheit zu einer Verteuerung der Lebenshaltung geführt, die auf das Lohnniveau der

Industrie durchgeschlagen wäre. Diese Forderung wurde freilich nicht nur mit ökonomischen, sondern auch mit angeblich staatspolitischen Argumenten begründet. Der Landwirtschaft müsse angemessene Hilfe zuteil werden, weil sonst die Grundlagen der Monarchie, der Moral und der Religion untergraben würden und schließlich auch die Existenz des Staates selbst in Gefahr geraten müsse. Demgemäß gingen schon im Vorfeld der Reichstagsverhandlungen die Wogen der Auseinandersetzungen hoch. Die Konservativen wurden der Verfolgung krasser Eigeninteressen auf Kosten der breiten Massen der Bevölkerung bezichtigt, und die vielbeschworene Interessenharmonie zwischen Industrie und Großagrariern zeigte ernsthafte Risse. Die »Hamburger Nachrichten« sprachen offen aus, was viele dachten, daß es nämlich im Zeitalter des allgemeinen Wahlrechts unmöglich geworden sei, die ökonomische Position und die soziale Stellung der Junkerklasse mit Hilfe künstlicher staatlicher Eingriffe in das Wirtschaftsleben auf Kosten der Gesamtheit zu erhalten.

Unter diesen Umständen gerieten die Nationalliberalen politisch unter erheblichen Druck. Während der agrarische Flügel, der seit dem Heppenheimer Programm an Einfluß gewonnen hatte, emphatisch die Erhöhung der Zollsätze unterstützte, widersetzte sich das Gros der Partei, einschließlich des schwerindustriellen Flügels, dieser Politik, teils aus interessenpolitischen Gründen, teils, weil man die Agitation der Linksliberalen und der Sozialdemokratie zu fürchten hatte. Bennigsen als Parteiführer wußte sich nicht anders zu helfen, als mäßigend auf die innerparteiliche Debatte einzuwirken, um den agrarischen Flügel nicht zu antagonisieren, und schließlich den Abgeordneten die Stimmabgabe freizugeben. Dies mochte sich mit bewährten liberalen Maximen rechtfertigen lassen; der Sache nach bedeutete es die Abdikation der Nationalliberalen als führende Partei des Reichstages. Windthorst ließ sich die Gelegenheit, die Nationalliberalen politisch auszumanövrieren, denn auch nicht entgehen; mit bemerkenswertem Geschick gelang es ihm, die Zentrumspartei auf den Kompromiß einer Erhöhung der Agrarzölle um 5 Mark einzuschwören und sich damit den konservativen Parteien einmal mehr als verläßlicher Partner zu empfehlen. Im Dezember 1887 wurde die Zollerhöhung mit den Stimmen der konservativen Parteien und des Zentrums beschlossen, während die Nationalliberalen mehrheitlich dagegen stimmten. Es stand ersichtlich nicht gut mit der Stabilität des Kartells.

Das zeigte sich erneut bei der anstehenden Verlängerung des Sozialistengesetzes. In Übereinstimmung mit Bismarck hatte der preußische Innenminister von Puttkamer eine wesentlich verschärfte Vorlage eingebracht, die zudem für einen Zeitraum von fünf Jahren, also bis 1894, Gültigkeit haben sollte. Im Lager der bürgerlichen Parteien hatten sich schon länger große Zweifel angestaut, ob das Sozialistengesetz überhaupt eine geeignete Waffe sei, um dem stetigen Wachstum der Sozialdemokratie Einhalt zu gebieten. Vielmehr gewann die Ansicht an Boden, daß dieses Ausnahmegesetz der Sozialdemokratie insofern zusätzlichen

Auftrieb verleihe, als es deren politische Aktivität in die Illegalität dränge und damit der Kontrolle der Öffentlichkeit weitgehend entziehe. Darüber hinaus wurde insbesondere der Ausweisungsparagraph des Sozialistengesetzes mit immer größerem Mißtrauen betrachtet, da er nur Märtyrer schaffe und dazu führe, daß die Agitation in immer neue, bisher unberührte Regionen getragen werde. Nun sollte darüber hinaus die Expatriierung von sozialdemokratischen Agitatoren möglich sein – eine Maßnahme, die nicht nur rechtsstaatlichen Grundsätzen widersprach, sondern auch völkerrechtlich bedenklich war. Bismarck selbst identifizierte sich in einer Anweisung an Puttkamer uneingeschränkt mit diesem Paragraphen: »Die vorgeschlagene Maßregel erscheint mir an sich als ein logisches Ergebnis des Verhaltens der Männer, die unseren staatlichen und gesellschaftlichen Einrichtungen principiell die Anerkennung versagen und den Umsturz als ihre politische Aufgabe ansehen und offen bezeichnen. Gegen derartige Bestrebungen kann der Staat nur versichern und schützen, wenn er die mit seiner Lebensbedingung unverträglichen Elemente ausscheidet.« Der Kanzler verkannte vollkommen, daß eine derartige radikale Ausgrenzung der Sozialdemokratie aus der Gesellschaft dazu führen mußte, diese noch stärker in das Lager uneingeschränkter Gegnerschaft zur bestehenden Ordnung hineinzutreiben.

Im Reichstag aber stieß Puttkamers neue Vorlage des Sozialistengesetzes, wie sie seitens der Regierung am 14. Januar 1888 eingebracht wurde, von vornherein auf stärkste Bedenken. Selbst in Teilen der beiden konservativen Fraktionen bestand die Neigung, statt dessen den Weg einer Verschärfung der einschlägigen Bestimmungen des Strafrechts zu gehen. Die Nationalliberalen unter der Führung Miquels nahmen klar gegen das Gesetz Stellung, das nur eine Radikalisierung der Sozialdemokratie bewirkt habe, und empfahlen, zum allgemeinen Recht zurückzukehren. Keinesfalls seien sie für die Expatriierung von sozialdemokratischen Agitatoren zu gewinnen. Ebenso lehnten sie eine längerfristige Geltung des Gesetzes ab; periodische Erneuerungen seien als Mittel zur Kontrolle der Auswirkungen des Gesetzes unverzichtbar. Auch die Zentrumspartei war, angesichts der eigenen leidvollen Erfahrungen mit Ausnahmegesetzen, gegen das Sozialistengesetz, nicht zuletzt wegen seiner ambivalenten Auswirkungen. Es kam hinzu, daß die Sprecher der Sozialdemokratie die ausgedehnte Spitzeltätigkeit der Polizei und die provokatorischen Aktionen mehrerer Agenten der preußischen Polizei wirkungsvoll unter Beweis stellten und damit den allgemeinen Eindruck verstärkten, daß das Gesetz nur zur Radikalisierung der Sozialdemokratie beitrüge, ohne sie wirkungsvoll zu bekämpfen.

Infolgedessen mußte Puttkamer, für den sich die Reichstagsverhandlungen zu einem Fiasko auswuchsen, wesentliche Abstriche an der Vorlage hinnehmen; am Ende kam nur eine einfache Verlängerung des bereits bestehenden Gesetzes auf zwei Jahre zustande. Die Nationalliberalen hatten ihre Zustimmung im Grunde nur gegeben, weil sie ein Scheitern des Kartells über dieser Frage vermeiden wollten. Es war jedoch unübersehbar, daß sie für eine erneute Verlängerung des Sozialistengesetzes in der bisherigen Form nicht zu haben sein würden. Bismarck hingegen, der die Verhandlungen nur von Varzin aus verfolgt hatte, bestand weiterhin auf dem Charakter des Sozialistengesetzes als eines Ausnahmegesetzes: »Ebensowenig wie man den Landesverrat oder den Diebstahl durch allgemeine, auch für ehrliche Leute geltende Gesetze wird treffen können, wird dies bei den auf die Durchführung verbrecherischer Umsturztheorien im Sinne der Sozialdemokratie gerichteten Bestrebungen der Fall sein. Diese Umsturzbestrebungen und die Ziele, welche sie verfolgen, sind an sich strafbar und bedingen die Notwehr von seiten der staatlichen gesellschaftlichen Ordnung. [...] Durch die Scheu, eine vorhandene parlamentarische Fraktion als verbrecherisch in ihren Zielen und Bestrebungen zu bezeichnen, dürfen die Regierungen sich nicht abhalten lassen, für den Schutz der ruhigen Bürger gegen verbrecherischen Umsturz offen einzutreten. Parlamentarische Fraktionen mögen sich weichlichen Unklarheiten darüber hingeben; Regierungen sollten es nicht.« Damit suchte Bismarck seinen Ministerkollegen das Rückgrat zu stärken; zugleich aber enthielten seine Worte eine deutliche, wenn auch indirekte Kritik an der angeblichen Schlappheit der Nationalliberalen.

Tatsächlich vermochte Bismarck mit der Kartellmehrheit nur eine einzige wirklich konservative Maßnahme durchzusetzen, nämlich eine Verlängerung der Legislaturperiode des Reichstages und des preußischen Abgeordnetenhauses auf fünf Jahre. Sie wurde im Lager der Nationalliberalen mit dem Argument gerechtfertigt, daß die Parlamentarier größere Wirksamkeit zu entfalten in der Lage seien, wenn sie ihre Abgeordnetenmandate längere Zeit unbeeinflußt von Wahlen ausüben könnten. Bei den konservativen Parteien und im Lager der Regierung war hingegen der Gesichtspunkt maßgebend, daß durch weniger häufige Wahlen der Einfluß der Parteien auf den Gang der politischen Geschäfte eingeschränkt werden könne. Bei Bismarck stand der Gedanke im Hintergrund, einem für den Fall der Thronbesteigung des Kronprinzen Friedrich Wilhelm zu besorgenden Kurswechsel in liberalem Sinne vorsorglich Zügel anzulegen.

Doch die Hoffnungen im liberalen Lager auf das Regiment des Kronprinzen, die ohnehin mit dem Ablauf der Jahre immer geringer geworden waren, erhielten einen entscheidenden Stoß, als am 11. November 1887 öffentlich bekannt wurde, daß der Thronfolger an unheilbarem Kehlkopfkrebs leide. Die Möglichkeit, daß der Kronprinz noch vor dem zu erwartenden Ableben des nunmehr einundneunzigjährigen Kaisers Wilhelm I. sterben und Prinz Wilhelm unmittelbar dessen Nachfolge antreten werde, war in unmittelbare Nähe gerückt. Der greise Kaiser übertrug dem Prinzen Wilhelm am 17. November 1887 die Befugnis, ihn im Bedarfsfall in der Wahrnehmung der laufenden Regierungsgeschäfte zu vertreten. Dies geschah zum großen Ärger des Kronprinzen und mehr noch der Kronprinzessin Viktoria; letztere meinte über ihren Gatten: »Krank wird er immer noch ein viel besserer Kaiser als sein unreifer Sohn, wenn dieser auch noch so gesund ist.« Um so mißbilligender wurde es von der Öffentlichkeit und besonders in Regierungskreisen zur Kenntnis genommen, daß Prinz Wilhelm an einer Versammlung im Hause des Grafen Waldersee teilgenommen hatte, die dem Ziel galt, für die von dem Hofprediger Stoecker geplante Berliner Stadtmission öffentliche Unterstützung einzuwerben. Der Sache nach kam dies einer öffentlichen Assoziierung des Prinzen Wilhelm mit dem hochkonservativen Flügel der Konservativen gleich, welcher dem Kartell feindlich gegenüberstand. Bismarck legte dem Prinzen Wilhelm daraufhin nahe, sich in seinen öffentlichen Äußerungen zurückzuhalten und nicht den Eindruck zu erwecken, als ob er einer bestimmten politischen Richtung nahestehe. Diese von Wilhelm einstweilen noch freundschaftlich aufgenommene Vermahnung gab einen ersten Vorgeschmack auf die künftigen Differenzen zwischen den beiden Persönlichkeiten.

Als Kaiser Wilhelm I. am 9. März 1888 starb, war es für einen innenpolitischen Kurswechsel, wie ihn der Thronfolger seit langem angestrebt hatte, ohnehin viel zu spät, ganz unabhängig von der unheilbaren Kehlkopferkrankung des Thronfolgers, die seine Handlungsfähigkeit vom ersten Tage seines Regierungsantritts an weitgehend beschnitt, zumal er infolge einer Trachetomie seine Stimme verloren hatte und nur noch in schriftlicher Form mit seiner Umgebung kommunizieren konnte. Die Weichen waren längst gestellt und das halbkonstitutionelle System so weitgehend konsolidiert, daß an dessen Umbau im Sinne eines deutschen »Ministerium Gladstone« auch dann nicht mehr zu denken gewesen wäre, wenn sich der Thronfolger in bester Gesundheit befunden hätte. Außerdem war die ehemals geschlossene politische Front des Liberalismus gesprengt und der entschiedene Liberalismus in den Wahlen vom Jahre 1887 nachhaltig geschwächt worden. Die politischen Berater Kaiser Friedrichs III., der ehemalige badische Minister Franz von Roggenbach, der bekannte Sezessionist und entschiedene Freihändler Ludwig Bamberger und der anglophile ehemalige Chef des Admiralstabs Admiral von Stosch, waren selbst Männer von gestern, die schwerlich eine ausreichende politische Basis für ein gemäßigt-liberales Regiment hätten beschaffen können.

Davon abgesehen waren die liberalen Neigungen Friedrichs III., wie er sich nach der Thronbesteigung nannte, im liberalen Lager bei weitem überschätzt worden. Die beiden Proklamationen, die aus Anlaß seiner Thronübernahme herausgegeben wurden – sie waren bereits 1884 verfaßt worden –, nahm Bismarck mit großer Beruhigung zur Kenntnis, während die liberale Presse sie mit großer Enttäuschung kommentierte. Denn von der erwarteten grundlegenden Neuorientierung war darin überhaupt nicht die Rede, sie enthielt nur den Hinweis, daß das konstitutionelle System in Preußen und im Reich den Respekt der ganzen Nation verdiene, was sich als versteckte Ablehnung aller Pläne zur Rückwärtsrevidierung der Verfassung lesen ließ. An eine Entlassung Bismarcks, wie man sie weithin erwartet oder auch befürchtet hatte, war angesichts der Handlungsunfähigkeit Friedrichs III. nicht zu denken. Andererseits unterblieb auch die Einsetzung einer Regentschaft des Kronprinzen Wilhelm, obschon sie vielerorts als die allein sachgerechte Lösung angesehen wurde, und auf die nicht wenige hochgestellte Persönlichkeiten, wie Graf Waldersee, der sich schon als neuen Reichskanzler sah, und wohl auch der preußische Innenminister von Puttkamer, hinarbeiteten.

Die eigentlich starke Figur am kaiserlichen Hof war die Kaiserin Viktoria, eine Tochter der englischen Königin Victoria. Sie war fest davon überzeugt, daß das Deutsche Reich nur dann eine glückliche Entwicklung werde nehmen können, wenn anstelle der Politik Bismarcks, die die politischen Kräfte beständig polarisiere, eine gemäßigt-liberale Politik der Mitte nach englischem Vorbild treten werde. Ihr Verhältnis zu ihrem Sohn Wilhelm, dessen verkrüppelte rechte Hand ihr als ein Symbol seiner angeblichen physischen und psychischen Unfähigkeit erschien, war denkbar schlecht, und es spricht einiges dafür, daß sich der junge Wilhelm aus Abneigung gegen das Elternhaus in ein militärisches Milieu geflüchtet hatte, in dem militärische Disziplin inneren Halt und militärischer Glanz gesellschaftliche Sicherheit verbürgten und in welchem ein pompöses Auftreten und martialische Reden als chic gelten konnten. Viktoria, oder, wie sie sogleich in der Öffentlichkeit genannt wurde, »die Kaiserin Friedrich«, bekämpfte die Regentschaft Wilhelms von Anbeginn; sie wollte zumindest die Weichen in die richtige Richtung gestellt sehen, solange wie ihr Mann noch urteils- und entscheidungsfähig war. Es steht außer Frage, daß Viktoria, mehr als Friedrich III. selbst, auch jetzt noch ein liberales Kabinett vorgezogen haben würde, dessen Schlüsselfiguren Franz von Roggenbach, der Berliner Oberbürgermeister von Forckenbeck, der freisinnige Abgeordnete und Eisenbahnmagnat Karl Schrader und Ludwig Bamberger hätten sein sollen. Aber bei Lage der Dinge war an dergleichen überhaupt nicht zu denken; zumindest vorderhand gab es keinen anderen Weg als den der Zusammenarbeit mit Bismarck, der seinerseits den Wünschen Viktorias mit ausgesuchter Höflichkeit entgegenzukommen bestrebt, allerdings zugleich bemüht war, diesen die Spitze abzubiegen. Infolgedessen kam es, von Ordensverleihungen an eine Reihe bekannter liberaler Persönlichkeiten wie Forckenbeck und Virchow abgesehen, nur zu äußerst bescheidenen Versuchen, liberale Zeichen zu setzen, wie es der Beraterkreis der »Kaiserin Friedrich«, in erster Linie Ludwig Bamberger, dem Monarchen nahelegte. So lehnte Friedrich III. anfänglich die verfassungsgemäß erforderliche Gegenzeichnung der beiden Gesetze über die Verlängerung der Legislaturperioden des Reichstages und des preußischen Abgeordnetenhauses ab, um von Bismarck sogleich belehrt zu werden, daß der Krone keinesfalls das Recht zustehe, verfassungskonform zustande gekommene Gesetze durch Verweigerung der Kontresignatur zu Fall zu bringen; der Kaiser »als solcher« sei, wie der Kanzler darlegte, »kein Faktor der Gesetzgebung«. Gleichermaßen lief dies im Fall der Verlängerung des Sozialistengesetzes, welche im Umkreis der »Kaiserin Friedrich« als gänzlich verfehlt betrachtet wurde. Nur in einem Punkt vermochte die liberale Kamarilla in der Umgebung des Kaisers sich durchzusetzen, nämlich die Entlassung des verhaßten reaktionären preußischen Innenministers von Puttkamer am 8. Juni 1888. Als Grund mußten die zahlreichen Beschwerden über eine verfassungswidrige amtliche Wahlbeeinflussung durch das preußische Innenministerium herhalten. Aber vermutlich wäre auch dies nicht erreichbar gewesen, wenn Bismarck der Entlassung Puttkamers ernstlichen Widerstand entgegengesetzt hätte; in Wahrheit war der Kanzler ohnehin geneigt, sich von seinem Innenminister zu trennen, der nach seinem mißglückten Auftreten im Reichstag anläßlich der Beratungen über die Verlängerung des Sozialistengesetzes zu einer politischen Belastung geworden war. Er fand nun einen guten Weg, dies dem Monarchen anzulasten.

Obwohl die Bemühungen des kaiserlichen Lagers, dem neuen Regiment eine liberalere Farbe zu geben, bestenfalls marginale Bedeutung besaßen, trugen sie zur Verschärfung der atmosphärischen Gegensätze zwischen der »Kaiserin Friedrich« und den herrschenden konservativen Kreisen bei. In der Umgebung des Kronprinzen Wilhelm bestand darüber hinaus die nicht unberechtigte Besorgnis, daß die Kaiserin alles tue, um den Thronfolger von den Staatsgeschäften fernzuhalten. Da die Kaiserin den unmittelbaren Zugang zu dem todkranken Monarchen kontrollierte, verfügte sie über eine nicht unbeträchtliche persönliche Machtbasis, obschon auch ihr klar war, daß diese nur befristeter Natur sein konnte. Zwar wurde Kronprinz Wilhelm am 31. März 1888 offiziell mit der Stellvertretung des Monarchen beauftragt, aber Viktoria war eifrig bemüht, die Fiktion aufrechtzuerhalten, daß Friedrich III. trotz seiner Krankheit handlungsfähig sei; faktisch führte sie in diesen Wochen weitgehend die Geschäfte. Im Rückblick ist es zu bedauern, daß das Erbrecht der preußischen Könige weibliche Personen von der Nachfolge ausschloß; denn die »Kaiserin Friedrich« hatte das Standvermögen, das Urteil und den unbestechlichen Charakter, der große Monarchen auszeichnet. Vermutlich hätte eine Kaiserin Viktoria der deutschen Nation viel von dem Unheil erspart, das unter dem Regiment ihres Sohnes Wilhelm über Deutschland und Europa gekommen ist.

Doch die konservativen Führungseliten waren voller Mißtrauen hinsichtlich der Absichten des Kaiserpaares, dessen liberale Neigungen man seit langem fürchtete. Unter diesen Umständen machte der alte Vorwurf, daß Friedrich III. und mehr noch Viktoria unter englischem Einfluß stünden und im Grunde die Geschäfte der britischen Politik besorgten, in den Salons und Büros Berlins die Runde und nahm immer groteskere Formen an. Daraus entwickelte sich eine erbitterte Kampagne gegen die angeblich einseitig englische Orientierung Friedrichs III. und der »Kaiserin Friedrich«. Ein zusätzlicher Faktor war der Streit, der zwischen den englischen Ärzten Sir Morell Mackenzie und T. Mark Hovell einerseits, die das Vertrauen Viktorias besaßen, und einem deutschen Ärzteteam unter Leitung des Berliner Chirurgen Professor Bergmann andererseits über die Diagnose und über die Behandlung der Erkrankung Friedrichs III. ausgetragen und von der einschlägigen deutschen und englischen Presse in die breite Öffentlichkeit getragen wurde. Die »Kaiserin Friedrich« fühlte sich mit guten Gründen vollkommen isoliert und überall angefeindet. Sie sah am Ende keinen anderen Ausweg, als zur Sicherstellung ihrer geheimen Papiere die Hilfe der englischen Botschaft zu bemühen. Bamberger, insgeheim der Ratgeber der Monarchin, zu dem die Gräfin von Stockmar hinter dem Rücken der Staatsbehörden vertrauliche Kontakte pflegte, glaubte gar an eine regelrechte Verschwörung gegen das Kaiserpaar.

Um das Maß voll zu machen, kam es wegen der nicht sonderlich wohlüberlegten Absicht der Kaiserin, ihre Tochter Viktoria mit dem Prinzen Alexander von Battenberg zu verheiraten, zu einem schweren Konflikt mit Bismarck, in dem dieser alle verfügbaren Register zog, um seinen Willen durchzusetzen. 1885 hatte ein schwerer internationaler Konflikt wegen der »bulgarischen Frage« nur dadurch beigelegt werden können, daß Alexander von Battenberg auf seinen Thron verzichtete. Schon damals hatte Bismarck eine Heirat mit der Tochter der einstigen Kronprinzessin Viktoria verhindert, weil er befürchtete, daß dies auf die russische Haltung gegenüber dem Deutschen Reich negative Auswirkungen haben müsse. Auch jetzt widersetzte sich Bismarck mit großer Schärfe einer Erneuerung dieser Verbindung, welche die Kaiserin selbst dann noch betrieb, als klar wurde, daß Prinz Alexander von Battenberg, der inzwischen eine Liaison mit einer Schauspielerin in Darmstadt eingegangen war, an einer Heirat gar nicht mehr interessiert war. Die Kaiserin ging davon aus, daß nun, nachdem der Prinz von Battenberg längst zu einem Privatmann geworden sei, der Liebesheirat ihrer Tochter Vicky nicht länger Gründe der Staatsräson entgegengestellt werden dürften. Bismarck antwortete mit einem dreißigseitigen Memorandum und mit der Drohung seines Rücktritts und lancierte sogleich einen offiziösen Artikel in die Presse, in dem die schwerwiegenden Folgen für das deutsch-russische Verhältnis ausgemalt wurden, wenn der bestgehaßte Mann des Zaren zum Schwiegersohn des deutschen Kaisers gemacht würde.

Die Aufregung in der Öffentlichkeit war sehr groß; ein Rücktritt Bismarcks wegen einer solchen Angelegenheit wurde allgemein als ungeheuerlich angesehen. Unter solchen Umständen blieben Friedrich III., der der Verbindung einigermaßen widerstrebend sein Jawort gegeben hatte, und Viktoria nur der Rückzug; die Verlobung unterblieb. Hinter den Kulissen verständigte sich Bismarck jedoch relativ freundschaftlich mit der »Kaiserin Friedrich« und gestand ihr zu, daß die Heirat gegebenenfalls zu einem späteren Zeitpunkt doch noch erfolgen könne. Aber er tat nichts, um der öffentlichen Auseinandersetzung über eine angebliche Kanzlerkrise, die zunehmend eine anti-englische Tendenz annahm, Einhalt zu gebieten. Im Gegenteil: Sie wurde von offiziöser Seite noch weiter angefacht, in erster Linie, um das Kronprinzenlager von der Unentbehrlichkeit Bismarcks zu überzeugen.

Der Tod Kaiser Friedrichs III., der am 15. Juni 1888 eintrat, nachdem sich dessen Befinden zwischenzeitlich wieder gebessert zu haben schien, wurde im liberalen Lager als eine Tragödie von historischem Ausmaß empfunden. Tatsächlich hatten die 99 Tage des Schattenregiments Friedrichs III. das Gegenteil dessen erbracht, was dieser selbst und mehr noch die Kaiserin ursprünglich angestrebt hatten, nämlich statt eines behutsamen Ausgleichs zwischen den politischen Fronten mittels eines gemäßigt-liberalen politischen Kurses eine noch stärkere Versäulung der verschiedenen politischen Lager gegeneinander. Der entschiedene Liberalismus bemühte sich, das Ansehen Friedrichs III. nach Kräften hochzuhalten, und ihn endgültig in jene liberale Signalfigur umzudeuten, die er im Grunde nur in ihren eigenen Wunschvorstellungen gewesen war. Damals wurde das Wort von der »verlorenen Generation« geprägt, die durch das tragische vorzeitige Ableben Kaiser Friedrichs um ihre politischen Chancen gebracht worden sei. Im Lager des Kartells aber hatte man für derartige Argumente nur Verachtung. Heinrich von Treitschke schrieb in einem Nachruf auf Wilhelm I. und Kaiser Friedrich III. in den »Preußischen Jahrbüchern«: »Wer es noch nicht wußte, der muß jetzt begreifen, welch ein Sykophanenthum unter der Flagge des Freisinns sein Wesen treibt, und welch ein Gesinnungsterrorismus jeden freien Kopf mißhandeln würde, wenn diese Partei jemals ans Ruder gelangte, die zu unserem Glück im ganzen Reiche nichts weiter hinter sich hat als die Mehrheit der Berliner, einzelne in die Politik verschlagene Gelehrte, die Kaufmannschaft einiger unzufriedener Handelsplätze und die allerdings ansehnliche Macht des internationalen Judenthums.« Viktoria selbst empfand den Tod ihres Mannes, nachdem er endlich – viel zu spät – die Nachfolge Wilhelms I. angetreten hatte, durchaus auch als eine Tragödie der deutschen Nation. »Wir hatten eine Mission, das fühlten wir und wußten wir [...]«, schrieb sie am 18. Juni an ihre Mutter. »Wir liebten Deutschland – und wünschten es stark und groß zu sehen, nicht nur durch das Schwert, sondern in allem, in dem Gerechtigkeit, Kultur, Fortschritt und Freiheit zu finden sind.«

Der Regierungsantritt Wilhelms II. wurde in der Öffentlichkeit zunächst mit Wohlwollen aufgenommen. Theodor Fontane notierte damals in seinem Tagebuch: »[...] alles atmete auf, als das Kranken- und Weiberregiment ein Ende nahm und der jugendliche Kaiser Wilhelm II. die Zügel in die Hand nahm. Es war hohe Zeit. Alles hat die Empfindung [...], daß ein Dirigent da ist, der nicht alles bloß dem Zufall überläßt.« Aber schon bald überwogen die skeptischeren Urteile. Die Gräfin Spitzemberg, eine der aufmerksamsten Beobachterinnen der Berliner politischen Szene, meinte im August 1888, zwei Monate nach dem Regierungsantritt des jungen Kaisers: »Auf das greisenhafte Tempo des alten Kaisers folgt nun unvermittelt das eines ungestümen, tatendurstigen und tatkräftigen jungen Mannes – [...]. Aber stände nicht als letzter der Helden der großen Zeit unser Kanzler hinter dem jungen Draufgeher, es könnte einem ab und zu bange werden vor dem Übereifer, der allzu scharf dareinfährt.«

Die Hoffnung, daß Bismarck weiterhin als Korrektiv des ungestümen jungen Kaisers zur Verfügung stehen werde, erwies sich schon bald als illusorisch. Denn Wilhelm II. war, anders als sein Großvater, entschlossen, die Zügel der Regierung selbst in die Hand zu nehmen. Erfüllt von einem starken, nicht eben durch ein nüchternes Urteil kontrollierten Durchsetzungswillen, der mangelndes inneres Selbstbewußtsein durch forsches Auftreten zu kompensieren trachtete, war Wilhelm II. gewillt, der kommenden Ära seinen eigenen Stempel aufzuprägen. Dem jungen Kaiser war die personalplebiszitäre Stellung des Reichskanzlers in der Öffentlichkeit ein Dorn im Auge; sie stand seinen Bestrebungen, sich der deutschen Nation als Führer in eine große Zukunft zu präsentieren, diametral im Wege. Unter dem Einfluß seiner Umgebung, vornehmlich des Grafen Waldersee, wünschte er Bismarck bei erstbester Gelegenheit loszuwerden und einen Kanzler seiner eigenen Wahl zu berufen. Doch er konnte es nicht wagen, Bismarck ohne schwere Schädigung seines eigenen Ansehens zum Rücktritt zu zwingen, solange dieser noch fest im Sattel saß. Der alternde Kanzler, der längst nicht mehr dazu in der Lage war, die Regierungsgeschäfte in allen Einzelheiten persönlich zu dirigieren, zimmerte hingegen daran, seinen Sohn Herbert als seinen engsten Gehilfen und Nachfolger aufzubauen und auf diese Weise die Herrschaft der »Dynastie Bismarck« zumindest auf absehbare Zeit sicherzustellen.

Die Stellung Bismarcks war jedoch schon lange nicht mehr unangefochten. Es zeigte sich immer deutlicher, daß das Kartell, das gleichsam eine persönliche Schöpfung des Kanzlers darstellte, weder politisch homogen genug war, um eine einheitliche Politik gemäß Bismarcks Vorstellungen durchsetzen zu können, noch willens, weiterhin uneingeschränkt auf die Karte des Kanzlers zu setzen. Die leidenschaftlichen Auseinandersetzungen in der Öffentlichkeit über das Regiment Kaiser Friedrichs III. führten zu einer politischen Polarisierung, die der Stabilität des Kartells durchaus abträglich war. Die fortgesetzten Versuche des linken Liberalismus, das Kaisertum der 99 Tage als die große, verpaßte Chance der deutschen Geschichte zu beschwören, weckten entsprechende Gegenkräfte, und schließlich sah sich auch Wilhelm II. persönlich veranlaßt, gegen die Invokation Friedrichs III. für eine fortschrittliche Politik im Innern Einspruch zu erheben. Anläßlich der Enthüllung eines Denkmals für den Prinzen Friedrich Karl in Frankfurt an der Oder erklärte er am 16. August 1888: »Es giebt Leute, die sich nicht entblöden zu behaupten, daß Mein Vater das, was er mit dem seligen Prinzen gemeinsam mit dem Schwert erkämpfte [dies bezieht sich auf das Zögern des damaligen Kronprinzen, auch Lothringen zu annektieren], wieder herausgeben wollte. Wir alle haben ihn zu gut gekannt, als daß wir einer solchen Beschimpfung seines Andenkens nur einen Augenblick ruhig zusehen könnten.«

Bismarck selbst goß zusätzlich Öl in die Flammen der politischen Auseinandersetzung über das Bild Kaiser Friedrichs III. Nachdem keine Notwendigkeit zu irgendwelchen Rücksichtnahmen mehr bestand, nahm der Kanzler im nachhinein Rache an Friedrich III. und der Ex-Kaiserin. Den Anstoß dazu gab die Veröffentlichung von Auszügen aus den Tagebüchern Kaiser Friedrichs III. aus dem Krieg 1870/71 durch einen ehemaligen Vertrauten des Verstorbenen, Professor Friedrich Heinrich Geffcken, am 21. September 1888 in der »Deutschen Rundschau«. Bismarck geriet darüber in maßlose Erregung. Denn aus diesen Tagebuchnotizen ging unter anderem hervor, daß die von Bismarck so sorgsam gepflegte Theorie, wonach die Gründung des Deutschen Reiches allein aus dem freien Entschluß der Bundesfürsten hervorgegangen sei, während der Norddeutsche Reichstag diesem Schritt nur nachträglich seine Sanktion gegeben habe, eine Legende darstellte und der berühmte »Kaiserbrief« Ludwigs II. in Wahrheit von Bismarck selbst verfaßt worden war. Der Kanzler sah darin die leichtfertige Bloßlegung eines Arcanum imperii; denn nach wie vor war der Gedanke aktuell, durch einen Staatsstreich, der verfassungsrechtlich als Umgründung des Reiches kraft eines gemeinsamen Beschlusses der Bundesfürsten legitimiert werden sollte, den Reichstag zur Räson zu bringen und womöglich das allgemeine, gleiche, direkte und geheime Wahlrecht wieder zu beseitigen, um ein Abgleiten in den Parlamentarismus zu verhindern. Bismarck nahm die Publikation zum Anlaß, um gegen Geffcken einen Prozeß wegen des angeblichen Verrats von Staatsgeheimnissen einzuleiten – ein Schritt, der indirekt auch das Ansehen Friedrichs III. herabsetzte. Aber damit nicht genug: Bismarck ließ nicht nur den Immediatbericht, in dem er die Tagebuchnotizen als unecht und verfälschend bezeichnete, veröffentlichen, sondern später auch die Anklageschrift der Staatsanwaltschaft. Das kam einer Vorverurteilung des Angeklagten gleich und war mit rechtsstaatlichen Grundsätzen schwerlich vereinbar; nach angelsächsischem Recht hätte das Verfahren in einem solchen Fall sofort eingestellt werden müssen. Auch die amtliche Publikation der Berichte und Protokolle der deutschen Ärzte über Verlauf und Behandlung der Krankheit Friedrichs III. – als solche bereits ein ungewöhnlicher Schritt – wurde sogleich zum Politikum. Sie richtete sich zwar in erster Linie gegen den englischen Arzt Friedrichs III., Sir Morell Mackenzie, kritisierte aber zugleich die angeblich unverantwortliche Bevorzugung des Engländers Mackenzie durch die Ex-Kaiserin. Mackenzie habe, so ließ sich dieser Publikation entnehmen, die deutschen Ärzte nicht nur an einer rechtzeitigen Operation, sondern auch an einer sachgemäßen Behandlung Friedrichs III. gehindert. Das Echo in der Presse war entsprechend; der Ex-Kaiserin wurde blanke Eigensucht und blinde England-Hörigkeit vorgeworfen. Viktoria reagierte auf diese Angriffe mit den bitteren Worten: »Die Liberale Partei mitsamt Kaiser Friedrich und seiner Witwe müssen in den Staub – vor die ganze Nation – und jeder und jede, die ihnen treu gewesen sind [...], damit niemals wieder einer wage, den Versuch zu machen, liberal, tolerant, modern etc.

zu regieren. Der Kulturstaat darf nicht geduldet werden! – nur der Militärstaat, Beamtenstaat – Polizeistaat!«

Diese ganze Kampagne, an der sich Bismarcks Pressekonfidenten lebhaft beteiligten, zielte im Kern darauf ab, das Kartell gegen die zunehmende Kritik von links abzuschirmen; dazu war auch der anti-englische Propagandarummel gut, der sich um die Frage rankte, ob Friedrich III. bei rechtzeitiger Anerkennung der Krebsdiagnose hätte gerettet werden können und ob er dann nicht selbst auf den Thron verzichtet haben würde. Allein, nicht nur der Freisinn, sondern auch die Nationalliberalen waren über den Gang der Dinge beunruhigt. Letztere fühlten sich von der Geffcken-Affäre, die überdies wenig später mit einem für Bismarck wenig rühmlichen Freispruch endete, vor den Kopf gestoßen. Als Partei der Reichsgründung hatten sie eben jener betont unitarischen Tendenz nahegestanden, wie sie in den Tagebuchnotizen des damaligen Kronprinzen aus den Jahren 1870/71 zum Ausdruck kam. Bismarcks drastische Umdeutung der Vorgeschichte der Reichsgründung in einem obrigkeitlichen Sinne lief ihrem Selbstverständnis diametral zuwider. Demgemäß wuchs im nationalliberalen Lager die Neigung, sich wieder eindeutiger von den konservativen Parteien zu distanzieren, zumal Neuwahlen zum preußischen Abgeordnetenhaus vor der Tür standen. Umgekehrt witterten die Hochkonservativen Morgenluft. Sie nutzten diese Kampagne aus, um sich dem neuen Kaiser anzudienen, der weiterhin von tiefem Haß auf seine Mutter erfüllt war. Für sie schien sich die Chance zu eröffnen, das Steuer in der inneren Politik wieder entschieden nach rechts zu drehen und das Kartell, das den konservativen Parteien immerhin gewisse Bremsen angelegt hatte, zu sprengen. In der Umgebung der »Kreuzzeitung« setzte man ganz auf den Monarchen, mit dem Ziel, Bismarck durch eine ihnen genehme Persönlichkeit zu ersetzen. Bereits im August 1888 hatte der Hofprediger Stoecker jenen berüchtigten »Scheiterhaufenbrief« an den Chefredakteur der »Kreuzzeitung«, Freiherr von Hammerstein, gerichtet, in dem es hieß: »Man muß rings um das politische Zentrum respektive Kartell Scheiterhaufen anzünden und sie hell auflodern lassen, den herrschenden Opportunismus in die Flammen werfen und dadurch die Lage beleuchten. Merkt der Kaiser, daß man zwischen ihm und Bismarck Zwietracht säen will, so stößt man ihn zurück. Nährt man in Dingen, wo er instinktiv auf unserer Seite steht, seine Unzufriedenheit, so stärkt man ihn prinzipiell, ohne persönlich zu reizen. Er hat kürzlich gesagt: ›Sechs Monate will ich den Alten verschnaufen lassen, dann regiere ich selbst.‹« Ebenso schrieb Stoecker dem Grafen Waldersee, er allein könne »dem Vaterland den Dienst erweisen, es vor der Dynastie Bismarck zu retten«, wenn er dem Kaiser »ein offenes Wort über die Gefahr, vor der [...] wir alle stehen«, sage: »Wenn nicht, so wird in kurzer Zeit Preußen willenlos nicht nur zu den Füßen Bismarcks, sondern zu denen seines Sohnes Herbert liegen.«

Die innenpolitische Situation war so verworren wie lange nicht mehr; von einer eindeutigen Regierungsmehrheit für Bismarck konnte nicht länger die Rede sein.

Zwar hatte die persönliche Machtstellung des Reichskanzlers in der öffentlichen Debatte über die Battenberg-Affäre eine demonstrative Bestätigung erfahren, aber es mehrten sich in allen Lagern die Stimmen, die fanden, daß Bismarck den Bogen überspannt und die Reichspolitik in unnötige Konflikte hineingezogen habe. Auch die Nationalliberalen, die sich ehedem immer zugute gehalten hatten, die Partei des Reichsgründers zu sein, begannen zu zweifeln, ob man weiterhin uneingeschränkt auf Bismarck werde setzen dürfen. Zwar war das Ansehen des Kanzlers immer noch beachtlich, aber nicht mehr so groß, daß jeglicher Widerstand gegen ihn zwangsläufig Wählerverluste nach sich ziehen würde. Für die Nationalliberalen zeichnete sich die Notwendigkeit ab, sich aus der Umklammerung der konservativen Parteien zu befreien und nicht länger nur als deren Steigbügelhalter in der Öffentlichkeit dazustehen, wollten sie nicht ihre eben erworbene starke parlamentarische Stellung rasch wieder einbüßen.

Einstweilen entwickelten sich die Dinge für die Nationalliberalen allerdings noch erträglich. Die Sorge, daß Wilhelm II. sogleich das Ruder nach rechts steuern und damit das Kartell in die Luft sprengen werde, erwies sich als unbegründet. Als eine ostentative Geste seines guten Willens bot der Kaiser dem großen alten Mann der Nationalliberalen Partei, Rudolf von Bennigsen, die Stellung des Oberpräsidenten der Provinz Hannover an, obschon damit Bismarcks Wunsch durchkreuzt wurde, daß dieser nach den Wahlen zum preußischen Abgeordnetenhaus die Führung der nationalliberalen Landtagsfraktion übernehmen und dazu beitragen möge, das Kartell in der preußischen politischen Arena zu festigen. Es ist charakteristisch, daß unter den damaligen Verhältnissen ein hoher Posten in der preußischen Beamtenhierarchie von den Beteiligten als ranghöher angesehen wurde als die Führung der größten Partei im Reichstag. Bennigsen akzeptierte nach kurzem Zögern und wurde unverzüglich ernannt. Einige Zeit später wurde auch Johannes von Miquel der Posten eines Oberpräsidenten der Rhein-Provinz angetragen, doch lehnte dieser ab, mit dem Hinweis darauf, daß er als Parteiführer der Nationalliberalen im Reichstag »bei der jetzt herrschenden Krisis und der Linksströmung« politisch unentbehrlich sei.

Ebenso gelang es Bismarck, Wilhelm II. öffentlich auf die Unterstützung des Kartells festzulegen und damit die drohende Revolte des »Kreuzzeitungs«-Flügels der Konservativen Partei noch einmal in Schach zu halten. Auch die Wahlen zum preußischen Abgeordnetenhaus gingen glimpflicher aus, als erwartet. Die Nationalliberalen konnten ihre Mandate von 72 auf 86 steigern, während die Deutschkonservativen mäßige Verluste hinnehmen mußten. Aber aufgrund des Dreiklassenwahlrechts, das die Parteien der Rechten einseitig begünstigte – die Sozialdemokraten hatten bislang darauf verzichtet, sich an den preußischen Wahlen überhaupt zu beteiligen –, war dies kein zuverlässiger Gradmesser der Stimmung. Vielmehr begann das Kartell an allen Ecken zu bröckeln; die divergierenden Interessen von Industrie und Landwirtschaft ließen sich immer schwerer überbrücken, wie sich schon im Zusammenhang der Sozialgesetzgebung gezeigt hatte. Es kam hinzu, daß Bismarck auch in verschiedenen außenpolitischen Händeln, besonders im Fall Wohlgemuth, eine unglückliche Hand bewies. Dies veranlaßte das Zentrumsblatt »Die Germania« im April 1889 zur Veröffentlichung eines Leitartikels, der mit der Kartellpolitik kritisch ins Gericht ging; er trug den bezeichnenden Titel »Es gelingt nichts mehr«.

Die erste schwere politische Krise kam nach einigen Monaten trügerischer Stille, verbunden mit geschäftigem Intrigieren in der Umgebung des Kaisers gegen die Bismarcks, mit dem großen Bergarbeiterstreik im Ruhrgebiet Anfang Mai 1889. Schon seit einiger Zeit hatte sich unter den Bergleuten an der Ruhr Unzufriedenheit und Unrast ausgebreitet. Die tieferen Ursachen lagen in dem Strukturwandel des Bergbaus begründet, der schon seit längerer Zeit im Gange war. Der Übergang von der staatlichen Regie zum freien Unternehmertum im Bergbau war begleitet von weitreichenden Eingriffen in die Arbeitsverhältnisse und Lebensbedingungen der Bergarbeiter. Die bislang anerkannte Spitzenposition der Bergleute in der Hierarchie der Arbeiterschaft geriet zunehmend ins Wanken, und die ehemals so charakteristische soziale Differenzierung innerhalb der Bergarbeiterschaft wurde nach und nach eingeebnet. Ebenso verloren die Knappschaften zusehends ihren alten Charakter als Selbstverwaltungsorgane der Bergarbeiterschaft und wurden zu einem bloßen Versicherungssystem, das überdies mehr und mehr seine Eigenständigkeit innerhalb der staatlichen Sozialversicherung einbüßte. Der massive Zustrom von Arbeitern aus den ländlichen Gebieten des Ostens hatte die alte korporative Ordnung der Bergarbeiter vollends gesprengt und eine industrielle Reservearmee entstehen lassen, die es den Unternehmern leicht machte, die Löhne niedrig zu halten und weitreichende Rationalisierungsmaßnahmen auf Kosten der Belegschaften durchzusetzen. Ein neuer Typus des industriellen Arbeiters entstand, für den die älteren handwerklichen Traditionen nichts mehr bedeuteten.

Während der wirtschaftlichen Depression der frühen achtziger Jahre hatte die Bergarbeiterschaft es hingenommen, wenn die Unternehmer die Löhne drückten und vor allem die Produktivität durch rigide Reglementierungen des Arbeitsablaufs vor Ort zu steigern versuchten; besonders verhaßt war die Methode des »Nullens«, das heißt der Nichtanrechnung von angeblich oder tatsächlich unzureichend beladenen Kohlenwagen auf die Lohnzahlungen. Hinzu kam die verbreitete Praxis, die Konjunkturschwankungen auf Kosten der Arbeiterschaft abzufedern, indem in Zeiten großer Nachfrage von den Knappen die Leistung von Überstunden in erheblichem Ausmaß gefordert wurde. Als dann seit Herbst 1887 eine ungemein günstige konjunkturelle Periode einsetzte, in der sich die Nachfrage nach Kohle sowie die Kohlepreise sprunghaft erhöhten und damit die Gewinne der Gewerke erheblich stiegen, hielten die Unternehmer unverändert an den bisherigen drückenden Lohn- und Arbeitsbedingungen fest. Daraufhin ging die Bergarbeiterschaft dazu über, ihre zahlreichen Gravamina gegenüber den Unternehmern nunmehr offensiv zu vertreten. Die Bergarbeiter wählten dafür zunächst die herkömmliche Form von direkten Eingaben an die Unternehmer und die Staatsbehörden, deren traditionelle Aufsichtspflicht über die Bergbauindustrie allerdings weitgehend zum Erliegen gekommen war. Erst in der Folge kam es dann zu förmlichen Streikaktionen.

Mit sozialdemokratischer Agitation im eigentlichen Sinne hatte dies alles wenig oder gar nichts zu tun. Im Ruhrgebiet hatten die sozialdemokratischen Gewerkschaften bislang nahezu überhaupt nicht Fuß fassen können; die Bergarbeiterschaft war, wenn überhaupt, ganz überwiegend in den christlich-sozialen Knappschaftsvereinen organisiert. Erst im Frühjahr 1889 gelang es, einen überregionalen Zusammenschluß dieser Vereine zustande zu bringen, und zwar durch die Gründung eines vorläufig noch ziemlich lockeren Rechtsschutzvereins, der sich aus Delegierten der verschiedenen lokalen Knappschaftsvereine zusammensetzte. Damit erlangten die Bergarbeiter zum ersten Mal die Möglichkeit, ihre Beschwerden und Forderungen auf überregionaler Ebene zu artikulieren. Am 7. April 1889 formulierten sie einen Katalog dringlicher Forderungen, der im Grunde auf die Wiederherstellung der ehemaligen bergmännischen Rechte abzielte. Sie verlangten insbesondere eine fünfzehnprozentige Lohnerhöhung, die durchgängige Anerkennung der achtstündigen Arbeitszeit und den Verzicht auf erzwungene Überschichten sowie eine Reform des erniedrigenden Straf- und Lohnabzugssystems.

Die Unternehmerschaft lehnte diese Forderungen durchweg brüsk ab. Daraufhin brachen zunächst auf der Zeche »Präsident« in Bochum und auf der Zeche »Friedrich-Ernestine« in Essen spontane Streiks aus, die die Zechenleitungen durch geringfügige Konzessionen abzufangen vermochten. Doch dann breitete sich die Idee, mittels Arbeitsniederlegungen auch anderswo Konzessionen zu erreichen, binnen Tagen wie ein Flächenbrand über das ganze Ruhrgebiet aus. Große Demonstrationen, verbunden mit einzelnen Ausschreitungen meist jugendlicher Arbeiter, sollten den Forderungen der Bergarbeiterschaft Nachdruck verleihen. Die Staatsbehörden reagierten zunächst in der gewohnten Weise, nämlich mit dem Einsatz der Polizei und, da diese sich als zu schwach erwies, der Armee. Es kam zu blutigen Zusammenstößen, in denen die Armee-Einheiten an mehreren Orten von der Schußwaffe Gebrauch machten; auf der Zeche »Moltke« im Gelsenkirchener Revier wurden in der Nacht vom 7. auf den 8. Mai drei Bergarbeiter getötet und fünf weitere verwundet. Dies löste eine gewaltige Welle der Solidarisierung unter der Arbeiterschaft aus; in wenigen Tagen waren mit 70.000 Streikenden 67 Prozent der Bergarbeiter des Ruhrgebiets im Ausstand. Auf dem Höhepunkt der Streikbewegung am 18. Mai erreichte die Zahl der Streikenden mit 87.000 von insgesamt 104.000 Arbeitern nahezu die gesamte Bergarbeiterschaft an der Ruhr.

Dies war eine Streikbewegung neuer Art, von einem bisher gänzlich unbekannten Ausmaß; ihr gegenüber versagten die traditionellen Methoden von Unternehmerschaft und Staat im Umgang mit Streiks. Da die Unternehmer von Anfang an schroff jegliche Gespräche mit den Arbeitern verweigerten und deren Forderungen unterschiedslos verwarfen, stellte sich die Öffentlichkeit weitgehend auf die Seite der streikenden Bergarbeiter. In bürgerlich-protestantischen, vor allem akademischen Kreisen sammelte man Geld zur Unterstützung der Streikenden, denen jeglicher Rückhalt an einem ausgebauten Gewerkschaftssystem abging. Die Bergarbeiter selbst beschlossen, ganz im Sinne herkömmlicher Ordnungsvorstellungen, ihre Forderungen dem Kaiser persönlich vorzutragen, im Glauben an die Gerechtigkeit ihrer Sache und zugleich in der Hoffnung, dadurch die Unternehmer zum Nachgeben veranlassen zu können. Damit gewann die Streikbewegung eine aktuelle politische Dimension. Denn ein Empfang einer Arbeiterdelegation durch den Kaiser mußte weithin als Parteinahme des Staates für die Bergarbeiter gedeutet werden und die ohnehin zunehmend schwieriger gewordene Zusammenarbeit von Industrie und großagrarischer Landwirtschaft zusätzlich belasten. Bismarck war, seiner Haltung in sozialpolitischen Fragen entsprechend, entschieden gegen jedes Eingreifen des Staates in die Beziehungen zwischen Unternehmern und Arbeiterschaft. Er riet im vorliegenden Fall dazu, den Streik sich ausbrennen zu lassen; die Staatsbehörden hätten sich jeder Intervention in den Streik zu enthalten, von dem erforderlichen Schutz des Eigentums und der Aufrechterhaltung der »öffentlichen Ordnung« abgesehen. Wilhelm II. war ganz anderer Ansicht; er identifizierte sich mit der öffentlichen Meinung, die allgemein die Unnachgiebigkeit der Unternehmerschaft für den Streik verantwortlich machte, und erklärte sich trotz Bismarcks gegenteiliger Stellungnahme dazu bereit, eine Delegation der streikenden Bergarbeiter zu empfangen. Er fühlte sich bereits als ein zweiter »Roi des gueues«, der mit souveräner Geste einen Ausgleich zwischen den widerstreitenden gesellschaftlichen Interessen herbeiführen werde. Und so geschah es denn auch. Bereits am 14. Mai wurde die Delegation von Wilhelm II. zu einer Audienz geladen. Der Kaiser trat ihr mit reichlich obrigkeitlichen Worten gegenüber und verbat sich jegliche Gewaltanwendung, desgleichen jegliche Zusammenarbeit mit den Sozialdemokraten, die für ihn »gleichbedeutend mit Reichs- und Vaterlandsfeind[en]« seien, versprach aber eine sorgfältige Prüfung der Beschwerden durch die Staatsbehörden. Zwei Tage später wurde dann auch den Arbeitgebern eine Audienz gegeben und ihnen ein konziliantes Verhalten nahegelegt.

Wilhelm II. wurde dabei geleitet von einer Mischung aus Popularitätssucht und einem etwas naiven christlich-konservativen Verständnis der sozialen Verpflichtung des monarchischen Staates gegenüber seinen Untertanen, die den wirklichen Problemen keineswegs angemessen war. Insoweit hatte Bismarck mit seinen bitteren Klagen über das jugendliche Unverständnis des Kaisers für die großen sozialen Probleme durchaus recht. Gleichwohl hatte Wilhelm II. das richtige

Gespür, daß einer derartigen Massenstreikbewegung nicht bloß mit den herkömmlichen repressiven Mitteln begegnet werden könne, wie Bismarck dies für richtig hielt, sondern neue Wege beschritten werden müßten. Der Kaiser stand in diesem Punkt unter dem Einfluß der sozialkonservativen Anschauungen vornehmlich seines ehemaligen Erziehers Hinzpeter; aber er erkannte sehr wohl, daß die Arbeitsbedingungen in den patriarchalisch geleiteten Riesenbetrieben der Schwerindustrie wirklich reformbedürftig waren. Er wurde in dieser Ansicht durch reformfreundliche Repräsentanten der Staatsbürokratie, insbesondere durch den Düsseldorfer Regierungspräsidenten von Berlepsch, bestärkt, die die Unzulänglichkeiten der Arbeitsorganisation in den Bergbaubetrieben an der Ruhr in sachgerechter Form zur Sprache brachten. Berlepsch erwarb sich im übrigen großes Ansehen, weil es ihm im Regierungsbezirk Düsseldorf gelang, durch eine elastische, zwischen den Unternehmern und der Arbeiterschaft vermittelnde Politik ein rasches und glimpfliches Ende der Auseinandersetzungen zu erreichen.

Ungeachtet der kaiserlichen Intervention endete der Streik, nach ergebnislosen Vermittlungsversuchen, die seitens der Unternehmerschaft im wesentlichen unterlaufen wurden, mit einer nahezu vollständigen Niederlage der Arbeiterschaft, ebenso wie gleichartige Streikbewegungen an der Saar und in Schlesien, übrigens erst nach neuerlichem massiven Polizeieinsatz. Dennoch war Wilhelm II. weiterhin davon überzeugt, daß die Bergarbeiterschaft nur durch sein Eingreifen auf die Bahn einer wirtschaftsfriedlichen Verfolgung ihrer Interessen zurückgeführt worden sei. Dementsprechend setzte er in der Folge einen reformfreundlicheren Kurs der preußischen Staatsbehörden gegenüber der Arbeiterschaft durch, der die Unternehmer veranlaßte, sich in den Fragen der Arbeitsorganisation im Bergbau und in der Schwerindustrie etwas nachgiebiger zu zeigen. Im übrigen hatten die Vorgänge während des Streiks mit bedrückender Eindeutigkeit gezeigt, wie meilenweit die Vorstellungen der Beamtenschaft von den wirklichen Verhältnissen entfernt waren, unter denen die Arbeiterschaft in den neuen industriellen Ballungszentren lebte.

Durch diese Vorgänge war der Kaiser gegenüber Bismarcks Politik keineswegs wohlwollender gestimmt worden; denn diese war auf Polarisierung und Isolierung der angeblich staatsfeindlichen Kräfte, nicht auf Ausgleich und Integration gerichtet. Wilhelm II. wollte seine Regierung jedoch nicht mit einem Konfliktkurs beginnen, schon gar nicht in der »sozialen Frage«, die damals die Öffentlichkeit, zumal das protestantische Bildungsbürgertum, in besonderem Maße beschäftigte. Sein Wunsch war es, nach dem Vorbild seiner preußischen Vorfahren als Repräsentant eines sozialen Kaisertums in die Geschichte einzugehen, und seine engeren Berater Hinzpeter, Graf Douglas sowie der etwas abstruse Bergwerksbesitzer Graf Heyden bestärkten ihn in dieser Haltung. Demgemäß griff er die in der Öffentlichkeit seit längerem lebhaft debattierte Forderung auf, durch einen umfassenden Ausbau der Arbeiterschutzgesetzgebung, die in den vergangenen

Jahren in der Tat vernachlässigt worden war, zu einer Befriedung der Arbeiterschaft beizutragen und sie auf diese Weise dem ständig steigenden Einfluß der Sozialdemokratie zu entziehen. Auch hier bestimmten jugendlicher Optimismus und mangelnde Sachkenntnis die Vorstellungen des Kaisers; er glaubte, daß mit derartigen Maßnahmen die tiefen sozialen Gegensätze, die das sich sprunghaft entwickelnde industrielle System hervorgebracht hatte, vergleichsweise mühelos überbrückt werden könnten.

Ein schwerwiegender Konflikt mit Bismarck war damit vorprogrammiert. Denn der Kanzler war, wie wir gesehen haben, ein grundsätzlicher Gegner jeglicher staatlichen Arbeiterschutzpolitik. Das, was im Deutschen Reich an tatsächlichen Arbeiterschutzmaßnahmen existierte, hatte ihm mühsam abgerungen werden müssen. Nach seiner Ansicht habe sich der Staat allen direkten Eingriffen in das Arbeitsverhältnis selbst zu enthalten. Dadurch werde nur ein Element der Unruhe in die Beziehungen zwischen den Arbeitgebern und den Arbeitern hineingetragen, die er sich in den Formen patriarchalischer Herrschaft beziehungsweise Unterordnung ideal geregelt vorstellte. An diesem Punkt zeigte sich, daß Bismarcks Zeit abgelaufen war; er vermochte sich mit den neuen Formen der Sozialbeziehungen in der hochindustriellen Gesellschaft innerlich nicht zu befreunden, ungeachtet oder vielleicht gerade wegen seiner engen Beziehungen zur Unternehmerschaft.

Bismarck war vorderhand überhaupt nicht bereit, Wilhelm II. auf dem Pfad einer Politik der Versöhnung der sozialen Klassen zu folgen; denn das hätte einen Umbau des parlamentarischen Fundaments seiner inneren Politik erfordert. Im Gegenteil, er dachte an die Einbringung einer neuen, ungleich verschärften Vorlage des Sozialistengesetzes, mit allen schon 1887 selbst von den Kartellparteien nur mit Mißbehagen hingenommenen Strafbestimmungen, ja mehr noch, dieses sollte nunmehr ohne jede zeitliche Befristung gelten. Eine gewisse Rechtfertigung für die Absicht sah der Kanzler darin, daß die Versuche, das Sozialistengesetz durch eine Verschärfung des allgemeinen Rechts zu ersetzen, vornehmlich durch eine Neufassung der Paragraphen 130 und 131 des Strafgesetzbuches sowie des Paragraphen 28 des Pressegesetzes, in allgemeinem Protest untergegangen und nicht einmal im Bundesrat förmlich zum Gegenstand von Beratungen gemacht worden waren. Als die neue Vorlage Ende Oktober 1889 in ihren Grundzügen bekannt wurde, löste sie einen Proteststurm in der Öffentlichkeit aus, zumal sich deren Tendenz als eine Ausdehnung der Restriktionen des Sozialistengesetzes auf alle Parteien schlechthin lesen ließ. Selbst im preußischen Innenministerium wurde man es leid, sich beständig mit Vorlagen zu befassen, die im Grunde nur taktischen Zielsetzungen dienten und deren Annahme im Reichstag mit einiger Sicherheit niemals erwartet werden konnte.

Die Vorlage trug zwar in nebensächlicheren Punkten der Forderung der Nationalliberalen Rechnung, das Gesetz den Bestimmungen des allgemeinen Rechts anzupassen, aber in der Substanz war es ein Ausnahmegesetz geblieben. Vor allem war der umstrittene Ausweisungsparagraph, der in der neuen Vorlage als Paragraph 24 figurierte, nicht nur nicht aufgegeben, sondern sogar wesentlich verschärft worden, indem den Behörden die Ermächtigung gegeben wurde, die Ausweisung von mißliebigen sozialdemokratischen Agitatoren gegebenenfalls auch nach Aufhebung des Ausnahmezustandes aufrechtzuerhalten. Die Skepsis gegenüber dem Paragraphen 24 war selbst bei den »staatserhaltenden« Parteien groß; bei den Konservativen, weil dadurch die Pestbeulen des Sozialismus lediglich aufgestochen und der Eiter ins flache Land strömen würde, bei den Nationalliberalen und mehr noch bei dem Zentrum und den Freisinnigen, weil sie sich von einer Konfrontationsstrategie, die sich der altmodischen Mittel polizeilicher Verfolgung und administrativer Behinderung der Sozialdemokratie unter Verletzung rechtsstaatlicher Prinzipien bediente, nicht länger Erfolg versprachen. Schon bei der ersten Lesung des Sozialistengesetzes, dessen parlamentarische Beratung am 5. November 1889 begann, zeichnete sich ein tiefgehender Riß im Lager der Kartellparteien ab. Die Nationalliberalen machten ihren Standpunkt klar, daß sie ein Dauergesetz allenfalls dann akzeptieren könnten, wenn die Vorlage wesentlich abgemildert und die Bestimmungen über den Belagerungszustand in der vorliegenden Form zurückgezogen würden. Die Deutschkonservativen hingegen verlangten eine Annahme des Gesetzes ohne jegliche Abschwächungen, ungeachtet des auch von ihnen mit gemischten Gefühlen betrachteten Ausweisungsparagraphen. Hier herrschte die Stimmung einer »Flucht nach vorn« vor; gegebenenfalls hätte man hier die Lösung der zu erwartenden Krise mit extrakonstitutionellen Mitteln begrüßt. Zugleich richtete sich die Verteidigung der Vorlage gegen die vermeintlich wankelmütig gewordenen, politisch unzuverlässigen Nationalliberalen. Die Freikonservativen sprachen sich zwar für das Gesetz aus, allerdings ohne den Paragraphen 24, aber sie beanstandeten das Fehlen jeglicher positiver Gesetzgebung und verlangten Maßnahmen auf dem Gebiet der Arbeiterschutzgesetzgebung. Gleichartige Töne kamen aus dem Lager der »Kreuzzeitung«, das ziemlich offen auf eine Wiederherstellung des Bündnisses mit der Zentrumspartei spekulierte, um die verhaßten Nationalliberalen loszuwerden. Im Grunde kündigte sich in dieser Frage eine Krise des Bündnisses von Industrie und Großagrariern an, das die interessenpolitische Grundlage des Kartells bildete.

Die Chancen für eine erneute Annahme des Sozialistengesetzes im Reichstag waren unter diesen Umständen denkbar schlecht. In einer stark abgemilderten Fassung wäre es vielleicht noch zu retten gewesen, gesetzt den Fall, die Reichsleitung hätte die entsprechende Bereitschaft zu Konzessionen, insbesondere den Verzicht auf den Ausweisungsparagraphen, zu erkennen gegeben. Aber eben dies weigerte sich Bismarck hartnäckig zu tun. Sein Sinn ging in die entgegengesetzte Richtung. Er wünschte die Dinge vielmehr auf die Spitze zu treiben, anstatt auch nur in Details nachzugeben; er erging sich in düsteren Andeutungen, daß man im

Falle einer Ablehnung zum offenen Kampf mit der Parlamentsmehrheit schreiten und die Rechte des Reichstages einschränken müsse. Es war dies eine ausgesprochene Politik à la baisse, durch die sich der Kanzler unentbehrlich zu machen suchte. Denn nach einer Sprengung des Kartells, wie sie als Folge dieser Politik wahrscheinlich war, hätte die Reichsleitung im kommenden Reichstag mit Sicherheit nicht mehr über eine parlamentarische Mehrheit verfügt, und dann hätte allein der Kanzler die parlamentarische Situation noch meistern können. Bismarcks Entscheidung zugunsten einer Strategie des Alles oder Nichts war nicht zuletzt von dem Verhalten der Nationalliberalen Partei beeinflußt, die Anstalten machte, sich aus dem bisherigen konservativen Zweckbündnis herauszulösen und eine eigenständige offensive Politik zu betreiben. So überraschte Bennigsen die Öffentlichkeit am 30. Oktober 1889 mit der Forderung, einen Reichsfinanzminister einzuführen – eine Reformmaßnahme, die ohne einen grundlegenden Umbau der Reichsverfassung nicht realisierbar gewesen wäre. Ebenso machte Miquel Anstalten, die Nationalliberalen aus dem Schlepptau der Konservativen herauszuführen. Selbst die Person des Reichskanzlers war nicht mehr tabu. In einem Rundschreiben vom November 1889, das wahrscheinlich auf eine Anregung Miquels zurückging, warnte der Generalsekretär der Nationalliberalen Partei Patzig vor einer allzu weitgehenden Unterstützung des »rasch alternden Reichskanzlers«. Das Plädoyer der Nationalliberalen zugunsten einer Erweiterung der Arbeiterschutzgesetzgebung war gleichfalls nicht dazu angetan, Bismarcks Stimmung zu heben. Es war noch immer nicht nach dem Geschmack des Kanzlers, gegenüber den Vorstößen einer Partei, die zudem in der Frage der Arbeiterschutzgesetzgebung das Spiel des jungen Kaisers spielte, defensiv zu reagieren oder gar zu Kreuze zu kriechen. Ganz im Gegenteil: Bismarck legte sich eine Konfliktstrategie zurecht, mit der die widerspenstigen Parteien zur Raison gebracht und ein Abgleiten in eine parlamentarische Regierungsweise einmal mehr verhindert werden sollte, falls erforderlich durch eine mehrmalige Auflösung des Reichstages und, sofern auch dies nichts helfen sollte, einen Staatsstreich, der die Aufkündigung des Bundes der Fürsten Deutschlands, eine Neugestaltung der Verfassung und die Beseitigung des allgemeinen Wahlrechts für den Reichstag zum Ziel hatte. Zu diesem Zweck hielt Bismarck die Vorlage eines noch ungleich schärferen Sozialistengesetzes, das dann auf Biegen und Brechen durchgesetzt werden müsse, ebenso für geeignet wie die Einbringung einer neuen, umfangreichen Wehrvorlage, die ebenfalls mit Sicherheit auf den Widerstand der großen Mehrheit der Parteien des Reichstages gestoßen wäre. Aber als versierter Staatsmann sah sich Bismarck, wie es seine Gewohnheit war, allerdings zugleich nach alternativen Optionen um. Als solche bot sich bei Lage der Dinge nur ein Heranziehen des Zentrums an die Regierung an. Er ließ es nicht an Zeichen fehlen, daß er einen solchen Gang der Dinge immerhin für erwägenswert halte. So signalisierte er unter anderem seine Bereitschaft, der von der bayerischen Regierung angestrebten

Wiederzulassung des Ordens der Redemptoristen, eines Nebenzweiges des Jesuitenordens, gegebenenfalls seine Zustimmung nicht zu versagen.

Die konservative Fronde in der Umgebung Wilhelms II., die aus unterschiedlichsten Gründen, zu denen nicht zuletzt persönlicher Ehrgeiz gehörte, auf den Sturz Bismarcks hinarbeitete, war angesichts dieser Entwicklungen alarmiert. Ein Bruch des Kartells würde, wie sie richtig erkannte, zu einer Katastrophe für die staatstragenden Parteien in den bevorstehenden Reichstagswahlen führen. Sie sah, daß der junge Kaiser sich dann in einer schier ausweglosen parlamentarischen Konstellation befinden werde, in der eine Entlassung des alten Bismarck, der immer noch das Ohr des Volkes besaß, zu einer Unmöglichkeit werden könnte. Ohnehin war die Strategie Philipp Eulenburgs, des persönlichen Vertrauten und engen Freundes des Kaisers, und Friedrich von Holsteins, der grauen Eminenz im Auswärtigen Amt, darauf ausgerichtet, daß sich der Übergang zur Selbstregierung des Monarchen behutsam und nicht abrupt vollziehen möge; erst müsse der Kaiser, wie sich Holstein gelegentlich ausdrückte, eine feste Statur in der Öffentlichkeit gewonnen haben. Vorderhand plädierten Holstein und Eulenburg noch für ein Zusammenbleiben »der beiden Großen«. Aber sie arbeiteten zielbewußt darauf hin, Bismarck dem Kaiser zu entfremden, und dafür war ihnen jedes Mittel recht; der Bruch des Kaisers mit Bismarck war für sie nur eine Frage der Zeit. Eulenburg avancierte dank seiner engen persönlichen Beziehungen zu Wilhelm II. zu einem Mittelsmann, der die Anregungen und Vorschläge von dritter Seite, verpackt in große Dosen des Lobes und der Ehrerbietung, an den Monarchen herantrug. So gelang es ohne sonderliche Mühe, den Monarchen dazu zu bekehren, sich, ungeachtet seiner engen persönlichen Verbindungen zu der hochkonservativen Clique um den Freiherrn von Hammerstein und den Hofprediger Stoecker, für die Erhaltung des Kartells einzusetzen. Das kam den Neigungen des Kaisers insofern entgegen, als er nicht in Gegensatz zu den Schichten des gehobenen Bürgertums geraten wollte, die die Nationalliberalen vornehmlich repräsentierten, und zum anderen, weil er dort Unterstützung für seine sozialpolitischen Pläne erwarten durfte.

Es waren in erster Linie Holstein und Eulenburg, daneben aber auch der Großherzog von Baden, die Wilhelm II. die Augen gegenüber den Gefahren zu öffnen suchten, die Bismarcks unnachgiebige Linie in der Frage des Sozialistengesetzes für die Zukunft des Kartells heraufbeschwor. Der Großherzog von Baden wandte sich direkt an Eulenburg, fest damit rechnend, daß dieser den Kaiser entsprechend beeinflussen könne: »Der Reichskanzler«, so warnte er, »treibt uns in einen schweren Konflikt, für den er selbst nicht mehr die Kraft besitzt, die seiner früheren Autorität entsprach [...].« Es gebe nach seinem Gefühl »nur ein Interesse zu wahren, – die Erhaltung einer starken Ordnungspartei, die imstande ist, die Autorität des Kaisers kräftig zu stützen«. Gleichermaßen schrieb Holstein an Eulenburg, »die Festigung des Kartells« sei »wichtig wie tägliches Brot«. So kam es zu einer merkwürdigen Verkehrung der Fronten: Der Kaiser engagierte sich innerhalb der Führungselite des Reiches und ebenso auch in der Öffentlichkeit für die Erhaltung des Kartells, während Bismarck dieses insgeheim schon abgeschrieben hatte. Dies war um so leichter möglich, als Wilhelm II., befangen in einem engstirnigen Protestantismus, das Zentrum weiterhin als die Partei der »Reichsfeinde« betrachtete und den Gedanken einer möglichen Annäherung an diese scheute wie der Teufel das Weihwasser in der Kirche. Deswegen war es ein leichtes, Bismarck in der Frage des bayerischen Redemptoristenordens bei Wilhelm II. anzuschwärzen und seine ohnehin bereits angeschlagene Stellung noch weiter zu untergraben. Hinzu kam die beständige Wühlarbeit des Grafen Waldersee, der Wilhelm II. die Auffassung suggerierte, daß ein militärischer Konflikt mit dem Zarenreich in Reichweite sei und womöglich unmittelbar bevorstehe, was die Bismarcks jedoch geflissentlich übersähen.

So beschloß der Kaiser, besorgt über die drohende Zuspitzung der Lage, am Vorabend der dritten, entscheidenden Lesung des Sozialistengesetzes persönlich einzugreifen. In einer überraschend einberufenen Kronratssitzung am 24. Januar forderte er von Bismarck die offizielle Preisgabe des Ausweisungsparagraphen, welcher das Sozialistengesetz gerettet haben würde. Der Kanzler weigerte sich jedoch strikt, eine entsprechende Erklärung zum Sozialistengesetz abzugeben, sowohl aus wahltaktischen als auch aus prinzipiellen Gründen. Da er die Minister in einer eilends zuvor anberaumten Besprechung auf seine unnachgiebige Linie in Sachen des Sozialistengesetzes festgelegt hatte, gelang es dem Kaiser nicht, in den anschließenden Beratungen die geschlossene Front des Staatsministeriums aufzubrechen. Es blieb ihm nichts anderes übrig, als sich mit dieser Sachlage abzufinden. Aber angesichts seiner anachronistischen Vorstellungen über die Rolle der preußischen Minister, in denen er nur ausführende Organe seines allerhöchsten persönlichen Willens zu sehen geneigt war, stieg seine Abneigung gegenüber dem Kanzler nunmehr ins Ungemessene. Der Ausgang der Dinge war abzusehen; erwartungsgemäß lehnte der Reichstag am folgenden Tag das Sozialistengesetz ab; das Kartell war zerbrochen oder zumindest schwer angeschlagen.

Des weiteren verlangte der Kaiser die unverzügliche Ankündigung eines Katalogs von Arbeiterschutzmaßnahmen, unter anderem ein Verbot der Sonntagsarbeit, ein Verbot der Nachtarbeit und der Arbeit unter Tage für Frauen, ein Verbot der Arbeit von Frauen drei Wochen vor und drei Wochen nach der Entbindung. Ferner plädierte er zur Herstellung des sozialen Friedens zwischen Arbeitgebern und Arbeitnehmern für die Einrichtung von Arbeiterausschüssen in den Betrieben, die an der Ausarbeitung neuer Fabrikordnungen mitwirken sollten. Er begründete die Vorschläge unter anderem mit dem Wunsch, daß er zum Anfang seiner Regierung nicht in die Zwangslage kommen wolle, seine Truppen auf streikende Arbeiter schießen lassen zu müssen. Der Kanzler reagierte auf diese letzteren Vorschläge teils ausweichend, teils unverhüllt ablehnend. Allerdings erklärte er sich jetzt dazu bereit, das vom Kaiser gewünschte Arbeiterschutzprogramm in die Wege zu leiten, aber offenbar nur, um einen endgültigen Bruch mit dem Monarchen zu vermeiden. Noch in der Kronsitzung vom 24. Januar kündigte Bismarck an, daß er das Handelsministerium, welches er seinerzeit persönlich übernommen hatte, um die Sozialgesetzgebung voranzubringen, niederlegen wolle; dieses möge nun dem Oberpräsidenten von Berlepsch, auf den die Vorschläge zur Neuordnung der Arbeiterverhältnisse in den Betrieben der Schwerindustrie zurückgingen, übertragen werden.

Die Konzessionsbereitschaft des Kanzlers war jedoch nur halbherziger Art. Denn hinter den Kulissen suchte er das Zustandekommen einer umfassenden Arbeiterschutzgesetzgebung mit allen verfügbaren Mitteln zu hintertreiben. Mit einigem Recht ging er davon aus, daß die internationale Arbeiterschutzkonferenz, die der Kaiser selbst angeregt hatte, um dem von Bismarck schon zuvor erhobenen Einwand zu begegnen, daß die Arbeiterschutzgesetzgebung die Konkurrenzfähigkeit der Industrie beeinträchtigen würde, voraussichtlich ohne konkrete Ergebnisse bleiben werde; man müsse nur bis dahin Zeit gewinnen. Nur mit Mühe gelang es dem Kanzler, die sächsische Regierung davon abzuhalten, auf das Einwirken Wilhelms II. hin ihrerseits einen Antrag zur Arbeiterschutzgesetzgebung im Bundesrat einzubringen. Der Kaiser wollte jedoch unverzüglich Taten sehen; er glaubte, daß schon die Ankündigung dieser Gesetzgebungsvorhaben auf die soziale Lage beruhigend wirken werde, die er unter dem Einfluß von Bismarcks alarmierenden Darstellungen – der Kanzler hatte die Mär in die Welt gesetzt, daß für den Fall einer Aufhebung des Sozialistengesetzes unverzüglich mit sozialistischen Unruhen gerechnet werden müsse – viel zu dramatisch einschätzte.

Das Ergebnis war die Ausarbeitung der »Sozialpolitischen Erlasse« Wilhelms II. Der erste Erlaß, an den Reichskanzler gerichtet, hatte die Einberufung einer internationalen sozialpolitischen Konferenz zum Gegenstand, mit der das Ziel verfolgt wurde, durch eine internationale Koordinierung der Arbeiterschutzgesetzgebung einen sonst drohenden Wettbewerbsnachteil für die deutsche Industrie abzuwenden; der letztere, an den preußischen Minister für Handel und Gewerbe gerichtet, stellte das von Wilhelm II. gewünschte sozialpolitische Reformprogramm in Umrissen vor. Es war Bismarck persönlich, der die Erlasse einer Überarbeitung unterzogen hatte, offenbar in der Absicht, durch eine weitgefaßte Auslegung der Vorlagen das ganze Unternehmen zu diskreditieren. Gleichwohl versagte er den »Sozialpolitischen Erlassen« die verfassungsrechtlich erforderliche Gegenzeichnung, weil er die Verantwortung dafür nicht übernehmen wollte. Wilhelm II., der für Fragen des konstitutionellen Verfassungsrechts ohnehin kein sonderliches Verständnis aufbrachte und einer im Grunde überholten Vorstellung von einer monarchischen Selbstregierung anhing, kümmerte dies wenig. Er war hochbefriedigt, als die Erlasse am 4. Februar 1890 im »Staatsanzeiger« veröffentlicht wurden. Immerhin war die Wirkung in der Öffentlichkeit zunächst außerordentlich groß. Obschon die Erlasse einstweilen nur Wechsel auf eine ungewisse Zukunft darstellten, wurden sie von der öffentlichen Meinung als Pronunciamento einer neuen Ära eines »sozialen Kaisertums« begeistert begrüßt. Allerdings fehlten auch nicht die Insinuationen Holsteins und Eulenburgs, die Wilhelm II. zutrugen, daß der Erlaß an den Handelsminister von Berlepsch in der Form, die er durch die Korrekturen Bismarcks erhalten habe, »einen beängstigenden Eindruck auf die besitzenden Klassen gemacht« habe. Für Bismarck bedeutete dieser Ausgang der Dinge eine schwere Beeinträchtigung seiner persönlichen Machtstellung, und er trug sich mit dem Gedanken, das Amt des preußischen Ministerpräsidenten aufzugeben und sich ganz auf seine Rolle als Reichskanzler und Leiter der auswärtigen Politik zurückzuziehen. Doch das erwies sich rasch als undurchführbar.

Die Reichstagswahlen vom 20. Februar 1890 führten zu der allgemein erwarteten Katastrophe der Kartellparteien. Die Deutschkonservativen vermochten sich noch einigermaßen zu behaupten; sie fielen auf 12,4 Prozent und 73 Mandate zurück. Die Reichspartei, die Mittelpartei des Kartells, verlor ein Drittel ihrer Wähler und fast die Hälfte ihrer Mandate; sie verfügte nur noch über 20 Sitze. Die Nationalliberalen wurden am härtesten getroffen; sie fielen in der Wählergunst auf 16,3 Prozent zurück und verloren wegen der für sie ungünstigen Konstellation bei den Stichwahlen mehr als die Hälfte ihrer Mandate; sie endeten mit ganzen 42 Sitzen weit abgeschlagen. Dafür hatte die Freisinnige Volkspartei sich wieder von dem Tief des Jahres 1887 erholt und konnte mit 66 Mandaten ein zwar nicht glänzendes, aber respektables Ergebnis verzeichnen. Die großen Wahlsieger jedoch waren das Zentrum, das mit 106 Mandaten bei 18,6 Prozent der abgegebenen Stimmen zur weitaus stärksten Partei im Reichstag emporschnellte, und die Sozialdemokratie, die zwar wegen der Konzentration ihrer Wählerschaft in den durch die Ziehung der Wahlkreisgrenzen, die die großen Veränderungen in der Bevölkerungsstruktur nicht berücksichtigten, ohnehin benachteiligten urbanen Zentren sowie ihrer relativen Isolierung bei den Stichwahlen bloß 35 Mandate erlangte, aber ihre Stimmenzahl von 10,1 Prozent im Jahr 1887 auf 19,7 Prozent steigern konnte.

Aus der Sicht der »staatserhaltenden«, sprich jeder tiefgreifenden Reform des Verfassungssystems feindlichen Kräfte kam der Wahlausgang einer schweren Krise gleich. Allerdings gab es auch keine eindeutige Mehrheit für eine fortschrittliche Politik; die Versäulung der deutschen Gesellschaft in einander erbittert bekämpfende gesellschaftliche Gruppen hatte ihre Entsprechung auf parlamentarischem Feld gefunden. Aber eines war klar, das System Bismarcks, der zwei Jahrzehnte lang in immer neuen taktischen Ausfällen und regelrechten »innenpolitischen Präventivkriegen« die Parteien in Schach gehalten und jegliche Annäherung an eine parlamentarische Regierungsweise abgeblockt hatte, war am Ende; so wie bisher konnte es nicht weitergehen. Es kam hinzu, daß sich auch die

Parteien, die sich traditionell etwas darauf zugute gehalten hatten, als Partner des großen Kanzlers zu wirken, von Bismarck abgewandt hatten. Schon vor den Wahlen hatte die »Nation« Bismarcks Versuch, die öffentliche Meinung zugunsten seiner Machterhaltung zu mobilisieren, mit den Worten kommentiert: »Der bisher politisch mächtigste Mann Deutschlands besitzt keine Gefolgschaft, auf die er sich stützen könnte; seine Gegner hat er in genügender Entfernung von sich gestoßen, und seine Anhänger [...] sind allzu gelehrige Schüler geworden, als daß sie nicht unbedingt der Macht sich zu beugen und anzubequemen wünschten. Fürst Bismarck erfährt jetzt, daß allein das stützt, was auch widersteht, und der Reichskanzler hat die Seinen zum Widerstehen gegen einen machtvollen Druck längst unfähig gemacht. In dieser Entwicklung [...] steckt ein Stück tragischer Ironie.«

Der Schlußakt des Geschehens ließ nicht mehr lange auf sich warten. Die Fronde in der Umgebung Wilhelms II. war nun entschlossen, Bismarck daran zu hindern, mit seiner Konfliktstrategie gegenüber dem neugewählten Reichstag Ernst zu machen. Der Kaiser wurde daher bearbeitet, dem Kanzler in der Frage einer neuerlichen Sozialistengesetzvorlage in den Arm zu fallen. Desgleichen wurden alle verfügbaren Kräfte aufgeboten, um die von Bismarck geplante »ungeheure Militärvorlage« zu Fall zu bringen. Den Ansatzpunkt dazu bot die dem Reichstag als quid pro quo für eine enorme Steigerung der Heeresausgaben in Aussicht gestellte Konzedierung des Prinzips der zweijährigen Dienstpflicht, obschon de facto bereits seit geraumer Zeit danach verfahren wurde und dieser Konzession somit jede praktische Bedeutung abging. Tatsächlich hatten die Militärs keine sonderliche Neigung, eine weitere erhebliche Verstärkung des Heeres zu fordern, weil sie die Homogenität des immer noch aristokratisch geprägten Offizierskorps zu gefährden drohte. Und dies in einer Situation, in der Graf Waldersee nicht müde wurde, die angeblich unmittelbar bestehende Gefahr eines Krieges mit dem zaristischen Rußland gegen die Bismarcks ins Feld zu führen.

Die Wende aber brachte die dem Kaiser alsbald zugetragene Nachricht, daß sich Bismarck am 12. März 1890 insgeheim mit Windthorst, dem langjährigen Führer der Zentrumspartei, getroffen hatte, um die Möglichkeiten einer künftigen politischen Zusammenarbeit auszuloten. In parlamentarisch regierten Staaten würde es eine Selbstverständlichkeit sein, daß der leitende Staatsmann in einer solchen Situation mit dem Führer der stärksten Partei vertrauliche Gespräche führt. Nicht so im Kaiserreich. Die konservativen Eliten, allen voran Graf Helldorf-Bedra, werteten die Gespräche als ein Alarmzeichen, sahen sie doch darin ein Signal für eine künftige Kooperation mit dem Zentrum. Dagegen wurde nun die konservativ-protestantische Karte ausgespielt. Wilhelm II. sah in diesen Verhandlungen, obschon sie ohne konkretes Ergebnis geblieben waren, einen neuen »Gang nach Canossa«. Er stellte den Kanzler deshalb in einer morgendlichen Unterredung, für die Bismarck erst aus dem Bett geholt werden mußte, in äußerst unwürdiger Weise zur Rede. Besonders aber verübelte der Kaiser es dem Kanzler, daß das Treffen mit Windthorst durch den »Juden« Bleichröder vermittelt worden war. Während des Wahlkampfes war von hochkonservativer Seite unter anderem geltend gemacht worden, daß die »Bleichröder und Rothschild einem bleibenden starken Königtum einen starken, aber vergänglichen Parlamentsbändiger« vorzögen. Solche bösartige Polemik gegen Bismarcks enges persönliches Verhältnis zu Bleichröder war nicht ohne Wirkung geblieben.

Fortan war das Verhältnis zwischen Kaiser und Kanzler endgültig gestört. Wilhelm II. suchte jetzt, gemäß den Ratschlägen Holsteins und Eulenburgs, unmittelbar Einfluß auf die Entscheidungen der Minister zu gewinnen, um auf diese Weise die Machtstellung Bismarcks zu unterlaufen. Das wurde durch den Umstand erleichtert, daß sich der alte Kanzler überwiegend auf seinem Gut in Friedrichsruh aufhielt und auf den Gang der Regierungsgeschäfte vornehmlich über seinen Sohn Herbert Einfluß nahm, der bereits seit einiger Zeit zum Staatssekretär des Äußeren bestellt worden war. Bismarck mußte zu seinem Ärger feststellen, daß er der uneingeschränkten Loyalität seiner Ministerkollegen nicht mehr sicher sein konnte, und diese dem Verlangen des Kaisers, sich seinem »persönlichen Regiment« zur Verfügung zu stellen, nicht zu widerstehen vermochten. Der Kanzler griff daraufhin zu dem äußersten Mittel: Er ließ eine alte, längst in Vergessenheit geratene Kabinettsordre aus dem Jahre 1852 aus den Akten heraussuchen, die übrigens nur mit einiger Mühe gefunden werden konnte; ihr zufolge waren die Minister gehalten, nur nach vorgängiger Verständigung mit dem Ministerpräsidenten dem Monarchen Vortrag zu halten. Wilhelm II. verlangte daraufhin am 15. März ultimativ die Aufhebung der Kabinettsordre. Damit war der Bruch endgültig. Nachdem ein letzter Versuch ergebnislos geblieben war, unter Ausspielung des ihm von dem russischen Botschafter Graf Schuwalow überraschend unterbreiteten Angebots einer Erneuerung des Rückversicherungsvertrages den Gang der Dinge doch noch aufzuhalten, teilte Bismarck am 17. März seinen Ministerkollegen in einer außerordentlichen Sitzung des Staatsministeriums mit, daß er seine Dienstentlassung beantragt habe. Er legte die Hintergründe dieses Schritts in einer längeren Stellungnahme dar, in der Hoffnung, daß das Staatsministerium sich mit ihm solidarisch erklären würde und damit der Rücktritt doch noch abgewendet werden könne. Indessen mußte Bismarck erfahren, daß sich die Minister, mit Ausnahme des neu ernannten Handelsministers von Berlepsch, der erklärte, daß der Rücktritt Bismarcks »ein nationales Unglück für die Sicherheit des Landes und die Ruhe Europas sein« würde, zu einer entschiedenen Stellungnahme zu seinen Gunsten, geschweige denn zu einem kollektiven Rücktrittsgesuch nicht aufraffen konnten. Max Weber hat diesen Vorgang pointiert beschrieben: »Auf den preußischen Ministersesseln saßen konservative Kreaturen, die er [Bismarck] allein aus dem Nichts gehoben hatte. Was taten sie? Sie blieben sitzen. ›Ein neuer Vorgesetzter‹: damit war für sie der Fall erledigt.«

Am folgenden Tag reichte Bismarck dann, nach zweimaliger Anmahnung durch den kaiserlichen Hof, sein Abschiedsgesuch ein. Er ergriff dabei die erwünschte Gelegenheit, seinen Rücktritt mit dem Hinweis auf den Sachverhalt zu motivieren, daß er angesichts der ihm am Tag zuvor zugegangenen Unterstellung, er habe den Kaiser nicht rechtzeitig auf die angeblich »furchtbar drohende Gefahr« eines Krieges mit Rußland aufmerksam gemacht, die auswärtige Politik des Deutschen Reiches ohnedies nicht länger hätte leiten können. Es war dies eine letzte Trumpfkarte des Kanzlers gegenüber dem jungen, impulsiv und unverantwortlich handelnden Monarchen, der nunmehr die Zügel der Regierungsgeschäfte voll in seine Hände zu nehmen willens war. Wer wird nicht im Rückblick dem Kronprinzen Rudolf von Habsburg recht geben wollen, der wenig zuvor gemeint hatte: »Der Kaiser dürfte bald eine große Konfusion anrichten; er ist ganz der Mann dazu [...] energisch und eigensinnig, [...] sich selbst für ein Genie haltend. [...] Er dürfte im Lauf weniger Jahre das Hohenzollernsche Deutschland auf den Standpunkt bringen, den es verdient.« Und dennoch: Die Zeit Bismarcks war abgelaufen; er mußte selbst erfahren, welche Folgen zwanzig Jahre obrigkeitlichen Regiments gehabt hatten. Überscharf, aber treffend hat Max Weber diesen Sachverhalt zweieinhalb Jahrzehnte später auf den Punkt gebracht: »Was war [...] Bismarcks politisches Erbe? Er hinterließ eine Nation ohne alle und jede politische Erziehung [...] Und vor allem eine Nation ohne allen und jeden politischen Willen, gewohnt, daß der große Staatsmann an ihrer Spitze für sie die Politik schon besorgen werde.« »Wirklich selbständige Köpfe und vollends Charaktere« habe Bismarck weder herangezogen noch ertragen. In der Folge sollte sich erweisen, daß die bürokratische Führungselite, die die Geschicke des Reiches in den Händen hielt, weder willens noch imstande war, den Velleitäten eines unreifen, großspurigen Monarchen rechtzeitig Einhalt zu gebieten; sie war vielmehr daran interessiert, das persönliche Regiment Wilhelms zu nutzen, um ihre eigenen politischen Ziele zu befördern und zugleich eine Anpassung des halbkonstitutionellen Regierungssystems an die Erfordernisse einer voll entfalteten industriellen Gesellschaft zu verhindern.

Kultur und Wissenschaft im deutschen Kaiserreich

Die verschiedenen Kulturmilieus im Kaiserreich

In gewissem Betracht lassen sich im Kaiserreich vier verschiedene kulturelle Milieus unterscheiden: das aristokratisch-höfische, das bürgerliche, das kleinbürgerlich-katholische und das sozialdemokratische Milieu. Die überkommene höfisch-aristokratische Kultur hatte um die Mitte des Jahrhunderts den Höhepunkt ihrer Geltung längst überschritten; dieser lag bereits nahezu ein Jahrhundert zurück. Überdies hatte sie schon in den aristokratischen Salons der Epoche der Aufklärung in zunehmendem Maße bürgerliches Bildungsgut und bürgerliche Bildungsideale in sich aufgenommen. Obschon ihr Einfluß auf die deutsche Gesellschaft unübersehbar rückläufig war, verfügte sie nach wie vor über erheblichen politischen Rückhalt in einem System, welches die privilegierte gesellschaftliche Position der aristokratischen Eliten mit allen Mitteln zu konservieren trachtete und in dem die Fürstenhäuser und nicht zuletzt das Kaisertum weiterhin als politische Machtzentren und als Förderer von Kunst und Wissenschaft eine bedeutsame Rolle spielten. Dennoch war nicht nur die ökonomische Stellung der großgrundbesitzenden Aristokratie seit längerem angeschlagen, sondern auch ihre angestammte Funktion als Mäzene und Benefaktoren künstlerischer und literarischer Aktivitäten, namentlich auf dem flachen Lande. Theodor Fontane, der in den »Wanderungen durch die Mark Brandenburg« der altpreußischen Hocharistokratie ein bleibendes Denkmal gesetzt hat, beanstandete an seinen aristokratischen Zeitgenossen, daß sie ihren ehemals hohen Bildungsstand verloren und zu engstirnigen Interessenvertretern herabgesunken seien, die nicht mehr auf dem Niveau der Kultur ihrer Zeit stünden; wesentlich aus diesem Grund hätten sie, wie er urteilte, ihren vormaligen Führungsanspruch in Staat und Gesellschaft eingebüßt. Fontane war durchaus kein Feind aristokratischer Kultur und aristokratischer Lebensformen, ganz im Gegenteil. Gleichwohl kam er zu der resignativen Schlußfolgerung, daß »über unseren Adel hinweggegangen werden« müsse; »man kann ihn besuchen, wie das ägyptische Museum, ... aber das Land ihm zuliebe regieren, in dem Wahn: dieser Adel sei das Land – das ist unser Unglück«.

Doch es wäre verfehlt, die große Anziehungskraft der tradierten aristokratischen Lebensformen und kulturellen Ideale insbesondere auf die aufsteigenden bürgerlichen Schichten im Kaiserreich gering einschätzen zu wollen. Es gab nicht allein in großbürgerlichen Kreisen vielfach die Tendenz, den aristokratischen Lebensstil nachzuahmen; auch das Bildungsbürgertum hatte sich in den studentischen Korporationen einen pseudo-aristokratischen Lebensstil angeeignet, der in Gestalt der Mensur archaische Männlichkeitsrituale konservierte und einen hochgestochenen Ehrbegriff pflegte, welcher bis ins Detail aristokratisches Standesbewußtsein nachzuahmen suchte. Davon abgesehen darf die Patronage, die auch in einem Zeitalter, in dem die Förderung von Kunst und Literatur zunehmend an den Staat, die städtischen Körperschaften und vor allem an private Mäzene übergegangen war, von den fürstlichen Höfen Deutschlands einschließlich des kaiserlichen Hofes sowie von Teilen der Hocharistokratie ausging, keinesfalls außer acht gelassen werden. Es stellte sich jedoch immer deutlicher heraus, daß fürstliche Mäzene, sofern und soweit sie sich erfolgreich an die Spitze der künstlerischen oder kulturellen Bewegungen der Zeit setzen wollten, keine andere Wahl hatten, als sich den bürgerlichen Kulturidealen und den Usancen des bürgerlichen Kunstbetriebs anzupassen. Die Zeiten, in denen König Ludwig I. von Bayern von sich sagen konnte, »Die Münchener Kunst bin ich«, waren vorbei, auch wenn sich gewisse Reminiszenzen eines derartigen kunstabsolutistischen Gebahrens noch nach der Jahrhundertwende bei Wilhelm II. fanden, dessen »persönliches Regiment« auf dem Feld von Kunst und Wissenschaft von den Zeitgenossen weithin als rechtmäßig empfunden wurde.

Das dominante Kulturmilieu im Kaiserreich war unzweifelhaft bürgerlich-protestantisch geprägt. Schon seit dem späten 18. Jahrhundert hatte sich der unaufhaltsame Aufstieg des Bürgertums als der künftighin vorherrschenden sozialen Schicht im wirtschaftlichen Raum, aber ebenso im kulturellen Leben abgezeichnet. Um die Mitte des 19. Jahrhunderts, noch bevor die im Vergleich mit Westeuropa bislang noch relativ rückständige deutsche Gesellschaft von der industriellen Entwicklung voll erfaßt wurde, brachte Friedrich Christoph Dahlmann diesen Sachverhalt in seiner Schrift »Die Politik auf den Grund und das Maß der gegebenen Zustände zurückgeführt« in folgender Weise zum Ausdruck: »Fast überall im Weltteile bildet ein weitverbreiteter, stets an Gleichartigkeit wachsender Mittelstand den Kern der Bevölkerung; er hat das Wissen der alten Geistlichkeit, das Vermögen des alten Adels zugleich mit seinen Waffen in sich aufgenommen. Ihn hat jede Regierung vornehmlich zu beachten, denn in ihm ruht gegenwärtig der Schwerpunkt des Staates, der ganze Körper folgt seiner Bewegung.« Dahlmann ging von der für selbstverständlich gehaltenen Annahme aus, daß das Bürgertum eine im wesentlichen einheitliche Sozialschicht sei und zugleich seine soziale Basis im Volk mit der Zeit eine zunehmende Verbreiterung erfahren werde. Die Erfahrung, daß die industrielle Gesellschaft mit fortschreitender Entwicklung und dann in dem Durchbruch hochkapitalistischer Strukturen vollends zur Aufsplitterung und schließlich zur Dekomposition des Bürgertums als einer relativ homogenen Sozialschicht mit einem vergleichsweise einheitlichen Ethos führen müsse, lag noch in einer fernen Zukunft.

Bereits in der sogenannten Gründerzeit und erst recht seit Mitte der achtziger Jahre mehrten sich die Anzeichen für eine zunehmende soziale Differenzierung des bürgerlich-liberalen Lagers, aber im großen und ganzen behauptete das

Bürgertum seine dominante Position in Politik, Kultur und Gesellschaft, auch wenn ihm der Zutritt zu den Kommandoetagen des Staates weiterhin verwehrt blieb. In der deutschen Gesellschaft des 19. Jahrhunderts waren, im Unterschied zu anderen europäischen Gesellschaften, Bildungs- und Besitzbürgertum eng miteinander verbunden. Angesichts des relativ spät einsetzenden Industrialisierungsprozesses erhielt sich hier im vorpolitischen Raum auf lange Zeit hinaus eine Vorrangstellung der Schichten von »Bildung und Besitz«, mit anderen Worten: des älteren Honoratiorenbürgertums. In ihm nahmen die akademisch gebildete Elite, die vornehmlich in staatlichen oder in kirchlichen Diensten tätig war, sowie die Angehörigen der Freien Berufe eine dominante Stellung ein, während das Wirtschaftsbürgertum nur nach und nach an Bedeutung gewann. Erst mit dem zweiten großen Schub der Industrialisierung seit Anfang der achtziger Jahre, die mit der Ausbildung von typischen Großbetriebsstrukturen einherging, löste sich allmählich die enge Verzahnung von Bildungsbürgertum und Wirtschaftsbürgertum; sie blieb jedoch für das bürgerlich-protestantische Kulturmilieu weiterhin bestimmend. In einem vergleichsweise hochentwickelten Schulwesen, in dem spezifisch religiöse Einflüsse zugunsten eines partiell säkularisierten protestantischen Weltbildes zurückgedrängt wurden, sowie in dem sich mit großer Geschwindigkeit entwickelnden System der modernen rationalen Wissenschaft besaß das bürgerliche Kulturmilieu feste Stützen. Max Webers bekannte Herleitung des modernen, arbeitsteiligen, marktorientierten Kapitalismus aus dem »Geist des Kapitalismus« beschrieb in klassischer Weise die dominanten Züge des neuen bürgerlichen Bewußtseins. Dieses forderte eine streng rationale Lebensführung im Sinne innerweltlicher Askese und suchte die Lebenserfüllung des Einzelnen in erfolgreicher beruflicher Leistung, in scharfer Entgegensetzung zu traditionellen Lebensformen, die an dem Ideal einer standesgemäßen, auskömmlichen Lebensführung und dem Prinzip der Respektabilität ausgerichtet waren. Allerdings unterschied sich das bürgerliche Ethos, wie wir es in der deutschen Gesellschaft finden, insofern von dem puritanischen Grundmuster bürgerlicher Lebensführung, das Max Weber seiner Analyse zugrunde legte, als hier die dem Puritanismus eigentümlich anti-ästhetische Grundhaltung weitgehend fehlte; vielmehr war im deutschen bürgerlichen Milieu das Ideal einer rationalen ökonomischen Lebensführung nahezu durchweg an ein spezifisches bürgerliches Kulturbewußtsein gekoppelt. Darin spielten die Ideale der Neoklassik, die sich insbesondere mit Schiller und Goethe, aber auch mit Winckelmanns idealisiertem Bild der griechischen Antike und einem romantisch verklärten Bild des deutschen Mittelalters verbanden, eine besondere Rolle. Daneben stand allerdings zunehmend ein biedermeierliches Lebensgefühl, das ein unpolitisches und zugleich konservatives Element relativer Beschaulichkeit in das alltägliche Leben einbrachte.

Die enge Verzahnung des Bildungsbürgertums überwiegend akademischer Herkunft mit der hohen Staatsbeamtenschaft und ihre einstweilen noch intakte

Die Wiederherstellung des mittelalterlichen Reiches »deutscher Nation« unter Wilhelm I.
Mittelbild von Hermann Wislicenus in der Kaiserpfalz zu Goslar, 1882

»Simplicissimus«, »Jugend« und »Kladderadatsch« vor Wilhelm II. Bildsatire von Georg Pfeil zu einem »Gratulor«-Gedicht auf den Kaiser von Karl Ettinger in der »Jugend«, 1913. München, Bayerische Staatsbibliothek

Verbindung mit dem Wirtschaftsbürgertum im engeren Sinne, bei der die Angehörigen der Freien Berufe eine Brückenfunktion wahrnahmen, verschafften den bürgerlichen Schichten in der Anlaufphase der Industrialisierung eine hegemoniale Stellung im wirtschaftlichen und gesellschaftlichen Raum und zugleich im kulturellen Leben. Das bürgerliche Bewußtsein verband sich bis zur Reichsgründung durchweg, obschon nicht ausschließlich, mit einer nationalpolitischen Gesinnung, die ihren vornehmlichen Ausdruck in der Forderung nach Schaffung eines einheitlichen Nationalstaates und vor allem nach dem Übergang zur konstitutionellen Regierungsweise in der deutschen Staatenwelt fand, durch die den bürgerlichen Schichten, dem, wie man meinte, eigentlichen Kern der Nation, eine angemessene Mitsprache an den politischen Entscheidungen gewährt werden sollte. Bürgerliches Kulturbewußtsein und das Eintreten für die Ideale des konstitutionellen Liberalismus, der sich in besonderem Maße der emanzipatorischen Rhetorik der nationalen Idee bediente, waren gleichsam zwei Seiten ein und derselben Münze. Die moderne individualistische Kultur liberalen Zuschnitts, eng assoziiert mit Bildung und Wissenschaft, bildete eine wesentliche Waffe im politischen Arsenal des liberalen Bürgertums, einerseits in seinem Kampf gegen fürstliche Willkür und aristokratische Bevormundung, andererseits in der Verteidigung der eigenen politischen und gesellschaftlichen Vorrangstellung gegen die aus den Tiefen der Gesellschaft heraufkommenden politischen Kräfte der radikalen Demokratie und der Arbeiterschaft. Friedrich Hecker gab 1868 einer in bürgerlichen Kreisen weitverbreiteten Überzeugung Ausdruck, wenn er schrieb: »Handel und Industrie, Kunst und Wissenschaft, sie machen jeden Absolutismus auf die Dauer unmöglich.«

Bismarcks erfolgreiche »Revolution von oben« kam einer herben Enttäuschung für das liberale Bürgertum gleich. Zwar wurde der lange ersehnte Nationalstaat gegründet, aber den bürgerlichen Schichten blieb der Zugang zu den Kommandohöhen des politischen Systems auf Dauer verwehrt; allerdings wurde ihnen auf wirtschaftlichem und gesellschaftlichem Gebiet weitgehend freie Hand für die Neugestaltung der Verhältnisse in nationalem Rahmen gegeben. Obgleich das halbkonstitutionelle Verfassungssystem des Deutschen Reiches hinter den Idealen des bürgerlichen Liberalismus weit zurückblieb, erhob das Bürgertum einen »moralischen Führungsanspruch [...] im fortschrittsverbürgenden Nationalstaat« (D. Langewiesche). Der Kampf gegen die aus einer älteren Epoche enger Verschränkung von Kirche und fürstlicher Herrschaft überkommenen Machtpositionen der katholischen Kirche im modernen säkularisierten Nationalstaat wurde von den Liberalen mit innerer Überzeugung und nicht lediglich aus Gründen ideologischer Griffigkeit als »Kulturkampf« geführt, in der Überzeugung, daß der modernen individualistischen Kultur rationalen Zuschnitts die Zukunft gehöre und die Durchsetzung ihrer Grundsätze im allgemeinen Interesse liege.

Im Deutschen Reich und in den größeren Bundesstaaten erwies sich die Ära bürgerlich-liberaler Vorherrschaft freilich als kurzlebig. Dagegen vermochten die bürgerlichen Schichten auf den unteren Ebenen des politischen Systems, namentlich in den städtischen Körperschaften, ihre hegemoniale Position nahezu bis zum Ende des Kaiserreiches zu behaupten, allerdings gutenteils dank des dort weiterhin gültigen Dreiklassenwahlrechts, das die besitzenden Schichten einseitig begünstigte; letzteres wurde durch besondere Zensusbestimmungen noch zusätzlich verschärft. Das die Unterschichten von einer aktiven Teilnahme an der Kommunalpolitik nahezu ausschließende Kommunalwahlrecht im Kaiserreich wurde von den bürgerlichen Parteien vor allem mit dem Argument verteidigt, daß hier »hauptsächlich Kulturaufgaben zu erfüllen sind, deren materielle und ideelle Träger das leistungsfähige, reife und gebildete Bürgertum« (D. Langewiesche) sei. In der Tat hatten die Städte schon seit der Mitte des Jahrhunderts die Nachfolge der ehemals fürstlichen Residenzen angetreten; die kommunalen Körperschaften wurden, zumeist in enger personaler Verflechtung mit den Spitzen der bürgerlichen Honoratiorenschaft, zu den ausschlaggebenden Trägern der bürgerlichen Kultur. In Verbindung mit privaten Fördervereinen entstanden in schneller Folge und reicher Zahl städtische Theater, Kunst- und Gewerbemuseen, Konzerthallen, zoologische Gärten, naturwissenschaftliche Sammlungen aller Art und nicht zuletzt städtische wissenschaftliche Lehrinstitutionen, Forschungseinrichtungen und zuweilen sogar Handelshochschulen. Diese Einrichtungen bildeten die institutionelle Grundlage für die Entfaltung eines reichen kulturellen Betriebs bürgerlichen Zuschnitts.

Gegenüber dem bürgerlich-protestantischen Kulturmilieu, das seinen Geltungsbereich angesichts der sprunghaft voranschreitenden wirtschaftlichen Entwicklung noch erheblich ausbauen konnte, vermochte sich das katholische Kulturmilieu, das seine Klientel überwiegend in den kleinbürgerlichen Schichten katholischer Observanz besaß und in erster Linie beim katholischen Klerus Rückhalt fand, nur schwer zu behaupten. Die krasse Unterrepräsentanz des katholischen Volksteils im kulturellen und wissenschaftlichen System des Kaiserreiches ist hinlänglich bekannt; sie wurde durch die amtliche Politik, die den Katholiken nur in sehr wenigen Fällen Zugang zu politischen oder gesellschaftlichen Schlüsselpositionen in Staat und Gesellschaft gewährte, noch weiter verstärkt. Die Polarisierung der deutschen Gesellschaft, die als Folge des auf beiden Seiten mit großer Erbitterung geführten »Kulturkampfes« eintrat, hat die gesellschaftliche Position des katholischen Volksteils auf lange hinaus nachhaltig geschwächt, auch auf den unteren Ebenen des politischen Systems, nicht zuletzt in den städtischen Selbstverwaltungskörperschaften. Die Bemühungen eines Teils des katholischen Klerus, die überkommene obrigkeitliche Struktur der katholischen Kirche zu reformieren und den brennenden sozialen Fragen des Tages besondere Aufmerksamkeit zuzuwenden, vermochten die Pariasituation der Katholiken im Deutschen Reich zunächst nicht zu überwinden. Erst seit der Jahrhundertwende, unter anderem mit der Gründung des »Volksvereins für das katholische Deutschland«, begannen sich die Verhältnisse in dieser Hinsicht zum Besseren zu wenden. Nunmehr ergab sich gelegentlich die Möglichkeit eines Zusammenspiels der katholischen Interessen mit den konservativen Kräften, etwa anläßlich der preußischen Schulvorlage von 1892 oder der Umsturzvorlage von 1895 oder gar bei spezifisch kulturpolitischen Auseinandersetzungen wie jenen über das Aufführungsverbot von Gerhart Hauptmanns »Die Weber«. Dergleichen löste freilich regelmäßig eine gewaltige Protestwelle des liberalen Lagers aus, der sich die Regierungen am Ende meist nicht direkt entgegenzustellen wagten.

Komplexer verhielt es sich mit der sogenannten Arbeiterkultur. Ursprünglich hatte der fortschrittliche Liberalismus unter der Führung von Hermann Schulze-Delitzsch einige Anstrengungen unternommen, um die Arbeiterschaft im Lager des Liberalismus zu halten. Die Arbeiterbildungsvereinsbewegung der fünfziger und sechziger Jahre war keineswegs ganz erfolglos geblieben. Aber Kurzsichtigkeit und Überheblichkeit spielten ihren Part, zum Beispiel wenn der Nationalverein kein sonderliches Interesse an der Mitgliedschaft von Arbeitern an den Tag legte und es vorzog, sich auf die besitzenden Schichten zu beschränken. Mit der Gründung des ADAV 1863 setzte dann die Ablösung der Arbeiterschaft vom Liberalismus ein. Mit dem allmählichen Eindringen marxistischer Ideen in die sozialdemokratische Arbeiterbewegung erfuhr diese Entwicklung in der Folge eine wesentliche Verschärfung. Entscheidend war freilich, daß die Arbeiterschaft durch die anti-sozialistische Gesetzgebung der siebziger Jahre, die in dem Sozialistengesetz von 1878 ihren Höhepunkt fand, ins Abseits gedrängt wurde. Von nun an blieb der Arbeiterschaft gar nichts anderes übrig, als die vielgestaltigen Verbindungen, die sie immer noch mit der liberalen Bewegung verbanden, zu kappen und ein politisches und, mit einiger Verzögerung, auch ein kulturelles Eigenbewußtsein auszubilden. Die Arbeiterkultur im Kaiserreich speiste sich in erster Linie aus der Entgegensetzung zur etablierten politischen und gesellschaftlichen Ordnung, wie sie der Arbeiterschaft einerseits von den Staatsbehörden, den bürgerlichen Parteien und der Presse handgreiflich demonstriert und andererseits von der sozialistischen Doktrin mit angeblich wissenschaftlichen Mitteln als unter den gegebenen gesellschaftlichen Bedingungen zwangsläufig bedingt vorgestellt wurde.

Die Arbeiterkultur, die sich vor allem unter dem Sozialistengesetz abseits der bürgerlichen Kultur ausbildete, besaß ihre institutionelle Basis in einem weitverzweigten System von proletarischen Vereinen aller Art. Hier fehlte es nicht an Skepsis und sogar Ressentiments gegenüber den linksbürgerlichen Intellektuellen, die sich, wie beispielsweise Franz Mehring oder später Robert Michels, der neuen Bewegung als geistige Führer zur Verfügung stellten. Aber eine wirklich eigenständige Arbeiterkultur, die Alternativen zur dominanten bürgerlichen Kultur hätte entwickeln können, entstand nicht. In der qualifizierten Arbeiterschaft, die vielfach noch aus handwerklichen Verhältnissen stammte, ging die Tradition der liberalen Arbeiterbildungsvereine, die den Arbeitern durch den Erwerb von bürgerlicher Bildung – einschließlich gewerblicher Fähigkeiten – aus ihrer gedrückten Lage herauszuhelfen versprach, nie gänzlich verloren. August Bebel beispielsweise erinnerte sich mit Stolz und beträchtlichem Selbstbewußtsein an seinen frühen Lebensweg im Schatten liberaler Arbeiterbildungsideale. Allerdings wurde diese ältere Tradition unter dem Sozialistengesetz und in den darauffolgenden Jahrzehnten überlagert durch die mächtige, Zuversicht in den Sieg des Sozialismus begründende Ideologie des Marxismus. Sie erreichte die breiten Massen nicht so sehr in Gestalt von Karl Marx abstrakter Theorie des »historischen Materialismus«, sondern überwiegend in seiner von Friedrich Engels in evolutionstheoretischer Richtung umgedeuteten Version eines »wissenschaftlichen Sozialismus«, die den Sieg des Sozialismus über den Kapitalismus gleichsam zu einem Naturgesetz ähnlich der Evolutionstheorie Charles Darwins verbog. Teilweise nahm die sozialistische Ideologie solcherart gar chiliastische Züge an. Aber hinter dieser pathetischen Fassade fanden sich durchweg Kulturideale bürgerlicher Herkunft, allem voran ein durchaus bürgerlicher Fortschrittsglaube und ein fast sklavisches Vertrauen in die Segnungen der modernen Wissenschaft.

Eine genauere Analyse der Inhalte der Arbeiterkultur des Kaiserreiches ergibt, daß diese weitgehend ein Substrat der hegemonialen bürgerlichen Kultur dargestellt hat, wenn auch mit einer deutlichen Gewichtung zugunsten aufklärerischer und emanzipatorischer Ideale. Freilich zogen die Anwälte der kulturellen Interessen der Arbeiterschaft, wie Franz Mehring mit seiner »Neuen Freien Volksbühne« in Berlin, im Zweifelsfall die konventionellen Inhalte bürgerlicher Kultur spezifisch moderner Kunst und Literatur vor. Nach anfänglicher Begeisterung für den Naturalismus, im Zusammenhang mit den öffentlichen Auseinandersetzungen über Gerhart Hauptmanns »Die Weber«, kam Franz Mehring zu dem Schluß, daß dieser in die feudale Romantik zurückfalle. Mehring bevorzugte es deshalb seit der Jahrhundertwende, den Berliner Arbeitern in erster Linie bürgerliche Klassiker wie Lessing und Schiller zu präsentieren. In der Debatte über den Naturalismus auf dem Gothaer Parteitag der Sozialdemokratie 1896 wurden gar Meinungen laut, die den Naturalismus mit den anarchistischen Tendenzen der einige Jahre zuvor aus der Partei ausgestoßenen sogenannten Jungen identifizierten. In ihren kulturellen Werten verharrte die Arbeiterschaft, ungeachtet ihres radikalen Vokabulars, im Grunde auf orthodox-bürgerlichen Positionen, obschon diese im Begriff waren, von den neueren Entwicklungen in Kunst und Literatur überholt zu werden. Dennoch hatte die hegemoniale bürgerliche Kultur des Kaiserreiches keinerlei Anlaß, sich über diesen »Triumph« zu freuen. Denn materialiter gesehen wurde eine Integration des kulturellen Subsystems, in dem die Arbeiterschaft sich geistig orientierte, in das System bürgerlich-liberaler Kulturideale in wesentlich geringerem Grade erreicht, als dies unter freiheitlicheren Bedingungen möglich gewesen wäre, wie etwa ein Vergleich mit den gleichzeitigen englischen Verhältnissen zu lehren vermag.

Die Vorrangstellung des bürgerlichen Kulturmilieus vor seinen Rivalen war nicht zuletzt durch den Umstand bedingt, daß sich die bürgerliche Kultur auf ein weitverzweigtes Netz von privaten Vereinigungen aller Art stützen konnte, die sich die Förderung von Kunst, Literatur, Theater, Musik und schließlich auch der Wissenschaften zum Ziel gesteckt hatten. Diese Bestrebungen wurden angetrieben von einem spezifisch bürgerlichen Verständnis von Kunst, Literatur und Wissenschaft, welches im Erwerb von Bildung das wichtigste Instrument für Emanzipation und sozialen Aufstieg schlechthin erblickte. Solche Vereine bildeten sich in aller Regel auf lokaler Basis; überregionale Vereinigungen dieser Art waren zunächst die Ausnahme. Sie bedienten sich dabei nicht selten des Mittels der Finanzierung ihrer Aktivitäten durch die Ausgabe von Anteilsscheinen zum Zweck der Gründung und Unterhaltung von Theatern, von Kunstmuseen oder Sammlungen naturwissenschaftlicher beziehungsweise anderer Art oder zur Errichtung von Tonhallen. Für die Spitzen der bürgerlichen Gesellschaft gehörte es bereits im Vormärz zum guten Ton, in solchen Vereinen aktiv mitzuwirken oder ihnen zumindest als namhafte Förderer anzugehören. Auf diese Weise ergaben sich von vornherein enge personelle Verflechtungen mit den städtischen Selbstverwaltungskörperschaften, in denen die bürgerliche Oberschicht und mit ihr die führenden Vertreter der örtlichen Gewerbeunternehmungen und Industrien das Übergewicht besaßen. Demgemäß wurden zahlreiche ursprünglich private Initiativen auf kulturellem Gebiet, so die Kunstsammlungen der Gebrüder Boisserée oder Ferdinand Franz Wallrafs in Köln oder die Senckenbergischen Sammlungen in Frankfurt am Main, schon relativ bald von den städtischen Kommunen übernommen; nicht selten kam es auch zu einer gemischten Trägerschaft. Die große Zahl von Kunst- und Künstlervereinen, die sich bereits im Vormärz über ganz Deutschland verbreitet hatten, waren Instrumente eines neuen, nicht mehr von aristokratischer Bevormundung geprägten Kunstverständnisses. »Als höchste Ziele galten die Schaffung städtischer Galerien und die Förderung einer im besonderen Maße ideologiebildenden, nämlich öffentlich wirksamen Kunst, das heißt von Wandbildern in Rathäusern, Historiengemälden für Museen, Denkmälern und Altarbildern überall dort, wo fürstliche, staatliche, kommunale oder kirchliche Finanzmittel nicht ausreichten, beziehungsweise wo eigene, bürgerliche Positionen akzentuiert werden sollten« (P. H. Feist). Vielleicht noch größere Bedeutung hatten die Gewerbeausstellungen. Sie dienten einem doppelten Zweck, zum einen das ästhetische Formgefühl für gewerbliche und industrielle Produkte zu schulen, zum anderen über neue technologische Entwicklungen zu informieren. Derartige Zielvorstellungen standen nicht zufällig am Anfang einer breiten Bewegung zur Errichtung von städtischen und zunehmend auch staatlichen Kunstgewerbemuseen. Überhaupt war die Umwandlung der ehemals fürstlichen Museen und Sammlungen in staatliche Museen, die nunmehr jedermann zugänglich gemacht wurden, ein wesentlicher Beitrag zur Entstehung eines neuen bürgerlichen Kulturverständnisses, das auf das Prinzip der Öffentlichkeit gegründet war. Schon in der ersten Hälfte des Jahrhunderts war ein enges Netz von kulturellen Institutionen entstanden, die teils auf private Initiative einzelner Bürger zurückgingen und vielfach von seiten des städtischen Bürgertums auch weiterhin aktive Förderung erfuhren, zunehmend aber von den städtischen Korporationen in eigener Regie übernommen und aus Steuergeldern finanziert wurden. Die Gründung von städtischen Theatern, Kunsthallen, Tonhallen, Sammlungen naturwissenschaftlicher Objekte und schließlich gar von botanischen und in einzelnen Fällen zoologischen Gärten darf als eine wichtige Grundlage der neuen bürgerlichen Kultur angesehen werden. Daneben standen zahlreiche Kulturinstitutionen, die der persönlichen Initiative einer neuen, kunstbegeisterten Fürstengeneration entsprungen und ursprünglich aus ihrer Privatschatulle finanziert worden waren. Sie wurden nun durchweg vom Staat übernommen. Die finanzielle Unterhaltung und Förderung dieser Kultureinrichtungen aus öffentlichen Mitteln war im Prinzip weder bei der hohen Staatsbeamtenschaft, die sich selbst zur Bildungsschicht zählte, noch in den vom Bürgertum dominierten bundesstaatlichen Parlamenten strittig; es war vielmehr einhellige Meinung, daß die öffentlichen Hände dazu berufen seien, jene Kulturaufgaben zu übernehmen, die sich durch private oder kommunale Initiative allein nicht bewerkstelligen ließen. Das Ineinandergreifen von freier Organisation, kommunaler Aktivität und staatlichem Handeln, wie es sich im 19. Jahrhundert auf dem Sektor der Kultur immer stärker ausbildete, begünstigte die hegemoniale Stellung der bürgerlichen Kultur im öffentlichen Leben. Zwar besaßen die traditionellen Führungseliten und mit ihnen der Kaiser oder die Fürsten im konkreten Fall erheblichen Einfluß auf die staatliche Kulturpolitik, aber im Kern wurde diese von Beamten bestimmt, die sich selbst der Schicht von »Bildung und Besitz« zurechneten und durch ein akademisches Studium entsprechend sozialisiert waren.

Dies verweist auf einen weiteren Faktor, der die Dominanz des bürgerlichen Kulturmilieus abstützte: auf das öffentliche Bildungswesen einschließlich der Universitäten. Die Modernisierung des Schulsystems in der deutschen Staatenwelt, die von einer aufgeklärten Beamtenelite nach den napoleonischen Kriegen im wesentlichen mit obrigkeitlichen Methoden ins Werk gesetzt wurde, stand anfänglich ganz im Zeichen des Neuhumanismus, der im Grundsatz eine von humanistischen Bildungsidealen geprägte Gesamtschule angestrebt hatte. Die späterhin unvermeidlich eintretende Differenzierung des Schulwesens, die neben den Volksschulen ein gestuftes System von Höheren Bürgerschulen, Realschulen, Oberrealschulen und Realgymnasien entstehen ließ, hat den Führungsanspruch des entschieden neuhumanistisch ausgerichteten Gymnasiums bis weit über die Mitte des Jahrhunderts hinweg nicht eigentlich angetastet. Auf diese Weise wurde die Hegemonie der bildungsbürgerlichen Kulturideale gleichsam institutionell abgesichert. Zwar gerieten diese zunehmend von seiten des aufsteigenden Wirtschaftsbürgertums, welches die praktischen Bedürfnisse, zumal die naturwissenschaftlichen Kenntnisse, höher einschätzte als den Wert einer formalen Bildung bei einem wesentlichen Anteil der alten Sprachen, zunehmend unter Beschuß, doch blieb dies lange ohne sonderlichen Erfolg.

Auf dem Gebiet des Universitätswesens begegnen wir der Verschwisterung der bildungsbürgerlichen Ideale mit dem Selbstverständnis der akademischen Korporationen in einem vergleichsweise noch ausgeprägteren Maße. Die spektakuläre Entwicklung des deutschen Universitätssystems seit der Humboldtschen Universitätsreform Anfang des Jahrhunderts trug zur Stützung des bürgerlichen Kulturmilieus im Kaiserreich entscheidend bei. Die Hochschullehrerschaft rekrutierte sich ganz überwiegend aus der bürgerlichen Schicht von »Bildung und Besitz«. Nur in wenigen Fällen gelangten Akademiker aristokratischer Abkunft in akademische Schlüsselstellungen. Zwar wurden den Angehörigen der Aristokratie in der hohen Beamtenschaft nach wie vor besonders gute Aufstiegschancen eingeräumt, aber sie erhielten ihre Ausbildung in den vom Grundsatz bürgerlicher Wissenschaft geprägten Universitäten; auch hier drang das bürgerliche Leistungsprinzip anstelle aristokratischer Privilegierung unaufhaltsam vor. Das hinterließ deutliche Spuren in der Mentalität der Beamtenschaft, in der ohnehin der Anteil von Bürgerlichen während des 19. Jahrhunderts zusehends anstieg, auch wenn sie sich weithin einem obrigkeitlichen Staatsverständnis verschrieben, das die Erhaltung der bestehenden halbkonstitutionellen Ordnung für unabdingbar ansah — eine Einstellung, die ihrem Gruppeninteresse entsprach. Die Professorenschaft fungierte in vieler Hinsicht als eine Vermittlungsinstanz zwischen dem Bürgertum und der höheren Beamtenschaft. Sie war dazu um so eher in der Lage, als die Staatsbehörden vielfach auf ihre Sachkenntnis angewiesen waren.

Im übrigen bildete ein nahezu unbegrenztes Vertrauen in die moderne Wissenschaft, durchaus nicht nur auf dem Gebiet der Naturwissenschaften, gleichsam das Rückgrat des bürgerlichen Kulturbewußtseins. Der Fortschrittsglaube, nicht selten verflacht zu der Erwartung beständigen wirtschaftlichen Wachstums und zunehmenden Wohlstands aller Volksschichten, bildete in vieler Hinsicht das geistige Fundament des bürgerlichen Weltbildes. Damit verbanden sich ein tiefes Mißtrauen gegen alles, was nach Aberglauben und religiöser Bevormundung aussah, und ein säkularisiertes Weltverständnis, das sich freilich mit einer kulturprotestantischen Gesinnung durchaus vertrug. Eine solche Grundhaltung wurde durch die zeitgenössische kritische Theologie, die die christliche Lehre von überlieferten unhaltbaren Doktrinen zu reinigen bestrebt war, und die radikale Religionskritik von philosophischer Seite um einiges erleichtert. Im Grunde war der Fortschrittsgedanke, wie er in den bürgerlichen Schichten weit verbreitet war, selbst ein säkularisiertes Derivat religiöser Heilsgewißheit christlichen Ursprungs, die sich in der Überzeugung von der immanenten Sinnhaftigkeit des zu fortschreitender Aufklärung und immer größerem Wohlstand aller Volksschichten führenden geschichtlichen Prozesses niedergeschlagen hatte. Er stand insofern gar nicht im Widerspruch zu dem Bekenntnis zur christlichen Lehre, von den sozialdarwinistischen Varianten des Fortschrittsbegriffs, wie sie vor allem von Ernst Haeckel propagiert wurden, einmal abgesehen.

Unter solchen Umständen hatte die bürgerliche Kultur protestantischer Observanz von ihren Gegenspielern nur wenig zu fürchten. Vielmehr sahen sich sowohl die Verteidiger einer eigenständigen katholischen kulturellen Tradition als auch die Arbeiterschaft veranlaßt, sich zumindest teilweise dem dominanten bürgerlichen Kulturmilieu anzupassen und die legitimierende Kraft der modernen Wissenschaft, soweit es angängig war, für ihre eigenen Ziele in Anspruch zu nehmen. Auch sie verschrieben sich am Ende der nationalen Idee als einer Brücke, die sie aus ihren Abseitspositionen, in die man teils gedrängt worden war, teils sich selbst hineinmanövriert hatte, wieder herauszuführen und ihnen eine gleichberechtigte Stellung in Staat und Gesellschaft zu verschaffen versprach.

Die entscheidende Herausforderung an das bürgerliche Kulturmilieu und dessen vorherrschende Werte sowie an das damit verbundene Ideal bürgerlicher Lebensführung kam aus dem Schoß der bürgerlichen Gesellschaft selbst. Die kulturelle Avantgarde, die sich seit der Jahrhundertwende formierte, vorwiegend auf dem Gebiet von Kunst und Literatur, stellte am Ende die bürgerlichen Kulturideale selbst radikal in Frage, obschon sie sich innerhalb des Gehäuses der bürgerlichen Gesellschaft bewegte und die Institutionen des bürgerlichen Kunstbetriebs erfolgreich für ihre Ziele zu nutzen verstand. Friedrich Nietzsches radikale Parole von der »Umwertung aller Werte«, kombiniert mit der Forderung nach einem geistesaristokratischen Individualismus, der den Sinn der Welt ausschließlich in der intellektuellen und ästhetischen Vervollkommnung der Persönlichkeit in einer als Ganzes sinnentleerten Kulturordnung zu erkennen glaubte, lieferte der kulturellen Avantgarde wesentliche Argumente. Eine postbürgerliche Kultur entstand, die in erster Linie von einer neuen Schicht freischwebender Intellektueller getragen wurde, die sich freilich der Unterstützung einer rasch wachsenden Schicht von kapitalkräftigen Mäzenen erfreute, zu denen bald auch die Kapitäne der Großindustrie zählten. Ungeachtet dessen stand die kulturelle Avantgarde der bürgerlich-kapitalistischen Ordnung, obschon sie ökonomisch von dieser abhängig war, mit kritischer Distanz, wenn nicht gar schroffer Ablehnung gegenüber. Individuelle Kreativität, nicht das Festhalten an den überkommenen klassischen Idealen und schon gar nicht an den Grundsätzen bürgerlicher Lebensführung, war für die künstlerische Avantgarde allein maßgebend. Noch war das bürgerliche Zeitalter nicht an sein definitives Ende gelangt; aber in seinem Innern bildete sich eine neue postbürgerliche Kultur heraus. Die Entwicklung dieser in höchst unterschiedliche Richtungen gespaltenen postbürgerlichen Kultur inmitten eines großbürgerlichen Sozialmilieus war ein Anzeichen dafür, daß die ehemals homogene Sozialschicht des Bürgertums in eine Vielzahl von Sozialgruppen zerfallen war, die nur wenig miteinander gemein hatten. Um 1910, mit dem endgültigen Durchbruch der Avantgarde, die allerdings in weiten Kreisen der deutschen Gesellschaft weiterhin scharf abgelehnt wurde, war die Vorherrschaft der bürgerlichen Kulturideale, die bislang ein hohes Maß an Allgemeinverbindlichkeit gehabt hatten, definitiv gebrochen.

Das kulturelle Leben im Zeichen der Idee der nationalen Emanzipation (1850–1871)

Die neue bürgerliche Kultur war von Anbeginn mit der Idee der Nation eng verschwistert. Kultur wurde ganz überwiegend als eine nationale Angelegenheit empfunden. Die Wiederentdeckung der deutschen Nationalgeschichte und die Wiederbelebung des Wissens um die deutsche Nationalliteratur sind schon im Vormärz eines der wichtigsten Elemente der sich herausbildenden bürgerlichen Kultur gewesen. Die Gründung der »Monumenta Germaniae Historica« als der großen Sammlung der Quellen zur Geschichte des deutschen Mittelalters unter führender Beteiligung des Freiherrn vom Stein war ganz wesentlich unter nationalpolitischem Gesichtspunkt erfolgt; es sollte damit eine Grundlage gewonnen werden, um den Deutschen die eigene Geschichte wieder anschaulich vor Augen zu stellen, und auf solche Weise das Bewußtsein der nationalen Zusammengehörigkeit, aber auch des Stolzes auf eine gemeinsame große Vergangenheit neu geweckt werden. Der junge Georg Gottfried Gervinus verfaßte in den dreißiger Jahren seine damals epochemachende »Geschichte der poetischen National-Literatur der Deutschen« in der Absicht, damit der Idee eines liberal verfaßten Nationalstaates zum Durchbruch zu verhelfen. Die Affirmation einer deutschen Nationalkultur, deren politische Entsprechung in der Errichtung eines deutschen Nationalstaates eingefordert wurde, war Ausdruck des politischen Wollens eines zu sich selbst gekommenen Bildungsbürgertums liberaler Gesinnung, das mittels des Übergangs zur konstitutionellen Regierungsform eine angemessene Beteiligung an der politischen Ordnung anstrebte.

In der Ära der politischen Restauration nach dem Scheitern der Revolution von 1848/49 wurden Kultur und Wissenschaft erneut zu Bannerträgern nationalpolitischen Strebens, während die Parteien und politischen Gruppierungen in der Öffentlichkeit kaum noch in Erscheinung traten. Kulturelle Veranstaltungen aller Art, zum Beispiel Musikfeste, literarische Gedenkfeiern, Kunstausstellungen und nicht zuletzt wissenschaftliche Kongresse wie jene des Vereins Deutscher Volkswirte, wurden zu Foren, in denen das Bürgertum, vor allem aber die bürgerliche

Bildungsschicht, solange ihr die Reaktion die Möglichkeit zu unmittelbarer Teilnahme am öffentlichen Geschehen weitgehend versperrte, ihre politischen Wünsche und Zielvorstellungen artikulierte, bisweilen freilich in indirekter, verschleierter Weise. Es galt weiterhin als die eigentliche Aufgabe der Zeit, die großen Ideale der deutschen Nationalkultur im öffentlichen Bewußtsein wachzuhalten und nach Möglichkeit zu stärken.

Eine wichtige Rolle spielten in dieser Hinsicht besonders die liberalen Historiker. Sie wurden nicht müde, auch während der Reaktion das Postulat einer Einigung der Deutschen unter nationalem Vorzeichen wachzuhalten. Nicht alle unter ihnen gingen so weit wie Gervinus, der in seiner »Einleitung in die Geschichte des 19. Jahrhunderts«, einer Schrift, die ihm gerichtliche Verfolgung und Gefängnishaft einbrachte, mit unmißverständlicher Deutlichkeit den Untergang der autoritären Systeme in Europa und den schließlichen Sieg der Demokratie voraussagte, gleichsam als eines Naturgesetzes der Geschichte. Zumeist waren sie zu Kompromissen mit den bestehenden Gewalten bereit, ganz im Sinne eines evolutionistischen Geschichtsverständnisses. Hermann Baumgarten beispielsweise hatte in seiner damals weithin beachteten »Selbstkritik des deutschen Liberalismus« die Devise ausgegeben, daß auf die preußisch-deutsche Aristokratie als die mit den Elementen von Macht und Herrschaft allein vertraute politische Führungsschicht nicht verzichtet werden könne, und dem Liberalismus zumindest für die absehbare Zukunft weise Selbstbeschränkung angeraten. August Ludwig von Rochau hatte in seiner 1853 erstmals erschienenen Schrift »Grundsätze der Realpolitik, angewendet auf die staatlichen Zustände Deutschlands« die Maxime aufgestellt, daß im Staatsleben die Macht allemal dem Recht vorausgehe und sich die Vernachlässigung dieses ersten Grundgesetzes der Staatsordnung durch die liberale Bewegung während der Revolution von 1848/49 bitter gerächt habe: »Die bisherige politische Systematik, der die Geister beinahe blindlings huldigten, ist an den Dingen zu oft und zu kläglich gescheitert, als daß sie nicht endlich der Gegenstand des tiefen Mißtrauens der Einen und der gründlichen Verachtung der Andern hätte werden sollen. Die Luftschlösser, welche sie gebaut, sind in blauen Dunst zerflossen; das wehrlose Recht, dessen theoretische Anerkennung sie erwirkt, ist höchstens zu einer Scheinübung gelangt, welche von der Macht so lange geduldet wurde, als es ihr gerade genehm war; die Vereinbarung der Ohnmacht mit der Gewalt haben bei der ersten Probe gezeigt, daß sie wirkungslos, nichtig von Grund aus, unmöglich waren.« Statt dessen gelte es, den alten Grundsatz aufs neue zu beherzigen, daß »die praktische Politik [...] es zunächst nur mit der einfachen Tatsache zu tun« habe, »daß Macht allein es ist, welche herrschen kann«, während die Frage, wer da herrschen solle, »ob das Recht, die Weisheit, die Tugend, ob ein Einzelner, ob Wenige oder Viele« spekulativer Natur sei.

Es war dies Ausdruck der großen Ernüchterung der liberalen Bewegung nach dem Scheitern der Revolution von 1848/49, die den Gedanken der »Realpolitik« als Richtmaß alles erfolgreichen politischen Handelns hervorbrachte, mit der bedenklichen Folge, daß gar viele späterhin die eigenen politischen Ziele am Maß des Erreichbaren und nicht an idealen Postulaten auszurichten begannen. Aber auch Rochau war fest davon überzeugt, daß die politischen Verhältnisse, gerade unter dem Gesichtspunkt staatlicher Machtpolitik, auf die Errichtung eines deutschen Nationalstaates hindrängten: »Nur dasjenige Staatswesen ist gesund und der höchsten Blüte und Dauer fähig, welches vom Nationalgeiste durchdrungen und getragen wird. [...] Wo der Staat sich von der Nationalität ablöst, da verläßt ihn der einheitliche innere Bildungstrieb, aus welchem alle seine Einrichtungen hervorwachsen sollen, da werden die organisch wirkenden Naturkräfte durch mechanische Notbehelfe verdrängt.« In noch entschiedenerer Weise wurde dieser Gesichtspunkt von den liberalen Historikern der Zeit vertreten. Sie alle, Johann Gustav Droysen, Hermann Baumgarten, Heinrich von Sybel und Heinrich von Treitschke, schrieben Geschichte wesentlich unter dem Gesichtspunkt der nationalen Idee, der sie zugleich eine emanzipatorische Funktion zuwiesen, und nahmen in den führenden Zeitschriften der Zeit wie den »Preußischen Jahrbüchern« und der 1859 begründeten »Historischen Zeitschrift« in wirksamer Weise auf die öffentliche Meinung Einfluß im Sinne der deutschen Nationalbewegung. Von der mittelalterlichen Historiographie wurde gleichzeitig die Idee einer freiheitlichen Ordnung konstitutionellen Zuschnitts in die deutsche Vergangenheit zurückprojiziert. Die Lehre von der angeblichen Gemeinfreiheit des frühen Mittelalters diente demgemäß ebenso der Förderung der konstitutionellen Ideen des Tages wie die Beschwörung der großen Zeit des mittelalterlichen Kaisertums der Stärkung des nationalen Gedankens. Selbst der alte Leopold von Ranke, der ein entschiedener Anhänger der überkommenen staatlichen Ordnung in Deutschland war und grundsätzlich die Meinung vertrat, daß die »Ausprägung der Nationalitäten und (die) Konstituierung zu Staaten derselben nicht mit Notwendigkeit« zusammengehörten, anerkannte in seinen Gesprächen mit König Maximilian von Bayern im Jahr 1854, daß die Monarchie das Prinzip der »Nationalsouveränität«, das eine der vorwaltenden Tendenzen des Zeitalters darstelle, nicht länger »ganz verwerfen«, geschweige denn »ignorieren« dürfe. Allerdings glaubte er zugleich, König Max anraten zu müssen, daß es die Aufgabe der Monarchie sei, die »destruktiven Tendenzen auszurotten, welche von den populären Prinzipien wie eine große Flut mit hineingeschwemmt werden«, und dahin zu wirken, »daß die Nationalsouveränität nicht über alles herrschend werde«. Das war jedoch unter den damaligen Umständen eher eine Rückzugsposition. Die große Mehrheit der Historikerschaft war umgekehrt der Meinung, daß, was immer kommen möge, dem konstitutionell verfaßten Nationalstaat die Zukunft gehöre; sie wurden darin dann durch den Sieg des Risorgimento in Italien zusätzlich bestärkt.

Die Schichten von »Bildung und Besitz« waren mehr denn je überzeugt, daß die geschichtliche Entwicklung nunmehr in eine Epoche eingetreten sei, in der die handelnden Individuen, sofern sie nur die Zeichen der Zeit richtig zu lesen verstünden, ihre Gegenwart und damit ihre zukünftige Geschichte selbstverantwortlich zu gestalten in der Lage seien. Insofern kam den Historikern, als denjenigen, die die Grundtendenzen der künftigen gesellschaftlichen Entwicklung aus der objektiven Analyse der Vergangenheit abzuleiten imstande zu sein schienen, in der Prägung des öffentlichen Bewußtseins eine Schlüsselrolle zu, sei es, daß sie sich wie Gervinus als »Parteimann des Schicksals«, sei es, daß sie sich wie die nationalliberalen Historiker als Exegeten der vorgeblichen objektiven Tendenzen des Geschichtsprozesses verstanden, die auf Fortschritt, konstitutionelle Freiheit und eine nationalstaatliche Ordnung in Europa hindeuteten. Nicht nur die Geschichtsschreibung, sondern auch die anderen Kulturwissenschaften waren eng mit dem emanzipatorisch gesinnten Zeitgeist verknüpft, selbst dann, wenn sie sich, wie die historische Rechtsschule, eher an einer angeblich eigentümlich deutschen Rechts- und Staatstradition orientierten als an den fortgeschritteneren Verhältnissen in der westeuropäischen Staatenwelt.

Vergleichbare Tendenzen lassen sich auf dem Gebiet der bildenden Kunst nachweisen. Auch hier wurde die Wiederbelebung der deutschen Nationalidee allgemein als die große Aufgabe der Zeit empfunden. So sollte beispielsweise die Gründung des Germanischen Nationalmuseums Nürnberg im Jahr 1852 vor allem dem Ziel dienen, die Denkmäler und Zeugnisse der deutschen Nationalkultur zu sammeln und der breiteren Öffentlichkeit zugänglich zu machen. In der Satzung des Germanischen Nationalmuseums hieß es: »Das Germanische Nationalmuseum, eine Nationalanstalt für alle Deutschen, hat den Zweck, die Kenntnis der deutschen Vorzeit zu erhalten und zu mehren, namentlich die bedeutsamen Denkmale der deutschen Geschichte, Kunst und Literatur vor der Vergessenheit zu bewahren und ihr Verständnis auf alle Weise zu fördern.« Der Zusammenhang all dieser Bemühungen mit den Bestrebungen der liberalen Nationalbewegung ist offensichtlich; der Kampf um die Durchsetzung der nationalen Einheit und der konstitutionellen Regierungsweise auf politischem Gebiet sowie die intensiven Bemühungen um die Bewahrung und Sammlung der kulturellen Zeugnisse der deutschen Vergangenheit waren eng miteinander verzahnt. Auch die Künstlerschaft selbst verschrieb sich diesen Bestrebungen. Besondere Erwähnung verdient hier die 1856 gegründete Allgemeine Deutsche Kunstgenossenschaft, eine Vereinigung von bildenden Künstlern, die sich die Errichtung einer deutschen Nationalgalerie sowie die regelmäßige Durchführung von nationalen Kunstausstellungen zum Ziel setzte. Eine ihrer ersten großen Ausstellungen, die Große Kunstausstellung in München vom Jahr 1858, die in Verbindung mit der Münchener Akademie durchgeführt wurde, stand unter dem Motto: »Die Einheit, die uns das Vaterland noch nicht bieten kann, wir wollen sie wenigstens gründen in der deutschen Kunst, wir wollen die nationale Kunst und in ihr die nationale Einheit.«

In den gleichen Zusammenhang gehören die vielen Musikfeste der Zeit, besonders die in regelmäßigem Turnus arrangierten Niederrheinischen Musikfeste, die beträchtliche Zahlen von Besuchern anzogen und Höhepunkte des damaligen Musikbetriebs darstellten. Die Niederrheinischen Musikfeste boten beispielsweise Robert Schumann nach seiner Übersiedlung von Dresden nach Düsseldorf im Jahr 1850 ein großes Forum nicht allein für die Entfaltung seines eigenen musikalischen Chorwerks, sondern ebenso für die systematische Wiederbelebung der Musik Bachs, Händels und Haydns. Auch das ungemein reiche chormusikalische Werk von Johannes Brahms und Franz Liszt wäre ohne diese Voraussetzungen nicht zu denken. Die Musikfeste hatten noch nach der Mitte des Jahrhunderts eine weit größere Breitenwirkung, als dies späterhin, mit dem Entstehen von stärker exklusiven, zumeist auf städtischer Basis organisierten öffentlichen Konzertveranstaltungen der Fall sein sollte. Sie spielten eine bedeutsame Rolle für die Popularisierung der Werke der deutschen Klassik und für die Wiederentdeckung von Johann Sebastian Bach und Joseph Haydn. Das von ihnen bevorzugte Genre war das große, Orchester, Solisten und Chor einigende Oratorium. Daneben war ein erheblicher Teil der Programme Chorwerken patriotischen Inhalts gewidmet, deren Komponisten heute nahezu sämtlich in Vergessenheit geraten sind. Neben den Musikfesten gab es die Sängerfeste, die ihrerseits in der Tradition des Vormärz standen und die »musikfreudige Kreise in patriotischer Begeisterung« zusammenführten, wie es Karl Gustav Fellerer formuliert hat. 1862 erfolgte die Gründung des Deutschen Sängerbundes in Coburg als einer Vereinigung der zahlreichen deutschen Sängerbünde, die nunmehr die Sängerfeste als nationale Aufgabe durchführte, 1865 in Dresden, 1874 in München, 1882 in Hamburg, 1890 in Wien und 1896 in Stuttgart. Sie spielten eine zweifache Rolle, einerseits schufen sie eine spezifisch deutsche Musikkultur, übrigens mit vielfach durchaus anspruchsvollen Programmen, andererseits förderten sie die Ausbreitung der nationalen Idee.

Besondere Bedeutung gewannen die öffentlichen Dichterfeste. Zu nennen sind hier insbesondere die Feiern zu Ehren Friedrich Schillers im Jahr 1859 und Ferdinand Freiligraths im Jahr 1867. Sie standen in der Tradition der zahlreichen politischen Feste des Vormärz. Zwar trat das Bekenntnis zu jenen großen Repräsentanten der deutschen Nationalliteratur, die zugleich Exponenten freiheitlicher Gesinnung waren, während der Jahre der Reaktion nach 1848 äußerlich zurück hinter einer Würdigung ihres literarischen Werks; aber allein die Tatsache, daß an diesen Feiern nicht nur das gebildete Bürgertum, sondern gerade auch die unteren Mittelschichten und besonders die Handwerkerschaft teilgenommen haben, verweist darauf, daß es sich dabei stets auch um politische Demonstrationen zugunsten einer freiheitlichen Entwicklung in der deutschen Staatenwelt gehandelt hat. Heinrich von Treitschke urteilte 1862, daß diesen Festen besondere Bedeutung zukomme, eben weil sich die Idee der Nation im »staatenlosen Deutschland«

nicht an konkreten Symbolen festmachen lasse, sondern lediglich »in der idealen Gemeinschaft der Deutschen« sichtbar hervortrete: »[…] das ist der Sinn jener Feste, deren die politisch tiefbewegte Gegenwart nicht müde wird, daß wir, rückschauend auf die starken Männer, die unseres Geistes Züge tragen, erfrischen das Bewußtsein unseres Volkstums und stärken den Entschluß, daß aus dieser idealen Gemeinschaft die Gemeinschaft der Wirklichkeit, der deutsche Staat, erwachse.«

Bereits im Vormärz hatte die deutsche Literatur eine bedeutsame politische Dimension gewonnen. Einerseits galt sie als vornehmster Ausdruck der kulturellen Gemeinsamkeiten der deutschen Nation, zugleich aber stand sie für konstitutionelle Reformen dank des prononcierten Eintretens vieler ihrer führenden Repräsentanten für die »Partei des Fortschritts«. Dabei spielte das Vorbild Friedrich Schillers, dessen Ansehen bei den Zeitgenossen selbst jenes von Goethe weit übertraf, eine besondere Rolle. Die politische Lyrik Ferdinand Freiligraths oder Georg Herweghs hatte zu ihrem Teil dazu beigetragen, die Revolution von 1848/49 ideell vorzubereiten, ebenso wie die Gedichte und zahlreichen, meist in der »Augsburger Zeitung« veröffentlichten zeitkritischen Essays Heinrich Heines. Nach dem Scheitern der Revolution kam diese Tradition politischer Lyrik nahezu zum Erliegen, zumal die betreffenden Autoren ausnahmslos in die Emigration gezwungen wurden. Die Ära der Reaktion hinterließ in der Literatur ebenfalls tiefe Spuren; die eigentümliche Atmosphäre der Resignation, wie sie in den fünfziger Jahren vorherrschte, verbunden mit verstärkter Hinwendung zu wirtschaftlicher Aktivität im Zuge der nun sprunghaft einsetzenden industriellen Entwicklung, lähmte auch die literarische Produktion. Wirklich epochemachende Werke sind in den Jahren der Reaktionszeit nicht entstanden; es überwogen jene Werke, die einem apolitischen Realismus verpflichtet waren, der sich in idyllischer Kleinmalerei erschöpfte, und die, wenn sie überhaupt Themen von gesellschaftlicher Relevanz wählten, dann die Frage der Entfremdung des Einzelnen in einer sich rasch wandelnden, von ihren natürlichen Grundlagen entfernenden Welt zu ihrem vornehmsten Gegenstand machten. Daneben standen, dem Zeitgeist entsprechend und charakteristisch für eine partielle Abwendung von der Gegenwart, Werke, die sich in liebevoller Detailschilderung historischen Sujets der deutschen Vergangenheit zuwandten, vielfach nicht ohne diese als heile Welt zu verklären.

Die meisten der vielgelesenen Autoren jener Jahrzehnte, etwa Karl Gutzkow, Wilhelm Meinhold, Victor von Scheffel oder Felix Dahn, sind heute nahezu vergessen und finden nur noch in Literaturgeschichten eine Würdigung. Von ihnen sei hier nur auf Gustav Freytag näher eingegangen, dessen »Bilder aus der deutschen Vergangenheit« damals bei einem geschichtsbegeisterten Publikum eine enthusiastische Aufnahme fanden, nicht zuletzt deshalb, weil sie in ein leidenschaftliches Plädoyer zugunsten der politischen Emanzipation des deutschen Bürgertums einmündeten. »[...] in dem deutschen Bürgertum liegt die edelste Kraft, die Führerschaft auf dem Gebiete idealer und praktischer Angelegenheiten. Es ist seit dem Beginn des Jahrhunderts keine Kaste mehr, nach oben und unten abgeschlossen, [...] es ist sowohl Gentry als Volk [...] In zweihundert Jahren von 1648 bis 1848 vollzieht sich die merkwürdige Erhebung des deutschen Volkes. Nach einer beispiellosen Zerstörung wächst seine Seele herauf an Glauben, Wissenschaft, politischer Begeisterung. Sie ist jetzt mitten in starker Anstrengung, sich das höchste irdische Besitztum, den Staat, zu bilden. Es ist große Freude in solcher Zeit zu leben [...]. Es ist eine Freude geworden, ein Deutscher zu sein.« Freytags Roman »Soll und Haben« aus dem Jahr 1855, der unverzüglich zu einem großen Publikumserfolg wurde, wandte sich aus dem neugewonnenen bürgerlichen Selbstbewußtsein heraus einem zentralen Thema der Zeit zu, nämlich dem Niedergang der aristokratischen Kultur, der Habgierigkeit einer mit dem Kapitalismus heraufgekommenen Schicht von dunklen Spekulanten und Geschäftemachern sowie dem Triumph des aufsteigenden ehrbaren gewerblichen Bürgertums, dessen strenge, nüchterne Lebensführung samt der strikt korrekten Rechenhaftigkeit ihres Geschäftsgebarens ihm die Zukunft sichert. Anton Wohlfahrt, in einem bürgerlichen Handelshaus als Kaufmann ausgebildet, schlägt die Chance, dort zum Geschäftsführer aufzusteigen, aus, um den Versuch zu machen, den finanziellen und gesellschaftlichen Ruin des Freiherrn von Rothsattel aus uraltem hochadeligen Geschlecht, der sich in geschäftlichen Unternehmungen nicht zuletzt dank der Ränke eines jüdischen Bankiers Ehrenthal verspekuliert hatte, doch noch abzuwenden; am Ende siegt die neue bürgerliche Welt sowohl in geschäftlicher als auch in moralischer Hinsicht: Wohlfahrt treibt Ehrenthal in den Offenbarungseid und rettet wenn schon nicht das Gut, so doch des Freiherrn Ehre und den Lebensunterhalt für seine Familie.

Den bedeutenderen Schriftstellern jener Jahrzehnte war eines gemeinsam: ihre relative Ferne von der Tagespolitik, ihr teilweise resignativer Rückzug in eine Welt der Innerlichkeit, die bisweilen beschaulich verklärt erscheint. Theodor Fontane arbeitete in jenen Jahren als Zensor für die Regierung Manteuffel. Seine Schriften aus jenen Jahren, vor allem die »Wanderungen durch die Mark Brandenburg«, die er damals zu schreiben begann, waren eine Apotheose des altpreußischen Junkertums vergangener Jahrzehnte, seine Balladen »Männer und Helden, Acht Preußenlieder« eine patriotische Verklärung preußischer Gesinnung. Allerdings findet sich in den Werken zahlreicher Autoren jener Zeit, etwa bei Friedrich Hebbel, Theodor Storm oder Wilhelm Raabe, immer wieder als Leitmotiv die Situation des Menschen, der, aus traditionellen gesellschaftlichen Ordnungen oft ländlichen oder kleinbürgerlichen Charakters kommend, an der Eingliederung in die neue bürgerliche Gesellschaft scheitert oder doch dabei in unlösbare menschliche Konflikte verstrickt wird. In seinem Roman » Der Hungerpastor« suchte beispielsweise Wilhelm Raabe den Konflikt zwischen der traditionellen gesellschaftlichen Ordnung und den neuen, von materialistischen Gesinnungen geprägten Verhältnissen der bürgerlichen Gesellschaft zu thematisieren, allerdings ohne daraus in irgendwelchem Sinne gesellschaftspolitische Schlußfolgerungen zu ziehen. Hans Unwirsch wählte den Rückzug, oder sollte man sagen, die innere Emigration, auf eine abgelegene Landpfarre.

Die eher apolitische und resignative Grundstimmung in der Literatur jener Jahre war gewiß charakteristisch für jene Teile der bürgerlichen Schichten, die sich nach 1849 einstweilen in eine relative Politikferne geflüchtet hatten. Aber unterschwellig blieb die Identifikation von bürgerlichen Lebensidealen mit der deutschen Kultur und der nationalen Idee ungebrochen. Sie fand 1862 im Deutschen Nationalverein, der zugleich ein Agitationsforum für die nationale Einigung war und für die Durchsetzung der bürgerlichen politischen und kulturellen Ideale in der deutschen Gesellschaft eintrat, auch eine institutionelle Verkörperung. Im übrigen dürfte die Politikfremdheit der zeitgenössischen Literatur dazu beigetragen haben, daß die Schiller-Verehrung in der breiteren Öffentlichkeit in den fünfziger Jahren einen neuen Höhepunkt erreichte. Es war charakteristisch, daß die Regierung Manteuffel es für angezeigt hielt, die deutschen Klassiker wegen ihrer angeblich »revolutionären« Tendenzen aus dem Lektürekanon der Volksschulen zu verbannen. Dies konnte jedoch nicht verhindern, daß die Festlichkeiten zum hundertsten Geburtstag Schillers vom 9. bis 11. November 1859 zum größten Fest wurden, welches jemals in Deutschland zu Ehren eines Dichters gefeiert worden ist. Schiller-Stiftungen in 16 deutschen Städten hatten die Vorbereitungen in die Hand genommen. In 440 deutschen und 50 ausländischen Städten veranstaltete man eindrucksvolle Festumzüge, Enthüllungen von Schiller-Denkmälern und Festaufführungen aller Art, überwiegend unter freiem Himmel. Zwar hatten die Behörden alles Erdenkliche unternommen, um diesen Festveranstaltungen ihren politischen Charakter zu nehmen und vor allen Dingen die Beteiligung von Handwerkern und Arbeitern nach Möglichkeit zu verhindern – ein Bestreben, dem Teile des Bürgertums willig ihre Unterstützung zuteil werden ließen. In Berlin kam es darüber sogar zu schweren Zusammenstößen der Polizei mit Handwerkern und Arbeitern, die sich die Durchführung eines eigenen Schiller-Festumzuges nicht nehmen lassen wollten. Dies hatte freilich nur zur Folge, daß Schiller hier nicht verhalten und indirekt wie in den vom gebildeten Bürgertum allerorten durchgeführten Feiern, sondern ganz offen als Revolutionär und als Symbol der Auflehnung gegen das bestehende politische System gefeiert wurde.

Ungeachtet der Differenzen, die zwischen dem gebildeten Bürgertum und den unterbürgerlichen Schichten über die Art der Durchführung der Schiller-Feiern bestanden, konnte kein Zweifel daran bestehen, daß das massenhafte Bekenntnis zu einem der Großen der deutschen Nationalliteratur zugleich ein Plädoyer für politische Reform und für die Herbeiführung der deutschen Einigung gewesen ist. Wilhelm Raabes unter dem Pseudonym Jacob Corvinus eingesandtes Festgedicht

Das erste deutsche Sängerfest im Juli 1865: Weihe des Bundesbanners vor dem Dresdener
Theater. Photographie von Hermann Krone. Dresden, Technische Universität, Institut für
angewandte Photophysik

Stil der Gründerjahre: das Atelier Hans Makarts an der Gußhausstraße in Wien. Aquarell von Rudolf Alt, 1885. Wien, Historisches Museum. – Die Festwiese im dritten Aufzug der »Meistersinger« von Richard Wagner. Bühnenbild zur Münchener Uraufführung am 21. Juni 1868, Gouache von Heinrich Döll. München, Bayerische Verwaltung der Staatlichen Schlösser, Gärten und Seen

für die Schiller-Feier in Wolfenbüttel erhob den großen Dichter zum symbolischen Führer der deutschen Nation in den bevorstehenden Kämpfen um die Erneuerung der Einheit Deutschlands und ließ keinen Zweifel daran, daß den Repräsentanten der deutschen Kultur dabei eine vorrangige Aufgabe zukomme:

»Das deutsche Reich, so ist's noch nicht verloren,
Der Deutschen König ist auf's Neue so erkoren,
Des Geistes Reich auf's Neue fest gegründet,
Des Geistes Volk zu Kampf und Sieg verbündet.«

Einen vergleichsweise radikaleren Zuschnitt hatten die Freiligrath-Feiern im Sommer 1867, zu einem Zeitpunkt, als die deutsche Einigung bereits ein beachtliches Stück vorangekommen war. Sie gingen zurück auf die Initiative einer Gruppe von Barmer Kaufleuten, die dann von der Wochenzeitschrift »Die Gartenlaube« aufgegriffen und zu ihrer Sache gemacht wurde. Damit war eine überregionale öffentliche Sammlung für eine Dotation an den in London lebenden Freiligrath verbunden, die sich als ungewöhnlich erfolgreich erwies. In zahlreichen deutschen Städten wurden, meist von speziell zu diesem Zweck gegründeten Komitees initiiert, Feiern zu Ehren Freiligraths veranstaltet, die in der Regel mit instrumentaler und vokaler Musik umrahmt wurden. In diesen Veranstaltungen wurde Freiligrath nicht nur als politischer Dichter eingehend gewürdigt, sondern es wurden auch zahlreiche seiner Texte, einschließlich seiner Übersetzungen frühmittelalterlicher schottischer Balladen, rezitiert. Diesmal fehlte es nicht an zahlreichen, ausschließlich von Arbeitervereinen durchgeführten Veranstaltungen. Einmal mehr erwies sich, daß Kultur und Politik in der Ära der Reichsgründung gleichsam wie kommunizierende Röhren miteinander verbunden waren. Allerdings wurden die radikal demokratischen Aussagen der Dichtung Freiligraths in den Festreden vielfach entschärft und mit einem martialischen Bekenntnis zu militärischer Gewalt verschmolzen, in welcher man ein legitimes Mittel sah, um die von Bismarck eingeleitete Politik der Einigung Deutschlands zu vollenden. Im gegebenen Augenblick schien es den bürgerlichen Schichten einschließlich des Besitzbürgertums an der Zeit, Freiligrath als einem »Fahnenträger des Geistes« zu huldigen und ihm für sein kompromißloses Eintreten für Freiheit und Einheit der Deutschen in einer Ära politischer Unterdrückung den Dank der Nation auszusprechen.

Die Reichsgründung und die deutsche Kultur in der Ära der Vorherrschaft des Liberalismus

Die Gründung des Deutschen Reiches in einem zeremoniellen Festakt im Spiegelsaal von Versailles am 18. Januar 1871 wurde von den Zeitgenossen allgemein auch als Auftakt für einen neuen Aufschwung der kulturellen Entwicklung in

Deutschland empfunden. Obschon die bürgerliche Kultur sich ursprünglich in enger Verbindung mit den Idealen des konstitutionellen Liberalismus entfaltet hatte, vornehmlich in den neuen, nunmehr rasch wachsenden Städten, richtete sie sich, wenn man es bildlich formulieren will, im Kaiserreich häuslich ein. Dabei bildete eine ausgeprägt nationale Gesinnung, die sich in erster Linie am Kaisertum als dem Symbol des neuen Nationalstaates orientierte, eine Brücke zwischen Staat und Kultur. Künstler, Musiker und Literaten zögerten nicht, den Triumph der preußischen Waffen über Frankreich in ihren Werken zu idealisieren. Emanuel Geibel dichtete nach der Schlacht von Sedan ein pathetisches Siegeslied:

> »Nun lasset die Glocken von Turm zu Turm,
> Durchs Land frohlocken im Jubelsturm.
> Des Flammenstoßes
> Geleucht facht' an.
> Der Herr hat Großes an uns getan.
> Ehre sei Gott in der Höhe.«

Theodor Fontane hielt die Ereignisse des deutsch-französischen Krieges in liebevoll gezeichneten Berichten für die »Neue Preußische Zeitung« fest. Richard Wagner verfaßte noch im Januar 1871 ein Gedicht »An das deutsche Heer vor Paris«, das einer brutalen Niederwerfung der Kommune das Wort redete; wenig später komponierte er einen »Kaiser-Marsch« zur Feier des deutschen Sieges über Frankreich. Auch Richard Brahms schrieb eine Ode zur Erinnerung an die großen Ereignisse der Jahre 1870/71. Gustav Freytag schließlich pries die Reichsgründung als Beginn einer neuen Ära auch im kulturellen Leben Deutschlands. Und Anton von Werners historische Riesengemälde, die nahezu alle großen politischen Ereignisse jener Jahre, beispielsweise Moltke auf dem Schlachtfeld von Sedan oder den feierlichen Reichsgründungsakt im Spiegelsaal von Versailles, mit peinlicher Genauigkeit bis in die letzten Details korrekter Uniformgestaltung festgehalten haben, sind exemplarische Zeugnisse einer historistischen Malerschule, die sich die künstlerische Verklärung der Höhepunkte der deutschen Nationalgeschichte zur vornehmsten Aufgabe gesetzt hatte. Es versteht sich, daß später auch die Kaiserpfalz von Goslar durch Hermann Wislicenus, einen Kollegen Werners an der Berliner Kunstakademie, mit prachtvollen historistischen Wandgemälden ausgestattet worden ist. Diese sollten einmal mehr veranschaulichen, daß das Hohenzollernkaisertum gleichsam als die Wiederherstellung des mittelalterlichen Reiches »deutscher Nation« zu gelten habe.

Die Berliner Siegesfeier am 16. Juni 1871, die den Triumph der preußisch-deutschen Armeen über Frankreich und die Gründung des Reiches glanzvoll würdigen sollte, wurde von den Zeitgenossen als eines der großen künstlerischen Ereignisse in Deutschland gewertet. An der künstlerischen Gestaltung der »Via

Triumphalis« vom Tempelhofer Feld zum Berliner Stadtschloß nahmen unter Federführung der Berliner Kunstakademie die führenden Maler und Bildhauer der Stadt teil. Rudolf Siemering, Reinhold Begas, Moritz Schulz und Erdmann Encke wurden für die Errichtung mehrerer Monumentaldenkmäler, Triumphbögen, Ehrensäulen und Reliefs gewonnen. Die Straße »Unter den Linden« wurde zusätzlich mit fünf riesigen, über ihre volle Breite gespannten Monumentalgemälden dekoriert, die, von Anton von Werner, Otto Knille, Ernst Johannes Schaller, Ernst Ewald und August Heyden geschaffen, nach Art der damals beliebten Historienbilder die ganze glorreiche Geschichte der Deutschen in überwiegend symbolischer Form darstellten. Schon hier stand die Mythengestalt der Germania im Mittelpunkt; damit sollte gleichsam das hinter seinem Monarchen geeinte deutsche Volk repräsentiert und zugleich die Reichsgründung als Erfüllung eines Jahrtausends deutscher Geschichte vorgestellt werden. Zeitgenössische Beobachter wie Bruno Meiner würdigten das ikonologische Programm der Siegesfeier als Bemühen, »die ideale Seite der Ereignisse vom höchsten Gesichtspunkt aus« darzustellen: »Aufruf zum Kampf, Verbrüderung der deutschen Stämme, Kampf und Sieg, das neue Reich, [der] Reichsfrieden.« Hier, so schien es, war die bürgerlich-liberale Idee der national geprägten Kulturnation eine Symbiose mit dem monarchischen Gedanken und der höfisch-aristokratischen Kultur eingegangen. Ihren vorläufigen Schlußpunkt fanden die Bestrebungen, den Sieg über Frankreich und die Reichsgründung auf künstlerischem Feld demonstrativ zum Ausdruck zu bringen, mit der Errichtung der monumentalen Siegessäule im Tiergarten, bei der man allerdings von einer Abbildung Wilhelms I. und der führenden Persönlichkeiten absah und sich mit der Darstellung der Germania als Symbol des neuen Reichspatriotismus sowie einer Allegorie des Cäsarentums begnügte.

Die Erwartung, daß die nationale Aufbruchstimmung nach 1871 eine dauerhafte Belebung auch des künstlerischen und literarischen Lebens herbeiführen würde, sollte sich jedoch nicht erfüllen. Im Gegenteil, die Königliche Akademie der Schönen Künste in Berlin lenkte unter ihrem Direktor Anton von Werner, der sich der besonderen Gunst Wilhelms I. und der höfischen Gesellschaft erfreute, in Verbindung mit dem Verein Berliner Künstler und der Preußischen Landeskunstkommission das Berliner Kunstleben in ein ausgeprägt konventionelles Fahrwasser, das sich uneingeschränkt der offiziösen Ästhetik des Schönen, Wahren und Guten verschrieb. Unter dem Einfluß von Werners, der bald zum mächtigsten Mann in der deutschen Kunstszene avancierte, wurde die historistische Monumentalmalerei, die sich vornehmlich der großen nationalen Themen vor einem bis ins frühe Mittelalter zurückgehenden Hintergrund annahm, zum vorherrschenden Genre. Ähnliches geschah in der Bildhauerei, die bald eines ihrer Haupttätigkeitsfelder, zumeist aufgrund öffentlicher Aufträge, in der Schaffung von nationalen Denkmälern aller Art fand.

In Anton von Werner fand der Kaiser einen Historienmaler nach seinem Geschmack, dessen zahlreiche pompöse Monumentalgemälde von Schlachten und herrschaftlichen Ereignissen als vorbildhaft galten. In der Königlichen Akademie der Künste regierte von Werner, trotz seines vergleichsweise jugendlichen Alters von sechsunddreißig Jahren, nahezu unumschränkt. Fontane, der im Februar 1876 zum Sekretär der Königlichen Akademie der Künste bestellt worden war, fand es schon nach drei Monaten unerträglich, »vor Herrn v[on] W[erner] wie vor einer aufgehenden kronprinzlichen Sonne zu liebedienern«. Die Marschroute dieses offiziösen Kunstgeschmacks war ganz und gar konventionalistisch; die Akademien hatten das »ursprünglich Schöne«, wie es in den klassischen Werken insbesondere der antiken, aber auch der neueren Kunst des 17. und 18. Jahrhunderts seinen vornehmsten Ausdruck gefunden hatte, unverändert zu pflegen und an kommende Generationen von Eleven weiterzugeben. Selbst die Landschaftsmalerei war nicht gefragt; über die Kunst der Nazarener hinaus konnte und wollte man sich hier nicht vorwagen. Anläßlich der Einweihung des neuen Gebäudes der Düsseldorfer Akademie 1879 gab der Kunsthistoriker Karl Woermann auch hier eine konventionalistische Parole aus: »So werden wir denn auch das Panier des Idealismus zu entfalten haben gegen Strömungen, welche den großen, [...] ernsten Stil in der Kunst für einen überwundenen Standpunkt erklären.«

Die Folgen einer derartigen Entwicklung des künstlerischen Lebens wurden von aufmerksamen Beobachtern schon früh erkannt. Mit schneidender Schärfe urteilte Friedrich Nietzsche bereits 1873 in seinen »Unzeitgemäßen Betrachtungen«: »Ein großer Sieg ist eine große Gefahr. Die menschliche Natur erträgt ihn schwerer als eine Niederlage; ja es scheint selbst leichter zu sein, einen solchen Sieg zu erringen, als ihn so zu ertragen, daß daraus keine schwere Niederlage entsteht. Von allen schlimmen Folgen aber, die der letzte mit Frankreich geführte Krieg hinter sich dreinzieht, ist vielleicht die schlimmste ein weitverbreiteter, ja allgemeiner Irrtum: der Irrtum der öffentlichen Meinung und aller öffentlich Meinenden, daß auch die deutsche Kultur in jenem Kampfe gesiegt habe [...] Dieser Wahn ist höchst verderblich, [...] weil er imstande ist, unsern Sieg in eine völlige Niederlage zu verwandeln: in die Niederlage, ja die Exstirpation des deutschen Geistes zugunsten des deutschen Reiches.« Später hat Nietzsche gar die Ansicht vertreten, daß die Reichsgründung die kulturelle Entwicklung in Deutschland gegenüber jener seiner europäischen Nachbarn auf lange hinaus zurückgeworfen habe: »In der Geschichte der europäischen Kultur bedeutet die Heraufkunft des ›Reichs‹ vor allem eins: eine Verlegung des Schwergewichts. Man weiß es überall bereits: in der Hauptsache – und das bleibt die Kultur – kommen die Deutschen nicht mehr in Betracht.« Rückblickend stellte Max Weber mit einem gewissen Erschrecken fest, daß »reine Kunst und Literatur von deutscher Eigenart gerade nicht im politischen Zentrum« des deutschen Nationalstaates entstanden seien;

dies wog in seinen Augen besonders schwer, weil er als Soziologe davon ausging, daß der Begriff der Nation in der Regel an der »Überlegenheit oder doch der Unersetzlichkeit der nur kraft der Pflege der Eigenart der zu bewahrenden und zu entwickelnden ›Kulturgüter‹« verankert zu werden pflege.

Selbst wenn man diese Urteile als allzu hart und überspitzt betrachten mag, ist nicht zu übersehen, daß die bahnbrechenden zeitgenössischen Entwicklungen in Kunst, Literatur und Musik sich zumeist eher außerhalb des politischen Machtzentrums des Kaiserreiches ereigneten. Erst gegen Ende des Jahrhunderts gewann Berlin auch im kulturellen Leben eine Schlüsselstellung, aber selbst dann noch in deutlicher Konkurrenz zu zahlreichen anderen Kunstzentren in Mittel- und Süddeutschland und im Rheinland. Überhaupt ist die Vielgestaltigkeit der Staatenwelt des 18. und frühen 19. Jahrhunderts, die dann in der föderalistischen Struktur des Reiches in freilich abgeschwächter Form weiterlebte, für die Entwicklung von Kunst, Literatur und Wissenschaft in Deutschland von großem Vorteil gewesen. Sie hatte eine Vielzahl von kulturellen Zentren hervorgebracht, die im Regelfall auf fürstliche Residenzen zurückgingen, aber sich durchaus unabhängig davon zu Mittelpunkten von Kunst und Kultur zu machen verstanden, wie München, Dresden, Weimar, Mannheim, Düsseldorf und Darmstadt oder ehemalige Reichsstädte wie Hamburg oder Köln. Insgesamt läßt sich mit einiger Berechtigung sagen, daß, im Unterschied zu Frankreich, die großen Impulse auf künstlerischem, literarischem und musikalischem Gebiet nicht von Berlin, sondern von einer Vielzahl konkurrierender regionaler Metropolen ausgegangen sind, allerdings mit einer gewichtigen Ausnahme, nämlich der modernen Wissenschaft.

In mancher Hinsicht traten im Kaiserreich die Städte in die Rolle ein, die die konkurrierenden mittleren und kleinen Fürstenhöfe im 18. und noch im frühen 19. Jahrhundert gespielt hatten. Die Städte, gleichviel ob sie ehedem Residenzstädte gewesen waren beziehungsweise blieben oder eher in einem gewissen Gegensatz zu den etablierten höfischen Gewalten standen, wie Hamburg oder Frankfurt, wurden zu Zentren der sich entfaltenden bürgerlichen Kultur nationalen und liberalen Zuschnitts. Das sich auf dieser Grundlage entwickelnde Kulturleben war in allem Wesentlichen eine urbane, am Ende gar eine großstädtische Angelegenheit und stand schon aus diesem Grunde in einem gewissen Gegensatz zu den Kunstidealen der überkommenen höfischen Kultur. Ihr ausschlaggebender Träger war das gebildete Bürgertum, das zu diesem Zeitpunkt noch aufs engste mit dem aufsteigenden Wirtschaftsbürgertum verzahnt war, auch wenn der Boom der Gründerjahre einige unliebsame homines novi in dieses Sozialmilieu hineingebracht hatte und sich erste Vorboten der späteren Dekomposition der bürgerlichen Klasse in scharf voneinander geschiedene Sozialgruppen ankündigten. Dies wurde durch den Umstand erleichtert, daß die Städte innerhalb des bestehenden politischen Systems ein vergleichsweise hohes Maß von Autonomie besaßen. Die

Stadt war rechtlich wie politisch ein Ort bürgerlich-liberaler Hegemonie inmitten einer Gesellschaft, in der ansonsten obrigkeitliche Traditionen vorherrschten. Dank des beschränkten Wahlrechts hatte hier der bürgerliche Liberalismus von den Unterschichten einstweilen wenig zu befürchten; erst gegen Ende des Jahrhunderts sah dieser sich zunehmend von der sozialdemokratischen Bewegung herausgefordert und in die Enge gedrängt.

In den ersten beiden Jahrzehnten nach 1871 stand das geistige Leben im Kaiserreich noch ganz im Zeichen der Symbiose von Nation und Kultur, wie sie sich seit dem späten 18. Jahrhundert herausgebildet hatte. Im Selbstverständnis der Zeitgenossen hatten die höfisch-aristokratische Kultur, die im Kaisertum der Hohenzollern einen neuen volkstümlichen Mittelpunkt gewonnen hatte, und die bürgerlich-nationale Kultur im Zeichen der Reichsgründung weitgehend zueinandergefunden. Am deutlichsten trat diese Wende in der Haltung der Historiker zutage. Heinrich von Sybel, der während der Zeit des Verfassungskonflikts ein erbitterter Gegner Bismarcks und ein entschlossener Vorkämpfer des konstitutionellen Liberalismus gewesen war, schrieb im Januar 1871 an seinen Kollegen Hermann Baumgarten: »Wodurch hat man die Gnade Gottes verdient, so große und mächtige Dinge erleben zu dürfen? Und wie wird man nachher leben? Was 20 Jahre der Inhalt alles Wünschens und Strebens gewesen, das ist nun in so unendlich herrlicher Weise erfüllt! Woher soll man in meinen Lebensjahren noch einen neuen Inhalt für das weitere Leben nehmen?« Sybel, der die eigentliche Aufgabe des Geschichtsschreibers seiner Gegenwart im öffentlichen Leben darin sah, darauf hinzuwirken, »daß alle Kulturbewegungen sich im nationalen und fortschreitenden Sinn vollziehen«, wurde zu einem prominenten publizistischen Verteidiger des neugegründeten Reiches. In zahlreichen Artikeln und Abhandlungen und schließlich in seiner siebenbändigen Geschichte der »Gründung des deutschen Reiches durch Wilhelm I.«, dessen erster Band 1889 erschien, erteilte er der Bismarckschen »Revolution von oben« gleichsam eine offiziöse Absegnung aus nationalliberalem Munde. Schon zuvor hatte Heinrich von Treitschke in einer großen Artikelserie über »Das constitutionelle Königthum in Deutschland« in den »Preußischen Jahrbüchern« die Parole von der Versöhnung der Gebildeten mit der Machtpolitik Bismarcks ausgegeben: »Unser Liberalismus muß zurückkehren zu der alten deutschen Überzeugung, daß kriegerische Kraft die Voraussetzung aller politischen Tugenden bleibt, daß der preußische Waffenruhm ein ebenso edles, ebenso redlich verdientes Kleinod bildet in dem reichen Schatze deutscher Ehren wie die Thaten unserer Dichter und Denker.« Hier wurde die Forderung entschieden zurückgewiesen, daß die Reichsverfassung gemäß dem englischen Vorbild zu einem parlamentarischen System fortgebildet werden müsse. In der Folge wurde Treitschke zum prominentesten Vertreter einer unauflöslichen Symbiose von Nation und Staat; der nationale Machtstaat galt ihm als »sittliches Prinzip« und als wesentlicher Garant des modernen bürgerlichen Kulturlebens. Zugleich propagierte er mit äußerster Schärfe einen elitären Kulturbegriff, der die krassen sozialen Gegensätze der frühindustriellen Gesellschaft als notwendige Bedingung für die Entfaltung einer differenzierten Kultur festgeschrieben sehen wollte: »Die Millionen müssen ackern und schmieden und hobeln, damit einige Tausende forschen, malen und regieren können.« Die Wiederentdeckung der Bedeutung und der Hoheit des Staates zeuge, wie er meinte, von einem hohen Niveau von Kunst und Wissenschaft.

Immerhin gab es damals auch gewichtige Gegenstimmen wie jene Alfred Doves, der in der 1871 gegründeten Zeitschrift »Im neuen Reich, Wochenschrift für das Leben des deutschen Volkes in Staat, Wissenschaft und Kunst«, die es sich zum Ziel gesetzt hatte, gerade jetzt »die ideale Habe unserer Nation, die höchsten Resultate deutscher Wissenschaft, die Gesetze edler Schönheit in Sinn und Gedächtnis der Gegenwart zu erhalten«, für eine Fortbildung der Verfassung in freiheitlichem Sinne plädierte und zu diesem Behufe »die innere Triebkraft des nationalen Geistes« neu anzufachen suchte. Freilich meinte er, daß die Freiheit des deutschen Geistes vor allem von seiten der »finsteren Macht Roms« bedroht werde. Ansonsten aber war es allein Jacob Burckhardt, der als einsamer Rufer in der Wüste vor der drohenden Hypertrophie des nationalen Gedankens warnte und richtig voraussah, daß die Symbiose von Macht und Kultur unvermeidlich zuungunsten der letzteren ausgehen werde. In seinen »Weltgeschichtlichen Betrachtungen« schrieb er: »Allein in erster Linie will die Nation (scheinbar oder wirklich) vor allem Macht. Das kleinstaatliche Dasein wird wie eine bisherige Schande perhorresziert; alle Tätigkeit für dasselbe genügt den treibenden Individuen nicht; man will nur zu etwas Großem gehören und verrät damit deutlich, daß die Macht das erste, die Kultur höchstens ein ganz sekundäres Ziel ist.«

Eben diese sich öffnende Schere zwischen der sich mit machtstaatlichen Elementen aufladenden nationalen Idee und der Kultur erwies sich in der Folge als eine schwere Hypothek für die Entwicklung von Kunst, Kultur und Wissenschaft im Kaiserreich. Nicht nur die Historiker, sondern auch die Nationalökonomen und Juristen tendierten zunehmend dahin, in den neugeschaffenen staatlichen und gesellschaftlichen Verhältnissen das Maß aller Dinge zu sehen und ihnen gegebenenfalls durch Rückspiegelung in die Vergangenheit eine zusätzliche Weihe zu verleihen. Unter solchen Umständen gewann das geschichtliche Denken im Bildungsgut der Zeit eine Schlüsselstellung. Auch in der bildenden Kunst zeigte sich die Tendenz, die Gegenwart durch eine historisierende Verklärung ihrer Ursprünge, nicht selten unter reichlicher Geschichtsklitterung, zu legitimieren. Die germanische Vorzeit, das mittelalterliche Heilige Römische Reich deutscher Nation und das Deutsche Reich Bismarcks wurden gleichsam als Glieder einer langen Kette geschichtlicher Gestaltungen vorgestellt.

Die staatlichen Kunstakademien bildeten die Vorreiter der historisierenden Kunst der Zeit, die die vornehmliche Aufgabe des bildenden Künstlers in der möglichst naturgetreuen, »realistischen« Darstellung von Themen nationalge-schichtlicher Bedeutung sah. Sie waren, auch soweit sie sich vor der Jahrhundert-mitte von den Zwängen eines engen höfischen Kunstgeschmacks frei gemacht hatten, zunehmend wieder zu Stätten eines konventionellen Stils geworden, der in erster Linie in einer im Detail realistischen, im Gesamtentwurf jedoch theatra-lischen und pathetischen Monumentalmalerei seinen Niederschlag fand. Die idealisierende Darstellung von ikonologisch bedeutungsvollen Sujets vornehm-lich historischen, bisweilen auch religiösen oder klassischen Inhalts blieb auf lange hinaus ein vorzugsweises Tätigkeitsfeld der akademischen, aber genauso der freien Künstler, nicht zuletzt dank der reichlich fließenden Aufträge der Kommunen und der öffentlichen Hände.

Dazu gehörten insbesondere die architektonische Gestaltung, bildnerische Dekoration und malerische Ausgestaltung der vielen öffentlichen Gebäude, die im Zuge der Neuordnung der inneren Verhältnisse überall entstanden. Das traf auf die häufig in klassizistischen Formen oder noch häufiger in einem spröden Neoba-rock errichteten Regierungsgebäude sowie auf die Recht und Ordnung symboli-sierenden Gerichtsgebäude zu – erst später setzte sich Wilhelm II. mit seiner Präferenz für neuromanische Stilformen durch –, aber ebenso auf die Bahnhöfe, die als glanzvolle Symbole des industriellen Fortschritts wahrgenommen und entsprechend prunkvoll ausgestattet wurden. In diesem Zusammenhang fielen den bildenden Künstlern bedeutende Aufgaben zu, die sie ganz überwiegend unter Verwendung des vorwaltenden historistischen Stilwollens, im Sinne der Verklä-rung der Gegenwart vor dem Hintergrund einer idealisierten Vergangenheit, lösten. Gleiches galt nicht zuletzt für die wachsende Zahl von öffentlichen Denk-mälern, die zumeist von staatlichen Behörden, häufig auf Anregung des Kaisers, seltener hingegen von privaten Mäzenen, in Auftrag gegeben wurden. Das in seinen Ursprüngen weit zurückreichende Hermannsdenkmal von Ernst von Ban-del, das nach längerer Bauzeit 1875 feierlich eingeweiht wurde, war der Erstling einer großen Zahl von gleichartigen monumentalen Denkmälern nationalen Gehalts, die vielerorts entstanden. Es war gemäß dem Willen seiner Auftraggeber ein »kraftvoll-stolzes Ehrenzeichen«, ein »Ruhmesmal der mit militärischen Machtmitteln von oben geeinten Nation« (H. Barmeyer). Es repräsentierte eine Tendenzwende in der deutschen Nationalkultur; an die Stelle der emanzipatori-schen und humanitären Inhalte der Nationalidee des Vormärz trat hier das Bekenntnis zur machtvollen Nation autoritärer Gebärde.

Allerdings lassen sich sehr wohl Akzentunterschiede zwischen jenen Kunstrich-tungen, die sich der Gunst der offiziösen Instanzen erfreuten, und der Entwick-lung der Kunst im Schoß der bürgerlichen Gesellschaft selbst ausmachen. Dies kam namentlich in der Architektur zum Ausdruck. Die architektonische Gestal-tung der zahlreichen Rathäuser, die in der zweiten Hälfte des 19. Jahrhunderts und im Jahrzehnt vor 1914 entstanden, unterschied sich merklich von den repräsentativen Barock- und Rokoko-Bauten der fürstlichen Residenzen des 18. Jahrhunderts, aber auch von dem Neubarock der zeitgenössischen staatlichen Repräsentationsbauten. Der Rückgriff auf historistische Stilelemente vornehmlich der Gotik oder der deutschen Renaissance, beziehungsweise was man für diese hielt, hatte zumindest anfänglich eine symbolische Bedeutung; ebenso war der architektonische Grundtypus des Rathauses mit einem die Fassade beherrschenden Turm nebst großen Giebeln der mittelalterlichen Tradition entlehnt. Diese Bauten sollten den Rang und die Macht der städtischen Korporationen in gebührender Weise zur Schau stellen und deren Eigenständigkeit innerhalb der politischen Ordnung zum Ausdruck bringen, freilich eng verbunden mit dem Bekenntnis zum Kaisertum als dem Symbol der neugewonnenen nationalen Einheit der Deutschen. Erst nach und nach verblaßten solche ursprünglich bewußt vorgetragenen ikonologischen Motive im Zuge der fortschreitenden Professionalisierung auch der städtischen Verwaltung und des städtischen Kulturlebens. Statt dessen traten bei der architektonischen Gestaltung städtischer Repräsentativbauten immer stärker rein funktionale Gesichtspunkte in den Vordergrund.

Dennoch entzogen sich auch die städtischen Kommunen, in denen »Bildung und Besitz« maßgebenden Einfluß hatten, nicht dem Trend zu einer historistischen Monumentalmalerei nationalpädagogischen Zuschnitts, um so weniger, als die Umsetzung der städtischen Bauprogramme in die Wirklichkeit in der Regel einer schmalen Schicht von selbstbewußten Kommunalbeamten meist nationalliberaler Gesinnung überlassen blieb. In den historistischen Gemäldezyklen, die die Repräsentationsräume der neuen Rathäuser in vielen deutschen Städten zierten, dominierten neben der jeweiligen Stadtgeschichte ebenfalls die großen Themen der deutschen Nationalgeschichte. Besonders häufig begegnen uns dabei Zyklen der mittelalterlichen Kaiser, die als Garanten städtischer Freiheit in der mittelalterlichen Gesellschaft, zugleich aber als Vorläufer des Hohenzollernkaisertums gefeiert wurden, des öftern, wenn auch keineswegs immer, gefolgt von Konterfeis Wilhelms I. und später – seltener – auch Wilhelms II.

So läßt sich ein hohes Maß von Gemeinsamkeiten der bürgerlichen und der offiziösen Kunst feststellen. Dazu gehörten die Vorliebe für historistische Sujets und mehr noch die durchgängige Orientierung an den unverändert für gültig erachteten Stilprinzipien des Neoklassizismus sowie die Auffassung, daß Kunst in erster Linie »das Edle, Schöne, Wahre« zur Darstellung zu bringen habe. Wilhelm von Kaulbach, einer der bedeutendsten Vertreter der historischen Monumentalmalerei jener Jahre, führte die erneute Blüte des Kunstlebens in der Reichsgründungszeit auf »die Pflege der Kunst um ihrer selbst, der Schönheit willen« zurück; »denn nur, wenn in ihr das Ideale Gestalt annimmt, kann sie zum Vorbilde für das Leben werden [...]«. Demnach darf jene zugleich realistische wie tief unwahre theatralische Kunstrichtung, wie sie von Werner in exemplarischer Weise vertrat, als durchaus dem bürgerlichen Zeitgeschmack entsprechend betrachtet werden.

Die bürgerliche Kunst war im zweiten Drittel des 19. Jahrhunderts in kaum geringerem Maße affirmativ als jene Kunst, die an den staatlich beeinflußten Kunstakademien gepflegt wurde. Die realistischen Gemälde eines Adolph Menzel, der 1898 geadelt wurde, oder die neoromantische Malerei eines Wilhelm Trübner oder Wilhelm Leibl entsprachen durchaus den ästhetischen Vorstellungen der großen Mehrheit der bürgerlichen Schichten. Menzel wandte sich zwar erstmals auch Sujets der modernen industriellen Arbeitswelt zu, aber er stellte sie in einer so distanzierten, deren düstere Seiten sublimierenden Weise dar, daß dies nicht als Herausforderung an den herrschenden Kunstgeschmack empfunden wurde. Obwohl Leibls Genrebilder die Alltäglichkeit des Volkslebens in einer neuen, eindringlicheren Weise schilderten, kamen seine Figuren nicht zufällig zumeist in sonntäglicher Tracht und in einem festlichen Ambiente daher. Dies alles fiel nicht aus dem Raster des konventionellen bürgerlichen Kunstgeschmacks heraus.

Typisch für die siebziger und achtziger Jahre war jene Kunsttendenz, die sich vor allem mit dem Namen Hans Makarts verknüpft, der seine Zeitgenossen in der virtuosen Verwendung historistischer Stilelemente unterschiedlicher Herkunft weit in den Schatten stellte, zum Zweck der Hervorbringung von Kunstwerken von grandioser Prachtentfaltung und üppigem Formenreichtum. Sie wird gemeinhin, so Richard Hamann, mit dem Lebensgefühl der »Gründerzeit« in Verbindung gebracht, die über Nacht riesige Vermögen entstehen ließ, zugleich aber ein neues Stilwollen, das auf die Hervorbringung von »bedeutende[n], unvergängliche[n] Werke[n]« abzielte, die ihren neureichen Besitzern das Gefühl vermitteln sollten, nun auf Dauer zu den Arrivierten der bürgerlichen Gesellschaft zu gehören. Der eklektische Charakter dieser Kunstrichtung, die unbekümmert die unterschiedlichsten Stilelemente und ikonologischen Programme aus Antike und Mittelalter beliebig miteinander kombinierte, um den Eindruck des Großen und Prächtigen zu erzielen, verschlug dabei wenig. Makart war darin ein unbestrittener Meister; er betrachtete gleichsam die gesamte abendländische Kultur in ihren typischen ästhetischen Äußerungen als thematisches Reservoir seiner Werke und mehr noch seiner berühmten Interieurs: »Frei wie jene Alten mit ihren Göttern und Legenden«, so urteilte bereits ein zeitgenössischer Kunstkritiker über ihn, »schaltet er mit seinen Amouretten, schönen Frauen, Genien und Bacchanten und zieht in das von ihm beherrschte Reich der Phantasie kraft des angeborenen Rechts der weltumfassenden Malerei die weite Natur mit ihrer Fülle von Prachtgeräten und Geschmeiden, glanzvollen Stoffen, Emblemen, Wappen, Masken und sonstigen Gebilden hinein.« Darüber hinaus wurde nun das Porträt zu einem neuen, besonders beliebten Genre, bot sich doch hier die Möglichkeit, die ästhetische Bedeutsamkeit des Kunstwerks durch den gesellschaftlichen Rang des Konterfeiten noch zu erhöhen. Bedeutende Porträtmaler wie Franz von Lenbach oder Bildhauer wie Reinhold Begas hatten mit einem Male Hochkonjunktur. Am ausgeprägtesten aber kam der eklektische Historismus der Gründerzeit in der Gestaltung der bürgerlichen Wohnpaläste der neuen Metropolen zum Ausdruck; hier, in den Prachtvillen auf dem Kurfürstendamm in Berlin oder der Maximilianstraße in München oder der Ringstraße in Wien, entstanden jene Bauten, die das Selbstbewußtsein des zu Reichtum und gesellschaftlichem Einfluß aufgestiegenen Großbürgertums vornehmlich repräsentierten. Felix Bassermann hatte sich 1835 in Mannheim ein Haus in streng klassizistischem Stil bauen lassen; sein Neffe Ernst Bassermann, der spätere langjährige Führer der Nationalliberalen Partei, bezog 1886 eine in repräsentativer Lage Mannheims gelegene Villa, die ganz dem Stil der Gründerzeit entsprach.

Im großen und ganzen hatte die bürgerliche Kunstauffassung der Zeit mit den offiziös beeinflußten akademischen Kunstrichtungen die Tendenz gemein, zur würdigen Ausstaffierung der bürgerlichen Lebenswelt in eklektizistischer Manier je nach Bedarf auf ein Konglomerat von unterschiedlichen historischen Stilformen zurückzugreifen, die dazu bestimmt waren, den pragmatischen Zweckbauten beziehungsweise der Nüchternheit des bürgerlichen Lebensstils eine bereits als legitimiert geltende ästhetische Überhöhung zu geben. Allerdings wird man sagen können, daß das zu Wohlstand gelangte Bürgertum zumeist die Stilformen der italienischen Renaissance als einer der bürgerlichen individualistischen Leistungsgesinnung nahekommenden Kulturepoche bevorzugt hat, so, wie sie etwa Jacob Burckhardt in seiner damals populär werdenden »Kultur der Renaissance in Italien« beschrieben hatte. In den Kreisen des liberalen Bürgertums, das ursprünglich der Gotik den Vorzug vor anderen Stilformen gegeben hatte, weil man mit ihr die Epoche mittelalterlicher Bürgerfreiheit assoziierte, gewann zunehmend die Ansicht an Boden, daß »im Anschluß an die besten Formen der Renaissance der gemeinsame Weg zur Entwicklung eines lebensfähigen deutschen Stiles gefunden sei«, wie es Georg Hirt 1888 formulierte. 1871 wurde das erste Geschäftshaus in Berlin im Stil der italienischen Renaissance gebaut; später sollten italianisierende Fassaden die repräsentativen Straßen der deutschen Städte maßgeblich bestimmen.

In der Malerei jener Jahrzehnte lassen sich vergleichbare Tendenzen ausmachen. Sie war in ihren künstlerisch bedeutendsten Ausprägungen bewußt theatralische Kunst, die vor allem die Realisierung des »Ideals der Vornehmheit« (R. Hamann) anstrebte, zugleich aber in erster Linie auf die großen Persönlichkeiten beziehungsweise heroischen Mythengestalten fixiert war. Die Malerei eines Arnold Böcklin oder eines Hans von Marées zielte auf die pathetische Präsentation von idealen Welten, die mit der alltäglichen Wirklichkeit der anlaufenden Industrialisierung nicht das geringste gemein hatten. In der Wahl ihrer Themen blieben sie guteteils der Mythologie der Antike verhaftet, die sie freilich mit romantischen Elementen kombinierten und vielfach in höchst dramatischer Weise in Szene setzten; die italienische Kunst des 16., teilweise auch des 17. Jahrhunderts mit seinen manieristischen Formen blieb für sie ein maßgebliches Vorbild. Die Werke eines Anselm Feuerbach waren in besonderem Maße der Repräsentation des Erhabenen und Würdigen gewidmet; hier spielte der Rückgriff auf die Themen und Stilformen der klassischen Werke der italienischen Renaissance eine besonders große Rolle. Böcklins sinnenbetörende Farbenpracht sowie die dramatische Inszenierung seiner Themen repräsentierten beispielhaft das Lebensgefühl jener Jahrzehnte, auch wenn seine Werke beim breiten Publikum zunächst keineswegs sonderlichen Zuspruch fanden. Seine späten Arbeiten hingegen, beispielsweise der Zyklus »Krieg« nach dem Vorbild von Dürers »Apokalyptischen Reitern« führen bereits in die Nähe der neuen Kunstrichtung des Expressionismus und antizipieren bis zu einem gewissen Grade die ausdrucksstarken und meist düsteren Werke Edvard Munchs, der 1892 sein äußerst umstrittenes Debüt in Deutschland erfuhr.

Vergleichsweise weniger produktiv war die Entwicklung auf dem Gebiet der Literatur. Der Realismus hatte in den siebziger Jahren den Höhepunkt seiner Geltung überschritten; die schöpferische Kraft früherer Jahrzehnte war weitgehend verlorengegangen; es herrschte eine »unverkennbare Ermüdung« (E. Alker). An die Stelle einer rückhaltlosen Erfassung des Wirklichen, die in sich selbst schon ein Programm gewesen war, trat die Beschäftigung mit der gesellschaftlichen Welt abseits des politischen oder wirtschaftlichen Getriebes, freilich mit den unentrinnbaren Verirrungen und Problemen, die sich aus der Konfrontation mit eben diesen Realitäten ergaben. Den ökonomischen und sozialen Gegebenheiten des industriellen Kapitalismus gegenüber war die zeitgenössische Literatur ganz überwiegend skeptisch, ja ablehnend eingestellt, jedoch ohne sich diesen Fragen direkt zu stellen. Gustav Freytag hatte in seinen Schriften, zumal in seinem damals einflußreichen Roman »Soll und Haben«, den Triumph der bürgerlich-kommerziellen über die niedergehende ländlich-aristokratische Welt gefeiert. Davon war in den Werken der Gründerära nur noch wenig geblieben. Die Romane und Erzählungen Conrad Ferdinand Meyers, eines Schweizers, der dem Zentrum des neuen Reiches ganz fern stand, schilderten durchweg an exemplarischen historischen Geschehnissen eine ideale Welt, in der große Persönlichkeiten mit den Widerständen einer alltäglichen Ordnung ringen. Seine 1871 erschienene lyrisch-epische Dichtung »Huttens letzte Tage« mit der Dramatisierung eines Heroen der Vorgeschichte des deutschen Nationalstaates hatte besonderen Erfolg. Großer Beliebtheit erfreuten sich auch die eher idyllischen Erzählungen Gottfried Kellers, ebenfalls eines Schweizers. Daneben standen zahlreiche geringere Geister wie Friedrich Spielhagen. Theodor Fontane beschrieb in seinen »Wanderungen durch die Mark Brandenburg« mit den Mitteln einer dem verstehenden Historismus nahekommenden sorgfältig recherchierten Darstellungsweise mit Liebe und mit viel Behutsamkeit die preußische Adelsgesellschaft der Vergangenheit. Seine späteren Schriften wandten sich dann immer stärker der Thematik der Erstarrung dieser ehemals glanzvollen Adelskultur in seiner Gegenwart und ihren Auswirkungen zu. Der unlösbare Konflikt zwischen der an einer großen, aber unwiderruflich vergangenen Sozialordnung orientierten starren Konvention der adeligen Gesellschaft und der Wirklichkeit der persönlichen Empfindungen und Beziehungen der Handelnden, der in aller Regel zu Entsagung, gesellschaftlichem Niedergang oder gar Freitod führte, ist das Grundthema seines Werkes. Es ist »die Welt des Scheins«, an der Schach von Wuthenow zugrunde geht und die Käte Sellenthin in »Irrungen und Wirrungen« zur Entsagung zwingt. Am eindrucksvollsten hat Fontane dieses Thema dann in dem allerdings erst 1894 erschienenen Roman »Effi Briest« behandelt, in freier dichterischer Verarbeitung einer realen Begebenheit. Effis Mann, Gert von Instetten, ehemals preußischer Landrat und späterhin Ministerialbeamter in Berlin, sieht sich infolge der zufälligen Entdeckung, daß seine Gattin viele Jahre zuvor eine kurze, leidenschaftliche Liebesbeziehung zu einem Major von Crampas unterhalten hatte, eigentlich entgegen seiner persönlichen Neigung dazu gezwungen, diese zu verstoßen und zu einem Leben in Armut und Schande zu verurteilen, alles nur, um der in seinen gesellschaftlichen Kreisen geltenden Konvention Genüge zu tun.

Fontanes Schriften reflektierten die deutsche Gesellschaft des Kaiserreiches in ihren Zuständen mit großem Einfühlungsvermögen, zugleich aber mit behutsamer, sorgfältig versteckter Kritik. Er versagte sich in seinen Werken bewußt, über diese Linie hinauszugehen, wenngleich sich in seinen Briefen immer wieder bittere zeitkritische Beobachtungen finden. Am ehesten kommen seine persönlichen Auffassungen in dem Altersroman »Der Stechlin« zum Ausdruck. Hier schilderte er mit der ihm eigenen stillen Eindringlichkeit den Niedergang einer aristokratischen Familie und das langsame Vordringen fortschrittlicher Tendenzen auch auf den großen Gütern des ostelbischen Preußen: Es ist der zwischen den sozialen Schichten stehende Pastor Lorenzen, der ihnen sein Wort leiht. Der Triumph der neuen Kräfte wird, entgegen dem der Geschichte zugrunde liegenden historischen Sachverhalt, am Ende durch den Wahlsieg eines sozialdemokratischen – nicht, wie es in Wirklichkeit war, eines liberalen – anstelle des herkömmlich konservativen Kandidaten, symbolisiert; zugleich aber werden die menschlichen Tragödien aufgezeigt, die dies unter den obwaltenden gesellschaftlichen Verhältnissen mit sich brachte.

Fontane verleugnete nie seine Sympathie mit den Lebensformen der Aristokratie und ihren markanten Gestalten. Gleichwohl stand sein Urteil über den preußischen Adel in seiner Gegenwart fest: »Die Welt hat vom alten Adel gar nichts, es gibt weniges, was so aussterbereif wäre wie die Geburtsaristokratie; wirkliche Kräfte sind zum Herrschen berufen, Charakter, Wissen, Besitz – Geburtsüberlegenheit ist eine Fiktion [...]«, schrieb er am 1. Februar 1894 an Georg Friedländer. Dies bedeutete jedoch keine Option für das Bürgertum, schon gar nicht für jenes gewinnsüchtige und protzige Neureichentum, das sich in der Gründerzeit so massiv hervorgetan hatte. »Ich kann«, so teilte Fontane 1884 seiner Tochter mit, »den Bourgeoiston nicht ertragen, und in derselben Weise, wie ich in früheren Jahrzehnten eine tiefe Abneigung gegen Professorenweisheit, Professorendünkel und Professorenliberalismus hatte, in derselben Weise dreht sich mir jetzt angesichts des wohlhabend gewordenen Speckhökertums das Herz um.« Der Niedergang der alten aristokratischen Gesellschaft, die in moralischer Hinsicht einen innerlich unhaltbaren double standard praktizierte, erschien Fontane ebenso unvermeidlich wie der Triumph des neureichen Bourgeois verabscheuungswürdig; am Ende fand er, wie es 1896 in einem Brief an James Morris heißt, die Lebensformen des heraufkommenden Vierten Standes »viel echter, wahrer, lebensvoller« als jene der Aristokratie oder des Bürgertums. In Stil und Ausdrucksform, aber auch der von ihm bevorzugten Form der distanzierten Beschreibung von Zuständen, ohne diese als solche in Frage zu stellen, verharrte Fontane in den Traditionen des literarischen Realismus. Sein Werk war ungeachtet der sozialkritischen Untertöne keineswegs auf aktive Umgestaltung der gesellschaftlichen Ordnungen gerichtet, geschweige denn auf deren revolutionäre Veränderung. Aber Fontane war begeistert, als er Gerhart Hauptmanns »Vor Sonnenaufgang« zu Gesicht bekam, eine scharfe, obschon nicht parteinehmende, sozialkritische Schilderung des Lebens einer Proletarierfamilie. Es war dies das erste bahnbrechende Werk des deutschen Naturalismus.

Weit weniger leicht auf den Begriff zu bringen sind die zeitgleichen Entwicklungen auf dem Gebiet der Musikkultur. Musik spielte für die kulturelle Emanzipation des Bürgertums von fürstlicher Bevormundung im 19. Jahrhundert eine besondere Rolle. Schon seit den ersten Jahrzehnten hatte sich jenseits von Kirche und fürstlicher Residenz eine unabhängige bürgerliche Musikkultur ausgebildet. »Musikfest und Konzert waren«, wie Karl Gustav Fellerer dies unübertrefflich formuliert hat, »der gesellschaftliche Rahmen für die Entwicklung der großen Formen des Musiklebens im kulturbewußten Bürgertum.« Musikfeste waren in aller Regel zugleich Volksfeste und als solche Stätten gesellschaftlicher Begegnung, oft mit erheblichen politischen Nebenwirkungen. Hinzu kam in steigendem Maße ein bürgerlicher Konzertbetrieb, der vielfach von privaten Musikvereinen getragen wurde, zunehmend aber auch die Aufmerksamkeit der städtischen Kommunen fand, die Konzertsäle beziehungsweise Tonhallen einrichteten und in einigen Fällen städtische Orchester gründeten, die neben die wenigen staatlichen Orchester in den fürstlichen Residenzen traten. Die Stadt Bonn feierte den Geburtstag ihres großen Sohnes Ludwig van Beethoven im Dezember 1870 in einer dafür eigens neu errichteten Beethoven-Halle mit einem dreitägigen Musikfest, bei dem mehrere Werke des Komponisten, darunter die »Missa Solemnis« und die »Neunte Symphonie«, vor zahlreichem Publikum zur Aufführung kamen. Eine wichtige Rolle bei der Entwicklung eines modernen Musiklebens spielte darüber hinaus die Oper beziehungsweise die Operette. Opernaufführungen bildeten im 19. Jahrhundert überall einen festen Bestandteil des Programms der aus dem Boden schießenden städtischen Theater; die Trennung von Schauspiel- und Opernhaus ist eine Entwicklung erst des 20. Jahrhunderts.

Die bürgerliche Musikkultur war anfänglich eine Mischung aus Geselligkeit, bürgerlicher Selbstdarstellung und Bildungsbeflissenheit. Ihr Repertoire reichte von den klassischen Oratorien der Zeit des Barock, den Orchesterwerken der Klassik und Romantik, den großen Liederzyklen bis hin zu reiner Unterhaltungsmusik. Bach, Händel, Haydn, Mozart, Beethoven, Brahms, Schumann und Schubert gehörten ebenso dazu wie zahllose heute vergessene Chor- und Orchesterwerke. Max Bruchs bekanntes Violinkonzert hat als einziges von über hundert seiner damals sehr populären Werke, die gleichsam die musikalische Variante der akademischen Kunst repräsentierten, bis in unsere Gegenwart hinein überlebt. In den Aufführungen dominierten klassische und romantische Werke deutscher Komponisten; daneben nahm die Chormusik einen für heutige Verhältnisse bemerkenswert breiten Raum ein, vielfach mit zeitgenössischen oratorischen Werken oder Liederzyklen, die historischen oder vaterländischen Sujets gewidmet waren.

Im übrigen ging ein tiefer Riß durch die zeitgenössische Musikkultur. Sie war beherrscht von dem Gegensatz der Anhänger der sogenannten Neudeutschen Schule, die in erster Linie von Richard Wagner und Franz Liszt repräsentiert wurde, und den Vertretern einer eher konservativen Musiktradition, für die vor allen Johannes Brahms stand. Während die Wagnerianer sich für das Prinzip der Programmusik stark machten, die die Vertonung von geschichtlichen Sujets, poetischen Dichtungen oder Bildern zum Ziel hatte, fühlten sich die Traditionalisten hauptsächlich der Wiener Klassik verpflichtet. Das Werk Richard Wagners stellte eine Herausforderung an die bisherige Musikkultur im Deutschen Reich dar. Wagner stand in vieler Hinsicht quer zum bürgerlichen Kulturbegriff seiner Zeit. Seine an Arthur Schopenhauer orientierte heroische, zugleich aber pessimistisch gestimmte Weltsicht vertrug sich nur schwer mit dem liberalen Fortschrittsbegriff, und seine Musik kam einer Revolutionierung der herrschenden Musiktradition gleich, die er überdies in einer Flut von Broschüren und Schriften aufs schärfste attackierte. Wagner war fest davon überzeugt, daß seine Kunst dazu berufen sei, das wahre und wirkliche Deutschland zum Ausdruck zu bringen. Nach anfänglichem Bemühen um die Gunst Wilhelms I., unter anderem durch die Komposition eines »Kaisermarsches« zur Feier des deutschen Sieges und der Reichsgründung, welcher aber die Annäherungen Wagners eher kühl abwehrte, wurde der Komponist zu einem ausgesprochenen Gegenspieler des »neudeutschen« Reiches und der von ihm repräsentierten kulturellen Tendenzen, und dies ungeachtet einer großen geistigen Verwandtschaft in den grundlegenden Zielsetzungen. Die Gründung eines Nationaltheaters in Bayreuth, in dem allerdings ausschließlich Wagners große Musikdichtungen zur Aufführung kommen sollten, sollte eine Alternative zu den angeblich flachen, äußerlichen ästhetischen Ausdrucksformen bieten, die das Deutschtum im Bismarckschen Staat gefunden habe; es war als eine nationale Weihestätte gedacht, in der die Besucher zu ihrer Deutschheit zurückfinden sollten, die in den großen Mythengestalten der deutschen Vorzeit verkörpert war. Wagners musikalisches und in gewissem Betracht durchaus auch politisches Programm implizierte eine indirekte, aber unübersehbare Kritik an den künstlerischen Verwirklichungen, die die Nationalkultur der Deutschen in einem sich in pompöser militaristischer Drapierung präsentierenden Nationalstaat und in einem auf materielle Gewinnsucht ausgerichteten kapitalistischen System gefunden hatte. In der musikalischen Beschwörung der historischen Archetypen des deutschen Nationalcharakters, die er in den Epen des germanischen Mittelalters und dem altdeutschen Milieu der Meistersinger von Nürnberg fand, hoffte Wagner »das Wesen des deutschen Geistes«, welcher »von innen baut«, neu zu beleben.

Friedrich Nietzsche hat 1884 einmal gesagt, daß Richard Wagner, »in Hinsicht auf seinen Wert für Deutschland und deutsche Kultur abgeschätzt, ein großes Fragezeichen, ein deutsches Schicksal, ein Schicksal in jedem Falle« gewesen sei. Er fügte sogleich hinzu, daß »der deutsche Geist«, der »heute [...] unter dem Hochdruck der Vaterländerei und Selbstbewunderung« stehe, »dem Problem Wagner« unmöglich gewachsen sein könne. In der Tat ist das Problem »Richard Wagner« in erster Linie ein Problem seiner Rezeption gewesen. Er wurde teils kanonisiert durch die Institution der von Cosima Wagner mit fester Hand im vermuteten Sinne des »Meisters« gelenkten Bayreuther Festspiele, teils in eigenwilliger Weise von den Wagner-Vereinen appropriiert, die seit Anfang der siebziger Jahre in ganz Deutschland aus dem Boden schossen und vorwiegend im Bildungsbürgertum, teilweise aber auch bei der Aristokratie, großen Zuspruch fanden, allerdings vielfach auch scharf abgelehnt wurden. Am Ende wurde Richard Wagners Werk zum Symbol einer romantisch-mystischen Gegenkultur zur bürgerlich-rationalen Kultur der Zeit, die sich in hohem Maße an der modernen Wissenschaft und an praktischen Lebensidealen orientierte. Die Wagner-Verehrung fand späterhin ein Pendant in Julius Langbehns wortreichem Plädoyer für eine Erneuerung der deutschen Kultur mittels der Rückkehr zu bodenständigen Lebensformen und radikal individualistischen ästhetischen Idealen und nicht zuletzt auch in dem Nietzsche-Kult der neunziger Jahre.

Der große Publikumserfolg des »unzeitgemäßen«, weil eigentlich einer verblichenen Epoche der Neoromantik und des Kulturpessimismus angehörenden Werkes von Richard Wagner ist ein Zeichen dafür, daß sich der überwiegend rückwärtsgewandte Literatur- und Kunstbetrieb primär affirmativen Charakters in den achtziger Jahren überlebt hatte. Im Vergleich mit den Entwicklungen in Frankreich oder in Großbritannien war die deutsche Kultur seit 1880 in ein stehendes Wasser geraten; weder der literarische Naturalismus eines Emile Zola

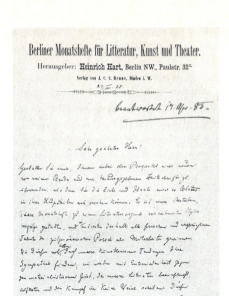

Werbeaktion für die von Heinrich und Julius Hart gegründete Monatsschrift zur Erneuerung der Gesellschaft, des Lebens und der Menschen im Geist des jungen deutschen Naturalismus. Brief Julius Harts an Karl Weitbrecht vom 24. März 1885. – Das von Theodor Fontane verteidigte Stück Gerhart Hauptmanns. Theaterzettel zur Berliner Uraufführung am 20. Oktober 1889. – Die »Bibel des Nietzsche-Kultes« in der buchkünstlerischen Gestaltung Henry van de Veldes für die 1908 in Leipzig erschienene Ausgabe. Alle: Marbach am Neckar, Schiller-Nationalmuseum und Deutsches Literaturarchiv

Theodor Fontane in seinem Arbeitszimmer. Lithographie nach einer Zeichnung von G. Dreher auf dem Titelblatt der in Stuttgart erschienenen Zeitschrift mit dem 1897/98 vorabgedruckten Roman »Der Stechlin«. Potsdam, Theodor-Fontane-Archiv

noch der Impressionismus eines Gustave Courbet oder eines Edouard Manet hatten bislang eine auch nur annähernde Entsprechung in Deutschland gefunden. Die Abbremsung der gesellschaftlichen Dynamik, wie sie mit der Gründung des Deutschen Reiches im politischen Bereich erfolgt war, hatte eine Entsprechung auf dem Gebiet der Kultur gefunden, vielleicht mit Ausnahme der Musik. Nicht ohne Grund klagten schon die Zeitgenossen: »Wir sind in der wahren Kunst zurückgegangen und haben uns statt dessen eine zweifelhafte Größe im Virtuosenthum, in der Technik zu eigen gemacht. [...] unsere Kunst [...] dient der reinen Schönheit nicht mehr, sondern dem Geist einer materiellen Zeit, dem ungebildeten Geschmack des großen Publikums.« Der Ausbruch aus dem eklektizistischen Historismus in Architektur und Malerei und die Überwindung des kraftlos gewordenen Realismus in der Literatur, waren überfällig geworden.

Die Rebellion gegen die »Gründerkultur« und die offiziöse Kulturpolitik der Wilhelminischen Epoche (1890–1905)

Die enge Verbindung, die die bürgerliche Kultur während der Ära der Vorherrschaft der Nationalliberalen Partei mit dem neugeschaffenen Nationalstaat eingegangen war, hatte sich als wenig fruchtbar erwiesen. Kunst und Literatur hatten sich vielfach allzu bereitwillig ins Schlepptau der offiziösen Kulturpolitik nehmen lassen, der es vor allem um die Verherrlichung des neugegründeten Reiches zu tun war. Davon abgesehen hatte sich das aufsteigende Industrie- und Handelsbürgertum mit Vorliebe selbst der traditionellen historischen Stil- und Ausdrucksformen bedient, die den Vorzug besaßen, allgemein anerkannt zu sein und Ansehen und gesellschaftlichen Rang zu verbürgen. Auch das Bildungsbürgertum hielt ganz überwiegend an den hergebrachten, großenteils in der Zeit des Neuhumanismus entstandenen literarischen und künstlerischen Ausdrucksformen fest, statt sich modernen Tendenzen zu öffnen. Die ausgeprägt nationalpolitische Ausrichtung des Kunst- und Literaturbetriebs im Sinne einer Symbiose der kulturnationalen Traditionen des Vormärz mit der im Bismarckschen Reich so glanzvoll verkörperten Nationalidee hatte anfänglich die Hoffnung genährt, daß die immer reichere Entfaltung einer eigenständigen deutschen Kultur nur noch eine Frage der Zeit sei. Erst allmählich wurde deutlich, daß diese nationalpolitischen Vorgaben der Vitalität des künstlerischen und literarischen Lebens im Kaiserreich eher abträglich waren.

Doch das bürgerliche kulturelle System, wie es sich im Kaiserreich in Abgrenzung zur überkommenen höfisch-aristokratischen Kultur ausgebildet hatte, erwies sich, ungeachtet seiner Grundtendenz zur Beharrung und zum Festhalten an hergebrachten Kunstidealen, als eine dynamische Kraft, die auf künstlerischem und literarischem Gebiet schließlich doch neuen Entwicklungen die Wege bahnte und am Ende über sich selbst hinausführen sollte. Seit dem Ende der achtziger Jahre löste sich das kulturelle Leben schrittweise von der herrschenden gesellschaftlichen Ordnung und den hergebrachten bürgerlichen Lebensidealen ab und etablierte sich als ein eigenständiges Subsystem. Die geistigen und künstlerischen Kreise emanzipierten sich zunehmend von den ideologischen Prämissen des bürgerlichen Denkens und propagierten mit steigendem Nachdruck das Prinzip der Autonomie von Kunst und Literatur gegenüber den politischen und gesellschaftlichen Mächten. Getragen wurde dieses Subsystem von einer vergleichsweise schmalen, aber einflußreichen Schicht von Künstlern, Kunstinteressierten und Mäzenen, welche die Förderung neuer künstlerischer oder literarischer Richtungen zu ihrer eigentlichen Lebensaufgabe machten, während die Bedeutung der traditionellen Mäzene, insbesondere des Staates und der städtischen Kommunen, vergleichsweise zurückging. Die neue kulturtragende Schicht von Künstlern, Schriftstellern, Mäzenen und Kritikern wollte mit dem bürgerlichen Kulturbegriff nationalliberaler Observanz nichts mehr zu tun haben; sie betrachtete Kultur als eine eigenständige Sphäre gesellschaftlicher Wirklichkeit, die idealiter herrschaftsfrei sein müsse. Noch war freilich ein weiter Weg zurückzulegen, um das kulturelle Leben aus den engen Banden, die es mit dem nationalen Staat verbanden, zu lösen und es gegenüber den neuen künstlerischen und literarischen Strömungen außerhalb der Grenzen des Reiches, insbesondere in Frankreich, in stärkerem Maße zu öffnen. Die stürmischen Entwicklungen in der internationalen Kunst- und Kulturszene gaben in der Folge auch in Deutschland den Anstoß für bedeutende Innovationen auf literarischem und künstlerischem Gebiet, obschon es an Polemik gegen die angeblich bestehende Gefahr einer Überfremdung der deutschen Kunst und Literatur nicht mangelte. Die zunehmende internationale Ausrichtung der Kunst wurde durch die Entstehung eines sich rasch entwickelnden Kunstmarktes erleichtert; er eröffnete ganz neue Möglichkeiten der künstlerischen Produktion und der künstlerischen Entfaltung. Die Übertragung des kapitalistischen Prinzips des Marktes auf die bürgerlichen Subsysteme der Kunst und des literarischen und musikalischen Bildungsbetriebs führte zu einer ungewöhnlichen Dynamisierung des kulturellen Lebens.

Die erste Herausforderung an den herrschenden Kulturbegriff auf literarischem Gebiet war der Naturalismus. Nach dem Urteil Richard Hamanns stellte der Naturalismus eine Rebellion gegen die oberflächliche und pseudoidealistische Salonkultur der Gründerära dar. Zugleich richtete er sich gegen die bildungsbürgerlich ausgerichtete Erzählliteratur der Zeit, die idyllische Milieus vorzog und mit Vorliebe historische Sujets behandelte. Hier wurde erstmals die soziale Wirklichkeit in ihrer ganzen Härte und Unerbittlichkeit zum Thema literarischer Gestaltung gemacht. Im Umfeld des frühen Naturalismus wurde nicht zufällig der Begriff der »Moderne« im heute üblichen Wortsinne geprägt; die »Freie Literarische Vereinigung« in Berlin, deren führende Köpfe die Brüder Heinrich und Julius Hart waren, proklamierte für sich in der »Allgemeinen Deutschen Universitätszeitung« im Jahr 1884: »Unsere Literatur soll ihrem Wesen, ihrem Gehalte nach eine moderne sein [...] unser höchstes Kunstideal ist nicht mehr die Antike, sondern die Moderne.«

Heinrich und Julius Hart plädierten für eine neue, volkstümliche Literatur, die sich dem einfachen Menschen zuwenden sollte, im Gegensatz zu den idealisierten Gestalten der »Klassik«, die zudem weithin an ausländischen Vorbildern orientiert gewesen sei. Vertreter dieser neuen Richtung, zu der auch Arno Holz, Max Halbe und Paul Ernst gehörten, schloß sich in dem 1886 gegründeten literarischen Verein »Durch« zusammen. Insbesondere Gerhart Hauptmann, der im folgenden Jahr Mitglied wurde, verdankte diesem Kreis wesentliche Anregungen. Die Vereinigung »Durch« war der Erstling einer großen Zahl von literarischen und künstlerischen Zirkeln, in denen sich die literarische Avantgarde zusammenfand und neue Wege literarischer Gestaltung suchte, die sich an der »Natur«, nicht an überkommenen ästhetischen Normen zu orientieren suchte. Einstweilen galt der Naturalismus als eine winzige, unmaßgebliche Gruppierung in einem breiten Strom von literarischen Werken, die sich innerhalb der Grenzen des gutbürgerlichen Kunstgeschmacks bewegten.

Es ist keineswegs zufällig, daß die Auseinandersetzung zwischen der neuen literarischen Richtung des Naturalismus und den konventionellen Kunstauffassungen, wie sie sowohl in den höfisch-aristokratischen als auch in bürgerlichen Kreisen absolut dominant waren, insbesondere auf der Bühne ausgetragen wurde. Das Theater, ursprünglich eine ausgeprägt höfisch-aristokratische Kultureinrichtung, war seit der Mitte des Jahrhunderts zum vornehmsten Instrument der Vermittlung bürgerlicher Kulturwerte geworden; zwischen 1870 und 1896 hatte sich die Zahl der kommerziellen Theater im Deutschen Reich verdreifacht, von ursprünglich etwa 200 auf 600 – ein deutliches Zeichen für die große Bedeutung des Theaters im Kulturleben des Kaiserreiches. Allerdings war das Theater in Preußen und, in unterschiedlichen rechtlichen Formen, auch in Süddeutschland immer noch der behördlichen Theaterzensur unterworfen. Jedoch fand die »Freie Bühne« unter der Leitung von Otto Brahm mit der neuen Richtung des Naturalismus einen Weg, um die in Preußen nach wie vor bestehende Theaterzensur zu unterlaufen, indem sie sich als privater Verein organisierte und ihre Aufführungen formal als nichtöffentlich deklarierte. Diese Organisationsform bot zusätzlich die Chance, eine eigene Anhängerschaft in der Gesellschaft zu mobilisieren. Samuel Fischer brachte parallel dazu die Zeitschrift »Die Freie Bühne« heraus, die später unter dem Titel »Neue deutsche Rundschau« zur bedeutendsten literarischen Zeitschrift im Kaiserreich werden sollte und noch heute unter dem Titel »Die neue Rundschau« fortbesteht. Sie stand der neuen Richtung als wirksames literarisches Forum zur Verfügung. Als Leiter der »Freien Bühne« setzte Brahm seine ganze

Energie daran, avantgardistische Autoren vorzustellen, auch wenn diese eine Herausforderung an den herrschenden Kunstgeschmack bedeuteten. Die Aufführung von Henrik Ibsens »Die Gespenster« am 29. September 1889 vor einem geladenen Publikum machte den Anfang, am 20. Oktober desselben Jahres folgte die Uraufführung von Gerhart Hauptmanns »Vor Sonnenaufgang«, einer scharfen, obschon nicht parteinehmenden sozialkritischen Schilderung des Lebens einer Proletarierfamilie. Das Stück erwies sich als großer Erfolg, ungeachtet der zunächst äußerst feindseligen Reaktion des breiten Publikums und der Literaturkritik. Wilhelms II. Wort, daß es sich hier um »Rinnsteinkunst« handele, gab einer auch in bürgerlichen Kreisen zunächst ganz überwiegend vertretenen Meinung spektakulären Ausdruck.

Die öffentlichen Auseinandersetzungen um das Für und Wider des naturalistischen Dramas erreichten im Frühjahr 1892 einen Höhepunkt. Das behördliche Verbot einer öffentlichen Aufführung von Hauptmanns Drama »Die Weber« in Berlin, in dem dieser den schlesischen Weberaufstand vom Jahr 1844 aufgrund einer sorgfältigen Rekonstruktion der historischen Vorgänge dramatisch in Szene gesetzt hatte, unter Berufung auf die Hinckeldeysche Zensurverordnung von 1851 löste einen öffentlichen Skandal aus. Zwar konnte eine mehrmalige Aufführung des Werkes in Berlin durch Brahms »Freie Bühne« und dann auch durch die der Sozialdemokratie nahestehende »Neue Freie Volksbühne« nicht verhindert werden, aber das »Deutsche Theater«, das damals ebenfalls unter der Leitung von Brahm stand, entschloß sich gleichwohl, gegen das Verbot Klage zu erheben. Das preußische Oberlandesgericht entschied in zweiter Instanz im Juli 1894, daß die Aufführung der »Weber« statthaft sei, allerdings mit bestimmten Kautelen vor allem einem vergleichsweise hohen Eintrittspreis, durch den sichergestellt wäre, daß Arbeiter die Aufführung nicht besuchen würden und daher nicht die Gefahr bestünde, daß sie das Stück als Aufruf zum Aufruhr verstehen könnten. Darüber kam es am 21. Februar 1895 zu einer Debatte im preußischen Abgeordnetenhaus, die ihren Ausgangspunkt davon genommen hatte, daß der preußische Innenminister Ernst Matthias von Köller die Entscheidung des Oberverwaltungsgerichts zugunsten der »Freien Bühne« in Beantwortung einer parlamentarischen Anfrage des Zentrumsabgeordneten Klemens August Freiherr von Heeremann und Zuydwyk mißbilligt hatte. Von Köller brachte den offiziösen, freilich durchaus von breiten Kreisen des Bürgertums und insbesondere der katholischen Bevölkerung geteilten Standpunkt zum Ausdruck, daß »die Theater im Laufe der letzten Jahrzehnte das, was sie sein sollten, – eine Bildungsstätte zur Förderung von Sitte, eine Stätte zur Förderung historischer Erinnerungen, zur Förderung, kurz gesagt, alles Guten und Edlen – schon lange nicht mehr sind«. Hingegen verteidigte der freisinnige Abgeordnete Heinrich Rickert die grundsätzliche Freiheit moderner Theaterkunst gegenüber behördlicher Willkür und obrigkeitlicher Bevormundung.

Bei dieser Gelegenheit traten die unterschiedlichen Standpunkte, die die Öffentlichkeit entzweiten, aber auch das Verhalten der preußischen Staatsbehörden, die die vom Kaiserhof ausgehenden Diktate hinsichtlich akzeptabler und inakzeptabler Literatur gleichsam mit gebrochenem Bewußtsein zu exekutieren suchten, ohne selbst voll davon überzeugt zu sein, für jedermann zutage. Der Kaiser hatte nämlich unmittelbar nach der Freigabe der »Weber« das Urteil des Oberlandesgerichts scharf kritisiert und den Justiz- ebenso wie den Innenminister um Aufklärung ersucht. In diesem Zusammenhang fiel auch das berühmte Wort von der »Rinnsteinliteratur«. Wenig später kündigte Wilhelm II. demonstrativ die kaiserliche Loge im Deutschen Theater zu Berlin, was für das Haus einen Einnahmeverlust von 4.000 Mark im Jahr bedeutete. Dieser demonstrative Akt konnte aber den großen Publikumserfolg der »Weber« ebensowenig verhindern wie die nachfolgenden Verbote des Stücks in der Provinz. Im Gegenteil, jene steigerten die Popularität Hauptmanns nicht nur beim breiten Publikum, sondern zunehmend auch in den gehobenen Kreisen der Gesellschaft. Die Hoffnung der Sozialdemokraten, in Hauptmann einen zuverlässigen Gewährsmann für die Gerechtigkeit der eigenen Sache zu finden, erwies sich allerdings in der Folge als trügerisch. Hauptmann verstand sich zwar als sozialkritischen Schriftsteller; aber sein Ziel war im Sinne Emile Zolas die genaue Wiedergabe der »kompletten Wahrheit«, nicht die politische Agitation.

Die amtlichen Maßnahmen gegen die neuen literarischen Richtungen, zumal gegen den Naturalismus, aber auch gegen die vielgestaltigen Strömungen des Symbolismus, erwiesen sich als weitgehend wirkungslos, obschon die Aufführung der »Weber« in der preußischen Provinz einstweilen weiterhin verboten blieb. Angesichts der Mannigfaltigkeit der deutschen Theaterlandschaft und der Unterschiedlichkeit der Kulturpolitik der deutschen Bundesstaaten liefen die offiziösen Einwirkungsversuche auf die Theaterrepertoires und auf die moderne Literatur ins Leere. Sie vermochten weder die Durchsetzung des naturalistischen Dramas noch die Aufführung der Stücke zahlreicher anderer avantgardistischer Autoren des In- und Auslandes durch die deutschen Bühnen aufzuhalten, beispielsweise von Henrik Ibsen und August Strindberg, die anfangs ganz besonders als »rotes Tuch« galten, oder von Frank Wedekind, Carl Sternheim und Arthur Schnitzler. Insgesamt wird man der staatlichen Politik Preußens, von jener der anderen Bundesstaaten ganz zu schweigen, auf dem Gebiet von Literatur und Drama bestenfalls eine bremsende Wirkung auf die neueren Entwicklungen zuschreiben können. Zwar kam es auch in Bayern vielfach zu Behinderungen und zuweilen sogar zu strafrechtlichem Vorgehen gegen mißliebige Autoren, beispielsweise gegen den Herausgeber des »Simplicissimus«, Ludwig Thoma, aber am Ende tendierte die Justiz, besonders wenn dabei Laienrichter beteiligt waren, dazu, den Dingen ihren Lauf zu lassen. Überhaupt wirkte sich die föderalistische Struktur des Reiches in einem liberalisierenden Sinne aus: Was in Berlin streng verpönt war, wurde vielfach bereits in den Provinzen toleriert und schon gar in den süddeutschen Bundesstaaten, die sich auf ihre größere Aufgeschlossenheit gegenüber künstlerischen Bewegungen einiges zugute hielten. Allgemein war das politische Klima im Kaiserreich zwar nicht eben günstig für die Entfaltung eines modernen, hochgradig differenzierten Literaturbetriebs, aber wirklich aufhalten konnte es diesen Prozeß nicht.

Im großen und ganzen war die zeitgenössische Aufregung über den Naturalismus einigermaßen übertrieben. Gewiß wich er mit seinem Bemühen um eine möglichst wahrheitsgetreue Beschreibung der sozialen Wirklichkeit von dem klassischen Maßstab des »Edlen, Wahren, Schönen« ab, im Unterschied zu den teils die sozialen Verhältnisse beschönigenden, teils diese idealisierenden Werken der realistischen Autoren zweiten Ranges, die damals auf ein großes Lesepublikum zählen konnten, beispielsweise eines Paul Heyse, Ernst von Wildenbruch und Friedrich Spielhagen. Aber im Grunde bewegte sich der Naturalismus noch innerhalb des Wertekanons der bürgerlichen Schichten, die ohnehin in den neunziger Jahren von einer starken sozialreformerischen Bewegung erfaßt wurden, welche sich jedoch als vorübergehend erweisen sollte; vor allem aber erschöpfte sich, je mehr der Naturalismus zur öffentlich akzeptierten Kunst avancierte, seine innovative Kraft. Der Expressionist Max Halbe bezeichnete das naturalistische Drama als eine frigide Version der traditionellen Gesellschaft, und der Sozialdemokrat Franz Mehring, der »Die Weber« anfänglich als Aufbruch zu neuen Ufern gefeiert hatte, meinte nun mit einem gehörigen Schuß Polemik gegen Gerhart Hauptmann, der sich in den juristischen Auseinandersetzungen über die Aufführungsrechte für die »Weber« keineswegs auf die Seite der Sozialdemokratie gestellt hatte, daß der moderne Naturalismus »in die feudale Romantik« zurückführe.

In der Tat fanden sich die wirklich zukunftweisenden Leistungen der zeitgenössischen Literatur eher bei den Symbolisten, die sich, jeder in unterschiedlicher Weise, darum bemühten, die Befindlichkeit des Einzelnen, fernab der sozialen Welt und der industriellen Zivilisation, in höchst sublimen literarischen Gestaltungen zum Ausdruck zu bringen. Stefan George, dessen lyrische Zyklen seit 1890 zu erscheinen begannen, suchte einen Weg fernab der technischen Zivilisation seiner Gegenwart zu gehen. Kunst sollte nichts, aber auch gar nichts mit der alltäglichen Realität zu schaffen haben; ihre Aufgabe war es, ästhetische Gegenwelten zur bestehenden Wirklichkeit zu schaffen. In dem 1892 erschienenen Zyklus »Algabal«, der sich an der Gestalt des dekadenten römischen Kaisers Heliogabal orientierte, wird die vom Künstler vorgestellte ästhetische Welt hermetisch gegen die äußere Welt abgeschirmt; diese ist ein Kult der Schönheit und zugleich des Todes. Nach George verlangte diese Art absoluter, in sich selbst ruhender Kunst zugleich eine entsprechende Lebensführung, die von derjenigen der bürgerlichen Welt radikal abgelöst ist, obschon sie deren materielle Grundlagen voraussetzt, weil ansonsten eine allein der Verehrung und der Hervorbringung des absolut Schönen und insoweit Wahren gewidmete Existenz des Künstlers und seiner Gefolgschaft nicht möglich sein würde. Dementsprechend legte Stefan George mit der Zeitschrift »Blätter für die Kunst« im Jahr 1901 die Grundlage für die Entstehung eines elitären Schülerkreises, zu dem in der Folge insbesondere Ludwig Klages, Karl Wolfskehl und Max Dauthendey sowie der Literaturhistoriker Friedrich Gundolf gehören sollten. In eine ähnliche Richtung wies das Frühwerk Rainer Maria Rilkes. Dieser suchte in seinen frühen Gedichten ebenso wie in seinem »Stundenbuch« den »unter aller Oberfläche« liegenden göttlichen »Lebensgrund« des Seins ahnend zu erfassen. Hugo von Hofmannsthal ging ebenfalls davon aus, daß das wahre Sein der Wirklichkeit der alltäglichen Welt, die leer und bedeutungslos geworden sei, schroff entgegengesetzt sei; schauende Resignation, aus der Wehmut und Trauer entspringen, sei die dem Dichter allein noch verbleibende Alternative. Anders als George und Rilke suchte Hofmannsthal einen Ausweg aus dieser Krise des Künstlers, die in Wahrheit als eine Krise der allein dem materiellen Fortschritt zugewandten gegenwärtigen Kultur zu begreifen sei, in der Wiederanknüpfung an die großen kulturellen Schöpfungen der Vergangenheit und deren sublime künstlerische Gestaltung der Lebensprobleme des Menschen. Diese Autoren waren sich in einem einig, nämlich in der Notwendigkeit des Rückzugs auf die Individualität des Künstlers, der, gemäß dem im französischen Symbolismus geprägten Prinzip des L'art pour l'art, seine den alltäglichen Ordnungen entgegengesetzten, künstlerischen Schöpfungen allein aus sich selbst hervorbringt. Ihr Frühwerk antizipierte bereits die Tendenzen der künstlerischen Avantgarde, die sich in der Folge radikal von den überkommenen bürgerlichen Auffassungen von Kunst und Literatur abwenden sollte.

Hingegen fand die Tradition des Naturalismus eine eindrucksvolle Nachfolge in Thomas Manns frühem literarischen Werk. Mit seiner peinlich genauen Schilderung der bürgerlichen Welt in der Periode ihres Niedergangs setzte Mann die literarischen Techniken des Naturalismus mit noch größerer Meisterschaft fort, allerdings nunmehr mit dem Ziel, damit zugleich Aussagen von hohem analytischem Gehalt über die absterbende bürgerliche Welt zu geben, die freilich in symbolische Formen gekleidet waren. Die frühen Erzählungen Thomas Manns, dessen steile Karriere dank seiner Entdeckung durch Samuel Fischers »Literarische Rundschau« bereits früh einsetzte, haben ein Thema gemeinsam, nämlich den unauflösbaren Gegensatz von Kunst und Leben und die Unverträglichkeit des künstlerischen Genies mit den Normen einer an Respektabilität, Leistungsprinzip und Disziplin orientierten bürgerlichen Lebensführung. In bis heute unübertroffener Meisterschaft hat Thomas Mann, der wie kaum ein anderer als ein Erbe der bürgerlichen Epoche zu sehen ist und sich selbst auch so verstand, den Niedergang des klassischen bürgerlichen Wertesystems und der bürgerlichen Lebensformen im Zuge der Dekomposition der ursprünglich einheitlichen Klasse des Bürgertums unter den Bedingungen des Hochkapitalismus beschrieben, namentlich in seinem frühen, 1901 erstmals erschienenen Meisterwerk »Die Buddenbrooks«. Der gleichsam hoheitlichen Figur des Konsuls Johann Buddenbrook, der die Traditionen eines angesehenen und äußerst erfolgreichen Handelshauses in würdiger Weise repräsentiert und in seinem geistigen Habitus diesseitig, praktisch und nüchtern ist, stellt Thomas Mann den kleinen Hanno Buddenbrook gegenüber, einen hochsensiblen, künstlerischen und musikalischen Interessen zugewandten Jüngling, der in diesem auf Leistungswillen, beständige Behauptung in einem unerbittlichen Konkurrenzkampf sowie strikte Respektierung gesellschaftlicher Konventionen und Autoritätsstrukturen ausgerichteten gesellschaftlichen Milieu gleichsam zwangsläufig verkümmern und schließlich lebensuntüchtig werden muß. Dem Tod Hannos geht der Niedergang der ehemals so erfolgreichen Firma Buddenbrook und mit ihr der moralische und schließlich physische Zerfall der immer noch hochangesehenen Familie Buddenbrook mit einer inneren Zwangsläufigkeit voraus. Unter dem Einfluß Nietzsches und Schopenhauers gelangte Thomas Mann zu der Schlußfolgerung, daß Bürgerlichkeit und Kunst in seiner Gegenwart ein dialektisches Verhältnis zueinander gewonnen hatten, gleichviel, wie immer es sich damit in der Zeit des Aufstiegs des Bürgertums verhalten haben mochte. Er antizipierte in diesem Punkt, dem Verhältnis des Künstlers zur alltäglichen Welt, die Revolte der künstlerischen Avantgarde gegen die bürgerliche Kultur, die nur wenig später voll zum Ausbruch kommen sollte.

Eine vergleichbare Entwicklung vollzog sich in der bildenden Kunst. Angesichts der Schlüsselstellung, die die Kunstakademien in der Ausbildung von jungen Künstlern einnahmen, und des großen Einflusses der Akademieprofessoren war der Druck der traditionellen Kunstrichtungen auf den künstlerischen Betrieb und das Ausstellungswesen außerordentlich groß. Dies galt vor allem für Berlin. Hier richteten die Akademie und der Verein Berliner Künstler, die Berliner Filiation der Deutschen Kunstgenossenschaft, seit 1892 gemeinsam die jährlichen großen Kunstausstellungen des »Salons« aus, von denen Erfolg oder Mißerfolg von noch nicht etablierten Malern in eminentem Maße abhingen; allerdings mit der Maßgabe einer »angemessenen Repräsentation« der Düsseldorfer Akademie und der Düsseldorfer Künstler. Der Verein Berliner Künstler sowie die Ausstellungen des »Salons« standen unter der Patronage des preußischen Staates, und die Staatsregierung beziehungsweise Wilhelm II. persönlich hatten auf die Ausrichtung der Ausstellungen erheblichen Einfluß, von der Auswerfung »goldener Medaillen« aus der kaiserlichen Privatschatulle sowie der Vergabe von Aufträgen, etwa für die zahlreichen Denkmäler zu Ehren »Wilhelms des Großen«, ganz abgesehen. Darüber hinaus nahm Wilhelm II. ein großes persönliches Interesse an der Ankaufpolitik der Berliner Museen, zumal der Nationalgalerie, wenngleich die Museumsdirektoren Wege und Mittel zu finden wußten, um die modernen Kunstrichtungen ungeachtet der erklärten Abneigung des Kaisers einigermaßen zum

Zuge kommen zu lassen. Außerdem hatte die akademische Kunstrichtung über ihre starke Repräsentation in der Landeskunstkommission, die formell alle Ankäufe der preußischen staatlichen Museen zu genehmigen hatte, in diesen Dingen ein weitreichendes Mitspracherecht. In diesem System, in dem sich die amtliche Kunstpolitik mit den Interessen der Mehrheit der konventionalistischen Idealen verpflichteten und demgemäß zum Konservativismus neigenden Künstlerschaft vermischte, nahm Anton von Werner einmal mehr eine Schlüsselstellung ein, zumal allgemein bekannt war, daß er, der seinerzeit schon dem Kronprinzen Wilhelm Malunterricht erteilt hatte, das persönliche Vertrauen des Kaisers genoß. In den süddeutschen Bundesstaaten war die Situation offener; hier mischten sich die Staatsbehörden weit weniger stark in künstlerische Belange ein und begünstigten zuweilen, wie in München, gar die modernen Richtungen. Dennoch beherrschte auch dort die Königliche Akademie der Künste, wiederum in Zusammenarbeit mit der Deutschen Kunstgenossenschaft, die zu einer Massenorganisation von professionellen Malern und Bildhauern überwiegend provinziellen Zuschnitts geworden war, das Ausstellungswesen, zum Schaden einer kreativen Entwicklung der bildenden Kunst im Deutschen Reich. Alfred Lichtwark, der Direktor der Hamburger Kunsthalle, der der modernen Kunst gegenüber aufgeschlossen und darum bemüht war, sein ebenfalls konventionelle Kunst präferierendes Publikum behutsam auf das Neue einzustimmen, wetterte in einem Brief vom 2. März 1909 an Max Liebermann sarkastisch über »die festangestellten Genies an den Akademien, Kunst- und Kunstgewerbeschulen, eine Priesterkaste mit Priesterneigungen, -interessen, -intrigen und -ambitionen, mit Priesterherrschsucht vor Allem«, die beanspruchten zu sagen, was Kunst sei und was nicht, und er fügte hinzu: »Denn was sich als Kaste etabliert, will und muß herrschen.« Wichtiger war freilich, daß die Kunstprofessoren an den Akademien sich der öffentlichen Unterstützung der Staatsbehörden sowie staatlicher oder kommunaler Aufträge für öffentliche Gebäude oder Denkmäler und nicht zuletzt der allerhöchsten Protektion des Kaisers sicher sein konnten, der auf dem Gebiet der staatlichen Förderung von Kunst und Wissenschaft ein nach Ansicht der zeitgenössischen Juristen verfassungsrechtlich legitimes Betätigungsfeld des »persönlichen Regiments« entdeckt hatte.

Zumindest in Preußen stand der offizielle Kunstbetrieb noch in den neunziger Jahren weithin unter dem Diktat eines obrigkeitlich verordneten Kunstgeschmacks, der in den Historiengemälden von Werners sein ideales Maß sah. Im offiziösen Kunstbetrieb Münchens galt Franz von Lenbach, dessen Kaiser- und Kanzlerbildnisse in allen staatlichen Residenzen zu finden waren, als unbestritten bedeutendster Maler der Zeit, und Franz von Stuck mit seinem pathetischen Neoklassizismus wurde weithin als das Non plus ultra angesehen. Unter diesen Umständen gestaltete sich die Überwindung des herrschenden Schemas einer affirmativen Kunst, die dem »Guten, Edlen und Schönen« zugewandt war und ihre »erbaulichen« Themen vornehmlich der Geschichte oder der antiken Mythologie beziehungsweise der Sagenwelt des Mittelalters entnahm, keinesfalls einfach. Nicht zufällig gingen die neuen künstlerischen Strömungen, die sich aus der Enge der akademischen Kunst mit ihrer Neigung zur Anpassung an die herrschenden politischen Tendenzen zu befreien suchten, nicht vom Zentrum des Reiches, sondern von der Peripherie aus.

Eine vorbereitende und in mancher Hinsicht wegbahnende Rolle spielte dabei die Freilichtmalerei der Worpsweder Schule. Paula Modersohn-Becker und Heinrich Vogeler drängten mit Macht aus dem Schematismus der akademischen Ateliermalerei hinaus; sie wandten sich unmittelbar Sujets der freien Natur zu, im Bestreben, eine neue Unmittelbarkeit des Sehens zu erreichen. Sie knüpften dabei in mancher Hinsicht an romantische Traditionen an, nicht zuletzt in einer gewissen Tendenz zur Idealisierung der Natur; maßgeblich war freilich der Einfluß des damals in Deutschland noch weithin abgelehnten französischen Impressionismus. Doch blieb den Worpswedern zunächst jede weitreichendere Ausstrahlung versagt; erst mit geraumer Verzögerung sollte vor allem der Expressionismus, namentlich Emil Nolde, wieder an ihre Arbeiten anknüpfen. Der erste Anstoß für die Überwindung der neoklassizistischen Kunst der Gründerzeit ging nicht zufällig von München aus, das schon seit längerem zur führenden Kunstmetropole in Deutschland geworden war. 1892 wurde hier, nach Wiener Muster, wo es schon 1887 zu einer Absonderung eines Teils der Künstler vom offiziellen Kunstbetrieb gekommen war, eine »Secession« ins Leben gerufen, die sich allerdings in erster Linie gegen den künstlerischen Massenbetrieb des »Salons« richtete und noch nicht eigentlich eine besondere künstlerische Richtung repräsentierte; ein förmlicher Bruch mit der Deutschen Kunstgenossenschaft war anfangs gar nicht beabsichtigt. Aber die Ausstellungen der »Secession« legten nicht nur weit stringentere Qualitätsmaßstäbe bei der Auswahl der Exponate an, sondern schlossen grundsätzlich keine der zeitgenössischen Kunstrichtungen aus; darüber hinaus waren sie in weit stärkerem Maße als die offiziösen Ausstellungen der Kunstgenossenschaft gegenüber der ausländischen Kunst, besonders des französischen Impressionismus und des Fauvismus, offen.

In Berlin waren es Max Liebermann und Walter Leistikow, die im selben Jahr die Gruppe der »Elf« ins Leben riefen, mit dem Ziel, hinfort außerhalb des jährlichen offiziellen Salons des Vereins Berliner Künstler, dessen Ausstellungsräume von den Aussteigern respektlos »Totenkammern« genannt wurden, eigenständige Ausstellungen durchzuführen, für die nun private Kunstgalerien ihre Räumlichkeiten zur Verfügung stellten. Die erste Ausstellung der »Elf« wurde von der Kritik als »extrem wüster Naturalismus« und als herausragendes Beispiel der »Elends- und Arme-Leute-Malerei« scharf attackiert, ohne doch damit deren Erfolg beim Publikum Abbruch zu tun. Ebenfalls 1892 führte eine Ausstellung von Werken Edvard Munchs in Berlin zu einem öffentlichen Skandal und mußte auf einen unter dem maßgeblichen Einfluß von Werners gefaßten Beschluß des Vereins Berliner Künstler auf einer eigens zu diesem Zweck einberufenen außerordentlichen Mitgliederversammlung vorzeitig geschlossen werden. Allerdings fand sich sogleich eine private Galerie in Düsseldorf, die dazu bereit war, die Ausstellung zu übernehmen, und anschließend ging diese auch nach München. Die Auseinandersetzungen über die vorzeitige Schließung der Munch-Ausstellung, an denen wiederum Leistikow maßgeblich beteiligt war, führten zu einem öffentlichen Protest eines Teils der Mitglieder des Vereins Berliner Künstler unter Führung Max Liebermanns, was zunächst nur zur Folge hatte, daß die daran beteiligten Hochschullehrer an der Akademie der bildenden Künste ihre Professuren niederlegen mußten. Die Traditionalisten hatten noch einmal gesiegt. Der endgültige Bruch kam dann 1898 mit der Ablehnung eines Gemäldes »Der Grunewaldsee« von Leistikow für die jährliche Kunstausstellung des Vereins Berliner Künstler. Daraufhin gründeten Liebermann, Max Slevogt, Lovis Corinth, Leistikow, Heinrich Zille, Käthe Kollwitz und eine Reihe anderer bildender Künstler, die die gemeinsame Ablehnung des offiziösen Kunstbetriebs einigte, obschon sie durchaus unterschiedlichen künstlerischen Strömungen angehörten, die Berliner Secession. Aber erst, als die Bemühungen der Secession fehlschlugen, im Rahmen der jährlichen Großen Berliner Kunstausstellung als selbständige Gruppe mit eigenen Jury-Rechten aufzutreten, was von Werner im Zusammenspiel mit den preußischen Staatsbehörden zu vereiteln wußte, kam es zum endgültigen Bruch; dieser wurde übrigens von seiten des Kaisers dadurch besiegelt, daß Liebermann, Oscar Frenzel und Richard Friese aus der Jury für die Berliner Kunstausstellung ausgeschlossen wurden.

Bereits die erste, noch einigermaßen improvisierte Ausstellung der Secession 1899 in einem eigens dafür errichteten Pavillon an der Kantstraße erwies sich als ein riesiger Erfolg. Das Berliner Publikum, das eben noch mehrheitlich die künstlerische Avantgarde verworfen hatte, strömte in Massen in die Ausstellungen der Secessionisten und votierte so für eine Öffnung des Kunstbetriebs für die Vertreter der Moderne. Gestärkt wurde die Sache der Secessionisten durch den Umstand, daß sie durch die Zusammenarbeit mit Bruno und Paul Cassirer, die zu den bedeutendsten modernen Galeristen Berlins zählten, tatkräftige Hilfe und finanzkräftige Stützung erhielten. Bruno Cassirer brachte im Jahr 1902 eine neue, einflußreiche Zeitschrift »Kunst und Künstler, Monatsschrift für bildende Kunst und Kunstgewerbe«, heraus, die die Bestrebungen der Secession wohlwollend, wenn auch durchaus nicht unkritisch, förderte.

In ästhetischer Hinsicht waren die Secessionisten keine einheitliche Gruppierung; eigentlich erst durch die Eskalation des Gegensatzes zur offiziös geförderten akademischen Kunst wurden sie nach vorn gezwungen. Sie vertraten, vielleicht mit Ausnahme des sozialkritischen Programms von Käthe Kollwitz, eine eher zahme Variante der modernen Kunst. Neben Liebermanns vorsichtige, auch in der Wahl der Sujets vergleichsweise behutsame impressionistische Malweise traten dann allerdings Lovis Corinths kraftvolle, mit breitem Pinselstrich und starken Farben arbeitende Malerei sowie die ausdrucksstarke Malerei Max Slevogts. Die Zeitgenossen werteten die Auseinandersetzung zwischen der Secession und dem Akademismus als einen großen Sieg für erstere. Die Berliner Secession sei, wie der Berliner Kunsthistoriker Oscar Bie anläßlich der zweiten Ausstellung der Secession urteilte, ein »wichtiges Bindeglied einer umfassenden europäischen Bewegung, welche in ihrem Kampf gegen die akademische Vorherrschaft eine wahrhafte Revolutionierung des Kunstgeschmacks herbeigeführt habe«. In europäischer Perspektive waren die Secessionisten freilich eher ein »verspätetes Anhängsel des französischen Impressionismus« (W. Haftmann). Dennoch gelang es der Secession binnen weniger Jahre, alles, was Rang und Namen in der deutschen Kunstwelt besaß, unter ihrer Fahne zu scharen. Dazu trug nicht zuletzt der Umstand bei, daß die jährlichen Ausstellungen der Secession der modernen Kunst in ihrer ganzen Breite geöffnet wurden, auch solchen Kunstrichtungen, die über den impressionistischen Naturalismus der Secessionsmitglieder hinausdrängten. Auf solche Weise wurde Berlin gegen Anfang des 20. Jahrhunderts nun doch noch zum wichtigsten Zentrum des deutschen Kunstlebens.

Der offiziellen Kunstpolitik, namentlich dem Kaiser, der sich in diesen Dingen als oberster Kunstrichter der Nation fühlte, blieb die Secession allerdings weiterhin ein Dorn im Auge. Es war Wilhelm II. persönlich, der sich angelegentlich der Einweihung der Siegesallee 1901, die schon bei den Zeitgenossen als ein Paradebeispiel mißglückter offiziöser Kunstdarstellung galt, öffentlich über die neueren künstlerischen Strömungen echauffierte: »Noch ist die Bildhauerei zum größten Teil rein geblieben von den sogenannten modernen Richtungen und Strömungen, noch steht sie hoch und hehr da – erhalten Sie sie so [...] eine Kunst, die sich über die von Mir bezeichneten Gesetze und Schranken hinwegsetzt, ist keine Kunst mehr, sie ist Fabrikarbeit, sie ist Gewerbe [...]. Wer sich [...] von dem Gesetz der Schönheit und dem Gefühl für Aesthetik und Harmonie, die jedes Menschen Brust fühlt, [...] loslöst [...], der versündigt sich an den Urquellen der Kunst [...]. Wenn nun die Kunst, wie es jetzt vielfach geschieht, weiter nichts tut, als das Elend noch scheußlicher hinzustellen, wie es schon ist, dann versündigt sie sich damit am deutschen Volke. Die Pflege der Ideale ist zugleich die größte Kulturarbeit.« Die kaiserlichen Bemühungen, die deutsche Kunst auf dem rechten Kurs eines traditionalistischen Kunstverständnisses festzuhalten, erwiesen sich jedoch als vergeblich. Davon abgesehen war in dem freieren politischen Klima insbesondere Süddeutschlands, aber auch des Rheinlandes, eine ernstliche Gängelung der modernen Kunstrichtungen immer weniger möglich. Dies hing nicht zuletzt mit einer grundlegenden Veränderung der Bedingungen künstlerischer Tätigkeit unter den Verhältnissen des modernen marktorientierten industriellen Systems zusammen. Die Künstlerschaft wurde zunehmend unabhängiger von der direkten oder indirekten Förderung durch staatliche oder kommunale Instanzen; auch die Kunstvereine, die bisher eine unverzichtbare Rolle im bürgerlich-liberalen Kunstbetrieb gespielt hatten, verloren an Bedeutung. An ihre Stelle traten ein sich rasch entfaltender Kunstmarkt, der schon bald internationale Dimensionen annahm, und mit ihm eine neue Gruppe professioneller Förderer der Kunst, Kunsthändler wie Bruno und Paul Cassirer oder Verleger wie Eugen Diederichs oder Reinhard Piper sowie eine neue Gruppe von Mäzenen aus den Kreisen des Handels und der Großindustrie.

Unter diesen Bedingungen fanden die Appelle von offizieller Seite, die sich gegen die moderne Kunst richteten, in der breiteren Öffentlichkeit immer weniger Widerhall. Wilhelms II. Forderung, daß die Kunst sich nicht »von dem Gesetz der Schönheit und dem Gefühl für Aesthetik und Harmonie, die jedes Menschen Brust fühlt«, loslösen dürfe, stieß nicht mehr auf einhellige Zustimmung. Das verbreitete Mißbehagen an der preußischen Kunstpolitik kam dann im Jahr 1903 in explosiver Form zum Ausdruck, als es sich herausstellte, daß die Staatsbehörden unter dem Einfluß des Kaisers den Versuch gemacht hatten, bei der Vorbereitung einer Ausstellung über zeitgenössische deutsche Kunst anläßlich des Congress of Arts and Sciences in St. Louis die Secessionisten zu benachteiligen. Ursprünglich hatten die zuständigen preußischen Instanzen, der Tatsache eingedenk, daß der Beitrag des Deutschen Reiches zur letzten internationalen Kunstausstellung in Paris ein ziemlicher Reinfall gewesen war, sich darum bemüht, im Einvernehmen mit den Regierungen der übrigen Bundesstaaten eine unabhängige Jury zu berufen, die die Auswahl der Exponate für St. Louis übernehmen sollte, statt dies, wie bisher, der Allgemeinen Deutschen Kunstgenossenschaft zu überlassen, von der bekannt war, daß sie Quantität statt Qualität präferierte und mit der Secession auf Kriegsfuß stand. Auf Betreiben von Werners, der sogleich bei Wilhelm II. Einspruch erhob, wurde diese Entscheidung jedoch wieder zurückgenommen. Nicht ohne Grund vermutete die Öffentlichkeit, daß Wilhelm II. dabei seine Hand maßgeblich im Spiel gehabt habe. Daraufhin brach in der Öffentlichkeit ein Sturm der Entrüstung los. Die Secession zog die von ihr angemeldeten Werke für die Ausstellung unter Protest zurück, und Harry Graf Kessler gründete ungeachtet einer preußischen Intervention beim Großherzog sogleich in Weimar den Deutschen Künstlerbund als eine Gegenorganisation zur offiziell geförderten Allgemeinen Deutschen Kunstgenossenschaft, der Dachorganisation des Vereins Berliner Künstler.

Im Februar 1904 kamen diese Vorgänge im Reichstag zur Sprache. Die preußische Staatsregierung, die zunächst in der Budgetkommission erklärt hatte, daß die Secession nicht der Weg zur Veredelung der Kunst sei und man sich deshalb auf die Allgemeine Deutsche Kunstgenossenschaft habe verlassen müssen, hatte in der Debatte einen schweren Stand. Die Parlamentarier mißbilligten durchweg die einseitige Einflußnahme der Staatsbehörden auf künstlerische Fragen zugunsten der traditionalistisch eingestellten Kunstgenossenschaft im Zeichen des »persönlichen Regiments«. Jedoch herrschte auch im Reichstag keine Einhelligkeit hinsichtlich der Einschätzung der modernen Kunst; der Zentrumsabgeordnete Peter Spahn äußerte sich sehr zurückhaltend über die modernen Kunstrichtungen, die auch er als Fehlentwicklungen eines libertinistischen Zeitgeistes ansah. Der konservative Abgeordnete Wilhelm Adolf von Henning bezeichnete die moderne Kunst als »deprimierend häßlich« und beklagte »den künstlerischen Nihilismus«, der sich unter den Künstlern breit gemacht habe. »Überhaupt hat, wie im politischen Leben, durch den Drang nach Freiheit auch im literarisch-künstlerischen Leben die weiteste Ungebundenheit, ein übertriebener Individualismus, ein Übermenschentum doch in bedenklichem Maße Platz gegriffen«. Nahezu einhellig wurde die amtliche Politik in Fragen der internationalen Kunstausstellungen der letzten Jahre scharf angegriffen und deren autokratischer Grundzug mißbilligt, nicht zuletzt im Hinblick auf die Differenzen, die zwischen der preußischen Staatsregierung und den süddeutschen Regierungen über dieser Frage aufgebrochen waren. Der sozialdemokratische Abgeordnete Paul Singer wurde zwar vom Präsidenten gerügt, als er im Reichstag erklärte: »Wir danken gefälligst für eine Kunstrepublik mit Wilhelm II. an der Spitze«, aber der Stimmung der großen Mehrheit der Reichstagsabgeordneten entsprach diese Äußerung durchaus. Die Verdrossenheit mit der preußischen Kunstpolitik war allgemein; demgemäß forderte man die Respektierung des Prinzips der uneingeschränkt freien Entfaltung der künstlerischen Individualität und eine streng unparteiliche Handhabung dieser Fragen durch die Staatsbehörden.

Die Auswirkungen dieser ersten großen öffentlichen Debatte über Kunst und Politik im Reichstag sind schwer abzuschätzen. Aber sie führte immerhin zu einer Abschwächung der Einflußnahme Wilhelms II. und seiner Umgebung auf die Ankaufspolitik der preußischen Museen, obschon der Monarch weiterhin darauf bestand, daß solche Fragen seiner persönlichen Entscheidung vorbehalten seien. In dieser Hinsicht hatte die zunehmende Professionalisierung des Museumsbetriebs, in Verbindung mit privatem Mäzenatentum, ohnehin schon einen gewissen Kurswechsel herbeigeführt. Die Direktoren der öffentlichen Kunstmuseen, unter ihnen vor allem Hugo von Tschudi, der Direktor der Nationalgalerie, waren, der »öden Parademalerei«, wie sie bei Hofe in höchstem Ansehen stand, müde, längst dazu übergegangen, Werke der modernen Kunst zu sammeln; dabei mußten freilich die offiziösen Gremien, die über Neuanschaffungen zu befinden hatten und in denen weithin traditionalistische und konventionelle Vorstellungen dominierten, umgangen und die Hilfe privater Mäzene in Anspruch genommen werden. Die Tätigkeit insbesondere des Direktors der Nationalgalerie von Tschudi, der seit längerem darum bemüht gewesen war, neben Malern der deutschen Moderne auch führende Werke des französischen Impressionismus zu erwerben, wurde nicht allein von Wilhelm II. mit Mißtrauen betrachtet, sondern zog auch

Angriffe in der Öffentlichkeit gegen seine Anschaffungspolitik nach sich, die angeblich ausländische Kunst gegenüber den Werken deutscher Künstler unangemessen bevorzuge. Bereits im Jahr 1898 war es über dieser Frage zu einer Debatte im Preußischen Abgeordnetenhaus gekommen. 1899 hatte der Kaiser persönlich erzwungen, daß die Bilder der französischen Impressionisten umgehängt und in die oberen Räume der Nationalgalerie verbannt wurden: »Ich habe bei einem Besuche der National-Galerie [...] wahrgenommen, daß Gemälde, welche vermöge des Gegenstandes ihrer Darstellung besonders geeignet scheinen, einen bildenden Einfluß auf die Besucher auszuüben, und auch durch ihren künstlerischen Werth die nationale Kunst in hervorragender Weise repräsentieren, von ihrem bevorzugten Platz beseitigt und durch Bildwerke der modernen Kunstrichtung ersetzt worden sind. Diese Veränderungen finden Meinen Beifall nicht [...].« Zehn Jahre später kam es schließlich wegen des Ankaufs von französischen Werken aus der Schule von Barbizon zum offenen Konflikt und zum Rücktritt Tschudis. Zum interimistischen Direktor wurde niemand anderes als des Kaisers Protegé Anton von Werner bestellt, doch zerschlug sich dessen offenbar definitiv vorgesehene Berufung zum Direktor der Nationalgalerie dann infolge der Schockwellen, die die »Daily Telegraph«-Affaire ausgelöst hatte. Es war freilich für die allgemeine Lage charakteristisch, daß von Tschudi sogleich die Leitung der Münchener Gemäldegalerie angeboten wurde, die er dann auch übernahm, obschon sich sogar Reichskanzler Fürst Bülow persönlich dafür einsetzte, bei Wilhelm II. die Wiedereinstellung Tschudis zu erreichen. Einmal mehr wirkte sich der Föderalismus zugunsten einer Liberalisierung der Kunstpolitik im Kaiserreich aus.

Es gehört in den gleichen Zusammenhang, daß die süddeutschen Dynastien, in richtiger Einschätzung des Zugs der Zeit, sich vielfach für moderne Kunstrichtungen einsetzten, in mehr oder minder offener Entgegensetzung zu den Vorstellungen Wilhelms II. Es war kein Zufall, daß der Deutsche Künstlerbund, der den Kampf gegen die offiziöse preußische Kunstpolitik auf seine Fahnen geschrieben hatte, gerade in Weimar gegründet wurde. Der Großherzog Karl Alexander war konsequent darum bemüht, die historische Rolle Weimars als eines Vororts deutscher Kultur neu zu beleben, und dies war bei Lage der Dinge nur im Bruch mit der Tradition des Akademismus möglich. Gleiches gilt für die Bemühungen des Großherzogs von Hessen, der vor der Jahrhundertwende aufblühenden künstlerischen Erneuerungsbewegung, dem sogenannten Jugendstil, die vor allem in Wien und Paris seit dem Anfang der neunziger Jahre einen kometenhaften Aufstieg genommen hatte, in Deutschland auch außerhalb Münchens die Möglichkeit zu freier Entfaltung zu verschaffen. Zu diesem Zweck zog der Großherzog eine Reihe von führenden Architekten, unter ihnen Joseph Maria Olbrich und Peter Behrens, nach Darmstadt. Dort entstand auf der Mathildenhöhe eine Mustersiedlung der Jugendstilarchitektur, die als Markstein in der Geschichte der modernen Architektur in Deutschland gelten darf. Allerdings erwies sich der Jugendstil mit seiner Neigung zur bloß dekorativen Drapierung und schließlich der Absolutsetzung des Ornaments, auch international gesehen, schon bald eher als ein Nachklang klassischer historistischer Kunst denn als ein wirklicher Neubeginn. Die Zukunft gehörte dem funktionalistischen Bauen, gemäß Adolf Loos' Parole, daß Architektur ohne Ornamente auszukommen habe, die ein Überbleibsel barbarischer Gewohnheiten sei.

Es stellt sich freilich die Frage, ob Wilhelm II. mit seiner Opposition gegen die moderne Kunst einschließlich der Secession wirklich so weitgehend allein stand, wie dies im nachhinein der Fall gewesen zu sein scheint. Es spricht vieles dafür, daß der Kaiser mit seiner unverblümten Kritik an den Neuerern auf ästhetischem und literarischem Gebiet großen Teilen der bürgerlichen Schichten, von den aristokratischen Eliten einmal ganz abgesehen, nach dem Mund redete. Schon die Äußerungen in der Rede des Kaisers anläßlich der Einweihung der Siegesallee mit ihrem gewaltigen Aufgebot an pompösen Statuen bedeutender Männer der preußischen Geschichte, für die Reinhold Koser die historischen Vorlagen geliefert hatte und die von einer ganzen Reihe damals hochangesehener Bildhauer, mit Reinhold Begas an der Spitze, umgesetzt wurden, waren in der Öffentlichkeit keineswegs nur negativ aufgenommen worden; so schrieben beispielsweise die »Grenzboten«: »In diesem Hexensabbat [der Moderne] tönt jetzt klar und scharf die Rede des Kaisers, wie ein Trompetensignal, das die sammeln soll, die noch mit klaren Augen gegen den Unsinn kämpfen, damit sie einen festen Damm gegen die Schlammflut bilden, die alles gesunde Kunstleben zu ersticken droht.« Auch wenn die bürgerlichen Kunstzeitschriften Wilhelms II. Anspruch, in Fragen der Kunst als oberster Richter aufzutreten, ganz überwiegend ablehnten – am schärfsten Ferdinand Avenarius im »Kunstwart«, der die Siegesallee als minderwertige »Dekoration und Scheinkunst zu einem politischen Zweck, zur Verherrlichung der Dynastie« bezeichnete –, so bedeutete dies noch keine eindeutige Option für die modernen Richtungen in der zeitgenössischen Kunst. Vielmehr dürfte Wilhelm II. für eine nicht unerhebliche schweigende Mehrheit in den breiten Schichten der Gebildeten gesprochen haben, wenn er sich so emphatisch für eine nationale deutsche Kunst im Gegensatz zu den angeblich unter fremdem, vornehmlich französischem Einfluß stehenden neueren Richtungen erklärte.

Im Jahr 1905 trat der Heidelberger Kunsthistoriker Henry Thode mit einer vielbeachteten Vorlesungsserie hervor, die in Auszügen sogleich ihren Weg in die Tagespresse fand. Darin trug Thode einen Frontalangriff auf die modernen Richtungen in der bildenden Kunst vor. Dieser richtete sich primär gegen eine Schrift von Julius Meier-Graefe, in der dieser den Niedergang der bildenden Kunst in Deutschland beklagt und dafür in erster Linie Adolph von Menzel und Arnold Böcklin, deren Werk in eine künstlerische Sackgasse hineingeführt habe, verantwortlich gemacht hatte. Aber im Kern galt Thodes Kritik der Secession und vor allem Liebermann. Thode suchte der von den Secessionisten und ihren Gefolgs-

Iphigenie. Zweite Gemäldefassung von Anselm Feuerbach, 1871. Stuttgart, Württembergische Staatsgalerie. – Daphnis und Amaryllis. Gemälde von Arnold Böcklin, 1865. München, Bayerische Staatsgemäldesammlungen, Schack-Galerie. – Papageienallee. Gemälde von Max Liebermann, 1902. Bremen, Kunsthalle. – Der Maler Walter Leistikow. Gemälde von Lovis Corinth, 1900. Berlin, Staatliche Museen Preußischer Kulturbesitz, Nationalgalerie

Die Jury der Ausstellung des Berliner Salons vom Jahr 1890 unter dem Oktroyat der Künstler-
Professoren des konservativen Lagers. Gouache von Hans Herrmann, 1890. Berlin-Museum. –
Mitglieder des Sonderbund-Vorstandes in Saal 15 der Düsseldorfer Ausstellung des Jahres
1910 vor dem Gemälde »Antike Szene« von Karl Hofer. Von links: N. N., Herbert Eulenberg,
Wilhelm Niemeyer, Karl-Ernst Osthaus, August Deusser, Max Clarenbach, Alfred Flechtheim,
N. N. Photographie, 15. Juli 1910

leuten in Kunsthändlerkreisen und von Kunsthistorikern propagierten, angeblich internationalen, in Wahrheit aber französischen Kunst eine deutsche Kunst entgegenzustellen. An der europäischen Kunst des 19. Jahrhunderts müsse das herausgearbeitet werden, »was in ihr deutsch, das heißt groß und echt ist, und was wir in ihr als ein uns Fremdes, Widersprechendes und daher Abzuweisendes aufzufassen haben.« Thodes Vorlesungen gipfelten in einer Apotheose der Werke von Böcklin und insbesondere von Hans Thoma, welcher mehr denn jeder andere die Kraft und einfache Größe des deutschen Volkes zum Ausdruck bringe. Die Bemühungen der Secession, die französische Kunst in Deutschland heimisch zu machen und in der Nachfolge des französischen Impressionismus zu wirken, wurden hingegen als Ausgeburt einer Verschwörung der Secessionisten im Bund mit jüdischen Kunsthändlern und jüdischen Kunstkritikern gebrandmarkt, die dabei nur ihr eigenes Süppchen zu kochen bestrebt seien. Die gleichzeitige Initiative eines »Protests deutscher Künstler« gegen die Ankaufspolitik der öffentlichen Museen, die angeblich ausländische Werke zum Nachteil der deutschen Künstlerschaft bevorzuge, zielte in dieselbe Richtung, obwohl sie sich nicht in gleichem Maße nationalistischer und rassistischer Argumente bediente. Dieser »Protest« trug immerhin die Unterschriften von 140 Künstlern. Solche Vorstöße fanden in der Öffentlichkeit eine breite Resonanz und zuweilen noch weit radikalere Nachbeter, auch wenn sie gegenüber der ernsthaften Kunstkritik keine wirkliche Chance besaßen.

An Opposition gegen die neuere Kunst im Namen der nationalen Idee fehlte es somit im Kaiserreich nicht. Noch im Februar 1908 rügte beispielsweise der der konservativen Fraktion im Preußischen Abgeordnetenhaus angehörende Abgeordnete von Henning, daß die Nationalgalerie, obschon sie von zwei Königen gestiftet und »der deutschen Kunst ausdrücklich gewidmet« sei, Kunstwerke französischen Ursprungs, »die keineswegs würdig sind, in die Nationalgalerie aufgenommen zu werden«, angekauft habe; ausdrücklich genannt wurden »Renoire [sic], Manet und Monert [sic]«. Es ist weiter nicht überraschend, daß auch Julius Langbehns Buch »Rembrandt als Erzieher« auf große Zustimmung im Publikum stieß, so verworren und kraus seine Botschaft ansonsten lauten mochte. Darin wurde den Deutschen nahegelegt, in Anlehnung an den großen Niederländer Rembrandt, der kurzerhand der germanischen Kulturtradition zugeschlagen wurde, zu einer ursprünglicheren Kunstgesinnung zurückzufinden und damit zu einer geistigen Erneuerung des Deutschtums beizutragen.

Ungeachtet der in breiten Kreisen der deutschen Gesellschaft bestehenden Reserven gegen die moderneren Strömungen in der bildenden Kunst konnten die Secessionisten ihre Hegemonie in der Berliner Kunstszene für gut ein Jahrzehnt mühelos behaupten, unter der einstweilen unangefochtenen Führerschaft Max Liebermanns. Dies wurde durch den Umstand erleichtert, daß sie selbst sich im Grunde nichts weniger als radikal gaben, sondern sich nur behutsam über die

Grenzen der bürgerlichen Konventionen hinauswagten. So bedeutsam ihre führenden Repräsentanten auch waren, international gesehen befand sich die deutsche bildende Kunst jener Generation – mit Ausnahme der Architektur – eher in der Nachhut der europäischen Kunstentwicklung, aber gewiß nicht an ihrer Spitze.

Bildung und Wissenschaft im »naturwissenschaftlichen Zeitalter«

Wenn die Bilanz der offiziösen Kulturpolitik im deutschen Kaiserreich eigentlich eher ungünstig war, so galt dies allerdings keinesfalls für das Bildungssystem und die Förderung der Wissenschaften. Auf dem Gebiet des Bildungswesens und insbesondere der modernen Wissenschaften erlangte das Deutsche Reich im späteren 19. Jahrhundert eine Führungsstellung in der Welt. Dabei haben die Bundesstaaten, allen voran Preußen, denen verfassungsrechtlich die Pflege von Wissenschaft und Kultur oblag, nach Lage der Dinge die Hauptlast getragen. Daneben haben auch die städtischen Korporationen Erhebliches für die Entwicklung eines modernen Schulwesens geleistet, von den privaten Schulträgern vornehmlich kirchlicher Art ganz abgesehen.

Bereits in der ersten Hälfte des Jahrhunderts war in Preußen und großenteils nach preußischem Vorbild auch in anderen deutschen Bundesstaaten ein differenziertes Bildungssystem entstanden, das in hohem Maße von der großen Aufbruchstimmung des Idealismus und des Neuhumanismus geprägt worden war. Diese Entwicklung setzte sich seit Beginn der siebziger Jahre des 19. Jahrhunderts und dann verstärkt nach der Jahrhundertwende fort. Dies läßt sich schon an der Steigerung der staatlichen Ausgaben für das öffentliche Schulwesen und für die Universitäten und sonstigen wissenschaftlichen Einrichtungen ablesen. Zwischen 1861 und 1913 stiegen die öffentlichen Ausgaben im Reich und den Bundesstaaten für Schulen und Hochschulen, in Preisen von 1913, von 97 auf 1.378 Millionen Mark; dies kam einer Ausgabensteigerung von 450 Prozent pro Kopf der in diesem Zeitraum rasch wachsenden Zahl der Absolventen dieser Einrichtungen gleich.

Diese unter den Verhältnissen der staatlichen Finanzpolitik des 19. Jahrhunderts bemerkenswerte Steigerung der öffentlichen Aufwendungen für Schulen und Universitäten, die freilich, wenn man sie mit der Entwicklung des Nettosozialprodukts in Vergleich setzt, nicht mehr ganz so spektakulär erscheint, war in erster Linie auf eine Verbesserung und Intensivierung des schulischen beziehungsweise des universitären Lehrangebots zurückzuführen; sie war Ausdruck einer qualitativen Leistungssteigerung des Bildungssystems. Der Aufbau eines breitgefächerten Schul- und Hochschulsystems mit einem bemerkenswert hohen Leistungsniveau darf zu den bedeutendsten Hervorbringungen des Kaiserreiches

Wissenschaftsausgaben des Reiches und der Länder 1861–1914 (nach Pfetsch, Wissenschaftspolitik)

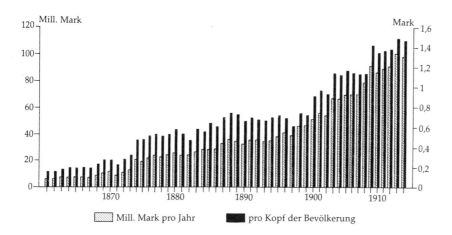

gezählt werden. Dabei sollte allerdings der wichtige Beitrag nicht übersehen werden, den die städtischen Korporationen direkt und indirekt im Rahmen des öffentlichen Schulwesens erbracht haben. Ebenso ist auf die in dieser Periode noch relativ bedeutsame Rolle des privaten Schulwesens hinzuweisen.

In den ersten Dezennien des Kaiserreiches waren die Schulverhältnisse noch keineswegs so zufriedenstellend, wie man im nachhinein anzunehmen geneigt ist; zu Euphorie gab es keinerlei Anlaß. Bis in das 20. Jahrhundert hinein bestand ein krasses Mißverhältnis zwischen dem schulischen Angebot auf dem flachen Lande und in den Städten; nur dort fanden sich weiterbildende Schulen, und selbst dort oft nur in begrenztem Umfang. Vor allem aber befand sich die vielgerühmte Volksschule in Preußen und in den anderen Bundesstaaten noch auf einem vergleichsweise niedrigen Niveau. Bis weit in die achtziger Jahre des 19. Jahrhunderts hinein herrschte auf dem Lande durchweg die einklassige Elementarschule vor, deren Lehrplan im wesentlichen allein Religion, Lesen und Schreiben, Rechnen und Gesang umfaßte, während sich in den Städten nach und nach die mehrklassige und in ihrem Lehrangebot weit reichhaltigere und differenziertere Volksschule durchsetzte. Die Kultusministerien hatten es im übrigen, unter dem Einfluß der konservativen Parteien und vor allem der Kirchenbehörden, nicht sonderlich eilig, die einklassigen Volksschulen abzuschaffen. Noch 1911 besuchten 10,1 Prozent aller Volksschüler einklassige Schulen mit einer einzigen Lehrkraft, ungeachtet ihrer pädagogischen Mängel und Klassenstärken bis zu 80 Schülern. Dabei spielten politische und kulturpolitische Motive eine nicht unerhebliche Rolle: Die beiden christlichen Konfessionen hatten ein Interesse daran, daß der kirchliche Einfluß auf das Schulwesen, der in den kleinen ländlichen Schulen besonders hoch war, nicht geschmälert würde, während die Staatsbehörden die

Entstehung einer ländlichen Intelligenzschicht nach Möglichkeit hintanzuhalten suchten.

In den Stahlschen »Regulativen« vom Jahr 1854 wurde nicht nur die einklassige Volksschule als Normalschule bezeichnet, sondern auch ausdrücklich davor gewarnt, den Unterricht auf »formelle Entwicklung der Geistesvermögen an abstraktem Inhalt« auszurichten. Vielmehr habe die Elementarschule die Aufgabe, »dem praktischen Leben in Kirche, Familie, Beruf, Gemeinde und Staat zu dienen, und für dieses Leben vorzubereiten, indem sie sich mit ihrem Streben auf dasselbe gründet und innerhalb seiner Kreise bewegt«. Allerdings wurden diese »Regulative« dann im Zusammenhang des »Kulturkampfes« 1872 in Preußen durch die »Allgemeinen Bestimmungen über die Volksschulen und die Lehrerbildung« abgelöst, die die dominante Rolle des Religionsunterrichts eindämmten und eine stärkere Berücksichtigung der naturkundlichen Fächer in den Lehrplänen vorsahen. Nach allem war in den Elementarschulen das Ziel einer angemessenen Sozialisation der Schüler großgeschrieben; ihre Bildungschancen hingegen blieben zumal in den ländlichen Schulen weiterhin eng begrenzt. Dies kam indirekt auch in der Tatsache zum Ausdruck, daß die Volksschullehrer in besonderen Lehrerseminaren ausgebildet wurden, deren intellektuelles Niveau vergleichsweise niedrig war; auch ihre Gehälter wurden nur sehr langsam den allmählich auch hier steigenden Anforderungen angepaßt. Nicht zufällig bekämpften die Sozialdemokraten die staatliche Schulpolitik als Versuch, die Emanzipation der unteren Volksschichten nach Möglichkeit zu verhindern, wie beispielsweise Wilhelm Liebknecht in seiner Schrift »Wissen ist Macht – Macht ist Wissen« in massenwirksamer Weise argumentierte.

Es läßt sich schwerlich bestreiten, daß das deutsche Schulsystem die bestehenden scharfen Klassendifferenzen getreulich widerspiegelte und in vieler Hinsicht eher dazu beigetragen hat, diese zu zementieren als zu überwinden. Der Erwerb beziehungsweise der Besitz von Bildungspatenten war im Kaiserreich ein wichtiges Element der sozialen Differenzierung, welches mit den Eigentumsstrukturen zwar keineswegs deckungsgleich war, aber mit diesen gleichwohl im wesentlichen korrelierte. Zwar war das Schulgeld für die Volksschulen, die übrigens allein von den Gemeinden unterhalten wurden, relativ niedrig, bis es dann, beginnend in Berlin 1860, eliminiert wurde, doch die Kosten für den Besuch höherer Schulen waren beträchtlich, zumal nicht selten, da entsprechende Schulen nicht immer am Ort in geeigneter Weise verfügbar waren, erhebliche Wegekosten hinzukamen. Die Zahl der Schüler an weiterbildenden und höheren Schulen war, verglichen mit der großen Zahl der Volksschüler, vergleichsweise gering, und daran hat sich während des Kaiserreichs nichts Wesentliches geändert. Die Schülerzahl an höheren Schulen betrug 1855 insgesamt 53.768, von denen 31.336 auf die Gymnasien entfielen. Sie stieg bis 1911 zwar um einiges schneller als die Gesamtbevölkerung, aber, gemessen an der Zahl der Volksschulabsolventen, blieb sie äußerst niedrig;

ihr Anteil bewegte sich zwischen 3,2 Prozent sämtlicher Schüler 1855 und 5,0 Prozent 1911. Wenn man die Mittelschulen einrechnet, erhöhten sich diese Zahlen auf 6,3 beziehungsweise 7,8 Prozent. Insgesamt wird man sich dem Eindruck nicht entziehen können, daß die Bildungsschicht, wenn man diese zur Gesamtbevölkerung in Beziehung setzt, eine vergleichsweise schmale, wenn nicht gar hauchdünne Schicht gewesen ist, die sich während des gesamten Zeitraums nur geringfügig erweitert hat. Diese Sozialschicht besaß dank ihres Bildungsprivilegs eine bedeutende gesellschaftliche Vorrangstellung, die besonders augenfällig in dem sogenannten Einjährig-Freiwilligen-Privileg zum Ausdruck kam: dem Anrecht der Absolventen ursprünglich nur des Gymnasiums, später aller weiterbildenden Schulen mit einem neunjährigen Ausbildungsgang, nur ein Jahr, statt, wie in Preußen seit 1862 und späterhin in allen deutschen Bundesstaaten, drei Jahre Militärdienst ableisten zu müssen. Das Einjährig-Freiwilligen-Privileg war überdies verbunden mit der Möglichkeit, binnen eines Jahres den sozial angesehenen Status eines Reserveoffiziers zu erlangen. Die Bildungsschicht, aus der sich neben den höheren Lehrberufen und den Angehörigen der Freien Berufe insbesondere die höhere Beamtenschaft in Staat, Gebietskörperschaften und Gemeinden rekrutierte, suchte die Bildungsinhalte und Bildungsinstitutionen, der sie ihre durch Bildungspatente abgesicherte, privilegierte gesellschaftliche Position verdankte, mit Zähnen und Klauen zu verteidigen.

In dieser Hinsicht nahm das klassische Gymnasium, das an der Spitze des Schulsystems im Kaiserreich stand und anfänglich, wenn auch nicht den einzigen, so doch den absolut vorherrschenden Typ der weiterbildenden Schule darstellte, eine strategische Schlüsselstellung ein. Das Gymnasium war in seinen Bildungszielen und in seinen Lehrinhalten ganz und gar von den Ideen des Neuhumanismus bestimmt. Nach dem Verständnis der Zeit und vor allem im eigenen Selbstverständnis hatte es insbesondere die Aufgabe, seine Schüler im Sinne Wilhelm von Humboldts zu selbständigen, umfassend gebildeten Bürgern zu erziehen, und zwar vor allem durch die Vermittlung des Bildungsguts der griechischen und römischen Antike, so wie es in der Epoche des Neuhumanismus wiederbelebt worden war. In mancher Hinsicht war das Gymnasium das institutionelle Fundament eben jenes spezifischen Ethos, dem sich die Schichten von »Besitz und Bildung« verpflichtet fühlten und das sie, ungeachtet der erheblichen wirtschaftlichen Interessendifferenzen im bürgerlichen Lager, zu einer relativ einheitlichen Großgruppe, wenn nicht gar einer bürgerlichen Klasse zusammenband. Insofern wurde den im Gymnasium vermittelten altsprachlichen Kenntnissen, vorwiegend der Kenntnis des Lateins, eine gesellschaftliche Signalwirkung zugemessen, die weit über die tatsächliche Bedeutung der alten Sprachen für die mentale Schulung der Betroffenen hinausging. Die neuhumanistische Bildung, oder doch das Substrat davon, welches das Gymnasium vermittelte, begründete in der Sicht der Zeitgenossen den Anspruch seiner Absolventen auf eine herausgehobene Stellung in Gesellschaft und Staat und wurde demgemäß zu einer symbolischen Festung, die der Verteidigung der Hegemonie der bürgerlichen Schichten in der deutschen Gesellschaft diente. Vor allem aber rekrutierte sich die höhere Beamtenschaft bis in den Anfang des 20. Jahrhunderts beinahe ausschließlich aus Absolventen der Gymnasien.

Noch Anfang des 19. Jahrhunderts hatte Wilhelm von Humboldt ein im wesentlichen zweistufiges Schulsystem in Preußen angestrebt: die Volksschule und das Gymnasium. Dieses, als einziger Typ einer weiterführenden Schule, sah für die Schüler je nach deren spezifischen Berufszielen ein Ausscheiden zu unterschiedlichen Zeitpunkten vor, namentlich die »mittlere Reife« nach Absolvierung der Untersekunda. Insofern sollte das Gymnasium zugleich die Funktion einer Gesamtschule und einer auf das akademische Studium vorbereitenden Schule erfüllen. Die Entwicklung der Dinge war jedoch längst in eine andere Richtung gegangen, nämlich einer zunehmenden funktionalen Differenzierung des Schulsystems, die zugleich auch eine soziale Differenzierung bewirkte beziehungsweise bestehende Differenzierungen festschrieb. 1834 war der Zugang zu den Universitäten exklusiv an das Abitur, das am Ende des neunjährigen Besuchs eines Gymnasiums stand, geknüpft worden, ursprünglich mit der Absicht, die Zahl der Hochschulzugänger zu beschränken. Nicht zufällig setzten sich gleichzeitig im städtischen Bereich private Vorschulen durch, die ihre Schüler auf den Übergang zu weiterbildenden Schulen, vor allem dem Gymnasium, vorbereiteten, während die öffentlichen Volksschulen mehr und mehr zu Schulen ausschließlich der Unterschichten wurden. Umgekehrt wurde das Gymnasium endgültig zu einer Schule, die ihrer Zielsetzung nach ausschließlich auf das Universitätsstudium ausgerichtet war.

Nach einer anfänglich nahezu allgemein geteilten Auffassung war allein das Gymnasium dazu berufen, der künftigen Elite in Staat und Gesellschaft das notwendige geistige Rüstzeug mitzugeben. Das Studium der klassischen Sprachen und mit diesen der Kultur der Antike, verknüpft mit der Vermittlung der großen Leistungen der deutschen Altertumswissenschaften, nahm bis in die achtziger Jahre hinein fast die Hälfte der Unterrichtsstunden des altsprachlichen Gymnasiums in Anspruch. Daneben stand vornehmlich die Vermittlung der deutschen Geschichte und der deutschen Literatur, während das Studium der anderen europäischen Kulturen vergleichsweise bescheiden ausfiel. Von den modernen Fremdsprachen wurde allein das Französische in relativ geringem Umfang gelehrt; das Englische fehlte hingegen vollkommen. Vor allem aber standen Mathematik und die naturwissenschaftlichen Fächer gegenüber den geisteswissenschaftlichen weit zurück – ein Sachverhalt, der angesichts der stürmischen Entwicklung der Naturwissenschaften zunehmend zu einem Ärgernis wurde und den Ruf nach anderen Schultypen laut werden ließ, die den Schwerpunkt ihres Lehrangebots auf Mathematik und die naturwissenschaftlichen Fächer sowie auf die lebenden Fremdsprachen legen und gegenüber dem Gymnasium gleichberechtigt sein sollten. Die Praxis, daß allein das gymnasiale Abitur zum Studium an den Universitäten berechtigte, stand mit der Tatsache in Widerspruch, daß eine stetig steigende Zahl von Schülern – um 1889 waren es drei Viertel aller Schüler – das Gymnasium nur für einige Jahre besuchte, zumindest so lange, wie es erforderlich war, um in den Genuß des Einjährig-Freiwilligen-Privilegs zu gelangen. Sie schieden demgemäß »ohne taugliche Vorbildung für das gewerbliche Leben« vorzeitig aus dem Schulbetrieb aus. Das Gymnasium genügte der Sache nach immer weniger den Bedürfnissen nach einer praktischen Berufsausbildung für die große Zahl der Jugendlichen, die nach Schulabschluß in die unterschiedlichsten gewerblichen Berufe strebte. Dennoch behauptete das Gymnasium, das ausschließlich auf die Vermittlung einer zweckfreien Allgemeinbildung ausgerichtet war, im Unterschied zu dem weitgehend an praktischen Bedürfnissen und Fertigkeiten orientierten Lehrangebot der sonstigen weiterbildenden Schulen, bis über die Jahrhundertwende hinweg eine Schlüsselstellung innerhalb des deutschen Bildungswesens.

Allein, in der zweiten Hälfte des 19. Jahrhunderts bildete sich neben den Gymnasien ein komplexes System von Realschulen, Gewerbeschulen, Bürgerschulen, Oberrealschulen und schließlich von Realgymnasien heraus, deren Lehrangebot den praktischen Erfordernissen der industriellen Gesellschaft in stärkerem Maße angepaßt war, nicht selten aufgrund von Initiativen der städtischen Körperschaften, zuweilen auch der Industrie und des Gewerbes. Doch dies war ein äußerst zähflüssiger Prozeß, der von der staatlichen Beamtenschaft eher abgebremst als gefördert wurde. Die Unzulänglichkeit des herkömmlichen höheren Schulsystems fand ihren Ausdruck besonders in der sprunghaften Vermehrung der Realschulen seit Mitte der achtziger Jahre. Aber diese konnten den Bedarf an adäquat ausgebildeten Absolventen für die Höheren Fachschulen und vor allem für die Technischen Hochschulen nicht decken, zumal ein erheblicher Teil der Realschüler anschließend noch für einige Zeit auf die humanistischen Gymnasien überwechselte, um in den Genuß der damit verbundenen sozialen Vorteile einschließlich des Einjährig-Freiwilligen-Privilegs zu gelangen. Davon abgesehen hemmte die allgemeine Überzeugung, daß allein das Kriterium der Latinität das Bewußtsein vermittle, »der anerkannt gebildeten Klasse anzugehören«, wie es 1882 im preußischen Abgeordnetenhaus formuliert wurde, die Entfaltung eines Systems von Realgymnasien und Oberrealschulen mit überwiegend neusprachlichem oder naturwissenschaftlichem Lehrangebot. Allerdings boten auch die Realgymnasien Lateinunterricht an, um dem Anspruch Nachdruck zu verleihen, daß ihre Absolventen ebenfalls Zugang zu den Universitäten erhalten sollten, also nicht nur, wie dies inzwischen seitens der staatlichen Kultusbehörden zögernd konzediert worden war, die Höheren Fachschulen und die Technischen Hochschulen besuchen durften. 1870 war den Realgymnasien zugestanden worden, ihre Schüler für das Studium der Mathematik und der naturwis-

senschaftlichen Fächer sowie der neueren Sprachen an den Universitäten auszubilden. Aber die Privilegierung der humanistischen Bildung wurde dadurch nur
um Weniges gemildert.

Schüleranteile der höheren Schulen in Preußen 1891 und 1911

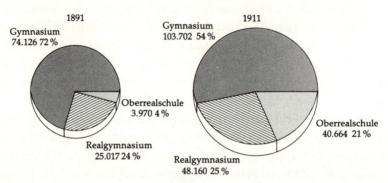

Die Rückständigkeit der Struktur des höheren Schulwesens, gemessen an den
Bedürfnissen einer rasch expandierenden industriellen Gesellschaft, führte zu
erbitterten Auseinandersetzungen zwischen den Vorkämpfern einer weitreichenden Bildungsreform, insbesondere den »Realschulmännern« und dem Schulre-
formverein, und den Verteidigern der klassischen humanistischen Bildung, welche wenig später im »Gymnasialverein« eine vergleichsweise hochkarätige
Gegenorganisation ins Leben riefen; sie konnten auf die schwergewichtige Unterstützung der großen Mehrheit der Professorenschaft zählen, unter Einschluß der
großen Mehrheit auch der Mediziner und Naturwissenschaftler. Die Auseinandersetzungen erreichten einen Höhepunkt mit der Einberufung der Schulkonferenz im Dezember 1890, für deren Zustandekommen Wilhelm II. sich persönlich
energisch eingesetzt hatte, während der preußische Kultusminister Gustav von
Goßler alles ihm Mögliche getan hatte, um die Konferenz zu hintertreiben und es
zu weitreichenden Reformbeschlüssen gar nicht erst kommen zu lassen.

Für Wilhelm II. hatten dabei anfänglich politische Gesichtspunkte im Vordergrund gestanden, nämlich die Bekämpfung der Bestrebungen der Sozialdemokratie; der »Hauptkampfplatz dafür« liege in der Schule. In einer Kabinettsorder
vom 1. Mai 1889 hatte der Kaiser die Parole ausgegeben: »In erster Linie wird die
Schule durch Pflege der Gottesfurcht und der Liebe zum Vaterland die Grundlage
für eine gesunde Auffassung auch der staatlichen und gesellschaftlichen Verhältnisse zu legen haben.« Der Monarch war der Meinung, die Sympathien für die
sozialdemokratische Bewegung seien nicht zuletzt darauf zurückzuführen, daß
die Schrecken der Französischen Revolution und die heroischen Taten der Befreiungskriege im schulischen Geschichtsunterricht ganz unzulänglich gewürdigt
würden. Daraus resultierte die Forderung, daß in den Gymnasien, in denen der

Schwerpunkt des Geschichtsunterrichts bislang allzu sehr auf der Geschichte der griechischen und römischen Antike gelegen habe, künftighin der Unterricht in der neuesten und speziell in der deutschen Geschichte intensiviert werden müsse. Diese politischen Erwägungen verbanden sich bei Wilhelm II. mit dem Verlangen nach einer Modernisierung des Lehrangebots an den Gymnasien, gemäß den an ihn von seiten der Reformer herangetragenen Wünschen. Der Kaiser, im Bestreben, mit dem Geist des neuen Jahrhunderts zu gehen, verlangte temperamentvoll eine grundlegende Anpassung der angeblich verstaubten und mit allzu viel bloßem Wissensballast angefüllten Curricula der Gymnasien an die Bedürfnisse der Gegenwart. Seine Ausführungen anläßlich der Eröffnung der Schulkonferenz enthielten nicht nur harsche Kritik an den Gymnasien, sondern gipfelten in der Forderung nach Abschaffung der Realgymnasien als eines unzulänglichen Zwitters zwischen humanistischer und moderner realwissenschaftlicher Bildung. Er fand im übrigen, ebenso wie Bismarck, daß es bereits genug Gymnasien gebe. Die Aufregung war ungeheuer, und die Befürworter des Gymnasiums erhoben lautstark Protest gegen die beabsichtigte Zurückstufung dieses Schultyps und die Beschneidung des Lehrangebots in den klassischen Sprachen. Am Ende kam es nur zu einer bescheidenen Modernisierung ihrer Curricula. Ansonsten wurde das dreistufige System der höheren Schulen, das sich in Gymnasien, Realgymnasien und Oberrealschulen gliederte, festgeschrieben, mit der Tendenz zu einer gewissen Annäherung ihrer Lehrpläne. Die Restriktionen der Zugangsberechtigung der Absolventen von Realgymnasien und Oberrealschulen zu den Hochschulen wurden nahezu vollständig aufgehoben. Ebenso wurde 1892 die Beamtenlaufbahn in bestimmten Bereichen erstmals auch für Absolventen der Oberrealschulen geöffnet. Aber zu wirklich entscheidenden Schritten kam es nicht. Erst mit einer zweiten Schulkonferenz im Jahr 1900, die unter der energischen wie fachkundigen Leitung Friedrich Althoffs durchgeführt wurde und an der eine große Zahl von Repräsentanten des deutschen Geisteslebens beteiligt war, kam Bewegung in die Struktur des Höheren Schulwesens in Preußen und im Reich. Nunmehr wurde, ungeachtet einer massiven Protestresolution der Gymnasialanhänger, der sogenannten Braunschweiger Erklärung, die nicht weniger als 15.000 Unterschriften fand, das Monopol des altsprachlichen Gymnasiums beseitigt und allen drei Schularten Gleichberechtigung zugesprochen. Damit war eine Bresche in die Hegemonialstellung der traditionellen Bildungselite geschlagen und ihre enge Verzahnung mit der hohen Beamtenschaft gelockert worden.

An dieser Entwicklung hatten die städtischen Korporationen, die dem neuen industriellen Bürgertum näherstanden als der Staatsbürokratie, einen ganz wesentlichen Anteil. Sie waren es, die auf die Durchsetzung eines zeitgemäßen Schulsystems drängten und aus eigener Initiative die Gründung von primär naturwissenschaftlich ausgerichteten städtischen Oberrealschulen betrieben. Deren Zahl vervierfachte sich zwischen 1885 und 1895. In Frankfurt, Breslau, Hannover, Danzig, Charlottenburg und Schöneberg zu Berlin entstanden darüber hinaus Reformgymnasien, die den Anteil des Lateinunterrichts zugunsten der modernen Sprachen radikal zurückschnitten und ungeachtet des Mißtrauens der preußischen Schulbehörden vielerorts Nachfolge fanden. Die städtischen Kommunen waren es auch, die seit 1893 Mädchengymnasien errichteten und damit der weiblichen Bevölkerung die Wege zu einer höheren Schulbildung öffneten, die ihr bisher weithin versperrt gewesen war. Doch konnte von Gleichberechtigung der Geschlechter, ungeachtet der Bemühungen der Frauenbewegung, vorderhand nicht die Rede sein. 1896 legten die ersten sechs Mädchen an einem Berliner Gymnasium das Abitur ab; allerdings wurde ihnen vorläufig nur beschränkter Zugang zu den Universitäten gewährt. Einstweilen wurden Frauen an den preußischen Universitäten nur als Hörer, nicht als vollgültige Studenten zugelassen, während man in Baden in diesem Punkte schon einen Schritt weiter war.

Jedoch war der Widerstand der traditionellen Bildungseliten gegen das Voranschreiten der Professionalisierung und eines rein an pragmatischen Zwecken ausgerichteten Bildungssystems noch keineswegs gebrochen. Die Verteidigung des Prinzips einer zweckfreien »reinen Bildung« blieb auch fortan ein wichtiges Bollwerk der Abwehr des Bürgertums gegen den Aufstieg neuer, unterbürgerlicher Schichten. Allerdings ging es dabei auch um die Behauptung bürgerlicher Kultur schlechthin. Max Weber brachte dies damals auf die prägnante Formel: »Hinter allen Erörterungen der Gegenwart um die Grundlagen des Bildungswesens steckt an irgendeiner entscheidenden Stelle der durch das unaufhaltsame Umsichgreifen der Bürokratisierung aller öffentlichen und privaten Herrschaftsbeziehungen und durch die stets zunehmende Bedeutung des Fachwissens bedingte, in alle intimsten Kulturfragen eingehende Kampf des ›Fachmenschen‹-Typus gegen das alte ›Kulturmenschentum‹.«

Die Auseinandersetzung zwischen den Anhängern des humanistischen Bildungsideals und den Befürwortern eines an den Bedürfnissen von Wirtschaft und Industrie orientierten Schulsystems wiederholte sich auf einer anderen Ebene: in dem gegen die Universitäten geführten Emanzipationskampf der höheren technischen Lehranstalten, aus denen die Technischen Hochschulen in Karlsruhe (1865), München (1868), (Berlin-) Charlottenburg (1879) sowie in der Folge die Technischen Hochschulen in Aachen, Darmstadt, Braunschweig, Hannover, Stuttgart und Dresden hervorgegangen sind. Die Studentenzahlen an den Technischen Hochschulen stiegen seit Mitte der neunziger Jahre steil an; erst 1905 wurde ein gewisser Sättigungspunkt erreicht.

Dennoch wurde ihnen von den Universitäten, die gleichsam das Monopol der Ausstellung der Bildungspatente beanspruchten, welche den Zugang zu den Führungspositionen in der deutschen Gesellschaft eröffneten, lange mit großer Hartnäckigkeit die Gleichberechtigung vorenthalten. Es verschlug dabei wenig, daß sich die Vertreter der technischen Hochschulbildung ihrerseits dem herrschenden

Studierende an Technischen Hochschulen 1887/88–1914/15 (nach Datenhand-buch, Bildungsgeschichte, Teil 1,1)

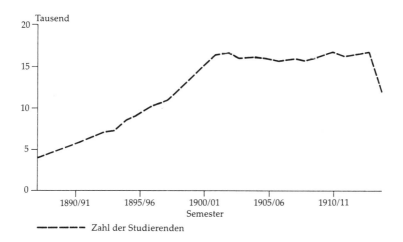

neuhumanistischen Bildungsideal anzunähern und den Bildungsbegriff auch für sich in Anspruch zu nehmen suchten, wie dies Alois Riedler tat, wenn er schrieb: »Allgemeine Bildung, die aber durchaus nicht gleichbedeutend ist mit bestimm-tem literarischen Wissen, ist für die technische Thätigkeit von größter Wichtig-keit. Die Ingenieurkunst ist nicht bloß die Kunst, Arbeit zu praktischen Zwecken in wissenschaftlicher und wirtschaftlicher Weise zu leiten, sondern eine Kultur-aufgabe und von der Mitarbeit anderer abhängig, und diese verlangt hohen moralischen Einfluß, unmittelbares Vorbild und Menschenkenntnis. Nicht nur intellektuelle fachliche Bildung, sondern mehr noch Charakter, sittlicher Wert und ein hohes Maß allgemeiner und menschlicher Bildung sind Vorbedingungen erfolgreicher Arbeit.« Erst im Jahr 1899 wurde der wissenschaftliche Status der Technischen Hochschulen mit der Verleihung des Promotionsrechtes auch for-mell anerkannt; nach außen hin signalisierte die ein Jahr zuvor erfolgte Berufung von Vertretern der Technischen Hochschulen Charlottenburg, Hannover und Aachen in das Preußische Herrenhaus die endlich erlangte Ranggleichheit mit den Universitäten.

In dieser Entwicklung spiegelte sich der Aufstieg der Naturwissenschaften zu einer gesellschaftlichen Produktivkraft von größter Bedeutung wider, beruhten doch die sprunghaften Fortschritte auf technologischem Gebiet, insbesondere in der Chemie und der Elektrotechnik, die der sogenannten Zweiten Industriellen Revolution ihre Schubkraft gaben, wesentlich auf einer immer engeren Zusam-menarbeit zwischen der Wissenschaft und der Industrie. Damit gingen die Ablö-sung der Naturwissenschaften von der älteren Tradition der Naturphilosophie und die Entfaltung eines neuen, erfahrungswissenschaftlichen Erkenntnisbegriffs einher, der exakte empirische Forschung und die Entwicklung von präzisen,

streng auf den jeweiligen Erfahrungsbereich beschränkten Theorien hypotheti-
schen Charakters durchgängig miteinander kombinierte. Die genaue Erforschung
des konkreten Sachverhalts und das Bemühen um den »geistig fassbaren Zusammenhang der Kenntnisse« müßten, wie Hermann von Helmholtz auf der Versammlung Deutscher Naturforscher und Ärzte im Jahr 1869 ausführte, beständig
miteinander einhergehen; eine nur beschreibende Naturforschung könne weder
»dem wissenschaftlichen Bedürfnisse des unendlichen Geistes, noch dem Verlangen nach fortschreitender Herrschaft des Menschen über die Naturmächte«
Genüge leisten. Die »Dienstbarmachung der Natur« wurde zur Devise dieses
neuen »naturwissenschaftlichen Zeitalters« (A. Riedler). Das Ansehen der Naturwissenschaften wurde durch die großen Erfolge der Technik, die zunehmend
wissenschaftliche Erkenntnisse in industrielle Hochleistungen umzusetzen verstand, noch gewaltig gesteigert. Mit einigem Recht konnte Alois Riedler, der
Rektor der Technischen Hochschule (Berlin-) Charlottenburg, darauf verweisen,
daß erst » die Technik durch ihre großartigen Anwendungen eine neue Naturan-
schauung geweckt und den Naturwissenschaften neues Leben zugeführt« habe.
Die weitreichenden Auswirkungen der systematischen Anwendung naturwissenschaftlicher Erkenntnisse auf zahlreichen Gebieten des praktischen Lebens, von
der industriellen Produktion bis hin zur medizinischen Versorgung der Bevölkerung, standen jedermann vor Augen. Wissenschaft und gesellschaftlicher Fortschritt erschienen als untrennbar miteinander verbunden. Zudem stellte die
Gesellschaft Deutscher Naturforscher und Ärzte mit ihren immer an anderen
Orten durchgeführten jährlichen Tagungen, an denen die Spitzen von Naturwissenschaften und Medizin auftraten, ein wirksames öffentliches Forum dar, um die
Leistungen der neuen Erfahrungswissenschaften und ihre wissenschaftlichen und
praktischen Bedürfnisse nicht nur den eigenen Fachkollegen, sondern auch der
breiteren Öffentlichkeit nahezubringen.

Dennoch bestand im Kaiserreich weiterhin ein scharfer Gegensatz zwischen
den reinen und den angewandten Wissenschaften, oder, wie dies schon die Zeitgenossen sahen, zwischen der geistigen und der materiellen Kultur, der sich mit der
fortschreitenden Ausbildung des auf naturwissenschaftlicher Grundlage ruhenden industriellen Systems eigentlich eher noch zuspitzte. Die Universitäten als
vornehmlichste Sachwalter der geistigen Kultur öffneten sich zwar bereitwillig
den theoretischen Naturwissenschaften, deren große Entdeckungen durchweg
von Hochschullehrern erbracht wurden, aber sie stellten sich der Etablierung von
primär anwendungsorientierten Wissenschaften, unter Berufung auf die neuhumanistische Tradition, nach wie vor in den Weg. Der berühmte Mathematiker
Felix Klein gründete 1898 die »Göttinger Vereinigung zur Förderung der angewandten Physik und Mathematik«, um diesem Übelstand abzuhelfen, aber er
stieß mit diesen Bemühungen zunächst auf das Unverständnis und die scharfe
Ablehnung eines großen Teils seiner Fachgenossen. Parallele Bestrebungen, die

Universitäten und die Technischen Hochschulen zusammenzuführen und damit der Technik den an sich verdienten Platz innerhalb der vielbeschworenen Universitas litterarum zu verschaffen, fanden noch weniger Gegenliebe. Weitaus schlechter erging es den Handelshochschulen, die, zumeist auf das Betreiben der städtischen Korporationen und einzelner industrieller Mäzene wie Gustav von Mevissen seit der Jahrhundertwende in Köln, Frankfurt, Berlin, Mannheim und Königsberg entstanden; sie führten einen zunächst weitgehend vergeblichen Kampf um gleichberechtigte Anerkennung innerhalb des höheren Bildungssystems.

Die hier zutage tretende Engstirnigkeit der Universitäten, die zum Teil auf eine jahrhundertealte Tradition zurückblicken konnten, war freilich nur die Kehrseite eines Wissenschaftssystems, das außerordentliche wissenschaftliche Hochleistungen aufzuweisen hatte und das auch im Ausland zunehmend als vorbildlich angesehen wurde. Im Ansatz war die klassische deutsche Universität eine geistesaristokratische Veranstaltung, in der eine vergleichsweise kleine Zahl von Lehrstuhlinhabern oder, wie es damals hieß, »Ordinarien«, das heißt ordentlichen Professoren, in ihrem jeweiligen Fachgebiet die wissenschaftliche Forschung und die akademische Lehre gleichermaßen in weitgehender Eigenverantwortung organisierten. Im Prinzip waren die Lehrstuhlinhaber ungekrönte Könige, die innerhalb ihres jeweiligen Fachgebiets im großen und ganzen tun und lassen konnten, was sie wollten. Sie waren in der Gestaltung des Lehrbetriebs zwar an die Beschlüsse der akademischen Gremien, besonders der Fakultäten, in denen sie Sitz und Stimme hatten, gebunden, aber vor allem in der Forschung in hohem Maße auf sich allein gestellt. In gewissem Sinne entsprach dies dem Humboldtschen Ideal, wonach der Wissenschaftler seine Arbeit in »Einsamkeit und Freiheit« zu erbringen habe.

Die Fakultäten glichen in vieler Hinsicht aristokratischen Klubs, in denen es grundsätzlich nur Gleichgestellte, das heißt Kollegen, gab, welche einem gemeinsamen Ideal, der Idee zweckfreier Wissenschaft, verpflichtet waren; durch dieses kollektive wissenschaftliche Ethos sahen sich seine Mitglieder in gewissem Maße auch ohne äußere Sanktionsmöglichkeiten in die Pflicht genommen. Der engeren, das heißt der allein entscheidungsbefugten Fakultät gehörten ausschließlich die Ordinarien an, während die wachsende Zahl der Extraordinarien und Privatdozenten dort überhaupt nicht vertreten war. Ein eingespieltes Berufungsverfahren, welches das Prinzip der Kooptation in einer nur geringfügig abgewandelten Form praktizierte, sollte nicht allein, wie man überzeugt war, sicherstellen, daß nur Männer von hohem wissenschaftlichen Rang zu Mitgliedern der Korporation erwählt würden, sondern zugleich ein hohes Maß an sozialer Homogenität des Lehrkörpers garantieren. Im übrigen waren die ordentlichen Professoren als Staatsbeamte, die hinsichtlich ihres Gehalts einen Sonderstatus sowie das Vorrecht der Emeritierung mit vollen Bezügen zu einem von ihnen selbst zu wählenden Zeitpunkt besaßen, finanziell sehr gut gestellt, zumal sie ihr Gehalt in der Regel durch hohe Hörergeldeinnahmen erheblich aufzubessern vermochten. Sie gehörten zur oberen Mittelschicht, obschon sie in ihrem Einkommensstatus von den neuen industriellen Vermögen zunehmend überholt wurden. In der wilhelminischen Gesellschaft standen sie an der Spitze der Skala des Sozialprestiges; dieser Status wurde durch ihre oft engen personellen Beziehungen zu den Spitzen der staatlichen Beamtenschaft zusätzlich gestützt.

Man hat die Professorenschaft im wilhelminischen Deutschland mit einigem Recht nach dem Vorbild der chinesischen hohen Bürokratie als »Mandarine« bezeichnet, und in gewissem Maße beschreibt dies ihre gesellschaftliche Situation ziemlich korrekt. Die Professoren verdankten ihre gehobene soziale Position in aller Regel den von ihnen erworbenen Bildungspatenten, vor allem der Verleihung eines Doktortitels, gefolgt von der Habilitation an einer bestimmten Fakultät, durch die man die Venia legendi in einem bestimmten Fach erlangte, sowie schließlich der Berufung auf einen Lehrstuhl an einer Universität. Dies beruhte immer auf den Entscheidungen der eigenen peers group, die allerdings der Bestätigung durch die Staatsbehörden bedurften. Geld, gesellschaftlicher Einfluß oder politische Protektion genügten in der Regel nicht, um interessierten Persönlichkeiten den Weg in die Universitäten zu öffnen, die mit großem Nachdruck auf ihre Autonomie bestanden. Die Hochschullehrerschaft rekrutierte sich aus der traditionellen Bildungsschicht, anfänglich mit über 60 Prozent, allerdings mit deutlich rückläufiger Tendenz; seit der Jahrhundertwende waren es nur noch 49 Prozent. Die beharrliche Forderung, daß nur eine abgeschlossene klassisch-humanistische Bildung zum Studium berechtige, stellte eine soziale Barriere dar, die es Angehörigen der unteren Mittelschichten, geschweige denn der Arbeiterschaft, außerordentlich erschwerte, in die Kreise der Akademikerschaft vorzudringen. Doch die Hochschullehrerschaft in Deutschland war, verglichen etwa mit den gleichzeitigen Verhältnissen in Frankreich oder England, durchaus nicht extrem exklusiv, geschweige denn gegenüber Aufsteigern aus den unteren Schichten hermetisch abgeschlossen. Im Gegenteil, die Universitäten boten Außenseitern aus den Unterschichten innerhalb eines ansonsten noch außerordentlich starren gesellschaftlichen Systems am ehesten die Chance, in eine sozial angesehene und gehobene Stellung aufzusteigen. Aber quantitativ gesehen stellten diese Aufsteiger eine verschwindende Minderheit dar; dies war schon durch den Umstand bedingt, daß die Entscheidung, die Laufbahn eines Hochschullehrers einzuschlagen, in aller Regel den Besitz privaten Vermögens voraussetzte. Die Ausbildung war lang, und auch nach erfolgreichem Eintritt in die akademische Korporation durch die Habilitation an einer Fakultät stand es mit der materiellen Lage des akademischen Nachwuchses nicht gut. Privatdozenten wurden grundsätzlich nicht besoldet und vermochten angesichts der Tatsache, daß die Hauptvorlesungen den Ordinarien vorbehalten waren, auch an den an sich reich fließenden Kolleggeldern zumeist nur in bescheidenem Maße zu partizipieren. Solange es eine vergleichsweise einheitliche Schicht von »Besitz und Bildung« gab, mochte dies angehen; später jedoch waren die Privatdozenten vielfach auf lange Jahre hinaus zu einer äußerst kärglichen Lebensführung gezwungen. Die gesellschaftliche Entwicklung lief ohnehin auf eine zunehmende Differenzierung der sozialen Milieus im Kaiserreich hinaus, und dies hatte Auswirkungen auch auf die soziale Lage der akademischen Elite. Obschon die Professorenschaft nach wie vor dem bürgerlichen Lager zuzurechnen war, lockerten sich die Beziehungen zwischen der Intelligenz und dem besitzenden Bürgertum. In Theodor Fontanes »Frau Jenny Treibel« wird die Einheirat der Professorentochter Corinna in die wohlhabende bürgerliche Unternehmerfamilie Treibel von Jenny Treibel systematisch hintertrieben. »In eine Herzogsfamilie kann man allenfalls hineinkommen, in eine Bourgeoisfamilie nicht«, befindet Corinnas Vater Professor Schmidt sarkastisch. Es bleibt Corinna nur, den jungen Archäologen Marcel zu heiraten, der allerdings dank der Protektion seines künftigen Schwiegervaters gerade im rechten Augenblick endlich eine erträglich honorierte akademische Position erhält.

Dergleichen war um 1890 gewiß noch nicht die Regel, aber mit der sich abzeichnenden Loslösung der Sozialgruppe der Akademikerschaft vom besitzenden Bürgertum verschärfte sich die Problematik des ungesicherten Status der Privatdozenten, um so mehr als sie angesichts der steigenden Studentenzahlen einen immer höheren Anteil an der Lehre übernahmen. Infolgedessen bürgerte sich unter der Hand dennoch die Praxis ein, die Dozenten innerhalb der Universität zu versorgen. Es war fast schon ein Anachronismus, wenn Max Weber 1911 auf dem vierten Deutschen Hochschullehrertag erklärte, daß »jedem Privatdozenten [...] in die Seele geschrieben« werden müsse, »daß er unter keinen Umständen ein irgendwie ersitzbares Recht auf irgendeine Versorgung habe«. Weber wollte der Tendenz zur Bürokratisierung des akademischen Systems unter allen Umständen entgegenwirken, doch die Zeichen der Zeit wiesen in die entgegengesetzte Richtung, nämlich auf die Entstehung einer zwar hierarchisch gegliederten, aber nichtsdestoweniger bürokratischen Laufbahnstruktur für die Hochschullehrerschaft.

Als Ganzes stellte die Hochschullehrerschaft, ungeachtet der Tatsache, daß auch sie von der zunehmenden Zerklüftung im Lager der Mittelschichten erfaßt wurde, eine bemerkenswert homogene Gruppe dar. Dank ihres hohen Sozialprestiges und ihrer Verbindung zu anderen meinungsführenden Gruppen der Gesellschaft, insbesondere zur hohen Beamtenschaft, verfügte sie über ein erhebliches Maß an gesellschaftlichem Einfluß. Sie besaß in der wilhelminischen Gesellschaft einen bemerkenswert großen Freiraum, der es ihr ermöglichte, ihre Auffassungen in Staat und Gesellschaft unabhängig von unmittelbaren politischen Präferenzen oder Klasseninteressen geltend zu machen. Die Hochschullehrerschaft nutzte diese privilegierte Position freilich keineswegs immer in fortschrittlichem Sinne,

Soziale Herkunft deutscher Hochschullehrer nach Väterberufen 1859–1919

Berufe der Väter	bis 1859	%	1860–69	%	1890–1919	%
Höhere Beamte, Richter	98	13	141	11	329	11
Rechtsanwälte	16	2	19	1	49	2
Hochschullehrer	119	16	220	17	384	13
Lehrer an höheren Schulen	23	3	63	5	170	6
Geistliche, Kirchenbeamte	113	15	144	11	174	6
Ärzte	62	8	140	1	217	7
Künstlerische und publizistische Berufe	21	3	37	3	68	2
Sonstige akademische Berufe	18	2	41	3	97	3
Bildungsschicht	470	62	805	63	1.488	49
Offiziere	16	2	23	2	61	2
Kleine Beamte	43	6	42	3	149	5
Lehrer	29	4	49	4	129	4
Rittergutsbesitzer, Domänenpächter	8	1	20	2	40	1
Bauern/Landwirte	28	4	58	5	120	4
Fabrikanten, Großkaufleute	26	3	65	5	294	10
Leitende Angestellte	2	–	9	1	83	3
Kaufleute	73	10	133	10	462	15
Kleine Gewerbetreibende, Handwerker	36	5	35	3	84	3
Kleine Angestellte	5	1	7	1	15	–
Werkmeister, Arbeiter	17	2	12	1	30	1
Privatiers, Rentner	1	–	15	1	57	2
Insgesamt	754	100	1.273	100	3.012	100

wie man annehmen sollte. Vielmehr verschrieb sie sich mehrheitlich nationallibe-ralen Positionen, die jenen der oberen Mittelschichten entsprachen, und vertrat streckenweise auch ausgeprägt nationalkonservative Einstellungen. Allerdings formierte sich vornehmlich in der Nationalökonomie eine Gruppe von fortschritt-lich und liberal denkenden Wissenschaftlern, die dank ihres entschiedenen Auf-tretens in sozialpolitischen Fragen ein erhebliches Gewicht in die öffentliche Debatte einzubringen verstanden. Alle diese Richtungen waren sich jedoch einig in der Vertretung eines spezifischen Kulturnationalismus, der mit ihren professio-nellen Interessen als Sachwalter der deutschen Kultur korrelierte.

Es kam hinzu, daß das von den Universitäten immer wieder beschworene Prinzip der »Freiheit von Forschung und Lehre« in der wilhelminischen Gesell-schaft nur innerhalb bestimmter Grenzen Gültigkeit besaß. Zum einen wurden Sozialdemokraten gar nicht erst zur Habilitation zugelassen, wie zum Beispiel Robert Michels wiederholt erfahren mußte, oder sie liefen, wenn sie sich als Mitglieder einer akademischen Korporation mit der Sozialdemokratie identifi-zierten, Gefahr, relegiert zu werden, wie der Berliner Privatdozent Leo Arons, dem 1895, allerdings gegen den Widerstand der Philosophischen Fakultät der Universität Berlin, aufgrund der »Lex Arons« die Lehrbefugnis entzogen wurde. Zum anderen wurde den Kirchen ein Bestätigungsrecht für die Besetzung theologischer Lehrstühle eingeräumt und auch sonst einiger Einfluß auf die Hochschulpolitik zugestanden. Max Weber schrieb angesichts dieser Sachlage im Jahr 1908 in der »Frankfurter Zeitung«, daß man »im Interesse des guten Geschmacks und auch der Wahrhaftigkeit nicht von der Existenz einer ›Freiheit der Wissenschaft und ihrer Lehre‹ in Deutschland« reden möge, denn diese bestehe nur »innerhalb der Grenzen der politischen und kirchlichen Hoffähigkeit«. Nicht allein den Sozialdemokraten blieb der Zugang zur Hochschullehrerschaft versperrt; auch die Katholiken hatten es schwer, sich in der dem Kulturprotestantismus eng verbundenen Akademikerschaft durchzusetzen. Außerdem war es üblich, Juden zwar den Eintritt in die akademische Korporation zu gestatten, ihnen dann aber den Aufstieg in ordentliche Professuren zu verwehren.

Die staatlichen Autoritäten verhielten sich namentlich in Preußen keineswegs so unparteiisch gegenüber den Universitäten, wie dies das Prinzip der »Freiheit von Forschung und Lehre« hätte erwarten lassen. Vielmehr gab es immer wieder Versuche, der Regierung genehme Wissenschaftler selbst gegen den ausdrücklichen Wunsch der betreffenden Fakultäten auf Lehrstühle zu bringen. So wurde im Jahr 1908 der den Konservativen nahestehende Agrarwissenschaftler Ludwig Bernhard, der ein Verteidiger der umstrittenen Polen-Politik der preußischen Regierung war, der Universität Berlin oktroyiert. Noch größeres Aufsehen fand die Berufung des katholischen Historikers Martin Spahn auf einen Lehrstuhl an der Universität Straßburg im Jahr 1901 entgegen einem ausdrücklichen Beschluß der Philosophischen Fakultät. Der greise Theodor Mommsen veröffentlichte damals in den »Münchener Neuesten Nachrichten« eine flammende Deklaration gegen konfessionell gebundene Lehrstühle, die in der Öffentlichkeit starken Widerhall fand. Wenn die Berufung eines Wissenschaftlers von einer bestimmten »Richtung« abhängig gemacht werde, dann sei ein »Lebensnerv« der Wissenschaft verletzt; denn dieser sei »die voraussetzungslose Forschung, diejenige Forschung, die nicht das findet, was sie nach Zweckerwägungen und Rücksichtnahmen finden soll und finden möchte, was anderen außerhalb der Wissenschaft liegenden praktischen Zielen dient, sondern was logisch und historisch dem gewissenhaften Forscher als das Richtige erscheint, in ein Wort zusammengefaßt: die Wahrhaftigkeit«. In diesem Falle hatten die Staatsbehörden, die aus pragmatischen Erwägungen die Unterrepräsentation der Katholiken an der Universität Straßburg zu mildern bestrebt waren, eigentlich gute Gründe, so zu verfahren. Einmal mehr zeigte sich, daß das Prinzip der Autonomie der Universitäten nicht eben für eine wirklich ausgewogene Repräsentation der verschiedenen gesellschaftlichen Gruppen sorgte, sondern eher die Erhaltung der hegemonialen Stellung der bürgerlich-protestantischen Kultur begünstigte.

Die Einbruchstelle für die Einmischung des Staates in die Universitäten lag in der Unfähigkeit der Fakultäten begründet, sich den rasch wechselnden Bedürfnissen der Gesellschaft anzupassen. Zum einen zeigten sich die Universitäten vielfach nicht in der Lage, dem Prozeß der zunehmenden Spezialisierung der wissenschaftlichen Forschung durch eine entsprechende Berufungspolitik Rechnung zu tragen. Dies galt in erster Linie für die naturwissenschaftlichen und medizinischen Disziplinen. Zum anderen wurden sie mit rapide ansteigenden Studentenzahlen konfrontiert, ohne darauf angemessen zu reagieren.

Studierende an wissenschaftlichen Hochschulen Deutschlands 1860–1914 (nach Titze, Datenhandbuch, S. 28 f.)

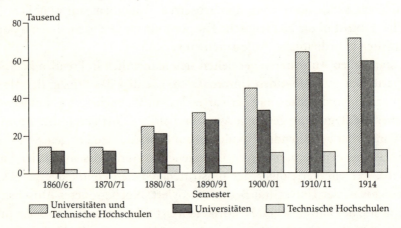

Die starke Zunahme der Studierenden darf als Indiz dafür gelten, daß die mittleren Schichten der Gesellschaft einer Ausbildung ihrer Söhne an den Universitäten und den Technischen Hochschulen wachsende Bedeutung zumaßen. Diese verlief allerdings nicht gleichläufig, sondern in zyklischen Schüben. Perioden raschen Wachstums wurden unterbrochen von Phasen, in denen sich wieder weniger Studenten immatrikulierten, weil es zeitweise zu einem Überangebot von Absolventen der Hochschulen und zu akademischer Arbeitslosigkeit kam, die auf die nachfolgende Generation abschreckend wirkte. Aber dies führte regelmäßig dazu, daß sich nach einigen Jahren wieder ein Mangel an qualifizierten Absolventen der Hochschulen einstellte, der den Anstoß zu einem erneuten Wachstumsschub gab. Die Staatsbehörden erwiesen sich als nicht imstande, diesen zyklischen Schwankungen der Akademikernachfrage entgegenzuwirken; nach vergeblichen Versuchen in den achtziger Jahren, ein weiteres Anwachsen der Studentenzahlen durch administrative Maßnahmen, insbesondere eine Anhebung der Studienkosten, abzubremsen, ließen die preußischen Behörden den Dingen freien Lauf. Einen großen Teil der Universitätsabsolventen nahm das rasch expandierende Bildungssystem selbst auf. Aber auch die Nachfrage in Wirtschaft und Gesellschaft nach Akademikern nahm deutlich zu. In der Industrie verdrängten fachlich ausgebildete Absolventen der Technischen Hochschulen zunehmend die selfmade men der Anlaufphase der Industrialisierung; für eine erfolgreiche Beamtenlaufbahn wurden die bürgerlichen Bildungspatente wichtiger als aristokratische Abkunft oder die Patronage hochgestellter Persönlichkeiten. Rechtsanwälte und Ärzte fanden ebenfalls einen expandierenden Markt vor; mit der durch die Sozialversicherung verbesserten medizinischen Versorgung ging eine Vermehrung der Ärzteschaft einher.

Studierende in Deutschland auf 1.000 Einwohner, 1870–1914

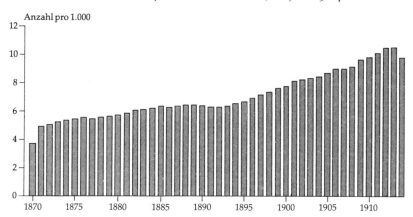

Im Jahre 1860/61 studierten an den Universitäten und Technischen Hochschulen in Deutschland insgesamt 14.631 Studenten. Diese Zahl stieg, ungeachtet eines zeitweilig starken Rückgangs während des Deutsch-Französischen Krieges, auf 19.937 im Wintersemester 1871/72 und nahm fortan kontinuierlich weiter zu. Die »Gründerkrise« brachte eine geringfügige Abflachung der Zuwachsrate und die Wirtschaftskrise 1886/89 ließ die Studentenzahlen zeitweilig stagnieren. Fortan stiegen die Studentenzahlen unaufhaltsam; sie erreichten 1890/91 32.020 Studenten, fielen in den folgenden Jahren noch einmal leicht ab und erreichten im Sommersemester 1900/01 die stolze Ziffer von 44.832; bis 1913/14 sollte sie sich dann noch einmal fast verdoppeln. Zu 71.319 Studenten an den Universitäten und Technischen Hochschulen im Wintersemester 1913/14 müssen überdies noch 7.700 Studenten an anderen höheren Lehranstalten hinzugerechnet werden. Diese beachtlichen Zahlen verlieren zwar etwas an Bedeutung, wenn man berücksichtigt, daß im fraglichen Zeitraum auch die Bevölkerungszahl stark anstieg, aber selbst dann noch waren sie signifikant. Der Anteil der Studierenden an der Altersgruppe der 19- bis 23jährigen steigerte sich von 4,5 je Tausend im Jahr 1864 auf 9,81 im Jahr 1910, also gut auf das Doppelte. Allerdings waren die einzelnen Fachrichtungen daran sehr unterschiedlich beteiligt. Während die Zahl der evangelischen Theologen dramatisch zurückfiel und die katholischen Theologen erst nach dem Aderlaß des Kulturkampfes eine vergleichsweise bescheidene Vermehrung erfuhr, stieg die Zahl der Jurastudenten erheblich und, mit zeitweiligen Schwankungen, auch jene der Medizinstudenten. Die Philosophischen Fakultäten, die damals noch die naturwissenschaftlichen Disziplinen einschlossen, zogen bei weitem die meisten Studenten auf sich; um 1910 waren mehr als die Hälfte aller Studierenden dort immatrikuliert. Die wachsende Prosperität der Gesellschaft, die verbesserten Berufschancen für die Freien Berufe, die vermehrte Einstellung von Lehrern und höheren Beamten, von denen eine juristische Ausbildung erwartet wurde, die zunehmende Bedeutung wissenschaftlicher Qualifikation in der Industrie und im Handel, kurz, die wachsende Professionalisierung der gehobenen Berufe trug zu dieser Entwicklung ebenso bei wie der steigende Kurswert akademischer Bildung in einer Gesellschaft, in der bürgerliche Lebensideale zunehmend die älteren aristokratischen Wertvorstellungen zurückdrängten. Allerdings fanden letztere in dem Surrogat des studentischen Couleurwesens, das sich immer weiter ausbreitete, eine verbürgerlichte Fortsetzung.

Studenten in Preußen nach Väterberufen 1890/91–1911/12 (nach Datenhandbuch, Bildungsgeschichte, Teil 1,1)

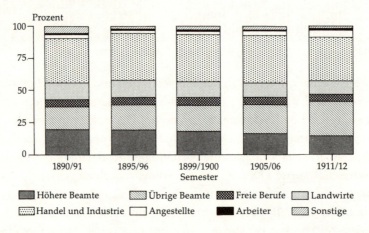

Das enorme Anwachsen der Zahl der Studenten lief in sozialer Hinsicht auf eine, allerdings begrenzte Öffnung des höheren Bildungssystems gegenüber den Mittelschichten hinaus. War in der ersten Hälfte des Jahrhunderts eine universitäre Ausbildung noch das Privileg der Söhne der Aristokratie, der höheren Beamtenschaft und der Freien Berufe gewesen, so veränderte sich dies seit der Reichsgründung und insbesondere seit der Jahrhundertwende. Im Zuge der Ausweitung des höheren Bildungssystems konnten die traditionellen Bildungseliten ihre ursprünglich weitgehende Selbstrekrutierung nicht in vollem Umfang aufrechterhalten, obschon die große Mehrzahl der Studenten auch weiterhin aus den Kreisen der höheren Beamtenschaft und den Bildungsberufen im engeren Sinne stammten, während Landwirtschaft, Industrie und Handel nach wie vor unterrepräsentiert blieben. Die soziale Diskriminierung gegenüber den unteren Mittelschichten und den Unterschichten blieb zwar weiterhin bestehen, aber doch nicht mehr in der ursprünglichen Rigidität. Nun wurde eine akademische Ausbildung für die Kinder der gehobenen Beamtenschaft und der Angestellten erreichbar, wenn auch in vergleichsweise bescheidenem Umfang. Vor allem der neue Mittelstand drängte in die Universitäten und mit einiger Verzögerung auch das Wirtschaftsbürgertum im engeren Sinne. Hingegen blieb der Anteil von Studenten aus den Unterschichten weiterhin äußerst gering. Allerdings eröffnete das Universitätssystem grundsätzlich die Chance für bemerkenswert raschen sozialen Aufstieg; es gab eine Reihe von Arbeitersöhnen, wie zum Beispiel den Historiker Dietrich Schäfer, unter den deutschen Professoren. Aber insgesamt wurde durch die Einbeziehung einer begrenzten Zahl von Angehörigen der unteren Mittelschichten die Statusschranke zwischen Gebildeten und Ungebildeten eher noch verschärft, in jedem Falle aber stabilisiert. Gerade die neu Hinzustoßenden pochten auf die Exklusivität ihres durch akademische Bildungspatente erworbenen gehobenen sozialen Status, und die pseudofeudalen Rituale des Verbindungswesens zielten in die gleiche Richtung. Dies gilt auch für die Professorenschaft als solche. Das mit der Zunahme der Studentenzahlen verbundene Wachstum des Lehrkörpers führte nicht, wie man annehmen könnte, zu einer Lockerung seiner hierarchischen Struktur, sondern eher zu einer Verhärtung, zumindest an der Spitze. Erst jetzt entwickelte sich unter der Professorenschaft ein ausgeprägtes Sonderbewußtsein; auch in politischer Hinsicht neigte diese stärker dem rechten Lager zu.

Mit der Zunahme der Zahl der Studierenden ging ein schrittweiser Ausbau der Universitäten und sonstigen Hochschulen einher. Nach und nach wurden immer neue Bereiche des gesellschaftlichen Lebens zum Gegenstand wissenschaftlicher Forschung, und dies erforderte ein steigendes Maß an Differenzierung in Forschung und Lehre. Dies fand seinen Niederschlag unter anderem in der Gründung und im stetigen Ausbau von Instituten, Forschungslaboratorien und Bibliotheken. Auch die Geisteswissenschaften und die Jurisprudenz wurden nun mit Seminaren und Instituten ausgestattet, die erstmals einen systematisch forschungsorientierten akademischen Unterricht ermöglichten. Der Betrieb dieser Forschungseinrichtungen aber war ohne ein zahlreiches wissenschaftliches Hilfspersonal, vor allem die Assistenten, nicht mehr länger denkbar. Gleichwohl wurde die Vorrangstellung der Ordinarien in Lehre und Forschung unverändert aufrechterhalten, ja deren Machtstellung innerhalb der akademischen Korporationen noch weiter gestärkt, da sie in der Regel allein über den Zugang zu den Produktionsmitteln der Forschung verfügten. Die Zeiten, in denen ein Justus von Liebig geklagt hatte, daß es in Preußen kein einziges chemisches Labor gebe, waren vorüber. In großem Stil fanden sich besonders die preußischen Staatsbehörden bereit, vergleichsweise aufwendige physikalische und chemische Institute zu gründen sowie in wachsender Zahl Universitätskliniken einzurichten oder auszubauen. Wissenschaft wurde, wie Adolf von Harnack 1905 es nannte, zunehmend zum »Großbetrieb«, jedoch ohne daß die Fakultäten selbst die Konsequenzen aus diesen Strukturänderungen zu ziehen willens waren. Ein immer größerer Teil der akademischen Lehre fiel nunmehr den Privatdozenten beziehungsweise den Extraordinarien zu, ohne daß deren Rechtsstellung nennenswert verbessert wurde. Es war vielfach der Staat, der in wohlverstandenem Eigeninteresse durch Errichtung zusätzlicher Lehrstühle oder außerordentlicher Professuren Abhilfe zu schaffen suchte.

Anfänglich war die Wissenschaftspolitik in Preußen und im Reich ganz auf die Universitäten ausgerichtet. Am bedeutsamsten war in diesem Zusammenhang die Gründung der Reichsuniversität Straßburg, durch die Elsaß-Lothringen auch geistig dem Reich wiedergewonnen werden sollte. Aber bald griff das Reich über die Grenzen des etablierten akademischen Systems hinaus in die Entwicklung der Wissenschaft ein. Schon 1874 hatte Theodor Mommsen die Devise ausgegeben, daß der Staat »[a]lle die wissenschaftlichen Aufgaben, welche die Kräfte des einzelnen Mannes und der lebensfähigen Assoziation übersteigen«, auf sich nehmen müsse. Gerade der preußische Staat, aber auch das Reich beherzigten diesen Grundsatz. Der Anfang zur Förderung der Wissenschaft durch das Reich wurde mit der Übernahme zahlreicher Institute beziehungsweise langfristiger wissenschaftlicher Unternehmungen wie der »Monumenta Germaniae Historica«, des Preußischen Archäologischen Instituts in Rom, des Preußischen Meteorologischen Instituts und einer ganzen Reihe weiterer Einrichtungen gemacht, die als den Interessen des Reiches förderlich gelten konnten, obschon dies, namentlich von seiten des Zentrums, als ein bedenklicher Eingriff in die föderative Struktur des Reiches angegriffen wurde. Dem folgte 1887 mit der Gründung der Physikalisch-Technischen Reichsanstalt die Errichtung eines ersten staatlichen Großforschungsinstituts.

Eine besondere Rolle wuchs in diesem Zusammenhang Friedrich Althoff zu, der seit seinem Eintritt in die Hochschulabteilung des preußischen Kultusministeriums 1882 maßgeblichen Einfluß auf die Hochschulpolitik Preußens gewann, zumal er es verstand, sich dafür des persönlichen Wohlwollens Wilhelms II. zu versichern. Unter seiner kundigen Leitung gelang es der Hochschulabteilung des preußischen Staates, in die Robe der Modernisierung zu schlüpfen und den Ausbau des preußischen Universitätssystems zielbewußt voranzutreiben, vielfach gegen den Willen der betreffenden Fakultäten, die die Zeichen der Zeit nicht zu lesen verstanden und zu einer korporativen Abkapselung gegenüber allen Neuerungen neigten. Dies galt vorwiegend für die Naturwissenschaften und die Medizin. Hier wurden seit der Jahrhundertwende auf staatliche Initiative hin zahlreiche neue Lehrstühle und Spezialdisziplinen, zum Beispiel für Kinderheilkunde,

Hygiene und Augenheilkunde, ins Leben gerufen. Ebenso wurden für Emil von Behring, den Erfinder des Diphtherieserums, der 1901 den ersten Nobelpreis für Medizin erhielt, angemessene Arbeitsmöglichkeiten und ein Lehrstuhl an der Universität Marburg geschaffen, auch hier gegen den Willen der betreffenden Fakultät. Parallel dazu lief der Ausbau der naturwissenschaftlichen Forschungseinrichtungen zu immer stattlicheren Forschungsinstituten.

Vor allem aber betrieb Althoff eine höchst umsichtige Berufungspolitik, für die er sich von Fall zu Fall bei den großen Repräsentanten der einzelnen Disziplinen, namentlich bei Gustav von Schmoller, Adolf von Harnack, Theodor Mommsen und Felix Klein, den nötigen fachlichen Rat holte. Der patriarchalische und obrigkeitliche Stil des »Systems Althoff«, das nicht davor zurückschreckte, auch menschliche Schwächen der Professorenschaft auszunutzen und auszuspielen, wurde schon von den Zeitgenossen als äußerst irritierend empfunden. Max Weber gelangte zu dem harschen Urteil, daß es auf die jüngere Generation der Wissenschaftler korrumpierende Auswirkungen gehabt habe. Althoff hat jedoch viel dafür getan, das Wissenschaftssystem des Kaiserreiches auf ein bemerkenswert hohes Niveau zu heben und seine Leistungsfähigkeit erheblich zu steigern. Er hatte einen wesentlichen Anteil daran, wenn Adolf von Harnack im Jahr 1909 zu der Schlußfolgerung kommen konnte, »die heutige Organisation der Wissenschaft und des höheren Unterrichts in Preußen«, aufbauend auf den Gedanken und Grundsätzen Wilhelm von Humboldts, habe »unser Vaterland in seinem wissenschaftlichen Ansehen an die Spitze aller Kulturnationen gerückt«.

Die Dynamik der wirtschaftlichen Entwicklung, die mit den epochemachenden Entdeckungen in den Naturwissenschaften eng verknüpft war, drängte freilich immer stärker über die Grenzen einer ausschließlich an die Universitäten und die Technischen Hochschulen gebundenen Wissenschaftsförderung hinaus. Angesichts der steigenden Lehrbelastung der Hochschulen wurde die Forderung immer lauter, daß im Zuge der sich rasant vollziehenden Wissenschaftsentwicklung die Gründung von großangelegten Forschungsinstituten erforderlich sei, deren Leiter von Lehraufgaben freigestellt werden müßten. Diese sollten sich vornehmlich der Grundlagenforschung beziehungsweise bestimmten anwendungsorientierten Gebieten der Naturwissenschaften zuwenden. Dabei spielte von Anbeginn das Interesse der Industrie eine große Rolle, denn deren wirtschaftliche Erfolge beruhten in immer höherem Maße auf der Umsetzung der naturwissenschaftlichen Forschungsergebnisse in die industrielle Praxis. Schon unmittelbar nach der Gründung der Physikalisch-Technischen Reichsanstalt war in den Kreisen der chemischen Industrie der Gedanke der Gründung einer Chemisch-Technischen Reichsanstalt aufgetaucht, den sich dann auch Emil Fischer, der Nestor der deutschen wissenschaftlichen Chemie, zu eigen machte. Dieses Projekt, das freilich über eine Anlaufphase nie hinausgekommen ist, gab den Anstoß zur Gründung der »Kaiser-Wilhelm-Gesellschaft zur Förderung der Wissenschaften«.

Diese Gesellschaft war dazu bestimmt, als Träger für die Gründung und den laufenden Betrieb einer ganzen Reihe von naturwissenschaftlichen Forschungsinstituten zu dienen. Die Finanzierung der Kaiser-Wilhelm-Gesellschaft sollte in erster Linie durch Spenden der Industrie aufgebracht werden. Als Gegenleistung sollten die jeweils primär interessierten Industriellen in den Beiräten dieser Institute Sitz und Stimme erhalten. Andererseits sollten diese Institute der Preußischen Akademie angegliedert und ihre Leiter aus staatlichen Mitteln besoldet werden. Das in seiner Art revolutionäre Projekt einer Mischfinanzierung durch den Staat und die jeweils interessierten Wirtschaftskreise, das mit den Traditionen der preußisch-deutschen Hochschulpolitik eigentlich unvereinbar war, erwies sich jedoch als schwierig zu realisieren. Die Spenden der Industrie flossen keineswegs so reichlich, wie dies anfangs erwartet worden war. Hier herrschte vielmehr die Auffassung vor, daß die Finanzierung aller rein forschungsorientierten Wissenschaftsunternehmungen allein dem Staate obliege. In den Kreisen der Wissenschaft wurde die Beteiligung des Staates hingegen vor allem deshalb erstrebt, weil eine einseitige Abhängigkeit der Forschungsinstitute von den industriellen Interessenten vermieden werden sollte.

Wenn es ungeachtet der innenpolitisch bedingten Krise der Reichsfinanzen seit dem Scheitern der Reichsfinanzreform von 1909 im Jahr 1911 doch noch zur Gründung einer »Kaiser-Wilhelm-Gesellschaft zur Förderung der Wissenschaften« kam, so gab dabei den Ausschlag, daß sich Wilhelm II. persönlich für dieses Projekt interessierte. Die große Denkschrift Adolf von Harnacks aus dem Jahr 1909, in der er das Projekt der Gründung einer ganzen Reihe von Instituten unter dem gemeinsamen Dach einer Trägergesellschaft im einzelnen vorstellte, war denn auch in erster Linie auf die Mentalität des Monarchen berechnet. Harnack rückte das damals weit verbreitete Argument in den Mittelpunkt, daß die aktive Förderung der Wissenschaften für das Deutsche Reich ein Akt der »nationalen Selbstbehauptung« gegenüber der wachsenden wirtschaftlichen Machtstellung der anderen Industriestaaten sei. Auch sonst spielte in der öffentlichen Debatte über eine verstärkte staatliche Förderung der anwendungsbezogenen Wissenschaften die Auffassung eine große Rolle, daß Deutschland ansonsten in der Gefahr stehe, gegenüber seinen wirtschaftlichen Rivalen zurückzufallen; die Rezession der Jahre 1907/08 gab solchen Ansichten zusätzliche Schubkraft. In diesem Zusammenhang tauchte nunmehr auch die These auf, daß man sich an der viel stärker auf die praktischen Bedürfnisse ausgerichteten Wissenschaftsorganisation in den Vereinigten Staaten, als, wie es Alois Riedler formulierte, »unseres mächtigsten künftigen Gegners«, zu orientieren habe.

Wesentlich dank des persönlichen Einsatzes Wilhelms II. und aufgrund der freigebigen Verleihung von kaiserlichen Orden und Titeln aller Art an die Spender gelang es dann doch, die Mittel für die Gründung einer stattlichen Reihe von Kaiser-Wilhelm-Instituten aufzubringen. So entstanden auf dem Grund und

Boden der ehemaligen kaiserlichen Domäne Berlin-Dahlem Institute für Chemie und physikalische Chemie, ein Institut für Kohlenforschung in Mülheim an der Ruhr, ein Institut für Biologie in Berlin, ein Institut für experimentelle Therapie sowie während des Ersten Weltkrieges Institute für Arbeitsphysiologie in Frankfurt am Main und für Eisenforschung in Düsseldorf. Im Grunde waren diese Großforschungseinrichtungen, wie man gesagt hat, eine gemeinsame Schöpfung von Wissenschaft und Großbourgeoisie; sie waren weniger Instrumente für die Entwicklung von neuen Industriezweigen, sondern dienten vielmehr der Sicherung des Besitzstandes der bestehenden industriellen Konzerne. Dennoch gingen davon erhebliche Impulse für die weitere Entwicklung der Forschung aus, zumal die Wissenschaftler es im großen und ganzen verstanden, nicht zuletzt dank der Beteiligung des Reiches, ihre Eigenständigkeit gegenüber der Industrie zu wahren. In der Folge kam es sogar zu Institutsgründungen, denen ein unmittelbarer Praxisbezug fehlte, beispielsweise zur Errichtung eines Deutschen Historischen Instituts, das sich vornehmlich der Durchführung von großen Quelleneditionen, etwa der Edition der »Germania Sacra« und der »Germania Profana«, widmen sollte; dieses Projekt konnte allerdings erst 1917, mitten im Ersten Weltkrieg, realisiert werden.

Die Kaiser-Wilhelm-Institute, deren Nachfolgeorganisationen heute die Institute der Max-Planck-Gesellschaft sind, bildeten gleichsam den Schlußstein eines differenzierten, ungemein leistungsfähigen Wissenschaftssystems, durch welches sich das Deutsche Reich auf wissenschaftlichem Gebiet eine Führungsposition in der westlichen Welt erwarb. Indirekt wurde dadurch der spektakuläre wirtschaftliche Aufstieg seit den späten achtziger Jahren des 19. Jahrhunderts befördert. Andererseits spiegelte sich in diesen Bestrebungen die imperialistische Gesinnung der Zeit, die auch die Wissenschaft als Kampfplatz betrachtete, auf dem das Ringen der Nationen um Weltgeltung ausgetragen wurde, und ebenso der Sieg eines von einem optimistischen Fortschrittsglauben getragenen, positivistischen Wissenschaftsbegriffs über die idealistische Tradition des Neuhumanismus.

Die »Entzauberung« der Welt durch Wissenschaft und die Entstehung von säkularisierten Pseudoreligionen

Max Weber hat die fortschreitende »Entzauberung« aller magischen und religiösen Weltbilder und den damit einhergehenden Siegeszug des Prinzips der formalen Rationalität als das Signum der Moderne beschrieben; die wichtigste Antriebskraft dieses Prozesses der Rationalisierung der Lebenswelt sei die moderne Wissenschaft, deren Ziel es sei, die Welt berechenbar und beherrschbar zu machen. Dies traf in besonderem Maße für die zweite Hälfte des 19. Jahrhunderts zu. Die großen Fortschritte der Naturwissenschaften und mit ihnen der modernen Medizin veränderten das Weltverständnis der Moderne tiefgreifend. In seiner Eröffnungsrede auf der Versammlung der deutschen Naturforscher und Ärzte in Innsbruck im Jahr 1869 bezeichnete es Hermann von Helmholtz als die eigentliche Aufgabe der Naturwissenschaften, »die vernunftlosen Mächte der Natur den sittlichen Zwecken der Menschheit dienstbar [zu] unterwerfen«. Das entsprach dem Denken der Zeitgenossen, die den »Sieg« der Wissenschaft »über die Naturkräfte« ausschließlich als Ausdruck des Fortschritts der Menschheit zu Wohlstand und Glück ansahen. Nicht »Weltdeutung«, sondern »Weltbeherrschung« war das letzte, das eigentliche Ziel und die moderne Wissenschaft ein Mittel dazu. Es war eine zwar nicht notwendig utilitaristische, aber zumindest positivistische Weltsicht, die alle älteren, aus metaphysischen und theologischen Quellen fließenden Formen der Naturerkenntnis ein für alle Mal verdrängte.

Damit einher ging der Niedergang der alten metaphysischen philosophischen Systeme, namentlich der Philosophie Hegels, des letzten großen philosophischen Versuchs, die Wirklichkeit unter einem einzigen großen Gesichtspunkt, des »Fortschritts im Bewußtsein der Freiheit«, in ihrer Totalität zu deuten. Rudolf Haym brachte die Meinung der Zeitgenossen auf den Punkt, wenn er schrieb: »Dieses eine große Haus hat nun falliert, weil der ganze Geschäftszweig darniederliegt. [...] Wir befinden uns augenblicklich in einem großen und fast allgemeinen Schiffbruch des Geistes und des Glaubens an den Geist überhaupt.« Die Technik und die materielle Welt regiere, allenfalls könne man die Geschichtswissenschaft »als ideenreiche Behandlung der Menschengeschichte« als berufenen Erben der Hegelschen Philosophie ansehen. In der Tat war die Abwendung von der Hegelschen Philosophie seit 1860 allgemein; nur im Denken von Karl Marx fand sie eine Fortsetzung, obschon in einer Hegels Intentionen radikal entgegengesetzten Weise, in der des historischen Materialismus. Im bürgerlichen Denken des 19. und frühen 20. Jahrhunderts fand der Marxismus so gut wie keinen Widerhall. Nur wenige Denker, zum Beispiel Heinrich von Sybel oder Max Weber, setzten sich damit ernstlich auseinander; und die Zahl derer, die sich, wie Werner Sombart oder Robert Michels, als Sozialisten betrachteten, war in den Kreisen der akademischen Wissenschaft hauchdünn vertreten. Von der Arbeiterschaft wurde der Marxismus wenn überhaupt, dann nur in einer von Friedrich Engels nach Marx' Ableben sozialdarwinistisch umgedeuteten und derart dem Denken der Zeit angepaßten pseudo-naturwissenschaftlichen Version rezipiert und als eine mechanistische Theorie der geschichtlichen Entwicklung mißverstanden, die ohne alles Zutun der Arbeiterschaft zwangsläufig den Sieg des Sozialismus über den Kapitalismus bringen werde.

Spekulative Geschichtstheorien und metaphysische Systeme waren nicht mehr gefragt, es sei denn, sie kleideten sich in das Gewand einer Propädeutik der empirischen Wissenschaften. An ihre Stelle war ein vergleichsweise naiver Fortschrittsglaube getreten, der zwar eine säkularisierte Variante des christlichen Heilsdenkens darstellte, sich aber dessen nicht mehr bewußt war. Das Vertrauen auf den Fortschritt wurde durch die großen Erfolge, die die Naturwissenschaften und die Medizin in jenen Jahrzehnten vorweisen konnten, untermauert. Es erhielt eine äußerst effektive Abstützung durch Charles Darwins Lehre von dem »Ursprung der Arten«. Die Arten und mit ihnen der Mensch selbst seien, so lehrte Darwin entgegen der bisher unangefochten biblischen Schöpfungsgeschichte, nicht durch einen originären Schöpfungsakt entstanden, sondern durch einen naturgesetzlichen Ausleseprozeß, den »Kampf ums Dasein«, in dem die kraft ihrer Erbanlagen überlegenen Arten schließlich triumphieren. Die Evolutionstheorie schien unwiderleglich zu beweisen, daß die naturgeschichtliche Entwicklung gesetzesmäßig zur Entfaltung immer differenzierterer Lebewesen tendiere und daß die Wirklichkeit durch und durch von objektiven Gesetzen beherrscht sei, die prinzipiell stets weiteren Fortschritt verbürgten.

Dem Triumph der naturwissenschaftlichen Denkweisen stand ein allgemeiner Rückgang des religiösen Denkens und besonders des Einflusses der christlichen Religion auf das zeitgenössische Denken gegenüber. Die Kirchen mußten es sich nunmehr gefallen lassen, daß das christliche Dogma der kritischen Untersuchung durch die Wissenschaft unterworfen wurde. Die biblische Überlieferung wurde jetzt mit den in der Altphilologie und in der Geschichtswissenschaft entwickelten textkritischen Methoden eindringlich analysiert und zunehmend ihres mythischen Charakters entkleidet; was zurückblieb, war eine bemerkenswert präzise Rekonstruktion der historischen Ereignisse, die zur Begründung des Christentums geführt hatten. Dies gab die Grundlage für eine neue, pragmatische Deutung der christlichen Lehre ab, die sich soweit wie möglich im Einklang mit der modernen Wissenschaft zu halten suchte. Die gleichwohl noch zurückbleibende Spannung zwischen der christlichen Überlieferung und den Auffassungen der modernen Wissenschaft wollte die protestantische Theologie, namentlich Albrecht Ritschl und seine Schule, durch eine Ethisierung der christlichen Lehre mildern. Adolf von Harnack hingegen bemühte sich darum, die christliche Lehre mit den individualistischen Einstellungen des zeitgenössischen Liberalismus zu versöhnen; er deutete die christliche Lehre als eine Heilsbotschaft, die zwar in einer historisch bedingten, insofern dem modernen Menschen nur mittelbar nachvollziehbaren Form überliefert sei, aber einen davon ablösbaren theologischen Kern besitze, nämlich die göttliche Wertschätzung jedes einzelnen Menschen und die daraus resultierende Ehrfurcht vor allem Menschlichen überhaupt.

Diese vergleichsweise harmonistischen Deutungen des christlichen Dogmas machten es möglich, daß sich das Christentum in seiner protestantischen Variante auch im »Zeitalter der Naturwissenschaft« als ein fester Bestandteil des bürgerlichen Denkens behaupten konnte. Andererseits konnten die Traditionalisten innerhalb des Protestantismus weiterhin auf das überkommene enge Bündnis von

»Thron und Altar« bauen, das den protestantischen Landeskirchen eine einflußreiche Stellung in Staat und Gesellschaft sicherte. Für die Bildungsschicht protestantischer Observanz behielt die christliche Lehre vorerst weiterhin große Anziehungskraft. Obwohl die Zugehörigkeit zum protestantischen Glauben in den
Kreisen des Bildungsbürgertums vielfach zu einem Lippenbekenntnis herabsank,
blieb die evangelische Kirche ein stabiles Glied der bestehenden gesellschaftlichen
Ordnung, blieben die evangelischen Theologen eine wichtige Stimme im Konzert
der meinungsführenden Eliten. Allerdings faßten seit 1890 auch innerhalb des
Protestantismus reformistische Kräfte Fuß, die die Kirche aus dem konservativen
Lager herausführen und zum Vorkämpfer für eine fortschrittliche Sozialordnung
machen wollten. Ihr Einfluß auf die bürgerliche Öffentlichkeit war beachtlich.
Vor allem die jüngere Christlich-soziale Bewegung unter der Führung Friedrich
Naumanns konnte bei großen Teilen der Bildungsschicht, insbesondere der Aka-
demikerschaft, bis in die Zeit des Ersten Weltkrieges hinein auf zuverlässige
Unterstützung zählen.

Die Lage der katholischen Kirche war wesentlich ungünstiger. Mit der Verkün-
dung des »Syllabus Errorum« vom Jahr 1864 und der Lehre von der Unfehlbarkeit des Papstes hatte sie sich in Gegensatz nicht nur zu der großen Mehrheit der
bürgerlichen Schichten, sondern auch zu einem Teil der eigenen Anhänger
gebracht, die sich dann als Altkatholiken von der römisch-katholischen Lehre
abwandten, allerdings ohne auf Dauer eine eigenständige Gefolgschaft behaupten
zu können. Der »Kulturkampf«, der von den Liberalen im Zeichen der Aufklärung und des Fortschritts geführt wurde, erreichte gerade das Gegenteil, nämlich
eine Konsolidierung der Stellung der katholischen Kirche. Überdies zeigten die
immer noch zahlreichen Massenprozessionen anläßlich kirchlicher Feiertage,
sehr zum Ärger der Liberalen, daß die religiösen Bedürfnisse der breiten Masse
weiterhin stark und die Einflüsse des Klerus auf die katholische Bevölkerung
einstweilen ungebrochen waren. Auch unter katholischen Reformtheologen gab
es Ansätze zu einer Historisierung der theologischen Lehre der Kirche, aber diese
»zerbrachen an der Intoleranz der im traditionellen Selbstverständnis verunsi-
cherten und gerade darum fundamentalistisch am Buchstaben der Dogmen fest-
haltenden Masse der Gläubigen« (W. Loth). Die Kirchenleitung aber ergriff
immer rigidere Maßnahmen gegen diese angeblich »modernistischen Irrlehren«,
beispielsweise mit der Enzyklika »Pascendi« 1907 und dem Antimodernisteneid
vom Jahr 1910. Andererseits bemühten sich weitsichtige Führer des politischen
Katholizismus, unterstützt insbesondere von Teilen des niederen Klerus, durch
Förderung der sozialen Aktivitäten der Kirche und den Aufbau einer eigenständigen Arbeiterbewegung die katholische Bevölkerung auch unter den Bedingungen
der sich entfaltenden Industriegesellschaft an den Glauben zu binden – ein Bemühen, das freilich bei den konservativ gesinnten Kirchenoberen ein eher kritisches
Echo fand. Aufgrund des orthodoxen Verhaltens der offiziellen Kirche erhielt die

anfänglich noch ungebrochene Autorität des katholischen Klerus seit der Jahrhundertwende zunehmend Risse.

Entscheidend war freilich, daß die katholische Kirche, ungeachtet der flankierenden Unterstützung des Zentrums auf politischem Felde, die Auseinandersetzung in der Öffentlichkeit, die unter dem Zeichen von Fortschritt und Modernität geführt wurde, verlor. In den meinungsführenden Schichten des Kaiserreiches, zumal der Akademikerschaft, fanden die katholische Lehre und Kirche so gut wie keine Verteidiger; trotz der Bemühungen der Görres-Gesellschaft, die katholischen Intellektuellen zu sammeln und ihnen einen organisatorischen Rückhalt zu geben, blieben sie vor allem auf dem Gebiet der Wissenschaft und der Publizistik eine Minorität. Aus der Perspektive des Bürgertums gesehen verkörperte der Katholizismus die Kräfte der Vergangenheit und der Rückständigkeit, die es, wo immer möglich, zu bekämpfen galte. Der politische Katholizismus wurde zurückgeworfen auf die Rolle eines Anwalts der Interessen der kleinbürgerlichen und bäuerlichen Schichten, soweit diese dem katholischen Glauben angehörten, die dem Trend zur Etablierung einer marktorientierten Industriegesellschaft entgegengesetzt waren; die Erhaltung der überkommenen, vorindustriellen Sozialordnung, nicht deren Modernisierung war ihr Ziel. Erst mit der Gründung des »Volksvereins für das katholische Deutschland« begann der Katholizismus verlorenes Terrain in der öffentlichen Meinung zurückzugewinnen.

Für die Bildungsschicht galt im übrigen das Diktum Goethes: »Wer Kunst und Wissenschaft besitzt, der hat auch Religion; wer jene beiden nicht besitzt, der habe Religion.« Mit anderen Worten: Man unterstützte die christlichen Kirchen, ohne die dogmatischen Postulate der christlichen Lehre für sich selbst als verbindlich zu erachten. Statt dessen wurde die moderne Wissenschaft bei großen Teilen der Bildungsschicht zu einem Substitut für religiöse Gesinnung. Dabei kam dem geschichtlichen Denken eine besondere Bedeutung zu. Ungeachtet des Trends zu positivistischen Denkformen behauptete die Geschichtswissenschaft auch nach der Reichsgründung ihre hegemoniale Stellung innerhalb des Spektrums der Geistes- und Sozialwissenschaften. Sie galt als die berufene Deuterin der geschichtlichen Entwicklung und der in ihr wirksamen großen geistigen Prinzipien, deren fortschreitende Entfaltung und immer reichere Ausbildung gleichsam mit einer inneren Logik in der bürgerlichen Gesellschaft und vor allem im nationalen Staat der Gegenwart, obwohl diese noch weiteren Fortschritts bedürftig waren, ihren Ausdruck gefunden zu haben schienen. Die Geschichte galt als die Stätte der fortschreitenden Verwirklichung der großen »sittlichen Mächte« der Menschheit (J. G. Droysen), die zwar in nuce bereits in den Anfängen der abendländischen Zivilisation angelegt waren, aber im Zuge der Entwicklung eine immer reichere Entfaltung und schließlich Verkörperung in den politischen und gesellschaftlichen Ordnungen fanden. Mochten auch die Meinungen darüber, was denn eigentlich der Sinn der Geschichte sei, je nach Standpunkt und Temperament des Historikers unterschiedlich ausfallen, die Zeitgenossen zweifelten dennoch nicht daran, daß diese einen Sinn in sich trage und es möglich sei, aus der Analyse der Vergangenheit zuverlässige Aussagen über die künftig zu erwartenden Entwicklungen zu gewinnen, ja mehr noch, daß man gut daran tue, die aus einer Analyse der Vergangenheit abzuleitenden Entwicklungstendenzen zum Maßstab des eigenen Handelns zu erheben und sich auf diese Weise mit dem geschichtlichen Prozeß gleichsam in eins zu setzen. Die Geschichte bot wenn nicht Geborgenheit und Sicherheit, so doch zumindest zuverlässige Orientierung über den künftigen Weg der bürgerlichen Gesellschaft. Dies begründete die enorme Popularität der Geschichtswissenschaft im späteren 19. Jahrhundert und ermöglichte die Ausbildung eines außerordentlich differenzierten und leistungsfähigen historischen Wissenschaftsbetriebs.

Zugleich veränderten sich die Inhalte und die erkenntnisleitenden Prinzipien der historischen Forschung. Der Nationalstaat stand auch fernerhin im Zentrum ihres Interesses, aber nun nicht länger als ein hehres Ideal, für dessen Verwirklichung man mit aller Kraft einzutreten habe, sondern als im Bismarckschen Reich wirklich gewachsene Idee, die man mit Leben erfüllen und zum Richtpunkt alles gesellschaftlichen Handelns machen müsse. Die Identifikation von Staat und Nation, wie sie für das Denken der Historiker der Zeit Bismarcks und Wilhelms II. typisch war, unter Abkehr von dem älteren Grundsatz der demokratisch verfaßten Nation als der politischen Gemeinschaft der Bürger, fand ihren prononciertesten Niederschlag in den Schriften Heinrich von Treitschkes, insbesondere in den berühmten »Vorlesungen über Politik«, die er Anfang der neunziger Jahre vor einem großen öffentlichen Publikum an der Universität Berlin gehalten hat. Die Neorankeaner distanzierten sich von dem leidenschaftlichen Engagement der liberalen Historiker der Reichsgründungsepoche für einen liberalen Nationalstaat und suchten wieder an die Geschichtsschreibung Rankes anzuknüpfen, dem es um die Erfassung der objektiven Tendenzen des Staatslebens oberhalb aller Parteimeinungen gegangen war. »Das Reich mußte gegründet werden«, so meinte Max Lenz 1900 in einem Rückblick auf das 19. Jahrhundert, »ehe der Sinn für die Wirklichkeit, das rechte Augenmaß für die Realitäten auch der Vergangenheit gegenüber neu erwachen konnte [...] Solange die Nation im Kampfe um ihre höchsten Güter stand, mußte die objektive Historie zurücktreten; als der Sieg erfochten war, kam sie von selbst hervor. Die Leidenschaften haben sich gelegt, und so können wir wieder Gerechtigkeit üben.« Die Beschwörung des Postulats der historischen Objektivität diente den Neorankeanern in erster Linie als Legitimation für die uneingeschränkte Identifikation mit den bestehenden politischen und sozialen Verhältnissen im Deutschen Reich und ebenso mit der zeitgenössischen Idee vom angeblich protestantischen Wesen der deutschen Nation. Dementsprechend neigte die politische Geschichtsschreibung im Kaiserreich zu einer zunehmenden Verklärung des politischen und gesellschaftlichen Status quo. Den

Endpunkt dieser Entwicklung markierte in gewissem Sinne Friedrich Meineckes 1907 erschienenes frühes Meisterwerk »Weltbürgertum und Nationalstaat«, welches das kosmopolitische Denken des deutschen Idealismus des 18. und frühen 19. Jahrhunderts mit der Idee des preußisch-deutschen Machtstaates zu versöhnen und gleichsam Weimar und Potsdam in eine harmonische Verbindung miteinander zu bringen bemüht war.

Gegenüber der Dominanz der an der Idee der Nation orientierten politischen Geschichtsschreibung im Kaiserreich hatten Außenseiter wie Karl Lamprecht innerhalb der akademischen Historiographie keine Chance, und dies, obschon dieser mit seiner Kulturgeschichtsschreibung in der breiteren Öffentlichkeit auf viel Zustimmung stieß. Lamprecht suchte erstmals naturwissenschaftliche Methoden, vorwiegend solche der Sozialpsychologie, auf die Geschichtsschreibung anzuwenden; seine Morphologie der Geschichte des deutschen Volkes stieß bei der historischen Zunft jedoch schon deshalb auf keinerlei Gegenliebe, weil man sie fälschlich für ein Derivat marxistischen Denkens hielt. Im übrigen bewegte sich Lamprechts Kulturgeschichte insofern auf einer schiefen Ebene, als darin die neoromantische Theorie von der fortschreitenden Entfaltung des Volksgeistes in der Geschichte und die Vorstellung einer naturgesetzlichen Sequenz von morphologischen Stufen gesellschaftlicher Organisation in ziemlich unverdaulicher Weise miteinander kombiniert waren.

Deshalb fand im Kaiserreich eine Herausforderung an die herkömmliche Geschichtsschreibung von seiten des neuen naturwissenschaftlichen Denkens eigentlich überhaupt nicht statt. Vielmehr erhielt die Geschichtswissenschaft von Anbeginn Sukkurs von seiten der neukantianischen Philosophie. Wilhelm Windelband postulierte einen grundsätzlichen Unterschied zwischen den idiographischen und den nomothetischen Wissenschaften; erstere seien auf die anschauliche Erfassung des Einzelnen in der geschichtlichen Wirklichkeit gerichtet, letztere auf die Entdeckung und systematische Ordnung von Naturgesetzen. Damit erhielt der damals bestehende Gegensatz zwischen den »zwei Kulturen« der Naturwissenschaften und der Geisteswissenschaften gleichsam eine erkenntnistheoretische Absegnung. Noch einflußreicher war Heinrich Rickerts grundlegende Unterscheidung zwischen den Kulturwissenschaften und den Naturwissenschaften; nach Rickert beschäftigen sich erstere mit der Wirklichkeit unter dem Gesichtspunkt der Kulturbedeutung individuell verantworteten Handelns, während letzteren die Wirklichkeit mit dem Ziel ihrer Beherrschbarkeit kraft der Erschließung der in ihr wirksamen Gesetzmäßigkeiten erforschen. Wilhelm Dilthey hingegen gründete die Eigenständigkeit der Geisteswissenschaften in seinem klassischen Werk »Der Aufbau der geschichtlichen Welt in den Geisteswissenschaften« auf das Prinzip der »inneren Erfahrung«, die jener der durch objektive Beobachtung gewonnenen »äußeren Erfahrung« gleichberechtigt, ja im Grunde überlegen sei; die Möglichkeit des »Erlebens«, genauer, des »Nacherlebens« vergangener oder gegenwärtiger geistiger Individualitäten sei nur den Geisteswissenschaften gegeben. Unter solchen Umständen fand die Geschichtswissenschaft wenig Anlaß, ihren Methodenkanon zu erweitern oder gar zu ändern; vielmehr wurde sie in ihrem Anspruch, die vornehmste Kulturwissenschaft zu sein, durch die zeitgenössische Erkenntnistheorie noch zusätzlich bestärkt. In einem wissenschaftlichen Expansionsprozeß ohnegleichen wurden nun immer weitere Dimensionen gesellschaftlicher Wirklichkeit zum Gegenstand historischer Analysen gemacht, mit dem Ziel, diese aus ihren jeweiligen Werthaltungen heraus zu verstehen und damit objektiv zu erfassen, gemäß dem berühmten Wort Leopold von Rankes, das »jede Epoche unmittelbar zu Gott« sei.

Schon Friedrich Nietzsche hatte in seiner unzeitgemäßen Betrachtung »Vom Nutzen und Nachteil der Historie für das Leben« gegen die im Zeichen des Fortschritts der Wissenschaft sich vollziehende totale Historisierung der Wirklichkeit Verwahrung eingelegt; doch dies war wirkungslos geblieben. Der Siegeszug des historischen Denkens brachte den Historismus als eine Weise des Denkens hervor, welche den eigenständigen Wert, zugleich aber die geschichtliche Bedingtheit aller Werthaltungen und gesellschaftlichen Zustände im stetigen Fluß des geschichtlichen Wandels postulierte. Andererseits betrachtete der Historismus die immanente Sinnhaftigkeit des geschichtlichen Prozesses als Voraussetzung aller Wirklichkeitserfahrung schlechthin. Damit aber ergab sich als Konsequenz die Auflösung der geschichtlichen Welt in eine unendliche Mannigfaltigkeit von »individuellen Totalitäten«, die jede für sich beanspruchen dürfen, ihren eigenen Sinn in sich selbst zu tragen. In seiner logischen Konsequenz führte der Historismus zur Relativierung aller objektiven Werte, nicht zuletzt auch der Postulate der christlichen Lehre, und zur Zersetzung aller herkömmlichen Weltanschauungen. Der Historismus wurde, wie Carlo Antoni gesagt hat, zur »letzten Religion« der Gebildeten. Mit der Orientierungskraft des Historismus als Substitut der überkommenen religiösen Weltanschauungen war es nicht zum besten bestellt. Der konsequent zu Ende gedachte, vollendete Historismus mündete, so erkannte wohl als erster mit einiger Bestürzung der Theologe Ernst Troeltsch, mit innerer Zwangsläufigkeit in eine Krise des geschichtlichen Denkens, insofern als dieses sich als unfähig erwies, dem Menschen gültige Lebensorientierungen zu geben; statt dessen offerierte es ihm eine prinzipiell unendliche Menge von gleichermaßen berechtigten möglichen Standpunkten in der historischen Erscheinungen Flucht und ließ ihn dergestalt in grenzenloser Verwirrung zurück.

Das zeitgenössische Denken fochten dergleichen skeptische Erwägungen über die problematischen Aspekte einer historistischen Weltorientierung zunächst nicht an. Vielmehr standen auch die Staatswissenschaften und die Nationalökonomie in den ersten Jahrzehnten des Kaiserreiches weiterhin im Bannkreis des Historismus. Die Politikwissenschaft galt ohnehin als eine Disziplin, welche die Historiker gleichsam im Nebenberuf erledigten, es sei denn, es handelte sich um

Elementarschülerinnen und -schüler am Tag ihrer Einschulung. Photographie, um 1900. – Kölner Gymnasiasten während ihrer Feier zum Geburtstag des Kaisers. Photographie von August Sander, 1915. – Wilhelm Ostwald im Laboratorium des Instituts für Physikalische Chemie der Universität zu Leipzig. Photographie von Hermann Walter, 1905/06

Plakette auf das zweihundertjährige Bestehen der Preußischen Akademie der Wissenschaften zu
Berlin mit namentlichen Hinweisen auf einige bedeutende Persönlichkeiten. Bronzeguß nach
einer Form von August Vogel, 1900. Berlin-Museum. – Modell der anthroposophischen Freien
Hochschule für Geisteswissenschaften, des Goetheanum, mit ihrem Begründer Rudolf Steiner.
Photographie von Otto Rietmann, 1914

rein herrschaftstechnische Dinge wie Kameralistik und Finanzwissenschaft. Erst nach und nach entwickelte sich im Rahmen der Jurisprudenz eine eigenständige Staatslehre. Aber sie wurde ebenfalls zunächst in historischen Formen betrieben, wie beispielsweise Wilhelm Roschers »Politik« verdeutlichen mag. Auch liberale Rechtsdenker wie Rudolf von Gneist, der unter Berufung auf das englische Vorbild um die Stärkung der Selbstverwaltung bemüht war, gaben der Präsentation der Rechtssysteme in historischer Perspektive den Vorrang vor einer rechtsdogmatischen Darstellung. Im übrigen behauptete die historische Rechtsschule, die das Recht als Ausdruck des Volksgeistes und als einen unaufgebbaren Bestandteil der geschichtlichen Tradition des eigenen Volkes ansah, welches nicht nach Belieben durch »gesatztes Recht« ersetzt werden dürfe, innerhalb der Jurisprudenz des Kaiserreiches nach wie vor eine starke Stellung.

Jedoch wuchs der Rechtswissenschaft mit der Gründung des Deutschen Reiches die höchst praktische Aufgabe zu, ein einheitliches nationales Rechtssystem zu schaffen. Insbesondere im Zuge der Ausarbeitung des »Bürgerlichen Gesetzbuches«, die 1874 in Angriff genommen wurde, prallten die gegensätzlichen Auffassungen hart aufeinander. Unter dem maßgeblichen Einfluß Bernhard Windscheids erhielten die Entwürfe des »Bürgerlichen Gesetzbuches« eine vorwiegend römisch-rechtliche Ausrichtung, während Otto von Gierke mit seiner Forderung, daß das »Bürgerliche Gesetzbuch« in seiner Form volkstümlicher und in seinem Inhalt »deutscher und sozialer« gestaltet werden müsse, am Ende nicht durchdrang. Vielmehr setzte sich in der Rechtswissenschaft eine vorwiegend pragmatisch-positivistische Richtung, als deren führender Repräsentant Paul Laband gelten darf, als »herrschende Lehre« durch; diese war ganz auf die rechtliche Normierung der realen Machtverhältnisse in einem affirmativen Sinne ausgerichtet. Rudolf von Ihering bekannte in einem Brief an Bismarck, daß er in seinem Kampf gegen »die zur Zeit noch herrschende unfruchtbare Richtung innerhalb der Jurisprudenz, welche über dem Blendwerk logischer Konsequenzen und abstrakter Prinzipien des Blicks für die realen Dinge verlustig gegangen« sei, »nur den Anregungen gefolgt« sei, die der große Meister der Realpolitik ihm gegeben habe. Später prägte dann der allerdings durchaus liberal eingestellte Rechtslehrer Georg Jellinek in seiner »Allgemeinen Staatslehre« den Rechtssatz von der »Normativität des Faktischen« und bahnte damit den Weg für eine rein positivistische Rechtslehre, für die normative Grundsätze vorstaatlichen Charakters, wie etwa die Postulate des Naturrechts, nicht mehr existierten. Max Weber zog in seiner 1911 niedergeschriebenen »Rechtssoziologie« gleichsam die Summe aus diesen Entwicklungen; er sprach vom Siegeszug des rein formalen, jederzeit beliebig umzuschaffenden Rechts als eines irreversiblen Resultats des Prozesses der fortschreitenden formalen Rationalisierung aller sozialen Beziehungen in der modernen industriellen Gesellschaft.

Eine vergleichbare Entwicklung vollzog sich in der zeitgenössischen Nationalökonomie. In den ersten Jahrzehnten des Kaiserreiches behauptete die historische Nationalökonomie unter der Führerschaft Gustav von Schmollers eine unbestrittene Hegemonialstellung innerhalb der Disziplin, auch nachdem Karl Menger mit der Grenznutzenlehre den Grundstein für eine rein theoretische Nationalökonomie gelegt hatte. Die historische Nationalökonomie war darum bemüht, aus der Analyse der Vergangenheit nicht nur konkrete Einsichten in die Natur der wirtschaftlichen und sozialen Vorgänge zu gewinnen, sondern darüber hinaus richtungweisende praktische Ideale aus dem geschichtlichen Material abzuleiten; besonders für Gustav Schmoller war dabei das Vorbild der Wirtschafts- und Gesellschaftspolitik des preußischen Staates seit Friedrich dem Großen maßgeblich. Die historische Orientierung der Nationalökonomie verband sich allerdings mit einer den aktuellen gesellschaftspolitischen Problemen zugewandten praktischen Ausrichtung. 1872 gründete Schmoller den »Verein für Socialpolitik« als eine Vereinigung, die sich zum Ziel setzte, die staatliche Gesetzgebung in allen Fragen der Ökonomie und sozialen Gesetzgebung fachkundig zu beraten. Wegen seines Eintretens für eine aktive staatliche Sozialpolitik wurden die Mitglieder des »Vereins für Socialpolitik« zeitweise als »Kathedersozialisten«, welche angeblich der Sozialdemokratie die Wege bahnten, angefeindet, doch gewann dieser schon bald hohes Ansehen und beträchtlichen Einfluß. Dem »Verein für Socialpolitik« gehörte die große Mehrheit der Nationalökonomen des deutschsprachigen Raums an; er wurde zu einer der bedeutendsten Forschungsorganisationen der Sozialwissenschaft im Kaiserreich, die neben primär historisch ausgerichteten Arbeiten zunehmend empirische Untersuchungen über die sozialen Verhältnisse im Kaiserreich durchführte. Dank der engen Verbindungen zur hohen Bürokratie, über die vor allem Schmoller selbst, aber auch zahlreiche andere Mitglieder des »Vereins für Socialpolitik« verfügten, war der Verein äußerst einflußreich und hat zur Durchsetzung einer aktiven staatlichen Sozialpolitik in hohem Maße beigetragen. Andererseits unterstützte die Führungsriege des »Vereins für Socialpolitik« die bürokratisch-autoritäre Regierungsweise im Kaiserreich. Im Gegensatz dazu formierte sich Mitte der neunziger Jahre im »Verein für Socialpolitik« eine jüngere Gruppe liberaler Nationalökonomen um die Brüder Max und Alfred Weber sowie um Gerhart von Schulze-Gävernitz, die sich der Unterstützung des führenden liberalen Nationalökonomen der Zeit, Lujo Brentano, erfreuten. Sie wandten sich mit Schärfe gegen die sozialkonservative Politik Gustav Schmollers, der die halbkonstitutionellen Verfassungsverhältnisse im Kaiserreich für ideal hielt, eben weil sie, wie Max Weber dies später polemisch formulieren sollte, eine nahezu uneingeschränkte, »kontrollfreie Beamtenherrschaft« gewährleisteten.

Erst nach der Jahrhundertwende entstand dann auch in Deutschland, im Vergleich mit den Vereinigten Staaten und Westeuropa mit einer gewissen Verspätung, eine Sozialwissenschaft im modernen Sinne. Freilich war es gerade Max Weber, der im Gegensatz zu einer rein empirisch ausgerichteten Sozialwissenschaft daran festhielt, daß die Sozialwissenschaft, obschon sie sich bei ihrer Arbeit gleichermaßen der Methoden empirischer Forschung wie theoretischer Analyse zu bedienen habe, ihrer eigentlichen Zielsetzung nach darauf gerichtet sein müsse, zu Aussagen über die »Kulturbedeutung« sozialer Phänomene vorzudringen. In ganz ähnlicher Weise verstanden auch Georg Simmel und Ferdinand Tönnies ihre Aufgabe als Sozialwissenschaftler beziehungsweise als Soziologen. Im Mittelpunkt ihrer Arbeiten stand die Untersuchung der modernen Industriegesellschaft und deren Auswirkungen auf die Lebensführung des Einzelnen.

Dem unaufhaltsamen Vordringen der Methoden rationaler Wissenschaft in allen Lebensbereichen stand jedoch ein weit verbreitetes Unbehagen an der Entwicklung einer technokratischen, »entzauberten« Welt gegenüber. Unter diesen Umständen fand Friedrich Nietzsches radikale Herausforderung an die Moderne in großen Teilen der Bildungsschicht ein begeistertes Echo. Nietzsche bezog in seinen Schriften eine intellektuelle Gegenposition zum damaligen bürgerlichen Kulturverständnis, wie sie schwerlich entschiedener hätte ausfallen können. In schroffer Zurückweisung der Annahme der Zeitgenossen, daß der materielle Fortschritt mit einer stetigen Steigerung auch der ideellen Kultur verbunden sein werde, erklärte er den Fortschrittsglauben für vollkommen verfehlt und die Vorstellung, daß es im Zuge der Entfaltung der bürgerlichen Gesellschaft zu einer immer ausgeprägteren Humanisierung der Lebenswelt kommen werde, für gänzlich unbegründet. Vor allem unter dem verderblichen Einfluß des Christentums sei es vielmehr zu einer bedenklichen Nivellierung der abendländischen Kultur und zur Herrschaft der »Vielzuvielen« gekommen. Diesem Verfallsprozeß setzte Nietzsche das Programm eines individualistischen Aristokratismus entgegen, der den Sinn der Geschichte nicht in materiellem Fortschritt, sondern allein in ihren höchsten Exemplaren sah. Von diesen Prämissen aus entwickelte Nietzsche seine Theorie des »Willens zur Macht«. Einige wenige große Individuen seien dazu berufen, kraft einer von äußerster Selbstzucht und intellektueller Aufrichtigkeit geprägten persönlichen Lebensführung, verbunden mit der Loslösung von den herkömmlichen bürgerlichen und religiösen Tugenden und der Aufkündigung ihres Unterworfenseins unter einen Schöpfergott – »Gott ist tot« –, über sich selbst hinauszuwachsen und solchermaßen zu »Übermenschen« zu werden. In der »Züchtung« eines derart höherwertigen Menschentypus, nicht in der Herbeiführung des »Glücks der größten Zahl«, sah er die eigentliche Bestimmung der Menschheit.

Diese Botschaft wurde von den Zeitgenossen ganz überwiegend mit großer Zustimmung aufgenommen, obschon es von Anfang an sowohl im konservativ-kirchlichen als auch im liberalen Lager nicht an entschiedenen Gegenstimmen fehlte. Große Teile der bürgerlichen Intelligenz im Kaiserreich entdeckten in Nietzsches »Zarathustra« ihr persönliches Credo. In der Folge entwickelte sich ein regelrechter Nietzsche-Kult, der schon bald quasi-religiöse Züge annahm.

Allerdings erfolgte dies, gemessen am persönlichen Lebensweg des Philosophen, mit beträchtlicher zeitlicher Versetzung; eigentlich erst seit 1890, nach dem Ausbruch seiner unheilbaren Geisteskrankheit, setzte ein intensives Interesse an seinem Werk ein, das um die Jahrhundertwende einen Höhepunkt erreichte, aber bis in den Ersten Weltkrieg hinein anhielt. Dazu dürfte die sinnverfälschende posthume Edition von Nietzsches Schrift »Der Wille zur Macht« durch Elisabeth Förster-Nietzsche einiges beigetragen haben. Der Nietzsche-Kult der neunziger Jahre sowie die emotionale, sich zunehmend mit nationalistischen Elementen aufladende Begeisterung für Langbehns »Rembrandtdeutschen«, die sich mit noch größerer Schärfe, als Nietzsche dies je getan hat, gegen die moderne rationale Wissenschaft richtete, waren eine Reaktion auf das Vordringen eines flachen Fortschrittsdenkens vorwiegend materialistischen Zuschnitts, das sich bei der zeitgenössischen Naturwissenschaft eine Pseudolegitimation geborgt hatte.

Im Vordergrund der öffentlichen Debatten in den ersten Jahrzehnten nach der Reichsgründung hatte die Frage gestanden, ob es nicht an der Zeit sei, die überkommene christliche Lehre durch eine »wissenschaftliche Weltanschauung« zu ersetzen, welche den großartigen Fortschritten in den Naturwissenschaften Rechnung trage. Ludwig Büchner hatte bereits 1855 in einem berühmt-berüchtigten Buch »Kraft und Stoff« die Grundzüge einer materialistischen Naturphilosophie formuliert, die die christlichen Lehrmeinungen ebenso radikal in Zweifel zog wie den Idealismus des Bildungsbürgertums. Die Auseinandersetzung dieser neuen monistischen Naturphilosophie mit den hergebrachten metaphysischen Lehren und insbesondere den christlichen Kirchen drehte sich vor allem um Darwins Lehre von der Entstehung der Arten kraft eines natürlichen Evolutionsprozesses, in dem die jeweils dank ihrer Erbanlagen am besten angepaßten Arten überleben. Darwins Werk »Der Ursprung der Arten« wurde von Ernst Haeckel Anfang der sechziger Jahre in einer deutschen Übersetzung herausgebracht. Darüber hinaus präsentierte Haeckel dem Publikum die Darwinschen Theorien in zahlreichen populären Darstellungen, in einer darwinistische Ansichten teilweise radikalisierenden Interpretation, die nicht immer dessen persönliche Zustimmung fand. Daneben gab es eine ganze Reihe von zumeist populärwissenschaftlichen Autoren, die sich die darwinistische Weltanschauung, oder was darunter verstanden wurde, zu eigen machten und in zahlreichen, oft außerordentlich erfolgreichen Büchern verbreiteten. Am erfolgreichsten unter ihnen war, von Haeckel selbst abgesehen, der Journalist und »Sachbuchautor« Wilhelm Bölsche. Er verstand es, die darwinistische Lehre in einer emotional ansprechenden, die erotische Sphäre in den Mittelpunkt rückenden Form zu präsentieren, welche unter der Hand Elemente der romantischen Naturphilosophie in die Darstellung einfließen ließ, zumal die Vorstellung von der schöpferischen Kraft der Natur, die das Leben in seiner unendlichen Mannigfaltigkeit gemäß einem den Menschen unbekannten Weltplan aus sich heraustreten läßt.

Insbesondere von Haeckel wurde Darwins Evolutionstheorie in höchst polemischer Form gegen die christliche Lehre ausgespielt und als eine alternative, jedoch mit den Erkenntnissen der modernen Naturwissenschaft durchgängig übereinstimmende Weltdeutung vorgestellt. Dabei spielte die Entgegensetzung der These von der natürlichen Entstehung der Arten zur biblischen Schöpfungsgeschichte eine Schlüsselrolle. Noch war die Öffentlichkeit nicht darauf vorbereitet, die Lehre von der Entstehung der Welt durch einen göttlichen Schöpfungsakt gänzlich aufzugeben. Es kam im Februar 1883 darüber sogar zu einer Debatte im preußischen Abgeordnetenhaus, in welcher Adolf Stoecker eine leidenschaftliche Attacke gegen die darwinistische Lehre ritt und auch den Rektor der Universität Berlin, den bekannten Biologen Emil Du Bois-Reymond, der gerade eben Darwin aus Anlaß seines Todes als »Kopernikus des 19. Jahrhunderts« gerühmt hatte, in seiner beißenden Kritik nicht aussparte. Den Anlaß hatten mehrere Fälle gegeben, in denen von kirchlicher Seite sowie von der Elternschaft Anstoß daran genommen worden war, daß die darwinistische Lehre in öffentlichen Schulen in einem antichristlichen Sinne dargestellt würde. Rudolf Virchow distanzierte sich bei dieser Gelegenheit einmal mehr von Haeckels radikalen Auffassungen und erklärte, daß der Darwinismus mit Religion gar nichts zu tun habe; gleichzeitig jedoch machte er sich lustig über Stoeckers unzulängliche und uninformierte Ausführungen, die mit den Erkenntnissen der modernen Wissenschaft nicht in Übereinstimmung gebracht werden könnten. Allerdings verlor die ursprünglich so bitter umkämpfte Frage, ob man weiterhin an einen göttlichen Schöpfungsakt glauben könne, mit der Zeit an Bedeutung. Dafür trat ein anderer Aspekt der darwinistischen Theorie um so stärker in den Vordergrund, nämlich die Theorie vom »Kampf ums Dasein« als Urgrund der Höherentwicklung der Arten und damit auch des Menschen.

Die Kritik von konservativer Seite, aber auch aus dem Lager der akademischen Naturwissenschaft als solcher, konnte freilich die weitere Ausbreitung eines populären Darwinismus nicht aufhalten. Sowohl in den bürgerlichen Schichten als auch bei der Arbeiterschaft fand diese so einleuchtende und suggestive materialistische Weltdeutung weithin Zustimmung. Haeckel entwickelte auf der Grundlage des Darwinismus eine »monistische Philosophie«, welche die wesentliche Einheit der Menschennatur behauptete – in Entgegensetzung nicht nur zu der überkommenen christlichen Lehre, sondern auch zu dem in der Bildungsschicht verbreiteten idealistischen Denken, das die Eigenständigkeit der Sphäre des Geistes gegenüber der Sphäre der Natur betonte. Seine populäre Darstellung »Die Welträthsel«, die 1899 erstmals erschien, erreichte binnen sieben Jahren eine Auflage von 200.000 Exemplaren. Darin gab sich Haeckel als Vorkämpfer der modernen Naturwissenschaften gegen das Dunkelmännertum der hergebrachten Wissenschaften, vor allem aber der Kirchen, der politischen Parteien und nicht zuletzt des Beamtentums: »Unsere heutige Bildung, als Ergebnis der mächtig vorgeschrittenen Wissenschaft, verlangt ihr gutes Recht auf allen Gebieten des öffentlichen und privaten Lebens; sie wünscht die Menschheit mittels der Vernunft auf jene höhere Stufe der Erkenntnis und damit zugleich auf jenen besseren Weg zum Glück erhoben zu sehen, welche wir unserer hoch entwickelten Naturwissenschaft verdanken.« 1906 gründete Haeckel zusammen mit dem Chemiker und späteren Nobelpreisträger Wilhelm Ostwald den »Monistenbund«, der eine synkretistische Naturreligion propagierte, die in der Verehrung der Natur einen Ersatz für die überlieferten Offenbarungsreligionen anbot. Der Monistenbund kam freilich über eine begrenzte Anhängerschaft nicht hinaus, obschon die »monistischen Sonntagspredigten« Ostwalds erhebliches Aufsehen erregten. Daneben entstanden zahlreiche andere freireligiöse Vereinigungen, wie die »Gesellschaft für ethische Kultur« und schließlich, unmittelbar vor dem Ersten Weltkriege, die anthroposophische Bewegung Rudolf Steiners, die ebenfalls auf der Woge einer monistischen Naturverehrung schwammen.

Vergleichsweise größere Bedeutung sollte in der Folge ein in mancher Hinsicht illegitimer Ableger der Darwinschen Lehre gewinnen, nämlich der Sozialdarwinismus. Die Vorstellung, daß auch die menschliche Gesellschaft von dem Prinzip des »Kampfes ums Dasein« regiert werde und dieser grundsätzlich nicht auszuschalten sei, wurde in den unterschiedlichsten Kreisen der wilhelminischen Gesellschaft, aus höchst verschiedenen Motiven, aufgegriffen. Die Formel »Kampf ums Dasein« ließ sich gleichermaßen auf das Ringen der großen Mächte im Völkerleben, auf die Klassenkämpfe innerhalb des kapitalistischen Systems, auf den Konkurrenzkampf von Unternehmern innerhalb des Marktes oder auf die Auseinandersetzungen zwischen unterschiedlichen Ethnien anwenden. Man stößt demgemäß bei zahlreichen Politikern, Publizisten und Denkern der Zeit auf sozialdarwinistische Rhetorik in sehr unterschiedlichen Zusammenhängen und mit unterschiedlichen Zielsetzungen. Heinrich von Treitschke deutete die Mächterivalitäten innerhalb des sich abzeichnenden Weltstaatensystems als einen derartigen »Kampf ums Dasein«, in dem nur diejenigen Nationen überleben würden, die sich zu Weltmächten erweiterten. Max Weber beschrieb die angebliche Verdrängungskonkurrenz der polnischen Wanderarbeiter im deutschen Osten gegenüber der bodenständigen deutschen Landarbeiterschaft in sozialdarwinistischer Terminologie. Friedrich Naumann sprach in seinen, einen kraftvollen deutschen Imperialismus propagierenden Schriften immer wieder von einem Daseinskampf der Deutschen, der unbedingt gewonnen werden müsse, sofern Deutschland im nächsten Jahrhundert noch politisch mitzureden gedenke. Noch massiver stützte sich Friedrich von Bernhardi in seinem Buch »Deutschland und der nächste Krieg« auf sozialdarwinistische Argumente. Er plädierte für einen Präventivkrieg gegen Frankreich und Großbritannien als den angeblich letzten Ausweg, um die deutsche Kultur davor zu bewahren, im heraufziehenden Weltstaatensystem von den rivalisierenden Weltmächten erdrückt zu werden. Auch die Industriellen fehlten nicht in diesem Reigen sozialdarwinistischer Positionen. Im Jahr 1900 veranstaltete Haeckel ein öffentliches Preisausschreiben für den besten Essay über die Frage, was man »aus den Prinzipien der Deszendenztheorie in bezug auf die innerpolitische Entwicklung und die Gesetzgebung der Staaten« lernen könne, für welches kein Geringerer als Friedrich Krupp den stattlichen Preis von 50.000 Goldmark gestiftet hatte. Das Preisausschreiben erbrachte freilich nicht ganz die von Haeckel erwarteten Ergebnisse, plädierten doch die Preisträger eher für eine Beschränkung des marktwirtschaftlichen Systems, da dieses die Arbeiter dem »Kampf ums Dasein« schutzlos ausliefere.

Ungleich aggressiver als diese Formen einer Instrumentalisierung sozialdarwinistischer Argumente zu politischen Zwecken waren die biologistischen und rassistischen Varianten des Sozialdarwinismus, die seit Anfang der neunziger Jahre zunehmend an Einfluß gewannen. Otto Ammon und August Weismann gaben dem Sozialdarwinismus eine ausgesprochen biologistisch-rassistische Interpretation, wenn sie argumentierten, daß ausschließlich die Erbanlagen des Menschen über sein Schicksal entschieden, während die Umweltfaktoren kaum der Beachtung wert seien. Es komme, so meinten sie, daher alles darauf an, die Gesellschaft so zu gestalten, daß die Träger der »besten« Erbanlagen vor biologischer Zerstörung durch Vermischung mit Menschen niederer Qualität geschützt würden. Von hier aus war es nur ein kurzer Schritt zu eugenischen und rassistischen Umdeutungen der darwinistischen Lehre, die in der Forderung gipfelten, daß der Staat für den Schutz der »höheren« vor den »niederen Rassen« sorgen und jedenfalls nicht in den natürlichen Prozeß der Auslese eingreifen dürfe, der die stetige Eliminierung der Schwachen und Unfähigen bewirke. Alfred Ploetz vertrat 1895 in seinem Buch »Die Tüchtigkeit unserer Rasse und der Schutz der Schwachen« die Ansicht, daß die weiße Rasse bei fortschreitendem Schutz der Schwachen und Minderbefähigten durch den Staat unvermeidlich zum Niedergang verurteilt sei. Ungleich härter noch urteilte der saarländische Industriemanager Alexander Tille, daß die humanistische Tradition, die christliche Ethik, die Idee der sozialen Gleichheit, die Demokratie und der Sozialismus gleichermaßen Illusionen der Schwachen und Minderbefähigten seien; allerdings könne dadurch der Prozeß der natürlichen Auslese nicht wirklich aufgehalten werden.

Solche Auffassungen vertrugen sich nur zu gut mit dem vulgären Nietzscheanismus, der damals erhebliche Teile der deutschen Bildungsschichten erfaßt hatte, insbesondere mit der These, daß die christliche Ethik eigentlich nur Ausdruck des »Ressentiments« der Schwachen gegenüber den Herrschenden sei, und ebenso mit dem weithin in rein politischem Sinne mißverstandenen Postulat der künftigen Herrschaft des »Übermenschen« über die »Vielzuvielen«. Außerdem bestanden fließende Übergänge zu dem mystisch übersteigerten Nationalismus, der damals weite Teile der Bildungsschichten protestantischer Observanz erfaßt hatte. Insbesondere Houston Stewart Chamberlains »Die Grundlagen des

19. Jahrhunderts« aus dem Jahr 1899 schlug eine Brücke zwischen den sozialdarwinistischen Ideologien und einem mystischen Nationalismus, der an eine besondere Sendung der deutschen Nation glaubte. Die hier vorgetragene völkische Ideologie von der Berufung der germanischen Rasse zur Führung in der Welt war mit sozialdarwinistischen Argumenten ausstaffiert.

Bei dem Hauptstrom des neuen irrationalistischen Nationalismus, wie ihn in erster Linie Paul Anton de Lagarde mit einer großen Zahl von ungewöhnlich erfolgreichen Schriften und Pamphleten repräsentierte, waren rassistische Argumentationen allerdings zunächst eher die Ausnahme. Lagarde griff vielmehr in die »Mottenkiste« der deutschen idealistischen Tradition und der Romantik, um die Versatzstücke eines »deutschen Glaubens« zusammenzubringen, der an die Stelle der angeblich innerlich überlebten Offenbarungsreligionen treten sollte. Einstweilen seien die außerkirchlichen religiösen Gemeinschaften den offiziell etablierten Kirchen vorzuziehen, aber das Ziel müsse es sein, eine einzige »nationale Religion« zu begründen, welche »alle Deutschen eint und bindet«. Die nationalistische Lehre Lagardes war im Ansatz radikal anti-egalitär und anti-demokratisch; sie verurteilte den angeblich »redseligen und charakterlosen Parlamentarismus« ebenso wie die »Börsengeschäftchen« des kapitalistischen Systems. Die Idee der Nationalität sei eine Angelegenheit allein der geistigen Elite: »Die Nation besteht nicht aus der Masse, sondern aus der Aristokratie des Geistes: die Nation lebt nicht von der Vergangenheit, sondern von der Zukunft.« Zugleich aber gab Lagarde dieser elitistischen Variante der nationalen Idee, die er scharf von den Ideen von 1789 unterschieden sehen wollte, eine religiöse Überhöhung: »Die Ziele der Nation werden ihr nicht von den Menschen gesteckt, sondern von dem Lenker aller Geschicke im Himmel, welcher die Nationen dahin stellt, wo sie stehn sollen, nicht damit sie glücklich seien, sondern damit sie seinem Heilsgedanken dienen.«

Diese heute als unerträglich empfundene synkretistische Ideologie, die von Ressentiments gegen schlechthin alles das lebte, was für die Moderne stand, für die industrielle Gesellschaft mit ihren egalitären Auswirkungen, die erwerbsorientierte Gesinnung des Bürgertums, die Demokratie und das parlamentarische System mit seiner Vielfalt von angeblich rein demagogischen Parteien, ja selbst für den vermeintlich »entseelten« bürokratischen Anstaltsstaat, übte damals auf die Intellektuellen eine außerordentliche Anziehungskraft aus. Viele glaubten hier die Ansätze für die Entwicklung einer neuen Gesellschaftsordnung zu finden, die die bislang bestehenden politischen Systeme transzendieren und die Herrschaft einer natürlichen Aristokratie des Geistes, wie sie unter anderem Friedrich Nietzsche zum Postulat erhoben hatte, auf Dauer stellen könne. Eugen Diederichs richtete 1913 in seinen Verlagsräumen eine nationale Weihestätte ein, die ausschließlich dem Gedenken Lagardes und seiner Schriften gewidmet war. Diese zu jeglicher rationalen Argumentation unfähige, vagabundierende Mystik des Nationalen trug dazu bei, daß sich die deutsche Bildungsschicht immer stärker von den politischen Realitäten entfernte und sich einer vagen, anti-egalitären und antidemokratischen Ideologie vom »besonderen deutschen Weg« verschrieb, die bei Lage der Dinge den beharrenden Kräften in Staat und Gesellschaft in die Hände arbeitete und die Durchsetzung von verfassungspolitischen Reformen zu einer Unmöglichkeit machte.

Der Aufstieg der künstlerischen und literarischen Avantgarde und die Sprengung des bürgerlichen Kulturbegriffs (1905–1914)

Im letzten Jahrzehnt vor 1914 kam es auf breiter Front zum Aufstieg einer künstlerischen Avantgarde, die sich, ermutigt durch das Vorbild der Kunst Edvard Munchs und der kubistischen und fauvistischen Malerei in Frankreich, weit über die Grenzen des bisherigen künstlerischen Wollens hinauswagte, die von der inzwischen zur herrschenden Kunstrichtung aufgestiegenen Berliner Secession und ihren Dependancen in den anderen deutschen Kunstmetropolen markiert wurden. Es handelte sich um eine förmliche Revolte gegen den zaghaften Impressionismus, wie ihn vornehmlich die Mitglieder der Berliner Secession repräsentierten. Obschon das Gros der bürgerlichen Schichten ebenso wie die höfischen Kreise den eigentlich eher gemäßigten impressionistischen Stil der Secession noch wenige Jahre zuvor radikal abgelehnt hatten, war dieser in den meinungsbildenden Kreisen der Öffentlichkeit inzwischen zur dominanten modernen Kunstrichtung geworden. Gleichwohl glaubte eine neue Generation von Künstlern und Schriftstellern, in der impressionistischen Kunstübung der Secessionisten nunmehr das Spiegelbild der bürgerlichen Gesellschaft und der Herrschaft des Bürgertums zu erkennen.

Die künstlerische Avantgarde, für die bald die Bezeichnung des Expressionismus gebräuchlich wurde, obschon von einer auch nur annähernden Einheitlichkeit ihres Stilwollens nicht die Rede sein konnte, vollzog einen radikalen Bruch mit den bisherigen Anschauungen über die Funktion von Kunst und Kultur in der modernen Gesellschaft. Sie sah die Aufgabe der Kunst darin, »nicht mehr das Sichtbare wiederzugeben, sondern sichtbar zu machen« (Paul Klee). Das Ziel des Kunstwerks war nicht länger, die Wirklichkeit, und geschehe dies in noch so verfremdeter Form, darzustellen und mit ästhetischen Mitteln zu deuten, sondern, nach einem Wort von Franz Marc, »ein unirdisches Sein zu zeigen, das hinter allem wohnt«. Damit gewann die Kunst im Verständnis der Avantgarde eine ganz neue Funktion. Nicht die ästhetische Legitimierung vorfindlicher gesellschaftlicher Verhältnisse, wie in der aristokratischen Kultur des Barock, nicht die gefällige Ausstaffierung und Dekorierung der bürgerlichen Welt unter Rückgriff auf ein unerschöpfliches Reservoir von bewährten Stilformen vornehmlich der Antike und des Klassizismus, wie in der Gründerzeit, nicht die Erschließung einer neuen, unmittelbaren Art der Wahrnehmung der Wirklichkeit, wie dies der Impressionismus anstrebte, sollte Kunst leisten. Sie war vielmehr ein Schlüssel, der die Türen eines Weges öffnete, der in unbekannte, zauberhafte Gegenwelten hineinführte und damit die bestehende Welt entzauberte. Dies hieß zugleich, daß Kunst sich prinzipiell von jeglicher Instrumentalisierung zu kunstfremden Zwecken fernhalten müsse. Die Avantgarde beanspruchte, mit ihren künstlerischen Schöpfungen eine völlig neue Dimension der Wirklichkeit zu erschließen, die quer zu der als alltäglich, als häßlich oder gar als bedrückend empfundenen Realität der industriellen Gesellschaft stand und die sich den Tendenzen zur Uniformierung und Rationalisierung aller äußeren Lebensbeziehungen entgegenstellte, wie sie für die entstehende industrielle Zivilisation typisch waren. Diese neueren Kunstrichtungen des Expressionismus und des Futurismus, die bislang im deutschen Kunstbetrieb eine bloße Randexistenz geführt hatten, lösten sich radikal von den traditionellen Kunstvorstellungen bürgerlichen Zuschnitts. Die Künstler schufen eine rein ästhetische Wirklichkeit, die sich individueller Kreativität von höchster Sublimierung verdankte und gar nicht erst beanspruchte, in welcher Form auch immer gesellschaftliche Realität abzubilden oder bestimmte Kulturwerte zu repräsentieren. Max Weber hat diese neue Zielsetzung künstlerischen Wirkens 1915 mit unübertrefflicher Prägnanz zum Ausdruck gebracht: »Die Kunst konstituiert sich nun als ein Kosmos immer bewußter erfaßter selbständiger Eigenwerte. Sie übernimmt die Funktion einer [...] innerweltlichen Erlösung: vom Alltag und, vor allem, auch von dem zunehmenden Druck des theoretischen und praktischen Rationalismus.«

Vorbereitet wurde der Sieg der Avantgarde durch den Jugendstil, der als Revolte einer jüngeren Generation gegen die überkommene, innerlich erschöpfte Kunsttradition begann. An die Stelle der beliebigen Verwendung historistischer Stilelemente für die unterschiedlichsten Zwecke setzte der Jugendstil den Versuch einer konsequent dekorativen Gestaltung seiner Objekte, die sich an einer der pflanzlichen Natur nachempfundenen Linienführung orientierte, jedoch sogleich zu einem eigenständigen Stilprinzip avancierte, welches sich von den ursprünglich der Natur entnommenen Vorbildern immer weiter entfernte und am Ende in Gestalt einer vollständig abstrakten Ornamentik von großem Reichtum verselbständigte. Seine größten Wirkungen hatte der Jugendstil auf die Architektur und auf das moderne Kunstgewerbe, aber er hinterließ tiefe Spuren auch in allen anderen Bereichen der bildenden Kunst, nicht zuletzt ob der Kühnheit, mit welcher er sich von der empirischen Realität seiner Objekte ablöste und zu reinen Phantasiegebilden unter Verwendung abstrakter ornamentaler Muster hinwandte.

Mit der 1896 in München von Georg Hirth gegründeten Zeitschrift »Jugend,

Zeitschrift für Kunst und Leben« erlangte die deutsche Variante des Jugendstils zeitweilig ein Sprachrohr von großer Ausstrahlungskraft und beachtlicher Qualität, aber seine innovatorische Kraft erschöpfte sich binnen weniger Jahre. Die besten der Architekten, die sich dem Jugendstil angeschlossen und auf solche Weise den Ausbruch aus der Sterilität des historistischen Bauens gefunden hatten, wurden in der Folge zu Pionieren des funktionalen Bauens. Joseph Maria Olbrichs Neubau des Kaufhauses Tietz und insbesondere Peter Behrens' Verwaltungsgebäude der Firma Mannesmann in Düsseldorf, Walter Gropius' Faguswerk in Alfeld an der Leine und Hans Poelzigs Ausstellungshalle in Posen erwiesen sich als Marksteine der Entwicklung der modernen Architektur, die bis in die Gegenwart hinein nachwirken.

Diese neuen Tendenzen wurden im Kaiserreich vor allem vom »Deutschen Werkbund« aufgegriffen, der unter führender Beteiligung von Hermann Muthesius und Fritz Schumacher im Anschluß an die dritte Deutsche Kunstgewerbeausstellung in Dresden im Oktober 1907 in München gegründet wurde; ihm gehörten nahezu alle der damals führenden Architekten in Deutschland an, unter ihnen Peter Behrens, Henry van de Velde, Hans Poelzig und Walter Gropius. Seine Ziele waren hochgesteckt: Mittels »Durchgeistigung« und künstlerischer Gestaltung der handwerklichen und der industriellen Produktion sollte der gefährlich weite Spalt, der sich zwischen der bildenden Kunst und der modernen industriellen Welt geöffnet hatte, wieder geschlossen werden. Kunst sollte nicht nur den Luxusbedürfnissen der oberen Klassen dienen, sondern durch »die Veredelung der Arbeit« und ihrer Erzeugnisse die ganze Gesellschaft durchdringen und auch die Lebensverhältnisse der breiten Massen der Arbeiterschaft befriedigender gestalten. Fritz Schumacher gab diesen Idealen in folgender Weise Ausdruck: »Wir sehen die nächste Aufgabe, die Deutschland nach einem Jahrhundert der Technik und des Gedankens erfüllt hat, in der Wiedereroberung einer harmonischen Kultur.« Damit verband sich die Erwartung, der deutschen Kunst die Führungsstellung in der westlichen Welt zu erringen, nicht zuletzt auch im Interesse der Stärkung der wirtschaftlichen Weltstellung des Deutschen Reiches.

Die wirklich dramatischen Neuerungen in der Literatur und der bildenden Kunst vollzogen sich freilich fernab der großen Welt in kleinen Künstler- und Intellektuellenzirkeln, denen zunächst alles andere am Herzen lag als eine Kunst, die sich an die breiten Massen richtete und deren Lebensführung auf ein höheres ästhetisches Niveau heben wollte. Ganz im Gegenteil, ihre künstlerischen und literarischen Bestrebungen richteten sich auf die Innenwelt des Individuums; sie erhofften sich davon eine Revolutionierung der Denkweisen und der Wahrnehmung von Wirklichkeit überhaupt. Um die sie umgebende Wirklichkeit kümmerten sich diese Künstler und Intellektuellen eigentlich herzlich wenig. Charakteristisch war für die künstlerische und literarische Avantgarde vielmehr der Rückzug aus der »Hektik und Unnatur der modernen Großstadt«, wie es Ernst Ludwig

Kirchner genannt hat, selbst dann, wenn diese in der Folge zum Gegenstand künstlerischer Gestaltungen gemacht wurde, in die selbstgewählte Einsamkeit oder doch wenigstens in eine Existenz abseits vom lärmenden Getriebe des großstädtischen Lebens.

1904 fanden sich in Dresden Ernst Ludwig Kirchner, Erich Heckel und Karl Schmidt-Rottluff zu einer neuen Gruppe zusammen, die mit Fritz Bleyl 1905 in einem ehemaligen Schusterladen in der Dresdener Friedrichstadt ein gemeinsames Atelier bezogen. Sie waren glühende Verehrer Nietzsches und sahen ihr eigenes Wollen in den Worten Zarathustras bestätigt: »Ich liebe die großen Verachtenden, weil es die großen Verehrenden sind und Pfeile der Sehnsucht nach einem anderen Ufer.« Franz Marc beschrieb das Wirken dieser Gruppe, die sich den Namen »Die Brücke« gab, damals in eindrucksvoller Weise: »Es ist unmöglich, die letzten Werke dieser Wilden [...] aus einer formalen Entwicklung und Umdeutung des Impressionismus heraus erklären zu wollen. Die schönsten prismatischen Farben und der berühmte Kubismus sind als Ziel dieser Wilden bedeutungslos geworden. Ihr Denken hat ein anderes Ziel: durch ihre Arbeit, ihrer Zeit Symbole zu schaffen, die auf die Altäre der kommenden geistigen Religionen gehören und hinter denen der technische Erzeuger verschwindet.« Mit der kraftvollen, mit bewußt grobem Pinselstrich gemalten, oft geradezu plakatartigen Präsentation ihrer Objekte und der Verwendung der Farbe als eines expressiven Mittels von großer Kraft, unbekümmert um naturgemäße Richtigkeit, bahnten die Maler der »Brücke«, die schon bald Emil Nolde, Max Pechstein und wenig später Otto Mueller in ihren Kreis aufnahmen, den Weg für eine völlig freie, rein expressive Verwendung der Farbe. In gleicher Richtung entwickelte sich die fast gleichzeitig in München entstandene »Neue Künstlervereinigung«, zu deren führenden Köpfen Wassily Kandinsky, Alexej von Jawlensky, Gabriele Münter und Franz Marc gehörten, konsequent weiter. »Farbe«, so formulierte Otto Fischer 1912 das Credo der »Neuen Künstlervereinigung«, »ist ein Mittel des Ausdrucks, das unmittelbar zur Seele spricht.« Allerdings lösten sich Kandinsky und Marc sogleich wieder von der »Neuen Künstlervereinigung«, weil sie ihnen nicht radikal genug war, und gründeten eine eigenständige Vereinigung, die wenig später den Namen »Der Blaue Reiter« annahm. Ihre Devise war, daß die Erneuerung der Kunst »nicht formal sein« dürfe, »sondern eine Neugeburt im Denken« sein müsse. Zu ihnen stieß dann neben Gabriele Münter wenig später der Rheinländer August Macke, dessen kraftvolle Farbkompositionen Franz Marc schon zuvor fasziniert hatten. In seinen Tierbildern, die schon bald eine immer abstraktere Struktur annahmen, bediente sich Marc mit großer Kühnheit der Farbe, in völliger Mißachtung der naturgegebenen Farbskalen. Kandinsky ging noch einen Schritt weiter: 1911 entstand die erste seiner rein abstrakten Bildkompositionen, die Form und Farbe als ästhetische Ausdrucksmittel einsetzten, ohne überhaupt noch ein konkretes Objekt vorgeben zu wollen.

Die Berliner Secession, die bislang auch Künstlern der expressionistischen Richtung ihre Pforten geöffnet hatte, zerbrach unter dem Ansturm dieser neuen Kunstrichtungen, die mit Entschiedenheit die Moderne für sich besetzten. Die Zurückweisung der Werke einer ganzen Reihe von expressionistischen Künstlern durch die Secession führte zu einer ersten gemeinsamen »Ausstellung der Zurückgewiesenen der Secession« im Jahr 1910. Hinzu kam eine bittere Auseinandersetzung Emil Noldes mit Max Liebermann, der zum Ausschluß Noldes und zur Gründung der »Neuen Secession« in Berlin führte. Hier sammelten sich nun die Repräsentanten der Avantgarde, die über die von Liebermann und Corinth repräsentierte, dem Impressionismus weiterhin verpflichtete Kunstrichtung des Secessionismus hinausdrängten; dazu gehörten vor allem die Maler der »Brücke«, die inzwischen nach Berlin übergesiedelt waren und zu denen mit Max Beckmann eine Künstlerpersönlichkeit von großer Kraft und Imagination hinzutrat. Auch im Rheinland hatte sich seit 1908 eine Gruppe von Künstlern gebildet, die der bisherigen konventionellen akademischen Malerei überdrüssig waren und die Licht und Farbe sonnendurchfluteter Landschaften als Chance für einen ästhetischen Neuanfang entdeckten, der ebenso über die in der Kunstakademie gepflegte Salonmalerei hinausführte wie über den behutsamen Impressionismus der Secession. Julius Bretz, Max Clarenbach, August Deusser, Alfred Rethel, Otto Rethel und Max Ophey gründeten 1908 in Düsseldorf den »Sonderbund«; die Sonderbundausstellungen in Düsseldorf der Jahre 1909 bis 1911 stellen wichtige Stationen der Entwicklung der nachimpressionistischen Kunst in Deutschland dar. Auch hier waren es die Abwendung von der sterilen Ateliermalerei und die Entdeckung der Farbe als eines eigenständigen Ausdrucksmittels von unmittelbarer Kraft, die die Künstler des »Sonderbundes« beflügelten, aus den bisherigen ästhetischen Traditionen auszubrechen. Max Ophey berichtete 1910 von »drei überglücklichen Monaten« in Italien: »[...] die Bilder werden ganz hell, die Farben aufgesogen vom Licht, [der] Pinselstrich [...] breit.« Freilich war die neue Richtung des »Sonderbundes« nicht nur in der breiteren Öffentlichkeit, sondern auch unter der Düsseldorfer Künstlerschaft höchst umstritten. Dies führte dazu, daß die Sonderbundausstellung von 1912 nicht in Düsseldorf, sondern in Köln stattfinden mußte, dessen Stadtverordnetenversammlung breitwillig die neue städtische Ausstellungshalle zur Verfügung stellte.

Die Sonderbundausstellung von 1912 war von vornherein als eine kulturpolitische Demonstration gegen die deutschtümelnden Tendenzen in Teilen der deutschen Öffentlichkeit geplant. Hier wurde erstmals die zeitgenössische französische Kunst umfassend vorgestellt, unter besonderer Berücksichtigung der Fauves, daneben aber vor allem auch des Werkes von Vincent van Gogh und von Edvard Munch. Im Katalog wurden die Arbeiten der französischen Avantgarde ausdrücklich willkommen geheißen: »In den gegenwärtigen Zeitläuften, da enge Geister deutsche Kunst in enge Grenzen bannen möchten, ist es uns Bedürfnis und Freude,

Frankreichs Künstler besonders herzlich willkommen zu heißen.« Gegenüber der umfassenden Präsentation der ausländischen Moderne traten die Werke der zeitgenössischen deutschen Kunst zahlenmäßig eher zurück, aber insgesamt handelte es sich um eine eindrucksvolle Präsentation aller wesentlichen Richtungen der deutschen Avantgarde. In dem von der Galerie »Der Sturm« im Jahr 1913 ausgerichteten Ersten Deutschen Herbstsalon traten dann auch die Maler des »Blauen Reiters«, die in den Ausstellungen der »Neuen Secession« und des »Sonderbundes« eine vergleichsweise nachrangige Berücksichtigung gefunden hatten, mit einem eindrucksvollen Querschnitt ihrer Werke erstmals an die breitere Öffentlichkeit.

Die Reaktion der Kunstkritiker, insbesondere aber der Öffentlichkeit auf die neuen expressionistischen Kunstrichtungen war zunächst überwiegend ablehnend, wenn nicht gar ausgesprochen feindlich. Die Sonderbundausstellung von 1912 hatte große Teile der Presse, insbesondere aber die konventionell orientierte Künstlerschaft, gegen sich. Und in den literarischen Zeitschriften fand die Avantgarde ebenfalls eine überaus kritische Aufnahme. Hans Rosenhagen, der führende Kunstkritiker der »Grenzboten«, weigerte sich 1910, den deutschen Expressionismus als eine eigenständige Entwicklung anzuerkennen, und warnte davor, auf diesem Weg weiterzugehen, da dieser Stil »in Deutschland niemals volkstümlich werden kann und darf, wenn anders das Volk nicht sein Eigenstes und Bestes aufgeben soll«. »Die Neue Rundschau« meinte im selben Jahr, daß der Expressionismus mit seiner völligen Verlagerung der malerischen Kreativität in »die Phantasiebildung des Zerebrums« auf »die Verachtung der Malerei« hinauslaufe. Noch ungleich schärfer attackierte Erich Vogeler die Kunst der »Neuen Secession« als »Aufstand der primitiven rohen Kunstinstinkte wider die Zivilisation«. Nur die im März 1910 von Herwarth Walden gegründete Zeitschrift »Der Sturm, Wochenschrift für Kultur und die Künste« trat entschieden für die neueren Entwicklungen des Expressionismus, des Kubismus und des Futurismus ein. Das breite Publikum, keineswegs nur die Kreise der Neuen Rechten, lehnte die moderne Kunst weiterhin ab. Die Trägerschaft der Kunst der Moderne blieb auf schmale Gruppen der bürgerlichen Oberschichten und darüber hinaus der Intellektuellen beschränkt; sie konnte nicht – und wollte dies auch gar nicht – zur Kunst breiter Schichten, schon gar nicht zu einer Massenkultur werden.

Hingegen fand die künstlerische Avantgarde von Anfang an bedeutende Bündnispartner namentlich bei weitsichtigen Museumsdirektoren, wie Alfred Hagelstange in Köln, Karl Ernst Osthaus in Hagen und Ernst Gosebruch in Essen, ferner bei Verlegern wie Reinhard Piper und Herwarth Walden, die schon früh die Bedeutung dieser modernen Kunstrichtungen erkannten. Die Entstehung eines zunehmend lebendigeren Kunstmarktes machte die Künstler sehr viel unabhängiger von den traditionellen Auftraggebern, die anfänglich einen erheblichen Teil der künstlerischen Aufträge zu vergeben pflegten. Führende Industrielle entdeckten die Sammlung und Förderung zeitgenössischer Kunst als eine lohnende und mit der Zeit auch als eine einträgliche Aufgabe. Eine ganz neue Schicht von Mäzenen, die mit jener der ersten Hälfte des Jahrhunderts, bei welcher die Fürstenhöfe, der Staat und die Städte eine wesentliche Rolle gespielt hatten, nurmehr wenig gemein hatte, bildete sich heraus; sie investierte nicht selten erhebliche Teile ihres im Zuge der rapiden industriellen Entwicklung gewonnenen beziehungsweise vermehrten Reichtums in Werke zeitgenössischer Kunst, mochte diese der industriellen Welt auch noch so kritisch gegenüberstehen.

Diese Entwicklung besiegelte das Debakel der offiziösen Kunstpolitik im kaiserlichen Deutschland. Zwar darf man füglich davon ausgehen, daß Wilhelms II. emotionale Ausbrüche gegen die moderne Kunst von der großen Mehrheit der bürgerlichen Schichten geteilt wurden, also nicht bloß Ausdruck höfisch-aristokratischen Kunstwollens waren, sondern in vieler Hinsicht Anbiederungen an den Zeitgeist. Aber selbst in der engeren Umgebung des Kaisers suchte man mittlerweile die kaiserlichen Versuche, die staatlichen Museen am Ankauf von Werken der künstlerischen Moderne zu hindern, nach Möglichkeit zu unterlaufen, wie das Beispiel des Ankaufs von Slevogts 1912 entstandenem Gemälde »Francisco d'Andrade als Don Giovanni« lehren mag. Dem Kaiser wurde gleichsam unter Vorspiegelung falscher Tatsachen die Zustimmung zum Erwerb abgerungen. Als Wilhelm II. dann ein Jahr später einen Besuch in der Nationalgalerie ankündigte, wurde dieses Gemälde auf eine Anregung des Chefs des Preußischen Zivilkabinetts von Valentini hin erst aufgehängt, nachdem Wilhelm II. und sein Gefolge die betreffenden Räume bereits durchschritten hatten, freilich noch rechtzeitig genug, um es den Journalisten vorzuführen.

Die offiziöse Kunstpolitik, zumal in Preußen, hatte ihren Niederschlag in zahlreichen öffentlichen Gebäuden und insbesondere in Denkmälern gefunden. Von diesen brachten die Denkmäler zu Ehren »Wilhelms des Großen«, die allerorten die deutsche Landschaft zu verschönern bestimmt waren, aber auch das Völkerschlachtdenkmal bei Leipzig, das monströse Monument an der Porta Westfalica oder das später zerstörte Denkmal am Deutschen Eck in Koblenz, dessen Wiedererrichtung im Zeichen historischer Nostalgie gegenwärtig erneut betrieben wird, wilhelminischen Größenwahn in besonderem Maße zum Ausdruck. All dies repräsentierte, um mit Eric J. Hobsbawm zu sprechen, »eine sterbende und nach 1918 endgültig tote Vergangenheit«. Zugleich hat die amtliche Kunstpolitik auf lange Zeit hinaus erhebliche künstlerische Ressourcen gebunden und die kreativen Energien eines großen Teils der Künstlerschaft in eine abseitige Richtung gelenkt. Jedenfalls auf diesen Bereich traf Nietzsches bitteres Wort zu: »Die Deutschen, die Verzögerer par excellence, sind heute das zurückgebliebenste Kulturvolk Europas.« Mit dem Durchbruch der Avantgarde im letzten Jahrzehnt vor 1914 hingegen gewann das Deutsche Reich den Anschluß an die internationale Kunstentwicklung; ja mehr noch, auf dem Gebiet der modernen

Architektur gewann es sogar eine führende Stellung. Aber diese neue Kunst war nicht mehr bürgerlichen Charakters, jedenfalls nicht im Sinne der bürgerlichen Kultur des 19. Jahrhunderts.

Auch im Bereich der Literatur drängte eine neue Generation von Symbolisten und Expressionisten über die Grenzen des bürgerlichen Kunstbegriffs hinaus. Rainer Maria Rilke sprengte in seinem Tagebuchroman »Die Aufzeichnungen des Malte Laurids Brigge« das literarische Genre des Entwicklungsromans, das seit Goethe einen festen Platz in der deutschen Literatur hatte; an die Stelle einer realistischen Schilderung des biographischen Schicksals seines Helden tritt eine Serie von Selbstbekenntnissen, in denen die Wirklichkeit gleichsam nur als Reflex der persönlichen Lebenserfahrungen Maltes mitgeteilt wird, nicht mehr als Abfolge von erzählbaren Ereignissen. Rilke legt Malte denn auch die Worte in den Mund: »Daß man erzählte, wirklich erzählte, das muß vor meiner Zeit gewesen sein.« Maltes Lebensweg ist geprägt durch die Suche nach einer neuen Weise der Wirklichkeitserfahrung, die mit dem Bemühen des Naturalismus um eine wahre Erfassung des Wirklichen nurmehr Äußerlichkeiten gemein hatte, nämlich die Erbärmlichkeit des Milieus, aus dem sich Malte herauszuwinden sucht. Ganz ähnlich führen Robert Musils »Die Verwirrungen des Zöglings Törless« äußerlich in die Ausweglosigkeit, innerlich aber erlaubt dies Törless, ein »zweites, geheimes, unbeachtetes Leben der Dinge« zu entdecken. Noch ungleich radikaler forderte die expressionistische Avantgarde die vorfindliche bürgerlich-industrielle Wirklichkeit heraus; den, wie sie es nannte, Surrogaten des bürgerlichen Denkens suchte sie ein neues, unmittelbares, emotional erfahrenes und dann in künstlerische Gestaltungen gegossenes, innerliches Lebensgefühl entgegenzustellen. »Die Welt ist da. Es wäre sinnlos, sie zu wiederholen. Sie im letzten Zucken, im eigentlichen Kern aufzusuchen und neu zu schaffen, das ist die große Aufgabe der Kunst«, so brachte Kasimir Edschmid die Ziele der Expressionisten eindrucksvoll auf den Begriff.

Die Entdeckung alternativer Wirklichkeiten, nicht die Reproduktion der realen Welt, wurde nun zum Programm. Dem entsprach, daß die Schriftsteller und Künstler in ihrer großen Mehrheit ein Refugium für ihr künstlerisches Wirken abseits der alltäglichen Wirklichkeit der industriellen Zivilisation suchten. Die Unvereinbarkeit von bürgerlicher Welt und Kunst war bereits ein Lieblingsthema Thomas Manns; die nachfolgende Generation brach die Brücken zwischen künstlerischer Existenz und der technischen Zivilisation vollends ab. Rainer Maria Rilke, Hugo von Hofmannsthal und Stefan George wählten bewußt das Refugium einer der alltäglichen Welt entrückten pseudoaristokratischen Existenz, um Freiheit für ihre künstlerische Produktion zu gewinnen. Doch dies war keineswegs gleichbedeutend mit einer Flucht in die Idylle, wie man meinen könnte. Vielmehr entdeckten die Literatur und nicht zuletzt auch die Lyrik die moderne Großstadt als ein bevorzugtes Sujet einer kritischen, gleichwohl konstruktiven Auseinander-

»Die erschrockene Mutter«. Lithographie von Ernst Barlach in der Illustrationsfolge seines Dramas »Der tote Tag«, 1912. Essen, Museum Folkwang. – Das aufgrund eines kaiserlichen Protestes aus dem Verkehr gezogene Plakat für eine Veranstaltung der deutschen Hausindustrie. Lithographie von Käthe Kollwitz, 1906. Frankfurt am Main, Städelsches Kunstinstitut, Sammlung H. Goedeckemeyer. – Plakat für die Wiener Frank-Wedekind-Tage im Februar und März 1912. Lithographie von Oskar Kokoschka. Hamburg, Museum für Kunst und Gewerbe

Berliner Straßenszene. Gemälde von Ernst Ludwig Kirchner, 1913. New York, Museum of Modern Art. – »Revolution!« Gemälde von Ludwig Meidner, um 1913. Berlin, Staatliche Museen Preußischer Kulturbesitz, Nationalgalerie

setzung mit der Lebenswirklichkeit der industriellen Gesellschaft. Aber der Gegentrend überwog, nämlich die kritische Abwendung von der Großstadt und allem, wofür sie stand. Rilke beispielsweise fand in seinem »Stundenbuch« bitterste Worte über die moderne Großstadt: »Die großen Städte sind nicht wahr [...]. Nichts von dem weiten, wirklichen Geschehen, das sich um Dich, Du Werdender, bewegt, geschieht in ihnen.« Und doch war dies alles nur als kontrapunktische Analyse denkbar, die die Existenz eben dessen voraussetzte, was sie verdammte, wie Max Weber 1911 einmal gesagt hat. Weber hatte dabei vor allem die Lyrik Stefan Georges im Auge, die wohl den weitesten Punkt der Entfernung der sich selbst genügenden esoterischen Persönlichkeit von der Welt der städtischen Zivilisation markiert: »[...] ganz bestimmte formale Werte in unserer modernen künstlerischen Kultur« hätten, so meinte er, »nur durch die Existenz der modernen Großstadt geboren werden« können. Eine Lyrik wie jene Stefan Georges, »ein solches Maß von Besinnung auf die letzten, von diesem durch die Technik unseres Lebens erzeugten Taumel uneinnehmbaren Festungen rein künstlerischen Formgehalts« hätte »gar nicht errungen werden« können, »ohne daß der Lyriker die Eindrücke der modernen Großstadt, die ihn verschlingen und seine Seele zerrütten und parzellieren will [...], dennoch voll durch sich hat hindurchgehen lassen«.

Insbesondere die zeitgenössische Lyrik betrachtete den Rückzug auf die Innerlichkeit der Persönlichkeit als letzte, unabweisbare Antwort auf die Herausforderungen der industriellen Zivilisation ihrer Gegenwart. Prophetische Schau, gültig allein für einen kleinen, auserwählten Kreis von Eleven, fernab der Alltäglichkeit der bürgerlichen Welt, war die persönliche Lösung Stefan Georges. Rainer Maria Rilke hingegen sah den vorgegebenen Weg des Dichters in der Flucht »in die Schluchten seiner Seele, die, obgleich er sie nie erforschen wird, ihm doch unaussprechlich nähergehen« als die ihn umgebende Welt. Aber das Auseinandertreten von alltäglicher Wirklichkeit und den ästhetischen »Gegenwelten« von Kunst und Literatur war ein Grundzug der Epoche. Die Künstler und Schriftsteller aber beanspruchten gar nicht mehr Verbindlichkeit für jedermann, sondern eigentlich nur für jene, die sich innerlich zu diesen »Gegenwelten« bekannten oder als in die jeweiligen literarischen oder künstlerischen Zirkel »eingeweiht« gelten durften. Darin kam zum Ausdruck, daß der bislang herrschende, weithin akzeptierte bürgerliche Begriff der Kultur zerbrochen war. Zu eben dieser Schlußfolgerung kam im Jahre 1905 auch Max Weber: »›Kultur‹ ist ein vom Standpunkt des Menschen aus mit Sinn und Bedeutung bedachter endlicher Ausschnitt aus der sinnlosen Unendlichkeit des Weltgeschehens«, der im Grunde nur durch die subjektive Wertwahl der Persönlichkeit konstituiert werde. Damit war das Paradigma des bürgerlichen Kulturverständnisses des 19. Jahrhunderts verlassen. Georg Simmel hat damals diesen Prozeß des Auseinandertretens der objektiven Kultur, die sich in Kunst, Sitte, Wissenschaft, Religion, Recht, Technik als verdinglichten Objektivierungen des Geistes niedergeschlagen hatte, und der Aneignung von Kultur durch rein subjektive Formen einer extrem individualistischen Lebensführung besonders in seinem Werk »Philosophie des Geldes« eindrucksvoll beschrieben und analysiert. Die auf solche Weise konstituierte »Innerlichkeit« des Individuums wurde zunehmend weniger von verbindlichen gesellschaftlichen Zielsetzungen bestimmt und ließ somit Freiräume entstehen, in die rastlose Unruhe, rastloses Drängen und am Ende ein inhaltsleerer Dezisionismus Einzug halten konnten.

Damit ging die Ablösung der Avantgarde, wie sie sich im letzten Jahrzehnt des Kaiserreiches durchsetzte, von dem bürgerlich-liberalen Politikbegriff einher, wie er noch in den letzten Jahrzehnten des 19. Jahrhunderts für die gebildeten Schichten selbstverständliches Gemeingut gewesen ist. Bereits Thomas Mann betrachtete die zunehmende Entfremdung des Künstlers und Schriftstellers von der Politik als unwiderruflich: »Ja, ich bin Bürger«, so bekannte er in den »Betrachtungen eines Unpolitischen«, »und das ist in Deutschland ein Wort, dessen Sinn so wenig fremd ist dem Geiste und der Kunst, wie der Würde, der Gediegenheit und dem Behagen [...] Bin ich liberal, so bin ich es im Sinne der Liberalität und nicht des Liberalismus, denn ich bin [...] national, aber unpolitisch gesinnt, wie der Deutsche der bürgerlichen Kultur.« Die traditionellen engen Verbindungen des bürgerlichen Kulturbegriffs sind hier aufgelöst zugunsten des Rückzugs von der Tagespolitik. Politik, insbesondere Parteipolitik, wurde nunmehr als Teil jenes funktionalistischen Gehäuses der modernen industriellen Zivilisation angesehen, aus dem die künstlerische Avantgarde auszubrechen suchte, indem sie auf die rückhaltlose Entfaltung der eigenen Individualität und deren expressive Verdinglichung im Kunstwerk setzte.

Nur eine Minderheit der Künstler und Schriftsteller, zu denen insbesondere Thomas Manns um wenige Jahre älterer Bruder Heinrich gehörte, plädierten für ein aktives Engagement des Künstlers im demokratischen Sinne; wo ansonsten politisches Engagement vorlag, erschöpfte es sich in rein theoretischer Negation der bestehenden Ordnung, nicht in konstruktiver Einwirkung auf die politischen Entscheidungen des Tages. Diese Entwicklung verhinderte zwar zunehmend eine Instrumentalisierung von Kunst und Literatur zugunsten der Interessen der herrschenden Eliten oder der politischen Parteien, doch leistete sie der Entstehung von weitgehend entpolitisierten Subsystemen innerhalb der wilhelminischen Gesellschaft Vorschub und trug damit indirekt zur Schwächung der reformwilligen Kräfte in der wilhelminischen Gesellschaft bei. In gleicher Richtung wirkte sich die zunehmende Professionalisierung des Kulturlebens aus, von der Musik bis hin zur bildenden Kunst und zum Museumswesen. Kultur wurde mehr und mehr zu einem Subsystem der modernen Gesellschaft, das von einer Klasse von professionellen Fachleuten gehandhabt und kontrolliert wurde, während der Einfluß des allgemeinen Publikums auf den Gang der Dinge immer stärker zurückging. Formal gesehen wurde dabei, im Rahmen eines zunehmend differenzierteren Kulturbetriebs, ein immer höheres künstlerisches beziehungsweise literarisches Niveau erreicht, besonders auf der Theaterbühne und im Konzertsaal.

Auch an der Entwicklung des Theaters lassen sich tiefgreifende Veränderungen im kulturellen System des Kaiserreiches nach der Jahrhundertwende ablesen. Am Deutschen Theater in Berlin löste 1905 Max Reinhardt Otto Brahm, den großen Wegbahner des Naturalismus, ab. Reinhardts Inszenierungsstil repräsentierte den Rückzug des Theaters in eine transpolitische Sphäre des Überirdischen, des Tragischen, des Unabänderlichen, die gleichwohl von großen Idealen bestimmt war. Er selbst erklärte dazu: »Was mir vorschwebt, ist ein Theater, das den Menschen wieder Freude gibt. Das sie aus der grauen Alltagsmisere über sich selbst hinausführt in eine reine und heitere Luft der Schönheit. Ich fühle es, wie es die Menschen satt haben, im Theater immer wieder das eigene Elend wiederzufinden [...].« Reinhardt wollte die »Erziehung zu unerbittlicher Wahrheit«, die dem modernen Theater charakteristisch sei, »auf anderes anwenden als auf Zustands- und Umweltschilderungen, über Armeleutegeruch und die Probleme der Gesellschaftskritik hinaus« und »denselben höchsten Grad von Wahrheit und Echtheit an das rein Menschliche wenden«. Dies war eine eindeutige Abkehr vom naturalistischen, aber auch vom zeitkritischen Drama zugunsten der »Schau«. Im übrigen kam Reinhardt dem Trend zum Gesamtkunstwerk, wie er sich vor allem in Wagners Musikdramen abgezeichnet hatte, seinerseits entgegen, indem er seine Inszenierungen unter Einsatz eines überreichen Bühnenrequisits in zugleich glanzvoller wie pompöser Form darbot. Gleiches galt in gewissem Sinne auch von der Musik eines Richard Strauss und eines Gustav Mahler, während die zukunftweisende Zwölftonmusik Arnold Schönbergs oder Alban Bergs vom breiteren Publikum nicht angenommen wurde.

Daneben bemühte sich das expressionistische Theater um völlig neue Formen der Bühnenkunst, die sich vornehmlich symbolischer und zuweilen sogar rein visueller Stilmittel bediente, um ekstatische Bekenntnisse zu verdeutlichen, um auf diese Weise alternative Wirklichkeiten zur Darstellung zu bringen, die in krassem Kontrast zur alltäglichen Wirklichkeit standen. Nicht wenige der bedeutenden bildenden Künstler jener Epoche, wie Wassily Kandinsky, Oskar Kokoschka und Ernst Barlach, versuchten sich auch auf der Bühne. Kandinskys kühne Bühnenkomposition »Der gelbe Klang«, die er 1909 am Künstlertheater in München selbst zur Aufführung brachte, wollte Impressionen vermitteln, nicht bedeutungshaltige Ereignissequenzen in dramatisierter Form präsentieren. Das erklärte Ziel seiner Bemühungen galt der »geistigen Erneuerung der Kunst«, doch dies verband sich mit einer unverhohlenen Kritik an der überkommenen bürgerlichen Ordnung; deren Bestreben, alles exakt messen zu müssen, und deren Verlangen nach beständiger Kalkulation wurden gelegentlich bissig verspottet. Kandinsky fühlte sich dabei als Parteigänger des Anarchismus, dem damals Oskar Panizza und Erich Mühsam in München mit theatralischen Mitteln eine Gefolgschaft unter den Intellektuellen zu verschaffen trachteten. Darin wurden sie freilich durch die Eingriffe der bayerischen Polizeibehörden vielfach behindert. Weit publikumswirksamer erwiesen sich die Stücke Frank Wedekinds, insbesondere sein Lustspiel »Frühlingserwachen«, mit ihrer scharfen Kritik am Kommerzialismus der bürgerlichen Alltagswelt, oder die sozialkritischen Stücke Carl Sternheims. Die Experimente des expressionistischen Theaters, auch dort, wo ihm unmittelbarer Erfolg versagt blieb, wiesen in die Zukunft. Wichtiger und im Grunde entscheidend war, daß an die Stelle des klassischen bürgerlichen Bildungstheaters völlig neue Formen der Bühnenkunst getreten waren, sei es, daß diese, wie bei Max Reinhardt, dem Publikum das Gefühl einer neuen spirituellen Gemeinsamkeit zu vermitteln suchten, sei es, daß sie, wie bei den Expressionisten, die Doppelbödigkeit der überkommenen gesellschaftlichen Normen der bürgerlichen und mehr noch der höfisch-aristokratischen Gesellschaft rückhaltlos bloßlegen und entzaubern wollten.

Thomas Nipperdey hat im Aufstieg der künstlerischen Avantgarde während des letzten Jahrzehnts vor 1914 einen Beleg dafür sehen wollen, daß das Bürgertum in Deutschland den Weg zur Moderne gefunden habe: »Die moderne Kunst hat sich nicht trotz der Bürger, sondern mit ihnen durchgesetzt.« Daran ist soviel richtig, daß die eigentliche Trägergruppe dieser neuen, sich mit verwirrender Vielfalt in äußerst unterschiedliche Richtungen entfaltenden Kunst, die Naturalismus und Impressionismus weit hinter sich ließ und ihre Aufgabe in der künstlerischen Gestaltung höchst individueller Lebenserfahrungen sah, »die Jugend der großen Bourgeoisie« war. Ansonsten aber wäre es verfehlt, eine innere Korrelation zwischen Kunst und Literatur der Avantgarde und bürgerlichen Lebensidealen anzunehmen. Das einzige, das von diesen Idealen in dem Begriff der Moderne, wie ihn die Avantgarde verstand, übriggeblieben war, war ein rückhaltloser Individualismus, verbunden mit der Infragestellung aller »objektiven Kulturwerte«, wie sie damals Heinrich Rickert als Widerlager einer Erkenntnistheorie der Kulturwissenschaften bemühte, obschon dieser Weg bereits seit Nietzsches Lehre von der »Umwertung aller Werte« versperrt war. Insofern ist es verfehlt, den Durchbruch der Moderne einfach als reifste Form des bürgerlichen Bewußtseins deuten zu wollen. Vielmehr signalisierte die ästhetische Revolution der Avantgarde im Deutschen Reich, die sich zudem mit einer beträchtlichen zeitlichen Verzögerung gegenüber Westeuropa vollzog, die Krise der bürgerlich-liberalen Gesellschaft des 19. Jahrhunderts. Dies war nicht zuletzt in den großen gesellschaftlichen Umschichtungen begründet, die in den späten achtziger Jahren eingesetzt hatten und sich nach der Jahrhundertwende in den sozialen Verhältnissen des wilhelminischen Reiches zunehmend stärker auswirkten. Die ästhetische Revolution um die Wende vom 19. zum 20. Jahrhundert verband sich mit einer radikalen Infragestellung des Fortschrittsdenkens und der Wissenschaftsgläubigkeit des 19. Jahrhunderts. Sie fand ihre soziale Entsprechung in der Dekomposition des Bürgertums als einer einheitlichen Klasse mit einem eigenständigen Ethos und einem spezifischen Lebensstil. Niemand hat dies im Rückblick klarer beschrieben als Thomas Mann, der 1919, seinen Blick nachdenklich zurückwendend auf seine eigene Herkunft aus der hanseatischen Bürgerstadt Lübeck, meinte: »Ich empfinde sehr deutlich, daß eine im Laufe von Jahrhunderten erworbene Kultur der Lebensführung im Absterben begriffen ist.«

Der Zerfall des Bürgertums in eine Vielzahl von sozialen Gruppen mit höchst unterschiedlichen Interessen und Wertorientierungen ging mit einer fortschreitenden inneren Aushöhlung des bürgerlichen Ethos einher. Die bürgerlichen Lebensideale verloren ihre bindende Kraft, und ihre regulierende Wirkung auf das Sozialverhalten des Einzelnen war nurmehr äußerlicher Natur, und zwar als Folge der institutionellen Zwänge eines wirtschaftlichen Systems, das, wie Max Weber in seiner Studie über die »Protestantische Ethik und der Geist des Kapitalismus« argumentierte, sich den Erfordernissen der bürgerlichen Berufsidee zu unterwerfen hatte, ob der Einzelne dies nun wollte oder nicht: »Der Puritaner wollte Berufsmensch sein, wir müssen es sein.« Werner Sombart legte in seinem damals vielgelesenen Buch »Der Bourgeois« eher impressionistisch als mit stringenter Begrifflichkeit dar, daß mit der Entstehung des modernen »Wirtschaftsmenschen« eine bloß äußerliche Erhaltung der bürgerlichen Tugenden einhergehe. Jedenfalls gehörte jene Form des bürgerlich-liberalen Kulturverständnisses, die zuversichtlich einen gesicherten Kanon »objektiver Kulturwerte« voraussetzen zu können glaubte, der Vergangenheit an. Die geistige Situation war geprägt durch eine Ausdifferenzierung der Kultur in immer vielfältigere Objektivationen des Geistes – in Kunst, Literatur, Wissenschaft, Religion, Ethik, Recht, Technik und anderes mehr – einerseits und immer subjektivere Formen der Aneignung kultureller Hervorbringungen andererseits. »Der Objektivierungsprozeß der Kulturinhalte«, so faßte Georg Simmel diesen Befund zusammen, »der, von der Spezialisierung dieser getragen, zwischen dem Subjekt und seinen Geschöpfen eine wachsende Fremdheit stiftet«, führe zwangsläufig hinein in eine radikale Kultivierung der Individualität und in rein subjektive ästhetische beziehungsweise literarische Gestaltungen unterschiedlichster Art. Damit ging jene Einheit des kulturellen Bewußtseins verloren, die noch in den Jahrzehnten nach der Reichsgründung der bürgerlich-liberalen Bewegung und ihrem politischen Wollen als geistiges Rückgrat gedient hatte.

Bibliographie

Personen- und Ortsregister

Quellennachweise der Abbildungen

Abkürzungen

AHR = American Historical Reviev
CEH = Central European History
GuG = Geschichte und Gesellschaft
GWU = Geschichte in Wissenschaft und Unter-
        richt
HZ = Historische Zeitschrift
JCH = Journal of Contemporary History
ND = Nachdruck
VSWG = Vierteljahresschrift für Sozial- und
        Wirtschaftsgeschichte

Bibliographische Hilfsmittel

W. BAUMGART (Hg.), Bücherverzeichnis zur deut-
schen Geschichte, Hilfsmittel, Handbücher, Quel-
len, München [7]1988.
DERS. (Hg.), Quellenkunde zur deutschen Ge-
schichte der Neuzeit von 1500 bis zur Gegenwart,
Bd 5, Das Zeitalter des Imperialismus und des Er-
sten Weltkrieges (1871–1918), bearbeitet von W.
BAUMGART, Teil 1, Akten und Urkunden, Teil 2,
Persönliche Quellen, Darmstadt [2]1991.
K. E. BORN (Hg.), Bismarck-Bibliographie, Quellen
und Literatur zur Geschichte Bismarcks und seiner
Zeit, Köln 1966.
A. R. CARLSON, German foreign policy, 1890–
1914, and colonial policy to 1914: a handbook and
annotated bibliography, Metuchen, NJ, 1970.
K.-G. FABER, Die nationalpolitische Publizistik
Deutschlands von 1866 bis 1871, Eine kritische
Bibliographie, 2 Bde, Düsseldorf 1963.
HISTORISCHE BIBLIOGRAPHIE, im Auftrag der Ar-
beitsgemeinschaft außeruniversitärer historischer
Forschungseinrichtungen, jährlich hg. von H.
MÖLLER, zuletzt München 1990.
JAHRESBERICHTE FÜR DEUTSCHE GESCHICHTE,
N. F., hg. von der Akademie der Wissenschaften der
DDR, Berlin 1949 ff.; seit 1990 von der Mainzer
Akademie der Wissenschaften und der Literatur im
Auftrag der KAI e.V.
LITERARISCHE ZEITSCHRIFTEN UND JAHRBÜCHER
1880–1970, Verzeichnis der im Deutschen Litera-
turarchiv erschlossenen Periodica, Marbach 1972.
K. TENFELDE und G. A. RITTER (Hg.), Bibliogra-
phie zur Geschichte der deutschen Arbeiterschaft
und Arbeiterbewegung 1863–1914, Berichtszeit-
raum 1945–1975, mit einer forschungsgeschichtli-
chen Einleitung, Bonn 1981.

Quellensammlungen,
Aktenpublikationen,
Dokumentationen und Statistiken

Allgemeines

H. BÖHME (Hg.), Die Reichsgründung, München
1967; G. FREIHERR VON EPPSTEIN, Fürst Bismarcks
Entlassung, Nach den hinterlassenen, bisher unver-
öffentlichten Aufzeichnungen des Staatssekretärs
des Innern, Staatsminister Karl Heinrich von Boetticher und des Chefs der Reichskanzlei unter dem
Fürsten Bismarck, Dr. Franz Johannes von Rotten-
burg, Berlin 1920–23; EUROPÄISCHER GE-
SCHICHTSKALENDER, Bd 1–25 (1860–1884), hg.
von H. SCHULTHESS, Nördlingen 1861–1885, Fortsetzung unter dem Titel Schulthess' Europäischer
Geschichtskalender, Neue Folge, Bd 1–57,
(1885–1941), hg. von E. DELBRÜCK u. a., Nördlingen 1886–1889 und München 1890–1965; H.
FENSKE (Hg.), Der Weg zur Reichsgründung
1850–1870, Darmstadt 1977; DERS. (Hg.), Im Bismarckschen Reich 1871–1890, Darmstadt 1978;
F. T. GATTER (Hg.), Protokolle und Generalakte
der Berliner Afrika-Konferenz 1884–1885, Bremen
1984; H. GOLDSCHMIDT (Bearb.), Bismarck und
die Friedensunterhändler 1871, Die deutsch-französischen Friedensverhandlungen zu Brüssel und
Frankfurt, März–Dezember 1871, Berlin und Leip-
zig 1929; J. HOHLFELD (Hg.), Dokumente der
Deutschen Politik und Geschichte von 1848 bis zur
Gegenwart, 6 Bde, Bd 1, Die Reichsgründung und
das Zeitalter Bismarcks 1848–1890, Berlin und
München o.J. [1951]; REDEN DES KAISERS, An-
sprachen, Predigten und Trinksprüche Wilhelms
II., hg. von E. JOHANN, München 1966; G. A. RIT-
TER (Hg.), Das Deutsche Kaiserreich 1871–1914,
Ein historisches Lesebuch, Göttingen [3]1977; H.
ROSENBERG, Die nationalpolitische Publizistik
Deutschlands vom Eintritt der neuen Ära in Preu-
ßen bis zum Ausbruch des deutschen Krieges,
2 Bde, München 1935; DAS STAATSARCHIV, Sammlung der offiziellen Aktenstücke zur Geschichte
der Gegenwart, hg. von L. K. AEGIDI, Bd 1–86
(1861–1914), Hamburg 1861–1919.

Innenpolitik

G. BESIER (Hg.), Preußischer Staat und Evangeli-
sche Kirche in der Bismarck-Ära, Gütersloh 1980;
E. BEZOLD (Hg.), Materialien zur Deutschen
Reichsverfassung, Sammlung sämtlicher auf die

Reichsverfassung, ihre Entstehung und Geltung bezüglichen Urkunden und Verhandlungen, 4 Bde,
Berlin 1872/73, ND Glashütten im Taunus 1976;
H. BÖHME (Hg.), Aktenstücke zur Wirtschaftspoli-
tik der deutschen Mittelstaaten, Frankfurt am
Main 1966; H. BOLDT (Hg.), Reich und Länder,
Texte zur deutschen Verfassungsgeschichte im 19.
und 20. Jahrhundert, München ²1990; K. E. BORN
u. a. (Hg.), Quellensammlung zur Geschichte der
deutschen Sozialpolitik 1867 bis 1914, Einfüh-
rungsband, Wiesbaden 1966; A. VON CONSTABEL
(Bearb.), Die Vorgeschichte des Kulturkampfes,
Quellenveröffentlichungen aus dem Deutschen
Zentralarchiv, Berlin 1956; DEUTSCHE SOZIALGE-
SCHICHTE, Dokumente und Skizzen, Bd 1,
1815–1870, hg. von W. PÖLS, München 1973,
Bd 2, 1870–1914, hg. von G. A. RITTER und J.
KOCKA, München 1974; J. HEYDERHOFF und P.
WENTZCKE, Deutscher Liberalismus im Zeitalter
Bismarcks, Eine politische Briefsammlung, 2 Bde,
Bonn und Leipzig 1925/26, ND Osnabrück 1967;
E. R. HUBER (Hg.), Dokumente zur deutschen Ver-
fassungsgeschichte, Bd 2, Deutsche Verfassungsdo-
kumente 1851–1900, Stuttgart ³1986; P. LABAND,
Das Staatsrecht des Deutschen Reiches, 4 Bde, Tü-
bingen ⁵1911–14; W. MOMMSEN (Hg.), Deutsche
Parteiprogramme, Eine Auswahl vom Vormärz bis
zur Gegenwart, München ²1960; H. VON POSCHIN-
GER, Aktenstücke zur Wirtschaftspolitik des Für-
sten Bismarck, 2 Bde, Berlin 1890–91; PROTOKOLL
ÜBER DIE VERHANDLUNGEN DES ALLGEMEINEN
DEUTSCHEN SOCIAL-DEMOKRATISCHEN ARBEITER-
KONGRESSES, abgehalten zu Eisenach, 7., 8. und 9.
August 1869, Leipzig 1869, ND, 2 Bde, Berlin (O.)
1969; PROTOKOLL ÜBER DEN 1. CONGRESS DER
SOCIAL-DEMOKRATISCHEN ARBEITERPARTEI, abge-
halten zu Stuttgart, 4.–7. Juni 1870, Leipzig 1870;
PROTOKOLL ÜBER DEN 2. CONGRESS DER SOCIAL-
DEMOKRATISCHEN ARBEITERPARTEI, abgehalten zu
Dresden 12.–15. August 1871, Leipzig 1872; PRO-
TOKOLL ÜBER DEN 3. CONGRESS DER SOCIAL-DE-
MOKRATISCHEN ARBEITERPARTEI, abgehalten zu
Mainz 7.–11. September 1872, Braunschweig
1872; PROTOKOLL ÜBER DEN 5. CONGRESS DER
SOCIAL-DEMOKRATISCHEN ARBEITERPARTEI, abge-
halten zu Eisenach, 23.–27. August 1873, Leipzig
1873; PROTOKOLL ÜBER DEN 6. CONGRESS DER
SOCIAL-DEMOKRATISCHEN ARBEITERPARTEI, abge-
halten zu Coburg, 18., 19., 20. und 21. Juli 1874,
ND Glashütten im Taunus 1971; PROTOKOLL DES
SOCIALISTEN-CONGRESSES, abgehalten zu Gotha,
19.–23. August 1876, Berlin 1876; PROTOKOLL
DES SOZIALISTEN-CONGRESSES, abgehalten zu Go-

tha, 27.–29. Mai 1877, Hamburg 1877; PROTO-
KOLL DES CONGRESSES DER DEUTSCHEN SOCIALDE-
MOKRATIE, abgehalten auf Schloß Wyden in der
Schweiz, 20.–23. August 1880, Zürich 1880; PRO-
TOKOLL DES CONGRESSES DER DEUTSCHEN SOCIAL-
DEMOKRATIE, abgehalten in Kopenhagen, 29.
März–2. April 1883, Hottingen-Zürich 1883; PRO-
TOKOLL DES CONGRESSES DER DEUTSCHEN SOCIAL-
DEMOKRATIE, abgehalten in St. Gallen, 2.–6. Okto-
ber 1887, Hottingen-Zürich 1887; PROTOKOLL
ÜBER DIE VERHANDLUNGEN DES PARTEITAGES DER
SOZIALDEMOKRATISCHEN PARTEI DEUTSCHLANDS,
abgehalten zu Halle an der Saale, 12.–18. Oktober
1890, Berlin 1890; PROTOKOLLE DER DEUTSCHEN
BUNDESVERSAMMLUNG IN FRANKFURT AM MAIN
1851–1866, Frankfurt am Main 1851–1867; P.
RASSOW und K. E. BORN (Hg.), Akten zur staatlichen Sozialpolitik in Deutschland 1890–1914,
Wiesbaden 1959; M. RICHARZ (Hg.), Jüdisches Leben in Deutschland, Selbstzeugnisse zur Sozialgeschichte, Bd 1, 1780–1871, Stuttgart 1976, Bd 2,
Selbstzeugnisse zur Sozialgeschichte im Kaiserreich, Stuttgart 1979; G. A. RITTER, Wahlge-
schichtliches Arbeitsbuch, Materialien zur Statistik
des Kaiserreichs 1871–1918, unter Mitarbeit von
M. NIEHUSS, München 1980; DERS. (Hg.), Das
deutsche Kaiserreich 1871–1914, Ein historisches
Lesebuch, Göttingen ³1977; SOZIALGESCHICHTLI-
CHES ARBEITSBUCH, Bd 1, Materialien zur Statistik
des Deutschen Bundes 1815–1870, hg. von W. FI-
SCHER, J. KRENGEL und J. WIETOG, München
1982, Bd 2, Materialien zur Statistik des Kaiser-
reichs 1870–1914, hg. von G. HOHORST, J. KOCKA
und G. A. RITTER, München ²1978; STATISTISCHES
BUNDESAMT (Hg.), Bevölkerung und Wirtschaft
1872–1972, Stuttgart und Mainz 1972; STENO-
GRAPHISCHE BERICHTE ÜBER DIE VERHANDLUN-
GEN DES REICHSTAGES DES NORDDEUTSCHEN BUN-
DES, 1867–1870, Berlin 1867–1870; STENOGRA-
PHISCHE BERICHTE ÜBER DIE VERHANDLUNGEN
DES DEUTSCHEN REICHSTAGES, 1871–1918, Berlin
1871–1918; STENOGRAPHISCHE BERICHTE ÜBER
DIE VERHANDLUNGEN DES PREUSSISCHEN HAUSES
DER ABGEORDNETEN, 1871–1918, Berlin
1871–1918; STENOGRAPHISCHE BERICHTE ÜBER
DIE VERHANDLUNGEN DES PREUSSISCHEN HERREN-
HAUSES, 1871–1918, Berlin 1871–1918; M. STÜR-
MER (Hg.), Bismarck und die preußisch-deutsche
Politik 1871–1890, München ³1978; K. TENFELDE
und H. TRISCHLER (Hg.), Bis vor die Stufen des
Throns, Bittschriften und Beschwerden von Berg-
leuten im Zeitalter der Industrialisierung, München
1986; W. TREUE (Hg.), Deutsche Parteiprogramme

von 1861 bis zur Gegenwart, Frankfurt am Main ⁴1968; VERHANDLUNGEN DER PREUSSISCHEN KAMMERN, Stenographische Berichte, Drucksachen, Sitzungsprotokolle, Berlin 1849 ff.; B. VOGEL, D. NOHLEN und R.-O. SCHULTZE, Wahlen in Deutschland, Theorie – Geschichte – Dokumente 1848–1970, Berlin 1971.

Außenpolitik und Internationale Beziehungen

DIE AUSWÄRTIGE POLITIK PREUSSENS 1858–1871, Diplomatische Akten, hg. von der Historischen Reichskommission, 10 Bde, Oldenburg 1931–1941; BISMARCK UND DIE NORDSCHLESWIGSCHE FRAGE 1864–1879, Die diplomatischen Akten des Auswärtigen Amtes zur Geschichte des Artikels 5 des Prager Friedens, Berlin 1925; DOCUMENTS DIPLOMATIQUES FRANÇAIS 1871–1914, hg. vom Ministère des affaires étrangères, 41 Bde, Paris 1929–1959; I. GEISS (Hg.), Der Berliner Kongreß 1878, Protokolle und Materialien, Boppard am Rhein 1978; DIE GROSSE POLITIK DER EUROPÄISCHEN KABINETTE 1871–1914, Sammlung der Diplomatischen Akten des Auswärtigen Amtes, im Auftrage des Auswärtigen Amtes hg. von J. LEPSIUS, A. MENDELSSOHN-BARTHOLDY und F. THIMME, 40 Bde, Berlin 1922–1927; I DOCUMENTI DIPLOMATICI ITALIANI, 1. Serie, 1861–1870, 2 Bde, Rom 1951 ff.; W. J. MOMMSEN, Imperialismus, Seine geistigen, politischen und wirtschaftlichen Grundlagen, Ein Quellen- und Arbeitsbuch, Hamburg 1977; A. NOVOTNY, Quellen und Studien zur Geschichte des Berliner Kongresses 1878, Bd 1, Österreich, die Türkei und das Balkanproblem im Jahre des Berliner Kongresses, Graz 1957; H. ONCKEN, Die Rheinpolitik Kaiser Napoleons III. von 1863 bis 1870 und der Ursprung des Krieges von 1870/71, 3 Bde, ND Osnabrück 1967; H. VON POSCHINGER, Preußens auswärtige Politik 1850 bis 1858, Veröffentlichte Dokumente aus den Nachlässen Otto von Manteuffels, 3 Bde, Berlin 1902; A. F. PRIBRAM (Hg.), Die politischen Geheimverträge Österreich-Ungarns 1879–1914, 2 Bde, Wien 1920; H. VON SRBIK (Hg.), Quellen zur deutschen Politik Österreichs 1859–1866, 5 Bde, Oldenburg und Berlin 1934–1938.

Memoiren, autobiographische Schriften und Biographien sowie personenbezogene Quellen und Studien

Monarchen und regierende Fürsten

K. H. BÖRNER, Wilhelm I., 1797 bis 1888, Deutscher Kaiser und König von Preußen, Eine Biographie, Köln 1984; DIE BRIEFE DER KAISERIN FRIEDRICH, hg. von SIR FREDERICK PONSONBY, LEIPZIG 1929; L. CECIL, Wilhelm II, Prince and Emperor, 1859–1900, London 1989; H. EULER, Napoleon III. in seiner Zeit, Der Aufstieg, Würzburg 1961; W. P. FUCHS (Hg.), Großherzog Friedrich I. von Baden und die Reichspolitik 1867–1907, 4 Bde, Stuttgart 1968–1980; F. HERRE, Kaiser Friedrich III., Deutschlands liberale Hoffnung. Eine Biographie, Stuttgart 1987; I. V. HULL, The Entourage of Kaiser Wilhelm II 1888–1918, Cambridge 1982; KAISER FRIEDRICH III., Das Kriegstagebuch von 1870/71, hg. von H. O. MEISNER, Berlin 1926; T. A. KOHUT, Wilhelm II and the Germans, A study in leadership, Oxford 1991; W. J. MOMMSEN, Kaiser Wilhelm II and German Politics, in: JCH 25, 1990, S. 289–316; H. ONCKEN (Bearb.), Großherzog Friedrich I. von Baden und die deutsche Politik von 1854–1871, Briefwechsel, Denkschriften, Tagebücher, 2 Bde, Berlin 1927; J. PENZLER, Die Reden Kaiser Wilhelms II., 4 Bde, Leipzig 1897–1913; J. C. G. RÖHL, Kaiser, Hof und Staat, Wilhelm II. und die deutsche Politik, München 1987; DERS. und N. SOMBART (Hg.), Kaiser Wilhelm II., New interpretations, The Corfu papers, Cambridge 1982; W. SCHRÖDER, Das persönliche Regiment, Reden und sonstige öffentliche Äußerungen Wilhelms II., München 1907; W. TREUE (Hg.), Drei deutsche Kaiser, Wilhelm I. – Friedrich III. – Wilhelm II., Ihr Leben und ihre Zeit, 1858–1918, Würzburg 1987; WILHELM II., Briefe Wilhelms II. an den Zaren 1894–1914, hg. und eingeleitet von W. GOETZ, Berlin o. J. [1920].

Staatsmänner, Politiker, Beamte und Militärs

R. ALDENHOFF, Schulze-Delitzsch, Ein Beitrag zur Geschichte des Liberalismus zwischen Revolution und Reichsgründung, Baden-Baden 1984; M. L. ANDERSON, Windthorst, Zentrumspolitiker und Gegenspieler Bismarcks, Eine politische Biographie, Düsseldorf 1988; AUGUST BEBEL, Aus meinem Leben, 3 Bde, Stuttgart 1910–1914; RUDOLF

VON BENNIGSEN, Reden, hg. von W. SCHULTZE und F. THIMME, 2 Bde, Halle 1911/1922; OTTO VON BISMARCK, Die gesammelten Werke, hg. von H. VON PETERSDORFF, F. THIMME, W. FRAUENDIENST, W. ANDREAS, W. SCHÜSSLER, G. RITTER, R. STADELMANN und W. WINDELBAND, 15 Bde, Berlin 1924–1935; A. VON BRAUER, E. MARCKS und K. A. VON MÜLLER, Erinnerungen an Bismarck, Aufzeichnungen von Mitarbeitern und Freunden des Fürsten mit einem Anhang von Dokumenten und Briefen, Berlin 1915; M. BUSCH, Tagebuchblätter, 3 Bde, Leipzig 1899; W. BUSSMANN (Hg.), Staatssekretär Graf Herbert von Bismarck, Aus seiner politischen Privatkorrespondenz, Göttingen 1964; F. L. CARSTEN, August Bebel und die Organisation der Massen, Berlin 1991; M. EHMER, Constantin Frantz, Rheinfelden 1988; H. EINHAUS, Franz von Roggenbach, Ein badischer Staatsmann zwischen deutschen Whigs und liberaler Kamarilla, Frankfurt am Main 1991; E. ENGELBERG, Bismarck, Bd 1, Urpreuße und Reichsgründer, Berlin 1985, Bd 2, Das Reich in der Mitte Europas, Berlin 1990; W. ENGELBERG, Otto und Johanna von Bismarck, Berlin 1990; PHILIPP ZU EULENBURG UND HERTEFELD, Politische Korrespondenz, hg. von J. C. G. RÖHL, 3 Bde, Boppard am Rhein 1976–1983; E. EYCK, Bismarck, Leben und Werk, 3 Bde, Zürich 1941–1944; E. FEDER (Hg.), Bismarcks großes Spiel, Die geheimen Tagebücher Ludwig Bambergers, Frankfurt am Main 1932; R. G. FOERSTER (Hg.), Generalfeldmarschall von Moltke, Bedeutung und Wirkung, München 1992; W. FRANK, Hofprediger Adolf Stoecker und die christlichsoziale Bewegung, Berlin 1928; L. GALL, Bismarck, Der weiße Revolutionär, Frankfurt am Main [5]1981; DERS. (Hg.), Das Bismarck-Problem in der Geschichtsschreibung nach 1945, Berlin 1971; BIOGRAPHISCHES HANDBUCH FÜR DAS PREUSSISCHE ABGEORDNETENHAUS, 1867–1918, bearbeitet von B. MANN unter Mitarbeit von M. DOERRY, C. RAUH und T. KÜHNE, Düsseldorf 1988; J. F. HARRIS, A study in the theory and practice of German liberalism, E. Lasker, 1829–1884, Lanham/Md. 1984; P. GRAF VON HATZFELD, Botschafter Paul Graf von Hatzfeld, Nachgelassene Papiere 1838–1901, hg. und eingeleitet von G. EBEL in Verbindung mit M. BEHNEN, 2 Bde, Boppard am Rhein 1976; F. HERRE, Bismarck, Der preußische Deutsche, Köln 1991; H. HERZFELD, Johannes von Miquel, 2 Bde, Detmold 1938; J. HEYDERHOFF, Im Ring der Gegner Bismarcks, Denkschriften und politischer Briefwechsel Franz von Roggenbachs mit Kaiserin Augusta und Albrecht von Stosch,

1865–1896, Leipzig 1943; A. HILLGRUBER, Otto von Bismarck, Gründer der europäischen Großmacht Deutsches Reich, Zürich und Frankfurt am Main 1978; FRIEDRICH VON HOLSTEIN, Die geheimen Papiere Friedrich von Holsteins, hg. von N. RICH und M. H. FISHER, Deutsche Ausgabe von W. FRAUENDIENST, 4 Bde, Göttingen 1956–1963; R. JANSEN, Georg von Vollmar, Eine politische Biographie, Düsseldorf 1958; W. KELSCH, Ludwig Bamberger als Politiker, Berlin 1933; R. VON KEUDELL, Fürst und Fürstin Bismarck, Erinnerungen aus den Jahren 1846 bis 1872, Berlin 1901; H. KOHL, Bismarck-Jahrbuch, 6 Bde, Berlin 1894 bis 1899; DERS. (Hg.), Die politischen Reden des Fürsten Bismarck, Historisch-kritische Gesammtausgabe, 14 Bde, Stuttgart 1892–1905, ND Aalen 1970; DERS. (Hg.), Briefe des General Leopold von Gerlach an Otto von Bismarck, Stuttgart 1912; R. VON KÜHLMANN, Erinnerungen, Heidelberg 1948; J. KUNISCH (Hg.), Bismarck und seine Zeit, Berlin 1922; A. LAUFS, Eduard Lasker, Ein Leben für den Rechtsstaat, Göttingen 1984; J. S. LORENZ, Eugen Richter, Der entschiedene Liberalismus in wilhelminischer Zeit 1871 bis 1906, Husum 1981; E. MARCKS, Bismarck, Eine Biographie 1815–1851, 2 Bde, hg. von W. ANDREAS, Stuttgart [21]1951; G. MAYER, Bismarck und Lassalle, Ihr Briefwechsel und ihre Gespräche, Berlin 1928; H. O. MEISNER (Hg.), Denkwürdigkeiten des General-Feldmarschalls Alfred Grafen von Waldersee, 3 Bde, Berlin 1922; JOHANNES VON MIQUEL, Reden, 4 Bde, hg. von W. SCHULTZE, Halle 1911–1914; H. GRAF VON MOLTKE, Gesammelte Schriften und Denkwürdigkeiten, 8 Bde, Berlin 1891/92; W. MOMMSEN, Bismarck, Ein politisches Lebensbild, München 1959; F. NAUMANN, Werke, 6 Bde, Opladen 1964–1969; H. ONCKEN, Rudolf von Bennigsen, Ein deutscher liberaler Politiker, 2 Bde, Leipzig 1910; DERS., Lassalle, Eine politische Biographie, Stuttgart [2]1920; O. PFLANZE, Bismarck and the development of Germany, 3 Bde, Princeton 1990; H. VON POSCHINGER, Fürst Bismarck als Volkswirth, 3 Bde, Berlin 1889–1891; DERS., Fürst Bismarck und die Parlamentarier, 3 Bde, Breslau 1894/1896; DERS., Neue Tischgespräche und Interviews, 2 Bde, Stuttgart 1895 bis 1899; A. VON PUTTKAMER (Hg.), Staatsminister von Puttkamer, Ein Stück preußischer Vergangenheit, 1828–1900, Leipzig 1928; A. RAMM (Hg.), The political correspondence of Mr. Gladstone and Lord Granville, 1868–1876 (Camden Third Series, Bd 81), Bd 1, 1868–1871, London 1972; REICHSTAG DES NORDDEUTSCHEN BUNDES

1867–1870, Historische Photographien und biographisches Handbuch, bearbeitet von B. HAUNFELDER und K. E. POLLMANN, Düsseldorf 1989; N. RICH, Friedrich von Holstein, Politics and diplomacy in the era of Bismarck and Wilhelm II, 2 Bde, London 1965; G. RICHTER, Friedrich von Holstein, Ein Mitarbeiter Bismarcks, Lübeck 1966; A. GRAF VON ROON, Denkwürdigkeiten aus dem Leben des General-Feldmarschalls Kriegsministers Grafen (Albrecht) von Roon, Sammlung von Briefen, Schriftstücken und Erinnerungen, 3 Bde, Breslau [4]1897; H. ROTHFELS, Bismarck und der Staat, Ausgewählte Dokumente, Darmstadt 1953; DERS., Bismarck, der Osten und das Reich, Darmstadt 1960; DERS., Bismarck, Vorträge und Abhandlungen, Stuttgart 1970; W. SAILE, Herrmann Wagener und sein Verhältnis zu Bismarck, Ein Beitrag zur Geschichte des konservativen Sozialismus, Dissertation, Tübingen 1954; M. SALVADORI, Karl Kautsky and the Socialist Revolution 1880–1938, London 1979; B. VON SCHELLENDORF, Geheimes Kriegstagebuch 1870/71, hg. von P. RASSOW, Bonn 1954; M. SCHWARZ, MdR, Biographisches Handbuch der Reichstage, Hannover 1965; B. SEEBACHER-BRANDT, Bebel, Künder und Kärrner im Kaiserreich, Bonn [2]1990; R. STADELMANN, Moltke und der Staat, Krefeld 1950; O. GRAF ZU STOLBERG-WERNIGERODE, Robert Heinrich Graf von der Goltz, Botschafter in Paris 1863–1869, Oldenburg 1941; A. J. P. TAYLOR, Bismarck, Mensch und Staatsmann, München 1962; A. VON TIRPITZ, Erinnerungen, Leipzig 1919; DERS., Politische Dokumente, 2 Bde, Berlin 1924–1926; R. VIERHAUS (Hg.), Das Tagebuch der Baronin Spitzemberg, geb. Freiin von Varnbüler, 1859–1914, Göttingen [4]1976; F. VIGENER, Ketteler, Ein deutsches Bischofsleben des 19. Jahrhunderts, München 1924; M.-L. WEBER, Ludwig Bamberger, Ideologie statt Realpolitik, Stuttgart 1987; H.-G. ZMARZLIK, Das Bismarckbild der Deutschen gestern und heute, Freiburg im Breisgau 1967; S. ZUCKER, Ludwig Bamberger, German liberal politician and social critic 1823–1899, Pittsburgh 1975.

Künstler, Wissenschaftler und Intellektuelle

D. BARTMANN, Anton von Werner, Zur Kunst und Kunstpolitik im Deutschen Kaiserreich, Berlin 1985; T. FONTANE, Romane und Erzählungen in 8 Bänden, hg. von P. GOLDAMMER u. a., Berlin [2]1973; DERS., Briefe in 2 Bänden, München 1981; G. FREYTAG, Gesammelte Werke, 22 Bde, Leipzig [2]1896–1898; D. GROSS, The writer and society, Heinrich Mann and literary politics in Germany 1890–1940, New York 1980; H. VON HELMHOLTZ, Vorträge und Reden, 2 Bde, Braunschweig [5]1903; G. HÜBINGER, Georg Gottfried Gervinus, Historisches Urteil und politische Kritik, Göttingen 1984; C. JOLLES, Fontane und die Politik, Ein Beitrag zur Wesensbestimmung Theodor Fontanes, Berlin (O) und Weimar 1983; W. KAUFMANN, Nietzsche, Philosoph – Psychologe – Antichrist, Darmstadt 1988; K. KLUNCKER, Das geheime Deutschland, Über Stefan George und seinen Kreis, Bonn 1985; P. DE LAGARDE, Deutscher Glaube, Deutsches Vaterland, Deutsche Bildung, Das Wesentliche aus seinen Schriften, ausgewählt von F. DAAB, Jena 1919; W. LEPPMANN, Gerhart Hauptmann, Leben, Werk und Zeit, Bern 1986; A. LICHTWARK, Briefe an Max Liebermann, hg. von C. SCHELLENBERG, Hamburg 1947; T. MANN, Gesammelte Werke in 13 Bänden, Frankfurt am Main 1960–1974; H. MAYER, Thomas Mann, Frankfurt am Main 1980; A. MOMMSEN, Mein Vater, Erinnerungen an Theodor Mommsen, München [2]1992; A. MORK, Richard Wagner als politischer Schriftsteller, Weltanschauung und Wirkungsgeschichte, Frankfurt am Main 1990; F. NIETZSCHE, Werke in 3 Bänden, München 1954–1965; NIETZSCHE WERKE, Kritische Gesamtausgabe, hg. von G. COLLI und M. MONTINARI, 8 Abteilungen, Berlin 1967 ff.; F.-P. OPELT, Richard Wagner, Revolutionär oder Staatsmusikant, Frankfurt am Main 1987; W. PREISENDANZ (Hg.), Theodor Fontane, Darmstadt 1973; L. VON RANKE, Über die Epochen der Neueren Geschichte, Aus Werk und Nachlaß, Bd 2, hg. von T. SCHIEDER und H. BERDING, München 1971; P. SPRENGEL, Gerhart Hauptmann, Epoche – Werk – Wirkung, München 1984; H. VON TREITSCHKE, Zehn Jahre deutscher Kämpfe, Schriften zur Tagespolitik, 2 Teile, Berlin [3]1897; DERS., Historische und politische Aufsätze, 4 Bde, Leipzig [2-8]1915–1920; MAX WEBER, Gesammelte Aufsätze zur Religionssoziologie I, Tübingen [9]1988, II, hg. von MARIANNE WEBER, Tübingen [7]1988, III, hg. von MARIANNE WEBER, TÜBINGEN [8]1988; MAX WEBER GESAMTAUSGABE, Abteilung I, Schriften und Reden, Bd 4, Entwicklungstendenzen in der Lage der ostelbischen Landarbeiter, hg. von W. J. MOMMSEN in Zusammenarbeit mit R. ALDENHOFF (im Druck); A. VON WERNER, Erlebnisse und Eindrücke 1870–1890, Berlin 1913; T. WOLFF, Die Wilhelminische Epoche, Fürst Bülow am Fenster und andere Begegnungen, hg. und eingeleitet von B. SÖSEMANN, Frankfurt am Main 1989.

Industrielle und Bankiers

W. BERDROW, Alfred Krupp, 2 Bde, Berlin 1926–1927; W. A. BOELCKE, Krupp und die Hohenzollern in Dokumenten, Krupp-Korrespondenz mit Kaisern, Kabinettschefs und Ministern 1850–1918, Frankfurt am Main 1970; L. CECIL, Albert Ballin, Wirtschaft und Politik im deutschen Kaiserreich, 1885–1918, Hamburg 1969; W. DÄBRITZ, David Hansemann und Adolph von Hansemann, Düsseldorf 1954; H. FÜRSTENBERG (Hg.), Carl Fürstenberg, Die Lebensgeschichte eines deutschen Bankiers 1870–1914, Berlin 1931; H. HELBIG, Führungskräfte der Wirtschaft im 19. Jahrhundert 1790–1914, Teil II, Limburg 1977; F. HELLWIG, Carl Ferdinand Freiherr von Stumm-Halberg, 1836–1901, Heidelberg 1936; H. KAELBLE, Berliner Unternehmer während der frühen Industrialisierung, Herkunft, sozialer Status und politischer Einfluß, Berlin 1972; H. MÜNCH, Adolph von Hansemann, Berlin 1932; J. PAUL, Alfred Krupp und die Arbeiterbewegung, Düsseldorf 1987; W. VON SIEMENS, Lebenserinnerungen, Berlin [14]1942; F. STERN, Gold und Eisen, Bismarck und sein Bankier Bleichröder, Berlin 1978.

Allgemeine Darstellungen der Epoche, Handbücher und Aufsatzsammlungen

Europa

L. GALL, Europa auf dem Weg in die Moderne, 1850–1890 (Oldenbourg Grundriß der Geschichte, Bd 14), München und Wien [2]1989; J. A. S. GRENVILLE, Europe reshaped 1848–1878, New York [2]1980; T. S. HAMEROW, The birth of a new Europe, State and society in the 19th century, Chapel Hill 1983; E. J. HOBSBAWM, Die Blütezeit des Kapitals, Eine Kulturgeschichte der Jahre 1848–1875, München 1977; DERS., Das imperiale Zeitalter, 1875–1914, Frankfurt am Main 1989; J. JOLL, Europe since 1870, An international history, London 1973; A. J. MAYER, The persistence of the old regime, Europe to the great war, London 1981; W. J. MOMMSEN, Das Zeitalter des Imperialismus (Fischer Weltgeschichte, Bd 28), Frankfurt am Main 1969; THE NEW CAMBRIDGE MODERN HISTORY, Bd 11, 1870–1898, Cambridge 1962, Bd 12, 1898–1945, Cambridge [2]1968; G. P. PALMADE, Das bürgerliche Zeitalter (Fischer Weltgeschichte, Bd 27), Frankfurt am Main 1974; J. PUHLE, Politi-

sche Agrarbewegungen in kapitalistischen Industriegesellschaften, Göttingen 1975; J. M. ROBERTS, Europe, 1880–1945, London und New York [2]1989; T. SCHIEDER, Staatensystem als Vormacht der Welt 1848–1918 (Propyläen Geschichte Europas, Bd 5), Frankfurt am Main und Wien [2]1982; DERS., Nationalismus und Nationalstaat, Studien zum nationalen Problem im modernen Europa, hg. von O. DANN und H.-U. WEHLER, Göttingen 1991; DERS. (Hg.), Handbuch der europäischen Geschichte, Bd 5, Europa von der Französischen Revolution zu den nationalstaatlichen Bewegungen des 19. Jahrhunderts, hg. von W. BUSSMANN, Stuttgart 1981, Bd 6, Europa im Zeitalter der Nationalstaaten und der europäischen Weltpolitik bis zum Ersten Weltkrieg, hg. von T. SCHIEDER, Stuttgart 1968; DERS. (Hg.), Staatsgründungen und Nationalitätenprinzip, München und Wien 1974; G. SCHMIDT, Der europäische Imperialismus, München 1985; G. SCHÖLLGEN, Das Zeitalter des Imperialismus (Oldenbourg Grundriß der Geschichte, Bd 15), München 1986; N. STONE, Europe transformed 1878–1919, London 1983.

Deutsches Reich

W. ALFF (Hg.), Deutschlands Sonderung von Europa 1862–1945, Aufsätze, Frankfurt am Main, Bern und New York 1984; D. BLACKBOURN, Populists and patricians, Essays in modern German history, London 1987; DERS. und G. ELEY, The peculiarities of German history, Bourgeois society and politics in 19th century Germany, Oxford 1984, kürzere deutsche Fassung: Mythen deutscher Geschichtsschreibung, Die gescheiterte bürgerliche Revolution von 1848, Frankfurt am Main 1980; H. BOOCKMANN u. a., Mitten in Europa, Deutsche Geschichte, Berlin 1984; K. E. BORN, Von der Reichsgründung bis zum Ersten Weltkrieg (B. GEBHARDT, Handbuch der deutschen Geschichte, hg. von H. GRUNDMANN, Bd 16), München [9]1975; W. CARR, A History of Germany 1815–1990, London [4]1991; G. A. CRAIG, Deutsche Geschichte, 1866–1945, Vom Norddeutschen Bund bis zum Ende des Dritten Reiches, München [3]1982; R. DAHRENDORF, Gesellschaft und Demokratie in Deutschland, München [4]1975; N. ELIAS, Studien über die Deutschen, Machtkämpfe und Habitusentwicklung im 19. und 20. Jahrhundert, hg. von M. SCHRÖTER, Frankfurt am Main 1989; E. ENGELBERG, Deutschland von 1849–1871, Von der Niederlage der bürgerlich-demokratischen Revolution bis zur Reichsgründung, Berlin 1959; E. FEHRENBACH, Wandlungen des deutschen Kaisergedankens, 1871–1918, München und Wien 1969; A. HILLGRUBER, Die gescheiterte Großmacht, Eine Skizze des deutschen Reiches 1871–1945, Düsseldorf 1980; H. HOLBORN, Deutsche Geschichte in der Neuzeit, Bd 2, Reform und Restauration, Liberalismus und Nationalismus (1790–1871), Bd 3, Das Zeitalter des Imperialismus (1871–1945), München und Wien 1970/71; E. R. HUBER, Deutsche Verfassungsgeschichte seit 1789, Bd 3, Bismarck und das Reich, Stuttgart ³1988, Bd 4, Struktur und Krisen des Kaiserreichs, Stuttgart ²1982, Bd 5, Weltkrieg, Revolution und Rechtserneuerung 1914–1919, Stuttgart ²1992; H. JAMES, Deutsche Identität 1770–1990, aus dem Englischen von W. MÜLLER, Frankfurt am Main und New York 1991; M. JOHN, The German Empire, Problems of interpretation, London 1990; L. JUST (Hg.), Handbuch der deutschen Geschichte, Bd 3/2, W. BUSSMANN, Das Zeitalter Bismarcks, Frankfurt am Main ⁴1968; C. GRAF VON KROCKOW, Die Deutschen in ihrem Jahrhundert 1890–1990, Reinbek bei Hamburg 1990; W. J. MOMMSEN, Der autoritäre Nationalstaat, Verfassung, Gesellschaft und Kultur des deutschen Kaiserreichs, Frankfurt am Main 1990; T. NIPPERDEY, Deutsche Geschichte 1800–1866, Bürgerwelt und starker Staat, München ³1985; DERS., Deutsche Geschichte 1866–1918, Bd 1, Arbeitswelt und Bürgergeist, München 1990; DERS., Deutsche Geschichte 1866–1918, Bd 2, Machtstaat vor der Demokratie, München 1992; PLOETZ – Das deutsche Kaiserreich 1867/1871 bis 1918, Bilanz einer Epoche, hg. von D. LANGEWIESCHE, Würzburg 1984; T. SCHIEDER, Vom Deutschen Bund zum Deutschen Reich (B. GEBHARDT, Handbuch der deutschen Geschichte, hg. von H. GRUNDMANN, Bd 15), München ⁹1975; DERS., Das deutsche Reich als Nationalstaat, Göttingen ²1992; J. J. SHEEHAN (Hg.), Imperial Germany, New York 1976; DERS., German History, 1770–1866, Oxford 1989; C. STERN und H. A. WINKLER (Hg.), Wendepunkte deutscher Geschichte 1848–1945, Frankfurt am Main 1979; M. STÜRMER, Das ruhelose Reich, Deutschland 1866–1918 (Die Deutschen und ihre Nation, Bd 3), Berlin 1983; A. WAHL, Deutsche Geschichte, Von der Reichsgründung bis zum Ausbruch des Weltkrieges 1871–1914, 4 Bde, Stuttgart 1926–1936; H.-U. WEHLER, Das deutsche Kaiserreich 1871 bis 1918, Göttingen ⁶1988; J. ZIEKURSCH, Politische Geschichte des neuen deutschen Kaiserreichs, 3 Bde, Frankfurt am Main 1925–1930.

Wirtschaft und Gesellschaft

Übergreifende Darstellungen zur Wirtschafts- und Sozialgeschichte

W. ABEL, Agrarkrisen und Agrarkonjunktur, Eine Geschichte der Land- und Ernährungswirtschaft Mitteleuropas seit dem hohen Mittelalter, Hamburg ²1966; DERS., Geschichte der deutschen Landwirtschaft vom frühen Mittelalter bis zum 19. Jahrhundert, Stuttgart 1978; W. ABELSHAUSER (Hg.), Deutsche Wirtschaftsgeschichte im Industriezeitalter, Konjunktur, Krise, Wachstum, Königstein 1981; H. AUBIN und W. ZORN (Hg.), Handbuch der deutschen Wirtschafts- und Sozialgeschichte, Bd 2, Das 19. und 20. Jahrhundert, Stuttgart 1976; H. BECHTEL, Wirtschaftsgeschichte Deutschlands, Bd 3, München 1956; K. BORCHARDT, Die industrielle Revolution in Deutschland, München 1972; DERS., Grundriß der deutschen Wirtschaftsgeschichte, Göttingen ²1985; K. E. BORN, Wirtschafts- und Sozialgeschichte des Deutschen Kaiserreichs (1867/1871–1914), Stuttgart 1985; DERS. (Hg.), Moderne deutsche Wirtschaftsgeschichte, Köln 1966; R. BRAUN, W. FISCHER, H. GROSSKREUTZ und H. VOLKMANN (Hg.), Gesellschaft in der industriellen Revolution, Köln 1973; THE CAMBRIDGE ECONOMIC HISTORY OF EUROPE, Bd 6, hg. von H. J. HABAKKUK und M. POSTAN, Cambridge 1966, Bd 7/1, hg. von P. MATHIAS und M. POSTAN, Cambridge 1978; C. M. CIPOLLA und K. BORCHARDT (Hg.), Europäische Wirtschaftsgeschichte, Bd 3, Die industrielle Revolution, Bd 4, Die Entwicklung der industriellen Gesellschaften, Bd 5, Die europäischen Volkswirtschaften im zwanzigsten Jahrhundert, Stuttgart ²1985/86; W. FISCHER, Wirtschaft und Gesellschaft im Zeitalter der Industrialisierung, Göttingen 1972; DERS. (Hg.), Europäische Wirtschafts- und Sozialgeschichte von der Mitte des 19. Jahrhunderts bis zum ersten Weltkrieg (Handbuch der Europäischen Wirtschafts- und Sozialgeschichte, 5), Stuttgart 1985; E. FRANTZ, Der Entscheidungskampf um die wirtschaftspolitische Führung in Deutschland 1856–1867, München 1933; A. GERSCHENKRON, Economic backwardness in historical perspective, New York ²1965; M. GUGEL, Industrieller Aufstieg und bürgerliche Herrschaft, Köln 1975; K. W. HARDACH, Die Bedeutung wirtschaftlicher Faktoren bei der Wiederherstellung der Eisen- und Getreidezölle in Deutschland 1879, Berlin 1967; DERS., Wirtschaftsgeschichte Deutschlands im 20. Jahrhundert, Göttingen 1976; W. O. HENDERSON,

The industrial revolution on the continent, 1800–1914, London [2]1967; DERS., The Zollverein, Cambridge 1939; F.-W. HENNING, Die Industrialisierung Deutschlands 1800–1914, Paderborn [6]1984; V. HENTSCHEL, Die deutschen Freihändler und der volkswirtschaftliche Kongreß 1858–1885, Stuttgart 1975; W. G. HOFFMANN, Das Wachstum der deutschen Wirtschaft seit der Mitte des 19. Jahrhunderts, Berlin 1965; DERS. (Hg.), Untersuchungen zum Wachstum der deutschen Wirtschaft, Tübingen 1971; DERS. und J. H. MÜLLER, Das deutsche Volkseinkommen 1851–1957, Tübingen 1959; H. KAELBLE, Industrielle Interessenpolitik in der industriellen Gesellschaft, Berlin 1974; DERS., Der Mythos von der rapiden Industrialisierung in Deutschland, in: GuG 9, 1983, S. 106–118; DERS., Auf dem Weg zu einer europäischen Gesellschaft, Eine Sozialgeschichte Westeuropas 1880–1980, München 1987; H. KIESEWETTER, Industrielle Revolution in Deutschland 1815–1914, Frankfurt am Main 1989; J. KOCKA, Unternehmer in der deutschen Industrialisierung, Göttingen 1975; DERS., Lohnarbeit und Klassenbildung, Arbeiter und Arbeiterbewegung in Deutschland, 1800–1875, Bonn 1983; DERS., Arbeitsverhältnisse und Arbeiterexistenzen, Grundlagen der Klassenbildung im 19. Jahrhundert, Bonn 1990; DERS. (Hg.), Arbeiter und Bürger im 19. Jahrhundert, Varianten ihres Verhältnisses im europäischen Vergleich, München 1986; J. KUCZYNSKI, Geschichte des Alltags des deutschen Volkes, Bd 3, 1810–1870, Köln 1981, Bd 4, 1871–1918, Köln 1982; I. N. LAMBI, Free trade and protection in Germany 1869–1879, Wiesbaden 1963; D. S. LANDES, Der entfesselte Prometheus, Technologischer Wandel und industrielle Entwicklung in Westeuropa von 1750 bis zur Gegenwart, Köln 1973; A. S. MILWARD und S. B. SAUL, The development of the economies of continental Europe 1850–1914, London 1977; H. MOTTEK, Wirtschaftsgeschichte Deutschlands, Ein Grundriß, Bd 2, Von der Zeit der Französischen Revolution bis zur Zeit der Bismarckschen Reichsgründung, Berlin (O) [2]1974, Bd 3, Von der Zeit der Bismarckschen Reichsgründung 1871 bis zur Niederlage des faschistischen deutschen Imperialismus 1945, Berlin (O) [2]1975; D. PETZINA (Hg.), Konjunktur, Krise, Gesellschaft, Wirtschaftliche Wechsellagen und soziale Entwicklung im 19. und 20. Jahrhundert, Stuttgart 1981; S. POLLARD, Peaceful conquest, The industrialization of Europe 1760–1970, Oxford 1981; W. H. RIEHL, Die Naturgeschichte des deutschen Volkes, hg. von G. IPSEN, Leipzig 1935; H. ROSENBERG, Die Weltwirtschaftskrise 1857–1859, Göttingen [2]1974; W. W. ROSTOW, Stadien wirtschaftlichen Wachstums, Eine Alternative zur marxistischen Entwicklungstheorie, Göttingen [2]1967; S. B. SAUL, The myth of the great depression, 1873–1896, London 1969; A. SPIETHOFF, Die wirtschaftlichen Wechsellagen, Aufschwung, Krise, Stockung, 2 Bde, Tübingen und Zürich 1955; R. SPREE, Die Wachstumszyklen der deutschen Wirtschaft von 1840 bis 1880, mit einem konjunkturstatistischen Anhang, Berlin 1977; G. STOLPER, K. HÄUSER und K. BORCHARDT, Deutsche Wirtschaft seit 1870, Tübingen [2]1966; R. H. TILLY, Vom Zollverein zum Industriestaat, Die wirtschaftlich-soziale Entwicklung Deutschlands 1834–1914, München 1990; DERS. (Hg.), Beiträge zur vergleichenden quantitativen Unternehmensgeschichte, Stuttgart 1985; H.-P. ULLMANN, Staatliche Exportförderung und private Exportinitiative, Probleme des Staatsinterventionismus im Deutschen Kaiserreich am Beispiel der staatlichen Außenhandelsförderung (1880–1919), in: VSWG 65, 1978, S. 157–216; F. ZUNKEL, Der rheinisch-westfälische Unternehmer 1834–1879, Ein Beitrag zur Geschichte des deutschen Bürgertums im 19. Jahrhundert, Köln 1962.

Bevölkerungsbewegung

W. KÖLLMANN, Bevölkerung und Raum in Neuerer und Neuester Zeit (Bevölkerungs-Ploetz, Bd 4), Würzburg [3]1965; DERS., Bevölkerung in der industriellen Revolution, Studien zur Bevölkerungsgeschichte Deutschlands, Göttingen 1974; DERS. (Hg.), Quellen zur Bevölkerungs-, Sozial- und Wirtschaftsstatistik Deutschlands, 1815–1875, Bd 1, Quellen zur Bevölkerungsstatistik Deutschlands, 1815–1875, bearbeitet von A. KRAUS, Boppard am Rhein 1980; P. MARSCHALCK, Bevölkerungsgeschichte Deutschlands im 19. und 20. Jahrhundert, Frankfurt am Main 1984.

Industrie, Bergbau, Handel und Gewerbe

P. BORSCHEID, Textilarbeiterschaft in der Industrialisierung, Soziale Lage und Mobilität in Württemberg (19. Jahrhundert), Stuttgart 1978; G. EIBERT, Unternehmenspolitik Nürnberger Maschinenbauer, 1835–1914, Stuttgart 1979; W. FELDENKIRCHEN, Die Eisen- und Stahlindustrie des Ruhrgebiets, 1879–1914, Wiesbaden 1982; R.

FREMDLING, Eisenbahnen und deutsches Wirtschaftswachstum 1840–1879, Ein Beitrag zur Entwicklungstheorie und zur Theorie der Infrastruktur, Dortmund ²1985; V. HENTSCHEL, Wirtschaftsgeschichte der Maschinenfabrik-Esslingen AG, 1848–1918, Eine historisch-betriebswirtschaftliche Analyse, Stuttgart 1977; C.-L. HOLTFRERICH, Quantitative Wirtschaftsgeschichte des Ruhrkohlenbergbaus im 19. Jahrhundert, Eine Führungssektoranalyse, Dortmund 1973; G. JACOB-WENDLER, Deutsche Elektroindustrie in Lateinamerika, Siemens und AEG (1890–1914), Stuttgart 1982; W. KÖLLMANN, K. KORTE, D. PETZINA u. a. (Hg.), Das Ruhrgebiet im Industriezeitalter, Bde 1 und 2, Geschichte und Entwicklung, unter Mitarbeit von W. ABELSHAUSER, H. BRONY, F.-J. BRÜGGEMEIER u. a., Düsseldorf 1990; T. PIERENKEMPER, Die westfälischen Schwerindustriellen, 1851–1913, Göttingen 1979; J. PLUMB, Iron and Steel, Brighton 1984; G. PLUMPE, Die württembergische Eisenindustrie im 19. Jahrhundert, Wiesbaden 1982; H. VOGT, Die Überseebeziehungen von Felten & Guillaume (1874–1914), Stuttgart 1979; U. WENGENROTH, Unternehmensstrategien und technischer Fortschritt, Die deutsche und britische Stahlindustrie 1865–1895, Göttingen 1986.

Banken und Kapital

E. EISTERT, Die Beeinflussung des Wirtschaftswachstums in Deutschland von 1883 bis 1913 durch das Bankensystem, Berlin 1970; H. FEIS, Europe, The world's banker 1870–1914, An account of European foreign investment and the connection of world finance with diplomacy before the war, New York 1964; H. POHL und M. POHL, Deutsche Bankengeschichte, 2 Bde, Frankfurt am Main 1982; J. RIESSER, Die deutschen Großbanken und ihre Konzentration im Zusammenhang mit der Entwicklung der Gesamtwirtschaft in Deutschland, Jena ⁴1912; F. SEIDENZAHL, Hundert Jahre Deutsche Bank 1870–1970, Frankfurt am Main 1970; R. H. TILLY, Kapital, Staat und sozialer Protest in der deutschen Industrialisierung, Gesammelte Aufsätze, Göttingen 1980; V. WELLHÖNER, Großbanken und Großindustrie im Kaiserreich, Göttingen 1989.

Landwirtschaft, Forsten und Fischerei

E. GERHARDT und P. KUHLMANN (Hg.), Agrarwirtschaft und Agrarpolitik, Köln 1969; F.-W. HENNING, Landwirtschaft und ländliche Gesellschaft in Deutschland, Bd 2, 1750–1976, Paderborn 1978; W. JACOBEIT, J. MOOSER und B. STRÄTH (Hg.), Idylle oder Aufbruch? Das Dorf im bürgerlichen 19. Jahrhundert, Ein europäischer Vergleich, Berlin 1990; E. KLEIN, Geschichte der deutschen Landwirtschaft im Industriezeitalter, Wiesbaden 1973; A. MEITZEN u. a., Der Boden und die landwirtschaftlichen Verhältnisse des Preußischen Staates nach dem Gebietsumfange vor 1866, 8 Bde, Berlin 1868–1908; T. PIERENKEMPER, Landwirtschaft in der industriellen Entwicklung, Zur ökonomischen Bedeutung von Bauernbefreiung, Agrarreform und Agrarrevolution, Stuttgart 1989; U. TEICHMANN, Die Politik der Agrarpreisunterstützung, Marktbeeinflussung als Teil des Agrarinterventionismus in Deutschland, Köln 1955.

Arbeitsmarkt, Wanderungsbewegungen und soziale Schichtung

K. J. BADE, Vom Auswanderungsland zum Einwanderungsland? Deutschland 1880–1980, Berlin 1983; DERS. (Hg.), Auswanderer – Wanderarbeiter – Gastarbeiter, Bevölkerung, Arbeitsmarkt und Wanderung in Deutschland seit der Mitte des 19. Jahrhunderts, 2 Bde, Ostfildern 1984; DERS. (Hg.), Population, labour and migration in 19th and 20th century Germany, Leamington Spa 1987; J. BERGMANN (Mitarb.), Arbeit, Mobilität, Partizipation, Protest, Gesellschaftlicher Wandel in Deutschland im 19. und 20. Jahrhundert, Opladen 1986; G. BRY, Wages in Germany 1871–1945, Princeton 1960; D. F. CREW, Bochum, Sozialgeschichte einer Industriestadt, 1860–1914, Frankfurt am Main und Wien 1980; A. JECK, Wachstum und Verteilung des Volkseinkommens, Untersuchungen und Materialien zur Entwicklung der Einkommensverteilung in Deutschland 1870–1913, Tübingen 1970; H. KAELBLE, Historische Mobilitätsforschung, Darmstadt 1978; DERS., Soziale Mobilität und Chancengleichheit im 19. und 20. Jahrhundert, Deutschland im internationalen Vergleich, Göttingen 1983; DERS., Industrialisierung und soziale Ungleichheit, Göttingen 1983; C. KLESSMANN, Polnische Bergarbeiter im Ruhrgebiet 1870–1945, Göttingen 1976; J. KOCKA (Hg.), Soziale Schichtung und Mobilität in Deutschland im 19. und 20. Jahrhundert, Göttingen 1975; W. R. KRABBE, Die deutsche Stadt im 19. und 20. Jahrhundert, Eine Einführung, Göttingen 1989; P. MARSCHALCK, Deutsche Überseewanderung im 19. Jahrhundert, Ein Beitrag zur soziologischen Theorie der Bevölkerung, Stuttgart 1973; T. PIERENKEMPER, Arbeitsmarkt und Angestellte im Deutschen Kaiserreich 1880–1913, Interessen und Strategien als Elemente der Integration eines segmentierten Arbeitsmarktes, Stuttgart 1987; H. POHL (Hg.), Forschungen zur Lage der Arbeiter im Industrialisierungsprozeß, Stuttgart 1978; DERS. (Hg.), Sozialgeschichtliche Probleme in der Zeit der Hochindustrialisierung (1870 bis 1914), Paderborn 1979; J. REULECKE, Geschichte der Urbanisierung in Deutschland 1850–1980, Frankfurt am Main 1985.

Aristokratie

K. HESS, Junker und bürgerliche Großgrundbesitzer im Kaiserreich, Landwirtschaftlicher Großbetrieb, Großgrundbesitz und Familienfideikommiß in Preußen (1867/1871–1914), Stuttgart 1990; D. LIEVEN, The aristocracy in Europe, 1815–1914, London 1992; A. VON REDEN-DOHNA und R. MELVILLE (Hg.), Der Adel an der Schwelle des bürgerlichen Zeitalters, 1780–1860, Stuttgart 1988; H.-U. WEHLER (Hg.), Europäischer Adel 1750–1950, Göttingen 1990.

Bürgertum, alter und neuer Mittelstand

F. J. BAUER, Bürgerwege und Bürgerwelten, Familienbiographische Untersuchungen zum deutschen Bürgertum im 19. Jahrhundert, Göttingen 1991; BILDUNGSBÜRGERTUM IM 19. JAHRHUNDERT, Teil I, Bildungssystem und Professionalisierung in internationalen Vergleichen, hg. von W. CONZE und J. KOCKA, Stuttgart 1985, Teil II, Bildungsgüter und Bildungswissen, hg. von R. KOSELLECK, Stuttgart 1990, Teil III, Lebensführung und ständische Vergesellschaftung, hg. von M. R. LEPSIUS, Stuttgart 1990, Teil IV, Politischer Einfluß und gesellschaftliche Formation, hg. von J. KOCKA, Stuttgart 1989; BÜRGERTUM IM 19. JAHRHUNDERT, Deutschland im europäischen Vergleich, 3 Bde, hg. von J. KOCKA unter Mitarbeit von U. FREVERT, München 1988; U. ENGELHARDT, »Bildungsbürgertum«, Begriffs- und Dogmengeschichte eines Etiketts, Stuttgart 1986; U. FREVERT, Ehrenmänner, Das Duell in der bürgerlichen Gesellschaft, München 1991; L.

GALL, Bürgertum in Deutschland, Berlin 1989; DERS. (Hg.), Stadt und Bürgertum im 19. Jahrhundert, München 1990; J. KOCKA, Unternehmensverwaltung und Angestelltenschaft am Beispiel Siemens 1847–1914, Zum Verhältnis von Kapitalismus und Bürokratie in der deutschen Industrialisierung, Stuttgart 1969; DERS., Die Angestellten in der deutschen Geschichte, 1850–1980, Vom Privatbeamten zum angestellten Arbeitnehmer, Göttingen 1981; DERS., Angestellte im europäischen Vergleich, Göttingen 1981; DERS. (Hg.), Bürger und Bürgerlichkeit im 19. Jahrhundert, Göttingen 1987; P. LUNDGREEN, Techniker in Preußen während der frühen Industrialisierung, Ausbildung und Berufsfeld einer entstehenden sozialen Gruppe, Berlin 1975; DERS., M. KRAUL und K. DITT, Bildungschancen und soziale Mobilität in der städtischen Gesellschaft des 19. Jahrhunderts, Göttingen 1988; C. E. MCCLELLAND, The German experience of professionalization, Modern learned professions and their organizations from the early nineteenth century to the Hitler era, Cambridge 1991; H. SIEGRIST (Hg.), Bürgerliche Berufe, Zur Sozialgeschichte der freien und akademischen Berufe im internationalen Vergleich, Göttingen 1988.

Handwerkerschaft

F. LENGER, Zwischen Kleinbürgertum und Proletariat, Studien zur Sozialgeschichte der Düsseldorfer Handwerker 1816–1878, Göttingen 1986; D. LIEVEN, Sozialgeschichte der deutschen Handwerker seit 1800, Frankfurt am Main 1988; A. NOLL, Sozio-ökonomischer Strukturwandel des Handwerks in der zweiten Phase der Industrialisierung, unter besonderer Berücksichtigung der Regierungsbezirke Arnsberg und Münster, Göttingen 1975; W. RENZSCH, Handwerker und Lohnarbeiter in der frühen Arbeiterbewegung, Zur sozialen Basis von Gewerkschaften und Sozialdemokratie im Reichsgründungsjahrzehnt, Göttingen 1980; G. VON SCHMOLLER, Zur Geschichte der deutschen Kleingewerbe im 19. Jahrhundert, ND Hildesheim und New York 1975; S. VOLKOV, The rise of popular antimodernism in Germany, The urban master artisans, Princeton 1978.

Industrielle und gewerbliche Arbeiterschaft

W. CONZE und U. ENGELHARDT (Hg.), Arbeiter im Industrialisierungsprozeß, Herkunft, Lage, Verhalten, Stuttgart 1979; DIES. (Hg.), Arbeiterexistenz im 19. Jahrhundert, Lebensstandard und Lebensgestaltung deutscher Arbeiter und Handwerker, Stuttgart 1981; D. FRICKE, Handbuch zur Geschichte der deutschen Arbeiterbewegung 1869–1917, 2 Bde, Berlin (O) 1987; D. LANGEWIESCHE und K. SCHÖNHOVEN, Arbeiter in Deutschland, Studien zur Lebensweise der Arbeiterschaft im Zeitalter der Industrialisierung, Paderborn 1981; W. RUPPERT (Hg.), Die Arbeiter, Lebensformen, Alltag und Kultur von der Frühindustrialisierung bis zum »Wirtschaftswunder«, München 1986; K. SAUL, J. FLEMMING u. a. (Hg.), Arbeiterfamilien im Kaiserreich, Materialien zur Sozialgeschichte in Deutschland 1871–1914, Königstein und Düsseldorf 1982; H. SCHOMERUS, Die Arbeiter in der Maschinenfabrik Esslingen, Forschungen zur Lage der Arbeiterschaft im 19. Jahrhundert, Stuttgart 1977; J. THOMASSEN, Weder Samt noch Seide, Aspekte des Arbeiterlebens in Uerdingen 1890–1929, Krefeld 1992.

Unterbürgerliche Schichten

W. KASCHUBA, Lebenswelt und Kultur der unterbürgerlichen Schichten im 19. und 20. Jahrhundert, München 1990; T. VORMBAUM, Politik und Gesinderecht im 19. Jahrhundert, Berlin 1980.

Frauen in einer Männergesellschaft

G. BÄUMER, Geschichte und Stand der Frauenbildung in Deutschland, in: Handbuch der Frauenbewegung 3, hg. von H. LANGE und G. BÄUMER, Berlin 1902, S. 1–128; R. BEIER, Frauenarbeit und Frauenalltag im Deutschen Kaiserreich, Heimarbeiterinnen in der Berliner Bekleidungsindustrie 1880–1914, Frankfurt am Main 1983; B. FRANZOI, At the very least she paid the rent, Women and German industrialization, 1871–1914, Westport 1985; U. FREVERT, Frauen-Geschichte zwischen bürgerlicher Verbesserung und neuer Weiblichkeit, Frankfurt 1986; DIES. (Hg.), Bürgerinnen und Bürger, Geschlechterverhältnisse im 19. Jahrhundert, Zwölf Beiträge, mit einem Vorwort von J. KOCKA, Göttingen 1988; U. GERHARD, Verhältnisse und Verhinderungen, Frauenarbeit, Familie und Rechte der Frauen im 19. Jahrhundert, Frankfurt am Main 1978; K. HAUSEN (Hg.), Frauen suchen ihre Geschichte, Historische Studien zum 19. und 20. Jahrhundert, München 1983; E. MEYER-RENSCHHAU-

SEN, Weibliche Kultur und Sozialarbeit, Eine Geschichte der Frauenbewegung 1810–1927, am Beispiel Bremens, Wien 1989; W. MÜLLER u. a., Strukturwandel der Frauenarbeit 1880–1980, Frankfurt am Main 1983; H. ROSENBAUM, Formen der Familie, Untersuchungen zum Zusammenhang von Familienverhältnissen, Sozialstruktur und sozialem Wandel in der deutschen Gesellschaft des 19. Jahrhunderts, Frankfurt am Main 1982; C. SACHSSE, Mütterlichkeit als Beruf, Sozialarbeit, Sozialreform und Frauenbewegung, 1871–1929, Frankfurt am Main 1986; R. SCHULTE, Sperrbezirke: Tugendhaftigkeit und Prostitution in der bürgerlichen Welt, Frankfurt am Main 1979; J. ZINNECKER, Sozialgeschichte der Mädchenbildung, Weinheim 1973.

Juden und Antisemitismus

A. BARKAI, Jüdische Minderheit und Industrialisierung, Demographie, Berufe und Einkommen der Juden in Westdeutschland 1850–1914, unter Mitarbeit von S. BARKAI-LASKER, Tübingen 1988; W. BOEHLICH, Der Berliner Antisemitismusstreit, Frankfurt am Main 1965; N. KAMPE, Studenten und »Judenfrage« im Deutschen Kaiserreich, Göttingen 1987; M. A. KAPLAN, The making of the Jewish middle class, Women, family, and identity in Imperial Germany, New York 1991; W. E. MOSSE, Jews in the German economy, The German-Jewish economic elite 1820–1935, Oxford 1987; DERS., The German-Jewish economic elite 1820–1935, A socio-cultural profile, Oxford 1989; P. PULZER, The rise of political antisemitism in Germany and Austria, Oxford ²1988 (dt.: Die Entstehung des politischen Antisemitismus in Deutschland und Österreich 1867–1914, Gütersloh 1966); R. RÜRUP, Emanzipation und Antisemitismus, Studien zur »Judenfrage« der bürgerlichen Gesellschaft, Göttingen 1975; S. VOLKOV, Jüdisches Leben und Antisemitismus im 19. und 20. Jahrhundert, München 1990.

Die Strukturen und Akteure der inneren Politik

Übergreifende Darstellungen

K. H. JARAUSCH (Hg.), In search of a liberal Germany, Studies in the history of German liberalism from 1789 to the present, Oxford 1990; L. KRIEGER, The German idea of freedom, History of a political tradition, Boston 1957; W. J. Mommsen, Das deutsche Kaiserreich als System umgangener Entscheidungen, in: Vom Staat des Ancien Régime zum modernen Parteienstaat, Festschrift für T. Schieder, hg. von H. Berding u. a., München 1978, S. 239–266; J. J. Sheehan, Der deutsche Liberalismus, Von den Anfängen im 18. Jahrhundert bis zum Ersten Weltkrieg, 1770–1914, München 1983; J. L. Snell, The democratic movement in Germany, 1789 to 1914, Chapel Hill 1976; M. Stürmer (Hg.), Das kaiserliche Deutschland, Politik und Gesellschaft 1870–1918, Düsseldorf 1970; H. A. Winkler, Liberalismus und Antiliberalismus, Göttingen 1979.

Verfassung, Verwaltung und Rechtsordnung

R. Augst, Bismarcks Stellung zum parlamentarischen Wahlrecht, Leipzig 1917; H.-O. Binder, Reich und Einzelstaaten während der Kanzlerschaft Bismarcks 1871–1890, Tübingen 1971; D. Blasius, Geschichte der politischen Kriminalität in Deutschland (1800–1980), Eine Studie zur Justiz und Staatsverbrechern, Frankfurt am Main 1983; E.-W. Böckenförde (Hg.), Probleme des Konstitutionalismus im 19. Jahrhundert, Berlin 1975; Ders. (Hg.), Moderne deutsche Verfassungsgeschichte 1815–1918, Meisenheim ²1981; H. Boldt, Deutsche Verfassungsgeschichte, Politische Strukturen und ihr Wandel, Bd 2, Von 1806 bis zur Gegenwart, München 1990; O. Büsch u. a. (Hg.), Wählerbewegung in der deutschen Geschichte, Analysen und Berichte zu den Reichstagswahlen 1871–1933, Berlin 1978; H. Croon, Die gesellschaftlichen Auswirkungen des Gemeindewahlrechts in den Gemeinden und Kreisen des Rheinlandes und Westfalens im 19. Jahrhundert, Köln o. J.; D. Grimm, Deutsche Verfassungsgeschichte, 1776–1866, Vom Beginn des modernen Verfassungsstaats bis zur Auflösung des Deutschen Bundes, Frankfurt am Main 1988; H. Heffter, Die deutsche Selbstverwaltung im 19. Jahrhundert, Geschichte der Ideen und Institutionen, Stuttgart 1950; K. G. A. Jeserich, H. Pohl und G.-C. von Unruh (Hg.), Das deutsche Reich bis zum Ende der Monarchie (Deutsche Verwaltungsgeschichte, Bd 3), Stuttgart 1984; H. Croon, W. Hofmann und G.-C. von Unruh (Hg.), Kommunale Selbstverwaltung im Zeitalter der Industrialisierung, Stuttgart 1971; R. Morsey, Die oberste Reichsverwaltung unter Bismarck 1867 bis 1890, Münster 1957; E. Naujoks, Die parlamentarische Entste-

hung des Reichspressegesetzes in der Bismarckzeit (1848–1874), Düsseldorf 1975; H. Naunin (Hg.), Städteordnungen des 19. Jahrhunderts, Köln 1984; H. Preuss, Die Entwicklung des deutschen Städtewesens, Bd 1, Leipzig 1906; M. Rehm, Reichsland Elsaß-Lothringen, Regierung und Verwaltung 1871–1918, Bad Neustadt an der Saale 1991; G. A. Ritter (Hg.), Gesellschaft, Parlament und Regierung im 19. und 20. Jahrhundert, Zur Geschichte des Parlamentarismus in Deutschland, Düsseldorf 1974; T. Süle, Preußische Bürokratietradition, Zur Entwicklung von Verwaltung und Beamtenschaft in Deutschland 1871–1918, Göttingen 1988; G.-C. von Unruh, Der Kreis, Ursprung und Ordnung einer kommunalen Körperschaft, Köln 1964; B. Vogel, D. Schulze und R.-O. Schultze, Wahlen in Deutschland, Theorie – Geschichte – Dokumente 1848–1970, Berlin 1971.

Militär, Flotte und Heerwesen

E. Busch, Der Oberbefehl, Seine rechtliche Struktur in Preußen und Deutschland seit 1848, Boppard am Rhein 1967; S. E. Clements, For King and Kaiser! The making of the Prussian army officer, 1860–1914 (im Druck); K. Demeter, Das deutsche Offizierskorps, 1650–1945, Frankfurt am Main ⁴1965; J. Dülffer (Hg.), Parlamentarische und öffentliche Kontrolle von Rüstung in Deutschland 1700–1970, Beiträge zur historischen Friedensforschung, Düsseldorf 1992; M. Kitchen, The German officer corps, Oxford 1968; I. N. Lambi, The navy and German power politics, 1862–1914, Boston 1984; M. Messerschmidt, Militär und Politik in der Bismarckzeit und im Wilhelminischen Deutschland, Darmstadt 1975; H. Ostertag, Bildung, Ausbildung und Erziehung des Offizierkorps im deutschen Kaiserreich, Eliteideal, Anspruch und Wirklichkeit, Freiburg im Breisgau 1989; G. Ritter, Staatskunst und Kriegshandwerk, Das Problem des »Militarismus« in Deutschland, 4 Bde: Bd 1, München ⁴1970, Bd 2, München ²1965, Bd 3, München 1964, Bd 4, München 1968; T. Rohkrämer, Der Militarismus der »kleinen Leute«, Die Kriegervereine im Deutschen Kaiserreich, 1871 bis 1914, München 1990; B. F. Schulte, Europäische Krise und Erster Weltkrieg, Beiträge zur Militärpolitik des Kaiserreichs, 1871–1914, Frankfurt am Main 1983.

Parteien und Verbände

K. BACHEM, Vorgeschichte, Geschichte und Politik der deutschen Zentrumspartei 1814–1914, 8 Bde, Köln 1927–1932, ND Aalen 1965; W. BECKER (Hg.), Die Minderheit als Mitte, Die deutsche Zentrumspartei in der Innenpolitik des Reiches, 1871–1933, Paderborn 1986; L. BERGSTRÄSSER, Geschichte der politischen Parteien in Deutschland, München [11]1965; H. BLOCK, Die parlamentarische Krisis der Nationalliberalen Partei 1879–1880, Münster 1930; H. BOOMS, Die Deutschkonservative Partei, Preußischer Charakter, Reichsauffassung, Nationalbegriff, Düsseldorf 1954; K. BRANDIS, Die deutsche Sozialdemokratie bis zum Fall des Sozialistengesetzes, Leipzig 1931; H. A. BUECK, Der Centralverband Deutscher Industrieller 1876–1901, 3 Bde, Berlin 1902–1905; C. F. DAHLMANN, Die Politik auf den Grund und das Maß der gegebenen Zustände zurückgeführt, Berlin 1924; A. DORPALEN, Emperor Frederick III and the German liberal movement, in: AHR 54, 1948, S. 1–31; G. EISFELD, Die Entstehung der liberalen Parteien in Deutschland 1858–1870, Studie zu den Organisationen und Programmen der Liberalen und Demokraten, Hannover 1969; E. ENGELBERG, Revolutionäre Politik und Rote Feldpost, 1878–1890, Berlin 1959; A. L. EVANS, The German Center Party 1870–1933, A study in political catholicism, Edwardsville 1981; D. FRICKE (Hg.), Lexikon zur Parteiengeschichte, Die bürgerlichen und kleinbürgerlichen Parteien und Verbände in Deutschland, 1789–1945, 4 Bde, Köln 1983–1986; L. GALL (Hg.), Liberalismus, Königstein im Taunus [3]1985; I. GILCHER-HOLTEY, Das Mandat des Intellektuellen, Karl Kautsky und die Sozialdemokratie, Berlin 1986; W. GROHS, Die Liberale Reichspartei, 1871–1874, Liberale Katholiken und föderalistische Protestanten im ersten deutschen Reichstag, Frankfurt am Main 1990; W. GUTTSMAN, The German Social Democratic Party, 1875–1933, London 1981; K.-A. HELLFAIER, Die deutsche Sozialdemokratie während des Sozialistengesetzes 1878–1890, Ein Beitrag zur Geschichte ihrer illegalen Organisations- und Agitationsformen, Berlin 1958; K. HOLL, G. TRAUTMANN und H. VORLÄNDER (Hg.), Sozialer Liberalismus, Göttingen 1986; L. E. JONES (Hg.), Between reform, reaction and resistance, Studies in the history of German conservatism from 1789 to 1945, New York 1992; D. LANGEWIESCHE, Liberalismus in Deutschland, Frankfurt am Main 1988; D. LEHNERT, Sozialdemokratie zwischen Protestbewegung und Regierungspartei 1848 bis 1983, Frankfurt am Main 1983; R. LEUSCHEN-SEPPEL, Sozialdemokratie und Antisemitismus 1871–1914, Bonn 1978; V. L. LIDTKE, The outlawed party, Social Democracy in Germany 1878–1890, Princeton 1966; W. LOTH, Katholiken im Kaiserreich, Der politische Katholizismus in der Krise des Wilhelminischen Deutschlands, Düsseldorf 1984; H.-E. MATTHES, Die Spaltung der Nationalliberalen und die Entwicklung des Linksliberalismus bis zur Auflösung der Deutsch-Freisinnigen Partei, 1878–1893, Dissertation, Kiel 1953; S. MILLER, Das Problem der Freiheit im Sozialismus, Freiheit, Staat und Revolution in der Programmatik der Sozialdemokratie von Lassalle bis zum Revisionismusstreit, Frankfurt am Main 1964; W. J. MOMMSEN (Hg.), Liberalismus im aufsteigenden Industriestaat (GuG 4, 1978, H. 1), Göttingen 1978; T. NIPPERDEY, Die Organisation der deutschen Parteien vor 1918, Düsseldorf 1961; H.-J. PUHLE, Von der Agrarkrise zum Präfaschismus, Thesen zum Stellenwert der agrarischen Interessenverbände in der deutschen Politik am Ende des 19. Jahrhunderts, Wiesbaden 1972; C. RIEBER, Das Sozialistengesetz und die Sozialdemokratie in Württemberg 1878–1890, 2 Bde, Stuttgart 1984; G. RITTER, Die preußischen Konservativen und Bismarcks deutsche Politik, Heidelberg 1913; G. A. RITTER, Die deutschen Parteien 1830–1914, Parteien und Gesellschaft im konstitutionellen Regierungssystem, Göttingen 1985; DERS. (Hg.), Deutsche Parteien vor 1918, Köln 1973; K. ROHE, Wahlen und Wählertraditionen in Deutschland, Kulturelle Grundlagen deutscher Parteien und Parteiensysteme im 19. und 20. Jahrhundert, Frankfurt am Main 1990; W. SAERBECK, Die Presse der deutschen Sozialdemokratie unter dem Sozialistengesetz, Pfaffenweiler 1986; J. SCHAUFF, Das Wahlverhalten der deutschen Katholiken im Kaiserreich und in der Weimarer Republik 1871–1928, Mainz [2]1975; G. SEEBER, Zwischen Bebel und Bismarck, Zur Geschichte des Linksliberalismus in Deutschland 1871–1893, Berlin (O) 1965; W. TORMIN, Geschichte der deutschen Parteien seit 1848, Stuttgart [3]1970; H.-P. ULLMANN, Interessenverbände in Deutschland, Frankfurt am Main 1988; H. J. VAREIN (Hg.), Interessenverbände in Deutschland, Köln 1973; H.-U. WEHLER, Sozialdemokratie und Nationalstaat, Nationalitätenfragen in Deutschland 1840–1914, Göttingen [2]1971; D. S. WHITE, The splintered party, National liberalism in Hessen and the Reich, 1867–1918, Cambridge/Mass. 1976; H. A. WINKLER, Preußischer Liberalismus und deutscher Nationalstaat, Studien zur Geschichte der Deutschen Fortschrittspartei, 1861 bis 1866, Tübingen 1964; DERS., Pluralismus oder Protektionismus? Verfassungspolitische Probleme des Verbandswesens im deutschen Kaiserreich, Wiesbaden 1972.

Arbeiterbewegung und Gewerkschaften

K. BIRKER, Die deutschen Arbeiter-Bildungsvereine 1840–1870, Berlin 1973; W. CONZE und D. GROH, Die Arbeiterbewegung in der nationalen Bewegung, Die deutsche Sozialdemokratie vor, während und nach der Reichsgründung, Stuttgart 1966; G. ECKERT, Wilhelm Bracke und die Anfänge der Braunschweiger Arbeiterbewegung, Braunschweig 1957; V. EICHLER, Sozialistische Arbeiterbewegung in Frankfurt am Main, 1878–1895, Frankfurt am Main 1983; U. ENGELHARDT, »Nur vereinigt sind wir stark«, Die Anfänge der deutschen Gewerkschaftsbewegung 1862/63 bis 1869/70, 2 Bde, Stuttgart 1977; E. EYCK, Der Vereinstag deutscher Arbeitervereine, 1863–1868, Ein Beitrag zur Entstehungsgeschichte der deutschen Arbeiterbewegung, Berlin 1904; D. FRICKE, Die deutsche Arbeiterbewegung 1869–1914, Berlin (O) 1976; H. GREBING, Geschichte der deutschen Arbeiterbewegung, Ein Überblick, München 1970; DIES., Arbeiterbewegung, sozialer Protest und kollektive Interessenvertretung bis 1914, München 1985; A. HERZIG, Der Allgemeine Deutsche Arbeiter-Verein in der deutschen Sozialdemokratie, Berlin 1979; DERS. (Hg.), Entstehung und Wandel der deutschen Arbeiterbewegung, Hamburg 1989; L. HÖLSCHER, Weltgericht oder Revolution, Protestantische und sozialistische Zukunftsvorstellungen im deutschen Kaiserreich, Stuttgart 1989; H. KUTZ-BAUER, Arbeiterschaft, Arbeiterbewegung und bürgerlicher Staat in der Zeit der großen Depression, Eine regional- und sozialgeschichtliche Studie zur Geschichte der Arbeiterbewegung im Großraum Hamburg, 1873–1890, Bonn 1988; L. MACHTAN, Streiks und Aussperrungen im Deutschen Kaiserreich, Eine sozialgeschichtliche Dokumentation für die Jahre 1871 bis 1875, Berlin 1984; W. J. MOMMSEN und H.-G. HUSUNG (Hg.), Auf dem Wege zur Massengewerkschaft, Die Entwicklung der Gewerkschaften in Deutschland und Großbritannien, 1880–1914, Stuttgart 1984; R. MORGAN, The German social democrats and the first International 1864–1872, Cambridge 1965; J. A. MOSES, Trade unionism in Germany from Bismarck to Hitler, 1869–1933, 2 Bde, London 1982; S. NA'AMAN,

Die Konstituierung der Deutschen Arbeiterbewegung 1862/63, Darstellung und Dokumente, Assen 1975; R. W. REICHARD, From the petition to the strike, A history of strikes in Germany, 1869–1914, Frankfurt am Main 1991; G. A. RITTER, Staat, Arbeiterschaft und Arbeiterbewegung in Deutschland, Vom Vormärz bis zum Ende der Weimarer Republik, Berlin 1980; DERS. (Hg.), Arbeiterkultur, Königstein 1979; DERS. (Hg.), Der Aufstieg der deutschen Arbeiterbewegung, Sozialdemokratie und Freie Gewerkschaften im Parteiensystem und Sozialmilieu des Kaiserreichs, München 1990; DERS. und K. TENFELDE, Arbeiter im Deutschen Kaiserreich 1871 bis 1914, Berlin 1992; H. RÜDEL, Landarbeiter und Sozialdemokratie in Ostholstein, Erfolg und Niederlage der sozialistischen Arbeiterbewegung in einem großagrarischen Wahlkreis zwischen Reichsgründung und Sozialistengesetz, Neumünster 1986; H. K. SCHMITZ, Anfänge und Entwicklung der Arbeiterbewegung im Raum Düsseldorf 1859–1878 und ihre Auswirkungen im linken Niederrheingebiet, Hannover 1968; W. SCHRÖDER, Partei und Gewerkschaften, Die Gewerkschaftsbewegung in der Konzeption der revolutionären Sozialdemokratie 1868/69–1893, Berlin 1975; K. TENFELDE, Sozialgeschichte der Bergarbeiterschaft an der Ruhr im 19. Jahrhundert, Bonn [2]1991; DERS. u. a., Geschichte der deutschen Gewerkschaften von den Anfängen bis 1945, hg. von U. Borsdorf, Köln 1977; DERS. und H. VOLKMANN (Hg.), Streik, Zur Geschichte des Arbeitskampfes in Deutschland während der Industrialisierung, München 1981; H. WACHENHEIM, Die deutsche Arbeiterbewegung 1844–1914, Frankfurt am Main [2]1971.

Soziale Frage, Armenfürsorge

B. BALKENHOL, Armut und Arbeitslosigkeit in der Industrialisierung, dargestellt am Beispiel Düsseldorfs, Düsseldorf 1976; D. BERGER-THIMME, Wohnungsfrage und Sozialstaat, Untersuchungen zu den Anfängen staatlicher Wohnungspolitik in Deutschland (1873–1918), Frankfurt am Main 1976; R. VOM BRUCH (Hg.), Weder Kommunismus noch Kapitalismus, Bürgerliche Sozialreform in Deutschland vom Vormärz bis zur Ära Adenauer, München 1985; M. ELLERKAMP, Industriearbeit, Krankheit und Geschlecht, Zu den sozialen Kosten der Industrialisierung, Bremer Textilarbeiterinnen 1870–1914, Göttingen 1991; W. FISCHER (Hg.), Die soziale Frage, Neuere Studien zur Lage der

Fabrikarbeiter in den Frühphasen der Industrialisierung, Stuttgart 1967; U. FREVERT, Krankheit als politisches Problem 1770–1880, Göttingen 1984; H.-G. HAUPT u. a. (Hg.), Proletarische Lebenslagen und Sozialpolitik, Studien zur Sozialgeschichte des 19. und 20. Jahrhunderts, Bremen 1985; S. HAUSER, Die Geschichte der Fürsorgegesetzgebung in Bayern, Dissertation München 1986; C. SACHSSE und F. TENNSTEDT, Geschichte der Armenfürsorge in Deutschland, Bd 2, Fürsorge und Wohlfahrtspflege 1871–1929, Stuttgart 1988.

Sozialreform, Sozialpolitik und Sozialgesetzgebung

M. BREGES, Die Haltung der industriellen Unternehmer zur staatlichen Sozialpolitik in den Jahren 1878–1891, Frankfurt am Main 1982; P. FLORA und A. J. HEIDENHEIMER (Hg.), The development of welfare states in Europe and America, New Brunswick und London 1981; A. GLADEN, Geschichte der Sozialpolitik in Deutschland, Eine Analyse ihrer Bedingungen, Formen, Zielsetzungen und Auswirkungen, Wiesbaden 1974; V. HENTSCHEL, Geschichte der deutschen Sozialpolitik (1880–1980), Soziale Sicherung und kollektives Arbeitsrecht, Frankfurt am Main 1983; L. MACHTAN, Risikoversicherung statt Gesundheitsschutz für Arbeiter, Zur Entstehung der Unfallversicherungsgesetzgebung, in: Leviathan 13, 1985, S. 420–441; W. J. MOMMSEN und W. MOCK (Hg.), Die Entstehung des Wohlfahrtsstaates in Großbritannien und Deutschland 1850–1950, Stuttgart 1982; D. J. K. PEUKERT, Grenzen der Sozialdisziplinierung, Aufstieg und Krise der deutschen Jugendfürsorge von 1878 bis 1932, Köln 1986; H. QUANDT, Die Anfänge der Bismarckschen Sozialgesetzgebung und die Haltung der Parteien, Das Unfallversicherungsgesetz (1881–1884), Dissertation Berlin 1938; J. REULECKE, Sozialer Frieden durch soziale Reform, Der Centralverein für das Wohl der arbeitenden Klassen in der Frühindustrialisierung, Wuppertal 1983; G. A. RITTER, Sozialversicherung in Deutschland und England, Entstehung und Grundzüge im Vergleich, München 1983; DERS., Entstehung und Entwicklung des Sozialstaates in vergleichender Perspektive, in: HZ 243, 1986, S. 1–90; H. ROTHFELS, Theodor Lohmann und die Kampfjahre der staatlichen Sozialpolitik, Berlin 1927; DERS., Prinzipienfragen der Bismarckschen Sozialpolitik, Rede bei der Gründungsfeier am 18. Januar 1929, Königsberg 1929; G. SEEBER, Kommunale Sozialpolitik in Mannheim 1888–1914, Mannheim 1989; F. TENNSTEDT, Vorgeschichte und Entstehung der Kaiserlichen Botschaft vom 17. November 1881, in: Zeitschrift für Sozialreform 27, 1981, S. 663–710; DERS., Sozialgeschichte der Sozialpolitik in Deutschland, Vom 18. Jahrhundert bis zum Ersten Weltkrieg, Göttingen 1981; DERS., Vom Proleten zum Industriearbeiter, Arbeiterbewegung und Sozialpolitik in Deutschland 1800–1914, Köln 1983; H. J. TEUTEBERG und C. WISCHERMANN, Wohnalltag in Deutschland 1850–1914, Bilder – Daten – Dokumente, Münster 1985; H.-P. ULLMANN, Industrielle Interessen und die Entstehung der deutschen Sozialversicherung, 1880–1889, in: HZ 229, 1979, S. 574–619; J. UMLAUF, Die deutsche Arbeiterschutzgesetzgebung 1880–1890, Ein Beitrag zur Entwicklung des sozialen Rechtsstaats, Berlin 1980; W. VOGEL, Bismarcks Arbeiterversicherung, Ihre Entstehung im Kräftespiel der Zeit, Braunschweig 1951; T. WATTLER, Sozialpolitik der Zentrumsfraktion zwischen 1877 und 1889, Dissertation Köln 1988; D. ZÖLLER, Landesbericht Deutschland, in: Ein Jahrhundert Sozialversicherung: in der Bundesrepublik Deutschland, Frankreich, Großbritannien, Österreich und der Schweiz, hg. von P. A. KÖHLER und H. F. ZACKER, Berlin 1981, S. 45–179.

Die innere Entwicklung in der deutschen Staatenwelt von 1850 bis zur Reichsgründung

E. N. ANDERSON, The social and political conflict in Prussia 1858–1864, Lincoln 1954; P. BAUMGART (Hg.), Expansion und Integration, Zur Eingliederung neugewonnener Gebiete in den preußischen Staat, Köln 1984; O. BECKER, Bismarcks Ringen um Deutschlands Gestaltung, hg. und ergänzt von A. SCHARFF, Heidelberg 1958; H. BÖHME, Deutschlands Weg zur Großmacht, Studien zum Verhältnis von Wirtschaft und Staat während der Reichsgründungszeit 1848–1879, Köln 1966; DERS. (Hg.), Probleme der Reichsgründungszeit 1848–1879, Köln 1968; K.-H. BÖRNER, Die Krise der preußischen Monarchie von 1858 bis 1862, Berlin (O) 1976; E. BRANDENBURG, Die Reichsgründung, 2 Bde, Leipzig 1916–1922; L. GALL, Der Liberalismus als regierende Partei, Das Großherzogtum Baden zwischen Restauration und Reichsgründung, Wiesbaden 1968; G. GRÜNTHAL, Parlamentarismus in Preußen, 1848/49–1857/58, Preu ßischer Konstitutionalismus – Parlament und Regierung in der Reaktionsära, Düsseldorf 1982; T. S. HAMEROW, The social foundations of German unification 1858–1871, Princeton 1969; DERS., Restoration, revolution, reaction, Economics and politics in Germany 1815–1871, Princeton ⁶1972; L. HAUPTS, Die liberale Regierung in Preußen in der Zeit der »Neuen Ära«, Zur Geschichte des preußischen Konstitutionalismus, in: HZ 227, 1978, S. 45–85; L. HERBST, Die erste Internationale als Problem der deutschen Politik in der Reichsgründungszeit, Göttingen 1975; A. HESS, Das Parlament, das Bismarck widerstrebte, Zur Politik und sozialen Zusammensetzung des preußischen Abgeordnetenhauses der Konfliktzeit (1862–1866), Köln 1964; DER NATIONALVEREIN, seine Entstehung und bisherige Wirksamkeit, hg. im Auftrage des Vereins-Vorstandes vom Geschäftsführer, Coburg 1861; T. PARENT, Passiver Widerstand im preußischen Verfassungskonflikt, Die Kölner Abgeordnetenfeste, Köln 1982; L. PARISIUS, Deutschlands politische Parteien und das Ministerium Bismarck, Ein Beitrag zur vaterländischen Geschichte, Berlin 1878; K. POLLMANN, Parlamentarismus im Norddeutschen Bund 1867–1870, Düsseldorf 1985; T. SCHIEDER, Die kleindeutsche Partei in Bayern in den Kämpfen um die nationale Einheit 1863–1871, München 1936; F. J. STAHL, Die gegenwärtigen Parteien in Staat und Kirche – 29 akademische Vorlesungen, Berlin 1863; H. VON SYBEL, Die Begründung des Reiches durch Wilhelm I., 7 Bde, München 1890–1895; J. VENEDEY, Das Grundübel im Nationalverein, Freiburg im Breisgau 1864; R. WILHELM, Das Verhältnis der süddeutschen Staaten zum Norddeutschen Bund (1867–1870), Husum 1978; G. WINDELL, The catholics and German unity 1866–1871, Minneapolis 1954.

Die innere Entwicklung im Bismarckschen Reich 1871–1890

J. BECKER, Liberaler Staat und Kirche in der Ära von Reichsgründung und Kulturkampf, Geschichte und Strukturen ihres Verhältnisses in Baden, 1860–1878, Mainz 1973; G. BESIER, Preußische Kirchenpolitik in der Bismarckära, Die Diskussion in Staat und Evangelischer Kirche, Berlin 1980; DERS. (Hg.), Preußischer Staat und Evangelische Kirche in der Bismarckära, Gütersloh 1980; G. BEYERHAUS, Die Krise des deutschen Liberalismus und das Problem der 99 Tage, in: Preußische Jahrbücher 239, 1935, S. 1 ff.; D. BLACKBOURN, Volksfrömmigkeit und Fortschrittsglaube im Kulturkampf, Stuttgart 1988; I. FISCHER-FRAUENDIENST, Bismarcks Pressepolitik, Münster 1963; G. FRANZ, Kulturkampf, Staat und Kirche in Mitteleuropa von der Säkularisierung bis zum Abschluß des preußischen Kulturkampfes, München 1954; D. FRICKE, Bismarcks Prätorianer, Die Berliner politische Polizei im Kampf gegen die deutsche Arbeiterbewegung (1871–1898), Berlin (O) 1962; W. GERLOFF, Die Finanz- und Zollpolitik des Deutschen Reiches nebst ihren Beziehungen zu Landes- und Gemeindefinanzen von der Gründung des Norddeutschen Bundes bis zur Gegenwart, Jena 1913; O. GLAGAU, Der Bankrott des Nationalliberalismus und die »Reaction«, Berlin 1878; R. HÖHN, Die vaterlandslosen Gesellen, Der Sozialismus im Licht der Geheimberichte der preußischen Polizei, 1878–1914, Bd 1, 1878–1890, Opladen 1964; J. HORSTMANN (Hg.), Die Verschränkung von Innen-, Konfessions- und Kolonialpolitik im Deutschen Reich vor 1914, Schwerte 1987; J. JENSEN, Presse und politische Polizei, Hamburgs Zeitungen unter dem Sozialistengesetz 1878–1890, Hannover 1966; W. JOCHMANN, Gesellschaftskrise und Judenfeindschaft in Deutschland 1870–1945, Hamburg 1988; J. B. KISSLING, Geschichte des Kulturkampfes im Deutschen Reiche, 3 Bde, Freiburg im Breisgau 1911–1916; R. LILL, Die Wende im Kulturkampf, Leo XIII., Bismarck und die Zentrumspartei, 1878–1880, Tübingen 1973; K. MARZISCH, Die Vertretung der Berufsstände als Problem der Bismarckschen Politik, Marburg 1934; W. MOMMSEN, Bismarcks Sturz und die Parteien, Berlin 1924; F. MÜNCH, Bismarcks Affäre Arnim, Die Politik des Diplomaten und die Verantwortlichkeit des Staatsmannes, Berlin 1990; H. NEUBACH, Die Ausweisungen von Polen und Juden aus Preußen 1885/86, Ein Beitrag zu Bismarcks Polenpolitik und zur Geschichte des deutsch-polnischen Verhältnisses, Wiesbaden 1967; J. A. NICHOLS, The year of the three Kaisers, Bismarck and the German succession 1887–88, Urbana and Chicago 1987; L. NIETHAMMER, U. FREVERT, H. MEDICK u. a., Bürgerliche Gesellschaft in Deutschland, Historische Einblicke, Fragen, Perspektiven, Frankfurt am Main 1990; R. NÖLL VON DER NAHMER, Bismarcks Reptilienfonds, Aus den Geheimakten Preußens und des Deutschen Reiches, Mainz 1968; W. PACK, Das parlamentarische Ringen um das Sozialistengesetz Bismarcks 1878–1890, Düsseldorf 1961; O. PFLANZE (Hg.), Innenpolitische Probleme des Bismarck-Reiches, München und Wien

1983; W. Pöls, Sozialistenfrage und Revolutionsfurcht in ihrem Zusammenhang mit den angeblichen Staatsstreichplänen Bismarcks, Dissertation, Berlin 1959; H. Rosenberg, Große Depression und Bismarckzeit, Wirtschaftsablauf, Gesellschaft und Politik in Mitteleuropa, Berlin ³1976; Ders., Machteliten und Wirtschaftskonjunkturen, Studien zur neueren deutschen Sozial- und Wirtschaftsgeschichte, Göttingen 1978; D. Sandberger, Die Ministerkandidatur Bennigsens, Berlin 1929; N. Schlossmacher, Düsseldorf im Bismarckreich, Politik und Wahlen, Parteien und Vereine, Düsseldorf 1985; E. Schmidt-Volkmar, Der Kulturkampf in Deutschland 1871–1890, Berlin 1962; G. Schümer, Die Entstehung des Sozialistengesetzes, Göttingen 1929; P. Steinbach, Die Zähmung des politischen Massenmarktes, Wahlen und Wahlkämpfe im Bismarckreich im Spiegel der Hauptstadt- und Gesinnungspresse, 3 Bde, Passau 1990; M. Stürmer, Staatsstreichgedanken im Bismarckreich, in: HZ 209, 1969, S. 566–615; Ders., Regierung und Reichstag im Bismarckstaat 1871–1880, Cäsarismus oder Parlamentarismus, Düsseldorf 1974; H. Thümmler, Sozialistengesetz § 28, Ausweisungen und Ausgewiesene, 1878 bis 1890, Vaduz 1979; C. Weber, Kirchliche Politik zwischen Rom, Berlin und Trier 1876–1888, Die Beilegung des preußischen Kulturkampfes, Mainz 1970; H.-U. Wehler, Krisenherde des Kaiserreichs von 1871–1918, Studien zur Sozial- und Verfassungsgeschichte, Göttingen ²1979; H.-W. Wenzel, Presseinnenpolitik im Bismarckreich (1874–1890), Das Problem der Repression oppositioneller Zeitungen, Frankfurt am Main 1975; H. J. Wolf, Die Krankheit Friedrichs III. und ihre Wirkung auf die deutsche und englische Öffentlichkeit, Berlin 1958; E. Zechlin, Staatsstreichpläne Bismarcks und Wilhelms II., 1890–1894, Berlin 1929.

Außenpolitik und internationale Beziehungen

Übergreifende Darstellungen

H. M. Adams, Probleme der Beziehungen zwischen Preußen-Deutschland und den USA seit Bismarck, Würzburg 1961; J. Becker und A. Hillgruber (Hg.), Die deutsche Frage im 19. und 20. Jahrhundert, Augsburg 1983; E. Brandenburg, Von Bismarck zum Weltkrieg, Frankfurt am Main ²1939; F. R. Bridge und R. Bullen, The great powers and the European states system, 1815–1914, London und New York 1980; D. Calleo, Legende und Wirklichkeit der deutschen Gefahr, Neue Aspekte zur Rolle Deutschlands in der Weltgeschichte von Bismarck bis heute, Bonn 1980; E. M. Carroll, Germany and the great powers 1866–1914, A study in public opinion and foreign policy, Hamden/Conn. ²1966; L. Cecil, The German diplomatic service, 1871–1914, Princeton 1976; L. Dehio, Gleichgewicht und Hegemonie, Betrachtungen über ein Grundproblem der neueren Staatengeschichte, Krefeld 1948; K. Düwell (Hg.), Deutsche auswärtige Kulturpolitik seit 1871, Geschichte und Struktur, Referate und Diskussionen eines interdisziplinären Symposions, Wien 1982; K. D. Erdmann, Die Spur Österreichs in der deutschen Geschichte, Drei Staaten, zwei Nationen, ein Volk?, Zürich 1989; L. L. Farrar jr., Arrogance and anxiety, The ambivalence of German power, 1848–1914, Iowa City 1981; I. Geiss, German foreign policy, 1871–1914, London und Boston ²1979; Ders., Der lange Weg in die Katastrophe, Die Vorgeschichte des Ersten Weltkriegs 1815–1914, München und Zürich 1990; H. Gollwitzer, Geschichte des weltpolitischen Denkens, Bd 2, Zeitalter des Imperialismus und der Weltkriege, Göttingen 1982; K. Hildebrand, Deutsche Außenpolitik 1871–1918, München 1989; Ders., German foreign policy from Bismarck to Adenauer, London 1989; A. Hillgruber, Kontinuität und Diskontinuität in der deutschen Außenpolitik von Bismarck bis Hitler, Düsseldorf 1969; Ders., Deutsche Großmacht- und Weltpolitik im 19. und 20. Jahrhundert, Düsseldorf 1977; Ders., Die gescheiterte Großmacht, Eine Skizze des Deutschen Reiches 1871–1945, Düsseldorf 1980; Ders., Bismarcks Außenpolitik, Freiburg im Breisgau ²1981; E. Hoensch, Geschichte der Balkanländer, Stuttgart 1968; N. Japikse, Europa und Bismarcks Friedenspolitik, Berlin 1927; K. E. Jeismann, Das Problem des Präventivkrieges im europäischen Staatensystem mit besonderem Blick auf die Bismarckzeit, Berlin 1927; P. Kennedy, The war plans of the great powers, 1880–1914, London 1979; Ders., The rise of the Anglo-German antagonism, 1860–1914, London 1980; M. Kröger, »Le baton égyptien« – Der ägyptische Knüppel, Die Rolle der »ägyptischen Frage« in der deutschen Außenpolitik von 1875/76 bis zur »Entente Cordiale«, Frankfurt am Main 1991; W. L. Langer, European alliances and alignments 1871–1890, New York ²1950; H. Lutz, Österreich-Ungarn und die Gründung des Deutschen Reiches, Europäische Entscheidungen

1867–1871, Frankfurt am Main 1979; W. N. MEDLICOTT, Bismarck, Gladstone, and the concert of Europe, New York [2]1969; H. C. MEYER, Mitteleuropa in German thought and action, 1815–1945, Den Haag 1955; W. E. MOSSE, The rise and fall of the Crimean war system 1855–1871, The story of a peace settlement, London 1963; R. POIDEVIN und J. BARIÉTY, Frankreich und Deutschland, Die Geschichte ihrer Beziehungen 1815–1975, München 1982; P. RENOUVIN, Le XIX siècle, De 1871 à 1914 (Histoire des relations internationales, 6), Paris 1955; H. RUMPLER (Hg.), Deutscher Bund und deutsche Frage 1815–1866, Europäische Ordnung, deutsche Politik und gesellschaftlicher Wandel im Zeitalter der bürgerlich-nationalen Emanzipation, Wien und München 1990; G. SCHÖLLGEN, Die Macht in der Mitte Europas, Stationen deutscher Außenpolitik von Friedrich dem Großen bis zur Gegenwart, München 1992; K. SCHWABE (Hg.), Das Diplomatische Korps 1871–1945, Boppard am Rhein 1985; A. J. P. TAYLOR, The struggle for mastery in Europe, 1848–1918, Oxford [2]1971; G. ZIEBURA (Hg.), Grundfragen der deutschen Außenpolitik seit 1871, Darmstadt 1975.

Die Reichsgründungs-Ära

J. BECKER, Zum Problem der Bismarckschen Politik in der spanischen Thronfrage 1870, in: HZ 212, 1971, S. 529–607; W. CARR, The origins of the war of German unification, London und New York 1991; R. DIETRICH (Hg.), Europa und der Norddeutsche Bund, Berlin 1968; J. DITTRICH, Bismarck, Frankreich und die spanische Thronkandidatur der Hohenzollern, Die »Kriegsschuldfrage« von 1870, München 1962; ENTSCHEIDUNG 1866, Der Krieg zwischen Österreich und Preußen, hg. vom Militärgeschichtlichen Forschungsamt, Stuttgart 1966; EUROPA UND DIE REICHSGRÜNDUNG, Preußen-Deutschland in der Sicht der großen europäischen Mächte 1860–1880, hg. von E. KOLB (HZ, Beiheft 6, NF), München 1980; EUROPA VOR DEM KRIEG VON 1870, Mächtekonstellation – Konfliktfelder – Kriegsausbruch, hg. von E. KOLB unter Mitarbeit von E. MÜLLER-LUCKNER, München 1987; K.-G. FABER, Realpolitik als Ideologie, Die Bedeutung des Jahres 1866 für das politische Denken in Deutschland, in: HZ 203, 1966, S. 1–45; E. FEHRENBACH, Preußen-Deutschland als Faktor der französischen Außenpolitik in der Reichsgründungszeit, (HZ, Beiheft 6, NF), München 1980; H. GOLDSCHMIDT (Hg.), Bismarck und die Friedens-

verhandlungen zu Brüssel und Frankfurt, März––Dezember 1871, Berlin 1929; W. VON GROOTE und U. VON GERSDORFF, Entscheidung 1870, Der deutsch-französische Krieg, Stuttgart 1970; M. HOWARD, The Franco-Prussian war, The German invasion of France, 1870–71, New York [5]1969; A. KAERNBACH, Bismarcks Konzepte zur Reform des Deutschen Bundes, Zur Kontinuität der Politik Bismarcks und Preußens in der Deutschen Frage, Göttingen 1991; F. KÖSTER, Hannover und die Grundlegung der preußischen Suprematie in Deutschland, 1862–1864, Hildesheim 1978; E. KOLB, Der Kriegsausbruch 1870, Politische Entscheidungsprozesse und Verantwortlichkeiten in der Julikrise 1870, Göttingen 1970; DERS., Der Weg aus dem Krieg, Bismarcks Politik im Krieg und die Friedensanbahnung 1870/71, München 1990; W. E. MOSSE, The European powers and the German question 1848–1871, With special reference to England and Russia, Cambridge 1958; L. A. PUNTILA, Bismarcks Frankreichpolitik, Göttingen 1971; H. ROTHFELS, Bismarcks englische Bündnispolitik, Stuttgart 1924; T. SCHIEDER und E. DEUERLEIN (Hg.), Reichsgründung 1870/71, Tatsachen, Kontroversen, Interpretationen, Stuttgart 1970; R. STADELMANN, Das Jahr 1865 und das Problem von Bismarcks deutscher Politik, München 1933; A. WANDRUSZKA, Schicksalsjahr 1866, Graz 1966.

Das Bündnissystem Bismarcks

K. O. FREIHERR VON ARETIN (Hg.), Bismarcks Außenpolitik und der Berliner Kongreß, Wiesbaden 1978; H. ELZER, Bismarcks Bündnispolitik von 1887, Erfolg und Grenzen einer europäischen Friedensordnung, Frankfurt am Main 1991; F. FELLNER, Der Dreibund, Europäische Diplomatie vor dem Ersten Weltkrieg, Wien 1960; H. HALLMANN (Hg.), Zur Geschichte und Problematik des deutsch-russischen Rückversicherungsvertrages von 1887, Darmstadt 1968; H. HERZFELD, Die deutsch-französische Kriegsgefahr von 1875, Berlin 1922; DERS., Deutschland und das geschlagene Frankreich 1871–1873, Berlin 1924; H. HOLBORN, Bismarcks europäische Politik zu Beginn der siebziger Jahre und die Mission Radowitz, Berlin 1925; B. JELAVICH, The Ottoman empire, The great powers and the straits question, 1870–1887, Bloomington 1973; G. F. KENNAN, Bismarcks europäisches System in der Auflösung, Die französisch-russische Annäherung 1875–1890, Berlin 1981; U.

LAPPENKÜPER, Die Mission Radowitz, Untersuchungen zur Rußlandpolitik Otto von Bismarcks (1871–1875), Göttingen 1990; W. N. MEDLICOTT, The Congress of Berlin and after, A diplomatic history of the Near Eastern settlement 1878–1880, London ²1963; R. MELVILLE und H.-J. SCHRÖDER (Hg.), Der Berliner Kongreß, Wiesbaden 1982; H. MÜLLER-LINK, Industrialisierung und Außenpolitik, Preußen-Deutschland und das Zarenreich von 1860–1890, Göttingen 1977; R. F. SCHMIDT, Die gescheiterte Allianz, Österreich-Ungarn, England und das Deutsche Reich in der Ära Andrassy (1867 bis 1878/79), Frankfurt am Main 1992; H. TRÜTZSCHLER VON FALKENSTEIN, Bismarck und die Kriegsgefahr des Jahres 1887, Berlin 1924; B. WALLER, Bismarck at the crossroads, The reorientation of German foreign policy after the congress of Berlin 1878–1880, London 1974; M. WINCKLER, Bismarcks Bündnispolitik und das europäische Gleichgewicht, Stuttgart 1964; W. WINDELBAND, Bismarck und die europäischen Großmächte 1879–1885, Essen ²1942.

Imperialismus und Kolonialgeschichte 1884–1918

R. VON ALBERTINI, Europäische Kolonialherrschaft 1880–1940, Zürich 1976; K. J. BADE, Friedrich Fabri und der Imperialismus in der Bismarckzeit, Revolution – Depression – Expansion, Freiburg im Breisgau 1975; DERS., Europäischer Imperialismus im Vergleich, Frankfurt am Main 1988; DERS. (Hg.), Imperialismus und Kolonialmission, Kaiserliches Deutschland und koloniales Imperium, Wiesbaden 1982; E. BENDIKAT, Organisierte Kolonialbewegung in der Bismarck-Ära, Brazzaville und Heidelberg 1984; R. CORNEVIN, Geschichte der deutschen Kolonisation, Goslar 1974; S. FÖRSTER, W. J. MOMMSEN und R. ROBINSON (Hg.), Bismarck, Europe, and Africa, The Berlin Africa conference 1884–85 and the onset of partition, Oxford 1988; L. H. GANN und P. DUIGNAN (Hg.), The rulers of German Africa 1884–1914, Stanford/Cal. 1977; P. GIFFORD und W. R. LOUIS (Hg.), Britain and Germany in Africa, Imperial rivalry and colonial rule, New Haven und London 1967; H. GRÜNDER, Christliche Mission und deutscher Imperialismus, Eine politische Geschichte ihrer Beziehungen während der deutschen Kolonialzeit (1884–1914), unter besonderer Berücksichtigung Afrikas und Chinas, Paderborn 1982; DERS., Geschichte der deutschen Kolonien, Paderborn ²1991; M. VON HAGEN, Bismarcks Kolonialpolitik,

Stuttgart 1923; K. HAUSEN, Deutsche Kolonialherrschaft in Afrika, Wirtschaftsinteressen und Kolonialverwaltung in Kamerun vor 1914, Zürich und Freiburg im Breisgau 1970; W. HUBATSCH, U. HAGEN und H. BEI DER WIEDEN, Die Schutzgebiete des Deutschen Reiches, in: Grundriß zur deutschen Verwaltungsgeschichte 1815–1945, hg. von W. HUBATSCH, Bd 22, Bundes- und Reichsbehörden, Marburg 1983, S. 352–570; P. M. KENNEDY, The Samoan tangle, A study in Anglo-German-American relations, 1878–1900, Dublin 1974; G. KÖNIG, Die Berliner Kongo-Konferenz, Ein Beitrag zur Kolonialpolitik Bismarcks, Essen 1938; W. J. MOMMSEN, Imperialismustheorien, Ein Überblick über die neueren Imperialismusinterpretationen, Göttingen ²1987; DERS. (Hg.), Der moderne Imperialismus, Mainz 1971; DERS. (Hg.), Der europäische Imperialismus, Aufsätze und Abhandlungen, Göttingen 1979; J. A. MOSES und P. M. KENNEDY (Hg.), Germany in the Pacific and Far East, 1870–1914, St. Lucia/Queensland 1977; F. F. MÜLLER, Deutschland – Zanzibar – Ostafrika, Geschichte einer deutschen Kolonialeroberung, 1884–1890, Berlin (O) 1959; F. RACHFAHL, Deutschland und die Weltpolitik, 1871–1914, Bd 1, Die Bismarcksche Ära, Stuttgart 1923; A. SCHÖLCH, Ägypten den Ägyptern, Die politische und gesellschaftliche Krise der Jahre 1878–1882 in Ägypten, Zürich 1972; D. M. SCHRENDER, The scramble for southern Africa, 1877–1895, The politics of partition reappraised, Cambridge 1982; H.-C. SCHRÖDER, Sozialismus und Imperialismus, Die Auseinandersetzung der deutschen Sozialdemokratie mit dem Imperialismusproblem und der Weltpolitik vor 1914, Bonn ²1975; W. D. SMITH, The German colonial empire, Chapel Hill 1978; A. J. P. TAYLOR, Germany's first bid for colonies 1884–1885, A move in Bismarck's European policy, London 1938, ND 1967; H.-U. WEHLER, Bismarck und der Imperialismus, München ⁴1976.

Kultur und Wissenschaft

Allgemeine Darstellungen

L. BENEVOLO, Geschichte der Architektur im 19. und 20. Jahrhundert, 3 Bde, München ⁴1988; K. BERGMANN, Agrarromantik und Großstadtfeindschaft, Meisenheim am Glan 1970; J. BURCKHARDT, Weltgeschichtliche Betrachtungen, Stuttgart ⁷1947; H. GLASER, Die Kultur der Wilhelminischen Zeit, Topographie einer Epoche, Frankfurt am Main 1984; DERS., Spießer-Ideologie, Von der Zerstörung des deutschen Geistes im 19. und 20. Jahrhundert und der Aufstieg des Nationalsozialismus, Frankfurt am Main 1985; R. HAMANN und J. HERMAND, Epochen deutscher Kultur von 1870 bis zur Gegenwart, 5 Bde: Bd 1, Gründerzeit, München 1971, Bd 2, Naturalismus, München 1972, Bd 3, Impressionismus, München 1972, Bd 4, Stilkunst um 1900, München 1973, Bd 5, Expressionismus, München 1976; C. HEPP, Avantgarde, Moderne Kunst, Kulturkritik und Reformbewegungen nach der Jahrhundertwende, München 1987; JAHRHUN-DERTWENDE, Aufbruch in die Moderne 1880 bis 1930, 2 Bde, hg. von A. NITSCHKE, G. A. RITTER und D. J. K. PEUKERT, Reinbek bei Hamburg 1990; H. KRAMER, Deutsche Kultur zwischen 1871 und 1918 (Handbuch der Kulturgeschichte, 1. Abt., Bd 10, 1, Zeitalter Deutscher Kultur), Frankfurt am Main 1971; T. KUCHENBUCH, Die Welt um 1900, Unterhaltungs- und Technikkultur, Stuttgart 1992; W. LEPENIES, Die drei Kulturen, Soziologie zwischen Literatur und Wissenschaft, Reinbek bei Hamburg 1988; J. LINK und W. WÜLFING (Hg.), Nationale Mythen und Symbole in der zweiten Hälfte des 19. Jahrhunderts, Strukturen und Funktionen von Konzepten nationaler Identität, Stuttgart 1991; K. LÖWITH, Von Hegel zu Nietzsche, Der revolutionäre Bruch im Denken des neunzehnten Jahrhunderts, Marx und Kierkegaard, Stuttgart ²1950; G. LUKACS, Die Zerstörung der Vernunft, Der Weg des Irrationalismus von Schelling zu Hitler, Berlin 1955; W. J. MOMMSEN, Stadt und Kultur im deutschen Kaiserreich, in: Die Welt der Stadt, hg. von TILO SCHABERT, München 1991, S. 69–116; G. L. MOSSE, Ein Volk, ein Reich, ein Führer, Die völkischen Ursprünge des Nationalsozialismus, Königstein im Taunus 1979; DERS., The nationalization of the masses, Political symbolism and mass movements in Germany from the Napoleonic wars through the Third Reich, Ithaca 1991; T. NIPPER-DEY, Nationalidee und Nationaldenkmal in Deutschland im 19. Jahrhundert, in: HZ 206, 1968, S. 529–585; DERS., Wie das Bürgertum die Moderne fand, Berlin 1988; DERS., The rise of the arts in modern society, German Historical Institute London, The 1989 Annual Lecture, London 1989; H. PLESSNER, Die verspätete Nation, Über die politische Verführbarkeit bürgerlichen Geistes, ND Frankfurt am Main 1974; W. D. SMITH, Politics and the sciences of culture in Germany, New York 1991; G. WIEGELMANN (Hg.), Kultureller Wandel im 19. Jahrhundert, Göttingen 1972.

Geistige Bewegungen und Kulturkritik

E. HAECKEL, Die Welträthsel, Gemeinverständliche Studien über die Monistische Philosophie, Stuttgart 1906; A. KELLY, The descent of Darwin, The popularization of Darwinism in Germany, 1860–1914, Chapel Hill 1981; M. LENZ, Die großen Mächte, Ein Rückblick auf unser Jahrhundert, Leipzig 1900; E. NOLTE, Nietzsche und der Nietzscheanismus, Berlin 1990; A. L. VON ROCHAU, Grundsätze der Realpolitik, angewendet auf die staatlichen Zustände Deutschlands, Stuttgart ²1859; G. SIMMEL, Philosophie des Geldes, hg. von D. P. FRISBY und K. C. KÖHNKE, Frankfurt am Main 1984; W. SOMBART, Der Bourgeois, Zur Geistesgeschichte des modernen Wirtschaftsmenschen, München 1913; J. SPERBER, Popular catholicism in nineteenth-century Germany, Princeton 1984; F. STERN, Kulturpessimismus als politische Gefahr, Eine Analyse nationaler Ideologie in Deutschland, Bern 1963; F. TÖNNIES, Der Nietzsche-Kultus, Eine Kritik, Leipzig 1897.

Kirchen und religiöse Bewegungen

M. BAUMEISTER, »Parität« und »katholische Inferiorität«, Untersuchungen zur Stellung des Katholizismus im Deutschen Kaiserreich, Paderborn 1987; G. BRAKELMANN, Der Krieg 1870/71 und die Reichsgründung im Urteil des Protestantismus, in: W. HUBER und J. SCHWERDTFEGER (Hg.), Kirche zwischen Krieg und Frieden, Stuttgart 1976, S. 293–320; K. HAMMER, Deutsche Kriegstheologie 1870–1918, München ²1974; J. HORSTMANN, Katholizismus und moderne Welt, Katholikentage, Wirtschaft, Wissenschaft 1848–1914, München 1976; F. W. KANTZENBACH, Der Weg der evangelischen Kirche vom 19. zum 20. Jahrhundert, Gütersloh 1968; K. KUPISCH, Die deutschen Landeskirchen im 19. und 20. Jahrhundert, Göttingen ²1975; W. LOTH (Hg.), Deutscher Katholizismus im Umbruch zur Moderne, Stuttgart 1991; T. NIPPERDEY, Religion im Umbruch, Deutschland 1870–1918, München 1988; H. TIMM, Theorie und Praxis in der Theologie Albrecht Ritschls und Wilhelm Herrmanns, ein Beitrag zur Entwicklungsgeschichte des Kulturprotestantismus, Gütersloh 1967; F. VIGE-NER, Drei Gestalten aus dem Modernen Katholizismus, Möhler – Diepenbrock – Döllinger, München 1926.

Wissenschaft, Bildung und Ausbildung

J. C. ALBISETTI, Secondary school reform in Imperial Germany, Princeton 1983; P. BAUMGART (Hg.), Bildungspolitik in Preußen zur Zeit des Kaiserreichs, Stuttgart 1980; H. BLANKERTS, Bildung im Zeitalter der großen Industrie, Pädagogik, Schule und Berufsbildung im 19. Jahrhundert, Hannover 1969; R. VOM BRUCH, Wissenschaft, Politik und öffentliche Meinung, Gelehrtenpolitik im Wilhelminischen Deutschland (1890–1914), Husum 1980; L. BURCHARDT, Wissenschaftspolitik im Wilhelminischen Deutschland, Vorgeschichte, Gründung und Aufbau der Kaiser-Wilhelm-Gesellschaft zur Förderung der Wissenschaften, Göttingen 1975; DATENHANDBUCH ZUR DEUTSCHEN BILDUNGSGESCHICHTE, 2 Bde, Bd 1, Hochschulen, Teil 1, Das Hochschulstudium in Preußen und Deutschland 1820–1944, hg. von H. TITZE, Göttingen 1987, Bd 2, Höhere und mittlere Schulen, Teil 1, Sozialgeschichte und Statistik des Schulsystems in den Staaten des Deutschen Reiches, 1800–1945, hg. von D. K. MÜLLER und B. ZYMEK, Göttingen 1988; FÜNFZIG JAHRE KAISER-WILHELM-GESELLSCHAFT UND MAX-PLANCK-GESELLSCHAFT ZUR FÖRDERUNG DER WISSENSCHAFTEN 1911–1961, Beiträge und Dokumente, Göttingen 1961; HANDBUCH DER DEUTSCHEN BILDUNGSGESCHICHTE, hg. von C. BERG u. a., Bd 3, 1800–1870, Von der Neuordnung Deutschlands bis zur Gründung des Deutschen Reiches, hg. von K. E. JEISMANN und P. LUNDGREEN, München 1987; H.-G. HERRLITZ, W. HOPF und H. TITZE, Deutsche Schulgeschichte von 1800 bis zur Gegenwart, Eine Einführung, Königstein 1981; K. H. JARAUSCH, Students, society, and politics in imperial Germany, The rise of academic illiberalism, Princeton 1982; DERS., Deutsche Studenten 1880–1970, Frankfurt am Main 1984; J. A. JOHNSON, The Kaiser's chemists, Science and modernization in imperial Germany, Chapel Hill und London 1990; F.-M. KUHLEMANN, Modernisierung und Disziplinierung, Sozialgeschichte des Preußischen Volksschulwesens 1794–1872, Göttingen 1992; M. LAMBERTI, State, society, and the elementary school in imperial Germany, New York und Oxford 1989; P. LUNDGREEN, Bildung und Wirtschaftswachstum im Industrialisierungsprozeß des 19. Jahrhunderts, Berlin 1973; DERS., Sozialgeschichte der deutschen Schule im Überblick, Teil 1, 1770–1918, Göttingen 1980; G. MANN und R. WINAU (Hg.), Medizin, Naturwissenschaft, Technik und das Zweite Kaiserreich, Göttingen 1977; C. E. McCLELLAND, State, society, and university in Germany, 1700–1914, Cambridge 1980; F. MEYER, Schule der Untertanen, Lehrer und Politik in Preußen, 1848–1900, Hamburg 1976; F. R. PFETSCH, Zur Entwicklung der Wissenschaftspolitik in Deutschland 1750–1914, Berlin 1974; A. RIEDLER, Unsere Hochschulen und die Anforderungen des 20. Jahrhunderts, Berlin 1898; R. RIESE, Die Hochschule auf dem Weg zum wissenschaftlichen Großbetrieb, Die Universität Heidelberg und das badische Hochschulwesen 1860 bis 1914, Stuttgart 1977; F. K. RINGER, Education and society in modern Europe, Bloomington und London 1979; DERS., Die Gelehrten, Der Niedergang der deutschen Mandarine 1890–1933, Stuttgart 1983; P. SCHIERA, Laboratorium der bürgerlichen Welt, Deutsche Wissenschaft im 19. Jahrhundert, Frankfurt am Main 1992; G. SCHMIDT (Hg.), Gelehrtenpolitik und politische Kultur in Deutschland 1830–1930, Bochum 1986; C. WEBER, Der »Fall Spahn« (1901), Ein Beitrag zur Wissenschafts- und Kulturdiskussion im ausgehenden 19. Jahrhundert, Rom 1980; W. WETZEL, Naturwissenschaften und chemische Industrie in Deutschland, Voraussetzungen und Mechanismen ihres Aufstiegs im 19. Jahrhundert, Stuttgart 1991.

Kunst, Literatur, Theater und Musik

E. ALKER, Die deutsche Literatur im 19. Jahrhundert, 1832–1914, Stuttgart [3]1981; T. ANZ und M. STARK (Hg.), Expressionismus (Manifeste und Dokumente zur deutschen Literatur 1910–1920), Stuttgart 1982; H.-P. BAYERDÖRFER, K. O. CONRADY und H. SCHANZE (Hg.), Literatur und Theater im Wilhelminischen Zeitalter, Tübingen 1978; D. BERTL und U. MÜLLER, Vom Naturalismus zum Expressionismus, Literatur des Kaiserreichs, Stuttgart 1984; G. BOTT, Jugendstil, Vom Beitrag Darmstadts zur internationalen Kunstbewegung um 1900, Darmstadt 1969; J. CAMPBELL, Der deutsche Werkbund 1907–1934, Stuttgart 1981; H. DEITERS, Geschichte der allgemeinen deutschen Kunstgenossenschaft, Von ihrer Entstehung im Jahre 1856 bis auf die Gegenwart, Nach den offiziellen Berichten, eigenen Erinnerungen und Erlebnissen aufgezeichnet von HEINRICH DEITERS, Düsseldorf o. J. [1905]; DEUTSCHE KUNST IM 20. JAHRHUNDERT, Malerei und Skulptur 1905–1985, Ausstellungskatalog, München 1986; DEUTSCHER EXPRESSIONISMUS 1905–1920, Ausstellungskatalog, München 1981; W. DOEDE, Berlin, Kunst und Künstler seit 1870, Anfänge und Entwicklungen,

Recklinghausen 1961; DERS., Die Berliner Secession, Berlin als Zentrum der deutschen Kunst von der Jahrhundertwende bis zum Ersten Weltkrieg, Frankfurt am Main 1977; K. EDSCHMID, Über den Expressionismus in der Literatur und die neue Dichtung, Berlin 1919; EUROPÄISCHE KUNST 1912, Ausstellungskatalog, Köln 1962; K. G. FELLERER, Studien zur Musik des 19. Jahrhunderts, 4 Bde, Regensburg 1984–1989; H. FLADT, M. GECK und S. SCHUTTE, Musik im 19. Jahrhundert, Aspekte bürgerlicher Musikkultur, Stuttgart 1981; THEODOR FONTANE UND DIE PREUSSISCHE AKADEMIE DER KÜNSTE, Ein Dossier aus Briefen und Dokumenten des Jahres 1876, Berliner Handpresse, Berlin 1971; W. HAFTMANN, Malerei im 20. Jahrhundert, Eine Entwicklungsgeschichte, 2 Bde, München ³1962; V. W. HAMMERSCHMIDT, Anspruch und Ausdruck in der Architektur des späten Historismus in Deutschland (1860–1914), Frankfurt am Main 1985; V. HANSEN und G. HEINE (Hg.), Frage und Antwort, Interviews mit Thomas Mann 1909–1955, Hamburg 1983; C. B. HELLER, Jugendstil, Kunst um 1900, Darmstadt 1982; B. HÜPPAUF (Hg.), Expressionismus und Kulturkrise, Heidelberg 1983; N. JASON, R. MÖHRMANN und H. MÜLLER, Berlin – Theater der Jahrhundertwende, Bühnengeschichte der Reichshauptstadt im Spiegel der Kritik (1889–1914), Tübingen 1986; P. JELAVICH, Munich and theatrical modernism, Politics, playwriting and performance 1890–1914, Cambridge/Mass. 1985; K. JUNGHANS, Der Deutsche Werkbund, Sein erstes Jahrzehnt, Berlin 1982; W. VON KALNEIN (Hg.), Die Düsseldorfer Malerschule, Ausstellungskatalog, Düsseldorf 1979; G. KRATZSCH, Kunstwart und Dürerbund, Ein Beitrag zur Geschichte der Gebildeten im Zeitalter des Imperialismus, Göttingen 1969; . B. KULHOFF, Bürgerliche Selbstbehauptung im Spiegel der Kunst, Untersuchungen zur Kulturpublizistik der Rundschauzeitschriften im Kaiserreich (1871–1914), Bochum 1991; KUNST, KULTUR UND POLITIK IM DEUTSCHEN KAISERREICH, Schriften eines ProjektKreises der Fritz-Thyssen-Stiftung unter der Leitung von S. WAETZOLD, 9 Bde, Bd 1, Kunstverwaltung, Bau- und Denkmal-Politik im Kaiserreich, hg. von E. MAI und S. WAETZOLD, Berlin 1981, Bd 2, Kunstpolitik und Kunstförderung im Kaiserreich, Kunst im Wandel der Sozial- und Wirtschaftsgeschichte, hg. von E. MAI, H. POHL und S. WAETZOLD, Berlin 1982, Bd 3, Ideengeschichte und Kunstwissenschaft, Philosophie und bildende Kunst im Kaiserreich, hg. von E. MAI, S. WAETZOLD und G. WOLAND, Berlin 1983, Bd 4, Das

Rathaus im Kaiserreich, Kunstpolitische Aspekte einer Bauaufgabe des 19. Jahrhunderts, hg. von E. MAI, J. PAUL und S. WAETZOLD, Berlin 1982, Bd 5, K. NOHLEN, Baupolitik im Reichsland Elsaß-Lothringen 1871–1918, Die repräsentativen Staatsbauten um den ehemaligen Kaiserplatz in Straßburg, Berlin 1982, Bd 6, C. WITH, The Prussian Landeskunstkommission, A study in state subvention of the arts, Berlin 1986, Bd 7, S. NACHTSHEIM, Kunstphilosophie und empirische Kunstforschung 1870–1920, Berlin 1984, Bd 8, H. LUDWIG, Kunst, Geld und Politik um 1900 in München, Formen und Ziele der Kunstfinanzierung und Kunstpolitik während der Prinzregenten-Ära (1886 bis 1912), Berlin 1986, Bd 9, K. U. SYNDRAM, Kulturpublizistik und nationales Selbstverständnis, Untersuchungen zur Kunst- und Kulturpublizistik in den Rundschauzeitschriften des Deutschen Kaiserreiches (1871–1914), Berlin 1989; H. LEHNERT, Geschichte der deutschen Literatur vom Jugendstil zum Expressionismus, Stuttgart 1978; H. LUDWIG, Malerei der Gründerzeit, München 1977; T. MANN, Betrachtungen eines Unpolitischen, Berlin 1918; P. MAST, Künstlerische und wissenschaftliche Freiheit im Deutschen Reich 1890–1901, Rheinfelden ²1986; F. MEHRING, Aufsätze zur deutschen Literatur von Hebbel bis Schweichel, hg. von H. KOCH, Berlin 1961; M. M. MOELLER, Der Sonderbund, Seine Voraussetzungen und Anfänge in Düsseldorf, Köln 1984; K. MOMMSEN, Gesellschaftskritik bei Theodor Fontane und Thomas Mann, Heidelberg 1973; F. NIETZSCHE, Der Fall Wagner, hg. von D. BORCHMEYER, Frankfurt am Main 1983; R. NOLTENIUS, Dichterfeiern in Deutschland, München 1984; MAX OPHEY, 1882–1930, Gemälde, Zeichnungen, Druckgraphiken, Ausstellungskatalog, Düsseldorf 1990; P. PARET, Die Berliner Secession, Moderne Kunst und ihre Feinde im kaiserlichen Deutschland, Berlin 1981; DERS., Kunst als Geschichte, Kultur und Politik von Menzel bis Fontane, München 1990; M. PATTERSON, The revolution in German theatre, 1900–1933, Boston 1981; J. POSENER, Anfänge des Funktionalismus, Von Arts und Crafts zum Deutschen Werkbund, Berlin 1964; PROPYLÄEN GESCHICHTE DER LITERATUR, Bd 5, Das bürgerliche Zeitalter 1830–1914, Berlin 1984; K. RIHA, Deutsche Großstadtlyrik, München 1983; R. M. RILKE, Über den jungen Dichter, Werke in 6 Bänden, Bd 2, Teil 2, Frankfurt am Main ³1984; V. SCHERER, Deutsche Museen, Entstehung und kulturgeschichtliche Bedeutung unserer öffentlichen Kunstsammlungen, Jena 1913; N. TEEUWISSE, Vom Sa lon zur Secession, Berliner Kunstleben zwischen Tradition und Aufbruch zur Moderne 1871–1900, Berlin 1986; V. VELTZKE, Vom Patron zum Paladin, Wagnervereinigungen im Kaiserreich von der Reichsgründung bis zur Jahrhundertwende, Bochum 1987; P. VOGT, Geschichte der deutschen Malerei im 20. Jahrhundert, Köln 1972; D. M. WEBER, Der Städtische Musikverein zu Düsseldorf und die Düsseldorfer Oper in der Zeit von 1890 bis 1923, Ein Beitrag zur Musikgeschichte der Stadt Düsseldorf, Kassel 1990; T. ZACHARIAS (Hg.), Tradition und Widerspruch, 175 Jahre Kunstakademie München, München 1985; DER ZUGANG ZUM KUNSTWERK, Schatzkammer, Salon, Ausstellung, »Museum«, Akten des 25. Internationalen Kongresses für Kunstgeschichte, Wien 1983, Köln 1986.

Personen- und Ortsregister

482, 484, 486, 488 f.,
566–568, 571, 582 f., 587,
669–671, 676, 687, 694
Benrath 222
Berchem, Maximilian Sigis-
mund Graf von 254
Berg, Alban 803
Bergisches Land 35 f., 59
Bergmann, Ernst von 682
Berlepsch, Hans Hermann von
691, 697 f., 700
Berlin 35 f., 40, 42, 44, 59 f.,
94, 96, 110, 116, 119, 125,
144 f., 157, 164, 169 f., 194,
225 f., 237, 253, 262–267,
278 f., 281 f., 299 f., 302 f.,
305, 309, 323, 326, 328 f.,
335, 415, 418, 446, 448,
452 f., 458, 465, 467, 469,
479, 488, 492 f., 496–499,
502, 511, 515 f., 524 f., 527,
531, 543, 546, 556, 559,
563, 566, 571, 589 f., 595,
609–611, 671, 679, 681,
720, 722 f., 725, 731, 733,
739–741, 744, 746, 748,
753, 762, 764 f., 769, 777,
782, 789, 793, 797, 803
Bernhard, Ludwig 769
Bernhardi, Friedrich von 790
Bernstein, Eduard 613 f., 616
Bernstorff, Albrecht von 127,
150, 166, 224
Bessarabien 269, 277, 280
Bessemer, Sir Henry 297
Bethmann Hollweg, Moritz
August von 103, 110, 179,
251
Bethmann Hollweg, Theobald
von 30
Beust, Friedrich Ferdinand
Graf von 78 f., 91, 141,
152, 159, 193 f., 231, 245
Bezeilles 236
Bie, Oscar 748
Biedermann, Karl 111, 428
Bismarck, Herbert von 468,
515, 544, 550, 555 f., 578,
684, 686, 700
Bismarck, Johanna von 245
Bismarck, Otto (Fürst) von
11–14, 17–20, 23, 25–32,
41, 47, 74, 77, 84, 87, 91 f.,

94–99, 102, 105, 107 f.,
127–138, 140, 144–146,
148–155, 157, 160–197,
199 f., 202–204, 211 f.,
214–234, 236–256,
259–279, 281 f., 293, 295,
297, 301–303, 331, 333,
336–341, 343–348,
350–356, 358 f., 363,
366–372, 374–383, 386,
388, 390–392, 400, 407,
414–421, 423 f., 426 f., 429,
433, 435–438, 440–448,
450–452, 455, 459,
466–474, 476, 478–480,
482–490, 492–498,
500–510, 512–518,
520–527, 529 f., 533–560,
566–583, 585–594,
597–599, 601 f., 611 f., 619,
623 f., 633–649, 653–659,
661–688, 690–701, 705,
721, 726 f., 736 f., 761, 782,
785
Bismarck-Archipel 528
Bitter, Karl Hermann 572
Blackbourn, David 355
Blanckenburg, Moritz von
203, 255, 369
Bleichröder, Gerson (von)
281, 301, 303, 392, 509,
517, 551, 559, 566, 579,
700
Bleyl, Fritz 796
Blos, Wilhelm 612, 616
Bochum 297, 310, 312, 689
Bodensee 107
Böcklin, Arnold 731 f., 752 f.
Böhmert, Karl Viktor 111 f.
Bölsche, Wilhelm 788
Boetticher, Karl Heinrich von
655
Boisserée, Johann Sulpice Mel-
chior Dominikus 709
Boisserée, Melchior Hermann
Joseph Georg 709
Boldt, Hans 188
Bonn 421, 734
Borchardt, Knut 40, 48
Bordeaux 244
Born, Stephan 109
Borsig, Johann Friedrich Au-
gust 35, 42, 65

Bosnien 268 f., 271, 277 f.,
280, 499 f., 506
Bosporus 277, 506, 541, 545
Boulanger, Georges 535 f.,
547, 551, 665, 671
Bourbaki, Charles 244
Bracke, Wilhelm 446 f., 462 f.
Brahm, Otto 739 f., 803
Brahms, Johannes 717, 735
Brahms, Richard 722
Brandenburg, Provinz 60,
702, 719, 732
Brasilien 307
Braunsberg 422, 425 f., 429
Braunschweig 446, 762
Brazza, Pierre Savorgnan de
517 f.
Bremen 56, 99, 111, 326, 341,
366, 402, 514, 573
Brentano, Lujo (Ludwig Josef)
294, 460 f., 786
Breslau 421, 618, 761
– Breslau, Bistum 439
Bretz, Julius 797
Briey 246
Brinkmann, Johannes Bern-
hard, Bischof von Münster
434
Bronsart von Schellendorf,
Paul 243, 536, 666
Bruch, Max 735
Bruck, Karl Ludwig Freiherr
von 100
Brüggen, Ernst von der 511
Brüssel 246, 611
Bucher, Lothar 132, 181,
223 f., 636
Büchner, Ludwig 788
Bueck, Henry Axel 374
Bülow, Bernhard Fürst von
29, 468, 751
Bülow-Cummerow, Ernst
Gottfried Georg von 110
Buenos Aires 302
Bulgarien 277 f., 280, 499,
503, 506, 531–533, 537 f.,
541–543, 545 f., 549, 554,
682
Bundesrepublik 17, 57, 319
Bunsen, Christian Karl Josias
von 94
Buol-Schauenstein, Karl Ferdi-
nand Graf 93, 95 f.

168–171, 173, 176, 179 f.,
182, 189, 191–199, 211 f.,
214, 216–221, 225, 230,
232–234, 247–252, 254 f.,
333, 341 f., 353 f., 360,
363 f., 386, 393, 442, 458,
470, 478, 588, 673, 725,
739, 742, 745, 748, 751
– Südwestdeutschland 51,
57 f., 67, 86, 173, 478, 674
– Westdeutschland 49 f., 53,
59, 62, 85
Diederichs, Eugen 749, 792
Dietz, Heinrich 621
Dietzgen, Joseph 617
Dilthey, Wilhelm 783
Disraeli, Benjamin (Earl of
Beaconsfield) 29, 231, 278
Döllinger, Ignaz 413–416
Donau 93
Donchéry 236
Donnersmarck, Guido
Henckel von 550
Dortmund 305, 604
Douglas, Hugo Sholto (Graf)
691
Dove, Alfred Wilhelm 407,
727
Dresden 36, 44, 250, 300,
717, 725, 762, 795 f.
Droysen, Johann Gustav 715,
781
Du Bois-Reymond, Emil 789
Düppeler Schanzen 135, 163
Dürer, Albrecht 732
Düsseldorf 36, 60, 67, 142,
146, 253, 305, 334, 401,
431, 436 f., 465, 511, 560,
591, 717, 724 f., 744, 777,
795, 797
Duisburg 61, 603
Duncker, Franz 210, 465
Duncker, Max 181, 200

Eckhardt, Ludwig 141
Edison, Thomas Alva 298
Edschmid, Kasimir 800
Ehrenthal, Bankier 719
Eichler, Casimir August Louis
144
Eisenach 113, 141, 459
Elba 190
Elbe 100

Elberfeld 36, 448, 622, 625
Eley, Geoff 355
Elmshorn 160
Elsaß 19, 36, 106, 233 f., 239,
245–247, 250 f., 347, 447,
671 s. a. Elsaß-Lothringen
Elsaß-Lothringen 40, 245,
247 f., 347 f., 355, 370, 374,
426, 447 f., 627, 671, 774
Emin Pascha (Eduard Schnit-
zer) 529
Ems 100
Emscher 309
Encke, Erdmann 723
Engels, Friedrich 36, 146,
305, 404, 462–464,
611–613, 620, 708, 778
England siehe Großbritannien
Erfurt 76
Ermland 421, 425, 429
Ernst II., Herzog von Sachsen-
Coburg-Gotha 251 f.
Ernst Ludwig, Großherzog von
Hessen 751
Ernst, Paul 739
Essen 35, 42, 60 f., 305, 401,
432, 434, 689, 798
Esslingen 42, 67, 288, 298
Eugénie, Kaiserin der Franzosen 238, 243
Eulenburg, Friedrich Graf zu
377, 387, 390, 400, 436,
467
Eulenburg und Hertefeld, Philipp Graf (Fürst) zu 695,
698, 700
Europa 13, 18, 20, 24–28,
30–32, 37, 39, 42, 48, 88,
92, 96, 101, 106 f., 151,
172 f., 190, 219, 222–224,
226 f., 234, 237, 240,
259–261, 263 f., 266–268,
271–277, 279, 281 f., 303,
356, 415, 427, 449 f., 492,
500, 502 f., 507, 512, 525 f.,
529 f., 537, 539 f., 542 f.,
545, 552 f., 555 ff., 564,
589, 662, 700, 714, 716,
799
– Mitteleuropa 11, 88, 90 f.,
99 f., 108, 267, 494 f., 553
– Nordeuropa/nordische Staaten siehe Skandinavien

– Osteuropa 19, 31, 37, 41 f.
– Ostmitteleuropa 19 f., 31,
43, 505
– Südeuropa 26
– Südosteuropa 17, 43, 172,
279, 505, 538
– Westeuropa 22, 26, 31 f.,
43, 100, 395, 538, 703, 716,
786, 804
Ewald, Ernst 723
Eydtkuhnen 37

Fabri, Friedrich 508, 511 f.,
515
Fabrice, Alfred (Graf) von 246
Falk, Adalbert 423, 427, 433,
435, 442–444
Favre, Jules 237–239, 241,
243–246, 257
Feist, Peter Heinz 709
Fellerer, Karl Gustav 717, 734
Fellner, Carl 175
Felten, J. Th. (Felten & Guil-
laume) 298 f.
Ferdinand II., Prinz von Sach-
sen-Coburg-Koháry 534,
546, 549, 554
Ferdinando di Savoia, Herzog
von Genua 222
Ferner Osten 521, 527, 573 f.
Ferrières 238
Ferry, Jules 518, 526, 530
Feuerbach, Anselm 732
Fidschi-Inseln 516, 520
Fischer, Emil 775
Fischer, Fritz 11
Fischer, Otto 796
Fischer, Samuel 739, 743
Fischer, Wolfram 65
Flensburg 155
Förster, Bernhard 564
Förster-Nietzsche, Elisabeth
788
Fontane, Theodor 683, 702,
719, 722, 724, 732–734,
767
Forckenbeck, Max von 183,
202–204, 353 f., 379 f., 424,
485, 488, 563, 567, 577,
675, 680
Franckenstein, Georg Freiherr
von und zu 488 f., 662, 667,
670

Frankfurt am Main 56, 59 f.,
72, 75 f., 90–92, 95 f., 113,
119, 145 f., 149, 152, 164,
170, 174 f., 245, 247, 256,
298 f., 365, 394, 396, 401,
609, 616, 709, 725, 761,
765, 777
Frankfurt an der Oder 684
Frankreich 14, 17 f., 25–27,
33, 41, 43, 47, 90, 92–96,
103, 106, 108, 112, 154,
161 f., 167–170, 172 f., 180,
189–196, 217 f., 220–222,
224–241, 244–248, 257,
259 f., 262–271, 273, 279,
281 f., 284, 300, 333, 340,
365 f., 385, 407, 417,
447–449, 492 f., 495–497,
499–503, 506 f., 514, 517 f.,
520 f., 524, 526 f., 529–531,
535–543, 545–547,
549–553, 556–558, 665 f.,
668 f., 671, 722–725, 736,
738, 766, 790, 793, 798
Frantz, Konstantin 189
Franz Joseph I., Kaiser von
Österreich, König von Un-
garn 194, 261 f., 506 f.
Französisch-Äquatorialafrika
524
Französisch-Indochina 234
Freiburg 87, 410, 412
Freiligrath, Ferdinand 717 f.,
721
Frénois 236
Frenzel, John Peter 136
Frenzel, Oscar 747
Frevert, Ute 330
Freytag, Gustav 248, 718 f.,
722, 732
Friedenthal, Rudolf 255, 483
Friedländer, Georg 733
Friedrich, Kaiserin siehe Vik-
toria, Deutsche Kaiserin
Friedrich I., Großherzog von
Baden 87, 140, 220, 249,
253, 410, 442, 695
Friedrich II., der Große, König
in (von) Preußen 260,
600 f., 786
Friedrich III., Deutscher Kaiser
und König von Preußen
554, 679–686

– Friedrich Wilhelm, Kronprinz 125, 131, 236, 251 f.,
333, 377, 470, 483, 485,
552, 576, 673, 678 f.
Friedrich VII., König von Dänemark 134, 155 f.
Friedrich VIII., Herzog von
Schleswig-Holstein-Sonder-
burg-Augustenburg (»der
Augustenburger«)
134–137, 140, 156–160,
162, 165
– Erbprinz Friedrich 156, 175
Friedrich Franz II., Großher-
zog von Mecklenburg-
Schwerin 220
Friedrich Karl, Prinz von Preu-
ßen 684
Friedrich Wilhelm, der Große
Kurfürst, Kurfürst von Bran-
denburg 599, 601
Friedrich Wilhelm I., Kurfürst
von Hessen 73, 80, 117,
153
Friedrich Wilhelm IV. König
von Preußen 72, 83, 98,
101, 103, 125, 256
Friedrichsruh 382, 467, 529,
569, 700
Friese, Richard 747
Fritzsche, Friedrich Wilhelm
466
Fröbel, Julius 233
Fröschweiler 235
Fürth 36
Fulda, Bistum 439

Gagern, Heinrich Freiherr von
76
Gall, Lothar 88, 249, 411
Gambetta, Léon 237, 240, 244
Geffcken, Friedrich Heinrich
685 f.
Geib, August 446, 462, 608,
612, 618
Geibel, Emanuel 722
Geiser, Bruno 616 f.
Gelsenkirchen 689
Gemeinschaft unabhängiger
Staaten 281
Genua 222
Georg V., König von Hanno-
ver 117, 174, 194

George, Stefan 742 f., 800 f.
Gerlach, Ludwig Friedrich
Leopold von 74, 83 f., 94 f.,
110, 124, 171
Gerlach, Ludwig von 83 f.,
110, 171, 431
Gerschenkron, Alexander 43
Gervinus, Georg Gottfried 33,
35, 713 f., 716
Gierke, Otto (von) 785
Giers, Nicolaj (von) 506,
537 f.
Giolitti, Giovanni 25
Gladstone, Sir William Ewart
248, 274, 496 f., 506, 555,
679
Glagau, Otto 560 f.
Glauchau-Meerane 448
Gleiwitz 35
Gneist, Rudolf (von) 130,
137, 384 f., 388, 390, 469,
485, 785
Godeffroy, Johann Cesar 509,
574
Goethe, Johann Wolfgang
(von) 704, 718, 781, 800
Göttingen 157, 764
Goetz, Walter Wilhelm 11
Gogh, Vincent van 797
Goltz, Robert Graf von der
169, 196
Gortschakow, Alexander Mi-
chailowitsch Fürst 229, 241,
262, 264, 266 f., 270, 493
Gosebruch, Ernst 798
Goslar 722
Goßler, Gustav von 597, 760
Gotha 101, 111 f., 222, 328,
375, 464 f., 615, 708
– Erzherzog von Gotha 111
Govone, Giuseppe 169
Gramont, Antoine Agénor Her-
zog von 227 f., 230
Granville, George Leveson-Go-
wer Earl of 248
Gravelotte 235
Griechenland 278, 280
Grillenberger, Carl 614
Gropius, Walter 795
Großbritannien 23, 25–28, 30,
35 f., 40 f., 43, 46, 48, 53,
93–96, 101 f., 162 f., 170,
192, 220, 231, 238,

155–167, 170, 175, 604
siehe auch Schleswig-Hol-
stein
– Holstein-Lauenburg 60
Holstein, Friedrich von 547,
552, 554, 557, 605, 695,
698, 700
Holz, Arno 739
Holzer, Carl Joseph 439
Hoskier, Bankier 551
Hovell, T. Mark 681
Hoverbeck, Leopold von
132 f.
Humboldt, Wilhelm von
757 f., 775

Ibsen, Henrik 740 f.
Ignatiew, Nikolai P. Graf 276,
280
Ihering, Rudolf von 43, 365,
785
Indien 41, 545, 557
Isabella II., Königin von Spa-
nien 221
Ischl 261
Italien 25 f., 28, 75, 102,
105–108, 112, 150 f., 161,
163 f., 166, 169, 171, 190,
194, 230 f., 262, 266, 335 f.,
413, 492 f., 500–504, 507,
539–544, 558, 715, 731
– Oberitalien 106
Itzenplitz, Heinrich Friedrich
August von 372, 450 f., 465

Jacobi, Friedrich 447
Jacobini, Ludovico 443, 667,
670
Jacoby, Johann 135
Jacques, Herzog von Broglie
263
Jahn, Otto 79
Jantzen, C. F. Wilhelm 514,
523
Jawlensky, Alexej von 796
Jazdzewski, Ludwig von 599
Jellinek, Georg 785
Jena 298
Jesus Christus 415
Jolly, Julius 410, 442

Kaiser-Wilhelm-Land siehe
Neuguinea

Kaiserreich siehe Deutsches
Reich
Kameke, Georg von 585
Kamerun 514, 517, 520,
522 f., 525, 527
Kanada 307
Kandinsky, Wassily Wassilje-
witsch 796, 803
Kant, Immanuel 408
Kap-Kolonie 516, 527 siehe
auch Südafrika
Kardorff, Wilhelm von 373,
480, 669
Karl, König von Württemberg
220
Karl V., Römisch-Deutscher
Kaiser 223, 227
Karl Alexander, Großherzog
von Sachsen-Weimar-Eisen-
ach 220, 749, 751
Karlsruhe 112, 762
Kars 277, 280
Kassel 117, 237
Katkow, Michail 537 f.
Kaulbach, Wilhelm von 729
Kautzky, Karl 620
Kayser, Max 612
Kehr, Eckart 11
Keller, Gottfried 732
Kennedy, John F. 469
Keßler, Emil von 298
Kessler, Harry Graf von 749
Ketteler, Wilhelm Emmanuel
Freiherr von, Bischof von
Mainz 86, 413, 436
Kiel 135, 164
Kirchner, Ernst Ludwig 795 f.
Klages, Ludwig 743
Klee, Paul 793
Klein, Felix 764, 775
Kleinasien 506, 544 f. siehe
auch Naher Osten
Kleinig, Gerhard 312
Kleist-Retzow, Hans von 355,
390, 433, 669, 674
Knille, Otto 723
Koblenz 799
Kocka, Jürgen 69
Köller, Ernst Matthias von 740 f.
Köllmann, Wolfgang 309
Köln 60, 82, 108, 136, p46 f.,
294, 298, 310, 419, 422,
440, 709, 725, 765, 797 f.

– Erzbistum 434, 439, 445,
465
Königgrätz 137, 167, 169,
176, 190
Königsberg 37, 111, 125, 294,
765
Kokoschka, Oskar 803
Kollwitz, Käthe 747
Kolonien, deutsche 304
Kondratieff, N. D. 45
Kongo 514, 517 f., 522–526,
531
Kongreßpolen siehe Polen
Konstantinopel 93, 271, 506,
533, 545, 549
Kopenhagen 620 f.
Kopernikus, Nikolaus 789
Koser, Reinhold 752
Kotschinchina 507
Krefeld 137, 401 f., 440
Krementz, Philipp, Erzbischof
von Köln 421, 425, 429,
434
Kremsier 75
Krim 95 f., 193, 271, 277
Krupp, Alfred 454
Krupp, Friedrich 35
Krupp, Friedrich Alfred 42,
287, 297, 373, 401, 459,
603, 791
Kullmann, Eduard 437 f.
Kusserow, Heinrich von 509,
587

Laar (bei Duisburg) 61
Laband, Paul 785
Laboulaye, Antoine de 537
Lagarde, Paul Anton de (Bötti-
cher) 563, 792
Lahmeyer, Wilhelm 298
Lamey, August 88, 386, 410 f.
Lamprecht, Karl 783
Lancaster 41
Landau 190
Langbehn, Julius 736, 753,
788
Lange, Helene 326, 329
Langewiesche, Dieter 142,
310, 705 f.
Lasker, Eduard 177, 187,
202 f., 205, 212 f., 217,
219 f., 225, 251, 255,
337, 348, 351, 353 f.,

465, 603 f., 608, 612, 687,
725, 748, 797
– Niederrhein 40
Rheydt 61
Richter, Eugen 399, 424 f.,
487, 575, 587, 642, 666,
668
Rickert, Heinrich 577, 588,
594, 657, 740, 783, 804
Riedler, Alois 763 f., 776
Riehl, Wilhelm Heinrich 64
Rilke, Rainer Maria 743,
800 f.
Ritschl, Albrecht 779
Rochau, August Ludwig von
89, 114, 157, 714 f.
Rodbertus, Carl 460, 636
Rößler, Konstantin 160, 264,
671
Roggenbach, Franz von 140,
410, 679 f.
Rohmer, Ernst 424
Rohrbach, Carl 232
Rom 336, 407, 412 f., 417,
419, 443 f., 670, 727, 774
Roon, Albrecht (Graf) von
122–126, 129, 229, 236,
242 f., 368 f., 372, 391, 422
Roscher, Wilhelm 785
Rosenberg, Aktionär 46
Rosenberg, Arthur 11
Rosenberg, Hans 51, 284,
287, 623
Rosenhagen, Hans 798
Rothfels, Hans 11, 556
Rothsattel, Freiherr von 719
Rothschild, Karl Mayer Frei-
herr von 263, 566, 700
Rudolf von Habsburg, Kron-
prinz von Österreich 701
Rüdesheim 616
Rügen (Schloß Putbus) 181
Ruhr 38, 46, 309, 454, 603 f.,
608, 688 f., 691 siehe auch
Ruhrgebiet
Ruhrgebiet 38, 59 f., 68, 305,
309 f., 435, 595, 603, 688 f.
Rumänien 276 f., 280, 496,
500, 503 f.
Rumpf, Carl Ludwig Franz
616
Russell, Lord Odo 264 f.
Rußland, Kaiserreich 22,

26–28, 43, 72, 75, 90 f.,
93–96, 134, 154, 161 f.,
168, 175, 193–195, 231,
238, 241, 245, 259–262,
264, 266–281, 292 f., 299,
308, 359, 365, 450,
492–500, 502–507, 520,
529–531, 533–547,
549–553, 556–559, 594,
600, 682, 696, 699, 701

Saar 38, 454, 459, 603, 608,
691 siehe auch Saargebiet
Saarbrücken 37, 234
Saargebiet 190
Saburow, Peter A. von 497,
505
Sachsen 35, 40, 59 f., 78 f., 82,
99, 109, 111, 142, 147,
168 f., 178, 207, 214 f., 222,
251, 310, 312–314, 341,
393, 415, 424, 448, 458,
465, 565, 588, 591, 623
Sachsenwald 529
Sagan-Sprottau 675
Said Bargasch, Sultan von San-
sibar 525, 555
Salazar y Mazarredo, Eusebio
de 222
Salisbury, Robert Arthur Tal-
bot Gascoigne, Lord Cecil,
Viscount Cranborne, Mar-
quess of 278, 541, 546,
552 f., 555–557
Samoa 508 f., 513 f., 528,
555, 573 f.
San Stefano 276, 492, 499
Sandschak Novibazar 278,
280, 499 f.
Sandschak von Toultcha 277
Sansibar 527, 555
Sardinien 540
Saucken-Julienfelde, August
von 126
Saucken-Tarputschen, Kurt
von 569
Sautter, Bankier 551
Savigny, Friedrich Carl von
181 f., 184 f., 251
Savoyen 106, 190, 222, 540
Schäfer, Dietrich 773
Schäffle, Albert 636, 648
Schaffhausen 44

Schaller, Ernst Johannes 723
Scheffel, Victor (von) 718
Scherr, Gregor, Erzbischof von
München 415 f.
Schieder, Theodor 17, 500
Schiller, Friedrich (von) 115 f.,
704, 708, 717 f., 720
Schleinitz, Alexander von
105–107, 150
Schlesien 35, 38, 40 f., 59 f.,
164, 338, 426, 612, 691
Schleswig 19, 90, 134, 137,
155 f., 158–164, 166, 170,
175 siehe auch Schleswig-
Holstein
– Nordschleswig 19, 161,
170, 281, 335
Schleswig-Holstein 91,
134–136, 140 f., 155–158,
160, 162, 164 f., 170, 175 f.,
178, 391, 394, 396, 604 f.
Schmidt-Rottluff, Karl 796
Schmitt, Carl 348
Schmoller, Gustav (von) 311,
460, 630, 775, 786
Schnaebele, Guillaume 559
Schnitzler, Arthur 741
Schönberg, Arnold 803
Schönbrunn 163, 261
Schöneberg 762
Schönstedt, Karl Heinrich
(von) 741
Schopenhauer, Arthur 735,
744
Schorlemer-Alst, Burghard
Freiherr von 592
Schrader, Karl 577, 680
Schramm, Carl August 613
Schraps, Reinhold 448
Schubert, Franz 735
Schubert, Friedrich Wilhelm
111
Schuckert (Werke) 298
Schulenburg-Beetzendorf, Otto
Wilhelm Ferdinand Graf
von der 373
Schulz, Moritz 723
Schulze-Delitzsch, Hermann
105, 109, 111, 113–115,
118, 130, 137, 143–148,
206, 211, 448, 707
Schulze-Gävernitz, Gerhart
(von) 786

Quellennachweise der Abbildungen

Die Vorlagen für die Bilddokumente stammen von: Jörg P. Anders, Berlin 673, 752 unten rechts, 801 unten; Archiv Dr. Walter H. Pehle, Frankfurt am Main, 753 unten; Dominik Bartmann, Berlin 240; Hans-Joachim Bartsch, Berlin 48 oben, 753 oben, 785 oben; Bildarchiv der Österreichischen Nationalbibliothek, Wien 145 unten; Bildarchiv Preußischer Kulturbesitz, Berlin 80, 128, 129 unten, 176, 256, 448, 512 unten; Fotoarchiv der Museen für Kunst und Kulturgeschichte der Hansestadt Lübeck 656; Karl-Sudhoff-Institut der Leipziger Universität 784 unten; Karin Kiemer, Hamburg 800 unten rechts; Kiemer & Kiemer, Hamburg 672; Kunsthaus Zürich, Stiftung für die Photographie 784 Mitte, 785 unten; Lauros-Giraudon, Paris 225; Fotostudio Otto, Wien 97, 273; Karl H. Paulmann, Berlin 529; Foto Stickelmann, Bremen 752 unten links; Fotostudio Volker Schadach, Goslar 704; Ullstein Bilderdienst, Berlin 784 oben; Verlagsarchiv 496, 513; Foto Wagmüller, Regensburg 144; Liselotte Witzel, Essen-Stadtwald 800 oben; WV-LE ZDW Bildstelle 305 oben. – Alle übrigen Aufnahmen lieferten die in den Bildunterschriften und auf den Deckblättern erwähnten Archive, Bibliotheken, Museen und Sammlungen.

Die Erlaubnis zur Wiedergabe von Originalen erteilten freundlicherweise die in den Bildunterschriften, auf den Deckblättern und in den Fotonachweisen genannten Institutionen, Eigentümer, Künstler und Erben der Künstler beziehungsweise die mit der Wahrnehmung ihrer Rechte Beauftragten.

Die Deutsche Bibliothek – CIP-Einheitsaufnahme

Propyläen Geschichte Deutschlands
hrsg. von Dieter Groh unter Mitw. von Hagen Keller...
Berlin: Propyläen Verlag
NE: Groh, Dieter [Hrsg.]
Bd. 7/1 → Mommsen, Wolfgang J.

Mommsen, Wolfgang J.
Der Aufstieg des deutschen Kaiserreichs/Wolfgang J. Mommsen. –
Berlin: Propyläen Verlag, 1993.
(Propyläen Geschichte Deutschlands; Bd. 7/1)
ISBN 3-549-05817-9